中共湖北省委宣传部与华中科技大学共建新闻学院资助项目成果（2022G01）

中国新闻传播教育年鉴（2022）

中国新闻史学会新闻传播教育史研究委员会
《中国新闻传播教育年鉴》编撰委员会 编

武汉大学出版社
WUHAN UNIVERSITY PRESS

图书在版编目(CIP)数据

中国新闻传播教育年鉴.2022/中国新闻史学会新闻传播教育史研究委员会,《中国新闻传播教育年鉴》编撰委员会编 .—武汉:武汉大学出版社,2022.11
ISBN 978-7-307-23311-9

Ⅰ.中… Ⅱ.①中… ②中… Ⅲ. 新闻学—传播学—教育研究—中国—2022—年鉴 Ⅳ.G210-54

中国版本图书馆 CIP 数据核字(2022)第 170511 号

责任编辑:胡国民 责任校对:汪欣怡 版式设计:马 佳

出版发行:武汉大学出版社 (430072 武昌 珞珈山)
(电子邮箱:cbs22@ whu.edu.cn 网址:www.wdp.com.cn)
印刷:湖北金海印务有限公司
开本:787×1092 1/16 印张:66 字数:1308 千字 插页:22
版次:2022 年 11 月第 1 版 2022 年 11 月第 1 次印刷
ISBN 978-7-307-23311-9 定价:296.00 元

《中国新闻传播教育年鉴（2022）》编撰委员会

2021年4月6日，为庆祝厦门大学百年华诞，由厦门大学主办、新闻传播学院承办的人文社科国际论坛“传播视野中的百年厦大与人类命运共同体构建”分论坛在厦门大学思明校区南光楼隆重召开

2021年4月11日，由上海大学主办、上海大学新闻传播学院承办的百年中国共产党新闻传播事业学术论坛暨“马克思主义中国化话语体系研究协同创新中心”揭牌仪式在上海成功举办

2021年4月13—16日，由澳门科技大学人文艺术学院、复旦大学信息与传播研究中心、山东大学新闻传播学院联合主办的第七届澳门国际传播周在澳门科技大学举行

2021年4月15日，河南省广播电视局与河南工业大学共建新闻与传播学院签约仪式，
这是全国首个省级广播电视局与高校共建的新闻与传播学院

2021年4月17—18日，中国新闻史学会第六届常务理事会第三次会议暨重大突发公共卫生事件中的舆情应对研讨会在成都召开。会议由中国新闻史学会主办，四川大学文学与新闻学院承办

2021年4月22日，河北大学新闻传播学院学科考察团队赴天津确认学科起点，
联合天津外国语大学国际传媒学院成功举办“学史寻根——刘豁轩史料报告会”

2021年4月24日，全媒体国际化双语播音主持人才培养创新实践高峰论坛在广州举行

2021年4月24日，新文科背景下新闻传播学专业建设研讨会在华南理工大学新闻与传播学院举办，
来自国内新闻院校的近20名专家学者参加研讨会

2021年4月25—26日，新闻传播学教指委在高教社举办第七期高校新闻传播院系骨干教师马克思主义新闻观主题培训，
来自全国30余所新闻院校的近70位教师参加培训

2021年4月25日，首届县级融媒体建设与智媒传播人才培养高峰论坛在广州举行，
围绕“深化持续效果”主题展开交流，共同探讨我国地县媒体深度融合可持续发展模式与实践路径

2021年4—5月，吉林大学新闻与传播学院的201位同学参加头条学院发起的“校园星计划”

2021年4月，由“光明新闻创新实践中心”主持开设的“光明课堂”开讲，引入业界、学界资源，
开启了新闻传播人才培养新模式。图为授课老师夏静与华中师范大学师生在一起

2021年5月8日，中国共产党百年新闻事业学术研讨会在中国人民大学召开

2021年5月14—17日，第十七届“挑战杯”全国大学生课外学术科技作品竞赛的“红色专项活动”在四川大学举行

2021年5月15日，“第四届中国政治传播研究学术论坛”在中国传媒大学举行，论坛以“先机与新局：面向未来的国家治理与政治传播”为主题，百余位专家学者和青年学子与会交流

2021年5月15日，“百年中国共产党新闻传播：历史、理论与实践”学术论坛在具有重要历史节点意义的上海、延安和北京三地同时举办，在国内举办类似论坛尚属首次（图为上海会场）

2021年5月16日，由北京师范大学新媒体传播研究中心、清华大学新闻与传播学院新媒体研究中心和《国际新闻界》共同发起的第六届中国传媒公信力论坛在北京师范大学成功举办

2021年5月21日，由华中科技大学新闻与信息传播学院组织主编、社会科学文献出版社推出的“喻园新闻传播学者论丛”首批新书《张昆自选集》《传媒进化论》在武汉隆重发布

2021年5月22—23日，为庆祝中国共产党百年华诞，中国共产党百年新闻思想与新闻实践学术研讨会在广西大学举行

2021年5月24日，2021年中国新闻史学会少数民族新闻传播史专业委员会常务理事会暨
“时代变局与传播变迁中之民族地区的文化与社会”高峰论坛在广西崇左市广西民族师范学院开幕

2021年5月25日，北京大学教授朱苏力在西南政法大学举行以“家、国和天下”为主题的演讲

2021年6月18日，“百年强音——‘黄河儿女 出彩中原’全媒体作品大赛颁奖典礼暨献礼建党百年‘绽放’汇报演出”于河南大学明伦校区大礼堂顺利举行

2021年6月18日，首届民族新闻教育蓝皮书编委会在内蒙古大学隆重举行，讨论通过了蓝皮书纲目及编写细则，正式启动了蓝皮书编纂工程

2021年6月19日，中国新闻史学会地方新闻史专业委员会第三届年会暨“开掘史料、理论阐释与中国共产党百年新闻传播史研究”学术研讨会在辽宁友谊宾馆召开，线上线下联动进行

2021年6月19日，中国新闻史学会新闻传播教育史研究委员会第三届第三次常务理事会暨
中国新闻传播教育年鉴编委会第九次会议在内蒙古大学举行

2021年6月25日，柳州市委宣传部与广西民族大学举行共建传媒学院签约揭牌仪式。自此，
传媒学院成为广西区党委宣传部、广西广播电视台、柳州市委宣传部与广西民族大学共建单位

2021年7月9—14日，首届马克思主义新闻观骨干教师研修班在井冈山开班，
研修班由复旦大学新闻学院和江西师范大学新闻与传播学院等联合主办

2021年7月11日，湖南理工学院承办国际媒介与传播研究学会(IAMCR)区域分会研讨会。这是该学会首次以分会场形式来到中国，会议采取线上线下相结合的方式，吸引了国内外40余所高校的200余名师生参加

2021年7月14日下午，“第六届战略传播与公共关系工作坊”参会嘉宾在厦门大学人文社科艺术高等研究院合影

2021年7月17—18日，新闻传播学教指委在中国传媒大学举办“高校新闻传播院系骨干教师国际传播能力建设主题培训”，来自全国51所高校的77位骨干教师参加此次培训

2021年9月9日，中央民族大学新闻与传播学院、中国人民大学新闻学院举行共建签约仪式，双方将通过专业对接、课程对接和团队对接实现全面合作、资源共享和优势互补

2021年9月15日，黑龙江大学八十周年校庆日前夕，部校共建黑龙江大学东北亚文化传媒研究院举行隆重揭牌仪式

2021年9月16日，在习近平总书记考察湖南大学并发表重要讲话一周年之际，由传媒杂志社和湖南大学新闻与传播学院联合主办的第十六届中国传媒年会“新时代党媒红色基因传承与人才培养”学术论坛在岳麓书院举行

2021年9月17—19日，“第十二届中国少数民族地区信息传播与社会发展论坛”在西北民族大学举行

2021年9月18日，由苏州大学传媒学院主办、苏州大学“传播与认同”人文社科学术团队承办的
长三角首届传播论坛暨“传播与认同”学术工作坊在苏州吴中区上海继高影视东山电视纪录片基地举行

2021年9月18日，由中国新闻史学会传播学专业委员会与上海大学联合主办、上海大学新闻传播学院与
上海大学全球人工智能媒体研究院承办的2021中国新闻史学会传播学专业委员会年会暨
2021中国智能媒体传播高峰论坛在上海成功举办

2021年12月25日，中国新闻史学会新闻传播教育史研究委员会2021年学术年会在线成功举办

2021年12月4日，“先行・示范：广告学一流本科专业建设研讨会”在深圳大学传播学院召开

2021年12月4—5日，中国传媒大学马克思主义学院、中国传媒大学协同创新中心、海南师范大学新闻传播与影视学院、海南省意识形态与舆论研究基地联合主办的第四届意识形态与舆论研究高峰论坛在中国传媒大学举行

2021年12月5日，“2021全媒体全球传播（复旦）论坛：
数字文明视域中的全媒体研究”在复旦大学新闻学院成功举行

2021年12月5日，第五届“何微新闻奖”新闻传播学科研究生论坛暨青年学者论坛在西北政法大学举行，
来自全国30余所高校的专家学者首次采用线上线下相结合的方式齐聚一堂

2021年12月5日，西部高校、民族高校“共上一堂马新观课”暨“新闻传播大讲堂”学习交流活动启动仪式在云端举行。此次活动由中央民族大学新闻与传播学院联合30余所西部高校、民族高校新闻传播院系共同主办

2021年12月12日，由华中科技大学新闻与信息传播学院等单位主办的“第二届新闻传播史论课程群教学改革研讨会”在云端隆重召开，110位专家发表演讲，1060人参会

2021年12月26日，由中南民族大学文学与新闻传播学院和“万里茶道”联合申报、世界文化遗产办公室承办“第三届全国大学生民族影视作品大赛”颁奖晚会在中南民族大学隆重举行

2021年12月26日，中山大学传播与设计学院举办了2021中国新闻业研究圆桌论坛，推动了新闻业界和学界的紧密互动，为总结媒体主题报道融合创新经验、推动数字新闻学研究发展作出了一些思考

2021年12月27日，云南师范大学传媒学院、云南报业传媒集团与楚雄州10县（市）签署三方合作协议，创新实践“新闻+政务服务商务”融媒体发展模式，以“校企地一体化”创新驱动媒体融合发展

2021年12月28日，由中华女子学院和中国传媒大学共同主办的“中国国际传播的创新与实践”——第九届联合国教科文组织媒介与女性教席论坛成功举办，中华女子学院院长、教席主持人刘利群教授主持了研讨会

2021年12月30—31日，由华中科技大学新闻与信息传播学院主办的“首届智能传播与健康治理国际学术研讨会”在云端举行，来自全球各地的191名学者发表演讲，1200多位学者参会

2021年12月30日，由湖南师范大学新闻与传播学院主办的“讲好湖南故事，助推三高四新”研讨会在长沙召开，各地专家学者积极为全面建设社会主义现代化新湖南建言献策

2021年9月26—30日，安徽大学新闻传播学院举办安徽省新闻采编人员培训班

2021年10月29日，复旦大学文科资深教授、复旦大学新闻学院学术委员会主任童兵教授应新闻传播学院邀请，在磬苑校区人文楼A座新闻传播学院204举办《百年大党对党媒的引领、规范和关爱》专题讲座

安徽大学新闻传播学院

安徽大学新闻传播做学教育发端于1960年，是改革开放后国内最早设立新闻学科的院校之一。1980年，经安徽省教委（现教育厅）批准开办新闻学专业；1984年，经国家教委（现教育部）批准设立新闻学专业；1998年，学校根据本省对新闻人才的实际需求以及新闻专业自身发展的需要，将新闻专业从中文系分出，成立安徽大学新闻学系。

2000年，获得新闻学硕士学位授予权；2003年，与安徽日报报业集团合作共建，成立安徽大学新闻传播学院，同年获得传播学硕士学位授予权；2006年，成为安徽省第一个拥有新闻传播学一级学科硕士学位授予权单位；2010年，首批获得新闻与传播硕士(MJC)和出版硕士(MP)专业硕士学位授予权。2016年，入选“部校共建新闻传播学院”建设单位；2017年，获批新闻传播学一级学科博士学位授权点，实现本、硕、博人才培养体系全覆盖。2020年入选安徽省高峰学科。

学院现有3个国家级一流本科建设专业（新闻学、广播电视学和编辑出版学），1个省级一流本科专业（网络与新媒体），其中新闻学属于国家级特色专业。1个国家级实验教学示范中心（安徽大学新闻传播实验教学中心），1门国家级一流课程“新闻采访”，1门国家级精品课“新闻学概论”，1门教育部精品视频公开课“当代媒介素养”，1本国家级规划教材《简明中国新闻事业史》。建有1个国家级出版智库，1个安徽省哲学社会科学重点实验室（全域认知与国际传播实验室），1个安徽省课程思政建设示范基地（安徽大学马克思主义新闻观研究中心），1个安徽省人文社科重点研究基地（安徽大学舆情与区域形象研究中心），1个部校共建重点平台（大数据与智能媒体发展研究中心），共建1个安徽省重点智库（安徽大学创新发展研究院）。

10月30—31日，第八届“中国报刊与社会历史研究”学术研讨会在合肥召开。安徽大学校长匡光力、原中国社会科学院新闻与传播研究所所长尹韵公、中国新闻史学会会长王润泽、中国报刊与社会历史研究所所长王天根等出席开幕式并致辞。安徽大学新闻传播学院院长姜红主持开幕式

2021年12月25日，由安徽大学新闻传播学院主办的首届数字传播与社会治理创新论坛暨第十三届安徽省新闻传播学科研究生论坛在安徽大学磬苑校区顺利召开。此次论坛采取线上线下相结合的方式，参会嘉宾与来自全国100多所高校的新闻传播专业同学相聚“云端”，共享新闻传播学术盛宴

新闻与传播国家级实验教学示范中心（河南大学）一角

河南大学新闻与传播学院

河南大学新闻与传播学院成立于2002年，坐落于古朴而美丽的八朝古都开封。学院起源于1948年中原大学的新闻实践，经过多年发展，已成为中原地区“产、学、研、创”一体化的高层次新闻传播人才培养基地。

学院现有教职工83人，其中教授14人，副教授35人，博士42人。部分教师获得教育部新世纪优秀人才、中原青年拔尖人才、省优秀青年社科专家、省宣传思想文化战线“四个一批”人才、省百名优秀青年社科理论人才、河南省高校教学名师等称号。此外，学院外聘业界兼职研究生导师和兼职教授65人。

学院设有新闻学、编辑出版学、网络与新媒体、广告学、播音与主持艺术、广播电视编导6个四年制本科专业，其中编辑出版学与广告学为国家级一流本科专业建设点。设有跨文化传播二级博士点，新闻与传播学和戏剧影视学两个一级学科硕士点，新闻与传播硕士、出版硕士和艺术硕士（广电领域）三个专业硕士点。

学院拥有国家级新闻与传播实验教学示范中心，设有融媒出版研究中心、河南省教育新媒体暨舆情研究中心等省级人文社科重点研究基地。近五年来，学院教师共主持国家社科基金项目16项，省部级项目42项，国际合作项目2项，出版学术著作81部，在国内外高层次学术期刊发表论文418篇，获得省部级科研成果奖24项。

美国阿克伦大学校长马修·威尔森来院访问交流

中共河南省委宣传部、河南大学共建新闻与传播学院

学院举办的全媒体作品大赛

编辑出版专业的“悦读文化节”

湖南大学新闻与传播学院

湖南大学新闻与传播学院是部校共建学院。新闻学、广告学、广播电视编导为国家级一流本科专业；播音与主持艺术为湖南省一流本科专业。学院建有新闻传播学一级学科博士点、一级学科硕士点、专业学位硕士点；拥有新闻传播学类国家大学生校外实践教育基地、教育部产学协同育人实验室、文化和旅游部重点实验室、湖南省高校实践教学示范中心、湖南省文化产业研究基地等国家和省部级教学科研平台。专任教师53人，其中“马工程”首席专家1人，国家教材委员会委员1人，国家社科重大项目首席专家4人，教育部新世纪人才3人，全国新闻出版行业领军人才2人，全国广播电视与网络视听行业领军人才1人，教育部新闻传播学类专业教学指导委员会委员1人，全国新闻与传播专业学位研究生教育指导委员会委员1人。学院先后培养出中共十九大代表、全国劳动模范、全国优秀新闻工作者、全国青年创业典型、全国见义勇为英雄、全国抗疫先进个人等一大批优秀毕业生。

自2014年以来，学院持续打造红枫大学生记者节特色品牌。红枫大学生记者节由中华全国新闻工作者协会指导，湖南省新闻工作者协会、湖南大学、湖南日报报业集团、湖南广播电视台、湖南红网联合主办，湖南大学新闻与传播学院承办，吸引了来自清华大学、浙江大学、中山大学、中国人民大学、中国传媒大学、华中科技大学等高校的新闻学子和高校校园媒体参与。

2019年7月，湖南大学新传院成立青声宣讲团，旨在发青春之声，宣时代强音，讲动人故事，传文化基因。先后创作出《青声宣讲防疫特辑》《青声说党史》《团史青年说》等优秀宣讲作品，在全网累计阅读量达数十万次，并被共青团中央报道，多个媒体平台转载刊发，团队在第五届“雷锋杯”青年志愿服务项目大赛决赛中荣获金奖。

2019年11月3日，学院主办的第三届岳麓传媒与文化发展国际论坛在长沙开幕。来自美国密苏里大学、加拿大西门菲莎大学、日本早稻田大学、俄罗斯莫斯科大学、澳大利亚圣母大学以及中国香港浸会大学、台湾政治大学、铭传大学和中国人民大学、中国传媒大学、复旦大学、清华大学、北京大学、中国社会科学院、中国教育电视台等60多所海内外高校新闻院系、科研院所和媒体的100余名学者，围绕“媒体融合背景下的新闻传播教育”主题展开了广泛深入的研讨。

2020年11月7日，由北京大学新闻学研究会和湖南大学新闻与传播学院共同主办“第九届新闻史论青年论坛暨北京大学新闻学研究会年会”在湖南大学召开。此次会议的主题是“实践与话语：中国新闻事业发展的历史逻辑与理论建构”。来自北京大学、清华大学、复旦大学、中国人民大学、浙江大学、华中科技大学、湖南大学、中国外文局当代中国与世界研究院等国内50多所高校和研究机构，以及加拿大皇家学会、日本龙谷大学等海外高校研究机构的百余位专家学者出席会议。

2022年5月15日上午，“做马克思主义新闻观的践行者”征文颁奖仪式在湖南大学新闻与传播学院举办。该征文活动由湖南大学新闻与传播学院联合马克思主义新闻观研究中心共同组织，面向全体在读学生开展。中国社会科学院新闻与传播研究所所长、中国社会科学院大学新闻与传播学院院长胡正荣教授，湖南广播影视集团公司湖南广播电视台台长、总编辑龚政文，湖南日报社党组成员、副总编辑夏似飞，湖南红网新媒体集团党委书记、总编辑贺弘联等线上致辞。

江西师范大学新闻与传播学院

1985年由赣籍国际著名传播学者、香港中文大学余也鲁教授提议并支持创建，2018年12月更名为新闻与传播学院。

江西师范大学是教育部和中宣部首批开展的新闻院系与新闻媒体单位互聘交流高校，是江西省普通本科高校卓越新闻传播人才教育培养基地。学院现有五个本科专业。拥有文化艺术与传播二级博士点、新闻传播学一级学科硕士点、新闻与传播专业硕士点等。2019年广告学入选首批国家一流本科专业建设点，2020年新闻学、广播电视编导和教育技术学获批国家一流本科专业建设点。设有江西教育舆情分析研究中心、江西省动漫创意与数字娱乐重点实验室、苏区研究院、媒体融合与传播实验中心等教学科研平台。

学院现有教授13人（博导6人）、副教授23人。中国社会科学院新闻所原所长尹韵公教授为学院名誉院长。学科团队中，享受国务院特殊津贴专家2人、全国宣传思想文化青年英才（理论界）1人。2018年以来，获批国家社科基金重点及一般项目10项,在《新闻与传播研究》等期刊发表学术论文200余篇，出版专著30余部。获中宣部“五个一工程”奖以及省部级社会优秀成果奖6项，部分成果获省部级主要领导肯定性批示3次。

新时代，新作为。江西师范大学新闻与传播学院将在马克思主义新闻观、广告与传媒经济、红色文化传播、网络与社会治理、教育传播等领域形成特色和优势，为加快建设国内一流新闻与传播学院而努力奋斗！

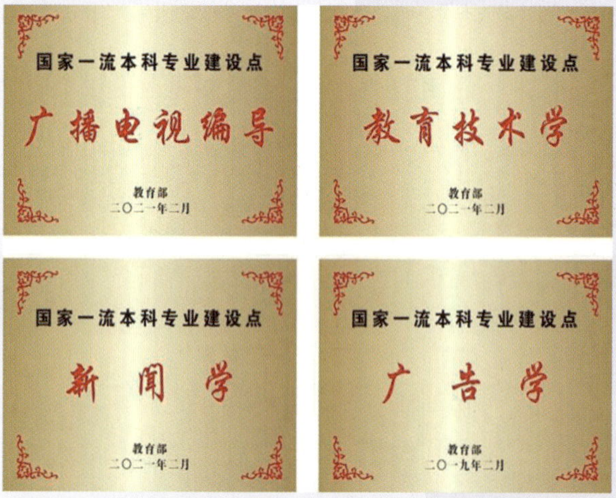

学院国家一流本科专业

余也鲁（1921—2012）

2020年12月，举办新闻传播学一流专业建设院长论坛

陕西师范大学新闻与传播学院

陕西师范大学新闻与传播学院始建于2000年，是西北地区首家以学院建制的传媒教育机构，也是陕西省首家部校共建学院。

学院建设了本科、硕士、博士一体化人才培养体系。现设有新闻学、编辑出版学、播音与主持艺术、广播电视编导、网络与新媒体5个本科专业，共获批4个国家级一流本科专业建设点；获批新闻传播学、戏剧与影视学2个硕士一级授权点，新闻与传播、出版、广播电视3个专业硕士授权点。获批陕西省首家新闻传播学博士一级授权点。

学院建有校级、省级、国家级等多层次多类型实验教学和科研平台，积极探索文化和科技的深度融合。数字传媒技术实验中心获批国家级实验教学示范中心，具有西部特色的播音与主持艺术跨学科复合型人才培养获批国家级人才培养模式创新实验区，西部多语种文化资源智慧出版实验室入选国家新闻出版署重点实验室。学院参与建设并获批教育部教育融媒体建设试点单位、长安与丝路文化传播学科创新111引智基地、民歌智能计算与服务技术文化和旅游部重点实验室等。中国电影地缘文化研究基地、媒介素养科普基地入选陕西省级基地称号。学院设有院士工作站、文化教育智慧传播工程技术研究中心等。

学院注重学思结合，倡导知行合一，落实课程思政要求，构建知识·体验·实践“三位一体”的马克思主义新闻观和马克思主义文艺观育人体系。

峥嵘岁月弦歌不辍，格物致知薪火相传。在“十四五”期间，学院将充分整合和优化资源，实现高质量发展！

学院成为陕西省首家部校共建新闻与传播学院

学院教职工赴延安新闻纪念馆参观调研

学院举办第十四届晨读经典大赛

中南财经政法大学
新闻与文化传播学院

学院自办刊物《中国新闻评论》

中南财经政法大学新闻与文学艺术教育肇始于1948年中原大学设立的新闻和文艺学专业，具有悠久的办学历史与深厚的学术底蕴。2004年，中南财经政法大学新闻与文化传播学院正式成立，2005年、2010年分别获批新闻学和传播学一级硕士学位授予权，2014年获批新闻传播专业学位授予权。2019年7月，湖北省委宣传部与中南财经政法大学共建新闻与传播学院，为学院发展提供了新的历史机遇。

目前学院设有新闻学、广播电视学、网络与新媒体、汉语言文学和数字媒体艺术5个本科专业。其中，新闻学为国家级一流本科专业，网络与新媒体、广播电视学、汉语言文学为省级一流本科专业。

学院高度重视学生实践能力的培养，建有国家级实验教学示范中心——中南财经政法大学传媒与艺术实验中心。中心下设非线性编辑实验室、作品视听实验室、二维动画实验室、三维动画实验室、动画音频实验室、艺术设计工作室、虚拟演播实验室、摄影艺术实验室、集群渲染实验室、广播编辑实验室、电视编辑实验室、报刊编辑实验室共12个实验室。

学院持续推进教育教学模式改革，新闻传播学类专业设置了经济新闻和法制新闻两个特色方向，汉语言文学专业设置了文化产业、创意写作特色方向，数字媒体艺术专业设置了数字影像、游戏美术特色方向。2021年新增网络与新媒体—法学双学位实验班，以顺应新文科发展趋势，探索复合型人才培养模式。

面向未来，学院将秉持“博文明理、厚德济世”的校训，具体落实“崇实求真、博文广艺”的院训，深化改革，开拓创新，努力创造美好的明天。

与湖北广播电视台合作举办的“建党百年 记者担当”直播活动

纪念中共第一报人潘梓年

研究生参加国际学术研讨会

有“江城小奥斯卡”之称的“影像中南”

序　言
不忘初心，服务为本

张　昆

2016年11月5日，《中国新闻传播教育年鉴(2016)》于沈阳举行隆重的首发式。新闻教育界“八老”即何梓华教授、赵玉明教授、童兵教授、郑保卫教授、吴高福教授、罗以澄教授、邱沛篁教授、刘建明教授和时任中国新闻史学会会长陈昌凤教授齐齐现身为年鉴剪彩，一时引发新闻界、新闻教育界的热议，学者间好评如潮。自此以来，数个寒暑往复；最近三年，更是新冠肺炎疫情肆虐之时，可《中国新闻传播教育年鉴》的编撰出版犹如时钟正点鸣响，每年的首发式都如期举行，成为年末新闻教育界的重要风景。今天，《中国新闻传播教育年鉴(2022)》书稿又摆在了我的案头。白驹过隙，逝者如斯，面对这百万字皇皇巨著，一种感慨油然而生。

《中国新闻传播教育年鉴》是中国新闻史学会新闻传播教育史研究委员会(以下简称研究会)、《中国新闻传播教育年鉴》编撰委员会主持编撰，武汉大学出版社公开出版的。中国新闻史学会是新闻传播学界唯一的全国性一级学会，而研究会又正是其旗下的首个二级学会。2008年，研究会在北京大学宣告成立。2014年末，我受命担任研究会的第三任会长。当时的研究会与其他学会一样，致力于学术研讨和交流，聚焦新闻传播教育改革、教学创新，在活跃学术气氛、构筑学术共同体方面，扮演了建设性的角色。但当时的新闻学界还有一个主旨相似的学会，即中国高等教育学会新闻学与传播学专业委员会，其历史更为悠久，规模更大，而且其会员多为新闻院系的院长、主任。两个定位相似、难以明确区隔的学术团体并存的局面，显然不利于研究会的空间拓展。为了充分地发挥研究会的作用，有必要对研究会的目标和功能予以重新定位。

经过研究会同仁的深入讨论，大家形成了共识。研究会是面向新闻传播教育界的学术共同体，是教育界同仁的精神家园。鉴于中国新闻史学会的性质，研究会的研究面向，应该是已经发生的过去，记录当下的历史。至于当前的新闻传播教育领域的改革与创新，则是中国高等教育学会新闻学与传播学专业委员会关注的对象。我们应该发挥作为历史学者的特长和优势，在记录、研究当代新闻教育史方面作出我们的贡献。基于这一认知，研究会常务理事会决定以编撰《中国新闻传播教育年鉴》为抓手，服务于当下的新闻传播教育界。常务理事会以别出心裁的创意和动员，将学会成员的注意力集中在当前新闻传播教育史料的搜集、整理、考订、编次方面，在此基础上，建构了完整的叙事体系。经过在重庆工商大学的常务理事会及中山大学的第一次《中国新闻传播教育年鉴》编委会的讨论与确认，《中国新闻传播教育年鉴(2016)》的编撰工作正式启动。

现在回过头来思考，为什么当时要选择编撰《中国新闻传播教育年鉴》作为研究会的基本业务工作，还真是难以厘清头绪。我清醒地记得，冥冥中似乎有一种感召，即教育界需要一种年度出版的学术性工具书，与时俱进，客观记录年内发生的各种事情、数据，描绘整体状貌，展示人物情态，为新闻教育界同仁提供一种生存发展的现实背景和参照系。令人惊奇的是，研究会大多数同仁，好像也接受到了同样的启示。所以我们彼此一拍即合，犹如点燃喷涌的天然气流，同仁的激情一下子激发出来了。年鉴正式出版以来，新闻传播教育界同仁以空前的热情，充分肯定年鉴的应运而生，赞赏研究会同仁的学术远见和强大的行动力。我非常庆幸，能够精准地领会、理解这种使命的感召，抓住了这稍纵即逝的机遇。经过大家的共同努力，以厚重的《中国新闻传播教育年鉴》呼应了教育界同仁的紧迫需求。

七年来，驱动我们不断前行的动力，一直是服务新闻教育界、服务学界同仁的初心，这种初心来源于对于使命与责任的自觉。生于这个火热的变革的年代，狂飙突进的历史潮流激活了我们休眠已久的自由意志，只有积极地行动起来，尽其所能地做一些实实在在的事情，为新闻传播教育提供不可或缺的服务，才不至于辜负这个伟大的时代。

编撰出版《中国新闻传播教育年鉴》便是研究会同仁、编委会能够为新闻教育界提供的最基本的服务。每一个新闻教育工作者，无论是担任院长主任的学科专业负责人，还是一般的专业或基础课教师，都需要了解置身其中的教育系统本身，涉及教育大系统、高等教育系统、新闻教育子系统，了解这些系统的构成及其要素，了解教育政策、了解相应的行业发展动态及其人才需求、了解国外境外的新闻教育界同行最新趋势，了解国内新闻教育界存在的问题，了解国内同行的改革与创新，等等，所有这一切，不限于鲜活的个案、事实，更需要关涉全局、整体的确凿的数据；不限于对现实及过往历史的掌握，更需要基于历史、现实的科学前瞻。在满足这一需求方面，没有比新闻传播教育年鉴更重要、更合适的公共产品了。正是在这个意义上，中国人民大学新闻学院荣誉一级教授方汉奇先生盛赞本年鉴“集众智记录历史镜鉴教育，汇群伦探索规律功在国家”。历史表明，专业性、行业性年鉴的出版，是衡量一个行业、一个学科的成熟程度的重要标志。完善的事物产生于完善的时代，完善的事业更需要完美的服务。《中国新闻传播教育年鉴》正是应时而生的产物。

创办全国新闻教育界院长研修班是研究会、编委会为新闻教育界提供的第二个重要的公共产品。新闻学院院长是新的教育工作者，教育者必须首先接受教育。习近平在同北京大学师生座谈时就提到了这个观点。院长的职责需要其具有特殊的能力、才华和素养，以及经验和智慧。没有天生的院长，院长是在院系运作管理的实践中成长起来的。据我们了解，现在国内新闻学院院长主要来源于以下几种类型：新闻学院的教授、学者，媒体领导人，还有一些政府的高官。很显然，学者也好、媒体人也好、政府高官也好，他们的政治素养、学养应该说是非常好的，在本职岗位上都是佼佼者。但是一下子把他们放在新闻学院院长的位置上，就未必完全适应。在其他岗位上可能是最优秀的人才，但是转到院长这个岗位，可能就需要继续学习和研修。事实上很多成功的新闻学院院长都有这种体验，原来是业界的翘楚，担任报社的总编、社长，但是来到新闻学院后，发现院长这个岗位与原来媒体领导岗位完全不一样。新闻学院院长必须首先是一个学者，还要有一定的管理、沟通、协调的能力。院长的养成，需要有一个交流的平台、学习的平台。担任新闻学院院长，实际上开始了一个全新的修炼过程。院长的修炼首先是自学，还需要跟同行交流、切磋。通过自己在工作中的摸索和总结当然是自我提升的一条重要途径，但是如果有与同行交流、学习的机会，无疑能够节省大量自我探索的时间。而且通过学习同行先进的经验、吸收同行的智慧，还能够突破自己智力的局限和思维的屏障。所以院长的养成很需要有一种交流的平台。全国新闻传播学院院长研修班就是供全国的院长、同行交流、学习的平台，在某种意义上来讲可以说这个平台就是“院长之家”，是院长们的学术共同体，也可以说是院长们的精神家园。办好院长研修班，让全国的新闻院系负责人能够在这个平台上交流、沟通、学习，探讨他们彼此感兴趣的问题、分享他们的经验，对于新闻传播教育来讲应该说是一个功德无量的事情。也正是基于这样一种考虑，中国新闻传播教育年鉴编委会提出了服务新闻教育，创办全国新闻传播学院院长研修班的设想。

鉴于转型时期的诸多不确定性，新闻教育界也需要榜样的引领。由于编委会在信息采集网络方面的独特优势，在学界没有任何一个组织能够比我们更加精准地掌握国内新闻教育界的全局动态及发展趋势。哪个院长无与伦比？哪个新闻学院棋高一着？编委会和研究会最有发言权，也最具公信力。基于这一自信，编委会一本初心，决定自行设立中国新闻传播教育年鉴奖，下设杰出院长奖、创新发展奖及编撰贡献奖。其中杰出院长奖的评选条件是：担任新闻学院院长一个以上完整的任期；执政期间学科建设取得了学界公认的成就；具有明确的办学理念；在教学改革、管理模式创新上成果显著；现任院长原则上不进入提名。创新发展奖旨在评选新闻教育界公认的学院。创新发展奖的评选条件是：学院在教学、科研、人才培养、学科建设和服务社会等方面实施了系统的创新性改革举措，产生了明显效果，取得了广泛认可，对其他学院具有示范效应。年鉴奖的评审无需申报，由编委会按 1∶2 比例提出建议人选，中国新闻传播教育年鉴奖评审团最后票决。2022 年 7 月 9 日，首届中国新闻传播教育年鉴奖颁奖典礼在湖南吉首隆重举行。中国传媒大学广告学院原院长黄升民教授获得首个杰出院长奖，华中科技大学新闻与信息传播学院获得首个创新发展奖。这两位获奖者实至名归，作为在新闻教育界、学术界的样板，确实起到了榜样示范作用。

当然作为一个学术共同体，研究会、编委会并没有忘记组织学术交流和学术研讨这一基本职能。研究会在中国新闻史学会的领导下，除了组团参加每年一度的中国新闻史学会学术年会外，还于每年 11 月上中旬组织一次新闻教育史主题的学术年会。应会员单位的需求，研究会还联合会员单位举办各种不同主体的学术研讨会和教学改革研讨会。如联合西北政法大学新闻学院举办“何微新闻奖”新闻传播学科研究生论坛暨青年学者论坛，联合华中科技大学新闻学院举办新闻传播史论课程群教学改革研讨会，联合广州体育学院举办“2022 新文科建设背景下新闻传播学学科建设暨一流新闻学专业建设”学术研讨会等。这些学术研讨都是围绕新闻教育、聚焦新闻人才培养进行的，在一定的程度上促进了当下的新闻传播教育改革。

无论是《中国新闻传播教育年鉴》的编撰、中国新闻传播教育年鉴奖的评选、全国新闻教育界院长研修班的举办，还是学术交流学术研讨活动的开展，作为服务新闻教育界和学术同道的公共产品，都必须坚持最高的质量标准。没有高标准，就不会有令教育界、学界同仁满意的服务。研究会、编委会自成立以来，一直抓住服务和质量两个关键所在，念兹在兹，不敢稍有松懈。作为研究会的会长和编委会的主任，我认为要保证高品质的服务，首先要秉持史家精神。中国新闻传播教育年鉴是研究会和编委会的首要产品，其目的在于记录当代新闻教育史，为新闻院系及教育工作者提供资鉴。没有史家精神的武装，绝对难以完成这一历史使命。其次要有包容的气度。无论是研究会还是编委会，其成员来自五湖四海，学术见解不一，感情亲疏有别，立场左右差异，这是一种客观存在，研究会、编委会要有兼容并包的气度，让这些不同的成员能够在同一平台上亲密合作，为我们的共同目标而努力。最后要有无私奉献的情怀。研究会、编委会所做的事情，无一例外都属于公益范畴，没有赢利的目的。这些事情涉及面广，耗费资源巨大，需要大面积动员，各位同仁之所以乐此不疲、精神饱满，在于对责任和使命的体认。

2022 年是中国新闻史学会新闻传播教育史研究委员会成立 15 周年，也是中国新闻传播教育年鉴编撰委员会成立 8 周年。在浩瀚的历史长河里，这个时间并不长；但是在有限的人生历程中，这个时间却不短。人生有多少个 15 年、8 年呢？但是这个宝贵的 15 年、8 年中，各位同仁、各位教授似乎是在某种神秘力量的牵引下，从四面八方来到同一个平台，聚集到研究会的旗帜下，结成了强有力的编委会。一个活动接着一个活动，一本年鉴接着一本年鉴，一个会议接着一个会议，川流不息；研究会和编委会本身也像滚雪球一样，越来越大，越来越强。不能不说这是一个奇迹。

面对《中国新闻传播教育年鉴(2022)》书稿，有一种莫名的感慨油然而生。一个人、一个组织干好一件事很容易，但是要持之以恒地做好这件事则很难。我们集合新闻教育界同仁的力量，成功地建设了属于我们的共同体，推出了独特的广受欢迎的公共产品，但是这面红旗还能打多久？《中国新闻传播教育年鉴》能够持续出版到 10 部、20 部、30 部吗？全国新闻教育界院长研修班能够一如既往地红火，受到新闻教育界的欢迎吗？未来充满了不确定性，但是我相信，只要我们不忘初心，服务为本，全力以赴，我们一定能够常保事业的生命力，《中国新闻传播教育年鉴》将会伴随着教育的发展演绎，完整地记录、呈现属于新闻教育工作者的历史！

目　　录

1. 总 论 篇

1.1 2021年度中国新闻传播教育发展总论

2021年，中国共产党建党100周年。在庆祝中国共产党诞辰百年的喜庆氛围中，中国新闻传播教育走过了具有特殊意义的一年。

1.1.1 中国共产党百年新闻教育名家暨穆青诞辰100周年学术研讨会召开

2021年3月13日，由新华通讯社-郑州大学穆青研究中心主办的“勿忘人民：中国共产党百年新闻名家暨穆青诞辰100周年学术研讨会”在郑州召开。会议邀请穆青家属、穆青采访过的宁陵“老坚决”相关当事人出席，来自新华社、中国人民大学、复旦大学、清华大学、南京大学等全国各地近百位新闻传播业界和学界的专家学者齐聚郑州大学，共同研讨中国共产党百年新闻名家，纪念穆青诞辰100周年，并借此向中国共产党成立100周年献礼。

此次会议设有6场分论坛，议题包括“追忆穆青”“穆青研究”“党报党刊与革命传播”“新闻名家名篇研究”“社交媒体与政治传播”和“政治认同与跨文化传播”等。新华通讯社-郑州大学穆青研究中心于2014年6月成立，是全国高校唯一的专门从事穆青研究的学术机构，深度研究穆青新闻实践和新闻思想等方面。新华通讯社-郑州大学穆青研究中心同时还举办了系列工作坊和学术论坛等研讨活动，以此庆祝中国共产党建党100周年及纪念穆青诞辰100周年。

1.1.2 中国共产党百年新闻事业学术研讨会召开

2021年5月8日，由中国人民大学新闻学院、中国人民大学新闻与社会发展研究中心、中国新闻史学会、中国高等教育学会新闻学与传播学专业委员会、中国人民大学马克思主义新闻观研究中心等主办的中国共产党百年新闻事业学术研讨会在中国人民大学召开，这是2021年国内新闻学界首个以建党百年为主题的大型学术会议。

2021年是中国共产党百年华诞，也是我国“十四五”规划的开局之年。中国共产党百年新闻事业学术研讨会以庆祝中国共产党建党100周年，进一步推动中国共产党新闻事业的学术研究与交流，推进马克思主义新闻观教育的深入发展为背景召开。与会的新闻传播学界和教育界的专家学者探讨了诸如“中国共产党新闻事业的发展历程与伟大成就”“中国共产党新闻事业的宝贵经验与现实启示”“中国共产党新闻事业的光荣传统与优良作风”“中国共产党新闻事业的重要人物与重大事件”“中国共产党新闻事业研究的新理论、新方法与新视角”“中国共产党新闻思想的形成与发展”“中国共产党新闻事业新史料的发掘与利用”“中国共产党新闻工作者队伍建设”“中国共产党新闻传播教育”“融媒时代党媒建设与创新发展”“国际传播视野下的党媒话语权建设”“马克思主义新闻观研究和教育教学”和“中国特色社会主义新闻学三大体系建设”等诸多议题。

学者们一致认为：坚持党性原则是对马克思主义新闻观最有力和最持久的坚守、是对社会主义新闻事业基本方针最准确的阐释、是对党的新闻舆论工作基本原则最根本的认识、是党的新闻事业发展壮大最重要的经验；实施有力的舆论监督、主动设置新闻舆论的议题、重视国际传播、增强干部群众的政治免疫力、促进媒体融合发展、自觉遵循规律、加强队伍建设等是中国共产党百年来舆论思想的主要内涵；多位来自新闻传播学界和新闻传播教育界的学者围绕“中国共产党百年新闻事业”为主题展开了各自的论述。

2021年，中国人民大学新闻学院还建立了“马克思主义新闻观数据中心网站”，极大方便了学者进行马克思主义新闻观研究，引领和凝聚了全国马克思主义新闻观研究合力。

1.1.3 中国新闻史学会年会中诸多子议题关联“百年中国共产党新闻教育”

2021年10月15—18日，由中国新闻史学会发起主办，深圳大学联合主办，深圳大学传播学院、深圳大学媒体融合与国际传播研究中心承办，中国新闻史学会各二级机构协办的中国新闻史学会2021年学术年会召开。这是一场为庆祝中国共产党成立100周年并制定、实施“十四五”规划、全面建成小康社会，召开了会议主题为“新文科与未来传播：构建新时代中国特色新闻传播学”的学术年会。

此次中国新闻史学会年会共计包含“新闻传播史”“新闻传播教育史”“外国新闻传播史”“网络传播史”“少数民族新闻传播史”“台湾与东南亚华文新闻传播史”“广告与传媒发展史”“全球传播与公共外交/公共关系”“舆论学”“传媒经济与管理”“视听传播”“新

闻传播思想史”“应用新闻传播学”“编辑出版史”“媒介法规与伦理”“传播学”“中国特色新闻学”“党报党刊”“符号传播学”“计算传播学”“地方新闻史”“博物馆与史志传播”“健康传播”在内的23个二级学会的分论坛以及博士生论坛。其中，新闻传播思想史专业委员会分论坛(百年中国共产党新闻传播思想研究)、编辑出版史专业委员会分论坛(中国共产党百年红色出版研究)、中国特色新闻学专业委员会分论坛(中国共产党新闻理论的时空张力)、党报党刊专业委员会分论坛(百年中共新闻传播实践史研究)、博士生论坛(中国共产党新闻事业的百年经验与创新发展)这5个学会分论坛在主题设置中涉及关于“中国共产党百年新闻传播教育思想、理论、实践与经验”的相关议题。

而在2021年10月16日的年会分论坛现场，除上述5个分论坛外，也有不少分论的学者就“中国共产党百年新闻传播教育思想、理论、实践与经验，代表性人物与典型性事件等”展开了各自的论述。如，《中国特色与世界格局：〈解放日报〉与中国共产党早期政党文化建设》《中国共产党新闻宣传舆论工作核心理念创新的百年进程：基于观念史的视角》《论土地革命战争时期中国共产党的出版发行政策》《“党管媒体”的百年探索与经验启示》《中国共产党传媒领导权建设的“延安道路”》等。

1.1.4　新闻传播学本科专业目录迎来“大换血”

2021年3月1日，教育部发布《教育部关于公布2020年度普通高等学校本科专业备案和审批结果的通知》，公布《2020年度普通高等学校本科专业备案和审批结果》与《列入普通高等学校本科专业目录的新专业名单(2021)》两份名单。从公布的两份名单来看，新闻传播学本科专业目录迎来“大换血”，新闻传播类相关专业新增备案涉及23类专业161所院校，新闻传播类相关专业新增审批涉及1类专业2所院校；新闻传播类被撤销专业涉及13类专业46所院校。

1.1.4.1　新闻传播类相关专业新增备案

新增网络与新媒体专业的高校共计46所，其中，教育部直属高校含北京交通大学、北京邮电大学、南开大学、武汉理工大学4所，中国科学院下属中国科学技术大学1所，各省市及自治区及直辖市所属高校为北京电影学院、北京信息科技大学、首都师范大学科德学院、北京工商大学嘉华学院、天津外国语大学、河北水利电力学院、衡水学院、河北传媒学院、燕京理工学院、大连理工大学城市学院、沈阳科技学院、长春工业大学、北华大学、长春财经学院、哈尔滨学院、合肥学院、仰恩大学、九江学院、山东师范大学、烟台理工学院、信阳农林学院、郑州财经学院、郑州升达经贸管理学院、长江大学、汉江师范学院、长江大学文理学院、武汉工程科技学院、长沙理工大学、湖南科技学院、广东海洋大学、惠州学院、广东财经大学、广东工业大学华立学院、四川外国语大学成都学院、四川大学锦江学院、云南师范大学商学院、陕西理工大学、西安工商学院、广西民族大学相思湖学院、桂林理工大学博文管理学院、广西职业师范学院41所。

新增数字媒体艺术专业的高校共计27所，其中，教育部直属高校为华中农业大学，各省市及自治区所属高校为黑龙江工商学院、黑龙江工程学院昆仑旅游学院、亳州学院、马鞍山学院、福州工商学院、阳光学院、景德镇学院、江西财经大学现代经济管理学院、山东石油化工学院、泰山科技学院、青岛农业大学海都学院、河南工学院、郑州科技学院、武汉工程大学邮电与信息工程学院、武昌工学院、湖南工程学院、广东金融学院、海口经济学院、重庆财经学院、西南财经大学天府学院、云南师范大学商学院、西北大学、延安大学西安创新学院、西安明德理工学院、天水师范学院、中国矿业大学银川学院26所。

新增新媒体艺术专业的高校共计11所，为沈阳理工大学、辽宁对外经贸学院、辽宁财贸学院、江西应用科技学院、山东工艺美术学院、北京电影学院现代创意媒体学院、桂林理工大学、南宁学院、重庆城市科技学院、四川音乐学院、西北大学现代学院。

新增虚拟现实技术专业的高校共计10所，其中，工业和信息化部所属高校为北京航空航天大学，各省市自治区及直辖市所属高校为河北工程技术学院、山西传媒学院、大连东软信息学院、哈尔滨信息工程学院、华东交通大学、江西财经大学、青岛农业大学海都学院、湖北理工学院、云南大学滇池学院9所。

新增视觉传达设计专业的高校共计9所，为保定学院、长春工业大学、宁波财经学院、福州理工学院、青岛恒星科技学院、青岛黄海学院、华南理工大学广州学院、广西职业师范学院、宜宾学院。

新增影视摄影与制作专业的高校共计7所，为辽宁财贸学院、哈尔滨华德学院、安徽艺术学院、厦门理工学院、江西科技学院、武汉东湖学院、西北大学现代学院。

新增国际新闻与传播专业的高校共计5所，其中，教育部直属高校为中国人民大学、上海外国语大学2所，各省市为南京传媒学院、汕头大学、西安外国语大学3所。

新增环境设计专业的高校共计5所，为南京信息工程大学、安徽艺术学院、广州航海学院、广州工商学院、吉利学院。

新增产品设计专业的高校共计4所，为北京印刷学院、赣南师范大学、山东交通学院、贺州学院。

新增摄影专业的高校共计4所，为南昌工学院、郑州西亚斯学院、桂林理工大学博文管理学院、成都文理学院。

新增时尚传播专业的高校共计 4 所，为沈阳工学院、上海建桥学院、南京传媒学院、浙江越秀外国语学院。

新增影视技术专业的高校共计 4 所，为海口经济学院、四川传媒学院、四川电影电视学院、燕京理工学院。

新增广告学专业的高校共计 3 所，为安徽外国语学院、闽南师范大学、成都理工大学工程技术学院。

新增传播学专业的高校共计 3 所，其中，教育部直属高校为北京交通大学，各省市为吉林农业大学、宁波大学。

新增广播电视编导专业的高校共计 3 所，为上海立达学院、南京航空航天大学金城学院、广东第二师范学院。

新增数字媒体技术专业的高校共计 3 所，为沈阳工程学院、四川大学锦城学院、云南大学滇池学院。

新增新闻学专业的高校共计 3 所，其中，教育部直属高校为南开大学，各省市为湖北民族大学、内江师范学院。

新增会展专业的高校共计 2 所，为北京石油化工学院、福建商学院。

新增数字出版专业的高校共计 2 所，为南京传媒学院、山东政法学院。

新增新媒体技术专业的高校共计 2 所，为吉林动画学院、齐鲁理工学院。

新增编辑出版学专业的高校 1 所，为辽宁传媒学院。

新增广播电视学专业的高校 1 所，为辽宁传媒学院。

1.1.4.2　新闻传播类相关专业新增审批

新增跨媒体艺术专业的高校 2 所，为南京师范大学、湖北美术学院。

1.1.4.3　2020 年新闻传播类撤销专业

撤销产品设计专业的高校共计 13 所，其中，教育部直属高校为华中农业大学，各省市为唐山师范学院、黑龙江东方学院、南京师范大学中北学院、杭州师范大学钱江学院、集美大学诚毅学院、江西科技学院、聊城大学、山东石油化工学院、河南开封科技传媒学院、宝鸡文理学院、西安科技大学高新学院、兰州财经大学 12 所。

撤销广告学专业的高校共计 5 所，为内蒙古师范大学、浙江理工大学、安徽大学、山东财经大学、西安工程大学。

撤销广播电视学专业的高校共计 4 所，为长春人文学院、武汉纺织大学外经贸学院、云南艺术学院、西安外国语大学。

撤销数字媒体技术专业的高校共计4所，为浙江师范大学、武汉传媒学院、广西大学、西安工程大学。

撤销编辑出版学专业的高校共计3所，为中国人民大学、安徽新华学院、广西民族大学。

撤销市场营销专业的高校共计3所，为沈阳体育学院、湖州师范学院、滨州医学院。

撤销影视摄制与制作专业的高校共计3所，为西南民族大学、济南大学、齐鲁工业大学。

撤销传播学专业的高校共计2所，为吉林动画学院、江西师范大学。

撤销广播电视工程专业的高校共计2所，为怀化学院、西藏大学。

撤销环境设计专业的高校共计2所，为西南大学、齐齐哈尔工程学院。

撤销视觉传达设计专业的高校共计2所，为华东交通大学、江西农业大学。

撤销数字媒体艺术专业的高校共计2所，为安徽大学、青岛大学。

撤销摄影专业的高校1所，为安徽三联学院。

1.1.4.4 新闻传播学家族“扩军”

2021年7月26日，国务院学位委员会办公室公布《2020年学位授权审核结果公示》，对各地区(系统)推荐的新增博士硕士学位授予单位、博士硕士学位授权点、自主审核单位的审核结果予以公示。其中新闻传播学新增一级学科博士授权点3个、一级学科硕士授权点4个、新闻与传播专业学位硕士点47个、出版专业学位硕士点5个。据悉，此次公示是为贯彻落实习近平总书记关于研究生教育工作重要指示精神和全国研究生教育会议精神，着力构建高质量研究生教育体系，根据《博士硕士学位授权审核办法》规定，按照突出质量导向、坚持服务需求、强化特色发展、着力优化结构的原则，来完成条件核查和专家评议。

①新闻传播学一级学科博士授权点+“3”。

此次新增的新闻传播学一级学科博士授权点为湖南大学、国防大学、陕西师范大学。至此我国新闻传播学科一级博士授权点达到32个，包括中国人民大学、复旦大学、中国传媒大学、武汉大学、华中科技大学、清华大学、北京大学、四川大学、浙江大学、暨南大学、厦门大学、上海大学、华东师范大学、山东大学、河北大学、中国社会科学院研究生院、南京师范大学、天津师范大学、上海交通大学、安徽大学、南昌大学、郑州大学、湖南师范大学、深圳大学、西南政法大学、南京大学、兰州大学、重庆大学、北京师范大学、湖南大学、国防大学、陕西师范大学。从时间上看，新闻传播学一级学科博士授权点从2000年开始(包括中国人民大学、复旦大学、中国传媒大学3所高校)；到2010年真正进入快速发展阶段，共有来自8个省市的9所高校获得新闻传播学一级学科博士授权点；在2010—2017年这一时间阶段，无新增新闻传播学一级学科博士授权点；到2017年，再次进入新的发展阶段，新闻传播学新增10个一级学科博士授权点；2019年以来新增7个一级学科博士授权点。从地域分布看，2017年以后，逐渐打破了过去以东部沿海高校为主的局面，中西部地区的新闻传播学博士研究生教育逐渐发展壮大，特别是2017年以来新增的16个授权点中，中西部高校占到了9个。

②新闻传播学一级学科硕士授权点+“4”。

此次新增的新闻传播学一级学科硕士授权点共4个，为湖南大学、北京体育大学、成都理工大学、西藏民族大学、海南师范大学。据不完全统计，新闻传播学科一级学科硕士点总数达到121个，另有二级学科硕士点6个。从地域上看，数量排名前十的分别是：北京(15.7%)、上海(11%)、广东(7.1%)、湖北(7.1%)、四川(5.5%)、湖南(4.7%)、江苏(3.9%)、重庆(3.9%)、陕西(3.9%)、江西(3.1%)、辽宁(3.1%)。

③新闻与传播专业学位硕士点+“47”。

此次新增新闻与传播专业学位硕士点47个；据不完全统计，全国新闻与传播专业学位硕士点总数到达了212个。在地域分布上，排名前十的分别是：北京(9.9%)、上海(6.6%)、湖北(6.6%)、广东(5%)、重庆(4.7%)、浙江(4.7%)、陕西(4.7%)、江苏(4.7%)、湖南(4.7%)、安徽(4.3%)。具体新增硕士点如下：北京服装学院、北京语言大学、首都经济贸易大学、天津财经大学、华北电力大学、山西师范大学、山西大同大学、内蒙古民族大学、赤峰学院、哈尔滨商业大学、上海财经大学、上海对外经贸大学、中国矿业大学、南京邮电大学、南京体育学院、杭州电子科技大学、湖州师范学院、合肥工业大学、阜阳师范大学、青岛理工大学、山东财经大学、河南师范大学、华中农业大学、湖北师范大学、衡阳师范学院、广东技术师范大学、广东财经大学、广西民族大学、西华大学、重庆三峡学院、西南民族大学、贵州财经大学、大理大学、西藏大学、西安石油大学、西北民族大学、青海民族大学、石河子大学、喀什大学、伊犁师范大学、合肥学院、三峡大学、广州大学、北方民族大学、浙江财经大学、重庆理工大学、河北经贸大学。

④出版专业学位硕士点+“5”。

此次新增的出版专业学位硕士点共5个，分别是：浙江工商大学、湖北大学、吉林外国语大学、扬州大学、南昌工程学院，至此全国共有出版专业学位硕士点34个。出版专业学位硕士自2010年设立以来，始终保持稳步发展态势。2010年设立的首批硕士点共计

14个，2014年新增6个硕士点，2017年新增9个硕士点，2020年新增5个硕士点。

1.1.5 新闻传播教育队伍“扩伍”

1.1.5.1 湖北再添一家部校共建新闻传播学院

2021年7月6日，湖北省委宣传部与武汉体育学院“部校共建新闻传播学院”正式揭牌，武汉体育学院成为湖北省第六所与省委宣传部共建新闻学院的院校。

武汉体育学院新闻传播学院是2013年首批湖北省高校改革试点学院，其新闻学专业2021年获批国家级一流专业建设点，现拥有一支新闻与传播省级实践教学团队。在“湖北省委宣传部与武汉体育学院共建新闻传播学院信息发布会”上，武汉体育学院副校长刘彦博表示，2021年是“十四五”的开局之年，武汉体育学院紧紧围绕湖北省“建成支点、走在前列、谱写新篇”总目标，抢抓湖北省“支持省属高校实现一流学科重点突破”和“建强建优一批体音美等专业性院校”的重要机遇，确定了“两个率先，前列一流”总目标，奋力实现一流学科率先突破和学校高质量发展。武汉体育学院将以此次部校共建新闻传播学院为契机，充分发挥体育院校的独特优势，携手培养有正确立场、人民情怀、责任担当的新闻人才，为湖北省新闻事业服务经济社会发展大局提供坚实有力的人才支撑。刘彦博副校长并就进一步推动落实部校共建新闻传播学院提出三项要求：一是提高站位，深化认识，抓实抓好部校共建新闻传播学院这项战略任务；二是强化统筹，抓住关键，着力抓住马克思主义新闻观教育这根总绳；三是精心谋划，真抓实干，深入基层服务湖北县域经济社会发展。

此外，在揭牌当日，武汉体育学院新闻传播学院还举办了“红色阳新红土地·十个党员十面旗”大型主题采访暨“三下乡”社会实践活动研讨会，此项目是武汉体育学院“部校共建新闻传播学院”揭牌后的首个大型活动。

1.1.5.2 中央民族大学成立马克思主义新闻观与新闻实践研究中心

2021年7月17日，中央民族大学马克思主义新闻观与新闻实践研究中心正式成立。

中央民族大学是中国共产党创办民族高等教育的伟大创举和成功实践。作为党的民族教育事业的重镇，中央民族大学始终把为党育才，为国育人作为教育教学工作的出发点和落脚点。这次成立马克思主义新闻观与新闻实践研究中心、进一步完善和强化马克思主义新闻观教育，既是落实立德树人根本要求，更是中央民族大学担当作为，新闻传播教育实现高质量发展的重要抓手。

中国民族大学新闻与传播学院特聘院长张昆表示，作为开放的、与时俱进的思想体系，马克思主义新闻观的理论逻辑与实践逻辑对于新闻传播学的知识建构、新闻传播院系的人才培养具有重要引领作用。中央民族大学新闻传播专业从创立伊始，就高度重视对中国共产党新闻宣传理论以及新闻传播实践的研究，研究中心将与国内其他高校相关机构一起推动马新观的研究与教学实践。

参与揭牌仪式的专家一致认为，要从新的层面认识和理解实践，进一步加强学界和业界的交流沟通，更好地发挥马克思主义新闻观的统领作用。同时，与会专家倡议建立高校马克思主义新闻观研究中心的协同合作机制，加强合作，成果共享，共同推进马克思主义新闻观研究，推进中国特色新闻学理论研究，更好指导实践与人才培养。

1.1.5.3 中国人民大学新闻学院成立国际新闻与传播系

2021 年 5 月 31 日，中共中央政治局就加强我国国际传播能力建设进行第三十次集体学习。中共中央总书记习近平在主持学习时强调，讲好中国故事，传播好中国声音，展示真实、立体、全面的中国，是加强我国国际传播能力建设的重要任务。要深刻认识新形势下加强和改进国际传播工作的重要性和必要性，下大气力加强国际传播能力建设，形成同我国综合国力和国际地位相匹配的国际话语权，为我国改革发展稳定营造有利外部舆论环境，为推动构建人类命运共同体作出积极贡献。

2021 年 10 月 13 日，中国人民大学新闻学院宣布成立国际新闻与传播系。中国人民大学新闻学院国际新闻与传播系的成立正当其时，呼应了党中央就加强我国国际传播能力提出的要求，彰显了中国人民大学“始终奋进在时代前列”的精神品质。这是学院进一步整合资源，加强国际传播人才培养、科学研究和社会服务工作的重要举措，成立国际新闻与传播系是新闻学院建设“双一流”、提升国际化的重要举措。

国际新闻与传播专业的特色主要体现在：①它是全英文项目，新闻专业知识与英语能力同步培养，未来还将考虑因应“一带一路”需求开设俄语等项目；②侧重学生的全球化视野与中国立场的价值观的跨学科知识培养、判断力培养、跨文化交流技能与专业技术培养；③人才培养直接精准对接国家、社会重大战略需求，为中央主流媒体及相关机构定向输出高素质对外传播人才，满足国家社会发展需要。

1.1.5.4 南开大学成立新闻与传播学院

2021 年 10 月 17 日，在南开大学建校 102 周年校庆日，南开大学正式成立新闻与传播学院，这是南开大学迈入百年之后成立的首个学院。科技日报社原总编辑刘亚东任首任院长，陈鹏任副院长。

据悉，南开大学新闻与传播学院自 2019 年 10 月 23 日于南开大学建校 100 周年之际开始筹建，据中共南开大学委员会下发的文件《关于组建南开大学新闻传播学院(筹)的通知》(南党〔2019〕49号)显示，经2019年9月24日第二十八次党委常委会议研究决定：为贯彻落实中央关于加快传统媒体和新兴媒体融合发展的战略部署，为国家培养新时代全媒体人才，使学校在推动媒体融合发展、构建对外传播话语体系等方面发挥支撑作用，组建南开大学新闻传播学院(筹)。

在南开大学新闻与传播学院成立仪式上，校长曹雪涛表示："南开大学具有光荣的爱国主义传统，这是南开的魂。根植党和国家需要、立足民族振兴、面向人民期待培养人才、发展学科一直是南开人坚持不懈的奋斗方向。南开大学新闻与传播学院的建立，是深入贯彻党中央关于加快传统媒体和新兴媒体融合发展的重要战略部署，是南开大学'4211卓越南开行动计划'文科振兴的重要战略步骤。站在南开新百年的征程上，新闻与传播学院将依托南开大学综合性研究型大学的优势，通过'文文互鉴、文理交叉、文工融合'等方式探索新文科建设的新思路，打造校内外学科建设融合平台，培养出更多'知中国、服务中国'的高端人才，为巩固舆论阵地、推进媒体融合、加强国际传播能力建设作出新的贡献。"

1.1.5.5 方汉奇主编的《中国新闻传播史》获首届全国优秀教材一等奖

2021年9月26日，国家教材委员会印发《关于首届全国教材建设奖奖励的决定》，授予义务教育三科统编教材等10种教材"全国优秀教材特等奖"，授予《马克思主义哲学(第二版)》等200种教材"全国优秀教材一等奖"，授予《职业道德与法律(第五版)》等789种教材"全国优秀教材二等奖"，授予国家教材委员会语文学科专家委员会等99个集体"全国教材建设先进集体"称号，授予丁增稳等200名同志"全国教材建设先进个人"称号。新闻传播学类共5部教材获奖，方汉奇主编的《中国新闻传播史(第三版)》获"全国优秀教材(高等教育类)"一等奖，也是新闻传播学科类教材唯一的一等奖；李良荣主编的《新闻学概论(第六版)》，郭庆光主编的《传播学教程(第二版)》，高晓虹、杨保军、黄瑚编写的《实践中的马克思主义新闻观——新闻报道经典案例评析》，罗以澄、丁柏铨、张征编写的《新闻采访与写作》四本教材获"全国优秀教材(高等教育类)"二等奖。

作为首届全国优秀教材一等奖的获得者，方汉奇在2021年11月10日举办的"中国新闻史"课程与教材建设研讨会暨全国优秀教材一等奖《中国新闻传播史》与"金课"中国新闻传播史建设经验座谈会上，详细回顾了新中国成立以来中国新闻史从学科构建到教材编写的历程。据方汉奇回忆，20世纪50年代，全国高校的新闻史课程普遍缺少系统的教材，"直到1955年之后，大家一起编印了一本内部发行的教材，叫'五小本'"，教材应用情况才有所改善。改革开放初期，我国的新闻教育事业空前发展，大量从事新闻史研究和教学的学者笔耕不辍，使得新闻史的相关教材从“贫矿”变成了“富矿”。《中国新闻传播史》(第三版)虽然诞生于21世纪初，但正是基于上述背景，根据当时教学需求编写而成的。方汉奇认为，这次获奖既体现了对编写组工作成果的认可，也对未来的教材编写和学科建设工作有所裨益。“长江后浪逐前浪，一代新人胜旧人”，方汉奇鼓励大家一起努力，促进整个新闻史教学研究和教材编写工作进一步发展。

1.1.6 创建与发展新闻传播教育的“金课”

2020年11月25日，教育部公布《首批国家级一流本科课程认定结果通知》，公布“线上一流课程”“虚拟仿真实验教学一流课程”“线下一流课程”“线上线下混合式一流课程”“社会实践一流课程”为“五大金课”。2021年5月16日，来自全国10所重点高校新闻传播院系的国家级一流本科课程负责人汇集云端，分享交流五类一流课程培育与建设经验，就新闻传播学科如何建设“金课”进行探讨，并就新时代本科课程育人与拓维、新文科本科课程优化与提质两个主题进行了研讨。

“与会嘉宾在一流本科课程建设方面所表现出的时代性、前沿性和专业性，充分体现了近年来新闻传播教育界的教学改革成果与改革趋势。”教育部新闻传播学教学指导委员会副主任委员陈昌凤在致辞时说。此次教学经验研讨会独树一帜，对全国高校新闻传播教育的多维开拓和质量提升具有重要引领价值。

①互联网时代线上课程怎么建？线上线下课程怎么“混”？

华中科技大学教授余红围绕“系统性”“碎片化”“可视化”“富媒体”“配套性”等关键词，介绍了线上课程“新媒体用户分析”的内容设计特色与推广应用经验。中山大学教授张志安分享了一流线上课程“新媒体素养”教学成果孵化和课程价值释放的心得体会，重点介绍了通过课程搭建多层次、开放性、社交化网络教育平台的经验与成效。暨南大学副教授谷虹围绕“如何混合”这一主题，分享了“数字营销传播”探索“开放性互联化智慧型课堂”和“四维驱动线上线下混合教学法”等创新举措。

②线下课程怎么活起来？一流线下“金课”怎么体现高阶性和挑战度？

中国人民大学教授王润泽分享了“中国新闻传播史”教学团队“学着讲”“照着讲”“接着讲”“自己讲”的守正与创新，介绍了教学团队通过专题讲授、案例研讨、文献阅读、第二课堂实践相结合的多种教学手段创新。中国传媒大学教授顾洁对标教育部新文科建设要求，介绍了“融合新闻学”课程以“一个根本育人原则”“两项协同育人机制”“三大核心知识模块”“‘四全’实践养成模式”为核心特征的课程创新理念与实践策略。中央民族大学教授赵丽芳介绍了“新闻传播学研究方法与论文写作”课程以学生为中心的产出导向与持续改进的理念，分享了“让知识有温度、让教师有温度、让朋辈有温度、让考核有温度、让交流有温度”五维并举的课程育人举措。

③虚拟仿真实验课程怎么创新拓维？社会实践怎么进行课程建设？

一流虚拟仿真实验课程负责人、浙江大学教授韦路结合G20杭州峰会智能生产场景搭建，分享了虚拟仿真实验课程“能实不虚”的建设要求，主张打破门户之见，整合虚拟仿真实验课程资源并作为公共产品服务于人才培养。暨南大学教授支庭荣结合非典和新冠肺炎疫情报道，分享了“公共卫生危机事件新闻采访”，以情境还原、任务驱动和游戏化机制为特征的教学方法对传统新闻采访课程教学的创新与拓展。南京大学教授王辰瑶结合院级媒体矩阵深度融合探索，分享了以全真实践“倒逼”实务教学，解析了一流社会实践课程“未来编辑部”的建设路径与建设实效。

1.1.7 新闻传播学获首批教育部新文科研究与改革实践项目38项

为深入学习贯彻习近平总书记关于教育的重要论述，全面推进新文科建设，构建世界水平、中国特色的文科人才培养体系，2021年11月2日，教育部办公厅公布《首批新文科研究与改革实践项目的通知》，公布首批新文科研究与改革实践项目1011个，其中新闻传播学获批38项。

新闻传播学首批新文科研究与改革实践项目名单为：“新文科建设语境下‘中国新闻传播大讲堂’的创新实践”“面向中华文化国际传播时代的新文科建设”“广播电视学‘全媒型’新文科人才培养长效机制的改革与实践”“基于多学科融合的卓越新闻传播人才培养体系创新改革研究”“全媒体新闻传播人才培养的‘四维融合’模式研究与实践”“全媒体新闻传播人才培养的‘四维融合’模式研究与实践新定位、新方向、新体系、新机制——新文科背景下广告学专业提升改革与实践研究”“智媒时代原有新闻传播专业改革提升与实践探索研究”“新文科引领下卓越新闻传播人才培养体系建设”“数字智能时代计算传播专业群创新建设探索与实践”“新媒体传播新兴文科专业建设探索与实践”“新兴文科专业建设探索与实践——运动健康传播的研究与改革实践”“基于多学科深度融合的融媒体专业建设探索与实践”“人工智能新闻(AI Journalism)跨学科课程体系和教材体系建设实践”“交通强国背景下新闻传播复合型人才培养的创新与实践”“新文科背景下医学人文与中医文化传播素养课程建设及实践研究”“新文科‘创意类课程整合’与广告传播教材体系建设研究”“‘中国新闻传播学’课程体系和教材体系建设”“新文科背景下数字媒体专业的协同育人机制创新与实践”“体育新闻传播学科政产学研协同育人机制创新与实践”“全素质、全媒体文化传播人才培养创新与实践”“新闻学专业政产学研协同育人机制创新与实践”“国际新闻传播政产学研协同育人机制创新与实践”“政产学研协同培育卓越新闻传播人才的机制创新与实践”“新文科背景下政产学研协同培养传媒人才机制创新与实践”“新闻传播类专业紧密型产学协同育人体制的创建与实施”“传媒类专业政产学研协同育人机制创新与实践”“基于文科基础理论交叉融合的新时代传媒人才培养研究”“新文科建设背景下的全媒体传播人才培养模式创新与实践研究”“四维重构全媒体新闻传播人才培养体系改革与实践”“多学科交叉融合的全媒体传播人才培养模式改革与实践”“文理融通、家国情怀：穆青实验班培养卓越新闻传播人才的探索与实践”“新文科建设背景下复合型传媒人才培养的创新与实践”“复合型卓越新闻传播人才培养创新与实践——学科交叉融合与核心专业能力提升的有机协同”“新闻学卓越班复合型人才培养创新与实践”“中国文化国际传播复合型人才培养模式探索与实践”“‘一国一策’精准化传播策略下的国际传播人才培养创新与实践”“涉藏外宣人才培养创新与实践”“基于跨文化传播人才培养的新文科创新创业教育研究与实践”。

在上述38项新闻传播学新文科项目中，包括新文科建设改革与发展研究2项，原有文科专业改造提升改革与实践5项目，新兴文科专业建设探索与实践5项，新文科课程体系和教材体系建设实践5项，政产学研协同育人机制创新与实践9项，文科复合型人才培养创新与实践8项，高素质涉外人才培养创新与实践3项，新文科创新创业教育与实践1项。在38项新闻传播学新文科项目中，“人才培养”直接相关项目多达26项，占比约为70%。这体现出首批新文科研究与改革实践项目“聚焦人才培养”的宗旨。全媒体、交叉融合、复合型和协同育人等，是这些新文科项目的高频词汇。此外，还有一些体现本校特色的新文科项目顺利获批。①

教育部办公厅同时对新文科项目的建设与推进提出了以下四点要求：一是新文科项目要坚持正确政治方向和价值导向，聚焦人才培养，推进教育教学改革，提高专业质量、课程质量、教材质量、技术水平，加强理论研究和规划总结，扎实推进项目实施，实现文科教育真改、实改、新改、深改；二是中央高校主管部门、各省级教育行政部门要加强对所属高校项目的指导，为项目实施提供必要的条件支持和经费保障，各高校要为项目实施提供必要的经费、场地、人员等保障，由教务部门对项目进行统一管理，确保如期完成建设任务；三是教育部将加强项目实施的过程管理、指导和检查，适时组织中期检查和结项验收，对推进不力的项目作撤项处理，被“撤项”高校不得参与下一批次立项工作，项目负责人、项目组成员、建设期、建设内容等原则上不得变更，特殊情况必须由实施高校经主管部门同意后报教育部备案；四是各专业类教指委、新文科建设工作组、全国新文科教育研究中心要跟进指导项目实施，组织开展交流研讨，总结推广

① 镜鉴工作室，刘义昆。

项目实施的优秀经验和典型做法，引领带动新文科项目建设质量总体提升。

1.1.8 “报告国家形象”“导论新传教育”

1.1.8.1 《中国国家形象传播报告2020~2021》出版

2021年7月，由华中科技大学国家传播战略研究院组织，汇聚诸多从事国家传播战略相关领域的学界、业界和政府相关研究和管理人员通力合作而成的《中国国家形象传播报告(2020~2021)》正式出版。

《中国国家形象传播报告》系列蓝皮书是国内最早的系统研究国家形象传播发展状况的专业性年度报告，其站在国家战略的高度，瞄准国内国际新形势下国家传播实践领域的重大需求，立足中国立场、秉持国际视野，力图为中国国家形象的建设与提升给予智力层面的启发或支持。自2017年以来，该系列蓝皮书已连续出版3部，拥有较为广泛的社会和学术影响力。

当前国际形势波谲云诡，中国也正面临着百年未有之大变局，国际社会对中国国家形象的认知情况是理解、把握中国历史格局、社会现状乃至未来发展趋势不可或缺的维度；同时，建构国家形象也极为重要，这不仅关系着国内民众的认同力、凝聚力和号召力，并且关涉着对外国际吸引力、影响力和辐射力。由此，“中国国家形象为何”“我们应该建立怎样的国家形象”已成为当前国家非常重要的课题。

此次推出的《中国国家形象传播报告(2020~2021)》，立足于华中科技大学国家传播战略研究院独家进行的“寰球民意指数(2020)”，同时结合国内外知名调研机构的最新全球性民意调查数据和形象传播动态，集中考察了中国国家形象传播的现实状况与发展趋势，具有强烈的现实关照意义，以专业的角度、专家的视野、实证的方法、实效的方案，涵盖宏观与微观、现实与历史、理论与实证、现状与对策、本土与海外等多重视角。

《中国国家形象传播报告(2020~2021)》的主体是围绕前述的中国国家形象传播焦点话题构建的版块。具体而言，“热点篇”包括3个子报告，关注大变局时代中国面临的空前机遇和挑战，分别从跨文明对话导向的全球接触理念、援助外交的共情传播模式、中国城市国际传播影响力等角度，就2020—2021年度涉及中国国家形象的热点议题展开深入分析，探讨中国国家形象传播的经验策略。“专题篇”包括3篇子报告，选题较前几部有着较大的延展与创新，涉及企业海外传播、游戏传播和体育传播领域，充分挖掘与国家形象相关的多元议题。“案例篇”包括2篇子报告，分别以中国在巴基斯坦、肯尼亚的媒体形象为研究对象，进行有针对性的案例分析与对策探讨。“比较篇”包括3篇子报告，探讨了中国公众对重大国际事务和相关国家的认知与评价，进而分析中国公众心目中的主要国家形象。

1.1.8.2 《新闻传播教育导论》出版

2021年7月，华中科技大学教授张昆编著的《新闻传播教育导论》正式出版。该书作为“文化名家暨‘四个一批’人才工程资助项目”及“‘中国新闻传播教育综合改革研究’阶段性研究成果”下的著作，作为国内首本系统论述高校新闻传播教育的专著，旨在建构具备中国特色的新闻传播教育的理论体系。张昆教授从教育使命、教育主体、教育过程、教育手段、教育环境及院系管理诸环节(要素)解读各种复杂的教育现象，深入研究新闻传播教育面临的问题、挑战和机遇，探索传媒转型及流程再造语境下新闻传播教育改革的具体路径。其理论建构和系统性见解，对新闻传播专业高等教育理论领域的学术探索和国内外新闻传播教育实践具备深刻的启示和借鉴价值。

中国人民大学荣誉一级教授方汉奇认为：“在当代技术变革和社会转型的现实条件下，关于新闻传播教育改革的话题一直是热点中的热点，事关高校、社会、国家和行业多方面，世人瞩目。”在此背景下，急需从理论层面对新闻传播教育特别是中国新闻传播教育的基本范畴、原理和主要规律做深入的理论探讨，张昆教授《新闻传播教育导论》的出版可谓呼应这一需求，切中时代脉搏，具有重要的价值。

教育家、武汉大学原校长刘道玉评价《新闻传播教育导论》是一本逻辑严密、体系周全、思路清晰、内容完整的理论专著。他认为《新闻传播教育导论》基于新闻传播教育顶层设计的系统性、整体性思考，从教育的本质、新闻教育的使命开始，探讨新闻传播教育的核心要素，并就新闻教育改革、新闻教育研究进行了深入的讨论。这些要素所涉及的核心概念和次级概念，建构了新闻传播教育完整的理论体系，逻辑严密，说理充分。

1.1.9 做强一流本科，建设高质量传媒高等教育体系

2021年1月6日，中国传媒大学召开本科教育大会。这是中国传媒大学在“十四五”开局之年、启动之月举办的首场重要大会，制定了覆盖本科人才培养各环节的系统性改革方案，顺应了建设高质量教育体系的时代要求，吹响了建设高质量本科教育的新号角。

中国传媒大学党委书记、校长廖祥忠表示：“当前，我们正处在世界百年未有之大变局与两个一百年奋斗目标的历史交汇点上，智能传媒日新月异，文化重构、文明互鉴的新纪元正在开启。十四五期间，党和国家的教育事业进入高质量发展新阶段，传媒教

育正面临全面转型升级。并基于习近平总书记在全国教育大会上的强调，要坚持中国特色社会主义教育发展道路，培养德智体美劳全面发展的社会主义建设者和接班人。要面向新时代、顺应新形势、瞄准新目标，全面启动本科教育改革，吹响建设高质量传媒本科教育的冲锋号。”廖祥忠梳理此次本科教育改革的重点和亮点为：

1.1.9.1 紧紧抓住人才培养这个中心，全方位优化传媒人才培养模式

①实施一流生源拔萃计划。中国传媒大学接下来将进一步优化招生选拔机制，建立课程预修制，长期开放提交作品窗口，提前发现、锁定人才；依托中国传媒大学 App 建设招生宣传体系，消除公众对中国传媒大学只有艺术类专业的认知偏差；在教务处设立拔尖人才培养科，建立全流程招生—培养机制。

②实施通识教育厚基计划。以通识教育中心为抓手，以阳明书院、修辞学堂、设计思维学院为支撑，重点打造特色课程，建设以读书周、通识讲堂、游学活动、思维训练、写作训练为核心的通识教育体系，打造文化为体、课程为用，具有中国传媒大学特色的通识教育体系。

③实施国际教育拓展计划。以全英文课程建设为核心，推进“双一流”学科和小语种特色的国际化专业建设，融通北京-海南两地中外合作办学平台，探索联合培养、学生互换、学程学分互认、本硕贯通等国际化人才培养模式，打造中国传媒大学国际化教育品牌。

④实施卓越人才培养计划。建立虚体的文化传播学院、数字融创学院、未来媒体技术学院，构建交叉融合的特色育人新平台，实施本科导师制，构建拔尖人才培养体系，满足学生个性化发展需求。

⑤改革推免保研工作。推动推免中的“破五唯”，建立多元评价体系，以德为先、五育并举；设置六类推免类别，分别设置重点考查指标，实现分类选拔导向；适度扩大准入范围，将更多有潜力的学生纳入推免遴选范围。

1.1.9.2 紧紧围绕立德树人根本任务，瞄准智能传媒发展方向，全面改革人才培养体系

①实施思政课程与课程思政推进计划。在思政课程方面，以一人一策的教师培育、一纲多版的课程教案、集体备课的教学研讨为支撑，提升基础课的授课质量；加强名师精品课引领示范作用，深入推进专业与思政融合的“双师课”建设，创新对话课新形式。在课程思政方面，构建大课程思政教育体系，推动形成“课堂思政+实践思政+作品思政+活动思政”的系统性思政育人模式。着力打造作品思政，创作一批批传播主流文化的

优秀作品，培养善讲中国故事的优秀人才。

②实施一流专业建设计划。继续深化关停并转一批、升级改造一批、规划设计一批、重点建设一批的“四个一批”专业建设，建立交叉、融合、创新的专业发展机制，重点解决专业细分割裂等问题，推进文工艺管交叉融合的新文科、新工科专业群建设。

③实施课程质量深耕计划。教育部高等教育司司长吴岩指出，教学改革改到深处是课程。中国传媒大学将明确课程地图，深耕课程质量，丰富课程资源，以慕课、混合式教学为抓手，创新教学模式。

④实施教材建设新高计划。以“一体化、系列化、立体化”为原则，建立教材建设保障机制，确立教材编写的学术地位，激发教师积极性，面向未来媒体领域，着力建设新型教材、国际化教材、通识教材。

⑤实施实践创新托举计划。以资源开放共享，解决实验设备等生产资料的合理配置问题；以中传融媒体中心为牵引，打通校内外教学资源；试点积分—学分制，充分发挥实践教学的五育功能；以特色项目托举，推动产教融合。在创新创业教育方面，通过建设课程体系与协同发展平台，打造创意、创新、创业、创作、创造、创见“六位一体”的教育生态；整合国内外高校、创新创业孵化平台、创投基金等资源，打造特色型创新创业大赛，提升创新创业成果。

1.1.9.3 紧紧落实教师为本，全面建设高素质专业化创新型教师队伍与教学管理队伍

①实施教师赋能发展计划。建立教师发展数字档案，精准绘制教师画像；从教师评奖评优、托举项目、兴趣爱好、特点优势等方面建构教师培养机制，建立智媒时代的个性化教师发展体系。

②实施教务管理质量提升计划。教学管理好不好，教秘队伍是关键，要切实解决教学秘书队伍问题，提待遇、助发展、严管理。设置岗位津贴，全面提升待遇；评选优秀教务员，调动其工作积极性；改革职称评审办法，打通上升空间；支持教务员进修提升学历；严格管理考核，提高准入门槛，形成淘汰机制，建设一支专业、精干、稳定的管理队伍，切实保证教学管理质量。

1.1.9.4 紧紧围绕高质量发展核心，全面健全传媒人才培养支撑体系

①实施本科质量保障计划。聚焦学生学习成长的关键环节，推进课程质量与效能评价，推进过程评价，实行本科论文抽检制度，形成科学合理的质量保障体系。

②实施智慧教育建设计划。建设智慧教学的物理空间、网络空间，创新智慧教学方式，以精准化教学评价、即时化教学反馈、智能化预测预警为要素，建立精细化、智能型教学治理体系。

1.1.10 《中国新闻传播教育年鉴》出版五周年

1.1.10.1 《中国社会科学报》刊发《中国新闻传播教育年鉴》五周年专版

2021年3月26日，《中国社会科学报》刊发主题为“《中国新闻传播教育年鉴》的使命与追求”的专版报道。刊发了来自四川大学文学与新闻学院、河南大学新闻与传播学院、河北大学新闻传播学院、天津师范大学新闻传播学院四所单位的《中国新闻传播教育年鉴》评议文章，各高校学者分别围绕“我国新闻传播教育的百科全书——贺《中国新闻传播教育年鉴》出版5周年”“一本守正创新的年鉴——评《中国新闻传播教育年鉴》”“成长的平台与多维的镜子——我眼中的《中国新闻传播教育年鉴》”“多重标准下学科年鉴编撰创新之路”等主题，对《中国新闻传播教育年鉴》出版五周年进行了评价与庆贺。

该专题报道的导语这样写道：“《中国新闻传播教育年鉴》（简称《年鉴》）由中国新闻史学会新闻传播教育史研究委员会和中国新闻传播教育年鉴编委会编辑出版。自2016年以来，每年一部，每部100多万字。《年鉴》以记录当代历史、反映教育实态为使命，既有宏观扫描，勾画了全国各地区、省市的新闻传播教育发展图景，也有微观深掘，剖析了新闻传播教育面临的问题和需求。《年鉴》的编撰汇集了新闻教育界的各路精英，在《年鉴》建构的平台上，激活了新闻传播教育研究，推动了新闻传播教育改革，推出了一批新闻传播教育的学术成果。作为中国新闻传播学界集体智慧的结晶，《年鉴》是一次‘为时代画像、为时代立传、为时代明德’的学术实践，体现出中国新闻传播学界‘秉持史家精神打造教育信史’的学术追求。”

此外，在《中国新闻传播教育年鉴》出版五周年之际，其主管单位中国新闻史学会新闻传播教育史研究委员会、《中国新闻传播教育年鉴》编撰委员会，以及《中国新闻传播年鉴》的主要编写者与工作人员，还组织并召开了多项记录、庆贺《年鉴》出版五周年的纪念活动。

1.1.10.2 记录历史，开拓未来——《中国新闻传播教育年鉴》五周年纪实

2020年11月，由张昆主编，刘义昆、甘世勇副主编的《记录历史，开拓未来——〈中国新闻传播教育年鉴〉五周年纪实》一书出版。

该书从“擘画蓝图”“我与年鉴”“《年鉴》①书评”“纲举目张”“难忘瞬间”“殷切期待”六大部分，收录了共计40余位年鉴组织者、编写者及参与者在2016—2020年间对年鉴的记录与感悟。

“擘画蓝图”章节提道：“《年鉴》的编撰是一项牵涉面极广、学界普遍参与的学术基础工程。每年一卷，每卷约100万字。虽然有中国新闻史学会新闻传播教育史研究委员会作为组织机构，但是对于这一浩大工程的要求，《年鉴》编辑部能够支配、提供的人力物力资源其实十分有限。《年鉴》的编辑如何启动？遭遇过怎样的困难？有哪些经验与教训？五卷之后，《年鉴》又将何去何从？”骆正林、张昆等从编撰《年鉴》我的组织基础、队伍基础、资源基础，《年鉴》问世的时代背景与需求，《年鉴》编撰的成功经验、编撰工作存在的问题、改进与完善《年鉴》编撰的角度等方面进行了回忆与总结。

“我与年鉴”章节提道：“五卷年鉴得以正常出版，学界支持是前提，团队协作是关键。据不完全统计，每年参与年鉴编撰工作的作者约200人。这些作者和组稿人在编辑部周围形成了一个严密的、有机的组织网络，高效地进行运作。没有这个强大的团队，没有团队高效的运营机制，《年鉴》的连续出版是不可想象的。团队为何如此高效，成员为何如此热情？在‘我与〈年鉴〉’的会议文章中，我们或许可以找到答案。”来自重庆工商大学文学与新闻学院的蔡敏、复旦大学新闻学院的陈建云、中国人民大学新闻学院的邓绍根、南京大学新闻传播学院的段京肃、河北大学新闻传播学院的韩立新、华中科技大学新闻与信息传播学院的何志武、武汉大学新闻与传播学院的周茂军等23位《年鉴》编撰工作者与《年鉴》发展史见证者，记录下其各自在五年的《年鉴》编撰时光中的回忆与感悟。

“《年鉴》书评”章节提道：“《年鉴》一经问世，便得到了学界的好评，发表的相关书评已有近二十篇。‘〈年鉴〉编撰作为中国新闻传播教育中的一项开创性工作，对我国新闻传播教育事业整体发展意义重大。’这些评价，可能有些过誉，但是作为对一种新生事物的鼓励，对于《年鉴》今后的发展还是有正面指导意义的。”在该章节，收纳了发表于《新闻与写作》《出版发行研究》《中国出版》《新闻春秋》等期刊的八篇书评，作为对《年鉴》编撰工作的鼓劲与希望。

“纲举目张”章节提道：“《中国新闻传播教育年鉴(2016)》在近200位同仁的参与下，虽然实现了从无到有的历史性跨越，但现在回头来看，其结构体系并不成熟，编写

① 后面内容中《年鉴》均指《中国新闻传播教育年鉴》。

也不够规范。《年鉴》编委会在编撰之初就意识到,《年鉴》的结构体系和编写规范,必然会有一个不断完善的过程。因此,编委会每年都会对《年鉴》的结构体系和编写规范进行或大或小的调整。"该章节整理收纳并展示了《年鉴》自 2016—2020 年五卷的全部目录,回顾《年鉴》所取得的些许成绩,并反思过去、展望未来。对比《年鉴》自 2016—2020 年五卷的全部目录来看,在体量上,《年鉴》由最初的仅有 11 章,渐渐扩充至 23 章。在主要栏目设置上,各版年鉴总体上延续了往卷年鉴的板块设计,包括中国新闻传播教育综述,各省、自治区、直辖市新闻传播教育发展综述,中国新闻传播教育地图,院系巡礼,新闻传播教育行业组织动态,教育家研究系列,名师风采,教授名录,院长论衡,史海钩沉,他山之石,学科与专业建设,本科人才培养,新闻传播教育改革前沿,研究生教育,博士后流动站,获奖情况,学生竞赛,科学研究,新闻传播教育研究与探讨,中国新闻传播教育大事记,新闻传播教育重要文件等。但每卷也会根据时代及业界发展形势,添增新的板块并删除个别板块。综合来看,总体上体现了编撰风格的稳定性与创新性所在。

"难忘瞬间"章节提道:"每一卷《年鉴》的出版都像春耕秋收一样如常,但其中总会经历此重时间节点。譬如,第一次提出编撰《年鉴》是在 2014 年 11 月 14 日晚,在中国新闻史学会新闻传播教育史研究委员会常务理事会上,张昆教授被推选为研究会第三任会长。在论及学会未来工作时,张昆教授提出以编撰新闻传播教育年鉴作为学会转型的关键。六年弹指一挥间,《年鉴》已出版了五卷。这些年,这些人,在一个个重要的时间节点上,留下了一个难忘的瞬间。"该章节了收录了自 2008 年 10 月 25 日中国新闻史学会新闻传播教育史研究委员会在北京大学召开成立大会,至 2020 年 8 月 23—25 日中国新闻史学会新闻传播教育史研究委员会第三届第二次常务理事会暨《中国新闻传播教育年鉴》编委会第八次会议在山东大学威海校区召开,10 余年时间共计百余张瞬间记录。

"殷切期待"章节提道:"中国人民大学荣誉一级教授、中国新闻史学会创会会长方汉奇先生称赞《中国新闻传播教育年鉴》'集众智记录历史镜鉴教育,汇群伦探索规律功在国家'。"该章节收录了来自方汉奇、童兵、罗以澄等 20 余位学者与单位的书法题字。相信在学界、业界的鼎力支持下,有各位同仁的共同努力,《年鉴》一定会与时俱进,臻于至善。

(上海大学　李建新、姚惟怡)

1.2 各省市区新闻传播教育年度综述

1.2.1 河北省新闻传播教育发展综述

1.2.1.1 学科和专业建设

河北大学新闻传播学院广告学专业、河北师范大学新闻传播学院新闻学专业被认定为国家级一流专业。河北大学新闻传播学院广播电视学专业、河北科技大学文法学院新闻学、河北传媒学院广播电视学专业被认定为省级一流专业。2021 年，华北电力大学和河北经贸大学新增“新闻与传播”专业学位硕士点。2021 年，河北经贸大学编辑出版学专业停招。在高职高专方面，保定职业技术学院传媒艺术系新增融媒体技术与运营、影视多媒体技术两个专业；河北对外经贸职业学院传媒系新增融媒体技术与运营专业，撤销新闻采编与制作专业；河北省艺术职业学院影视系新增录音技术与艺术专业；河北工艺美术职业学院新媒体艺术系新增影视多媒体专业；唐山学院原传播与动画系于 2021 年改为数字传媒系。

1.2.1.2 师资分布

2021 年度，河北大学新闻传播学院引进 1 名应届博士。河北师范大学新闻传播学院引进 4 名应届博士。河北经贸大学文化与传播学院引进 3 名应届博士。保定学院信息工程学院网络与新媒体专业有 1 名教授调离。廊坊师范学院传媒系引进应届博士 1 人，1 名讲师因考取博士研究生辞职。河北工程技术学院艺术与传媒学院网络与新媒体专业解聘 1 名教授。河北水利电力学院计算机系网络与新媒体专业引进 3 名硕士。

2021 年 5 月，田建国、赵国祥、薛澈、刘万军、薄立伟、黄超、田钰滢、任欢被评为国家级课程思政教学名师和教学团队。河北师范大学新闻传播学院副院长王晓旭获评国家广电总局全国广播电视和网络视听行业青年创新人才(理论研究界别)。2021 年，保定学院信息工程学院王倩主持的微视频创作教学团队被评为河北省课程思政示范优秀课程优秀教学团队。2021 年 5 月，保定职业技术学院田建国主持的广播影视节目制作专业和河北对外经贸职业学院康永斌主持的广播影视节目制作专业被确定为河北省第二批职业教育专业教师教学创新团队立项建设单位。2021 年，河北大学新闻传播学院彭焕萍被河北大学评为“坤舆学者”。2021 年 10 月，河北水利电力学院计算机系崔炳德主持的数字媒体技术科研创新团队获得校级教学团队。河北对外经贸职业学院传媒系康永斌 2021 年被评为校级教学名师。河北大学新闻传播学院 2021 年新增校外兼职博士生指导教师朱鸿军，新增新闻传播学学术学位硕士生指导教师李娜。

1.2.1.3 招生及毕业人数

河北省新闻传播类各层次专业招生、毕业情况如表 1-1 所示。

表 1-1 **河北省部分新闻传播类专业招生和毕业情况**

学校代码及学校名称	院系名称	专业类型及层次	专业名称	2021 年招生人数	2021 年毕业人数
10075 河北大学	新闻传播学院	博士	新闻传播学	8	4
		硕士	新闻学	27	26
			传播学	22	25
			新闻与传播	77	52
			出版	22	22
		本科	新闻传播学类	159	234
			广告学	45	52
	中央兰开夏传媒与创意学院	本科	广播电视学	39	39
			广告学	37	36
10077 河北地质大学	艺术设计学院	本科	广告学	86	84
10082 河北科技大学	文法学院新闻系	本科	新闻学	—	70
			网络与新媒体	120	34
10085 河北水利电力学院	计算机系	本科	网络与新媒体	60	—
10094 河北师范大学	新闻传播学院	硕士	新闻与传播	27	20
		本科	新闻传播学类	96	—
			新闻学	—	46
			广告学	—	35
10096 保定学院	信息工程学院	本科	网络与新媒体	88	50
		专接本	网络与新媒体	50	43

续表

学校代码及学校名称	院系名称	专业类型及层次	专业名称	2021 年招生人数	2021 年毕业人数
10098 河北民族师范学院	文学与传媒学院	本科	新闻学	50	80
			网络与新媒体	—	77
10099 唐山师范学院	中文系	本科	广播电视学	—	100
10100 廊坊师范学院	传媒系	本科	新闻学	90	90
		专接本	新闻学	59	54
10101 衡水学院	文学与传播学院	本科	广播电视学	56	62
			网络与新媒体	39	—
			广告学	50	74
		专接本	广告学	44	
			广播电视学	48	—
10102 石家庄学院	文学与传媒学院	本科	广告学	44	46
			广播电视学	45	43
10105 沧州师范学院	齐越传媒系	本科	网络与新媒体	40	49
			广告学	39	—
10216 燕山大学	文法学院文学与新闻传播学系	本科	广播电视学	—	56
11033 唐山学院	数字传媒系	本科	广告学	78	88
		专接本	广告学	76	—
11775 防灾科技学院	文化与传播学院	本科	广告学	120	86
			网络与新媒体	90	43
11918 河北经贸大学	文化与传播学院	硕士	新闻传播学	22	21
		本科	新闻传播学类	117	—
			新闻学	—	73
			广播电视学	—	60
			广告学	—	50
			编辑出版学	停招	13

续表

学校代码及学校名称	院系名称	专业类型及层次	专业名称	2021年招生人数	2021年毕业人数
12543 保定职业技术学院	传媒艺术系	高职专科	广播影视节目制作	48	51
			广播影视节目制作(动画)	23	20
			广播影视节目制作(编导)	—	23
			影视编导	38	—
			新闻采编与制作	80	33
			影视多媒体技术	16	—
12784 河北传媒学院	新闻传播学院	硕士	新闻与传播	96	25
		本科	新闻传播学类	404	—
			新闻学	—	—
			广播电视学	—	26
			广告学	—	—
			编辑出版学	—	21
			网络与新媒体	—	40
			传播学	—	7
			数字出版	—	—
		专接本	广播电视学	102	—
			新闻学	105	—
			传播学	34	—
12796 河北工程技术学院	艺术与传媒学院	本科	网络与新媒体	148	187
12885 河北省艺术职业学院	影视系	高职专科	播音与主持	—	20
			广播影视节目制作	60	—
			影视编导	30	—
			影视多媒体技术	—	12
			摄影摄像技术	—	1

续表

学校代码及学校名称	院系名称	专业类型及层次	专业名称	2021 年招生人数	2021 年毕业人数
13074 河北对外经贸职业学院	传媒系	高职专科	广播影视节目制作	130	50
			播音与主持	38	30
13404 河北大学工商学院	人文学部	本科	新闻学	—	133
			广告学	—	64
			网络与新媒体	—	65
13411 河北师范大学汇华学院	传媒学部	本科	新闻学	86	74
			广告学	71	58
13592 燕山大学里仁学院	文法外语系	本科	广播电视学	—	31
13594 河北地质大学华信学院	文法系	本科	广告学	49	52
14471 河北工艺美术职业学院	新媒体艺术系	高职专科	影视多媒体	29	—
16203 河北科技工程职业技术大学	艺术与传媒系	高职专科	全媒体广告策划与营销	93	92
51721 河北环境工程学院	人文与社会科学系	本科	新闻学	117	—

1.2.1.4 课程建设

2021 年 5 月，田建国、赵国祥、薛澈、刘万军、薄立伟、黄超、田钰滢、任欢共同负责的“校外拍摄实训”被教育部评为国家级课程思政示范课程。2021 年，保定职业技术学院传媒艺术系赵国祥主持的“字体设计”课程被评为 2021 年河北省精品在线开放课程。

1.2.1.5 学生培养及技能大赛获奖

(1)学生培养

河北大学新闻传播学院成立“课程思政研究中心”，积极培育“课程思政”专业核心课程，建设了马克思主义新闻观培训和学习平台，让专任教师都参加课程思政相关学习和培训。构建了“思政+教研”“思政+实践”“思政+社会服务”“思政+微传播”等全员、全程、全方位思政育人模式。建立导师项目制，将导师课题与人才培养结合到一起，利用在地资源，联合打造“现场沉浸式”教研活动。依托太行山红色新闻资源，积极探索马克思主义新闻观教育的“太行山计划”，在太行山根据地和晋察冀根据地旧址建设教学实践基地和红色新闻研究所；联合中国人民大学等举办了“重返历史现场：中国共产党百年新闻事业寻根之旅”“太行山红色新闻文献调研”等调研活动；联合中国传媒大学举办“人民共和国党报论坛”等；联合晋察冀日报史研究会、涉县太行红色新闻文化陈列馆等开展“晋察冀日报游击办报路线”现场系列教学活动。

河北师范大学新闻学专业于 2021 年获评国家级一流专业，主要面向报社、新闻杂志社、新闻网站等大众传媒以及相关政府新闻宣传部门培养新闻学专业人才，侧重培养学生新闻采访、写作、编辑、评论、策划等专业能力以及社会调查和社会活动能力。专业课程设置注重课堂学习与课外实践的有机结合，并与国家及省市各级新闻媒体建立了良好的业务往来关系，《人民日报》《光明日报》《中国青年报》等国家级新闻媒体及其驻河北记者站，以及《河北日报》《燕赵都市报》《河北青年报》《石家庄日报》《燕赵晚报》、长城新媒体和各地市新闻媒体也都成为新闻学专业学生的实习基地，能够为新闻学专业学生的学习、实践提供充分平台保证。

(2)教学成果奖

2021 年 5 月，河北对外经贸职业学院传媒系康永斌主持的《产教融合视域下高职广播影视节目制作专业人才培养模式的探索与实践》与保定职业技术学院传媒艺术系赵国祥主持的《“校行企融通，‘双元制’育人”广告设计与制作专业人才培养模式与实践》获得河北省教学成果三等奖。

(3)博士生培养

河北高校新闻传播教育博士层面，目前只统计到河北大学，具体如表 1-2 所示。

表 1-2　　**河北大学新闻传播学院 2021 年获取博士学位学生简况表**

博士专业名称	博士生姓名	博士论文题目	导师	培养单位
新闻传播学	王青原	清末农学期刊研究(1897—1911)	韩立新	河北大学新闻传播学院
新闻传播学	袁丽娜	掌阅公司版权运营研究	任文京	河北大学新闻传播学院

续表

博士专业名称	博士生姓名	博士论文题目	导师	培养单位
传播学	陈婧薇	国家文化认同视阈下主流媒体传播中国故事研究——以中央人民广播电视总台综合频道为例	胡连利	河北大学新闻传播学院
新闻传播学	刘洪亮	《人民日报》扶贫报道研究(2012—2020年)	杨秀国	河北大学新闻传播学院
新闻传播学	杨 强	佛州报纸新冠肺炎报道研究	白 贵	河北大学新闻传播学院

1.2.1.6 科学研究情况

(1)论文

河北省各高校在2021年度共在新闻传播类C刊发表新闻传播类论文41篇，被中国人民大学复印报刊资料转载2篇。

2021年河北省新闻传播科研论文的新突破是河北大学新闻传播学院教师何苑和金强分别在SSCI和SCI国际期刊发表英文论文。2021年度出现了韩立新、金强、和曼等几位高产作者，其中韩立新发表6篇一作C刊论文，被中国人民大学复印报刊资料转载1篇；金强发表4篇一作C刊论文，被中国人民大学复印报刊资料转载1篇；和曼发表3篇一作C刊论文。

(2)著作

据不完全统计，河北省各高校2021年出版著作9部(其中2部为2020年出版，2021年印刷完成)，涉及新闻传播教育、媒介融合、互联网广告、新媒体运营等研究领域(见表1-3)。

表1-3 **河北省各高校2021年新闻传播学类著作出版统计表**

著作名称	著者	出版单位	出版时间	工作单位
媒体跨界融合的理论、路径与策略	韩立新 杨新明 张秀丽	科学出版社	2020年11月	河北大学新闻传播学院
自媒体运营策略与发展趋势研究	田钰滢	延边大学出版社	2020年12月	保定职业技术学院传媒艺术系

续表

著作名称	著者	出版单位	出版时间	工作单位
太行红色文艺作品选介(1939—1949)	商建辉 王矿清	河北人民出版社	2021 年 3 月	河北大学新闻传播学院
短视频创作与运营研究	任　欢	哈尔滨出版社	2021 年 3 月	保定职业技术学院传媒艺术系
河北新闻传播教育史稿	薄立伟	武汉大学出版社	2021 年 4 月	保定职业技术学院传媒艺术系
中国互联网广告行业自我规制研究	张　艳	人民出版社	2021 年 5 月	河北大学新闻传播学院
把品牌建在顾客心里	张学军	中华工商联合出版社	2021 年 6 月	河北师范大学新闻传播学院
党报论丛・第二辑	韩立新	人民日报出版社	2021 年 7 月	河北大学新闻传播学院
新闻传播教育的思与行	白　贵	河北大学出版社	2021 年 12 月	河北大学新闻传播学院

(3)学术会议

2021 年恰逢河北大学新闻传播学院创办新闻学专业 40 周年，对于河北省新闻传播教育有着特殊的意义。河北大学新闻传播学院以主办、承办学术会议和教育论坛的方式纪念河北省新闻传播类专业创办 40 周年(见表 1-4、表 1-5)。

表 1-4　　**2021 年河北省新闻传播类院系主办、承办的学术会议**

会议主题	时间	简要综述	主办单位
全国新闻教育学术年会暨《新闻教育年鉴 2021》首发式	12 月 25 日	中国新闻史学会新闻传播教育史研究委员会 2021 年学术年会在线成功举办，《中国新闻传播教育年鉴(2021)》也同场在线发布。此次盛会汇聚了全国 60 多所新闻院校的 200 多位学者，4 个“院长论坛”涉及全国高校新闻传播学院院长 57 位，“主编论坛”涉及新闻传播领域重要学术期刊主编 12 位，堪称新闻传播教育界年度规模最大、参与范围最广的一次学术盛会	中国新闻史学会新闻传播教育史研究委员会主办、河北大学新闻传播学院承办

续表

会议主题	时间	简 要 综 述	主办单位
《河北省城市域外注意度研究报告(2021卷)》成果发布会	12月20日	河北省城市传播研究院在线举办《河北省城市域外注意度研究报告(2021卷)》成果发布会。专家们为该报告下一步的持续研究方面提出了建设性意见，充分肯定了该报告在拓展学科视角和指导城市建设和未来城市发展上的价值，尤其是对河北省整体城市建设实践具有重要现实意义	河北大学新闻传播学院
"人民共和国党报论坛"第十八届(2021)年会	11月28日	以"百年中共与党报党刊"为主题的"人民共和国党报论坛"第十八届(2021)年会线上举办。16所高校、科研机构以及安徽省安庆市委宣传部的嘉宾，相聚腾讯会议云端，围绕中共百年党报党刊发展、党的新闻理论与新闻思想、新时代党报党刊的创新实践以及媒体深度融合发展等议题展开交流研讨。与会代表共计80余人	河北大学新闻传播学院与中国传媒大学党报党刊研究中心、中国传媒大学新闻学院联合主办
"中国问题与新闻学研究范式创新"研讨会	10月29日	由河北大学新闻传播学院主办的"中国问题与新闻学研究范式创新"研讨会在线举行。这是河北大学新闻传播学院40年院庆系列活动之一。来自中国人民大学、中国传媒大学、复旦大学、武汉大学、清华大学、四川大学、上海交通大学、中国社会科学院、中央民族大学、北京外国语大学、暨南大学、上海大学、湖南师范大学、安徽大学、深圳大学、西北大学、厦门理工学院、河北大学等高校、科研院所的18位专家学者出席会议并发表演讲	河北大学新闻传播学院

表1-5　**2021年河北省新闻传播类院系主办的新闻教育论坛**

会议主题	时间	简 要 综 述	主办单位
第五届中国主持传播论坛(2021)	2021年12月18日	"第五届中国主持传播论坛(2021)"以"价值·流变——智能时代的主持传播"为主题，采用线下主题演讲和线上分论坛相结合的形式，从不同维度、分多个议题对主持传播领域的学科前沿和学术焦点进行深度研讨	河北大学新闻传播学院、河北大学燕赵文化高等研究院和中国人民大学新闻学院联合主办

续表

会议主题	时间	简 要 综 述	主办单位
广告学一流专业建设研讨会	2021 年 12 月 12 日	此次会议线上线下同步进行，邀请了来自中国传媒大学、浙江传媒学院、上海大学、新疆大学、西南交通大学、河北大学、河北经贸大学等高校的七位专家莅临线上平台，学院班子成员和广告系全体教师共同参与交流研讨。与会专家和学院教师紧紧围绕新文科建设和新的社会发展背景，对广告学专业的建设方向和路径展开深入和热烈的探讨。新闻传播学院向参会专家介绍了广告学专业近年的建设情况，从专业发展、人才培养、科研项目、专业特色四个维度上展示了广告学专业的多项成果。与会专家充分肯定了河北师范大学新闻传播学院广告学专业的建设成果，并提出建设性意见，同时纷纷表示应继续加强联系，开展多种形式和层面的合作，共谋广告学专业发展的新路径	河北师范大学新闻传播学院
河北大学新闻传播学院办学 40 周年校友论坛	2021 年 12 月 25 日	为庆祝河北大学新闻传播学院办学 40 周年，该院召开了以“新闻传播人才培养”为主题的校友论坛。此次论坛依托中国新闻史学会新闻传播教育史研究委员会 2021 年学术年会举办，并作为其分论坛之一	河北大学新闻传播学院

此外，2021 年 5 月 23 日，中国新闻史学会少数民族新闻传播专业委员会常务理事会在崇左举行，河北大学特聘教授白贵连任中国新闻史学会少数民族新闻史专业委员会会长。2021 年 9 月 11 日，河北师范大学新闻传播学院教师郭大卫参加了由在韩中国留学生联谊会主办的“2021 年中韩博士论坛——疫情时代：政治引领与学术创新”线上会议，并担任新闻传播学分会场学术主席。

(4)科研课题

2021 年河北省有 2 项新闻传播学类课题获得国家社科基金立项(见表 1-6)。

表 1-6 河北省 2021 年度国家社科基金项目立项情况

项目编号	项目类别	学科分类	项目题目	立项时间	项目负责人	工作单位
21BXW087	年度项目·一般项目	新闻学与传播学	出版业高质量发展与图书选题科学决策研究	2021 年 9 月 24 日	杨金花	河北大学
21BXW020	年度项目·一般项目	新闻学与传播学	晋察冀抗日根据地新闻传播史	2021 年 9 月 24 日	田苏苏	河北省社会科学院

1.2.1.7 产学合作与社会服务

河北大学新闻传播学院省级智库首席专家杜浩教授牵头起草的《河北省国民经济和社会发展第十四个五年规划和二〇三五年远景目标纲要》第十一篇《践行社会主义核心价值观繁荣发展文化事业和文化产业》已通过审议并发布。科研团队受河北广电局委托制定的《河北省广播电视与网络视听“十四五”发展规划》已正式发布。智库团队为河北省文化和旅游厅提供的《河北省文化产业发展十四五规划框架建议》专项报告和《河北省文化产业示范基地认定管理办法(试行)》被采纳；商建辉教授为河北省广电局委托制定的《河北省广播电视与网络视听“十四五”发展规划》被采纳；智库城市传播研究院研究员王秋菊教授著作《大数据视域下微博舆情研判与疏导机制研究》获省领导批示。河北大学新闻传播学院在 2021 年度共有《疫情形势下冬奥对外宣传急需构建全媒体传播渠道》《我省部分高校突发事件舆情应对存在四方面短板》《冬奥时期京张高铁沿线及崇礼区域公益广告宣传建议》等七篇咨政报告获省级领导批示。发布了《河北省城市域外注意度研究报告(2021 卷)》,《人民日报》、新华社、中央广播电视总台、《光明日报》、学习强国、中国新闻社等中央主要媒体予以报道。

1.2.1.8 问题及讨论

(1)高端成果发表实现突破

河北省 2021 年在高端科研成果发表方面取得了新突破，河北大学新闻传播学院何苑在国际学术期刊 *Current Psychology* 发表英文学术论文，该刊物为美国《社会科学引文索引》(SSCI)收录期刊。河北大学新闻传播学院金强在国际学术期刊 *Vaccines* 发表英文学术论文，该刊为美国“科学引文索引”(SCI)收录期刊。河北省高校新闻传播类院系专业苦于缺乏高端成果，高端外文论文发表较少，在各院系领导、老师的重视和努力下，2021 年实现了新突破。另外，期盼河北省高新闻传播院系在国家社科基金重大和重点课题上早日实现突破。

(2)河北省新闻传播类学术成果引关注

为摆脱“新闻无学”论带来的尴尬，新闻传播学近年来在学者的努力下逐步成为“显学”，受到广泛关注，学科地位逐步得到确立。然而，新闻传播学研究对于兄弟学科的贡献还比较有限，被其他学科引用较少。随着学术成果的积累和沉淀，河北省新闻传播学研究领域出现了一批具有重要影响力的代表性成果。

(3)各新闻传播类院系博士引进形势喜人

2021 年河北省各新闻传播类院系引进博士工作取得了明显效果，例如河北师范大学新闻传播学院和河北经贸大学文化与传播学院分别引进了 4 名和 3 名应届博士充实到师资队伍中，这对于提高河北省新闻传播类教师学历层次、改善学历结构具有重要意义。

(4)专业定位愈发明确，为特色发展奠基

近年来，伴随着各高校追求特色发展的思路，出现了压缩新闻传播类专业的现象，河北省一些新闻传播类专业停招或注销，比较典型的案例有燕山大学、河北师范大学和唐山师范学院的广播电视学专业的停招。与此同时，一些院校新申请了新闻传播类专业，追求专业特色，例如河北水利电力学院的网络新媒体专业和河北环境工程学院的新闻学专业等。

(河北大学　薄立伟、商建辉)

1.2.2　河南省新闻传播教育发展综述

2021 年对于河南省来说，是风险与挑战并存的一年。河南省高校新闻与传播教育在河南洪涝灾害和新冠肺炎疫情期间经受了严峻的考验，以习近平新时代中国特色社会主义思想为指导，全面贯彻党的十九届六中全会精神和新时代中国高等教育发展要求，在省部共建、专业建设、课程建设、科学研究、教学改革等方面取得了一定的成绩。

1.2.2.1　省部共建情况

截至 2021 年，中共河南省委宣传部与郑州大学共建新闻与传播学院、与河南大学共建新闻与传播学院、与河南财经政法大学共建文化传播学院。

2020 年 7 月，河南省委宣传部与河南财经政法大学签约部校共建文化传播学院，这是河南省继郑州大学、河南大学之后参与部校共建新闻学院的第三所高校。立足于部校共建这一重要平台，河南财经政法大学文化传播学院 2021 年度举办“马克思主义新闻观系列讲座”10场，“传媒专家进课堂”活动共进行9场，“传播+”读书会6期；依托校马克思主义新闻观研究中心开展10项课题招标；组织学生赴辉县融媒体中心、修武县美学经济服务中心开展调研；暑期组织新闻学专业部分学生分别赴瑞金、延安进行红色研学活动。

1.2.2.2 河南省新闻教育概况

(1)专业设置

在河南省建设的139所高校中，拥有新闻传播学博士学位授权点的院系有2所，分别是：郑州大学新闻与传播学院(新闻传播学一级博士学位授权点)；河南大学新闻与传播学院(“跨文化传播”二级博士点)。

拥有硕士学位授权点的院系有7所，分别是：郑州大学新闻与传播学院、河南大学新闻与传播学院、河南工业大学新闻与传播学院、河南财经政法大学文化传播学院、河南师范大学文学院、中原工学院新闻与传播学院、信阳师范学院传媒学院。

截至2021年，在河南省建设的139所高校中开设新闻与传播专业的本科院校共计34所，专科院校共计17所。

(2)实验室建设

为了进一步提高新闻传播专业实验实训的教学质量，河南省高校努力建设教学实验室，大力推动新闻传播专业教学智能化的发展，满足智能媒体背景下新闻传播人才培养新的需求。

河南工业大学新闻与传播学院的全媒体教育教学实训平台建成；平顶山学院的语言传播艺术课程虚拟教研室，荣获2021年省级虚拟教研室称号；郑州师范学院的马克思主义新闻观传播研究中心，获批河南省社科联人文社会科学研究基地；新乡学院的现代传媒实验教学中心，获批新乡市重点实验室；河南师范大学获批河南省新文科广播电视学大学生实践基地。

(3)共建项目

河南省高校也在积极地与社会各组织机构开展高校共建项目，积极促进科技、教育、产业的深度融合，共同开展多形式、多层次、多领域的合作。2021年，河南工业大学与河南省广播电视局签约共建新闻与传播学院；商丘师范学院传媒学院与商丘市市场监管局共同合作实施“万人助万企”项目；中原工学院与新密市融媒体中心合作共建、与容艺教育合作共建协同育人产业学院；南阳师范学院与南阳日报社共建“全媒体产教融合实践基地”；河南大学与河南鹰展文化传播有限公司合作建设河南省本科高校大学生校外实践教育基地。

1.2.2.3 国家级、省级科研项目

2021年，河南省新闻教育界积极申报各项科研活动，通过专家讲座和专项辅导等形式，鼓励教师围绕国家和社会发展需求开展各项科研活动，做好智库研究和社会服务，对接国家和社会发展需要。

(1)国家级科研项目

2021年国家社科基金年度项目，河南省共有8所高校荣获立项，其中包括重大项目1项、一般项目4项、青年项目1项、后期资助项目2项(见表1-7)。

表1-7　**2021年国家社科基金年度项目立项名单(新闻传播学类)**

学校名称	主持人	课题名称	项目类别
郑州大学	张淑华	乡村振兴视角下新媒体在乡村治理中的角色与功能研究	重大项目
河南大学	姬建敏	面向出版业高质量发展的我国首席编辑制度建设研究	一般项目
河南工业大学	黄俊华	新媒体赋能农民工返乡创业效果优化研究	一般项目
河南工业大学	郭　颖	乡村振兴背景下社交媒体再造乡土团结的弥合机制研究	一般项目
商丘师范学院	周立春	广告产业智能化发展中的数据垄断问题研究	一般项目
郑州大学	张　晴	反沉迷诉求下儿童媒介使用社会干预联动机制研究	青年项目
河南工业大学	张雯雯	中国当代公益广告话语变迁研究(1986—2020)	后期资助项目
河南大学	王　嵛	马克思主义著作传播的行动者网络研究(1899—1945)	后期资助项目

(2)省级科研项目

①2021年，河南省高等学校哲学社会科学基础研究重大项目立项。郑州大学张淑华主持的“农村政策传播网络与效能研究”(2021-JCZD-32)，荣获2021年度河南省高等学校哲学社会科学基础研究重大项目立项。

②2021年，河南省哲学社会科学规划项目立项。2021年河南省哲学社会科学研究一般项目，新闻传播类学科共获得33项立项，包含6项青年项目和27项一般项目。其中郑州大学和河南大学分别获得5个立项，河南工业大学和河南财经政法大学、中原工学院分别获得3个立项。

(3)国家级及省级一流专业

2021年河南新闻传播专业在有序推进国家“双万计划”一流专业的同时，积极申报新的一流专业建设点。2021年度河南省一流本科专业建设点，共有2所高校的专业入

选(见表1-8)。

表1-8　　**2021年度河南省一流本科专业建设点立项名单(新闻传播学类)**

学校名称	专业代码	专业名称
洛阳师范学院	050301	新闻学
河南财经政法大学	050302	广播电视学

(4)省级精品课程、思政课程与一流课程

为落实教育部一流课程建设“双万计划”要求，促进现代信息技术与教育教学深度融合，加快推进实施一流本科课程建设，切实提升人才培养质量，打造一流本科教育。

2021年河南省本科高等学校精品在线开放课程，新闻传播学类课程共入选2门，分别为郑州大学的传播心理学(张晴主持)；郑州西亚斯学院的传播学概论(王利芹主持)。

各高校采用“专题培训”“传媒人进课堂”“红色研学”“课程门门有德育、教师人人讲育人”的讨论活动等形式，全面推动课程思政理念深入人心。一是在2021年河南省本科高校课程思政样板课程建设评选过程中，新闻传播类课程共入选3门，分别是周口师范学院的新闻播音训练（1、2)(李雪主持)、南阳理工学院的电视节目播音主持(陈硕主持)以及郑州财经学院的广告学概论(于晓娟主持)。二是在2021年河南省本科高校课程思政教学团队立项建设评选过程中，平顶山学院的影视传媒史论类课程群课程思政教学团队(秦方奇主持)、黄淮学院的视觉传达设计实践课程思政教学团队(张瑞主持)以及新乡学院的纪录片创作与实践课程思政教学团队(聂绛雯主持)，荣获2021年本科高校课程思政教学团队立项。

在国家开展的2021年度第二批国家级一流本科课程认定工作中，河南省高校共有29门新闻传播类课程立项，其中包括线上课程3项、线上线下混合课程14项、社会实践课程6项、虚拟仿真课程6项。其中，河南大学“语音与发声应用”荣获国家级一流本科课程。

(5)国家级和省级新文科研究与改革实践项目

2021年教育部首批新文科研究与改革实践项目，旨在深入学习贯彻习近平新时代中国特色社会主义思想，贯彻落实全国教育大会精神，全面推进新文科建设。2021年度河南省新文科研究与改革实践项目，新闻传播类共入选10项，其中郑州大学郑素侠主持的“文理融通、家国情怀：穆青实验班培养卓越新闻传播人才的探索与实践”和河南大学杨萌芽主持的“传媒类专业政产学研协同育人机制创新与实践”项目入选国家教育部首批新文科研究与改革实践项目立项。

(6)重要会议及学术论坛

2021年3月12—14日，郑州大学新闻与传播学院举办“勿忘人民：中国共产党百年新闻名家暨穆青诞辰100周年学术研讨会”。会议由新华通讯社—郑州大学穆青研究中心、郑州大学新闻与传播学院联合主办，郑州大学传媒发展研究中心协办，来自高校的百余位专家学者齐聚郑州，共同追忆穆青先生，缅怀穆青“勿忘人民”精神。

2021年11月13日，郑州大学新闻与传播学院举办第五届“新媒体公共传播”学术研讨会。来自中国社会科学院新闻与传播研究所、中国人民大学等高校和科研院所的16位专家学者，以及40多位高校新闻与传播专业的教师和研究生，或“云端”或现场，应邀参会并发言。与会学者共同围绕“新媒体公共传播”领域的最新议题展开深入研讨。研讨会通过各网络平台进行了同步直播。其中，公众号直播在线听会人数超过1万人次，点赞数量超过2万人次。

2021年7月5日，河南大学新闻与传播学院主办“从全球到村庄：文化传播赋能乡村振兴”国际暑假班开班仪式。出席此次会议的嘉宾有加拿大皇家学会院士、西蒙菲莎大学传播学院加拿大国家特聘教授、清华大学卓越访问教授赵月枝及全国20多所高校的老师和同学。暑期班对传播学者回到城乡关系中，同时从历史的实践中发掘资源，在城乡融合道路中取得创新性的发展，具有重要的意义。

(7)教师及学生获奖情况

河南工业大学新闻与传播学院尚恒志主编的《网络与新媒体广告》荣获首届河南省教材建设奖优秀教材(高等教育类)二等奖。中原工学院宋立、梁亚宁荣获“诵读中国”经典诵读大赛全国决赛教师组一等奖。河南财经政法大学的陈志垠、尹晓楠获2021第六届大学生艺术展演优秀指导教师、2021第九届全国高校数字艺术设计大赛全国总决赛优秀指导教师，尹晓楠、董岩荣获2021第八届大学生新媒体创意大赛优秀指导老师。

河南新闻传播学界坚持以赛促学，帮助学生在竞赛中提升专业能力，学科竞赛取得丰硕成果。河南大学的优秀原创短剧《关于青春的剧本》及朗诵作品《黄河之水天上来》荣获全国第六届大学生艺术展演艺术表演类一等奖，《一路续航》荣获第13届大广赛三等奖；河南财经政法大学的学生作品《流浪地球》《蓝宝石案》《上巳节邀请函》分别荣获2021第八届大学生新媒体创意大赛全国一等奖、全国二等奖、全国三等奖，《第一次滑雪》荣获2021年第十四届中国大学生计算机设计大赛全国赛区三等奖；郑州师范学院作品《看见你的声音》，荣获全国第六届大学生艺术展演活动一等奖；周口师范学院学生获全国大学生艺术展演二等奖一项，第十三届全国高校体育解说员、主持人大赛三十强；新乡学院作品《箱包当然爱华仕》荣获第13届全国大学生广告艺术大赛三等奖；商丘师范学院传媒学院的朗诵作品《深山里的光》荣获全国第六届大学生艺术展演活动艺术表演类优秀创作奖；洛阳理工学院荣获2021年的大广赛获得国家级一等奖1项、国家级优秀奖1项，荣获2021年的中国大学生新媒体创意大赛优秀传播奖1项；河南师范大学周婉婷等主持项目荣获2021年国家级大学生创新创业计划国家级立项。

（河南财经政法大学　方雪琴、李晓）

1.2.3 陕西省新闻传播教育发展综述

根据教育部官网统计数据，截至2021年8月底，陕西省高等教育学校（机构）共计110所，其中普通高校96所，成人高等院校14所。全省共有37所普通高等院校开展专业化的新闻传播教育工作。

1.2.3.1 新闻传播教育学科动态

（1）院系及专业设置

当前我国高校新闻传播教育院系设置基本包括两种类型：一是开设独立的新闻传播学院，从事专业化的新闻传播教育工作；二是在学校的相关院系之下分设新闻传播系（专业）来开展专业教育工作。陕西省遵循上述发展模式，助力高校新闻传播教育蓬勃发展。

2021年部分高校在院系划分和专业设置上出现新变化，对其原有的新闻传播教育体系进行了一定的调整，具体专业设置情况如表1-9所示。

表1-9　**陕西各高校院系及专业设置情况**

序号	高校名称	院	系	专业
1	西北大学	新闻传播学院	新闻学系、广告学系、传播学系、网络与新媒体系	新闻学（本）、广告学（本）、播音与主持艺术（本）、网络与新媒体（本）、新闻学（学硕）、传播学（学硕）、新闻与传播（专硕）、文艺与文化传播（博）
2	西安交通大学	新闻与新媒体学院	传播系、新闻系、新媒体系	网络与新媒体（本）、新闻与传播（专硕）、“新闻传播理论与实践”方向博士研究生

续表

序号	高校名称	院	系	专业
3	西安工业大学	文学院	—	网络与新媒体(本)、新闻与传播(专硕)
4	西安石油大学	人文学院	新闻系	新闻学(本)
5	西安工程大学	新媒体艺术学院	播音与主持艺术系、广播电视编导系、影像动画艺术系	动画(本)、戏剧影视美术设计(本)、播音与主持艺术(本)、广播电视编导(本)、新闻与传播硕士、广播电视硕士
6	长安大学	人文学院	中文系、新闻传播系、广告学系、广播影视系	汉语言文学(本)、新闻学(本)、广告学(本)、广播电视编导(本)、戏剧影视文学(本)、美学(学硕)、新闻与传播(专硕)、汉语国际教育(专硕)、艺术(专硕)
7	陕西师范大学	新闻与传播学院	新闻系、播音与主持艺术系、编辑出版系、广播电影电视系、网络与新媒体系	新闻学(本)、编辑出版学(本)、网络与新媒体(本)、广播电视编导(本)、播音与主持艺术(本)、新闻学(硕)、传播学(硕)、文艺与文化传播学(硕)、广播电视艺术学(硕)、新媒体艺术学(硕士)、电影学(学硕)、戏剧戏曲学(学硕)、影视批评学(学硕)、新闻与传播专业硕士、出版专业硕士、广播电视艺术硕士、文艺与文化传播(博)
8	延安大学	文学与新闻传播学院	—	汉语言文学(本)、秘书学(本)、新闻学(本)、现当代文学(硕)、文艺学(硕)、语言学与应用语言学(硕)、古代文学(硕)、语文课程与教学论(硕)、学科教学(语文)(硕)
9	陕西理工大学	人文学院	中文系、新闻传播系	网络与新媒体(本)、广播电视学(本)

续表

序号	高校名称	院	系	专业
10	宝鸡文理学院	文学与新闻传播学院	新闻传播系、中文系、影视传媒艺术系	汉语言文学(本)、广告学(本)、新闻学(本)、播音与主持艺术(本)、广播电视编导(本)
11	咸阳师范学院	文学与传播学院	—	汉语言文学(本)、广告学(本)、新闻学(本)、秘书学(本)、播音与主持艺术(本)、汉语国际教育(本)
12	渭南师范学院	人文学院、传媒学院	新闻传播系、戏剧影视系、数字艺术系	广播电视学(本)、新闻学(本)、戏剧影视文学(本)、网络与新媒体(本)、广播电视编导(本)、数字媒体艺术(本)、动画(本)、戏剧影视美术设计(本)
13	西安外国语大学	新闻与传播学院	—	新闻学(本)、广播电视学(本)、广告学(本)、广播电视编导(本)、播音与主持艺术(本)、网络与新媒体(本)、国际新闻与传播(本)、新闻学(硕)、传播学(硕)、新媒体与国际传播(硕)、新闻与传播(专硕)国际传播(博、硕)
14	西北政法大学	新闻传播学院	新闻学系(法制新闻系)、广播电视学系、编辑出版系、网络与新媒体系、广播电视编导系、戏剧影视文学系	新闻学(本)、编辑出版学(本)、网络与新媒体(本)、广播电视编导(本)、戏剧影视文学(本)、新闻学(硕)、传播学(硕)、网络政治传播(硕)、新闻与传播(专硕)
15	西安体育学院	体育新闻与传媒学院	—	新闻学(本)、播音与主持艺术(本)
16	西安文理学院	文学院	广告学系、戏剧影视文学系	广告学(本)、戏剧影视文学(本)
17	榆林学院	文学院	—	新闻学(本)

续表

序号	高校名称	院	系	专业
18	安康学院	文学与传媒学院	秘书与新媒体系	网络与新媒体(本)、汉语言文学(本)、秘书学(本)
19	西安培华学院	传媒学院	新闻传播系、影视戏剧系、播音主持艺术系	新闻学(本)、网络与新媒体(本)、播音与主持艺术(本)、戏剧影视文学(本)、广播电视编导(本)
20	西安财经大学	文学院	新闻传播系	新闻学(财经新闻方向)(本)、广播电视学(本)、广告学(本)、广播电视编导(本)
21	西安邮电大学	数字艺术学院	数字媒体艺术系、广播电视编导系	数字媒体艺术(本)、广播电视编导(本)
22	西安欧亚学院	文化传媒学院	—	新闻学(本)、网络与新媒体(本)、数字出版(本)、广播电视编导(本)、新闻学(专升本)
23	西安外事学院	人文艺术学院	—	播音与主持艺术、广播电视学、网络与新媒体、新闻学(本)、广播电视编导(本)、新闻采编与制作(高职)
24	西安翻译学院	文学与传媒学院	新闻传播系	播音与主持艺术、广告学、网络与新媒体(本)、新闻采编与制作(高职)
25	西京学院	传媒学院	—	新闻学(本)、网络与新媒体(本)、新闻采编与制作(媒介策划与推广方向)(高职)、数字媒体应用技术(UI 界面设计方向)(高职)、视觉传播设计与制作(室内装饰设计方向)(高职)
26	西安思源学院	文学院、旅游与融媒学院	—	广告学(本)、网络与新媒体(本)、数字媒体艺术(本)、播音与主持艺术、网络直播与运营、广告设计与制作(专)、数字媒体艺术设计(高职专科)

续表

序号	高校名称	院	系	专业
27	陕西服装工程学院	艺术设计学院	—	播音与主持艺术、数字媒体艺术(专)、新闻采编与制作(专)、广告设计与制作(专)、视觉传播设计(专)
28	西安交通大学城市学院	—	传播系	网络与新媒体、传播学
29	西北大学现代学院	文学院	—	新闻学(本)、广告学(本)、广播电视学(本)、网络与新媒体(本)
30	西安财经大学行知学院	人文艺术分院	传媒系	网络与新媒体、广播电视学、广告学
31	西安工商学院	设计与创意学院	—	影视摄影与制作、广告学(本)、广播电视编导、播音与主持艺术(本)、广告艺术设计(高职)、摄影摄像技术(高职)、播音与主持艺术(高职)
32	延安大学西安创新学院	文学与文化传播学院	—	广播电视新闻学(本)
33	西安明德理工学院	艺术与设计学院	—	播音与支持艺术(空中乘务方向)
34	西安科技大学高新学院	新媒体与经济管理学院	—	网络与新媒体(本)、播音与主持艺术(本)、广播电视编导(本)、传播与策划(专)
35	陕西青年职业学院	—	文化传媒系	网络新闻与传播、视觉传播设计与制作、影视表演、编导、广告设计与制作、新闻专业、播音与主持艺术
36	陕西工商职业学院	文化与传媒学院	—	舞台艺术设计与制作、广告设计与制作、广播影视节目制作
37	陕西艺术职业学院	—	影视系	播音与主持艺术

(2)师资队伍

截至2021年，根据各院系官网介绍显示及数据统计，陕西省新闻传播类专业教师共有1216人，其中教授153人，占12.58%；副教授共有268人，占22.04%；讲师共有442人，占36.34%。与往年数据相较，教授、副教授比例稳步上升，高水平教师队伍结构不断优化，师资力量逐渐加强(见图1-1)。

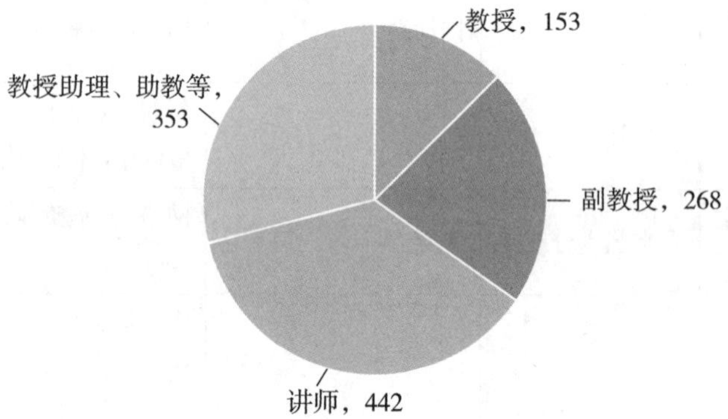

图1-1　陕西新闻传播类师资占比(2021)

其中，公办院校教师970人；民办院校教师289人，公办院校师资力量较为充足，高水平教师数量更多，结构更为优化。值得注意的是，在民办院校新闻传播专业建设过程中，师资结构呈现出学术型教师与实践型教师并重的格局，强调接轨实际与实践教学。

陕西省高等院校新闻传播专业教师学科背景呈现多元交叉的丰富格局，老师并不全是新闻传播“科班”出身。如西北大学新闻传播学院的教师队伍中，囊括经济学、文艺学、哲学、历史学、工学等多学科在内的优秀博士毕业生或博士后；西安交通大学新闻与新媒体学院，凝聚计算机科学、网络、信息、管理学等多学科人才，致力于打造多领域、高层次、开放式的师资科研队伍体系；西安外国语大学积极引进“具有海外学习经历，精通外语，具有双语教学能力”的优秀人才，注重“开放式、国际化”办学。

(3)学科发展与人才培养改革

①学科建设。近年来，陕西省新闻传播学学科的建设水平总体呈上升见好的趋势，逐渐呈现出“强化特色+注重融合”的变化。在开设独立新闻传播学院的高校中，西安交大新闻传播学科建设成效显著，其网络与新媒体专业在2020年被评为陕西省一流学科专业后又入选2021“软科中国大学专业排名”A+，2021年7月学科绝对排名上升至25位；新媒体与社会治理专业于2021年起单独招生，形成“本—硕—博”贯通培养体系，

并于 2021 年 6 月入选陕西省一流本科课程名单。

西北大学新闻传播学院一流本科专业建设稳步推进，网络与新媒体专业获批省级一流本科专业建设点。陕西(高校)哲学社会科学重点研究基地“融媒体与社会治理研究中心”获批，成为学院第一个省级科研基地；“新媒体与‘一带一路’策略传播研究”方向进一步凝练；学科新的增长点如“计算传播学术团队”“传播法规与网络治理团队”等方向初步形成。

陕西师范大学的编辑出版学专业于 3 月入选国家级一流本科专业建设点，至此，学院共有 2 个专业入选国家级新闻传播学科一流本科专业建设点；2021 年 10 月 26 日，新闻传播学专业成功获批一级学科博士授权点，这是学院第一个一级学科博士点，标志着学院学科建设取得突破性进展。

西安外国语大学新闻与传播学院依托外国语言文学优势学科，2021 年 10 月完成“国际传播”自主设置二级学科博士点备案工作。至此，学院实现本、硕、博人才培养全覆盖。

在民办院校中，西安欧亚学院网络与新媒体专业获批 2021 年省级一流本科专业建设点，同时立项陕西省新文科研究与改革实践项目。西安欧亚学院“数字互动版面制作”、西京学院“新闻评论”课程入选 2021 年陕西省一流本科课程。

②教学特色。陕西高校在新闻传播学学科的建设中逐渐呈现出“地域优势明显，学科特色融合”的教学样态。

西北大学新闻传播学院在媒体融合的背景下，不断发掘学科优势，搭建教学平台，形成了“延安时期新闻传播文化研究”“西部城乡传播与社会发展研究”“新媒体与‘一带一路’策略传播研究”三个学科方向，同时设有媒体与传播研究中心、新媒体研究院、与武汉大学媒体发展研究中心共建的中国西部传媒与社会发展研究院等研究机构和陕西省新闻发言人培训基地等。

西安交通大学新闻与新媒体学院以“打好‘工字牌’，突出交叉特色”为总体指导思想，以国家和地方重大需求为导向，以学科一流为目标，以“大项目、大平台、大成果、大团队”为抓手，以新媒体与社会治理、大数据舆情与政务新媒体、数据新闻与计算传播、新媒体与政治传播、新闻传播与舆论引导等学科方向为支撑，不断拓展研究领域，形成特色科研优势。

陕西师范大学新闻与传播学院结合本校的人文社科优势，形成了文理艺相结合、学术型和实践型相结合的学科特色。学院申报的“陕西师范大学媒介素养科普基地”成功入选陕西省社会科学界联合会第五批“陕西省社会科学普及基地”。学院在国际交流与合作处指导下，获批教育部 2021 年中外人文交流全媒体产教融合项目。

西安外国语大学新闻与传播学院注重学科的双语教学，形成了“英语专业化、专业特色化”的教学理念，2021年，国际新闻与传播本科专业顺利实现招生。“中国电影跨文化译介与传播研究基地”入选陕西省委宣传部首批“陕西省电影评论与理论研究基地”名单。在国际处的指导下，获批教育部2021年中外人文交流全媒体产教融合项目。

西北政法大学新闻传播学院依托学校法学教育的优势资源，将学校的办学特色与新闻学专业的要求相结合，形成了以实务为导向、“法新结合”的学科优势，学科交叉融合特色明显。

延安大学新闻专业开启“清凉山班”卓越新闻人才培养改革试点项目，通过利用延安清凉山新闻纪念馆、延安红星园、延安“四·八”烈士陵园等丰富的红色新闻资源，将学生带回新闻活动发生的历史场域，培养并带动学生对新闻的兴趣。

在民办院校中，西京学院传媒学院形成了“突出+技术+艺术”的跨界融合特色；培华学院传媒学院形成了“应用型、地方性、国际化”的学科目标；西安欧亚学院凸显“应用传播实践教学”的培养特色。

③人才培养。陕西省新闻传播学科的人才培养主要包含三个层次：研究生教育、本科生教育和专科生教育。设有博士学位授予点的高校和专业分别是：西北大学“文艺与文化传播”二级学科博士点、陕西师范大学新闻传播学一级学科博士点、西安交通大学“新闻传播理论与实践”博士点与“新媒体与社会治理”二级交叉学科博士点、西安外国语大学“国际传播”自设二级学科博士点。

研究生和本科生的培养从整体来看方向是一致的，都旨在培养新媒体时代的复合型优秀人才。西安交通大学注重培养学生新媒体运营与管理能力、舆情信息分析与研判能力和以新媒体为中介的社会治理能力，交叉融合特色突出。西北大学秉承“厚基础、宽口径”的人才培养理念，致力于培养能从事新闻传播业产业实践或新闻传播学教学科研工作的全媒化、复合型高级人才。陕西师范大学开办“斯诺卓越新闻人才实验班”和“齐越卓越播音与主持拔尖创新人才实验班”，通过优质资源投放，积极开展在融媒体环境中全媒体人才培养模式的新探索。西安外国语大学注重培养熟练掌握外语，具有宽广的知识视野、具备较强跨文化传播能力的复合性应用型高级新闻传播人才。西北政法大学依托学校法学教育的优势资源，遵循“法治信仰、中国立场、国际视野、平民情怀”的育人理念，按照“通晓新闻、熟悉法律、注重素养”的人才培养定位，强调人才的特色发展。长安大学新闻传播学科采用校内课程学习与校外专业实践相结合的方式，采取学校导师与业界导师共同指导的“双导师”制，着重培养实际操作及创新能力。独立院校和专科学校的人才培养以服务地方经济为宗旨，更加注重传媒实践教育，强调学生对学科专业技术的学习，例如摄影摄像、视觉传播设计等技术，为陕西省新闻传播教育培养了一大批应用技术型人才。

④校企合作。新闻传播学是一门实践性很强的学科，依赖社会的发展和技术的变革。从整体的建设和发展情况来看，依托实践、强化特色、注重融合是陕西省新闻传播教育发展的重要途径；新闻传播理论与新闻传播实践不断走向融合，学界和业界的合作不断强化加深。

西安交通大学新闻与新媒体学院秉承“政产学研一体化”思路，与人民日报社、清博大数据、中国科学报社、延安新闻纪念馆等共建近30个人才培养基地、教育实践基地、产学研合作基地，并依托智能媒体实验室，同中国科学报社、陕西省科技情报研究院、华商网等业界单位建立了多个基地，在实践教学、产学合作等领域进行深度紧密合作。

陕西师范大学新闻与传播学院先后成立了“陕西电视台业务培训基地”“华商报社新闻培训基地”“陕西省报刊审读中心”“西安市委宣传部传媒人才继续教育培训基地”等机构。

西安外国语大学新闻与传播学院先后在人民日报社国际部、环球网等10多家媒体建立实践教学基地。现有在陕西广播电视台设立陕西省大学生校外创新创业教育实践基地，与陕西省人民政府办公厅联合成立陕西对外传播实践基地，与喜马拉雅、西部网、西安广播电视台等媒体联合创立“主播学院”“发现陕西”“影视协同创新中心”等机构。

西北政法大学新闻传播学院利用社会资源协同育人，在人民日报社、新华社等主流媒体和宣传部门建立国内实习实训基地32个，与人民日报海外网、法治周末报社、四川省广播电视台、西安市广播电视台等媒体合作并独立承担4个(频道/版面)栏目的节目制作。

长安大学新闻传播学科与陕西日报传媒集团、陕西广播电视台、西安广播电视台、西部网、陕西传媒网及多家广告公司签订了共同培养硕士研究生合作协议。

(4)实验室及实践平台

西北大学新闻传播学院培训中心基于中央厨房融媒体实验室的建设不定期进行“舆情应对与媒介沟通”“新闻采编与宣传报道”“融媒体运行与治理创新”等十个模块的培训教学。此外，作为中国高校广告艺术大赛重要的传播基地，从第一届开始即被选定作为陕西分赛区承办单位，到目前为止已经成功举办了13届大广赛，为陕西学生搭建了一个表达广告创意和融媒体创意的良好平台。

西安交通大学新闻与新媒体学院在2020年建设了两个高水平实验室，分别是智能媒体实验室和新媒体智慧学习工场；在2021年5月20日举办了首届学生优秀新媒体视听作品展，为学生提供了一个展示其新媒体创意的平台。

陕西师范大学新闻与传播学院在2020年依托数字传媒技术国家级实验教学示范中心，建设了融媒体实训平台。2021年，学院新增2个国家级实验室：“西部多语种文化资源智慧出版重点实验室”和“民歌智能计算与服务技术文化和旅游部重点实验室”。

西北政法大学新闻传播学院响应媒介融合时代的行业发展需求，建设产学研结合的立体化实践实训体系，开展丰富的工作坊教学实验，如“3DMAX”“3D摄像技术”“H5交互式新闻内容制作”等前沿媒介技能专业进阶工作坊。

西安外国语大学新闻与传播学院新建区域形象对外传播实训中心，涵盖媒体融合、舆情处理、采编播控等功能于一体。2021年投入近300万元建成两层楼的集办公与舆情处理于一体的综合性研究空间，满足科研需要。

长安大学人文学院针对新闻传播类专业建有虚拟演播室、非线性编辑室、录音棚、导播室、摄影室等相关本科专业实验室，保证了新闻传播类专业实验教学的顺利进行。

在民办院校中，新闻传播教育发展比较突出的是西京学院，其传媒学院建有数字艺术中心、融媒体仿真运营中心、全媒体数字实验室、虚拟演播室等9个实验室。建成10个教师工作室，工作室以项目为依托，校媒(企)协同育人，为学生提供最真实的实践能力培养平台和创新创业孵化平台。

(5)部校共建

部校共建新闻传播学院是政府与高校强强联手，转变新闻传播教育模式、遵循新闻传播规律、强化宣传阵地的关键之举。陕西省部校共建高校有6所：西北大学、陕西师范大学、西安交通大学、长安大学、西北政法大学、西安外国语大学。

西北大学新闻传播学院不断搭建“学界与业界互动、教学与科研贯通、理论与实践结合”的人才培养平台，加快推进学科交叉，促进院内学术交流和科研合作。学院成功举办2021年计算传播学年会、第一届当代传媒法治高峰论坛等高水平学术会议。同时积极推进“西北大学融媒体与社会发展研究中心”工作，与陕西广电融媒体创新中心联合开展“省级融媒体平台创新研究”课题，11月8日，由新闻传播学院推荐的作品《瀚海追梦 留住绿洲》获得第三十一届中国新闻奖广播新闻专题一等奖。

西安交通大学新闻与新媒体学院在2021年度取得了丰硕的成果，国家级人才取得突破性进展；“网络与新媒体”本科专业在“软科中国大学专业排名”中获评A+；获批教育部首批新文科研究与改革实践项目1项、教育部产学合作协同育人项目5项、科技部“高端外国专家引进计划”项目1项、工信部“十四五”规划教材1部、省级一流课程2门；顺利完成“新媒体与社会治理”二级交叉学科博士点首次招生；首次获批国社科基金重大项目1项、国自科基金项目1项。“新论坛”+“新思读书会”+“学术工作坊”三位一体课外培养模式得到了省委宣传部的肯定，产生了示范引领的效果，起到了良好的带头作用。

2021 年 3 月，陕西师范大学新闻与传播学院播音与主持艺术、编辑出版学两个专业入选国家级一流本科专业建设点。10 月，新闻传播学专业成功获批一级学科博士授权点，此外，学院携手学校国际交流与合作处联合申报 2021 年中外人文交流全媒体产教融合项目，该校也成为教育部此项目首批合作院校之一。

2021 年 8 月 16 日，首届“传薪 · 新闻传播学学科建设论坛”在陕西师范大学长安校区召开，西北大学、西安交通大学、长安大学、西北政法大学、西安外国语大学等陕西高校新闻传播学专家参加会议，共同为促进陕西新闻传播学科发展、传播能力建设及人才培养等方面建言献策。

(6)思政教育

为深入贯彻落实习近平总书记关于教育的重要论述，落实立德树人根本任务，陕西高校在新闻传播教学工作中不断在强化马克思主义新闻观的学习活动，积极引导学生树立正确的新闻观。

西北大学素来具有“发扬民族精神，融合世界思想，肩负建设西北之重任”的办学理念，在教学中一直注重弘扬民族精神，重视对学生的世界观、人生观和价值观的教育。新闻传播学院韩隽教授负责的“网络编辑与评论”课程坚持把“立文树人与业务学习相结合”作为课程学习目标，紧紧围绕国家关于教育教学改革要求，以“马克思主义新闻观”为专业指导，以社会主义核心价值观为生活指导，引导学生积极向善向好向上，将立德树人融入课程体系、教学体系、教材体系、实践育人体系建设中，探索新阶段新闻传播实务课的创新举措，入选省级课程思政示范课程。4 月 17 日，李安定副教授以及朱剑老师带领新闻学子开展庆祝建党 100 周年“重走秦岭 · 红军路”主题摄影实践活动，并于 6 月 28 日成功举办“重走秦岭红军路，厚植民族家国情”主题摄影展。这次课程思政实践，不仅让学生掌握了摄影的技巧，也让同学们在用脚步丈量祖国大地的同时，深入思考国事民生，为将来实现自我、贡献社会、报效祖国做好充分准备。

陕西师范大学新闻与传播学院强化全浸入式课程思政的协同育人和立德树人理念，构建知识 · 体验 · 实践“三位一体”的育人体系，成效卓著。学院学生在第五届“全国大学生网络文化节”荣获微电影类一等奖、微视频类二等奖。学院师生和马克思主义学院师生一起创作的《秦声正青春》获得第五届“我心中的思政课”全国高校大学生微电影展示活动一等奖。此外，学院也有立德树人典型：研究生马义泽荣获第九届“‘中国梦 青年志’——寻找身边的陕西好青年”“崇德守信好青年”称号。

西安外国语大学举办“献礼建党百年，跟着电影学党史”主题教育活动，制作《光影里的百年党史》特别节目，邀请师生代表担任“星光推荐官+思政影评员”以讲解电影的形式串联党史，录制系列微课，让师生们看电影学党史、看电影上思政课。该栏目采将短视频与思政元素有机融合，以增强思政课的亲和力和感染力，是“党史学习教育+专业实践”的大胆尝试。

1.2.3.4 学术与科研

2021年陕西省新闻传播类科研项目中，有11项成功入选国家社会科学基金项目；年度教育部人文社会科学研究项目中陕西入选2项；20个项目入选陕西省社会科学基金项目。

据2021年度陕西省高等学校人文社会科学优秀成果统计，陕西各高校共有8项一等奖、14项二等奖、14项三等奖。据陕西省第十五次哲学社会科学优秀成果奖统计，陕西各高校共有3个一等奖、5个二等奖、7个三等奖。

2021年，学术碰撞在陕西多个开设新闻传播专业的院校中频频登场，包括西安交通大学、西北大学、陕西师范大学在内的多所高校，将视野放之全国乃至全球，在社会思潮、跨学科研究、数字媒介、计算传播等多个领域展开学术争鸣，一共举办了17场大型学术交流会，助力新闻传播学科思想交融，成果交汇。

2021年，陕西省各高校新闻传播类院系师生在全国多领域竞赛中纷纷获奖、捷报频传。在第十三届全国大学生艺术广告大赛的总评审中，陕西各高校共有2项国家一等奖、13项二等奖、29项三等奖。在第六届中国数据新闻大赛中，陕西共有2项一等奖、3项二等奖、6项优秀奖。在第七届经济新闻大赛中，西安外国语大学新闻与传播学院的报道 *Cotton Dolls New Favorite of Fans* 荣获新闻报道类三等奖。在第七届“新闻传播学学会奖”中，陕西师范大学新闻传播学院的《新中国连环画政治叙事研究》、*The Family Politics of New Media Domestication* 分别荣获优秀学术二等奖和三等奖。陕西省高校在新闻传播教育方面不仅重视理论学习、专业培养，还强调多栖拓展、全面发展，不仅有助于培养学生的综合素质，也能更好地提升办学水平和教学质量，助推陕西全省范围内新闻传播教育再上新台阶，师生发展面向更广阔的未来。

(西北大学　韩隽、胡仕婷、王玫清)

1.2.4 山西省新闻传播教育发展综述

2021年，山西省各高校在新闻传播教育领域积极进行创新探索，紧跟媒体发展新趋势，着眼教学创新新要求，适应社会实际需求，重视并依托红色资源开展教学育人、服务社会等工作。在学科建设、科学研究、人才培养、学术交流等方面持续发力，不断提升新闻传播教育质量。

1.2.4.1 山西新闻传播教育宏观态势

山西各高等学校继续推进新闻传播专业建设，加快迈上新闻传播教育质量新台阶；2021年山西大学新闻学院成为中国新闻史学会健康传播专业委员会理事单位；2021年2月，山西传媒学院广播电视学专业入选2020年度国家级一流本科专业建设点；山西大同大学于2021年获批新闻与传播专业硕士学位点。

太原师范学院汉语言文学(新闻传播方向)专业2021年停止招生并改为广播电视学专业，秉承“育人为本、面向社会、服务地方”的办学宗旨，专业实施与政府、媒体、企业联合的开放式办学模式，与山西日报集团、山西广播电视台、晋中日报集团等建立了长期良好的合作关系。2021年3月，山西大学商务学院、山西交通职业技术学院、山西建筑职业技术学院、山西省商务学校整合组建为山西工程科技职业大学，原山西大学商务学院文化传播学院并入山西工程科技职业大学文法学院，新闻学与广告学均不再招生。

总体来看，山西新闻传播类专业本科招生情况较为稳定，2021年各专业招生及毕业人数如表1-10所示。

表1-10 **2021年山西高校新闻传播类专业本科招生及毕业人数**

学校代码	学校	院/系名称	专业设置	招生人数(2021)	毕业人数(2021)
10108	山西大学	新闻学院	新闻学、广告学	114	119
10110	中北大学	人文社会科学学院	广播电视学	98	85
10117	长治医学院	人文艺术传媒系	传播学	40	38
10118	山西师范大学	文学院	编辑出版学	47	46
10119	太原师范学院	文学院	广播电视学	69	/
			汉语言文学(新闻传播方向)	停止招生	77
10120	山西大同大学	新闻学院	新闻学	54	180
			网络与新媒体	100	/
10121	晋中学院	中文系	新闻学	76	97
			网络与新媒体	79	/

续表

学校代码	学校	院/系名称	专业设置	招生人数(2021)	毕业人数(2021)
10122	长治学院	中文系	新闻学	106	97
			网络与新媒体	53	/
10124	忻州师范学院	中文系	网络与新媒体	52	/
10125	山西财经大学	新闻与艺术学院	新闻学	100	98
			网络与新媒体	50	/
10812	吕梁学院	中文系	新闻学	100	169
13533	山西大学商务学院	文法学院	广告学	停止招生	65
			新闻学		90
14434	山西传媒学院	新闻传播学院	新闻学	102	/
			网络与新媒体	138	142
			广播电视学	138	197
			数字出版	103	/

1.2.4.2 强化精品课程建设，实现教育资源共享

山西省持续深入地开展课程建设与改革，进一步激发广大教师投身教学改革的积极性和创造性，促进教学质量稳步提升，实现教学资源共享。2021 年，山西省新闻传播类有 6 所大学共计 7 门课程获得“山西省高校新闻传播学类精品共享课程”立项(见表 1-11)。

表 1-11　　**2021 年山西省高校新闻传播学类精品共享课程立项名单**

申报高校	课程名称	负责人	课程类型	类型
山西大学	传播学概论	李彩霞	线上线下混合式课程	认定
山西传媒学院	新闻摄像	温建梅	线下课程	认定
山西财经大学	新闻评论	平　凡	线上线下混合式课程	建设
山西大学	跨文化传播(双语课)	梁红艳	线下课程	培育
山西师范学院	新闻写作	郝建国	线上线下混合式课程	培育

续表

申报高校	课程名称	负责人	课程类型	类型
山西大同大学	新闻编辑	王海燕	线上线下混合式课程	培育
山西工商学院	传播学概论	杨艳芳	线上线下混合式课程	培育

1.2.4.3 努力推进科学研究，增强社会服务能力

山西各高校在新闻传播教育领域通过撰写专题报告，出版著作，创办学术期刊，建立培训基地，不断提升产学研合作水平，增强社会服务能力。

2021年，山西大学新闻学院完成中宣部委托项目《全国县级融媒体中心发展报告》山西省部分的调研与撰写工作，CCTV纪录片《记住乡愁》(5、6季)改写即将出版。在思政教育方面，出版思政类图书《主题党日这么过》《主题党课这样讲》，获“农家书屋最受欢迎图书”前3名。

山西传媒学院主办的学术期刊《视听理论与实践》于2021年5月创刊发行。“本刊专稿”栏目特别邀请视听研究领域的专家周星教授、孟建教授、喻国明教授、胡智锋教授等供稿，对“中国电影的发展”“‘视听中国’战略的认知”“媒介有效建构社会信任的模式”等展开深入研究。

2021年9月27日，山西大学新闻学院与山西省委统战部合作建立“网络人士统战工作研究基地”，在人才培养、咨询服务、成果转化等方面进一步拓展合作的空间和领域；10月18日，山西省互联网新闻信息服务从业人员人才培训基地在大同大学揭牌，大同大学与黄河新闻网、山西新闻网、山西网络广播电视台签署战略合作协议，推动校地、校企合作的领域与层次不断拓展提升。

1.2.4.4 依托特有红色资源，学术引领铸魂育人

山西省是具有光荣传统的革命老区，也是红色文化资源的重要聚集地。在建党100周年之际，山西各大高校注重依托红色资源开展学术研究，提升学生实践能力，传承红色基因，赓续红色血脉。

2021年4月1日，吕梁学院召开红色文化与新闻传播学术研讨会暨《晋绥日报研究文存》首发式。研讨会的主办方是复旦—清华中国特色社会主义新闻学教学研究基地、中国新闻史学会、山西省晋绥文化教育发展基金会、吕梁学院，承办方是吕梁学院中文系、吕梁学院晋绥新闻与文化研究中心。《人民日报》《中国青年报》《山西日报》等多家

媒体记者与吕梁学院师生代表参加了这次研讨会的开幕式。

在第十七届“挑战杯”全国大学生课外学术科技作品竞赛红色专项活动中，山西大学有4件作品获奖，其中来自新闻学院的《红色之问：爱国主义教育基地的现状与展望——基于山西省太原市红色文化资源的调研》获国家二等奖，《短视频赋能红色精神传承——基于对山西省平定县南庄村的调研分析》和《〈晋绥日报〉漫忆——对山西本土红色革命新闻史的调查研究》获国家三等奖；中北大学广电专业学子的《中共中央北方局武乡妇训班红色文化调研报告》荣获三等奖。

在山西省第十七届“兴晋挑战杯”大学生课外学术科技作品竞赛红色专项活动中，太原师范学院文学院学子的《“戎马跨江，铸剑为犁”重温抗美援朝精神》和《传承红色基因，践行红色使命》荣获二等奖；山西工程科技职业大学文法学院学子的作品《红色基因融入高校国防教育现状与路径探索的调查研究——以山大商务学院为例》荣获三等奖。

在中宣部“学习强国”平台发起的“我心中的英雄”征文活动中，山西大同大学新闻学院学子的两篇文章《上下同欲者胜，风雨同舟者兴》和《人民勤务兵——记91岁老党员赵德文》在“学习强国(山西)”平台展出。其中《上下同欲者胜，风雨同舟者兴》一文已被推送至“学习强国”《强国征文》频道。

1.2.4.5　积极探索实践教学，创新全媒体人才培养

2021年，山西省各高校新闻传播教育通过建立专业实践基地、拓展校外师资力量、开展实践活动为学生提升专业技能提供广阔平台。

作为山西省新闻传播人才培养的重镇，山西大学新闻学院进一步推进落实与新华社山西分社、光明日报社山西记者站、山西日报社、山西电视台、山西人民广播电台、山西出版传媒集团、山西博物院等多家单位深度合作工作；山西传媒学院先后与今日头条创作空间、生活晨报社、吕梁市岚县融媒体中心签署共建教学实践基地合作协议并举行签约挂牌仪式，推动校企双方实训基地深度联动。

山西传媒学院于2021年6月1日聘请中央广播电视总台山西总站副召集人赵旭，山西工人报党委书记、社长王东明，山西广播电视台总监肖亚光，山西广播电视台阅评委主任委员徐文胜，黄河新闻网副总编辑杨丽鹏，山西云媒体副总编辑刘捷，太原晚报社宋鹏伟为客座教授，开展实践经验交流，推进实践教学。

太原师范学院广播电视学专业重视实践教学的办学理念，立足当前新闻实践变革，通过“传媒讲坛”“实践归来话成长好记者讲好故事”等系列品牌活动积极推进新闻教育教学改革，提升学生实践能力。

目前，积极探索实践教学、培育全媒体人才取得了阶段性成果。2021年11月6日，

第六届中国数据新闻大赛圆满落幕，山西大学新闻学院学生冯旭团队创作的数据新闻作品《民法一生》和钟雅西团队创作的《何以为家：流浪流浪》分别荣获一等奖和优秀奖。其中，《民法一生》还获得单项奖最佳数据新闻可视化奖，学院教师魏润南获优秀指导教师奖；中北大学广播电视专业学生高琦团队的作品《从背起书包到拿起屠刀：未成年犯罪几时休?》获三等奖；山西传媒学院新闻传播学院两组学生作品获优秀奖。11 月 9 日，晋中学院中文系三组学生获得第七届山西省“互联网+”大学生创新创业大赛铜奖，一组学生获优秀奖。12 月 9 日，太原师范学院广播电视学专业学生杨格格凭借作品《奔向小康》荣获 2021 中国日报“大学新闻奖”最佳新闻摄像图片季军。

1.2.4.6 加强多方学术交流，开展系列学术讲座

山西省各高校新闻传播教育高度重视学术交流，以学术论坛、交流座谈、专题讲座等方式推动交流研讨。

第一，举办学术论坛。2021 年 10 月 10 日，由山西大学新闻学院、上海韬奋纪念馆、上海市中共党史学会韬奋研究分会、复旦大学新闻学院、上海交通大学韬奋研究院共同主办的第七届韬奋学术研讨会暨山西大学新闻专业建设 40 周年学术论坛在山西太原召开，对于促进山西省新闻事业的发展、激活科研队伍的学术潜力具有重要意义。

第二，开展学术交流。2021 年 5 月 10 日，山西传媒学院新闻传播学院数字出版专业教师团队赴浙江传媒学院新闻与传播学院交流学习，双方在人才培养方案、专业课程大纲、师资培养计划等方面进一步明确目标。5 月 12 日，晋中太谷区融媒体中心到山西传媒学院交流座谈，提出搭建互帮互助的校地合作模式。

第三，开设专题讲座。自 2021 年 11 月起，山西大学新闻学院开设“文瀛 · 新传讲堂——学科交叉系列学术专题讲座”，先后邀请中国海洋大学“繁荣人才工程”特聘教授于国栋、西安外国语大学侯建波教授、上海交通大学马克思主义学院杜严勇教授开设讲座，为师生答疑解惑，提供接触和捕捉学术前沿与媒体动态的机会。2021 年，长治学院中文系开设“太行讲堂”系列讲座，邀请来自长治日报社、中国作家协会、华东师范大学等多名记者、学者为师生作讲座，坚定学生新闻信念，拓展师生学术视野，寻求学术与实践深度融合。

（山西大学　常媛媛、于晓勇、许佳宇、杨晓皓）

1.2.5 山东省新闻传播教育发展综述

1.2.5.1 2021年山东省新闻传播教育发展

2021年，山东省新增新闻传播学类学士学位授权点2个。经高校申报、专家评审、山东省学位办审核，并经山东省人民政府学位委员会审核通过，确定了山东省新增的学士学位授权点。此次山东45所高校的120个新增本科专业中，新增备案专业105个，涉及44所高校；新增审批专业15个，涉及13所高校。涉及新闻传播学的本科新增专业为青岛理工大学和泰山学院的网络与新媒体专业。继2020年省学位办授予包括山东师范大学和烟台理工学院的网络与新媒体专业，山东省内目前共有11所学校设有网络与新媒体专业学士学位点。网络与新媒体专业成为仅次于新闻学、广告学的强势专业。2021年撤销专业2个，分别是山东艺术学院的广告学专业和齐鲁师范学院的广播电视学专业。

2021年山东省审核增列新闻与传播专业硕士学位点2个，分属山东财经大学和青岛理工大学。至此，山东省新闻与传播专业硕士学位点高校达到9所，按获批时间先后分别为山东大学、山东师范大学、烟台大学、青岛大学、中国海洋大学、鲁东大学、济南大学、山东财经大学和青岛理工大学。

2021年，山东省新闻传播学本科教育教学指导委员会筹划年度工作并开始启动马克思主义新闻观系列教材编纂工作，目前首批教材共9部已撰写完成，计划2022年初在山东大学出版社出版。

1.2.5.2 主要院系与专业设置情况

(1)院系设置情况

目前，山东省设置新闻传播专业本科院系的高校增加至36所，其中教育部直属2所、省属公办26所、民办8所。近年来山东民办本科院校日益活跃，相继开设新闻传播类新兴专业，其中以网络与新媒体、数字出版为最，成为新闻传播学发展的一股新生力量。

(2)专业设置情况

山东省各新闻传播院系开设本科生专业的时间多集中在2000年前后。除新闻学、广播电视学、广告学、传播学、编辑出版学、网络与新媒体、数字出版等60个在设专业外(见表1-12)，部分高校还自设有播音与主持艺术、广播电视编导、数字新媒体、新媒体艺术、影视、戏剧、动画、艺术设计等相关本科专业(表1-12对自设专业情况未做统计)。

表 1-12 山东设置新闻传播本科专业高校及专业情况

学院院系 (以学校代码为序)	新闻学	广播 电视学	广告学	传播学	编辑 出版学	网络与 新媒体	数字 出版
山东大学新闻传播学院	✓			✓			✓
中国海洋大学文学与新闻传播学院	✓					✓	
山东科技大学文法学院			✓				
青岛科技大学传播与动漫学院			✓		✓		
济南大学文学院		✓	✓		✓		
青岛理工大学人文与社会科学学院						✓	
山东建筑大学艺术学院			✓				
齐鲁工业大学文法学院			✓				
山东理工大学文学与新闻传播学院			✓				
青岛农业大学动漫与传媒学院			✓	✓			
山东师范大学新闻与传播学院	✓					✓	
曲阜师范大学传媒学院	✓	✓	✓				✓
聊城大学文学院		✓					
德州学院文学与新闻传播学院	✓						
鲁东大学文学与新闻传播学院			✓	✓			
临沂大学传媒学院	✓		✓				
菏泽学院人文与新闻传播学院		✓	✓				
山东财经大学文学与新闻传播学院	✓						✓
山东体育学院体育传媒信息与技术学院	✓						
枣庄学院文学院						✓	
青岛大学文学与新闻传播学院	✓		✓				
烟台大学文学与新闻传播学院	✓						

续表

学院院系 (以学校代码为序)	新闻学	广播 电视学	广告学	传播学	编辑 出版学	网络与 新媒体	数字 出版
潍坊学院文字与新闻传播学院		✓					
泰山学院						✓	
山东工商学院人文与传播学院			✓		✓		
山东女子学院文化传播学院		✓					
山东政法学院传媒学院	✓				✓	✓	✓
山东青年政治学院文化传播学院		✓					
山东师范大学历山学院(民办学院)	✓						
潍坊理工学院(民办学院)						✓	
齐鲁理工学院(独立学院)	✓						
山东财经大学东方学院(独立学院)	✓					✓	
烟台理工学院(民办学院)	✓					✓	
山东英才学院(民办学院)						✓	
济南大学泉城学院(民办学院)	✓	✓					
聊城大学东昌学院(民办学院)				✓		✓	

具体到各分专业方面，目前36所开展本科教育的高校中，有16所高校开设了新闻学本科专业，占专业总数的26.67%；8所高校开设广播电视学本科专业，占专业总数的13.33%；13所高校开设广告学本科专业，占专业总数的21.67%；4所高校开设传播学本科专业，占专业总数的6.67%；4所高校开设编辑出版学本科专业，占专业总数的6.67%；11所高校开设网络与新媒体本科专业，占专业总数的18.33%；4所高校开设数字出版本科专业，占专业总数的6.67%。除了老牌专业新闻学和广告学外，近年来山东省网络与新媒体专业可以说迅速崛起。

(3)研究生教育学位点设置

在研究生教育方面，目前山东省有新闻传播学一级学科博士点1个、二级博士点1个。新闻传播学一级学科硕士点2个、新闻与传播专业学位点9个、出版专业学位点1个、自设学术硕士学位点1个(见表1-13)。

表 1-13　　山东省 2021 年主要新闻传播院系研究生学位点招生情况

学院院系（以学校代码为序）	新闻传播学一级学科博士招生人数	新闻传播学一级学科硕士招生人数	新闻与传播专业学位招生人数	出版专业学位招生人数	自设学术博士硕士学位招生人数	研究生招生总人数
山东大学新闻传播学院	7	30	51			81
山东师范大学新闻与传媒学院		9	41			50
中国海洋大学文学与新闻传播学院			25		2	27
济南大学文学院			10	12		22
鲁东大学文学院			24			24
青岛大学新闻与传播学院			10			10
烟台大学人文学院			72			72
山东财经大学			/			/
青岛理工大学			/			/

其中，中国海洋大学 2020 年在中国语言文学一级博士点下设文艺学(传媒文化)方向，2020 年开始招收博士生。

山东省研究生学位点设置存在着不均衡的问题。具体来说专业硕士发展迅速，最近两批次教育部在山东省新批了 6 个专业硕士学位点，占到总硕士学位点的半数以上。2021 年新闻传播学共招生 288 人，其中博士 9 人、学术硕士 39 人、专业硕士 240 人，三者分别占招收研究生总人数的 3. 13%、13. 54%和 83. 33%。数据表明，山东省研究生教育还处在初级阶段，博士学位点相对较少，招生规模也不尽如人意。

1.2.5.3　新闻传播学校部共建情况

2021 年，山东省新闻传播学校部共建取得长足发展。共建高校包括山东大学、中国海洋大学、济南大学、鲁东大学、山东师范大学与菏泽学院。2021 年山东省人大代表、菏泽学院新闻传播专业负责人邵瑞提出“通过在省财政设立部校共建新闻学院专项资金，培育传媒鲁军”，强化部校共建带动传媒产业发展的建议，得到了媒体的积极响应。

1.2.5.4 一流本科专业建设

(1)2021年新增国家级一流本科专业情况

2021年山东省新增两个国家级一流本科专业，分别是山东师范大学新闻学专业和山东青年政治学院的广播电视学专业。山东师范大学新闻学专业创办于1985年，为山东省首个新闻学专业。山东青年政治学院广播电视学专业以应用型实践能力培养为主旨，通过“以赛带练”“院校协同”“教师工作室”“社会服务”等专业实践模式，在中国节日影像志、讲好山东故事、非遗传承保护、乡村文化传播等方面，培养影视文化传媒人才。

(2)2021年新增省级一流本科专业情况

2021年山东省新增一个省级一流本科专业：曲阜师范大学新闻学专业、青岛大学新闻学专业、临沂大学新闻学专业。上述专业连同鲁东大学传播学专业共同推荐参评2021年度国家一流本科专业。

1.2.5.5 科研项目、成果情况

(1) 科研立项情况

2021年山东省新闻传播学专业教师在科研立项上取得重大突破。首次立项3项国家重大社科项目，同时立项国家社会科学基金资助项目重点项目1项，总计国家社科基金项目7项。其中山东大学立项重大社科项目2项、重点项目1项、一般项目1项，真正发挥了新闻传播学科学术带头作用(见表1-14、表1-15)。

表1-14　**2021年山东省国家社科基金重大课题立项名单**

项目批准号	项目类别	项目名称	首席专家	工作单位
21&ZD017	重大项目	新时代英雄观的理论建设与传播体系研究	刘明洋	山东大学
21&ZD313	重大项目	文明交流互鉴视域下全球传播新格局建构研究	戴元初	山东大学
0024	重大专项	新民主主义革命时期中国共产党宣传动员工作史研究	俞　凡	山东大学

表1-15　**2021年山东省国家社科基金年度项目立项名单**

项目批准号	项目类别	项目名称	项目负责人	工作单位
2816	重点项目	新时代中国特色舆论学研究体系建构研究	刘明洋	山东大学
2837	一般项目	社会时空视角下媒体深度融合的发展策略与理论路径研究	戴元初	山东大学

续表

项目批准号	项目类别	项 目 名 称	项目负责人	工作单位
1347	一般项目	数字经济背景下“新国潮”品牌成长与价值共生研究	王德胜	山东大学
2866	一般项目	中国少数民族影像民族志的接受研究(1949—2020)	邢　崇	青岛科技大学
2954	一般项目	单点民族志视野下网络直播虚拟社区社会互动及行为规范研究	王庆起	山东理工大学

2021 年，山东省高校新闻传播学获得教育部人文社科研究课题 2 项。此外，2021 年山东省社科基金立项资助新闻传播学类项目 23 项。

(2)高水平论文发表

2021 年山东省新闻传播学共发表 CSSCI37 篇，教育部 A 刊(《新闻与传播研究》《国际新闻界》《现代传播》《新闻大学》)论文 9 篇。其中，俞凡的论文《“济南惨案”中的中日舆论战——兼论北伐统一前后蒋介石之舆论观》发表在《新闻与传播研究》上；欧阳霞等人的论文《情绪、信任、行动：建设性新闻本土化传播效果的实验研究》和王东等人的论文《转基因论战中的偏见同化与敌意感知：意见领袖对派别成员的影响》分别在《国际新闻界》上发表；另外五位老师俞凡、李欣人、王咏梅、姜楠、董从斌的论文分别在《现代传播》上发表；陈立敏的论文在《新闻大学》上发表。

(3)成果获奖情况

2021 年，山东省新闻传播学科研成果获得第三十五届山东省社会科学优秀成果奖二等奖 1 项、三等奖 2 项；此外，成果还获得泰山文艺奖、山东省高等学校人文社会科学优秀成果奖等 11 项。

1.2.5.6　教学情况

山东省新闻传播学教学指导委员会积极组织全省新闻传播学科专业教学工作，组织完成了马克思主义新闻观系列教材的编纂工作，由省内 6 所高校领衔，14 所高校共同参与完成。首批教材 9 部目前已在山东大学出版社出版，面向全省发行。

教学指导委员会参与申报 2021 年山东省本科高校教学改革研究项目“项目引领背景下山东高校新闻传播未来教育共同体建构研究”，获批为省级重点教学改革项目(主持人：张成良)。

山东省新闻传播教育近年来在不断的调适中得到发展，以山东大学一级博士学位授权点获批为契机，近年来在国家社科项目立项中不断取得突破，2021 年山东新闻传播发展情况主要表现如下：

一是国家社科立项取得重要突破。山东大学立项 2 项国家社科重大项目、1 项国家社科重点项目，有力带动了山东省的新闻传播学科发展。全年共立项 7 项国家社科项目，与 2020 年立项数持平。

二是网络与新媒体专业成为新的发展热点。目前山东省新闻学与传播学专业设置非均衡发展，新闻学与广告学专业设置偏多，网络与新媒体专业迅速崛起，仅 2019 年以来就新增了 8 个本科学士学位点，新兴专业带动了新闻传播学的整体发展。

三是研究生教育发展受到影响。2021 年山东省重点推动专业学位点建设，全年新增两个专业硕士学位点，未有一级硕士学位点获批。从学位点分布和未来发展态势来看，博士学位点和一级硕士学位点均分布在济南(自设除外)，这种布局缺乏地域上的关照和平衡。9 个专业硕士点、2 个一级学科学术学位点，每年招收学术研究生 30 人左右，这使得新闻传播学科的研究发展和高层次人才培养的后劲明显不足。

四是缺乏在全国范围内具有代表性和影响力的领军人和学术带头人。尽管 2021 年各高校正加大人才引进力度，但由于整体上学科发展的弱势使得人才引进并不平衡，同时领军人才的逆流也对学科发展带来了一定程度的影响。

(鲁东大学　张成良、刘远、陈淑湘)

1.2.6　甘肃省新闻传播教育发展综述

2021 年是中国共产党成立 100 周年，是“十四五”规划的开局之年，是经受疫情时代考验的一年，也是新时代甘肃省新闻传播教育发展关键的一年。

甘肃省各大高校开拓创新，将创新思维融入新闻传播教育，结合自身特色全面协调发展，通过深入学习贯彻习近平总书记在清华大学考察时的重要讲话，承担新时代高等教育的历史使命，着力培养德智体美劳全面发展的社会主义建设者和接班人。“中国新闻传播大讲堂”长效机制于 2021 年建立，明确以坚持正确工作导向、着力提升建设质量、加强教学组织管理、及时巩固建设成果为工作重点，各高校积极推动大讲堂制度化、常态化建设。

同时，甘肃省新闻传播教育的发展围绕《教育部 中共中央宣传部关于提高高校新闻传播人才培养能力实施卓越新闻传播人才教育培养计划 2.0 的意见》中提出的要求，“加强和改进高等学校新闻传播专业建设，建设中国特色、世界水平的一流新闻传播专业。全面落实立德树人根本任务，坚持马克思主义新闻观，用中国特色社会主义新闻理论教书育人，努力培养造就一批具有家国情怀、国际视野的高素质全媒化复合型专家型新闻传播后备人才”，在此基础上更加重视学生问题意识的树立、正确价值观的引领、责任感与使命感的培养，同时不断完善培养体系，提升全媒化新闻传播人才培养质量。

部校共建平稳有序推进，成果显著；新闻教育与教学改革全面开展，有所创新；院系设置、办学规模不断完善，略有调整；课程体系、培养目标向着全人教育方向积极转变；科研与学术交流参与比重逐步增加。

1.2.6.1 业建设

甘肃省的新闻传播教育始于1959年兰州大学中文系设立的新闻专业。进入21世纪以来，甘肃省的新闻传播教育进入蓬勃发展期。据不完全统计，目前甘肃省单独设立新闻与传播学院(或传媒学院)的有兰州大学、西北民族大学、西北师范大学、兰州财经大学、兰州城市学院、兰州文理学院6所高校。另外，甘肃政法大学、甘肃农业大学、天水师范学院、河西学院4所高校也开设有新闻传播类本科专业。

近年来，各高校的专业建设取得了较好的成就，有一批专业分别获批国家级或省级一流专业建设点，如表1-16所示。

表1-16　　甘肃省新闻传播学类获批省级、国家级专业建设点情况

序号	高校名称	专业	获批建设点级别	获批时间
1	兰州大学	新闻学	国家一流专业建设点	2019
2	西北师范大学	新闻学	国家一流专业建设点	2020
3	西北民族大学	新闻学	国家一流专业建设点	2021
		广播电视编导	甘肃省一流专业建设点	2021
4	兰州文理学院	新闻学	甘肃省一流专业建设点	/
		广播电视学	甘肃省一流专业建设点	/
5	兰州城市学院	广播电视编导	甘肃省一流专业建设点	/
		播音与主持艺术	甘肃省一流专业建设点	/

甘肃省新闻传播教学的人才培养包含四个层次：博士研究生教育、硕士研究生教育、本科生教育和专科生教育。各个高校的招生情况和办学特色各有不同。兰州大学新闻与传播学院设有新闻学、广告学、广播电视学、数字媒体技术4个本科专业和网络与新媒体(2+2)1个特色专业(方向)。其中，新闻学专业是国家级一流专业建设点。网络

与新媒体专业是全校唯一的"2+2"复合型人才培养特色专业，已有近20年的历史，是国内最早的网络与新媒体专业之一。该院积极响应教育部"四新"专业改革号召，开设了全校最早的"新工科"专业——数字媒体技术专业，2018年首次招生，首届学生即将毕业。

西北民族大学新闻传播学院现有民族学(民族艺术)硕士点(2000年开始招生)、广播电视艺术硕士(2021年开始招生)、新闻与传播专业硕士(2023年开始招生)。该院紧抓国家即将实施的《关于新时代振兴中西部地区高等教育的意见》，围绕国家对学科建设的新要求，围绕提升国际传播力，加快学科融合，积极构建新闻传播学本、硕、博多层次教育体系。

1.2.6.2 部校共建与协同育人

目前，甘肃省有4所学校与中共甘肃省委宣传部合作建设新闻学院：兰州大学、西北师范大学、兰州文理学院和兰州城市学院。2014年5月，甘肃省委宣传部与西北师范大学共建新闻学院，增设文化与传播二级博士点与硕士点，是甘肃省首个培养新闻传播高端人才的博士点。另有天水师范学院2019年3月成立"融媒体研究中心"，此为天水市委宣传部和天水师范学院推动"部校共建"的一次创新实践。

在新文科建设背景下，为了审核高等教育创新创业教育改革，甘肃省教育厅于10月启动了首届甘肃省高校大学生新闻作品大赛。该项赛事由西北师范大学传媒学院承办，引起了全省新闻学子的广泛关注和积极参与，共收到了来自全省高校的148件作品，并评选出了获奖作品。

1.2.6.3 课程建设与教学研究成果

甘肃省各大高校多门课程被认定为校级一流本科课程，同时获推荐参评省级、国家级一流课程。同时，各高校继续加强课程思政建设顶层设计，深化马克思主义新闻观教育，深入推进课程思政教学改革，做好课程线上化建设。

兰州大学新闻与传播学院近年来在实践教学方面持续探索，走出了一条有特色、接地气、有成效的跨平台协同育人的实践教学的新路子。该院倾力打造的包括"重走中国西北角""新春采风万里行""香港媒体暑期夏令营"等教学项目在内的"小实习"实践教学课程包已经坚持了十余年，吸纳了国内十余所院校的千余名师生参加，形成了"重走中国西北角"实践教学品牌，摸索出新闻传播人才培养的新路子。该课程获评甘肃省社会实践一流课程。

西北师范大学增设"马克思主义新闻观与文艺观"专业必修课，选派教师参加新闻传播专业骨干教师马克思主义新闻观主题培训，编写马克思主义新闻观教育教学典型案例；2018—2021 年连续举办四届“马克思主义新闻观暨西部传媒发展学术研讨会”；教师发表马克思主义新闻观(文艺观)方面学术论文 10 余篇。

甘肃政法大学文学与新闻传播学院新闻系教师团队在清华大学线上平台“学堂在线”打造完成慕课“融合新闻学”，且于 2021 年 7 月正式上线。

天水师范学院大力推动互联网、大数据、虚拟仿真等新媒体技术在新闻传播人才培养中的应用，其专业“传播学概论”课程获批校级一流线上线下课程，同步录制的慕课“大众传播理论与应用”在智慧树平台成功运行三期。

兰州文理学院的广播电视学专业教学团队已获省级立项，“纪录片创作与实践”“播音主持艺术”“融媒体传播实务”课程已获学校推荐参加省级一流课程评审，“新闻学概论”等 8 门课程获校级一流课程立项。

2021 年，各大高校坚持以习近平新时代中国特色社会主义思想为指导，全面贯彻党的十九大和十九届历次全会精神，牢牢把握社会主义办学方向，落实立德树人的根本任务，坚持“以本为本、四个回归”，以马克思主义新闻观教育为统率，深化教学改革理论和实践研究，建成了一批教学改革及课程思政示范课程。

兰州城市学院积极推进课程思政建设。2021 年，其新闻学专业被甘肃省教育厅评为课程思政示范专业；该校“新时代传媒专业‘五维一体’课程思政建设探索与实践——以甘肃高校为例”获批立项甘肃省高校课程思政示范项目，“马克思主义新闻观”课程被学校立项为校级优秀课程思政项目。

西北民族大学基于戏剧与影视学的实践创新特性，自 2010 年探索实践，历经数年改革探索期，改革并实践以创新创业为导向的戏剧与影视学人才培养模式，获 2021 年甘肃省教学成果一等奖。

1.2.6.4 师资队伍建设

新闻传播类教育事业的长足发展离不开良好的师资团队，近年来，甘肃省新闻院校非常注重教师队伍的建设，积极运用多项举措来稳定、促进和提升教师队伍教学和科研能力的双提升。各大院校鼓励和支持教师申报各级各类科研项目发表论文、出版专著、开展学术讲座。

兰州大学新闻与传播学院拥有一支坚守西北、潜心育人的师资团队，共有四名教师先后获得兰州大学“我最喜爱的十大教师”称号，一人享受国务院特殊津贴，一人获省领军人才称号，两人获省宣传文化系统“四个一批”人才称号。

西北师范大学获得甘肃省高等学校教学名师、国家民委青年教学标兵，创新创业教学名师，陇原青年创新创业人才奖各一项，获得甘肃省教师教学创新大赛一等奖 1 项。

甘肃政法大学积极申报甘肃省教育厅组织的教学质量工程项目，新闻系获批校级教学团队一项(“校媒合作的新闻实务教学团队”)；另有创新创业项目——“校媒协同育人创新创业教学团队”和新文科项目——“地方院校对新文科校媒协同育人机制的创新实践”获得校级立项。

天水师范学院专业教师积极参与“青教赛”和高校教师教学创新大赛，该校朱艳老师获得了第五届甘肃省高校青年教师教学文科组二等奖，李天英老师获得了首届甘肃省高校教师教学创新大赛文科副高组二等奖。

1.2.6.5 实验平台与社会服务

甘肃省各大高校不断加大实验实践教学的投入，根据行业需求，加强专业实践、实训、实习基地建设，与多家媒体机构、融媒体中心等实习基地签订协议。目前全省拥有一个省级文科实验示范中心、1 个省级实验教学示范中心、一个影视与新媒体省级实验教学示范中心、一个 1 个甘肃省创新创业教育团队。

兰州大学新闻与传播学院设有甘肃省文科实验示范中心。该中心建有 4K 高清融媒体实验室、虚拟演播厅和广告创意实验室，这为兰州大学的“双一流”建设提供了实验平台支撑。兰州大学新闻与传播学院是全国首批 11 个中国新闻奖(中国新闻界最高奖项)试点报送单位之一，是中华全国新闻工作者协会特邀理事单位，同时也是中国新闻史学会新闻传播教育委员会副会长单位和高等教育学会新闻传播教育委员会常务理事单位等。

西北民族大学新闻传播学院目前已经与省内外 30 多家媒体和单位签署了协议，建立了校外实践教学基地。该院是中国新闻史学会少数民族新闻传播史研究委员会常务理事单位、副会长单位，中国高校影视学会民族影视专业委员会副理事长、常务理事单位，中国新闻史学会符号传播学研究委员会常务理事单位，中国少数民族地区信息传播与社会发展论坛副理事长单位，民族院校新闻教育联盟发起单位。

兰州财经大学商务传媒学院与甘肃快手甘肃运营中心共同举行校外实习实训基地暨研究生工作站签约挂牌仪式，与甘肃新媒体集团共同举行校外实习实训基地暨研究生工作站签约挂牌仪式，在定西市临洮县融媒体中心、定西市陇西县融媒体中心举行校外实习实训基地签约挂牌仪式。

河西学院于 2020 年建成融媒体实验室、舆情分析实验室等。2021 年，兰州城市学院传媒学院主动向基层行业延伸对接，在原有 20 多个实习基地的基础上，与渭源县和临夏市融媒体中心共建合作育人基地。兰州财经大学与甘肃新媒体集团共同举行校外实习实训基地暨研究生工作站签约挂牌仪式，并在定西市临洮县融媒体中心、定西市陇西县融媒体中心举行校外实习实训基地签约挂牌仪式。兰州文理学院与巨量引擎甘肃区域独家合作伙伴兰州宣天下文化传播公司、兰州广播电视台、甘南广播电视台、榆中县融媒体中心、开展深度合作，通过线上直播、公开课、游学实践、共创项目等方式，深化校企合作人才共育机制。

1.2.6.6 校际交流和国际化办学成果

兰州大学新闻与传播学院与世界一流的新闻院校密苏里大学新闻学院建立了新闻学“2+2”国际合作项目，2021 年共有 2 名同学赴密苏里大学新闻学院深造。同时与香港浸会大学建立了联合培养硕士研究生项目，举办了“丝绸之路国际行”“香港媒体训练营”等国际交流、实践和研究项目，已有百余名学生从中受益。

兰州财经大学商务传媒学院与中央财经大学文化与传媒学院举行学科、专业建设合作协议签约仪式，同时与兰州市第四十八中学共同举行校外实习实训基地暨研究生工作站签约挂牌仪式。

天水师范学院文学与文化传播学院于 2022 年与浙江绍兴上虞 e 游小镇管委会签订了实习协议。兰州文理学院继续推进与兰州大学、暨南大学等高校的“2+2”合作交流，2021 年共派出学生 5 人，与暨南大学续签了合作办学协议，完成了塔吉克斯坦国立文化学院“网络新闻学”专业人才培养方案制定。

（兰州大学　王君玲）

1.2.7 辽宁省新闻传播教育发展综述

1.2.7.1 2021 年辽宁省新闻传播发展事略

2021 年是辽宁省新闻传播教育蓬勃发展的一年。在这一年里，辽宁省内各大高校以昂扬向上的发展态势，在创新教学改革与创新、实践调研与校企合作、科研成果立项、学术交流活动、社会服务等方面均取得了突出成绩。

辽宁大学新闻与传播学院成功举办中国新闻史学会地方新闻史专业委员会第三届年会暨“开掘史料、理论阐释与中国共产党百年新闻传播史研究”学术讨论会。来自全国部分高校及科研机构的 180 余位专家学者就学术前沿议题展开了研讨，该学术会议充分展现了辽宁新闻传播的学术影响力。

大连外国语大学新闻与传播学院在中国新闻史学会传播学专业委员会的换届中，成功入选中国新闻史学会传播学专业委员会理事单位。

中国日报网与大连外国语大学中华文化海外传播研究中心、新闻与传播学院联合发布了《2020—2021 年度中华文化国际传播十大案例》。

大连外国语大学新闻与传播学院同大连理工大学东北亚国际发展和合作研究中心、暨南大学传媒与公共外交研究中心、华东政法大学马克思主义学院联合发起的“媒体外交研究联盟”在线正式启动。

1.2.7.2 新增学位点及专业设置情况

2021 年辽宁省新闻传播教育整体呈现出在调整中稳步发展的态势。根据《教育部关于公布 2021 年度普通高等学校本科专业备案和审批结果的通知》(教高函〔2021〕14 号)文件显示，辽宁省新增新闻传播类学士学位授权点 2 个，其中包括辽宁省属公办本科高校及民办本科院校，在招生专业上涵盖了国际新闻与传播和时尚传播专业(见表 1-17)。

其中，大连外国语大学的国际新闻与传播专业是服务于国家和地方发展战略以及经济社会转型升级的新专业。该专业致力于培养有深厚文化底蕴、国际化视野和跨文化传播能力，适应全媒体时代媒介发展和文化传播需要，能在国际新闻媒体、相关政府机构等领域从事科学研究、国际新闻传播、国际文化传播、国际公关广告传播、国际传媒教育等工作的“国际化、复合型、应用型”的高层次专门人才。

表 1-17　**辽宁省新增新闻传播类学位点、专业设置情况**

序号	学校名称	学校性质	院系	本科专业
1	大连外国语大学	省属公办本科高校	新闻与传播学院	国际新闻与传播
2	沈阳城市建设学院	全日制民办本科院校	艺术与传媒学院	时尚传播

除此之外，辽宁省有 2 所高校撤销了新闻传播学类专业，其中包括省属公办本科高校和民办本科院校(见表 1-18)。

表 1-18　**辽宁省撤销新闻传播类专业情况**

序号	学校名称	学校性质	院系	本科专业
1	渤海大学	省属公办本科高校	新闻与传播学院	广播电视学
2	渤海大学	省属公办本科高校	新闻与传播学院	广告学
3	辽宁理工学院	全日制民办本科院校	文化传媒学院	新闻学

1.2.7.3 教学育人创新与学生培养情况

为进一步提高人才培养质量，辽宁省各大高校新闻传播类专业对学生培养质量和本科教学的重视程度明显提升，并进一步探索创新学生培养的模式与方法。这主要体现在教学改革与创新、课程思政、业界专家讲学、实践调研与校企合作、专业类比赛、师资流动共享等方面。

(1)教学改革与创新

大连外国语大学新闻与传播学院同英国斯旺西大学联合开发了专业前沿课程“Media Culture and Society”，该课程以腾讯会议方式进行线上授课，吸引了众多海内外师生共同参与、同步进步。

沈阳体育学院管理与新闻传播学院为准确掌握青年教师发展诉求，进一步了解青年教师在教学科研工作中存在的问题，召开了青年教师座谈会。与会教师们结合教学工作实际，为人才培养、学科专业建设、科研立项等工作提出了切实可行的意见与建议。

辽宁传媒学院新闻传播学院为顺应时代发展和教学改革的需求，组织召开了教学材料编制培训会。与会教师们围绕教学材料规范、教学内容以及教学进程安排等内容进行了详细的研讨。

(2)课程思政建设

为贯彻落实教育部《高等学校课程思政建设指导纲要》精神，深入推进高等教育课程思政建设，辽宁省内各大高校积极开展与课程思政相关的主题研讨、比赛评选等系列活动。

东北大学文法学院开展了“辅导员思政 panel 教室”主题研讨活动，与会教师围绕新媒体背景下传播主体多元化、内容碎片化、平台复杂化等问题，深入分析了当前高校思想政治话语权面临的冲击与挑战，并提出了相应的对策。

东北财经大学开展了全面深化“课程思政”建设系列活动，在“课程思政”大讨论和“课程思政”系列培训的基础上，还组织了课程思政示范课程、示范教师评选活动。经学院初赛推荐，学校组织复赛、决赛，校内外评审专家评选，人文与传播学院的廖卫民、卢晓侠老师获评思政示范教师二等奖，张晓传老师获评三等奖。

辽宁理工学院校长、党委副书记何辉教授走进文化传媒学院思政课堂，围绕“牢记英雄事迹，传承伟大精神”为主题，给学生们上了一堂生动的思政课。此次课程的开展，激发了学院师生的爱国热情和民族自豪感，为推动学院党史学习教育的深入发展起到了重要的作用。

(3)业界专家讲学

邀请业界专家到校传授经验、指导业务学习是新闻传播类专业提升学生实践能力、扩展学生专业视野的重要途径。在过去的一年里，辽宁省多所高校在学生培养过程中加大了对业界专家的引入力度。

辽宁大学新闻与传播学院邀请原《沈阳日报》高级记者关捷为该院师生作了题为“一个优秀的记者是怎样产生的”讲座。关捷结合自身从事新闻事业的丰富经历，从记者素质、报道选题、采访技巧、新闻写作等方面与广大师生进行了深入交流。

大连理工大学新闻与传播学系先后邀请了大连新闻传媒集团副总经理李盛之和新华社大连支社前任社长、高级记者傅兴宇进讲授“媒介经营与管理”“广播电视写作课堂”，从而搭建了课堂讲授和案例研讨并重、学界理论与业界经验并举的授课体系。

大连外国语大学新闻与传播学院邀请中国经济传媒协会副会长、新华社高级编辑杜跃进做客“百川论坛”，为该院师生带来两场题为“记者的使命与担当”“财经报道的特点”的精彩讲座。

东北财经大学人文与传播学院邀请大连新闻传媒集团《法治新天地》《今晚 30 分》栏目主持人，医疗健康节目《刻不容缓》主编、记者，全国十佳法制节目主持人文静老师，为该院师生带来一场主题为“新时期如何增强主流媒体话语权和影响力”的讲座。

辽宁师范大学文学院新闻系邀请经济日报社财经新闻部主任编辑于泳进行了“经济新闻采写的多维视角”线上主题讲座。于泳老师结合自身的实践经历，就财经新闻的特点进行了详细的分析，开阔了学生们的眼界。

(4)实践调研与校企合作

东北大学文法学院教师赴人民日报数字传播有限公司开展调研交流活动。双方在进行深入交流的基础上，就项目合作、人才共享、共建平台、成果应用等方面初步达成了框架合作协议，为进一步深化校企合作打开了新局面。

东北财经大学人文与传播学院同昱锦集团共建大学生实习实践基地。大连昱锦传媒有限公司、大连盛世传媒文化有限公司以及听见(辽宁)文化有限传媒公司三家企业被授予“东北财经大学人文与传播学院大学生实习实践基地”牌匾。未来，双方将共同探索在科研、科技成果转化、人才培养等方面的交流与合作。

大连外国语大学新闻与传播学院同凤凰网签署了实践教学基地建设协议。该实践基地的建设，有助于更好地发挥双方优势，加强资源共享，培养具有全媒体业务能力的应用型、复合型新闻传播人才。此外，大连外国语大学新闻与传播学院的四位学生成功入选中国新闻社中新网奥运专项实习生，他们以自己年轻的视角、语调叙说自己的奥运故事，共同见证奥运盛会。

渤海大学新闻与传播学院同盘锦红海滩旅游发展有限公司签署了校企合作的协议，并设立了“红海滩新传媒”课程实践专项奖学金，培养学生们用最鲜活的辽宁地域文化案例和“脚下沾泥”的新传精神，助力“红海滩”打造以抖音、快手和视频号、B 站、小红书、攻略类、微信公众号为中心的六大新媒体矩阵，进一步激励学生积极依托课程，投身实践。

沈阳体育学院管理与新闻传播学院与中广电“云星计划”项目单位举行了第二次校企合作洽谈会。与会双方就合作中的项目合作、技术保障等各项细节问题充分交换了意见，为实现校企资源的有机结合和优化配置，共同培养优质人才提供了新的途径。

(5)以赛促学

大连外国语大学新闻与传播学院组织和指导学生参加了第八届中国大学生新媒体创意大赛、第三届全国大学生网络文化节、辽宁省大学生网络新媒体创新大赛以及首届辽宁省大学生网络文化节等多项竞赛，参赛学生及指导老师均斩获了多个奖项。

沈阳城市学院积极承办了由辽宁省教育厅主办的 2021 辽宁省大学生电竞主播大赛。辽宁大学、沈阳城市学院、沈阳工学院、沈阳工程学院、沈阳师范大学、沈阳航空航天大学、辽宁理工学院、沈阳大学、沈阳传媒学院、渤海大学等多所高校积极参与此次大赛，并获得了优秀组织奖。

辽宁理工学院文化传媒学院组织和指导学生参加了 2021 辽宁省普通高等学校本科生融媒体主持人大赛，并获得了优异的成绩。

东北财经大学人文与传播学院及辽宁师范大学文学院的多名学生在 2021 年第十三届全国大学生广告艺术大赛中斩获多个奖项。

(6)师资吸纳与流动

为深入推进新文科建设，契合新文科关于人才培养的需求，辽宁省多所高校通过聘请业界导师和客座教授的方式，积极探索新型新闻传播人才教育培养模式。辽宁大学新闻与传播学院聘任原《沈阳日报》高级记者、一级作家、中国作协会员、辽宁作协委员会会员、沈阳市作家协会副主席关捷同志为辽宁大学客座教授。

辽宁师范大学文学院聘任了大连传媒集团《新闻锋线》栏目制片人高鶅、半岛晨报传媒公司总经理王小岩、大连传媒集团资深记者卢建伟、《半岛晨报》首席记者于雅坤、大连市广告协会秘书长耿庆、中国广告学术委员会常委陈姝等业界导师。

沈阳城市学院聘任沈阳知名红色收藏家詹洪阁先生为红色教育双创导师。

1.2.7.4 科研情况

(1)科研项目(国社科、教育部、省社科)获批情况

2021 年，辽宁省共获批新闻传播学科国家社会科学基金资助项目 4 项、其中大连

理工大学 2 项、辽宁大学 1 项，大连外国语大学 1 项。大连理工大学的周福战主持的“社交媒体中基于多模态信息搜索的舆情研判与引导研究”获批国家社科基金一般项目，大连理工大学的张绍武主持的“基于媒体画像和防疫图谱的中国防疫形象评估和对策研究”获批国家社科基金一般项目，辽宁大学的周德波主持的“晚清传教士报刊中的‘辅教’问题研究”获批国家社科基金一般项目，大连外国语大学的蔡馥谣主持的“人类命运共同体视域下提升中国对东北亚地区文化传播力研究”获批国家社科基金青年项目(见表 1-19)。

表 1-19　　**2021 年国家社科基金年度项目立项名单(新闻传播学、辽宁省)**

项目批准号	项目类别	项目名称	立项时间	项目负责人	专业职务	工作单位
21BXW007	一般项目	社交媒体中基于多模态信息搜索的舆情研判与引导研究	2021. 09. 24	周福战	教授	大连理工大学
21BXW047	一般项目	基于媒体画像和防疫图谱的中国防疫形象评估和对策研究	2021. 09. 24	张绍武	教授	大连理工大学
21BXW025	一般项目	晚清传教士报刊中的“辅教”问题研究	2021. 09. 24	周德波	教授	辽宁大学
21CXW003	青年项目	人类命运共同体视域下提升中国对东北亚地区文化传播力研究	2021. 09. 24	蔡馥谣	副教授	大连外国语大学

2021 年辽宁省获批新闻传播学科教育部人文社会科学基金资助项目 1 项，该项目为大连外国语大学的吴潇阳主持的青年基金项目“中国网络文学海外受众的线上互动行为与文化认同研究”。

(2)CSSCI 期刊论文发表情况

2021 年，辽宁省高校、科研院所等单位在新闻传播学类 CSSCI 期刊上共发表或合作发表论文 42 篇。其中，辽宁大学、大连外国语大学及渤海大学在 CSSCI 期刊上发文量相对较高。此外，在辽宁省 2021 年发表的 CSSCI 期刊论文中，基本由省内高等院校教学科研人员所贡献，呈现出多种专业学科融合发表的特点。这些论文的议题集中于国际传播、媒体融合、马克思主义新闻观及后疫情时代的传媒业等领域，既有对实践的关照也有对理论的探索。未来，辽宁省内的新闻传播学者仍需进一步提升自身科研水平，以产出更多的高水平论文(见图 1-2)。

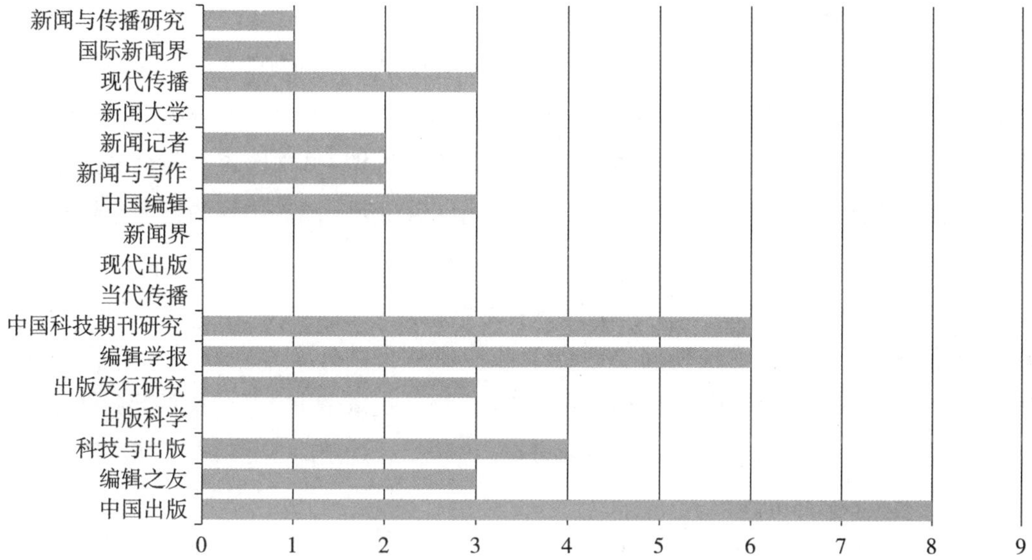

图 1-2 2021 年辽宁省高校、科研院所新闻传播类 CSSCI 期刊论文发表情况分布图

(3)学术交流与活动

2021 年，辽宁省众多高校积极邀请国内外知名学者开展讲座、讲学，并灵活运用“线上+线下”的方式积极承办学术会议和学术交流活动。辽宁大学新闻与传播学院采用在线会议方式开展了名家系列讲座，先后邀请了中国社会科学院新闻与传播研究所所长胡正荣教授、中国传媒大学雷跃捷教授、北京外国语大学高金萍教授、中国人民大学杨保军教授等国内新闻传播领域的重量级教授为广大师生传经送宝。

东北财经大学人文与传播学院成功举办了“全球传播面对面”学术讲座。中国传媒大学新闻学院院长隋岩教授、华中科技大学学术委员会副主任张昆教授以及中国传媒大学政府与公共事务学院副院长周亭教授应邀作了“互联网时代新闻传播学项目申报、学术写作与期刊发表”“大时代里的新闻理想与教育本心”与“全球视角下的国际传播格局与中国媒体实力”的精彩讲座，对促进学院学科发展和学术研究有着重要意义。

大连理工大学召开了“新媒体 · 新青年 · 新传播”学术研讨会。中国人民大学黄河教授和中国社会科学院助理研究员曾昕老师分别围绕“新媒体时代的挑战与应对”“Z 世代的文化消费与文化生产”议题，同广大师生开展了交流。

除举办讲座外，辽宁大学、大连外国语大学及渤海大学还积极举办了一些学术会议和学术论坛，从而开拓了学术视野，提升了辽宁新闻传播教育在全国范围内的学术声誉和影响力。

辽宁大学成功举办了中国新闻史学会地方新闻史专业委员会暨“开掘史料、理论阐释与中国共产党百年新闻传播史研究”学术研讨会。中国新闻史学会会长王润泽教授、中国新闻史学会地方新闻史专业委员会会长蒋建国教授、原复旦大学党委书记秦绍德教授及来自全国部分高校及科研机构的180余位学者专家出席此次会议。与会专家学者们纷纷就新闻传播学科体系建设、中国共产党新闻传播活动、新闻史料的挖掘与梳理、新闻史研究方法、清末媒介与中国社会变迁、地方新闻事业史、新闻人物及新闻思想等议题展开研讨。

大连外国语大学和中国新闻史学会全球传播与公共外交专业委员会联合主办了2021第五届中华文化海外传播大连论坛，来自海内外从事中华文化研究的超过200位专家、学者和5000多名社会各界人士集聚云端，围绕“后疫情时代的跨文化传播”这一主题进行了深入的交流和探讨。

渤海大学举办了“新机遇 · 新挑战 · 新路径：辽西县级融媒体发展微论坛”。该论坛围绕辽西县融媒体建设发展现状、优势与问题展开详细探讨，与会专家们为辽西县级融媒迈向“提质增优”新阶段提供了切实可行的建议与方案。此外，渤海大学还成功举办了“新文科背景下新闻传播教育2021高峰论坛”。华中科技大学新闻与信息传播学院院长张明新教授、辽宁大学新闻与传播学院院长程丽红教授、上海大学新闻传播学院院长严三九教授、厦门大学新闻传播学院教授委员会主任黄合水教授等数十位教授应邀参加论坛。与会教授们围绕新闻传播人才培养、新闻专业建设等方面进行了研讨。

1.2.7.5　校部共建与社会服务

为强化理论联系实际的联系实际的教学导向，不断完善实践教学环节，渤海大学新闻与传播学院和锦州新闻媒体集团共同组织开展了双方从业人员的互聘交流工作。学院选派新闻学教研室主任王嘉老师到锦州日报社工作，锦州新闻媒体集团选派晚报节目中心主任、高级记者杨菁和一级播音员牛海波到学院开展交流与工作。

沈阳城市学院新闻与传播学院教师在2021年度共完成5篇咨政报告，先后被辽宁省人大常委会、辽宁省政协办公室、沈阳市政府等7个单位进行采纳与批复，为积极解决地方经济发展中的实际问题、服务地方发展贡献了新的力量。

(辽宁大学　马弋飞、王喆、张馨文)

1.2.8 吉林省新闻传播教育发展综述

2021年是“十四五”开局之年，是全面建设社会主义现代化国家新征程开启之年，也是中国共产党成立100周年。在这样一个极具承前启后意义的关键节点上，吉林省各高校新闻传播院系总结“十三五”、规划“十四五”，坚定不移以习近平“七一”重要讲话精神为引领，推动吉林省新闻传播教育向纵深发展。

1.2.8.1 瞄准学术前沿，把握新闻传播发展趋势

2021年是吉林省新闻传播教育坚持站在时代前列，及时追踪学术前沿，不断把握新闻传播发展趋势、继续前进的一年。2020年11月3日，教育部发布《新文科建设宣言》，对新文科建设做出全面部署。新闻传播学应该是哲学社会科学中与科技革命联系最为紧密的学科之一，面对新文科建设背景和新闻传播学教育深刻变革的关键时期，新闻传播学该如何发展，需要进行深入全面的思考和探讨。

2021年6月17日，吉林大学文学院暨新闻与传播学院邀请美国杜克大学亚洲与中东研究系教授刘康做“什么是文科——现代知识的形塑与体系”讲座，着重分析和探讨了在融入现代世界体系的过程中，中国在知识观念、模式和体制方面呈现出的大量矛盾、割裂、变异和转换，为我国的新闻与传播学的新文科建设拓宽了思路。

为贯彻国家推动教育高质量发展要求，进一步提升教育服务能力和贡献水平，全面推进新文科建设，2021年10月23日，吉林省传媒学会2021年年会暨“新文科背景下影视艺术教育与学科建设”学术论坛在长春人文学院(原东北师范大学人文学院)传媒学院召开，此次活动用前沿思想来引导从业人员积极参与艺术创作，提升广大从业者的专业素养及理论能力，实现全省传媒行业全方位、多角度共同发展。另外，为贯彻国家推动文科教育创新发展要求、构建以育人育才为中心的哲学社会科学发展新格局、全面推进新闻传播人才的新文科建设，2021年11月28日，由东北师范大学传媒科学学院(新闻学院)主办，东北师范大学社会科学处协办的“创新·融合：卓越新闻传播人才培养的新文科转向与路径论坛”顺利召开。来自不同高校新闻传播学院的院长、专家、学者相聚云端，共同探寻新闻传播人才培养的新进路。

1.2.8.2 联动产学两界，培养新闻传播卓越人才

随着物联网、区块链、AI、大数据及5G技术的广泛应用，各行各业全面进入数字时代，新闻传播学人才的培养不能再局限于传统型教学，而是迫切地需要创新培养方式。高等院校和企业作为人才供给和需求的双方，联动参与培养过程，推动产教融合，

成为弥补人才缺口的必由之路。

联动产学“两界”培养新闻传播卓越人才，吉林大学新闻与传播学院一直走在路上。2021年3月29日，为推动院校实训教学与产业项目接轨，吉林大学新闻与传播学院邀请新华网融媒体未来研究院副院长杨昊博士，以及朱昕彤博士、王曦光博士为师生带来新华网“新媒体融合与情感计算实验室”第三期教学及科研培训。教学与培训深度结合新闻传播学专业标准化课程体系，推出“产学研用”一体化解决方案，协助院校进行“双师型”教师队伍和课程教材建设，打造权威人才职业能力鉴定体系，推进人才有效就业，深度赋能院校新闻传播人才培养改革长效发展。除此之外，吉林大学新闻与传播学院还深耕数字营销领域的卓越人才培养，2021年10月，字节跳动旗下综合数字化营销服务平台巨量引擎，携手吉林省合作伙伴吉林谦行谦得科技有限公司，与吉林大学三方达成合作协议，成立了营销行业人才共育联盟——数字营销聚创联盟(吉林)，三方发挥资源优势，共同规划人才共育方案，将行业成熟的营销课程体系引入高校，为学生提供实习或就业机会，为行业培养产学研一体化储备人才。

为实现学院培养“全媒型+复合型”新型人才的目标，践行“厚人文、高素质、强能力”的人才培养思路，2021年10月19日，东北师范大学传媒科学学院(新闻学院)邀请吉林省委宣传部文艺处副处长马学庆、吉林省广播电视台乡村频道副总监韩笑等嘉宾举办了融媒联创选题研讨会，探讨方式方法，进一步细化举措、补齐短板，有效地推动了学院融媒联创发展，达到产教融合、教学相长的目的。基于此，传媒科学学院(新闻学院)还成立了“东师传媒美育工作室”，以“美的传媒人”培养为核心打造美育名师和美育创新人才两支队伍。

咸云工作坊在2020年7月启动，旨在疫情背景下通过网络推进新闻传播专业青年教师与学生研究新闻传播规律，掌握新闻传播研究方法，创新卓越新闻传播人才培养路径，助力媒介融合发展。2021年，咸云工作坊在原有经验的基础上分为两期，两次培训整体内容丰富，理论传授与实操演练并重，且学习氛围热烈，参与者不只是“听众”，而是深度卷入学习过程，更有学习的亲历感和获得感，整体质量之高令人惊喜，现已成为一种新的人才培养路径。

吉林动画学院学校深度挖掘、充分利用各种优势资源，全力打造“以教学为主导、以科研为支撑、以产业为导向”的“学研产一体化”的办学模式，不断强化“以艺术与技术相融合”为主题的专业品牌建设，全面推行“大一大二选专业、大三大四选职业”精准人才培养模式，其中，“动画学产对接教学平台”是由吉林动画学院与吉林吉动天博影视制作公司共同搭建的动画实践教学平台，按照影视动画工业生产流程体系组建的制作团队，来自国际行业专家、企业资深总监及学校优秀双师型教师共同指导学校三、四年级的动画专业学生进行产业高端项目、弘扬中国传统文化项目及服务地方经济项目实践。

1.2.8.3 秉持学用精神，推动新闻传播服务社会

马克思主义基本原理认为，实践是认识的最终目的。高校要发挥自身优势，担当作为，不但要瞄准学术前沿，开展基础研究和原始创新研究，也要围绕国家和社会重大需求展开实践和学术成果转移，服务国民发展主战场。新闻传播学研究也一样，要通过学术研究服务社会，做到学以致用、经世济民。

吉林大学新闻与传播学院田茫茫副教授从事视障者社交媒体使用研究多年，致力于把信息无障碍传播与应用研究与服务经济和社会服务大局联系起来，参与编写了国家级行业标准《无障碍电影技术规范》。在这个领域，田茫茫副教授通过前期调研、政策咨询与后期评估，就无障碍电影的立法、版权限定和服务提升等方面提出构想。随着近几年新媒体等技术的飞速发展，这个领域的研究越来越深入，在国内备受关注，颇具影响。在中国盲人协会副主席、中国盲文图书馆无障碍信息中心主任何川研究馆员和长春市盲人协会副主席、长春大学特殊教育学院院长助理楚洪波教授鼎力支持下，2021 年，吉林大学新闻与传播学院申请成立吉林大学信息无障碍研究中心，以进一步推进这一领域的专门研究，第一时间把学术成果转化为社会服务能力，发挥吉大服务于社会的功能。

“十四五”规划和 2035 年远景目标纲要明确提出，要“加快数字化发展建设数字中国”，“加快数字社会建设步伐”。如今，数字技术正在全面融入社会交往与公共生活，推动社会治理方式的创新。疫情当下，数字技术价值得以更大释放，推动社会加速步入数字化生存时代。如何促进数字社会中公共传播多元主体凝聚共识、提升国家与社会的治理效能成为当前亟待探讨的问题。在社会处于数字化转型的关键节点上，2021 年 10 月，东北师范大学传媒科学学院(新闻学院)将举办第二届中国公共传播论坛，旨在回应重大社会现实，汇聚学术智慧，构建一流的新闻传播专家智库，服务国家与社会发展的战略需求，彰显部校共建中高校的责任与担当。

1.2.8.4 加强多元交流，扩展新闻传播人才培养视野

“他山之石，可以攻玉。”让学生们了解更多学术前沿与动态，开放式和国际化的学术交流和对话成为越来越多高校的共识。当下，随着社交媒体和即时通信的普及与发展，彼此之间进行交流对话越来越简单，也越来越密切，因此，吉林省很多高校采用线上与线下相结合的方式，积极开展交流对话，扩展新闻传播研究视野。

“文化融合·学术共建”系列讲座由吉林大学文学院暨新闻与传播学院、中国文化研究所主办、美国北卡华人学者中国交流协会协办。该系列讲座每一场邀请一位或多位主讲人，通过视频会议与现场的吉林大学师生以及线上的参会者进行跨文化传播方面的交流，2021年10月开讲，目前共举办三讲，分别是《西方理论中的中国问题——新闻传播学的中国脉络》《美国社区报纸的兴起与衰落到再兴起》《今日欧洲和美国：政治、安全和经济关系及其影响》。除了中外交流，吉林大学新闻与传播学院也积极邀请国内学者进行学术交流，如，构建现代传播新体系系列讲座第二十四讲《过程的魅力：谈纪录片创作》，就邀请北京师范大学京师特聘教授高峰探讨新世纪媒介融合背景下，纪录片题材与类型的多样性，怎样强化主观性、凸显独特性，怎样在真实性基础上表达画面的审美性，并结合中央新影集团、中央电视台所拍摄的纪录片进行深入分析和探讨，进而探寻纪录片的国际化语言和中国化表达。

为加强交流互动，拓宽师生学术视野，东北师范大学传媒科学学院（新闻学院）举办“传媒名师大讲堂”——新闻传播学学术前沿研讨工作坊系列讲座，广邀全国各地知名学者、教授做客交流，内容丰富，指导性强，为学院师生带来了不少全新的启发和思考。

因新冠肺炎疫情，空间往来受阻，吉林师范大学新闻与传播学院同南方兄弟院校一道积极开启线上学术活动，学院将以前的活动加以系统化，创办“咸云讲坛”，旨在跟进前沿，识其堂奥。2021年，新冠肺炎疫情形势依然十分严峻，吉林师范大学新闻与传播学院继续并持开放精神，联袂吉林各大高校，邀请宇内同仁，为全院师生带来一场场精彩绝伦的学术报告，丰富知识，开阔视野。

为培养高校学生的创新创意能力，推动文化传承，2021年12月9日，2021国际数字营销与广告创意大赛暨海峡两岸学术论坛在吉林动画学院开幕，海峡两岸专家对来自中国文化大学、东北师范大学、吉林艺术学院、长春工业大学、吉林动画学院等高校的425件平面创意广告、影视广告、数字营销策划作品逐一评审。此次活动促进了国际及海峡两岸高校大学生在营销与创意实践的交流友谊，搭建了创意产业与创意人才的对接平台。

1.2.8.5 依托地域优势，建设新闻传播特色领域

吉林省地处东北腹地，地域特色非常明显，就新闻传播学而言，吉林省各大高校可以依托东北地域优势，建设新闻传播学特色领域，进而丰富研究面向与范围。

为庆祝中国共产党成立100周年，深入学习宣传贯彻习近平新时代中国特色社会主义思想，贯彻落实习近平总书记关于青年工作的重要思想，2021年暑期，吉林大学文

学院暨新闻与传播学院组织开展了“再造煌煌工业，重走峥嵘东北”东北工业遗产文创与媒介文化暑期实践调研活动。此次调研依托于东北三省辉煌的工业遗产资源，组织青年学生感受与研究东北媒介的发展历史与脉络，感受新闻传播的地域与时代张力。

吉林农业大学传播学专业对焦国家乡村振兴战略，依托吉林农业大省的资源优势，着力发展东北乡村传播视域下的科技传播、文化传播、影视传播及新媒体传播人才培养基地。将传播学人才培养方向与“三农”领域的现代化信息传播需求相结合，以传统传播学理论和实务为基础，建设新闻传播特色领域。

（吉林大学　朱孟洁、田茫茫）

1.2.9　黑龙江省新闻传播教育发展综述

1.2.9.1　开展中国共产党百年新闻事业研究与教学活动

2021年，中国共产党隆重庆祝了建党100周年，并领导中国人民开启了第二个百年新征程。这一年里，黑龙江省各高校新闻传播院系聚焦中国共产党百年奋斗史，着眼于中国共产党为什么能、马克思主义为什么行、中国特色社会主义为什么好等关键问题，深挖中国新闻事业的红色基因，开展了一系列广泛深入的学术研究和教学实践活动。

5月8日，黑龙江大学新闻传播学院联手全国近20所高校新闻院系，共同协助中国人民大学新闻学院举办了“中国共产党百年新闻事业学术研讨会”，该院徐江善院长赴京出席大会，并在“院长论坛”上发言，另外两位学者参加大会并在分论坛宣读了相关研究成果。

9月15日，在迎接黑龙江大学建设80周年之际，黑龙江大学新闻传播学院在哈尔滨举办“新时代新闻传播赓扬红色传统 守正创新学术研讨会”，邀请清华大学、中国人民大学、中央民族大学、兰州大学、吉林大学等新闻学院院长参加。就发扬黑龙江省红色传统、优质资源，助力经济社会发展和学术繁荣开展了集中讨论。会议同时把脉新闻传播学科建设，与会专家学者为国际传播教育和媒介融合发展献智献策。

这一年里，党史学习教育活动也高频次全方位融入新闻教育课堂和课外活动。黑龙江大学新闻传播学院开展了“让党史走进专业课 让党史在第一课堂闪光”专题教育特色实践活动，其间开展了教师“党史进课堂教学案例竞赛”，全院教师积极参加，促进了党史知识进课堂、进头脑。央广网、新浪黑龙江频道对此进行了专门报道。当年4月29日，中共黑龙江省委领导一行来到部校共建黑龙江大学新闻传播学院，参观学院办学成果展、党史学习教育特色展，专门对新闻学院党史进课堂的做法给予了高度肯定。

同时，黑龙江省内高校新闻院系还开展第二课堂，带领学生深入领会党的历史和新闻人的使命职责。黑河学院人文传媒学院组织学生参观王肃烈士墓，开展以“缅怀革命先烈，传承红色基因”为主题的清明祭扫活动；牡丹江师范学院文学院广播电视学专业师生与社区联合举办“庆祝建党100周年”联谊活动；黑龙江大学新闻传播学院面向学生开展“建党百年·红色咏传”微党课、“百岁之札，含英咀华”英文书写活动、“传播学概论课‘四史’案例征集活动”以及“从革命报刊中学党史”等专业学习活动，中国新闻网、光明网和中国教育在线均曾对此进行报道。

1.2.9.2　推动新闻传播教育中课程思政工作向纵深发展

新闻传播学理论和实务课程，蕴含思政教学的丰富基因，具有价值引领、塑魂育人的自身优势。2021年经教育部高教司的引导和培训，黑龙江省内各高校深入落实课程思政，将政治认同、家国情怀、文化素养、法治意识、道德修养等思政元素融入课程教学的基本理念、教学设计、课内外实践活动，在培养具有家国情怀和全球视野的新闻传播领域后备人才方面发挥了良好的效果。

首先，各高校不断推进马克思主义新闻观教育走深走实。哈尔滨体育学院在2015年即开设了“马克思主义新闻思想”必修课程，在2020年完成的新一轮人才培养方案修订中，要求所有专业课、专业必修课、专业必选课以及通识课程将思政元素潜移默化地渗入课程内容设置与操作练习环节，培养符合国家新闻传播需要、具有坚定正确的政治方向、坚持马克思主义新闻观、掌握基本的新闻学理论、具有基本的全媒体新闻传播知识和能力和能够胜任新闻传播相关行业工作的高素质应用型和创新型人才。哈尔滨师范大学传媒学院，同样在广播电视学专业开设了“马克思主义新闻思想”的课程，并将习近平总书记关于新闻舆论的重要论述列为课程教学的重点内容。

黑龙江大学新闻传播学院的“马克思主义新闻观”课程，2020年入选省级思政教学示范课，2021年入选新华社官网“新华思政”案例。当年6月2日，该院邀请新华社伦敦分社前社长、高级编辑何大隆先生来到学校，就“用马克思主义立场观点方法指导国际新闻报道”“对外讲好中国故事，关键在培养复合型人才”等题目开展专题讲座和座谈。

其次，推动课程思政向纵深发展。绥化学院网络与新媒体专业和数字出版专业重视马克思主义新闻观教育，认真学习习近平总书记《推动媒体融合向纵深发展巩固全党全国人民共同思想基础》等重要讲话，深入落实课程思政。黑河学院人文传媒学院按照“课程思政”教育思想大学习、大讨论活动月主题活动的安排，于当年4月举办“课程思政”教学经验交流会，新闻传媒专业于胜男、包学敏和王婵三位教师结合个人“课程思政”建设项目，根据所授新闻传播类课程、授课对象的特点分享了关于“课程思政”建设的实践过程和思想转向。他们认为，“课程思政”的根本内涵就是“培养什么人”的问题，大学教育不仅仅是传授知识的殿堂，更应是良好品德的培育之地、独立思考能力的引导之所。好的教育绝不仅是45分钟的课堂，还应体现在日常生活中的价值引领。作为新时代的高校教师，不仅要恪守“立德树人”的教育总目标，更要自觉践行“四有老师”的新标准。

在立德树人、课程思政方面，黑龙江大学新闻传播学院真学真做，在本科生和研究生培养等领域均扎实推进。一是开展教师课程思政教学能力培训。新闻传播学院选派7位教师参加教育部开展的第十三期马工程重点教材任课教师线上培训，涵盖“西方新闻传播理论评析”和“中国新闻传播史”两门课程；全院专业教师均线上参加了教育部“高校教师课程思政教学能力培训”专题培训。另有教师1人获得学校第二届课程思政专项教学二等奖。二是出台了《黑龙江大学新闻传播学院课程思政建设实施细则》，于2021年秋季学期启动学院课程思政示范课程培育工程，规定当季开设的每门课程均需提炼出不少于8个“思政元素”的渗透点并撰写教学案例；教师每人必须申报学院的课程思政示范课程项目，通过评选的课程项目学院给予1000元经费支持，并鼓励在此基础上申报学校和省一级的课程思政示范立项。三是落实研究生培养过程中的课程思政以及马克思主义新闻观教育，不仅在学位基础课中增设了马克思主义新闻观教育的课时量，而且以此为研究对象，成功申请并获批一项省级研究生教学改革研究项目——“马克思主义新闻观视角下新闻传播学科研究生培养模式改革研究”。

1.2.9.3 以新文科理念开展国际传播人才培养与教学研究

2020年，黑龙江大学新闻学院与俄语、东语、应用外语等外语类院校达成共识，落实学校国际化人才培养战略规划，遵循新文科理论，在校内强强联合培养国际传播人才，增强外语人才的国际胜任力，更好地服务于黑龙江以至东北亚地区的经济和社会发展需要，同时落实“卓越新闻传播人才教育培养计划2.0意见”的要求。当年秋季，新闻传播学院开设了“卓越国际传播人才培养班”，在新闻学和传播学两个专业2019年和2020年两届学生中选出35名学生进行专门培养。在新闻传播学硕士一级学科以及新闻与传播专业硕士点增设“国际传播”方向，2020年开始招生。

学院还与北京外国语大国际新闻与传播学院等20多所新闻学院一道，在2019年秋季发起成立“多语种国际传播教育联盟”，共同探讨国际传播人才培养问题，交流经验、深化研究。

2021年5月31日，习近平总书记在主持中央政治局集体学习时，发表了“加强国际传播能力建设”的重要讲话，要求“加强高校学科建设和后备人才培养，提升国际传播理论研究水平”。在这一利好形势激励下，新闻传播学院联合应用外语学院，面向全校本科生开设辅修班，以国际传播人才培养为主攻方向，制定了专门的人才培养方案。

在开办国际传播方向的卓越班、辅修班、微专业，多方培养国际传播后备人才的同时，黑龙江大学也积极开展国际传播人才培养的研究工作。2021 年新闻传播学院教师申报的“高层次跨学科卓越国际传播人才培养的研究与实践”等三个教改项目通过黑龙江省教育厅的评审成功立项。当年该院还申获一项国际传播人才培养方面的“教育部产学研协同育人项目”。

黑龙江省其他新闻传播类院系也在国际传播人才培养和实践中开展了多项研究。哈尔滨工业大学数字媒体技术专业司峥鸣教授获批 2021 年国家社科规划一般项目“政治机器人计算宣传机制与中国形象国际传播方案研究”；哈尔滨师范大学传媒学院获批一项黑龙江省哲学社会科学规划(智库)项目“关于构建黑龙江省外宣格局的研究”；哈尔滨体育学院开设了“英语体育新闻报道”以及“中西方体育文稿专题”课程，并引导学生积极参与冬奥会的志愿者申请工作；绥化学院数字出版专业学生参与了马来西亚华文杂志《海内外》的编辑校对工作。

1.2.9.4 以一流专业建设为牵引，促进全媒型复合型人才培养

在已经公布的两批国家一流本科专业建设点中，黑龙江省有四个高校成功获批，分别是哈尔滨师范大学的广播电视编导专业和动画专业、黑龙江大学的新闻学专业和传播学专业。哈尔滨师范大学的播音主持专业是省级一流专业建设点，哈尔滨工业大学的数字媒体技术专业也于 2021 年获批为省级一流专业建设点。此外还有黑河学院的摄影基础(线上线下混合)、牡丹江师范学院的融媒可视广播节目虚拟演播实验(虚拟)以及哈尔滨工业大学的传播学概论三门课程被列为省级一流建设课程。以此为基础黑龙江省内各新闻院系普遍以“双万”建设为牵引，促进全媒型、复合型新闻传播后备人才培养。

(1)搭建融媒体实验平台和团队

牡丹江师范学院广播电视学专业成立专业融媒体实训中心，开设媒体公众号、制作音频节目，不断完善新闻演播厅、摄影摄像、编辑机等硬件设施。专业教师指导学生自制节目上线喜马拉雅等音频平台。还在实训课上开展新闻发布会模拟、海采模拟等模块化教学方式，人才培养方案中不断增设新媒体方面相关课程。

哈尔滨体育学院新闻学专业于 2013 年建立融媒体实训团队，开设公众号、广播节目、抖音平台、网页平台，还将于 2022 年上半年完成电商直播虚拟平台的搭建。2021 年秋季，黑龙江大学新闻学院向学校提交了《新文科、新工科大楼实验室需求表》，拟

定新建数字影棚、录音棚、专业硕士“模拟媒体”实验室，并迁建融媒体采编与数据舆情实验室、视频编辑与创作实验室。

2021 年哈尔滨学院新增网络与新媒体专业，并于当年招生，至此黑龙江省设置该专业的学校达到 4 所。

(2)广泛开展校媒合作

黑龙江省各新闻院系高度重视实习实训环节，广泛开展与新媒体行业的合作，产、学、研、用协调，共同培养全媒体人才。哈尔滨师范大学广播电视学专业与澎湃新闻、黑龙江新浪等新媒体平台开展合作；哈尔滨商业大学新闻学专业与网易新闻共建网易新闻学院，重点打造产教融合的人才培养基地；绥化学院网络新媒体专业和数字出版专业积极扩宽育人口径，与绥化电视台、望奎县融媒体中心等地方媒体合作，产教融合，协同育人；黑龙江大学新闻传播学院与央广网文化传媒有限公司黑龙江分公司、黑龙江新浪网络信息服务有限公司签订共建校外实习基地协议，与黑龙江省文旅厅以及腾讯黑龙江分公司合作，克服疫情不利影响，在寒暑假里组织学生奔赴大庆铁人“第一口油井”博物馆和镜泊湖、雪乡、哈尔滨冰雪大世界等景区，创作微信短视频作品，宣传黑龙江的景区景点。

(3)以课促赛、课赛一体化

媒介融合时代，全媒体新闻人才培养，可以通过参与创作新媒体作品大赛等方式，促进学生新媒体创作能力，激发学习热情，实现人才培养和业界实践的结合。在这方面，黑龙江省的新闻院系也进行了多方实践。2021 年，哈尔滨师范大学传媒学院开展了三项赛事：一是“我看时代、不负韶华”全国大学生新闻评论大赛，二是全国大学生广告艺术大赛暨黑龙江省大学生广告创新创意设计大赛，三是黑龙江省首届“田家炳”杯大学生美育成果展。东北林业大学广告学专业承办“我和我的祖国”公益广告大赛；黑龙江大学新闻学院连续实施“课赛一体化”战略，2021 年 6 月起联手黑龙江日报报业集团评论理论部，共同举办“我看时代，不负韶华”全国大学生新闻评论大赛活动。

在新闻院系的积极引导和指导教师的努力下，2021 年黑龙江省新闻传播专业在全国和省级比赛中取得了一些优秀成绩：

东北林业大学广告学专业学生作品《以环境法治守护绿水青山》荣获教育部关工委“读懂中国”最佳微视频奖，并在中国教育电视台播出；作品《多种面孔》荣获国家市场监督管理总局主办的“第四届 3·15 消费者权益保护公益广告大赛”广播类铜奖，是黑龙江省首次摘得该项赛事等级奖；作品《致敬平凡》《多种面孔》分别荣获第三届北京国际创意大赛铜奖；该专业荣获黑龙江省优秀公益广告评选展示活动银奖 1 项、铜奖 2 项，并获评优秀组织奖、十佳公益广告创作单位奖。

黑龙江大学广播电视编导专业学生获全国大学生计算机设计大赛国家级奖项 3 项、新加坡金沙艺术设计大赛铜奖 1 项；广告学专业全年累计获得学院奖、大广赛、金犊奖、计算机设计大赛等各级各类奖项百余项。

哈尔滨工业大学数字媒体技术与数字媒体艺术专业学生创作的作品，在 2021 年获得第十三届全国大学生广告艺术大赛一等奖 1 项、二等奖 1 项、三等奖 1 赛、优秀奖 9 项，另获各类省级学生赛事 60 项奖励。

(4) 申报全媒体研究与人才培养项目

2021 年，黑龙江大学新闻学院以一流专业建设为契机，启动了四个专业的人才培养方案修订工作；并以项目研究形式，系统地探索新媒体人才培养，学院新文科建设项目“聚焦‘融合模式’，培养新时代全媒体卓越新闻人才——新闻传播类本科专业新文科建设改革与实践”获批黑龙江省新文科研究与改革实践项目(重点项目)。黑龙江大学还按照学科专业一体化思路，在中期检查、论文外审、论文答辩等各个环节出台新办法，努力提高毕业论文质量和硕士生培养水平。哈尔滨商业大学新闻学学科在 2021 年成功申报了“新闻与传播”专业学位授予权。哈尔滨师范大学传媒学院成功申报了黑龙江省哲学社会科学规划项目青年项目“全媒体时代黑龙江广播媒体融合发展研究”。

1.2.9.5 以赤热情怀和专业知识回报国家和社会

服务地方经济发展、助力老工业基地振兴、完善社会治理体系、加强国际传播能力建设，这些目标既是当下国家和区域发展的急需，也是黑龙江省内各新闻传播类专业的一致追求。新闻传播教育界同行以强烈的使命感和责任感投身其中，2021 年的新闻传播院系的相关工作和精力付出得到了政府部门和社会各界的高度认同。

2021 年 3—7 月，东北林业大学文法学院广告学专业圆满地承办了由中共黑龙江省委宣传部、省委网信办、省文旅厅、省广播电视局联合主办的“我和我的祖国”公益广告大赛。黑龙江省内外参赛单位及个人共提交作品 1601 件，最后评选出获奖作品 71 件。大赛还同时评选十佳公益广告创作单位、十佳公益广告媒体单位和优秀组织奖单位。

该校广告学专业在多年实践基础上，还于近年建设成了黑龙江省优秀公益广告作品库，其中运营黑龙江公益广告网，展示传播平面、广播、电视类公益广告作品 5000 多件，供省内媒体免费下载传播使用。如今全网公益广告作品累计阅读量突破 600 万次，已建设成具有较大影响力的网络公益传播平台和作品资源库。此外 2021 年度里，该学校广告专业的“文明健康 有你最美”微信接力活动视觉方案、“文明行为引导”系列海报相继为黑龙江省文明办和省委宣传部采纳，一些作品在全省各地通过户外 LED 大屏、建筑围挡、公益宣传栏、新媒体平台广泛刊播。

自2020年初新冠肺炎疫情暴发以来，政府新闻发布工作成为疫情防控的重点与焦点。为检验工作水平，找出努力方向，2021年黑龙江省委省政府委托黑龙江大学新闻传播学院开展全省13个地市的新闻发布工作评估。该院领导、教师以强烈的使命感和责任感投身其中。当年7月，高质量完成了黑龙江省市(地)2020年新闻发布工作评估，提交了《评估情况概览》和《评估报告》。黑龙江省委宣传部专家组认为全面客观，有深度，为全省首创，省委宣传部领导和省政府新闻办给予充分肯定和高度评价。当年9月，该院还完成省委宣传部委托开展的“黑龙江省庆祝建党百年新闻发布会传播效果分析”工作，提交了专项分析报告。

2021年9月15日，黑龙江大学隆重成立“部校共建黑龙江大学东北亚文化传媒研究院”。以新闻传播学院为牵头单位成立的研究院以“服务国家战略，服务东北振兴，推动东北亚合作，打造高端智库”为目标，立足于为振兴东北、振兴龙江提供思想动力和智力支撑。研究院下设高质量发展与东北亚国际传播研究中心、舆情传播与媒介智能化研究中心。当年秋季，针对黑龙江自由贸易区的发展建设问题，传媒研究院联合新华社黑龙江分社，采用“学者+记者”方式，分赴牡丹江、绥芬河和哈尔滨自由贸易区，针对中俄经贸合作与人文交流与自贸区招商引资以及营商环境等问题开展深入调研。

为响应习近平总书记加强国际传播能力建设的要求，哈尔滨市制定了未来五年国际传播发展规划(2021—2025)，黑龙江大学新闻学院和哈尔滨师范大学传媒学院姜德锋、王晓娜等学者担任评审专家，为国际传播规划最后通过提供建议、把关定向。

(黑龙江大学　姜德锋)

1.2.10　2021年云南省新闻传播教育发展综述

2021年，云南省新闻传播教育在学科建设、专业建设、平台建设等方面都呈现积极态势。在教育部“双一流”建设和新文科建设推动下，在云南省专业综合评价促进下，云南新闻传播教育取得了可喜进步和具有标志性的成果。

1.2.10.1　人才培养

(1)人才培养总体情况

2021年，云南省新闻传播学类专业共有32个办学点、其中新闻学专业有10个教学点，广播电视有7个教学点，广告学有7个办学点，传播学有1个办学点，编辑出版有1个办学点，网络与新媒体有6个办学点。相比上一年度，云南省新闻传播学类专业办学点有所减少，这是因为各个学校都在优化专业结构，在云南省专业综合评价的引导下“去 D 增 A”（即各个学校争取撤并 D 类办学点，增加 A 类办学点）。因此，2021 年度广告学办学点减少 2 个，传播学办学点减少 1 个，编辑出版办学点减少 2 个。

2021 年云南省新闻传播类专业本科招生总数为 1861 人，其中新闻学 710 人、广播电视 276 人、广告学 399 人、编辑出版 0 人、网络与新媒体专业 477 人，为招生人数增长最大专业。2021 年度，云南省新闻传播学硕士点共有 4 个，2021 年招收硕士研究生（含专业硕士）共计 209 人；博士点 1 个，2021 年招收博士研究生 2 人。2021 年度，云南省新增大理大学 1 个新闻与传播专业硕士点。

（2）专业建设

专业教学是实现人才培养的主要依托，在教育部“以本为本”“回归本位”的思想指导下，2021 年度，在教育部首批“双一流”专业、课程建设点认定工作、云南省教育厅第三次开展本科专业综合评价工作扎实推进下，云南省各个新闻传播办学点积极作为，在专业建设、课程建设等方面取得了一系列成绩。继云南大学新闻学专业获批教育部“一流专业”建设单位之后，2021 年云南民族大学广告学专业获批教育部“一流专业”建设单位，云南大学广播电视学专业获批云南省“一流专业”建设单位。在教育部“一流课程”建设中，云南大学虚拟仿真实验项目“少数民族节庆活动融媒体报道”获得教育部金课认证，为云南省新闻传播类唯一获评的一流课程。同时，云南大学、红河学院分别获得多项省级一流课程和多项省级教改项目，丽江文化旅游学院、红河学院、昆明学院等高校排出青年教师参加云南省课堂教学比赛，获得不俗成绩。

2021 年，云南省教育厅继续推进全省专业综合评价工作，全省新闻传播类 32 个专业参加了评价。此项工作由云南省教育厅、云南省教育研究院联合全省高校，促成省级、学科类、专业类和专业点四级评审团队，形成课程、教师团队、教材、考核和就业五大方面评价体系，参照“国际一流”“国内一流”“省内一流”和“省内一般”对各个办学点进行综合评价，最终结果由云南省教育厅进行认定。其中，新闻传播类专业全部为“省内一流”和“省内一般”的评价，云南大学新闻学专业、云南大学广播电视学专业、云南民族大学广告学专业、云南民族大学网络与新媒体专业、云南民族大学编辑出版专业、昆明理工大学传播学专业分别居于各专业综合评价全省排名第一。

（3）人才培养特色项目

在人才培养过程中，各个学校纷纷出台各类特色人才培养项目，如云南师范大学的马克思主义新闻观、舆情分析工作坊等。其中，云南大学于 2021 年 11 月面向全国高校研究生举办了“‘理解中国’学术新人铸魂论坛之‘健康中国·绿色云南：面向南亚东南亚对外传播’论坛”，应征学子积极参与，投稿积极，由于疫情防控的原因，在线进行了分组学术交流。

云南民族大学的“雨花湖畔读书会”和新闻工作坊，昆明学院的新闻传播大讲堂、保山学院的“记者节”等项目，调动学生关注社会、关注业界，强化引领。同时，针对建党百年，丽江文化旅游学院联合县级融媒体中心举办了“奋斗百年路 启航新征程——丽江文化旅游学院新闻学专业建党100周年主题新闻策划报道活动”，并产出了系列融媒体作品在媒体上发布，取得了非常不错的宣传效果，人才培养也出了实效。

1.2.10.2 学科建设

2021年，云南省新闻传播学科建设取得了显著进展，无论是科研项目、科研成果，还是学术影响力，都取得了重要的突破。

首先是科研项目申报取得较好成绩。一直以来云南省新闻传播院系科研项目立项少、水平低，但是2021年云南省新闻传播院系在申报国家社科和省社科工作中取得了历年来的最好成绩。其中国家社科立项4项，题目分别为“民族地区县级融媒体的在地化与社会发展研究”(云南大学)、“融媒体环境下西南边疆民族地区的对外传播力提升研究”(昆明理工大学)、“人工智能时代民族地区危机传播的嬗变及其治理能力数智化转型研究”(云南师范大学)、“少数民族题材电影铸牢中华民族共同体意识的文化路径研究”(云南师范大学)。2021年度还获得了1项国家社科后期资助项目“人工智能传播伦理与治理研究”(云南财经大学)。同时，2021年度获批云南省社科规划项目10项，分别由昆明学院、红河学院、云南民族大学等校新闻传播院系教师获得。

这些立项仍然彰显了云南高校在研究中抓住少数民族文化的科研特色展开新闻传播研究，同时也体现出这些研究开始瞄准国际传播、融合发展和智能传播等前沿议题；既充分体现了云南少数民族文化研究传统特色，又彰显了新时代云南高校新闻传播研究与时俱进的改变，呈现出可喜的学科发展势头。

近两年来，针对县级融媒体发展，云南大学新闻学院两个团队分别承接了由云南省委宣传部和媒体委托的咨询课题，就全省县级融媒体的建设和发展状况从技术平台、内容建设、服务设置和疫情期间所发挥的作用等方面展开调研、实地走访，最终形成调研报告，先后受到了委托方的高度评价。

其次在学术特色方面，云南省新闻传播学研究和学科建设除了延续民族传播、媒介人类学的方向继续耕耘外，依托“一带一路”倡议背景下云南省作为面向南亚东南亚辐射中心的特殊优势，融入国家战略，服务地方社会，各校纷纷开展面向南亚东南亚的国际传播研究，除了云南大学积累了一定数量的国家级和省级研究项目、科研成果以外，云南师范大学、云南民族大学和红河学院等，均把面向南亚东南亚国家的国际传播研究作为学科建设的主要方向持续建设。

据2021年云南大学、云南师范大学、昆明理工大学、云南民族大学和大理大学几所院系的不完全统计，几所高校在承担各级各类科研项目的同时，公开发表论文188篇，其中C刊25篇，SSCI收录18篇，出版专著7部。较上一年度，在数量和质量上均有较大提升。

1.2.10.3　平台建设

2021年，云南省新闻传播院系、专业通过建设、创造各种类型的教研平台，开展丰富的教研实践活动，提升综合实力，创新人才培养模式改革。

(1)实验平台建设

在传播技术发展日新月异的背景下，各个学校尽可能升级、新建实验平台。2021年，云南大学的国家级新闻传播实验教学示范中心及其“全媒体联合实验室”开展了大量线上实验课程教学活动的，积极建设融合报道虚拟仿真实验项目，获批首批国家级一流课程认定的同时，开展大量为学校服务、为社会服务的项目，特别是调动学生举办了两次大规模的直播活动，为学校校庆做宣传，赢得了学校行政部门和广大校友的高度评价。在云南省新闻传播教指委的安排下，该中心于2021年11月又举办了融合报道课程资源共享的培训活动，面向全省各新闻院系融合报道课程的任课教师，从技术平台共享、教学手段更新、教学内容的安排和教学改革的宣讲等方面进行了培训，目前省内已有超过10家新闻传播院系依托该中心开设融合报道类课程。

其他高校也在积极争取建设资金对融合实验室进行规划和建设，云南师范大学等高校有望在近期建成新的实验教学平台。

(2)专业竞赛

2021年，昆明理工大学艺术与传媒学院承办，云南工商学院协办了第13届“大广赛云南赛区”的比赛，此届大广赛保持连续6年迅猛增长纪录，46所在滇高校参赛作品数量达到10593件，比上年增加2000余件作品，参赛院校增长6所。

此届“大广赛”依据平面类、视频类、动画类、互动类、广播类、策划案类、文案类、营销创客类、公益类9大命题，实际收到平面类作品6213件；视频类影视广告作品508件；微电影类作品420件；短视频类作品307件；动画类作品90件；互动类作品84件；广播类作品713件；策划类作品178件；文案(云南白药)351件；文案(广告语)作品1540件；长文案作品190件；共计10593件，为云南赛区参赛作品历年数量之最。在评委会专业筛选下，最终评出1497件获奖作品，其中一等奖30件、二等奖91件、三等奖254件、优秀奖1122件。

1.2.10.4 教指委工作

2021 年，云南新闻传播教指委完成了教育部教指委的相关工作，特别对“新闻传播大讲堂”进高校进行了扎实的推广和对接工作对以外，云南民族大学还建立了“中国新闻传播大讲堂”长效机制，并将其作为推进新闻传播教育创新发展的重要举措、落实新文科建设的关键抓手，指定专人负责、纳入新闻传播类专业的必修课程，进行学分制管理。该校将推动“大讲堂”的制度化、常态化，为培养 “政治坚定、业务精湛、作风优良、党和人民放心”的新闻舆论人才奠定基础。

同时，教指委还在云南师范大学传媒学院的承办下，成功举办了 2021 年云南省高等学校新闻传播类教学指导委员会第三次全体会议暨新闻传播学学科专业建设研讨会。云南省新闻传播类教学指导委员会全体委员、全省新闻传播学类各专业负责人、全省各高校“融合报道”相关课程任课教师参加了会议，就新闻传播学类专业建设展开经验交流。会议除了传达教育部教指委工作安排、教育部关于“新闻传播大讲堂”的工作部署和相关精神外，还就一流专业建设、一流课程建设、新文科建设、专业评估、专业认证等工作进行了学习、交流和通报。

综上，2021 年云南新闻传播教育呈现非常大的改变。在昆明高校不断进步的同时，地州院校、民办院校展现出很强的发展势头，不仅斩获地州院校第一个硕士点，在专业建设、教学改革、教师能力建设等方面也有亮眼成绩，体现出更为重视本科教育，更为重视专业、课程建设的特点。目前全省高校在教育厅专业综合评价的推动下，以评促建，优化结构，大力建设师资队伍，扎实推进课程建设、教材实用、测试改革和就业等项工作，在专业办学点上虽有减少，但是办学实力在平稳增进。

（云南大学　单晓红）

1.2.11 贵州省新闻传播教育发展综述

2021 年，贵州省新闻传播教育呈现三条主线：将纪念建党百年贯穿到全年新闻传播学教育当中，强化软硬件建设促进专业人才培养，以新闻传播学教学科研活动助力乡村振兴。这三条主线具有鲜明的时代特征，让贵州省新闻传播教育既满足社会需要，又获得与时俱进的发展。

1.2.11.1 建党百年纪念引领新闻传播教育

2021 年是中国共产党建党百年，围绕这一主题，省内各大高校新闻传播院系积极组织学术研讨，探讨中国共产党百年新闻传播实践的基本经验、历史成就和未来走向。6 月 12 日，贵州财经大学联合中国新闻史学会博物馆与史志传播研究委员会、贵州省社会科学界联合会、中国传媒大学共同主办“百年党史与红色传播”学术交流会。此次会议共收到论文 93 篇，来自中国传媒大学、北京大学、华东师范大学等高校的近百位专家学者参与了此次会议，会议网络直播在线观看人数达 1.78 万人次，促进了对红色文化传播、红色精神传承以及对中国共产党百年发展历程的重新认识。7 月 18 日，贵州大学文学与传媒学院联合浙江大学传媒与国际文化学院、浙大宁波理工学院传媒与法学院共同主办第三届公共传播学术论坛，主题为“公共传播：百年融会与创新未来”，浙江大学求是特聘教授吴飞作了主旨演讲，来自清华大学、浙江大学、中国人民大学等国内顶尖学府的数十位学界知名学者，以及来自全国 40 多所高校的百余位专家学者、研究生围绕着公共传播的历史渊源与思想脉络、公共传播与文化实践、公共传播与网络治理等相关议题展开了讨论。

除了举办学术会议，在建党百年这一重要历史节点上，省内各大高校新闻传播院系还通过其他丰富多彩的形式来表达纪念。贵州民族大学传媒学院举办了“党史学习中的传媒力量”专业建设交流分享会、传颂百年“学党史颂英雄”音乐诵读会、“传承红色精神，实干奉献创业”课程展等一系列活动。贵州师范大学传媒学院承办了贵州高校“学党史颂英雄”百场诵读活动，吸引了全省 74 所高校组织开展 222 场诵读活动，受到省教育厅和社会各界的广泛好评；此外，还承担了第三届中华经典诵写讲大赛贵州赛区初选工作，诵读活动以“传承中华经典、庆祝建党百年”为主题，通过竞赛方式引导社会大众特别是广大青少年亲近中华经典，歌颂建党百年光辉历程，展现举世瞩目伟大成就。贵州大学文学与传媒学院承办了以“百年风华正青春”为主题的首届贵州省大学生新媒体创意大赛，大赛自 2021 年 10 月启动以来，得到省内 10 余所高校响应与支持，共收到 240 余部参赛作品，最后按照视频组和 H5 组的类别各决出一二三等奖若干。大赛激励了省内广大青年大学生通过创作新媒体作品抒发知党、爱党、颂党的真实情感，激发了学生们的爱党爱国爱社会主义热情。

1.2.11.2 强化软硬件建设促进专业人才培养

2021 年 3 月，教育部发布《关于公布 2020 年度国家级和省级一流本科专业建设点名单的通知》，贵州师范学院广播电视学专业获批国家级一流本科专业建设点，这是两年来贵州省新闻传播学类专业唯一入选专业点。此外，贵州师范大学的广播电视学专业以及贵州财经大学的广告学专业于 2021 年获批省级一流本科专业建设点。除了专业建设取得了一定的成绩，贵州省新闻传播教育在学科建设方面也有所斩获。2021 年贵州财经大学获得新闻与传播专业硕士学位授权点。至此，包括贵州大学和贵州民族大学，在省内开展新闻传播学研究生教育的高校扩大到了3家。这些专业建设和学科建设取得的成绩，尽管是对省内各大新闻传播院系既往办学实践的肯定和认可，但也对当下的人才培养工作提出了更高要求，省内各大新闻传播院系纷纷以此为契机，强化软硬件建设促进专业人才培养体系的优化和升级。

在硬件建设方面，随着全媒体传播趋势的普及，贵州省各大新闻传播院系的平台建设迎来了换挡升级的战略机遇期。贵州师范大学传媒学院坚持适度超前理念，一方面邀请贵州广播电视台相关专家指导实验室建设，高标准推进实验室装修和设备采购工作；另一方面筹措1200多万元资金，选用现今国内较为先进的设备设施，顺利完成全媒体智能教育实验室、融合媒体实验室、摄影摄像灯光艺术实验室、数字音频制作室、拉片室等实验室的建设工作，并于2021年10月底正式投入使用，极大地改善了学院的实验实训教学条件，为加强实践教学工作提供了物质保障。贵州民族大学传媒学院则在实验室建设的基础上，进一步与多彩贵州网众望新闻中心在人才、信息、技术等方面建立资源共享平台和协同创新机制。众望新闻客户端在“众圈”里为贵州民族大学传媒学院开设专属“贵州民族大学传媒学院”圈子平台，初步规划为学院(系别)情况简介、学生作品展示、积分榜单、“点兵点将”“朋友圈”等功能板块，集学习分享、作品展示、求职招聘互动等于一“圈”；此外，招募专业实践能力优异的传媒学子，在专业媒体人的带队指导下参与众望新闻中心的新闻内容生产，并在相应平台上发布，目前众望新闻客户端发表学生新闻作品100多篇。

与硬件建设同时进行的是以人为中心的软件建设。为提高实践教学效果，让新闻教育更具实操性，各大新闻传播院系充分发挥教师的主体性，强化实践教学来推动专业人才培养。根据贵州省委宣传部的统一安排，省内各大主流新闻媒体在2021年选派了一批优秀新闻工作者来贵州大学、贵州民族大学、贵州师范大学三所部校共建新闻学院承担一门实践类课程的教学工作。贵州大学文学与传媒学院迎来了贵州日报报刊社《晚晴》杂志总编辑王卉、时政新闻摄影部主任黄晓青、经济新闻部主任李玉红、天眼新闻总编室主编田旻佳四名媒体人授课，他们以丰富的新闻传播实战工作经验提高了学生对于新闻业务的认知与技能。专业实践能力提高的不仅仅是学生，还有教师，杨逐原教授为《科技日报》撰写的报道《大数据赋能传统企业“单脚跳”变“双脚跳”贵州数字经济增速连续五年全国第一》获评第三十六届贵州新闻奖一等奖，这是贵州大学文学与传媒学院加强教师实践教学技能建设的成果。贵州民族大学传媒学院则强化了以成果为导向的实践教学模式，让师生们带着成果意识去开展实践教学活动，7月18—23日由石峤等老师带领的课程团队前往黔西市新仁苗族乡化屋村开展“数字乡村建设与发展”为主题的实践教学活动，其间与政府部门、基层党组织、教指委专家、非遗传承人等开展交流座谈4次，分组开展的各种调研活动达150次以上，受访对象100余人，通过一系列社会调查，学生采写的系列新闻在黔西市委宣传部主办的媒体“人文水西”集中推出，在映目直播上发送图文242条，观看人数3000+，活动得到人民网、动静贵州、天眼新闻、黔西发布等省市级及以上主流媒体的报道。

1.2.11.3 以新闻传播学教学科研活动助力乡村振兴

2020年年底，随着贵州省宣布剩余的9个贫困县退出贫困县序列，自此“在乡村振兴上开新局”成为贵州省新时代经济社会发展的战略任务。在这样的时代语境下，贵州省新闻传播教育自觉响应省委省政府关于“四新”“四化”的战略要求，利用专业优势和人才队伍，积极与政府部门、传媒机构、工商企业等相关单位开展合作，以各种形式的教学科研活动支持乡村振兴。

贵州师范大学传媒学院充分发挥学院国家语言文字推广基地的优势，积极服务地方经济建设和社会发展。顺利完成基地重点项目“贵州省民族地区国家通用语言文字传承推广普及实践研究”，并以文化艺术形式重点推广国家通用语言文字，由基地师生独立创作的舞台剧《天眼之魂》公开展演获得一致好评。此外，积极组织大学生暑期社会实践志愿服务活动，并获教育部语用司及团中央联合致信表扬，获评“2021年‘推普助力乡村振兴’全国大学生社会实践志愿服务优秀团队”称号。

贵州财经大学文学院在2021年与贵州广播电视台融媒体中心、贵州酒店集团贵州求是教育培训有限公司共同发起成立贵州首个生态农业品牌研究院，面向全省征集乡村生态品牌项目，并组织专家团队免费提供品牌建设状况诊断，深入剖析所属行业生态产业环境、产业及品牌现状、存在困难和问题等，最终形成有针对性的品牌孵化诊断报告及品牌发展建议方案。贵州财经大学整合优势资源，发挥学界与业界协同创新效应，试图将其打造成贵州省农业品牌建设领域的重要智库机构。

贵州大学文学与传媒学院鼓励学生利用暑期社会调研的机会，为乡村振兴做力所能及的贡献。7月26—28日唐娟副院长带领学院师生一行8人赴麻江县卡乌药谷江村菊花园、乌羊麻嘎尤苗寨、蓝梦谷景区、夏同龢文化产业园区、马鞍山生态体育公园、非遗创意工作坊等地开展采风调研活动，感知麻江旅游的定位与特色，协助麻江县开展黔东南州第十三届旅游产业发展大会旅游推介词、景点解说词等文稿提升工作，为乡村振兴贡献“贵大力量”。

贵州民族大学传媒学院则利用专业教学手段为乡村振兴创造良好的媒体舆论环境。2021年，2018级“谢六逸”新闻实验班的新闻实训课程“专题深度报道”，在指导教师的带领下，到镇远县开展以“乡村振兴、教育先行”为专题的采访报道，在人民网、多彩贵州网、天眼新闻等国家级和省级媒体上刊发了人物深度报道、专题报道、H5 融合新闻、抖音短视频、Vlog 等多种形式的作品，教学成效明显。其中，报道《独守贵州偏远教学点 21 年，乡村教师潘仲勇：我愿守到这里没有学生为止》被《人民日报》手机客户端推荐至全国热点栏，浏览量达 17.9 万人次，获得 185 条热评，同时被人民网首页推荐。

2021 年贵州省的新闻传播教育在专业建设和学科建设上取得了一系列可喜成绩，并围绕着三条主线做出了一番可圈可点的探索，但受限于地理区位、地区经济社会发展状况和师资队伍建设情况，贵州省的新闻传播教育仍然存在着诸多发展难题，尤其是与各邻省快速发展的新闻传播教育现状相比，感受到了巨大的压力。未来寄望于通过整合各方资源，找准办学特色和方向，大力引进各类人才，加强省内外不同院校间的合作交流，实现贵州省新闻传播教育的进一步发展。

（贵州大学　张波）

1.2.12　福建省新闻传播教育发展综述

2021 年，福建省新闻传播高等教育规模有所扩大，多所院校增设新媒体、数字媒体相关专业，呈现出学科建设紧跟时代发展的办学转向。在教学改革方面，相关院校在教学机制、课程建设、新文科建设以及产学合作上积极探索也收获了丰厚成果。在课程思政建设方面，“思政课程”进一步走向“课程思政”，将思政融入课堂教学之中。

1.2.12.1　学科建设

截至 2021 年年底，福建省共有 61 所院校开展新闻传播教育，其中 30 所院校开展本科层次以上的新闻传播教育，32 所院校开展高职（专科）类新闻传播教育，1 所院校（泉州职业技术大学）兼有本科与高职（专科）教育。仅厦门大学新闻传播学院设有新闻传播学一级学科博士学位授权点，并设立了博士后科研流动站。共有 8 所院校设有硕士学位授权点，除了厦门大学、华侨大学、福建工程学院、福建师范大学、泉州师范学院、闽南师范大学、厦门理工学院以外，莆田学院的文化与传播学院在 2021 年增设新闻与传播专业硕士，包含文化传播与区域发展、文化品牌与形象建设、融媒体传播三个方向。

此外，在本科层次上，闽南师范大学新闻传播学院增设广告学专业，厦门理工学院影视与传播学院新设影视摄影与制作专业，仰恩大学人文学院新增网络与新媒体专业，福州工商学院的艺术设计学院新设立数字媒体艺术专业，阳光学院的设计学院增设数字媒体艺术专业。与此同时，在高职(专科)层次上，湄洲湾职业技术学院的信息工程学院新增数字媒体技术专业，福建幼儿师范高等专科学校的信息科学学院新设数字媒体技术专业(非师范方向)以及福州软件职业技术学院的容艺影视产业学院新设立网络直播与运营专业。

从目前新闻传播教育的办学情况来看，2021 年福建省新闻传播教育的办学规模有所扩大，有了诸如仰恩大学、福建幼儿师范高等专科学校等新成员的加入；多个院校增设专业招生，进一步拓宽教育对象范围。此外，多个院校新设立的专业对焦新媒体时代的发展特色，体现了学科建设紧跟时代发展的办学转向。

1.2.12.2　教学改革

2021 年，福建省新闻传播教育相关院校继续深化教学改革，在教学机制、课程建设、新文科建设以及产学合作上积极探索，在展现了一些新面貌的同时也收获了丰富成果。

首先，线上线下混合教学和学术交流常态化。在吸取和总结 2020 年抗疫经验的基础上，以及响应教育部“停课不停学”的号召，2021 年福建省相关院校已经实现线上线下教学相结合的常态化，因应新冠肺炎疫情的变化灵活切换线下或线上教学，以确保教学和安全两不误。一些院校还通过慕课(MOOC)、福课(FOOC)等网络平台丰富教学模式，涌现了一些混合式教育教学改革的优秀案例。如华侨大学郭艳梅负责的《课程思政融入新媒体短视频教学的探索》以及福建师范大学卢佳音负责的《以行动为导向的学习共同体教学实践——以〈即兴口语传播〉为例》分别获得了福建省高校在线教育联盟主办的 2021 年度慕课与线上线下混合式教学案例征集活动的一等奖和二等奖。此外，各院校也积极举办各式的线上线下讲座，为学生提供了解学界及业界新知识及新动向的多元渠道。例如，厦门大学新闻传播学院 2021 年开始举办的“元论道面对面”青年学术沙龙主要面向中青年教师和博士生，为师生之间的平等学术交流和自由思想碰撞提供了平台；“新传嘉庚大讲坛”持续邀请国内学界知名学者及业界专业人士为学生开讲。

其次，持续深化课程改革。2021 年，福建省新闻传播教育积极推进“以课促教”，进一步深化课程改革。据福建省教育厅公布的《2021 年省级一流本科课程名单》，新闻传播类教育获得认定的线上一流课程 1 门、线上线下混合式一流课程 2 门、线下一流课程 4 门、虚拟仿真实验教学一流课程 3 门以及社会实践一流课程 3 门，共 13 门(见表 1-20)。较往年而言，所获得认定的一流本科课程数量有所下降，但仍可体现出福建省新闻传播教育在课程改革方面的持续努力与探索。

表 1-20　**2021 年省级一流本科课程**

课 程 名 称	课程负责人	学校
线上一流课程(1 门)		
影视精品分析与创作	郭艳梅	华侨大学
线上线下混合式一流课程(2 门)		
即兴口语传播	卢佳音	福建师范大学
公关口才学	陈　欢	闽江学院
线下一流课程(4 门)		
广播电视概论	邹振东	厦门大学
文艺作品演播	申宁宁	厦门理工学院
跨文化传播	王　祎	华侨大学
寿山石文化产业概论	刘建萍	闽江学院
虚拟仿真实验教学一流课程(3 门)		
历史文献纪录片摄制虚拟仿真实验——以红色题材古田会议为例	林隆强	福建师范大学
红色文化在短视频制作中的传播与体——以古田会议为例虚拟仿真教学项目	鲁雯燕	福州外语外贸学院
福州古厝光环境融合设计虚拟仿真实验——以三坊七巷水榭戏台为例	张　宏	阳光学院
社会实践一流课程(3 门)		
公共关系学	胡鸿影	闽南师范大学
纪录片创作实践	王中晓	莆田学院
广电综合性实务	刘　涛	龙岩学院

资料来源：福建省教育厅，http：//jyt. fujian. gov. cn/xxgk/zywj/202112/t20211231_5805922. htm。

再次，探索新文科建设在新闻传播学科的实施与推进。为深入学习贯彻习近平总书记关于教育的重要论述，响应“推进新文科建设”的号召，福建省新闻传播教育积极探索新文科建设路径，加快学科高等教育改革创新。据中华人民共和国教育部官网信息，福建省共有 10 所高校的项目入选首批新文科研究与改革实践项目。其中，厦门理工学院影视与传播学院赵振祥负责的“新兴文科专业建设探索与实践——运动健康传播的研究与改革实践”入选“新兴文科专业建设探索与实践”类别。福建师范大学传播学院张梅负责的“多学科交叉融合的全媒体传播人才培养模式改革与实践”入选“文科复合型人才培养创新与实践”类别，该项目同样还入选了福建省2021年省级新文科研究与改革实践项目；此外同样入选省级项目的还有闽南师范大学新闻传播学院林大志负责的“新文科视野下新闻传播类专业结构优化的探索与实践”项目。以上都体现了福建省新闻传播教育响应国家发展需求，推进学科教育教学改革的积极尝试，彰显了要真改、实改、新改和深改的决心。

最后，积极推进产学合作。新闻传播是一门具有极强实践性与应用性的学科，它表明在培养学生时，各院校需与业界保持密切的联系，了解业界的需求，及时准确地调整教学方案，这意味着产学合作对新闻传播教育而言十分重要。2021年，福建省提供新闻传播教育的各院校积极探索产学合作模式，与不同地域、不同企业在不同类型项目上达成了合作。据教育部发布的第一批及第二批的《2021年产学合作协同育人项目立项名单》，福建省新闻传播类教育共有8所院校的11项目获得立项（见表1-21）。此外，各院校还积极利用课余时间组织学生到各企业调研学习。如华侨大学新闻与传播学院通过组织学生走访“星巢越中心”以深度了解音乐文化产业运作，走访厦门影视拍摄基地以探寻影视作品的生产过程，组织学生前往厦门海西MCN产业基地深入学习“直播经济”、了解MCN产业运营模式等。

表1-21 **2021年产学合作协同育人项目**

承担学校	项目类型	公司名称	项目名称	负责人
厦门大学	实践条件和实践基地建设	光辉城市（重庆）科技有限公司	“慧于心，巧于手”：国际化复合型数字媒体人才培养实践教育基地	吴清锋
厦门大学	新工科、新医科、新农科、新文科建设	福州索普电子科技有限公司	“融媒体实训课”——媒体融合中的学生小团队化的实践创新	迟月利
福建工程学院	教学内容和课程体系改革	北京犀牛数字互动科技有限公司	数字媒体设计专业实践课程体系改革	卓新珍
闽江学院	教学内容和课程体系改革	北京将晖科技有限公司	大数据背景下的市场营销学教学内容与课程体系改革研究	郑秋锦
厦门理工学院	实践条件和实践基地建设	厦门科方软件有限公司	全媒体人才虚拟仿真实验教学平台建设	赖祯黎

续表

承担学校	项目类型	公司名称	项目名称	负责人
阳光学院	教学内容和课程体系改革	吉林省艾萨克科技有限公司	基于数字化时代的《影视非编进阶》线上线下混合式教学策略探究	刘颖琪
阳光学院	教学内容和课程体系改革	福州华曙教育科技有限公司	“‘一带一路’沿线国家电影产业发展研究”课程研发	江月英
阳光学院	教学内容和课程体系改革	厦门风云科技股份有限公司	数字媒体专业影视动画课程教学改革实践	郜 馨
龙岩学院	教学内容和课程体系改革	福州索普电子科技有限公司	媒介融合背景下新闻传播专业音频技术课程改革探析	罗炘茂
福州外语外贸学院	教学内容和课程体系改革	广州唯格电子商务有限公司	新媒体环境下中国传统文化应用于视觉传达设计专业课程的改革	林 燕
福建技术师范学院	教学内容和课程体系改革	艾迪普科技股份有限公司	新文科背景下影视创作类课程改革研究	陈致烽

资料来源：中华人民共和国教育部，http：//www. moe. gov. cn/s78/A08/tongzhi/202108/t20210827_554722. html；http：//www. moe. gov. cn/s78/A08/tongzhi/202112/t20211220_588536. html。

1. 2. 12. 3　课程思政建设

高校思想政治工作关系高校培养什么样的人、如何培养人以及为谁培养人的根本问题，思想政治工作需要贯穿于教育教学的全过程。2021 年，福建省新闻传播教育高度重视思政建设，积极把思政与教学、科研相结合，取得了优异的成绩。

首先，从“思政课程”发展至“课程思政”，思政融入课堂教学之中。各院校创新思政建设模式，把对学生的思想政治工作以及专业知识的教授相融合于课堂教学之中。据福建省教育厅《2021 年省级课程思政示范项目名单》，在研究生教育层次上，华侨大学新闻与传播学院王祎负责的“跨文化传播研究”入选课程思政示范项目；在普通本科教育层次上，厦门大学新闻传播学院谢清果负责的“华夏传播概论”入选课程思政示范项目；在职业教育层次上，福建信息职业技术学院文化创意与旅游学院陈飞鲸负责的“职业教育”入选课程思政示范项目。

其次，思政与科研紧密结合。根据福建省教育厅发布的《2021 年度高校以马克思主义为指导的哲学社会科学学科基础理论研究项目立项名单》，新闻传播教育的 6 所院校的 8 个项目获得立项（见表 1-22）。此外，三明学院文化传播学院吴智灵负责的“新时代青少年爱国主义教育研究”获得 2021 年度高校思政课教师研究专项立项。以上项目的获得都表明了福建省新闻传播教育自觉将中国特色社会主义理论体系贯穿于教育教学全过程，坚持以习近平新时代中国特色社会主义思想为指导，尝试及努力形成以马克思主义为指导的高水平研究成果，为推动学科发展及思政建设提高思想保证及智力支持。

表 1-22　**2021 年度高校以马克思主义为指导的哲学社会科学学科基础理论研究项目**

学校	项 目 名 称	负责人
厦门大学	新时代重大主题报道的融媒体叙事策略研究	冯海燕
华侨大学	中华文化短视频传播的影像叙事创新研究	叶秀端
闽南师范大学	新时代马克思主义青年观媒介化传播模式研究	许　莹
闽南师范大学	习近平总书记关于宣传思想工作的重要思想与基层外宣实践	沈毅玲
厦门理工学院	网络电影奇观文化下的新生代价值观演变研究	张伊扬
莆田学院	新时代“讲好中国故事”的融媒体叙事策略研究	刘　志
仰恩大学	新时代重大主题报道的融媒体叙事策略研究	欧颖峰
仰恩大学	“智众传播”视角下重大主题报道的融媒体叙事策略研究	周铁菊

资料来源：福建省教育厅官网，http：//jyt. fujian. gov. cn/xxgk/zywj/202201/t20220105_5807339. htm。

总体而言，2021 年福建省新闻传播教育的教学队伍有所扩大，学科建设继续紧跟时代发展需求，新设专业呈现向新媒体、数字媒体方向发展的特征。此外，在教学改革及思政建设上，各院校积极探索与尝试，涌现了许多优秀案例及成果。然而需要注意的是，2021 年度的一流本科课程在数量上较前年有所下降。此外，福建省新闻传播教育一直以来存在的高层次人才培养规模小的短板，仍需得到重视与改进。

（厦门大学　吴淑冰、殷琦）

1.2.13　广东省新闻传播教育发展综述

2021 年与 2020 年一样，依然是特殊年份，不断蔓延的新冠肺炎疫情，致使广东省新闻传播教育遭受较大影响。不过，以暨南大学新闻与传播学院、深圳大学新闻与传播学院、中山大学传播与设计学院、华南理工大学新闻与传播学院、广东外语外贸大学新闻与传播学院等为代表的广东省新闻传播教育，在多方面获得佳绩，展示出强劲的发展势头。

1.2.13.1 统筹推进疫情常态化防控和教学科研各项工作

各学院高度重视疫情防控工作，根据疫情情况及属地、学校管理政策，及时部署落实疫情防控相关工作，认真检视确保防护到位，密织疫情防控网，同时建设丰富多样的线上学习资源，有力支撑云端教学科研。以暨南大学新闻与传播学院为例，截至2021年，该院已建成上线16门在线课程，其中1门为国家级精品在线课程，同时还建成4门虚拟仿真教学实验项目、1个3D数字展厅，1个毕业设计线上平台。统筹推进疫情常态化防控，暨南大学新闻与传播学院以“线上+线下”形式举办系列学术讲座35场，其中包括传媒名家思享荟3场、研究生新闻学术前沿讲座24场、研究生新闻实务前沿讲座8场，先后邀请复旦大学教授李良荣、清华大学教授陈昌凤、羊城晚报报业集团党委书记刘海陵、广东省广播影视协会副会长赵随意等学界、业界专家学者前来举办讲座。

此外，暨南大学新闻与传播学院在云端成功举办暨南大学第十四期传媒领袖讲习班，共邀请24位海内外知名专家学者、业界精英前来授课，吸引了来自清华大学、复旦大学、香港中文大学、财新传媒、湖南广电、广东广播电视台等高校及媒体机构400多名学员参加。同时，该院在云端承办“媒介融合时代的新媒体文化”第五届广东省新闻与传播研究生学术论坛，累计参与人数800余人，直播累计观看人数1500余人次。在相当程度上说，云端教学科研成为新常态。

1.2.13.2 “部校共建”工作有效推进

根据教育部及省委宣传部要求，暨南大学新闻与传播学院提交自2013年以来两轮“部校共建”工作的开展情况汇报，以及新一轮“部校共建”工作规划。扎实做好“部校共建”经费年度预算申请、预算报备、审计及审计改进汇报、资料补充等工作。2021年4月，学院向中宣部调研领导汇报“部校共建”新闻学院工作开展情况，中宣部调研领导在座谈会上提出改进意见和建议。10月，中宣部副部长蒋建国及省委宣传部重要领导莅临学院视察，观看了“部校共建”成果展，充分肯定了暨南大学新闻与传播学院“部校共建”工作成效。

广东外语外贸大学新闻与传播学院是广州另一家“部校共建”教学单位，同样取得了较好成绩。该院组织14支学生队伍到14个县级融媒体实习，在学习强国平台发表了很多高水平作品，并和广东的郁南、阳山、博罗等部分县级融媒体签订融媒体实践基地，同时完成了“部校共建”项目——《国际人才培养基地第二届学员论文集》的修改编撰工作。

1.2.13.3 学科建设和专业建设再上台阶

在学科建设方面，继新闻学、广告学、广播电视学入选国家级一流专业建设点之后，暨南大学新闻与传播学院的网络与新媒体专业获评省级特色专业，网络与新媒体专业、播音与主持艺术专业入选省级一流专业建设点。由于成绩优异，暨南大学新闻传播学赢得社会广泛赞誉：在2021软科中国最好学科排名中位居全国第3；在2021年软科中国大学专业排名中，网络与新媒体专业获评A+，新闻学、广告学及广播电视学获评A；新闻传播学在泰晤士高等教育（THE）第二届中国学科评级中获评A-；入选省“冲补强”提升计划重点建设学科。

在本科专业建设方面，深圳大学传播学院和广东外语外贸大学新闻与传播学院投入很多心血和努力，进步显著。比如深圳大学传播学院，继广告学专业荣获国家级一流本科专业建设点后，网络与新媒体专业在2021年获批国家级一流本科专业建设点；网络与新媒体专业、新闻学专业均于2021年3月获评广东省一流专业建设点；“计算传播学”微专业获深圳大学微专业建设立项，并于2021年秋季学期面向全校2020级所有专业在校本科生招生，最终有31名学生进入微专业。广东外语外贸大学新闻与传播学院的新闻专业获批国家一流专业建设点，播音与主持艺术专业获得省级一流专业，进入国家一流专业评审阶段；5门在线课程立项为校级在线课程，侯迎忠领衔的“全媒体新闻发布实务”课程获得省级在线课程立项；李峻岭领衔的文艺作品展播示范课堂被评为省级课程思政示范课堂；朱颖《铸魂赋能，培养新时期卓越新闻人才》获得广东省本科高校课程思政优秀案例二等奖。

1.2.13.4 坚持实践教学，全面提升人才培养质量

广东各高校的新闻院系在过去的一年里，强化高校实践育人工作，马克思主义新闻观教育与党史学习教育有机结合，打造学生教育培养的品牌项目。暨南大学新闻与传播学院将马克思主义新闻观教育与党史学习教育有机结合，开设了融合传播训练营、声海工作室、传播中国训练营、马克思主义新闻观暑期社会实践等学生培养品牌项目，引导学生了解国情社情民情，从百年党史构筑的中国共产党人精神谱系中汲取为党育人、为国育才的丰厚滋养。该院在2021年度举办两期“融合传播训练营”，共派遣了两期184名学生前往省内23个县级融媒体进行志愿服务，协助当地从内容生产、传播渠道、服务群众手段等进行融媒体转型升级，并新设9个县级融媒体研究与实践基地、4个红色

文化传播基地。由于组织有力、指导恰当，暨南大学新闻与传播学院学生各类全国和省级的专业竞赛的参赛成绩非常突出：荣获“挑战杯”全红色专项赛道国家级二等奖 1 项，广东省赛特等奖、二等奖、三等奖各 1 项；互联网+全国赛铜奖 1 项、省赛银奖 1 项，省赛铜奖 2 项；“声海工作室”项目获评全国社会治理创新典型案例、第五届中国青年志愿服务公益创业赛银奖、第七届中国国际“互联网+”大学生创新创业大赛国赛铜奖、广东省金奖、广东省益苗计划省级示范项目、广东省十佳网络公益团队等 40 多项省部级以上奖项；在第五届广东高校网络媒体展示节评选活动中，该院学生获省二等奖、三等奖各 1 项；在中国大学生广告艺术节学院奖青年创意盛典中，共获 54 项奖项，其中金奖 1 项、银奖 4 项。

在实践教学方面，惠州学院、华南理工大学、中山大学、深圳大学成绩比较突出。其中，惠州学院传媒系的学生各类学科竞赛获奖有：国家级学科竞赛获二等奖 6 项、三等奖 8 项，省级学科竞赛获二等奖 8 项、三等奖 5 项；华南理工大学新闻与传播学院获得 7 项国家级、4 项省级大学生创新创业项目；中山大学传播与设计学院 2018 级新闻学专业朱昊宇同学获“第九届范敬宜新闻教育奖学子奖”，多名同学在第七届全国大学生经济新闻作品大赛、第九届全国大学生数字媒体科技作品及创意竞赛、第六届中国数据新闻大赛、全国大学广告艺术设计大赛和“中国日报 2021 大学新闻奖”等全国性的专业比赛中获一、二等奖；深圳大学传播学院为深度发展产教融合、推动校企合作、共同育人，积极响应国家要求，2021 年 11 月 9 日，“汤臣倍健杯”未来数字营销师大赛启动仪式在深圳大学举行。此次产教融合实践比赛由巨量引擎携手深圳大学传播学院、汤臣倍健及剧星传媒共同举办，将客户真实营销投放融入教学实践中，推动“产+教”的深度融合，培养未来懂客（用）户、懂投放及懂媒体的全能型营销师。

1. 2. 13. 5 科研工作成果丰硕

在过去的一年里，广东各高校新闻学院在科研方面，收获非常可观，突出表现在：广州大学获批 2 项国家社科基金年度项目；中山大学获批 2 项国家社科基金一般项目；深圳大学传播学院、华南理工大学新闻与传播学院和广东外语外贸大学新闻与传播学院各获得 4 项国家社科基金项目。值得提及的是，以往实力相对较弱的广东技术师范大学文学与传媒学院和华南师范大学传播系，在去年表现亮眼：广东技术师范大学文学与传媒学院获得 17 项各类纵向项目，教师公开发表近 60 篇各类论文；华南师范大学传播系获批 3 项国家级社科项目、2 项教育部人文社科项目、1 项广州市哲学社会科学重大课题，尤其是李龙教授获批国家社科基金重大专项课题，展示出良好的发展潜力。

不过，暨南大学新闻与传播学依旧保持了领头羊的姿态。该院教师在 2021 年度开展纵向项目总计17项，其中国家社科项目9项，包括1项重大项目、4项一般项目、1项青年项目、2项后期资助一般项目、1项国家自然科学面上项目。同时，该院教师科研成果获第九届高等学校科学研究优秀成果二等奖3项、三等奖1项、青年奖1项。

1.2.13.6 举办各类学术会议

虽然疫情影响极大，但广东各新闻学院在学术交流方面，还是相当努力。暨南大学新闻与传播学院举办了联合国人权理事会第46届会议“新疆的劳动就业与人权保障”主题边会、“第四届反恐、去极端化与人权保障”国际研讨会、“首届粤港澳大湾区中国文化传播”论坛、“城市更新论坛暨广州南村城市更新”研讨会议、“广州新观察”学术圆桌会议4期等重要会议及学术活动，并获人民日报社、新华社、中央电视台《新闻联播》等主流媒体宣传报道。华南理工大学新闻与传播学院举办了“新文科建设背景下新闻传播学专业建设研讨会”和“第二届粤港澳大湾区健康传播高校联盟”健康传播学术论坛暨研究生论坛。中山大学传播与设计学院，在做好疫情防控基础上，学院举办六场学术讲座、组织了“第八届互联网与国家治理智库论坛”和中国新闻业研究圆桌论坛两场高水平学术会议，并在后者发布了《2021中国网络传播创新年度报告》和《2021中国新闻业年度观察报告》，进一步推动学界业界互动和数字新闻学研究发展，提升学院学术影响力。广东外语外贸大学新闻与传播学院筹办了2021年“县级融媒体建设与智媒传播人才培养高峰论坛”和第六届21世纪海上丝绸之路国际智库论坛（2021）平行论坛“一带一路与中华文化国际传播论坛”。

最受关注的是，深圳大学传播学院举办了高端化、高层次、专业化的学术会议8场。其中，中国新闻史学会2021学术年会，是2021年度最盛大的学术会议，国内外700余位新闻学与传播学领域的专家学者参与了此次会议。此次大会的主题是“新文科与未来传播：构建新时代中国特色新闻传播学”，大会由全国新闻传播学科一级学会中国新闻史学会主办，深圳大学传播学院承办，很好地展现了广东新闻传播教育界的风貌，赢得了广泛好评和赞誉。

（暨南大学　赵建国）

1.2.14 海南省新闻传播教育发展综述

海南省共有六所高校开展新闻传播教育，分别是海南师范大学、海南大学、琼台师范学院、三亚学院和海口经济学院和海南热带海洋学院。2021年，各新闻传播院系在海南自由贸易港建设大背景下，以马克思主义新闻观为指导，紧紧围绕立德树人根本任务，积极开展新闻传播教育事业，守正创新，深化理论，加大实践，在不断夯实现有学科基础之上探索学科创新发展道路。

1.2.14.1 优化教师队伍结构

在教师队伍建设上，各个高校积极引进高层次人才、优化人才结构，注重教师实践能力培养和科研能力提升。

（1）教师队伍基本情况

海南师范大学新闻传播学院在教师队伍结构优化上下功夫。学院现有教职员工 45 人，含专任教师 38 人，其中教授 4 人、副教授 12 人，有博士学位教师 16 人，2021 年引进青年教师 2 人。三亚学院传媒学院现有专任教职员工 30 人，2021 年高级职称晋级 4 人，全院高级职称占比 34%。海南热带海洋学院人文社会科学学院新闻学专业有专职教师 6 人，教师队伍建设稳步进行。

在新闻传播类专业方向，海南大学引进具有国内外名校教育背景博士教师 7 人。聘请《光明日报》记者部主任周立文为特聘教授，为本专业学科建设和人才培养搭建更好平台。琼台师范学院引进高层次人才 1 人（博士研究生、编审编辑），系部教师团队重新组队，共计 9 人。其中教授 2 名、副教授 3 名。海口经济学院引进教师 5 人，目前专任教师 56 名，副教授以上 26 人，硕博士研究生 34 人，双师型教师占比 66%。

（2）教师队伍建设

海南师范大学新闻传播与影视学院注重通过工作实践培养教师，实行听课制度，针对新引进的青年教师建立传、帮、带制度。组织学院领导班子和教学督导听取青年教师讲课，并进行指导。组织学生代表对所有授课教师进行评教，促进教师提高教学质量。还专门召开教师教学能力研讨会议。

海口经济学院借助校企联合办学制度资源优势，探索实施“双挂”“双聘”制度，打造、优化一支业务过硬、结构合理、素质优良的师资队伍。并充分发挥校企双方人力资源特色与优势，倾力打造课程“双导师制”。2021 年暑期派遣教师 6 人到行业企业挂职锻炼。

三亚学院传媒与文化学院重视实践教学队伍建设，出台相关政策与办法。动员教师参与线上线下“教学创新大赛”10 项。2021 年，该院教师获得指导类奖项 253 项、个人综合类奖项 37 项、科研类奖项 2 项、团体类奖项 3 项。

琼台师范学院文学院鼓励团队教师提升学历，博士在读人数增加。开展教学研讨和公开课展示活动。组织教师参加培训，提升理论知识和专业技能，多位教师获新媒体技术职业技能等级证书（中级）培训讲师证书。

1.2.14.2 加大科研力度，推动学科建设

各院系在注重提升学科内涵建设的同时，谋求为区域社会经济发展服务，稳中有进。

海南师范大学新闻传播与影视学院积极利用省级重点研究基地来汇集人才、推出成果。通过海南省社会舆情与治理研究中心、海南省意识形态与舆论研究基地完成了多项课题调研。2021 年报送海南省委宣传部的 3 件社会舆情报告都被中宣部采纳。每个月印发内参《海南社会舆情与治理参考》。积极与省委宣传部意识形态处、研究室联系，与省网信办网络管理中心等多个部门对接，将承担舆情监测和社会热点问题调研。教师获批国家社科项目 1 项目、省级项目 5 项，发表各类论文 20 余篇。

海南大学人文学院传播学系获国家社科立项 1 项、省社科立项 1 项，出版专著 1 部，发表 CSSCI 文章 6 篇。同时为政府部门提供智力支持，为媒体部门提供学术指导，参与各类赛事的评委和评审。

三亚学院传媒与文化学院共有海南省自然科学基金项目立项 1 项、海南省哲学社科规划课题立项 2 项、校内青年教师专项培养科研项目立项 3 项、海南省高等学校教育教学改革研究项目立项 1 项。2021 年该院教师科研成果有核心期刊 8 篇、省级期刊 25 篇，出版专著及合著 7 本，申请并获批专利 1 项，举办学术讲座 10 场，荣获科研类获奖 2 项。

海口经济学院共出版教材 2 部，发表核心期刊论文 1 篇、CN 刊物发表论文 36 篇；省级项目结题 2 项，其中“语音发生Ⅱ”立项省级线下一流课程；省教育厅教育教学改革课题立项 3 项、省教育厅重点科研课题立项 1 项、海口社科联立项 1 项；出版专著 1 部。

海南师范大学新闻传播与影视学院关注提升学科的内涵建设，获批新闻传播学一级学科硕士点，是省内唯一的新闻传播学学术硕士点。学院加强学术交流，扩大学术影响力，举办了 3 次国内学术会议；主持海南省新闻阅评工作，主持承担海南新闻奖的作品审核工作，提高了学科的影响力。2021 年 4 月，中央宣传部新闻阅评小组副组长王晓雄一行就“部校共建新闻学院、新闻阅评进课堂”进行调研座谈，对该院部校共建和新闻阅评进课堂工作给予充分肯定。

1.2.14.3 推动教学改革，创新人才培养模式

海南省各新闻传播院系以马克思主义新闻观为指导，在学生思政教育和实践能力方面加大力度，注重校内学习和校外实践相结合，组织学生参加各种活动和比赛，积极培

养高素质人才。如琼台师范学院文学院继续优化人才培养方案，召开校部系部会议，收集学生反馈和听取校外专家建议。

（1）加强马克思主义新闻观教育

各新闻传播院系以马克思主义新闻观为核心，培养适应社会主义发展的新闻传播人才。

海南师范大学新闻传播与影视学院邀请多位省内外权威媒体、院校专家到校与学生交流，从而实现将学生思政教育与专业技能训练结合，提升学生综合素质；将专业社团建设与多媒体宣传平台建设结合，提高学生媒介素养；将职业生涯规划教育与心理健康教育相结合，服务学生成长。

海南大学传播学系教师朱杰在《光明日报》发表《让马克思主义新闻思想深植灵魂血脉》，围绕“马克思主义新闻观”教学，分享经验体会。三亚学院传媒与人文学院推出献礼建党100周年沉浸式实景声音剧场《红》和献礼祖国72周年华诞沉浸式微实景声音剧场《家》。

海口经济学院要求教师在教学中做到“讲对、讲顺、讲透”。琼台师范学院文学院通过行业交流模式、任务实战型模式开展特色见习，并积极组织学生参加省内外比赛，荣获海南省优秀征文奖、教育部优秀征文奖。

（2）注重实践技能培养

海南师范大学新闻传播与影视学院形成了人文素养培育、写作能力提升、专业技能培训以、卓越新闻传播人才培养“3+1”工程。在省内12家媒体建立实习基地，实现课堂理论学习与社会实践零距离，引导学生在专业实践中提升媒介素养。连续多年开展“新闻学子文明生态村采访行”品牌活动，让学生走进海南省多个市县乡村进行采访，锻炼专业能力。

海南大学传播学系6名硕士生参加与中旅集团合作的课题项目并完成了整体课题研究及实操工作，例如“海南中西环线深度纯玩游发掘不一样的海南美”视频短片是该系实践教学重要成果之一。

海口经济学院秉承“独立思考、崇尚实践”办学理念和“三全三对接”培养理念，坚持“依托媒体平台、强化实践教学”办学特色，推行“核心课程+主修课程+方向课程”教学模式，培养“厚基础、强实践、高素质”的现代应用型传媒精干人才。逐步形成以课内实践教学为主体、以专业实践教学平台（工作室）、假期实践小学期、专业竞赛以及校外合作办学企业（含基地）为四翼的“一体四翼”传媒模块化实践教学体系。2021年4至6月、10至12月与长沙广电（集团）、智慧长沙APP等媒体合作举办第三届、第四届“融媒体优才计划（长沙班）”。邀请行业大师来校讲学，打造精品传媒“大咖课堂”。每个专业每学期不少于 2 场远程教学和在线活动。

三亚学院传媒与人文学院在人才培养方案设置上结合行业需求及发展，三个系别的课程及培养内容都发生了较大的变化，更注重实践性和前沿性。该院每年举办毕业课程展览，鼓励多种形式的学习成果展示，各专业教师在校内因地制宜举办传媒与文化产业学院“传·承”创意文化艺术作品展演周。琼台师范学院文学院邀请省社科院助理研究员陈勇进校做专题讲座，邀请现海南省记者协会、原琼海融媒体中心记者赵侃进校做专题讲座。

（3）实践基地建设

为了弥补课堂教学的不足，各新闻传播院系积极探索教学改革方式，大力进行实践基地建设，提升学生学习获得感，培养适合时代发展的人才。

海口经济学院实践教学基地数量与质量双提升，新增 6 个实践基地，实践基地总数已达 25 个。新增“达·芬奇调色工作室”和“数字影棚”两处实训室。

三亚学院传媒与人文学院多媒体综合实训室基本落成，另外与合作企业共建实训基地包括容艺传媒北京、成都短视频制作中心，中视星驰后期制作中心，中影年年动漫制作中心。

海南师范大学新闻传播与影视学院充分利用和海南广播电视总台建立的海南省专业学位研究生联合培养基地的条件，资助了多名专业学位研究生开展社会问题深度调研活动，并邀请海南广播电视总台、海南广播电视总台蓝网及新华网海南频道等单位对学生选题、创作过程和作品进行指导，切实培养应用型高层次人才。海南大学与海南广播电视总台合建的“研究生联合培养创新实践基地”被评为“校级研究生实习基地”。

（海南师范大学　蒋美玲、李盈颖）

1.2.15　四川省新闻传播教育发展综述

2021 年是极不平凡的一年。在这一年我国取得了抗击新冠肺炎疫情的阶段性胜利，而且迎来了中国共产党成立 100 周年。四川省 24 家新闻传播教育院系在教学、科研、交流、基建四个主要方面努力奋进，取得了进步和成效。

1.2.15.1　学科发展与教学活动

（1）学科建设

省内各新闻传播院系在国家“双一流”目标下建设新闻传播专业及促进学科发展。

四川大学新闻传播学科作为主干一级学科之一的“中国语言文学与中华文化全球传

播学科群”继续入选四川大学第二轮“双一流”学科（群），同时“中华文化全球传播与文明互鉴”入选四川大学“创新 2035”先导计划。四川大学部校共建新闻学院继续落实师资派遣挂职、共建马克思主义新闻观理论与实践、国情教育、网络新闻与文化传播等马克思主义新闻观核心课程。

西南民族大学新闻传播学院从 2021 级开始实行新闻传播大类招生，同年获批新闻传播学专业学位硕士点并将于 2023 年招生。成都大学新闻传播系网络与新媒体专业于 2021 年 4 月获学士学位授予权，且在“2021 软科中国大学专业排名”中进入 B+，位列全国第 54 名。同年，网络与新媒体专业与英国斯特灵大学开展合作办学项目，首次招生 84 人。内江师范学院范长江新闻学院 2021 年新增“新闻学”专业并实现当年招生。成都理工大学新闻传播系 2021 年获批新闻传播学一级学科硕士点。

（2）教学改革

2021 年时逢四川大学新闻传播教育 40 周年，四川大学新闻学院出版了《四十不惑——四川大学新闻传播教育四十年》《四川大学新闻传播学四十年学术系列丛书》，举办了四川大学新闻传播学四十周年校友座谈会、名家讲坛等活动。

在 2021 年教育部批准的国家级一流本科专业建设点中，四川大学的广告学专业、乐山师范学院新闻学专业分别入选。

四川师范大学影视与传媒学院广播电视学专业依托“成都市十四五规划和 2035 年远景目标”开展，新闻采写、数据新闻、纪实摄影学等新闻传播类课程集群建设教学改革，统合实践作业。

西南科技大学文学与艺术学院新闻系教育部协同育人项目“新文科背景下卓越新闻师资培训探索与实践”获准立项。

（3）特色教学

各新闻传播学院结合院校优势打造特色课程，形成差异化教学格局。

四川大学文学与新闻学院策划组织了“马克思主义新闻观系列学习读书会”“诗言志 可爱的中国”建党 100 周年红色诗歌文献展等系列特色教学实践活动，被新华社、光明日报社等主流媒体报道，累计浏览量破千万；操慧教授主编《媒体融合案例丛书》之《文新互鉴，融创特色——四川大学文学与新闻学院微信公众号运营实例解析》出版。

西南民族大学新闻传播学院与《成都日报》共同开展了“百年追寻，青春向党——寻找感动我的共产党员”大型融媒体宣传活动，相关作品在该报及其锦观 App、微信公众号和抖音、今日头条等新媒体平台发布。

西华师范大学新闻传播学院“新媒体直播”实训课与凉山州盐源县合作，通过直播带货助力乡村振兴，报道《80 岁彝族果农拦路叫卖“丑苹果”》点击量破千万，被四川省乡村振兴局等网站转载。

（4）获奖情况

四川大学文学与新闻学院 1 项成果获四川省第九届教学成果奖二等奖，2 门课程入选四川省线下一流课程；有 4 项国家级大学生“双创”项目、4 项四川省大学生“双创”项目获准立项，1 项成果获第十七届“挑战杯”全国大学生课外学术科技作品竞赛红色专项活动一等奖，2 项作品分获第六届中国数据新闻大赛二等奖及优秀奖。报送的《新华日报》作品《警惕“精致的形式主义”》获第三十一届中国新闻奖一等奖。

电子科技大学新闻与传播专业学生在“互联网+创新创业大赛”、全国大学生电子商务“创新、创意及创业”挑战赛等赛事中获 1 金、1 铜、3 项二等奖。

四川师范大学影视与传媒学院学生作品获第十四届中国大学生计算机设计大赛“数媒动漫与短片专业组-纪录片组”四川省一等奖 1 项及全国三等奖 1 项、四川省大学生新媒体创意大赛二等奖两项及三等奖 2 项，第五届大学生社团禁毒文化节原创微视频大赛一等奖 1 项，“新非遗，新故事”成渝双城经济圈高校大学生非遗数字文创设计大赛优秀奖 1 项。

成都体育学院新闻与传播学院学生作品《上元游羌》获“安逸四川”新媒体文旅文创作品征集评比活动人文组优胜奖。该院郝勤教授 2021 年获得“全国教材建设先进个人”称号。

内江师范学院范长江新闻学院学子获“新媒体创意大赛”“大学生主持人”等省级一类学科竞赛各级奖项 20 项；大学生创新创业训练项目获批国家级 4 项、省级 2 项。

成都理工大学新闻传播系学子获第十三届全国大学生广告艺术大赛一等奖 2 项、二等奖 2 项、三等奖 3 项，以及省级等级奖 40 余项；获第十三届全国大学生广告艺术大赛优秀院校奖。

1.2.15.2 科研成果

2021 年四川省各高校新闻传播院系在课题申报和科研获奖上成绩显著。

四川大学新闻传播学科在第十九次四川省社会科学优秀成果奖评选中获 2 项一等奖、1 项二等奖、5 项三等奖；获批 2 项国家社科基金项目、1 项教育部人文社会科学研究项目。2021 年，“新时代中国特色社会主义新闻传播学研究”部校共建项目立项资助 7 项课题的研究。

电子科技大学新闻与传播新增国家社科基金重点项目 1 项，国家社科基金西部项目 1 项，四川省软科学、哲学规划项目各 1 项，各类横向项目 7 项，总计 11 项。

四川省社会科学院新闻传播研究所新立项国家社科基金项目 3 项，省社科基金项目 4 项，市、院级课题 2 项，其他课题 1 项；获四川省第十九次社会科学优秀成果二等奖 2 项、三等奖 1 项。

四川师范大学影视与传媒学院网络与新媒体专业在研国家项目 5 项、省部级项目 4 项。

成都体育学院新闻与传播学院 2021 年度获国家社科基金立项 1 项、省部级课题立项 2 项。

四川职业技术学院文化旅游学院教师衡媛、袁小春的作品《专以载道，题以聚焦——电视专题节目制作》获四川省职业院校教师教学能力大赛三等奖，入选 2021 年度第二十五届全国教师教育教学信息化交流活动研讨作品。

1. 2. 15. 3 学术交流与合作

2021 年四川省内新闻传播院系积极开展线上线会议论坛、业界合作等交流活动。

（1）会议论坛

四川大学新闻学院在 2021 年 4 月联合中国新闻史学会举办了中国新闻史学会第六届常务理事会第三次会议暨重大突发公共卫生事件中的舆情应对研讨会。7 月，四川大学联合武汉大学、上海理工大学出版印刷与艺术设计学院举办了首届全国出版学博士生论坛；9 月，联合中国高等教育学会新闻学与传播学专业委员会举办中国高等教育学会新闻学与传播学专业委员会第八届理事会第五次常务理事会议暨“新文科与新闻人才培养”研讨会；同月，承办 2021 成渝论坛：“新文科建设背景下的文化传承与传播创新”；12 月，联合中国中外文艺理论学会文化与传播符号学分会、中国新闻史学会符号传播学研究委员会及海南大学人文传播学院举办 2021 文化与传播符号学研讨会。

电子科技大学新闻传播学院与牛津大学开展国际合作交流，举办讲座；参加 IAMCR 新闻传播国际学术会议、第二届“粤港澳大湾区健康传播高校联盟”健康传播论坛、数字传播与社会治理创新论坛等。

成都大学传媒研究院于 2021 年 9 月承办第八届中国认知传播学术年会暨国际认知传播高端研讨会，并以“中国特色传播学的理论探索——认知传播学的国际化视野与本土化构建”为主题进行研讨。

成都体育学院新闻与传播学院于 2021 年 6 月承办中国共产党建党百年体育宣传理论与实践研讨会。11 月，承办并召开第六届主题为“团结 · 健康：后疫情时代的体育传播”的国际体育传播会议。

（2）调研交流

成都大学体育学院新闻与传播学院持续为四川省体育局提供舆情服务，学院舆情研究团队在东京奥运会期间完成东京奥运会境外舆情报告，收到国家体育总局和四川省体育局的感谢信。

乐山师范学院新闻与传播学科组织专业负责人及相关专任教师先后到暨南大学、广州大学、四川轻化工大学开展专业调研交流，赴重庆与渝北区融媒体中心达成实习基地建设、校地协同育人合作意向，与“大乐山”“最眉山”“凤翼天翔文化传播公司”等新媒体平台开展校企协同育人机制的探索。

1.2.15.4 实验室基础建设与实践基地建设

2021 年，四川省各高校新闻院系加强实验室和融媒体中心建设与使用，增建实习基地促进融媒体教学与实践。

（1）实验室建设

四川大学新闻学院与新华文轩共同申报获批国家新闻出版总署出版业科技与标准综合重点实验室，与四川大学出版社共同申报获批国家新闻出版总署融合出版超高清视频技术应用重点实验室。

西南科技大学新闻系“新媒体互动传播实验室”于 2021 年开建，该实验室的建成与使用能加快推进专业实践教学的高质量发展。

成都体育学院新闻与传播学院于 2021 年新增新闻与传播专业无人机实践教学基地、体育赛事转播信号制作及解说虚拟仿真实验平台等。

四川大学锦城学院传媒系的省内一流水准的“融媒体实验中心”于 2021 年正式投入使用，老师们积极探索利用该实验室的六大模块开展新闻传播业务相关课程和网络技术课程的相关教学工作。

（2）实习基地

四川师范大学影视与传媒学院于 2021 年建立新闻传播学实习基地 2 个，分别为广安新媒体中心和四川观察。

成都大学体育学院新闻与传播学院于 2021 年与成都电视台公共频道达成实践合作，拟推荐学生加入成都电视台公共频道及成都大运会官方媒体大运频道，全面参与大运会的宣传报道工作。

西华师范大学新闻传播学院与重庆传媒集团、央视总台国际在线四川频道等 14 家单位联合成立产学研基地，新增 6 个就业基地。

纵观 2021 年四川省新闻传播教育，在常态化疫情防控的背景下，克服困难，保持了稳定向前的发展态势，各院系对标教育部专业与学科建设目标要求，围绕立德树人，在教学、科研、社会服务等方面取得了新进步、新发展；同时，学生专业实践与学术交流利用线上线下等多种方式灵活开展，助力人才培养与学科建设。

由于历史发展和地域差异，四川省各高校新闻传播教育学科还存在师资力量、科研投入、学科布局、综合实力不平衡等问题及不足。总体观之，四川省各新闻院校在明确自身目标与探索构筑特色上形成了共识，在实践中不断探索差异化育人和学科服务社会的有效路径，努力为党的新闻舆论工作培养信念坚定、业务过硬的高素质新闻传播人才。

（四川大学　姜英、曾元祥）

1.2.16　湖北省新闻传播教育发展综述

2021 年，为庆祝中国共产党成立 100 周年，湖北新闻传播教育界相继举办各种形式的活动。这一年，“双一流”建设和“新文科”建设蓬勃开展。在此背景下，湖北新闻传播教育界在理论研究、教学实践方面取得新进展。

2021 年 1 月 30 日，湖北大学新闻传播学院部校共建暨“十四五”发展规划专家指导会通过线上线下结合的形式举行。来自中国人民大学、中国社会科学院、中国传媒大学、清华大学等十几家单位的专家教授，结合湖北大学学科建设基本情况和发展特色，就部校共建新闻传播学院以及“十四五”发展规划开展了研讨交流。

5 月 13 日，中南财经政法大学部校共建重点团队项目“马克思主义新闻观的中国化诠释：历史、理论与实践”召开开题研讨会。本课题要紧扣马克思主义新闻观的核心观点和理论要义，从新闻史、新闻理论和新闻业务三个层面，阐释马克思主义新闻观的历史变迁、时代价值和实践路径。

1.2.16.1　部校共建新闻传播学院情况

2021 年 7 月，湖北省新一轮部校共建新闻学院在原来 5 所高校的基础上，新增武汉体育学院一所高校，至此湖北省一共有 6 所高校参与部校共建。部校共建新闻学院，是时代融合发展的全新挑战，也是新时期媒体对于具有马克思主义新闻观媒体人才的迫切需求的回应。

7 月 6 日，武汉体育学院新闻传播学院举行“红色阳新红土地 · 十个党员十面旗”主题采访暨“三下乡”社会实践活动研讨会，此项目是该校部校共建新闻传播学院后实施的首个大型专业实践与社会实践相结合的活动。

10月23日，华中师范大学新闻与传播学院师生到江西南昌方志敏烈士陵园走读红色经典，此次诵读是该院“红色经典阅读与传播”课程的部分内容。光明日报客户端等媒体对该活动作了报道。

1.2.16.2 新闻传播教学改革与交流

2021年1月21日，荆楚网（湖北日报网）与华中科技大学新闻与信息传播学院签署战略合作框架协议，挂牌成立楚天网络评论培训基地。4月28日，武汉理工大学法学与人文社会学院与湖北长江传媒数字出版有限公司人才联合培养基地协议签约暨授牌仪式在该校举行。同年9月9日上午，中南财经大学新闻与文化传播学院与水木时代文化传播公司通过远程视频的形式，在网络云端举行共建实习基地签约仪式。同时该校在同月也与长江日报传播研究院签订了教学实习协议。

7月2—5日，第十三届全国大学生广告艺术大赛（简称大广赛）湖北赛区省级评审活动在武汉东湖学院举行。来自业界、学界的数十位资深学者、专家对此届大赛湖北赛区的7719件作品进行细致严谨的评审。

7月30日，湖北省新闻传播教育学会举办的新闻传播学类一流专业建设及培育研讨会由湖北民族大学承办，在恩施州广播电视台召开。会议讨论全省新闻传播学科专业建设、人才培养、科学研究等问题，湖北高校多名专家、教授分享了一流专业建设的经验。

2021年10月中旬，湖北大学新闻传播学院与武汉市网络媒体协会签订合作协议，该院校外教学实习、实训基地得到了进一步的拓展。11月，武汉大学新闻与传播学院和深圳市弘金地体育产业有限公司成功举行了校企合作签约仪式，加深校企合作，优化人才培养模式。中南财经政法大学新闻与文化传播学院先后与“长江云”“湖北日报传媒集团”“长江日报传播研究院”签订共建实习基地协议，以进一步促进学院人才培养和社会服务质量。

12月12日，第二届新闻传播史论课程群教学改革研讨会拉开序幕，会上围绕新闻传播课程建设、课程教学改革、新技术的应用、新闻传播人才培养等方面展开交流讨论。此届研讨会由华中科技大学新闻与信息传播学院、湖北省新闻传播史论名师工作室、湖北省新闻传播史论教学团队、《中国新闻传播教育年鉴》编委会共同主办。

12月18—20日，湖北省新闻与传播教育学会2021年会暨“中国共产党百年新闻思想与实践经验”论坛在襄阳召开，此届大会由湖北省高等教育学会新闻与传播教育专业委员会主办，湖北文理学院文传学院承办。湖北省高等教育学会副秘书长李友玉等为大会开幕式致辞，主题报告会以线上线下相结合的方式进行，40余名来自全省各高校的新闻传播专家参加了线下会议。

12 月 24 日，武汉传媒学院“聚焦时代主题，践行传媒教育”座谈会，探讨新传播环境下新闻传播教育适应时代需求，加强课程思政，培养服务地方的新闻传播人才的方法与路径。来自武汉大学、华中科技大学、华中师范大学、湖北大学、中南民族大学等高校的专家教授参加了会议。

12 月 24 日，武汉体育学院召开武汉体育学院新闻传播教育 20 年院长论坛，论坛上举行了《中国新闻传播教育年鉴（2021）》首发式，反映武汉体育学院发展历史的《坚守本色与彰显特色：武体新闻教育 20 年的改革与创新》也在论坛上首发。

1. 2. 16. 3　科研项目

2021 年，湖北地区新闻院系年度内共承担新闻传播学相关的国家社科基金 12 项。其中，国家社科基金重大项目立项 2 项，分别为华中科技大学郭小平教授的“提升面对重大突发风险事件的媒介化治理能力研究”、武汉体育学院张德胜教授的“新时代体育全媒体传播格局构建研究”；重点项目 2 项，分别为武汉大学陈刚教授的“新媒体时代争议性议题传播的共识焦虑与沟通机制研究”、武汉理工大学尹章池教授的“内生型数字农家书屋的治理逻辑与实践路径研究”；一般项目 8 项，分别为武汉大学张卓教授的“人类命运共同体视域下疫情纪录片的生命叙事研究”、华中科技大学陈薇副教授的“新时代中国全球性议题设置能力建设研究”、中南财经政法大学刘树栋副教授的“人工智能时代新闻推荐系统中的‘信息茧房’问题形成机理及应对策略研究”、华中农业大学乔同舟副教授的“智能时代农村老人数字融入的困境及改善路径研究”、中南民族大学陶喜红教授的“制度驱动型传媒经营改革的协同共振及其历史经验研究”、中南民族大学张路黎副教授的“跨文化传播视野下当代价值观调查项目的中国认知研究”、湖北中医药大学刘娅教授的“后疫情时代中医药文化对外传播体系构建研究”、三峡大学柳庆勇教授的“数字广告流量造假的区块链智能合约治理研究”。

1. 2. 16. 4　学术交流与成果

2021 年，湖北省高校开展了多场学术交流会议。

1 月 24 日，中国新闻史学会新闻传播教育史研究委员会 2021 武汉会议在湖北大学新闻传播学院召开，《中国新闻传播教育年鉴》编辑部在汉成员参会。会议就相关研究会工作和《中国新闻传播教育年鉴》编撰工作进行了商讨。

4 月 24 日，华中科技大学新闻与信息传播学院举办了第二届以“人类世的时、空、物”为主题的媒介物质性研究论坛。来自华中科技大学、澳门科技大学、清华大学、北京大学、中国社会科学院、中国人民大学、同济大学、华东师范大学、中国传媒大学以及拉夫堡大学、阿姆斯特丹大学、英国萨塞克斯大学等21所高校40余位专家学者参与此次会议，从“人类世”的视角进一步打开了媒介物质性这一前沿性的研究领域，触及主流传播学研究的边界，少有地将基础设施、能源、生态、跨物种等因素带入传播学研究。

5月21日，由华中科技大学新闻与信息传播学院主编、社科文献出版社推出的“喻园新闻传播学者论丛”首批新书——《张昆自选集》《传媒进化论》在武汉发布。2021年，由华中科技大学新闻学院李卫东教授编著，国内首本系统讲述智能新媒体基本原理和应用模式的教材——《智能新媒体》由人民邮电出版社出版。

5月21—23日，首届中国媒介考古工作坊在华中科技大学举行。此次会议分为“声音媒介考古”“影像媒介考古”“书写媒介考古”“媒介与身体”“数字媒介考古”“媒介考古的理论与方法”6个单元。来自中国社科院、中国人民大学、北京大学、清华大学、复旦大学、浙江大学、中国传媒大学、南京大学、武汉大学、暨南大学、重庆大学、上海大学、同济大学、深圳大学、山东师范大学、华中科技大学、台湾世新大学、澳门科技大学等中国高校科研院所，以及来自德国洪堡大学、日本京都大学等海外高校的专家学者60余人与会。唐海江教授指出：媒介考古学将目光投向历史的深处，发掘历史和未来的新的可能性，对于数字化转型中的文明走向具有启发意义。

6月26日，国家社会科学基金重大项目“中国近现代新闻团体资料搜集、整理与研究（1905—1949）”开题报告会在湖北大学举行。来自中国人民大学、中国传媒大学、清华大学、武汉大学等高校以及《新闻爱好者》杂志社等单位的专家学者出席会议。

9月25日，第五届中国传播创新论坛（2021）暨新疆新闻传播学科发展与新闻教育研讨会在武汉大学举办。此次会议由武汉大学媒体发展研究中心（教育部人文社会科学重点研究基地）、武汉大学新闻与传播学院、新疆大学新闻与传播学院共同主办。此次论坛共设5场主题发言，17位学者与业界嘉宾聚焦建设性新闻、新媒体技术、媒体融合、新疆传播、品牌传播、舆论机制、跨文化传播、健康传播等问题展开学术对话。

11月6日，由中国新闻史学会外国新闻传播史研究委员会主办、华中科技大学新闻与信息传播学院承办的外新史学会年会在湖北武汉举行。会议以“考古与重建：国际新闻传播的新史观、新技术、新生态”为主题，采取线下与线上相结合的形式。线下会场设在华中科技大学新闻与信息传播学院演播大厅，参加会议的有来自武汉大学、华中科技大学、华中师范大学、湖北大学、中南民族大学等武汉高校从事外国新闻传播史研究的专家学者。另有近400位来自全国高校本领域的专家学者相聚云端，共同探究当今国际传播的破困局之解，开新局之策。

12 月 18 日，由华中农业大学文法学院、中华文化传播研究中心举办的 2021 中华文化传播国际论坛于线上举行。此次会议以全球化语境下中华文化传播的理论与实践为主题，主要议题涵盖中华文化传播的历史与现实、对外汉语教学与中华文化传播两大范畴，内容包括中华文化及其传播的历史发展、功能作用、内容体系、实践特色、方法途径和对策研究，汉语言文学与文化的对外传播与教学研究，以及新文科建设语境下语言文化类课程的教学改革等。来自日本、韩国、德国、哈萨克斯坦、印度尼西亚、越南、中国香港等国家和地区的 26 位专家学者和研究生借助云端会议形式进行了交流研讨，共计有 160 余人通过网络参会。

2021 年度，武汉大学举办了一系列专业性学术会议，如：比较传播圆桌论坛“不确定性：传播、连接与关系在当代文化中的重构”“第十一届跨文化传播国际学术会议”等，众多专家学者参加会议，就新闻传播领域的现状和发展方向等问题进行深度交流。

12 月 19 日上午，武汉大学新闻与传播学院 2021 年青年教师学术工作坊以线上与线下相结合的方式举行。工作坊由武汉大学新闻与传播学院、武汉大学媒体发展研究中心（教育部人文社会科学重点研究基地）主办，来自复旦大学、中国传媒大学、武汉大学、中国人民大学、中国社会科学院的专家学者参加了会议。

（湖北大学　廖声武、万缘、瞿丽洁、符慧琪、谭嘉璇、邹青颖）

1. 2. 17　湖南省新闻传播教育发展综述

2021 年，教育部在教育强国战略背景下启动了新一轮本科教育教学的审核评估，引导新闻传播学科进一步提升水平，办出特色。这一年，湖南省新闻传播院校持续推进一流专业建设和教学改革，打造高水平课程和教材，引进海内外优秀人才，增设实验实践教学基地，全面夯实教育教学基础，着力探索新文科背景下新闻传播人才培养路径，在多个方面取得良好成效。

1. 2. 17. 1　学科与专业建设

2021 年 7 月，湖南大学新闻与传播学院成功申报和获批新闻传播学一级学科博士点。

2021 年 4 月，湖南工业大学电影学院成立，与文学与新闻传播学院合署办公。作为湖南省第一所电影学院，学院拥有湖南省唯一的戏剧与影视学一级学科硕士点、第一个广播电视硕士点，有结构完整的影视学术硕士、艺术硕士和本科专业、创新实验班为一体的影视人才培养体系，目标是建设湖南乃至全国影视与新媒体视频人才培养基地。

在专业建设方面，湖南师范大学网络与新媒体专业、湖南理工学院广告学专业获批国家级“一流本科专业”；衡阳师范学院、湖南财政经济学院顺利通过网络与新媒体专业学士学位授权学科评估；湖南科技学院“网络与新媒体”专业成功获批并于9月开始正式招生。

1.2.17.2 课程与教材建设

在高水平课程建设方面，新增省级一流课程22门（见表1-23）。

表1-23 **2021年湖南省新增新闻传播学类省级一流本科课程**

学校名称	课程名称	课程类别
中南大学	数字出版创意与策划	社会实践一流课程
湖南大学	城市大型户外活动融媒体直播虚拟仿真实验	虚拟仿真实验教学一流课程
湘潭大学	摄像基础	社会实践一流课程
长沙理工大学	新闻摄影	线下一流课程
	新闻评论	线上线下混合式一流课程
吉首大学	新媒体广告	线上一流课程
	摄影摄像基础	线上一流课程
湖南工业大学	广告策划	社会实践一流课程
湖南理工学院	新闻学概论	线下一流课程
	网络舆情分析与引导	线下一流课程
	数据新闻	线上线下混合式一流课程
	传媒社会考察	社会实践一流课程
怀化学院	广告创意与表现	线下一流课程
	专题片创作	社会实践一流课程
湖南科技学院	广告学概论	线上一流课程
	二维动画设计	线上一流课程
衡阳师范学院	新闻采访	线下一流课程
	新闻编辑	线上线下混合式一流课程

续表

学校名称	课程名称	课程类别
长沙学院	融媒体节目策划	线下一流课程
	广播节目播音主持	线上线下混合式一流课程
湖南涉外经济学院	新闻学概论	线下一流课程
	广告学	线下一流课程

在第二课堂方面，湖南大学新闻与传播学院联合湖南大学马克思主义新闻观研究中心持续开展马克思主义新闻观主题系列讲座，邀请童兵、郑保卫、李良荣等著名学者知名教授主讲，梳理马克思主义新闻观的历史脉络与当代价值，阐释剖析中国特色社会主义新闻理论体系、源流与创新实践，进一步加深了广大师生对马克思主义新闻观的认识。为进一步引导师生总结学习收获，探讨如何在实践中践行马克思主义新闻观，2021年11—12月，学院联合湖南大学马克思主义新闻观研究中心面向全体在读学生开展以“做马克思主义新闻观的践行者”为主题的征文活动，评选出7篇优秀作品。湖南师范大学构建“三元立体”的第二课堂平台，2021年举办10场“名家精英书山论坛”、26场“记者编辑业界课堂”和2场“校友回家传媒沙龙”，创新链条式第二课堂教学体系，三者相互融汇，有效构建了人才培养的新模式。

在教材建设方面，湖南大学新闻与传播学院出版国家精品在线开放课程配套教材《广告创意学》1部；湖南师范大学新闻与传播学院出版部校共建教材《品牌视觉传播与设计典型案例评析》和《新媒体数据新闻》《品牌视觉传播与设计典型案例评析》3部。湖南师范大学徐新平教授、湖南工业大学阳海洪教授参编马克思主义理论研究和建设工程重点教材《中国新闻传播史》。

1.2.17.3 课程思政建设

在思政教育方面，坚持立德树人，通过课程建设、平台搭建、专业竞赛等全面推进，取得了一批实践成果。在2021年湖南省普通高等学校课程思政教学比赛中，湖南理工学院、长沙理工大学和湖南大学教师获奖。衡阳师范学院新闻与传播学院“公益广告”获评省级思政课程。

湖南大学新闻与传播学院新增3门校级“课程思政”示范课程。学院还组织同学们重走考察路，宣誓党旗下，深情讲述党史和红色故事；践行“四力”，深入一线挖掘鲜活新闻；学习党代会精神，探索融合创新表达。薛佳瑞获得省大学生红色故事讲述大赛一等奖;“青声宣讲”防疫特辑获教育部“共抗疫情,爱国力行”主题宣传和网络文化成果优秀奖;“青声说党史”作为示范微党课入选全国高校党史学习教育成果展;微党课“抗疫日记”获湖南大学微党课比赛一等奖和湖南省三等奖。

湖南师范大学在全国高校率先开设“习近平新闻舆论工作重要论述解读”课程,由学院院长尹韵公教授领衔讲授,以 14 名教授和博士组成的授课团队为基础,邀请一线优秀编辑记者和新媒体技术人员参与实践教学。“马克思主义新闻观及原著选读”立项为湖南省普通高校省级精品在线开放课程,并在智慧树平台向全国高校开放。学院大屏幕每天滚动播出习近平总书记对新闻舆论工作的重要论述,将马克思主义新闻观贯穿到人才培养全过程,渗透到日常教育与管理中。

湘潭大学文学与新闻学院组织学生围绕学习贯彻习近平新时代中国特色社会主义思想,撰写学习心得体会,被中新网、湖南日报社、湖南卫视等媒体以“大学生创新学习思政理论”进行了广泛报道。8 集微党课被誉为“全国首部大学生思想理论分享原创短视频”并被“学习强国”专题推介。

1.2.17.4 教育教学改革

湖南省新闻传播院校积极申报教改项目,参加教学竞赛,推进教学改革。

中南大学文学与新闻传播学院获教育部首批新文科研究与改革实践项目立项 1 项;湖南大学新闻与传播学院获教育部首批新文科研究与改革实践项目立项 1 项、省级教改项目 2 项,湖南省高等教育教学成果奖一等奖 1 项、湖南省高校教师信息化教学竞赛一等奖 1 项;湖南师范大学新闻与传播学院获湖南省高等教育教学成果奖一等奖 2 项;湖南理工学院立项省级教学改革项目 3 项,其中重点项目 1 项;衡阳师范学院新闻与传播学院年内获得省级科研和教改项目 6 项,包括省教育厅科研重点项目、青年项目、一般项目各 1 项,省社科成果评审委一般项目 2 项,省教育厅教改重点项目 1 项;湖南财政经济学院获省级高校教改重点项目和 2021 年度语言文字应用研究专项重点课题各 1 项。

湖南师范大学新闻与传播学院新闻系在新闻史论结合、新闻业务与实践结合、智能新媒体技术与传统新闻学原理结合等方面尝试大胆创新,在教学教法上大胆改革,形成了一支专业水平高、业务素质好、创新意识强的教学和科研团队。广播电视系根据播音主持、编导专业实践性强的专业特征,致力于打造学术型师资和实践型师资两支队伍。

1.2.17.5 科学研究

2021 年,湖南大学新闻与传播学院新增科研项目 10 个,其中国家社科基金一般项目 1 项、国家社科基金艺术学一般项目 1 项、横向课题 7 项,科研到账经费 413.6 万元。学院教师共发表学术论文 40 篇，其中 A2 中文期刊《新闻与传播研究》2 篇，A3 中文期刊 3 篇，SSCI 收录论文 4 篇，SCI 收录论文 3 篇，CSSCI 收录论文 14 篇；出版著作 4 部，C 类智库成果 1 个，获第十五届湖南省社会科学优秀成果奖二等奖 2 项、三等奖 1 项。

湖南师范大学新闻与传播学院 2021 年度新增湖南省社会科学基金项目 5 项、湖南省社科成果评审委项目 1 项、湖南省教科规划项目 1 项、教育部产学合作协同育人项目 6 项、研究生教改项目 2 项、湖南省教育厅项目 2 项、横向课题 4 项。2021 年，学院教师共发表学术论文 80 余篇，其中在《新闻与传播研究》《国际新闻界》《现代传播》《新闻记者》等权威刊物发表论文 14 篇，其他 CSSCI 来源刊物发表论文 24 篇，出版专著 4 部，获第十五届湖南省社会科学优秀成果一等奖 1 项。

湖南工业大学文学与新闻传播学院（电影学院）新增科研课题 49 项、包括国家级课题 1 项、湖南省社科联重大智库课题 1 项，其他省级课题 9 项，市厅级课题 38 项。共发表科研教研论文 64 篇，其中核心期刊 7 篇，获湖南省第十五届优秀社科成果奖三等奖 2 项。

长沙理工大学新增国家社科基金项目 1 项，省级社科项目 3 项，发表论文 30 多篇，其中 CSSCI 刊论文 8 篇。湖南理工学院新闻传播学院全年共发表学术论文 28 篇，其中 CSSCI 来源期刊 5 篇；获省教育科学“十四五规划”重点资助项目 1 项、横向项目 5 项，到账经费 110 余万元。湖南科技大学 2021 年获立各级项目 15 项，其中省级项目 4 项、国家级创业创新项目 2 项。长沙学院马栏山新媒体学院获教育部人文社会科学研究项目 1 项、省级课题 2 项，发表论文 8 篇，出版专著 1 部。衡阳师范学院新闻与传播学院出版专著 1 部，发表论文 13 篇，其中 CSSCI 核心库来源期刊 2 篇，获得学校社科优秀成果奖二等奖 1 项。湖南财政经济学院网络与新媒体系教师在《现代传播》等核心期刊共发表论文近 10 篇。

1.2.17.6 学术交流

2021 年，湖南省持续开展各项学术交流活动，为全国各地的老师与学生提供新闻传播专业交流的平台。湖南大学新闻与传播学院成功主办第十六届中国传媒年会学术论坛，举办国家社科基金重大项目“健全重大突发事件舆论引导机制与提升中国国际话语权研究”开题报告会，持续举办马克思主义新闻观主题系列学术讲座。

湖南师范大学新闻与传播学院举办了“党与党媒”高峰论坛和举办“讲好湖南故事，助推三高四新”研讨会，并邀请国内外知名专家举办了 20 余次学术讲座；此外，还资助了 7 名骨干赴美国密苏里大学、威斯康星麦迪逊大学，加拿大阿尔伯塔大学等海外高水平大学新闻学院或科研机构开展访学研究。

湖南理工学院承办国际媒介与传播研究学会（IAMCR）区域分会（中国）研讨会分会场。湖南科技大学承办湖南省第十四届研究生创新论坛“新时代人文学术创新与文化传承”分论坛。

衡阳师范学院新闻与传播学院年内组织全体教师参加2021年全国新闻学教学科研高级研修班培训学习，获得中国高等教育学会新闻学与传播学专业委员会颁发的最佳组织奖；支持教师参加全国、省级学术研讨会，年内共计26人次。

1.2.17.7 人才引进

湖南大学新闻与传播学院2021年新进国内外优秀博士、博士后4名，其中南京大学、美国佛罗里达州立大学联合培养博士1名、北卡罗来纳大学博士1名、香港城市大学博士1名、湖南大学博士后1名；新增副教授2名。湖南师范大学“十三五”期间新增教授8名、副教授10名，还引进法兰克福书展副主席托马斯·明库斯先生任特聘教授。湖南工业大学文学与新闻传播学院（电影学院）2021年引进4位博士。长沙理工大学调入、引进教授2人、副教授1人、引进博士2人。湖南财政经济学院网络与新媒体系引进博士1人，柔性引进三级教授1人。湖南理工学院全年引进博士2人，3人攻读博士学位。

1.2.17.8 部校共建与校企合作

2021年，湖南省部校共建及校企合作持续推进。

湖南师范大学“县级融媒体建设研究中心”与《长沙晚报》共建全国首家“县级融媒体建设研究中心实践基地”，深入推进部校共建，学院与行业的合作互动频繁，新聘中南出版传媒集团总经理丁双平等行业领军人物5人为实践性硕士生导师，行业导师专家增至42人。

湘潭大学文学与新闻学院学位点以“部校共建新闻学院”为契机，与企业新媒体学院、梨视频及湖南广播影视集团等多家媒体签订产学研合作协议，探索实施校企联合培养模式，形成与业界的长效联系机制，以及资源和信息共享机制，实现优势资源共享。

长沙理工大学2021年被列入湖南省委宣传部“部校共建新闻学院”计划后，新建全媒体人才实训中心和舆情监测与研究中心，开展舆论热点监测研究分析，为党委政府部门开展信息发布和舆论引导工作提供参考。

湖南工业大学与市场监督管理局共建，与湖南红网、株洲电视台、株洲日报社等校企合作，成功立项省级质量教学工程项目“湖南工业大学—株洲日报社”校企合作创新创业基地。

湖南科技学院与永州市非物质文化遗产保护中心开展深度合作，签订了合作框架协议，促进永州非遗数字化保护与传播，学生 20 多人次先后参与完成永州非遗视频资料拍摄与制作。

湖南理工学院与润健股份有限公司和南粤云视的合作有序推进，“南粤云视融媒体中心”2 个工作坊装修基本完工；与马栏山视频文创产业园合作建设马栏山融媒体产业学院的工作已经启动。

衡阳师范学院新闻与传播学院与凤凰卫视·凤凰数媒成功续约到 2025 年，衡阳师范学院新闻与传播学院-凤凰卫视·凤凰教育数字媒体产教融合创新应用示范基地获评教育部学校规划建设发展中心产教融合实训基地优秀案例；圆满完成与衡阳市人民政府官方公众号“乐游衡阳”为期五年的协议及项目总结与交接工作。

1.2.17.9　实践教学基地建设

湖南大学与全国县市区融媒体影响力十强媒体——醴陵市融媒体中心共建融媒体实践教学基地和县级融媒体观察站，引导师生走进基层开展实习、实训和科学研究，为县级融媒体发展提供人才支持。

湖南师范大学新增红网和人民网湖南频道为教学实习基地，先后建立了“新湖南”媒介工作室、新媒体品牌传播产学研合作基地、新闻传播学类专业校企合作人才培养示范基地、广告艺术校企合作创新创业基地等实践平台。

湖南工业大学 2021 年新增实习基地 6 个：浙江横店影视城实习基地、株洲维策文化传媒实习基地、攸县一中教育实践基地、株洲保利大剧院实习基地、株洲大京文化传媒实习基地、株洲市十三中见习基地。

湘潭大学打造学生实训平台“文心传播中心”“文心云直播工作坊”，以赛事活动与专业指导相结合，发掘培养了一批素质过硬的优秀新闻人才。上线“瞭望新时代”专题网页，发表学生创作的新闻报道、微视频、原创文学、专题图片等各类作品 3000 余篇；由老师指导学生团队以“青春校园”等为主题创作 60 多部微电影。

1.2.17.10　创新创业与学科竞赛

2021 年，湖南大学新闻与传播学院大学生创新创业大赛获得国家级金奖 1 项（参与）、省级三等奖 1 项；有 14 项大学生创新创业训练项目立项，其中国家级 4 项、省级 6 项、校级 4 项。在第七届中国国际“互联网+”大学生创新创业大赛中，2019 级编导专业杨思远所在团队获得国家级金奖，2019 级广告学专业张逸航所在团队获得第七届湖南省“互联网+”大学生创新创业大赛三等奖。湖南师范大学新闻与传播学院2021年获大学生创新创业训练计划项目国家级立项5项、省级立项20余项。湖南工业大学文学与新闻传播学院（电影学院）立项大学生创新创业训练项目国家级2项、省级4项、校级4项。湖南科技学院获立国家级创新创业项目3个。

2021年，湖南大学新闻与传播学院在学科竞赛共获得全国和省级竞赛奖56项，其中国家级一等奖6项、省级一等奖9项；在第13届全国大学生广告艺术大赛中获国家级奖项8项、省级奖项21项；在湖南省第六届网络原创视听节目大赛中，获一等奖2项、二等奖1项、三等奖1项；在“中国梦·校园情”湖南省第六届大学生微电影短视频大赛中获一等奖1项；在2021年上海国际大学生智能媒体节第三届“卓越杯”智能媒体作品大赛中获二等奖1项；在全国经济新闻作品大赛中获三等奖1项。

湖南师范大学新闻与传播学院本科生在各类官方组织的比赛中，获得国家级特等奖2项、国家级一等奖6项、国家级二等奖8项、国家级三等奖9项，省级获奖近200项；在第13届全国大学生广告艺术大赛中，获得国家级三等奖1项、省级一等奖以及国家级优秀奖1项。

湘潭大学文学与新闻学院获第十七届“挑战杯”全国大学生课外学术科技作品竞赛红色专项特等奖；由湖南教育电视台、湘潭大学联合出品的《“新时代 新力量 青春分享说”》获评“湖南新闻奖”二等奖。此外，学院还获得第13届全国大学生广告艺术大赛国家级二等奖1项、省级一等奖1项。湖南省第六届青年文化艺术节铜奖、第九届“视友杯”中国高校电视奖二等奖和三等奖。

湖南工业大学2021年研究生及本科生学生获得国家级、省市级等各类奖励137项，其中国家级2项、省级127项、校级8项。湖南科技学院在第十三届全国大学生广告艺术大赛中，荣获国家级一等奖1项、二等奖1项、三等奖2项、优秀奖4项。湖南理工学院全年各级各类竞赛获奖达60余项，其中大学生广告艺术大赛国家级奖项13项、省级奖项29项；湖南省公益广告大赛一等奖1项、二等奖3项、三等奖1项；第十四届“挑战杯”湖南省一等奖1项。

衡阳师范学院新闻与传播学院获得第十七届“挑战杯”全国大学生科技作品竞赛红色专项赛国家级三等奖1项、省级三等奖1项；获全国大学生广告艺术大赛优秀奖2项，湖南省第13届大学生广告艺术大赛一等奖2项、三等奖4项；获第六届大学生微电影短视频大赛二等奖和优秀奖各1项。长沙学院马栏山新媒体学院学生参加第七届中国国际“互联网+”大学生创新创业大赛分别获得创业组和初创组铜奖。

（湖南大学　徐琼、王紫玥）

1.2.18　江西省新闻传播教育发展综述

2021年，江西新闻教育界以习近平新时代中国特色社会主义思想为指导，全面加强党的领导，围绕“建党百年”“办学百年”“党史学习教育”“第七届中国国际‘互联网+’大学生创新创业大赛”“新时代教育评价改革”等重要工作内容，加快推进“双一流”建设，主动服务国家和区域经济社会发展，落实立德树人根本任务，统筹推进疫情防控与新闻教育各项事业发展，取得了显著的成效。

1.2.18.1　落实立德树人使命，深入推进思政教学工作

江西新闻教育界持续加强本科教育。南昌大学新闻与传播学院作为江西省新闻传播学教学指导委员会主任单位，主持了全省江西省第二轮本科专业评价工作。

南昌大学新闻与传播学院落实《卓越计划2.0新闻学专业建设计划》，继续将卓越教育向广播电视学、广告学专业重点覆盖和推进，加强“课程思政”的设计、建设和管理。学院有序推进“双一流”和“双万”建设，通过多渠道多途径加强立项国家“一流专业建设点”的新闻学、广播电视学专业建设，同时广告学、播音与主持艺术专业新申报了国家级“一流专业建设点”。通过部校共建精品课程、各专业课程教学，指引学生树立正确的政治立场，部校双方共同打造了2学分、32学时的“当代中国新闻理论与实践品课程”1门，由省委宣传部、各主要省级媒体负责人和一线记者来院讲授，不断强化马克思主义新闻观的“三进”教育，并且立项为江西省共享育人计划课程。新申报2门国家级一流本科课程，3门课程新获批为江西省“一流本科课程”，4门课程新立项为校级精品课程。现有各类校级以上精品课程10门，其中省级、国家级（含MOOC）共6门。“马克思主义新闻观”教学团队获得江西省首届高水平本科教学团队。1位教师获2021年度南昌大学首届十大研究生优秀导师；2位教师推荐申报江西省高校“金牌青年教师”；1位教师获得全校首届教学创新大赛一等奖。获批教育部首批新文科研究与改革实践项目和省级教改课题各1项。在第七届中国大学生国际互联网+大赛中申报项目180余项，3位教师带领并指导学生获得国家级（含国际项目）金奖1个、银奖1个、铜奖2个，省级金奖4个，学院获得工作先进集体奖，1位教师获得大赛工作的先进个人奖，创造了该院参加大赛以来的最好纪录。学院加强学风建设，强化研究生导师首责，创新“双师型班导制”，充分发挥本科生班级导师作用，定期走访学生宿舍，积极解决学生思想、学习上的问题，加强听课制度的落实，强化立德树人效果。学生获国家奖学金、“南昌大学十大学术之星”等各类奖励，获江西省研究生创新专项资金项目7项、江西省青年马克思主义者理论创新工程项目3项；发表优秀学术论

文并获评江西省优秀硕士学位论文9篇，喜创历年新高。

江西师范大学本科教学亮点纷呈。新闻学、教育技术学、广播电视编导3个专业获批国家一流本科专业建设点，现共有4个专业入选国家一流本科专业建设点，获批数量在全校各学院中位列第一。3门课程入选省级一流课程；3门课程入围第二批国家级一流本科课程拟推荐课程名单（全校共29门)，被推荐至教育部参评国家级一流本科课程；2门课程入围2021年省级虚拟仿真一流课程拟推荐课程；2门课程立项江西师范大学创新创业教育精品课程。获省级教改课题3项，其中2项获重点立项。教师教学质量获持续好评，两位老师入选学校课程教学“百优”；在青年教师课堂教学竞赛中，获全校二等奖。多措并举扎实推进课程思政，以“马克思主义新闻观”统领课程思政改革；进一步落实《新闻与传播学院落实“立德树人”实施办法》；教研室活动举办“课程思政”系列研讨；教学以“战疫”“党史教育”等为素材，有机融入课程教学。4位老师的教学案例入选学校课程思政教学改革优秀案例集（第四辑）并公开出版；3位老师的课程思政示范课程顺利通过结项；积极参加学校开展的课程思政教学改革优秀论文征集活动，并有2篇入选；1位老师课程入选学校第三批课程思政示范项目立项。全面启动正大学子2.0创新人才培育计划。“金牌评论记者实验班”“VR影视内容创作创新人才实验班”正式开班，小班化教学，个性化培养。

全面修改各学科研究生培养方案。将新闻与传播硕士学制由两年转为三年，提升培养质量。同时强化研究生基础文献阅读，要求学院所有2021年入学研究生必须进行基础文献阅读考试。启动学术午餐会，助力国家社科基金在研教师的课题研究，目前已经举办了6场。

搭建实践平台，增强综合素质，推进学生社团品牌化建设，打造“百千万”品牌工程。以大学生志愿者暑期文化科技卫生“三下乡”社会实践活动、社会调研活动、青年志愿者服务等活动为载体，推动社会实践、专业学习与思想建设相结合，培养质量提升。

学生成绩喜人，本科生学科竞赛成果颇丰。获2021年全国大学生广告艺术大赛全国二等奖2项、三等奖3项、省赛一等奖4项、二等奖3项、三等奖9项；第14届中国大学生计算机设计大赛全国总决赛一等奖1项、二等奖2项、三等奖1项；中国大学生广告艺术节学院奖金奖1项；2021年“iTeach”全国大学生数字化教育应用创新大赛决赛，学院选送的作品5项晋级决赛，取得全国一等奖1项、二等奖1项、三等奖3项。研究生科研成果再上台阶，获省级研究生创新基金课题4项，江西省青年马克思主义者理论研究创新工程2项，年度省优秀硕士论文5篇。学生就业工作稳步推进，实现100%就业。

江西财经大学新闻学专业2020年设立新闻学专业新媒体运营方向，系全国高校新闻学专业中设立的第一个新媒体运营方向。罗书俊教授的《赣南苏区标语：红色文化大众化传播的启示与借鉴》获评2020年全国新闻与传播专业学位优秀教学案例一等奖。新闻学专业入选江西省一流本科专业建设点，2门课程均入选江西省一流本科课程。

南昌航空大学持续加强教学制度化建设。坚持教学例会制度，每月开展2次教学法活动、1次政治理论学习活动，展开教学方法的探讨和学习，以老带新，解答疑惑。加强师德师风教育，切实落实"教书育人"，教师参与到学生的专业技能大赛的指导、学生就业指导等多种活动中去，从多方面关心、引导学生。继续做好常规的教学管理工作、"三期"教学检查以及质量监控工作，做好教学进度任务、常规教学运行情况工作。继续推进新闻学专业转型发展试点工作。通过调研，学习借鉴省内外转型发展学校先进经验；通过挂职锻炼，加强在职教师实践能力培养，聘请一批业界经验丰富的教师任教，建设一支"双师型"教师队伍。加强实习基地建设，挑选了一批优秀学生到省级以上主流媒体实习，切实提高学生应用能力。新闻学专业积极参加各类专业竞赛，获得省级以上奖励19项。新闻学系教师获批省级教改课题1项、校教学成果奖2项、获校级"课程思政"示范课程1项；发表教研论文3篇。

赣南师范大学新闻与传播学院强化和提升本科教学与人才培养，强化思想武装，做好教育引领。1名教师获评2020年度江西高校思想政治工作优秀论文一等奖；1名教师获全省平安校园建设工作优秀成果论文类二等奖。教研室全体教师签订师德师风承诺书，实现了"师德师风零失范、教学科研零差错"目标。教研室全体教职工、全程、全方位参与育人工作，获批学校课程思政立项5项。以新闻学专业为基础，整合全院其他3个专业优势，申报国家级新文科建设项目1项。积极认真做好江西省第二轮本科专业评价工作。不断完善人才培养方案，在充分调研的基础上顺利完成了2021级新闻学专业人才培养方案的修订工作。教师获批省基础教育教学改革项目1项，获批"金课"建设3项；获批教育部协同创新项目1项；获批校级课程思政5项；获批教材资助2部；申报本科学校虚拟仿真建设项目1项。加强实习（就业）基地建设，遴选优质实习（就业）基地，进一步满足学生实习（就业）需要，提高学生实践能力。

1.2.18.2 深入推进学科建设工作，科研水平再上新台阶

江西新闻教育界强化学科建设，学科实力增长强劲。南昌大学新闻与传播学院教师在顶级权威期刊发表论文5篇，在《新闻与传播研究》发表论文3篇；首次在EI源刊刊发英文论文，系江西省高校新闻传播学科的首篇；另在2类期刊刊发3篇和CSSCI论文15篇；积极参与社科赛事，获奖数量再创新高：获省级社科优秀成果奖一等奖、二

等奖和三等奖的成果等共计 4 项，在江西省高校新闻传播学科雄踞榜首。组建了江西省重点智库“江西省媒体融合发展研究中心”，做好社会服务；通过团队建设和专项辅导等形式，鼓励教师多出代表性成果，对接国家和社会发展需要。受省委宣传部直接委托，发挥智库力量，围绕江西省融媒体发展的重大理论和现实问题，开展前瞻性、战略性研究，获得省领导批示采纳有 4 项。首次立项国家社科基金学术外译项目，也是 2021 年度江西唯一一项获批的学术外译项目，显著扩大学科的国际影响力，译著将由国际著名学术出版集团施普林格在欧美等国公开出版；学院推出了“献礼百年校庆 · 薪传书系”系列著作，在国家级权威出版社中国社会科学出版社等各大出版社出版专著 6 本；先后与中国人民大学、复旦大学、广西大学等联合承办中国共产党百年新闻思想主题会议，并在深圳大学举办“中国共产党新闻事业发展的回望与前瞻”高层论坛。

江西师范大学学科建设成效显著，学科排名跃至全国第 38 名，省内排名稳居第二。获批电影导演创作二级硕士点，成为学院研究生培养新的增长点。瑶湖传媒讲坛继续沿常态化、品牌化方向发展，影响力不断提升。全年共邀请 28 位全国知名专家和资深媒体人来院讲座。科学研究成果丰硕，科研项目申报再获佳绩。获批国家社科基金项目 2 项、全国艺术科学规划项目 1 项，省社科重大委托项目 2 项、省社科重点课题 1 项、省社科规划一般项目 6 项、省教育科学规划重点项目 1 项、省艺术规划 1 项、省高校人文项目 2 项，共计 16 项。超额完成学校下达的各类科研项目指标，科研成果影响力扩大，共发表 CSSCI 期刊论文 17 篇，其中 6 篇为 A 刊。省社科优秀成果奖实现新突破，共有 4 位老师获得省社科优秀成果奖二等奖 2 项、三等奖 2 项。召开“奠基 · 传承 · 开拓：中国共产党百年红色新闻事业暨中央苏区新闻事业创建九十周年”学术研讨会。此次会议由江西财经大学、中国新闻史学会党报党刊研究委员会、江西省社会科学界联合会联合主办，江西财经大学人文学院承办。来自中国人民大学、复旦大学、中国传媒大学、南昌大学等国内高校和科研院所的百余名专家、学者参加了此次研讨会。

江西财经大学科研成绩，获批国家社会科学基金一般项目，这是江西财经大学新闻学专业主持的第 10 项国家社会科学基金项目。获批江西省社会科学基金项目等省级以上科研、教研课题 5 项；2 项国家社科基金项目结项并获评“优秀”等级。

南昌航空大学新闻学系教师积极发表研究论文，论文共计 5 篇，其中北大核心论文 2 篇，国外核心期刊 1 篇。新闻学系教师成功申报国家和教育部课题，获批教育部人文社科项目（一般项目）1 项、国家社科项目 1 项；获江西省第十九次社会科学优秀成果二等奖 1 项。

赣南师范大学教研室大力开展科学研究，积极参与各级种类课题申报。成功申报国家级课题2项、省级课题8项。邀请国内知名学者来校讲学10余场，鼓励教师外出参加各类学术活动10余次。多名教师参加中国新闻史学会2021年学术年会（深圳大学，2021年10月）、中国共产党百年红色新闻事业暨中央苏区新闻事业创建九十周年学术研讨会（江西财经大学，2021年6月）。

1.2.18.3 提升服务地方社会服务工作能力，国际交流合作有序开展

江西省新闻教育界致力于服务省内发展，通过各种方式、借助各种渠道开展社会服务，面向区域经济社会和传媒行业发展，加大学科对地方和行业的服务力度。南昌大学新闻与传播学院结合自身专业优势，参与省级重点专项规划《江西省“十四五”网络安全和信息化发展规划》，为高质量编制该规划提出了许多宝贵的意见建议，系统梳理省情、网情，出谋划策，为该规划高质量、高标准出台发挥了重要作用，收到中共江西省委网信办的感谢信。受江西省市场监督管理局委托，学院承接了《江西省广告产业“十四五”发展规划》编制工作，全面总结了江西省广告产业“十三五”时期取得的经验与成效，科学规划“十四五”时期的总体思路、发展目标、重点任务以及具体举措，引领全省广告产业主动抓住机遇，实现广告市场监管现代化，促进广告产业高质量发展。加强合作办学。在广泛调研和实地走访的基础上，了解其他专业的双学位教育需求，学院在庆祝建党百年之际，将党史学习教育于新闻专业技能培训服务结合起来，以新闻宣传和党的百年光辉历程为主要内容，举办了两期新闻宣传研修班，在提升新闻宣传专业技能的同时，让学员接受爱国主义教育，凸显该院办学优势，扩大了学院影响，提升了学院的知名度和美誉度。

江西师范大学新闻与传播学院社会服务能力得到提升。该院院长刘传红多次应邀赴复旦大学、上海大学、延安大学、华中科技大学、深圳大学、同济大学、江西省广电局等单位参加学术研讨会，或宣读论文，或主持或担任点评嘉宾；先后当选为中国新闻史学会广告与传媒发展史专业委员会常务理事（2021—2024）、江西省绿色生态委员会常务理事（是25名常务理事中唯一的新闻传播学者）、江西省新闻工作者协会第五届理事会理事等；同时被上海大学马克思主义中国化话语体系研究协同创新中心聘为专家委员会委员（江西省唯一受聘专家）。该院熊茵、梁德学、康国卿三位老师受邀为抚州市新闻记者培训班进行培训。3月，以“5G时代的内容制作与传播”为题的强氧 & 江西师范大学技术交流会在该院成功举办。发挥专业优势，参与地方经济社会建设，取得新突破。

疫情期间持续推进国际交流合作。南昌大学新闻与传播学院邀请世界知名传媒伦理学家、美国伊利诺伊大学 Clifford Christians 教授，知名修辞学家、美国得克萨斯州立大

学 Barry Brummett 教授，美国太平洋大学董庆文教授，围绕新媒体时代的传播伦理、政治传播的视觉修辞、美国新闻与文化危机、中美新闻报道差异等主题，开展全英文授课和教学，拓展了学生视野，丰富了学生的专业素养，强化了学生的职业技能，为下一步的国际合作交流奠定了基础。

1.2.18.4 强化党的领导和疫情防控，为新闻教育保驾护航

江西新闻教育界加强理论学习，不断加强党的政治建设，党建引领初见成效。例如，南昌大学新闻与传播学院坚持以习近平新时代中国特色社会主义思想为指导，紧扣建党百年及学校“三个年”目标要求，以党史学习教育为契机，认真组织习近平总书记“七一”重要讲话精神，党的十九届五中、六中全会精神及省第十五次党代会精神的专题学习研讨交流，持续推进习近平新时代中国特色社会主义思想“三进”，以党的政治建设为统领，进一步树牢“四个意识”，坚定“四个自信”，坚决做到“两个维护”。学院制定了《新闻与传播学院 2021 年党委中心组理论学习安排》，组织召开党委中心组理论学习 26 次；严格落实“三会一课”制度，开设了支部书记“月月讲坛”讲授微党课，党政领导、支部书记等讲授党课十余次；结合党史学习教育活动，聚焦各项重点任务，认真制定了具有本学院专业特点的党史学习教育方案，各党支部也结合本支部的特色制订了党史学习教育计划。此外，结合十九届五中全会精神开展了线下读书班 3 次；结合习近平总书记“七一”重要讲话精神组织专题宣讲报告 5 次。按照党中央关于开展党史学习教育的决策部署，结合学科专业特点，着力在抓好“五个一”“五个字”“五个面”（三个“五”）上下功夫，强化学习教育深度、亮度、广度（三个“度”）。一是着力在落实学校党委提出的“五个一”上下功夫，通过党委中心组专题学习研讨、辅导报告、现场教学及读书班等形式，强化了“4+1+3”本书的学习，结合“七一”重要讲话精神、党的十九届五中、六中全会精神及省十五次党代会精神的学习宣讲，推动党史学习教育走深走实，不断强化学习教育深度。二是着力在“学、讲、播、寻、办”五个字上下功夫，把党史学习教育与学科发展（学科专业特点）统筹推进落实，做到一支部一特色并形成了品牌项目，不断强化学习教育亮度。打造线上线下党史学习“矩阵”，开展了“党史知识天天讲”（共 153 讲）、“党史影片周周播”（共 9 期）、“党史故事月月评”（共 3 期）以及“直播百年党史 · 传承红色基因”（8 期）等系列活动，其中“直播百年党史 · 传承红色基因”活动得到中央、省委督导组的高度评价和充分肯定；把“我为群众办实事”实践活动作为党史学习教育重要内容，围绕师生“急难愁盼”七大方面问题 23 项内容，列出清单，逐项销号，办结率达到 100%。三是着力在学习教育的“五个面”上下功夫，以“123 促双同”党建品牌为引领，从

“班子成员、中层干部（系主任）、支部书记、党员师生、普通师生”五个层面齐动员、齐发力，做到学习教育全覆盖，不断强化学习教育广度。

（南昌大学　陈世华）

1.2.19　安徽省新闻传播教育发展综述

1.2.19.1　专业分布：以综合性大学为主，几乎覆盖全省所有本科高校

2022 年，安徽省新闻传播教育向纵深处发展。全省新闻传播专业的地域分布较为均衡，专业设置数量较为稳定，全省共有 31 家普通本科高校开设新闻传播学相关专业（见表 1-24）。这些院校，既涵盖知名的部属院校（中国科学技术大学、合肥工业大学）、省属综合性大学（安徽大学）、全部师范类院校，也包括若干独立学院和新设立的高校（安徽艺术学院）。

表 1-24　**2021 年安徽省普通本科高校新闻传播学类本科专业布点**

专业名称	布点院校	小计
新闻学	安徽大学、安徽师范大学、安庆师范大学、安徽财经大学、皖西学院、黄山学院、滁州学院、淮南师范学院、淮北师范大学、宿州学院、阜阳师范大学、安徽新华学院、合肥学院、安徽大学江淮学院、安徽师范大学皖江学院、阜阳师范大学信息工程学院、安徽艺术学院	17 个
编辑出版学	安徽大学、合肥师范学院	2 个
传播学	中国科学技术大学、安徽财经大学	2 个
网络与新媒体	安徽大学、中国科学技术大学、合肥工业大学、安徽理工大学、安徽师范大学、阜阳师范大学、安庆师范大学、淮北师范大学、皖西学院、滁州学院、安徽财经大学、宿州学院、巢湖学院、铜陵学院、合肥学院、池州学院、亳州学院、安徽外国语学院、合肥经济学院、安徽师范大学皖江学院、阜阳师范大学信息工程学院、合肥师范学院	22 个
广播电视学	安徽大学、安庆师范大学、巢湖学院、安徽师范大学皖江学院	4 个
广告学	合肥工业大学、安徽师范大学、淮北师范大学、安徽工程大学、皖西学院、巢湖学院、淮南师范学院、铜陵学院、蚌埠学院、安徽新华学院、安徽外国语学院、蚌埠工商学院、安徽师范大学皖江学院	13 个

教育部2012版《普通高等学校本科专业目录》中批准设立的专业中，安徽省目前还没有设立“数字出版050307T”，而最新的2020版《普通高等学校本科专业目录》中新增的新闻传播学本科专业中，安徽省尚无布点（见表1-25、表1-26）。

表1-25　　截至2022年年初安徽省新闻传播学博士和硕士学位点

博士*	硕士		
	新闻传播学	新闻与传播	出版
安徽大学	中国科学技术大学 安徽大学 安徽师范大学**	中国科学技术大学 安徽大学 安徽师范大学 合肥工业大学 安徽财经大学 淮北师范大学 安庆师范大学 阜阳师范大学 合肥学院	安徽大学

* 中国科学技术大学和安徽师范大学新闻传播学科依托其他学科招生博士生。

** 安徽师范大学还开设广播电视专硕。

表1-26　　安徽省高校新闻传播学类师生数据*

学校	教师数	学生数		学校	教师数	学生数
		本科生	研究生			
安徽大学	45	920	378	安徽工程大学	10	168
中国科学技术大学	25	33	174	蚌埠学院	8	213
安徽师范大学	80	1523	244	池州学院	30	599
安徽财经大学	20	468	68	安徽新华学院	16	620
淮北师范大学	24	767	29	亳州学院	13	137
安庆师范大学	26	1164	47	蚌埠工商学院	12	453
阜阳师范大学	16	538	未招生	安徽大学江淮学院	20	489
合肥工业大学	62	329	未招生	合肥经济学院	23	366
合肥学院	16	302	未招生	安徽师范大学皖江学院	37	422

续表

学校	教师数	学生数		学校	教师数	学生数
		本科生	研究生			
安徽理工大学	11	468		阜阳师范大学信息工程学院	7	156
黄山学院	6	294		合肥师范学院	31	775
滁州学院	20	520		安徽艺术学院	20	505
淮南师范学院	18	447		安徽外国语学院	12	392
宿州学院	15	280		皖西学院	19	817
巢湖学院	21	592		铜陵学院	12	491

* 安徽中医药大学开设中医药国际传播专业，但没有招生。

** 安徽大学研究生中包括 18 名博士生。

1.2.19.2 部校共建新闻学院成果得到认可

安徽大学与安徽师范大学作为安徽省目前仅有的两所部校共建院校，近年来在提升全省部校共建工作质量过程中，以马克思主义新闻观为人才培养的指引，建设成果产生了一定的辐射效应，进一步提升了全省新闻传播学科教师队伍专业能力、理论体系构建能力。

（1）安徽大学新闻传播学院

安徽大学新闻传播学科 2020 年入选安徽省高峰学科，获专项经费支持 700 万元。本学科坚持以马克思主义新闻观统领学科建设和科学研究，对接“长三角”一体化高质量发展及安徽科技创新、战略性新兴产业集群建设的重大需求，以“方向升维、团队重构、平台升级”为举措，打破传统学科壁垒，推动学科建设进入 2.0 时代，带动人才培养、学术研究、服务社会能力整体提升，打造“特色鲜明、优势突出、交叉融合”的高峰学科。在安徽省教育厅组织的 2021 年度高峰学科绩效考核中，结果为优秀。

2021 年年底，学院承担课题“现代化美好安徽发展形象发展环境塑造与传播”的研究工作，省委相关领导对报告给予了高度肯定，目前报告修改稿已报送省委宣传部。

2022 年上半年，安徽大学以本学科牵头申报安徽省哲学社会科学重点实验室——全域认知与国际传播实验室。该实验室瞄准全球化时代国际传播新格局和中国话语新空间，对接国家和地方重大战略，深刻把握认知传播时代信息传播的新特征、新规律，借鉴当代哲学社会科学的前沿理论和计算机科学技术等理工学科的前沿方法，整合多学科优势资源，推动认知科学、大数据、人工智能等技术与国际传播的交叉融合，服务国家对外传播战略。

安徽大学舆情与区域形象研究中心是安徽省高校人文社科重点研究基地，于2021年8月入选中宣部舆情直报点。截至目前，已有39篇报告被采用，为中央有关部门和领导同志决策提供了重要参考。

安徽大学新闻传播学院马克思主义新闻观课程思政建设示范中心是安徽省唯一的省级示范中心，中心除致力于省内“马新观”师资力量的强化外，正在充实江西省红色文化资源数据库，以备全省开放使用。2021年学院“‘四维融合’下卓越新闻传播人才培养体系创新”获得安徽省教学成果二等奖，同时获批全省第一个新闻传播劳育体系构建之研究项目。该项目将在调研现状的基础上，初步构建高校新闻传播专业劳动教育课程机制，逐渐试点、评估和推广。

2021年，该院获批“广播电视学”国家级一流本科专业建设点，目前学院共有“新闻学”和“广播电视学”两个国家级一流本科专业建设点。在通过安徽省遴选后，学院另外两个本科专业“编辑出版学”和“网络与新媒体”正在冲击第三批国家级一流本科专业建设点。在“新闻采访”获批国家级一流本科课程后，“媒介素养”正在申报第二批国家级一流本科课程。“广播电视概论”（视听传播概论）正在谋划申报第三批国家级一流本科课程。

（2）安徽师范大学新闻与传播学院

安徽师范大学新闻与传播学院是全国首批（安徽省最早）10个部校共建新闻学院试点单位之一，其核心任务就是要强化马克思主义新闻观教育，培养具有马克思主义新闻观的卓越新闻传播人才。学院教学团队把马克思主义新闻观教育定位为“塑魂工程”，不断创新教学模式，既注重外在的教育和引导，也注重学生内在的体验和感悟，既尊重教育教学一般规律，又关照青年学生的成长规律，取得了一定的成绩，受到了高度认可。

安徽师范大学新闻与传播学院国家级一流专业“新闻学”专业将专业团队与兼职团队相结合，校内资源与媒体资源相结合，专业教育与课程思政相结合，理论与实践相结合，形成了马克思主义新闻观教育的理论体系、课程体系、教育体系和人才体系等科学体系；遵循全员育人、全程育人、全方位育人方针，把马克思主义新闻观教育贯穿教育教学全过程，培养有正确立场、人民情怀、责任担当的卓越新闻传播人才。截至2022年年初，现有毕业生26届，在校生5届，其中一批毕业生已成为新闻业务骨干，如原华闻传媒总裁章敬平，中新社中新网副总编辑齐彬，《长江日报》主编王其恒，香港文汇报驻安徽办事处主任胡鑫，上海广播电视台上视采编中心副总监何孔勇，新浪安徽总经理胡静，南京大学新闻与传播学院赵曙光教授，凤凰卫视中文台台长、搜狐执行总编辑刘春，《半月谈》副总编辑、新华网总裁助理杨庆兵，《南方都市报》著名记者程姝雯，凤凰新媒体总编辑、百事通副总裁吴征等。

1.2.19.3 全省新闻传播教育“新文科”建设取得丰硕成果

新文科建设关系我国新闻传播教育未来的发展，是国家的号召，也是时代的召唤。安徽省各高等院校新闻传播学科结合大数据、人工智能和新型媒介技术，推动新文科建设不断前进，着力培养具备文理融合、文工交叉的新型媒体人才。

（1）各高校结合自身特色，实现学科创新发展

全省各新闻院系都努力打破学科藩篱，大力引进计算机、数学类师资，建设文理兼容、专兼结合的师资队伍，实现学科融合。在课程建设方面，增加高等数学、Python、数据库等课程，强化媒介技术训练，将理论与技术结合，当下与未来相融。

注重实现实验室升级改造，安徽大学新闻传播类国家级实验教学示范中心申报成功省级“无人机航拍”虚拟仿真实验室。还依托中心的技术平台，融通“建筑初步”“景观设计”“古典园林”等课程，在安徽大学、安徽艺术学院和安徽大学江淮学院的相关学科开展了“徽州传统园林村落认知与空间再造”的虚拟仿真实验教学。项目建设伊始就贯彻多学科交融、多所学校使用的原则，聚焦学生思想观念培育，融入思政元素，牢固树立学生的生态文明观及文化自信，做乡村振兴战略的践行者，培养知中国、爱中国的新时代文科人才。2021 年 8 月，该实验课程获安徽省省级质量工程立项。中心的育人成效也很显著，中心师生利用“无人机航拍”的优势，先后承担了《航拍中国》三集（黑龙江、浦东、安徽）的拍摄工作，受到各界好评。2021 年 3 月 18 日，中心潘扬团队带领十余同学参与的中央广播电视总台文艺节目中心《当音乐回归自然》系列景观音乐短片节目在央视播出。

安徽师范大学新闻与传播学院改变人才培养理念，以“人文与科技并重，理论与实践结合”为教育理念、人才标准、培养方法，全面修订人才培养方案，科学设置课程。通过专题化、项目化、平台化的实践，夯实文理交叉、科艺融通的理念与做法。学院通过马克思主义新闻观学习社、全媒体工作室等社团、平台，让各专业学生混合编队，跨专业协作，开展各种新闻传播作品、文化艺术传播作品的采制刊发。通过校运会“校运直通车”全媒体传播活动，通过寒暑期社会实践，让全院各专业学生混合组队，围绕新闻传播作品采制，进行文理碰撞和人文与科技与艺术的结合，进而创作优秀作品。现在各专业学生每年有大量作品在数据新闻赛事、纪录片微电影赛事、艺术设计赛事、大广赛等获奖，在主流媒体发表。通过马克思主义新闻观（文艺观）的专题采风、联合创

作、毕业汇演、毕业设计，让学生围绕项目生产和问题解决，以成为知行合一的未来建设者。学院从新闻传播作品的生产要求出发，在课程的教学方法和考核方法上采取纵向一体化的课程团队的教学与课程考核。

合肥工业大学广告学专业以大学生广告艺术大赛为载体，借助教育部工业文化融媒体创新实验室进行协同育人，与智能制造企业、工业企业进行广泛深度产学研合作；借助学校深厚的工业文化底蕴推动产学研的“合工大模式”；开设“工业文化传播”系列课程，注重弘扬“工业报国”的红色家国情怀，打造斛兵传媒学术讲坛、斛兵传媒学术前沿讲坛等系列课程，培育具有中华文化底蕴、全球视野、顺应时代的全媒体创新人才。依托教育部数据科学与智慧社会治理实验室（首批教育部哲学社会科学实验室）、合肥工业大学智能制造研究院、安徽科技与产业发展研究院（安徽省委宣传部安徽省重点智库）、安徽高质量发展研究院（与安徽省市场监督管理局共建）等平台，打造以智能制造、工业文化与品牌、数字传播为引领的新文科育人模式。

安徽财经大学则以“新经管”战略为抓手，修订了人才培养方案，顺应互联网、云计算、大数据、人工智能等技术发展趋势，推动新闻传播与信息技术、经济管理学科融合。在专业课程体系中，新闻传播类课程、经济管理类课程、人文和信息技术素养课程各占三分之一。

黄山学院新闻学专业依托徽州文化，形成了具有特色的教科研项目集群，以徽州文化传承、服务地方发展作为教学科研、专业实践方向，在学科教育教学方面重视徽州文化融入教育教学案例、教师教科研方向指引以及学生实践平台依托，以徽州文化的传承发展和当代实践为重点。

滁州学院加强新文科实践教学，开展“新闻实践能力训练营”“企业导师进课堂”等系列活动，邀请传媒业界从业者为学生提供摄影、摄像、融媒体新闻制作等综合性专业实践培训与指导，在提升学生专业实践能力的同时，也加强了校企合作、校地合作。

（2）各高校继续创新人才培养模式

全省新闻传播学类专业不断调整优化培养方案，将新文科的要求与理念融入课程教学中。安徽大学新闻传播学院目前使用的是 2019 版培养方案；安徽师范大学新闻与传播学院 2018 年实施新闻传播学类专业的大类招生，逐渐形成人文素养课程和科学素养课程并重、理论学习与实践能力培养结合的课程体系。安徽财经大学也于 2018 年修订了专业培养方案。

各新闻传播院系还积极引导教师进行教学改革，倡导教师不断对课堂形式进行创新，鼓励教师采用“翻转课堂”“案例分析”“讨论互动”“汇报演出”等形式进行授课。

新闻传播学是实践性很强的学科，全省各院系在强化实践教学上也是各显神通。安徽大学新闻传播学院通过“课程实训—专业融合实践—毕业实习”层层递进的实践教学体系，培养学生全面的动手能力。学院带领学生积极走出校门，“低年级围着巢湖转，高年级围着黄山转”，让学生自己观察，自己记录，自己表达。

安徽师范大学新闻与传播学院广告学专业围绕“实践基地学习+社会项目实践”双核，与广告公司、强势平台媒体共建创新型广告应用人才实践中心。广告学专业紧扣教学科研，拓展社会服务，立足十大新兴产业项目，结合本专业的人才培养特色，依托部校共建的平台资源，组建安徽广告创新发展研究院，实施国家产教融合、协同创新战略，促进教育链、人才链与产业链、创新链有机衔接，促进高校人才培养供给侧和产业需求侧逐步相适应（见图 1-3）。

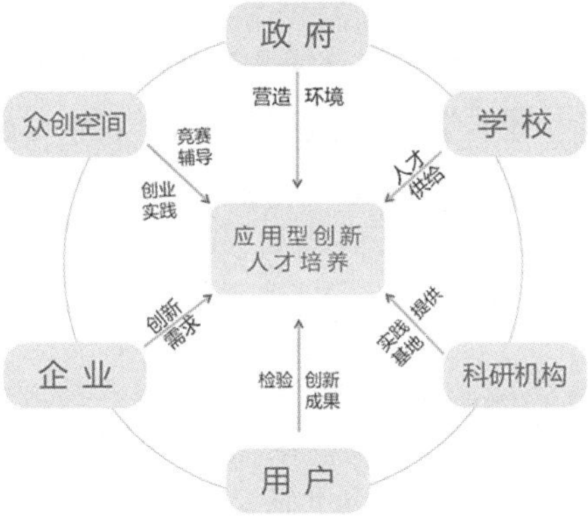

图 1-3　安徽师范大学广告学专业“政产学研用创”六位一体发展模式图

中国科学技术大学在省内率先探索人才校企联合培养制度，以及校内创业培训与合作企业实训的双导师制度，设计“课程+访学”的学习模式，旨在不断推动新闻教育理论、技术和实践的三者联动，在新媒体人才培养，以及创新创业教育等方面已经取得一定成果。

为适应行业需求，淮北师范大学也先后 2 次依据传媒和文化产业市场调研对人才培养方案进行优化与调整，及时实施媒介融合背景下新闻传播人才培养创新实验区工程，确立了要培养既能够正确理解和掌握马克思主义新闻思想，又具有广泛的文化基础知识、深厚的新闻学基本理论知识和扎实的新闻采访、写作、编导等能力，并能够运用计算机实现全天候、多媒体新闻报道能力的新型人才目标。

(3) 各高校普遍重视借船出海，做好政产学研合作

全省新闻传播学专任教师只有650余人，各类在校生达14000余人，生师比偏高。为有效解决师资问题，全省各新闻传播院系多方开掘资源，大力引进兼职教师。

安徽大学新闻传播学院和中央驻皖媒体、省级媒体合作，聘任具有丰富经验的业界精英32人担任兼职教师。学院还和东方头条、快手等合作开设技术类课程。

合肥工业大学新闻与传播教育也不断与智能制造企业、工业企业进行广泛深度的产学研合作，构建“合工大模式”；依托校内的多个平台，打造以智能制造、工业文化与品牌、数字传播为引领的新文科育人模式。

安徽师范大学新闻与传播学院则与安徽省社科院联合举办“新媒体传播与舆情引导”全国学术会议，与新华网共建“安徽舆情监测与研究中心”，与芜湖传媒集团共建了鸠兹影像工作室、《金周刊》等栏目，与新闻媒体联手推动“专业采风”与暑期社会实践。

疫情期间，安庆师范大学、安徽艺术学院、黄山学院、安徽大学江淮学院等，招收了多届新闻学、广播电视学专升本学生。其中安徽大学江淮学院2020年招收89名专升本学生，他们来自42个专科专业，全部如期毕业。

（安徽大学　崔明伍、丰文涛）

1.2.20　江苏省新闻传播教育发展综述

2021年是中国共产党建党100周年，也是“十四五”规划的开局之年。在这样意义非凡的时代主题背景下，江苏各新闻传播院校以习近平新时代中国特色社会主义思想为指导，落实立德树人要求，围绕国家重大需求和人才培养需要，持续深化专业综合改革，稳步推进专业结构优化与动态调整，促进专业内涵式发展，不断提升专业办学水平和竞争力，在思想引领、学科融合、创新举措三个方面形成了“价值—知识—能力”立体化培养格局，引领、融合、创新成为2021年江苏新闻传播教育发展的关键词。

1.2.20.1　坚持立德树人，打造课程思政，强化新闻传播教育思想引领

2021年，江苏各新闻传播院校通过各种形式在课程思政中强化新闻传播舆论从业者的浓厚家国情怀、坚定理想信念、强烈社会责任感、高尚思想品格、过硬技能本领，培养社会主义的合格建设者和接班人。南京大学新闻与传播学院“未来编辑部”举办《习近平的宣传观和新闻观：全媒体形势下的宣传舆论工作》专题讲座，强调新时代新闻工作者应坚持党性原则、尊重新闻传播规律、坚持“以人民为中心”的工作导向、

强调党性和人民性相统一的具体要求。苏州大学传媒学院重点打造“美育+”思政课堂，充分发挥传媒学科优势，将党史学习教育与专业、校史、兴趣、红色基地沉浸等相结合，以美育为主要载体，集聚发挥短视频、音频、图文等多元化传播效能，不断丰富和拓展党史学习教育的内涵和外延。其中，传媒学院师生共同制作的《口播党史》《图说党史》《剧说党史》三个线上党史学习教育栏目，至 2021 年年底共发布了 23 期，总浏览量超过了 10 万+。南京师范大学新闻与传播学院设立该院首个以“课程思政”命名的乡村实践基地“课程思政实践基地”，通过学生实地采写编评、摄影摄像等专业实践接受精神洗礼，传承红色基因，达到“课程思政实体化、专业教学实践化、浸润教育实境化”，切实强化马克思主义新闻观教育效果。

此外，南京晓庄学院新闻传播学院开展了“新传讲坛”、新闻与摄影专业课程+“迎建党百年”党史学习教育活动，通过多层次、多维度的活动开展思想引领与课程教育。南京师范大学新闻与传播学院举办了由江苏省文学类研究生教指委指导的江苏省第八届传媒学科研究生论坛。论坛以“新时代·新媒介·新视野：中国新闻传播历史与现实的再思考”为主题，回顾建党百年来新闻传播研究发展历程，立足新时代，研究运用新媒介，开拓新视野，实现红色基因在新闻研究领域的传递、传播与传承，推进马克思主义新闻传播观教育在新时代创新发展。

2021 年，江苏各新闻传播院校通过思政课程和课程思政相结合、理论课程思政与实验实践课程思政相结合，构建涵盖理论类、实验类和实践类的思政育人课程体系，实现课程体系与课程思政目标的全面交叉，既锻炼了学生的责任担当精神又提升了学生的守正创新能力。

近年来，江苏省各新闻传播院校申报立项各级新闻传播课程思政项目 23 项，其中，2021 年立项 19 项（详见表 1-27）。

表 1-27　　**江苏各新闻传播院校课程思政立项**

院校	项目/课程（年份）
南京大学新闻传播学院	实践中的马克思主义新闻观（2021）
南京师范大学新闻与传播学院	课程思政背景下的专业课教学实践与路径探索（2021）
南京艺术学院传媒学院	“媒介理论与实践”课程群教学团队（2020）
南京晓庄学院新闻传播学院	影视制作（2021）
	混合教学模式下摄影基础课程思政路径与实践（2021）
	电视摄像（2021）

续表

院校	项目/课程（年份）
南京晓庄学院新闻传播学院	电视栏目创意与策划（2021）
	中国共产党百年伟大精神在红色文学经典的审美呈现融入《文学经典选读》思政教学研究（2021）
	文化自信语境下“纪录片创作”课程思政改革（2021）
江苏师范大学传媒与影视学院	新闻学概论（2019）
苏州大学传媒学院	媒介伦理研究（2021）
	创意、视觉、营销、传播—理解广告 通识教育课程（2020）
	新闻学课程思政教学团队、马克思主义新闻观、传媒实务、媒介伦理学（2020）
淮阴师范学院传媒学院	广告学（2021）
	主题摄影创作（2021）
	广告文案写作（2021）
	广播电视采访与写作（2021）
	数字营销原理和方法（2021）
	广告创意与表现（2021）
	广告策划（2021）
	“课程思政”视域下传媒类课程的教学研究（2021）
	“摄影美学”课程思政实践路径探索（2021）
	价值理性视阈下“数字营销传播远离和方法”课程思政实施路径研究（2021）

1.2.20.2 强化学科交叉，促进产教协同，推进复合型人才培养

在新文科背景下，新闻传播学科与不同学科的相互渗透融合是学科发展的必然趋势。新闻传播学是一门综合性和应用性很强的学科，多学科的知识来源奠定了其跨学科合作的教学科研传统，而在新的信息技术革命背景下，更需要将不同学科的知识、理论、资源等要素有机结合，以完善人才培养的理论知识结构。江苏各新闻传播院校致力于学科之间的交叉融合，旨在培养具备新闻传播的学科知识、跨学科知识、创造性及批判性的思想以及领导能力等知识能力复合型结构的复合型人才。南京大学新闻传播学院

结合特色“三三制”人才培养模式开展了南京大学传媒实验班，依托南京大学基础学科优势，采用跨学科、国际化、前沿化的多元教育模式，集中优势资源培养传媒人才。苏州大学传媒学院致力于新闻传播交叉学科的科研与教学，做大做强“科技传播与新媒体”论坛。该论坛围绕科学传播、技术传播、新媒体与计算传播领域邀请海内外学术大咖和新锐青年学者，共同开展新闻传播跨学科的交流与碰撞。南京师范大学新闻与传播学院秉持“文理渗透、技艺结合、软硬兼备”的教学理念，通过交叉融合推进人才培养的创新。该院于 2021 年 5 月举办“新文科背景下全媒体新闻传播人才培养研讨会”，以跨学科融合、跨媒介组合、跨领域汇合的方式，完善全媒体新闻传播人才培养方案，提升专业水平，培养适应新文科背景要求的全媒体新闻传播人才。会议提出，新文科背景下的新闻学学科建设需要坚持在人文关怀、社会观察以及工具求证之间的融合与平衡，实现学科“大胆嫁接”，推动人文精神和科学精神相结合。

在积极探索学科交叉融合、复合型人才培养模式的同时，江苏各新闻传播院校还依托自身专业特色结合区域发展优势，不断寻求与社会各行业、各领域的合作与交流，希冀在协同创新、互利共赢的基础上进一步提高人才培养质量与服务地方的能力。南京大学与新华报业传媒集团“新闻创新研究媒体基地”正式签约揭牌，是学界和业界强强联手、推进媒体融合发展的破冰之举，在全国学界和业界都具有典型示范价值。苏州大学传媒学院与昆山市融媒体中心就县级融媒体中心改革发展情况、人才培养、产学研合作等方面深化产学研合作，共同探索融媒发展路径。南京晓庄学院新闻传播学院与南京广电集团融合新闻中心围绕融媒学院合作模式、融媒体实习基地、人才工作室、横向课题、融媒传播实验室等方面深入推动校媒融合，协同培养优秀传媒人才，提高学院人才培养质量，打造战略合作高地，增强学院软实力和竞争力。淮阴师范学院传媒学院进一步落实产教融合发展的需要，成功申报 2021 年“中外人文交流全媒体产教融合项目”。在教育部中外人文交流中心指导下，项目企业将利用技术、教学、产业服务等优势，协助学校建设适应产业发展的专业人才培养、创新创业及社会服务体系，形成产教协同发展的数字文创产业融合教育新模式。扬州大学新闻与传媒学院与扬州平行光文化传媒有限公司实践实训基地顺利签约，双方以“双线技术赋能，打造扬州好地方文化”为愿景，以“诚信务实、协作共赢、激情敢为”为发展理念，以培养新闻与传媒学院专业人才为目标，将结合“抖音运营”“B 站自媒体”“电商直播”等实践项目，让参加实训的学生深度参与，真正实现在实践中锻炼成长。南京财经大学新闻学院成立“青梅实验室”，通过“校—媒—企”三方共建，有效发挥三方在各自领域的优势，打破高校、企业、媒体之间无形壁垒，共同探究新媒体展业发展新趋势，探索新闻学院人才培养与社会实际相适应的新模式。

1.2.20.3 坚持创新驱动，推进社会服务，实现研究与实践成果双丰收

2021 年，江苏各新闻传播院校持续强化科研战略布局、加强科研制度建设、优化科研组织管理模式，大力推进重大科研项目、基础交叉科研平台、产学研结合和团队建设等工作，科学研究取得丰硕成果。从国家社科基金项目的立项名额可以看出，2021 年江苏各高校共有 20 个项目榜上有名，其中重大、重点项目 3 项（参见表 1-28），依然保持着积极稳定的发展态势。

表 1-28　　江苏省 2021 年新闻学与传播学国家社科基金立项项目

高校名称	项目名称	项目类别	负责人
南京大学	面向智慧社区的物业服务融合技术研发与应用	国家重点研发计划	周　凯
南京大学	新中国建设：数字时代国家记忆共同体研究	国家社科基金重大项目	周海燕
南京大学	全球社交网络公共外交传播理论构建、图景呈现及策略运用研究	国家社科基金规划项目一般项目	金　苗
南京大学	传播学视角下儒家经典的“经典化”过程研究	国家社科基金规划项目一般项目	潘祥辉
南京大学	全球社交网络公共外交传播理论构建、图景呈现及策略运用研究	国家社科基金一般项目	金　苗
南京大学	理解游戏：全球游戏研究的知识图谱（1700—2020）	国家社科基金后期资助重点项目	赵曙光
南京大学	媒体融合创新研究	国家社科基金后期资助	朱江丽
南京大学	中国近代图像新闻史：1840—1919（第二卷）（英文本）	国家社科基金学术外译项目	许媚媚
南京师范大学	新四军新闻事业史及史料收集整理研究	国家社科基金重点项目	王继先
南京师范大学	百年来中国共产党先进人物传记图书出版与传播研究	国家社科基金一般项目	王宏波
南京师范大学	智能媒体时代耦合演变中的舆论极化及其治理研究	国家社科基金青年项目	王晗啸
南京师范大学	健康中国战略下医养健康信息跨链协同模式研究	国家社科基金青年项目	胡　漠

续表

高校名称	项目名称	项目类别	负责人
南京师范大学	中外电影交流史研究（1896—1949）	国家社科基金青年项目	游晓光
南京师范大学	基于主题扩散演化滞后的研究前沿识别及趋势扩散预测研究	国家自然科学基金青年项目	刘自强
南京师范大学	智媒时代公民隐私保护问题研究	国家社科基金重大项目	顾理平
南京财经大学	民国广播史史料整理与研究	国家社科基金一般项目	谢鼎新
苏州大学	网格化传播下情感茧房的形成机制及社会情绪风险控制研究	国家社科基金一般项目	刘英杰
苏州大学	社交机器人对国际传播中虚假意见气候的影响研究	国家社科基金青年项目	张梦晗
苏州大学	数字时代用户媒介采纳与使用研究	国家社科基金后期资助一般项目	张　可
常州大学	俄罗斯媒体中的中国形象变迁研究（1991—2021）	国家社科基金青年项目	宋　钰

新闻传播教育在做好人才培养、科学研究的同时，鼓励新闻传播学子积极参与社会服务，做好文化传承与社会服务工作。2021 年，江苏省新闻传播教育院校发挥专业特色优势，积极开展社会服务活动，在“挑战杯”“互联网+”“志愿服务公益项目”等高端赛事中取得丰硕成果，各高校搭建创新创业人才培养平台，孵化创新创业项目、建立创新创业基地，社会服务工作得到社会的高度认可。南京大学新闻传播学院与斯坦福大学合作的“智能传播与创新社会发展”研究中心，获批“南京大学全球战略合作伙伴推进计划”重大项目立项。该项目将建设成为国内首个聚集中美一流院校传播学、计算机科学、人工智能在内的智能传播与创新社会研究中心。南京大学新闻传播学新闻创新实验室，秉持“新闻创新必须服务于公共利益”的核心理念，积极参与和引导省内外新闻创新实践活动。苏州大学传媒学院高度重视创新创业人才的培养，深入推进双创项目，激发青年学子的双创意识和双创精神。该院主办发起的“国际大学生新媒体节”作为国际化的双创融合科赛平台，帮助培养创新型、复合型、一流型的新闻传媒人才，致力于孵化高质量的新媒体创新创业项目。南京晓庄学院“基于 IOS Club 新媒体移动采编创新创业实践与探索”项目获批立项。该项目将依托 MAC 平台视频处理实验室和学生的专业社团，学生以项目制工作室为载体开展活动，推动新闻传播专业创新创业教学和实践方式改革。新闻传播学院一贯重视产学合作，积极推进育人机制改革。

此外，江苏师范大学“推普助力乡村振兴公益创业项目”在第五届中国青年志愿服务公益创业赛中获得银奖。南京邮电大学、南京理工大学、常州大学、南京晓庄学院、南京林业大学等 7 所高校在第七届中国国际“互联网+”大学生创新创业大赛江苏省选拔赛暨第十届江苏省大学生创新创业大赛中获奖，项目涵盖“红色校园戏剧传播”“红色爱国底蕴文化创意传播”“中国民间艺术品文化传播”“新媒体的责任与担当”“新媒体+电商餐饮营销服务商”“新媒体助力乡村振兴”等主题，将赛场与育人、赛场与课堂、赛场与实践活动等紧密对接，立足创新提质，服务国家发展需求。

（苏州大学　张健、曹云龙）

1. 2. 21　浙江省新闻传播教育发展综述

2021 年，浙江省成立了 2021—2025 年新闻传播学类专业教学指导委员会，新增 3 个新闻传播类国家级一流本科专业、3 个省级一流本科专业，新增 4 个新闻传播类专业学位硕士点，获批 17 个国家社科基金项目立项，新闻传播教育各项工作呈现出良好的发展态势。

1. 2. 21. 1　人才培养

（1）本科教育

①本科招生专业分布情况。2021 年，浙江省新闻传播学本科教育招生专业类型比较多，既有按“新闻传播学类”统一招生、大二再专业分流的，也有直接按专业招生的。

第一，按照“新闻传播类”大类招生的院校。

浙江工业大学、浙江工商大学、浙江理工大学、浙江万里学院、浙江财经大学、浙大城市学院和温州商学院，按“新闻传播类”大类招生，大一结束后，再根据学生意愿分流到相应专业。专业分流前，一般都会细致地介绍各专业的特色和特点，让学生基于自己的兴趣和爱好选择心仪的专业。这一招生模式，有利于学生的个性化成长。个别学校把非新闻传播类专业纳入新闻传播类招生，如浙江理工大学的“新闻传播类”，就包括传播学和汉语言文学。

第二，按照相关专业直接招生的院校。

新闻学专业：浙江大学、浙江工商大学、湖州师范学院、浙江传媒学院、浙大城市学院、湖州学院、浙江越秀外国语学院。

传播学：浙江大学、宁波大学、杭州电子科技大学、浙江越秀外国语学院、温州商学院。

网络与新媒体：浙大宁波理工学院、浙江外国语学院、浙江传媒学院、浙江树人学院、浙江越秀外国语学院、温州商学院。

广播电视学：浙江工业大学、浙江传媒学院、浙大城市学院、宁波财经学院、浙江工业大学之江学院。

编辑出版学：浙江传媒学院、宁波财经学院、浙江越秀外国语学院。

广告学：浙江师范大学、浙江农林大学、中国计量大学、温州大学、湖州学院、浙江传媒学院、宁波工程学院、浙大城市学院、湖州学院、温州理工学院、宁波大学科技学院、宁波财经学院、浙江工业大学之江学院、浙江工商大学杭州商学院、浙江财经大学东方学院、浙江农林大学暨阳学院、中国计量大学现代科技学院、温州商学院。

时尚传播：浙江越秀外国语学院。

浙江省 2021 年度招生专业最多的学校是广告学，数字出版专业和新闻传播学科新设立的时尚传播、国际新闻传播、会展专业，很少有学校设立和开始招生。

第三，国际化教学特色的院校。

宁波诺丁汉大学和温州肯恩大学具有国际化教学特色，专业设置和国内其他一般院校不同。宁波诺丁汉大学本科设置了国际商务与国际传播学专业，温州肯恩大学设置了传播学专业，实施全英文教学。

②一流专业分布情况。2021 年 3 月，教育部公布了 2020 年度国家级和省级一流本科专业建设点名单。浙江省新增 3 个新闻传播类国家级一流本科专业，3 个省级一流本科专业（见表 1-29）。

表 1-29　　**新闻传播类 2021 年新增一流本科专业建设名单**

院校名称	新增一流本科专业	建设级别
浙江大学	传播学	国家级
浙江传媒学院	编辑出版学	国家级
浙江工业大学	广播电视学	国家级
浙江传媒学院	传播学	省 级
浙江工业大学	广告学	省 级
浙江工商大学	新闻学	省 级

③部校共建新闻学院工作。2021 年度，中共浙江省委宣传部扎实推进第八批高校

与新闻单位从业人员互聘交流工作，从浙江日报报业集团等多家新闻单位派出 24 名资深编辑记者和杭州文广集团“为盲人讲电影”公益团队，到浙江大学等 12 所高校兼职或挂职任教。同时浙江大学等高校也派出 16 名教师到浙江日报报业集团、浙江广电集团等 8 家新闻单位兼职或挂职交流。

为确保互聘交流人员有足够的时间和精力完成相关交流工作，在浙江省委宣传部的指导下，各新闻单位和高校都提供了必要的工作保障，创新内部考核机制，将编辑记者和高校教师参加互聘交流工作业绩计入本单位绩效考核，同时保证互聘人员待遇，取得了良好的成效。

④浙江省新闻传播学教学指导委员会成立。为充分发挥专家学者对高等教育教学改革的研究、咨询、指导作用，推动高等教育内涵式发展，大力提升本科人才培养质量，在各校推荐并广泛征求意见的基础上，浙江省教育厅成立了 2021—2025 年浙江省高等学校新闻传播类教学指导委员会，任期自 2021 年 10 月 1 日起至 2025 年 12 月 31 日止。此届委员会共有主任委员 2 名、副主任委员 3 名、秘书长 1 名、委员 12 名。

成立新闻传播类教学指导委员会的目的，旨在引导浙江省高校优化新闻传播学专业结构，强化内涵，培育特色，不断提高卓越新闻人才的培养质量，充分发挥教授、媒体专家和专业人员对全省新闻传播类专业教学工作的指导、咨询、协调、督导等作用，发挥高水平本科教育教学专家的智力和能力价值，通过强化协作，促进共享，有效推进新闻传播学专业、课程、教材、师资的高质量快速发展，为党和国家培养出更多卓越新闻传播人才。

（2）研究生教育

2021 年 7 月，教育部公布了 2020 年学位授权审核结果，经公示，浙江省新增浙江传媒学院、杭州电子科技大学、湖州师范学院和浙江财经大学 4 个新闻传播类专业学位硕士点，从而使新闻传播类研究生教育迈上一个新台阶。

目前浙江省新闻传播类学位点主要分布如下：

博士学位授权点院校：浙江大学、宁波诺丁汉大学、浙江工业大学。

硕士学位授权点（学硕）院校：浙江大学、浙江工业大学。

硕士学位授权点（专硕）院校：浙江大学、浙江工业大学、宁波大学、温州大学、浙江理工大学、浙江传媒学院（2021 年新增）、湖州师范学院（2021 年新增）、杭州电子科技大学（2021 年新增）、浙江财经大学（2021 年新增）。

实行硕士申请制的院校：宁波诺丁汉大学。

1.2.21.2 教研相长

（1）国家社科基金项目立项情况

2021 年，浙江省新闻与传播学科共获得国家社科基金立项 17 项（其中重大项目 3 项，占此类项目总量的 11.5%；一般项目 10 项，占此类项目总量的 8.3%；青年项目 4 项，占此类项目总量的 12.5%），与 2020 年相比，在各类项目的立项上均有所增长（见图 1-4）。

图 1-4　2021 年浙江省新闻与传播学科国家社科基金立项　词云 图

据初步统计，2021 年度，长三角（江浙沪皖）各高校新闻与传播学科共获得 49 项国家社科基金立项（其中重大项目 8 项、重点项目 3 项、一般项目 27 项、青年项目 11 项）。如若将浙江省 2021 年度的立项课题与长三角各高校做一个简要的词云分析比较，会发现 2021 年度浙江省高校立项项目的高频词主要集中在“中国”“传播”“机制”“舆论”“时代”“路径”，与长三角各高校 2021 年度立项项目的高频词吻合度较高。这同时说明，浙江高校新闻传播学者关注的热点与我国当前的传播环境、舆论生态、媒介变革等紧密关联（见图 1-5）。

图 1-5　2021 年长三角高校新闻与传播学科国家社科基金立项　词云 图

(2) 重要学术会议

2021 年 10 月 22 日，在 2021 中国新媒体传播学年会召开前，中国新闻史学会网络传播史研究委员会在杭州召开了年度常务理事会。受国内新冠肺炎疫情的限制，常务理事会在线上线下同步进行。此次常务理事会的核心议程是选举产生分会新任负责人。经前期酝酿，出席会议的常务理事投票选举韦路续任分会会长；选举邓建国、李卫东、谢湖伟接任分会副会长，吕宇翔、王斌、曾润喜、詹新惠、张荣显、郑丽勇续任分会副会长。

2021 年 10 月 23—24 日，2021 年中国新媒体传播学年会暨首届渊传·新媒体研究工作坊在杭州举行，此届年会以“寻访新知：重思新媒体”为主题，由中国新闻史学会网络传播史研究委员会主办，浙江传媒学院新闻与传播学院、浙江省传播与文化产业研究中心承办。来自中国人民大学、清华大学、南京大学、浙江大学、华中科技大学、重庆大学、上海交通大学等高校和科研院所的众多专家学者、青年学子共聚杭州，对新媒体研究的前沿学术议题展开研讨。

2021 年 11 月 20 日，“社交媒体时代的公共传播规则与机制”高峰论坛暨 2021 年浙江省传播学年会在浙江工商大学拉开帷幕。论坛由浙江省社会科学界联合会主办，浙江省传播学会、浙江工商大学人文与传播学院、之江青年社科学者协会承办，浙江大学公共外交与战略传播研究中心、浙江省文化产业创新发展研究院协办。来自全国各地高校、研究机构的八十多位专家学者以线上线下结合的方式进行交流讨论。此届会议采用了 VR 直播，这在浙江省内新闻传播类学术会议中尚属首次。

2021 年 12 月 10 日，由浙江大学传媒与国际文化学院与美国宾州州立大学传播学院联合主办了 2021 年联合国互联网治理论坛（IGF）——“AI 伦理与互联网治理：全球经验与最佳实践”第 68 号研讨会。来自多个国家和地区的专家和代表就世界各国共同面对的 AI 伦理挑战进行讨论。

(浙江万里学院　王翠荣)

1. 2. 22　青海省新闻传播教育发展综述

2021 年是建党百年，是“十四五”规划的开局之年。在党和政府的关切之下，青海省新闻传播教育稳中求进，在 2021 年迎来新气象、收获新成果，青海省新获批一个新闻与传播专业硕士授权点，为青海新闻传播教育界带来新动力。同时，青海省第一批新闻与传播专业硕士顺利从青海师范大学毕业。

1.2.22.1 马克思主义新闻观教育

为了更好地对新闻与传播专业学生开展党史学习教育活动，青海省两所新闻学院积极开展对各种形式的党史教育活动，让党史教育深入教师和同学的日常生活之中。其中，青海师范大学参与主办的中国共产党百年新闻思想与新闻实践学术会议，围绕中国共产党新闻思想史学习与马克思主义新闻观教育、中国特色社会主义新闻学学科建设与发展等议题，聚焦中国共产党新闻事业百年来的光荣传统、中国共产党新闻思想的核心与精髓、马克思主义新闻观在中国的形成发展过程等进行交流。

此外，青海师范大学新闻学院和青海民族大学文学与新闻传播学院在校内积极组织老师和同学学习党的十九届六中全会精神，开展党史学习系列活动。青海民族大学文学与新闻传播学院青海师范大学新闻学院开展“红色经典润乡土”活动，学院带组织老师和学生代表赴湟中县两所“结对子”学校进行经典诵读及作品欣赏讲座等互动。组织学生学习《人民日报》文章《新时代党的宣传思想工作的根本遵循》《中国共产党党内法规体系》《做好青年以代思想政治工作》等。青海民族大学文学与新闻传播学院则以开展庆祝建党 100 周年主题党史知识竞赛、观看爱国主义影片《长津湖》、举办“铸牢中华民族共同体意识”主题宣讲活动等方式对学院学生进行党史宣传教育。

通过多种方式强调师生要坚持党对意识形态工作的领导权，充分认识新时代党的宣传思想工作的重要性，坚持用习近平新时代中国特色社会主义思想武装全党、教育人民，坚持宣传思想工作“两个巩固”的根本热门，要做到坚定文化自信，培育和践行社会主义核心价值观，基于学院以及专业特色，积极参与提高国家文化软实力和中华文化影响力，讲好中国故事、传播好中国声音队伍中，把当代中国价值观念贯穿于传播的方方面面。

1.2.22.2 学科建设

2021 年，青海民族大学文学与新闻传播学院申报并获批“新闻与传播学”专业硕士点。学院通过专业学位点的建设，主动适应媒体深度融合和行业创新发展的要求，学院办学层次进一步得到提升，初步建成具有鲜明特色与区域优势的教学研究型学院，并有助于青海省新闻传播学科建设。

校媒合作。青海师范大学新闻学院和青海民族大学文学与新闻传播学院都不断与本地媒体加深合作，帮助提升学生的实践操作技能。例如青海师范大学新闻学院已经与青海广播电视台、新华网股份有限公司青海分公司、青海新闻网、西宁晚报社、西海都市报社、海东市电视台等十余家新闻机构签订实习基地合作协议，每年选派高年级本科生、研究生前往上述新闻机构实习，帮助其明确自身职业规划，提升实践技能。

地方特色。2021年新闻传播学科专业立足高起点发展的思路，以青海省高等教育定位和特点为参考框架，积极建设广播电视学（汉藏双语）特色专业，重点开展了本科专业培养方案修订工作，通过修订方案，使专业的培养方向科学服务国家战略、助力西部大开发，更符合广播电视事业发展的现实需要和未来前景。

硬件设施和项目开展。2021年青海民族大学文学与新闻传播学院依托国家民委“非物质文化遗产传承与保护研究基地”等国家级平台，融合学校民族学、文学、艺术学等学科交叉优势，申报并新建“黄河上游生态保护与民族传统文化保护数字化重点实验室”。实验室以保护黄河流域生态环境和黄河上游民族传统文化的国家需求为导向，发挥民族院校特色和优势，服务民族地区教育事业和经济社会发展。具体开展“黄河上游民族语言数字化保护”“藏区语言舆情分析”“青海非物质文化遗产传承与数字化保护”等科研和教学工作，通过建设，形成集非遗数字化信息采集整理保护于一体的数据采集制作中心，为传统民族民间艺术，尤其在热贡唐卡艺术、格萨尔史诗说唱等非物质文化遗产数字化保护方面提供了新技术新思路。

科研活动。2021年5月22—23日，由教育部社会科学委员会、新闻传播学和艺术学学部、广西大学联合北京师范大学新闻传播学院、青海师范大学新闻学院等全国31个省、自治区、直辖市60余所高校的新闻院系和研究机构共同主办的中国共产党百年新闻思想与新闻实践学术研讨会在广西大学举行。

2021年10月10日，强调为了响应并更好地服务国家和青海省的“一带一路”建设，青海民族大学文学与新闻传播学院主办了“‘一带一路’倡议下中国与土库曼斯坦等中亚国家的历史、当下与未来关系”学术研讨会。会议围绕五大主题“合作与发展”“历史与社会”“宗教与伦理”“文化与传播”“民心与交流”设置三场分论坛。兰州大学西北少数民族研究中心副主任王建新教授、中央民族大学中国少数民族研究中心主任丁宏教授、兰州大学西北少数民族研究中心副主任杨文炯教授、兰州大学中亚研究所土库曼斯坦研究中心主任王四海教授、中央民族大学中国少数民族研究中心边疆民族研究所所长袁剑副教授、青海民族大学中亚-土库曼斯坦研究中心黄军成教授，分别围绕土库曼斯坦的农业发展与环境问题调查——土壤退化及沙尘的影响、“一带一路”建设与少数民族海外华人研究、文明互鉴与中国文化多元一体格局的形成与发展——基于“一带一路”的历史视阈、土库曼斯坦国家建设与发展思想理论体系构建、“世界岛”的轮廓：百年来中国社会中的中亚形象及其背后的思想要素、基于RCA视角下青海省与土库曼斯坦经贸互补性研究等议题进行大会发言。此次学术研讨会的顺利召开，汇聚了国内外学者智慧，有利于推进对中亚国家及区域的重大现实问题、重要基础理论和应用实践问题的研究工作，对文学与新闻传播学院建设集人才培养、学术研究、智库咨询为一体的高端复合型平台目标的实现具有积极意义。

1.2.22.3 人才培养

（1）本科教育：用实践开拓新篇章

2021 年青海师范大学新闻学院新闻班 79 人毕业，就业率（含升学）92.14%，其中升学率达到 12.5%，播音与主持艺术专业 35 人毕业，就业率（含升学）达到 94.29%。青海民族大学文学与新闻传播学院自 2012 年以来，新闻传播学科向社会输送人才 163 人，2021 年毕业率（含升学）达到 97.23%。

为深入学习贯彻习近平新时代中国特色社会主义思想，加强学生志愿服务中的责任感和使命感，将习近平总书记在青海考察期间的要求落实到学生的行动之中，青海师范大学新闻学院号召本科学生在暑假期间组成学生社会实践小分队，开展“三下乡暑期社会实践活动”。学生们将自己的所学的专业知识运用在下乡实践之中，不仅在事件中巩固了学校所学知识，更重要的是提高了思想觉悟，用自身能力服务基层、帮助贫困地区。

青海新闻传播的教育的建设要立足于青海本地特色，服务于西部地区，面向全国。青海师范大学新闻学院为了弘扬中华优秀语言文化，铸牢中华民族共同体意识，共诵百年伟业，进一步推进与乡村小学“结对子”、经典诵读及“红色经典润乡土”活动。同时，加强与行业共建工作，组织毕业班学生进行小学期“进媒体”观摩见习活动。

（2）硕士教育：用发展注入新动力

2019 年青海师范大学招收第一届硕士研究生，2021 年 6 月，7 名 2021 届毕业生顺利完成答辩，并实现 100%就业（升学）率。2021 年经过国务院学位委员会确认，青海民族大学成为继青海师范大学之后第二个获得国家正式批准的青海省新闻与传播专业硕士生培养授权点，青海省新闻传播专业的发展再添新力量，初步建成具有鲜明特色与区域优势的教学研究型学院。

青海师范大学新闻学院为了满足专业学位硕士研究生的课程培养需要，已经与多家行业媒体共同搭建了 6 个实践基地。15 名 2020 级研究生作为首批进入实践基地学习的学生，产出了良好的新闻作品，得到了宝贵的行业经验；部分同学将实践经验和毕业论文相结合，将以作品的形式产出毕业设计。下一步，学院也将进一步加强与行业媒体的合作，完善新闻传播学科建设，为人才培养搭建更优质的学习平台。

新闻与传播专业研究生的培养一直是青海省新闻传播教育发展的重要任务，也是青海师范大学、青海民族大学近年来努力建设的领域。在国家教指导委文件精神的指导下，青海师范大学新闻学院结合研究生专业培养方案，在2021年实现学界导师数量由最初的3人增加到6人，行业导师数量连续3年增长，实现学界和行业导师共同培养新闻传播研究生。2021年青海民族大学文学与新闻传播学院申报并获批“新闻与传播学”专业硕士点，有助于青海省新闻传播学科建设。

1.2.22.4　部校共建

作为全省唯一一所“部校共建”的新闻学院，在青海省宣传部和青海师范大学的高度关注下，青海师范大学新闻学院在管理机构、精品课程、骨干队伍、实践基地、研究智库等多方面取得了共建合作的显著成效，有力推进了新闻教学与新闻实践的深度融合。

自2021年年初，青海师范大学新闻学院结合教务处相关要求和《青海师范大学卓越新闻传播人才教育培养计划2.0实施方案》，一方面把学习贯彻习近平总书记关于新闻舆论工作的重要论述作为马克思主义新闻观教育的首要任务，深入推进习近平总书记关于新闻舆论工作的重要论述讲义、进课堂、进头脑；另一方面，通过加强专业通识课引导学生热爱、继承和弘扬中华优秀传统文化。受青海省教育厅、青海省语言文字工作委员会委托，青海师范大学语委办公室、新闻学院承办了第三届中华经典诵写讲大赛“诵读中国”青海省经典诵读大赛，并获优秀组织奖集体奖。

此外，新闻学院组织研究生积极参加各类学术会议，先后参加中国人民大学与河北大学联合主办的第五届中国主持传播论坛、“人民共和国党报论坛”第十八届（2021）年会、华夏丝路符号传播论坛、第十二届中国少数民族地区信息传播社会发展论坛、中国共产党百年新闻思想与新闻实践学术研讨会等学术会议。

目前，青海新闻传播教育工作在稳中求进、稳中向好，但是仍然存在处于低龄孵化阶段，亟待正视和解决问题的很多。主要集中在：首先在青海省新闻传播教育需要人才引进上难度较大；其次在学科结构上需要进一步创新，办有特色的中国西部新闻传播教育；最后在办学和跨学科培养人才方面，需要进一步结合实际情况和特点提升学生的理论水平和实践创新能力。

（青海师范大学　杨向东）

1.2.23　西藏自治区新闻传播教育发展综述

西藏自治区设立新闻传播教育的院系，仅有西藏大学文学院大众传播系、西藏民族大学新闻与传播学院。

1.2.23.1 西藏大学大众传播系

西藏大学大众传播系依托西藏大学文学院实力雄厚的传统藏学学科背景，以培养藏汉双语新闻人才为目标，现有“新闻学”“播音主持”两个专业方向。其前身为西藏大学语文系新闻专科班，1994 年并入西藏大学藏文系，2004 年文学院成立后，开始招收新闻专业本科班，2009 年新增播音主持专业方向，2014 年开始招收藏语言文学方向下藏语新闻学硕士研究生。2018 年首届硕士研究生毕业，2021 年成功申报新闻与传播学专业硕士点授权。多年来无论是师资培养、学科建设，都得到了复旦大学新闻学院、中国人民大学新闻学院、中国传媒大学专家学者以及区内传媒业界资深人士的鼎力支持。

（1）人才培养

①本科人才培养。大众传播系坚持以培养藏语新闻人才为学科特色，在全国高等院校中独树一帜。目前开设新闻学 1 个本科专业：2022 年，全日制学生达到 149 人，成为西藏自治区藏语新闻人才培养的重要基地。

②研究生人才培养。培养研究生共计 20 名，均为学术型硕士。

③专业实践教学和创新创业教育。学院设有区部共建重点实验室——藏语新闻实验室，大力开展创新创业教育，加快创新人才培养步伐。积极与媒体单位开展教学互动与合作交流，长期以西藏电视台、西藏日报社、西藏人民广播电台、《拉萨晚报》、拉萨电视台作为学生实践教学基地，很好地培养了学生的新闻实操能力。

西藏大学大众传播系还组织硕士研究生参加中国少数民族地区信息传播与社会发展论坛，有效提升了学生的创新理念和科研能力。

为实现就业工作目标，该系及时开展大量的就业指导教育工作。近 5 年来，通过各类公招考试、企业应聘、升学、创新创业、社会自主择业等方式，毕业学生基本实现就业。

（2）学科专业

本科专业构架保持动态调整，现有新闻学 1 个本科专业，播音主持专业方向按照 2018 年教育部公布的专业目录暂停招生。

①本科专业教材建设取得进展。注重本土教材的开发利用，《新闻理论》（藏语版）、《新闻采访与写作教程》（藏语版）等民族语言专业教材已由民族出版社正式出版；《藏语播音主持基础知识》（藏语版）已由西藏人民出版社正式出版，并全部投入本科教学。

②教学改革实现突破。2017—2022 年，校级教改项目立结项 2 项，立项 2 项，结项 2 项。校级科研项目立项 4 项，结项 2 项。2019 年，参照教育部本科专业国家标准，

进行了18版新闻学本科培养方案的修订。2018年获学院教学大练兵优秀教学奖1项，2019年获学院青年教师讲课比赛三等奖1项，2020年入选校级在线优质课1门。

③研究生教育持续推进。2014年开始在藏语言文学方向下招收藏语新闻学方向专业硕士生，2017年首届硕士生毕业；2020年完成硕士一级学科申报论证，为申报新闻与传播学专业硕士学科点做准备，2021年成功申报新闻与传播学专业硕士点。

（3）科学研究

科研立项。2016年以来，该系教师获得科研立项6项，其中省部级项目2项、自治区教育厅项目1项、校级项目7项、横向委托项目1项。其中省部级项目已完成1项，教育厅项目已结项，校级项目结项5项，横向项目已结项。

学术团队。组建了以教育部长江学者复旦大学新闻学院张涛甫教授教授为首席专家的团队，现有教授3名、副教授1名、讲师2名，硕士4名、在读博士1名。

学术论文与著作。2016年以来本系教师在C刊及省级各级各类刊物上发表26篇学术论文，出版专著1部。

学术合作与学术交流。2016—2022年，开展部（自治区宣传部）校（西藏大学）合作项目，西藏人民广播电台格桑德吉教授交流至该院承担课程教学任务，大众传媒系达娃次仁老师交流到西藏日报社藏编部工作。邀请区内外专家举办多次学术讲座，复旦大学新闻学院张涛甫教授主讲了“传播格局转型与新宣传”“中国传媒业新生态、新业态”；新华社驻西藏分社副总编坚赞主讲“新媒体时代，我们能做些什么”；醍醐联合创始人张俊彦做了“巨变十年：从传统媒体到文旅新传播”；北京大学新闻学博士，西藏达孜区政府仁增卓玛做了“重返传播的世界——从概念到实践”等讲座。与四川电子科技大学参与申报了2021年国家社科基金西部项目1项。

1.2.23.2　西藏民族大学新闻与传播学院

1996年设立新闻专业。2005年创建新闻与传播学院。现设有新闻学、广播电视学、广告学、播音与主持艺术4个本科专业，新闻传播硕士一级学科、新闻与传播专业硕士学位点，专业教师36人（含银龄教师1人）、其中教授7人（含银龄教师1人）、博士12人（其中7人在读）。在校学生788人，其中本科生723人、研究生65人。2019年，“新闻学”跻身国家一流专业建设点。2020年7月，新闻与传播学院由西藏民族大学渭城校区搬迁至秦汉校区“新闻楼”。2021年7月，根据西藏自治区组织人事管理规定，周德仓教授到龄退休并卸任新闻与传播学院院长（2007—2021）职务。

（1）本科教学

①落实和拓展专业建设、人才培养项目。持续开展新闻学国家一流专业点建设和

“五卓越一拔尖”计划 2.0 工作，召开新闻学国家一流专业建设院内研讨会。完成新闻学国家一流专业点建设中期检查报告，形成文件汇编。完成“五卓越一拔尖”计划 2.0 文献汇编；全面修订完善 2021 级四个专业培养方案并汇编 2019 级、2020 级培养方案；落实交流生项目。选拔 16 名本科生学生到中国人民大学、中国传媒大学交流学习。其中，2020 年 9 月—2021 年 7 月，4 名本科生在中国人民大学新闻学院交流学习 1 学年；2021 年 9 月—2022 年 7 月，7 名本科生在中国人民大学新闻学院交流学习 1 学年，5 名本科生在中国传媒大学交流学习 1 学年。

②强化实习实践实验工作。2018 级 148 名学生 5—7 月进行为期 10 周的专业见习活动，见习单位分布在西藏自治区、陕西省及其他 11 个省市；4 名在中国人民大学交流学生于暑假完成见习；获批大学生创新创业训练计划项目 29 项；组织举办“大学生新媒体创意大赛”“国青杯艺术设计大赛”“陕西省公益广告大赛”“2021 年全国大学生广告艺术大赛”“主持人大赛”等学科竞赛活动；组织学生参加“西藏民族大学首届创意广告大赛暨第十三届全国大学生广告艺术大赛选拔赛”、2021 第十届中国国际大学生微电影盛典作品征集、第 5 届中国好创意大赛、全国数字艺术大赛、西藏民族大学第一届“春秋杯”历史知识竞赛等赛事；校园电视台《新闻在线》《校园连天下》《电影大派送》均各自制作播出 30 期节目，校园电视台向西藏广播电视台报送学校视频新闻素材 10 次，被采纳播出 5 条。报刊编辑实验室 2021 年度编辑出版《阳光传播》报纸 1 期；创意设计工作室为学生参加全国大学生广告大赛以及学校各种标志、展板的设计工作提供服务；依托课程开展校内外教学实践活动 19 场，包括可视化新闻作品展、学术辩论赛、大学生出镜记者风采大赛、“党旗下的故事”短视频大赛、跨文化培训模拟、创业计划书竞赛、手绘平面广告作品展、“颂百年党史，赞中华辉煌”诵读活动、“学习和践行马克思主义新闻观，争做新时代卓越新闻传播人才”主题征文及比赛活动等；组织 2018 级新闻专业、2019 级广电专业分赴安吴青训班、西部电影集团开展教学实践；与陕西省大学生广播电视公益广告征集活动组委会联合开展《守护童真你我同行》新媒体公益广告主题创作实践活动。

③积极推进教学改革。申报国家级新文科研究与改革实践项目 1 项、实践实战能力提高计划项目 3 项、校级教改项目 1 项；获批西藏自治区一流课程 2 门、学校金课建设项目 2 项、2021 年校级思政示范课建设项目 2 项；自编教材 1 部（未公开出版）。邀请挂职老师及银龄教师通过进课堂或线上方式为学生开展教学讲座 7 场。

④提升科研工作水平。2020 年 10 月—2021 年 9 月，全院教师共发表学术论文 25 篇（其中核心 9 篇），出版专著 5 部（张玉荣《西藏社会舆论与媒介引导力研究》、周德仓《西藏新闻传播编年史》、刘新利《大众传媒与西藏传统文化的保护和发展研究》、

王丽莉《数字媒体艺术设计多维化研究》、郭琳《新媒体运营设计理论与实践》）. 获专利3项。获批2021年省级科研项目项目3项、校级科研项目1项。3名教师获西藏新闻奖论文奖，1份研究报告获得学校第十九届科研成果奖三等奖。8人次外出参加大型学术研讨会并发言。举办学院科研工作推进会；出台《新闻与传播学院学术委员会章程》，召开新闻与传播学院第一次学术委员会会议；加强“西藏新闻传播与社会发展研究所”“西藏对外传播平台”等科研平台建设，新申报校级“马克思主义新闻观在西藏的理论与实践研究中心”。

（2）学科建设和研究生教育

2021年，获批新闻传播学一级学科，至此西藏民族大学同时拥有新闻传播学术、专业学位授权点。根据学校要求完成《新闻与传播学院2020—2025年新闻与传播专业硕士学位授权点合格评估工作方案》《新闻与传播专业学位专项合格评估指标体系》《西藏民族大学新闻与传播专业学位授权点建设2020年度报告》。成立研究生导师组，确立新闻与传播学专业硕士点、新闻传播学学术硕士点负责人选，出台《新闻与传播学院导师组管理办法》，完善研究生管理体制。开展新闻传播学院研究生第22个中国记者节庆祝活动。开展“学习和践行马克思主义新闻观，争做新时代卓越新闻传播人才”新闻传播学院首届研究生“阳光读书汇”活动。开展“学习和践行马克思主义新闻观，争做新时代卓越新闻传播人才”2021级研究生新闻传播业务能力训练与评比活动。

（3）师资团队

获聘正高职称1名，副高职称1名，中级职称2名；在读博士7名（分别就读瑞士巴塞尔大学、厦门大学、北京外国语大学、中国人民大学、中国传媒大学），毕业硕士研究生1名（就读韩国庆熙大学）；32人参加教育部全国高校教师网络培训中心在线学习项目，2人参加华东师范大学思政课程培训，9人参加高校课程思政教学能力培训，1人参加高水平人才培养方案与课程大纲设计、编写及修订专题研修班，1人参加全国大学生广告大赛指导教师培训，3人参加校第七期拓展训练活动。

（4）对外合作交流

原郑州大学新闻传播学院董广安教授作为教育部2021—2022学年高校银龄教师支援西部计划成员，于2021年10月加盟新闻传播学院；刘小三教授、李炜教授前往西藏自治区党委宣传部新闻协调处挂职，《西藏日报》记者孙开远、西藏自治区党委宣传部新闻协调处王丽来学院挂职交流；10月23日，承办2018—2022教育部高等学校新闻传播学类专业教学指导委员会第四次全体会议（线上）；10月30日，与中国人民大学新闻学院、中国传媒大学在该院联合举办新闻学学科专业建设线上咨询会；9月25日，与中国传媒大学联合举办“与世界对话的中国西藏——第二届涉藏国际传播学术论坛”

之青年论坛，新闻传播学院师生与国内外学者进行了交流。

（5）实验室建设

影视作品赏析实验室、虚拟演播室、多媒体教学实验室、研讨室已经完成建设并投入使用；摄影实验室已经基本完成建设；摄像实验室和音频实验室正在建设中；“西藏融媒体实训中心”已进入招标流程，即将开工建设。

（6）学生就业

开展教职工与毕业生“一对一”“一对多”就业帮扶工作；主动联系西藏隆达文化传播有限公司、西藏航空有限公司、西藏宏绩集团、朗县电视台、噶尔县电视台、醍醐品牌文化有限公司等用人单位，推介毕业生。120 名毕业生已有 110 人就业，就业率达到 91.67%。

（西藏民族学院 周德仓、周晓艳、向华娟、达瓦次仁、次旺卓玛、刘畅）

1.2.24 宁夏回族自治区新闻传播教育发展综述

宁夏回族自治区新闻学教育始于 1983 年。是年，宁夏大学创办新闻学本科专业，隶属于中文系，后发展为新闻系、新闻传播学院。学院目前设有新闻学、广告学两个本科专业，其中新闻学是自治区“十三五”重点建设专业，下设新闻学和新闻学（网络新媒体方向）。截至 2021 年，培养毕业生 1500 余名，成为当前宁夏新闻媒体的中坚力量，其中 1 人荣获“长江新闻奖”，20 余人次获得中国新闻奖，12 人次被评为宁夏名记者、名编辑。

2003 年 9 月，宁夏大学新华学院创办新闻专业，这是宁夏独立民办院校开设的唯一一个新闻学专业，2015 年，宁夏大学新华学院在现有新闻学专业基础上增设播音与主持人方向本科试点班，采用“1+3”的人才培养模式，在大学一年级第二学期，面向新华学院同年级各专业学生招生，选拔有志于从事广播电视播音与主持人工作的学生重新组成新闻学播音与主持人方向本科班，为宁夏新闻单位培养播音与主持人才。

2004 年，经教育部批准，北方民族大学文史学院（前身为西北第二民族学院中文系）正式创办新闻学专业，之后于 2006 年，创办广告学专业，在师资力量不断发展壮大前提下，2008 年创办传播学专业。现在一共 3 个专业，每届招收本科生 180 人左右，学院人才培养目标定位为：坚持立德树人，培养掌握新闻传播历史和基本理论以及新闻传播专业技能，具备利用多种传播媒介从事新闻传播活动的能力，具有民族团结意识、社会责任感和人文关怀意识，能在民族地区从事全媒体新闻策划及采编、广告策划创意、广告文案、图形图像广告设计制作以及在党政机关、企事业单位从事宣传、公关等信息传播工作。

1.2.24.1 本科生教育

(1) 宁夏大学新闻传播学院

宁夏大学新闻传播学院找准新闻人才培养的支撑点，提升人才培养质量。根据部校共建的需要完成了人才培养方案的修订，明确了马克思主义新闻观和实践教学在新闻传播人才培养中的支撑作用，全面加强了马克思主义新闻观课程教学和实践性教学工作。在实践教学工作中，坚持一体两翼的实践教学理念，即以课程教学为核心，以校内实践和校外实践为支撑，切实提升学生的实践能力。

第一，以部校共建为契机，探索新闻人才培养新模式。

探索部校共建工作中新型传媒人才培养机制，初步建立了产学研协同育人体系。新闻传播学院与马克思主义学院教学实验楼年底验收交付，学院积极筹备申报媒体实验教学中心第一期建设规划，为今后学院共享全区媒体融合资源，培养卓越新闻传播人才奠定了坚实基础。以新闻实训营、个性化培养、卓越新闻人才培养等为载体的实战化新闻人才培养项目为依托，摸索出了特色鲜明、效果明显的新型新闻传播人才培养模式。自治区党委宣传部超前谋划，为新闻传播学院的融媒体实验室预留接口，将新闻传播学院融媒实验室接入全区融媒体平台，打通学院人才培养与媒体生产传播的壁垒。

第二，以专业建设为抓手，努力推动学院建设与发展。

一是新闻学专业获批第二批国家级一流本科专业建设点，实现了学院专业建设新的突破。二是制定完善各项教学管理制度，加强对教学活动和教学流程规范性的管理。定期召开本科教学工作会议，集中解决教学中出现的问题。三是根据自治区人才需求，宁夏大学播音与主持艺术专业于2021年获教育部批准，并于2022年招收首届本科生。四是《宁夏大学新闻传播学教学实践平台建设——以新媒体产品生产为主体》拟推荐自治区级产学合作协同育人项目。五是积极展开同“新”战疫系列线上活动，特邀区外专家学者、高校名师通过精彩的线上学术讲座予师生以精神食粮。六是将卓越班培养模式在全院推广，改革成效明显。

第三，以学科建设为引领，建设提质升格的高水平学院。

一是搭建高水平教学科研平台。“新闻传播理论教研室”获批全区高校自治区级一流基层教学组织。二是加强课程建设，以课程建设带动学科建设。《以提升学生实践能力为导向的卓越新闻传播人才培养模式改革与创新》获宁夏大学2021年校级教学成果奖三等奖；“新闻学概论课程”获批宁夏大学“课程思政”示范课程建设项目“数字摄像与编辑”“网络舆情监测与研判”获批院级“课程思政”示范课程建设项目，“新闻评论学”拟推荐自治区一流本科课程建设项目。三是制定《新闻传播学院“新文科”建设计划》，以新文科建设为契机，提升学院学科建设水平。四是文旅学院等兄弟学院筹建贺兰山传媒智库，吸纳国内外一流人才与知识资源，打造个性鲜明、国内一流的高端思想库，为宁夏建设黄河流域生态保护和高质量发展先行区提供有效解决方案。

第四，加强人才引进，全面提升教师职业技能和综合素质。

一是积极开展基层教学组织建设年活动，制定《新闻传播学院基层教学组织活动方案》，设立六个基层教学组织，根据专业或实验教学发展的实际需求设置若干课程群和教学、实践教研组。二是人才引进工作成效显著，已引进正高职称 1 人、博士 1 人、备案人员 1 人、聘任校外专家 1 人。三是组织多次青年教师科研讨论会，邀请贺兰山学者杜骏飞做线上辅导。

第五，加强教学科研，探索“教赛创”模式。

教学科研成果日益丰硕。教师发表论文 4 篇，其中发表 C 刊来源刊论文 2 篇，教师指导学生发表论文 2 篇；出版学术专著 1 部；申报国家社科基金项目 3 项，国家社科基金高校思政理论课专项课题 1 项，获宁夏新闻奖（论文奖）一等奖 1 项，三等奖 1 项，宁夏哲学社科优秀成果奖 1 项，获批宁夏哲学社科规划年度项目 3 项，宁夏教育科学“十四五”规划“互联网+教育”示范区建设专项课题两项；推荐全国艺术科学专家库成员 1 人；向自治区党委宣传部提交舆情分析报告 5 篇。

（2）北方民族大学文学与新闻传播学学院

北方民族大学文学与新闻传播学院目前有新闻学、传播学、广告学、汉语言文学 4 个本科专业，2021 年新闻与传播专业硕士学位点获批，次年正式开始招生。新传系专任教师 17 人，其中正高级职称 1 人、副高级 7 人，博士 7 人。

自 2019 年 6 月开始组织新版人才培养方案的撰写，新闻传播系新闻学、传播学专业历经调研、讨论、撰写、专家论证等多个环节，初步形成科学完善、专业凸显、特色鲜明的人才培养方案。疫情期间，有序组织在线教学。通过在线教学，引领教师积极转变教育教学观念，大力推进教学改革。2020 年度，学院获批各级教学研究项目共 8 项，其中省级“课程思政”项目 2 项，省级精品实践项目 1 项，省级教研项目 1 项，校级教研项目 4 项；获得 2020 年宁夏首届民族教育教学成果奖 1 项；“全媒体新闻传播实验中心”顺利通过宁夏教育厅 2018 年“本科教学工程”的项目验收，被评为优秀项目。2019 年文传学院“北方民族大学文学与新闻传播学院全媒体新闻传播实验中心”项目获批教育部高等教育司 2019 年第二批产学合作协同与人项目。文传学院在实践教学方面发表了《多元化实践教学的建设与展望——以北方民族大学新闻传播学本科实践教育为例》等相关论文。

另外，加强实践教学需要新闻、传播、广告专业教师们从教学观念上意识到实践教学的重要性，为此该院提出从侧重理论教学逐步向理论教学与实践教学“双翼起飞”过渡，同时要不断完善人才培养方案，系统优化实践教学课程体系内容，推动教师们编写实践教学教材，加强本学院所属的五大校园媒体实践教学平台的建设，多出实践教学精品成果，从而深化实践教学改革，全面推动和提高本学院的实践教学水平。

北方民族大学文学与新闻传播学院新闻媒体实验室目前属于北方民族大学文科综合实验中心。该中心成立于 2016 年 6 月，整合了商学院、经济学院、管理学院、设计艺术学院原有实验室，建立了经济管理类实验分中心、艺术传媒实验分中心两个实验平台。相关的课程主要有：影视后期制作、新媒体编辑、新媒体运营、新媒体用户分析、纪录片创作研究、数字媒体技术、视频节目制作、传播效果与测量、田野调查与定性分析、广告创意与策划、平面设计、广告摄影基础、影视后期特效、新闻编辑、视听广告创意、纪录片创作研究、新媒体运营、融合新闻、音频录制技术、电视摄像、网页设计与制作、广告摄影实训、影视广告制作、数字化影视制作实训、媒体工作坊等。

①科研工作。该院认真组织申报各类科研项目，2021 年度获批国家社科一般项目 1 项；获批宁夏社科规划项目 2 项，获批宁夏引才专项基金项目 1 项。在疫情期间，学院邀请专家线上为学生做学术讲座近 10 场；举办文学研讨会 4 场；举办专业建设研讨会 2 场；举办国家社科申报论证会 3 场；举办文传学院第二届学术年会，并积极联系、申请承办学术会议。

②师资建设。2020 年引进汉语言文学专业的博士 2 名、新闻学业界教授 1 名，在一定程度上补充了师资，加强了人才队伍建设。

③学科建设工作。该院新闻传播系新闻学专业积极申报专硕点并通过宁夏教育厅审核后，目前到教育部备案阶段。新闻传播系着力在特色方向上组建学术团队，聘请相关专家在学术理念、学术方法、科研能力提升上进行有效交流和指导，从而形成学科凝聚力与向心力。通过学科与学位点的积极申报，学院不断拓展学科格局，争取学科建设不断上台阶、上层次。

④就业工作。春季学期初，该院提前进行毕业资格审核，提前进行摸底，专门组织召开会议，对不能按时毕业的学生逐一进行指导帮扶，协助进行课程重修报名。通过构建就业工作责任到人体系、按时召开就业工作领导小组会议、定向推送招聘信息、召开专场宣讲会等形式大力推进学院毕业生就业工作。截至 2020 年 12 月 31 日，2020 届毕业生就业率达 81.84%，20 人考取硕士研究生。

（3）宁夏大学新华学院新闻专业

2012 年，宁夏大学新华学院新闻学专业被自治区教育厅立项为优势特色专业，已基本形成系统化的教育教学理论实践教学体系；2016 年与宁夏广播电视台共建新闻传播实践教育基地，建成集广播电视采、编、播、录实践实验教学所需的新闻演播室、虚拟演播室、非线性编辑制作室、广播语录室、广播直播间、直播观摩室、直播候播室等 500 余平方米。截至目前，专职教师队伍共立项建设自治区级教育教学改革项目 2 项，厅级以上科研项目 2 项，宁夏高校创新创业教育教学改革项目 1 项，宁夏大学新华学院教育教学改革项目 2 项，宁夏大学新华学院科学研究项目 2 项，指导各级大学生创新创业项目多项。教师指导学生参加宁夏高校大学生原创微电影大赛、新闻传播类原创作品大赛等，均有优异表现。

目前，新闻学专业人才培养转型发展后的人才培养标准为：通过比较系统的专业学习和训练，努力实现每个学生在专业综合素质方面能够做到，“开口能讲，提笔能写，拿上设备能拍摄，进入非编室又会编”的“能文能武型”新闻人才。这也是媒体融合发展的全媒体时代对未来新闻传播人才素质的必然要求。

围绕这一转型目标，新华学院新闻学专业在未来的规划中，将以转变人才培养的理念和思路；重构课程体系，改革教学模式、教学方式和方法；深化实践教学体系的改革；进一步加强师资队伍的建设这四个方面工作为核心，进行教育教学改革探索。在继承新华学院十几年来新闻人才培养成功经验和做法的基础上，进一步强化学生的专业应用技术能力培养，走“校媒合作建基地，校媒联手共育人”的开门办学之路，牢固树立“错位竞争特色发展，有所为、有所不为”的理念，一切从实际出发，不贪大求全，不照抄照搬，不降低标准，最终实现培养行业与地方需要的合格应用技能型高级新闻传播人才的目标。

新华学院新闻学专业毕业生 90%以上在区内就业和创业，其中大部分毕业生在全区地、市、县、乡等基层部门和单位工作，部分学生继续深造。目前全区 23 个县市区，基本上有新闻专业的毕业生。据统计，新闻专业学生一次性就业率在 50%左右，毕业半年后，就业率能达到 100%。考研率逐年提高，2017 届应届毕业生考研率为 12.9%，基本符合学院新闻学专业的人才培养目标和方向定位。

新华学院先后与英国普兹茅斯大学、中国台湾铭传大学、中国台湾朝阳科技大学、美国纽约电影学院、澳大利亚堪培拉大学等高校和交流中心实现合作办学。2008 年至今，每年选派学生到宁夏大学各相关专业交流学习。2012 年、2013 年，先后与中国澳门科技大学、中国澳门城市大学签署免试推荐硕士研究生协议，每年推荐毕业生攻读硕士学位。新闻专业学生均可享受学院创造的各种外出交流、学习的优势资源。

1.2.24.2　学术研究及其特色

2017年6月3日，宁夏大学新闻传播学院民族地区传播与社会发展研究中心挂牌成立。该中心由教育部重点研究基地武汉大学媒体发展研究中心与宁夏大学新闻传播学院联合组建，整合了武汉大学与宁夏大学的学术资源，主要任务是开展重大课题研究，凝练宁夏大学新闻传播学科特色，以扎实有力的成果服务于自治区党委和政府的决策、服务于宁夏大学“双一流”建设。宁夏大学新闻传播学院还与中国人民大学新闻学院、宁夏银川市新闻传媒集团达成协议，联合成立西部融媒研究院，共同在新媒体发展、媒体融合发展理论研究与人才培养方面进行探索。

学院以凝练特色学科为导向，提升学科建设的内涵。学院本着立足宁夏，面向西部，服务民族地区的基本理念，积极探索和凝练学术研究方向，初步确立了民族地区传播与社会发展、西部地区融合媒体研究、区域形象与舆情研究三个科研方向，采取外引内联、整合力量、联合攻关的方式，提升学术研究实力。自2017年以来，学院成立研究机构1个，组建民族地区新闻传播学术团队1个。

学院与武汉大学媒体发展研究中心、中国人民大学新闻学院联合主办的“第一届互联网与西部社会治理”“第七届传媒与西部社会发展论坛”在银川成功举行，与厦门大学新闻传播学院建立战略合作伙伴关系，在人才培养、智库建设、科研项目申报等方面深化合作；还与厦门思所品牌策划公司签订了校企合作协议，与石嘴山市网信办签订了校地合作协议。

(宁夏大学　顾广欣)

1.2.25　广西壮族自治区新闻传播教育发展综述

2021年，在庆祝中国共产党成立百年华诞之际，广西壮族自治区新闻传播教育围绕立德树人，加强课程思政，在本科一流课程、一流专业建设，教育教学改革、人才培养和学科建设等方面取得了一系列成果，稳步推进广西高校新闻传播教育发展。

1.2.25.1　本科“双万计划”

2021年，广西高校新闻传播院系落实立德树人根本任务，围绕“双万计划”，通过一流专业、一流课程建设推动教育教学发展，不断提升新闻传播卓越人才培养质量。

2021年度，广西大学新闻与传播学院“播音与主持艺术”、南宁师范大学新闻与传播学院“新闻学”分别入选国家级一流本科专业建设点。

广西师范大学新闻与传播学院“网络与新媒体”、广西民族大学传媒学院“广播电视编导”、广西艺术学院影视与传媒学院“广播电视编导”、南宁师范大学新闻与传播学院“播音与主持艺术”分别入选自治区级一流本科专业建设点。

广西大学新闻与传播学院李朝珍教授负责的“播音发声”，南宁师范大学新闻与传播学院宋丽丽教授负责的“广告创造性思维训练”和陈秋凌教授负责的“电视纪录片创作”分别入选自治区级一流本科课程。

1.2.25.2　教育教学改革

2021 年，广西开展高等教育自治区级教学成果等次评定，广西艺术学院影视与传媒学院《“多维融合、智美合一”——地方艺术院校影视传媒人才培养研究与实践》《价值引领三维一体融创通合——广告学专业特色课程群建构与实践》，广西财经学院新闻与文化传播学院《双融强基协同提升——复合型财经新闻人才培养模式的探索与实践》分别获得一等奖。广西大学新闻与传播学院《基于“红色铸魂、践行‘四力’”的新时代新闻传播人才培养创新》、广西民族大学传媒学院《民族地区传媒人才硬能力沉浸式培养模式探索与实践》、南宁师范大学新闻与传播学院《新文科背景下民族地区卓越新闻传播人才培养模式的探索与实践》分别获得二等奖。

2021 年度，广西高校新闻传播院系积极响应并深入贯彻落实教育部《高等学校课程思政建设指导纲要》等要求，重视“课程思政”教育教学。广西艺术学院影视与传媒学院 2 门本科生课程（“播音创作基础”“广告学概论”），1 门硕士研究生课程（“新闻传播学研究方法”）获批自治区级课程思政示范课程。

“广告宣传也要讲导向”，一直以来，广告学专业教学长期强调以商业利益为导向，侧重对欧美现代广告理论的讲授。广西艺术学院影视与传媒学院《广告学概论》以党史学习教育为契机，将红色元素进行文化赋值，在教学中对其在广告中运用进行挖掘、提炼和呈现，丰富课程内容，建构师生中国广告价值观，探索“思想教育+通识教育+专业教育”的立体化培养模式，将课程思政落到实处。具体做法是在“思想教育”层面，重新提炼红色元素的内涵和外延；在“通识教育”层面，梳理红色元素在中国广告史中的运用；在“专业教育”层面，用红色元素树立中国广告价值观和服务地方的使命感。

广西高校新闻传播院系大多侧重应用实践性人才培养，经过努力探索，形成各具特色的新闻传播卓越人才培养路径。

河池学院依托于本地作家群文学优势和小高地文学创作传统，新闻学专业逐步形成了“专业+”复合型新闻学人才培养模式，具体做法是立足于区域经济社会发展水平、院校特色教学模式和协同育人战略，在院内采用“主干专业 + 学科交叉”的教学方式，在培育上依托“专业课堂 + 协同育人”进行校内外共培，在服务上用“专业特色 + 区域服务”进行社会接轨，培养集采访、写作、摄影、编辑、视频制作等全媒体传播技能于一身且有所专长的复合型新闻学人才。人才培养以新闻学专业主干课程为基础，整合学院文学、秘书学等专业的教学资源，依托学院深厚的文学底蕴，在河池学院创意写作中心进行试点，将该中心纳入新闻学人才培养模式轨道，助力学生写作思维革新和写作能力提升。在专业课堂、实践技能与校企合作上，实施了理论教学案例化、技能训练实战化、互动性教学常态化，以及校内外协同育人的复合型人才培养模式。通过交叉学科资源共享和校内外实践实训平台的整合，河池学院新闻学专业学生成为校园新闻和学校宣传工作的主力军，除了校园新闻报道之外，还制作了多部视频作品，为社会企事业单位摄制宣传片，服务区域经济和社会发展。

贺州学院自2015年启动卓越新闻传播人才培养计划以来，以作品发表为抓手、以人才产出为导向，围绕“学生批量创作、媒体批量刊播”，改革创新应用型人才培养模式，形成了“打好一个基础（文化基础），突出一个专业（新闻学专业），形成一个强项（纪录片方向）”的教学理念，卓越新闻传播人才培养质量显著提升。具体做法是：一是尽可能拓展通识教育的学科门类数量。以“广而博”的理念，开设了“古代文学经典导读”等文学类课程，“社会调查学”等社会学课程，“文化学概论”等文化学课程，“艺术学概论”等艺术素养类课程，“记者职业道德与法律基础”等法律、道德类课程，“读、背、看、写实践（Ⅰ-Ⅳ）”等养成类课程，覆盖六大门类，总计34学分，554课时。二是将通识教育向课外延伸，并建立量化考核机制。实行“11151”计划，即：读100部与新闻传播相关的书，其中精读30部；观看100部（集、期）电视纪实性节目；背诵100篇（首、段）经典范文，其中经典新闻作品15篇；写作50篇千字文；在地市级以上主流媒体发表不少于10000字的作品；实现了考核方式的量化，并将这一计划纳入“读、背、看、写实践”课程，兼顾过程评价和结果评价，组织学习小组，开展讨论会、交流会活动，并由教师进行定期检查与考核。三是将通识教育融入专业课程的教学环节中。针对专业技术类课程与通识教育课程“二元分立”的问题，强调在具体的专业课程中融入通识教育。例如在“电视纪录片创作”课程的教学设计上，实行分专题的项目制教学，设计了民族文化类（学生创作有《瑶族盘王节》等作品）、历史类（创作有《潇贺古道上的明珠》等作品）、传统技艺类（创作有《瑶山油茶》等作品）、社会生活类（创作有《养蜂人》等作品）等通识领域的多个分阶段的创作实践版块。学生在创作实践中，要想达到考核要求甚至做出好作品，就必须主动去补齐和强化该领域的知识。再通过教师进行作品评讲，帮助学生理解这些通识类知识在

“电视纪录片创作”中的作用和意义，以实现专业、通识知识的融会贯通、学以致用。四是利用校企、校媒合作平台，邀请业界师资参与通识教育授课，解决通识教育实践课程师资不足的问题。

1.2.25.3 教指委助力教学改革

广西高校新闻传播教育总体发展偏弱，特别是地方应用型本科高校的新闻传播教育。2021年度，广西本科高校新闻传播学类教学指导委员会发挥自身职责，加强对地方应用型本科高校的新闻传播教育指导，努力提升广西高校新闻传播教育整体发展水平。

2021年5月8日，新文科背景下的卓越新闻传播人才培养暨广西本科高校新闻传播学类教学指导委员会2021年工作会议在贺州学院召开。会议邀请了华中科技大学学术委员会副主任、中央民族大学新闻与传播学院特聘院长张昆教授和厦门大学新闻与传播学院阎立峰教授分别作《新闻教育的本质与使命探讨》《转型与融合：新文科背景下的新闻传播教育》报告。广西高校新闻传播学科教学指导委员会主任委员、广西大学新闻与传播学院常务副院长刘洪，委员蒋凌昊、何德珍、张文峰、罗奕、何华湘、黄鸿业分别交流了《从评价教师方法上破除“五唯”》《部校共建新闻学专业的探索与实践》《新文科背景下的新闻传播人才培养的思考与实践》《国外新闻教育改革的探索与中国语境下的思考》《红色元素有效融入广告学课程教学的路径探究》《协同教学促融合专业训练提素质——新文科背景下的卓越新闻传播人才培养路径探索》《新文科背景下地方院校培养面向县级融媒体中心的新闻人才——课程建设的视角》教学改革、人才培养等经验。

2021年度，广西高校新闻传播学科教学指导委员会主任委员刘洪教授，副主任委员、南宁师范大学新闻与传播学院周素珍教授等应邀到广西大学师范大学新闻与传播学院、玉林师范学院文学与传媒学院等交流指导，深入探讨学科建设、专业建设、人才培养等问题，帮助其提升新闻传播教育的质量。

1.2.25.4 人才培养

2021年，广西大学新闻与传播学院团委书记、辅导员雷圆媛获评第十三届“高校辅导员年度人物”，成为广西本科院校和广西大学第一个获此殊荣的辅导员。依托学院平台，雷圆媛把实践和基层当作最好的社会大课堂，连续多年组织带领学生深入基层，前往边境地区、革命老区、贫困地区开展“延安红色新闻溯源之行”“发现美·传播美”等社会实践活动。

从2016年起，雷园媛每年选派优秀学生到国家级贫困县开展支教活动，累计支教服务时间长达43000小时，为全面打赢脱贫攻坚战奉献青年力量。她指导的学生团队获全国大中专学生志愿者暑期文化科技卫生“三下乡”社会实践活动优秀团队称号，所带学生的支教事迹入选广西共青团“最美青春故事”。

在全民抗击疫情期间，她巧用新媒体，在学院微信公众号平台搭建“声援战疫，西大学子在行动”栏目，通过朗诵、报道、视频等方式宣传抗疫先进事迹，以声传情、声援灾区、声动人心。她利用自治区党委宣传部与广西大学共建新闻与传播学院的契机，依托“开放式读书活动”，在学院党委的支持下，组织了马克思主义新闻观原著阅读系列活动，引导学生自觉学习马克思主义新闻观，围绕“中国共产党百年新闻思想”“马克思主义新闻观”，先后举办1000余场读书研讨会，覆盖面近40000余人次，评比产生近2000篇优秀读书报告。她一直鼓励学生勇于参与新闻专业实践。积极倡导学生参加人民网舆情小组，引导学生协助人民网撰写《舆情简报》达100余篇，为广西地方党政机关、企事业单位提供舆情监测、研判等服务，为广西经济社会发展建言献策。她连续7年为中国—东盟博览会输送学生记者，引导学生参与东博会对外宣传刊物《东盟快报》的采写编发工作，培养学生树立面向世界的正确立场和国际视野。

1.2.25.5 学科建设

根据《广西壮族自治区关于加快发展民族教育的实施意见》，广西实施“民族特色学科建设工程”，加强民族高等院校特色学科和普通高等学校民族特色学科建设，重点扶持一批民族特色学科建设，提供专项经费在教学设备、实验室、课程改革、学科团队、科研平台、交流合作等方面重点扶持，旨在提高民族特色学科建设水平。2021年，南宁师范大学新闻与传播学院民族文化传播学获批为广西民族院校特色学科。

2021年，广西只获得4项新闻传播学科国家社科基金项目，其中广西大学新闻与传播学院2项，分别是刘洪教授主持的一般项目“新时代壮族文化符号赋值转向与传播模式研究”和江宇副教授主持的西部项目“隔代教养背景下我国老年人智能媒体使用态度和行为研究”，还有自治区党校侯琳副教授主持的一般项目“西南沿边民族地区县级融媒体助力民族团结进步路径研究”和百色学院文学与传媒学院黄鸿业副教授主持的一般项目“中国—东盟陆地边境地区少数民族网络社群生态与中华民族共同体认同研究”。

为庆祝中国共产党百年华诞，2021年5月22-23日，由教育部社会科学委员会语言文学、新闻传播学和艺术学学部、广西大学新闻与传播学院联合全国31个省市自治区60余所高校的新闻院系和研究机构共同主办的“中国共产党百年新闻思想与新闻实践学术研讨会”在广西大学举行。中央马克思主义理论研究和建设工程咨询委员会主任徐光春、《深圳特区报》原总编辑陈锡添等分别发表演讲。研讨会还设置了“中国共产党红色新闻足迹”的专场论坛，向与会学者展示了新中国成立前中国共产党新闻事业的成长发展足迹。

5 月 21 日，南宁师范大学新闻与传播学院举办了“中国共产党百年对外传播史暨第三届中国周边传播研讨会”。来自北京大学、云南大学、黑龙江广播电视台、广西广播电视台的学者、媒体人 40 多人交流中国共产党百年对外传播史，讨论做好中国周边传播问题。同时，揭牌成立周边传播研究院。

（广西大学　王辉、秦磊）

1. 2. 26　新疆维吾尔自治区新闻传播教育发展综述

新疆维吾尔自治区（含新疆生产建设兵团“简称兵团”）开办新闻传播教育的高校共有八所，分别是新疆大学、石河子大学（兵团）、新疆财经大学、塔里木大学（兵团）、喀什大学、伊犁师范大学、新疆艺术大学、昌吉学院。2021 年，新疆维吾尔自治区新闻传播教育发展动态主要围绕以下几个方面。

1. 2. 26. 1　部校共建

2013 年，中宣部和教育部联合下发了《关于地方党委宣传部门与高等学校共建新闻学院的意见》，标志着“部校共建”的全面推广。2015 年，新疆大学与新疆维吾尔自治区宣传部、新疆维吾尔自治区教育厅达成共建协议。2017 年，石河子大学、塔里木大学与新疆生产建设兵团宣传部建立共建协议。

2021 年，三所院校在共建合作方式上稳定中求突破。一方面，保持并优化原有的合作方式。在实习基地建设、新闻人才培训等方面虽然受疫情影响，却仍维持稳定而有序的合作。另一方面，提升合作的层次。2021 年，在新疆大学申报新闻学一级博士学位点、石河子大学申报新闻与传播学专业硕士学位点的过程中，新疆维吾尔自治区宣传部、新疆维吾尔自治区教育厅、新疆生产建设兵团宣传部在政策、资源、沟通联系等方面都予以较大的协助和支持。部校共建新闻学院是国家加强党对新闻教育工作领导的切实举措，是理论联系实际的有效途径，是推动党的新闻教育事业持续发展的加速器，是促进新闻教育事业改革创新的重要举措，也是实现国家新闻教育事业整体转型发展的新引擎。新疆高校在部校共建的过程中开始着眼于高层次、新领域，标志着共建方式从初级领域向高级领域的转化。

1.2.26.2 新闻教育与教学改革

(1) 人才培养模式的调整

新闻学类专业的设置和人才培养模式的调整服从于区域战略及高校发展规划。2019年，新疆大学与石河子大学实施大类招生计划，采用“1.5+2.5”的人才培养模式。2020—2021年，新疆生产建设兵团提出发展工科，做精文科，兵团所属院校的文科专业主动缩减优化。例如，石河子大学新闻学、广播电视学专业由2019年的每年招生改为隔年招生，培养方案由2019版的大类培养改为2022版的专业培养。

(2) 疫情防控常态化下的教育数字化

从2020年应对疫情的线上教学尝试开始，2021年新疆各高校开始尝试针对疫情防控常态化进行教学改革，其中最具代表性的就是对教育的数字化的改革。2021年，以石河子大学为代表的疆内高校开始推进课堂教学过程数字化方式，从教学内容、学习资源、教学过程等方面进行数据采集、分析和应用，实现教学过程的数字化，从数字题库建设、过程性评价体系构建等方面分步骤对课程进行改革，在2021年期间，新闻学、广播电视学专业的基础理论课基本上纳入数字题库的建设中，专业核心课基本上通过项目的方式参与了过程性评价体系的改革。

(3) 深化课程思政改革

自2020年以来，自治区内各高校开始重视课程思政的建设，新疆大学、石河子大学牢牢依据新时代党的治理方略，根据自身特色进行课程思政改革，新闻传播学类专业因为其专业和人才培养在思想上的特殊要求和就业指向的特殊性，始终位于课程思政改革的前列。2021年，石河子大学新闻传播专业新增六门校级思政示范课程，相比2020年，不再将思政课程建设局限于新闻理论课程，而是打破原有的“新闻理论+思政元素”的模式，采取深入挖掘思政与深度融入相结合的方式，抓住思政的内涵、扩大思政的外延，将党和国家的方针政策、核心价值观、自治区的建设中的优秀文化、人物、事迹与新闻传播学专业课程的特点相结合，与培养目标、择业方向、职业道德、专业素养相结合，使思政自然而深入地融入新闻传播学专业课程，提高了思政课程改革的层次。

(4) 学位点建设

2021年，石河子大学获批新闻与传播学专业硕士点，成为自治区内继新疆大学、新疆财经大学、塔里木大学之后第四个拥有新闻传播学专业硕士点的高校。

1.2.26.3 专业设置

2021年，新疆维吾尔自治区（含新疆生产建设兵团）高校本科及研究生专业设置如下：新疆大学新闻与传播学院设有新闻学、广播电视新闻学、广告学、播音与主持艺术 4 个新闻传播类本科专业，并拥有新闻传播学一级学科硕士点和新闻与传播学专硕点。石河子大学新闻与传媒系设有新闻学、广播电视学两个新闻传播类本科专业，并拥有新闻与传播学专硕点。新疆财经大学文化与传媒学院设有新闻学一个新闻传播类本科专业，并拥有新闻学、传播学两个学硕点和新闻与传播学专硕点。塔里木大学人文学院设有广播电视学、网络与新媒体两个新闻传播类本科专业，并拥有新闻与传播学专硕点。喀什大学人文学院设有广播电视学一个新闻传播类本科专业。伊犁师范大学中国语言学院设有新闻学、广播电视学两个新闻传播类本科专业。新疆艺术学院传媒学院设有广播电视编导、摄影、影视摄影与制作、播音与主持艺术、广告学、新闻学、传播学七个新闻传播类本科专业，拥有影视创作、播音主持艺术两个专硕点。昌吉学院中文系设有网络与新媒体一个新闻传播学类本科专业。

1. 2. 26. 4　各专业招生规模

2021 年，各高校在专业招生规模上整体变化不大，个别学校略有调整。在本科生招生方面：新疆大学新闻传播学类本科招生 120 人。石河子大学新闻学专业在 2021 年只按照大类招收一个标准班级（34 人），较之 2019 年、2020 年招收两个标准班缩减了一半规模。新疆财经大学新闻学专业招生 70 人。塔里木大学广播电视学专业招生 50 人，网络与新媒体专业招生 60 人。喀什大学广播电视学专业招生 51 人。伊犁师范大学新闻学专业招生 40 人，广播电视学专业招生 121 人。昌吉学院网络与新媒体专业招生 54 人。

在研究生招生方面，2021 年新疆大学学术型硕士招生 25 人，专业型硕士招生 103 人。新疆财经大学新闻学与传播学学术型硕士招生 15 人，专业型硕士招生 38 人。塔里木大学专业型硕士招生 16 人。

1. 2. 26. 5　师资分布

2021 年，新疆维吾尔自治区各高校的新闻传播学院系更加重视人才的引进与培养，为自身学科建设能力的提升做好准备。一方面，各院系依旧坚持原有引进人才的思路和政策。新疆大学和石河子大学作为自治区和兵团的领军院校，在人才引进上投入更多，给人才的待遇也更高。从 2021 年新疆高校新闻学专业人才引进的条件来看，普遍以硕士学历为最低条件。其中新疆大学和石河子大学则将引进教师的学历要求在博士，实验员的要求最低为硕士。其他院校引进教师的要求也在逐渐提高，体现出当前新疆高校新闻院系对人才促进学科建设之间关系的认识逐渐加深，也体现出新疆新闻学专业的发展思路从扩大本科规模向深化学科发展转变。另一方面，新疆各高校新闻院系继续依靠“对口支援西部地区高等学校计划”和“少数民族骨干计划”提升本校教师的学历。但随着各高校对学历的重视，学校内部对这两项计划名额的竞争也逐渐呈现激烈的态势，较之2020年，参与竞争的教师人数更多，竞争也更激烈。除国家这两项计划外，部分高校还根据学校的实际情况制订相应的人才培养计划，例如石河子大学的“攀登计划”就是将在读硕士或博士作为引进师资予以培养和支持，博士毕业后即可入职教师岗位。

师资引进和培养力度的增大推动了人才引进的整体步伐，但与此同时，新疆各高校新闻院系在师资引进上也遇到相应的问题。第一，各高校尤其是作为“211工程”高校的新疆大学和石河子大学，人才引进的标准高、执行严格，硕士学历基本不可能作为师资引进新闻学专业，这使得一部分实践能力很强且经验丰富的业界人才无法进入高校。新闻传播学类专业是理论与实践并重的专业，博士往往偏重科研而缺乏实践经验，而新疆业界的人才往往又达不到学校规定的人才引进的学历标准。这样既不利于优化人才配置，也会使新闻传播学类专业逐渐面临着实践人才青黄不接的局面。第二，由于新疆地处偏远，人才引进的难度大，而面对“十四五”期间“博士率”任务的硬指标，各高校的新闻院系在人才引进上只能降低标准，以实现数量为主；在人才培养上注重博士入学率，而忽视专业、方向等问题，造成了毕业的困难，为日后的发展埋下了一定的隐患。

1.2.26.6 课程、教材及实验室建设

一流本科课程是国家提升本科教育质量的重要举措，在国家的推动下，自治区和兵团的教育行政部门、高等学校都将国家级和省级一流本科课程建设纳入“十四五”高等教育发展规划，加快建设与新时代人才培养需求相适应、与新技术相融合、与教育教学方式方法改革相配套的教育教学管理政策和机制，注重一流本科课程建设，推动本科教学质量改革向纵深发展。2021年，石河子大学新闻传播学类专业课程获批兵团一流课程一项。

1.2.26.7 科研与学术交流

受疫情影响，各高校近年来的学术交流及会议举办遇到的很大的困难，但部分院校还是通过网络会议等形式积极组织学术交流活动。2021年，新疆大学举办了“第五届中国传播创新论坛暨新疆新闻传播学科发展与新闻教育研讨会”，此次会议由新疆大学新闻与传播学院、武汉大学媒体发展研究中心（教育部人文社会科学重点研究基地）、

武汉大学新闻与传播学院共同主办，会议邀请国内高校、媒体通过线上线下相结合的方式共议中国传播创新，就建设性新闻、新媒体技术、媒体融合、新疆传播、品牌传播、舆论机制、跨文化传播、健康传播等问题展开学术对话并对新疆新闻传播学科发展与新闻教育提出对策建议。

（石河子大学　马晓亮）

1.2.27　内蒙古自治区新闻传播教育发展综述

2021 年，内蒙古各高校贯彻党的教育方针，坚持马克思主义指导地位，坚持新时期高等教育办学方向，落实立德树人根本任务，扎实做好教学科研工作，在专业建设、学科建设、部校共建和合作交流等方面取得一定成绩。

1.2.27.1　专业设置与各专业招生规模

内蒙古大学编辑与出版本科专业暂停招生；内蒙古师范大学网络与新媒体本科专业暂停招生、播音与主持艺术本科专业停止招生。内蒙古师范大学申报并获批新闻传播学一级学科硕士学位授权点。

2021 年，河套学院新闻学专业获批校级特色专业；集宁师范学院新闻学专业被评为首批校级一流专业。

2021 年，内蒙古大学新闻学专业招收学生 45 人，网络与新媒体专业招收学生 35 人，播音与主持艺术专业招收学生 30 人；蒙古语授课的新闻学专业、编辑与出版专业、播音与主持专业共招收学生 120 人。内蒙古师范大学新闻学专业招收普通文理科学生 55 人、蒙古语授课文理科学生 25 人，广播电视编导专业招收学生 40 人。

内蒙古大学新闻学专业为国家级一流专业建设点。对照国家级一流专业建设点标准，持续推进专业建设，完善人才培养方案，完备专业课程体系。按照新文科建设和卓越新闻传播人才培养思路，新闻学专业实施政产学研协同育人机制，获批内蒙古自治区教育厅“一专多能卓越新闻人才培养基地”项目，获批建设经费 290 万元。

1.2.27.2　部校共建

内蒙古各高校依托“部校共建”机制，将高校理论创新与自治区党委宣传部的研究需求相结合，发挥了重要的智库作用。2021 年内蒙古大学文学与新闻传播学院受内蒙古党委宣传部委托，开展盟市级媒体“报台融合”的可行性研究，完成《关于兴安盟、阿拉善盟、乌海市报台合并工作前期调研情况的汇报》等调研报告，受到内蒙古自治区党委宣传部的肯定，为自治区媒体改革提供了智力支持。内蒙古大学教师提交的研究报告《全媒体传播体系建设的重要性和紧迫性》观点明确，论证充分，具有较高的学术价值，已被内蒙古自治区党委宣传部“内蒙古自治区关于推动媒体深度融合发展的认识及思路”项目采纳；提交的《内蒙古自治区 2020 年“两会”期间传统媒体及新媒体发稿情况统计分析》数据翔实，分析合理，相关成果已被内蒙古党委宣传部采用；作为内蒙古党委宣传部新闻阅评员，教师提交的 12 篇稿件被自治区党委宣传部纳入 2021 年《新闻阅评》。内蒙古师范大学新闻传播学院完成了在蒙古国落地的境外媒体影响力调查研究，完成了中蒙俄新闻报道文献数据库建设。

内蒙古各高校打通与媒体的合作通道，深度参与媒体活动。内蒙古大学、内蒙古师范大学的多名教师担任内蒙古新闻传播研究中心研究员，2021 年作为评委参与内蒙古记协组织的内蒙古新闻奖评审及“好记者讲好故事”评选活动。参加内蒙古日报社媒体深度改革研讨会，参与“内蒙古全媒体体系建设”项目研究，完成《内蒙古媒体融合研究》书稿写作；参与内蒙古日报社“全国党报社长总编共话媒体融合活动”的前期策划、内蒙古日报“草原云客户端”融媒体创意生产研讨活动，参与内蒙古日报社考评部的稿件阅评工作。内蒙古大学和内蒙古师范大学教师还担任内蒙古广播电视台节目评委，为内蒙古广播电视台提供听评报告。

内蒙古各高校借助部校共建机制与新闻媒体、互联网公司、各级融媒体中心共建实践基地，强化学生的“马新观”教育和专业实践能力。2021 年内蒙古大学与字节跳动科技有限公司、百度网讯科技有限公司、清博智能科技有限公司、鄂尔多斯市东胜区融媒体中心等建立产教协同育人基地，为学生提供深度参与实践机会。河套学院与校企合作单位凤凰传媒召开 2021 年本科人才培养方案修订研讨会，对 2021 版本科培养方案进行修订，加强网络与新媒体专业与凤凰数字媒体产业教育集团的合作。河套学院还与内蒙古云媒科技有限公司、网易内蒙古、新浪内蒙古、腾讯内蒙古内容中心、内蒙古星空网络科技有限公司签约并举行大学生实习（实训）就业基地挂牌仪式，为学生实习就业、创新创业搭建优质平台。

内蒙古各高校通过院校合作，将马克思主义新闻观教育纳入更大空间和平台。近五年来，内蒙古大学借助虚拟教研室和线上资源，与中国传媒大学、中国人民大学、中央民族大学等高校联动，开展“中国新闻传播大讲堂”“共上一堂马新观大课”“马新观教学名师云课堂”等活动，创新了“马新观”教育形式，提升了学生的情怀和视野。内蒙古师范大学完成全区宣传干部及高校相关专业“马克思主义新闻观大讲堂”的授课组织工作；“部校共建”第三届萧乾实验班学员结业。

1.2.27.3 新闻传播教育教学改革创新

内蒙古各高校将课程思政作为重要工作来抓，强化马克思主义新闻观教育，通过邀请媒体人进课堂等形式，将政策教育、国情教育与媒体经验结合起来。新华社记者王朝、《人民日报》记者杨一枫等来校与学生座谈交流。

内蒙古各高校加强教学研究，多项课题获得立项。2021 年内蒙古大学获批教育部新文科研究与改革实践项目“新闻学专业政产学研协同育人机制创新与实践”、内蒙古教育规划课题“高校广播电视新媒体专业教师创新创业与实践教学能力培养”；内蒙古师范大学获批教育部产学合作育人项目 2 项，分别是“中蒙俄跨文化传播卓越新闻人才培养”“民族地区媒体网络安全人才培训基地建设”；集宁师范学院获批内蒙古教育科学规划项目“内蒙古高校新闻采写课程的课程思政教学策略及教学设计典型案例研究”；内蒙古师范大学教师获批内蒙古教育科学“十三五”规划项目“《蒙古族新闻史》课程教学模式创新研究”，河套学院获批内蒙古教育科学规划项目“大数据时代网络与新媒体专业应用型人才培养模式研究”。

内蒙古各高校深度策划媒体宣传活动，创新教育教学形式。内蒙古大学以“寻根红色新闻”为主题，走进红色新闻现场，追寻红色历史，开展马克思主义新闻观教育。2021 年，组织策划了“延安寻根红色新闻之旅”“武川大青山抗日根据地红色主题教育”等专题实践活动，相关作品在“草原云”客户端发布，受到内蒙古媒体的关注。

内蒙古大学新闻学专业学生作品《骑兵：创意赋能乌兰牧骑 文化助力乡村振兴》获第七届“互联网+”全国大学生创新创业大赛总决赛铜奖；编辑与出版专业学生制作的数据新闻产品《6 分钟带你看完 7000 年人类文明兴衰》位列腾讯新媒体研究院“知数”优秀作品榜，学生团队入选视频类作品一等奖；编辑与出版专业学生作品《青铜葵花》在中国报业协会、中国编辑学会、韬奋基金会举办的第八届大学生新媒体创意大赛获优秀传播奖、优秀指导教师奖。

呼伦贝尔学院学生撰写的实践报告《阿荣旗兴安镇“脱贫攻坚”调研报告》在“挑战杯”大学生课外学术科技作品竞赛中获得自治区级特等奖，作品《鄂伦春桦树皮制品的地域特色及其保护与传承》获得自治区级二等奖，《达斡尔民族服饰发展现状调查研究》和《县级融媒体内容运营的发展现状及建议——以呼伦贝尔日报为例》两个作品荣获自治区级三等奖，取得了较为显著的成绩。

集宁师范学院 2 名新闻学专业学生在《智慧中国》杂志社举办的智慧中国杯大学生“全国两会”知识竞赛中获得一等奖，3 名学生制作的毕业设计作品获校级优秀毕业设计奖。

赤峰学院文学院首届广播电视编导专业举办学生原创微型纪录片、微电影、MV 等优秀作品展播活动，各创作团队代表分别从剧情、摄像、灯光、调色、剪辑等方面对作品进行了阐述并分享了创作经验。

1. 2. 27. 4 课程及实验室建设

2021 年，内蒙古各高校加强马克思主义新闻观课程建设，提升学生的政治站位和价值认同，在教学内容中融入“马新观”元素，于润物无声中实现价值浸润，提升学生的专业素养和思辨能力；将习近平新闻舆论工作系列讲话精神贯穿到课堂教学中，使学生掌握新闻宣传政策和舆论工作性质，培养学生的家国情怀和责任使命；带领学生深入基层贴近百姓，在行走和体验中认知国家了解社会，确立为时代书写、为人民立言的理想信念与价值追求。

2021 年，内蒙古各高校加强课程建设，新闻传播类课程获得自治区级一流课程 6 门，其中，内蒙古大学获社会实践类一流课程 2 门、线上一流课程 1 门、线上线下混合式一流课程 1 门；河套学院获自治区级虚拟仿真实验教学一流课程 1 门，获自治区级线上一流课程 1 门。

2021 年，内蒙古各高校加强课程思政建设，深入学习贯彻全国教育大会和高校思想政治工作会议精神，组织召开教学工作会议，安排教师参加专题培训，动员教师投身到课程思政改革与建设的行列中，推动课程思政教育教学改革的开展。内蒙古大学文学与新闻传播学院是校级课程思政试点示范学院，12 门课程获批课程思政建设课程。集宁师范学院的“马克思主义新闻思想”课程被评为校级思政示范课程。

2021 年，内蒙古各高校强化教材管理，加强教材选用、审核等把关程序，要求所有已经出版“马工程”教材的课程，必须使用“马工程”教材，包括新闻学概论、新闻采访与写作、新闻编辑、广告学概论、中国新闻传播史等课程。2021 年，各学校按照要求，组织了教材核查工作。

2021 年，内蒙古各高校加强实践教学，开展丰富多样的实践教学活动。内蒙古大学与新华社新闻信息中心内蒙古中心开展五四青年节“新锐青年说”“我来当主播”“新华报刊我来编”“青春中国校园快闪”等系列活动，在媒体人和校内教师共同指导下，以项目制方式完成报刊编辑、新闻播报、视频拍摄等专项工作。师生原创的 MV《风吹草浪》获内蒙古自治区新媒体大赛三等奖；师生制作的 MV《把一切献给党》点击量超过 150 万次，成为引起较大影响的网络爆款；拍摄制作的口述纪录片《内蒙古大学图书馆口述史》入选国家图书馆《中国记忆口述史》。

内蒙古大学升级改造实验室，花费 190 万元进行实验室改造，更换、升级部分实验设备。内蒙古师范大学完成融媒体实验室的招投标和建设工作。

1.2.27.5 科研与学术交流

内蒙古大学塔娜副教授获批国家社科基金一般项目“西方主流媒体涉疆报道的话语建构及应对策略研究”。内蒙古大学教师郭志菊在《新闻大学》（2021 年第 3 期）发表论文《版印媒介技术背景下宋代的书禁与报禁政策研究》，内蒙古大学教师邢渊渊在《内蒙古社会科学》（2021 年第 7 期）发表论文《诗仕共进：仕进空间与八旗诗人创作传播》，副教授吴琼出版专著《自组织的新媒体媒介素养教育》（内蒙古人民出版社出版）。

内蒙古师范大学获省部级项目 6 项，内容为“文化交流视域下蒙古语中汉语借词及其传播研究”“模因论视角下蒙古语主流媒体中外来词规范研究”“草原流行音乐文本生产和媒介传播研究”“话语的实践：阿拉善左旗荒漠化治理运动的传播动员研究”“中国新媒体年鉴 2020（内蒙古篇）”“内蒙古地区高校美育传承弘扬民间传统手工艺现状及发展路径研究”等。出版《内蒙古电影家协会六十周年》《摄影理论与艺术表现》2 部学术著作，发表《蒙古族题材电影的文化传播研究》《铸牢中华民族共同体意识视阈下的乌兰牧骑精神传播》等学术论文 40 余篇。

集宁师范学院新闻学教研室受学校委托承担乌兰察布市“研究阐释党的十九届六中全会精神专项委托课题”——“新形势下提高乌兰察布新闻舆论传播力、引导力、影响力、公信力研究”。

河套学院教师立足地方，从本学科视角挖掘巴彦淖尔乃至黄河“几字弯地区”的本土文化特色及传播发展，为筑牢中华民族共同体意识、推动地方经济发展、建设数字化乡村、带动产业振兴起到了良好的促进作用。获批内蒙古自治区教育厅人文社科重点研究基地“黄河几字弯文化传播创新研究基地”，教师获批内蒙古自治区科研项目 7 项、校级科研项目 3 项，发表论文 12 篇，其中核心期刊 4 篇。科研课题的内容包括：“媒体宣传铸牢中华民族共同体意识的引导策略研究”“蒙古族题材电影的话语变迁与社会功能研究”“乡村振兴视域下内蒙古地区数字乡村建设现状与对策研究”“认同视域下内蒙古地区铸牢中华民族共同体意识的实践路径研究”“文化产业背景下民族文旅品牌‘爱上内蒙古’传播路径创新研究”“新时代视域下以草原文化提升中华民族共同体意识的实践研究”“基于文本挖掘的巴彦淖尔地区传统民俗节日文化传播力研究”“影视作品中蒙古族女性形象的建构”“地方红色文化资源在新时代大学生思想政治教育中的传播应用——以巴彦淖尔地区为例”等。

内蒙古大学、内蒙古师范大学承办国内重要学术会议，推进学术共同体建设。2021

年6月内蒙古大学文学与新闻传播学院承办中国新闻史学会新闻传播教育史研究委员会常务理事会会议，来自中国传媒大学、复旦大学、华中科技大学、武汉大学、上海交通大学、中央民族大学、兰州大学等全国各地81所高校的专家学者出席了此次会议，参会代表达到百人。2021年8月14日，内蒙古师范大学与北京外国语大学国际新闻与传播学院联合主办、河北大学跨文化传播研究中心协办、以“民族共同体与文化研究新范式”为主题的第七届中国跨文化传播论坛以线上方式举办。2021年内蒙古大学邀请陈昌凤、张昆、韦路、赵云泽、白贵等学者举办系列学术讲座。

（内蒙古大学　张丽萍）

1.2.28　北京市新闻传播教育发展综述

1.2.28.1　2021年北京市新闻传播教育的宏观态势

2021年既是首轮“双一流”建设成效的验收之年，也是第二轮“双一流”大学建设评选的开局之年。就北京市新闻传播教育而言，2021年国家有关政策、文件的相继出台为其指明了发展方向。《教育部2021年工作要点》提出，2021年要立足新发展阶段，贯彻新发展理念，构建新发展格局，以推动高质量发展为主题，以改革创新为根本动力，为建设高质量教育体系立柱架梁。其中，加快推进教育信息化高质量发展被作为一项重要工作重点推进。2021年3月，《中华人民共和国国民经济和社会发展第十四个五年规划和2035年远景目标纲要》正式发布，对“建设高质量教育体系”进行了全面部署。2021年7月，《教育部等六部门关于推进教育新型基础设施建设构建高质量教育支撑体系的指导意见》出台，提出通过建设聚焦信息网络、数字资源、智慧校园等方面的新型基础设施体系，促进信息技术与教育教学深度融合。此外，面对“百年未有之大变局”和世纪性新冠肺炎疫情叠加，全球化与逆全球化并存，如何在新的语境下进一步推进教育开放，也被党和国家提上重要日程。

面对新形势、新要求，需从方方面面着手，为实现教育高质量发展提供有力支撑，推动建设高质量教育体系。构建新型学习环境、促进高素质教师队伍建设、创新教育教学方法与模式、深化教育评价与选拔制度、探索新型人才培养模式等都是其中的重要层面。在此基础上，北京市各高校新闻传播院系采取行动，为推动专业发展作出了积极贡献。首先一点，是通过举办论坛、研讨会等，从宏观层面思考和探讨了新闻传播教育的未来发展。

4月19日，由五所大学联合主办的新闻传播学科“十四五”开局建设研讨会举行，中国人民大学、中国传媒大学、复旦大学、北京大学和清华大学新闻传播类学院的党政班子成员，清华大学校领导和文科处负责人等出席会议，与会专家学者就“十四五”新闻传播学科建设议题展开了热烈的讨论，并在一些重要议题上达成了共识。在第九届范敬宜新闻教育奖颁奖仪式暨第七届新闻传播学科高峰论坛上，来自国内60余所高校新闻传播类学院的院长、负责人，以及新闻传播学界的重要专家学者，同样围绕“‘十四五’时期新闻传播学科与国家战略”“面向新全球化的新闻传播教育”“新闻传播学刊与学科建设”等话题开展了深入的讨论与交流。7月3日，中国新闻史学会中国特色新闻学专业委员会2021年学术年会暨第二届马克思主义新闻观研究与实践高端论坛在北京外国语大学召开。会议以“建党百年中国特色新闻学建设经验与趋势探索”为主题，围绕第二个百年征程中国特色新闻学建设和马克思主义新闻观教育与研究进行了研讨。

在新闻传播教育对外开放层面，11月20日，中国人民大学新闻学院、中国人民大学新闻与社会发展研究中心和中国高等教育学会新闻学与传播学专业委员会联合举办2021年度中外新闻传播学院院长会议，以“共享未来：后疫情时代的新闻传播教育与全球合作”为主题，聚焦面向未来的学科体系建设、面向全球化新格局的教育改革、作为桥接的国际传播人才培养、开放共享的国际交流合作等话题，为后疫情时代新闻传播教育的调整和重构提供答案。

1.2.28.2　2021年北京市新闻传播教育的动态简况

（1）马克思主义新闻观的发展和培育

作为马克思主义新闻学的研究重镇，2021年中国人民大学新闻学院建立“马克思主义新闻观数据中心网站”，在极大方便学者进行马克思主义新闻观研究的同时，也形成了全国马克思主义新闻观的研究合力。

时值中国共产党成立100周年，马克思主义新闻观的发展和培育，也和党史学习教育紧密联系在了一起。为贯彻习近平总书记在党史学习教育动员大会上的重要讲话精神，牢记新闻传播工作者的初心使命，践行马克思主义新闻观，2021年，北京高校新闻传播学子开展“共学党史”系列活动，致力于将党史学习融入新闻传播的研究与实践中，深化对马克思主义新闻观的认识和理解，提升专业水平和媒介素养，为新闻传播事业贡献力量。中国人民大学新闻学院举办“中国共产党百年新闻事业展”，并召开“中国共产党百年新闻事业寻根与红色新闻文化数字记忆工程建设”研讨会，与来自全国11所高校新闻学院的院长、教授，共同展望红色新闻教育图景，推进马克思主义新闻观教育在新时代的创新发展。中国传媒大学新闻学院党委召开“邮票经典中的党史”

融媒产品策划会，鼓励同学们将所学专业知识与技能应用于新闻实践，将对百年党史知识的学习和理解通过融媒体产品呈现出来。

（2）学科建设与人才培养

①学科建设。中国传媒大学召开以“交叉、融合、智能、开放”为主题的本科教育大会，会上发布《中国传媒大学本科教育行动计划（2021—2025）》，聚焦于推进本科教育改革。此次改革的重点、亮点集中体现在全方位优化传媒人才培养模式，全面改革人才培养体系，全面建设高素质专业化创新型教师队伍与教学管理队伍，以及紧紧围绕高质量发展核心，全面健全传媒人才培养支撑体系几个方面。北京师范大学新闻传播学院举行全国高校第二届网络与新媒体专业建设研讨，发布高等院校“十三五”网络与新媒体系列教材的第一本著作《网络新媒体导论（微课版）》，并就“新文科，新模式，新媒体”议题，对新媒体学科的发展前景，以及网络与新媒体专业的发展路向进行了深度思考。

面对高等教育、专业教育的数字化转型以及产学研结合的趋势，响应教育部有关“推进哲学社会科学与新一轮科技革命和产业变革交叉融合”的要求，北京大学新闻与传播学院举办新一期“创意传播管理暑期学校”，共同学习和探讨数字营销的新发展。北京师范大学新闻传播学院牵头举办首届人工智能与未来媒体创新创意大赛，并启动大学生智能传播培育及扶持计划，加快推动在人工智能等科技创新领域建设步伐。值得一提的是，此次大赛是目前高校第一个人工智能加新闻传播的多学科交叉创新应用项目，也是产学研用高度融合的产业孵化创新项目。

②人才培养。在院系特色活动开展方面，北京交通大学语言与传播学院持续举办“交大外语与传播学者”系列讲坛，中国政法大学光明新闻传播学院开展“新传学子学术交流坊”与“光明学术大讲堂”，北京大学新闻与传播学院举办“南门思享会”和“南门读书会”等，对涉及专业发展的诸多重要问题进行了深入探讨。为推动专业创新融合发展，北京交通大学语言与传播学院申报“基于智能信息技术的外语教学改革与实践”“交通强国背景下新闻传播复合型人才培养的创新与实践”项目，并获批国家级新文科研究与改革实践项目。在全球疫情影响下，该院还将课程思政与实践育人相结合，组织学生线上开展后疫情时代雅万高铁跨文化传播现状访谈，通过第一课堂与第二课堂的融合，将高铁走出去的跨文化传播与新闻传播专业学生的使命担当联系起来，发挥三全育人合力，实现课程育人效果。为推进中国人民大学新闻传播学科“双一流”建设，拓展人才培养模式，培养学术后备力量，中国人民大学新闻学院实施第五期“新闻传播学科学术拔尖人才培养计划”，鼓励有志于学术研究的学生尽早走上规范的科研道路，并为其提供全方位的资源支持。

在国际传播能力建设与人才培养方面，为响应习近平总书记有关加强国际传播能力建设的重要讲话精神，各高校新闻与传播学院结合自身专业特点，推出了多项举措。北京外国语大学国际新闻与传播学院举办“元宇宙、虚拟化社会与跨文化传播”“新时代的多语种国际传播人才培养：内涵、挑战及路径”等青年学术研讨会和学者论坛，对国际新闻传播工作在新技术环境下的机遇与挑战，以及新时代多语种国际传播人才的培养进行了探讨。中国人民大学新闻学院整合资源，成立了国际新闻与传播系，进一步加强了国际传播人才培养。以国际新闻与传播系的成立为标志，中国人民大学新闻学院已建成贯穿本硕博的国际新闻与传播人才一体化培养体系。2021 年 9 月，北京大学新闻与传播学院开设国际新闻传播硕士项目（2022 年开始招生）。该项目包含新闻与传播专业硕士，学制三年。北京师范大学新闻传播学院成立“国际传播策略与效果评估研究中心”，进一步推动了国际传播相关研究的开展。为发掘培养复合型融媒体传播人才，推动北京大学国际传播学科能力建设，北京大学新闻与传播学院与北京大学融媒体中心共建全球传播学生创意实践基地，连接起学术研究与实践平台。

加强国际传播能力建设，对国际传播后备人才的培养是重中之重，而相关专业的教师则在这一过程中扮演着培育人才的重要角色。对此，受教育部高等教育司委托，新闻传播学类专业教学指导委员会在中国传媒大学举办“高校新闻传播院系骨干教师国际传播能力建设主题培训”，从教师层面推进高校国际传播人才的培养，得到各新闻传播院校的积极响应。

在人才培养国际交流合作方面。中国传媒大学国际传媒教育学院与密苏里大学合作办学，推出传播学本科专业课程“人工智能与新闻传播”，探索教学新模式，促进复合型新闻传播人才培养。北京大学新闻与传播学院邀请俄罗斯卫星通讯社开展线上讲座，围绕“新信息时代与真相”这一主题进行了深入交流。北京交通大学语言与传播学院与英国兰卡斯特大学人文社科学院举行线上交流研讨会，就师生交流、学生培养、联合科研等领域展开了深入交谈。为促进国内新闻传播学界年轻学者学术共同体的建设，中国人民大学新闻学院公开招募来自全国新闻传播学界的优秀青年学者，开展了为期三周的“明新青年访问学者计划”。新闻学院执行院长周勇教授表示，会以“明新青年访问学者计划”为平台，继续拓展更多形式的青年学者交流活动。

在教学创新能力提升方面。为贯彻“十四五”期间建设高质量教育体系相关政策，北京交通大学语言与传播学院举办中青年教师教学基本功比赛，促进青年教师专业技术进步，有效提升了教师教学创新能力。在恢复建院 20 周年之际，北京大学新闻与传播学院开展青年新闻传播学者教研经验分享会，结合青年学者在教学科研中的经历和感悟，对新闻传播学学科发展、研究路径、人才培养等问题进行了探讨。

在实验室与研究中心建设方面。4月2日，“文科实验教学改革与实验室建设研讨会”在中国人民大学召开。为响应新文科建设的时代号召，中国人民大学新闻传播实验中心在传统实验室的基础上推出虚拟仿真实验教学平台、融媒体与智慧传播创新孵化平台、明新影像工坊等跨学科的虚拟仿真实验室，不断示范引领国内新闻传播教育机构的实验教学模式革新和演变。在国家新闻出版署公布的出版业科技与标准重点实验室名单中，中国传媒大学申报的“融合出版与文化传播重点实验室”入选，该实验室致力于开发利用智能化出版技术，探索融合出版与文化传播的新路径。此外，北京师范大学也在2021年成立数字出版与数字人文融媒体实验室及出版印刷国际传播研究中心，旨在构建科技、渠道、内容融合发展的数字出版与数字人文融媒体平台，探索产学研协同育人新机制，弘扬建设出版强国和文化强国的时代性目标。

在校企校际合作方面。为落实习近平总书记“讲好中国故事，传播好中国声音，加强国际传播能力建设”的讲话精神，北京外国语大学国际新闻与传播学院和奥美集团共建校外实践教学基地，通过与优秀传播机构的交流，加强北京外国语大学国际传播学科建设，培养更多复合型、复语型人才。北京大学新闻与传播学院与北京中科闻歌科技股份有限公司共建实习基地，致力于培养兼具人文思维、技术思维和社会科学思维的全媒体人才。9月9日，中国人民大学新闻学院与中央民族大学新闻与传播学院举行共建签约仪式，此举是新文科建设背景下两校贯彻实施中宣部、教育部“卓越新闻传播人才教育培养计划2.0”的协同创新举措。此外，该院还与延安市融媒体中心合作共建“清凉山”融媒体研究室，围绕延安融媒体建设的战略升级展开了教研教学的深度合作。地方外宣工作和高校智库开展深度合作，是贯彻落实中央外宣工作要求的务实举措。3月26日，清华大学新闻与传播学院和重庆市对外交流协会签订合作备忘录，双方将围绕重庆城市传播的制度设计、创新举措和发展规划等问题展开长期合作。

(3) 学术研究和学术交流

面对后疫情时代数字技术的广泛应用与新的传媒生态的逐渐形成，清华大学新闻与传播学院发布《传媒蓝皮书：中国传媒产业发展报告（2021）》，并会同多位专家学者就中国传媒产业发展趋势分析、传媒生态变化、媒体融合、网络空间治理等议题展开了研讨。此外，针对新兴的“元宇宙热”，清华大学新闻与传播学院新媒体研究中心发布《2020—2021年元宇宙发展研究报告》，对“元宇宙”概念的最新发展及其对新闻传播学产生的影响进行了探究。北京大学新闻与传播学院持续关注健康传播，于11月5—7日举办“2021中国新闻史学会健康传播专业委员会年会暨第四届‘医疗、人文与媒介：健康中国与健康传播研究’国际学术研讨会”，邀请海内外学者，对新时期健康传播研究的核心问题、理论建构和方法路径等进行了深入探讨。中国人民大学新闻学院参与编写《中国新闻事业发展报告》，对媒体融合战略实施以来中国媒体融合发展的探索经验以及技术创新在媒体领域的应用进行了研究。北京交通大学语言与传播学院牵头发布首部《中国交通舆情研究报告（2015—2020）》，为我国交通行业优化社会治理、提升交通行业海外宣传及舆情治理水平提供智力支持。此外，中国传媒大学传播研究院、中国政法大学光明新闻传播学院等分别举办第十届新闻学与传播学博士生国际学术研讨会和第二届“2050 学子论坛”，为广大青年学术群体搭建起了一个学术交流与分享的平台。

（北京大学　莫慧娟）

1.2.29　上海市新闻传播教育发展综述

1.2.29.1　上海地区新闻传播专业 2021 年发展特点

2021 年，上海地区各高校新闻传播专业持续发力，以马克思主义新闻观为指导，强化思想引领在新传教育全方位育人过程的贯穿作用；借势新文科建设，密切关注智能传播技术发展动向，推进教学内容和教学形式的创新性和时效性；依托各高校扎实基础教育和前沿科研资源，促进国际教育组织和机构间的合作交流及合作办学，搭建国际化新传人才培养平台。2021 年度上海各高校新闻传播学注重教育高质量发展，产出一批原创科研成果，做出一流决策咨询贡献，切实提升本地区新传教育育人水平以及在全国乃至世界的示范作用。

第一，强化马新观的价值引领，融入全域性育人环节。在庆祝建党百年之际，助力党的新闻事业人才培养，不断丰富马克思主义新闻观研究成果。复旦大学新闻学院与上海市委宣传部部校共建新闻学院二十周年暨第二届马克思主义新闻观论坛，并发布了《马克思主义新闻观研究年度报告（2021）》。同济大学艺术与传媒学院开展动画专业课程思政建设研讨会，围绕课程思政内容和研究主题研讨教学方法和专业建设经验。上海外国语大学新闻传播学院师生参与编译由上海市人民政府新闻办公室联合新民晚报社编写的《百年大党——老外讲故事》，助力城市外宣，向世界讲好中国故事。上海大学新闻传播学院与中国新闻史学会联合主办以“百年来党管媒体的实践与经验”为聚焦主题的全国首届“党管媒体”高峰论坛暨第二届上海大学马克思主义新闻观全国学术年会，深入研究“党管媒体”等理论创新、实践探索与历史经验。华东政法大学传播学院《新时代海派电影工业美学建构研究——基于马克思主义新实践美学理论》入选 2021 年度上海市哲学社会科学规划课题。东华大学人文学院《社交媒体中主流意识形态认同建构的机制研究》入选 2021 年度教育部人文社会科学研究规划基金项目。

第二，充分研究与运用智能时代技术，契合全媒体时代传播发展与人才培养的需求。复旦大学新闻学院举办 2021 年全媒体全球传播（复旦）论坛，旨在把握智能化媒介技术革命的机遇与挑战，探讨新闻传播学科建设新格局。上海交通大学与人民网、中国共产党新闻网合作，正式启动“VR 学四史”融媒体产品开发计划，汇入世界科技发展的潮流，让红色文化的传播更广更深。“健康中国融合新闻报道虚拟仿真实验”综合运用虚拟现实、增强现实、3D 建模人机交互等技术，构建模拟仿真系统，入选 2021 年度上海高等学校一流本科课程，助力复合型新闻传播人才的培养。华东师范大学传播学院举办第四届媒体融合发展战略学术研讨会，共同探索面向未来的融合发展之道。“人工智能时代融合新闻传播人才培养实践基地”获得教育部 2021 年第一批产学合作协同育人项目立项。上海大学新闻传播学院出版专著《智媒时代的传媒经济学》，参与主办 2021 中国新闻史学会传播学专业委员会年会暨 2021 中国智能媒体传播高峰论坛，海内外 80 多所高校的百余位师生共同分享传播学前沿理论成果，展望智能媒体发展未来。

第三，推进产学研一体化融合，实现教学资源最优化整合。复旦大学新闻学院提供学术指导，参与举办第三届“天与空创意节”，被誉为“创意界春晚”，实现广告学界与广告业界深度互动；与成都传媒集团签署战略合作协议，共促校企协同发展；与中央广播电视总台签订全面战略合作伙伴关系，研讨新形势下人才培养和学科建设。华东政法大学传播学院成立一流本科产学研协同育人平台，首批入驻包括上海人民广播电台路平工作室和《法治日报》上海记者站余东明工作室在内的五家工作室。华东师范大学传播学院新增包括浦东新区融媒体中心、长宁区融媒体中心等 3 家实习基地，架起校地双方协作发展的平台，并与中共寻甸县委宣传部签署战略合作协议，打造课程思政实践基地。上海外国语大学新闻传播学院与松江区融媒体中心合作建设的“融媒体背景下构建对外传播体系的实践创新”项目，强化实战场景。上海大学新闻传播学院与恒源祥集团开展合作意向交流会，以期促进区县融媒体发展、助力舆情监测与分析。

1. 2. 29. 2　上海地区部分新闻传播院系重大事件

复旦大学新闻学院 2021 年度获批国家社科基金项目 2 项。新闻传播学博士后流动站获四项国家级资助项目。学院获评首届全国教材建设先进集体，并与中央广播电视总台合作成立国际传播研究院学院，与南风窗长三角研究院共建教学实践基地，推进媒体融合发展和人才联合培养。学院参与主办 2021 年全媒体全球传播（复旦）论坛、首届“中国新闻学”教材建设高峰论坛、“数字文明与艺术传播范式转型”学术研讨会、2021 年视听中国前沿论坛暨短视频学术研讨会、《申报》与中国共产党——纪念中国共产党百年华诞学术研讨会、“数字城市：传播研究的本土化创新”传播与中国 · 复旦论坛和中国新闻史学会健康传播专业委员会成立大会暨健康传播学术创新论坛等。

上海交通大学媒体与传播学院 2021 年度获批国家社科基金项目 2 项、上海哲社项目 4 项；“模拟舆论极化的生成机制和治理策略研究”被列为国家社科基金重点项目。“健康中国融合新闻报道虚拟仿真实验”入选 2021 年度上海高等学校一流本科课程。学院参与主办“AI 医疗与数字健康传播”研究生学术前沿论坛，并与国际传播学会（ICA）共同主办 2021 新媒体国际论坛，探讨后疫情时代智能传播技术的角色、影响以及对人类共同福祉的促进。

华东师范大学传播学院 2021 年度获批国家社科基金项目 4 项（其中重大项目 1 项、中华学术外译项目 1 项）、上海哲社项目 1 项。“新文科建设背景下的全媒体传播人才培养模式创新与实践研究”获 2021 年教育部新文科研究与改革实践项目立项，“人工智能时代融合新闻传播人才培养实践基地”获得教育部 2021 年第一批产学合作协同育人项目立项。教材《新闻评论理论与实践教程》和《数字出版产业导论》获批 2021 年度校精品教材建设专项立项。学院参与举办第四届媒体融合发展战略学术研讨会、第六届口语传播学术论坛、“机器与劳动：算法时代下的社会科学青年学者论坛”、博士生论坛“不确定时代的传播与文化转型”及各类学术讲座 50 余场，并与亚太传播交流协会（APCEA）共同举办第三届亚太传播交流论坛年会。

同济大学艺术与传媒学院“中国现代舆论思想史研究（1911—1949）”获批国家社科基金项目。新闻传播学获评 2021 年度泰晤士高等教育中国学科评级 A-学科。学院参与举办中国新闻史学会新闻传播思想史研究委员会 2021 年学术年会、第六届国际青年学者论坛、“拒绝在/再玩：游戏的精神生态学”跨学科研讨工作坊及动画专业课程思政建设研讨会暨第二届未来城市与智能媒体交互论坛；举办惟新讲坛 9 期。

上海外国语大学新闻传播学院“区块链技术赋能互联网广告数据治理研究”获批国家社科基金项目。增设国际传播班硕士项目，并纳入学院新闻学学术硕士。与中国国际舆情研究中心共同创办 *Online Media and Global Communication*（《网络媒体与全球传播》）英文学术期刊。学院参与举办第四届中国形象与全球传播国际研讨会、第三届中国形象与全球传播研究生论坛和新冠肺炎疫情背景下新闻传播教学改革创新研讨会。与松江区融媒体中心合作建设的“融媒体背景下构建对外传播体系的实践创新”项目入选“2021 年度全国地方党媒融合发展创新示范项目”。

上海大学新闻传播学院 2021 年度获批教育部哲学社会科学重大攻关项目 1 项、国家哲学社会科学项目 1 项、国家哲学社会科学基金后期资助项目 1 项。“中外人文交流全媒体产教融合项目”获批教育部中外人文交流中心课题建设立项。“电视新闻实务”获评上海市一流本科课程，“电视纪录片与专题片”获评上海市级重点课程。《传媒社会责任管理教程》和《新广告学教程》在2021年度上海大学校级本科教材建设项目中获批立项，出版包括《新媒体广告教程》和《智媒时代的传媒经济学》在内的系列教材和专著13部。学院参与举办2021中国智能媒体传播青年论坛、第四届世界传播论坛、第二届全国马克思主义新闻观学术年会既“党管媒体”高端论坛和“上海城市形象和网络舆情”工作坊，承办2021年国际新闻传播教育联盟理事会会议和2021中国新闻史学会传播学专业委员会年会暨2021中国智能媒体传播高峰论坛。同时，开展“WOW！上海X短视频——2021第二届两岸青年城市体验营”，被评为2021年教育部对台教育交流项目重点资助类项目。与悉尼科技大学合作开展校际外事项目“数字媒体论坛”。

华东政法大学传播学院2021年度获批国家级课题2项、省部级课题4项。学院成立一流本科产学研协同育人平台，打通校内校外的资源，对接国家一流本科专业建设点规划要求。新增设网络与新媒体专业，师资队伍完备。“新闻法规与职业道德”获上海高等学校一流本科课程。学院参与举办第一届“当代传媒法治高峰论坛”、《广播电视法》立法研讨会和第五届“东方传播法”学术工作坊，承办2021年上海市美学学会“美的本质与非本质”青年学术沙龙。与西北政法大学新闻传播学院联合举办“以史为鉴开创未来”第三届马克思主义与中国优秀大学生研习营，启动华政-北卡“重点引智项目”并开设“美国大众传播法”课程，与曼谷大学中文国际学院联合开展两个月的跨文化交流活动并开设系列课程。

东华大学人文学院2021年度获批7项国家社科基金项目、2项教育部人文社科基金项目。“公共关系学”获批上海市重点课程建设立项，“守正创新：新文科背景下新闻传播人才一体化创新培养模式的实践与探索”“新文科背景下公共关系学专业人才培养的数字化转型”获“纺织之光”2021年度中国纺织工业联合会纺织高等教育教学成果二等奖。学院举办第五届国际青年学者尚实论坛人文学院数字时代人文与社会科学发展分论坛，承办“智能媒介与社会治理”云端智库专家圆桌论坛。与美国密苏里大学新闻学院合作开设“移动新闻报道技术与艺术”国际课程。

（上海交通大学　薛可）

1.2.30　天津市新闻传播教育发展综述

2021年，在教育战线抗击新冠肺炎疫情常态化的形势下，天津新闻传播教育界迎难前行、乘势而上，在科研成果、学科建设、师资进修、课程建设、教学改革、实践教学、人才培养等方面均积累了一定成果。以下根据各新闻院校的年度亮点业绩，逐一简述概况。

1.2.30.1 科研立项及论著成果扎实积累

2021 年，天津师范大学新闻传播学院共获批科研立项 11 项，其中纵向项目 7 项、横向项目 4 项。纵向课题包括教育部人文社科项目 1 项、天津市哲学社会科学 4 项、天津市艺术规划 1 项、天津市“五个一批人才”人才项目 1 项；横向课题包括国家级、省部级、委局级、校级各 1 项。学院教师共发表论文 39 篇、其中 C 刊论文 12 篇、核心期刊论文 13 篇、一般期刊论文 11 篇、外文期刊 2 篇、论文集 1 篇；出版专著及教材 3 部，发表研究报告 1 篇；获第十七届天津市社科优秀成果奖三等奖、天津市第十五届优秀调研成果三等奖、国家反恐怖理论与实践研讨会优秀论文奖、天津市新闻奖新闻论文类二等奖、中国高校影视学会 2020—2021 年度学术成果奖。

天津大学新媒体与传播学院院长陆小华教授主持的国家社科重大项目“数字新闻学理论、方法、实践研究”顺利开题。学院获批包括 2 项国家自然科学基金项目、1 项军科委涉密项目、1 项天津市哲学社会科学项目在内的多项科研项目，《用主流价值导向驾驭算法》一文在《经济日报》头版刊登。2021 年度先后就网络舆情应对、新闻发布、媒介素养提升等多个主题，面向市直机关、各区、新闻媒体部门开展多层次多形式的高端培训。

天津财经大学新闻与文化传播学院（筹）于 2021 年 1 月在天津社会科学出版社出版专著 2 部，分别是院长高红樱教授撰写的《从环境到人文：电影中的环境意识流变研究》和教师孟繁静博士撰写的《探索与实践：电视媒体融合发展研究》。

此外，天津工业大学人文学院传媒艺术系获批教育部协同育人项目 7 项，获得中国纺织工业联合会教学成果一等奖 1 项、省部级教改项目 9 项。

1.2.30.2 学科建设与学术交流稳步推进

2021 年 10 月，南开大学正式挂牌成立新闻与传播学院，由科技日报社原总编辑刘亚东担任院长。学院获批增设 2 个新专业“新闻学”和“网络与新媒体”，其中“网络与新媒体”专业纳入中国语言文学类招生大类，于 2021 年开始招生。现有“编辑出版学”“广播电视学”“新闻学”“网络与新媒体”四个本科专业。2021 年引进了 3 名教授组成的国际传播团队，打造国际传播领域前沿实践、史论等研究领域互补结合的高水平阵地。

2021 年，天津大学新媒体与传播学院的新闻传播学一级学科硕士点通过天津大学校内审核，预计将于 2022 年中期获教育部批复并启动新闻传播学硕士招生工作。学院目前设有数字新闻学、网络国际传播、智能传播与算法治理三个研究发展方向。

天津财经大学新闻传播学专业学位硕士点于2021年成功获批，将于2023年开始招生，设有新媒体运营管理、财经与数据新闻、文化产业与影视传播三个研究方向。在软科2021年中国大学专业评级和排名中，新闻与文化系广播电视学专业获评级别为B级。选送骨干教师参加“第四届中国特色新闻学高级研修班”“全国新闻传播学骨干教师培训班”等国内进修班；专业教师公丕钰博士参加IAMCR（国际媒介与传播研究学会）2021年内罗毕年会（网络会议），参会论文被会议收录。

天津外国语大学国际传媒学院新闻学专业获批国家一流本科专业建设点，完成2个天津市专业学位研究生联合培养基地的验收工作。2021年9月，由天津外国语大学作为协办单位，成功举办了由国务院新闻办公室主办、中国外文局当代中国与世界研究院承办的第七届全国对外传播理论研讨会，来自中央及国家机关涉外工作部门、主要新闻单位、省区（市）新闻办、高校、研究机构等单位的相关负责人和专家学者等400余人参加会议，共同围绕“启航新时代国际传播新征程”的主题进行研讨。

天津体育学院新闻学专业以部校共建为契机，继续加强“双师型”师资队伍建设：1名教师参加“千人计划”，赴天津市海河传媒中心津云新媒体推广中心进行为期1年的挂职工作；7名教师参加了2021年全国新闻传播学骨干教师研修班的培训学习；全体教师参加全国高校教师网络培训中心主办的线上高校教师课程思政教学能力培训；部分教师参加中宣部、教育部举办的“马工程”重点教材任课教师培训《新闻学（第二版）》《传播学》《中国新闻事业史》线上专题研修学习。

天津工业大学举办“人文素养大讲堂”，邀请陕西师范大学新闻传播学院李震院长、辽宁大学影视传媒学院庚钟银院长等新闻传播、戏剧影视学界专家学者来校讲座，迎接教育部艺术硕士教育指导委员会入校考察，共议广播电视专业硕士人才培养。

天津中医药大学文化与健康传播学院承办北京大学健康传播国际研讨会中医药健康传播分论坛；主办新文科国家级教改研究与改革实践项目阶段性成果专家咨询会；承办华中科技大学新闻与信息传播学院主办的“首届智能传播与健康治理国际学术研讨会”之“新形势下的中医药文化与健康传播”学术工作坊。传播学专业负责人毛国强教授当选中国新闻史学会健康传播专委会常务理事；在华中科技大学主办的全国健康传播课程论坛做主旨报告；组织召开《中医传播学》国家规划教材专家论证会，张伯礼院士参加研讨；受邀参加中华中医药学会文化分会年会并做报告。

1.2.30.3　课程建设及教改立项成果丰硕

南开大学新闻与传播学院面向全校本科生开设了《互联网时代的新闻素养与传播策

略》“名师引领”课暨“南开新闻传播大讲堂”名师讲座，由范长江新闻奖获得者、南开大学杰出教授、新闻与传播学院院长刘亚东领衔，邀请十余位来自清华大学、中国人民大学、北京师范大学、复旦大学、中山大学、中国传媒大学等高校的学术名师和来自中国记协、新华社、光明日报社、中国日报社、中国青年报社、中国教育电视台、腾讯集团、海河传媒中心等单位的资深专家，为学生进行专题式授课、针对性研讨，课程切实将马克思主义新闻观融入专业教育与思想政治教育中，人民日报社、新华社、光明日报社、新浪、网易、腾讯等主流媒体纷纷报道。

2021 年，天津师范大学新闻传播学院教师张建军主讲的“新媒体传播研究”课程获批天津市一流本科建设课程；陈娜、冯帆主讲的“当代中国新闻改革与发展”课程入选天津市课程思政示范课程，授课教师入选天津市课程思政教学名师和教学团队；“陈娜劳模创新工作室”于 2021 年 10 月获批成立，主要研究领域为教学艺术和口述历史研究；学院 42 门本科课程获批天津师范大学“课程思政”系列优质课程；1 项教改项目获批校级教改项目。

天津外国语大学国际传媒学院佘江教授领衔的“全素质、全媒体文化传播人才培养创新与实践”入选教育部首批新文科研究与改革实践项目。“马克思主义新闻思想”“媒介融合概论”获批天津市级一流本科课程；新闻传播广告动画教工党支部完成天津市领航工程高校党建双带头人教师支部书记工作室结项。

天津体育学院新闻与传播教研室申报的“新文科建设背景下新媒体人才培养模式探索”课题获批天津市首批新文科研究与改革实践项目。“中国新闻史经典案例之党史”荣获“天津市大中小学‘党史专题课程思政精品课”称号。

天津财经大学新闻与文化传播学院（筹）高红樱教授主持的“影视传播”课程获得天津市思政优秀课程思政称号，课程所属教师团队获得优秀思政名师称号。学院邀请天津文联副主席、天津电视艺术家协会主席蔡晓江、海河传媒天津日报新闻协调中心主任、高级编辑燕少广为师生讲座，拓展专业思政教育手段，对接媒体发展前沿。

天津工业大学人文学院传媒艺术系“面向舆情引导突发事件报道仿真实验”获批国家级一流本科课程；“新媒体导论”课程获批天津市级一流本科课程及市课程思政精品课；“新媒体创新与运营”课程团队获批天津工业大学校级教学团队。

1.2.30.4 实践教学与人才培养成果捷报频传

天津师范大学新闻传播学院共获批 13 项大学生创新创业项目，其中国家级 1 项、市级 5 项、校级 7 项。在第十三届大广赛全国竞赛中，学生共获得二等奖 1 项、三等奖 2 项、优秀奖 8 项；在天津赛区中，获得一等奖 3 项、二等奖 4 项、三等奖 8 项、优秀奖53项。在第八届中国大学生公共关系策划创业大赛中，共36支团队斩获佳绩，其中一等奖2项、二等奖9项、三等奖8项、优秀奖17项。在第六届中国数据新闻大赛决赛中，获得大赛二等奖1项、三等奖1项，教师冯帆获优秀指导老师奖。

天津外国语大学国际传媒学院1人完成天津市研究生创新项目，1人获批天津市研究生创新项目立项，1人获国家奖学金。学生获批国家级创新创业项目立项11项，1人获第29届时报金犊奖。在第十三届全国大学生广告艺术大赛中，获三等奖1个、优秀奖4个。研究生在首届天津市“大学-中学”科普创新大赛中荣获二等奖。1人获天津市高校优秀学生，并获天津市“学史增信、青春逐梦”主题演讲比赛一等奖。1人获2020—2021年度天津市十佳校媒人、2020年度全国百强校媒记者。

天津财经大学新闻与文化传播学院（筹）学生获得2021年大学生广告节学院奖二等奖1项，大学生广告大赛优秀奖1项，天津市微视频大赛三等奖1项。与快客集团签署产教研融合基地。与企业共同打造“数据驱动的新媒体运营”课程，丰富课程体系，拓展专业的社会接合面。邀请网易天津总经理李洪浩来校讲座，交流业界前沿信息，开阔师生专业视野。

天津体育学院新闻学专业将津云、抖音等为代表的新媒体纳入实习基地，大幅增加学生传播体育文化的社会实践机会和领域。学生承担了体育文化学院多个校媒平台的内容建设任务，全年共推送近600期。

天津工业大学人文学院不断拓展实习实践教学平台，与天津市南开区融媒体中心、河东区融媒体中心共建实习实践基地，与新闻传播类院系、区级融体中心、新媒体企业合作成立“城市融媒体联合实验室”。

（天津师范大学　陈娜）

1.2.31　重庆市2021年度新闻传播教育发展综述

1.2.31.1　基本情况

根据教育部的统计数据，截至2021年月8月，重庆市高等学校共计68所，其中本科院校26所，高职（专科）院校42所。全市共有12所高校设有独立的新闻传播学院进行专业化的新闻传播教育工作，或设有相关专业开展新闻传播教育工作，有“本—硕—博”完整的新闻传播人才培养体系，通过产学研结合的方式培养具有深厚文化素养、宽广国际视野、神圣职业良知、独立分析能力和精湛专业技能的复合型新闻传播专业人才。

重庆市现有新闻传播学一级学科博士学位授权点 2 个、新闻传播学一级学科硕士授权点 6 个。现有国家一流专业 2 个，2021 年新增重庆市一流专业 7 个（重庆大学——广播电视学；西南大学——广播电视编导、戏剧影视文学、播音与主持艺术；西南政法大学——网络与新媒体；重庆工商大学——广播电视学；四川外国语大学——广播电视编导），新增重庆市“十四五”市级重点学科（新闻传播学）5 个。新增本科专业 1 个，新增新闻与传播专业硕士学位点 1 个，新设“国际传播”二级博（硕）士学位点 1 个。

现有国家“万人计划”青年拔尖人才 2 人，全国广播影视“十佳百优”理论人才 1 人，教育部“新世纪优秀人才”2 人，新闻出版总署“全国新闻出版行业领军人才”1 人，重庆市“巴渝学者”特聘教授 1 人，重庆市“巴渝学者”讲座教授 1 人，重庆市“巴渝学者”青年学者 1 人，重庆市“中青年骨干教师”1 人，重庆市宣传文化“五个一批”人才 1 人，重庆市学术技术带头人 2 人，重庆市青年拔尖人才 1 人，重庆市学科带头人后备人选 3 人。2021 年，新增“重庆英才·名师名家”2 人，新增“重庆英才·青年拔尖人才”1 人。

2014 年，重庆师范大学与重庆市委宣传部部校共建成立“重庆新闻学院”，成为全国首批 10 个试点单位之一，全面推进“卓越新闻传播人才教育培养”计划。与中共重庆市委宣传部合作，成立了重庆新闻学院，为学院进一步发展搭建了平台，形成了新闻与传媒学院、重庆新闻学院、新媒体学院三位一体的全媒体办学格局。

1.2.31.2 发展现状

(1) 专业设置

目前重庆市有 11 所高校设有独立的新闻传播学院进行专门的新闻传播教育，其余院校均设立新闻传播系开展新闻传播教育（见表 1-30）。

表 1-30 重庆市高校新闻传播学专业设置

序号	高校名称	学院	专业设置
1	重庆大学	新闻学院	本科：新闻学、广播电视学 学术硕士：新闻传播学 专业硕士：新闻与传播 博士：新闻传播学

续表

序号	高校名称	学院	专业设置
2	西南大学	新闻传媒学院	本科：新闻学、广播电视编导、播音与主持艺术 学术硕士：新闻传播学、戏剧影视学 专业硕士：新闻与传播 博士：传媒文化教育、传媒教育产业
3	西南政法大学	新闻传播学院	本科：新闻学、广播电视学、传播学、网络与新媒体 学术硕士：新闻传播学 专业硕士：新闻与传播 博士：新闻传播学
4	四川外国语大学	新闻传播学院	本科：新闻学、广告学、广播电视学、传播学、网络与新媒体、播音与主持艺术、广播电视编导、国际新闻与传播（2021 年新增，2022 年开始招生） 学术硕士：新闻传播学 专业硕士：新闻与传播 博士：跨文化传播、国际传播（2021 年新增）
5	重庆工商大学	文学与新闻学院	本科：新闻学、广告学、广播电视学、传播学、网络与新媒体 学术硕士：新闻传播学 专业硕士：新闻与传播
6	重庆师范大学	新闻与传媒学院	本科：新闻学、网络与新媒体、广播电视编导、数字媒体艺术、摄影、影视摄影与制作 学术硕士：文艺与传媒、广播电视 专业硕士：新闻与传播
7	重庆交通大学	旅游与传媒学院	本科：广播电视新闻学、广告学 专业硕士：新闻与传播
8	重庆第二师范学院	文学与传媒学院	本科：网络与新媒体、广告学、时尚传播
9	长江师范学院	传媒学院	本科：广播电视学、播音与主持艺术、网络与新媒体
10	重庆理工大学	管理学院	本科：广告学 专业硕士：新闻与传播（2021 年新增）
11	重庆财经学院	新媒体艺术学院	本科：网络与新媒体、数字出版

（2）对外合作交流

随着社会的发展和教育的进步，重庆高校注重国际及地区交流合作，开展国际学术交流与合作也越来越为普遍。目前，重庆大学、西南大学、西南政法大学、重庆工商大学、四川外国语大学、重庆师范大学、重庆交通大学等高校坚持“开放办学、国际化发展”，对外交流与合作日益频繁（见表 1-31）。

表 1-31　　**重庆高校对外合作交流情况表**

序号	高校名称	合 作 单 位
1	重庆大学	加拿大威尔弗里德劳时埃大学、美国雪城大学纽豪斯公共传播学院、台湾铭传大学传播学院、澳大利亚斯威本科技大学生命与社会科学学院、加州州立大学（富尔顿校区）、澳大利亚科廷大学媒介文化与创新艺术学院、香港浸会大学传理学院、香港城市大学媒体与传播系
2	西南大学	美国俄勒冈大学新闻传媒学院、英国格林姆斯比学院
3	四川外国语大学	北京外国语大学、暨南大学、香港浸会大学、美国肯特州立大学、美国德雷克大学、英国普利茅斯大学
4	重庆工商大学	泰国皇家理工大学
5	西南政法大学	英国威斯敏斯特大学、美国哥伦比亚大学
6	重庆师范大学	美国纽约电视学院
7	重庆交通大学	英国南安普敦大学

（3）人才培养理念

重庆各大高校新闻传播教育在依托本校办学特色的基础上，注重培养学生的综合素养，重视培养学生的实践能力和人文素养，课程设置门类齐全、专业特色也较为鲜明，在办学水平上，从一本重点院校到二本院校再到三本独立院校和专科院校，各有特色。

由于各高校层次及办学特色的差异，对人才培养的定位也有不同。有的是以培养理论与实践相结合的合格人才，有的除了注重学生实践能力的培养，也突出传媒技能实战特色。重庆大学新闻学院注重理论与实践相结合、学术型人才培养与专业应用型人才培养相结合，该院每年均组织安排学生在重庆日报报业集团、重庆广电集团、新华社重庆分社等主流媒体实习；西南大学新闻传媒学院坚持“高理论性+强实践性”的人才培养，秉承“开中外视野、立时代精神、办特色教育、育传媒人才”的办学理念，学生在《人民日报》《中国青年报》《大公报》、新华网、凤凰网，以及美国《侨报》等媒体上发表各类作品10000余篇，不少毕业生已经成长为新华社、中新社、中央电视台、湖南卫视、《重庆日报》《安徽日报》等传媒机构的中坚力量；西南政法大学新闻与传播学院首次提出以全球新闻视角打造国内一流新闻学科、培养具有全球视野的法治新闻传播人才的办学理念；重庆工商大学文学与新闻学院坚持“厚基础、宽口径、高素质、重能力”的人才培养方针，注重产学研合作，建有华龙新媒体学院、重庆传媒与文化发展研究中心，该院与新华网、重庆日报报业集团、重庆广电集团、华龙网集团、爱奇艺、梨视频、五洲传媒集团、中科普传媒发展股份有限公司、重庆法制报社等合作紧密，建有多个实习实践及就业基地。重庆师范大学新闻与传媒学院人才培养注重与行业接轨，聘请了众多业界专家作为兼职教师；坚持举办“重庆新闻学院大讲堂”，坚持以媒介技术为支撑，以融合新闻和影视艺术为特色，为市内外用人单位培养和输送了大批人文素养深厚、技艺并重，运用互联网思维进行高品质影像创作和创意传播的应用型人才。重庆理工大学着力培养服务于重庆地方特色经济和乡村振兴战略的高层次、应用型传播专业人才。

（4）科研与学术交流

为了适应时代的发展需要，培养新时期服务社会的综合型人才，重庆市各大本科院校均设立了相关研究中心，并积极开展专业研究，取得了显著的研究性成果。

其中，重庆大学新闻学院建有技术设备先进、综合功能齐全的全媒体传播实验中心，由一个综合平台和六个专业实验室组成，包括媒介融合实验室、电视演播室、数字高清视频编辑实验室、摄像实验室、摄影实验室、数字音频实验室、传媒与舆情调查实验室，实验中心场地面积700多平方米。西南大学新闻传媒学院建有新闻传播研究中心、文化传播研究中心、大后方电影研究中心、影视传播与道德教育研究中心4个研究机构。四川外国语大学新闻传播学院建有建成了总值1300多万元的传播技能综合实验中心，并获批为重庆市市级实验示范中心。该实验中心包括新闻摄影实验室、电视摄像实验室、非编实验室、演播实验室、艺术设计实验室、融媒体实验室、MAC传播与艺术人才实训中心、舆情监测中心等，中心实验设备优良，管理制度完善，实验效果突出，已成为重庆市乃至西部地区有影响的新闻传播学科专业重要的实验、实训基地。重庆师范大学新闻与传媒学院建有拥有2000多平方米的市级实验教学示范中心——数字影视制作实验教学中心，中心设备先进，总值逾2000万元，并且学院建有市级文化传媒众创空间1个，全国领导干部媒介素养培训基地重庆中心1个，微电影研发中心、协同创新中心、媒介素养研究院等各类平台5个。重庆工商大学文学与新闻学院建有市级科研平台重庆传媒与文化发展研究中心，建有传媒技术实验教学中心，能够支撑以高级视听产品生产为核心的融合媒体运用试验、实验，是功能较为完备的融合媒体应用性研究实验中心。

坚持“以科研带教学，以教学促科研”，科研成果较为丰硕。2021 年新增国家社科基金项目 7 项，其中重大项目子项目 1 项、重点项目 1 项、新增教育部项目 2 项，出版专著 25 部，出版教材 7 部，发表高水平论文 130 篇。

1. 2. 31. 3　改革举措

在新形势下，重庆新闻传播教育学界紧密结合国家和重庆区域经济社会发展需要，充分利用学校资源和社会资源，立足媒介融合学科融合，着力培养新闻传播类学生的“四力”，建立与学界业界政界协同的教育教学体系。

（1）创新学界业界政界合作培养人才机制，促进人才培养高素质全媒化复合型

利用好各类合作平台，创新新闻传播课程建设协作机制。采取校地合作、校企合作等模式，与重庆报业集团、华龙网等共建新闻学院；与地方传媒企业联合设立课程开发平台，共同建设数据挖掘、数据可视化、网络新闻实务、融合传播实务、新媒体技术等课程；鼓励教师到媒体从业挂职或媒体一线管理人员、记者到学校任课等。成立课程协同创新中心，实现校校合作、校媒合作等，促进人才聚集、资源共享、信息互动等。

（2）促进人文素养与科学素养融合，创新马克思主义新闻观实践教育模式和课程思政模式

从内在关联性与整体性出发合理设置通识课程和专业课程，建构科学与人文融合的课程体系。设置文化、经济、管理、社会、文学等学科通识课程，增加与前沿技术对接的传播科技类课程，与国家战略市场需求对接的新课程，与全球化国际化适应的国际课程，同时根据新闻传播学科人才核心素养要求，夯实旨在提高学生新闻信息分辨、择取、生产和传播能力的专业核心和专业选修课程。

家国情怀社会责任教育与专业教育结合，创新马克思主义新闻观实践教育模式。坚持用马克思主义新闻观指导新闻传播专业教学。新闻学概论、传播学概论等必修课程，通过研读经典著作，系统讲解马克思主义经典作家和党的领导人关于新闻传播的基本观点。其他选修课程，将立德树人目标贯通到教学体系，将知识传授与价值引领相结合，把专业教育与思政教育有机结合，建设课程思政和马克思主义新闻观实践案例库。充分发挥重庆红色资源聚集的优势和大城市大农村的特色，组织和引导学生到基层到一线调查研究和进行新闻采访，把各项赛事活动与“四力”培养结合，把专业教育与家国情怀社会责任教育结合。

(3) 聚焦“四力”培养，创新新闻传播实习实践实训体系

利用好各类实践平台和组织好校内外各种赛事，探索实习实践实训的长效机制。利用好校外实习实践基地，创新移动课堂实践教学模式。到传统媒体、新媒体一线实习实践，到扶贫攻坚一线、社会主义新农村建设一线、工厂企业一线等采访，打通理论与实践衔接的渠道。

1.2.31.4 主要教育实践活动及成绩

重庆市各大高校在对学生进行认真教学专业培养的同时也注重对有关教育实践平台的搭建，并以此为基础组织开展多项学生活动，来达到丰富学生生活、培养学生专业素养和实践能力的目的。

2021 年“软科中国大学专业排名”显示重庆大学新闻学院新闻学、广播电视学均达到 A 等级，分别名列第 18 和第 17 位，首次成功承办大型国际会议——第二届移动传播国际会议（Mobile Studies Congress 2021）的中国分会场研讨；西南大学新闻传媒传媒学院成功举办 2021 年“看中国·外国青年影像计划·重庆行”活动，邀请英国罗伯特戈登大学的 Craig 副教授进行国际课程周线上授课。西南政法大学新闻传播学院和重庆工商大学文学与新闻学院与重庆市记者协会合作筹办“范长江与重庆”展览馆正式开馆，该馆被授予全国新闻战线党史教育基地、中国记协马克思主义新闻观教育培训基地、全国新闻战线“走转改”活动基地、全国新闻战线“三项学习教育”活动基地、重庆新闻战线党史教育实践基地；西南政法大学新闻传播学院依托省部级科普基地——西南政法大学媒体素养科普基地，与重庆市科技局联合致力于开展以非物质文化遗产传播为特色的科普活动；四川外国语大学新闻传播学院在“当代国际话语体系研究院”下设重庆国际形象传播大数据中心、国际传播话语研究中心等新闻传播领域分支机构，紧密围绕新型高校智库的目标，聚焦国家战略需要，结合重庆经济社会发展，在为政府和企业提供智力支持和咨询建议方面成效显著。

（重庆工商大学　魏静）

1.3　西南地区新闻传播教育地图

西南地区新闻教育地图涵盖重庆市、四川省、贵州省、云南省和西藏自治区的高校新闻传播教育工作。据统计，在西南地区众多高等院校中有 87 所高等院校设置新闻传

播教育专业（见图1-6）。

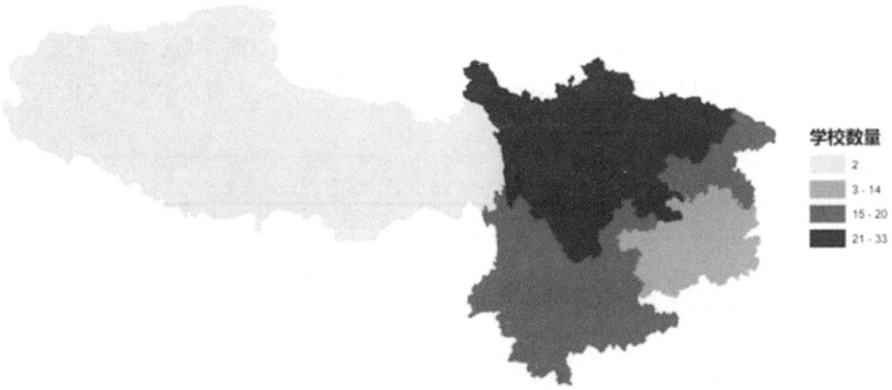

图1-6　西南地区高等院校新闻传播教育专业设置分布

表1-32　　　　　**西南地区开设新闻传播本科专业分省院校汇总表**

重庆市18所	重庆大学、西南大学、重庆师范大学、四川外国语大学、西南政法大学、重庆工商大学、重庆人文科技学院、重庆外语外事学院、重庆对外经贸学院、重庆工商大学派斯学院、重庆第二师范学院、重庆财经学院、长江师范学院、重庆三峡学院、重庆工程学院、重庆城市科技学院、重庆交通大学、重庆文理学院
四川省33所	四川大学、西华师范大学、西南民族大学、西南交通大学、乐山师范学院、西南财经大学、四川农业大学、四川师范大学、西南科技大学、四川轻化工大学、绵阳师范学院、宜宾学院、成都体育学院、四川传媒学院、四川外国语大学成都学院、成都锦城学院、四川大学锦江学院、成都师范学院、电子科技大学成都学院、西华大学、西昌学院、内江师范学院、四川文理学院、成都大学、四川民族学院、吉利学院、成都艺术职业大学、成都理工大学工程技术学院、成都银杏酒店管理学院、西南财经大学天府学院、四川电影电视学院、成都文理学院、四川工商学院
贵州省14所	贵州大学、贵州民族大学、六盘水师范学院、贵州黔南科技学院、贵阳人文科技学院、铜仁学院、兴义民族师范学院、贵州财经大学、贵阳信息科技学院、贵州师范大学、贵州工程应用技术学院、黔南民族师范学院、贵阳学院、贵州师范学院

续表

云南省 20 所	云南大学、大理大学、云南师范大学、昭通学院、保山学院、云南财经大学、玉溪师范学院、文山学院、云南大学滇池学院、丽江文化旅游学院、红河学院、云南民族大学、云南经济管理学院、昆明文理学院、滇西科技师范学院、昆明理工大学、曲靖师范学院、昆明城市学院、云南艺术学院文化学院、昆明学院
西藏自治区 2 所	西藏大学、西藏民族大学

1.3.1　历史沿革与专业设置

1.3.1.1　历史沿革

重庆大学 1929 年创校之初即设立文学院。1998 年，重庆大学成立人文艺术学院，开设广播电视新闻学专业。1999 年，成立广播电视新闻系，招收广播电视新闻专业本科生。2004 年，获批新闻学、传播学、广播电视艺术学三个二级学科硕士学位授权点；2006 年，获新闻传播学一级学科授权点，新闻学成为重庆市拟建设重点学科。2007 年，组建文学与新闻传媒学院，聘任新华社原副社长兼常务副总编辑马胜荣为院长，与学校宣传部共建舆情信息研究所（中宣部直报点）。2012 年，学校调整学科布局，将中文系划出，更名为重庆大学新闻学院，董天策教授任院长，马胜荣教授改任名誉院长。2013 年，学院依托法学一级学科博士点自主设置“新闻法学”学科方向。2018 年，依托公共管理一级学科博士点自主设置“社会治理与公共传播”学科方向。2019 年，重庆大学自主审核拟新增“新闻传播学”一级学科博士点。

2006 年 4 月，西南大学应时代和学科发展之需，由原西南师范大学文学院、计算机与信息科学学院，原西南农业大学信息中心部分专业联合组建了西南大学新闻传媒学院。

1985 年重庆师范大学举办摄影高等教育，是我国西南地区最早从事影视传媒高等教育的院校之一。2011 年，学院深化校企合作，成立了国内首家新媒体学院。2014 年，与中共重庆市委宣传部合作，成立了重庆新闻学院，为学院进一步发展搭建了平台，形成了新闻与传媒学院、重庆新闻学院、新媒体学院三位一体的全媒体办学格局。

1995 年四川外国语大学开始筹办新闻教育，1996 年学校成立社科系，招收了首届国际新闻方向学生。1998 年，教育部正式批准四川外国语大学开办新闻学本科专业，2003 年广告学专业开始招生。2005 年 6 月，经学校研究决定，社科系新闻学专业与英语语言文化系广告学专业分别从原教学单位独立，合并组建新闻传播学院。2014 年，新闻与传播专业硕士点获教育部批准，2015 年正式招生。2018 年 3 月，新闻传播学一级学科硕士点获批，并于 2019 年开始招生。2019 年，学校在外国语言文学一级学科博士点下开始招收跨文化传播方向博士研究生，新闻传播教育涵盖了从本科到博士阶段教育的完整体系。

西南政法大学全球新闻与传播学院始建于 1994 年，1995 年在重庆市高校中最早设立新闻学本科，并于 2004 年最早获得新闻学硕士学位授权点，2010 年获批新闻传播学一级学科硕士学位授权点、新闻与传播学专业硕士学位授权点。

重庆工商大学文学与新闻学院从 1978 年招生以来已有 40 余年的办学历史。学院现有汉语言文学、新闻学、广播电视学、广告学、网络与新媒体 5 个本科专业。新闻传播学科是重庆市“十二五”“十三五”“十四五”市级重点学科，有新闻传播学一级学科硕士点、新闻与传播专业硕士学位点。

四川大学文学与新闻学院具有悠久的历史。1931 年国立四川大学成立，设文学院、理学院、工学院、农学院等几大学院，文学院历任院长有向楚、朱光潜等学术名家，曾任中文系主任的有谢无量、刘大杰、潘重规、杨明照等著名学者。50 年代院系调整，撤销文学院建制，分为中文、外文、历史等系。1994 年恢复文学院，包括中文、历史等系。1998 年又进行调整，将原四川大学文学院中文系与原四川大学新闻学院合并，组建成四川大学文学与新闻学院。2013 年，学院进入首批十所与地方宣传部门共建（“部校共建”）新闻学院序列，加挂四川大学新闻学院院牌。

西南民族大学新闻传播教育始于 2002 年，已有 20 年的办学历史。2020 年，新闻传播学院从原文学与新闻传播学院分立出来。该院始终秉承学校“为少数民族和民族地区服务、为国家发展战略服务”的办学宗旨，立足西部，面向全国，与时偕行，顺时而为，培养新闻传播基础理论与专业知识扎实，熟悉新媒体应用与发展，适应融媒体、智媒体时代需要的卓越新闻传播与信息传播高级专业人才。自 2002 年起，先后开设新闻学、广播电视学两个本科专业；2013 年，获批民族文学与新闻传播学二级学科硕士点。

成都体育学院是国内最早从事体育新闻高级人才培养的高校。20 世纪 90 年代，该校即开始从事体育新闻研究。1996 年在国内首次招收培养体育人文社会学体育新闻传播方向研究生。2000 年经教育部批准开设并招收新闻学本科专业。2002 年成都体育学院新闻系成立。2005 年该校倡导并创建了目前国内唯一的全国性体育新闻传播研究组织——中国体育新闻传播学会，学会秘书处设在该校。2006 年该院获得新闻学二级学科硕士学位授予权，为当时四川省仅有的 3 个拥有新闻学硕士学位授予点的院校之一。2011 年该校获得新闻传播学一级学科硕士学位授予权，2012 年获传播学二级学硕士学位授予权，2014 年获得新闻与传播学专业学位授予点。2014 年，成都体育学院新闻系开始招收培养体育文化传播方向博士生。

贵州大学文学与传媒学院的前身是国立贵州大学文理学院的中国文学系，创建于1942 年。1987 年贵州大学中文系新增新闻学专业。2004 年原贵州大学中文系、历史系、哲学系组建成贵州大学人文学院。2006 年新闻学专业从中文系分出，组建为贵州大学人文学院新闻系。2016 年 5 月由原贵州大学人文学院中文系、新闻系组建为贵州大学文学与传媒学院。

云南大学新闻学院始于 1985 年，是云南省乃至西南地区最早的新闻传播教育机构之一。2014 年成立新闻学院，2016 年与中国国际广播电台共建成立南亚东南亚国际传播学院。

西藏民族大学新闻与传播学院创建于 2005 年 3 月，它的前身是 1996 年在原语文系创办的新闻专业。现设有新闻学、广播电视学、广告学、播音与主持艺术 4 个本科专业。自 2010 年开始在“民族学”方向下招收“中国少数民族新闻传播事业研究”方向硕士研究专业，2015 年开始招收新闻与传播专业硕士研究生，2021 年获批新闻与传播一级硕士点。

1.3.1.2 本科专业开设情况

根据 2020 年版高校本科专业目录，新闻传播学类本科专业共有 9 个，分别是：新闻学（050301）、广播电视学（050302）、广告学（050303）、传播学（050304）、编辑出版学（050305）、网络与新媒体（050306T）、数字出版（050307T）、时尚传播（050308T）、国际新闻与传播专业（050309T）。截至 2020 年 12 月 30 日，西南地区新闻传播类本科专业包含其中 7 个专业（见表 1-33）。

表 1-33　　西南地区新闻传播类本科专业设置

新闻传播学专业	省市	高　校
新闻学（050301）	重庆市 10 所	重庆大学、西南大学、重庆师范大学、四川外国语大学、西南政法大学、重庆工商大学、重庆人文科技学院、重庆外语外事学院、重庆对外经贸学院、重庆工商大学派斯学院
	四川省 11 所	四川大学、西华师范大学、西南民族大学、乐山师范学院、西南财经大学、成都体育学院、四川传媒学院、四川外国语大学成都学院、成都锦城学院、四川大学锦江学院、成都师范学院

续表

新闻传播学专业	省市	高　　校
新闻学（050301）	贵州省 5 所	贵州大学、贵州民族大学、六盘水师范学院、贵州黔南科技学院、贵阳人文科技学院
	云南省 10 所	云南大学、大理大学、云南师范大学、昭通学院、保山学院、云南财经大学、玉溪师范学院、文山学院、云南大学滇池学院、丽江文化旅游学院
	西藏自治区 2 所	西藏大学、西藏民族大学
传播学（050304）	重庆市 2 所	西南政法大学、重庆外语外事学院
	四川省 2 所	西南交通大学、四川传媒学院
	贵州省 3 所	贵州师范大学、贵州财经大学、贵州民族大学
	云南省 2 所	昆明理工大学、云南师范大学
网络与新媒体（050306T）	重庆市 13 所	重庆师范大学、重庆三峡学院、长江师范学院、四川外国语大学、西南政法大学、重庆工商大学、重庆工程学院、重庆城市科技学院、重庆外语外事学院、重庆对外经贸学院、重庆财经学院、重庆工商大学派斯学院、重庆第二师范学院
	四川省 19 所	四川大学、西华大学、西昌学院、四川师范大学、西华师范大学、内江师范学院、四川文理学院、乐山师范学院、成都大学、四川民族学院、吉利学院、成都艺术职业大学、电子科技大学成都学院、成都理工大学工程技术学院、四川传媒学院、成都银杏酒店管理学院、成都锦城学院、西南财经大学天府学院、四川电影电视学院
	贵州省 6 所	铜仁学院、兴义民族师范学院、贵州财经大学、贵州民族大学、贵阳信息科技学院、贵阳人文科技学院
	云南省 5 所	红河学院、云南民族大学、云南经济管理学院、昆明文理学院、滇西科技师范学院
编辑出版学（050305）	四川省 1 所	四川大学
	云南省 3 所	昆明理工大学、云南民族大学、昆明文理学院

续表

新闻传播学专业	省市	高　　校
广播电视学（050302）	四川省 15 所	四川大学、成都理工大学、西南科技大学、四川轻化工大学、西华大学、西昌学院、四川师范大学、绵阳师范学院、内江师范学院、宜宾学院、四川文理学院、西南民族大学、成都大学、四川传媒学院、成都文理学院
	贵州省 7 所	贵州师范大学、兴义民族师范学院、贵州工程应用技术学院、黔南民族师范学院、贵州民族大学、贵阳学院、贵州师范学院
	云南省 6 所	云南师范大学、红河学院、云南民族大学、昆明学院、云南大学滇池学院、云南艺术学院文华学院
	西藏自治区 1 所	西藏民族大学
广告学（050303）	重庆市 8 所	重庆师范大学、四川外国语大学、重庆工商大学、重庆外语外事学院、重庆工商大学派斯学院、重庆三峡学院、重庆理工大学、重庆第二师范学院
	四川省 10 所	四川大学、西南交通大学、成都理工大学、西昌学院、四川师范大学、成都文理学院、四川工商学院、成都锦城学院、四川农业大学、四川传媒学院
	贵州省 2 所	贵州财经大学、贵州民族大学
	新疆自治区 3 所	新疆大学、新疆艺术学院、喀什大学
	西藏自治区 1 所	西藏民族大学
数字出版（050307T）	重庆市 1 所	重庆财经学院
	四川省 2 所	电子科技大学成都学院、四川传媒学院

1.3.2　部校共建

西南地区共有 7 所院校部校共建的新闻传播学院，部校共建成效突出，且各省共建模式都有其鲜明的特点。

重庆师范学大学与重庆市委宣传部合作建设新闻传播学院。中宣部、教育部确定重庆市为全国 10 个部校共建新闻学院试点地区之一，重庆师范大学为全国 10 个部校共建新闻学院试点高校之一。重庆师范大学新闻与传媒学院作为全国首批“部校共建”新闻学院，部校共建平台优势明显，新媒体实验设备齐全，专业设置全面，研究团队在新闻出版、新媒体传播、数字产业、文化舆情等研究领域具有平台、技术、资源、队伍优势，在数字版权人才培育、数字版权管理规划、版权数据调查与科学研究、版权政策咨询与服务等方面特色鲜明（见图 1-7）。

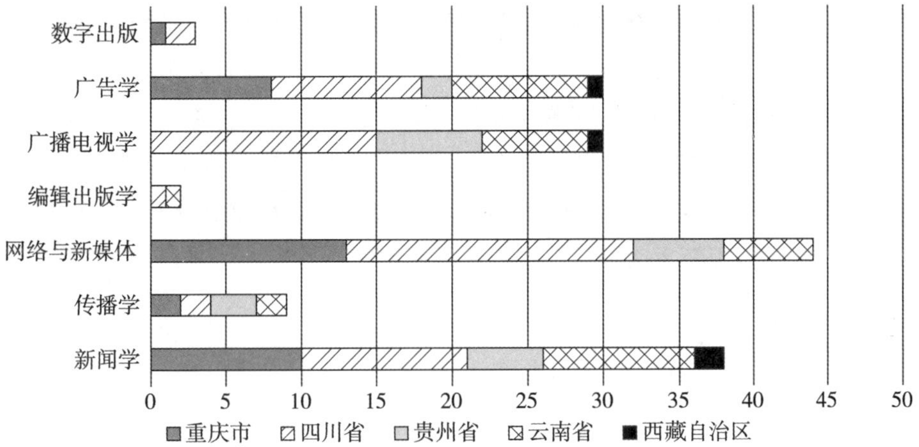

图 1-7　西南地区新闻传播类本科专业分布

四川大学与四川省委宣传部合作建设了新闻学院。部校共建应坚持把马克思主义新闻观教育贯穿共建工作始终，努力打造马克思主义新闻观的教育高地、理论高地和培训高地。要坚持部校互动，推进管理、课程、教学、师资、科研五个互动，培养一流新闻人才；坚持融合与贯通，建立健全人员互聘交流机制和“双导师制”，推动新闻单位业务骨干到高校兼职任教，组织高校教师到新闻单位挂职锻炼，开设新闻从业人员培训项目，建设一流新闻骨干队伍；坚持双向受益，建设一流实践教学基地；坚持优势互补，共同打造一批省部级精品课程；坚持协同创新，建设一流新型智库。

云南大学与云南省委宣传部共建了新闻学院。以期切实加强组织领导，牢牢抓住人才培养质量这个“牛鼻子”，以强烈的担当精神、主动的协同品格，遵循新闻人才成长规律，切实穿越学界业界之间无形的“墙”，发挥业界学界各自优势，实现由共建到共赢、多赢，达到新闻单位与新闻学院的无缝对接。

贵州省委宣传部与 3 所大学，即贵州大学、贵州师范大学和贵州民族大学合作建设了新闻传播学院。贵州省的部校共建一是要进一步抓好特色建设，依托项目为载体，从现有且具体的培养形式中探索出更具价值与创造性的共建模式；二是要紧紧把握和不断深化共建主题，结合贵州民族大学办学特色和传媒学院教学特点深入开展马克思主义新闻观教育；三是要以学生为本，注重软实力建设，同时在教学与实践活动中要及时换位思考，将学生的兴趣激发与业态生态变化紧密结合，落实教学与共建结果反馈，不断优化部校共建内涵与质量。

西藏民族大学与西藏自治区党委宣传部共建了新闻传播学院。自 2015 年 4 月西藏自治区党委宣传部与西藏民族大学签署协议共建新闻传播学院以来，部校共建工作已经取得了多方面进展，提升了新闻传播学院的学科、专业建设和人才培养水平。今后部校共建新闻传播学院工作，要以建设四个中心——西藏新闻传播教育中心、西藏新闻传播研究中心、国家示范实验中心、西藏新闻舆论培训中心和一个智库——西藏新闻舆论智库为主要目标，在完善部校共建机制、创建新媒体中心、建设新闻传播硕士一级学科、创办《西藏新闻舆论研究》专业刊物、创建宣传部“西藏新闻舆论重点研究基地”、服务西藏社会发展等方面及重大项目上取得实质性突破。

1.3.3 本科教育

大学本科教育是高等教育的基石，本科教育的培养目标、特色教学皆是影响学生发展的重要方面。同时，新闻传播作为实践性很强的专业，实验室的建设是重中之重，也是考验高校人才培养创新机制的重要一环。因此，下面将从培养目标、特色教学、实验室建设及实验教学等方面来具体介绍西南地区高校的新闻传播教育情况。

1.3.3.1 培养目标与特色教学

为了对西南地区新闻传播类院校的培养情况进行综合考察，选取各省份不同类型且颇具代表性的院校进行对比分析。它们分别是重庆大学、四川大学、贵州大学、云南大学、西藏大学、西南政法大学、四川外国语大学、贵州师范大学、西南民族大学、成都体育学院（见表 1-34）。

表 1-34 **西南地区新闻传播类院校的培养情况**

类型	地区	学校	培养目标
综合类	重庆市	重庆大学	重庆大学新闻学院秉承现代大学理念，积极探索科学而独特的新闻传播教育模式，研究新闻传播学理，培养新闻传播英才，努力为当代中国新闻传播事业的发展，为重庆大学“双一流”建设，作出自己应有的贡献。

续表

类型	地区	学校	培 养 目 标
综合类	四川省	四川大学	学院在长期的办学实践中，以培养高层次人才为目标，已形成以本科生教育为基础，研究生培养和科学研究为重点，其他办学形式为补充的办学格局。学院未来的学科发展将紧密围绕“中国语言文学与中华文化全球传播”学科群一流建设方案展开。
	贵州省	贵州大学	培养具有系统的新闻理论知识与技能，以及具备坚、精、通、实素质与能力，熟悉我国新闻、宣传政策法规，能在新闻、出版、宣传部门以及企事业单位从事新闻、宣传、策划、采编、制作与管理等工作的新闻传播学人才；能在国家机关、文教事业、新闻出版、文博档案及各类企事业单位从事实际工作的应用型、复合型的高级专门人才
	云南省	云南大学	培养具备马克思主义新闻理论素养、宽广的文化与科学知识和系统的新闻专业知识与实践技能，熟悉我国的新闻、宣传政策法规，熟悉少数民族地区社会文化状况，能在新闻、出版、宣传及公关、广告等部门从事编辑、记者、管理及策划、创意等工作的新闻专业高级人才
	西藏自治区	西藏大学	培养能够在各类媒体从事新闻采访、写作、编辑、评论、摄影等新闻实务以及在党政机关、企事业单位从事新闻宣传的复合型人才。毕业生应该具有坚定的政治方向、强烈的社会责任感、科学的思维方法、厚实的人文科学基础知识、宽阔的国际视野和精湛的新闻传播技能
政法类	重庆市	西南政法大学	2010 年，学院更名为“全球新闻与传播学院”。首次提出以全球新闻视角打造国内一流新闻学科、培养具有全球视野的法治新闻传播人才的办学理念
外语类	重庆市	四川外国语大学	学院结合四川外国语大学办学优势与特色，以培育具有“世界眼光、中国情怀、理性精神、人文内涵”，熟悉全媒体时代信息传播规律，掌握各类媒体传播技能的高素质信息人才为目的，全面贯彻“国际视野、复合融通、理实并重”的办学理念，突出国际化、复合型、应用型的办学特色，成为学科专业齐全、社会影响逐步扩大、富有特色的国际化新闻传播人才培养基地

续表

类型	地区	学校	培养目标
师范类	贵州省	贵州师范大学	学院始终坚持以“夯实基础、拓宽口径、注重应用、提高能力”为目标，积极探索和构建新型传媒人才培养模式，建立“基础+核心+特色”的课程体系、与“媒介融合”趋势结合紧密的专业实训体系、符合新时代传媒业发展需要的社会实践体系，努力培养具有媒介融合思维能力和专业技能，适应媒体深度融合和行业创新发展，能够讲好中国故事、传播中国声音的优秀新闻传播人才
民族类	四川省	西南民族大学	始终秉承“为少数民族和民族地区服务、为国家发展战略服务”的办学宗旨，立足西部，面向全国，与时偕行，顺势而为，培养新闻传播基础理论与专业知识扎实，熟悉新媒体应用与发展，适应融媒体、智媒体时代需要的卓越新闻传播与信息传播高级专业人才
体育类	四川省	成都体育学院	在长期的办学实践中，成都体育学院新闻系形成了自己的办学理念：面向传媒，体新结合，素质第一，能力至上。自建系以来，已经为媒体培养了大批本科和研究生新闻人才

通过对比这几所高校的培养目标，我们可以发现各大高校皆注重培养学生的专业知识和技能，并适应地域与时代的要求，以满足学生就业发展需求为基本目标。同时，由于各高校的招生情况及办学特色有所不同，其所制定的培养方案也各具特色。

以各省份的综合性大学为例，重庆大学新闻学院现有新闻学、广播电视学两个本科专业，新闻传播学一级学科硕士授权点、新闻与传播硕士专业学位点，新闻传播学一级学科博士点，已建成本—硕—博完整的新闻传播人才培养体系，拥有校级研究平台新闻传播与社会发展研究院，并与校党委宣传部共建重庆大学舆情信息研究所。近五年来，新闻学院获得各类研究项目共计 90 多项。其中，教育部重大课题 1 项，国家社科基金重点项目 1 项，一般项目、青年项目、西部项目、后期资助 21 项，教育部、国家信访局、新闻出版广电总局、重庆市等各种省部级项目 30 多项，横向项目 20 多项，重庆市教改课题 10 多项。2018 年，学院专任教师获第九次重庆市社科成果二等奖 1 项、三等奖 2 项。2019 年，“新闻传播学一级学科水平提升计划”列入重庆大学“双一流”学科重点建设项目。2020 年，新闻传播学创新团队获批重庆市高校协同创新研究团队。学院注重国际交流合作，2009 年与加拿大威尔弗里德·劳里埃大学（Wilfrid Laurier

University）建立“2+2 模式”双学位合作办学项目，2011 年与美国雪城大学纽豪斯公共传播学院（S. I. Newhouse School of Public Communications）签署“3+1+1”本硕连读项目合作协议，2012 年与我国台湾铭传大学传播学院签署合作交流协议，2013 年与澳大利亚斯威本科技大学生命与社会科学学院（Swinburne University of Technology）学生交换计划；同年签署与美国加州州立大学（富尔顿校区）（California State University, Fullerton）伙伴和合作办学备忘录。

四川大学文学与新闻传播学院的新闻传播学一级学科现为四川省重点一级学科，设有新闻学、广播电视学、广告学、编辑出版学、网络与新媒体 5 个本科专业，新闻传播学一级学科博士学位授权点（下设新闻学、传播学、广播电视学、广告与媒介经济、编辑出版学、网络与新媒体、符号学 7 个二级学科点）、新闻传播学博士后科研流动站，以及新闻与传播硕士（MJC）、出版硕士（MP）2 个专业学位点，还设有四川省哲学社会科学重点研究基地社会舆情与信息传播研究中心和国家新闻出版广电总局出版融合发展重点实验室。近年来，四川大学新闻传播学承担了国家社会科学基金重大招标项目，分别是：“新形势下提升舆论引导力对策研究”“当今中国文化现状与发展的符号学研究”和“丝绸之路经济带沿线国家文化产业合作共赢模式及路径研究”，以及国家社会科学基金冷门“绝学”专项项目“‘巴蜀图语’符号谱系整理分析与数字人文传播研究”等国家级重大科研项目 4 项，并在《新闻与传播研究》《文艺研究》等国内多家顶尖期刊和 SSCI、A&HCI 期刊上发表论文，专著《舆擎中国——新形势下舆论引导力提升方略研究》《广义叙述学》和《传媒与文化——文化视角下的传媒研究》分别获得教育部高等学校科学研究优秀成果一、二、三等奖，教学改革成果“实行教学、科研与社会实践相结合，探索文科教育改革新途径”“开创密切社会联系新思路，探索培养新闻人才新模式”先后获得高等教育国家级教学成果一、二等奖，主办的中英双语学术期刊《符号与传媒》（*Signs & Media*）、与四川日报报业集团共建的学术期刊《新闻界》均为 CSSCI 来源刊物，形成了新闻舆论与导向研究、媒介与集体记忆研究、西部广播电视研究、“美丽中国”研究、广告与传播符号学研究、民族出版与公益出版研究、网络行为与认知研究等特色方向，在国内、国际新闻传播学界产生了较大的影响。

2017 年中共贵州省委宣传部与贵州大学签订部校共建贵州大学文学与传媒学院（新闻系）协议。近年来，贵州大学新闻学专业的毕业生除了继续攻读硕士研究生外，主要到各大报社、杂志社、广播电台、电视台、党政机关、企业、公司的管理机关和宣传部门以及学校等单位工作，由于专业基础扎实、综合能力强，具有很大的发展潜力，毕业生普遍受到用人单位的好评，为社会经济文化发展作出了较大贡献。2006 年，贵州大学成功申办了新闻学专业硕士点（学术型），成为贵州第一个新闻学硕士学位授权单位。2017 年获新闻传播学一级学科硕士学位授权点和新闻与传播专业硕士点。

近年来，云南大学新闻学院开展了大量的国际合作项目，先后与法国斯特拉斯堡大学新闻教育中心、美国加州大学伯克利分校等学校和机构合作，开展学生的教学实践活动，作品有报纸、有网站、有纪录片、全媒体作品等形式，有的纪录片在美国 PBS 等媒体播出并获奖。2021 年，又和北京师范大学一起举办了“外国青年看中国”活动，接待了来自意大利、塞尔维亚的青年学生 10 余名，到云南拍摄电视纪录片，最后完成了 10 部作品，获得了合作方的高度评价。

四川外国语大学新闻传播学院是学校建设多科性外国语大学重点发展的二级院系之一。学院结合四川外国语大学办学优势与特色，以培育具有“世界眼光、中国情怀、理性精神、人文内涵”，熟悉全媒体时代信息传播规律，掌握各类媒体传播技能的高素质信息人才为目的，全面贯彻“国际视野、复合融通、理实并重”的办学理念，突出国际化、复合型、应用型的办学特色，成为学科专业齐全、社会影响逐步扩大、富有特色的国际化新闻传播人才培养基地。学院不断拓展与国内外高校、业界的合作，与多类别、多层次的媒体建立学生实习实践基地和研究生联合培养基地共 40 余个，为专业学生培养提供了丰富的实践教学资源；与北京外国语大学、暨南大学、香港浸会大学、美国肯特州立大学、美国德雷克大学、英国普利茅斯大学等 10 余所国内外高校建立了合作关系，推动本科人才互换和“2+2”“3+2”等人才培养项目，拓宽教师海外进修和学术交流渠道，国际化特色鲜明。

贵州师范大学开展新闻传播教育的历史较为悠久，早在 1943 年，中国现代新闻教育事业的奠基者之一谢六逸先生就在学校国文系讲授新闻学课程，开贵州新闻传播教育之先河。学校分别于 2002 年、2006 年开设广播电视学、播音与主持艺术两个本科专业，是贵州省最早开设新闻传播类本科专业的高校之一。学校始终坚持以“夯实基础、拓宽口径、注重应用、提高能力”为目标，积极探索和构建新型传媒人才培养模式，建立“基础+核心+特色”的课程体系、与“媒介融合”趋势结合紧密的专业实训体系、符合新时代传媒业发展需要的社会实践体系，努力培养具有媒介融合思维能力和专业技能，适应媒体深度融合和行业创新发展，能够讲好中国故事、传播中国声音的优秀新闻传播人才。

西南民族大学新闻传播教育始于 2002 年，2020 年，从原文学与新闻传播学院分立出来，成立新闻传播学院。自 2002 年起，先后开设新闻学、广播电视学两个本科专业；2013 年，获批民族文学与新闻传播学二级学科硕士点。2013 年入选首批中宣部和教育部实施的“卓越新闻传播人才教育培养计划”单位（四川省内排名第二），先后成为“中国高等教育学会新闻学与传播学专业委员会”“四川省新闻教育学会”“中国新媒体传播学会”的副会长单位或理事单位。

成都体育学院新闻传播学学科以体育新闻与传播为研究重点，形成了体育新闻理论与实务研究，赛事推广和媒介服务研究、体育新闻传播与社会发展研究和奥林匹克与体育文化传播研究四个研究方向，在国内同类院校中特色鲜明。十余年来，该校新闻专业先后完成了国家体育总局和中国奥委会委托的多项重大课题与项目，包括参与《国家体育事业“十一五”规划》《国家体育事业“十二五”规划》《国家体育事业“十三五”规划》编制任务、《北京奥运会境外舆情简报》《伦敦奥运会境外舆情分析报告》、国家体育总局印发的《体育宣传手册》等，完成了四川省体育局委托的七集大型专题资料片《四川体育六十年》的策划与摄制任务，并与新华社体育部、中央电视台体育频道、《中国体育报》、腾讯网体育部、深圳阳光体育文化传播有限公司、四川日报集团、成都报业集团、四川电视台、成都电视台等建立了紧密的人才培养合作关系。

1.3.3.2 实验室建设与实践教学

新闻传播教育既包括理论教育，也包括实践教育，学生唯有理论联系实践，在实践中深入锻炼，才能反哺专业知识的学习并且不断提高专业技能水准。当前西南地区各高校均设有专门的实验中心或实践平台供学生学习提升。

重庆大学新闻学院建有技术设备先进、综合功能齐全的全媒体传播实验中心，由一个综合平台和六个专业实验室组成，包括媒介融合实验室、电视演播室、数字高清视频编辑实验室、摄像实验室、摄影实验室、数字音频实验室、传媒与舆情调查实验室，实验中心场地面积700多平方米。学院与新华社重庆社重庆分社、重庆广电集团、重庆日报报业集团、华龙网、重庆出版集团等主流媒体建立了产、学、研合作平台和学生实习基地。2018年，重庆大学-重庆日报报业集团获批重庆市研究生联合培养基地。

四川大学文学与新闻传播学院拥有国家级实验教学示范中心四川大学文科综合实验教学中心新闻与传播分中心，具体包括传播认知科学实验室、数字采编实验室、焦点小组实验室、新媒体创意实验室、视觉传达实验室、演播厅等，实验用房总面积达1060平方米，教学科研仪器设备900多台件，总价超过1000万元。

云南大学新闻传播实验教学中心筹建于2004年，在教育部“211工程”的资助和学校的高度重视下，云南大学新闻传播实验教学中心于2006年6月通过教育部验收并正式投入使用，并于2008年获批云南省省级实验教学中心，2012年通过教育部验收成为传媒类国家级实验教学示范中心，成为西南地区唯一的国家级文科实验教学示范中心。在云南大学呈贡校区的建设中，新闻学院与新闻传播实验教学中心迎来了新的发展机遇。在国家中西部高校提升工程建设工程的支持下，在“共建新闻学院”的进程中，实验中心的建设得到进一步发展。2014 年省纪委、省监察厅又与云南大学共建电视演播厅投入使用，该演播室达到了目前国内最先进的 4K 录制播出水平。至此，实验中心基本达到“国内领先、省内一流，设备先进”的建设目标。中心位于云南大学呈贡校区新闻学院大楼，面积约 800 平方米，目前拥有实验教学器材、设备及固定资产 2700 余台套，资产总金额 2800 余万元。中心设备涵盖新闻传播各个领域，紧扣媒体技术发展，实现与媒介实战环境的“无缝对接”。中心的建成为教学、科研和社会服务提供了有力的支持与保障。中心构建了“拓展型实验教学体系”，为保证卓越新闻传播人才培养的高质量、为高校服务云南的社会责任、为主动融入国家战略目标的实现，中心正发挥着自己特有的功能和作用。

四川外国语大学新闻传播学院有学校和系部两级专业双语图书文献、音像资料中心，共有各类中外文藏书 1. 5 万余册、影像资料 500 余张、报刊 40 余种。学院在学校大力支持下，利用中央财政支持地方高校建设资金和学校配套投入，先后 6 次申报项目，获得了 1300 万元资助，建成了总值 1300 多万元的传播技能综合实验中心，并获批为重庆市市级实验示范中心。实验中心包括新闻摄影实验室、电视摄像实验室、非编实验室、演播实验室、艺术设计实验室、融媒体实验室、MAC 传播与艺术人才实训中心、舆情监测中心等，中心实验设备优良，管理制度完善，实验效果突出，已成为重庆市乃至西部地区有影响的新闻传播学科专业重要的实验、实训基地。

贵州师范大学传媒学院设有广播电视学系、播音与主持艺术系、传播学系、影视综合实训中心等教学机构，建有国家语言文字推广基地、贵州省卓越新闻传播人才培训基地、贵州省谢六逸新闻传播研究中心等教学科研平台，是全国红色文化传承与马克思主义新闻观教育联盟发起单位之一、中国广播电视社会组织联合会媒介融合研究基地学术委员会副主任委员单位。

西南民族大学新闻传播学院自 2003 年起建设专业实验室，目前拥有广播影视新闻出版综合实验教学中心 1 个，包含非线性编辑实验室、演播厅、影视录制实景模拟实验室、舆情研究实验室、NGB 研究实验室、3D 审片室、新媒体实验室、融媒体实验室等 20 个分室，总占地面积达 1860 平方米。

总体上，西南地区高校新闻传播教育相关实验室建设与实践教学处于高速发展进步之中。

1. 3. 4　研究生学位点及研究生培养

西南地区新闻传播院系的研究生学位点，覆盖博士研究生与学术硕士和专业硕士研究生培养。

1.3.4.1 研究生学位点

西南地区新闻传播学博士点与硕士点设置情况不一各具特色，具体如表 1-35 所示。

表 1-35 西南地区新闻传播研究生学位点设置情况

地区	新闻传播学博士点（2 个）
重庆市	重庆大学
重庆市	西南政法大学
地区	新闻传播学学术硕士点（16 个）
重庆市	重庆大学、四川外国语大学、西南大学、西南政法大学、重庆工商大学、重庆师范大学
四川省	四川大学、成都理工大学、电子科技大学、西南交通大学、成都体育学院、四川省社会科学院
贵州省	贵州大学、贵州民族大学
云南省	云南大学、云南师范大学
地区	新闻与传播专业硕士点（22 个）
重庆市	重庆大学、四川外国语大学、西南大学、西南政法大学、重庆工商大学、重庆师范大学、重庆交通大学
四川省	四川大学、成都理工大学、电子科技大学、西南交通大学、成都体育学院、四川省社会科学院、西南财经大学、西华师范大学
贵州省	贵州大学、贵州民族大学
云南省	云南大学、云南师范大学、云南财经大学、云南民族大学
西藏自治区	西藏民族大学

1.3.4.2 研究生培养

西南地区新闻传播院系高度重视提高研究生培养质量，将培养目标融入研究生培养的各个环节。首先，培养目标明确，培养特色较突出。如四川外国语大学学注重国际化办学特色、西南政法大学的法治新闻人才培养和西南民族大学的民族教育传播人才培养等。其次，积极推动学术交流，参与学术共同体的建设。如四川外国语大学新闻传播学院成功举办了“全国新闻传播学教育年会”“中外新闻传播思想史高峰论坛”“全国首届认知传播研究高峰论坛”“媒介文化研究论坛“”传播符号学研究高端论坛“”跨文化传播高峰论坛“”博物馆和史志研究学术年会“等学术会议，是全球修辞学会认知传播研究委员会的发起成立单位和常务副会长单位，中国新闻传播史学会传播思想史研究委员会、符号传播学研究委员会、新闻教育史专业委员会、视听传播研究委员会，以及中国高校影视学会媒介文化专业委员会、中国高等教育学会新闻学与传播学专业委员会的常务理事单位。最后，重视实践教学，改革教学模式。2015 年，重庆大学新闻学专业获批重庆市特色专业，并成功申报教育部、财政部高等学校“专业综合改革试点”项目“新闻学-卓越计划”，启动卓越新闻传播人才培养。2016 年，学院成为中国记协确定的中国新闻奖试点报送 18 家新闻院所之一。2017 年，新闻传播学入选重庆市重点学科，新闻传播与影视艺术专业群（与电影学院联合申报）获批重庆市特色学科专业群，新闻传播与区域发展研究院更名为新闻传播与社会发展研究院，并获批校级研究平台。2018 年，新闻学院获批第四批重庆市人文社会科学普及基地，“灾难事件融合报道虚拟仿真实验”获批重庆市虚拟仿真实验教学项目、教育部国家虚拟仿真实验教学项目。2019 年，新闻学先后入选重庆市、教育部“一流本科专业”建设项目等。

1. 3. 5　学术研究

1. 3. 5. 1　近三年（2018—2020）国家社科基金项目立项情况

2018—2020 年，西南地区国家社科基金立项成果颇丰，各所高校均体现了自身特色具体如表 1-36 所示。

表 1-36　　**西南地区高校 2018—2020 年国家社科基金项目立项情况**

地区	单位	项 目 名 称	负责人	项目类别	立项时间
重庆市	重庆大学	西方民意调查数据中的中国国家形象分析和批判研究	赵丽君	一般项目	2018. 6
		技术赋能与残障人群体的社会融入研究	杨　柳	青年项目	2019. 7
		短视频使用对青少年身心健康的影响及其精准引导策略研究	刘　毅	一般项目	2020. 9
		建设性冲突视域下东盟国家媒介话语中的中国文化想象研究	吴明华	一般项目	2020. 9

续表

地区	单位	项 目 名 称	负责人	项目类别	立项时间
重庆市	重庆邮电大学	干扰条件下突发事件网络舆情传播模型及干预路径	朱红军	一般项目	2020.9
	西南大学	乡村媒介文化的社会再生产研究	秦红雨	一般项目	2018.6
	西南政法大学	全球化视野下中国出版“走出去”战略创新发展研究	裴永刚	西部项目	2018.6
		亚洲命运共同体与环喜马拉雅跨文化研究	李希光	一般项目	2018.6
		人工智能应用与电视媒体内容生产、传播方式变革	陈丽丹	一般项目	2018.6
		人机融合视域下智能媒介传播研究	赵立兵	一般项目	2020.9
		全媒体环境下自主品牌形象提升的符号建构规则及传播策略研究	张　燚	一般项目	2020.9
	重庆工商大学	新时代国家传播视阈下中国发展报道的范式转换与重构研究	蔡　敏	一般项目	2018.6
		21 世纪国外涉华纪录片中的中国国家形象研究	王瑞林	一般项目	2020.9
	四川外国语大学	基于社交媒体“一带一路”国际传播效果评估与提升路径研究	刘　昊	一般项目	2018.6
		在华西方旅居者的中国故事书写及其跨文化传播研究	王　媛	青年项目	2019.7
		人工智能时代电视产业创新发展研究	邬建中	一般项目	2019.7
		马克思主义新闻观的当代阐释与对外传播研究	林克勤	西部项目	2019.7
		老年流动人群的社交媒体使用及其社会交往重建研究	王　艳	一般项目	2020.9
		金砖国家传播共同体建设与国际传播秩序重构研究	严功军	一般项目	2020.9
	重庆交通大学	社会传染视角下网络社群文化的自主品牌消费引领研究	韩煜东	一般项目	2019.7

续表

地区	单位	项 目 名 称	负责人	项目类别	立项时间
四川省	四川大学	南京大屠杀纪念馆的集体记忆工程研究	黄顺铭	西部项目	2018. 6
		美国孔子学院跨文化传播的时、度、效研究	刘　荣	一般项目	2018. 6
		中国品牌的意义生成机制与路径研究	饶广祥	后期资助项目	2019. 10
		公益传播力构建的理论、路径与测评研究	王炎龙	一般项目	2019. 7
		新世纪以来中国城市形象片的民间创作机制与传播效果研究	杨怡静	青年项目	2019. 7
		英美学界中国社交媒体研究	曹漪那	后期资助项目	2020. 10
		纪录片历史与文本研究	侯　洪	后期资助项目	2020. 10
		中国近代县报史	朱至刚	一般项目	2020. 9
	西南交通大学	媒介新变迁与新消费主义研究	石　磊	一般项目	2018. 6
		信息生态视角下重大突发事件信息次生灾害的治理研究	杨　琴	一般项目	2020. 9
	西南民族大学	国家认同视阈下凉山彝族地区集体记忆研究(1978—2018)	林晓华	一般项目	2018. 6
	西华大学	网络新闻“噪音”污染与治理研究	何一杰	青年项目	2019. 7
	四川师范大学	县级融媒体中心综合评价指标体系建构研究	李　弋	西部项目	2019. 7
		新媒体时代的传播学创新问题研究	张　骋	后期资助项目	2020. 10
	四川传媒学院	“一带一路”倡议在美国的传播与认知研究	车南林	西部项目	2019. 7
	成都中医药大学	中医药非物质文化遗产在澳大利亚的跨文化传播研究	陈　骥	西部项目	2019. 7
	四川省社会科学学院	传统媒体升级化转型路径研究	张立伟	后期资助项目	2020. 10
		中国社会流行语的传播图谱、话语变异与社会心理研究（1999—2019）	李京丽	一般项目	2020. 9
	电子科技大学	中国科技形象在推特的计算传播对策研究	张维莎	青年项目	2020. 9

续表

地区	单位	项 目 名 称	负责人	项目类别	立项时间
贵州省	贵州大学	谢六逸新闻著述校注	殷　志	后期资助项目	2019. 10
		少数民族社交媒体使用与中华民族共同体意识培育研究	张　媛	一般项目	2020. 9
	昆明财经大学	新时代大数据发展与贵州新形象传播研究	顾雪松	一般项目	2018. 6
云南省	云南大学	“一带一路”背景下中国在东盟主流媒体中的国家形象研究	李凤萍	一般项目	2019. 7
		西部农村地区健康传播效果与需求研究	黎　藜	青年项目	2020. 9
	昆明理工大学	新时代中国对湄公河国家国际传播能力建设研究	李　昌	一般项目	2018. 6
		中国西南地区回族社群的社会传播网络研究	马小娟	青年项目	2018. 6
	云南师范大学	缅甸涉华舆论现状、传播特征及引导策略研究	王建陵	一般项目	2018. 6
		乡村传播生态变迁与西南边疆地区乡村治理研究	李宇峰	一般项目	2019. 7
西藏自治区	西藏民族大学	融媒时代西藏电视媒体创新与影响力提升研究	脱慧洁	一般项目	2018. 6
		自媒体环境下藏区网络舆情转变及其治理方略研究	陈航行	西部项目	2018. 6
		新媒体环境下讲好西藏故事的路径与策略研究	刘小三	一般项目	2019. 7
		保护视角下西藏非物质文化遗产的传播策略研究	李　娜	一般项目	2020. 9
		社会治理视域下西藏全媒体传播体系建设的机制与路径研究	李　炜	一般项目	2020. 9

1.3.5.2　近三年（2018—2020）四大期刊论文发表情况

2018—2020 年，西南地区高校在学界四大刊上发表论文亮点突出，具体如表 1-37 所示。

表 1-37　　西南地区高校 2018—2020 年四大期刊论文发表统计

地区	学校	论文题目	作者	期刊	日期
重庆市	重庆大学	“方寸之间”的中国：1949—2016 年邮票上的国家形象变迁	杨　柳 董天策	现代传播	2018.2
		衍生与融合：框架理论研究的跨学科对话	郭小安 滕金达	现代传播	2018.7
		大数据变革视听节目与受众测试方法	余志为	现代传播	2018.7
		近现代“国货”观念与广告的民族主义致思——基于美国“中国学”的批判性视角	李金正	现代传播	2018.8
		微信使用对大学生主观幸福感影响的实证研究	刘　毅	现代传播	2018.8
		抗战时期“重庆新闻学院”与国际高级宣传人才培育	齐　辉 付红安	现代传播	2018.10
		人、故事与隐喻：寻人类电视节目的叙事分析	董天策 杨龙梦珏	现代传播	2019.2
		新媒体社会责任感知对受众品牌忠诚的影响机制——一个有调节的中介模型	曾润喜 顿雨婷	现代传播	2019.4
		微信红包使用影响因素：基于社会心理与社会资本视角	刘　毅	现代传播	2019.8
		技术的界碑：人工智能对新闻真实的伦理挑战	刘海明 付莎莎	现代传播	2019.9
		近代中国报业发行困境与“联合版”的发生	齐　辉 赵　冉	现代传播	2019.10
		建设性新闻：概念溯源、学理反思与中西对话	郭　毅	现代传播	2020.1
		“层中层”的想象与行动：知识群体维权符号的抽象性与标出性	郭小安	新闻大学	2018.1
		民国时期中国新闻界对苏联社会主义新闻事业的考察与态度	齐　辉	新闻大学	2018.1
		民族主义运动中大学生群体的爱国情感与“第三人效果”——以抵制韩国“乐天”事件为例	郭小安 尹凤意	新闻大学	2019.4

续表

地区	学校	论 文 题 目	作者	期刊	日期
重庆市	重庆大学	医疗议题议程设置效果研究——基于报纸对社交媒体公众意见影响的分析	刘 毅	新闻大学	2019. 9
		媒介动员：概念辨析与研究展望	郭小安	新闻大学	2020. 12
		公共舆论中的情绪、偏见及“聚合的奇迹”——从“后真相”概念说起	郭小安	国际新闻界	2019. 1
		冲突与协调：传媒从业者后备军职业认同状况研究——以北京某高校新闻学院在校生为例	王 军	国际新闻界	2019. 2
		“人民报纸”的理论起点、话语衍变与历史实践(1942—1953)	龙 伟	国际新闻界	2019. 8
		传播思想史研究的视域转换与理论创新——第六届中外新闻传播思想史论坛会议综述	郭小安 金恒江	国际新闻界	2019. 12
		“无米为炊”——中国近代报业的纸荒困厄与报界应对	齐 辉	国际新闻界	2020. 5
		坚定与动摇：新闻从业者的职业承诺及其影响因素研究	王 军	国际新闻界	2020. 8
		互联网的网络化治理：用户权利的契约化与网络中介私权力依赖	张小强	新闻与传播研究	2018. 7
		新闻传播研究的主体性	董天策	新闻与传播研究	2018. 8
		究竟是“网络群体性事件”还是“网络公共事件”抑或其他？——关于“网络舆论聚集”研究的再思考	董天策 梁辰曦	新闻与传播研究	2020. 1
		乡村居民社交网络使用与人际交往——基于中国35个乡镇的实证研究	金恒江	新闻与传播研究	2020. 2
		新媒体接触、健康信念与HPV疫苗接种意向	郭小安 王天翊	新闻与传播研究	2020. 6
	重庆工商大学	新型主流媒体竞争力与影响力塑造研究	邓若伊	现代传播	2018. 5
		目标重构、情景融合与资源优化——行动者网络理论视阈下高校网络课程的悖论与消解	杨维东	现代传播	2019. 10
		观念生产与媒体扩张——默多克媒介权力的再思考	杨维东	国际新闻界	2018. 9

续表

地区	学校	论文题目	作者	期刊	日期
重庆市	重庆师范大学	互联网时代电影的影院本体论	李　亚	现代传播	2019.6
	西南大学	目标重构、情景融合与资源优化——行动者网络理论视阈下高校网络课程的悖论与消解	董小玉	现代传播	2019.10
		自媒体语境下青少年“网络出征”研究	黄　俊 董小玉	现代传播	2018.4
		互联网时代西方媒介规制政策的转型与重构——以澳大利亚媒体法律改革为例	王敏	现代传播	2018.6
		从点击的量到传播的质：中国电视剧海外网络平台传播研究	何晓燕	现代传播	2018.6
		论新时代中华“家文化”的内涵价值与传播样态	董小玉 金圣尧	现代传播	2020.9
		观念生产与媒体扩张——默多克媒介权力的再思考	杨维东 王　敏	国际新闻界	2018.9
		“目击”即真实？——一项关于新闻“真实性”的实践策略考察	王　敏	国际新闻界	2020.11
		从“常规”到“惯习”：一个研究框架的学术史考察	王　敏	新闻与传播研究	2018.9
	四川外国语大学	马克思主义新闻观与体验哲学的谱系勾连	林克勤	现代传播	2018.10
		媒介话语的社会嵌入：“内容为王”的话语模式及其变迁研究	刘国强 林　青	现代传播	2019.5
		轻传播：短视频引领的后媒体浪潮	林克勤	现代传播	2019.10
		走出思维困境：媒介融合的认识论反思	严功军	现代传播	2019.11
		冲突叙事、纠偏干预与舆情反转结果——对43个媒介事件的模糊集定性比较分析	廖梦夏	现代传播	2020.5
		数据库、信息崇拜与新闻话语生产的转变	周　旭	现代传播	2020.6
		共意动员：农村抗疫“硬核标语”的话语框架与建构逻辑	刘国强 粟晖钦	现代传播	2020.8
		愿景与悖论：传播学 CiteSpace 可视化工具引入现状批判	廖金英	国际新闻界	2018.7
		世界精神与民族关怀：全球化时代的跨文化传播伦理构建	刘国强 汤志豪	国际新闻界	2018.12
		反结构化的突围：网络粉丝社群建构中情感能量的动力机制分析——以肖战、王一博粉丝群为例	刘国强 蒋效妹	国际新闻界	2020.12

续表

地区	学校	论 文 题 目	作者	期刊	日期
重庆市	西南政法大学	网络智能推荐算法的“伪中立性”解析	李林容	现代传播	2018. 8
		城市老年人的智能手机使用与实现幸福感：基于代际支持理论和技术接受模型	贺建平	国际新闻界	2020. 3
		“看”与“见”的辩证：认知视阈下纪录片创作方法论刍议	谷 李	现代传播	2019. 6
		情不自禁的资本主义：理解“霸道总裁”	谷 李	国际新闻界	2019. 5
		媒介与诗歌：宋代邸报诗的新闻传播活动价值	刘大明	国际新闻界	2019. 6
	长江师范大学	自媒体语境中的东北形象及其塑造机制	于凤静 王文权	现代传播	2018. 6
		返乡创业农民微信使用特征、问题及对策分析——基于广西平果县的田野考察	冉明仙 潘昊杨	现代传播	2019. 7
	重庆三峡学院	在“选择”中“新生”——从“理性选择理论”看《大公报》变迁	江卫东	新闻大学	2018. 2
四川省	四川大学	Personal Information Station：传播学元问题的“三位一体”架构	李宜篷	现代传播	2018. 1
		文化生产与审美生成：论网络社会的“流动空间”运作逻辑	刘 娜	现代传播	2018. 4
		交互式纪录片的现实建构与发展症候及其反思——基于媒介研究“实践范式”的视角	侯 洪 宁 珂 王卓尔	现代传播	2018. 4
		互联网情绪传播研究的新路径探析	朱 天 马 超	现代传播	2018. 6
		新闻游戏的非虚构叙事研究	蒋晓丽 贾瑞琪	现代传播	2018. 7
		调动地方：试析《毛泽东同志给刘建勋、韦国清同志的信》的历史动因及效应	朱至刚	现代传播	2018. 8
		改革开放四十年：中国广播电视学术研究的历史进程	欧阳宏生 唐希牧	现代传播	2018. 8

续表

地区	学校	论文题目	作者	期刊	日期
四川省	四川大学	传播的兴趣偏向和浑然不觉的符号暴力——基于《今日头条》的算法控制研究	尚帅	现代传播	2018.10
		从“符合事实”到“社群真知”——后真相时代对新闻何以为“真”的符号哲学省思	蒋晓丽	现代传播	2018.12
		学习、交流与抗争：作为媒介的民国报纸展览研究	朱至刚	现代传播	2019.4
		论新中国70年广播电视传播理念的嬗变——基于媒介社会学框架之再梳理	欧阳宏生	现代传播	2020.1
		自我决定理论视角下UGC生产动机的模式与演进探究	杨珊 蒋晓丽	现代传播	2020.2
		海外科学传播的概念、议题与模式研究——基于期刊 *Public Understanding of Science* 的分析	王炎龙	现代传播	2020.8
		动员、信任与破解：网络谣言的圈子化传播逻辑研究	陈华明 刘效禹	现代传播	2020.10
		媒体朝圣与空间芭蕾：“网红目的地”的文化形成	蒋晓丽 郭旭东	现代传播	2020.10
		媒介规制与媒介生产：一种把关的制衡——基于2006—2016年广播影视法律法规和政策的分析	王炎龙 李玲	新闻大学	2018.5
		我国广电公共服务研究的文献追溯与价值辨析(1980—2018)	朱天 马超	新闻大学	2019.5
		戊戌时期的四川士林与本省维新报刊——以宋育仁为切入点的考察	朱至刚	新闻大学	2019.7
		在美中国旅居者在社交媒体上的自我呈现动机研究	蒋晓丽	国际新闻界	2018.3
		政务微博拟人化互动效果的实验研究	张放 王盛楠	国际新闻界	2018.3
		“舆论”与“共同生活”：罗伯特·E.帕克新闻思想中两个被忽视的关键词	刘娜 黄顺铭 田辉	国际新闻界	2018.8

续表

地区	学校	论文题目	作者	期刊	日期
四川省	四川大学	公园作为“实践景观”：对洛带公园（1928—2019）的个案研究	黄顺铭 陈彦宇 王周霖欣	国际新闻界	2019. 9
		作为方法论的“阶级”：试论 1930 年代初中国“新的新闻学”的缘起和展开	朱至刚	国际新闻界	2019. 10
		社会化表演的网络文本世界——符号叙述学视域下美国总统政治的媒介话语分析	蒋晓丽 郭旭东	国际新闻界	2020. 1
		“驯化”媒介社会学：理论旅行、文化中间人与在地学术实践	黄顺铭	国际新闻界	2020. 3
		南征还是北伐？一场战争的两种视角——对民国画报的图像表征分析	徐　沛	国际新闻界	2020. 11
		虚拟社区里的知识分享：基于两个竞争性计划行为理论模型的分析	黄顺铭	新闻与传播研究	2018. 6
		致敬历史继往开来	蒋晓丽	新闻与传播研究	2018. 8
		从“十字路口”到“中间地带”——英美媒介社会学的边界工作与正当性建构	黄顺铭	新闻与传播研究	2020. 4
		偏移的转折点：传播学史上被“受众民族志”遮蔽的“双重转向”	张　放	新闻与传播研究	2020. 7
	四川师范大学	符号学视角论“传媒艺术”的命名——兼辨“传媒/媒介/媒体艺术”之异	张　骋	现代传播	2018. 9
	四川美术学院	文化生产与审美生成：论网络社会的“流动空间”运作逻辑	杨光影	现代传播	2018. 4
	四川传媒学院	大数据变革视听节目与受众测试方法	袁海涛	现代传播	2018. 7
		符号化表演：网络空间丧文化的批判话语建构	彭　毅	国际新闻界	2020. 12
	成都大学	论新中国 70 年广播电视传播理念的嬗变——基于媒介社会学框架之再梳理	朱婧雯	现代传播	2020. 1
		理论演进、认知区隔与社交危机：中国电视批评 60 年	朱婧雯 欧阳宏生	现代传播	2019. 1
		改革开放四十年：中国广播电视学术研究的历史进程	欧阳宏生	现代传播	2018. 8

续表

地区	学校	论文题目	作者	期刊	日期
四川省	西南财经大学	新媒体背景下纪录片的发展创新研究	孙　莉	现代传播	2018. 4
	西南交通大学	融入与“断连”：老年群体 ICT 使用的学术话语框架分析	曹　璞	国际新闻界	2020. 3
		马克思主义新闻观与媒体融合发展	石　磊	新闻与传播研究	2018. 8
	西南民族大学	关于中国传播学研究国际发表的几个事实问题——与韦路教授商榷	邓　备	国际新闻界	2019. 10
	西华师范大学	受众的感知、识记和态度改变：数据新闻的传播效果研究——基于一项针对大学生的控制实验分析	蒋忠波	新闻与传播研究	2018. 9
		“群体极化”之考辨	蒋忠波	新闻与传播研究	2019. 3
	四川省社会科学	后媒介时代：新闻研究的新领域、新方向、新突破	彭　剑	新闻与传播研究	2018. 8
贵州省	贵州大学	微信中的民族意识呈现与认同构建：基于一个彝族微信群的考察	张　媛 文　霄	国际新闻界	2018. 6
	贵州民族大学	废除“i 奴”缘何不可能：劳动过程的遮盖及非经济报酬的崛起	杨逐原	现代传播	2018. 7
		传统村落形象的建构：以影像记录的身份为视角	兰东兴	现代传播	2020. 7
	贵阳学院	“无米为炊”——中国近代报业的纸荒困厄与报界应对	曾　丹	国际新闻界	2020. 5
云南省	云南大学	手机拍照、社会参与及主体建构——基于一个城市中老年女性群体的观察	孙信茹 赵　洁	现代传播	2018. 2
		微信对歌中的互动、交往与意义生成——对石龙村微信山歌群的田野考察	孙信茹 王东林	现代传播	2019. 10
		“移动主体熟人社会”：基于少数民族农民工手机微信使用的研究	高莉莎	新闻大学	2018. 2

续表

地区	学校	论 文 题 目	作者	期刊	日期
云南省	云南大学	身体表演与拍照的意义生产——社交媒体时代个人影像实践的田野考察	孙信茹 王东林	新闻大学	2019. 3
		民族志传播研究的概念、理论及研究取向——基于中文相关文献的纲要式讨论	郭建斌 王笑一	新闻大学	2019. 9
		价值共创与协同创新：基于智媒时代价值平台网络的商业模式创新研究	李凤萍	新闻大学	2020. 3
		嵌入乡土的“微信社区”——基于一个白族村落的研究	杨星星 唐优悠 孙信茹	新闻大学	2020. 8
		数字鸿沟对癌症知沟的影响研究——基于北京、合肥癌症与健康信息调查的分析	李凤萍	国际新闻界	2019. 7
		“牧影”：中国流动电影放映再阐释——基于滇川藏“大三角”地区田野研究的讨论	王丽娜	国际新闻界	2020. 6
		“视觉展演”：中国农村电影放映实践的文化阐释——基于滇川藏“大三角”地区的田野研究	张 翎 陈静静	新闻与传播研究	2018. 4
		玩四驱：网络趣缘群体如何以“物”追忆——对一个迷你四驱车 QQ 群的民族志考察	孙信茹 王东林	新闻与传播研究	2019. 1
	云南民族大学	“智媒”时代的消融与重塑——2017 年新媒体研究综述	苏 涛	国际新闻界	2018. 1
		反思与展望：赛博格时代的传播图景——2018 年新媒体研究综述	苏 涛	国际新闻界	2019. 1
		热点与趋势：技术逻辑导向下的媒介生态变革——2019 年新媒体研究述评	苏 涛	国际新闻界	2020. 1
	云南师范大学	微博舆情中情感选择与社会动员方式的内在逻辑——基于“山东于欢案”的个案分析	杜忠锋 郭子钰	现代传播	2019. 8
西藏自治区	西藏民族大学	延安时期中共媒体“群众路线”实践面向与价值诉求——以《解放日报》为例	汪 罗	新闻大学	2018. 4

1.3.6 社会服务

西南地区新闻传播教育积极面向各行各业提供多层次全方位的社会服务。

重庆大学新闻学院受中共咸宁市委宣传部委托，承办了2018年“咸宁市文艺精品创作专题培训班”。中共咸宁市委宣传部、咸宁市文联负责人，各县（市、区）党委宣传部分管领导及文艺科负责人，有关作家等共50人参加当期培训。2018年还受深圳市宝安区人大常委会及深圳市中博教育培训有限公司委托，“深圳市宝安区2018年第一期人大代表履职能力提升培训班”在新闻学院301会议室开班。来自深圳市宝安区的43名人大代表参加当期培训。重庆大学新闻学院还成立了重庆大学舆情信息研究所，该研究所是由重庆大学党委宣传部和新闻学院部院共建的校级研究机构，成立于2006年。研究所是中宣部（2006）、教育部（2009）、中央网信办（2015）的舆情信息直报点(机制单位)；2010年，成为重庆市委宣传部舆情信息处、外宣办、市委网信办的协议单位，承接舆情信息与网络工作任务；还是重庆市沙坪坝区、万州区、巴南区的舆情人才培养实践基地。研究所依托重庆大学学科优势资源，组建了一支结构合理、研究力强的专业研究团队，积极参与中宣部、中央网信办、教育部、重庆市委宣传部的舆情信息研究和报送工作，围绕中央及重庆市经济社会发展中的关键战略问题开展决策咨询研究，取得了一系列可喜成绩。研究所高度重视人才培养工作，积极建设“实践导向、任务引领、项目驱动、服务国家”的人才培养基地，制定与人才需求接轨的网络育人培养方案，拓宽课堂教学平台、自主学习平台、教师辅导平台、课题研究平台、工作指导平台、岗位见习平台，深入推动研究生挂职、实习实训、培训培养制度，探索协同创新的舆情类专业人才成长模式。研究所的目标是建成集舆情研判、决策咨询、研究阐释、人才培养于一体，西部领先、国内一流、国际知名的舆情信息研究机构。

西南大学新闻传媒学院社会服务中心是面向社会开展社会服务与非学历学位教育的部门。中心秉承“信息服务社会，平台改变未来”的宗旨，依托西南大学雄厚的师资力量和教学保障队伍，积极为企事业单位提供社会服务和各类培训课程。由专业的课程设计导师为企事业单位提供一整套适合自身持续发展和知识更新的培训方案，多角度为学员提供创新知识、专业知识和前沿理念等方面的课程设计。以西南大学教授、专家和学者为主，同时邀请其他知名大学的教授、相关主管部门的官员、相关行业的顶级专家和具有丰富实践经验的专家为授课。秉承西南大学严谨治学风格，运用课堂讲授、案例讨论、形势报告、实践模拟、小组练习等多种教学形式。完成课程学习并经考核合格，由西南大学新闻传媒学院颁发结业证书。除此之外，在学院党委和各级领导的关心和支持下，西南大学新闻传媒学院成立了创制中心，合理规划、认真布局，充分利用数字媒体实验室等一流硬件设施资源而建立。创制中心融合学院教学研究成果，“以创新实践实训为核心，助推本科教育为要求，服务社会文化为目的”，彰显了学院“开放·融合·实践”的办学特色，为社会提供媒介形象策划、视听内容创制、行业技能训练等服务。

四川大学文学与新闻学院为顺应国家语言发展规划、强化国家语言志愿服务和应急语言服务，积极响应教育部“国家语言文字推广基地”相关工作，于2020年7月筹备“汉语应用与规范研究基地”的建设，由四川省教育行政部门审核并推荐上报。经过汇报、评审讨论、综合评议等程序，四川大学“汉语应用与规范研究基地”最终成功获批，入选第二批“国家语言文字推广基地”。四川大学文学与新闻学院还拥有文化传播研究中心等研究结构，中心的宗旨在于综合发挥四川大学的学科优势，联合国内外有关学术力量，运用科学研究方法和手段，面向地方与国家战略需求，开展前瞻性、战略性和创新性的文化研究，承担国内外重大科研项目、接受地方委托决策咨询任务、培养和培训有关专门人才。该中心以四川大学为依托，面向全国乃至全球，由高校优秀管理专家、政府职能部门、科研院所研究人员以及企业共同参与，以自觉推动中国文化事业和文化产业发展以及文化传播为己任，致力于科学研究、学术交流与合作。

成都大学文学与新闻传播学院着力于将优秀传统文化赋能于社会服务。学生党支部定期举行“党建+国学”文化进社区活动，定期举办书画、绘画等义务支教活动；教工党支部在成都市博物馆、市妇联、市图书馆等地开展天府文化专题讲座100余场，仅2022年，党员教师团队为大运会志愿者开展天府文化专题培训8次。并着力于将优秀传统文化赋能于研究与咨政。在学院党委的带领下，教工党支部积极探索天府文化的创新表达，谋划、翻译出版了《成都传：熊猫家园诗歌殿堂》《天府文化与成都现代化追求》等一批反映中华优秀传统文化的优秀出版物，并被成都市委、市政府指定为外宾礼物；《推进天府文化创新性发展，协同打造巴蜀文化旅游走廊》等多项咨政报告获得省市级领导肯定性批示。经过近年来的探索实践，逐步形成了线上与线下共进、课内与课外贯通、研究与传播同步的三位一体“文”·“传”育人新模式。

云南大学新闻学院积极提供社会服务，2020—2021年，《加快县级融媒体建设步伐，为应对重大公共事件做好准备》《新冠肺炎疫情舆情的阶段性演化与应对建议》《优化信息传播机制提升新冠肺炎疫情防控效能》《守正创新扭转错误思维——对近期疫情防控舆论引导的观察和思考》4篇咨询报告被云南省社科成果智库采纳；《重视和发挥社交媒体在应对新冠肺炎疫情等重大突发公共卫生事件的积极作用》《高度重视和妥善应对网红文化和粉丝文化对青少年的影响》2篇咨询报告被中共云南省委办公厅采纳；咨询报告《推进云南“十四五”时期网络内容建设对策建议》被中共云南省委网信办采纳。

1.3.7 师资队伍及学术带头人

近年来，西南地区通过人才引进，鼓励教师深造、国内外访学、媒体挂职等多种方式，积极改善师资结构，先后引进和培养了一大批具有博士学位并熟悉传媒实践的骨干教师，聚集了一批在新闻学界、业界具有一定影响力的专家、学者。师资力量跨文、理、艺三个学科门类，已经形成了一批实力雄厚、学缘丰富、年龄结构合理的教学科研队伍。

截至2021年年底，根据各学校官网的介绍，据不完全统计，西南地区新闻传播类各专业的专任教师共计974人，其中教授239人，副教授390人。现有享受国务院政府特殊津贴专家3人，教育部新闻传播学科教学指导委员会副主任、委员3人，国家青年拔尖人才2人，教育部“新世纪优秀人才”5人，新闻出版总署“全国新闻出版行业领军人才”2人，全国广播电视和网络视听行业领军人才3人，教育部第三批网络教育名师培育计划1人，中宣部首批宣传思想文化青年英才1人，中组部教育部“西部之光”年轻拔尖人才1人；重庆市巴渝学者3人，重庆市有突出贡献的中青年专家1名，入选重庆市英才计划23人；四川省天府万人文化领军人才2人，四川省有突出贡献的优秀专家1人；云南省中青年学术和技术带头人后备人才1人，云南省高等学校卓越青年教师特殊培养项目入选1人；贵州省高校哲学社会科学青年学术创新人才1人，贵州省委宣传部第五批“四个一批”理论人才1人；西藏自治区宣传文化系统文化名家暨“五个一批”人才。

1.3.8 国际化

近年来，西南地区的新闻传播院系不断加大与国际接轨，主要体现注重国际交流合作。与美国、英国、挪威等国家建立双学位合作办学项目、本硕连读项目合作协议、学生交换计划等；同时，各学院注重研究生的国际化培养。与其他国间签署硕士联合培养协议等。例如四川外国语大学新闻传播学院不断拓展与国内外高校、业界的合作，与多类别、多层次的媒体建立学生实习实践基地和研究生联合培养基地共40余个，为专业学生培养提供了丰富的实践教学资源；与北京外国语大学、暨南大学、香港浸会大学、美国肯特州立大学、美国德雷克大学、英国普利茅斯大学等10余所国内外高校建立了合作关系，推动本科人才互换和“2+2”“3+2”等人才培养项目，拓宽教师海外进修和学术交流渠道，国际化特色鲜明。但就全国范围来看，西南地区新闻传播教育的国际化教学水平相对较弱。

1.3.9 一级学科办学水平

2017 年 12 月 28 日，教育部学位与研究生教育发展中心公布了全国第四轮新闻传播学学科评估排名结果，也是目前最新的比较准确的学科排名。在新闻传播学一级学科中，西南地区具有“硕士授权”的高校参加了评估，评估结果如表 1-38 所示：

表 1-38 西南地区第四轮新闻传播学一级学科评估统计

序号	学校代码	学校名称	评选结果
1	10610	四川大学	B+
2	10611	重庆大学	C+
3	10652	西南政法大学	C+
4	10635	西南大学	C-
5	10673	云南大学	C-

根据全国第四轮新闻传播学学科评估排名，西南地区的新闻传播学办学水平较全国其他板块区域而言尚具有很大的提升空间。四川大学作为西南地区新闻传播学教育的领先者，在学科评估中排名为 B+，2019 年增列新闻传播学博士点的重庆大学和 2017 年增列新闻传播学博士点的西南政法大学在 2017 年排名均为 C+，而西南大学、云南大学均为 C-。学科评估属于水平评估，有别于政府开展的合格性评估，重点关注成效和质量，评估指标体系保持“师资队伍与资源”“人才培养质量”“科学研究水平”“社会服务与学科声誉”四个一级指标框架基本不变。因此，西南地区的新闻传播学科办学水平需要从“师资队伍与资源”“人才培养质量”“科学研究水平”“社会服务与学科声誉”这四大方面实现稳步提升。

（四川外国语大学　郭赫男）

2. 教育组织篇

2.1 院系巡礼

2.1.1 南开大学新闻与传播学院

南开大学新闻传播学教育肇始于1984年，学科前身是原中文系的“编辑学”（后更名为“编辑出版学”）专业。该专业应中央要求建立，与北京大学、复旦大学同期创办，与国内其他高校相比开办时间最早，现已连续招生38年。2000年，南开大学传播学系正式建立，并且扩充了新专业，获得了一级学科硕士学位授权点和两个专业学位授权点。2019年9月，南开大学正式开启组建新闻与传播学院的步伐。2021年10月17日，在南开大学的102周年校庆日，南开大学迈入新百年之后成立的首个专业学院——新闻与传播学院正式揭牌，原传播学系整体并入新闻与传播学院。

2.1.1.1 学院简介

南开大学校长曹雪涛院士在新闻与传播学院成立仪式上的致辞中说，南开大学新闻与传播学院的建立，是深入贯彻党中央关于加快传统媒体和新兴媒体融合发展的重要战略部署，是南开大学“4211卓越南开行动计划”文科振兴的重要战略步骤。该院将通过“文文互鉴、文理交叉、文工融合”等方式探索新文科建设的新思路，打造校内外学科建设融合平台，培养出更多“知中国，服务中国”的高端人才。

南开大学新闻与传播学院首任院长由科技日报社原总编辑、长江韬奋奖（长江系列）获得者刘亚东教授担任。此外，学院发展还得到了赵启正、任贤良、周锡生等兼职教授的关怀、指导，以及清华大学、北京大学、中国人民大学、复旦大学、中国传媒大学等兄弟院校相关学院多位专家学者的大力支持，形成了特色化的办学理念和方向。

学院现有教职工28人、兼职教授21人，他们深耕教学，成果丰硕，为学科建设和学院发展作出了重要贡献。自成立以来，新闻与传播学院不断探索新闻传播人才培养的新要求和新方向，通过文理工多学科交叉融合等方式，努力探索“新文科”建设思路，探索面向融媒体、新媒体、全媒体和国际传播的大背景的学术发展和人才培养新路径。

2.1.1.2 专业设置

学院现有编辑出版学（数字出版与媒体融合方向）、广播电视学（网络视听与新媒体方向）、新闻学、网络与新媒体四个本科专业纳入大类进行招生。

（1）编辑出版学（数字出版与媒体融合方向）

编辑出版学专业着力培养讲政治、精业务、高素质、善管理、会研究的编辑出版业骨干和高层次理论研究人才，同时本专业还重点关注网站编辑、新闻客户端编辑、社交媒体编辑和数字出版人才等的培养。目前，该院编辑出版学专业的毕业生能够顺应数字出版与媒体融合的发展趋势，从事并胜任编辑出版行业中策划、管理、编辑、采访、书报刊出版、营销、市场调查等多项工作以及其他的编辑工作和出版传播工作。

（2）广播电视学（网络视听与新媒体方向）

广播电视学专业着力培养能够胜任广播电视学工作的高级应用型人才和从事广播电视新闻学研究的较高层次研究型人才，同时该专业还侧重于对网络视听及媒体融合人才的培养，为全国各级融媒体中心和新媒体机构输送优秀人才。目前，该院广播电视学专业的毕业生能够胜任广播电视行业中的采访、写作、编辑、评论、摄录、播出、主持、策划等多项工作以及其他新闻传播工作。

（3）新闻学

新闻学专业着力培养能够从事新闻理论和新闻业务工作的高级复合型应用人才，能够胜任新闻传播生产与管理相关工作并具有全球视野的“全能力、全能型”国际化新闻传播人才。目前，该院新闻学专业的毕业生能够从事并胜任全媒体流程的新闻采访、策划、编辑、评论、写作、管理、调查、摄像、新闻发布、舆情分析与应对等工作，能够完成国际新闻与传播的重要任务，具备进一步深造的良好基础与能力，能够从事与新闻传播有关的研究和教学工作。

（4）网络与新媒体

网络与新媒体专业主要以网络与新媒体领域所需要的职业化媒体创意人为培养目标，着力培养基础知识扎实、知识结构合理、网络与新媒体素养一流、网络业务功底过硬、新媒体传播理念先进、全媒体能力卓越的复合型人才。目前，该院网络与新媒体专业的毕业生能够从事并胜任融媒时代的内容生产与传播以及网络与新媒体领域的研究和教学工作。

学院现有“新闻传播学”一级学科学术硕士学位授权点和“新闻与传播”“出版”两个专业硕士学位授权点。多年来，“南开新传”为国家和各地方培养了大量优秀的新闻传播人才，他们活跃在全国新闻传播一线和科学探索前沿，形成了一支秉持“允公允能、日新月异”校训、“知中国，服务中国”的新闻传播生力军。

未来，学院毕业生的就业去向主要为互联网企业、国有大型企事业单位、政府机关、高校、媒体等，同时每年将有20%~30%的毕业生被免试推荐到“双一流”建设高校继续攻读硕士学位，继续为巩固舆论阵地、推进媒体融合、加强国际传播能力建设作出新的贡献。

2.1.1.3 办学条件

南开大学新闻与传播学院积极探索建立“双共建”协作机制，在学校党委的领导下，学院已与天津市委宣传部、天津市委网信办达成共建新闻与传播学院的共识，将通过部校共建、办校共建的方式，优化教育教学、推进学科建设。与此同时还积极引入社会资源以支持学院建设。

“双共建”协作主要通过与市委宣传部的“部校共建”、与市委网信办的“办校共建”模式，引入外脑，内外联动，着力推动新闻教育与新闻实践的良性互动，提升学院治理能力和治理水平。另与中国人民大学新闻学院达成初步合作意向，积极推动A+学科资源向学院流动。

引入外部社会资源主要通过邀请知名学者和资深专家进行专题式授课和针对性研讨，让学生可以近距离聆听来自北京大学、清华大学、复旦大学、中国人民大学、新华社、人民日报社、光明日报社、腾讯等单位的专业人士所开办的前沿讲座，帮助学生树立崇高新闻理想，了解媒体融合发展态势，熟悉新闻传播策略，提升理论和实务能力。

此外，南开大学新闻与传播学院已成立南开大学融媒体研究中心、南开牛津（深圳）融媒体中心等研究机构。该院还在广泛征求意见建议和反复论证的基础上筹划成立了战略传播研究中心、现代出版研究中心等机构，协同助力学科发展。以上研究中心的建设将为全院师生提供更为广阔的科研平台，打造更为良好的学术环境。

2.1.1.4 师资力量

在师资方面，南开大学新闻与传播学院有着良好的人才梯队和方向支撑。原传播学系刘运峰教授培养的多名博士、硕士在高校及主流媒体等机构担当大任，并有毕业生被授予全国抗击新冠肺炎疫情先进个人、全国向上向善好青年等国家级称号；陈鹏教授多次获得省部级以上教学、科研奖励，主编的《网络视听蓝皮书》产生了较大的行业影响力。从传播学系转入新闻与传播学院的其他专业教师也在编辑出版、传播理论、视听文化等方向继续发力，与新近加盟学院的多学科年轻人才一起深化理论研究优势。

学院成立后，科技日报社原总编辑刘亚东、工人日报社原社长孙德宏以及中国新闻社原总编辑王晓晖先后赴南开大学新闻与传播学院任教授。其中，刘亚东曾任科技日报社驻联合国暨纽约首席记者，荣膺长江韬奋奖（长江系列）并十次获得中国新闻奖，在新闻理论方面有深厚造诣；王晓晖曾任中新社美国分社社长，在国际传播、讲好中国故事方面极具经验；孙德宏在新媒体时代新闻美学研究方面建树颇丰，成果众多。三位均是资深媒体人，作为媒体领军人物，实践经验丰富，加入学界能有效弥补固有短板，优化师资结构，开阔学生视野，指导学生进行更为专业的新闻实习和实践工作。

此外，北京语言大学原副校长戚德祥、中国驻日使馆原新闻官钟沈军也先后“加盟”南开大学新闻与传播学院。这些教师的经历与特长恰恰契合本院的办学方针和发展重点。他们将此前的从业经历、知识进行理论化、系统化整理，转化为教学的生产力，能够更好地促进学界与业界的融合。

该院青年教师的学历层次高、科研能力强、学科背景多元。目前该院青年教师的毕业院校包括清华大学、北京航空航天大学、中国传媒大学、美国纽约州立大学石溪分校、澳大利亚昆士兰科技大学等国内外知名高校，具有新闻传播、计算机、统计学、管理学、语言学等多学科背景和美国普渡大学、丹麦哥本哈根商学院、西班牙马德里理工大学、法国巴黎第三大学等诸多海外高校的学术交流经历，在各类教学竞赛和科研立项中也斩获了许多奖项。

2.1.1.5 特色课程

“名师引领”通识课是南开大学为深化本科教育改革推出的一类“重磅”通识选修课程，其设置初衷是邀请各学科领域的顶级专家走进南开校园亲自授课，让初入大学校园的本科生与院士名师面对面，在大师学问与精神的引领下拓宽视野、启迪心灵、孕育理想，树立远大志向，追求卓越人生。

2021 年秋季学期的“互联网时代的新闻素养与传播策略”是新闻与传播学院开设的首门“名师引领”通识课，邀请了 7 位传播学专家和 6 位主流新闻媒体现任或原任总编辑举办专题讲座，与学生一起进行专项研讨。光明日报社原副总编辑刘伟、中山大学传播与设计学院教授张志安、中华全国新闻工作者协会原党组书记翟惠生、复旦大学新闻学院执行院长张涛甫、新华社原副社长周锡生、中国传媒大学新闻学院教授沈浩、清华大学新闻与传播学院常务副院长陈昌凤、中国日报社副总编辑孙尚武、中国人民大学荣誉一级教授陈力丹、中国社会科学院新闻与传播研究所所长胡正荣、北京师范大学教授喻国明、腾讯集团公共事务副总裁肖黎明、南开大学新闻与传播学院院长刘亚东等十余位学界专家与业界名师均先后主讲了学院的“名师引领课”，主要围绕新闻传播史论、媒体转型升级、讲好中国故事、国际战略传播、传播技术伦理等热点问题为本科生带来视角多元、思想深刻、把脉前沿的精彩讲座并与本院师生进行了学术交流和对话，这对学生提升政治素养、专业素养、科技素养、数据素养，培养新时代需要的新闻素养起到了重要的推动作用。最终共有来自全校 29 个学科专业的 122 名本科生完成此次课程的选修，另有一批本硕博学生、教师、各大新闻媒体人员通过线上线下方式旁听了课程。

2022 年春季学期，新闻与传播学院推出“南开新闻传播大讲堂”第二期，主题为“弘扬长江精神守护新闻理想”。此次课程以“名师讲授+师生研讨+自主阅读观赏”的形式展开，邀请多位中国新闻界最高人物奖——长江韬奋奖（长江系列）的获得者作为主讲嘉宾亲身回忆、现身说法；而由校内 13 位专职教师组成的授课服务团队对学生提出的问题进行专业化辅导、零时差响应。

（南开大学　刘亚东）

2.1.2　安徽师范大学新闻与传播学院

从 1992 年安徽师范大学开设新闻学专业，到 1996 年建立安徽省第一个新闻系，安徽师范大学的新闻传播教育已走过了 30 年的历史。在新闻学专业之后，新闻系于 2001 年创办广告学专业，2009 年创办播音与主持艺术专业。而在 2010 年 5 月，新闻系各专业整体划出文学院，与来自其他几个学院的摄影专业、动画专业、文化产业管理专业一起组成传媒学院。此后，传媒学院作为安徽师范大学应用性专业综合改革的试验区，承担起创新办学模式和人才培养模式的重任。2013 年 12 月，传媒学院成为首批 10 所部校共建新闻学院试点单位之一，并于 2015 年 1 月改名为新闻与传播学院。

现在，安徽师范大学新闻与传播学院具有新闻学、广告学、网络与新媒体、影视摄影与制作、动画、播音与主持艺术、航空服务艺术与管理（校企合作）7 个本科专业；拥有新闻传播学、戏剧与影视学 2 个一级学科硕士学位授权点，以及新闻与传播、广播电视 2 个专业学位硕士点；还拥有目录外二级学科“马克思主义新闻学与意识形态建设”博士点，“文艺、文化与传播”博士招生方向。可以说，安徽师范大学新闻与传播学院是安徽省新闻传播教育领域本科专业最为齐全、办学层次最为完整，能够充分体现传媒艺术与人文、科技交叉融合发展的学院。

2.1.2.1 专业设置

新闻学专业于1993年开始招生，2010年被列为安徽省特色专业，2018年成为安徽省一流专业，2019年入选第一批国家级一流本科专业建设点。

广告学专业于2001年创办，2002年开始招生，是安徽省最早的文学类广告学专业，2020年入选安徽省一流本科专业建设点。

网络与新媒体专业于2014年创办，2015年开始招生，是顺应数字媒体发展趋势而创设的新闻传播类新兴专业，是由安徽省该专业联盟牵头开设的专业。

动画专业于2003年创办，2004年开始招生，是安徽省最早招生的动画专业之一，2014年成为安徽省特色专业，2020年入选安徽省一流本科专业建设点。

影视摄影与制作专业由学院的摄影专业发展而来。摄影专业于1999年创办，2000年开始招生，是安徽省开设最早的摄影类本科专业，2016年成为安徽省特色（品牌）专业。

播音与主持艺术专业于2009年创办，2010年开始招生，2013年成为安徽省综合改革试点专业。

航空服务艺术与管理专业是校企合作专业，也是安徽省高校中唯一招收航空服务类的公办艺术类本科专业，其前身是2011年开始招生的播音与主持艺术专业的空乘与礼仪方向，2021年以现名开始招生。

2.1.2.2 办学理念

安徽师范大学新闻与传播学院秉承“求真、至善、尚美、笃行”的院训，坚持“向上向善、融合发展、协同创新、实践育人”的办院理念，以马克思主义新闻观为统领，以建设一流学院、培养卓越新闻传播人才为目标，大力实施“平台领院、制度立院、内涵兴院、人才强院”战略，不断优化学院文化生态和育人环境，构建向上向善的价值导向，营造风清气正、干事创业的发展氛围；强化“人才是第一资源”意识，以“人品、特长、贡献”为人才培养标准，采取激励措施，树立以发展意识为导向的价值观。

“融合发展”是新闻与传播学院发展的鲜明特色和必由之路。院内开设专业数量较多，但分属新闻传播学、戏剧与影视学两大学科，主要培养从事信息生产和传播的优质人才。学院尊重各专业的发展规律，以学科建设为导向，以各专业的共通点为纽带，构建以新闻传播学、戏剧与影视学两大学科为主导的专业群；发挥播音与主持艺术、动画、摄影等专业传播艺术的功能优势，逐步加强上述专业的特色建设；打破专业、学科界限，以项目化管理的方式强化研究的专题化，将文化（新闻、广告、艺术等）传播学的建设作为学院学科发展的总体目标。

学院坚持以马克思主义新闻观（文艺观）为统领，秉承知识、能力和素质协调发展的人才培养理念，坚持“宽口径、厚基础、高素质、强能力”的人才培养规格，培养具备系统的学科专业基本理论、基本知识、基本技能，德、智、体、美、劳全面发展，政治坚定、业务精湛、作风优良、党和人民放心的应用型、复合型、创新型的新闻传播和文化艺术人才。目前，学院学生毕业后能在各类宣传思想文化部门、新闻传播机构、党政机关、企事业单位等从事并胜任创意策划、新闻采编、信息传播以及经营管理等工作。

“人文与科技并重，理论与实践结合”的人才培养理念，是学院在深度融合、培养卓越新闻传播人才上的重要工作思路。学院构建实验课程、实践课程、专业采风、专业见习、联合作业、专业实习、毕业论文（设计、创作）、暑期社会实践（课外拓展）“八位一体”的实践教学体系，培养学生“创、采、写、摄、编、播、评、管”“八位一体”的实践能力。

2.1.2.3 办学特色

作为部校共建新闻学院的首批试点单位中唯一一家位于非省会中心城市的学院，安徽师范大学新闻与传播学院在安徽省委宣传部和学校党委行政部门的有力领导下，构建出以省委宣传部、安徽师范大学为核心，省社科院、省教育厅和芜湖市政府为两翼，校内外推进、协调小组为补充的领导机制；坚持以马克思主义新闻观为统领，着力实施马克思主义新闻观教育研究的“十个一工程”，倡导师生争做马克思主义新闻观忠实的践行者和传播者；率先凝练出“创、采、写、摄、编、播、评、管”八位一体的应用复合型传媒人才的能力素养，实施学界、业界的互联互通，构建出“部校共建、院媒协同、实践育人”的新闻传播人才培养新机制。

学院以部校共建为契机，着力加强对学生的马克思主义新闻观教育，将思政课程和专业教育紧密结合，通过“理实交融”，实现“培根铸魂”，培养卓越新闻传播人才。目前学院构建了“五位一体”的马克思主义新闻观（文艺观）教育课程体系，解决了“教什么”和“怎么教”“怎么学”的问题。一是专业基础课程，在人才培养方案中将“马克思主义新闻理论与实践”“国情教育与马克思主义新闻观系列讲座”等课程纳入专业基础课程，其中前者还是核心课程。二是专题讲座课程，包括“中国特色社会主义新闻传播理论与实践”“国情教育与马克思主义新闻观系列讲座”“名记名编名主持人进校园”等系列活动，同时特聘教授刘杰的“新闻故事汇”平台整合了学界业界优质资源，深受学生欢迎。三是素质拓展课程，学院成立了马克思主义新闻观学习社、全媒体工作室等平台，开展制作校运会节目《校运直通车》、新传先锋评选、记者节演说等活动，践行马克思主义新闻观（文艺观）。四是社会实践课程，学院各专业每年开展马克思主义新闻观（文艺观）专题采风，并利用暑期社会实践强化马克思主义新闻观（文艺观）教育。五是网络开放课程，为帮助学生树立互联网思维，学院创办了“AHNU 新苑”等微信公众号以采制传播优秀作品。学院的部校共建工作受到了各级领导和主流媒体的高度重视和关注。历任安徽省委常委、宣传部长多次来院调研听课，中宣部先后多次在其主管刊物上宣传报道安徽部校共建经验，安徽电视台、教育部官方网站、《人民日报》《中国教育报》《安徽日报》头版头条等分别进行深度报道，学院美誉度显著提升。

2.1.2.4 师资队伍

目前新闻与传播学院执行院长为杨柏岭，党委书记为张师帅，副院长为马梅、赵昊、秦枫、周伍，党委副书记为吴青山。

学院共有教职员工 93 人，其中专任教师 73 人，正高级职称者 13 人，副高级职称者 23 人，考取博士和获得博士学位者 42 人，有海外学习经历者 30 余人，绝大多数教师有媒体和文化单位挂职或社会实践经历。学院专任教师形成了“教学科研型”和“实务师资型”“两翼齐飞”的师资格局。学院还在新闻传播学界和新闻传播业界聘有特聘教授、客座教授 40 余人，并先后柔性引进人才近 10 人。

学院拥有国务院特殊津贴专家、皖江学者特聘教授、二级教授 1 人，安徽省学术和技术带头人 2 人，安徽省四个一批人才 1 人，安徽省教学名师 1 人，安徽省思政教学名师 1 人，安徽省教坛新秀 2 人，安徽省线上教学新秀 1 人，“安徽省劳动竞赛先进个人”称号及安徽省五一劳动奖章 1 人，全国高校青年教师教学竞赛决赛二等奖 1 人（安徽省在这项赛事文科组别的历史最好成绩、最高名次），第二届长三角师范院校教师智慧教学大赛冠军 1 人，第三届“长三角”师范院校教师智慧教学大赛冠军 1 人，安徽省高校辅导员年度人物称号 2 人，全国高校辅导员素质能力大赛二等奖 1 人，中国五四青年奖章获得者 1 人。

2010 年以来，学院已获得省级一流专业、省级教学团队、省级教学成果奖、省级“六卓越一拔尖”卓越人才培养创新项目、省重大教改项目、省示范实验实训中心、省校企合作实践教育基地、省级振兴计划项目等 80 余项省级质量工程类项目，并连续数年斩获校青年教师教学竞赛一等奖。2019 年，学院新闻与播音主持党支部获批全省首批样板支部、全国党建工作样板支部培育单位。

2.1.2.5 科研基地和学术格局

新闻与传播学院建有安徽省重点人文社科基地——“创意产业发展研究中心”，同时也是中网联网络传播专业委员会首批成员单位，拥有首批“安徽省青少年网络素养教育基地”；拥有安徽省网络舆情调查与分析研究中心、安徽师范大学经致科技文化传播有限公司、安徽师范大学“创意港”省级众创空间、“新时代中国国家品牌传播协同创新中心”校级科研平台等；学院实验实训中心拥有36个专业实验室，设备总值2000余万元。

学院现已形成新闻学、传播学、文化与艺术传播三个主要学科方向，分别由沈正赋教授、丁云亮教授、杨柏岭教授领衔，马梅教授、肖叶飞教授、胡靖教授、吴来安教授、朱晓凯高级记者、赵昊教授、陈接峰教授、秦枫教授等为学术骨干。新闻学专业的主要研究领域为新闻理论、媒体经营与管理、媒介融合、主流媒体涉农传播等，形成了以习近平主席关于新闻舆论工作的重要论述为重要研究对象的马克思主义新闻观研究、以新闻政策与伦理法规为主要内容的新闻职业道德研究、从传统媒体转型到媒体融合的当代新型主流媒体建设研究等特色研究体系，获批国家社科基金项目9项，在《新闻与传播研究》《现代传播》《国际新闻界》及《新闻大学》等权威期刊发表论文100余篇，获得省级多项科研奖励。传播学专业的主要研究领域为国家话语传播、广告与品牌传播、媒体与社会变迁等，立足于经济社会发展，推动本土传播学话语体系构建，形成了以国家文化、国家形象为主要内容的话语传播，以公益广告、品牌管理为主要内容的战略传播，以传播观念史、社交媒体为主要内容的媒介社会学等特色与优势，获批国家社科基金项目6项，在《新闻与传播研究》《现代传播》《国际新闻界》及《新闻大学》等权威期刊发表论文40余篇，获得多项省级科研奖励。文化与艺术传播专业的主要研究领域为文化传播、艺术传播、区域传播等，探寻文化与文艺传播历程、类型及规律，形成了以中国传统文化传播观念、红色文化图像传播等为主要内容的文化传播，以广播电视视听传达、新媒体艺术等为主要内容的艺术传播，以安徽地方戏曲数字化转型为主要内容的区域传播等特色与优势，获批国家社科基金项目4项，在《现代传播》《中国出版》《编辑之友》及《美术研究》等权威期刊发表论文50余篇，获得省级多项科研奖励。

2.1.2.6 社会服务

部校共建新闻学院的出发点和落脚点是以马克思主义新闻观为根本遵循，培养新闻传播领域的卓越人才。这就要将教师发展、人才培养放在火热的现实当中，让师生走进国家各方面建设的现场，知国情社情民情，然后懂中国爱中国建设中国，要在理论与实践的无缝对接中培养知行合一、德智体美劳全面发展的社会主义建设者和接班人。

2016 年以来，学院教师共参与省委宣传部“部门出题，智库答题”活动 20 余项，获得成果优秀等次 4 项；作为安徽省网络舆情调查与分析研究中心单位，共撰写报告 40 余篇，被中央领导批示 4 篇，中宣部采用 6 篇（含上面 4 篇），省委宣传部采用 10 余篇；有关安徽省县级融媒体建设的咨政报告刊载《安徽信息》，得到省委宣传部领导的批示。学生暑期社会实践团队的调研项目多次入选南风窗“调研中国”项目年度十强；调研报告获第九届“挑战杯”安徽省大学生课外学术科技作品竞赛一等奖；积极依托“刘杰故事汇”等加强学生社会实践作品的对外推广，学生实践作品在省级以上媒体刊载量明显增长。围绕新闻人才培养、宣传思想文化系统干部职工培训等主题，开展各类培训 30 余场，学员近 5000 人。

（安徽师范大学　马梅）

2. 1. 3　华中师范大学新闻传播学院

华中师范大学的新闻传播事业有着深厚的历史底蕴。早在 19 世纪 20 年代，该校著名校友、无产阶级革命家恽代英便创办利群书社和《中国青年》杂志，积极传播新思想。1950 年，艾玮生成立华中大学新闻组，在华中地区首次有系统、成建制地开展马克思主义新闻观教育。1994 年，学校在文学院下设新闻传播系，并于翌年正式开始本科招生。2000 年，华中师范大学开始招收新闻学、传播学两个研究方向的硕士研究生（传播学方向下另设一个编辑出版方向）。2011 年，华中师范大学成为全国首批招收新闻与传播硕士专业学位的单位。2012 年 9 月，新闻传播系与信息技术系联合组建信息与新闻传播学院。2013 年 6 月，在原新闻传播系的基础上，正式成立新闻传播学院。同年获批湖北省重点一级学科（新闻传播学），并成为“湖北高校省级示范实习实训基地”。2014 年，与文学院合建“文化传播学”博士学位点，并开始招收博士生。2017 年，获批“湖北省新闻传播卓越人才培养基地”。2019 年，成为湖北省部校共建新闻传播学院单位。

学院现有新闻学、广播电视学、网络与新媒体、播音与主持艺术四个本科专业。其中，新闻学专业获批国家一流本科专业，在传媒预警、舆情治理和危机公关方面具有显著特色；广播电视学专业获批湖北省一流本科专业，教师们在电影、电视、动画和纪录片研究，以及影视创作实践等方面拥有众多专长。学院现有新闻传播学一级硕士学位授权点和新闻与传播硕士专业学位授权点，与文学院共建了“文化传播学”博士学位点，全日制本科生500余名，硕士研究生300余名。

经过20余年的发展，学院已逐步建立起一支“双师型”“交叉型”和“国际化”的师资队伍。现有专任教师34人，其中教授6人、副教授20人、讲师8人，高级职称教师占总数的76.5%；具有博士学位的教师有32人，具有博士后研究经历的教师有6人。其中，“长江韬奋奖”获得者1名、享受国务院政府特殊津贴的专家1名、全国新闻出版行业领军人才1名、国家科技进步奖获得者1名、中华人民共和国成立70周年纪念章获得者1名、全国“金话筒”百优主持人1名、国家社科基金项目评审专家3名、湖北省政府应急管理专家1名、湖北省广播电视局媒体融合发展专家人才库专家1名、湖北省优秀文艺人才库专家1名。

喻发胜教授是传播学方向的学术带头人，主要致力于应急传播、网络舆情和马克思主义新闻哲学等领域的研究，其社会兼职包括国家社科基金项目评审专家、“长江学者”通讯评审专家、中国新闻史学会理事、湖北省政府应急管理专家等。喻发胜教授迄今已主持过3项国家哲学社会科学项目及多项教育部和省部级项目。在全国首倡“传媒预警”和“传联学”理论，在《新闻与传播研究》及SCI、SSCI期刊发表多篇论文，并获得全国新闻传播学优秀论文奖。同时，喻发胜教授有30多篇研究咨询报告被中央及省市党政机关采纳，多项研究成果获时任党和国家领导人批示；在新冠肺炎疫情期间曾受中央指导组邀请，向孙春兰副总理等领导做专题汇报并获得与会领导和专家高度肯定。

彭涛教授是广播电视学方向的学术带头人，主要从事主流电影、中韩影视比较、电影理论批评等领域的研究。彭涛教授主持过国家社科项目2项、省部级项目5项。出版学术专著1部，主编或参编著述6部，曾获国家科技进步奖二等奖、国家广电总局科技创新奖一等奖、中国科学院“科星奖”一等奖、中国广播电视新闻奖社教节目类三等奖、湖北省广播电视新闻奖社教类一等奖、武汉市广播电视新闻奖社教类特等奖等。2014年，彭涛教授入选湖北省优秀文艺人才库，担任国家社科基金艺术学一般项目、重点项目通讯评委，湖北省、武汉市广播电视新闻奖评委。

高海波教授是新闻学方向的学术带头人，主要从事新闻传播史论领域的研究，在《新闻与传播研究》《国际新闻界》及《现代传播》等权威刊物发表论文20余篇，出版学术专著2部，主持教育部人文社会科学基金项目1项、国家社科基金重大项目子课题1项，曾获湖北省委宣传部颁发的“湖北省新闻工作建设者奖”。

张勇军教授是新媒体经济管理与传播方向的学术带头人，主要从事新闻采编实务、传媒经济与管理等领域的研究，曾获湖北省文化思想战线先进个人的荣誉称号，主要学术兼职有中国传媒经济与管理研究会常务理事、湖北省委宣传部新闻传播能力建设研究中心研究员等。张勇军教授曾在湖北日报传媒集团采编一线工作长达21年，先后担任记者站站长、新闻部副主任、都市类报纸副总编等职务。在业界工作期间，张勇军教授先后获得省部级以上奖励20余次；转型学界以来，先后主持两项国家社科基金项目，参与国家社科基金重大项目、社科基金重点项目、省委宣传部重大智库项目等多个研究项目，出版教材一部，并在《现代传播》《中国出版》及《中国编辑》等核心期刊发表论文10余篇，其中两篇分别被《新华文摘》纸质版和网络版转摘。

实践性强且理论与实践高度结合是该院老师的突出优势。学院从中央、省市权威媒体引进具有高级职称的教师7名，拥有丰富媒体经验的老师占比高达25%。另外，该院还积极推进高校与新闻单位互聘交流的“双千计划”。截至2021年，已有10位在职教师赴省内媒体挂职锻炼，同时有8名媒体人士到学院兼职任教。另外，还聘有30余位传媒业界资深人士担任校外硕士生导师，如著名纪录片导演张以庆等。

学院高度重视学术研究，科研实力显著增强。近5年来，共承担国家社科基金项目13项、省部级项目15项，科研经费合计600余万元；出版著作23部，并在《新闻与传播研究》与《现代传播》等核心期刊发表论文近200篇；获湖北省社会科学优秀成果奖2项。学院现有“媒介伦理与媒介管理研究中心”“大数据传播与应急管理研究中心”“影视传播研究中心”“新媒体研究中心”“品牌传播研究院”等研究机构，还积极参与国家级研究中心“华中师范大学国家文化产业研究中心”、省级人文社科重点研究基地“湖北文学理论与批评研究中心”、湖北省新型智库“湖北社会建设研究院”等机构的建设，为国家和湖北省的新闻宣传事业发展提供智力支撑和决策咨询。近年来，该院完成重要政策咨询报告20余篇，其中多篇被中央及地方党政部门采纳推广，并获中共中央领导的批示。

学院大力推进国际化战略，已与美国、加拿大、澳大利亚、韩国，以及中国台湾、香港等国家和地区的知名高校建立了学生交换、教师访学等多种合作关系。截至2021年，学院从海外引进4名获得名校博士学位的教师，另选派18名教师赴海外访学、交流。同时，有70余名学生前往美国密苏里大学、英国布里斯托大学、加拿大卡尔顿大学、韩国中央大学，以及香港浸会大学、台湾铭传大学等国内外名校交换学习或短期交流。2019—2020年，学院还与香港浸会大学、香港金融管理学院合作完成跨境高校联动的“摄影创作实践课程”项目，为学生提供了跨境交流平台。此外，学院还多次举办“中韩影视国际论坛”，在学界产生了广泛影响。

学院坚持“面向社会，培养能手”的办学理念，坚持以应用为导向，紧密结合当前的媒介技术变革和媒体发展需要，注重学生新闻传播实践技能的培养，致力于塑造“能用、实用、好用”的媒体人才。在培养方案、课程设置、师资聘请等多个方面积极寻求与传媒业界的深度合作，打通业界和学界、技术和内容、课内和课外多个通道，有计划地开展“校媒合作”“部校共建”“校外实习实践基地建设”等培养形式。在本科人才培养方面，奉行“厚基础、宽口径、高素质、创新型”的人才培养模式，实行大类招生，并通过通识教育、专业教育与实践教育的综合，实现学生全面发展和个性发展的有机结合。在研究生培养方面，学院与媒体等实践机构建立长期的、稳定的、实质性的联合培养机制，按照国家有关规定实行“双导师制”，即每名学生既配备一名本校教师做导师，同时在业界聘请一位较有影响的人士担任导师，本校教师负责课程教学，业界导师负责实践教学。

学院高度重视教学工作，围绕新闻史、新闻理论、新闻实务（采写编评）、媒介伦理、影视艺术建设等基层教学组织形成了多个完整教学团队。同时依托学院的三个研究中心建立“新闻伦理案例库”“中国突发事件数据库”和“纪录片案例库”供日常教学使用。在教学过程中，贯彻“以学生为中心”和“做中学”（learning by doing）的教学理念，引入研究型教学、案例库教学、翻转课堂教学、混合式教学等新型教学方式，同时借助学校的云平台，积极推动课程数字化资源建设，加快信息化教育的发展。近年来，学院取得了一系列教学成果奖、包括 1 项国家级教学成果奖、2 项湖北省高校教学成果奖，5 项校级教学成果奖。另外，“新闻采访理论与实践”课程入选国家级一流本科课程建设名单，“媒介伦理与法规”课程入选国家级精品在线课程建设名单。

学院拥有一流的实验教学条件，以国家文科综合实验中心为依托，实验室面积达到 4790 平方米，下设 29 个实验室。其中面向本学院的实验室有：广播节目制作实验室、电视观片室、新闻演播室、虚拟演播室、非线性编辑实验室、配音实验室及报刊电子编辑实验室等。学院还自建用于学生课外实践的新闻传播实验工坊，设有新闻采访、新闻摄影、纪录片、微电影、品牌传播、创意实践、数据挖掘、播音主持、大学生乐读 9 个子工作坊，能保证学生各类不同的实践需求。学院资料室拥有图书资料 10000 余册，中外文专业期刊近 200 种，为学生学习提供了丰富的参考资源。

学院重视培养学生的实践能力，同时不断加强实习基地建设。学院已在人民日报社、新华通讯社、中央电视台、光明日报社、中国国际广播台、南方报业传媒集团、深圳广电集团、湖北日报传媒集团、湖北广播电视总台等 20 余家新闻传播机构建立实习基地。2013 年，学院成功获批“中央在鄂媒体省级实习实训示范基地”，与中央驻鄂新闻单位开展全方位、多层次的协同创新合作。近年来，学院还在腾讯、华数传媒、清博大数据研究院、大楚网等新媒体机构建立了实习基地，以实践空间为环境培养学生的新媒体技能。

该院以培养全媒型新闻人才为目标，全面促进学生的综合素质和专业技能的提升。

近两年来，该院学生在全国大学生计算机设计大赛、中国“互联网+”大学生创新创业大赛、全国大学生广告艺术大赛、挑战杯等重大赛事中斩获百余项国家级、省部级大奖。此外，该院“恽代英新闻采访团”还被评为团中央“镜头中的‘三下乡’”好团队、湖北省大中专学生志愿者暑期“三下乡”社会实践活动先进集体。

（华中师范大学　彭涛）

2.1.4　西南大学新闻传媒学院

西南大学新闻传媒学院是西南大学百年办学历史上充满活力的年轻学院。现有教职工 44 人，专任教师 32 人，其中教授 11 人，副教授、高级工程师 11 人；现有博士生导师 5 人，硕士生导师 19 人。学院现有新闻学、广播电视编导、播音与主持艺术三个本科专业，其中新闻学专业、广播电视编导专业进入国家一流专业建设项目、播音与主持艺术进入重庆市一流专业建设项目；有新闻传播学、戏剧影视学（与文学院共建）2 个一级学科硕士授权点、2 个专业硕士授权点（新闻与传播专业硕士、艺术学专业硕士），还设有 4 个博士培养方向。

2.1.4.1　党建与思想政治教育

该院坚持以习近平新时代中国特色社会主义思想为指导，全面加强学院党的建设，落实落细党建工作任务；坚持用党的创新理论武装师生，学习贯彻“七一”讲话和六中全会精神，深刻理解“两个确立”的决定性意义；扎实开展党史学习教育和建党百年庆祝活动，构建“党史学习教育+ 建党百年、红色研学、课程思政、乡村振兴、志愿服务”教育矩阵，提升育人实效，人民日报社、光明日报社、新华社等媒体报道 20 余次；开展“最美寻访”、红色舞台剧展演、经典电影推介、“党史青年说”“重返革命历史现场”等特色活动，献礼建党百年；赴遵义、綦江等地开展主题教育、社会实践和志愿服务，传承红色基因，助力乡村振兴，上游新闻、“知新”“西大快点”“西影力”推出专题 130 余篇；开展“我为师生办实事”，改造“传媒文化广场”、构建学生心理危机干预体系、帮扶学生就业、推进网络学习宣传阵地建设等，办实事，求实效，“西影力”团队获重庆市巾帼文明岗；完成支部调整，抓好工作培训，抓实“五个一”，建“薪火新传”党建品牌和样板支部，微党课“重庆有支‘新华军’”获学校一等奖；严格落实党风廉政建设责任制，强化党政同责和“一岗双责”，廉政视频上“学习强国”，廉政作品获学校二等奖 2 个、三等奖 1 个；落实意识形态工作责任制，严格“一会一报”“一事一报”；抓好保密教育，创作保密教育微电影《防线》，获重庆市国家安全主题作品二等奖、中国高校影视学会剧情片一等奖；坚持党建引领，推动融合发展，获学校融合考核优秀。

2.1.4.2 人才培养

学院“一流专业”建设持续发力，广播电视编导专业入选国家级“一流本科专业建设点”，播音与主持艺术专业入选重庆市“一流本科专业建设点”，并进入国家一流专业评选。教学改革成绩显著，获批重庆市教改项目 2 项，重庆市教改成果奖二等奖 1 项。“经典导读与欣赏”课程登上新华思政全国高校课程思政教学平台；“新闻编辑”“传播学概论”“马克思主义新闻思想”3 门课程获重庆市高校一流课程；“书报刊阅评”课程团队获重庆市高校课程思政示范建设项目和课程思政教学团队。教师获西南大学青年教师讲课比赛一等奖 1 项，学院获得青年教师讲课比赛优秀组织奖。

2.1.4.3 学科建设

新闻传播学、戏剧与影视学 2 个学科获批重庆市重点学科建设点；举办 2 个全国学术会议：教育部高等学校戏剧与影视学类专业教学指导委员会第十一次会议和中国高校庆祝建党 100 周年学术论坛、举办学术讲座 18 个，举办“乡村影像传播与乡村道德建设”学术沙龙。

2.1.4.4 科学研究

学院获批立项各类各项项目 18 项，其中国家社科基金 1 项、省部级项目 6 项，横向项目 5 项，校级项目 6 项。获市级以上纵向项目科研经费 33 万元，发表学术论文 39 篇，其中，CSSCI 收录 16 篇。出版专著教材 1 部，获得中国高等院校影视学会“学会奖”论文三等奖 2 项，第二十四届重庆市新闻奖三等奖 1 项。

2.1.4.5 社会服务

学院务实推进与重庆市税务局、重庆市检察院等单位的合作。联合园艺园林学院、美术学院推进与南川区河图镇开展乡村振兴服务。同《重庆日报》、上游新闻等单位联合推出“理响青年”、“最美寻访”等品牌活动。

成功举办 2021 年“看中国 · 外国青年影像计划 · 重庆行”活动。组织 4 个国家的 10 位在华留学生围绕“家庭 · 家园 · 家国”主题，开展文化体验和短片拍摄，创作出 10 部纪录片。其中《家住西山雨》作为“看中国”三个代表作之一在北京师范大学北国剧场展映。“看中国 · 重庆行”纪录片荣获 2021 年中美电影节年度“金天使奖”“我最爱中国风”全球短视频大赛二等奖、第九届温哥华华语电影节“红枫叶奖”4 项、第七届看中国“金目奖”二等奖、三等奖和最佳文化发现奖。

2.1.4.6 文化传承创新

学院师生以中国传统节日为契机举办主题活动，如“中秋诗会”“清明踏青”“元旦读书会”，继承和弘扬中华优秀传统文化；挖掘本土红色文化及红色新闻资源，邀请红岩革命历史专家开展红岩精神专题讲，带领学生参观陈独秀故居，感悟建党精神；采访革命老兵，追寻红色记忆。在《光明日报》《中国教育报》《重庆日报》、新华网、上游新闻等主流媒体平台发表对话讨论与评论文章、视频作品、新闻报道 100 多篇，单篇最高点击量达 79 万+。

2.1.4.7 对外合作与交流

学院完成留学硕士研究生培养 4 名，招收留学生 2 名、交换生 1 名。继续邀请英国罗伯特戈登大学的 Craig 副教授进行线上授课，申报国际课程云课堂“Introduction to Theatre”课程，满足学生国际课程选课需求。学生赴国（境）外交流、学习 10 余人。教师参加各类线上线下学术会议 10 余人次，邀请刘海龙、赵岭、姜春勇等学者专家 16 人次来院讲学。

（西南大学　秦红雨）

2.2 研究基地——复旦大学信息与传播研究中心

2.2.1 建设历程与发展概况

复旦大学信息与传播研究中心（原名文化与传播研究中心）成立于 1984 年，重组于 2000 年 2 月，同年 12 月，通过层层严格评审，获准为教育部人文社会科学重点研究基地。在 2016 年举行的教育部人文社科重点研究基地评比中，该中心总体获评“优秀”，是新闻传播学科四个基地中唯一获得优秀者；在全国 151 个基地中，总分名列第四。

作为全国唯一的“传播学”研究基地，该中心按照教育部倡导的重点研究基地建设精神，经过多年卓有成效的努力，明确并初步形成了自己的研究要求和研究风格：

“理论意识，经验取向，全球视野，本土关怀”；明确并基本确立了自己的思路和重点研究方向：以媒介技术变迁为主要视角，以城市传播为经验性场域，聚焦传播为人类社会及其生活方式所带来的巨大变革；明确并在逐步实现自己的目标：立足本土经验，探索理论和范式创新，引领并大力提升中国新闻传播学研究的整体水平，增强与世界对话的能力，为促进人类文化和文明作出自己的贡献。

复旦大学信息与传播研究中心目前是全国新闻传播学科唯一签约高校高端智库联盟的研究机构。针对当前世界范围内由新技术崛起所引发的传播革命，该中心紧跟国家发展，未来五年我们将围绕建构“数字城市共通体”这一主攻方向，以构建中国特色的本土化传播学学科体系、话语体系、理论体系为目标，从传播媒介历史研究、传播学理论研究、传播学方法研究、新闻传播实践研究四个基本方面展开，以期形成相对完整的中国传播学本土化的新型范式。

以理论和范式创新为纽带，打造高水平的全国学术共同体和服务国家的重镇，是该中心的基本理念和主旨。该中心目前已有 50 余名专兼职研究人员，并与海内外不同高校合作共建多所研究机构，拥有《中国传播学评论》刊物，坚持举办了 17 年的“中外新闻传播理论与方法”暑期学校，为全国培训了近千名研究生和青年教师骨干。每年一次的“传播与中国·复旦论坛”已经成为学界瞩目的全国性学术对话交流的公共平台。

该中心微信公众号于 2014 年创建，至今稳定保持一周两次更新，一直具有较大影响力，每年推送学术资讯和各类原创内容百余篇。截至 2022 年 2 月 28 日，复旦大学信息与传播研究中心官方微信公众号订阅用户数为 26686 人。相较 2020 年末新增订阅用户数 3820 人，在同类学术性微信公众号中属于佼佼者。

2. 2. 2　主要科研成果

复旦大学信息与传播研究中心围绕建构“数字城市共通体”这一主攻方向，以构建中国特色的本土化传播学学科体系、话语体系、理论体系为目标，从传播媒介历史研究、传播学理论研究、传播学方法研究、新闻传播实践研究四个基本方面展开，以期形成相对完整的中国传播学本土化的新型范式。

该中心近年来学术研究成果显著，已达到国内外一流的水平。近五年来，中心研究员共发表学术论文逾千篇，共出版学术著作、教材等近百本。“十三五”期间，校内专职研究员获教育部高等学校科学研究优秀成果奖（人文社会科学）二等奖 3 项、决策咨询服务报告二等奖 1 项；获上海市哲学社会科学优秀成果一等奖 3 项、二等奖 10 项、决策咨询成果奖 1 项；第六届软科学专项（社会）奖 1 项；National Communication Association 下属 The Association for Chinese Communication Studies 优秀论文奖 2 项。

该中心注重以学术回馈课程和教学，学术与教学互相促进。中心团队核心成员创立了“媒介技术导论”等本科生专业基础课程、“城市传播”“无人机新闻”等科学硕士课程，其中“城市传播”被列入科学硕士、博士招生方向。中心还与伦敦政治经济学院（LSE）和巴黎政治学院合作的双学位项目中开设了“数字城市传播”全英文课程，同时由中心研究员开设的“数字城市传播”课程已列入复旦大学新闻学院本科教学计划。中心还聚焦城市“智能场景仿真”的理念，围绕“媒体融合”相关新媒体课程，推进构建虚拟仿真实验室，合作开设的虚拟仿真实验教学课程获得2020年度上海高等学校一流本科课程认定。

目前中心主持与主编的“传播与中国”原创出版著作有如下几个系列：

①《“传播与中国”·研究文丛》。

《“传播与中国”·研究文丛》是一套高质量的学术专著（含专题论文集），面向海内外征稿，通过严格评审，拟每年遴选2~3本，基于一个比较长的出版周期，形成系列。出版这套文丛的目的是：展示中国新闻传播研究最新实绩，引领中国新闻传播学界进一步关注本土问题和经验的研究；推出能代表中国传播学研究最高水平的成果，与全球学术同行对话；彰显普遍认同和遵守的学术理念、规范、伦理和评价标准，并以此建设学术共同体。目前该系列丛书已出版6种，分别为：《作为流动的职业共同体：驻华外国记者研究》《城市传播：基于中国城市的历史与现实》《电视实践：一个村庄的民族志研究》《悖逆的“幽灵”：清朝孙嘉淦伪稿案的媒介学研究》《在场：流动电影与当代中国社会建构》和《范式的变更：新报刊史书写》，在全国范围内产生了较大影响。

②《“中国新媒体理论与实践”系列丛书》。

目前，《“中国新媒体理论与实践丛书”》的第一本，即该中心的潘霁教授等著的《跳动空间：抖音城市的生成与传播》已出版。该书旨在从数字网络媒体实践的角度切入，突出中国数字媒体实践经验对新闻传播学理论本土创新的激发。通过重构本土数字经验、传播学理论和研究方法间的内在关联，研究致力于推动传播学科、学术和理论体系从大众媒介范式向数字城市传播范式转型。研究成果对于结合理论范式转变来实现研究方法转型具有重要的启发作用。此外，专著提出的要积极通过抖音平台增强市民与城市的关联，改善城市形象在数字平台的传播广度和热度，有力促进网民在抖音平台实现线上线下的实时良性对流等观点，为践行“人民城市人民建，建好城市为人民”的指示具重要借鉴价值。

③《“传播与中国”译丛》。

《“传播与中国”译丛——媒介道说系列》。2019年，该中心筹划、中心学术委员会主席黄旦教授、中心主任孙玮教授共同主编的一套前沿学术丛书——《“传播与中国”

译丛》《“媒介道说”系列》正式出版，立即引起同行的极大关注，在某种意义上成为学术公共事件。译丛选题新颖，共包含6种图书，分别阐释了6位著名哲学家、思想家（本雅明、海德格尔、维利里奥、卡斯特、基特勒和齐泽克）关于媒介论述的梳理和评述，打破了新闻传播学科原有的知识地图，令人耳目一新；同时，大大拓宽了媒介研究的视野和思想来源，为媒介研究的学科交叉搭建起桥梁，以汇聚多方的力量。在译丛发布会上，多名到会专家评价这套译丛“对于新闻传播学科的建设和创新，具有里程碑的意义”。

2.2.3 中心学术品牌（人才培养与学术交流）

“传播与中国·复旦论坛”。该论坛由该中心创办并连续举办15届，以严谨、创新、年轻化、高质量的学术表现赢得同行的高度赞誉，已成为中国大陆新闻传播学界学术论坛的著名品牌，成为汇聚新闻传播学界中青年学者以及聚焦数字媒体议题的跨学科、跨界著名学术平台。论坛还将设立“青年专场”“媒体专场”，并采取联合主办等方式，进一步扩大海内外的学术联系和影响力，在不断进行研究创新的同时，持续推出学术新人，凝聚中国传播学的学术力量。

“切问近思半月谈”学术沙龙。自2016年起，该中心共举办“切问近思半月谈”学术沙龙活动60余期，进一步加强思想性、前沿性，在更广阔的视野下邀请本学科国际顶尖学者、跨学科专家、业界精英等，以学术观点和视角融入业界和社会。“切问近思半月谈”聚焦“城市传播”“城市媒介转型”“新传播技术”“新报刊（媒介）史书写”“数据挖掘与可视化”等论题，迎请各方智者，以思想推动和引领学术。

“中外新闻传播理论研究与方法”暑期学校。依据《教育部关于实施研究生教育创新计划、加强研究生创新能力培养、进一步提高培养质量的若干意见》（2005年1月）的精神，由教育部批准，复旦大学研究生院和复旦大学信息与传播研究中心、复旦大学新闻学院接受教育部设立“研究生教育创新计划”委托开办“中外新闻传播理论研究与方法”暑期学校，成为文科第一批获批开设的暑期学校之一，至2021年以来已连续成功举办17届。在信息全球化与新传播技术迅猛发展的背景下，新闻传播理论与研究方法已成为21世纪的重要学科领域。参与过的博士研究生和青年教师1200余人，为中国新闻传播学研究培养了优秀的后备人才。“中外新闻传播理论研究与方法”暑期学校，是全国新闻传播学科研究生教育的知名品牌，也被学界称为传播学研究领域的“黄埔军校”。“暑期学校”之所以长盛不衰、享有很高声誉，其原因在于我们不断根据传播实践和学科的变化，大力改革教学内容和教学方式。2017年获复旦大学研究生教学成果奖一等奖。

“传播与中国·学术工作坊”。自 2017 年开始，中心联合中国传媒大学出版社、《新闻与传播研究》及《现代传播》杂志社，共同发起并举办“传播与城市变迁：媒介的视野——传播与中国·学术工作坊”。如果说“暑期学校”带有普及性质，工作坊则是以有较好学术基础的青年人为对象，培养并推出学术新人，推进中国新闻传播领域学术研究水平的整体提升。每一期工作坊从全国应征的文章中挑选 8~10 篇，用两天时间请到会专家予以评点和讨论，提出修改意见，学员根据意见做修改并在规定的时间里上交修改稿，中心老师再予以评阅并提出修改建议，如此反复直至达到发表水平，由参与举办的两个刊物择优刊发。自 2017 年至今，已经举办了四期（因疫情影响减少了一期），效果和反响很好，目前已经有数名学员的文章在权威及核心学术刊物上发表。

《中国传播学评论》。由复旦大学信息与传播研究中心主办的《中国传播学评论》刊物，主要刊载高水平传播学研究领域不同理论路径的学术论文。自 2005 年起由复旦大学出版社出版，现已出版至第九辑。2022 年预计出版第十辑“算法城市”和第十一辑“媒介 | 记忆”专辑。《中国传播学评论》采取多形态出版方式，呈现出中国传播学学术生产与传播的创新性模式，常年保持较高且稳定的学术水准。

2.2.4 业界合作交流

复旦大学信息与传播研究中心近年来采取灵活多样的方式与多个主流媒体、社会组织展开合作，主要如下：

2018 年，中心与“解放日报·上观新闻”、《新闻记者》杂志社签订三方合作协议，推动融媒体产学研合作，联合举办由中国记协指导的 2018 年全国融媒体作品大赛、融媒体精英训练营，在全国激起重要反响，并被列入当年中国记协的十件大事。

同年，中心与新华网、上海城市公共空间设计促进中心共同主办“城市航拍日”主题活动在上海城市空间艺术季主展场举行，作为城市重要文化活动向市民开放。

2019 年，中心与澎湃市政厅栏目合作，中心副主任潘霁教授参与上海城市空间双年展“杨浦七梦”的策展，共同举办“你的地方”公众参与项目等，大量市民一起参与，得到主流媒体的专门报道。

2020 年，中心与字节跳动合作，承担“短视频与中国城市形象传播”项目，出版中国新媒体理论与实践丛书第一辑《跳动空间：抖音城市的生成与传播》。2021 年 5 月，上海哔哩哔哩科技有限公司（简称“B 站”）与中心洽谈战略合作事宜；9 月，B 站与复旦大学信息与传播研究中心研究员周海晏在开设的“全媒体内容生产”课程中合作生产“100 天看上海”系列互动视频游戏，推进互动仿真视频项目的进一步发展。

同年，中心分别与问卷网、中国电信签署了数据采集合作协议，将在后续展开新媒介用户、城市传播、移动互联网相关的数据采集并展开学术研究。中心持续与中国电信上海公司开展“疫情下的用户大数据生活”“网络行为”及“智慧社区和智能设备”等方向的数据合作。

2021年，为了更好地助力推进“长三角”一体化高质量发展，提升“长三角”地区数字城市建设和发展水平，复旦大学信息与传播研究中心及浙江大学数字沟通研究中心联合解放日报上观智库中心共同发起成立“‘长三角’数字城市研究合作体”，进行媒体深度融合的实践及理论研究，建立资源共享的城市数据库，推动数字媒介与城市发展，服务于“长三角”城市群一体化发展的国家战略。

同年，中心与澎湃新闻合作开设“仿真之城”栏目，第一期5篇作品已由澎湃刊登，社会反响突出；由中心研究员指导的学生作品《“影中帆”：1951—2021曹杨疫情志》获得2021年上海国际大学生智能媒体节第三届“卓越杯”大赛互动类优秀作品二等奖，中心研究员周海晏荣获优秀指导教师称号。

2.2.5 海外学术交流与合作

在海外、国际学术交流上打开新局面，是该中心在“十三五”期间的一个重大收获。复旦大学信息与传播研究中心不断推进与四个海外交流平台的学术合作，服务于“一国两制”的重大国家战略，将工作重点放在推出具有国际影响力的学术成果上，亦十分注重学生的参与和培养。

2016年，经教育部批准，复旦大学信息与传播研究中心和澳门科技大学共建伙伴基地“澳门传媒研究中心”。为讲好澳门故事、服务于“一国两制”国家战略，2020年“澳门传媒研究中心”被列入上海市与澳门特区合作的上海市政府制度化工作目录（第19条），后续将联合相关机构展开关于粤港澳大湾区城市传播的实践与研究。每年春季学期，由澳门科技大学人文艺术学院和复旦大学信息与传播研究中心联合主办的“澳门国际传播周”活动至今已连续举办7届，2022年4月也将在澳门举办主题为“数字、人与城市”的第八届“澳门国际传播周”。

2017年，中心与墨尔本大学艺术学院公共文化研究中心在上海共同主办2017跨学科全球可沟通城市工作坊。以后将以该工作坊为纽带，建立长期的合作研究和交流关系。2019年，中心与美国城市传播基金会、墨尔本大学公共文化研究中心共同主办“艺术与城市”国际研讨会，参与芝加哥城市双年展。

2017年，在“澳大利亚麦考瑞大学-中国复旦大学-德国汉堡大学（MQ-FU-HAM）三边战略伙伴协议合作备忘录的框架下，中心与汉堡大学报刊史研究中心、麦考瑞大学报刊史研究中心达成协议，在今后五年合作开展“港口城市与传播”的相关研究。

2017 年，中心与德国海德堡大学跨文化研究中心签署了合作协议，将在学术研究、推荐研究生互访等方面展开长期交流合作；同年与日本关西大学合作，参与日本京都岚山的城市文化遗产保护和城市地景全球化推广的创意策划，该活动由日本主流媒体《朝日新闻》进行了专题报道。

在复旦大学-英国伦敦国王学院-法国巴黎政治学院三方合作备忘录框架下，中心与国王学院数字人文系、巴黎政大媒介实验室签署合作协议，自 2018 年起轮流合作举办“数字传播研究方法”为主题的全球学术工作坊，并出版相关研究成果。2019 年 6 月 3—6 日，中心与伦敦国王学院数字人文系、巴黎政治大学拉图尔媒介实验室在伦敦联合主办“追责算法情境”（Accounting for Algorithmic Situations）学术工作坊。在此次工作坊中，中心团队提出了“算法情境”概念，获得其他参与方的认同。

2021 年 11 月，数字人文与人工智能研究领域的国际知名学者、荷兰阿姆斯特丹大学卓越大学教授 Tobias Blanke 先生受中心邀请在“传播与中国 · 复旦论坛（2021）”上发表题为 *Researching the Digital Human - Digital Humanities Contributions to AI* 的主旨演讲，围绕大数据、算法、人工智能领域的最新发展及其可能引发的人类文明和城市生活的基础性变革进行精彩分享。此讲亦是复旦大学新闻学院“世界与中国”全球知名学者讲坛的第一讲，后续还将开展第二、三讲。

中心研究员还作为导师支持伦敦国王学院数字人文系教授 Paolo Gerbaudo 申请欧盟个人科研最高奖项——玛丽-居里学者项目。PaoloGerbaudo 教授计划 2022 年赴复旦访学，其间将继续举办主题为“社交媒介与青年文化”的“世界与中国”全球知名学者讲坛。

受新冠肺炎疫情影响，诸多原本计划的国际交流与合作无法线下举行，大部分会议和活动暂缓。但中心已于近期展开新一轮商讨，希望继续推进相关的海外交流合作。

2.2.6 建设目标与任务

“十四五”期间，复旦大学信息与传播研究中心的基本建设目标是以媒介为视角，聚焦世界范围数字智能技术带来的城市传播实践的巨大变革，期望在传播学研究的中国本土化方面有重大突破，并初步形成新的研究范式和方法，发挥传播学研究“国家队”的龙头作用，使中国传播学研究有一个新的格局和面貌；依托即将成立的学界业界共同合作的“数字城市研究合作体”，在引导舆情的城市治理、凝聚文化认同的城市形象建构等方面有高水准的建树；以长三角城市群、粤港澳大湾区城市群为主要对象，开展“数字城市沟通力”评估，在服务我国城市建设、推进区域化战略方面有新的大作为；继续敞开胸怀，拓展跨学科、跨校、跨界的合作渠道，在机制创新上有新成绩；利用现有合作机制，拓展现有的“可沟通城市”国际研究联盟，进一步提升中心在海外的学术话语权，尤其是在亚洲城市传播研究中占据显著地位；充分利用大数据方法，密切追踪网络舆情，力争在社会心态调研、重大公共事件分析、新媒体治理等方面保持现有优势并提升资政能力，作出更大贡献。

（复旦大学　孙玮）

2.3 学会组织

2.3.1 中国新闻史学会及其二级学会

2.3.1.1 中国新闻史学会2021年度工作

中国新闻史学会是中华人民共和国境内新闻传播学方向唯一的一家以研究中外新闻传播历史与现状、促进新闻传播学发展为宗旨的全国一级学术团体。学会于1989年4月经国家民政部正式批准，1992年6月在北京广播学院成立，业务主管单位为中华人民共和国教育部。中国新闻史学会现任（第六届理事会）会长为中国人民大学新闻学院王润泽教授，名誉会长为中国人民大学荣誉教授方汉奇、中国传媒大学教授赵玉明、北京大学教授程曼丽、清华大学新闻与传播学院常务副院长陈昌凤教授。副会长有陈建云、陈先红、胡钰、林如鹏、单波、隋岩、赵振祥等人。学会联席秘书长为中国人民大学新闻学院邓绍根教授，深圳大学传播学院常江特聘教授。学会秘书处和学会新闻史志资料中心设在中国人民大学新闻学院。

2021年是中国共产党的百年华诞，也是“十四五”规划的开局之年，更是中国共产党继续奋勇前进实现第二个百年奋斗目标的历史新起点。在主管单位教育部、中宣部、民政部相关社团管理机构的大力指导下和中国人民大学的领导下，中国新闻史学会克服了全国疫情等种种困难，有条不紊地开展了工作。

（1）认真落实教育部、中宣部社团管理办公室的工作要求和部署，积极推进学会工作顺利进行

2021年，学会切实按照教育部社团管理办要求，定期对二级分会是否开展意识形态宣传和评优达标活动进行检查，并形成报告递交给上级主管部门。同时，学会积极加

强与新闻学院机关支部的党建工作，结合建党百年纪念活动组织相关人员参观中国共产党历史陈列馆，推进党员学习教育活动。

2021 年 10 月，中国新闻史学会接到中宣部社团管理办公室发来的《关于做好 2021 年国家社科基金优秀社科学术社团奖励性补助遴选组织工作的通知》。国家社科基金优秀社科学术社团奖励性补助，坚持政治引领、学术为本、服务大局，综合考察社团党的建设、内部治理、学术水平、社会影响等方面，遴选一批坚持正确政治方向、学术水平较高、内部管理规范、作用发挥突出的优秀社团，通过以奖代补的方式给予经费支持，推动社团进一步加强党的建设，提高基础建设和创新发展能力。该奖励性补助遴选，主要以《社科学术社团评估指标体系（2021）》为基础和标准，2021 年遴选 20~30 家优秀社团给予经费补助，经费补助分为三个档次，奖补周期为 2 年。学会秘书处积极开展申报工作，经社团挂靠单位审核、业务主管单位审核推荐、第三方专业机构打分、全国社科工作办审查复核后，最终获得一等奖励。

（2）积极组织召开线上线下各种工作会议，有效推动学会工作有序落实

2021 年，学会先后组织召开了京津冀常务理事工作会（线上），第六届常务理事会第三、四次会议（线下），2021 学术年会筹备会议（线上）等。

2021 年 1 月 3 日，中国新闻史学会京津冀常务理事工作会在线上召开，会议由中国新闻史学会主办，中国人民大学新闻学院承办。中国新闻史学会名誉会长程曼丽、陈昌凤，会长王润泽，副会长隋岩、胡钰，特邀理事白润生，常务理事艾红红、白贵、陈开和、韩立新、黄升民、李秀云、曼叶平、史安斌、孙有中、向芬、喻国明、赵丽芳、赵云泽（音序），以及部分二级分会负责人姜飞、张洪忠，联席秘书长邓绍根、常江，副秘书长杨奇光，秘书张筱月等参加会议。会议由中国新闻史学会会长王润泽主持。王润泽会长首先感谢各位前辈对学会的热忱支持，她表示，在过去不平凡的一年中，中国新闻史学会和各二级分会克服重重困难，坚持学术创新，不断发展壮大，当前正处于疫情防控的关键阶段，学会通过在线会议的形式向各位专家汇报学会工作，希望与会嘉宾能够为学会的未来发展多提建设性意见。联席秘书长邓绍根分别从理事会议的召开、学术会议的组织、二级分会活动、二级机构管理、学术社团活动资助、优秀成果征集、国际学术交流以及秘书处日常工作等八方面汇报了学会 2020 年的工作情况以及 2021 年整体工作计划。与会专家指出，2021 年是中国共产党建党 100 周年，同时也是“十四五”开局之年，学会应围绕国家和社会发展的重大问题开展学术研究。在国家新文科建设的大背景下，总会可以适当协调二级机构联合召开会议，推动跨学科和交叉学科领域的学术创新。此外，学会在继承传统、加强新闻史研究的同时，还可进一步开拓学术研究领域，促进学界和业界的交流，探索通过设立基金等方式推动前沿性和长远性的研究。

2021 年 4 月 17—18 日，中国新闻史学会第六届常务理事会在成都召开，此次会议由四川大学文学与新闻学院承办。四川大学副校长姚乐野，四川大学文学与新闻学院党委书记古立峰、院长李怡、新闻传播学学科带头人蒋晓丽，中国新闻史学会会长王润泽，中国新闻史学会副会长赵振祥、单波、陈先红、陈建云等出席会议，隋岩等副会长线上参会。会议就增选常务理事单位、新设二级机构、学报《新闻春秋》建设、2021 年学术年会筹办等事宜展开讨论并形成决议。会议由学会联席秘书长邓绍根、常江主持。此次会议共有 53 位常务理事线下参会。在 17 日上午的议程中，学会常务理事审议并通过了学会秘书处 2020 年度工作报告，通过了关于增补上海交通大学等高校为常务理事单位的决议，审议并通过了设立健康传播研究专业委员会的决议，并就如何办好学报《新闻春秋》、筹备 2021 年度学术年会（由深圳大学承办）等相关事宜展开讨论。17 日下午的议程主要是学会 21 个二级机构向常务理事会做 2020 年度工作汇报。在总结讲话中，王润泽会长强调学会将严格按照国家主管部门的要求和学会章程推进工作，不断在发展中完善制度、规范管理，为学科发展作出更加积极的贡献。

8 月 13 日，中国新闻史学会 2021 学术年会筹备会议于线上召开。会长王润泽，副会长赵振祥、陈先红，联席秘书长邓绍根、常江，学会秘书处全体成员以及各二级分会会长、秘书长共计 50 余人参会。会议由邓绍根秘书长主持。王润泽会长首先感谢深圳大学传播学院和各二级分会对此次学术年会的大力支持，她表示，根据下一步疫情防控的要求，此次学术年会将采取多种形式稳步有序推进。邓绍根秘书长介绍了此次学术年会的整体组织情况，并带领大家进一步学习《社会团体登记管理条例》，按照条例中的有关要求，学会和各二级分会将继续认真、规范地开展各类学术活动。常江秘书长介绍了目前学术年会的筹备情况，下一阶段将邀请各二级分会提供相关材料用以制作和完善学术年会宣传品，希望各二级分会共同配合总会秘书处做好宣传推广工作。

在深圳举办的 2021 年学术年会召开期间，中国新闻史学会第六届第四次常务理事会议也于 10 月 16 日顺利召开。此次常务理事会议主要讨论了学会二级机构管理工作等事宜。中国新闻史学会联席秘书长、中国人民大学新闻学院邓绍根教授主持会议。

（3）主办精彩纷呈、内容丰富的新闻传播学学术会议，引领新闻传播学界学术交流和学科建设

2021 年，学会先后主办了重大突发公共卫生事件中的舆情应对研讨会、中国共产党百年新闻事业学术研讨会、中国新闻史学会 2021 年学术年会、全国首届“党管媒体”高峰论坛、第七届中国新闻史青年学者论坛等五场学会会议，发挥了学会的学术组织和引领功能。

2021 年 4 月 18 日，学会受国家社科基金委托，主办“重大突发公共卫生事件中的舆情应对研讨会”，共计 20 余位从事舆情和健康传播研究的学者与会发言。会议围绕政府应对公共卫生危机的信息传播策略、疫情期间的卫生舆情治理、公共卫生政策与健康传播管理之间的关系，以及突发公共卫生事件中的风险传播等议题展开深入研讨，取得了良好的成效。在全国哲学社会科学工作办公室和社团管理处的关心和支持下，中国新闻史学会联合四川大学文学与新闻学院共同举办了此次研讨会，此次研讨会希望通过高质量的学术研讨，汇聚众智、凝聚共识，进一步提升我国在重大突发公共卫生事件中的舆情应对能力和水平，共同促进国家治理体系和治理能力的现代化。

为了庆祝和纪念中国共产党建党 100 周年，进一步推动中国共产党新闻事业的学术研究与交流，推进马克思主义新闻观教育的深入发展，学会于 2021 年 5 月 8 日联合全国 12 家新闻院校主办纪念建党 100 周年“中国共产党百年新闻事业学术研讨会”。2021 年 2 月 1 日发出“征文启事”后，至 5 月初共收到稿件 100 余篇，有 65 篇论文通过匿名评审，邀请参会在现场进行宣读，内容涉及中国共产党新闻事业的发展历程与伟大成就、宝贵经验与现实启示、光荣传统与优良作风、重要人物与重大事件、理论方法与思想探源、史料发掘与新闻工作者队伍建设等多个方面、多个层次。5 月 8 日上午，“中国共产党百年新闻事业学术研讨会”在中国人民大学召开。下午，七大论坛同时举行，包括“中国共产党百年新闻教育院长论坛”“新闻传播学术期刊与中国共产党百年新闻事业：期刊主编论坛暨《国际新闻界》创刊六十周年研讨会”“中国共产党百年新闻事业与马克思主义新闻观教学论坛”以及以中国共产党新闻事业的百年辉煌、历史经验、创新发展为主题的三个线下学术论坛和一个线上论坛。这是 2021 年国内新闻学界首个以建党百年为主题的大型学术会议，国内 12 所新闻院校协办，百余位专家、学者通过线上线下结合的方式汇聚一堂，共话中国共产党新闻事业百年辉煌历程，合著建党百年新闻学界学术共同体崭新篇章。

6 月 2 日，中国新闻史学会 2021 年学术年会正式发布论文征稿，确定于 2021 年 10 月 15—17 日在深圳举办 2021 年学术年会，主题是“新文科与未来传播：构建新时代中国特色新闻传播学”。当今世界正在发生前所未有的变革，中国也在新时代奋发前进。站在新的历史起点上，我们需要重新锚定新闻传播学的学科定位，展望中国特色新闻传播学的学术版图。为此，此届学术年会将以新文科为框架，探讨和研究新时代的新闻传播学发展面临的挑战与机遇，推动中国特色新闻传播学的深入发展。论文截稿日期为 2021 年 9 月 1 日，学会各分会以及新闻传播史专题论坛、博士生论坛的组委会等会在截稿之后组织专家对论文进行评审，并于 9 月 20 日前将入选论文名单提交中国新闻史学会学术年会组委会。组委会将于 9 月 30 日前向入选论文作者发出学术年会邀请函。

10月16日上午，以“新文科与未来传播：构建新时代中国特色新闻传播学”为主题的中国新闻史学会2021年学术年会在深圳召开，共计有来自国内外的700余位专家学者采取线下线上相结合的方式参会，共同探讨新时代新闻传播学发展面临的机遇与挑战。此届年会由中国新闻史学会发起主办，深圳大学联合主办，深圳大学传播学院、深圳大学媒体融合与国际传播研究中心承办，学会各二级机构协办。中国新闻史学会会长王润泽教授在致辞中指出，此次学术年会以“新文科”“未来传播”“新时代”“中国特色”四个关键词的有机联系为线索，传承创新中国特色新闻传播学的学术版图，期待进一步推动学科未来发展。此届大会共邀约8位中外知名新闻传播学学者作主题发言。他们是：哥伦比亚大学新闻学院迈克尔·舒德森（Michael Schudson）教授，中国新闻史学会副会长、暨南大学党委书记林如鹏教授，中国人民大学副校长、中国人民大学新闻学院胡百精教授，中国新闻史学会名誉会长、北京大学国家战略传播研究院院长程曼丽教授，中国新闻史学会名誉会长、清华大学新闻与传播学院常务副院长陈昌凤教授，中国新闻史学会副会长、中国传媒大学新闻学院院长隋岩教授，深圳大学传媒与文化发展研究中心主任、深圳大学传播学院吴予敏教授，中国新闻史学会会长王润泽教授。主题发言环节由厦门大学新闻传播学院院长余清楚教授主持。

16日下午至17日上午，各二级分会论坛、院长论坛、主编论坛同时进行，与会学者围绕新闻传播史专题、新闻传播教育史、外国新闻传播史、网络传播史、少数民族新闻传播史、台湾与东南亚华文新闻传播史、编辑出版史、广告与传媒发展史、公共关系、传媒经济与管理、视听传播、舆论学、新闻传播思想史、传播学、媒介法规与伦理、应用新闻传播学、全球传播与公共外交、中国特色新闻学、党报党刊、符号传播学、计算传播学、地方新闻史、博物馆与史志传播、健康传播等主题进行了深入的学术交流。来自全球各院校的专家学者们在分论坛上发表了自己的研究成果。由于疫情限制，分论坛采取线上与线下结合的方式开展。闭幕式上，中国新闻史学会会长王润泽教授对此次大会进行总结发言。王润泽会长首先感谢联合主办方为此次大会所做的组织工作，同时感谢中国新闻史学会各二级机构在学术研究、分会管理等方面作出的努力。王润泽会长表示，中国新闻史学会学术年会是一个供中国新闻传播学界同仁们交流的优质学术平台，未来，学术年会希望能够持续吸引中国新闻传播学领域优秀的专家学者们与会研讨，共同助力学科发展更上新台阶。

10月23日，以“百年来党管媒体的实践与经验”为聚焦主题的全国首届“党管媒体”高峰论坛暨第二届上海大学马克思主义新闻观全国学术年会在上海举行。会议由上海大学与中国新闻史学会联合主办，上海大学新闻传播学院与上海大学马克思主义新闻观研究宣传教育基地承办。“党管媒体”是马克思主义理论与中国新闻实践相结合的新闻理念与新闻思想，并在中国的新闻实践中不断发展，是中国特色社会主义新闻传播事业健康、稳定发展的基本准则与必然选择。会议期间，来自清华大学、北京大学、中国传媒大学、复旦大学、中国人民大学、浙江大学、南京大学、四川大学、武汉大学、中国社会科学院、华中科技大学、北京外国语大学、南昌大学、西北大学、郑州大学、湖南师范大学、广西大学、厦门大学、重庆大学、天津师范大学等全国各高校、研究院所的200百余位师生在线上线下共同与会，对“党管媒体”的理论创新、实践探索与历史经验进行了广泛、高质、集中的深入研究与探讨。中国新闻史学会会长王润泽教授表示，“党管媒体”的历史和实践超过字面概念的内涵，需要从实践当中总结、提炼和研讨，对中国特色新闻进行更深入和卓有成效的探讨。

10月23—24日，以“恰是百年风华：重访媒介文化与政治实践”为主题的第七届中国新闻史青年学者论坛在重庆召开，来自全国高校的50余位专家学者采取线下线上相结合的方式参会。此届论坛由中国新闻史学会、中国社会科学院新闻与传播研究所、重庆大学新闻学院主办，重庆大学新闻学院、重庆大学新闻传播与社会发展研究院承办。在分论坛中，与会学者围绕中共新闻事业史研究、报人群体与媒介形象研究、新闻教育与实践史研究、报刊阅读史研究、舆论宣传与政治实践研究以及媒介文化研究六大主题进行了深入的学术探讨和交流。

（4）批准成立健康传播研究委员会，各二级分会开展了形式多样的学术、公益、智库活动

中国新闻史学会第六届常务理事会第三次会议正式通过了关于成立健康传播研究委员会的决议。这是中国新闻史学会成立的第23个二级机构，首届秘书处拟设在复旦大学。成立健康传播研究委员会是学会积极响应习近平总书记关于“加快推进健康中国建设”重要指示的举措，体现了学会从自身专业优势出发、积极服务于国家发展和社会进步的办会理念。新委员会由30余家机构联合发起，经会长办公会讨论、秘书处考察、常务理事会投票等程序，严格依规设立。按照学会章程，新成立的二级机构须于6个月内召开成立大会并成立理事会。在此次会议上，新委员会的主要发起人复旦大学孙少晶教授和北京大学许静教授就二级机构宗旨、现有教研资源与条件、人员梯队构成和后续建设方案等内容向学会常务理事会做出详细陈述。设立健康传播研究委员会是中国新闻史学会立足健康中国战略、服务国计民生、引领健康传播前沿学术研究和优质人才培养的重要举措，学会将大力支持健康传播研究领域的发展，为后疫情时期公共卫生政策的制定和公众健康素养的提升作出贡献。

2021年8月1—2日，“中国新闻史学会健康传播专业委员会成立大会暨健康传播学术创新论坛”在复旦大学新闻学院举行。大会由中国新闻史学会、复旦大学新闻学院

主办。大会积极响应疫情防控要求，采取线上与线下相结合的方式召开，汇集来自全国各地健康传播领域的专家学者与高校学子一百余人共商中国健康传播大计。“人民英雄”国家荣誉称号获得者、中国工程院院士、天津中医药大学名誉校长张伯礼教授为中国新闻史学会健康传播专业委员会成立和健康传播学术创新论坛召开专门发来贺电。

（5）完善规章制度，规范二级机构换届工作流程

为加强学会内部管理，指导二级机构成立和换届工作的有序进行，在参考民政部和教育部相关社团管理规定与其他一级学会的实施办法基础上，中国新闻史学会第六届常务理事会第三、四次会议审议批准了《中国新闻史学会二级机构建设和管理暂行办法》《中国新闻史学会二级机构换届暂行办法》和《中国新闻史学会二级机构换届流程细则》等文件。

2021 年，全球传播与公共外交研究委员会、广告与传媒发展史专业委员会、传播学专业委员会、媒介法规与伦理专业委员会等二级机构完成了换届；视听传播委员会、舆论学专业委员会、编辑出版研究委员会等 2021 年未换届。党报党刊专业委员会、博物馆与史志传播专业委员会、符号传播学专业委员会、中国特色新闻学专业委员会等预计于 2022 年完成换届。

（6）中国新闻史学会学报《新闻春秋》入选 CSSCI 扩展版

《新闻春秋》六期已正常出版，学术影响力也在不断扩大，但由于疫情原因出现了拖期现象，尤其影响了寄给学会各位理事和论文作者的效率。

5 月，南京大学中国人文社会科学综合评价研究院通过公众号“CSSCI”向社会重磅发布了《CSSCI 来源期刊目录（2021—2022 年）》和《CSSCI 扩展版来源期刊目录（2021—2022 年）》。目录显示，由中国人民大学主办、中国新闻史学会编辑、中国人民大学科学研究处资助、中国人民大学书报资料中心出版的《新闻春秋》（中国新闻史学会学报）正式入选《CSSCI 扩展版来源期刊目录（2021—2022）》。《新闻春秋》是我国新闻传播学学科唯一国家一级学会——中国新闻史学会的学报，是一本以新闻传播史研究为特色，涵盖新闻传播学理论、实务、研究方法的综合性学术期刊。自创刊以来，《新闻春秋》始终坚持学术精品路线，刊发新闻传播学领域前沿性、原创性的研究论文。

《新闻春秋》常设栏目包括“马克思主义新闻观研究”“中国共产党新闻事业史”“新闻传播史研究”“新闻学研究”“传播学研究”“视听传播研究”“出版学研究”“广告与传媒经济研究”“新媒体研究”“媒介文化研究”以及“媒介伦理与法研究”等。编辑部坚持习近平新时代中国特色社会主义思想，在约稿、组稿、审稿、编排、校对等流程中，牢牢把握正确政治方向、舆论导向和价值取向，同时致力于向读者传播新闻传

播学研究中重要的理论创新与实践研究。

（中国新闻史学会秘书处）

2.3.1.2 中国新闻史学会新闻传播教育史研究委员会2021年度工作

中国新闻史学会新闻传播教育史研究委员会2021年继续致力于贯彻成立宗旨：团结全国新闻传播教育史专家，推动新闻传播教育史研究，促进新闻传播教育的发展。2021年度的主要工作包括：

（1）《中国新闻传播教育年鉴（2021）》顺利出版

新闻传播教育史研究委员会将集体编撰《中国新闻传播教育年鉴》确定为学会当前的中心工作。2021年12月，通过学会全体会员的艰苦努力，克服新冠肺炎疫情带来的重重困难，《中国新闻传播教育年鉴（2021）》正式出版。这是以新闻传播教育为主题的年鉴系列的第六部，全书篇幅达到137万字。

《中国新闻传播教育年鉴（2021）》在总论篇之后，是教育组织篇、教育者篇、学生事务篇、人才培养篇、评估评奖与排行榜篇、新闻传播教育研究篇、他山之石篇，最后是“我与年鉴”、附录与年表。《中国新闻传播教育年鉴（2021）》的编撰体系进行了全面调整，整体结构由垂直体系改为矩阵体系，力图强化了新闻传播教育的主体性，平衡历史性和当代性，重视数据的挖掘和解读，试图增强“他山之石”的镜鉴功能，增设编辑札记、读者评价、年鉴记忆、勘误表等栏目，体现出年鉴编委会严谨求真的编撰态度，折射出年鉴编撰同仁记录历史开拓未来的学术追求。

2021年12月24日，年鉴首发式在武汉体育学院举行。武汉体育学院校长吕万刚教授、《中国新闻传播教育年鉴》编委会主任张昆教授、光明日报社湖北记者站站长夏静教授、湖北省高等教育学会新闻与传播教育专业委员会名誉会长石长顺教授、华中科技大学新闻与信息传播学院何志武教授、张明新教授、武汉市委宣传部罗峰处长、中南民族大学文学与新闻传播学院院长陶喜红教授、湖北省高等教育学会新闻与传播教育专业委员会副会长万晓红教授、武汉体育学院新闻传播学院党委书记童铸、院长张德胜等与会嘉宾，携手揭开覆盖在《中国新闻传播教育年鉴（2021）》之上的红绸缎。

在年鉴编撰工作之外，年鉴编委会尝试组织中国新闻传播教育年鉴奖的评选、中国新闻传播教育年鉴书系的编撰。作为“年鉴书系”的系列产品之一，《坚守本色与彰显特色：武体新闻教育20年的改革与创新》也于当日同时在武汉体育学院首发。

（2）学会主要会议

（1）年鉴编辑会议。2021年6月19日，中国新闻史学会新闻传播教育史研究委员会第三届第三次常务理事会暨中国新闻传播教育年鉴编委会第九次会议在呼和浩特市举行，会议由内蒙古大学文学与新闻传播学院承办。此次会议的核心议题是《中国新闻传播教育年鉴（2022）》的编撰工作安排。主要包括：通报《中国新闻传播教育年鉴（2021）》编辑进展；《中国新闻传播教育年鉴（2022）》编撰任务分配；中国新闻传播教育年鉴年鉴奖杰出院长奖、学院创新奖名单推选；年鉴编撰、首发及评奖等其他议题。会议有力地推动了年鉴以及学会工作的顺利展开。

（2）中国新闻史学会 2021 年学术年会上的分论坛。2021 年 10 月 16—17 日，以“新文科与未来传播：构建新时代中国特色新闻传播学”为主题的中国新闻史学会 2021 年学术年会在深圳大学召开，来自国内外的 700 余位新闻学与传播学领域的专家学者采取线下线上相结合的方式，共同探讨新时代新闻传播学发展面临的挑战与机遇。遵循会议主办方的规定，学会成立了分论坛，学会秘书处从投稿中精选了 20 篇论文参会发表。

（3）学会 2021 年学术年会。2021 年 12 月 25 日，中国新闻史学会新闻传播教育史研究委员会 2021 年学术年会在线举办，会议由河北大学新闻传播学院承办。年会以“新文科背景下中国新闻传播教育改革研究”为主题，旨在通过回顾和前瞻，检视新中国新闻传播教育的历史经验，展望新文科背景下中国新闻传播教育的未来发展。此次年会汇聚了全国 60 多所新闻院校的 200 多位学者，共分为 14 个分论坛。其中，4 个“院长论坛”涉及全国高校新闻传播学院院长 57 位，“主编论坛”涉及新闻传播领域重要学术期刊主编、主任 12 位。年会的开幕式上以播放首发式视频的方式向全国新闻传播教育界正式发布了《中国新闻传播教育年鉴（2021）》。

（3）支持《中国新闻传播教育年鉴》编委会举办院长研修班

作为新闻传播学院的最高决策者或执行者，院长的视野和能力决定着学院的高度和水平。新闻传播学院管理者的整体素质与质量，关系到中国新闻传播教育的未来。在学会的支持下，《中国新闻传播教育年鉴》编撰委员会推出了“首届全国新闻传播学院院长研修班”，一方面为新闻传播学院管理者提供交流的机会，研讨新闻传播学院发展面临的共同问题；另一方面推动新闻传播教育共同体的成长，促进中国新闻传播学科的长远发展。2021 年 7 月 22 日，由《中国新闻传播教育年鉴》编撰委员会和兰州大学联合主办的“首届全国新闻传播学院院长研修班”在兰州成功开班，胡正荣、隋岩、胡百精、林如鹏、周勇、张涛甫、陈昌凤、强月新、陆绍阳、张昆等担任授课专家。全国 89 所高校的新闻传播学院院长、书记、主任共计 130 余人参加了研修培训活动，在国内新闻传播教育界引发了热烈反响。

（4）支持各新闻传播学院的学科建设

学会积极支持各新闻传播学院的学科建设。2021 年 6 月 19 日，学会在内蒙古大学举行常务理事会期间，组织专家学者参加了新闻传播学科发展规划专家论证，与会专家对内蒙古大学新闻传播学科发展提出建设性意见，多次强调要把握内蒙古大学独特的地理优势和政策优势，加强地域、民族和文化的连接和延伸，挖掘自身亮点，努力打造独具特色的新闻品牌。2021 年 10 月 2 日，学会协助河北大学新闻传播学院，邀请新闻传播学界知名专家，在线举行河北大学新闻传播学科学术特色建设咨询会。

（中国新闻史学会新闻传播教育史研究委员会秘书处）

2. 3. 2　新闻传播教育类学会

2. 3. 2. 1　中国高等院校影视学会

2021 年，学会共发展新会员近 400 人，学会会员总人数超过 2600 人。近年来，学会稳步推进专业委员会发展，为会员人数的迅速增长提供了有力的保障。

2021 年，中国高等院校影视学会迎来换届之年。2021 年度，中国高校影视学会以繁荣中国影视教育为己任，以服务广大会员为宗旨，严格按照国家民政部和国家广电总局的相关要求，圆满完成了第五届理事会换届工作，选举成立了第六届理事会，以线下线上相结合的方式举办了第二十一届年会和第十四届中国影视高层论坛，顺利推进了 2020—2021 年度学术作品与影视作品的推优和颁奖活动，16 个专业委员会陆续举办了一系列学术论坛和作品竞赛活动，并圆满完成了国家广电总局和中广联合会交办的一系列工作。

（1）成功召开第六次会员代表大会并顺利完成理事会换届工作

11 月 5 日，经上级主管部门同意并批准，中国高等院校影视学会召开第六次会员代表大会。受疫情影响，大会以线上线下相结合的方式进行，在京学会会长、副会长、秘书长、副秘书长齐聚北邮锦江酒店四层第一会议室线下参加会议，第六次会员代表大会全体代表（一级学会理事及候选理事、16 个专业委员会理事）在腾讯会议平台参加线上会议，线上线下共计 600 余人，达到与会人员超过全体会员代表（约 700 人）三分之二的要求，会议合法有效。第六次会员代表大会的主要内容是审议第五届理事会工作报告、第五届理事会财务审议报告以及选举产生第六届理事会，会议由学会副秘书长杨乘虎主持。

会上，胡智锋会长作了主题为《加强制度建设，拓展学会功能，促进中国影视教育发展繁荣》的第五届理事会工作报告，学会副会长丁亚平作第五届理事会财务审计报告，学会秘书长张国涛作关于第六届理事会筹建情况的说明。根据章程规定，中国高等院校影视学会第五届理事会于2021年年底到届，经过发布公告、理事报名、遴选推举、讨论审定的一系列流程，形成了第六届理事会候选人提名名单。最后，全体与会代表对第五届理事会工作报告、第五届理事会财务审计报告、第六届理事会理事候选人提名名单进行了认真审议与投票表决。在线投票表决历时4个小时，会员代表共投出有效投票639票，其中第五届理事会工作报告、第五届理事会财务审计报告共获得赞成票636票、弃权票3票，第六届理事会提名名单共获得赞成票633票、弃权票5票弃权，反对票1票。第五届理事会工作报告、第五届理事会财务审计报告获得通过，第六届理事会获准宣告成立，第六届理事会共有理事150人。

在召开第六次会员代表大会之前，学会召开了由第五届理事会全体理事以及16个专业委员会秘书长参加的第六次会员代表大会预备会，会议通过了第五届理事会工作报告（草案）、第六届理事会理事提名名单以及第六次会员代表大会议程，并同意将其提交至第六次会员代表大会进行正式审议表决。

（2）第二十一届年会、第十四届中国影视高层论坛成功举办

2021年12月3—4日，中国高等院校影视学会第二十一届年会暨第十四届中国影视高层论坛在北京和杭州两地的线下会场以及同步的腾讯会议的线上会场隆重召开。此届论坛的主题为“面向文化强国：中国影视的新理念与新格局”。来自北京电影学院、中国艺术研究院、北京师范大学、北京大学、中国传媒大学、浙江传媒学院等全国近200所高等院校、科研单位的专家学者齐聚云端，线下线下与会人数突破600人。

开幕式由学会副会长兼秘书长、中国传媒大学张国涛研究员担任主持。开幕式上，学会原会长、北京电影学院党委副书记、副校长胡智锋教授，浙江传媒学院党委书记杨立平教授和学会会长、中国艺术研究院影视所丁亚平研究员先后致辞。开幕式后正式开启的主题论坛邀请学会原会长胡智锋教授，学会原副会长周星教授，浙江传媒学院党委副书记、校长徐小洲教授，学会副会长杨杰先生，学会副会长陈旭光教授，学会副会长兼秘书长张国涛研究员作主题发言。主题论坛则由学会副会长、西北大学教授张阿利主持。

此届年会亮点之一是规模大，年会参会人数创历史新高，学会腾讯会议1000人超级会场向全体会员、全国高校师生开放，来自北京电影学院、北京师范大学、北京大学、中国传媒大学、浙江传媒学院等全国近200所高等院校的专家学者齐聚线上，实际与会人数突破800人。亮点之二是品质高，此届年会更加突出了学术为本的宗旨，为提高学术含量，简化了开幕式，为论坛留下更加充足的时间与空间。此次年会设置了1个主题论坛、20个分会场专题论坛，与会者围绕“面向文化强国：中国影视的新理念与新格局”这一主题进行了多层面、多角度的交流与探讨。主题论坛立意高远，六位专家

总结了当前传媒艺术的新变化，展望了文化强国背景下传媒艺术的新发展。与此相应的专题论坛则维度多元、视角创新，内容与形式较往年均有丰富。亮点之三是形式新，根据线上会议的特点，此次年会会期从线下三天改为线上一天半，线上的形式不仅没有缩减年会的内容，反而使得工作会、主题论坛、专题论坛、颁奖晚会几部分一气呵成，流程更为高效。亮点之四是宣传足，年会报道组与学院报道组精心配合，网络直播、短视频拍摄等宣传形式层出不穷，社会媒体多屏多媒体呈现，体现了更学术、更互动、更包容、更新颖的特点。新华社、《光明日报》《文艺报》《中国艺术报》《中国电影报》《杭州日报》、中国教育电视台、搜狐网、新浪客户端、公众号（看电视、广电视界、影视独家）等社会媒体更是多屏呈现了年会盛况。

（3）2020—2021 年度学术作品与影视作品推优和颁奖活动顺利完成

2021 年 7 月，2020—2021 年学术成果推优活动与影视作品推优活动的相关通知陆续发布。9 月 18 日，由学会秘书处、北京师范大学艺术与传媒学院影视传媒系、北京电影学院国际交流学院共同承办的 2020—2021 年度学术成果推优活动暨第十四届“学会奖”评审会在北京市海淀区文教产业园圆满完成。10 月份，受学会委托，由微电影专业委员会、郑州大学新闻与传播学院承办的 2020—2021 年度影视作品（剧情作品单元），由纪录片专业委员会、中国传媒大学电视学院承办的 2020—2021 年度影视作品（纪录作品单元），由动画与数字媒体艺术专业委员会、吉林艺术学院动画学院承办的 2020—2021 年度影视作品（动画、数字媒体作品单元），由网络视听专业委员会、南京艺术学院传媒学院承办的 2020—2021 年度影视作品（短视频作品单元），由音乐与声音专业委员会、中国传媒大学音乐与录音艺术学院承办的 2020—2021 年度影视作品（声音作品单元）等多项推优活动评审工作陆续完成。

12 月 4 日下午 17：00，2020—2021 年学术成果、影视作品推优活动颁奖仪式成功举办。所有奖项名单都在云端终获揭晓，中国传媒大学和浙江传媒学院的获奖者作为代表出席两地年会现场，由北京主会场、杭州分会场的现场嘉宾向他们颁奖，其他获奖者则在线上共享了这一荣耀时刻。颁奖仪式由学会副秘书长，北京师范大学杨乘虎教授主持。

（4）学会稳步推进专业委员会和创研中心建设与管理

2021 年 7 月 9 日，学会第 16 个专业委员会——音乐与声音专业委员会的成立大会在中国传媒大学国际交流中心隆重召开。委员会主任委员由中国传媒大学音乐与录音艺术学院院长李俊梅教授担任，秘书处设在中国传媒大学音乐与录音艺术学院。2021 年是学会专业委员会的换届大年，微电影专业委员会、网络视听专业委员会、影视产业与管理专业委员会、媒介文化专业委员会、体育影视专业委员会、纪录片专业委员会分别于北京（首都师范大学科德学院、4 月）、广州（暨南大学、4 月）、上海（上海大学、6 月）、江苏（淮阴师范学院、5 月）、上海（上海体育学院，10 月）、北京（线上、12 月）召开举行了第二届理事会成立大会及学术年会。此外，学会秘书处也审批通过了影视国际传播专业委员会提交的第一届理事会工作报告和第二届理事会组成方案，对面临换届的播音主持专业委员会等也进行了加强指导工作，争取推动其如期完成换届。

2021 年，学会继续推进创研中心的建设工作，审批通过并正式挂牌成立的创研中心共有 4 家：苏州大学传媒学院承建的“网络视听创研中心”（6 月）、西北师范大学传媒学院承建的“丝绸之路文学与影视创研中心”（7 月）、南京艺术学院承建的“长三角网络视听创研中心”（7 月），此外还审批通过了吉林艺术学院动画学院提交的“未来影视与动画创研中心”、四川电影电视学院提交的“微电影创研中心”（暂未挂牌）、华南理工大学新闻与传播学院提交的“网络视听创中心”。

（5）专业委员会举办系列学术研讨活动

2021 年，各专业委员会根据疫情防控形势，创新会议组织形式，通过控制线下会议规模、组织开展线上会议、线上线下形式相结合等多种手段开展学术活动。

（中国高等院校影视学会秘书处）

2.3.2.2 中国高等教育学会新闻学与传播学专业委员会

中国高等教育学会新闻学与传播学专业委员会（原名：中国新闻教育学会）于 1984 年 11 月 2 日在北京成立，拥有近 40 年的历史，在我国现存的新闻与传播学科领域学术团体中是活跃历史最悠久和规模最大的团体，拥有理事单位近 200 个。在促进中国新闻学与传播学的学科建设、教学改革、人才培养、学术研究等方面的沟通交流上，学会一直发挥着积极而显著的作用。在受到全球新冠肺炎疫情影响的背景下，学会根据实际情况努力克服各种困难，通过线上与线下相结合的方式保证了工作的有效展开，也为新闻学与传播学的学科发展及合作贡献了自身的力量。

（1）2021 年工作总结

①理事会工作情况。贴近主流，牵头举办本学科领域的高层次年度主题活动，召开本领域内纪念建党百年的首个大型学术会议。

2021 年 5 月 8 日，由专委会联合其他机构组织筹办的“中国共产党百年新闻事业学术研讨会”在北京召开。这是 2021 年国内新闻学界首个以建党百年为主题的大型学术会议，百余位专家、学者线上线下，汇聚一堂，共话中国共产党新闻事业百年辉煌历程，合著建党百年新闻学界学术共同体之崭新篇章。专委会充分发挥建会历史长、联系宽而广的优势，联合国内其他学会以及十几个主要的高校新闻院系，筹办了规格高、专家多、议题深的纪念建党百年学术活动，得到了本学科领域和传媒界的高度关注。中央马克思主义理论研究和建设工程咨询委员会主任、原中共河南省委书记徐光春，中国人民大学副校长胡百精教授，教育部高等学校新闻传播学类专业教学指导委员会主任高晓虹教授，国务院学位委员会第八届学科评议组成员及新闻传播学学科评议组召集人唐绪军研究员等知名专家学者在会上都进行了发言和讨论。

②服务大局，协同共振，为高等教育战线党建重点工作献策献力。2021 年 3 月起，学会积极参与及协办中国高等教育秘书处建党百年重点活动，策划并助力开展了“建党百年·高校寻根高校红色教育影像巡礼活动”。为此，分会领导及工作人员专程两次前往高教学会秘书处，参加前期研讨、提供策划方案、联络相关媒体等，与学会学术部及宣传工作分会密切联系与协作，向相关高校征集基于红色教育史的影像作品，其中部分代表作品在新华网教育频道“云端”联播。中国高等教育学会副会长、秘书长姜恩来出席活动启动仪式，教育部党史学习教育高校第一巡回指导组一同出席并观摩此次活动。

③注重高等教育强国战略，组织学科力量破题中央重大方针并贯彻其落地，举办“国际传播的人才培养和学科建设”学术年会。2021 年 12 月 19 日，中国高等教育学会新闻学与传播学专业委员会召开“国际传播的人才培养和学科建设”学术年会。此次年会深度呼应了习近平总书记在中共中央政治局第三十次集体学习时有关加强我国国际传播能力建设的讲话，也回应了加强国际传播学科建设和人才培养的现实关切。

在学术年会主题报告环节，来自全国各新闻院系的 11 位知名专家学者围绕此次会议主题，从国际传播人才培养历史沿革、教育教学体系的未来发展、新闻传播教育的国际化与特色化等方面，分享了最新研究与教学成果，发表各自的创见和洞见。

同时，此届学术年会组织并开设了“国际传播教育教学支撑体系建设”“融媒体、全球化与国际传播教育”“人类命运共同体与国际传播教育”三大分论坛，与会学者围绕国际新闻传播人才培养的实践创新、融媒体在国际传播教育中的应用、国际新闻传播人才培养的教学改革等话题展开讨论。

④紧扣教育部新文科工作要求，组织本领域教育教学专家对新文科背景下的新闻传播学行动方略进行深度研讨。2021 年 9 月 25 日下午，由中国高等教育学会新闻学与传播学专业委员会、四川大学主办，四川大学文学与新闻学院承办的“新文科与新闻人才培养”研讨会召开。《中国青年报》编委曹林、北京快手科技有限公司副总裁余敬中、字节跳动公司媒体合作总经理郎峰蔚及部分常务理事等 20 余位专家、学者参会，通过线上线下结合的方式，围绕“新时代背景下新闻传播人才培养与就业创业工作创新”

和“新文科背景下新闻传播专业建设与产学研互动”等议题，展开了深入交流和讨论。

⑤召开第八届理事会第五次常务理事会，群策群力商讨学会的未来发展。2021年9月25日上午，中国高等教育学会新闻学与传播学专业委员会第八届理事会第五次常务理事会议在成都召开。会议传达并学习了中国高等教育学会有关文件精神，鼓励积极开展高教学会课题研究申报工作；会议审议了新申请入会的理事单位，中央财经大学、井冈山大学、沈阳城市建设学院在经过投票后成为新闻学与传播学专业委员会理事单位；会议讨论通过了会费收缴相关工作方案，获得各常务理事单位的积极响应。除此之外，会议还就学会未来发展个人会员、课题申报等工作计划征求意见和建议。

在此次常务理事会议上，专委会副理事长、武汉大学新闻与传播学院强月新教授，专委会副理事长、华中科技大学新闻与信息传播学院张昆教授，专委会监事长、天津师范大学新闻传播学院刘卫东教授，专委会监事、河南大学新闻与传播学院李建伟教授，专委会特邀常务理事、上海大学中国艺术产业研究院吴信训教授，专委会常务理事，暨南大学新闻与传播学院支庭荣教授，四川大学文学与新闻学院蒋晓丽教授，华东师范大学新闻传播学院吕新雨教授，清华大学新闻与传播学院杭敏教授，山东大学新闻传播学院邱凌老师，浙江传媒学院新闻与传播学院李欣老师，重庆大学新闻学院董天策教授，广西大学新闻传播学院丁骋老师参会并提出了有关学会发展的策略性建议。

⑥召开第八届理事会第四次全体理事会议，持续推进规范办会。2021年12月19日，中国高等教育学会新闻学与传播学专业委员会第八届理事会第四次全体会议在北京举办。此次会议由中国高等教育学会新闻学与传播学专业委员会、中国社会科学院大学主办，中国社会科学院大学新闻传播学院承办。来自全国高校的百余位专家、学者共襄盛会，探讨新时代国际传播人才培养的新动力、新机遇、新挑战和新任务。

中国高等教育学会副秘书长郝清杰研究员在大会上致辞，他代表高教学会祝贺专委会年度会议的成功召开，对新闻学与传播学专业委员会第八届理事会一年来所做的各项工作给予充分肯定，并对专委会工作提出三点要求：一是提高政治站位，坚持正确方向，准确地把握新闻传播学专业的社会需求；二是坚持“四新”“四真”“四统一”原则，加强学术研究；三是向标杆分支机构看齐，全面加强自身建设。

新闻学与传播学专业委员会理事长周勇教授在会上作年度工作报告，介绍了专委会自身建设情况、过去一年的重点工作。专委会秘书长王斌教授通报了2021年度专委会开展学术活动的情况，强调了会费收取问题，并提出未来拟开展微信公众号的建设等加强联系、服务会员的工作计划。

⑦组织本领域教材建设与教学改革研讨。2021年，全国教材工作会议暨首届全国教材建设奖表彰会举行，12月8日，学会参与举办的“传播学教学与教材建设研讨会

暨全国优秀教材二等奖《传播学教程》建设经验座谈会"在中国人民大学新闻学院举行。理事长周勇教授阐述了传播学在我国的三个历史发展阶段及《传播学教程》的重要影响，对未来教材编写工作提出了期待和建议。会议以"《传播学教程》建设经验探讨"为主题，近30名专家学者围绕中国传播学的发展历程与经验、新闻传播学科的知识体系建设、数字时代的传播学发展趋势等话题开展深度研讨。

2021年11月6日，学会参与举办了"新文科背景下的新闻实务课程教学改革"深度研讨会。理事长周勇教授在致辞中指出，新闻学院的学生走向新闻传播的主战场离不开新闻实务教育。他表示，现阶段新闻实务教育面临着三个变化：一是技术的变化使新闻信息更加泛化；二是应用场景的变化引起了泛就业状态；三是社会需求变化要求改革新闻实务教育。此次深研会由来自《人民日报》《中国青年报》《新京报》、复旦大学新闻学院、重庆大学新闻与传播学院等单位的专家学者，以及中国人民大学新闻学院新闻实务课程的骨干教师们，一同就"如何进行新闻实务课程教学改革"展开探讨，为进一步全面推进新闻实务课程改革，构筑课堂教学与业界实践互动共促的新平台提供新思路。

⑧在后疫情时代下探讨全球合作，促进中外交流。2021年11月20日，学会联合主办了2021年度中外新闻传播学院院长会议。会议以"共享未来：后疫情时代的新闻传播教育与全球合作"为主题，聚焦于面向未来的学科体系建设、面向全球化新格局的教育改革、作为桥接的国际传播人才培养、开放共享的国际交流合作等话题，为后疫情时代新闻传播教育的调整和重构提供答案。学会理事长周勇教授出席会议并发表讲话，他指出新冠疫情让人们深刻意识到人类命运共同体的重要性，而新闻传播学科在面对全球重大议题时则发挥着支撑性的作用，希望能把中外新闻传播院长会议打造成一个信息共享、人员交流、科研问题合作的平台。来自中国人民大学、中国传媒大学、加州大学戴维斯分校、内华达大学等近20所中外高等院校的专家参与了此次会议并展开了热烈的讨论。

⑨积极设计与推动本领域学术课题研究。理事长周勇教授专门安排专委会秘书处董晨宇老师分别参加了4月30日的学会重大课题发布会和7月16日的学会学术工作会议共两项专题会议，及时获知与领会学会在课题管理工作方面的精神和相关要求。在咨询新闻传播学科专家后，并结合新闻传播教育发展趋势，专委会秘书处于3月初开始调研筹划并设立了两项自设课题：《卓越新闻传播人才培养的指标体系构建》《新闻传播学科发展口述史研究》，按照要求准备了立项书、通知书等相关材料并上报学会，目前已通过"高学会［2021］25号"文件批准并开展了相关研究。

依据"教高厅函〔2021〕10号"通知，专委会与高教学会学术部积极沟通，谋划论证学会“新文科研究与改革实践项目”的申报事宜，经过精心的准备和认真填报，专委会选送理事长周勇教授为负责人的《新文科引领下卓越新闻传播人才培养体系建设》入选7月29日教育部高等教育司公布的首批新文科研究与改革实践项目拟立项项目名单。

在智库建言方面，周勇理事长组织专家学者携同国家治理与舆论生态研究院共同编撰《高校决策参考》，共计完成了19期。同时依托专委会的舆情与新闻研究优势，携同挂靠单位中国人民大学的多学科研究力量，合作参与研制“2021年中国大学改革创新指数”，该指数针对中国大学在人才培养、科学研究、开放办学、改革成效这四个方面的改革创新进行了分类评价的尝试。

（2）2022年工作计划

围绕教育部和学会中心工作，结合行业实际需要，学会在2022年的工作计划将围绕以下内容重点展开：

在意识形态把控上，将继续严格把握政治性与专业性。由于新闻传播学科特殊的职责与使命，要求我们必须把政治方向摆在第一位，时刻坚持党性原则、坚持马克思主义新闻观，坚持正确的舆论导向。在此基础上，习近平同志强调，要加快构建中国话语与中国叙事体系，用中国理论阐释中国实践，用中国实践升华中国理论。

在聚焦重点任务上，将继承和弘扬专委会长期以来服务大局的优良传统。围绕党中央和教育部的相关工作重点，例如国家传播能力建设、新文科建设、马克思主义新闻观、一流专业与一流课程等核心议题，继续设计形式多样的学术活动，努力做好新闻传播教育领域的引领工作。

在学会发展上，将进一步推进办会的规范化和服务措施的优化。第一是启动会费收取工作，完善学会的管理机能；第二是做好自设课题的管理和总结，启动第二批自设课题申报；第三是筹备开设专委会微信公号，更便捷地联络会员单位、更全面地推送会员服务；第四是在确保疫情防控的基础上，继续举办新闻传播学骨干师资培训班；第五是通过多种渠道拓展理事单位数量，进一步壮大专委会的阵营；第六是积极参与中国高等教育博览会，筹备申办分论坛等事宜。总之，总的工作方向是通过院校联合的方式，为中国新闻传播学界搭建学术交流、协作的平台，以更好地实现资源共享，突出专委会的引领作用和服务功能。

（3）存在问题、面临困难及工作建议

第一，新闻传播类院校正在快速扩张，特别是一些新办高校和理工农医等此前没有文科基础的高校，也在设立新闻传播类专业。因此我们需要通过多种渠道、多种措施进一步扩大学会的知名度和接触面，实质性地吸引新的会员单位，实现对本学科领域更全面地覆盖，进而发挥协作作用。

第二，新冠肺炎疫情以来，线上形式的会议、讲座、课程等急剧增长，在增加了学术资源供给的同时，也呈现出主题分化、碎片化的问题。这对学科重要议题和重点工作带来了一定的冲击，专委会需要精心设计学术活动，以特点和实效吸引新闻传播领域的师生，突出学会的引领作用。

第三，在申报课题和收取会费方面，还需要多想办法，多学习经验，进一步调动理事单位的积极性，协调好会员单位的权责利的关系。

(中国高等教育学会新闻学与传播学专业委员会秘书处)

2.3.2.3 中国高等教育学会广告教育专业委员会

2021年，在新冠肺炎疫情持续肆虐的大环境下，广告教育专业委员会全体会员按照学会发展战略构想和《分支机构建设规范》的要求开拓进取、努力工作，取得了显著的成绩，广告教育专业委员会2021年度工作概况如下：

(1) 强化实践教学平台，办好品牌活动“大广赛”

作为中国高等教育学会广告教育专业委员会实践教学改革的品牌活动，第13届全国大学生广告艺术大赛（简称“大广赛”）于2020年11月28日启动。因疫情影响，赛事活动的计划和流程略有调整，但仍在组委会的领导和秘书处全体员工的努力下顺利完成了命题征集宣传、线上巡讲、学生创作提交、各赛区评选、全国总评审、网上公示、复活赛、成果展示云盛典等环节，最终取得了圆满成功。

大广赛通过立体、广泛且多样的媒体传播渠道，形成了多元互动的网络环境以实现可持续的品牌效应。将大广赛不同活动阶段线上传播和线下活动报道相结合，宣传贯穿赛事各个阶段；主流媒体和自媒体综合运用，报道和专题互相配合，网络互动与传统媒体同步推进，使大广赛的社会关注度和品牌曝光度不断增强。

具体来说，大学生比赛信息网、我爱竞赛网、赛氪网、大学生竞赛实习资讯、搜狐网、设计竞赛、腾讯网、网易新闻、哔哩哔哩专栏、人民资讯、环球网等22家媒体报道了第13届大广赛命题发布及诗歌热身赛相关活动新闻；新华网、新浪网、中国广告网、广告之家网等20家媒体报道了比赛相关活动新闻；北京电视台、中国教育电视台、小红书、知乎等共30家媒体报道了全国总评审的相关活动新闻；教育信息速报、中国教育在线、一点资讯、MBA CHINA等9家媒体报道了策划案现场决赛、大广赛获奖信息等相关新闻。

17年的坚守与创新，大广赛为中国广告艺术教育的专业实践教学作出了卓越的贡献，也为无数的广告学子乃至传媒学子提供了一个展现真我的绝佳创新创业平台。回首过去，立足当下，展望未来，大广赛的未来将会创造更多精彩！正如习近平总书记在给参加第三届中国“互联网+”大学生创新创业大赛“青年红色筑梦之旅”的大学生的回信中所说：“祖国的青年一代有理想、有追求、有担当，实现中华民族伟大复兴就有源源不断的青春力量。希望你们扎根中国大地了解国情民情，在创新创业中增长智慧才干，在艰苦奋斗中锤炼意志品质，在亿万人民为实现中国梦而进行的伟大奋斗中实现人生价值，用青春书写无愧于时代、无愧于历史的华彩篇章。”①

（2）召开中国高等教育学会广告教育专业委员会2021年度常务理事会议

2021年11月22日，广告教育专业委员会2021年度常务理事会议在线上召开。与会人员有理事长、副理事长、监事、秘书长、副秘书长、常务理事等。会议对2021年度的工作做了总结，与会人员针对专业委员会在参与地方各级政府的工作规划、提供智力和专业服务等工作中积累的经验进行了交流，进行了热烈的讨论，并对下一步的工作提出了积极且具有建设性的意见。

（中国高等教育学会广告教育专业委员会秘书处）

2.3.2.4　中国高等教育学会公共关系教育专业委员会

中国高等教育学会公共关系教育专业委员会（以下简称公关教育专委会）属于中国高等教育学会的二级分会，是中国高等教育学会的理事单位。该专业委员会具有承上启下的桥梁作用，既接受高教学会的领导，在高教学会章程及相关规范性文件的指导下开展工作，又要本着民主自治的原则，在公关教育领域的教师联谊、学术交流、教学改革、会员服务、专业促进等方面，致力于发挥公关教育专委会的自我组织、自我服务功能，从而推动和促进高校公关教育事业的健康发展。公关教育专委会自1995年5月在西安成立，至今已经历了27个春秋。公关教育专委会现已发展成为一个具有完善组织架构体系的学术团体，会员遍及全国大部分高校，凝聚力、向心力日益增强，专家学者云集，科研成果荟萃，知名度、美誉度不断提升，对外影响力也在不断扩大。

（1）公关教育专委会组织机构建设

公关教育专委会作为公关专业教学领域的专业学术团体，按照专委会章程的规定，其理事会为四、五年一个任期。自1995年5月专委会成立，专委会分别于2003年、

---

① 习近平回信勉励第三届“互联网+”大学生创新创业大赛“青年红色筑梦之旅”的大学生［EB/OL］.［2017-08-15］. 新华网，http：//www. xinhuanet. com/politics/2017-08/15/c_1121487755. htm.

2008 年、2013 年、2017 年、2021 年召开了六届会员代表大会，产生了六届理事会。专委会换届工作，不仅涉及组织机构和组成人员的变更和调整，更重要的是涉及专委会理念、思路的传承。专委会在 20 多年的办会历程中，逐步形成了“学以育人，同以致和”的办会理念，以及相应的办会思路、工作方法和作风。在“学以育人，同以致和”的办会理念指导下，做到每一次换届专委会工作有序过渡，继往开来。2021 年产生的第六届理事会任期四或五年，即任期从 2021 年 10 月到 2025 或 2026 年 10 月。大会产生理事 103 名、监事 1 名；新一届理事会拟选举产生常务理事 50 名、秘书长 1 名、副理事长 7 名、理事长 1 名。理事长由中国传媒大学政府与公共事务学院董关鹏教授担任；副理事长由清华大学新闻与传播学院周庆安副院长、山西大学马克思主义学院鲍善冰教授、吉林农业大学邵喜武教授、温州商学院马志强教授、厦门大学新闻与传播学院苏俊斌副院长、中山大学传播与设计学院张宁教授、海南大学陈小桃教授担任；监事长由北京大学新闻与传播学院许静教授担任；秘书长由中国传媒大学政府与公共事务学院王琳琳副教授担任。

此届专委会工作机构由专委会秘书处和各专业事务部两大部分构成。专业事务部包括：公关教育教学和教师发展事务部、公关科研和专业建设事务部、公关咨询和社会服务拓展事务部。此届第二次理事长工作会议明确了此届理事会的各个专业事务部负责人，确定陈小桃、周庆安、张宁三位副理事长主抓公关教育教学和教师发展方面的工作；许静监事、马志强两位副理事长主抓公关科研和专业建设的方面工作；鲍善冰副理事长、邵喜武副理事长、苏俊斌三位副理事长主抓公关咨询和社会服务拓展方面的工作。

（2）坚持学术立会，促进公关教育研究入主流

专委会 2021 年度学术年会内容的安排了特邀演讲、学术报告和分论坛研讨三个部分。第六次会员代表大会也同期召开了“全球城市智慧治理与公共关系”学术年会。中国公共关系协会副会长、经济日报社原社长兼总编辑张小影致辞，对当选的新一届理事会领导班子表示祝贺。中国公共外交协会副会长、中央外事办公室原副主任、中国原驻瑞典大使吕凤鼎，中国国际公共关系协会原副会长、新华社原副社长兼常务副总编辑马胜荣，中国公共关系协会常务副会长兼秘书长王大平等公共关系界资深前辈和重要专家出席学术年会并发表主题演讲。阿里巴巴集团副总裁孙军工演讲主题为“智慧治理在杭州的实践：技术创新与战略传播”，浙江大学教授韦路演讲主题为“从 G20 到亚运会：杭州的智慧治理与全球传播”，中国新闻史学会公共关系专业委员会会长陈先红演讲主题为“武汉：抗疫英雄城市的全球传播”，上海外国语大学副教授杨晨演讲主题为“上海：从红色之城到创新、生态、文明之城”。

同时，举行两个圆桌论坛，分别为“智慧治理时代的智慧公共关系：如何让 AI、大数据与 5G 全媒体技术与理念助力公共关系理论与实践持续升级?”和“全球传播中的中国城市与小康生活：如何向世界讲述中国的城市善治与可持续发展?”与会会员和各位专业教师围绕上述内容进行了积极而广泛的讨论。

（3）探讨新思路、开创新道路

公共关系专委会新任理事长董关鹏教授，带领第六届理事会主要成员拜访中国高等教育学会秘书处、培训部门、科研部门，就如何进一步推动公共关系专委会组织机构建设和培训、科研等工作进行了深入交流。随后，公共关系教育专业委员会召开了第六届理事会第一次办公会，会上董关鹏理事长首先汇报专委会的工作进展情况，汇报后邀请副理事长、秘书长和副秘书长就 2021 年下半年工作和 2022 年上半年工作计划进行献言献策。理事长们纷纷对如何收集会员费、与公共关系教学指导委员会合作、出版教材、专业发展、国际交流和年度学术会议等内容进行了讨论，围绕学会考核的学术活动、服务大局、服务展现、服务社会等重要指标进行研究，群策群力，共同建言，以激励促进第六届理事会将工作做得更好。

新一届理事会发挥挂靠中国传媒大学的优势，严格按照中国高等教育学会要求，由秘书处挂靠单位作为依托单位，申请微信公众号、微博认证账号等官方账号。专委会秘书处可以通过这个窗口，向会员发布信息，与其他相关业务单位交换信息，为专委会增加了一个重要的信息展示和交流平台。

（中国高等教育学会公共关系教育专业委员会秘书处）

2.3.2.5 中国体育科学学会体育新闻传播专业委员会

2021 年体育新闻传播分会在中国体育科学学会的指导下，开展了丰富多彩的学术活动。

（1）国内学术活动精彩纷呈

2021 年 6 月 5 日，由中国体育科学学会、四川省社会科学界联合会、成都体育学院共同主办，中国体育科学学会体育新闻传播分会、成都体育学院新闻与传播学院、四川体育传播高水平团队承办的“中国共产党建党百年体育宣传理论与实践研讨会”在四川成都召开。

研讨会邀请了中国人民大学荣誉一级教授、成都体育学院特聘教授陈力丹，人民日报社体育部主任薛原，新华社体育部副主任周杰，中国体育报业总社副社长，人民体育出版社社长王成，中央广播电视总台 CCTV5 前主任马国力，以及成都体育学院新闻与传播学院教授、中国体育科学学会体育新闻传播专业委员会秘书长郭晴教授出席。

会议还组织了“我与体育的故事”与“体育新闻传播学科发展与人才培养”两场圆桌论坛，邀请了知名体育记者、宣传干事以及全国体育院校新闻传播学院的教育者们共话今昔之变，探索学科发展，互鉴人才培育模式与经验。

与此次研讨会同期举办的还有“中国共产党百年体育宣传展”，展览以图文并茂之形式，回溯了党百年发展征程中在体育宣传领域的理论与实践。

2021 年 8 月，中国体育科学学会体育新闻传播专业委员会联合成都体育学院新传学院举办了线上沙龙。此次沙龙邀请到了新华社体育新闻编辑部副主任、高级编辑周杰和新华社体育新闻编辑部融合报道发展中心编辑兼记者卢羽晨，两位老师与线上 300 余名师生讲述和分享了东京奥运会幕后的故事。

此次沙龙围绕东京奥运会的疫情防控手段、媒体运行、新华社在此届东京奥运会中开展的新媒体实践、体育记者如何为采访奥运会做准备等议题展开了交流。在提到此届奥运会是新华社第一次作为 IOC 官方通讯社进行奥运会报道时，两位嘉宾认为，新华社的报道中增加了东方视角，展现了中国速度，发出了中国声音。

（2）国际学术活动效果显著

2021 年 11 月 6—7 日，体育新闻传播专业委员会参与承办了以“团结・健康：后疫情时代的体育传播”为题国际体育传播会议。

美国伊利诺伊大学终身教授、美国运动科学院院士朱为模，美国密苏里大学新闻学院 Leonard H. Goldenson 首席教授周树华通过线上视频方式分别以“多媒体时代下的‘运动与健康’”“体育健康传播中积极心理学的可能性”为题进行了主题演讲。国际奥委会媒体运行总监 Lucia Montanarella 则向大家分享了《疫情背景下的云媒体运行》的报告。

同时，来自阿拉巴马大学（美国）、格拉斯哥大学（英国）、新华社、中国外文局当代中国与世界研究院、清华大学、北京大学、中国人民大学、北京外国语大学、北京体育大学、上海体育学院、武汉体育学院、南京体育学院、福建师范大学等多家国内外体育传播、教育或研究单位的 23 位专家学者在会上作了专题学术报告，并积极开展对话与交流，回答参会师生的相关问题。

此次会议通过 ZOOM 和学术志平台进行了网络直播，3000 多名专家、学者关注了该会议，为新场景下的体育传播提出了很多具有参考价值的建议，受到了业界的一致好评。

（中国体育科学学会体育新闻传播专业委员会秘书处）

2.3.3 其他学会

2.3.3.1 河南省普通高等学校新闻传播学类专业教学指导委员会

河南省高等学校新闻传播学类专业教学指导委员会成立于2016年9月，是河南省教育厅聘任并领导的专家组织，具有非常设学术机构的性质，受教育厅委托开展高等学校新闻传播学类本科教育教学的研究、咨询、指导、评估、服务等工作，委员聘期为3年。

2021年7月，在河南省教育厅的组织领导下，新一届河南省高等学校新闻传播学类专业教学指导委员会（2021—2025）成立，主任委员由郑州大学张举玺担任，副主任委员为李宏（郑州大学）、杨萌芽（河南大学）、尚恒志（河南工业大学）、段勃（河南师范大学）；秘书处设立在郑州大学新闻与传播学院。

2021年9月24—25日，河南省普通高等学校新闻传播学类教学指导委员会的工作启动会议在郑州召开。郑州大学党委副书记李兴成委员介绍了郑州大学建设世界一流大学的近景和远景规划、卓越新闻传播人才的培养目标，希望新一届教指委为郑州大学培养具有家国情怀、国际视野的全媒化、复合型、专家型新闻传播后备人才提供咨询、评价和指导。河南省教育厅高教处处长张水潮应邀在会上作了名为《站位新时代，争做本科高校新传专业建设导航人》的专题汇报，从占位新时代、认清新形势、勇担新任务三个方面，对加强新闻传播学类专业建设，培养讲好中国故事、传播好中国声音的卓越新闻传播人才提出建议和期待。

2021年12月，为响应教育部支持中西部高等教育发展的号召，河南省普通高等学校新闻传播学类教学指导委员会协助教育部高等学校新闻传播学类教学指导委员会开展了“臻品西行·共享共建”的赠书行动，将《第30届中国新闻奖获奖作品新媒体展示手册》与《中国广播电视大奖新媒体展示手册》赠送给中西部18个省份376所新闻传播院校，以供教学科研参考使用，有效地实现了资源共享。

（河南省普通高等学校新闻传播学类专业教学指导委员会秘书处）

2.3.3.2 陕西省新闻传播教学指导委员会

陕西省高等学校人文与新闻传播类专业教学指导委员会（以下简称“委员会”）成立于2020年9月5日。2021年，在陕西省教工委、教育厅以及教指委的领导下，人文与新闻传播类工作委员会开展的工作卓有成效。

（1）教学实践活动

①西京学院传媒学院网络与新媒体专业新增学士学位授权申报专家评审会。

2021 年 4 月 14 日上午，西京学院传媒学院网络与新媒体专业新增学士学位授权申报专家评审会召开。会议邀请了教育部新闻传播学科教学指导委员会委员韩隽教授、陕西省高等学校教学指导委员会人文与新闻传播类工作委员会副主任李明德教授、西京学院新闻传播学科带头人高有祥教授等 5 人作为评审专家，其中韩隽教授担任评审组组长。经专家讨论，一致同意网络与新媒体专业符合学士学位授权的专业条件。

②西京学院筹建“数字乡村振兴学院”。

2021 年 5—8 月，为积极探索数字乡村发展新模式，加快推进农业农村现代化建设，西京学院传媒学院与陕西蓝田县焦岱镇积极筹建“数字乡村振兴学院”，结合专业特色和优势开展“乡村振兴”社会实践活动。8 月，西京学院传媒学院张鹏军老师亲自赴蓝田县进行创作。同时，陕西蓝田县党委书记耿红波带领当地干部多次来西京学院进行调研洽谈，由此，当地将以西京学院为依托，充分整合并利用好西京学院及其传媒学院相关研究团队的平台资源，并结合蓝田焦岱镇的扶贫建设经验，从“乡村智慧治理”“乡村数字经济”“乡村数字文化”三个特色研究方向切入展开深入研究，不断提高研究成果的转化率，最终形成理论成果。

（2）科研及学术交流活动

①举行第二届西京智媒体国际论坛暨 2021 年人工智能及其媒体应用国际研讨会。

2021 年 5 月 22 日，第二届西京智媒体国际论坛暨 2021 年人工智能及其媒体应用国际研讨会于西京学院举行，会议由西京学院主办，中国人工智能学会智能传媒专业委员会等 15 家单位共同协办。西京学院校长任芳教授表示，随着科技革命的深入发展，人工智能将引发链式突破，不断引领人类进入智慧社会，越来越多的“未来智能场景”正逐步变为现实。学校将紧跟行业与社会的变革，注重新技术、新产业、新业态的发展变化，积极探索并培育适应新时代社会需求的创新应用型人才。教育部长江学者特聘教授喻国明、西安交通大学新闻与新媒体学院院长李明德、美国圣地亚哥州立大学新闻与媒体研究院院长 Temple Northup、英国伦敦大学学院数字人文专业数字人文研究中心原主任 Simon Mahony、日本西南学院大学国际文化学部教授金绳初美等多位国内外智媒体传播研究领域著名学者、专家出席并在论坛上分享他们的观点，一同探讨人工智能等前沿话题。

②举办文明互鉴视野下传播学国际交流合作的机遇与挑战：第二届新闻传播学国际发表高端论坛。

2021 年 6 月 18 日，由西安交通大学新闻与新媒体学院、陕西高校新型智库“新媒体与社会治理研究中心”联合举办的“文明互鉴视野下传播学国际交流合作的机遇与挑战：第二届新闻传播学国际发表高端论坛”顺利开展。此次论坛旨在响应国家“讲好中国故事，传播好中国声音，展示真实、立体、全面的中国，加强我国国际传播能力”的号召，克服学科建设“内卷化”之弊病，秉持“文明互鉴”的理念，加强国际交流合作，借鉴西方经验、方法和话语体系，同时加快中国理论研究“走出去”，实现学科的破圈与突围。开幕式上，西安交通大学新闻与新媒体学院院长、陕西高校新型智库“新媒体与社会治理研究中心”首席专家李明德指出，国际学术交流与合作是历史的必然要求，理应立足现实为世界贡献中国学术智慧，同时学者也应将发表高品质论文作为自觉的追求。会议公布了《2021 年中国新闻传播研究的国际发表研究报告》，颁发了“中国新闻传播学国际发表突出贡献奖”，评选了“中国新闻传播学国际发表优秀论文”。

③召开“一带一路”国际传播能力建设论坛。

2021 年 12 月 4 日，首届“一带一路”国际传播能力建设论坛在西安交通大学召开。论坛以“新时代 · 新传播 · 新路径”为主题，由中国公共关系协会、陕西省委宣传部指导，陕西省社会科学界联合会、西安交通大学新闻与新媒体学院、厦门大学新闻传播学院联合主办。在论坛开幕式上，中国公共关系协会常务副会长兼秘书长王大平、陕西省委宣传部副部长、省政府新闻办公室主任单红、西安交通大学副校长席光、西安交通大学新闻与新媒体学院党总支书记兼院长李明德发表致辞。会上，中国科学院院士、西安交通大学电信学部主任管晓宏等在现场进行了主旨演讲，延安大学文学与新闻传播学院党委书记党子奇副教授应邀参加并作主题发言。党子奇副教授在讲话中分享了延安大学在国际传播方面的一系列重要举措，包括：延安大学面向“一带一路”沿线国家，设立金融俄语人才实验班；成立斯诺研究中心，以整合学术资源共同展开研究；延安大学文学与新闻传播学院建立汉字研究中心，促进古汉字的国际化、信息化；立足延安这个具有特殊历史意义的城市，不断将红色文化资源优势转化为学院发展优势。论坛聚合了“一带一路”建设与国际传播领域的专家学者，围绕“国际传播人才培养与学术研究”“一带一路视域下的对外传播话语构建”等议题，分别召开院长论坛、学术论坛，打造了集学术性、应用性、创新性、开放性和示范性于一体的专业学术交流平台，采用高端论坛与网络连线结合的方式，为我国“一带一路”国际传播的高质量发展建言献策。

（3）立项与团队建设

2021 年 5 月，经学校、陕西省高等学校教学指导委员会、陕西省高等教育学会层层推荐、专家审核、评前评后公示等程序，西京学院传媒学院院长张西静主持的“融合创新：新文科背景下传媒类专业复合型人才培养模式探索与实践”获批陕西省新文科研究与改革实践项目。该项目将在充分调研和理论研究的基础上，以“新文科宣言”为指导，顺应媒介融合发展趋势和行业人才需求，以“融合”为理念，“创新”为导向，“守正”为根本，围绕传媒类复合型人才的培养目标和能力要素，构建交叉融合的课程体系，建设一批凸显学科融合特色的优质课程，同时发挥校企政多方协同育人优势，通过科研平台建设、公司化运营和政府服务，积极推进现代产业学院建设，探索产教研融合协同育人的传媒类专业复合型人才培养模式。

整体而言，2021 年陕西省新闻传播教育指导会依托各委员所在高校的专家委员会、工作委员会对全省人文与新闻传播类专业进行了专业研究、咨询、指导与服务工作，并通过多种形式，从学术交流、教学实践活动到团队立项管理等多方面不断稳步推进陕西高校新闻专业共同体的建设，力求实现其内涵式发展，提升人才培养能力。委员会始终坚定地把马克思主义新闻观熔铸到新闻传播的丰富实践中，以永恒的初心与创新的激情，推动新闻传播事业的发展，争取创造新的业绩，收获新的光荣。

（陕西省新闻传播教学指导委员会秘书处）

2.3.3.3 山东省新闻传播学类专业教学指导委员会

2019 年 4 月，山东省教育厅下发《关于成立 2019—2022 年山东省本科教育教学指导委员会的通知》，确定新一届山东省新闻传播类专业本科教育教学指导委员会的名单和工作职责。此届教指委主任委员是山东师范大学的常庆教授，副主任委员是山东大学的刘洋教授和倪万教授，秘书长是张成良教授。

2021 年，山东省新闻传播学类专业教学指导委员会提出了“强学科，奠基础”的指导思路，以强调专业建设的重要性，强化省级优质教材的编纂和发行工作。2021 年 2 月，委员会召开了教学指导委员线上工作会议，确定以“马克思主义新闻观”为指导编纂教材，根据讨论和征求意见，全省申报初步拟出的出版教材共有 24 部，经过讨论与审查最终遴选出了九部教材作为委员会的首批省级教材进行出版。它们分别是：《马克思主义新闻思想》（刘明洋主编）、《融媒体新闻报道》（王倩主编）、《新闻编辑与策划》（欧阳霞主编）、《新闻评论》（张成良主编）、《大众媒介通论》（常庆主编）、《新闻理论》（戴俊潭主编）、《中国新闻传播史》（钱婕主编）、《网络与新媒体》（高欣峰主编）、《新闻传播学研究方法》（张冠文、倪万主编）。为了强化教材的编纂质量，教学指导委员会邀请了各高校学科带头人、教授亲自参编，山东省教育厅高教处给予了大力支持，使得教材从选题策划开始就打了上精品的烙印。目前，首批教材已完成立项、编纂和校对，即将出版发行。

2021 年 10 月，山东省教育厅在年度教育改革项目申报中，加大了本科教学指导委员会的参与性，提议各教学指导委员会可以推荐一个项目参评省级重点教学改革项目。山东省新闻传播学教学指导委员会经过认真磋商，将未来教育共同体建设作为未来山东省新闻传播学教育教学工作的重点，为此以“项目引领背景下山东高校新闻传播未来教育共同体建构研究”课题进行申报，最终获批为省级重点教学改革项目。因此未来三年内，将以教指委为主体，广泛开展省内多所高校间的教育共同体建设改革实践。

2022 年，山东省新闻传播学教学指导委员会将推出全省大学生新闻优秀作品比赛，活动强调学生的专业实践能力的培养和提升，为山东省新闻传播学本科专业教育作出新的贡献。

(山东省新闻传播学类专业教学指导委员会秘书处)

2. 3. 3. 4　华夏传播研究会

回首 2021 年，华夏传播研究会在“双创”（即中华优秀传统文化创造性转化和创新性发展）实践中砥砺前行。在“坚持马克思主义基本原理同中华优秀传统文化相结合”的方向指引下，华夏传播研究会一方面坚持自身具有民族化和本土化立场的理论建构，另一方面也用开放态度回应全球化与现代化语境。2021 年研究会举办了多场学术交流研讨会，华夏传播学研究也在这一年更多地参与到本学科当下许多重要议题的讨论中，呈现出欣欣向荣的发展态势。

（1）学术交流平台的扩展：学术会议相继召开

2021 年，华夏传播研究会分别与扬州大学、西北民族大学、成都大学在扬州、兰州、成都多地联合举办了多场学术交流盛宴。学术研讨会的举办不仅为学界同仁提供了学术交流与批判的平台，更勾勒出一幅百花齐放的华夏传播研究图景，充分彰显了华夏传播研究领域的活力。

8 月 22 日，由厦门大学传播研究所主办、华夏传播研究会协办的“学科交叉视域下的庄学研究与传播”学术研讨会在扬州大学以线上会议的形式举办。来自中国大陆及港澳台地区的 50 名学者参与研讨交流，参会学者包括高校教师、科研机构研究人员、企事业高管、在读博士生和硕士生，此外有 150 名庄学爱好者线上旁听了研讨会。讨论内容除了文史哲艺等传统话题，还涉及现代文学、外国典籍、报刊媒介以及社会廉政建设等话题，共同促进了《庄子》典籍与中华优秀传统文化在不同学科领域中的研究与传播。

9 月 29 日，华夏传播研究会协办的“中国特色传播学的理论探索——认知传播学的国际化视野与本土化构建暨 2021 年第八届中国认知传播学术年会暨国际认知传播高端论坛”在成都大学成功举办，此次论坛高度契合了庆祝中国共产党建党百年、红色文化认知传播等时代主题，推动和促进了不同学科与研究者间的对话，从而回应中国问题，在认知科学与传播学研究范式基础上展开了新的理论图景。

11 月 6 日，由中国新闻史学会、中华多民族文化凝聚与全球传播省部共建协同创新中心——“丝绸之路”与中华民族共同体研究分中心、中国新闻史学会符号传播学研究委员会、华夏传播研究会共同主办，西北民族大学新闻传播学院承办的“铸牢中华民族共同体意识背景下华夏‘丝路符号’传播论坛”召开。为响应疫情防控号召，此次论坛在线上举行，来自武汉大学、中山大学、四川大学、山东大学、西北民族大学等十多所高校的青年教师和硕博士生参与分享。此届论坛的主题演讲内容涉及“艺术模仿”“丝路话语”“艺术与人类文明交融”“中国传播研究的学术话语建设”“秦腔”“全球传播”“名物关系理论框架”“广告说服中的中国元素”“延安时期的纪实叙事”“巴蜀符号”“多模态隐喻”等前沿话题，此外“陶瓷”“民间故事”“黄河”“维吾尔”“研学旅行”“孔庙”“吐谷浑翼马”“河西宝卷”“乡土教育”“党史”等与铸牢中华民族共同体意识和“华夏‘丝路符号’传播有关的话题均被纳入讨论中。这场会议时代性和经典性并重，充分体现了新文科建设背景下开展跨学科交流、综合性研究的特点。

由于受到疫情的影响，原本拟定于 2021 年 7 月由华夏传播研究会与安徽师范大学新闻与传播学院共同主办的“华夏文明与现代传播高峰论坛”将延期至 2022 年举办。学术会议的高频召开为关心和致力于华夏传播研究的学者与青年学生们提供了一个学术交流的平台，同时也彰显了学界对传播学本土化的研究热情。

（2）学术版图的拓张：高质量成果接连涌现

2021 年，华夏传播研究会各位学人笔耕精勤，著述颇丰。

一批重要集刊和专栏持续发力。学会会刊《华夏传播研究》于 5 月出版第六辑、于 11 月出版第七辑；从 2021 年开始，华夏传播研究会与河北大学新闻传播学院达成了战略合作协议，南北合作；《中华文化与传播研究》相继出版了第八辑、第九辑；《华夏传播研究》也在 CNKI（中国知网）全文上线，为学界知识的传播提供了便利。相信在不久的将来，《华夏传播研究》将成为中国传播学本土化研究的重要平台，并成为中国特色社会主义传播学研究的一支劲旅，为新文科建设和新闻传播学课程教学改革贡献一分自己的学术力量。

一批高质量的新作问世。《华夏传播学文丛》新出版了《华夏礼乐传播论》一书，该书围绕中国传统礼乐文化的传播制度、传播观念、载体与符号、传播范式与功能等展开研究，深度挖掘了礼乐文化的精神实质和思想内涵；《两岸关系与海峡传播研究文库》新出版了两本著作，一是《闽台文化记忆与海峡传播研究》，书中包括妈祖文化传播研究、闽台文化记忆研究、海峡传播研究三部分内容，二是《海峡两岸数字公共领域与文化认同研究》，围绕基础理论、理论求索和实践运用三个主题展开探索；华夏传播研究会会长出版的《华夏自我传播的理论建构》一书力图引入自我传播理论视角，观照以儒、释、道文化为核心的中华优秀传统文化，并以中西理论对话的方式，彰显中华文化自身的主体性，该书入选“厦门大学南强丛书第 7 辑”。此外，《媒介地理学新论（*New Perspectives on Geography of Media*）》《经典新探：王充〈论衡〉的传播学释读》《基于知识图谱的中国传播学发展研究》《中国古代符号传播思想史论》等优秀著作也都相继出版，扩展了华夏传播学的学术版图。

在学术论文方面，会长谢清果教授携王皓然博士在权威刊物《新闻与传播研究》上发表了研究论文《以“训”传家：作为一种传播控制实践的家训》，副会长潘祥辉发表署名文章呼吁建设“文明比较视角下的中国媒介考古学需要返本开新”，副会长姚锦云及本会学术顾问邵培仁在《浙江大学学报》发表文章《“礼尚往来”还是“礼上往来”？——从跨学科对话（1939—2013）到中国人际传播的经典模式》；副会长张兵娟及其研究团队发表《传播学视角下中国传统书院学礼研究——以宋代为例》等一批文章，在礼文化传播研究领域斩获颇丰；副会长李红从中国传统文化中得到启示总结出来的“势”传播理论又谱新篇；白文刚从政治传播的角度审思《政治传播的历史向度——中国古代政治传播研究的回眸与省思》；陈开和从马克思主义新闻观出发《试论中国传统文化与马克思主义新闻观的创新发展》；熊建军聚焦于《华夏文化共同体形成的跨文化考察》；杜恺健与王润泽发表《作为区分的印刷术与近代中国报业的读者想象》，裴永刚围绕中国出版议题发表了一系列学术成果，还有杨柏岭、祝东、吉峰、张丹、林凯、刘佳静、张淑芳、李海文等人均在各自领域笔耕不辍，精研不止，为华夏传播学的创新发展做出了基础性而又富有创见的研究。

（3）科研的稳步推进：多项相关项目获得立项

2021 年，在国家社科基金立项方面，多项涉及中华传统文化、历史实践与本土传播思想的有关课题获得立项，主要包括南京大学潘祥辉的“传播学视角下儒家经典的‘经典化’过程研究”、河南大学郭桥的“传播学视域下的近现代汉传因明复兴研究”、武汉大学黄浩波的“秦汉文书传递制度研究”、三峡大学胡丹的“明代时事书写与政治信息传播研究”、武夷学院赵鹏升的“‘一带一路’背景下‘万里茶道’跨文化传播研究”等课题。同时此前裴永刚的“全球化视野下中国出版‘走出去’战略创新发展研究”也于 2021 年顺利结项。

在教育部人文社科项目（新闻传播学类）中，华夏传播类选题共获得了 4 项立项，分别是武汉大学曹皓的“国际传播场域视野下的‘人类命运共同体’话语建构研究”、南昌航空大学姚志文的“儒家传播思想史研究”、西北师范大学庄金玉的“新疆各民族共同记忆与铸牢中华民族共同体意识研究”；浙江工商大学杭州商学院陈国利的“乡村振兴背景下江南传统村落文化遗产全媒体传播路径研究”。

在省厅级课题方面，谢清果的“乡村振兴视域下福建新时代文明实践中心建设研究”获批福建省创新战略研究计划联合项目，“短视频背景下福州市非物质文化遗产的保护与传承研究”获得福州市社科规划项目立项。此外，张兵娟的“跨文化传播视域下中西‘礼仪之争’与中国形象建构研究”获批郑州大学新闻传播学学科建设专项课题；姚锦云的“中华文化传承传播的媒介与形式研究：以先秦儒家为个案”项目入选暨南大学中华文化港澳台及海外传承传播协同创新中心 2021 年招标课题；裴永刚的“双循环新格局下中国出版高质量‘走出去’效果与提升策略研究”项目获得西南政法大学校级科研课题立项……顺应新时代哲学社会科学建设事业的需要，华夏传播研究的相关问题、所涉领域不断得到广大学者同仁的重视，相关立项项目数量不断增长，研究问题领域也不断扩展。

（4）教学实践的持续发力：教学成果丰硕

教学是知识传递最重要的途径，在教学活动方面，谢清果在厦门大学开设了“华夏传播概论”“华夏文明传播”“中国传播理论研究”“史论精解传播（华夏传播研究方向）”四门课程；潘祥辉在南京大学开设了“中国传统文化与传播”与“华夏传播研究”两门课程；张兵娟在郑州大学开设了“中华典籍与影视传播”课程，将传统中国典籍阅读融入影视传播研究课程中；中国传媒大学杜恺健在“新闻传播史”课程中向学生们介绍了华夏传播相关研究内容；青岛大学文学与新闻传播学院耿志宏在其开设的“图形创意与设计”课程中，专列中华文化元素教学单元，该课程入选山东省一流本科课程；山西大学新闻学院李攀开设了“中国古典传播思想”课程，课程立足于古今文化赓续的维度，引导学生对中华传统文化进行传播学意义上的继承、发展与扬弃；福州大学赖爱清的“数字艺术与本土文化”获批福州大学校级线上线下混合式一流课程立项，旨在用数字艺术作品解读和传播本土文化和传统文化。此外，各类教学专题与讲座也在全国各地开展，与华夏传播的教学工作交相辉映。

值得注意的是，南京大学胡翼青教授在其暑期开设的慕课“传播理论前沿”中，将华夏传播研究列为重要的讨论范畴，并且提出“隐喻：传播学本土化何以可能?”的理论命题。受胡翼青等诸位学者观点的启发，华夏传播学的同行们 2021 年开启了华夏传播隐喻学的创新研究。贵州师范大学王婷的“人脸”身体隐喻研究，厦门大学董熠博士生的“圣人”符号隐喻研究见诸核心刊物，由此可见，华夏传播学会作为一个学术团体不断求索新知，探索新方法、新思路的学术志向。

除了面向学生群体的教学活动，在面向社会大众的科普实践方面，华夏传播研究会在已有的中华文化与传播大讲坛、期刊、公众号平台建设之外，还开辟了新的科普领地：2021年与《福建侨报》建立合作关系，在“乡土文化”版刊发了《三坊七巷的革命文化》《闻名识福州》等文章。

2021年，华夏传播研究会正尝试以一种全新面貌应对学科和时代环境给出的机遇与挑战，并围绕中国本土传播实践中的传统思想观念、历史文化现象展开了多学科、多维度的探索。2022年，在迈向“第二个百年”新征程的背景下，学会将继续推动华夏传播理论同中华优秀传统文化相结合，并适应数字传播和社会变迁的需要，以进一步增强民族传播理论的理性自省。

（华夏传播研究会秘书处）

2.3.3.5 中国认知传播学会

在国家大力呼吁的新文科建设背景下，新闻传播学作为哲学社会科学体系的重要支撑学科也在积极求新求变，拓展新领域，培育增长点，开启新模式，其中，中国认知传播学就是近年来国内学界涌现出来的传播学新范式和新进路。

认知传播学是认知科学与传播学跨越边界、思想互浸、有机结合后滋生出来的一个交叉复合型研究领域。作为一门融合传播学、语言学、修辞学、心理学、社会学等诸多学科的新兴学科，认知传播学通过对传播过程中人类感知以及思维信息处理过程的研究，将人脑的认知机制放置在了重要位置，推动了我国社会人文学科建设以及学科的跨界融合。当前，认知传播学已经成为中国传播学将来的重要学术增长点，它统合了宏观叙事和微观叙事两种研究范式，为中国特色社会主义新闻传播学体系的构建提供了突破传统窠臼的思想空间。

随着认知传播学朝着纵深方向发展，认知传播学会应运而生。中国认知传播学会是全球修辞学会下属的二级学会，成立于2014年4月。现任会长是著名传媒学者、四川大学二级教授、博士生导师欧阳宏生。学会在国内外拥有400多名会员，会员任职于美国加州大学、圣克劳德州立大学、大河谷大学，日本北海道大学、札幌大学，韩国外国语大学、延世大学，新加坡南洋理工大学，香港浸会大学，中国社会科学院大学，中国人民大学，中国传媒大学，浙江大学，四川大学，暨南大学，厦门大学等多所海内外著名学术机构。

近年来，中国认知传播学会每年举办学术年会和国际论坛，探讨认知传播学的理论脉络、应用实践、学科建设与发展路径。

2014 年，全国首届认知传播研究高峰论坛成功举办，论坛以“建构认知传播学新学科”为宗旨，对其理论谱系和研究范式进行了爬疏，奠定了认知传播学的学科基础。

2015 年的第二届认知传播学会以“认知传播：研究范式与学理建构”为主题举办了学术论坛，各位专家、教授从认知科学、传播经验学派、传播批判学派、媒介环境学派、修辞理论、传媒营销理论、哲学研究、符号学、现象学等学科及研究流派入手，拓展了认知传播学的研究方向，延伸了认知传播学的理论触角。

2016 年，以“认知传播实务与交叉领域研究”为主题的第三届中国认知传播学会暨国际学术研讨会成功举办，会议上，参会学者们探讨了认知传播学的创新拓展与实际应用，推动了认知传播学的落地。

2017 年，第四届中国认知传播学会学术会议暨国际论坛成功举办，论坛以“多元视角下的国际传播体系：认知传播学的生成、建构与发展”为主题，将认知传播学的学科建设和国际话语体系的建构生产进行勾连，拓宽了认知传播学的研究路径。

2018 年，第五届中国认知传播学会学术会议聚焦“新媒介环境中的体认革命：认知传播的学科建设、技术图式与娱乐体验”，学者们围绕认知传播学的学理建构与实际应用发表观点、提出建议、展开讨论，推进了认知传播学的理论完善。

2019 年，在第六届中国认知传播学学术会议上，学者们围绕“融合与创新：球土化背景下中国认知传播学的国际视野与中国学派”这个主题，将认知传播与华夏传播、国际传播进行勾连，进一步推动了认知传播学的理论建构。

2020 年，第七届中国认知传播学会学术会议以“风险话语与认知传播学学科体系建构”为主题，众多学者对认知传播学的观点、范式、路径和风险传播的理论体系与实践探索进行了多元建构与深度阐释，集中解读了大变局背景下认知传播学的理论建设和未来发展，充分体现了认知传播学与时俱进的时代性特点。

2021 年，第八届中国认知传播学会学术会议成功召开，会议以“中国特色传播学的理论探索——认知传播学的国际化视野与本土化构建”为核心话题，高度契合了庆祝中国共产党建党百年、红色文化认知传播的年度主题，同时众多学者针对当下流量至上、“饭圈乱象”等突出问题提出了自己的观点，这对认知传播学的发展有着重要的理论价值与实践意义。

此外，中国认知传播学会还获得了十余项国家社科基金项目的资助，出版专著多部，在《现代传播》《国际新闻界》《新闻界》《编辑之友》《学术界》《中州学刊》《南京社会科学》《湖南师范大学学报》《中国广播电视学刊》等 CSSCI 来源期刊发表论文100余篇。

作为初步显现的21世纪知识蓝海，认知传播学的学术版图已经在一代又一代研究者的努力下不断深化和裂变发展，为中国特色社会主义新闻传播学的体系建构形成更为宽广的话语路径，拓展了更加高远的思想空间。

（中国认知传播学会秘书处）

2.4　学科评议组、教指委

2.4.1　国务院学位委员会学科评议组

国务院学位委员会第八届学科评议组新闻传播学科组（以下简称“评议组”）按照上级部署积极开展工作，认真履行评议组在服务国家新文科建设、服务学科创新发展过程中的使命。此届评议组联合召集人为中国传媒大学隋岩教授和中国社会科学院大学唐绪军教授，秘书长为中国人民大学胡百精教授，评议组成员有复旦大学张涛甫教授、武汉大学单波教授和华中科技大学张明新教授，秘书处设在中国人民大学新闻学院。2021年，评议组的工作重点包括以下内容。

2.4.1.1　完成学科发展报告修订工作，彰显新时代学科发展的新方向与新理念

评议组成员通过调查研究，积极借鉴兄弟学科评议组的优秀经验和做法，围绕新闻传播学学科发展报告的核心内容，重新拟制了数据需求信息表，邀请国内既有和拟新增的一级学科博士点授权单位提供数据。最终，完善修订成稿的学科发展报告包括以下七大版块内容：学科概况、学科基础、人才培养、科学研究、社会服务、文化传承、比较优势以及未来展望。评议组以此次报告修订工作为契机，积极联系各学科点和各学院（系），认真征求一级学科博士点的意见，特别是充分调动国内一级学科博士点授权单位为学科发展报告的编撰提供支持。完善后的学科发展报告彰显了学科发展的新方向与新理念，有助于进一步提升新闻传播学的学科地位，发挥新闻传播学科推动社会发展的功用。

2.4.1.2　编制二级学科和专业领域指导性目录，落实学科专业体系改革部署

二级学科、专业领域是学科专业建设和人才培养的重要载体，评议组以服务国家重

大战略需求、尊重学科专业规律为原则，按照《学位授予和人才培养学科目录设置与管理办法》编制了新闻传播学二级学科指导目录。评议组根据《二级学科简介编写提纲》的要求编制了指导性二级学科目录，围绕学科内涵、研究范围及与其他二级学科的关系等维度，撰写了新闻学、传播学等二级学科内容简介。指导目录的编制有助于引导相关学位点依据目录设置二级学科，构建自主设置与引导设置相结合的学科专业建设新机制。

2.4.1.3　召开例行工作会议，推动落实评议组重点工作

学科评议组根据国务院学位委员会的部署，以线上线下结合的方式召开工作会议。2021 年 2 月 3 日，在线上召开第一次全体会议，商讨新闻传播学学科发展报告修订的具体方案及分工安排，明确了新闻传播学学科评议组 2021 年的工作内容要点，讨论了评议组的未来发展规划。此外，评议组还针对专业博士设置问题召开专题研讨会；商议一级学科博硕论文和科研成果的评价标准；对新增、调整和撤销学位授予单位及其授权学科进行评议；组织评议组成员对学位授予和人才培养质量、学科布局和发展趋势等进行调查研究。

面向未来新闻传播学科的发展，评议组将严格遵循《国务院学位委员会学科评议组组织章程》，认真学习国务院和教育部的指示精神，积极开展工作，更好地服务学科建设，引领学科发展。

（国务院学位委员会第八届学科评议组新闻传播学科组秘书处）

2.4.2　教育部高等学校新闻传播学类专业教学指导委员会

2021 年，新闻传播学类专业教学指导委员会在教育部高教司的领导下，深入贯彻落实习近平总书记最新重要讲话精神，全面落实立德树人根本任务，加快推进新文科建设，推动新闻传播高等教育内涵式发展，不断完善工作机制，促进新闻传播教育教学改革与创新，搭建学术交流与咨询服务的平台，主要开展了如下工作。

2.4.2.1　建立中国新闻传播大讲堂长效机制

“中国新闻传播大讲堂”创设于 2020 年，是在教育部高教司、中宣部新闻局的直接指导下，由高等学校新闻传播学类专业教学指导委员会负责组织实施、面向全国新闻院校开设的大课堂。大讲堂旨在每年聚焦最具时代感的主题，通过集中最优质的新闻资源、总结最深刻的报道体会，将新闻一线最生动的实践融入全国新闻院校的课堂教学，

是一门“生动的国情大课、有温度的思政大课、高水平的专业大课”。2020年大讲堂的主题是“来自武汉抗疫一线的报道”，课程实现了对我国719所新闻传播院校的全覆盖，在教育部高教司的支持下，各高校新闻传播院系将“中国新闻传播大讲堂”作为新闻传播学类专业的必修课，指定专人负责并且纳入学分管理。

为了助力各高校用好大讲堂课程资源，教指委组织一线教师录制教学辅导视频，面向全国新闻传播院系教师开展主题培训。此外，教指委秘书处汇编了212所高校提交的大讲堂学习成果，编纂《回响 中国新闻传播大讲堂2020》一书，已于2021年9月由人民日报出版社出版。该书系统展现各高校开展大讲堂的教学概况、特色亮点、学生心得，旨在凝固和总结大讲堂的研习成果，为我国新闻传播高等教育的创新发展留下历史记录。

大讲堂自2020年11月实施以来，面向全国高校新闻传播院系师生开展，取得了良好成效。2021年9月，教育部、中央宣传部、中国记协联合发文，决定建立大讲堂长效机制，要求坚持正确工作导向、着力提升建设质量、加强教学组织管理、及时巩固建设成果，持续做好大讲堂各项工作。

2021年中国新闻传播大讲堂的主题聚焦“践行四力 与时代同行”，邀请了来自人民日报社、新华社、中央广播电视总台、经济日报社、中国日报社、科技日报社、农民日报社等中央主流媒体以及北京日报社、北京广播电视台、黑龙江广播电视台、浙江日报社、浙江广播电视集团、重庆广播电视集团、深圳广播电影电视集团、大众网、澎湃新闻、每日经济新闻等18家媒体单位的32名新闻实践经验丰富的记者担任主讲人，走进演播室，分享一线新闻采写报道的感悟与思考。大讲堂每集视频课程45分钟，包括主讲人介绍、课程预告、课程内容提要以及课程讲述。为了让全国新闻传播院系能够更好地使用大讲堂课程及教学资源，教指委秘书处还组织教师团队录制了一集课程导学视频，从大讲堂的价值、主题、课程设计等方面入手，助力一线教师用好用足大讲堂教学内容。

大讲堂启动仪式于2021年10月27日上午在中国传媒大学中传国际交流中心举行，教育部高教司、中宣部新闻局、中国记协主要负责同志出席并致辞。人民日报社、新华社、中央广播电视总台等中央主流媒体进行宣传报道。启动仪式上，教育部高教司司长吴岩从高等教育的角度，在“最生动的国情大课、最有温度的思政大课、最高水平的专业大课”的基础上，提出“大讲堂”是最有实践力的“中国金课”。他强调，办好大讲堂，是新闻传播教育领域落实总书记重要讲话精神的实际行动，是加快推进新文科建设往深里走、往实里去的有力举措。要把中国新闻传播大讲堂这个品牌叫得更响、擦得更亮、做得更实，为党和国家培养更多知中国、爱中国，会讲中国故事、讲好中国故事的优秀卓越新闻传播后备人才。

2.4.2.2 打造“红色文物青年说”百集视频微党课

为深入贯彻落实习近平总书记关于“用好红色资源，讲好红色故事，搞好红色教育，让红色基因代代相传”的重要指示，引领青年学子深入学习百年党史、弘扬革命精神、激发爱国热情，推动红色文化创造性转化、创新性发展，在教育部高等教育司、中宣部《党建》杂志社的指导下，新闻传播学教指委制作了“红色文物青年说”微课程，并于2021年7月1日全部在央视网上线播出。

该课程以“红色文物，青春讲述”为主题，邀请了全国105所高校的105名大学生讲述了105个代表性红色文物背后的故事，旨在引领青年学子深入学习百年党史，做到学史明理、学史增信、学史崇德、学史力行，深刻认识中国共产党为什么“能”、马克思主义为什么“行”、中国特色社会主义为什么“好”等一系列重大问题，不断坚定“四个自信”，不断增强做中国人的志气、骨气、底气，激发青年一代的爱国之情、报国之心、强国之志。

2021年6月6日，“红色文物青年说”启动仪式在北京举行。教育部高教司吴岩司长出席启动仪式并讲话，他指出，“红色文物青年说”用三个“一百”致敬中国共产党成立一百周年，是一堂党史学习课，是一堂人生教育课，是一堂品德修养课，是一堂实学实干课，是一堂青春铸梦课。在京31所高校的师生代表在主会场出席启动仪式，全国高校师生通过网络直播方式在线观看，当天累计观看人数超过200万。红色文物青年说视频课程在央视网推出一周后，点击量已超过1000万。

2.4.2.3 召开新闻传播学类专业教学指导委员会第四次全体会议

2021年10月23日，新闻传播学教指委第四次全体会议召开。受疫情影响，此次会议以视频形式在线上举行。西藏民族大学党委书记、副校长刘凯，教育部高教司副司长武世兴出席会议并讲话。

武世兴从推动高等教育高质量发展、构建高质量高等教育体系以及深入推进新文科建设三个方面谈高校新闻人才传播培养。他指出，新文科建设要以价值塑造为引领，全面推进课程思政建设；建立新时代课程体系和教学内容；推动学科交叉融合再创新。

教指委主任委员高晓虹教授从九个方面向各位委员报告新闻传播学教指委过去一年的工作情况，并提出五项未来工作计划。教指委副主任委员暨南大学党委书记林如鹏、中国人民大学副校长胡百精、清华大学新闻与传播学院常务副院长陈昌凤、武汉大学新闻与传播学院院长强月新、复旦大学新闻学院执行院长张涛甫分别从协同育人、本科教育、国际新闻人才培养、媒介融合下专业实践教学改革以及教材建设五个方面进行主题发言。

为深入实施《高等学校课程思政建设指导纲要》，推荐高校课程思政建设，全面提高专业课教师育人能力，高质量开展新闻传播学类课程思政教学指南研制工作，此次会议设立分组讨论环节，由五位副主任委员牵头，结合前期调研工作，就新闻传播学类课程思政教学指南研制工作方案进行充分讨论，初步拟定“新闻传播学类专业课程思政教学指南”提纲。委员们集思广益，立足全球背景和时代特点，从教学目标、教学重点、教学方法、教学评价、教学设计、对教师的能力要求等方面，讨论新闻传播学类课程思政教学指南，为本专业类课程思政建设与发展献计献策。

2.4.2.4 举办两期高校新闻传播院系骨干教师马克思主义新闻观主题培训

受教育部高教司委托，新闻传播学教指委从 2019 年 4 月至今先后在中国人民大学、中国传媒大学、广西大学、复旦大学、西藏民族大学举办了五期线下的“高校新闻传播院系骨干教师马克思主义新闻观主题培训”，来自全国各地百余所新闻传播院系的 300 余位骨干教师完成了培训，反响十分热烈，参加培训的教师纷纷表示专题培训增强了对马克思主义新闻观的理解，对做好马克思主义新闻观教育教学工作大有裨益。2021 年，教指委继续大力推进此项工作，先后组织了两次马克思主义新闻观主题培训。

2021 年 1 月，教指委借助网络平台，面向全国新闻传播院系教师开展了线上的第六期马克思主义新闻观主题培训，以《中国新闻传播大讲堂——来自武汉抗疫一线的报道》视频教学内容为主，从国家抗疫的战略部署、新闻的职责使命、新闻报道技巧、媒体运作机制等角度切入，助力教师用足用好大讲堂视频课程资源，在未来更好地进行新闻专业教学，以此提升我国新闻传播专业教师队伍的教学水平，提高马克思主义新闻观教育教学质量。

2021 年 4 月 25—26 日，教指委在高教社举办了第七期线下的马克思主义新闻观主题培训，来自全国各地 30 余所高校近 70 名教师参训。此次培训为期两天，授课专家紧密结合教学实践讲述了如何将马克思主义新闻观植入新闻课堂，并与学员一同分享了马克思主义新闻观教育的心得体会。培训期间，人民日报社新闻协调部副主任汪晓东、中央广播电视总台主任记者葛云飞等荣获“全国抗击新冠肺炎疫情先进个人”称号的中央媒体记者，结合新冠肺炎疫情期间在武汉抗疫一线亲身采访经历，讲述了在重大突发事件中，面对外国媒体歪曲抹黑的不实报道，如何贯彻并毫不动摇坚持马克思主义新闻观，通过汇聚正能量、弘扬主旋律的客观事实报道，树立中国形象，讲好中国故事，传播中国声音。

2.4.2.5 举行高校新闻传播院系骨干教师国际传播能力建设主题培训

2021 年 5 月 31 日，中共中央政治局就加强我国国际传播能力建设进行第 30 次集体学习，习近平总书记在主持学习时强调，要全面提升国际传播效能，建强适应新时代国际传播需要的专门人才队伍；加强国际传播的理论研究，掌握国际传播的规律，构建对外话语体系，提高传播艺术。

为深入贯彻落实习近平总书记关于加强国际传播能力建设的重要讲话精神，2021 年 7 月 17—18 日，新闻传播学教指委在中国传媒大学举办“高校新闻传播院系骨干教师国际传播能力建设主题培训”。此次培训得到了各新闻传播院校的积极响应，共有来自全国 51 所高校的 77 位骨干教师参加此次培训。为了加强与业界的联系，搭建对话交流平台，此次培训特别设置了“加强国际传播能力建设 培养卓越国际传播人才”主题论坛，邀请了来自中国外文局、新华社、中央广播电视总台、中国日报社等媒体单位的专家和高校学者，结合中国对外传播实践，针对国际传播人才培养现状，从不同视角探讨了加强国际传播能力建设和培养卓越国际传播人才的重要议题。此次培训聚焦加强国际传播能力建设的时代主题，通过对高校一线教师的指导，促进教师深刻认识新形势下加强和改进国际传播工作的重要性和必要性，以更高的站位来理解国际传播教育所承担的使命和责任，是对习近平总书记提出的“加强高校学科建设和后备人才的培养，提升国际传播理论研究水平”的积极回应与实践探索。

2.4.2.6 遴选推荐新文科研究与改革实践项目

为落实新文科建设工作会议要求，全面推进新文科建设，构建世界水平、中国特色的文科人才培养体系，教育部于 2021 年 3 月启动新文科研究与改革实践项目立项工作。新闻传播学教指委按照工作要求，面向全体委员征集项目，共有 6 所院校提交了申报材料。经过委员们的认真审议与无记名投票，择优推荐了新闻传播学教指委“新文科建设语境下‘中国新闻传播大讲堂’的创新实践”和厦门理工学院“新兴文科专业建设探索与实践——运动健康传播的研究与改革实践”两个项目。教育部 7 月底公示首批新文科研究与改革实践项目立项项目，新闻传播学教指委推荐的两个项目均获批立项。

2.4.2.7 开展虚拟教研室试点建设工作

加强基层教学组织建设，全面提高教师教书育人能力，是推动高等教育高质量发展的必然要求和重要支撑。虚拟教研室是信息化时代新兴基层教学组织建设的重要探索。

2021年7月，教育部高教司启动虚拟教研室试点建设工作。新闻传播学教指委按照工作部署，广泛征求意见，组织委员进行推荐。经委员们认真审议与无记名投票，择优推荐了新闻传播学教指委“中国新闻传播大讲堂虚拟教研室”和河北大学“在人民中间：中国共产党新闻史上党员干部图片报道虚拟教研室”两个项目参评。

2.4.2.8 完成专业设置评议与咨询工作

新闻传播学教指委作为教育部聘请并领导的专家组织，接受教育部的委托，开展高等学校本科教学的研究、咨询、指导、评估、服务等工作。2021年8月—9月，按照教育部高教司的要求，组织全体委员对于全国各高校提交的新设新闻传播学类专业的材料进行线上审核。此次共有54所高校提交新设专业申请，委员们以“新闻传播学类专业本科教学质量国家标准”为依据，遵循“公平、公正”的工作思路，结合各高校的申报材料，对人才培养方案、师资队伍情况、实验设备情况等内容进行重点审核，并提出中肯的意见与建议，顺利地完成了2021年度专业设置评议与咨询工作。

2.4.2.9 进行教材建设情况调研

为全面加强本科教材建设、选用和管理，在“十四五”期间进一步提升本科教材建设质量，2021年4月，教育部启动《关于“十四五”普通高等教育本科教材建设指导意见》研制工作并开展“十四五”高等教育本科国家级规划教材建设。按照整体工作部署，新闻传播学教指委秘书处联合新闻学国家教材建设重点研究基地面向所有委员进行广泛征询，委员们结合本地区、本学科、本校实际，总结分析“十三五”新闻传播学类本科专业教材建设成就及存在的问题，从了解需求、解决问题出发，对标新闻传播学类专业教学质量国家标准中的课程，梳理本学科、本专业重点建设教材，提出了关于教材建设目标、原则、主要任务和举措等方面的意见建议，推动教材建设工作加速提质。

新时代呼唤新担当，新时代需要新作为。新文科建设的号角已经吹响，新闻传播教育作为文科教育的重要组成部分，要在新文科建设中立潮头、领风骚。新闻传播学教指委将继续做好新闻传播教育教学研究、咨询、指导、评估和服务等工作，全面落实立德树人根本任务，围绕全面提高新闻传播人才培养能力，守正创新，为党和国家培养更多具有家国情怀和国际视野能够担当民族复兴大任的时代新人。

（新闻传播学类专业教学指导委员会秘书处）

2.4.3 全国新闻与传播专业学位研究生教育指导委员会

2021年，全国新闻与传播专业学位研究生教育指导委员会（以下简称新闻与传播教指委）在国务院学位办、教育部、中宣部的领导与支持下，积极完成上级部门的各项工作安排与部署。此外，在各位委员以及全国各培养单位的共同努力下，新闻与传播教指委主要围绕新闻与传播专业博士学位设置、新闻与传播专业学位案例教学等内容开展了相关工作。

2.4.3.1 新闻与传播专业学位教育发展

2021年，新闻与传播教指委组织开展了新闻与传播专业博士学位设置的论证工作。根据国务院学位委员会的工作部署，2021年学科专业目录修订工作分组进行，新闻与传播专业学位目录修订工作由中国传媒大学牵头开展。在此次专业学位目录修订工作中，关于新闻与传播专业学位的增设、调整等内容，新闻与传播教指委秘书处组织征求了各位委员以及相关领域专家的意见。经过汇总反馈意见，新闻与传播教指委各位委员就增设新闻与传播专业博士学位达成了一致意见。根据国务院学位委员会2021年学科专业目录修订工作的相关安排，新闻与传播教指委受委托进行新设“新闻与传播”专业博士学位论证报告的编制工作。教指委秘书处就新闻与传播专业博士学位设置论证多次组织意见征集与研讨，并就新闻与传播专业博士学位设置开展相关调研，包括目前新闻与传播专业学位授权点发展情况，以及新闻与传播专业学位师资队伍的构成与特点、新闻与传播行业发展实际与人才需求等内容。经过多次修改与讨论，最终于2021年6月完成《新闻与传播专业博士学位设置论证报告》。该论证报告从新增新闻与传播专业博士学位的必要性和可行性，新闻与传播专业博士的培养目标、培养方式、课程体系设计、学位授予标准等内容进行了详细论述，进一步为新闻与传播专业学位教育的发展提供了调研论证。

2.4.3.2 教学资源开发方面

新闻与传播教指委于2021年完成了首届全国新闻与传播专业学位案例教学评选活动。自2020年12月新闻与传播教指委发布《关于全国新闻与传播专业学位研究生优秀教学案例评选的通知》，面向全国169所新闻与传播专业学位研究生教育培养单位进行案例征集，通过案例评选的活动形式积极组织各授权单位进行案例开发和研究，以促进案例教学的优化与创新。截至2021年3月15日，共征集到76个新闻与传播专业硕士授权点提交的217个案例，案例涉及新闻伦理与法规、新闻实务、国际传播、新媒体经营管理、舆情管理、体育新闻传播、广告营销、广播电视理论与实务、文化产业与传媒管理、健康传播、媒介技术与创新等专业方向。

2021 年 6 月 10 日，新闻与传播教指委在北京大学新媒体研究院组织召开“全国新闻与传播专业学位优秀教学案例专家评审会”。全国新闻与传播专业学位研究生教育指导委员会副主任委员陆绍阳教授、郭庆光教授、高晓虹教授，全国新闻与传播专业学位研究生教育指导委员会秘书长谢新洲教授参加评审会。参会委员有清华大学尹鸿教授、中国新闻出版传媒集团董事长马国仓，以及中国政法大学刘斌教授、光明网总裁杨谷、中国网络空间研究院副院长宣兴章等学界与业界专家。会议围绕新闻与传播专业学位教学案例库建设、推动案例开发和研究、提升案例教学质量，对“2020 年全国新闻与传播专业学位优秀教学案例评选活动”征集的案例进行了评审和讨论。由参会的教指委委员和行业专家对入围案例进行合议评审，最终评定一等奖 1 名、二等奖 3 名、三等奖 10 名、优秀奖 3 名。教指委秘书处在全国新闻与传播专业学位研究生教育指导委员会官网对以上获奖名单进行公示，经公示未发现异议后，教指委秘书处正式公布了优秀教学案例获奖名单。

2021 年 12 月 10 日，新闻与传播教指委在北京大学中关新园第一会议室组织召开“新闻与传播专业学位案例教学研讨会暨全国新闻与传播专业学位教学案例颁奖”，会议围绕专业学位案例教学以及案例库建设等问题进行研讨，并对首届全国新闻与传播专业学位教学案例评选活动获奖教师进行颁奖。因受疫情影响，此次研讨会和颁奖采取线上线下结合方式进行。国务院学位办、教育部学位中心的相关领导出席会议，全国新闻与传播专业学位授权点的上百位教师线上参会，还有来自业界的专家学者进行交流分享。

2.4.3.3 教指委秘书处日常管理与建设成效

（1）授权点信息管理与维护

2021 年 7 月 26 日，教育部发布《2020 年学位授权审核结果公示》，通知中公布了新增的 47 个新闻与传播专业学位硕士授权点。通知公布后，新闻与传播教指委秘书处陆续开展新增授权点相关负责人和联络人的信息管理，目前已经与部分新增授权点负责人建立联系。此外，对目前新闻与传播教指委秘书处建有的“全国新闻与传播专硕教指委委员群”“全国 MJC 专硕授权点工作一群”“全国 MJC 专硕授权点工作二群”“全国 MJC 专硕授权点工作三群”等工作群进行信息维护；及时更新授权点联络人信息，增强与授权点的联络与沟通，切实提高服务质量与效率。

（2）信息化建设方面

新闻与传播教指委已于2020年12月完成了全国新闻与传播专业学位研究生教育指导委员会网站（域名为npjc. pku. edu. cn）的建设。在2021年，新闻与传播教指委秘书处对网站内容进行及时更新与运维，发布和更新相关通知信息，分享新闻与传播教指委最新工作动态，对案例评选活动的公示等信息进行及时发布等。

（全国新闻与传播专业学位研究生教育指导委员会秘书处）

2.5 新闻教育界协作组织

2.5.1 立格联盟新闻传播学院院长论坛

2010年5月30日，在华东政法大学召开的“以培养具有国际视野的法律高端人才”首届政法高校书记、校长论坛上，经五所政法大学充分协商，创建了全国政法大学交流研讨平台——立格联盟。该联盟名称由英文legal音译而来，选用“立格”二字，有建立规矩、建立规格、建设制度和树立标准之意。该联盟本着依法治国、建设社会主义法治国家而努力奋斗，以及为中国法学教育的规范化、为中国法律人才培养质量的提高贡献力量的宗旨。在创立之初，便将中国政法大学、西南政法大学、华东政法大学、中南财经政法大学和西北政法大学五所政法大学的法学教育优质资源进行整合，以交流探讨法学人才培养模式，促进各校之间的交流与合作，增强办学实力和水平，进而为区域经济、社会发展作出贡献。至2019年7月20日，在河南财经政法大学主办的第十届全国政法大学“立格联盟”高峰会议上，该联盟的成员学校已发展为九所，分别为中国政法大学、西南政法大学、华东政法大学、中南财经政法大学、西北政法大学、甘肃政法大学、上海政法学院、山东政法学院以及河南财经政法大学。

在全国政法大学“立格联盟”快速发展的大环境下，全国政法大学中的新闻传播学院也乘势而上，迅速响应和组建“立格联盟”新闻传播学院院长论坛。

2.5.1.1 首届“立格联盟”新闻传播学院院长论坛召开

2015年5月30日，首届“立格联盟”新闻传播学院院长论坛在西安西北政法大学召开。此后，每年将举办立格联盟新闻传播学院院长论坛，共商政法大学在新闻传播人才培养、教学实践、科学研究、成果推广等方面的重要议题，以期提高办学质量、扩大学科影响，而论坛主办方由立格联盟学校轮流承担，各学校新闻传播学院承办，初始成员包括中国政法大学、中南财经政法大学、西南政法大学、西北政法大学、华东政法大学以及山东政法学院。

首届会议期间，全国五大政法大学新闻传播学院院长共同签署了《立格联盟新闻传播学院合作备忘录》，就“立格联盟”新闻传播学院在学科建设、科学研究、媒体实践等方面达成共识，共同探讨政法大学新闻传播学专业硕士和学术硕士人才培养模式，以适应新媒体对高端人才的要求，并探索各学院之间的深度合作与互访机制，协同推进法制新闻研究、新闻与传播学案例库建设、合作编写培养复合型高端媒等合作模式。

2.5.1.2 第二届“立格联盟新闻传播学院院长论坛暨中华全国法制新闻理论研究会专业委员会”成立大会

2016 年 5 月 7 日，“立格联盟新闻传播学院院长论坛暨中华全国法制新闻理论研究会专业委员会”成立大会在华东政法大学隆重召开。参加会议除了首届会议中的全国五所政法大学外，还增加了山东政法学院传媒学院和甘肃政法学院人文学院作为新的成员。会议由来自华东政法大学、中国政法大学、中南财经政法大学、西南政法大学、西北政法大学、山东政法学院、甘肃政法学院 7 所高校从事法制新闻理论研究的 30 余位专家学者，以及东方网、上海法治报、律新社的媒体代表共同组成，司法部宣传司副司长、中华全国法制新闻协会秘书长、法制新闻理论研究专业委员会主任李志路，华东政法大学校长叶青出席大会并发表重要讲话。

此次会议宣布成立了中华全国法制新闻协会法制新闻理论研究专业委员会，并规定委员会将于每年召开一次年会，致力于组织开展法治新闻理论研究，加强法治新闻理论研究工作的交流，以及推动法治新闻理论研究工作改革。与此同时，会议还汇聚了来自中国政法大学、中南财经政法大学、西南政法大学、西北政法大学、华东政法大学、山东政法学院和甘肃政法学院 7 所政法院校的新闻传播学院院长，并针对“互联网+时代的传播规范”展开共话，用以促进学界、业界对传媒法制研究的深入交流，加强高校间教学实践和科研成果的沟通互动，推动法制新闻理论研究指导实践的进一步深化，进而为“互联网+”时代的新闻传播规范的建立进行有益探索。

2.5.1.3 首届“立格联盟”影视文化节召开

2018 年 11 月 28 日，首届“立格联盟”影视文化节颁奖典礼暨“2021 年度最值得期待的现实主义题材电影”《生活万岁》主创见面会暖映献礼活动在西北政法大学长安校区图书馆二楼满天星报告厅隆重举行。此次影视文化节具体是由西北政法大学教务处、西北政法大学新闻传播学院主办，西北政法大学广播电视编导系承办的大型校园文化艺术活动。

“立格联盟”影视文化节由“立格联盟”成员院校中的各新闻传播学院协同创办，活动不仅以贯彻教育部有关于加强大学生文化素养、推进素质教育为核心，以推动社会主义精神文明建设、丰富大学生和当代青年学生业余文化生活、活跃校园文化为起点，鼓励当代大学生贴近生活进行自由的、个性化的视觉表达，讲出老百姓自己的好故事，而且也搭建了“立格联盟”兄弟院校间交流与合作的良好平台。

2.5.1.4 “立格联盟”新闻传播学院“新时代高校辅导员思想引领能力提升”专题研讨会

2019 年 5 月 17 日，为深入学习贯彻全国高校思想政治工作会议和全国教育大会精神，聚焦辅导员主责主业，提升辅导员思政工作能力，中南财经政法学院新闻与文化传播学院举办“立格联盟”新闻传播学院“新时代高校辅导员思想引领能力提升”专题研讨会。会议汇聚了来自西南政法大学、华东政法大学、河南财经政法大学、山东政法学院、甘肃政法学院新闻传播学院的学生工作教师代表。与会代表围绕“辅导员思想引领能力提升”主题，结合工作实际分别进行主题发言，以探索和提升新时代辅导员思想引领能力的新路径，同时也就学生管理服务模式创新、职业生涯发展等问题进行了充分交流。

2.5.1.5 第三届传媒法治建设高峰论坛之“立格联盟”新闻传播学院院长论坛

2020 年 10 月 14 日，第三届传媒法治建设高峰论坛之“立格联盟”新闻传播学院院长论坛在西安成功召开。论坛主要针对“立格联盟”新闻传播学院暑期夏令营和师生交流、如何突破西部新闻传播学院发展困境、东西部新闻传播院系合作发展之路径探讨等议题进行交流。

这次“立格联盟”新闻传播学院院长论坛旨在进一步促进学界、业界对传媒法制研究的深入交流，加强高校间教学实践和科研成果的沟通互动，推动法制新闻理论研究指导实践的进一步深化。自成立以来，论坛共召开三届，在新闻传播人才培养、教学实践、科学研究、成果推广等方面取得了显著成效。会议针对“立格联盟”各新闻传播学院间学生互换、学分互认机制建设等问题进行探讨，一致表示要根据各校实际，探讨培养模式的修订，解决学分认定中的实际问题，并分别介绍了各自教学实践模式和改革经验。

（西北政法大学　吕强、孙江）

2.5.2 红色文化传承与马克思主义新闻观教育联盟

习近平总书记强调:“把红色资源利用好,把红色传统发扬好,把红色基因传承好。”红色文化中蕴含着丰富的育人资源,是马克思主义新闻观教学科研的宝库和富矿。为深入学习、贯彻和落实习近平总书记关于新闻舆论工作重要论述精神,充分发挥红色文化的育人功能,将传承红色文化基因与推进马新观教育有机结合起来。2019 年 11 月 1 日,在复旦大学新闻学院的倡议下,国内 10 所高校新闻传播院系联合发起了“红色文化传承与马克思主义新闻观教育联盟”,并于复旦大学正式成立。

复旦大学新闻学院院长米博华、山东大学新闻传播学院常务副院长刘明洋、广西大学新闻与传播学院院长郑保卫、井冈山大学人文学院院长刘晓鑫、北京大学新闻与传播学院新闻系主任吕艺、延安大学文学与新闻传播学院院长梁向阳、安徽大学新闻传播学院院长姜红、河北大学新闻传播学院院长韩立新、南昌大学新闻与传播学院院长陈信凌、贵州师范大学传媒学院院长黄葵、重庆大学新闻学院院长董天策 11 家倡议和发起单位的代表参加成立大会,并由复旦大学马克思主义新闻观教学与研究基地执行主任马凌教授主持会议。

会上,各发起单位表决通过了《红色文化传承与马克思主义新闻观教育联盟章程》,明确了联盟的性质宗旨、合作内容、机构职责、权利义务等。会议还选举产生了联盟理事会,审议通过了联盟学术委员会和秘书处的人员构成。米博华当选联盟理事长,复旦大学新闻学院教授童兵被聘任为联盟学术委员会主任,马凌被任命为联盟秘书长。

联盟以习近平总书记关于新闻舆论工作重要论述精神为指导,全面落实《教育部 中共中央宣传部关于提高高校新闻传播人才培养能力实施卓越新闻传播人才教育培养计划 2.0 的意见》和《关于深化新时代学校思想政治理论课改革创新的若干意见》政策,将传承红色文化基因与推进马克思主义新闻观教育有机结合起来,提升高校马克思主义新闻观教育和研究水平。

联盟作为国内首个结合传承红色文化基因与推进马克思主义新闻观教育的学术组织,依据平等互利、交流互鉴、协同共进的原则自愿组建,为非营利性、非法人的学术共同体,旨在通过开展全方位的合作,充分发挥各成员高校优质的红色文化资源和马克思主义新闻观教育研究特色,以形成资源共享、协同发展、整体提升的工作机制。各成员高校能够在教学资源、教育信息、教学研究、师资培训、教学改革、科研创新等方面实现资源的优化配置和共享,从而最大限度地发挥联盟效应。联盟成立至今已有 23 所高校加入,成员单位在人才培养、队伍建设、科研创新等方面深入开展合作并取得了一定的成效。

人才培养。联盟成员高校定期开展马克思主义新闻观教学工作研讨，分享并相互借鉴教学改革及人才培养模式的改革经验；联合开展马克思主义新闻观教育模式与体系创新，推动教师教育创新人才培养；开展红色文化与马克思主义新闻观教育教材、教改项目的合作研究，联合申报国家级教学成果奖；实行优质教学资源共建与共享，开放学习平台及资源，相互开放学生实习基地，供对方教师和学生免费使用；联合开展形式多样的传承红色文化，坚持马克思主义新闻观的大学生主题实践交流活动。

2021 年，联盟联合湘潭大学、井冈山大学、延安大学等 20 余所红色文化资源深厚的成员单位院校，建设覆盖广泛、资源共享的红色文化与马克思主义新闻观教育线上教学基地，制作红色文化与马克思主义新闻观教育系列教育视频，建设互动学习场景教学实验室。2021 年 4 月 8 日，联盟成员单位复旦大学新闻学院与湘潭大学联合召开“传承红色文化基因与马克思主义新闻观教育”座谈会，旨在传承红色文化基因，推动马克思主义新闻观学术研究的新发展，为马克思主义新闻观教学方向改革提供新的教学方法和思考角度。

队伍建设。联盟成员高校相互选派一批学科领军人才，开展校际科研指导、学术讲座等交流活动，组织中的青年教师前往联盟高校相关红色文化、马克思主义新闻观教研机构进行研修、访学。通过开展成员单位间的联合培养、跨校培训等，为教师提供高质量、高效益的教育培训以及开放灵活的教育形式，提高教师的整体素质和教学水平。

2021 年 7 月 9—14 日，联盟的首期骨干教师马克思主义新闻观研修班在革命摇篮井冈山举办，来自全国 30 多所高校新闻传播院系的近 50 名教师参加此次培训。培训班邀请了尹韵公、童兵、陈昌凤、张涛甫、张毓强等学界和业界的著名专家学者为学员进行授课辅导，并专门到井冈山革命烈士陵园、黄洋界、大井毛泽东旧居等地开展现场教学。

科研创新。联盟高校间围绕红色文化与马克思主义新闻观的教学与研究主题，广泛开展学术交流与联合攻关；联合申报重大科研成果奖项及科研基地平台，合作开展课题研究，合作发表重大课题研究成果；联合举办学术会议、出版学术丛书。

2020 年 12 月 3 日，联盟高校合作开展的课题研究“百年中国马克思主义新闻观话语的历史建构与实践研究”获得了年度国家社科基金重大项目立项。此外，联盟积极响应中央学习“四史”的号召，组织了丰富多彩的学术交流活动。2019 年 11 月 20 日，联盟促成了由延安新闻纪念馆和复旦大学党委宣传部联合承办的“万众瞩目清凉山——记延安时期的新闻出版事业”主题展览。2020 年 12 月 13 日，15 所联盟成员单位共同主办“心有所信 方能行远——全国马克思主义新闻观论坛”，并召开了“传承红色文化与马克思主义新闻观教育联盟年会”。联盟成员河北大学的史论融合实践教学、延安大学的重返红色新闻历史现场沉浸式教学等一批成果获得推广应用。2021 年 5 月 15 日，联盟协办了“百年中国共产党新闻传播：历史、理论与实践学术论坛”活动，此次论坛以“非凡事业、红色传承”为主题，与会专家包括：北京大学、中国人民大学、中国社会科学院大学、上海交通大学、武汉大学、华中科技大学、暨南大学、浙江大学、华东师范大学、上海大学等 50 余所国内高校新闻传播学院的院长、150 余位专家学者、《新闻大学》《新闻记者》《当代传播》《南京社会科学》《全球传媒学刊》《新闻爱好者》《青年记者》等学术期刊负责人近 300 人，在会上围绕百年中国共产党新闻传播的历史、理论与实践进行深入研讨。论坛采用线上线下相结合的形式，在具有重要历史节点意义的上海、延安和北京三地同时举办，在国内的同类型论坛中具有开创性意义。论坛还特别安排了现场参观学习活动，分别组织与会专家赴《共产党宣言》展示馆、清凉山延安新闻纪念馆、梁家河知青故居等地参观学习。2021 年 12 月 18 日，联盟召开“百年传承：红色文化传承与马克思主义新闻观教育联盟年会”，年会围绕红色文化传承与马克思主义新闻观教育的会议主题进行探讨，积极探索马克思主义新闻观教学的新方法、新资源、新路径。

联盟自成立以来，协调各成员高校规范而有效地开展工作，不断总结理论与实践经验，积极研讨传承红色文化，推进马克思主义新闻观教育的有效途径和方式方法，在合作内容及合作方式上进行了可贵的探索，发挥了重要的引领示范作用，在诸多领域获得了新突破，取得了新成绩。

（复旦大学　刘胜男）

3. 教育者篇

3.1 院长论衡

3.1.1 胡正荣：新闻传播学“三大体系”建设与人才培养

3.1.1.1 加快中国新闻传播学“三大体系”建设，构建中国自主的新闻传播学知识体系

2016年习近平总书记在全国哲学社会科学座谈会讲话中将新闻学列为构建中国特色哲学社会科学体系的支撑学科之一。一方面，学科交叉融合给新闻传播学提供了拓展、升级的机遇；另一方面，我国火热的传播活动与媒体实践给新闻传播学者提供无穷无尽的研究富矿，特别是进入新时代以来传播格局的变化为中国特色新闻学三大体系建设提供了丰富的滋养。因此，加快构建中国特色新闻学“三大体系”，这是新闻传播学创新发展的当务之急。新闻传播学的学科体系，即本学科的外部关系。网络时代改变了工业时代的底层逻辑，这之后需要重整与优化整个哲学社会科学体系。新闻传播学要找准和确立自己在整个变化后的学科体系中的位置，这样才能树立新闻传播学学科的合法性和正当性。新闻传播学的学术体系，即本学科的内外关系。网络时代中诞生的众多政治、经济、社会、文化、生态问题及其中的传播问题，勾连起新闻传播学科要研究的内外对象。因此，本学科需要开放，以问题为导向，以价值为追求，将学科知识生产与转化的机制内外打通。要内省，不要内卷。要外向，不要泛化。新闻传播学的话语体系，即本学科的内部关系。网络时代的学科话语体系需要创新。新闻传播学急需融通中外的新概念、新范畴、新表述，构建基于网络时代的话语体系，这是一个学科的核心，否则就会空心化、空洞化、空壳化。

中国社科院新闻与传播研究所作为新闻传播学研究的国家队，需要心系国之大者，

当仁不让地将推进中国特色新闻传播学研究创新，加快构建中国特色新闻传播学“三大体系”，构建中国自主的新闻传播学知识体系作为己任，从“三个面向”和“四个化”上带头并引领我国新闻传播学学科建设、人才培养与社会服务的提质增效。

中国特色新闻传播学研究提质增效必须坚持“三个面向”，即“关切学科重大议题”“服务国家重大战略”“回应实践重大问题”，这是构建中国特色新闻传播学下一步发展的目标与路径，从而作出具有当代价值和世界意义的学术贡献。

新闻与传播研究所必须深化改革，创新发展，以“四个化”，落地落实中国特色新闻传播学研究提质增效。

第一，学科结构要优化。进一步优化我所的学科方向布局，进一步凝练我所的学科优势与特色。有所为有所不为。依据上面“三个面向”，重新规划、设计、调配和整合学科结构。重点放在学科重大基础与前沿研究、国家发展重大战略和现实实践重大问题上，重构组织结构，重组研究资源，重建问题导向、产出导向的业务流程与机制。

第二，人才队伍要活化。网络社会是一个系统结构、融合体系和复杂社会。网络时代的新闻传播学三大体系也是系统、融合和复杂的。因此，过于个体、碎片化的新闻传播学研究很难得到长足的进步。我们急需人才梯队的形成，特别是抓紧年轻学者的培养、历练与成长；急需研究团队的打造，特别是多学科研究力量汇聚的研究团队。

第三，产出能力要强化。紧扣上述三个面向，大力提高学术产出，提升新闻传播学研究生产力。一是加大重要和重大成果的产出，包括基础理论研究和应用对策研究成果；二是加大学术平台建设，聚合新闻传播学知识生产与交流，扩大新闻传播学成果转化；三是打造新闻传播学国家队学术品牌。

第四，社会贡献要深化。新闻传播学本身就是因应用需求而产生的应用学科。作为国家队的社科院新闻与传播研究所应该更加积极主动地投身于社会服务中。一要贡献新闻传播学学术共同体；二要贡献国家发展战略；三要贡献社会相关领域与行业，从而推进新闻传播学学科提质增效，充分发挥这个学科对新时代相关事业进步的理论引领作用。

2022年4月25日，习近平总书记到中国人民大学考察调研时强调，加快构建中国特色哲学社会科学，归根结底是建构中国自主的知识体系。要求哲学社会科学工作者要做到方向明、主义真、学问高、德行正，自觉以回答中国之问、世界之问、人民之问、时代之问为学术己任，以彰显中国之路、中国之治、中国之理为思想追求，在研究解决事关党和国家全局性、根本性、关键性的重大问题上拿出真本事、取得好成果。这同样是对新闻传播学学科、学术和话语体系建设的根本要求。

3.1.1.2 深化新闻传播学学科与专业改革，培养合格的全媒体、国际化人才

全媒体人才的培养首先回归到学科和专业体系这片出生地。长久以来，新闻传播学学科与专业如何建设就是全球新闻传播学术与实践领域共同关注的核心话题之一。因为这关系到我们需要什么人、培养什么人、如何培养人等重大问题，关系到新闻传播学学术与实践可持续发展等重大问题。早在2016年2月19日，习近平总书记在党的新闻舆论工作座谈会上的重要讲话中就指出："新闻媒体竞争关键是人才竞争，媒体优势核心是人才优势。"并要求新闻工作者"努力成为全媒型、专家型人才"。然而随着智媒时代的到来，媒体的边界逐渐模糊，对人才的要求也与传统大相径庭。

新闻传播学学科需要融合，专业需要再造。需要强调的是学科与专业是既联系又不同的概念。学科是指一套知识体系，由理论体系和方法体系构成，相对超越于实体世界。学科回答的是理论问题，是面向精神层面进行的学术研究。而专业则是一套能力体系，由专业目标、课程以及人（师生）构成，面向实体世界。专业回答的是现实问题，是面向实践进行的人才能力培养。教育活动就是将学科的知识体系转化为专业的能力体系的中间环节，是知识转化行为，而互联网对教育也带来了前所未有的冲击。首先，教育理念要发生重大变革，如教育目的是知识，还是能力，或素质转化？教育主体只是老师？教育结果是人还是工具？教育过程是学校还是终身？等等。因此，开放的教育理念是核心。其次，学生的学习产出（learning output）是教育的中心。最后，教师是基础。教师先进的学科体系构建、适合的教育转化能力等构成了新教育模式的基础。

具体而言，新闻传播学专业建设可能需要抓住几个重点：学科融合、专业再造、课程更新、实践提升、教师优教。新闻传播学加速融合与丰富学科建设内涵，提升学科建设质量及水平，这是一项长期性的工作。专业再造中需要兼顾专业的基础性与创新性，兼顾专业的专门性与融合性。课程体系需要颠覆式更新，既要突出价值、思想与理念，也要强调专业性知识，还要以工具与技术为基础。聚合实践教学资源，完善实践教学机制。教师队伍的融合性也至关重要。

一方面，培养全媒体人才的高等院校包括本科院校和高等职业院校，它们分层次、分类型培养媒体融合与全媒体所需的各种不同规格的人才。另一方面，培养全媒体人才的学科专业也可以是各个学科与专业。全媒体需要各个领域的人才，需要复合型人才。因此，也需要各个学科与专业背景的人才加入全媒体建设中。

仅就新闻传播学而言，全面迭代升级学科与专业迫在眉睫。一是新闻传播学的专业价值观迭代升级，大量网生和智能生成内容与服务需要价值观赋能，也需要重塑传统的价值观体系；二是新闻传播学专业教育模式迭代升级，建立价值导向、技术引领、内容

为本、用户为要的模式；三是学科体系迭代升级，学科日益融合与交叉，使得问题导向、理论融合、方法协同的新体系日渐形成。

具体而言，就是需要从学科、专业、培养模式、师资结构四个层面，进行教育教学改革探索。第一，调整学科。鼓励老学科更新，新兴学科交叉。第二，改造专业。学科指涉的是知识体系，专业指涉的则是能力体系。专业的设置、调整应以国家需求、行业方向为依据，以建构能力体系为目标。第三，改革人才培养模式。从本科到硕士、博士的培养模式，都应兼顾与实践的紧密结合。第四，优化师资结构。新闻传播教育的师资结构应具有融合性，应由学术型人才和业界人才共同构成。

全媒体、国际化人才培养和使用效果，需要建立一套完整的全媒体、国际化人才评价指标与体系。这包括两个方面，一是主观评价指标体系，至少包括全球视野、互联网理念（数字化、网络化、智能化）、用户中心等指标，还包括世界观、价值观、人生观、职业道德与行为规范等；二是客观评价指标体系，至少包括全球化传播基本素养与能力、全媒体创意创造、生产、制作、传播、营销、运营、管理等。精准、完善的评价体系，不仅有助于跟踪人才培养的阶段性成果、及时评估和调整培养方案，也有助于激发人才创新活力，提高全媒体、国际化人才的进步驱动力。

总之，面向智媒时代和新全球化时代，新闻传播学学科与专业建设需要以问题为导向，以融合学科为目标，以交叉研究为方法，以垂直分化为专业培养手段，着力培养全媒体、国际化人才。

（中国社会科学院大学　胡正荣）

3.1.2　刘亚东：探索融合创新的办学形态

当今世界正面临着一场前所未有的大变革，移动互联网成为信息传播的主要渠道，人工智能深刻重塑了新闻传播的面貌。南开大学新闻与传播学院是南开大学迈入新百年之后成立的首个专业学院，在迈向第二个一百年的关键时刻，学院的成立承载着时代的重任和使命。

3.1.2.1　新闻传播学科建设的时代背景

中国的传媒业具有事业和产业的双重属性。事业属性，是强调它要服从党和国家的工作大局，服务于社会主义的意识形态；而产业属性，是强调它要在社会主义市场经济的条件下，按照经济规律办事，使媒体获得自己的生存和发展空间，同时发挥传媒的辐射效应、赋能效力，带动其他经济领域发展。

记得30年前的1992年，我刚刚入职媒体后在一次业务研讨会上说，报纸是一种特殊的商品。这个说法当时并未得到一些老同志的认同。30年后的今天看来，传媒业的经济活动特征以及传媒业作为第三产业的产业功能不断显现，这已成为不争的事实。现在，谁能否认新闻作品的商业属性呢？如果你的新闻作品没有受众，得不到社会的认可，那么你的媒体机构不要说发展，连生存都成了问题。这样你还怎么服务于党和国家的工作大局？

习近平总书记明确指出，要把握好意识形态属性和产业属性、社会效益和经济效益的关系，坚持社会主义先进文化前进方向。在突出传媒的意识形态属性、确保社会效益第一的原则下，传媒的产业属性和经济效益是不能避而不谈的。不仅不能忽视，而且要把传媒产业做大做强，充分实现传媒的经济效益。当然，我们说新闻作品是商品时，不应该忘记这种商品的特殊性，其特殊性就在于它的党性和社会公益性。

改革开放40多年来，中国取得了无数有形和无形的成就。就改革而言，在我看来，它的一条主脉络就是社会主义市场经济的建立、发展和完善，以及与之伴生的无数社会群体和个体活力、创造力的迸发和和绽放。我们讨论面向国家重大战略需求的新闻传播学科建设时，不应该脱离这个大背景。

3.1.2.2 新闻传播学科建设应着力解决两大问题

当前，新闻传播学科建设主要存在两个问题。

第一，理论与实践脱节。新闻是理论性很强的实践，又是实践性很强的理论。但是，我们的新闻传播学科建设目前还没能与传媒业纷至沓来的新思想、新观念、新技术、新平台、新渠道等形成充分的交流与碰撞，并且在这种交流与碰撞中丰富、壮大自己。

不久前，南开大学新闻与传播学院成功地引进了中国新闻社总编辑王晓晖、工人日报社社长孙德宏，以及新华社高级编辑、中国经济信息社终审发稿人钟沈军等新闻业界人士。我们希望南开大学新闻与传播学院能够在中国新闻学界和业界之间，搭建一座更加通畅的人才交流的桥梁，不断优化人才结构，最终使拥有新闻业界工作经验的教师达到30%左右。

第二，学科交叉融合不够。普遍意义上讲，我们的新闻传播学在学科方向、专业设置和课程体系等方面，存在着比较严重的自说自话现象。新闻传播学以往主要是在文学、政治学和社会学等学科基础上建立的，与经济学、管理学、金融学等应用性较强的学科结合得不够紧密，更谈不上与数理统计、计算机、人工智能等前沿和新兴学科的交叉融合。

除了广告学、传媒经济学专业方向设置了较多的市场营销等管理类课程，新闻传播学科各专业的课程尚缺乏向其他学科和领域的延伸和辐射。我赞同“内容为王”的观点，但仅是“内容为王”远远不够。在注重内容生产的同时，也应注重内容的营销、分发和推广等相关理论和实践问题。正是这些方面的缺失或者说短板，导致我们的学科建设和人才输出无法更好地满足国家重大战略需求，无法迅速填充传媒业的人才缺口，也无法有效支撑媒体融合发展的实践。

3.1.2.3 探索融合创新的办学形态

在学科建设中，南开大学新闻与传播学院将秉持融合创新的发展理念，通过学术研究、课程设置以及新闻实践等环节，培养卓越型、复合型以及应用型的新闻传播人才。

融合创新的办学形态主要体现在以下四个方面。

其一，学界业界交叉融合。未来南开大学新闻与传播学院将结合前沿的理论探索和实践经验，加强业界和学界合作，打造新闻传播实践与学术研究的共同体，实现学界和业界之间的协同创新和协同研究。在师资方面，除了既有的专任教师之外，南开大学新闻与传播学院今后还将更多地引进新闻业界和学界的卓越人士，有效弥合高校教师缺乏业界实践经验的短板。

其二，学科交叉融合。作为南开大学迈入新百年之后成立的首个专业学院，新闻与传播学院将依托南开大学综合性研究型大学的优势，通过“文文互鉴、文理交叉、文工融合”等方式探索新文科建设的新思路，着力加强新闻传播学与政治学、社会学、经济学、管理学、数理统计、计算机、人工智能等学科的交叉融合。目前学院师资团队背景多元，具有新闻传播、计算机、统计学、管理学、语言学等多学科学习经历。在未来几年里，将引进海内外具有新闻传播学、艺术学理论、戏剧与影视学专业背景的人才，同时欢迎具有与新闻传播学相关的交叉学科背景的优秀人才加入学院，鼓励师生进行跨学科的学术研究。

其三，在新闻实践方面，南开大学新闻与传播学院将着力培养学生的内容生产能力与内容传播能力，培养融合型、复合型人才。媒体融合时代，技术的革新为新闻内容的生产和传播提供了更多的可能。有鉴于此，内容的生产力和传播力是培养学生的核心议题，新时代的新闻传播学子，既需要具有内容生产的能力，提高内容生产水平；同时也需要掌握一定的传播策略，提升传播的技巧。南开大学新闻与传播学院将依托学界业界相融合的师资优势，培养学生综合能力，努力培养新时代卓越的复合型新闻传播人才。

其四，在科学研究以及学术交流方面，南开大学新闻与传播学院将加强国内外学术研究的融合发展，形成学术研究的前沿交流平台。学院拟成立外文学术资料研究中心，对国际著名的学术研究期刊以及学术研究机构所发布的内容进行整理与编译，定期公布当前国际研究中的前沿观点与核心数据，打造国际学术研究在国内输出的前沿阵地，同时也为学者搭建一个开放的学术交流平台。

3.1.2.4 明确办院目标和学科发展方向

南开大学新闻与传播学院的办院目标或宗旨，一是在新闻传播学理论上有所创新，并为传媒业的发展指明方向；二是为传媒业培养合格人才。

按照服务国家重大战略、突出南开特色的宗旨以及国务院学位委员会相关文件要求，南开大学新闻与传播学院已经确立了向新媒体靠拢、向做好国际传播研究挺进的学科发展方向，并力争将先进的传播技术、理念，融入教学和科研中。所以，我们已经和将要引进的教师在经历与特长上，契合着学院的办学方针和发展重点。

在全球化发展、技术进步和行业变革的当今时代，我们面对的是人类百年未有之大变局，对于新闻传播学科的建设发展而言，这是伟大的时代机遇。南开大学新闻与传播学院将以“文文互鉴、文理交叉、文工融合”为发展思路，探索融合的办学形态，为建设世界一流的新闻传播学科作出贡献。

（南开大学　刘亚东）

3.1.3 庞慧敏：凝练“务本开新闻道求真”的特色育人文化

山西大学新闻专业始建于1981年，是国家最早设立的新闻专业人才培养单位之一。2017年5月，新闻学院正式成立，拥有新闻学和广告学两个专业，是国家首批卓越新闻人才培养基地，拥有山西省唯一的新闻传播学一级学科硕士点，是全省新闻传播专业唯一拥有“1331”重点创新团队的学院。2019年，新闻学专业入选首批国家级一流本科专业建设点。广告学专业始建于1998年，1999年开始招生，2020年广告学专业入选山西省一流本科专业建设点。新闻学院坚持“厚基础、宽口径、重创新、强技能”培养理念，是山西省新闻传播人才培养的摇篮和重镇。学院以“务本开新、闻道求真”为核心价值，营造“育人品性、学术品貌、文化品位”的学院文化氛围。

3.1.3.1 加强育人品性

山西大学新闻学院按照“夯实基础、创新思维、提高素养、熟练技能”的人才培养思路，努力形成遵循新闻传播规律和人才成长规律的全媒型、复合型、专家型新闻传播人才培养体系。

打造“模块化课程体系”，围绕“价值判断、专业基础、创新思维、国际视野、媒介技能”五个模块设计课程，培育了多门省级精品课和虚拟仿真实验项目，增设了与媒介发展相关的前沿课程，保证了课程与学科前沿动态、业界动态、社会需求之间达到较高的匹配度。

组织导师和学生共同完成委托项目的研究和创作。新闻学院以项目为阵地，以导师带领5~8名本科生和研究生为队伍，依托项目助推师生的专业实践，提升学院的社会影响。截至目前，新闻学院师生已完成多项各级别委托项目，其中具有代表性的如：与中央电视台和学习出版社合作，由全院300余名师生共同完成纪录片《记住乡愁》（1~6季）故事改写；与太原市委宣传部合作完成《时代新人说》的策划和故事撰写工作等。这些举措拓展了专业实践渠道，深化了实践内容，实现教学改革创新。

注重学生日常修养训练。20世纪40年代，山西大学的大一、大二学生就有撰写修养日记的传统。自2017年新闻学院成立以来，便延续了这一传统，由学院统一印发稿纸，学生硬笔书写完成，每周由辅导员统一收回，并由老师评阅，挑选出优秀作品在学院公众号发布。这一举措旨在以“三省吾身”的精神敦品励学，既是增进学生品德修养和提升学生写作能力的基本手段，也是该院推进学生思政工作创新的重要举措。

平时的专业实践培养效果在学校突发疫情期间得到了全面检验。在山西大学发现一例新冠病毒初筛阳性感染者后，新闻学院大二学生的第一个纪实类短视频上线，转发量超1.2万次。在随后的20余天中，新闻学院学生制作完成了40余个报道，点击量突破700万。其中，由学院4位研究生发起的、以助力抗疫为主题的共享文档《SXUer丨请你参与我的春天》，先后被人民日报社、新华社等中央媒体和省级主流媒体报道，引起强烈反响，好评如潮。本科生制作的短视频《抗“疫”碎片》系列视频素材被新华网等多家媒体转载，引用播放量超100万。研究生创作的MV《人世间》短短一小时浏览量达10万+，短剧《让学习飞》在上线B站后浏览量已突破100万+。学生们的抗疫作品，是他们第一次担当主要传播者的重要专业实践成果，也是新闻学院人才培养的教学效果检验。

3.1.3.2　构建学术品貌

作为地方院校，山西大学坚持立足山西，辐射全国，扎根乡土，面向世界，走“特色化、差异化、国际化”学科发展之路。

依托本地学术资源，凝练特色方向。山西是全国知名革命老区，中国共产党的新闻事业在这里发展壮大，留下了丰富的历史素材和思想资源，发展抗日根据地新闻史研究具有独特的地域优势。深入挖掘山西红色新闻史资源优势，推进新时代中国特色社会主义新闻传播基础理论研究和话语体系创新，争取成为全国重要的马克思主义新闻观研究宣传教育基地。为此，新闻学院从校内外引进多名山西抗日根据地历史研究、党史研究领域的科研人员充实学院教师队伍，组建了有一定实力的科研团队。

对标国内外学术前沿，提升成果质量。围绕学院已有研究方向乡村文化传播、科技传播史和健康传播，充分利用综合性大学学科整齐新闻的优势，组建交叉学科研究团队，以期打造具有一定知名度和影响力的应用传播学研究基地。新闻学院乡村文化发展研究团队的科研成果直接服务政府决策，科技传播史关注技术对媒介传播发展的影响规律，健康传播将国际学术前沿与在地研究相结合解决推进研究的本土化问题。

3.1.3.3 提升文化品位

新闻学院结合新闻传播学科特点，坚持马克思主义新闻观为引领，营造以“务本开新，闻道求真”为核心价值的学院文化，即立根本、尚创造、合知行、守真实。要求新闻学院师生在求学治学过程中首要的是树立牢固的理论和实践根基，拥有良好的心理素质和高尚的道德品性；要秉持学无止境的精神和勇于开拓的气魄，摆脱前人窠臼，善于发挥创造性；避免肤浅浮躁，追求真理，避免空谈，做到知行合一；在新闻传播的研究和实践中牢牢守住“真实性”这一底线原则。院训是对新闻学院师生在求学治学过程中应秉承的基本精神的概括，也是学院涵养良好学风、院风的根本遵循。

自新闻学院成立以来，通过举办学术会议和知名专家讲座提升学院学术品位。学院以“文瀛·新传”讲坛为载体，先后邀请胡正荣、程曼丽、刘海龙、黄瑚、常江、韦路、吕新雨、汪民安、朱春阳等学界名家进行专题讲座，紧跟国内学术前沿，开阔师生视野，提升学术品位。

通过创新理论与实践平台，建设良好学风。以学院融媒体课程群为核心，建设学用并举、服务社会的实践创新平台，组织引导学生创作网络文化产品。一批展现地方红色文化和传统文化传承的作品在“挑战杯”、全国数据新闻大赛等国家级赛事中取得优秀成绩。学院组织青年教师创新公众号建设，主题策划多次获省级媒体转载，收获良好的社会效益和影响力。

山西大学新闻学专业建设已经走过 41 年的历程，但是成为独立学院只有 5 年时间。虽然新闻学院是山西大学最年轻的学院，但征途浩浩，未来可期。方汉奇先生曾寄语山西大学新闻学院：“要争取做到后来居上，山西大学新闻学院有这个条件和基础。”我们将秉持“务本开新、闻道求真”的核心价值和“三品”立人的基本方略，以积跬步致千里的坚毅，邃群科以图破壁的气魄，努力打造出一支在新闻传播学科具有影响力的文化晋军。

（山西大学新闻学院　庞慧敏）

3.2　卸任感言

3.2.1　唐绪军：无悔无愧无忧

首先，我对灵桂副院长代表院党组宣读的任免决定表示坚决拥护。此刻，我内心充满着欢喜。感谢院党组对我过往工作所作的高度评价。

盼望这一天好久了。但是，当这一刻真真切切降临到眼前时，竟然不知道该说些什么了。说三个关键词吧：无悔，无愧，无忧，即“三无”。

“无悔”指的是我这一辈子的职业生涯。我 1987 年硕士毕业后就留在了新闻所。屈指算来，已经 34 个年头了。可以说，我这辈子都奉献给了新闻所。有时候想想有点亏，世界那么大，我怎么就窝在这一处了？看看那些领导干部们的简历，哪一个不是三两年换一个地方，担任更高一级的领导职务？我的简历也就那么可怜的几行。我上不去，也许跟窝在一处有很大的关系，缺乏多岗位的历练嘛。不过，话又说回来，当官并不是我的志向，做点自己喜欢的事才是人生最大的快乐。现在，当我即将告别职业生涯时，回过头去看，我觉得我在新闻所的这一辈子是快乐的、充实的、有所成就的。一辈子能过成这样，也就够了。夫复何求？到处溜达有到处溜达的美，坐看一处有坐看一处的美，各美其美。感谢在座的和不在座的新老同事们成就了我职业生涯的无悔。

“无愧”指的是我担任所长这十年来的所作所为。在任命我为所长的会议上，我也作了个简短的发言。我说，我是这个所的第六任所长，前面五任所长都以自己独特的个性塑造了新闻所的历史，我希望我能够成为他们各自优点的集大成者，加上一点点我个人的特性，与全所同志一起，续写一段新闻所上无愧于前辈、下无愧于后人的历史。说这话时是 2013 年 8 月，加上此前一年半的主持工作，我实际上执掌新闻所的“帅印”将近十年。这十年新闻所的发展变化有目共睹。我自认为兑现了自己的承诺，把自己的一点点贡献烙进了新闻所的历史，应该可以算是“无愧于前辈，也无愧于后人”了。我要感谢院党组，感谢前后两届所党委班子的成员们，感谢全所同事铸造了我的无愧。

“无忧”指的是我对新闻所未来发展的信心。其实，这个词还可以换个更积极的表述，叫“相信”。这两年随着我退休年龄的临近以及超过，所里确实暗涌着一股担忧，尤其在年轻人中间。他们不知道会来个什么样的新所长，有种不稳定感、不安全感，甚至个别人还萌发了去意。今天，你们都看到了，新所长到任了，他叫胡正荣，一位学术能力和管理能力俱强的本学科的领军人物。院党组在经过全面深入的考察后，确认他具备忠诚、干净、担当的素质，能够担负起新闻所所长的职责，今天正式宣布任命了他。我深感欣慰。胡正荣有多岗位历练的经历，在学界干过，在业界也干过，但不变的是他对学术的追求。就我个人的观点，他是目前能找到的能够胜任新闻所所长职责的最佳人选。所以，我相信，未来在所党委领导下，在胡正荣所长的带领下，新闻所在新时代新阶段的新征程上一定能够作出新的更大的成就。

今天是第二十二个记者节，也是中国共产党第十九届六中全会召开的日子。这个日子好记。我在这个日子卸任荣休，一切刚刚好。

谢谢大家！

（中国社会科学院大学　唐绪军）

3.2.2　郑保卫：民族情结新闻理想历史眷顾——受聘广西大学新闻与传播学院院长四年有感

1 月 4 日，广西大学新闻与传播学院在融媒体中心为我举行了从事新闻教育 40 周年暨广西大学聘期届满座谈会，以此作为结束我院长任期的仪式。记得四年前，即 2017 年 12 月 27 日，也是在这个大厅，我从赵跃宇校长手中接过院长聘书，没想到转眼间四年就过去了。而自 1981 年 11 月我从中国人民大学新闻系研究生毕业到北京国际政治学院新闻系任教算起，迄今正好是 40 周年。追溯 40 年的新闻从教历程，特别是回望在广西大学担任院长的四年时光，让我好生感慨！没想到，广西大学竟然成为我追梦新闻 60 年，最后得以圆梦的地方！

3.2.2.1　民族情结

我还记得 2017 年 12 月 22 日，当澎湃新闻网率先发布我即将就任广西大学新闻传播学院院长的信息时，许多人就问我，到底为什么舍近求远到广西大学工作？我的回答很简单："民族情结使然"。

2009 年，在赵启正院长倡导下，中国人民大学新闻学院本着"促进民族地区新闻教育、传媒业发展与经济社会发展"的宗旨，联合全国 14 家民族地区新闻院系共同组建了"中国少数民族地区信息传播与社会发展论坛"，我作为论坛负责人之一，开始协助赵院长推动这一工作。通过与一些民族地区新闻院系领导和老师的接触，我深感民族地区的新闻教育在资源、人才和整体实力等方面的差距，也看到了民族地区新闻院系期待发展的强烈愿望。因此，前些年我多次到西藏、新疆、内蒙古等民族自治地区新闻院系，为那里的新闻教育和学术研究做过一些事情。然而相比较而言，广西却去得较少，因此我希望晚年能够为广西民族新闻教育振兴做点力所能及的工作。

正因为带着这样一种民族情结，我来到了广西，想利用自己几十年来先后在北京国际政治学院（后更名为中国人民警官大学）新闻系、新华社中国新闻学院、北京广播学院（即现在的中国传媒大学）和中国人民大学新闻学院等新闻院系，从事新闻教育所积累的资源和经验，为广西大学新闻与传播学院做些事情。2018 年 1 月 10 日到任后，我便与学院班子成员一起总结学院建立新闻学专业 40 多年来的成果和经验，查找工作中的教训和问题，研究今后发展的方向和路径。

我想，高校的学科建设和学院发展，首先要解决的是学科专业的合理布局与科学定位问题，要尽可能体现出自身现有学科专业的优势及特色。在经过一番调研和思考之后，我与领导班子成员一起整合学院原有资源，发挥广西地处边疆、南向大海、毗邻东盟，以及有 11 个世居少数民族的地缘优势及其民族特色，构建起“一院四中心”的学科专业布局。即在“广西大学新闻与传播研究院”之下，建立“马克思主义新闻观研究中心”“民族新闻与文化传播研究中心”“东盟传媒与中国—东盟区域传播研究中心”和“气候与健康传播研究中心”，同时将四个研究中心与学院的几个学科专业方向相对应形成学科特色，让老师们根据自己的教学与科研方向参与到其中一个中心之中。如今，四个研究中心均已获得国家社科基金项目立项，学院整体科研能力和学术水平获得较明显的提升。

例如，我把自己从 2010 年开始做气候传播研究积累的资源，与学院吴海荣教授作健康传播研究的资源整合起来，组建了国内同时也是发展中国家中第一个将气候与健康传播相融通的研究机构“广西大学气候与健康传播研究中心”，开展理论研究和社会推广工作，取得了积极成效。迄今为止，该中心已连续举办了四届研讨会，其主要成员已两次出席联合国气候大会，走上了气候传播的世界舞台。2019 年，中心又获得了由我担任首席专家的、全国第一个气候传播领域的国家社科基金重点项目。这几年，该中心还在广西百色的靖西、河池的巴马组建研究与实践基地，以便更好地服务于广西生态文明建设和绿色低碳发展，为保护好广西这片青山绿水，维护好广西“长寿之乡”的优势资源做点实实在在的事情。

3.2.2.2 新闻理想

从 1964 年考入中国人民大学新闻系，开始确立新闻理想，近 60 年来我一直奔走在新闻追梦的路上，研究、维护和发展新闻学成为我始终不渝的理想追求。21 世纪初，面对“用传播学取代新闻学”“新闻学是白开水一杯”“新闻学没有什么学问”等言论，我在 2003 年中国新闻教育学会年会发言中提出，“新闻无学论”的要害是否定中国社会主义新闻学“有学”，并指出新闻学在我国成为独立学科已经完全具备条件，呼吁要维护新闻学学科地位，促进新闻学学科发展，由此被人们称为“保卫新闻学学者”。

这一二十年，我始终在有意识地为发展和壮大中国新闻学呼喊和忙碌。到广西后，我想应该利用广西大学这个平台延续我的新闻追梦之路，推进维护和发展新闻学的事业，使自己几十年对新闻学和新闻教育的思考，以及“保卫新闻学”的理念在这里能够“薪火相传”。

我认为要传承正确的新闻教育理念，推进新闻学学科建设，首先需要认识新闻教育和新闻学科建设的根本目的和最终目标是什么？从几十年新闻教育和新闻学术研究的实践中我深深体会到，用“马克思主义指导新闻教学、人才培养和学术研究，培养用马克思主义新闻观武装起来的，能够担当中华民族伟大复兴重任的德才兼备的优秀新闻人才”，应该是我国新闻教育和新闻学科建设的根本目的和最终目标。

正是基于这样的认识，我把坚持和加强马克思主义新闻观教育和研究，作为广西大学新闻教育和新闻学术研究的根本任务及重要特色，希望通过马克思主义新闻观教育和研究来帮助全院师生坚定共产主义理想信念，掌握马克思主义理论精髓，献身中国特色社会主义新闻事业。

为此，我反复强调要做强做大马克思主义新闻观教育和研究，使马克思主义新闻观成为新闻学专业教育与学术研究的“中心环节”和“核心内容”，成为“最具影响力”的专业课程和研究方向，而且要实现“全过程”和“全覆盖”，即贯穿本科和研究生教育的全过程，实现老师、学生的全覆盖和所有专业课程的全覆盖。

我认为新闻院校必须毫不动摇地坚持用马克思主义新闻观来统率教学与科研，来引领老师同学的工作与学习。为此，根据自己几十年从事新闻教育和新闻学术研究的经验与思考，我对学生和老师分别提出了“八字要求”。对同学，我勉励他们要做到“铸魂、励志、厚学、重习”，即要以马克思主义新闻观铸魂、励志和导向，自觉为国家、社会、人民学好专业知识，加强实践锻炼，掌握从业技能，努力成长为能够担当中华民族复兴大任的优秀新闻人才；对老师，我激励他们要做到“志高、心静、学深、业精”，即要以马克思主义新闻观为指导，坚定理想信念，确立远大志向，静心做好学问，练好业务本领，做立德树人的好老师。

为了增强老师和同学的切实体验与感受，学院组织师生代表到延安、百色等地开展“红色新闻溯源”活动。在延安，我和老师同学们一起参观延安清凉山新闻纪念馆，了解当年根据地新闻事业的艰苦发展历程和优良工作传统；跟他们一道去观赏黄河壶口瀑布，让他们感受母亲河的壮阔与气势，体味作为中华民族一员的自豪与骄傲，谨记作为时代新人的职责与使命；同他们一起访问梁家河知青点，让他们了解习近平总书记亲民情怀和革命意志是怎样在实践中淬炼而成的，进而能够更好地了解总书记提出的“坚持以人民为中心的工作导向”的深刻思想内涵和深厚实践基础。

为了营造良好的学习和研究环境，我们组建了全国高校第一个“马克思主义新闻观书屋”，建立了几十个学生马克思主义新闻观自愿阅读小组，牵头举办了全区新闻院校马克思主义新闻观知识竞赛，申报了以我为首席专家的国家社科基金重大项目“百年中国共产党新闻政策变迁研究”。总之，希望通过多种形式，把广西大学新闻与传播学院建设成为马克思主义新闻观研究宣传教育的重镇，并且要让马克思主义新闻观教育和研究在全广西新闻院系遍地开花，让马克思主义新闻观在学生中真正“入耳、入脑、入心”，让学生真正成长为牢固树立马克思主义新闻观的党和人民放心的优秀新闻人才。

3.2.2.3 历史机遇

在 2021 年 1 月 4 日学院举行的座谈会上，院党委书记唐兴传达了广西大学校长赵跃宇教授在我聘期届满述职报告批示中的一段话：“郑保卫先生四年中践行初心承诺，以院为家，不顾年岁之高，率先垂范，勤勉耕耘，不仅将自身深厚的学术积累毫无保留地以新的丰硕的学术成果方式贡献出来，夯实了该校新闻学科的内涵发展和创新发展，而且在加强对外交流合作、扩大学校学院学科的影响力上特别注重凸显‘西大人’角色和身份，在学术指导和学生培养上特别体现了‘大先生’风范，为推进学院学科发展作出了重大贡献，不愧为学校引进杰出学者的优秀代表。”唐兴在讲话中谈到我在广西大学的四年中作为首席专家获得了国家社科基金重大项目和重点项目“双立项”，实现了广西大学乃至全广西新闻院系申报国家社科基金项目“零的突破”，同时发表了 80 余篇论文，带领学院老师获得国家级社科基金项目十多项，提升了学院新闻学科的整体水平。

我十分感谢学校和学院领导对我四年工作的积极评价。不过在我看来，四年中我之所以能够在广西大学做出一些成绩，不是说我个人有多大能耐，而主要是靠学校领导的关心支持，靠全院师生的齐心奋斗。还有一个重要原因，是因为这几年我在广西碰到了难得的历史机遇。可以说是历史的眷顾，才使我有了发挥余光余热的“用武之地”。

我在想，如果不是广西大学聘请我担任院长，为我提供工作平台，已经在中国人民大学退休的我，可能就不会想着去申报国家社科基金项目，也不会去写作那么多论文，组织那么多研讨会。正是广西大学赋予我的工作平台，增添了我的责任感，让我时时感到巨大压力，觉得必须用真情和实干，千方百计地做好工作。

特别是在这四年中正好遇到了几个重要历史节点和重大纪念日：改革开放40周年、新中国成立70周年、中国共产党成立100周年，以及马克思和恩格斯诞辰200周年、列宁诞辰150周年等。我从1978年考入中国人民大学新闻学研究生，师从甘惜分老师研究马克思主义新闻理论与实践，在毕业后的40年里，始终在从事马克思主义新闻观和中国共产党新闻思想与新闻实践的教学和研究工作，长期积累了一些知识、经验和成果，这些时间节点和纪念日，正好为我提供了总结和展示这些研究成果的难得机会。

这几年，我利用这些时间节点将自己1981年研究生毕业以来发表的研究成果整理成60多万字的《马克思主义新闻观研究》交由人民出版社出版，又把2004年出版的《中国共产党新闻思想史》修订为《中国共产党百年新闻思想史》请福建人民出版社再版，还整理了《中国共产党百年新闻思想研究》交中国社会科学出版社出版，以此作为建党百年的献礼图书。

此外，我还利用几个纪念日联合一些兄弟新闻院校，共同举办了马克思诞辰200周年新闻学术研讨会（2018年5月5日）、列宁诞辰150周年新闻思想网上笔会（2020年4月24日），和恩格斯诞辰200周年新闻学术研讨会（2020年11月28日），并且都发表了相关研究论文。

特别是在党的百年华诞即将到来之际，2021年5月22—23日，我以教育部社会科学委员会委员兼新闻传播学科召集人的身份，联合全国31个省市自治区的60多家新闻院系和研究机构，共同在广西大学举办了“中国共产党百年新闻思想与新闻实践学术研讨会”。当时，全国160多名专家学者齐聚南宁，共同总结中国共产党新闻思想百年发展的重大成就和历史经验，展望新时代中国特色社会主义新闻事业的发展前景和美好未来。这场研讨会嘉朋满座，专家云集，研讨深入，气氛热烈，可谓“盛况空前”，为党的百年生日献上了一份厚礼。

这一年，我还带着我的博士生一起撰写了《论中国共产党新闻思想百年发展的历史进程》《论中国共产党新闻思想百年发展的历史贡献》《论中国共产党新闻事业百年发展的历史经验》《论中国共产党百年新闻思想的核心与精髓》和《中国共产党百年新闻事业的重大成就和历史贡献》等系列文章，全面梳理和总结党的新闻事业百年发展的历史进程、历史贡献、历史经验，及其理论核心与思想精髓等。其中，《中国共产党百年新闻事业的重大成就和历史贡献》一文经新华社瞭望智库网站转发后，不到12小时浏览量突破100万《论中国共产党百年新闻思想的核心与精髓》一文半个月浏览量达到100万，一个月后达到150万，产生了意想不到的效果。

我想，作为一个学者如果能将自己的理论研究与学术追求融入为民族复兴、国家富强、人民幸福而奋斗的宏伟事业之中，这应该是多么令人欣慰的事啊！我庆幸自己赶上了好时代，庆幸自己能够目睹我们的党历经百年风雨，领导我们的国家、民族和人民克服艰难险阻，战胜一切敌人，从胜利走向胜利，从站起来到富起来再到强起来，傲然屹立于世界民族之林的伟大壮举。而自己能够置身这一盛世之中，并且能够贡献一分力量，真是太幸运了！

（广西大学、中国人民大学　郑保卫）

3. 2. 3　李明德：谱写一首壮美的歌——我的院长经历

西安交通大学新闻与新媒体学院创建于 2015 年 4 月，独立于 2019 年 4 月。作为创院院长，我经历了学院从酝酿到起步、从院中院到独立发展的全过程。至 2021 年 12 月 2 日因年龄原因卸任院长兼党总支书记职务，在岗时长 6 年 7 个月，其中的酸甜苦辣、甘苦得失、经验教训都值得咀嚼回味。

3. 2. 3. 1　肇始

党的十八大以来，党中央对新闻传播学科建设给予高度重视很大期待，赋予其塑造中国形象、讲好中国故事、正确引导舆论、凝聚社会共识的时代重任。习近平总书记在 2016 年 5 月 17 日哲学社会科学工作座谈会上的讲话中把新闻传播学科列为需要加快建设的、对中国哲学社会科学具有支撑作用的 11 个重要学科之一，大大提升了新闻传播学的学科地位，使学科建设步入最好的机遇期。

同时，新媒体迅猛发展并深度介入生活的方方面面，给政治、经济、文化以及大学的人才培养工作带来全新的境遇。西安交通大学时任主要领导综合分析学校学科布局、国家需求和我们自身的基础条件之后，抢抓机遇，大胆施策，提出创建“新闻与新媒体学院”的动议，并与新华社、陕西省委宣传部等积极联系，拟联合建设一所立足西安交通大学，政府、媒体和社会各界共同参与，优势互补、开放包容的新型新闻传播学院。在此期间又恰逢中宣部和教育部发文要求各地“部校共建”新闻学院，把新闻传播卓越人才培养作为人才队伍建设的重中之重。于是，2015 年 4 月西安交通大学新闻与新媒体学院应时而生。

1983 年 7 月我从兰州大学中文系毕业分配到西安交通大学后一直从事新闻宣传工作、期刊编辑工作和新闻传播教学科研工作，先后做过校刊编辑室编辑、宣传部副部长、西安交大主办《中国有线电视》杂志社社长兼主编和中文系主任，创办过城市学院的传播学专业和网络与新媒体专业。领导大概看中了我的工作经历与新闻传播学科具有密切关系，我便进入院长人选的考察之列。

3.2.3.2 定位

在一所传统的以工科为主的大学创建偏文科的新学院，首先需要破解的是：为什么要办这个学科和学院？能为学校带来什么增量？其次是发展的方向、路径如何创新，避免走其他学院发展的老路？新建学院不像老学院那样已经成型，顺着既定方向走不会出现大的偏差，推出一些改革之举也往往会当作与时俱进而获得赞美。新建学院虽然不存在学科转型的问题，但毕竟积累少基础弱，处在咿呀学语阶段，在众目睽睽之下接受指点、评判，哪怕一个小小的决策失误都可能给幼小的学院带来无可挽回的损伤。怎么办？

必须走特色化、差异化的发展之路，必须与传统的新闻传播学院在师资团队建设、学术研究方向确立、人才培养定位上有明显不同，方能找到自己的立身之地，以特色入主流。对此虽然懵懂，却是一个强烈意愿。学校主要领导则进一步指明了方向：新媒体学院一定要打好“工字牌”，走交叉发展之路；如果做不到做不好，就没有成立这个学院的必要。所谓打“工字牌”，就是学科建设、人才培养、社会服务必须与交大已有的人工智能、计算机、网络空间安全、大数据分析等学科和方向紧密结合，作为工具和手段，让它们更好地为新闻传播学科赋能，如此，推出的成果、服务的项目必须体现学科交叉的优势。

在这个指导思想之下，学院属于文科、工科的属性已经不再重要，但又不能脱离新闻传播学科要求，边界不能模糊。于是我提出：“新闻”与“新媒体”是我们的建院之基、立院之本；与其他学科的交叉融合是我们的特色之魂、强院之力。为进一步将理念变为现实，学院独立以后，学校专门从计算机学科和网信中心委派两位工科老师加盟院领导行列，希望把“工字牌”高高举起，稳稳落地。

现在看来，这样的定位既是基于新媒体发展特别是新媒体技术强力推动媒体融合发展的现实需要，又是区别于依托传统媒体起步布局学科专业而另辟蹊径的差异化发展选择，更是借力于其他学科资源特别是相关理工科资源为我所用的有益尝试。实践证明，这样的定位是准确而富有眼力的。

3.2.3.3 人力

基于交叉发展的定位，学院在引进教师时着重考虑不同学科背景老师的优化组合。目前学院的教职工由建院时的 8 人扩大到 45 人，其中专任教师达到 37 人，博士毕业于新闻传播学科的占比则不到 1/3，其余则来自计算机科学、统计学、心理学、情报学、管理学、马克思主义理论、文学等学科专业。不同学科背景的老师相聚于同一所学院，便于跨学科团队的构建，便于集中多学科力量承接科研项目，便于多学科视角的思维交融和方法互补，更便于把这种独特的优势体现在人才培养的全过程。

当然，跨学科过来的老师意味着更大的投入、更多的付出、更艰难的考核指标的完成。当你面对新闻传播学科的学术要求、面对这个学科的学生授课之时，意味着原有学科的知识只能退居其次甚至完全没用，而新闻传播学科的基础理论、专业知识、实践技能则一点不能少，跟科班出身的老师相比一点不能逊色。而且，跨学科老师们的学术贡献只能符合新闻传播学科的属性要求，能当作学科评估的成果展示出来而不会产生歧义；更何况我们所面对的是移动互联一代，他们获取知识的渠道更加多元，对新媒体的理解与应用更加独到和熟练。因此，来自其他学科的老师将会付出更大的努力，做出更多的牺牲。

好在我们的老师都能以勤勉的工作态度，对新闻与新媒体两大学科板块超常规的感悟与理解，对交叉发展、体现工科特色的“工字牌”内涵独到的认知和实践，绝大多数老师在教学科研上能够实现顺利转型，做到融合创新，提前两年或一年顺利完成聘期考核，为新闻传播学科发展作出了实实在在的贡献，也因此以副教授身份提前进入下一个聘期。

不仅如此，老师们在新闻与新媒体学院这个温暖的大家庭得到了明显的获得感归属感，他们以自己的聪明才智时不时为学院带来惊喜。陈强老师以优异成绩晋升教授，成为学校文科最年轻教授之一；沈霄老师以讲师身份获得陕西省哲学社会科学优秀成果一等奖，开创了学校先例；陈积银老师获得国家万人计划青年拔尖人才项目支持，成为学院首个国家级人才；孙鹤立副院长获“陕西好青年”荣誉称号；另外，几乎所有的新教师都在较短时间获得国家、教育部和省级课题资助。

学院成立6年来，老师们践行“求真求新唯善唯美”的院训文化，以身作则、立德树人，辛勤付出得到广泛认可。有享受国务院政府特殊津贴专家1人，国家万人计划青年拔尖人才1人，教育部首批高校网络教育名师支持计划1人，教育部新闻传播学科教指委委员1人，陕西高校教指委人文与新闻传播类专业委员会副主任委员1人，陕西省哲学社会科学和文化艺术领域领军人才1人，陕西省高校青年杰出人才1人，校青年拔尖人才2人，各类学会、研究会常务理事、副会长、理事长30余人次；从团队建设来讲，有陕西省“三秦学者”创新团队1个，陕西高校新型A类智库并入选中国智库索引（CTTI）1个。数字是枯燥的，但它说明了师资队伍的学科影响力和社会认可度，说明拥有一支高品质师资团队对学院快速发展的极端重要性。

3.2.3.4 特色

区别于传统的新闻传播学院，我们学院一成立，就把新媒体内容生产与传播、经营与管理、新媒体技术与应用等作为教学科研的主打方向，也是我们融入社会提升学科美誉度的主要抓手。初步探索出一条“坚守文工交叉，实施项目牵引，打造联合培养，发展智能传播”的特色化发展之路。

差异化发展是避免同质化导致科教成效不彰显的重要途径，特色化发展是发挥自身优势确立学科地位的重要手段。我一直期待的是，提起新媒体研究、提起舆情舆论研究、提起新媒体人才培养，人们首先能想到位于大西北的西安交通大学新闻与新媒体学院，这就说明我们的方向是对的，特色是鲜明的，我们的努力得到了认可。事实上，我们的网络舆情和舆论引导研究、我们的网络与新媒体专业建设已经产生了影响。

建院以来，我们以国家和地方重大需求为导向，以学科一流为目标，以“项目、平台、成果、团队”为抓手，以新媒体与社会治理、大数据舆情与政务新媒体、新闻传播与舆论引导等学科方向为支撑，不断拓展研究领域，形成特色科研优势。

学院建成了学科交叉、体系健全、结构完整的本硕博人才培养体系，“新媒体与社会治理”二级交叉学科博士点已经开始招生；建成了包含舆情大数据采集与处理平台、大数据分析及可视化平台、新媒体内容生产与运营平台、新媒体技术体验平台、社会实践基地、政企合作平台、人才培养平台的文理工交叉的跨学科大平台，以更好地服务于学术研究和人才培养。

3.2.3.5 服务

办学院和办大学一样，一定要走出象牙塔，一定要摒弃自我封闭自我满足的心态。学科发展只有融入社会才能发挥应有的作用，只有和国家战略、社会需求、媒体应用紧密结合，不断寻求用武之地，学科发展才有活力，人才培养才有动力，教师队伍才有力量，师生才有获得感，学院才有凝聚力。

学院鼓励老师们积极“跑五”（面向省内外，每位老师每年至少跑 5 家政府部门、跑 5 家企事业单位、跑 5 家媒体机构，等等，是西安交大促使学校与社会紧密结合的形象说法，不同学科有不同目标），以解决现实问题、服务社会发展为己任。我们的老师教学科研之余，常年奔波于全国各地，推介自己，了解需求，寻求合作，仅 2021 年我们这个以年轻教师为主的学院科研项目签约就达 946.03 万元，实际到款 693.46 万元，均创年度历史新高。

2020 年以来，我们的老师组成不同的研究团队，承担了全国 5 个省份 19 家宣传、网信、广电和文化产业等部门的“十四五”发展规划的编制，再加上每年有众多的智库成果被采纳被应用，这些富有特色的专业成果体现了学科与社会的紧密关联，也因此被誉为“西安交大新媒体专业力量”而受到社会关注。

3.2.3.6 成效

就学科发展而言，西安交大新闻传播学科排名由2017年的全国第68位上升至2021年的第25位（据上海软科数据）。在“工字牌”内涵及平台建设方面，首次获批国家自然科学基金1项，获批陕西省科技厅重点科技平台“计算传播大数据智慧共享平台”资助，连续两年获批陕西省创新能力支撑计划科技资源开放共享平台项目建设支持。在创新港校区建成新媒体智慧学习工场，是学院“工字牌”内涵建设和跨学科平台建设中的重要组成部分，也是在全国探索多学科交叉融合的典型案例；在兴庆校区建成智能媒体实验室，围绕大数据可视化与数据新闻、传媒类虚拟仿真教学、VR/AR内容创作、人工智能与传媒行业相融合等进行前沿性实践探索。

学术研究与建言献策紧密结合。学院师生所撰写的决策咨询报告获9个中省领导批示、16个中宣部采纳、7个国家民委采纳、122个省级采纳。学院连续两年获陕西省舆情信息工作先进单位，累计8人次获得全省舆情信息工作先进个人。同时建成陕西省网络舆情研究基地（与省委网信办共建）、陕西省舆情信息工作创新中心（与陕西省委宣传部共建）、陕西省社会科学普及基地“网络舆情科普基地”（陕西省社科联设立）；积极参与教育部首批融媒体建设试点单位“西安交大融媒体中心”建设；与国家广电总局、陕西广播电视台共建“中国（陕西）广播电视媒体融合发展创新中心”，参与建设人民网传播内容认知国家重点实验室西安交大传播内容智能理解研究中心，并承担重点实验项目“网络舆情重大事件早期检测及发展趋势预测关键技术研究”和重点开放课题“复杂舆论场景中信息内容传播风控评估体系构建与应用”。

在专业建设和人才培养方面，在全国228家设置网络与新媒体本科专业高校中入选A+，并列全国排名第四（据上海软科数据）；2门课程获批省级一流课程。《传播学引论》（修订版）、《新文科背景下网络与新媒体专业人才培养模式与实践》获西安交通大学优秀教学成果一等奖，“智媒时代原有新闻传播专业改革提升与实践探索研究”获批教育部首批新文科研究与改革实践项目；另获教育部产学合作协同育人项目10项。2021届毕业生中1人获陕西高校优秀学生干部称号，1人获陕西高校优秀毕业生称号，1人获优秀研究生标兵荣誉称号（是人文社科类学院唯一入选学生）；学院“微光”公益支教团获省级“优秀团队”荣誉称号；毕业生首次进入人民日报社、新华社等主流媒体工作。

对学院取得的进步，王树国校长在给我的短信中有这样几句话，他说：明德院长，在您的努力下，这几年学科发展很快且势头很好，相信未来会更好，我要代表学校谢谢您和同志们。这不仅是对我6年多院长工作的肯定，更是对我们学科发展、学院未来寄予的厚望。

（西安交通大学　李明德）

3.3　院长研修班

作为新闻传播学院的最高决策者或执行者，院长、书记的视野和能力决定着学院的高度和水平。新闻传播学院管理者的整体素质与质量，关系到中国新闻传播教育的未来。社会转型、国家治理、媒体融合的新形势对新闻传播学院院长、书记提出了更高的要求，学院发展、学科建设、教学改革、人才培养和科学研究等成为新闻教育界共同面临的难题。面对这样的形势，新闻传播学院管理者不仅需要自我修炼与提升，也需要与先进的兄弟学院院长、书记交流、切磋。

《中国新闻传播教育年鉴》编撰委员会致力于服务中国新闻传播教育，自2016年起，每年编撰一部《中国新闻传播教育年鉴》，获得了国内外大学新闻传播学院院长和学者们的支持和欢迎。为进一步服务新闻传播教育、助推教育教学改革和学术研究，中国新闻传播教育年鉴编撰委员会尝试推出“首届届全国新闻传播学院院长研修班”，一方面为新闻传播学院管理者提供交流的机会，研讨新闻传播学院发展面临的共同问题；另一方面推动新闻传播教育共同体的成长，促进中国新闻传播学科的长远发展。

2021年7月22日，首届全国新闻传播学院院长研修班在兰州大学顺利开班。本文系“首届全国新闻传播学院院长研修班”筹划、准备和实施的工作侧记，以完整记录中国新闻传播教育史上的这一重大事件。

3.3.1　缘起：研修班构想的提出

2019年暑假，《中国新闻传播教育年鉴》编撰委员会主任张昆教授应邀前往兰州大学新闻与传播学院，讨论中国新闻史学会新闻传播教育史研究委员会2019年学术年会的筹备工作。在那次筹备会中，双方提出了一系列的合作构想，其中包括举办首届全国新闻传播学院院长研修班。

当时在场的还有南京大学新闻传播学院的段京肃教授（原兰州大学新闻与传播系主

任）和兰州大学新闻与传播学院的冯诚院长、张硕勋书记兼常务副院长、李惠民教授等，大家共同回忆起2001年由兰州大学承办的第二届世界华文传媒与华夏文明传播国际学术研讨会的情景。那次会议过程费尽周折，但最终一举成功。与会的海内外专家沿着丝绸之路，从兰州一路开到敦煌，既是学术交流之旅又是文化朝圣之旅，给人留下了深刻而美好的历史记忆。

2019年11月9日，由中国新闻史学会新闻传播教育史研究委员会主办、兰州大学新闻与传播学院承办的中国新闻史学会新闻传播教育史研究委员会2019年学术年会暨兰州大学新闻传播教育60周年座谈会在兰州大学召开。在这次会议上，张昆教授正式发布了举办全国新闻传播学院院长研修班的构想。2020年年初，受新冠肺炎疫情影响，研修班筹备工作暂时搁置。

3.3.2 开头：有条不紊的筹备

2021年3月10日，首届全国新闻传播学院院长研修班联络人、《中国新闻传播教育年鉴》编辑部刘义昆副教授发来《首届全国新闻传播学院院长研修班策划书》，并转发张昆教授的意见："请尽快转兰州大学商洽，请他们提出修改意见，待正式确定后，再据此起草研修班召集通知。这件事情要尽快落实，以便卡住时间。"

至此，首届全国新闻传播学院院长研修班筹备工作正式拉开序幕。兰州大学新闻与传播学院第一时间开通了兰大筹备组微信群。群成员包括冯诚、张硕勋、李惠民、刘晓程、王君玲、王春彦和毛小燕等，由刘晓程具体负责和张昆教授团队协调。为提高工作效率，双方团队合一，将张昆、何志武、刘义昆、王一鸣、甘世勇等也拉入筹备群，一起商讨研修班筹备工作。待正式开幕前夕，又将许加彪、刘国强、杨晓峰、张德胜、陶喜红几位班主任或班长拉入群。

2021年3月底，《首届全国新闻传播学院院长研修班简章》正式发布。为延续当年丝绸之路学术之旅与文化之旅合二为一的佳话，首届全国新闻传播学院院长研修班筹备组设计了一个两全的方案：由兰州大学新闻与传播学院、河西学院信息技术与传媒学院联合承办这次研修活动，在开展专题授课和深入研讨的同时，让全国新闻传播学院的院长和专家深入兰州、张掖等地开展文化交流考察活动。为此，兰州大学新闻与传播学院与河西学院信息技术与传媒学院多次接洽、沟通。但因为疫情等原因，"两地办会"方案最终被舍弃。

简章发布后不久在全国新闻传播教育界引起强烈反响。简章明确规定"每所新闻传播学院报名不得超过2人"，但截至2021年5月1日，已有120多位学界同仁提交报名表，教育界同仁通过邮件、微信和电话等多种方式，表达参加研修班的强烈意愿。2021

年 5 月底，筹备组接连发布《首届全国新闻传播学院院长研修班学习须知》《首届全国新闻传播学院院长研修班录取通知书》等，研修班筹备工作有条不紊地进行。

3.3.3 定稿：名家汇集、一班三会

一方面是广大新闻传播学院院长、书记、系主任和教授们的热情报名；另一方面是则需要尽快邀约主讲嘉宾、设计培训内容。

2021 年 6 月初，在张昆教授的运筹之下，研修班内容安排初步拟定。研修班拟邀请的专家学者和计划的培训内容包括：中国传媒大学新闻传播学部学部长高晓虹教授主讲“新文科背景下新闻传播学科的一流专业建设”，中国传媒大学新闻学院院长隋岩教授主讲“新文科背景下新闻传播学科建设”，中国人民大学副校长胡百精教授主讲“世界高等教育新发展与新闻教育改革大趋势”，暨南大学党委书记林如鹏教授主讲“院系管理创新与学科发展”，中国人民大学新闻学院执行院长周勇教授主讲“高校新闻院系马克思主义新闻观教育的新境界”，复旦大学新闻学院执行院长兼党委书记张涛甫教授主讲“传媒转型与新闻教育改革”，清华大学新闻与传播学院常务副院长陈昌凤教授主讲“新闻学院的科学研究与社会服务”，武汉大学新闻与传播学院院长强月新教授主讲“媒体融合背景下新闻传播类专业的实践教学改革”，北京大学新闻与传播学院院长陆绍阳教授主讲“新闻与传播专业硕士教育改革的新趋势”，中国新闻传播教育年鉴编委会主任委员张昆教授主讲“学院文化建设的新思路”。

由于临时冲突，高晓红教授和陈昌凤教授都不能参加此次研修班的培训活动。为此，张昆老师紧急协调，力邀两位同样重量级的专家加持首届研修班活动：一位是中国传媒大学原副校长、广告学院院长丁俊杰教授主讲“新闻学院的科学研究与社会服务”，另一位是中国传媒大学原校长、中国教育电视台总编辑胡正荣教授主讲“新文科背景下新闻传播学科的一流专业建设”。至此，由中国新闻传播教育年鉴编撰委员会主办、兰州大学新闻与传播学院承办的首届全国新闻传播学院院长研修班课程安排基本定型。

在筹划首届全国新闻传播学院院长研修班的同时，筹备组还从承办方角度出发，支持承办方利用这次研修班的机会举办特色学院活动。在首届“全国新闻传播学院院长研修班”期间，同时举办兰州大学新闻传播学一级学科博士点建设研讨会和 2021 年丝绸之路新闻传播教育高校联盟会议。一方面是希望借助研修班顶级专家齐聚一堂的机会，为兰州大学新闻传播学一级学科博士点建设出谋划策；另一方面以院长研修活动为契机，加强丝绸之路沿线新闻传播院校之间的联系，共同商讨新文科背景下丝绸之路新闻传播教育改革事宜。

2021 年 7 月 17 日,《首届全国新闻传播学院院长研修班通知》《兰州大学新闻传播学一级学科博士点建设研讨会会议通知》《2021 年丝绸之路新闻传播教育高校联盟会议通知》同时在兰州大学官方网站上发布。其中，首届全国新闻传播学院院长研修班将于 2021 年 7 月 22 日—25 日在兰州大学召开；兰州大学新闻传播学一级学科博士点建设研讨会将于 2021 年 7 月 22 日晚进行；新文科背景下丝绸之路新闻传播教育圆桌论坛将于 2021 年 7 月 24 日晚进行。

至此，首届全国新闻传播学院院长研修班活动全部安排基本确定。

3.3.4 开幕：成功了一半的研修班

2021 年 7 月 22 日，首届全国新闻传播学院院长研修班正式拉开大幕，来自全国 89 所高校的新闻传播学院院长、书记和系主任 130 余人参加本届研修班活动。兰州大学副校长沙勇忠教授出席开班典礼并致辞。

沙勇忠教授在致辞时指出，全国新闻传播学院的管理者聚集一堂，共同探讨新时期我国新闻传播教育的创新发展，是立足新时代和新任务的主动作为和精准发力，对学院建设、学科发展、人才培养具有重要示范意义。他诚挚邀请全国新闻传播学院同行为兰大新闻传播学科的发展会诊把脉，携手并进，共同提高。

《中国新闻传播教育年鉴》编撰委员会主任张昆教授在开幕式发言时指出，中国社会信息化的迅猛发展，社会结构的飞速转型，新兴媒体的广泛兴起，新闻生产流程发生巨大变化，新闻传播业态面临空前变革，高校新闻传播教育机构面临着“培养什么人才、如何培养人才”的问题。本届新闻传播学院院长研修活动将直面问题，研究对策，开拓未来。

兰州大学新闻与传播学院院长冯诚教授在主持开幕式时指出，新闻传播学院管理者的整体素质与质量，关系着中国新闻传播教育的未来。作为学院管理者不仅要自我提升治理能力，也需要借鉴兄弟院校的经验。他鼓励全体研修的学员一起“同学”“同修”，共同进步，学有所获。

开班典礼结束后，中国人民大学副校长胡百精以“世界高等教育新发展与新闻教育改革大趋势”为题做了主旨演讲，他分析了当前高校新闻传播学科教育教学存在的碎片化、专业化问题，提出再造新闻学科教育教学体系，开展学科融合与知识共创，再造学科治理体系，鼓励科教融合、产教融合、高质量发展等改进策略。中国传媒大学原副校长、广告学院院长丁俊杰教授以“新闻学院的科学研究与社会服务”为题进行专题报告，从应用学科与基础学科的关系入手，就论新闻传播学科的科学研究与社会服务的“互为主题性”关系展开深入讨论。华中科技大学新闻与信息传播学院原院长、中国新闻传播教育年鉴编委会主任委员张昆教授以“学院文化建设的新思路”为题，从物质文化、制度文化、行为文化和精神文化等方面全面解读学院文化的基本内涵、建设重点、建设策略。兰州大学新闻与传播学院院长冯诚教授以“兰大新闻传播学科发展与探索”为题，从学院历史、发展现状和发展探索三个方面系统介绍了兰大新闻传播学科的情况。

同日晚，兰州大学新闻传播学一级学科博士点建设研讨会顺利召开，研讨会由兰州大学新闻与传播学院院长冯诚教授主持，学院班子成员及部分教师代表参加了研讨会。会上，兰州大学新闻与传播学院副院长刘晓程向与会专家（一部分专家通过线上形式参加会议）简要汇报了新闻传播学一级学科博士点的建设现状、存在问题及建设思路。与会专家在听取相关汇报后就一级学科博士点建设把脉会诊，出谋划策。

2021 年 7 月 22 日的一天两会，是整个研修班最紧张、最充实的一天。然而，正当会务组暗自欢呼“研修班活动已成功了一半”的时候，一场突如其来的疫情危机出现了。

3. 3. 5　休课：突如其来的“新冠肺炎疫情”

2021 年 7 月 23 日一早，会务组收到一条非官方消息。说是兰州大学榆中校区一位学生核酸检测的初筛结果为阳性，且正在上报核实中。

榆中校区距兰州大学本部盘旋路校区有近 50 公里，两个校区之间的联动频繁。此时正值南京突发疫情，据传初筛阳性的学生此前有过南京旅行的经历。

这个非正式的消息引起会务组的高度警觉。当日上午，会务组在会议现场再次强调了疫情防控的标准，要求所有与会嘉宾、研修学员和工作人员进入会场后必须戴口罩、隔开坐。

整个上午的培训活动依然有条不紊。

第一场报告，北京大学新闻与传播学院院长陆绍阳教授以“新闻与传播专业硕士教育改革的新趋势”为题主讲，他重点介绍了教育部、国家发展改革委、财政部发布的《关于加快新时代研究生教育改革发展的意见》，以及国务院学位委员会审议通过的《专业学位研究生教育发展方案（2020—2025）》，并结合北京大学新闻与传播专硕人才培养的经验，讲述了新闻与传播专业硕士的发展趋势。

第二场报告，中国人民大学新闻学院执行院长周勇教授以“以马克思主义新闻观为灵魂的中国特色新闻学建设”为题，结合中国人民大学新闻学科建设的经验，围绕“什么是中国特色新闻学的特色”“如何推进马新观进课程、进教材和进课堂”“如何构建中国特色新闻学的学科体系、学术体系、话语体系”等问题进行详细讨论。

然而，到中午的时候，疫情形势突然急转。

会务组临时决定，下午的研修活动改为线上进行。

下午，武汉大学新闻与传播学院院长强月新教授以“媒体融合背景下新闻传播类专业的实践教学改革”为题在线授课，他从实践教学的意义、媒介融合对实践教学的影响、媒介融合下实践教学的探索三个方面讲解，并提出了媒介融合下实践教学改革的三种新思路：一是建立基于数字孪生与全息技术的实践教学新平台，二是建设基于“双工作室”与“双导师制”的实践教学新模式，三是探索基于校企合作共建数据库的实践教学新路径。

与此同时，学校防疫形势却在急剧变化。当天中午，学校明确取消一切线下聚集性活动，下午又严禁人员进出校园、立即开展全员核酸检测。整个校园进入紧急防疫防控管理状态。

在另一间腾讯会议室内，会务组正在召开紧急会议。根据学校防疫形势，大家认真研判后决定，为保障研修班学员的安全，暂时休课并组织学员及时、有序返回各自单位，后续授课和研讨改为线上进行。原定 7 月 24 日晚上召开的“新文科背景下丝绸之路新闻传播教育圆桌论坛”也临时取消。

这是一次非常艰难的决定。毕竟，眼看“已经成功一半”的研修班活动要暂停了。

暂时休课的善后工作，随机展开。

首先是向大会宣布会务组的最新决定。会务组委托兰州大学新闻与传播学院刘晓程副院长在线宣布通知：“各位学员：因疫情防控要求，学校中午紧急通知所有校内聚集性活动一律取消，下午学校又做出了禁出校园的决定，刚刚口头通知所有校内人员去体育场核酸检查。基于此，会务组紧急决定，后续研修活动延期举行，请各位老师按照疫情防控要求做好自我防护，并从现在起可以自行决定离兰安排。如有任何问题请与会务组保持联系，会务组竭尽全力处理！特此通知！”

其次是第一时间协调讲座嘉宾的行程事宜。一方面组织还在校外的学生志愿者陆续开展嘉宾离兰的送机任务；另一方面紧急叫停当日下午和后续抵兰专家的行程，其中胡正荣教授和林如鹏教授都在赶往机场的途中被终止行程，他们原本为了这次研修活动多次协调时间，眼看就要登机了，却因突发疫情不得不临时改变计划。

最后是做好部分学员的安抚工作。当天中午有部分学员没有及时回到校外酒店而被临时隔离在校内。会务组组织校内学生志愿者陪同他们参观校园和学院实验室、资料室，直至校园解封送达宾馆。

晚上 7 点，校园解封了。初筛阳性的学生经复合被认定为“假阳性”，地方疫情防控人员撤离学校，整个校园又恢复了日常。但是，叫停的研修班只能暂时停下来了。

突如其来的疫情风波，让研修班戛然而止，尽管所有嘉宾和学员都对这次突发事件表示理解和肯定，但研修活动能否善始善终，着实考验着整个会务组。

3.3.6　重启：回到“云上”课堂

2021年8月2日，张昆教授召集会务组会议，决定重启研修班后续授课及活动安排。2021年8月5日，会务组发布《首届全国新闻传播学院院长研修班网课学习手册》，决定于2021年8月10—11日以在线交流的方式重启研修班。

在线活动分专家授课和学院研讨两个环节进行。

在专家授课环节，中国教育电视台总编辑胡正荣教授作了《全球化、全媒体时代的学科发展、专业建设与全媒体人才培养》的报告，深入阐释了中共中央政治局就加强我国国际传播能力建设第三十次集体学习的精神，认为新闻传播教育要把握大局，深化改革，加强学界和业界的联系，讲好中国故事，传播好中国声音，推动新闻传播教育改造升级。

复旦大学新闻学院执行院长兼党委书记张涛甫教授作了《传媒转型与新闻传播教育改革》的报告，分析了新媒体技术给世界带来的巨大不确定性，并指出互联网技术的发展深刻改变了中国新闻业态结构版图及运行逻辑，新闻传播教育者要思考如何改变滞后的教育教学范式，重建新闻传播学的话语结构，建设中国特色新闻传播话语体系。

暨南大学党委书记林如鹏教授作了《院系管理创新与学科发展》的报告，认为高校管理者要把握好学院定位、创新路径、学科发展三个关键节点，推动院系管理创新和学科发展，让学院扮演好设计者、执行者、创新者的角色。

中国传媒大学新闻学院院长隋岩教授作了《新文科背景下新闻传播学科建设》的报告，分析了新闻传播学科的整体发展状况，以及教育和科研的追新逐潮现象，并从差异化和借力互补两个方面提出建设核心竞争力的学科建设主张。

在分组研讨环节，来自全国各地新闻传播院校的100多位院系管理者分成三个班级展开深入研讨。

在211班，华中科技大学新闻与信息传播学院副院长李华君介绍了π型新闻传播人才培养经验。大连外国语大学新闻与传播学院院长张恒军、天津外国语大学国际传媒学院副院长王芳、东北财经大学人文与传播学院院长韩传喜、大连民族大学文法学院新闻系主任何江、天津师范大学新闻传播学院副院长林靖从国际传播人才培养、全媒体文化传播人才培养、经济新闻人才培养，新闻传播人才“四维”实践教学、新时期新闻职业理想教育等方面分享了各自的研究。浙江越秀外国语学院网络传播学院副院长张厚远、湖北第二师范学院新闻与传播学院院长陈瑛、青海师范大学新闻学院杨向东、武汉体育学院新闻传播学院王创业、华南理工大学新闻与传播学院副院长曹小杰就实践教学、课程改革、专业实践体系构建和部校共建问题进行了交流。

在212班，吉林工程技术师范学院传媒学院陈少志介绍产学交替、双课程模块、双评价标准、双导师指导的人才培养体系；湖北经济学院新闻与传播学院院长助理陈奕分享全媒化复合型新闻传播人才培养改革的经验；武汉理工大学新闻传播系副系主任张驰介绍“一体两面”卓越新闻传播人才培养模式；西南政法大学新闻传播学院副院长张治中分享“三全育人”人才培养经验；湖南理工学院新闻传播学院院长王文锋剖析新闻传播学一流本科专业建设情况；浙江传媒学院新闻与传播学院副院长李欣介绍浙传学科建设方面的特色；南京大学出版研究院常务副院长张志强分享出版专业学科建设经验；西北政法大学新闻传播学院副院长陈琦分析 MJC 传媒教育新趋向；河北大学新闻传播学院副院长彭焕萍、海南师范大学新闻传播与影视学院副院长李杉分析了所在院校的优势和劣势；长江师范学院传媒学院副院长冉明仙介绍高校课程思政创新经验。

在213班，厦门大学新闻传播学院副院长苏俊斌作了《数据与理论想象：新闻传播学科的新文科建设路径探析》的报告。武昌理工学院影视传媒学院院长王琳作了《新闻传播与影视传媒类专业全真场景实训课程体系的构建》的发言。华东政法大学传播学院副院长胡慧源作了《学科交叉背景下政法院校新闻传播学院建设的困惑与思考》的报告。荆楚理工学院文学与传媒学院副院长陈洪友作了《新闻传播教育跨学科课程教学的困境与对策》的报告。中央民族大学新闻与传播学院副院长毛湛文作了《融通专业思政引领下民族高校卓越新闻传播人才培养模式的探索》的报告。广西民族大学传媒学院院长杨学明作了《困惑与思考：广西民族大学传媒学院发展问题》的报告。

3.3.7 闭幕：把正确的事做成

2021年8月11日，由《中国新闻传播教育年鉴》编撰委员会主办、兰州大学新闻与传播学院承办的首届全国新闻传播学院院长研修班顺利闭幕。闭幕式由《中国新闻传播教育年鉴》编撰委员会副主任何志武教授主持。

兰州大学新闻与传播学院党委书记兼常务副院长张硕勋致辞时指出，首届全国新闻传播学院院长研修班是我国新闻学界的一件大事、一件喜事，也是一件必将载入中国新闻传播教育史册的实事，是我国新闻传播教育的一次创举。兰州大学新闻与传播学院能够承办这一规格高、规模大的研修班，非常荣幸。研修活动分享了新闻传播学界顶级专家的非凡见解和独到思考，密切了全国新闻传播院系之间的联系，加深了友谊，研修成果丰硕，学员收获满满。

研修活动发起人、《中国新闻传播教育年鉴》编撰委员会主任张昆教授总结了首届院长研修班的四大成果。一是以研修班为基础，建立了全国新闻传播教育界的院长共同体，一个属于院长的交流平台，这是划时代的标志性事件。二是授课专家高水平的学术报告，开阔了参会院长朋友的视野；线下的授课和线上召开的班级院长论坛，促进了各兄弟院系的经验交流。三是院长研修班延伸了中国新闻传播教育年鉴的信息搜集网络。四是院长研修班的授课和研讨，促进了中国新闻传播教育研究。

江西师范大学副校长项国雄教授表示，全国新闻传播学院院长研修班是惠及学林的盛事，搭建了全国新闻传播学院院长的交流学习平台，并代表江西师范大学承接了第二届研修班活动。

至此，历时一年筹划、近半年筹备的首届全国新闻传播学院院长研修班终于画上了圆满的句号。美国著名管理学家彼得·德鲁克说，把正确的事做成（to get the right things done）。虽然经历了一些波折，但院长研修班还是被做成了，这更加凸显了首届全国新闻传播学院院长研修班的特殊与可贵（见表 3-1）。

表 3-1　**首届全国新闻传播学院院长研修班学员名单**

211 班		212 班		213 班	
学号	姓名	学号	姓名	学号	姓名
202107001	卿志军	202107042	陈少志	202107083	魏　红
202107002	方雪琴	202107043	于　巍	202107084	刘　滢
202107003	张建民	202107044	郝春怡	202107085	孔德强
202107004	陶喜红	202107045	闫晋瑛	202107086	康建伟
202107007	张文祥	202107046	温建梅	202107087	邓海生
202107008	韩传喜	202107047	王秀萍	202107088	郝周成
202107009	沈剑虹	202107048	杜俊伟	202107089	陈　晨
202107010	赵　寰	202107049	刘绍芹	202107091	范　妮
202107011	廖卫民	202107050	孙晓彦	202107092	许加彪
202107012	何　江	202107051	张成良	202107093	龙　伟
202107013	杨向东	202107052	李　欣	202107094	邓统湘
202107014	马兰州	202107053	谢宗贵	202107095	肖　青
202107015	王　芳	202107054	张治中	202107097	曲　茹
202107016	马　嘉	202107055	李　杉	202107096	李星儒
202107017	张德胜	202107056	张志强	202107098	陈洪友

续表

211 班		212 班		213 班	
学号	姓名	学号	姓名	学号	姓名
202107018	王创业	202107057	陈　琦	202107099	李　文
202107019	杨晓峰	202107058	陈　奕	202107100	李庆勇
202107020	张恒军	202107059	赖黎捷	202107101	曾　铮
202107021	曹小杰	202107134	陈旭光	202107102	苏俊斌
202107022	李华君	202107061	谢　晨	202107103	殷　琦
202107023	武新宏	202107005	刘国强	202107104	王　琳
202107135	邱晶晨	202107006	丁　钟	202107105	郭　林
202107025	陈　瑛	202107003	王文锋	202107106	杨学明
202107026	陈　欣	202107136	肖　涛	202107107	吴　兰
202107027	钱　越	202107064	孟改正	202107108	谭云明
202107028	李姗姗	202107065	张冠文	202107109	毛湛文
202107029	林　靖	202107066	史春晖	202107110	胡沈明
202107030	聂远征	202107067	李晓娟	202107111	胡慧源
202107031	张文彦	202107068	彭焕萍	202107112	倪　万
202107032	何清新	202107069	商建辉	202107113	杜友君
202107033	朱松林	202107070	唐　宁	202107114	黄　葵
202107034	喻发胜	202107071	彭文忠	202107115	陈　映
202107035	陈　勇	202107072	康化夷	202107116	吴定勇
202107036	徐　健	202107073	吴果中	202107117	彭广林
202107037	梁颖涛	202107074	兰东兴	202107118	崔明伍
202107038	蔡金续	202107075	张美怡	202107119	王丁凡
202107039	景义新	202107076	王晓旭	202107120	李敏霞
202107040	何海翔	202107077	王秀军	202107121	朱艳茹
202107041	张厚远	202107078	于鹏亮	202107122	罗晓静
202107133	石蓉蓉	202107079	张静涛	202107123	余秀才
202107127	冯　诚	202107080	张　弛	202107124	赵博雅
202107131	刘晓程	202107081	尹章池	202107125	闻　学

续表

211 班		212 班		213 班	
学号	姓名	学号	姓名	学号	姓名
班主任	杨晓峰	202107082	冉明仙	202107126	尹　杰
班长	陶喜红	202107129	周兆瑜	202107128	张硕勋
		202107130	王春彦	202107132	王君玲
		班主任	何志武	班主任	李惠民
		班长	刘国强	班长	许加彪

（兰州大学　刘晓程）

3.4 名师风采

3.4.1 蔡雯：掌新闻业发展脉搏，促教与研良性循环

蔡雯，安徽芜湖人，中国人民大学二级岗位教授及“杰出学者”特聘教授、教育部人文社科重点研究基地“中国人民大学新闻与社会发展研究中心”主任、马克思主义理论研究和建设工程首席专家。“万人计划”哲学社会科学领军人才，新世纪百千万人才工程国家级人选。研究方向为应用新闻学、媒体融合、新闻教育改革，主讲“新闻编辑”等本科专业核心课与研究生课程（见图 3-1）。

3.4.1.1 从教 30 多年，最大的心愿是做一个好老师

1964 年，蔡雯生于教师之家，父亲是全国语文特级教师，父母给了她很好的引导，培养了她自强自立的精神和良好的学习习惯。1981 年，她考入复旦大学新闻系修读新闻学专业。大学二年级时，蔡雯被选入由教授一对一指导的优秀本科生培养项目，师从叶春华教授，开始研究地市报纸，并在暑期实习时被指派到上海教委创办一份为当地考生服务的小报《招生通讯》，担任总编辑，带领一些同学办报，这段经历使她对新闻业务产生了浓厚的兴趣。学习和办报之余，她利用节假日到无锡、合肥等多家地市报进行了调研，本科毕业论文写成了一部十多万字的著作《如何办好小型报纸》并正式出版，成为其治学生涯中的第一本专著。本科毕业后，她继续跟随叶春华教授读研，研究当时

图 3-1 蔡雯教授

刚刚复兴的晚报，养成了密切关注新闻一线、乐为报业思考和写作的习惯。

1988 年获得硕士学位后，蔡雯进入新华社中国新闻学院任教，主讲新闻编辑课。因学术成果多、教学效果好，30 岁破格晋升为副教授，并获得“北京市优秀新闻工作者”“北京市优秀青年骨干教师”等多项荣誉和嘉奖。

1997 年，蔡雯为自己的教材《现代新闻编辑学》评审一事登门拜访中国人民大学郑兴东教授。郑老师发现她在“宏观编辑学”领域中的学术洞见和潜力，鼓励她继续钻研，促使她在年过而立、教学任务繁重、孩子尚且年幼的情况下，到中国人民大学新闻学院读博，潜心深攻编辑策划理论。她说叶春华教授当年领她进入了学术殿堂，郑兴东教授则在她研究到一定程度、最需要突破的时候给予了最宝贵的指引和支持。读博期间蔡雯晋升为教授，并被中国人民大学新闻学院人才引进，37 岁受聘为博士生导师。2001 年，其博士论文《新闻传播的策划与组织——宏观新闻编辑研究》获得“全国优秀博士论文奖”，成为我国新闻传播界第一位获评该奖项的学者。

2002 年起，蔡雯担任中国人民大学新闻学院副院长，一直分管教学工作。2014 年担任中国人民大学新闻学院党委书记兼副院长，直至 2018 年班子换届时因身体原因请辞，转任教育部人文社科重点研究基地“中国人民大学新闻与社会发展研究中心”主任。

从教 30 多年，蔡雯指导毕业的硕士博士生超过百人，遍布全国各地，有在新华社等中央媒体和各地方新闻单位从事新闻采编工作的，也有在复旦大学、中国传媒大学等兄弟院校任教的，还有在政府机构和企事业单位做宣传管理工作的。

诸多荣誉伴身、桃李花开遍地。蔡雯说“做一个好老师、好学者是我最大的心愿”。

3.4.1.2 洞察新闻传播变革，不断拓展研究视野

20 世纪 90 年代，蔡雯发现改革开放后逐渐宽松的管理体制和激烈的市场竞争，促使媒体开始进一步明确自身定位，她由此开始研究“新闻传播策划”。1993 年蔡雯在《中国记者》《新闻战线》期刊上发表了国内最早论述新闻传播领域中“策划”现象的论文。论文一发表就引起了新闻界的关注，中国地市报研究会决定当年的年会以“报道策划研究”为主题，邀请她到会做了学术报告。蔡雯在 2001 年出版的博士学位论文《新闻传播的策划与组织——宏观新闻编辑研究》，得到学界专家的高度评价，称她是站在实践部门业已付诸行动、学术部门尚未深入涉及的大编辑的角度，对“新闻传播的策划与组织”进行了一种全方位、大视野、深层次和理论层面的深入研究。①

2002 年，蔡雯提出，随着市场化的媒介竞争会越来越激烈，传统的纸质媒体在将来必然突破自身介质限制，更多地与电视、广播、网络等媒体联姻和融合。“应用新闻学的研究视野和学术支点已难以适应媒体发展的要求，理论创新迫在眉睫。”②

2004—2005 年，蔡雯获得富布莱特项目资助，赴美国进行为期一年的学术交流。在美国的调研让蔡雯发现，21 世纪初美国报业已经在新媒体的冲击下陷入危机，“媒介融合”是传统媒体应对挑战的改革之策。2005 年在《中国记者》杂志上发表的《新闻传播的变化融合了什么？——从美国新闻传播的变化谈起》，第一次将西方“媒介融合”的理论与案例引入中国，引起广泛关注。

回国后，蔡雯主持完成了教育部重大课题“媒介融合时代新闻传播改革研究”，发表《媒介融合前景下的新闻传播变革——试论融合新闻及其挑战》等一系列论文和调研报告。2007 年，她带领的研究团队出版了《新闻资源开发设计》《新闻整合、展示与增值》等系列研究成果，为媒体融合研究奠定了理论基础。2012 年蔡雯出版了专著《媒介融合与融合新闻》，这是国内第一部研究“融合新闻”的理论成果，在新闻业务研究领域中具有开拓性意义。③

移动互联网的发展给中国媒体环境带来新的变革，媒体转型与实践需要更新的理论指导。作为媒体融合研究方面的领军人物，随着媒体融合进入深度融合阶段，蔡雯开始

---

① 郑建鹏．蔡雯：新闻传播策划研究的先行者［N］．中华读书报，2002-08-07.

② 张念贻．在时代发展和媒体变革中追求主流责任——访中国人民大学新闻学院副院长、教授、博士生导师蔡雯［J］．今传媒，2008（4）：6-8.

③ 人大新闻 65丨学者·名师：蔡雯教授 引领新闻学科发展 推动新闻教学改革［EB/OL］．［2020-11-17］．中国人民大学新闻学院，https：//mp. weixin. qq. com/s/fZbJeq7u74KhqZzsyYFiBA.

把研究重点转向新型主流媒体建设以及四级联动的现代化传播体系的建设。

基于对媒体环境与研究趋势的把握，蔡雯形成了具有个人特色的学术发展路径。现任暨南大学新闻与传播学院教授的麦尚文说：“导师的学术方法论，也把我研究思路的‘开关’激活了。”毕业于2011年的他因为教师与博士生的双重身份，比其他学生更多感受到业务教学及研究的难点所在，也更能捕捉导师学术方法的闪光点。“从导师的课堂上感受到一种前沿敏感性。这种从业务研究转向媒体融合研究、在抓住中国问题基础上的研究路径转型的方法论，帮助我也找到了自己研究的切口，并持续沿着媒体融合的方向进行深挖。”

应用新闻学研究强调理论性的同时更重视实践性、应用性，这就要求研究者与实践前沿保持共振，对传媒业的发展变化有敏锐的洞察和感悟。这对身在书斋的高校教师来说并非易事。正如麦尚文所言，“蔡老师恰恰是能走在前沿的学者，领跑在业务改革浪潮前端”。做到理论与实践的结合，产出对学界有理论贡献、对业界有实践指导价值的成果，一直是蔡雯对自己学术研究的要求。自本科阶段起就对媒体实践保持长期的关注与思考，让她对历史脉络有准确把握，进而透视新闻业发展的问题症结和提炼学术命题，产出了大量具有理论深度，又有实践指导价值的学术成果。可以说蔡雯的学术研究轨迹，与中国新闻业的发展进程互为见证。

3.4.1.3 主持教改率先垂范，教书育人润物无声

蔡雯在学院领导岗位上的时候一直告诫自己，要求老师们做的事，自己必须先做好。建设精品课、创建案例库、开办实验班……每一项改革，她都是第一责任人，率先作为。在她教学和管理“双肩挑”的16年中，学院获得过多项国家级和省部级教育教学奖项，在教育部组织的多轮学科评估中一直保持全国第一。

蔡雯认为新闻教育发展需要研究新闻业的发展需求，教学要经得起在校生和一线实践人员的双重检验。

在“新闻编辑”课堂上，蔡雯采用案例教学、研究型教学和情境式教学相结合的方法，将主流新闻媒体的改革经验和优秀新闻作品引入教学，且课堂案例每年都更新，还经常把正在发生的重要新闻事件拿到课堂上进行讨论，以最鲜活的材料启发学生理解新闻的原理和操作规范。

为了让学生走上工作岗位后能尽快适应一线的工作需要，蔡雯采用“模拟编辑部”的教学方式，把课堂当成一个小型的编辑部，在讲基本理论和操作方法的同时，带着学生们进行案例研究和编辑实践。课程进度按照创办一家媒体的需要和流程来设计，在情

景式教学中为学生带来体验式学习。① 很多学生反映她的课特别有用，信息量大，内容新颖，并且实际操作性强。② 2004 年，蔡雯主讲的专业课程“新闻编辑”被教育部评为“全国精品课”“北京市精品课”，这也是我国新闻传播学科中第一批国家级精品课之一。2008 年，蔡雯所带领的“新闻学专业核心课程教学团队”被评为北京市优秀教学团队，她本人也获得“北京市教学名师”“北京市优秀新闻工作者”“宝钢教育基金优秀教师奖”等多项荣誉和嘉奖。2009 年，蔡雯被教育部聘为“马克思主义理论研究与建设工程”的第一首席专家，带领专家团队承担新闻编辑研究与教材编写任务，且已完成第二版的修订出版。目前，“新闻编辑”课又入选了中国人民大学金课建设方案，由蔡雯领衔、学院多位教师及博士生组成的教研团队，正推进完成新一轮的课程改革建设。

2005 年，蔡雯主持中国人民大学 211 工程子项目“新闻传播学案例库建设”，组织中国人民大学新闻学院各专业的教师进行案例开发、推进案例教学。由于没有本学科的先例可以参照，参与案例库建设的老师们也不知从何做起，时任副院长的蔡雯便率先用她所讲授的新闻编辑案例试水，摸索出一套案例开发的样本供大家研究和讨论。

新闻学院副教授王菲负责广告学案例研发，她回忆说，蔡雯在带领学院团队研发案例时，“非常关心我们后辈，鼓励我按照广告学的逻辑去做，尊重各个子学科的特点，没有条框限定和束缚，对我们青年教师予以充分的信任和自由度”。最终，蔡雯带领团队建成了由 13 个子库构成的新闻传播学案例库，运用于 60 多门专业课程的教学，并在此基础上编写出版了系列案例教材。这项研究也确定了新闻传播学案例开发的总体思路、案例研究方法与编写标准，为成规模进行本学科的案例开发与案例库建设奠定了基础，获得了“北京市教学成果一等奖”。

蔡雯还设计并组织了“媒介融合趋势下新闻人才培养创新平台建设”项目，在学科方向创新、教学资源开发创新、实验教学模式创新等几方面都取得了显著成绩，该项目 2009 年获得国家级教学成果二等奖、北京市教学成果一等奖，对全国新闻教育改革产生了示范作用。

在主持学院教学改革工作的同时，蔡雯也在研究教改。她主持完成了国家社科基金重点研究课题“新媒体时代新闻传播教育研究”与教育部重点人文社科研究基地重大课题“媒体融合趋势下新闻教育改革研究”，对中外新闻传播教育改革实践进行了理论总结并出版了相关学术专著。

---

① 蔡雯．媒介融合推进下的新闻教育变革［M］．北京：中国人民大学出版社，2021：148.

② 谢莹，蔡雯：寻求多种角色间的平衡［J］．新闻传播，2003（8）：45-47，55.

2011年开始，为进一步深化本科人才培养模式的改革，探索跨学院、跨专业联合办学，蔡雯带领学院一批老师组织开设了“新闻学-法学”“新闻学-国际政治”两个双学位实验班。经过多年的教学改革实践，这两个实验班培养出来的学生受到用人单位的好评，这种跨学科的新型人才培养模式也得到了全国新闻传播院校的学习借鉴。

虽然长时间在学院领导岗位上，但蔡雯一直没有放松对课堂教学和指导学生的自我要求。她认为导师只有给予学生充分的理解和鼓励，学生才会享受学习成长的过程，师生关系才会融洽。中国传媒大学传播研究院副教授甘露，是蔡雯在人大新闻学院带的第一批硕士生，她回忆自己的求学经历时说：“在我遇到困难和身体不适的时候，蔡老师总是不求回报地帮助我。在我心里蔡老师是我的亲人，让我有可以依靠的安心。”她还记得2003年前后在导师帮助下去广州调研，“我与广州六家主流报纸的一线记者编辑接触40多天，结交了很多朋友，这也为我后面的研究打下了非常好的基础”。

蔡雯一直鼓励门下学生尽早明确大方向，做好人生规划，并持续为自己的学术或业务大厦添砖加瓦。她说，“我从不要求自己的学生一定要做什么工作，或者做哪个课题研究，只鼓励他们选择适合自己的、能发挥自己长处的事情去做，无论是职业选择还是学术研究”。蔡雯门下也有不少带着多年思考的问题来读博的业界翘楚，她和他们亦师亦友，陪伴其化解“一边工作、一边上学”的身心压力。每一年，她都会和丈夫丁士一起邀请自己的学生们吃饭聊天，由于丁士也同在新闻界工作，并担任中央新闻媒体的领导，学生们都称他为“丁老师”，不少学生实习和求职还得到了他的无私帮助。在人民日报社工作多年的史一棋说，“想到导师，就是眉目和善、语气温和的样子，和她说话没有豪言壮语，更没有言辞激烈，有的只是母亲般的温暖关怀，流入心间，平缓而惬意，令我难忘”。新华社的王晓曈说，“这就是最好的导师，她的学识教导着我，她的家庭温暖着我，她对待生活的态度感染着我”。

在人民日报社工作的邝西曦时常回忆起在校期间和导师相处的往事，“蔡老师不仅在学术上给予大家无微不至的关怀，还注重与我们分享她的人生经历，鼓舞我们勇于挑战、成长进步。我一直都把蔡老师作为人生的榜样”。蔡雯言传身教的影响，也内化在门下弟子担任教师后的教研工作中。在复旦大学新闻学院任教的翁之颢讲到自己读书期间，每隔一段时间就会去蔡老师办公室，“我们各抒己见，蔡老师不会因为你的阅历比较浅就不认可你，她会鼓励你去表达，也会发现你观察到的问题里面很多值得研究的点。‘师生对谈’是一个导师对学生倾注心血进行学术指导的浓缩和集合。现在，我也延续用这种方法指导自己的研究生——让学生隔一段时间来办公室，提问、质疑、讨论，然后去做自己想做的研究”。

蔡雯说，“我喜欢学校的环境，和学生们在一起总使我感到年轻、快乐。能用自己的知识和才干去帮助和影响年轻人，会有一种成就感”。① 她尤其庆幸教师这个职业能让自己从年轻一代的身上学到很多东西，和学生的交流让自己保持对生活的热情和对新事物的敏感。

在应《中国新闻传播教育年鉴》编辑部邀约，采访蔡雯老师及其同事、学生的过程中，笔者一直在想，对于这样一位在多方面都有突出业绩的学者，如何才能概括其特点？蔡雯自己给出的答案是：“我是做应用新闻学研究和教学工作的，让教学、科研和新闻实践发展紧密结合，并且使教学与研究相互促进，形成良性循环，这种模式很让我受益。”“我一贯主张优秀的大学教师应该是优秀学者和优秀导师的结合。必须站在实践发展的最前沿才能使你讲的东西始终跟着实践的发展往前走，才能让学生真正学以致用。从科研到教学，再从教学到科研，像滚雪球一样不断积累信息、观点和资料，在科研中形成自己的分析和判断，才能在一年又一年的讲课中为学生带来新知。”

蔡雯认为教师的职业生涯规划是一个系统工程，需要精心做好规划，尽量避免无用功。她认为“什么热去搞什么”是一种短期行为，若东一榔头西一棒槌的话，不易形成自己的积累，“在选定的研究方向上深耕，成为这个领域有深度、有影响力、令人信服的专家”是智慧的选择。

曾有媒体报道蔡雯，标题是“寻求多种角色间的平衡”，讲述了她在职场和生活中的多种角色之间进行平衡而取得成功的故事。而熟悉她、了解她的人们共同认可的是，她是“盛名之下仍能保持一颗平常心的学者”。②

（中国人民大学　汪惠怡）

3.4.2　黄瑚：天下大事，必作于细

黄瑚，博士，复旦大学新闻学院学术委员会主任、教授、博士生导师，中国新闻史学会顾问。1986年7月起在复旦大学执教至今，从事新闻学教学与研究工作。曾任复旦大学新闻学院常务副院长、教育部高等学校新闻传播学类专业教学指导委员会副主任等职。曾获国家级教学成果奖二等奖、上海市教学成果奖特等奖、中国新闻奖三等奖、上海新闻奖二等奖、上海高校优秀教材奖二等奖等。著有《新闻法规与新闻职业道德》（1998）、《中国近代新闻法制史论》（1999）、《中国新闻事业发展史》（2001）、《新闻法规与职业道德教程》（2003）、《中国新闻事业发展史（第二版）》（2010）《新闻传

① 谢莹．蔡雯：寻求多种角色间的平衡［J］．新闻传播，2003（8）：45-47，55.
② 甘露，蔡雯教授：朴实为学　朴实为人［N］．中华新闻报．

播法规与职业道德教程》(2010)、《新闻传播伦理与法规实用教程》(2011)、《网络传播法规与伦理教程》(2018)、《香港文汇报简史》(2019)、《复旦大学新闻学院简史》(2019)、《中国新闻事业发展史(第三版)》(2022)等,发表论文数十篇(见图3-2)。

图3-2 黄瑚教授

2019年,复旦大学新闻学院(系)创建90周年。他夜以继日,用3个月的时间编写出《复旦大学新闻学院简史》,献给母院华诞。

2020年,他已在新闻学院求学、任教整整41年。在毕业典礼上,他寄语即将告别校园走向职场的毕业生:“从大处着眼,从小处着手。”

2022年,他编撰的《中国新闻事业发展史》第三版付梓。这部突破传统新闻史学体例的教材,前两版总印数已达110100册,是国内高校相关课程的主要使用教材。

光阴荏苒,岁月璀璨。我们从他的一部部著述中,领悟学者对学术、对历史本真的孜孜追寻;从一届届学生之口,感受师者如父,大爱无疆。

他就是复旦大学新闻学院昔日的学生,现今的教授、博士生导师黄瑚。

3.4.2.1 学无先后贵痴迷 幸遇良师引路人

1979年9月,黄瑚以优异的成绩考入复旦大学新闻系,从一位混凝土制品厂的建筑工人转变为大学本科生,成了“新三届”中的一员。同班同学年龄参差不齐,24岁的大学生黄瑚和年龄偏大的同学一样,发奋“要把耽搁的青春岁月抢回来”。当年复旦大学的教室、图书馆总是人满为患,黄瑚在复旦图书馆抢不到座位的轶事,至今还被学弟学妹们津津乐道。

黄瑚说，他们那一代大学生课业压力不大，对新闻入门也比较容易，“因为我们的政治观念都很强。读新闻的人必须是关心政治的人，否则是读不好的，永远不会对新闻有感觉”。1983 年大学毕业，面对毕业生由国家统一分配，而且大学生少就业岗位多的利好局面，潜心学术的黄瑚却选择了考研。他成为复旦大学新闻系那一级唯一的硕士研究生，师从丁淦林教授。1986 年硕士毕业并留校任教，后在职攻读并取得了博士学位。他笑称自己是“非典型博士”，因为自己攻读博士的过程与环境和今天相比已经有很大不同。

与丁淦林老师结缘，始于本科阶段。丁老师是他们必修的“马列经典著作选读”课任课教师，还是他的本科毕业论文（邹韬奋《生活日报》研究）指导教师。黄瑚报考硕士生这一年，丁老师刚评上副教授不久，自己便成了丁老师的开门弟子，研究方向是中国新闻史。在此后的三年学习期间，他始终是丁老师的独苗学生。当时的研究生教育是导师负责制，丁老师为他规划所有课程并聘请授课教师，除了外语、政治等几门课程外，几乎所有的课程都是师生一比一，即一位教授为他一个学生讲授一门课程。余家宏、徐培汀以及历史系的余子道等老师都单独给他一个人讲过课。其中，余家宏教授为他讲授马列新闻著作选读课。开课前，余老师从家里找了两本新闻系铅印的马列新闻著作选读，跑了好长的路亲自送到他的宿舍。黄瑚不在，余老师把书放下后就离开了，这件事令黄瑚非常感动。后来，每次上课都是在余老师家中，上课形式是师生二人对谈。“我上他的课在时间上很自由，什么时候想去都行，我就挑我合适的时间骑辆自行车去他家求教。”

导师丁淦林则亲自为黄瑚讲授“中华人民共和国新闻史”这门课程。“其实就是教我找文献、读文献，让我自己去查阅中华人民共和国成立以后有关新闻史的各种重要文献，在他的指导下编一本《中华人民共和国新闻史教学参考资料选注》。教材编完了，这门课也算上完了，期末考试成绩依据也有了。”后来这本参考资料作为内部教材，在复旦大学新闻系用了十几年。回想这样的读研经历，黄瑚觉得这种教学模式其实并不轻松，“要善于自学，如果不会自己读书，这种教学方法是没法混的”。当年的研究生学习基本上都是以研究为导向，他认为，无论硕士生还是博士生，都应该把最多的时间花在研究上，这样才对得起“研究生”这一称号。黄瑚的硕士学位论文研究上海孤岛时期的抗日报刊，博士学位论文研究中国近代新闻法制史，一路上都是导师丁淦林亲手指导的。“丁老师搞历史有个特点，就是注重填补空白。当年新闻史研究有很多空白，选一个前人没有研究过的课题，花上一两年功夫，一定会有所收获，而且可能很有价值。”

3.4.2.2 复旦新闻“孺子牛”编著院史寄深情

1986年7月，黄瑚硕士研究生毕业后留校任教。自此至今，除了1991—1992年赴美国东西方中心和夏威夷大学进修、1999—2000年赴美国北卡罗来纳州立大学做访问学者，他都在复旦大学新闻学院辛勤耕耘，无私奉献。

1991—1992年黄瑚在美国东西方中心与夏威夷大学新闻系两个单位同时进修时，学得了新闻法与新闻伦理这门课程。他发现，西方国家尤其是美国的新闻教育体系中都有新闻法和新闻伦理这门必修课程，而当时国内高校的新闻院系没有开设这样的课程。回国后不久，他就向时任复旦大学新闻学院院长的丁淦林老师提出新开这门课的设想。在丁老师的大力支持下，一门名叫“新闻法规与新闻职业道德”的课程，作为复旦大学新闻学院本科生和硕士生的选修课，于1994年正式开课。为了上好这门课，黄瑚下了很大功夫，做了充分的准备。后来，这门课程在国内高校的新闻院系逐渐普及。1998年，教育部修订新闻学专业目录，“新闻法规与新闻职业道德”被列为本科生的必修课程。

2003—2015年，黄瑚先后出任复旦大学新闻学院副院长、常务副院长，亲历了新闻学院新院区的落成，“部校共建”模式的开展，新媒体时代新闻传播教育的改革创新。2015年后，他又先后担任新闻学院教学指导委员会主任、学术委员会主任等职。

在从事学院行政管理工作的十余年间，黄瑚一直把教学改革作为重点和突破点。他主张创新新闻传播教育理念，培养复合型、专家型人才，即具备深厚的新闻传播理论、知识与技能，同时又具备一门非新闻传播学科（如政治、法律、经济、管理、社会乃至现代科学技术等学科）的理论、知识与技能的新闻传播人才。2012年，在他的主持下，复旦大学新闻学院开始推行“2+2”本科培养模式，将四年制本科培养过程分成两个为时2年的阶段，学生第一阶段（即第一、二学年）学习经济、法律等非新闻传播学专业课程，第二阶段（即第三、四学年）开始学习新闻传播学专业课程。“2+2”本科培养模式，成功打破了新闻传播学类各专业壁垒及新闻传播学与其他学科的界限，是我国新闻传播教育的重大创新，先后获得上海市教学成果特等奖、国家级教学成果二等奖。这一模式在复旦大学新闻学院实施了10年，事实证明相当有助于复合型、专家型新闻传播人才的培养。后来复旦大学进行校级教学改革、整体实行本科“2+X”培养模式，实际上也是升级了“2+2”培养模式。

复旦大学早在1924年就开设了新闻学课程，1929年正式创办新闻系，是中国历史最悠久的新闻传播教育机构之一。受教执教于斯的黄瑚，对学院具有深厚感情，早有编写一部院史的想法，他曾经有意识地指导几位研究生分阶段研究复旦新闻教育的发展历程，并就此撰写学位论文。2019年，复旦大学新闻学院（系）创建90周年，黄瑚在这里学习、工作也整整40个年头。他决心把院史编出，作为献给母院90华诞的礼物。在学院领导的大力支持下，他与博士生陈媛媛从2019年4月到7月，连续三个月间沉浸在材料收集、考证、编写、校对的流程中。他负责文字编写，陈媛媛参与校对。早年几位硕士生的毕业论文虽然可以作为基础，但是材料分散，文风各异，基本上不能直接拿来编入。“我当时处理的时候就感到很困难，但是黄老师以自己的逻辑重写了一遍，保证了条理和文风的统一。”陈媛媛回忆当初协助导师黄瑚编撰院史时感慨不已：黄老师写了改、改了写，数易其稿；黄老师基本上是两三天完成一章而开始下一章的编写时，自己尚未完成上一章的校对。最终完成的《复旦大学新闻学院简史》，“记录了复旦大学新闻教育90年来的重大事件、重点人物和重要决策，勾勒发展的轨迹和前行的路径，让蕴含其中的复旦新闻精神和新闻文化代代相传”。

3.4.2.3 杏坛无悔终身事 桃李不言自成蹊

1996年黄瑚开始招收硕士研究生，至今已培养22位博士、65位硕士，还有9位博士生、15位硕士生在读。与学生相处，黄瑚很乐意聆听同学们跟他分享学业、生活上的进步和困扰。2016级博士王莹是带着孩子来上海攻读博士学位的，“正是在导师的指导、鞭策、激励下，我得以在三年内攻克难关顺利完成论文，那是我之前从未涉及的研究课题，没有导师的悉心指导与搭建的广阔平台，我是绝不会这么短时间内跨越这么大台阶的”。王莹2019年获得博士学位，已经晋升为大学副教授。她一直铭感导师的教导与帮助：“他以复旦大师的情怀，像慈父一样关心我的学习与生活。”

2020年春，黄瑚的2017级博士生赵佳鹏学位论文送审前夕，正是新冠肺炎疫情暴发之际。赵佳鹏在河南老家封闭，心情非常焦虑。黄瑚便主动通过微信语音与他讨论论文修改。赵佳鹏回忆说，有一天中午才把修改的新版论文发给老师，到晚上老师就语音打过来继续讨论存在的问题，提出具体的修改方向。“当时我以为老师怎么也要过两天才会回我，没想到这么快，而且说得很详细，就让我感觉为了黄老师这份仔细和全身心投入，也得好好修改，本来对修改论文的焦虑和抵触情绪也好了很多。”

跨专业学习新闻传播学的研究生往往认为自己的专业知识不够扎实，有时难免会迷惘困惑。黄瑚疏导他们要学会“扬长避短”，进行论文选题时应寻找新闻传播学与原有学科背景的交叉点，在交叉点中探索自己的研究方向。对于学生的读博意愿，他认为读博需要遵循“兴趣导向”，判断自己是否适合读博的一个简单标准，就是看自己是否喜欢目前正在经历的硕士生活，如果觉得“很喜欢”“蛮有劲”的话就可以考虑读博了。因为博士毕业之后一般要从事教学科研工作，没有兴趣很难坚持下去。

2020年，黄瑚荣获第七届范敬宜新闻教育奖良师奖。这年6月，平时低调谦和的他，第一次作为新闻学院教师代表，在毕业典礼上为同学们作寄语。他希望大家踏入社会要有眼观八方、辨别方向的能力，特别是要识大体、明大局，不能在大方向上犯错；同时要抛弃那些好高骛远的想法，绝不能眼高手低，而是尽自己最大的努力，把小事做得尽善尽美。他引经据典，与毕业生谈老子、荀子，讲英国大哲学家培根少年时的故事，每一句话似乎都朴实无华，却深刻地阐释了大处着眼与小处着手的辩证关系，为即将走上工作岗位的莘莘学子奉上人生“宝典”。

3.4.2.4　学术无涯愿无尽 累累成果惠学林

研究中国新闻事业发展史，首要的是历史分期问题。20 多年前，黄瑚开始撰写《中国新闻事业发展史》，他根据中国新闻事业自身的发展逻辑及其与中国社会发展的互动关系进行历史分期，突破了传统新闻史学体例。该书自 2001 年 3 月出版以来，两个版次 23 个印次，总印数 110100 册，被数十所高校的新闻院系用作本科生或研究生教材，2006 年被列入普通高等教育“十一五”国家级规划教材，2011 年荣获上海市普通高校优秀教材奖二等奖。2022 年 1 月，《中国新闻事业发展史》第三版正式出版。在此次修订过程中，黄瑚纠正了舛误之处，亦吸收了大量最新的研究成果，详述了新时代中国新闻事业的新发展，在内容与形式上更为完善。他在新增的“导论”中说：“作为中国新闻人，无论是当下在新闻一线打拼的新闻人，还是在学校或其他教育机构学习的未来新闻人，通过学习中国新闻事业史来汲取其中蕴含的特有智慧，都很有必要。”

为适应新闻传播法与新闻职业道德教学的需要，黄瑚早在 1998 年就出版了《新闻法规与新闻职业道德》一书，此后又相继出版了《中国近代新闻法制史论》《新闻伦理学》。2002 年，他邀请国内多所高校从事新闻传播法与伦理教学研究工作的中青年学者，集思广益，共同编写一部高质量的《新闻法规与职业道德教程》。该书从 2003 年出版到 2010 年重印 17 次，发行数达 9 万册以上，数十所高校将其作为相关课程的指定教材。2010 年，为了跟上中国新闻传播法制与伦理建设的发展步伐，黄瑚重新组织了修订工作队伍，议定编写大纲，集体研究我国新闻传播法与伦理建设中出现的新现象新问题，吸取最新研究成果，并将该教材的第二版更名为《新闻传播法规与职业道德教程》，于 2011 年正式出版。后又再次修订，于 2017 年推出第三版。2018 年，黄瑚主编的《网络传播法规与伦理教程》出版。该书聚焦于网络传播的法律与伦理问题，成为不少高校的指定教材或教学阅读书目。

从新闻史到新闻法规伦理，黄瑚也在思考着他几十年学术之路上的某种偶然或必然关联，“如果一定要说这两者之间的关联，首先应该是他们在研究方法上比较一致，都属于定性研究。另外，新闻史教育本身也是具有伦理教育内涵的，但我不是因为这两者的内在联系才这样研究的，当时根本没有考虑这些，就是因为偶然。”

除了上述专著、教材，黄瑚还参与编写了《香港文汇报简史》《中国新闻事业通史》《上海新闻史》《华人华侨百科全书·新闻出版卷》《上海当代新闻史》《中国新闻传播史》《二十世纪中国社会科学·新闻学卷》《中国大百科全书·新闻出版卷》等20多部专著、教材、辞书。

历史研究，以史料为本。黄瑚对于史实的考证乃至文字的雕琢都极为注重。2021年作为主编负责第七版《辞海》新闻学分科修订时，他为了搞清楚词条之一新闻学家“黄天鹏”的准确出生年份，特意联系了远在台湾的黄天鹏后人，获得了一手资料，最终明确黄天鹏生于1909年。延续了历版《辞海》对词条的释义都努力追求精益求精，正如一名之立，旬月踟蹰。

《新闻与传播论衡》是黄瑚的论文自选集，收录了新闻与传播史论研究、新闻与传播法律和伦理研究、新闻与传播教育研究三个领域的论文30多篇。他自嘲重读自己往年写下的文章，既有老友重逢之悦，也对早期论文的质量心怀忐忑。时过境迁，他对学术的真诚一如既往：“我在学术上强调脚踏实地，特别是新闻教育。这个学科一定要面向实践，强化它的实践教育，培养学生的实践品格。我觉得新闻学不应该是一个很理论化的学科，如果把新闻学仅仅理解为写学术文章，我觉得这是一个误区。”

2020年，黄瑚主持的“百年中国共产党对外传播研究”，获得国家社会科学基金重大项目立项。他说，该项目力图在全面总结中国共产党百年发展历程中对外传播实践经验的基础上，建构中国特色、中国风格、中国气派的对外传播理论体系、学术体系和话语体系，为当下应对国际舆论提供有益的参考和借鉴。

待人平等谦和，这是与黄瑚有交往的人对他的普遍看法。曾有人说黄瑚对学术研究保持着“执虚若盈”的态度，也有人用“刚柔相济才是韧”来形容他。黄瑚的自我认知则是“随遇而安”“允执厥中”。

天下大事，必作于细。黄瑚曾总结自己在复旦大学只干了三件事：20世纪80年代专注于研究新闻史；90年代后开始转向研究新闻法规和新闻职业道德，编写了中国第一本相关教材；2003年出任新闻学院副院长后，更多的精力放在了新闻传播教学管理和教育改革创新上。

60岁生日时，黄瑚曾作感怀诗赠予弟子且自勉：“杏坛无悔终身事，学子成才喜不支。”

（复旦大学新闻学院　陈昕）

3.4.3 敢于登顶：石长顺的电视人生

石长顺教授，在其教学生涯中始终保持着登顶之心，为中国电视学的研究与发展坚持不懈的追求。年轻时去西藏当兵，在风雨交加的漆黑夜晚独自上山侦察“取情报”毫无畏惧，后来为给边防驻军放一场久违的电影连夜转场多地，险些坠入悬崖，从不退缩，昭示他在恶劣自然环境中磨炼意志敢于登顶；从部队退伍到地方，在创办电视台期间，为赶制完成重点电视节目，经常白天黑夜连轴转不歇息，送省台和中央台播发，许多电视作品在全省和全国评选中获奖，把基层电视台业务做到登顶；被高校引进从事广播电视专业教育后，课堂教学年年获学生好评和同行赞许，科研上深耕和开辟电视研究的诸多新领域，“极致”烙印到了骨子里，不断攀登科研高峰。拼搏、攀登、探究等几乎伴随着他的一生（见图 3-3）。他说：“我这一生可以说都在触‘电’，放电影、做电视、教电视，我都会保持时刻充电状态，我是军人出身，当兵就当最好的兵!”

图 3-3　石长顺教授

3.4.3.1 师者：三尺讲台育桃李，教泽绵长

“教书育人是大学教师的本分，老师首先要站好讲台。”石长顺教授一旦站在讲台，浑身充满激情，他把每一堂课都当成对自己的一种考试，注重开启学生的思维，力图让

学生有收获。学生们反映说：“听石老师上课，我们感受好像被打了鸡血一样，有一种马上要去一线实践的冲动。”听到这些话，石老师特别高兴，他认为，如果上完一堂课没有激发学生读书的欲望，没有触发学生思考的动力，这堂课是不成功的。

石老师现在应邀各地讲学，总会碰到学生述说当年听他讲课的一段情景，并且绘声绘色，仿佛记忆犹新，这点让石老师特别感动，因为他讲的专业知识点学生们记住了，并且融入他们的实践之中起到指导作用，这是一种莫大的安慰和快意。

1998 年，石老师从某市电视台被引进调入华中科技大学新闻与信息传播学院，自此便开始专职从事广播电视与视听新媒体教学、研究工作，发表了 100 多篇论文，出版了 16 本专著和教材，几乎每年都有一部专著或新教材。他说，他几十年如一日坚持研究“码字”到深夜至凌晨方才休息，长期浸泡在自己喜欢的学海中收获颇丰。2009 年以来先后获华中科技大学“三育人奖”、首届华中科大“师表奖”治学楷模称号、“华中学者”特聘教授，新闻与信息传播学院二级教授、博士生导师等，即便荣誉加身也未敢懈怠。

石老师常说，一个老师的立身之本，就是站好站稳三尺讲台。教学是老师的名片，而如何衡量这一名片，应该是老师们首先要思考的问题。他无疑用自己登顶的行动和决心书写着教师光荣的使命。从地方电视台台长转型到华中科技大学教师，石老师就把自己在行伍中的军人雷厉风行与该校严谨的治学风气融合一起，学生在他身边自然就会被这种精神感染。在学校每年两次的上课质量评估排名中，石老师总是名列前茅，而且数次在新闻与信息传播学院排名第一。石老师说，要站好讲台，最重要的是要对学生充满爱，把这种爱贯穿到整个教学过程之中。这样你就有极大的热情投入到备课、教学与指导中去，就会充满激情面对着学生。

随着数字技术的进步，电视创作模式在不断变化，电视教学的理念也必须更新发展。石老师教学时，除了把基本的理论知识系统地传授给学生，还一直坚持在各电视台从事业务创作指导，力求把最前沿的动态和科研新成果传达给他们。如他主讲的“电视专题与专栏”，应该早已烂熟于心、应用自如。可每一堂课前他还要认真备课，做到既要有学理的讲解，又要有术理的分析，常伴以优秀的业界案例，分享国内外最新模式的电视节目形态，努力开启学生的新视野。这种对学生的热爱、对专业教学的极致用功就是石老师登顶教学生涯中不竭的动力源泉。学生们说，听石老师的课不走神，每一堂课总是能够收获最前沿的学术和业界信息，获得许多与本专业课程相关的研究选题，石老师把握了专业的前沿动态和发展方向。

一位随堂抽查听课的教授听过石老师的四节课后，随手写下了听课的“真实记录”：“他，一个用尽所有气力的演讲者，目光如炬，声音铿锵，手势有力；他，一个纵览全局的学者，一口气历数中国电视的七个‘新’，各类数据了然于胸，脱口而出；他，一个充满自信的教师，第一个问题还没讲完，就已紧紧抓住了学生；他，一个可爱的性情中人，一个严肃的课堂上学生笑声频频爆发。”

“电视专题专栏”作为教育部1998年版的广播电视专业目录主干课，可在当时却无相应的专门教材。特别是在20世纪90年代，正值电视媒介的栏目化制播时代急缺此类书，为适应教学需求，石长顺老师开始编写《电视栏目解析》教材（2003），被称为第一次系统地建立了电视专题与专栏课程体系。该教材分别对电视新闻、电视社教、电视娱乐、电视生活服务等主要节目形态进行分析，其中将生活服务节目从传统的社教节目中独立出来，这在当时是独具新意并有前瞻性地结构安排。该教材被业界和学界认可，并于2005年获得了全国高校出版社论著一等奖。后来在该书的基础上，修订为《电视专题与专栏——当代电视实务教程》，被评为国家级“十一五”规划教材。石老师就是这样，教授一门课研发一本教材，绝不马虎，真正做到了专业极致。

石老师对学生的关爱，也让学生深怀感激。常有学生找他谈心，总觉得听不够老师说话，每一次交流石老师都会明确主题，针对学生实际规划学生学业任务，学则行，行则有结果。考上石老师博士研究生的石永军，在读书时就高质量超额完成了整个读博期间所要求发表的核心期刊论文数，其中《融合与突破：广电产业发展趋势的一种解读》，被收录进《中国新闻年鉴（2008）》，并荣获第十届全国广播电视学术论文一等奖。而其博士论文《论新兴媒体的公共传播》，是在入学不到半年，师生一起讨论确定的。在这期间，石长顺老师敏锐地发现新媒体发展的新趋势，他认为以互联网为代表的新媒体的崛起，满足了人与人之间的交流与传播，与此同时，公共信息的传播很有可能被其他的信息淹没。谁能够促进公共信息的传播，起到社会整合的功能？这是石老师所考虑的问题。石永军说：“最后论文完成并发表了相关论文，反响很好，《论新兴媒体的公共传播》部分成果也获得2009年湖北省社科优秀成果三等奖，石老师对此也很欣慰。”

谈到论文指导，石永军说导师对他的帮助很大，现在一直采用当时导师传授的研究与写作方法。石长顺教授强调做文章一定要注重论题与分论点的提炼，这样才能更好地体现行文思路、逻辑观点。石教授说，要让读者在浩如烟海的文章中发现你文章的价值，就一定要在行文结构上清晰明了，让读者从论点上大致了解你文章的意图，引发他们继续阅读的兴趣。石永军认为，石教授“作为一个传播学学者，他是从传播效果上考虑问题的”，达到了真正的学以致用。

3.4.3.2 传者：孜孜以求探索广电学科发展新空间

如果说石老师年轻在西藏某部队当侦察兵时锻炼了自己坚强的意志和强健的体魄，那么从事广播电视学教学与研究，则锻造了石老师洞察专业发展的火眼金睛。即便多年之后在讲到广播电视学专业名录修订时，石老师仍然为自己的执着和提议兴奋不已。1996年，华中理工大学（华中科技大学前身）报请经教育部批准，开办广播电视新闻学本科专业。在这种背景下，石老师于1998年从业界被引进到该校组建开办广播电视专业。1999年，由时任新闻学系副系主任的石长顺老师负责创办广播电视新闻学本科专业，并从1997级新闻学专业分流一半学生进入首届广播电视专业学习。在石长顺老师的带领下，经广电专业教师团队的共同努力，该校广电专业在2006年全国广播电视专业排名位居第二，评为A++，紧随中国人民大学之后。

作为广电专业的学科带头人，石老师敏锐地指出了广播电视专业具有鲜明的应用性特征，必须关注广播电视业界前沿动态，这样才能适应不断发展着的广播电视专业教学的要求。石老师带领专业教师团队，一门课一门课地梳理主干课程教学内容，探索建立广电专业的核心课程体系，并将专业建设的眼光转向内涵式发展。

他凭借自己多年的业务实践和教学实际发现，“广播电视新闻学”本科专业的培养体系与广电业界的媒体运营现状存在一定偏差。如主干课程“电视专题与专栏”的教学内容，按照传统“广播电视新闻学”的教学范畴，应限定在电视“新闻”专题与专栏教学内容中，而实际上，广播电视实务早已超出电视新闻节目类型，突破原始教学内容界线，涉及综艺娱乐节目、社教节目等。据了解，许多高校“广播电视新闻学”专业相关电视专题教学内容也只占教案的30%。石长顺教授认为，高校学科专业建设不能漠视业界的发展变化，也不能忽视广播电视实务运作情况，必须适合社会需求，调整专业培养目标和课程体系。受一个高校教师的责任驱动，石长顺教授利用教育部新闻学与传播学教学指导委员会委员的身份，于2007年在教育部教指委相关会上提出修改广播电视专业名称的建议，后适逢国家教育部2012年专业目录调整修改机遇，石教授再次提出并受命草拟修订广播电视专业名录建议稿。后经教育部发送全国相关高校反复征求意见，获得赞同批准，在2012年教育部公布新调整的《普通高等学校本科专业目录》中，将“广播电视新闻学”专业修订为“广播电视学”。这样的创造性贡献在他的专业研究中，成果迭出。

奔跑、攀登是一种习惯。石老师一旦认准了就要坚持到底，这样的特质贯穿到他致力于广播电视学学科体系建设的力行中。新闻学与传播学一级学科下属两个二级学科，即新闻学、传播学，传统学科博士点基本上依此申报建点，但在实际运行中却往往忽视或限制了广播电视等相关专业的发展。从学科建设角度看，成熟的专业教育体系应是从本科到硕士、博士点的全链条建设，这也是衡量检验一个高校专业发展水平的标识。2006年，根据“博士学位授权一级学科范围内自主设置学科、专业”文件精神，石长顺教授担纲主持申报二级学科博士授权点——广播电视传播学。旨在培养广播电视与视听新媒体传播学科领域具有广博而坚实基础理论，能够胜任相关领域的理论研究，善于对广播电视（及视听新）媒体创新与发展给予理论阐释与指导的高层次专门人才。后获准建设广播电视专业博士点，设置了广播电视传播史论、广播电视传播实务、广播电视传播文化及广播电视艺术四个研究方向，使得广播电视学科体系发展更加明晰。

对于石老师在广播电视学学科知识谱系的构建探索，可以视其为学科建设的登顶了。世界广播电视发展近百年，为推动社会进步作出了巨大贡献，然而，与其社会影响力相比，相应的学科体系建设却显得相对薄弱。对此，石长顺教授长期关注并致力于广播电视学学科建设研究，在其代表作论文《广播电视学：作为学科的内涵与知识体系》中得到集中体现。研究认为，衡量广播电视学能否成立的标志，应看其是否有特定的研究对象，是否构建起相对完整的理论体系，是否能与其他学科划清界限。根据上述条件判断，石教授提出了广播电视的知识体系是由三大模块构成，即可观察或已形式化的广播电视学研究客体、广播电视现象和定律。在此基础上，他探索建立起广播电视学科知识体系图。从广播电视学的研究客体来看，其对象应该涵盖广播、电视、视听新媒体三大系统，在未来甚至可能包含更多的系统，如广播电视技术和广播电视艺术。从广播电视的现象和定律来看，广播电视学应该研究广播电视的系统运作、传播活动及其规律。此外，还应建立广播电视的元理论、科技哲学、广播电视学史，及广播电视学和视听新媒体等多个二级体系，并与技术学、新闻学和艺术学交叉重塑。无论从哪种角度来看，他应该是在广播电视学学科建设中开创了别样的风景了，但他从来没有停止脚步。

3.4.3.3 学者：致力构建广电学科理论体系

一个真正的学者，不仅需要扎实的业务本领磨砺，更需要深厚的理论积累。石老师说，他为了读书可以通宵达旦，在讲述他到中国传媒大学进修深造的日子，他说自己可能是唯一一个从始至终没有旷过课的学生，课余闲暇时间基本泡在图书馆，如饥似渴地通读理论书籍，贪婪地读书近乎痴迷。他认为，广播电视学学科的建设需要广播电视学及相关学说的理论支撑，而广播电视学术话语体系的建构尤其重要。石教授在整理他从事高等教育头十年学术研究成果文集《电视话语的重构》中，从电视基础理论，到电视应用理论、视听新媒体研究都有所涉及；接着出版了第二个十年的学术研究成果文集《传媒进化论》，从融合传播创新研究，到电视传媒进化研究、传播教育改革研究，显示出其对广电学理论体系建构与发展研究的一脉相承。这些成果出版可以说是其电视人生的很大飞跃，也是他从事电视研究的心血凝聚。

石老师在电视研究中，注重广电基础理论研究——以基本概念的系统阐释作为发端。

石老师于1986年开始从事电视新闻工作，其间出于对传媒业务工作的困惑求解，在那个电视理论极度缺乏的年代，开始自行探讨从理论上给予研究回答，发表了数十篇论文。其中不乏纯学术的研究，如对当时最热门的电视传播形态“电视专题片”的概念争鸣进行首次界定与阐释，后经公开发表后又被中央电视台收入其主编的《中国电视专题节目界定》一书。其间，还针对电视新闻实务研究的“论电视现场采访中的提问艺术”，获湖北省首届广播电视论文唯一的一等奖，在广电界引起一定反响。他回忆往事，觉得这些来自实践的研究文章现在看来虽有些稚嫩，但它却是业界早期实践急切需要回答而还没有解决的一些理论问题，他对当时自己的大胆而严谨的概念阐释感到无比欣慰，他说，自己所做的即是针对实际问题的研究写出的一些较为接“地气”的文章。他喜欢沉下去研究的感觉。

“念念不忘，必有回响。”石老师在电视人生攀登过程中的重要成果之一，在于广播电视学研究框架的确立。石教授对这一领域的研究从中国电视理论的历史观照（2002）开始，到电视学理论体系建构模式，与广播电视学学科的内涵与知识体系的论述一脉相承。

关于广播电视学研究框架的建构，石教授认为，广播电视特别是电视传媒经过近80年的发展，相关理论研究已形成了基于文献分析法、现象描述法、教学总结法以及理论整合法之上的四种电视理论体系建构模式：政治模式、业务模式、教学模式和学术模式。他认为，理论体系建构的方法与模式背后透露的媒体研究生态才是解释现状的钥匙。

其间，石教授在主持申报建设并主讲华中科技大学“高水平博士课”“广播电视理论体系建构研究”中，带领博士生们一道持续接力研究，从媒介理论研究与方法角度建构电视学体系，即将电视的四种理论（反映论、媒介论、制度论、过程论）和传播的三大研究思潮（功能学派、文化学派、政治经济学派）融合，较好地解决了国际化与本土化融合的问题，重构了现代广播电视传播体系。其中，部分博士课讨论选题发言，如“电视学的建构与研究路径”，经整理成文被《新闻大学》刊载（2007）。

如果说，研究框架的建构明确了广播电视学体系的思路，那么，石教授进入高校后的第一本学术专著《电视传播学》（2000）的出版则是其潜心系统研究的“开山之作”，该书通过电视学和传播学的嫁接，在边缘学科交叉中践行了一条电视理论框架的探索之路。

鉴于上述研究基础，石老师于2013年成功申报并主持完成国家社科基金重点项目“构建和发展现代广播电视传播体系研究”（13AXW008)，其成果由人民出版社出版(2020)。

2020年，可称得上是石教授研究成果的丰收之年，当年，与《构建和发展现代广播电视传播体系研究》同步问世出版了另外两本著作，包括《传媒进化论》（社会科学文献出版社，2020)、《融合新闻学导论》(第二版，北京大学出版社，2020)

30多年的传媒研究生涯，石教授在广播电视实务研究、广播电视与视听新媒体理论体系的探索，以及媒体融合的纵深发展研究方面，发表了100多篇论文，出版了10多部专著和国家级规划教材等。可以说一步一个坚实的印迹，铭刻着石老师在电视人生登顶的脚印。

“中国广播电视公共服务不同于欧美的广播电视公共服务，虽然他们在公共性和公共利益性上有一定的重合，但这是两个不同的概念。”这是石教授在申报获批国家社科基金项目“中国广播电视公共服务研究”（09BXW015）论证中的第一句话。这项基于“中国广播电视公共服务体系建构”等论文的研究，延续了石教授对公共服务电视本质的一贯学术追求。他认为广播电视公共服务作为一个重要的学术话语，是对“市场失灵”的矫正，是实现城乡和地区公共服务均等化的重要举措。他从公共电视的历史观照、公共利益的现实考量和公共服务的理想追求等方面，探索转型中的公共电视和中国电视的公共服务。与此同时，对无厘头的自我游戏、故作矫情的主持嘲笑、窥视心理的婚恋娱乐、模式化的真人秀泛滥等进行反思，揭示那些曾经令人肃然起敬的人道主义的责任感和使命感在各种戏谑调侃下变得虚弱、虚伪的消费文化。这些观点到后来一一得到了验证。

他虔诚地深入钻研探讨广播电视公共服务转型，以专著《公共电视》（2007）为转折标志，围绕上述国家社科基金课题又先后发表了多篇相关论文：《公共电视与公共领域的建构》《公共电视的公共文化服务诉求》《中国广播电视公共服务的历史使命》《中国广播电视公共服务体系建构》等。与此同时，还探讨了新兴媒体时代的公共传播、新兴媒体公共传播的核心价值等，主持完成国家社科基金一般项目成果《中国广播电视公共服务》一书被收入教育部高等学校社会科学发展研究中心“高校社科文库”。

2021年5月21日，由华中科技大学新闻与信息传播学院主编、社科文献出版社推出的“喻园新闻传播学者论丛”首批新书——石长顺教授的《传媒进化论》等书在湖北武汉发布，来自全国高校的专家学者与学术期刊负责人共计60余人参加了新书首发仪式与研讨座谈会。

在该书后记中石教授的自述可看作是对他的电视人生的素描：从20世纪70年代初在西藏某部兼任新闻通讯报道工作，是在艰苦环境中种下的新闻种子，到从事电视新闻宣传工作和高校新闻传播教育经历已有40多年。无论是雪域高原艰苦环境磨砺身心，还是对从事广播电视宣传管理工作，筹备成立并主持一家地方电视台工作，以此开始长达十多年的传媒业界经历，并与新闻传播领域相伴相生。其间创业的艰辛、深入一线采拍的苦乐、经常数十小时的连续工作研究……换来一系列的成果和奖励，都成为难以磨灭的记忆，也是对他人生攀登置顶的勇气和大爱之境的意义阐释。

（湖北第二师范学院　陈瑛）

3.4.4　立德树人“新闻老兵”——记武汉大学新闻与传播学院教授胡武

在武汉大学教学楼里，经常会见到一位精神矍铄的老人，他叫胡武，武汉大学新闻与传播学院退休教师、教学督导，他的职业轨迹与新闻记者、大学教师、教学督导紧密关联。工作55年来，他一直从事党的新闻和教育事业，矢志不渝立德树人，不忘一名人民教师的初心，彰显了一名老共产党员的朴素情怀（见图3-4）。

图3-4　胡武教授

古人云：老骥伏枥，壮心不已；莫道桑榆晚，为霞尚满天。打造学生满意课堂，提高教学质量，培养优秀的新闻人才，是党之国之百年大计，也是胡武——一名“新闻老兵”的终极追求。

3.4.4.1　同祖国共命运

胡武出生于湖南省郴州市嘉禾县莲荷乡。那个年代的童年，是上山砍柴、下溪捉鱼，上学要挑着铺盖到离家 20 多里的小学。

胡武记得，中学时期讲得最多的一句话，就是“要做又红又专”的青年。那时候，课外阅读很缺乏，看的小说是《钢铁是怎样炼成的》《青春之歌》等书籍。那时候，学生们不仅一边读书，还一边插秧、割谷、修水库、筑公路、挖矿石。

也正是在那个时候，胡武对未来有了明确方向：将个人发展融入国家需要。

1961 年，成绩优异的胡武被中国人民大学新闻专业录取。

在开学典礼上，“中央四老”：吴玉章、董必武、徐特立、谢觉哉四位先生致辞，要同学们学好马列主义，树立正确的世界观、人生观、价值观；学好专业，掌握真本领，为中国人民、为世界人民服务。老一辈革命家、理论家、教育家的谆谆教导，每一句话，都激励和鞭策着他。大学的刻苦学习，为胡武今后的工作打下了扎实的政治理论和业务理论基础。

1966 年胡武大学毕业，响应党提出的“四个面向”的号召，不留北京市、不留中央直属机关，主动报名到湖北日报社工作。一年后，又响应党的号召，到中国人民解放军某师高炮团锻炼。锻炼结束后，国家政策调整，胡武被派到《咸宁日报》工作。

胡武原本心理落差很大，但当被告知“你是人大新闻系的学生，才留报社的。与你一起分来的其他大学生，都下县里去听从安排了”。胡武意识到，自己能留在新闻战线，何其幸运。

思想通了，心情也就释然了。

在《咸宁日报》工作期间，胡武深入基层，到山区去、到湖区去、到最艰苦的地方去做调查研究，采访基层的共产党党员：在通山万亩竹乡，采写了党支书带领党员和村民，改造穷山恶水的动人事迹；在咸宁桂花之乡，采写了女共产党员带领回乡知识青年攀登大幕山垦荒造林的壮举；在阳新十里湖场，采写了共产党员科学养鱼，破成鱼产量百万斤大关的奇迹；在蒲圻（今名赤壁），三下随阳，采写了公社党委书记带领党员和人民群众奋战“月亮湖”“日光岭”，夺得粮油双丰收的伟业……15 年来，胡武走遍了武昌、鄂城、阳新、咸宁、通山、通城等九个县的山山水水，新闻稿除了在《咸宁日报》和《湖北日报》刊登外，还常被《人民日报》采用。

20 世纪 70 年代加工资，依照国家文件的规定，胡武排在第一位。可是胡武考虑到从鄂城县调上来的刘道明同志，月薪才 30 多元，家有四个孩子，妻子在茶厂工资也不高，便主动放弃加薪机会，提议给最困难的刘道明加工资。当年在报社，胡武是最年轻的大学生，无论是到基层蹲点还是到向阳湖五七干校劳动，他总是第一个报名，去的次数也最多。那些年，胡武还要到九个县的通讯干部培训班上讲课，并以身作则带领通讯员一起到农村采写新闻报道。俗话说：师傅领进门，修行靠个人。通讯员们平时努力学习，认真写作，提高很快，后来有些通讯员提拔为县委宣传部部长。胡武也被评为宣教战线的标兵、模范共产党员。

1984年，武汉大学成立新闻系，中宣部洪一龙和贾培信同志，《人民日报》副总编辑、秘书长保育钧向武大刘道玉校长推荐胡武去任教。从做新闻工作，到做教学工作，意味着开辟新的天地。胡武深知三尺讲台不是私人领地，应给学生科学的知识、给学生以正能量。站在讲台上的胡武，紧密结合实际，传授新闻学原理，一再向学生强调新闻工作的党性原则，一定要与党中央保持高度一致，积极弘扬时代的主旋律，推动党和政府的中心工作，发展大好形势。

入校第二年，胡武开设了“新闻编辑”课程，并结合多年新闻工作实践，编写教材，撰写论文，先后刊发在《新闻研究》《新闻业务》《新闻与成材》《新闻探索》等期刊上。

1987年，胡武获得武汉大学教书育人甲等奖。1996年，获得全国首届“韬奋园丁奖”。

记者工作18年，教学工作16年，胡武说：人活于世，不光是做事做学问，更要淡泊名利、学会做人、济人危难，用真诚给你身边的人带来欢乐。

2001年7月退休后，胡武继续留在新闻战线发光发热，先后在深圳市委宣传部、深圳报业广播电影电视集团，担任新闻阅评和新闻政治质量检查工作。在这期间还到深圳大学、暨南大学、《广州日报》《南方日报》等25家单位做“论马克思主义新闻观”“论党媒的政策宣传”“精品新闻的采写”“解读重大新闻内幕”等专题讲座。

这一干，又是16载。

3.4.4.2 厚厚的听课“账本”

2017年，武汉大学新闻与传播学院党政领导邀请胡武承担教学督导工作。已是76岁的胡武说：“我是党和人民供我上的大学，国家、民族、单位和学生的需要，理当义不容辞，也是崇高的事业，能贡献一点力量，无限荣光。”就这样，胡武又回到教室，再次聆听教师们讲课，并跟青年教师和同学们交流学术和教学上的种种问题。

担任新闻与传播学院教学督导，胡武从不因天气恶劣而不出门，不因住家较远而少到校，不因未被通知而少听课，他的人生信条里，从来没有“缺席”。

四年时间，胡武老师留下了厚厚的听课“账本”：听课逾百次，撰写感悟与建言16篇共61253字，参加师生座谈会20余次。

胡武说：“学院需要我，我就应该认真，不能把学院的需要当任务来完成，而应该倾注感情用心去做。”

广告学系的姚曦教授和胡武接触较多，他说：“胡老师经常到我办公室坐坐，了解学术新动态、教学新要求、学生新特点，他用20岁的心支撑80岁的年龄。”

“胡老师本学期两次听我的课，他课间跟我交流时，告诉我素材选取有些分散，有些已讲过基础理论可以少讲，还告诉我加强对行业的了解。这些建议对我帮助很大。”青年教师欧阳敏感慨地说。

在本科生教学办公室担任三助（助研、助教、助管）工作的硕士生陈春，经常帮胡武打印和修改听课报告，潜移默化地受到胡武的感染，她说：“帮胡老师打印和修改文稿，也是一个学习的过程，他一丝不苟地听课和写报告，这种敬业精神令人敬佩。”

事实上，胡武的督导绝不是简单听课、记录，更是听课后的深度思考、交流。从如何备课到授课语言、提问艺术，从案例选择到新闻背景、实践操作，从新闻价值观到思想政治理论课等，胡武的督导既有对教师授课艺术的分析，又有知识点上的解读。

3.4.4.3 甘为人梯、奖掖后学

胡武对授课教师总是不吝指导，关照有加。每一项建议都饱含着工作30多年的胡武对年轻教师的殷切期盼。

在担任教学督导的这几年间，胡武经常思考两个问题，其一，我们的大学教育须在育德、育智、育体三个方面多用力才好。轻德，会迷失为人民服务的方向和意志；轻智，会缺乏为人民做事的本领；轻体，将没有一个为建设国家的健康体魄。

因此，必须把培养学生的理想信念、道德情操放在首位。王毅外长说：“人无是非不立，国无是非则衰。”我们要培养学生爱党、爱国、爱民之情怀，知事理、明是非。今天，国际上政治风云纷繁复杂，个别西方大国不甘心坐视霸权主导地位的丧失，处心积虑拉帮结派，不择手段打压我国。我们应当崇尚正义，不畏强权，应当有志气、有骨气、有勇气，奋发图强，为建设好自己的国家献智献力！

创新教学理念，提高教学质量。今天，全国人民正在向着全面建成社会主义强国第二个百年新征程迈进。新征程，是国家发展的新征程，也是我们每一个人的新征程，让我们每个人找到自己的位置，尽到自己的一份责任，成就一个更好的自己。大学教学的主要任务，老师要打造学生满意的课堂，把最新的知识、最新的技能、最新的科学理论教给学生，培养职业的真知、干事的真本领。

培养学生健康的体魄。近年来，学生锻炼少了，一到周末，许多同学晚上不睡觉，早晨不起床，体能较差，玩手机过多，近视眼多，国家选拔人才时，常有学生被打回来，所以加强体育锻炼、增强体质也是重要的课题。

其二，实践是理论的源泉，当然科学的理论又是实践的指南。在人类社会，无论是

自然科学还是社会科学，其理论都是人们在劳动、工作、生活中不断地总结、升华、沉淀，并不断地有新的发现和发展。所以，老师要挤时间，多做一些相关的实际工作，多研究一些新的科研课题，才会有具体深刻的感受、才会有独到的见解和获得新的成果。投入一定的科研实践活动，会收获更多的新的知识和思想，会使自己的课讲得更加精彩。

3.4.4.4 不曾停歇，不辱使命

2020 年 10 月 23 日，武汉大学教三 001 教室，胡武来到 2020 级新生研讨课的课堂听课。课程内容是教学秘书解析培养方案和教学管理规定，课程最后，胡武分享了他的感受。

"同学们，你们很幸福，通过一门课就能详细了解本科期间的学习要求。我很羡慕，你们和我那时候相比，条件好了太多。今后大部分同学会从事新闻舆论工作，但不管从事什么职业，好好读书，打好基础，练好笔杆，积极实践，是安身之本，更是立命之本。"胡武说。

话不多，情谊厚。理不深，爱心浓。

2021 年 5 月 22 日，武汉大学新闻与传播学院，迎来了 1987 级学生毕业 30 周年的聚会，30 余位校友回到樱花尽头的"家"。

胡武是新闻系 1987 级学生的班级导师。轮到胡武发言，他接过话筒，习惯性地整理了一下衣领和袖口。

"今天这身西服和衬衣都是新买的，第一次穿。出门前照镜子，孙子问我，爷爷，你今天穿新衣服了呢？这是要去哪里？我摸着孙子的头说，爷爷今天要去见最爱的学生，当然要穿新衣服啊……"

衣着讲究，这是胡武表达对奋斗在各条战线的学生的尊重。

台下的掌声不绝于耳。

30 多名 30 年前的学生，胡武都能一一叫出名字，每个人的情况如数家珍。

关爱学生，是胡武的习惯，他乐在其中。

2021 年 5 月 25 日，胡武同往常一样，身着干净笔挺的白色衬衣，走进武汉大学樱花大道尽头——新闻与传播学院。

作为一名 45 年党龄、已退休 20 年的老党员，80 岁的胡武此次应邀参加该院广告学系党支部"立德树人的使命与广告教学的责任"主题党日活动。

这次党日活动与往常一样，但不一样的是，胡武家里当天发生的事，让人刻骨铭心。

党日活动期间，胡武略显疲乏，不时微闭双眼，用左手轻抚胸口。

为了此次活动，胡武认真准备了发言稿。他将自身经历和本学期听完广告学系所有本科生课程的体会相结合，分享了新时期高校立德树人的教育定位和教育使命感悟。13：40，党日活动和广告学系本科课程研讨沙龙结束后，胡武和各位老师一一道别后，离开了学院。

然而，就在胡武对广告系师生提出殷切希望之时，胡武唯一的儿子、长江报业集团长江财经传媒研究院党总支书记胡江南，于13：27因病医治无效离世，年仅51岁。

“早上离开病房的时候，我跟江南说，今天的这个活动是很早就定下来的，我问他能不能去，他已经开不了口，但还是坚定地挥了挥手，示意我可以去、应该去。”说起和儿子最后的告别，胡武强忍悲伤，满眼都是爱。

胡武的儿子胡江南也是武汉大学新闻与传播学院校友，胡武却从未在学院提及过儿子的病情。胡武理解儿子的要强，也深切地爱着自己的儿子，如同他爱着的教育事业，深沉而炽热。

胡武说，人生最大的原则，无非正义宽厚、诚实守信、淡泊名利、奋进不息。

55年间，胡武转战于新闻一线和三尺讲台，从不辞安排，从不怨辛劳，从不曾停歇，从不辱使命。做记者，他时刻保持着深厚的家国情怀和强烈的社会责任感；当老师，他始终坚守教书育人的初心，辛勤耕耘在教学一线。

胡武常年笔耕不辍，翻阅其笔记，有几句话给人印象特别深刻：路，路上有荆棘，有鲜花。路，时而笔直，时而弯弯曲曲，但总是朝着前方，无边无际。

（武汉大学　刘思维）

3.4.5　亚森·扎苏尔斯基：俄罗斯新闻界泰斗、莫斯科大学新闻系奠基人

亚森·尼古拉耶维奇·扎苏尔斯基（1929—2021）教授于1929年10月29日出生于莫斯科。少年时期的扎苏尔斯基被誉为“神童”。1943年，尚在七年级上学的扎苏尔斯基便通过了莫斯科外语师范学院英语系的入学考试。虽然莫斯科外语师范学院允许他听课，但要求他获得中学毕业证书。1945年，扎苏尔斯基通过自学考试获得了中学毕业证书并正式进入大学二年级学习。1948年，在他大学毕业的那一年，他同时通过了两所大学——莫斯科国立大学和莫斯科国立语言大学的研究生考试。1951年，扎苏尔斯基在莫斯科国立大学语文系的外国文学教研室通过副博士论文答辩。在两年短暂担任“外国文学”出版社编辑之后，自1953年2月23日起，扎苏尔斯基开始在莫斯科大学

新闻系工作，从此，这里成为他终生未曾离开的地方。

从 1955 年起，扎苏尔斯基开始担任外国新闻与文学教研室主任，从 1956 年起任新闻系副主任。1965 年，新闻系的同事们顶住苏联意识形态部门的安排坚持推举他为新闻系主任。扎苏尔斯基在后来的回忆中说，虽然他那时的主要兴趣是研究美国文学，并不想担任这一职务，但由于这是同事们共同的愿望，因此他接受了，结果一干就是 42 年。自 2007 年扎苏尔斯基教授卸任系主任后，他获得了专门为他设立的职位——莫斯科大学新闻系主席，同时继续担任外国新闻与文学教研室主任，直至去世（见图 3-5）。

图 3-5　“永远的系主任”扎苏尔斯基

扎苏尔斯基教授有多重身份，他既是多年不变的系主任、管理者，冷战期间东西方学者交流的桥梁、“国际传播的俄罗斯大使”，同时也是 20 世纪美国文学、外国与俄罗斯新闻理论与历史、大众传播领域的著名学者，还是学生心目中亲近的老师。扎苏尔斯基教授去世后，俄罗斯国家杜马教育与科学委员会主席尼古诺夫在社交网站上写道，扎苏尔斯基是“杰出的教育家和人”“才华横溢的教授和组织者”，永远对于“探索新的、非同寻常的和进步的”事物保持开放。

扎苏尔斯基是在斯大林时代末期来到莫斯科大学新闻系工作的，机缘是他之前给当时成立不久的莫斯科大学新闻系（1952 年根据斯大林签署的命令成立）讲授美国新闻业。从那时起，在长达半个多世纪的领导岗位上，他为莫斯科大学新闻系营造了不同寻常的自由、开放的学术氛围，同时奠定了高质量的专业水准，使之成为苏联和之后俄罗斯新闻高等教育的标杆。

扎苏尔斯基任系主任后，极力延揽人才。不少同事在纪念文章中提到当年扎苏尔斯基如何力邀他们来新闻系工作，并为他们的工作创造条件，也有的同事提到当他们被苏联意识形态官员打压时扎苏尔斯基教授默默提供帮助的往事。他以高超的外交才能、有原则的灵活性在莫斯科大学新闻系这个苏联时期培养意识形态工作者的场所塑造了罕见的自由、开放、兼容并包的学术氛围，打造了一支优秀的教师团队，这是新闻系保持高学术水准的基础。

扎苏尔斯基教授对于时代向新闻业提出的要求有着高度的敏锐。在他任职期间，设立了一个又一个新的教研室以适应社会对人才的新需求。在苏联解体前的 1989 年，当苏联的经济有所放松时，莫斯科大学新闻系创立了经济新闻与广告教研室，而在社会氛围已经变化了的 1990 年，又创立了新闻社会学教研室，之后又开设了新媒体教研室。莫斯科大学新闻系的戈罗霍夫教授认为，正是扎苏尔斯基将一个教研室水平的新闻系发展成了符合时代需求的现代化大系。

在扎苏尔斯基教授的领导下，莫斯科大学新闻系的教学形成了理论基础与实践相平衡的风格。莫斯科大学新闻系重视学生的社会科学和人文基础：对于新闻系的学生来说，哲学、历史、文学、经济等课程是必修课，同时，莫斯科大学新闻系还强调实践对于学生的重要性。在相当长的时间里，要进入莫斯科大学新闻系的条件之一是要通过创作比赛，只有那些在创作方面表现出才华的学生才有可能进入新闻系学习。入系之后，学生们除了要在系内通过专业课学习与职业技能相关的实践知识外，还要利用系里的印刷厂或实验室出版教学报纸、广播和电视节目。此外，学生们每学年还要去新闻机构实习。伴随技术的发展，学生的实践活动也扩展到网络空间。因此，莫斯科大学新闻系的毕业生由于其基础理论扎实并且受过较好的专业训练而得到了用人单位的高度评价。

扎苏尔斯基教授非常重视新闻学教育中的文学课程。这不只因为他是研究美国文学出身，还因为他认为通过文学可以形成学生们的道德理想、培养他们的人文素养。在他看来，文学作品中蕴含着人类的哲学、审美遗产，它使学生有可能在接受这些人类艺术巨匠成就的同时形成自己的立场、观点，从而理解这些哲学思想，还可培养他们对于人的个性的尊重。此外，他认为文学对于以新闻为专业的学生的重要性还在于，新闻业是以语言为工具的职业，因此语言是新闻系学生应当掌握的基本技能，而文学正好可以给学生提供这方面的帮助。

为了使莫斯科大学新闻系的学生、未来的新闻工作者更多地了解外部世界，苏联时期，扎苏尔斯基教授便在给学生开设的“外国共产主义报刊史”课程中介绍当时国外新闻业的发展。20 世纪 70 年代，扎苏尔斯基教授就积极倡导在莫斯科大学新闻系创立美国文化研究中心。他也曾经出版过《当代资产阶级新闻理论》（1967）、《社会政治结构中的新闻业》（1975）等著作。可以说，在冷战的条件下他已经是在以世界性的眼光来发展新闻系。这也使得苏联解体后，莫斯科大学新闻系的转型并不是在对外界完全不了解的情况下起步的。苏联解体后，在他的直接参与下，在莫斯科大学新闻系陆续设立了法国、德国、芬兰、日本和印度新闻学的教学中心，在这些中心有国外教授用这些国家的语言授课。这些为莫斯科大学新闻系的教师和学生打造了国际化的学术环境。

2007年，扎苏尔斯基教授出于个人意愿辞去了系主任的职务，但莫斯科大学专门为他设立了一个早前并不存在的职位——新闻系主席。在关于设立这一职位的决议中写道：它的目的是“对学生培养和科学研究进行监督，确定新闻系的国际交往战略、对关涉新闻系发展的原则性问题提供咨询、巩固与媒体产业的联系、发展职业的创造性与伦理原则”。

由于扎苏尔斯基教授卓越的科学、教学和组织活动，他获得了多校荣誉勋章。在苏联时期，他两度获得荣誉勋章（1960、1976）、劳动红旗勋章（1980），在俄罗斯时期，他获得的荣誉有：以圣雄甘地命名的联合国教科文组织金牌勋章（1995），1999年10月29日他70周岁生日那天，根据时任俄罗斯总统叶利钦的命令颁发给他祖国四级功勋勋章。此外，他还两次成为莫斯科国立大学罗蒙诺索夫奖的获得者（分别是1976年的学术成果奖和2001年的教学活动奖）、2003年获得莫斯科国立大学荣誉教授称号、2005年获得俄罗斯联邦政府奖、2015年获得政府在大众传媒领域设置的奖项。2018年，因扎苏尔斯基教授对俄罗斯新闻事业的巨大贡献，他被授予俄罗斯荣誉记者称号。

3.4.5.1 搭建东西方传播学者交流的桥梁

苏联时期，官方认可的国际学术交流主要局限于社会主义阵营内部国家的新闻院系之间。当时，社会主义国家的新闻系主任每年定期召开会议。但同时，扎苏尔斯基教授也非常注重与西方世界建立学术联系。1958年，他受联合国教科文组织奖学金的资助去法国学习，由此有机会实地考察西方世界新闻业的运行。20世纪50年代末期，他成为联合国教科文组织赞助的新闻学高等教育中心的理事会成员，从而参与到国际传播学术界中。他还有机会多次到过英国、德国等国家访问。1974年，他利用富布赖特奖学金到美国访问，并在美国宾夕法尼亚大学的安南伯格传播学院讲授专题课“美国与苏联新闻业的比较分析”。

在Michal Meyen（2012年11月）和Kaarle Nordenstreng（2015年9月）于莫斯科对他进行的两次采访中，扎苏尔斯基教授介绍了关于他与国际大众传播研究协会（以下简写为IAMCR）的渊源。1968年，他成为IAMCR的副主席，担任这一职位到1988年。为筹备会议，他与东西方的学者都建立了广泛的联系。1978到1990年间，扎苏尔斯基教授领导了IAMCR的专业教育部门。2006年，他发起成立了一个新的工作组——“后社会主义与后威权媒体工作组”并曾担任过该工作组的主席。1988 年，扎苏尔斯基教授主动提出不再担任 IAMCR 的副主席职务，但在 IAMCR50 周年的会议上，由于他为克服东西方之间政治矛盾所做的努力，扎苏尔斯基教授被承认为荣誉会员。

在参加这些国际性学术活动期间，扎苏尔斯基教授不仅与来自东西方国家的大学建立了广泛的联系，推动了教师和学生的国际合作与交流，还亲自参与了一些国际合作项目。20 世纪 70 年代后期，扎苏尔斯基教授担任联合国教科文组织麦克布莱德委员会的顾问，为《一个世界，多种声音》这部调查报告提供咨询。

同时，他也与一些知名的国际学者建立了良好的个人关系，如美国学者 Herb Schiller 是其个人好友，他与芬兰学者 Kaarle Nordenstreng 也有多年的友谊，Kaarle Nordenstreng 称他为“具有非凡智慧的人”。

扎苏尔斯基教授在接受采访中说，他当时真的想要停止冷战思维并且至今他仍然反对冷战思维，他致力于发展一个能更好地相互理解的世界。

3.4.5.2 卓越的学者

扎苏尔斯基教授是卓越的学者。

扎苏尔斯基教授最初的研究领域是美国文学，他早年间的研究都与美国文学有关。他于 1967 年获得语言学博士学位，论文是《20 世纪的美国文学》。在俄罗斯学术界，扎苏尔斯基教授也是以成为经典的《20 世纪的美国文学》的作者而知名的。此后，他的研究领域从美国文学扩展到美国和外国新闻业、大众传播理论和历史、转型媒体模式以及传媒体制、信息技术和全球化的比较研究等领域，但他仍然对美国文学保有长久的兴趣。

扎苏尔斯基教授长年担任《莫斯科大学学报·新闻卷》的主编，同时还是 300 多篇论文和学术著作的作者和合作者，其中有代表性的有：《西奥多·德莱塞——作家和政论家》（1957）、《外国文学史》（1959）、《外国新闻史》（1959）、《社会政治结构中的新闻业：大众信息与宣传体系的政治组织问题》（1975）、《西奥多·德莱塞：生活与创作》（1977）、《马克·吐温与他在美国现实主义文学发展中的作用》（1987）、《报刊史：选集》（2001）、《俄罗斯大众传媒体系》（2003）、《自由的诱惑：俄罗斯新闻业（1990—2007）》（2007）、《通往移动社会：乌托邦与现实》（2009）、《俄罗斯大众传媒》（2011）、《知识社会中的传播：俄罗斯新闻业 2008—2013》（2013）、《当代外国大众传媒》（2013）等。他的学术出版活动一直持续到 2019 年他 90 岁高龄的时候，这一年，他出版了自选集。

此外，他还有用英文出版的系列论文（论文部分清单见后）和著作，笔者手边有的书是由 Kaarle Nordenstreng 和扎苏尔斯基教授等人主编、在芬兰出版的英文著作 *Russia Media Challenge* 以及由他主编的并于 2015 年在中国翻译出版的《俄罗斯大众传媒》（笔者是第二译者）。

在扎苏尔斯基教授生前的办公室里，有一张巨大的办公桌，上面摆满了各种手稿和书籍，显示出他广博的学术兴趣与活跃的思考。他经常阅读的报纸有《消息报》《莫斯科共青团员报》等。他从 1946 年起就长期收听 BBC 的节目。在笔者于 2015 年 7 月去他家中拜访时，看到他书房中巨大的电视屏幕，他说自己每天都收看外国媒体的报道，他比较关注的除了 BBC World 之外还有 CNN。

扎苏尔斯基教授生前所讲授的课程主要有"世界新闻业导论""外国新闻史""当代外国传媒""20 世纪外国文学史：英国与美国"。此外，他还主持一系列讨论课和专题课，同时每周给博士生授课。他的教学活动一直持续到 2019 年春天，当时他已接近 90 岁高龄。

在前文所述的采访中，当采访者问他："有些人到了 65 岁就会非常高兴地彻底退休了。您可以说出激励您继续工作的动力吗？"他的回答是："我并不是为了赚更多的钱或者获得其他好处。仅仅是因为我对新闻业感兴趣，以及我对教育的热爱。"

3.4.5.3 学生信赖的老师

在扎苏尔斯基教授执教期间，有三万多名学生从新闻系毕业。他的学生在俄罗斯、近东和远东国家媒体的主要岗位上工作。在他的直接指导下有 15 名博士和 180 名副博士通过了答辩。

曾任俄罗斯联邦总理、现任俄罗斯联邦安全委员会副主席的德米特里·梅德韦杰夫在扎苏尔斯基教授去世后给其同事、亲人和朋友的吊唁中写道："亚森·尼古拉耶维奇理所当然地应被认为是我国新闻业的经典，没有他，历史无法想象"；"作为知名大系的主任，他创造了杰出的学派，团结了主要的教师，为学生提供了实现他们才能的巨大可能性。在玛哈瓦娅街①的历史院墙内学习过我国最大媒体的领导、知名记者、学者和政治家。许多新闻系的毕业生都骄傲地称亚森·尼古拉耶维奇是自己的老师。他们总是坚定地知道，能够从他那里获得职业上的支持和友好的参与"。

扎苏尔斯基教授去世后，在莫斯科大学新闻系网站上一篇怀念扎苏尔斯基教授的文章中写道：他是一位为科学无私奉献一生的才华横溢的老师、睿智的导师和领导者。

在同事眼中，扎苏尔斯基教授善良、热心，他帮助了很多人，给很多人以建议。在

---

① 莫斯科大学新闻系所在的街道名称。

学生眼中，他是理解他们、随时准备给他们提供帮助的老师。他教过的许多学生说，他记得他们每个人的名字，即使多年之后也是如此，这使得学生们在佩服他惊人记忆力的同时也感受到温暖。

扎苏尔斯基教授去世后，俄罗斯记协主席同时也是莫大新闻系的毕业生伏拉基米尔·索罗维耶夫在接受塔斯社采访时说，对于苏联和俄罗斯的新闻业来说，扎苏尔斯基是个传奇性人物，是无可争议的权威。“他记得我们所有人”，索罗维耶夫说，“在见面的时候他能叫出我们的名字、毕业的年份，甚至还有毕业论文的题目，在我这里就是这样”。索罗维耶夫在接受采访时讲道，2017 年当他竞选记协主席职务时，腿脚已经不方便且已 89 岁高龄的扎苏尔斯基教授亲自前往记协大会支持他的当选。

俄罗斯教育科学部部长瓦列里·法里科夫认为，扎苏尔斯基教授具有热爱和倾听每个学生的特殊天赋，对他们有恰到好处的理解和严格，不仅和他们分享知识，而且分享个人经验。他说，“亚森·尼古拉耶维奇——是莫斯科大学新闻系的灵魂。他是一个把自己的一生奉献给新闻系的人和培育了几代新闻记者的人，他们中的每个人都把他当成自己的导师”。

3.4.5.4 与中国

扎苏尔斯基教授与中国新闻教育有深厚的渊源。他一生多次来到中国，据笔者与他生前的交谈所知，最早的一次是在 1988 年。2002 年，当他从中国结束访问回到莫斯科后，盛赞中国高速发展的经济。他还是中国与俄罗斯新闻教育和学术交流的积极推动者。正是在他的倡导和积极支持下，莫斯科大学、中国传媒大学与中国人民大学于 2005—2015 年期间连续举办了十一届“中俄大众传媒研讨会”，直到教育部成立“中俄新闻教育高校联盟”时才停止。这种连续性的国际会议对于加强两国学者对对方的了解及其学术交流具有非常深远的意义。在近些年来中俄两国关系密切的背景下，更显示出扎苏尔斯基教授具有前瞻性的眼光。扎苏尔斯基教授去世后，不少与他有过交往的中国学者也撰文表达了缅怀之情。

多年前，一位扎苏尔斯基教授曾经的学生、后来的新闻记者在采访他时，他说过这样一句非常普通却很能表明他心迹的话，他说，人要为自己的选择认真负责。话虽普通，但这的确是扎苏尔斯基教授一生为人的真实写照，他正是这样走完了他的一生。在他年轻的时候，他选择在莫斯科大学新闻系工作，并在其后选择承担系主任的职务，之后，他为此奉献了毕生心血。

（中国传媒大学　贾乐蓉；传播研究院硕士研究生张楚雨亦有贡献）

3.4.6 魏永征：永远在征途上的“两栖学者”

魏永征，本名魏庸徵。浙江宁波人，1941 年出生于上海。1959 年考入复旦大学新闻系，1964 年毕业，留校在新闻系任教。1978 年调上海社会科学院，历任新闻研究所副研究员、研究员。1980 年起兼任《民主与法制》杂志（当时属于上海市社会科学联合会主办）编辑。1987—1998 年任《新闻记者》杂志常务副主编、主编。2001—2010 年，任香港树仁大学专任教授。2003—2016 年，任中国传媒大学特聘教授、博士生导师。2010—2017 年，任汕头大学长江新闻与传播学院教授、讲座教授及硕士生导师。

他从事新闻实务、教育和学术研究已超过半个世纪，以传播法研究而在圈内广为人知。他笔耕不辍，著述甚丰，现在查“知网”（CNKI）可见 287 篇，而在未与“知网”挂钩的或境外的出版物发表、或以笔名发表的，则连他本人也无从统计。2002 年版的《新闻传播法教程》是“十一五”国家级规划教材中的精品教材，现已修订至第七版。他参与创办中国传媒大学传媒政策与法规专业，在中国传媒大学、汕头大学培养传媒政策与法规方向的博士、硕士研究生，同时兼任国内多家传媒法①教学、研究机构的学术顾问。2016 年荣获“中国传媒法影响力人物”称号（见图 3-6）。

图 3-6 魏永征在“中国传媒法研究的源流与前景”高峰论坛（2021. 7. 8）上发表演讲

① 传媒法、传播法，虽然有争论，但是鉴于不同文献不同提法，本文以同义对待。香港学校的课程名称，中英文并称，但有时并不对应，如媒介伦理（Media Ethics）、中国新闻（China Reporter），前对后不对，照录。

3.4.6.1 一系列“两栖”历练

魏永征出生于浙东的文化世家。受到家庭熏陶，上大学便报考了当时全国仅有两家大学新闻系之一的复旦大学新闻系。1959—1964年复旦大学执行的是“两典一笔”的办系思路，引导师生研读马列经典著作和中国文史经典，勤练笔头，夯实了他的理论根底和文史修养。① 各占一学期的参加编辑出版工厂报纸和省级党报实习，使他得以参与了一张报纸从采写编校到铅排、拼版、发行的实践全过程。

魏永征1980年兼任当时拥有280万读者的《民主与法制》杂志社编辑，在上海司法界几位资深人士指导下处理读者投诉、编写普法读物，开始了新闻与法律的“两栖”生涯。随着社会主义法制建设的发展，国家曾经试图就新闻工作制定专门法，魏永征曾是上海起草小组中的一员，成为他耕耘于新闻传播学与法学的交叉地带的起点。

1987年接办《新闻记者》杂志②时，他还拥有杂志社法人代表的身份。新闻所要求除三位编辑领取本所在编工资外，杂志社实行独立核算、自负盈亏，包括支付聘用人员工资或津贴，这就必须履行企业法人登记。在大多数媒体还是事业单位“吃皇粮”的时候，他办杂志既要管内容还要管经营。这段经历使他成为在新闻传播研究领域较早关注并研究新闻媒体的产业性质及相关政策的学者。在一项对CSSCI、CNKI两个数据库新闻传播学论文1978—2007年30年引用数据统计中，他在2001年发表的论文《中国传媒业利用业外资本合法性研究》③ 引用率位列前50名。④

2001年他应香港爱国老人胡鸿烈、钟期荣之邀赴任树仁学院（后来正名为大学）新闻与传播系专任教授，讲授媒介伦理（Media Ethics）、中国新闻（China Reporter）、大众媒介与社会（Mass Media and Society）等课程，并为学校的《树仁学报》撰稿、审稿。还参与香港大学新闻与传媒研究中心的“中国传媒研究计划”项目。而2003年他又应北京广播学院（现中国传媒大学）之邀（经树仁大学校长批准）担任指导传媒法规和政策方向博士生等兼职。每年数次往返于京港之间。这段地理上的“两栖”经历，重要的是使他对于在不同社会制度下不同新闻体制、新闻规范、新闻理念有了切身体

---

① 葛怡婷．道阻且长 行而能远——复旦大学新闻教育述评（1957—1976）［D］．复旦大学，2014.

② 《新闻记者》杂志1983年由上海文汇报社创办，1987年转归上海社会科学院新闻研究所主办，1996年由上海新民晚报社与上海社会科学院新闻研究所合办。经过上海报业的改制重组，现由上海报业集团主管，上海报业集团、上海社会科学院新闻研究所主办。

③ 魏永征：《中国传媒业利用业外资本合法性研究》，《新闻与传播研究》2001年第2期。

④ 徐剑、蒋宏：《中国新闻传播学高影响论文评介》，上海交通大学出版社2009年版。

会，深谙法律、道德等作为行为规范必须与特定社会制度相适应的基本规律。

3.4.6.2 在传媒法研究领域探索前行

作为改革开放以来中国传媒体制改革的亲历者，魏永征的研究也与中国传媒领域的法治化进程同步，不断回应新闻传播实践和新闻传播法发展中的重大问题。

20 世纪 80 年代后期，随着国家立法保护公民的名誉权等人身权利，新闻侵害名誉权等纠纷频发，新中国第一起新闻记者诽谤案就发生在他所兼职的《民主与法制》杂志社，接着该社陷入的侵权诉讼案一度同时有六七件之多。虽然杂志社委托代理律师负责应诉，但他身在其境，认识当事人，了解事实经过，也能接触到案情材料，促使他思考这些新闻领域新出现的法律问题。

自 90 年代起，他在《新闻记者》杂志上开辟“新闻法研究”专栏，连续刊登有影响的涉媒案例报道和评论，成为杂志一大特色。1991 年、1993 年和 1996 年，在新闻出版署属下的中国新闻法制研究中心支持和引领下，新闻记者杂志社和其他新闻单位联合举办了 3 次“新闻纠纷和法律责任学术研讨会”。这是新中国第一批新闻及法律领域的业界与学界人士聚首研究讨论新闻报道与人格权益有关法律问题的学术会议，《新闻记者》杂志成为公认的研讨新闻与法的重要园地。这为魏永征的后任将这本以新闻业务交流为主的杂志向新闻传播学术期刊转型打下了基础。

现任《新闻记者》杂志主编刘鹏认为，魏永征老师主持杂志阶段（1987—1998），有三个比较重要的特色：一是更加重视学术研讨，特别是新闻业态改革、新闻法治方面的探讨；二是遵循杂志创始人、文汇报总编辑马达先生对杂志的定位，面向全国，放眼国际，这体现在选题、作者队伍及影响范围等方面；三是编研结合的工作要求。现在，编辑部依然保持了这种学术性、前沿性的特色和定位，全体编辑人员也以魏老师为榜样，在做好学刊编辑工作的同时，尽量参加相关的学术研究，产出学术成果。

魏永征在组织文稿和学术活动的同时，也自己动手撰写评论和论文，从此一发而不可收。1990—1991 年，他在陕西日报主办的《新闻知识》杂志连载 20 篇《“新闻官司”面面谈》。1994 年出版《被告席上的记者——新闻侵权论》，成为新中国第一部研究新闻侵权与诉讼的专著，也是第一部传媒法领域的专著。陈力丹教授认为该书案例典型、引证丰富，文笔生动、分析透辟，对普及新闻法律知识，提高新闻工作者法律素养和伦理修养大有裨益。①

---

① 陈力丹．新闻法知识——记者防身的武器——读魏永征《被告席上的记者——新闻侵权论》[J]．新疆新闻界，1995（5）：39-41.

世纪之交，针对业界在传媒法治、舆论监督等问题上的误解和争议，魏永征在《新闻与传播研究》《中国记者》《新闻界》等学术刊物屡屡发表文章，结合典型案例，阐述“新闻法”的内涵、我国新闻法律规范架构、言论自由、舆论监督及新闻工作者的权利和义务等传媒法理论与实务问题。这些文章，后来他自选了一部分收入文集《新闻法新论》（2002）、《传媒规范简论》（2015）和《法律素养：记者的必修课》（2017）里。1999 年出版的《中国新闻传播法纲要》，系统阐述了新中国新闻传播活动法律规范，成为精品教材《新闻传播法教程》的前身。其后，他主持国家社科基金项目，从法制、管理和自律三方面对西方传媒法规与伦理进行较为全面的译介和比较研究。2005 年，他与李丹林共同主编的《影视法导论》系统阐释了中国影视产业法。2006 年，他与张鸿霞共同主编的《大众传播法学》系统阐释了大众传播法学的基本原理和体系构成，被誉为当时我国大众传播法学体系建构的最高成果①。新媒体崛起，他又把研究视野转移至互联网领域，聚焦网络法及其最新案例研究。

在传播法领域耕耘 40 多年，魏永征对传播法研究有许多思考与大家分享。例如，他澄清人们以为“新闻法”是一部专门法律的理解，提出新闻传播法是调整新闻传播活动中各种社会关系的法律规范的总和的概念，拓展了传媒法学人的施展舞台。② 2021 年 7 月，在“中国传媒法研究的源流与前景”高峰论坛上，他说：法律的权威和生命力在于实施。当前传播法建设和研究创新首先需要更多关注已经制定的法律规范的实施问题；其次要紧跟传播科技的发展开展研究；最后要重视对新型新闻传播工作者的行为规范的研究。

3.4.6.3　话说版行了七次的传播法教材

2002 年初版，至今已修订到第七版的《新闻传播法教程》（简称“教程”），集中体现了魏永征的传播法教育理念和他在传媒实践和学术研究中的积累。“教程”以中国特色社会主义法律体系为框架，以阐述新闻传播活动法律规范为主体，同时结合阐释有关政策、纪律、职业道德等规范，系统呈现了“公民有自由，媒体归国家”的中国特色社会主义新闻传播规范体系。此书入选“十一五”国家级规划教材中的精品教材，成为高校新闻传播法教学的首选教材、了解中国传播法的必读书和多所重点院校指定的考研参考书。截至第六版，累计印刷 26 次，发行 13.6 万册。

---

① 罗斌．传播法学的源流、对象、范畴与体系——传播法学体系研究（上）［J］．当代传播，2022（3）：95-100.

② 魏永征．中国新闻传播法纲要［M］．上海：上海社会科学出版社，1999：1.

在与魏永征访谈过程中，他谈了对此书的一些想法：

第一，这是一部讲中国法律的书。这就必须坚持中国特色社会主义方向，坚持立足本土，按照中国已经形成的社会主义法律体系框架阐述我国新闻传播领域的有关规范。对外国相关规范可以介绍一点，这只是为了了解和比较、借鉴，不能盲目主张照搬、“引进”。

例如在传播法研究中，20 世纪 60 年代美国的警官沙利文诉《纽约时报》诽谤案是人们熟知的一个重要案例，此案确立了“公众人物”起诉媒体诽谤必须证明媒体具有“实际恶意”的归责原则，这对媒体自然大大有利。我国学界不乏有人主张将这个原则“引进”到中国来，还以此推论出“公众人物”人格权保护应该“弱化”“克减”。魏永征在《被告席上的记者》中就已对此是否适合中国新闻体制提出怀疑。2007 年，他与当时在他指导下从事博士学位研究的张鸿霞合作发表论文①，论证这个判例原则不符合中国国情。此后魏永征屡屡发表文章批评公众人物权益“弱化”的论点。②

第二，这是一部写给学生学习的书。他认为，新闻传播专业的绝大多数学生学习传播法并不是要去研究，而是要懂得现在国家有些什么规范，将来能够用所学知识维护自己的权益，并自觉履行应尽的义务。再说，“教程”是提供教学使用的，不同于严格的学术专著。法律、政策、道德，分属于法学、政治学、哲学这些不同学科，需要也必须进行分别的独立的深入的研究和阐述；但是从应用层面说，这些规范存在着难以分割的联系，所以在讲述新闻传播活动法律规范过程中，应该结合讲解有关政策、职业道德等规范。书中不涉及尚在学术研究层面探讨而并未正式确立的规则，对于相关研究中涉及现行法律、政策规范及解释的不同意见，需要提及的则在注释中说明。他把这样的体例称为“述而不作”。

就像前述美国沙利文案引出“公众人物”人格权益保护“弱化”论的争议，在“教程”以往版本中也只是通过注释提供参考。只是在第七版，为了说明民法典第 998 条关于侵害精神性人格权应该综合考量双方当事人各项因素的规定，方才引用最高人民法院公布关于网络侵害人身权 8 个典型案件中有 6 个案件的当事人属于“公众人物”，而处理结果各不相同，说明根本不存在一律的“弱化”与“克减”。

第三，这是一部与时俱进、不断更新的书。魏永征不无感慨地回顾，本书初版于 21 世纪初，当时我国新闻与传播业态还是以传统媒体为主体，中国特色的社会主义法

---

① 魏永征，张鸿霞．考察“公众人物”概念在中国大众媒介诽谤案件中的应用［J］．中国传媒报告（香港），2007（4）：39-59.

② 魏永征．公众人物权益“克减”论可以休矣［J］．新闻记者，2015（3）：63-66.

律体系尚在构建之中。如今，中国特色的社会主义法律体系已经形成，社会主义法治体系建设不断取得进展。而随着移动互联网成为新闻信息传播的主要场域，传统建构单一的、线性的传播形态已遭到彻底颠覆。“教程”理应随着新闻传播业态和法治建设的发展而与时俱进。

20 年来，“教程”保持总体架构不变，基本上每三年修订一次，成为我国传播法领域唯一不断修订的专业教材。魏永征用中国京剧改革“移步不换形”来形容。“新闻传播法”的书名是不可更改的，改了就等于出新书了。但为了适应网络时代“新闻泛化”的嬗变，从第五版增加了一个英文书名：*The Law of Journalism and Mass Communication in China*，以此表示本书涵盖范围正在扩充至整个传播法。今年 7 月出版的第七版补充了近三年来颁行的《民法典》《著作权法（修订）》《数据安全法》《个人信息保护法》等法律法规内容。

从第六版开始，他邀请自己的关门弟子、中国传媒大学副教授周丽娜参与修订《新闻传播法教程》，当然是考虑将教材的后续更新任务逐步移交给她。教材修订过程也是一种学术传承。周丽娜感慨，老师不仅学问渊博、记忆力好，且实时更新前沿知识，在教材编写方面的思考给她很多指导和启发。比如，魏老师强调，教材供教学使用，不同于严格的学术专著。传播法教材应该让所有人都能看懂、看明白、能应用。重写“人格权”这一章时，他要求以学生的视角改了好几次。上海疫情告急之时，他抓紧修订，赶在快递停运前把 1.8 公斤的第七版终校版样从墙洞里交给小哥寄出，保证了新书如期送审，顺利出版。

3.4.6.4 致力于传播法学科建设与人才培养

魏永征在上海社科院任职期间，就曾在上海多所大学担任兼职教授以及 20 世纪在香港、北京、汕头等地任教。

2003 年，魏永征受聘担任北京广播学院（后改名中国传媒大学）特聘教授，同时任媒体法规政策研究中心顾问、博士生导师，成为新中国首位“传媒法规与政策”方向的博士生和硕士生导师。他就这所以新闻传播学为主业的高校如何办好法律专业或法律系提出建议，使该校法学学科明确了“办成以传媒领域的法律作为特色”的这一跨学科发展方向。这一专业建设方向的确立在当时具有探索和创新意义。此后，他不辞辛苦，每年往返于香港与北京，参与授课、指导学生，组织该校法律系教师团队编写传媒法研究著作。在 20 世纪第二个 10 年间，指导审定《中国传媒法治年度报告》在《新闻记者》发表，制作了 48 期电子刊物《传媒法律与政策通讯》，对中国传媒大学媒体法规政策研究中心举办的年度传媒法十大事例的评选等活动切实发挥顾问作用。魏永征付出的心血为中国传媒大学的传媒法学科建设及骨干人才培养作出重要贡献，由此也奠定了中国传媒大学在传媒法研究领域的地位。

魏永征的教学和研究工作受到师生好评。树仁大学创始人胡鸿烈先生曾评价魏永征“学识渊博又肯从事研究，是一位难能可贵的好教授”。汕头大学长江新闻传播学院前任院长范东升称他是学院教学的“顶梁柱”，做他的学生是非常幸福的。在树仁大学任教时，他在授课之余，还参与指导学生社团的学术研讨、新闻实践，并率领学生前往北京、上海等地进行考察活动，增进香港学生对祖国大陆的了解。在中国传媒大学和汕头大学担任特聘教授期间，魏永征培养的博士和硕士均以“传媒政策与法规”为研究方向，现在国内知名的传媒法研究专家和新秀多出自他门下。如中国传媒大学教授李丹林，南京大学教授白净、中国记协一级调研员阚敬侠、国内第一本高端智库期刊《社会治理》在职的第一副主编刘逸帆，以及张鸿霞、王伟亮、路鹃、王晋、周丽娜等中青年传媒法教学研究生力军。

白净说，自己之所以攻读传媒法方向的博士学位正缘于魏老师的鼓励。如愿考上后，老师为她制定了特定的培养方案，由于当时自己在香港媒体工作，基于“一国两制”，从事香港特别行政区和中国国家层面的传媒比较法研究应该具有优势，还可以兼顾工作和学业。为确保她的博士论文如期完成，魏老师坐大巴车 6 个多小时从香港到汕头“督战”。论文如期完成且获得了校内外专家的充分肯定，后来正式出版。

李丹林教授说，在魏永征担任媒体法规政策研究中心顾问期间，她作为该中心主任，有得天独厚的接受导师教导的条件，导师严谨的治学态度、悉心的指导、时刻处于一种思考和研究的状态，给她极大的影响和激励，使她受益良多，她的博士学位论文答辩获得优秀。如今魏老师依然参与指导李丹林教授指导的博士生的培养，时刻关心师孙们的学业。

魏永征还热诚对待其他有志于传媒法研究的学者。他曾为多部传媒法著作或译作写序。20 世纪 20 年来，传媒法学界的多数后辈学人都以各种不同的方式获得过魏老师的学术提携、帮助和支持。华东政法大学传播学院教授彭桂兵说，自己对传播法的研究兴趣，除了归因于导师展江教授，主要因为魏老师对晚生后学的持续鼓励。①

《新闻记者》现任主编刘鹏说，魏永征老师退休后一直作为刊物的“特聘顾问”，支持期刊工作。一些重要的选题、吃不准的问题，往往头一个想到向他请教。对年轻学者的求教，专业文章的审稿，他都是尽力应承。刘鹏也特别提到魏永征老师对后学的关

① 周丽娜，杨林．全景丨中国传媒法源流与前景高峰论坛之新一代学人发言摘录．[EB/OL]．[2021-08-15]．https：//mp. weixin. qq. com/s/EZ-6_nZcxYXMu1kzznjm7w.

心与爱护。每次请他审稿，除了总体意见之外，他会在全文留下很细致的批注，包括具体法条的引用、语言修辞的斟酌等。有时还担心批评意见说重了，年轻人不好接受，总想着怎么说更好些。这些年，刘鹏的学术论文，几乎每篇在定稿之前都请魏老师看过，他都帮助认真修改，甚至有一次睡不着觉，索性起床把开头重新改过。

2015 年至今，魏永征先后在西北政法大学新闻传播学院、中国政法大学光明新闻传播学院等多所学院和学术组织担任特聘教授或学术顾问。他积极参加传媒法研究工作坊、会议、讲座等活动，发表学术演讲，对相关研究给予鼓励和建议，甘为人梯，毫不藏私。

3.4.6.5 举轻若重　学而不已

魏永征常说，做事要“举轻若重”。这体现在他一贯的写作风格和发言中。不管参加哪种类型的研讨会，他都以做研究的态度准备，PPT 中有照片、有数据，言之有据，绝不敷衍。

1998 年，57 岁的魏永征在同辈学者中率先触网，在“浙江在线”开通个人学术主页“老魏说法”。从此，博客成为他发表相关评论和学术观点的重要平台。他的博文往往第一时间回应新闻工作中的热点、难点问题，释疑解惑，指导实践，引导舆论乃至引领相关研究。2003 年后，因工作需要他率先使用 Skype 软件在香港给中传学子上网课，并组织学生在博客上开展讨论，成为中国最早开展网络教学的教师之一。直到现在，他仍然常常在社交平台分享传媒法领域的最新案例和学术动态，通过会议软件参加或旁听各种学术会议和讲座。这种思想和行动上的“年轻态”，令不少年轻人自愧不如。

2019 年修订《新闻传播法教程》时，魏永征发现，2012 年 6 月 1 日起实施的推荐性国家标准《标点符号用法》（GB/T 15834—2011）中有关“标有引号的并列成分之间……通常不用顿号”的规定不符合中国标点符号区分不同功能的传统原则，让引号这一“标号”同时承担了“点号”——顿号的功能。他与责任编辑商议，果断恢复在表示并列关系的两个引号之间采用顿号。现在许多重要文献和高规格出版物、官方正式报道都坚持这种场合使用顿号。魏永征说：“小小一个顿号，但事关祖国语言文字的规范化、标准化，推广而言，涉及国家和民族的文化水准和文化尊严，不能算小。”①

中国政法大学光明新闻传播学院常务副院长姚泽金教授说，在中国从事传播法研究是一项伟大的事业，也是一项布满荆棘、饱含艰辛的事业，但是魏永征教授在 40 多年的研究中，将其变成了一个美妙的事业，一个充满了无限乐趣和享受的事业，给后学提

---

① 魏永征.《民法典》“附则”中的顿号与标点符号规范化［J］. 青年记者，2021（5）：51-52.

供了丰富的精神营养。① 面对类似的赞誉，魏永征多次强调，自己走入传媒法研究领域是一个个偶然促成的，他并不觉得自己有什么了不起的功业："时代离我太远、太大了。我只是一颗很小的沙子而已。"

桃李不言，下自成蹊。有人说，他是中国传媒法研究与教育当之无愧的拓荒者和奠基人，而他更愿意称自己是一名永远在征途上的"两栖学者"。

莫道桑榆晚，为霞尚满天。今天，年逾八旬的魏永征教授依然满怀热忱，健步行走在新中国新闻法治建设和传媒法教育、研究的最前沿，继续为中国传媒法教育和研究指引方向，贡献力量。他是莘莘学子眼中可亲可敬的"魏老师"与"魏爷爷"，更是后辈敬重的学术标杆和引路人。正如李丹林教授所言，他"谦逊的品格、严谨的治学态度、与同道广泛而纯粹的学术交流、对后辈的关心关爱、对授业弟子的倾心指导，赢得了圈中广泛的尊重和敬仰，也成为中国传媒法研究中最重要的历史和现实的一部分"。

（湖南大学新闻与传播学院　徐琼、邓宇航）

3.5 教授名录

常庆

常庆，文学博士，教授。现任山东师范大学新闻与传媒学院副院长，国家一流专业"新闻学"专业负责人，山东师范大学新闻与传播专业硕士学位点负责人，主要从事新闻和传播理论及实务教学和研究工作。连续十年获得山东师大优秀教学奖，三次获得"山东师范大学优秀共产党员"称号，五次获得"山东师范大学优秀本科生导师"称号，三次获得"山东师范大学优秀研究生导师"称号，荣获山东师范大学"十大教学能手"称号、山东师大首届"十佳教师"称号。出版有《新闻的温度——新闻文体的一种解读》《大众媒介论》《新闻与传播专业英语》《新闻报道通论》等著作六部。主持研究的课题有山东省社会科学规划项目、山东教育厅项目、山东省软科学重点项目等。在《国际新闻界》《人民日报（理论版）》《当代传播》《山东社会科学》《山东师范大学学报》《大众日报（理论版）》《青年记者》等学术刊物发表学术论文数十篇。

---

① 李赛可，杨林．全景丨"中国传媒法源流与前景"高峰论坛之机构代表发言实录［EB/OL］．［2021-08-06］．https：//mp. weixin. qq. com/s/4VZ4vR4ZwJrZXSJ5o0cmSg.

陈 娟

陈娟，女，出生于1977年12月。江苏苏州人，传播学博士。华南理工大学新闻与传播学院、公共管理学院教授、博士生导师。长期从事新闻传播教育，致力于健康传播、科学传播、公共治理方向研究。近年来，主持国家社科基金重点项目、教育部规划项目，广东省、广州市哲学社会科学规划项目等10余项，其他企事业单位委托项目20余项。在国内外权威学术期刊上发表学术论文30余篇。出版专著《面向农民工的社区传播探析》，翻译出版《莎莎舞式的社会科学——信息泛滥时代的研究方法》《比较媒介体制：媒介与政治的三种模式》《控制论》著作3部。担任《新闻与传播研究》《新闻学研究》(台湾)、《新闻记者》等多家学术期刊审稿人。

陈伟军

陈伟军，出生于1973年6月。湖南湘潭人，文学博士。暨南大学新闻与传播学院教授、博士生导师。曾任南方日报社主任编辑，2005年调入暨南大学任教，2009年晋升教授。曾受聘中国新闻奖、长江韬奋奖评委，中央电视台特邀评奖专家。兼任广东省新闻工作者协会《岭南传媒探索》杂志副主编。主要从事新闻实务课程教学，研究方向为融合新闻学、媒介文化和文化产业。主持国家社会科学基金项目、教育部人文社会科学研究专项任务项目、广东省普通高校人文社会科学研究重大攻关项目、广东省哲学社会科学规划项目等多项。在学术刊物发表论文90多篇，被《新华文摘》等全文转载多篇。独自出版《传媒视域中的文学》《媒介融合与话语越界》《新闻与文学的价值追寻》等著作5部，主编《融合新闻学》教材1部。个人专著《社会思潮传播与核心价值引领》获广东省第七届哲学社会科学优秀成果奖一等奖，个人专著《广东文化产业发展战略研究》获广东省第六届哲学社会科学优秀成果奖二等奖。担任国家级一流本科社会实践课程、广东省一流本科社会实践课程“准记者南方训练营”负责人。教育部课程思政示范课程“新闻采写”教学团队成员。

戴元初

戴元初，传媒经济学博士，新闻传播学院教授，博士生导师。现任山东大学舆论研究中心执行主任，主要研究方向为传媒经济学、国际传播、舆论与社会治理。出版有《大融合时代的传媒规制变革：行动逻辑、欧美经验与中国进路》。先后在《现代传播》《传媒》《对外传播》《国际传播》《中国广播电视学刊》《国际新闻界》等学术期刊发表学术论文十余篇。主持国家社科重大项目项目“文明交流互鉴视域下全球传播新格局建构研究”1 项；国家社科一般项目 1 项；国家广电总局特别委托项目“中国网综内容研发机制研究”、部委委托项目多项。

冯 波

冯波，女，1976 年出生，江西南昌人，美国普渡大学传播学博士。现任美国加州大学戴维斯分校传播系正教授。曾先后担任包括《传播学刊》（*Communication Research*）、《人类传播学刊》（*Human Communication Research*）、《社会及人际关系学刊》（*Journal of Social and Personal Relationships*）、《国际及跨文化传播学刊》（*Journal of International and Intercultural Communication*）在内七个传播学领域国际学术期刊编委成员。现任国际传播学会期刊《人类传播学刊》（*Human Communication Research*）副主编。

主要研究方向为人际传播、健康传播、跨文化传播，以及新媒体传播。已在近 30 种国际学术期刊发表研究论文 50 余篇，并为包括《人际传播学手册》（*Handbook of Interpersonal Communication*）在内多本学术专著撰写了十余篇章节，以及 60 余篇国际学术会议论文。参与过多项包括国立卫生研究院（National Institute of Health）、国家科学基金会（National Science Foundation）、国防高级研究计划局（The Defense Advanced Research Projects Agency）在内多个美国国家级研究机构资助的研究项目。曾多次获得教学、科及专业服务方面的奖项。

高金萍

高金萍，女，1970 年生，中国人民大学文学（新闻学）博士，中国传媒大学新闻传播学博士后。现任北京外国语大学国际新闻与传播学院教授、博士生导师，马克思主义新闻观研究中心主任，校通识教育专家委员会课程模块负责人，国家社科基金重大项目首席专家。研究方向为新闻理论、全球传播、外媒舆情分析。主持国家社科基金重大项目、重点项目和一般项目各 1 项，国家社科基金重大项目子课题 3 项，国家留学基金委、教育部和北京市社科基金项目等共 7 项。出版专著 7 部、教材 3 部、译著 1 部，代表性著作有《西方电视传播理论评析》（中国传媒大学出版社）、《“明镜”与“明灯”：中国主流媒体话语与社会变迁研究》（中国人民大学出版社）、《传播革命——紧要关头与媒体的未来》（译著、上海译文出版社）。已发表学术论文 120 余篇，其中《就〈人民日报〉与〈纽约时报〉的悉尼奥运报道论中美新闻文化的差异性》最早开展了中外媒体关于奥运报道的比较研究。组织主办全国性学术会议“马克思主义新闻观研究与实践高端论坛”，搭建学界与业界马新观研究与实践沟通的桥梁。荣获北京外国语大学首届教材建设奖一等奖、北京外国语大学优秀学位论文指导教师奖等奖励。

耿 蕊

耿蕊，女，内蒙古赤峰市人，毕业于武汉大学新闻与传播学院，获博士学位。现为长沙理工大学文学与新闻传播学院教授，副院长，硕士生导师，新闻学与传播学学科带头人，新闻传播专业硕士授权点负责人，国家一流专业（新闻学专业）负责人。湖南省青年骨干教师；教育部公派赴美国佐治亚州立大学访问学者。入选中宣部、教育部“双千”计划，并到湖南广播电视集团金鹰卡通频道挂职一年。

数年来一直从事传播学与媒介经营管理研究，在动漫传播、新媒体等专题研究有突出成就。曾主持完成 2 项国家社科基金课题、5 项省部级课题，参与省部级以上课题 10 余项。出版《中国动画产业组织优化研究》《中国动漫产业集群发展研究》《中国民营影视发展研究》等学术专著，在《当代传播》《中国出版》《中国电视》《电视研究》《中国科技期刊研究》等刊物发表论文学术 50 余篇，其中 26 篇为 CSSCI 检索期刊论文，2 篇被《新华文摘》摘登。

贾鹤鹏

贾鹤鹏，苏州大学传媒学院教授、博士生导师，康奈尔大学科学传播专业博士。2012 年前转向学术研究前，贾鹤鹏引领了中国科学新闻领域的专业化发展。转入学界后，贾鹤鹏教授出版了 4 部专著，发表了 50 余篇核心期刊论文，并获得了“弘扬科学精神”的国家社科基金重点项目及多项省部级课题。

贾鹤鹏教授曾任中科院《科学新闻》杂志总编辑，曾连续两届代表亚洲当选为世界科学记者联盟（WFSJ）执行理事（2007—2009；2009—2011）。贾鹤鹏教授主要研究领域包括开展科学传播能力建设、探索中国特色的公众参与科学以及探讨科技争议背后的政治、社会与传播因素。2019 年加盟苏州大学以来，贾鹤鹏教授带领团队成员，致力于开拓具有中国特色的科学传播理论，在爱国主义、集体主义和极化态度因素在科学态度与健康行为方面发挥的作用，高度组织化对中国科学传播的影响，以及科技与传播的互动等方面做出了诸多开创性研究。

金 妍

金妍，女，1977 年 12 月出生。四川成都人，北京大学广告学本科，美国密苏里大学新闻学院硕士和博士。现任美国佐治亚大学格莱迪新闻与大众传播学院终身正教授（获誉乔治亚大学体育协会讲席教授），兼任广告与公共关系副系主任、健康与风险传播中心副主任及危机传播智囊团创始人。曾在弗吉尼亚联邦大学罗伯逊传媒与文化学院任助理教授、终身副教授、副院长及代理院长。曾先后被邀请为荷兰阿姆斯特丹大学、意大利米兰 IULM 大学、西班牙巴斯克大学、英国诺森比亚大学、和芬兰于韦斯屈莱大学访问教授。

研究兴趣集中在危机、风险及冲突的公共关系和传播管理。目前已发表超过 100 篇国际学术刊物文章，并为多本学术专著撰写了逾 30 篇章节。她曾与 Lucinda Austin 教授合编了《社交媒体与危机传播》（第一版和第二版）；与 Bryan Reber 和 Glen Nowak 教授合编了《提高危机传播的有效性：综合公共关系学者和从业者的见解》。曾多次获得教学、科研及专业服务方面的奖项，包括美国新闻与大众传播教育协会（AEJMC）的 Krieghbaum Under-40 奖和商业传播协会（ABC）的 Kitty O. Locker 杰出学者奖。

李 彪

李彪，1981 年 9 月出生，教授、博士生导师，中国人民大学新闻学院副院长，教育部人文社科重点基地新闻与社会发展研究中心副主任、中国人民大学舆论研究所所长、中国新闻史学会传媒经济与管理研究委员会副会长，《中国社会舆情年度报告》系列蓝皮书主编，国家社会科学基金重大项目首席专家。研究方向为舆论学、新媒体传播。截至 2022 年 4 月，已出版《虚拟社群传播》等专著 6 本以及教材《舆论学教程》，发表专业学术论文 120 余篇（其中独著或第一作者发表 CSSCI、SSCI 论文 70 余篇），主持国家社科基金重大项目（“健全重大突发事件舆论引导机制与提升中国国际话语权研究”）1 项、国家社科基金青年项目 2 项、北京社科等省部级课题 5 项。

先后获第八届高等学校科学研究优秀成果奖（人文社会科学）一等奖（第二获奖人）、北京市第十三届哲学社会科学优秀成果奖二等奖、第七届高等学校科学研究优秀成果奖（人文社会科学）二等奖、第六届高等学校科学研究优秀成果奖（人文社会科学）三等奖、第五届中国新闻史学会杰出青年奖，博士论文获全国优秀博士论文提名奖、北京市优秀博士论文奖。入选教育部青年长江学者、北京市高校青年英才等。

李春雷

李春雷，生于 1976 年 3 月。河北保定人，史学博士、新闻传播学博士后，加拿大约克大学访问学者。广州大学新闻与传播学院教授、博士导师、博士后合作导师，担任广州大学新媒体与社会发展研究院院长、《广州大学学报（社会科学版）》执行主编、广州大学期刊中心主任。聚焦于情绪传播与舆情治理、新媒体与突发事件、公共事件与媒介文化等的研究。主持国家社会科学基金、教育部人文社会科学基金、省社会科学基金课题等 10 余项，是国家社会科学基金重大课题“提升面对重大突发风险事件的媒介化治理能力研究”的首席专家。在《新闻与传播研究》《国际新闻界》《新闻大学》《新闻记者》等刊物发表论文120余篇，在中国社会科学出版社等出版专著《风险社会视阈下的媒介文化研究》《媒介与学术》等多部。研究成果曾经获得省社会科学成果奖等多项。主讲“新闻学概论”“受众心理”等课程，主持主讲省精品在线课程“传播学概论”，主持多项省教改课题。曾获广州市高层次人才（杰出专家）等荣誉称号。

李逢雨

李逢雨，朝鲜族，出生于1967年3月，吉林安图县人，2004年2月毕业于韩国汉阳大学新闻广播系，文学博士，延边大学朝汉文学院新闻专业教授，教育部新闻与传播学类教指委委员、吉林省新闻与传播学类教指委副主任委员。主要从事朝鲜族新闻传播史研究，完成国家社科基金一般项目、韩国学中央研究院项目、国家出版基金项目等多项，出版《中国朝鲜族媒体与和谐社会建设》《中国朝鲜族广播电视电影史》《朝鲜族优秀新闻作品评析》，《韩国语写作》等6部专著、1部教材1部译著，获吉林省第五次社科联优秀奖，民政部民族院校教学成果奖3等奖；担任吉林省一流新闻专业，教育部第三批国家一流新闻专业建设负责人。

李娟红

李娟红，女，1980年出生，河南新郑人，南阳师范学院新闻与传播学院教授、院长、硕士生导师，湘潭大学校外硕士生导师、信阳师范学院校外硕士生导师。中原特殊支持计划“青年拔尖人才”、河南省优秀教师、河南省教育厅学术技术带头人、南阳市优秀青年社科工作者，南阳师范学院卧龙特聘教授、南阳师范学院卧龙学者。主要从事传媒语言、语言的应用和规范等方面的研究。主持完成国家社科基金项目1项，主持河南省社科规划等省级项目6项、厅级项目多项。在《语文研究》等核心刊物上发表论文多篇，中国人民大学复印报刊资料全文复印2篇；出版专著1部；获河南省优秀社科成果三等奖、河南省教育厅优秀社科成果特等奖。目前担任河南省一流专业负责人、河南省优秀基层教学组织负责人。

李　乐

李乐，出生于1980年1月。湖北荆门人，武汉大学历史学博士，复旦大学传播学博士后。宁波大学人文与传媒学院副院长、教授、硕士生导师，兼任浙江省传播学会常务理事。从教以来，一直从事新闻传播教育，专注乡村传播研究。主持国家社会科学基金、教育部人文社会科学基金、浙江省社会科学基金、中国博士后科学基金等课题多项，在《新闻与传播研究》《现代传播》《中共党史研究》《当代电影》等刊物发表论文 20 余篇，出版专著《教育农民——浙东乡村社会变迁中的政治传播（1949—1962）》。

李　文

李文，1962 年生，陕西师范大学教授，陕西师范大学西部新闻传播与社会发展研究中心主任。就学于兰州大学、中国人民大学、武汉大学。从教于兰州大学、陕西师范大学。主要研究领域为中国新闻传播史、广告学，主要研究方向为西北新闻传播史，代表著作有《陕甘宁边区新闻事业》《甘肃新闻事业的历史与现状研究》等。主持国家社会科学基金项目“陕甘宁边区新闻事业研究”。主持国家社会科学基金重大项目“百年中国新闻史史料整理与研究”“延安时期新闻文化史研究”“中国近现代新闻团体资料搜集、整理与研究（1906—1949）”子课题的研究。主持甘肃省哲学社会而学规划项目“当前甘肃新闻出版事业面临的问题与对策研究”，主持陕西省社会科学基金重大现实问题研究项目“以延安为中心的红色新闻史研究”。

李　琦

李琦，女，1973 年出生，湖南冷水江人。湖南师范大学新闻与传播学院教授，博士生导师，副院长，湖南师范大学文化与传播研究所副所长。南京大学社会学系博士，中国博士后科学基金评审专家，中国高等院校影视学会媒介文化专业委员会理事，新华报业传媒集团主办的新闻传播类学术期刊《传媒观察》特邀顾问，湖南省广播电视局网络视听节目审核专家。

主要学术兴趣为媒介文化、影视传播、性别传播与传播社会学研究。已在《新闻与传播研究》《现代传播》《中国电视》《当代传播》等刊物发表论文 80 余篇，论文曾被《新华文摘》《高等学校文科学术文摘》论点摘编，被中国人民大学复印报刊资料《新闻与传播》《文化研究》全文转载。出版《传媒与性别——女性媒介的传播社会学阐释》《影像与传播——1990 年代以来中国电视剧文化研究》2 部专著。已主持完成和正在主持的各级科研项目 16 项；荣获校级、省部级奖励与荣誉 10 余项。

黎　明

黎明，1979 年 1 月生，湖北通城人。湖北大学新闻传播学院教授、硕士生导师。现任湖北大学新闻传播学院副院长、共青团湖北大学委员会副书记。美国孟菲斯大学、北京大学访问学者，长江日报集团融媒体中心挂职副主任。研究方向为广告与媒介经济、新媒体传播。近年来主持武汉市社科基金课题1项、湖北省教育厅重点项目1项、湖北省教学改革研究项目1项、教育部产学研协同育人项目1项；先后发表论文30余篇，其中1篇被《新华文摘》全文转载；出版学术专著2部，作为副主编和主要执笔人参编国家级规划教材等多部教材；获武汉市社会科学优秀成果奖、高等学校人文社会科学研究优秀成果奖等科研奖项。近年来专注于文化旅游品牌、城市形象与乡村振兴背景下的品牌建设，牵头成立湖北大学思睿品牌传播研究中心，多次为相关政府机构和企事业单位提供战略咨询与智力支持。

梁宝毓

梁宝毓，兰州文理学院新闻传播学院教授，硕士研究生导师。1990年7月毕业于兰州大学新闻系新闻学专业，在读者出版集团工作24年，曾任《甘肃画报》记者、编辑、副主编，《读者》杂志主办《西部人》杂志主编，获编审职称。现任教育部新闻传播学类专业教学指导委员会委员、全国高校出版专业教学指导委员会委员、全国高校数字出版联盟副理事长，甘肃省教育厅新闻传播学专业教学指导、认证、教材建设委员会副主任委员，甘肃省首批“555”创新人才、甘肃省摄影家协会副主席、甘肃省传统文化研究会理事、甘肃省电视艺术家协会会员。

廖秉宜

廖秉宜，1978年10月出生，湖北潜江人。武汉大学新闻与传播学院教授，教育部人文社科重点研究基地武汉大学媒体发展研究中心研究员。研究方向为广告学、媒介经济。主持国家社科基金项目、教育部“高校社科文库”全额资助出版计划项目、湖北省社科基金项目等国家级和省部级课题10项，其他课题12项。出版著作《中国互联网广告监管制度研究》《中国广告产业发展研究》《中国智能传媒和广告产业规制政策与伦理规范研究》《广告产业经济学理论与实践研究》《智能营销传播理论与实践研究》等10部。在《新闻与传播研究》《国际新闻界》等专业期刊发表论文100多篇，其中多篇被《新华文摘》和中国人民大学复印报刊资料《新闻与传播》《市场营销》全文转载。曾获湖北省社科优秀成果奖、湖北省优秀博士学位论文奖、武汉市社科优秀成果奖、中国国际广告节长城奖、中国传媒经济与管理学会科研成果专著奖、青年新媒体学术研究“启皓奖”、武汉大学优秀教学成果奖等多项科研教学奖励，被中国商务广告协会评为“中国数字营销十年杰出数字营销青年学者”。

刘 超

刘超，出生于1974年1月。广东梅县人，管理学博士。广东外语外贸大学新闻与传播学院教授，广州市人文社会科学重点研究基地“广州城市舆情治理与国际形象传播研究中心”副主任。主要致力于国家形象与跨国营销、区域形象与跨文化传播、数字化营销与广告、中国营销与消费者行为等领域的研究。主讲市场营销学、社会科学研究方法、媒介经营与管理、区域形象传播等课程。主持国家社会科学基金、教育部人文社会科学基金、广东省哲学社会科学规划项目等国家级、省部级课题9项，以及其他各类纵、横向课题20余项。出版《中国老年消费者行为》《广告媒体策略》等学术专著、教材4本，在国内外学术期刊上发表中英文学术论文50余篇，多项内参研究报告获省部级领导批示。研究成果曾经获得广东省哲学社会科学优秀成果奖、亚太传播学会联盟年会优秀论文、中国市场学会年度优秀论文、JMS中国营销科学学术年会优秀论文等奖项多项。

刘德寰

刘德寰，博士研究生学历，1966年出生于辽宁沈阳。现任北京大学新闻与传播学院副院长、北京大学新媒体研究院副院长、教授、博士生导师，北京大学市场与媒介研究中心主任。作为首席专家主持国家社科基金重大项目“建立全媒体传播体系研究”、国家社科基金重点项目“网络游戏对青少年的影响与引导研究”等，作为子课题负责人参与国家社科基金重大项目1项、教育部哲学社会科学重大攻关项目1项。获评北京市“百人工程”学者、北京大学第十二届十佳教师等荣誉。代表性教材包括《市场调查》《现代市场研究》等；代表性著作包括《年龄论》、移动互联网研究三部曲《正在发生的未来》《颠覆与重整》《没有极限的未来》等。主持历时13年（2009—2022）的“手机人——移动互联网全景研究”的大型系列研究，形成国内唯一的历时性移动互联网研究的数据资料库。他致力于推动中国互联网研究发展，为中国新媒体研究的主要探索者、数据挖掘与分析的先行者和市场研究专家。

刘国强

刘国强，1968年10月出生，教授，武汉大学文学博士。曾从事企业宣传工作十年，后在央视西部频道任栏目责编两年，在湖南大学新闻与传播学院任教五年，现为四川外国语大学新闻传播学院（国际传播学院）院长。主要从事国际传播、跨文化传播、传播话语、影视传播等领域的研究，主持国家社科基金项目“话语理论框架下中国网络民族主义集群行为与价值引导研究”，以及省部级科研和教改项目十多项，出版专著1部，发表核心期刊学术论文50余篇，代表性成果有专著《媒介身份重建：全球传播与国家认同建构研究》；主讲“新闻评论学”“跨文化传播”“文化人类学”“跨文化阐释学”等课程，作为带头人分别获得重庆市教学成果一等奖（2021）和三等奖（2017）。获得中国广电总局广播电视和网络视听行业领军人才称号，为重庆市新闻传播学重点学科带头人、中国新闻史学会理事、中国高校影视学会媒介文化专业委员会副主任委员。

刘亚东

刘亚东，1962年1月出生，南开大学二级教授、新闻与传播学院院长，高级记者，科技日报社原总编辑，中国报业协会副理事长。2011年被评为全国宣传文化系统“四个一批”人才；2007年被新闻出版总署评为全国新闻出版行业领军人才；2008年荣获中国新闻界最高人物奖——长江韬奋奖（长江系列）；2010年获颁国务院特殊津贴。其新闻作品十次荣获中国新闻奖。主要著作有《新闻眼看美国》《圈点每日环球科技》《世界科技的历史》《中国科技的升级之路》，以及《是什么卡住了我们的脖子》等。

刘幼琍

刘幼琍，香港城市大学媒体与传播系主任。2019年8月加入城市大学之前是台湾政治大学杰出教授。1992年在美国印第安纳大学获得电讯传播博士学位，在政治大学任教27年。2014—2018年，任政治大学研发长兼顶尖大学项目办公室执行长。先后在乔治华盛顿大学、波士顿大学、牛津大学、新加坡南洋理工大学、早稻田大学、复旦大学、中国人民大学担任客座教授。曾任国际中华传播学会会长（2014—2016）。曾任国际电讯传播学会（ITS）董事会成员，并担任四家SSCI期刊（*Telecommunications Policy*, *Asian Journal of Communication*, *Chinese Journal of Communications*, *Journal of Broadcasting and Electronic Media*）编委。

研究领域包括数字广播、宽带通信、电讯传播和媒体法律法规、新媒体及OTT电视、融合、大数据、电信和媒体管理，以及人工智能道德和治理。出版与主编 *Policy and Marketing Strategies for Digital Media*（与Robert Picard合编）、《大数据与未来传播》《OTT TV的创新服务、经营模式与政策法规》《多频道电视与观众》《有线电视经营管理与频道规划策略》《有线电视》《电讯传播》《电讯传播CEO的经营策略》《好节目的认定及电视时段的分配》等多部论著及国际期刊论文。

陆小华

陆小华，1960 年 4 月出生，教授，天津大学新媒体与传播学院院长。1986 年 7 月至 2020 年 5 月历任新华社中国记者杂志社编辑、编辑部副主任、副总编辑兼编辑部主任、总编辑；新华社新闻研究所所长；中国新华新闻电视网总编辑；新华社音视频部副主任、主任；新华社国家高端智库学术委员会专职副主任等。2020 年 9 月至今，担任天津大学新媒体与传播学院院长。研究方向包括新闻学、媒体融合与内容生产、数字媒体与智媒体平台、新媒体传播、国际传播、媒体政策与算法治理、网络与信息法学、发展战略等。享受国务院政府特殊津贴。两次获得媒体技术唯一奖项——中国新闻科技“王选奖”一等奖。主持的“数字新闻学理论、方法、实践研究”项目获批国家社科基金重大项目。入选 2016 年度全国新闻出版行业领军人才。获范敬宜新闻教育奖“新闻教育良友奖”。作为总指挥、总编导负责的新华社新中国成立 60 周年大庆电视直播获新华社集体二等功奖励。多次担任中国新闻奖、长江韬奋奖、中国名专栏奖等全国性奖项评委，多次担任感动中国年度人物推选委员会委员，担任中宣部“四个一批人才”专家评审组成员，担任国务院《国家公共突发事件新闻报道预案》审核会专家。

罗　奕

罗奕，女，出生于 1981 年 10 月。江西赣州人，传播学博士。现任广西艺术学院影视与传媒学院教授、硕士生导师、副院长。长期从事广告学研究、媒介与社会发展研究。主持国家社科基金青年项目“‘一带一路’背景下中国在东盟地区的国际话语权建构和战略传播研究”、教育部人文社科青年基金项目“东盟国家华文媒体在建构丝路精神认同的现状、问题及对策研究”、广西高等学校千名中青年骨干教师培育计划科研项目“粉丝经济下广告传播的转向研究”，作为主要成员参与多项国家社科项目。出版专著《东方杂志广告研究》，在《厦门大学学报》（哲社版）、《当代传播》《中国电视》《传媒》《光明日报》等核心期刊和重要报纸发表学术论文近 30 篇。主讲“东盟国家社会与文化”获 2021 年自治区级一流课程，“广告学概论”获 2021 年自治区级课程思政课程。作为主要成员获得广西壮族自治区教育厅教学成果奖一等奖 3 次、三等奖 1 次。

马永春

马永春，女，回族，教授。现任云南省大理大学新闻学专业负责人、新闻学教研室主任。国家级普通话测试员，云南省公关员。研究方向为新闻传播教学及理论研究。2011 年 7 月至 2012 年 7 月在复旦大学新闻学院访学，师从童兵教授系统学习新闻学理论及相关学科知识。2014年9月至今，5次入选中宣部“千人计划”，积极响应中共中央宣传部《关于进一步做好高等学校与新闻单位从业人员互聘交流“千人计划”有关工作计划》，任大理广播电视台副台长，在大理电视台实践新闻实务及新媒体运营，担任大理州人事局新闻传播人才职业考核命题专家、州市级新闻媒体播音主持招考主考官、大理广播电台节目评审专家。躬耕教学一线32年，获大理大学教学质量一等奖，主讲“新闻学概论”“播音学”“公共关系学”等课程。

默书民

默书民，汉族，1969年9月出生，河北新乐人。暨南大学古代史专业博士，中国社会科学院历史所博士后，主要研究方向为古代史（宋元史）、传播史。现任河北经贸大学文化与传播学院教授，传播学硕士研究生导师。多年来，从事新闻传播史、新闻传播理论教学工作，致力于中国古代信息传播研究，曾主持完成教育部社科基金课题、国家社科基金课题各一项，发表学术论文20余篇。在人才培养方面，致力于培养将理论与实践相结合的未来新闻传播人才，指导多个国家级、省级大学生创新创业训练项目，并荣获优秀指导教师称号。

穆建刚

穆建刚，1961年12月出生，1986年6月毕业于兰州大学经济系，副教授，硕士生导师。2000年被聘为兰州大学政治与行政学院副教授，2003年被聘为兰州大学新闻与传播学院副教授。20余年来在高校一线教学中兢兢业业、辛勤耕耘，培养出一大批在新闻、公关、广告领域的优秀人才；同时也为社会各界进行培训、咨询策划等社会服务工作，深得各界好评。讲授课程：管理沟通学、媒介经营与管理、舆情研判与危机应对、现代企业公共关系操作示范、市场营销学、社交礼仪与人际关系学、新闻发言人与制度建设、组织形象设计与文化建设等。研究方向：公共关系、舆情研判与危机应对、现代企业管理与有效沟通、媒介经营与管理。

牛　静

牛静，女，华中科技大学新闻与信息传播学院教授、博士生导师，中国新闻史学会媒介法规与伦理研究委员会副会长；武汉大学媒体发展研究中心研究员；中山大学互联网与治理研究中心特约研究员。研究方向为媒体伦理、新媒体传播、传媒法等。著有《新媒体传播伦理研究》《全球媒体伦理规范译评》《全球主要国家媒体伦理规范（双语版）》《社交媒体使用行为研究：互动、表达与表露》《媒体权利的保障与约束研究》

《视频网站著作权纠纷及其防范管理机制研究》等12本著作；在《新闻与传播研究》《国际新闻界》《新闻记者》等刊物上发表学术论文100余篇；主持国家社会科学项目3项，主持教育部、湖北省和其他社科项目共计20余项。曾获得高等教育国家级教学成果奖、校教学质量二等奖、华中科技大学“知心导师”称号、校十佳青年教师称号和校优秀班主任称号等。其部分研究成果获得全国新闻学青年学者优秀学术成果奖、省社会科学优秀成果奖、市优秀成果奖、媒介法规与伦理优秀学术成果奖、新媒体学术研究启皓奖的卓越学术奖等。

沈利江

沈利江，1974年生，浙江诸暨人，威斯康星大学麦迪逊分校传播学博士，现任美国宾夕法尼亚州立大学传播艺术和科学系教授，之前在美国佐治亚大学任助理教授（2005—2011）和副教授（2011—2015）。现为 *Communication Methods and Measures* 主编 *Review of Communication Research* 副主编（2014—）、*HumanCommunicationResearch* 副主编（2018—2020）。和 James Price Dillard 合编有 *The Sage Persuasion Handbook: Developments in Theory and Practice*（第二版）一书。研究兴趣集中在说服学和社会影响、信息处理和效应、受众分析、健康传播、量化研究方法。论文主要发表在重要的传播学期刊和相关的心理学期刊。曾获 ICA/NCA 健康传播联合最佳学位论文奖，以及 NCA 健康学分会、传播和社会认知分会年度最佳论文奖。

申 琦

申琦，女，河北邯郸人，1977年出生，厦门大学传播学博士，现为南京大学新闻传播学院教授。美国斯坦福大学访问学者，香港中文大学访问学者，香港城市大学大陆优秀青年访问学者，上海“浦江人才”，中国新闻史学会媒介法规与伦理研究委员会常务理事，上海市疾病预防控制中心兼职高级顾问，上海青年管理干部学院讲座教授。长期坚持网络隐私与信息安全、智能传播、数字新闻学研究。主持并完成国家级、省部级课题十余项，出版专著2本，在 SSCI、CSSCI 期刊发表论文40余篇。

师曾志

师曾志，女，北京大学新闻与传播学院教授、博士生导师；北京大学公共传播与社会发展研究中心主任；国际红十字学院人道动员与传播中心主任。曾在美国 MIT、英国牛津大学等多国大学访学。研究领域包括跨媒介叙事、媒介与社会变迁、AI 与生命传播等。曾出版《新媒介赋权：国家与社会协同演进》《新媒介赋权及意义互联网的兴起》《生命传播：自我·赋权·智慧》《生命传播：媒介·叙事·认知》等著作，发表《互联网时代生命传播中的认知叙事与生命的觉醒》《“命运共同体”视阈下的对外传播》《一切尚待生成：作为跨媒介叙事的互联网超文本世界》《数智时代的认知加速与算法游戏》《以社区治理与服务实现为目标的多元主体互动——生命传播视域下的社会组织与物业企业》等上百篇学术论文，部分被中国人民大学复印报刊资料全文转载和《新华文摘》论点摘编。曾获《南方人物》周刊评选的2014年年度公益人物、2021年新华公益善举推广人等荣誉。

佘文斌

佘文斌，1972年12月生，安徽大学新闻传播学院教授。2003年以来在安徽大学新闻传播学院从事教学科研工作，2013年于武汉大学获文学博士学位，2016年晋升为教授，2018年被遴选为博士研究生导师。主要研究领域为数字媒介与社会、数字文化等。先后在《国际新闻界》《现代传播》《新闻界》《当代传播》《电视研究》《中国出版》《中国编辑》等核心期刊发表学术论文多篇，主持完成国家社会科学基金项目一项、安徽省哲学社会科学规划项目一项。获安徽省教学成果奖二等奖一项，作为主要成员参与国家级一流本科专业“新闻学”的申报和建设，主持安徽省高等学校省级示范基层教学组织“新闻学教研室”，主持完成安徽省高等学校省级质量工程项目“卓越新闻传播人才培养教育计划”，主持完成安徽省高等学校省级教学研究项目“新闻学（本科）课程体系转型研究”。

孙文清

孙文清，出生于1968年9月。湖南永州人。浙江农林大学文法学院教授、硕士生导师。长期从事广告学专业教育，致力于广告传播、品牌传播的研究。曾担任浙江省广告学重点建设专业负责人、浙江省广告学一流本科专业负责人，入选浙江省新世纪151人才工程、获浙江省高等学校“教坛新秀”称号。出版著作4部，发表论文52篇，主持各类研究项目20余项。

王亿本

王亿本，安徽省霍邱县人，四川大学新闻学博士毕业，南昌大学新闻与传播学院教授、硕士生导师。在《国际新闻界》《现代传播》《编辑之友》等学术期刊发表学术文章50多篇（含中国人民大学复印报刊资料《新闻与传播》全文转载）。出版专著《大众非言语传播的功能研究》（中国社会科学出版社，2016年）、教材《传播理论延展与应用》（知识产权出版社，2021年）。主持并完成各类科研项目17项。入选第六批中宣部、教育部高等学校与新闻单位从业人员互聘“千人计划”。参研项目“连接与互动——新媒体新论”获教育部科学研究优秀成果奖三等奖（人文社会科学）（排名第三），主持项目“融媒体人才培养的‘三位一体’课程体系改革”获江西省级教学成果奖二等奖。研究方向包括传播符号学、健康传播学、新媒体研究等。

王玉玮

王玉玮，出生于1973年8月。江西余干人，文学博士。暨南大学新闻与传播学院教授、博士生导师。主要从事电视理论与实务、城市形象传播以及文化思潮研究。主持国家社科基金项目、国家广播电影电视总局社科规划项目、广东省哲学社会科学规划项目、广州市哲学社会发展规划课题智库项目等5项课题研究。主持南方电网、海南电网、广东省委宣传部、广州市文化广电新闻出版局、珠海广播影视传媒控股有限公司等党政机关和企事业单位委托的课题8项。出版学术专著《电视剧城市意象研究》《民族主义与中国电视文化》两部，主编《传媒与城市形象传播》《世界舆情报告》等5部，在核心期刊发表学术论文40篇。

王　晓

王晓，1978年4月出生，浙江玉环人，佛罗里达州立大学大众传播学博士。现任美国罗彻斯特理工大学终身教授，曾任东康涅狄格州立大学助理教授。主讲公共关系、广告学、大众传播和影响，以及研究方法。担任众多传播学及跨学科期刊审稿人，包括《传播学研究》《传播学刊》《健康传播》《亚洲传播学刊》《中华传播学刊》《自然人类行为》等。研究兴趣集中于健康/科学传播、劝服研究、跨文化传播、社交媒体，以及大数据研究。理论方面，着重于将态度功能/分类（attitude functions）及预期内疚感（anticipated guilt）引入或用于健康传播和媒体研究。在《传播学研究》《健康传播》《广播与电子媒体学刊》《传播学季刊》《科学传播》《公共关系评论学刊》等30多种国际学术刊物发表论文40余篇。应邀为国际传播协会主编的《国际媒体心理学百科全书》撰写“态度功能/分类”章节。

王玉蓉

王玉蓉，女，1969年6月出生，河北保定人，博士。河北大学新闻传播学院教授，硕士生导师，河北省传媒与社会发展研究基地研究员。主持“民国时期书业广告运营特点及作用研究”“清末民国时期期刊商业广告研究”河北省社科基金项目2项。近年来，在《新闻与传播研究》《新闻界》《当代传播》《出版发行研究》等 CSSCI 来源期刊发表多篇学术论文，出版专著《清末民国时期〈东方杂志〉商业广告研究》，获河北省社科优秀成果三等奖。研究主题集中于传播学与广告学等领域。

王志强

王志强，1969 年 11 月出生，教授，研究生导师，现为青海民族大学文学与新闻传播学院副院长。主要从事民间文学、文化传播学、新媒体与涉藏舆情、非物质文化遗产保护等相关领域的教学与科研工作，担任文学与新闻传播学院“中国古代文学”“民族文化传播”“新闻与传播学”研究生首席导师。曾荣获青海省中青年专家“小岛奖”、青海省“文艺奖”、青海省社会科学研究优秀成果奖。主持完成“原生文化与青藏民间戏曲研究”“青藏历史移民与民俗文化变迁研究”“藏区社会舆论与媒体创新研究”“青藏民族走廊文化图谱与族群互动话语平台研究”四项国家社科基金项目；“新媒体视阈下涉藏地区社会舆情引导问题研究”“少数民族大学生返乡就业状况研究”二项省社会科学、省团委研究项目；在研国家社科基金项目“汉唐丝路多民族文学空间建构与国家认同研究”。

王文锋

王文锋，1975 年 12 月出生，湖南沅江人，博士，教授，硕士生导师，韩国湖西大学联合博士导师，湖南理工学院新闻传播学院院长；湖南省青年骨干教师，湖南省研究生培养创新实践基地负责人，湖南省研究生优秀教学团队带头人。兼任湖南省新闻传播学会副会长、中国新闻史学会新闻传播教育史研究委员会常务理事、国家社科基金成果鉴定专家、教育部学位中心学位论文评审专家、湖南省社科基金通讯评审专家、深圳舆情研究院特约评论专家。主要研究方向：传媒及文化产业发展。

主持国家社科基金项目、教育部人文社科青年项目等国家及省部级科研项目 8 项。发表学术论文 40 余篇，其中 CSSCI 收录、中国人民大学复印报刊资料全文转载或《新华文摘》摘编 13 篇次。出版著作 3 部，参编教材 2 部。获湖南省高等教育教学成果奖二等奖 1 项（排名第一），主持湖南省一流本科课程 1 门。指导学生在大学生研创项目、全国大广赛、“创青春”创新创业大赛等专业竞赛中获得省级以上等级奖多项。

吴　丽

吴丽，女，教授，博士，硕士生导师，主要从事影视文化、影视媒介、民族文化产业等方面的研究。迄今承担科研、教学等项目 23 项。其中，担任主持人完成国家社科基金项目“中老边境民族语电视传播与文化安全研究”等国家级、省部级项目12项，在研云南省哲学社科艺术学规划项目“西双版纳少数民族语译制电影研究”和云南省普通高等学校规划教材建设项目“云南少数民族电影史”；公开出版专著3部、个人学术论文集1部；在CSSCI、全国中文核心及省级期刊、论文集发表论文近50篇；获各类奖项近50项，其中合著《可视的文化：影像文化传播论》获云南省第十四次哲学社科优秀成果三等奖，论文分获第七届、第八届、第四届全国新闻学子优秀论文一、二、三等奖以及云南省第三届社科学术年会优秀论文奖、云南新闻论文二等奖（三次获得）、云南新闻论文三等奖（三次获得），获红云园丁奖、云南省先进女职工、首届光祈杯全国高校艺术学科学生论文比赛优秀指导教师等称号。

武新宏

武新宏，女，1965年5月出生。扬州大学新闻与传媒学院教授、副院长，戏剧与影视学科广播电视艺术方向带头人。长期从事中国纪录片创作风格、纪录片塑造国家形象领域的研究。主持并完成国家级、省部级课题5项，出版专著3部，在CSSCI期刊发表论文40余篇。著作、论文多次获奖，如著作《错时空与本土化：比较视野下中国电视纪录片风格衍变（1958—2013）》获江苏省第十五届哲学社会科学优秀成果奖三等奖；专著《传承与再现：中外经典纪录片作品案例分析》获江苏省第五届教育科学优秀成果奖二等奖；论文《新媒体语境下电视纪录片话语方式衍变探析》获国家新闻出版广电总局第四届星光电视文艺优秀论文二等奖。

魏　玓

魏玓，2002年于英国罗浮堡大学（Loughborough University）社会科学系取得传播与媒体研究博士学位。2003年任教于淡江大学大众传播学系，2008年转任交通大学传播与科技学系专任教师。2009年由助理教授升任副教授，2018年升任教授。

曾从事《台湾日报》记者、《动脑》杂志专栏作家、网络刊物《共志》主编等媒体实务工作。任教期间，则担任过客家文化学院副院长、传播与科技学系系主任、校级全球公民教育中心副主任/主任等行政工作。

学术专长为传播政治经济学、视觉文化与美学、流行影视文化、影视政策等。教授课程种类范围较广，涵盖媒体文化理论、视觉文化分析、说故事与叙事、质化研究方法、传播问题与环境分析、族群与文化传播等。

与中正大学传播系唐士哲教授合著有国际传播教科书《国际传播：全球视野与地方策略》（2014），即将于2022年刊行第二版。另有多本学术书籍翻译出版，包括《科幻电影奇航》(2003)与《超越大银幕》(1999)。

除了学院工作，也积极参与民间学术性社团，包括担任《台湾社会研究季刊》编辑委员、台湾社会研究学会理事等。平时也发表媒体文化、影视作品的相关评论，散见于各报纸与网络媒体，以及个人部落格和Facebook粉丝专页。

肖　珺

肖珺，女，1974年10月生，湖北武汉人。武汉大学新闻与传播学院教授、博士生导师。研究领域包括跨文化传播、网络传播、传播创新研究。主持国家社科基金项目、教育部项目、湖北省社会科学基金重点项目等近30项。出版专著《新媒体跨文化传播的中国实践研究》《跨文化虚拟共同体：连接、信任与认同》，担任学术集刊《跨文化传播研究》副主编、《传播创新研究》执行主编。发表期刊和会议论文80余篇，作品发表在*Information*, *Communication & Society*、*Revue Economique et Sociale*、《国外社会科学》《现代传播》等中外刊物。其中数篇被中国人民大学复印报刊资料《新闻与传播》《文化研究》全文转载。曾获湖北省社会科学优秀成果奖、中国新闻史学会新闻传播学学会奖、首届青年新媒体学术研究“启皓奖”卓越学术奖、武汉大学人文社会科学优秀成果奖等多项科研奖励。提交逾20篇研究报告，被省部级以上采纳18次，获重要批示5次。

熊　茵

熊茵，女，2012年毕业于华中科技大学新闻与信息传播学院，获博士学位。现任江西师范大学新闻与传播学院新闻系主任，教授，获评江西省青年井冈学者(2020)。主持国家级社科基金项目2项、省级社科规划项目5项、省级教改项目2项。在《现代传播》《编辑之友》等核心期刊上发表论文20余篇；出版《突发事件信息变异与治理研究》《江西党政新媒体传播力蓝皮书》(2017、2018、2019)等学术专著4部；获江西省教学成果奖二等奖(排名第一)；担任江西省新闻发布工作专家(江西省人民政府新闻办公室)、江西省广播电视媒体融合发展专家(江西省广播电视局)、南昌市网络舆情专家(南昌市网信办)等社会兼职。

徐　健

徐健，出生于1973年4月，广西苍梧县人，历史学博士，新闻学博士后。现任南宁师范大学新闻与传播学院教授、硕士生导师、院长，广西高等学校卓越学者。长期从事新闻传播教育，致力于抗战新闻传播史、少数民族新闻传播史、少数民族信息传播与社会发展、中国—东盟周边传播、计算传播学研究。主持国家社科基金项目“抗战时期桂林进步报人群体新闻活动研究”“壮族新闻传播史研究”、广西哲学社会科学规划课题“抗战时期中国共产党在桂林的舆论与话语权研究”等省部级项目 20 多项。

杨立川

杨立川，陕西蓝田人，1963 年 3 月出生，博士，西北大学新闻传播学院教授、博士生导师、学院学位委员会主席。任教数十年来，一直从事新闻传播学教学科研工作。长期担任广告学系主任职务，2006 年 6 月至 2016 年 7 月任西北大学新闻传播学院院长，自 2012 年起兼任中国西部传媒与社会发展研究院院长。学术研究主要涉及新闻传播理论、广告学、文艺与文化传播等。在传播学研究方面拓展了传播习俗研究领域，并从传播习俗理论的视角展开对广告、新闻及文艺与文化现象的探究。出版有《传播习俗学论纲》一书，《华夏传播研究》第五辑载《华夏传播习俗研究的重要开拓者——杨立川访谈录》对相关研究进行介绍。

杨　琳

杨琳，1965 年 12 月出生，博士，西安交通大学新闻与新媒体学院教授、博士生导师。美国阿拉巴马大学高级研究学者；英国利物浦大学荣誉博导、高级访问学者。先后获教育部“新世纪优秀人才”，陕西省哲学社会科学与文化艺术领域“领军人才”、陕西省“人文英才”等称号。多次获得社科优秀成果奖及教学成果奖，如获得西安交通大学教学“卓越成就奖”。主要研究领域：大众传播与社会发展、文化传播与跨文化传播。主要讲授课程：“传播学理论研究”“大众传播与社会发展研究”“政府传播研究”“中国文化概论”。主持国家哲学社会科学基金重大项目 1 项、国家哲学社会科学基金项目 2 项、教育部哲学社会科学基金项目 1 项。主持国家社科基金重大项目子项目 2 项，教育部社科基金重大、重点项目子项目 2 项，以及多项省级科研项目。出版多部专著、教材，研究成果多次被《新华文摘》、中国人民大学复印报刊资料转载，多项研究报告、决策咨询报告、决策建言为实际工作决策提供智库支持。

印兴娣

印兴娣，女，常州工学院人文学院教授/主任编辑，新媒体研究中心主任，广播电视编导专业负责人。近 10 年内，先后发表论文 32 篇，其中核心期刊 11 篇。主持完成了校级、市级、厅级、省级等各级各类研究课题共 12 项。曾长期在电视台从事电视新闻节目的采访、编辑工作，担任主编创作的电视作品曾获得国家级一等奖，媒介实践经验丰富。承担“电视导演”“电视编辑”“影视视听语言”等多门专业课程的教学工作；主编出版了广播影视类“十四五”规划应用型教材《电视编导教程》（总主编高晓红），发表教研论文 10 篇，其中核心期刊 2 篇，教研论文《地方高校新闻专业应用型人才培养刍议》曾获得江苏省高等学校教学管理研究会优秀论文三等奖；指导学生创作的实践作品多次在省级大赛中获奖，获得校级优秀教育工作者称号。

于正凯

于正凯，1973 年出生。中共党员，博士，洛阳师范学院新闻与传播学院副院长，教授。2006 年 7 月毕业于郑州大学新闻与传播学院新闻学专业，获文学硕士学位。2013 年 6 月毕业于复旦大学新闻学院新闻传播学-媒介管理学专业，获文学博士学位。主要从事马克思主义新闻学和传媒经济与管理的教学与研究，出版学术专著《价值与关系：网络媒体商业模式研究》(中国社会科学出版社)，在《新闻大学》《中国出版》等专业期刊发表学术论文近 40 篇。为本科生开设“马克思主义新闻学”“媒介经营与管理”“西方传播学概览”（双语）等课程，获得洛阳师范学院现代教学技能大赛一等奖、首届“双语”教学大赛二等奖。

袁丰雪

袁丰雪，鲁东大学文学院教授，系主任，传播学专业负责人，硕士研究生导师。主要研究方向为媒介融合、新闻实务与舆情治理。1996 年 7 月于山东师范大学中文系中国现当代文学专业研究生毕业，获硕士学位。毕业后进入烟台日报社工作，2018 年 7 月调入鲁东大学文学院，曾供职烟台日报社 22 年。讲授“新闻采访与写作”“深度报道”“舆论学”“编辑与数字出版”“高级新闻采写实务”等课程，主讲的“新闻采访与写作”于 2021 年获评山东省本科一流课程。出版教材《融媒体时代的新闻采访与写作》(新华出版社，2019)。

袁　郁

袁郁，女，1971 年 1 月出生于北京。1990 年考入北京大学，1995 年获英国语言文学系学士学位，辅修法律。1996 年出国留学，于 2004 年获得南加州大学安南伯格传播学院博士学位，同年开始在康奈尔大学传播系任教至今近 20 年，先后任助理教授，副教授，及正教授。自 2020 年 1 月开始，同时兼任全球发展系正教授。在读博期间就专攻组织传播、社交网络在组织中的使用，并获得 National Communication Association 团队传播分会的最佳博士论文奖。之后几年中的后续学术研究成果在传播和管理领域的核心年会屡屡获奖，相关研究也以 PI 的身份获得过美国自然科学基金以及美国农业部的科研基金的资助。

近年来，科研方向从组织传播扩展到跨文化传播、包括组织传播、健康传播和风险传播方面中美之间的文化差异的对比。多年来，在传播领域所有的一类期刊都发表过文章，包括 *Human Communication Research*，*Communication Research*，*Journal of Communication*，*Journal of Computer-Mediated Communication*。袁教授长期担任传播领域核心期刊 *Communication Research*（从 2012 年至今）和 *Journal of Computer-Mediated Communication*（从 2008 年至今）的编委。并与 2020 年获得 *Communication Research* 最佳编委服务奖。

张兵娟

张兵娟，女，文学博士、博士后；郑州大学新闻与传播学院特聘教授、博士生导师。主要从事电视传播、中国礼文化与传统文化传播研究。先后主持国家社科基金艺术学项目“电视媒介仪式与文化传播”、国家社科基金一般项目“中国礼文化传播与认同建构研究”、河南省哲学社会科学基金项目“河南电视文化产业核心竞争力研究”、河南省高校哲学社会科学基础研究重大项目“河南北宋礼文化传播及当代价值研究”等。学术专著《电视剧叙事：传播与性别》获 2010 年河南省哲学社会科学优秀成果二等奖；《电视媒介仪式与文化传播》获中国高等院校影视学会第十届“学会奖”著作类一等奖；《新媒介时代：传播转型与共同体建构》获 2018 年度河南省社会科学优秀成果二等奖。在《现代传播》《当代传播》《中州学刊》等期刊发表学术论文 60 余篇。

张建哲

张建哲，辽宁大学新闻与传播学院编辑出版系主任，硕士研究生导师；全国艺术美育名师，辽宁省音像与数字出版协会副主席，中国设计师协会理事，辽宁美术家协会会员，泰国格乐大学艺术学硕博导师。主讲：普通编辑学、出版物设计与制作、数字媒体技术、书籍装帧设计、形式美学、绘本出版物研究、多媒体与电子出版等本科和研究生课程。研究专长：数字出版、新媒体运营、形式美学。教育部项目“辽宁省出版大数据可视化研究中心”主持人。著有《视角——新闻评论的社会维度》《西方造型艺术的美学走向》《INDESIGN CS6 基础与案例教程》《西方艺术大师图文馆——罗丹画传》《电脑美术精品设计》《电脑艺术图形创意》等多部专著。

张艳

张艳，女，1980年9月出生，内蒙古包头人。河北大学新闻传播学院教授、硕士生导师，河北大学新闻传播学院广告系副主任。主持国家社科基金项目“中国互联网广告数据治理体系构建研究”，主持完成教育部社科青年基金项目“中国互联网广告行业自我规制研究”，主持河北省社科基金项目“河北省户外公益广告生产与传播机制研究”“河北省纸媒微信平台的建构、传播与运营策略研究”，主持参与其他科研项目8项。在CSSCI期刊发表近20篇学术论文，研究主题集中于新媒体传播与互联网广告规制等领域。出版一类出版社著作2部《媒介呈现、生产与文化透析》《中国互联网广告行业自我规制研究》。

张岩

张岩，女，1979年出生，中共党员，辽宁沈阳人，博士学位，教授，本硕博均毕业于北京师范大学。受国家留学基金委资助，赴美国 Indiana State University (2015.08—2016.08) 开展合作研究工作，现任辽宁大学新闻与传播学院副院长。主要从事跨文化传播、数字出版概论、国际版权贸易等课程的教学工作，主要研究方向为数字媒介与产业、国际新闻出版行业研究。出版专著2部，入选辽宁省哲学社会科学优秀学术专著出版支持计划；发表论文50余篇。承担国家社科基金重大项目子课题、教育部人文社科一般项目及多项省级社科基金项目。研究成果连续三届获辽宁省哲学社会科学成果奖（省政府奖)，并获辽宁省自然科学学术成果奖、辽宁省教育厅优秀研究成果奖、沈阳市哲学社会科学学术成果奖、沈阳市自然科学学术成果奖等学术奖励十余项。

张卿卿

张卿卿，女，人文社会科学研究中心特聘研究员。毕业于美国威斯康星大学大众传播学系，取得硕士、博士学位。研究方向主要为传播效果、传播心理以及消费心理。在进入“中央研究院”任职之前，在政治大学传播学院服务，担任最高荣誉的讲座教授一职，也曾经担任广告系系主任。曾获得许多学术荣誉与研究奖项，包括两度获得台湾科技部门特约研究计划、科技部门奖励特殊优秀人才、教育部门学术奖，三次获得科技部门杰出研究奖、政治大学学术研究成果国际化优等研究奖、国科会杰出学者研究计划、政治大学学术研究特优奖以及政治大学杰出研究讲座等。

曾担任著名的广告学期刊（*Journal of Advertising*）副主编多年，也曾获得该期刊的杰出审查人奖。近年来获得史坦福大学 Dr. John Ioannidis 所发布的全球前2% 科学家的殊荣，全球排名为传播与媒体研究领域第 85 名、营销领域第 154 名。

此外，在 2001—2014 年间，在广告领域 SSCI 主要期刊中，发表量居全球之冠。论文经常在第一流期刊发表，包括《传播研究》（*Communication Research*）、《国际广告期刊》（*International Journal of Advertising*）、《健康传播期刊》（*Journal of Health Communication*）、《广告期刊》（*Journal of Advertising*）、《新媒体与社会》（*New Media and Society*）……张博士所发表的论文多与健康传播、科学传播、政治传播、策略传播以及说服传播等领域相关，擅长的研究方法是实验法与量化研究，近几年来也从事大数据分析。

章玉政

章玉政，1978 年 2 月出生，高级记者，现供职于安徽大学新闻传播学院，硕士生导师，兼任安徽省人文社科重点研究基地——安徽大学舆情与区域形象研究中心主任。2000 年起，历任新安晚报社记者、首席记者、终身首席记者、采访中心主任、策划运营中心主任、广告中心主任、编委等职。2008 年获评主任记者（破格），2013 年获评高级记者。先后发表新闻报道、传记、散文等 500 余万字，获得中国新闻奖、安徽新闻奖等各类奖项 120 余次。2020 年至安徽大学工作，长期从事新闻实务、近代报刊与社会变迁、舆情与社会治理研究。主持省社科基金项目、教育部人文社会科学重点研究基地重大项目子课题等 5 项。

张 媛

张媛，女，1982 年 1 月出生，贵州贵阳人，传播学博士，现就职于贵州大学文学与传媒学院教授，硕士生导师，院学术委员会委员，担任中国新闻史学会视听传播分会理事、中国新闻史学会少数民族新闻传播研究分会理事。香港城市大学访问学者（2017）、美国佛罗里达大学访问学者（2018—2019）。在《国际新闻界》《暨南学报》等期刊发表学术文章近 30 篇，文章被中国人民大学复印报刊资料《影视艺术》转载。出版专著《镜像中的“他者”：转型期主流媒体少数民族报道研究（1979—2010）》（2017），主持国家社科基金 2 项（2014、2020），主持教育部人文社科研究项目、贵州省哲学社科研究项目等其他课题近 10 项，研究成果获得国家民委民族问题研究论文类二等奖（2015）。

邹 举

邹举，1980 年 12 月生。江苏兴化人，新闻学博士。现任南京师范大学新闻与传播学院教授、副院长。香港城市大学访学访问学者（2017. 1—2017. 2）、美国雪城大学访学学者（2019.1—2020.1）。主要研究方向为媒介法规与伦理、全球互联网治理、广播电视实务。先后主持和完成国家社科基金项目、国家社科基金重大项目子项目、江苏省社科基金重点项目、江苏省教育厅重点项目等多项，作为主要成员参与的课题获批首批“教育部新文科研究与改革实践项目”（2021）。迄今，已在《新闻与传播研究》《国际新闻界》《江苏社会科学》《中国社会科学报》等刊物发表论文30余篇，成果被中国人民大学复印报刊资料全文转载；撰写专著1部，主编教材3部。长期承担本科生“电视深度报道”“媒介法规与伦理”、研究生“深度报道工作坊”“网络安全与治理”（全英文）等课程的教学工作。

3.6 人才计划

新闻传播学“人才工程”队伍建设概论（2021）

实践和经验已经证明，人才发展需要设计和实施一批具有引领性、创新性和示范性的人才工程项目。集中利用有限资源实行重点突破、进而带动整体发展，使“人才工程”成为人才队伍建设的有力抓手。我国从20世纪90年代开始实施了一批人才工程，比如国家自然科学基金委的“杰出青年科学基金”、中国科学院的“百人计划”、教育部的“长江学者奖励计划”、原人事部的“百千万人才工程”等，为培养和引进优秀人才发挥了重要作用。在国家人才工程项目的示范引领下，各省市人民政府和高校实施了各有特色的、旨在培育创新人才的人才工程项目。其中，也遴选、培养了一大批新闻传播学界人才。

3.6.1 “老牌”新闻院系人才队伍建设成效显著

中国人民大学、复旦大学、中国传媒大学等建国之后有先发优势的“老牌”新闻院系，建立了一支有实力的师资队伍。良好的学校声誉和国家级学科平台、教师个人优异的科研成果，使得这些高校的教师在国家级和省部级人才项目申报中占得先机，获得各类人才称号的教师人数与其他学校相比有明显优势。

中国人民大学有入选国家级人才称号的情况是：“国家高层次人才特殊支持计划”1人，教育部长江学者奖励计划3人（2017、2020、2021），长江学者奖励计划青年学者5人（2017年1人、2018年2人、2021年2人），教育部“新世纪优秀人才支持计划”7人，“新世纪百千万人才工程”人选1人，中宣部文化名家暨“四个一批”人才

1 人……此外，还有多位老师获得北京市的人才工程称号，如北京市宣传文化高层次人才培养资助项目获得者 1 人、北京市宣传思想文化系统“四个一批”人才理论界人才 1 人、北京市优秀人才培养资助项目获得者 2 人、北京高等学校青年英才计划入选人员 3 人等。

创办于 1929 年 9 月的复旦大学新闻学院是中国历史最悠久的新闻传播教育机构。多年来不仅培养了大批新闻工作者，而且也培养了一大批卓越的新闻学者。目前，该院拥有教育部长江学者奖励计划 1 人（2014 年为“特聘教授”，2020 年为“讲座教授”）、长江学者奖励计划青年学者 2 人（2015、2017）、“新世纪百千万人才工程”人选 2 人、教育部“新世纪优秀人才支持计划”6 人。省级人才称号方面，有上海市“曙光学者”5 人、“浦江人才”14 人、“晨光学者”1 人。

中国传媒大学新闻学院有 4 人分别入选教育部长江学者奖励计划（2012、2017，各有 1 人入选）、“新世纪百千万人才工程”和教育部“新世纪优秀人才支持计划”。电视学院有全国广播电视和网络视听行业领军人才（2021）和北京市优秀青年人才（2020）各 1 人、北京市广电和网络视听青年创新人才 2 人。

暨南大学新闻传播学院有 2 人入选“国家高层次人才特殊支持计划”（2016 年和 2018 年入选“青年拔尖人才”，2021 年均入选“哲学社会科学领军人才”）；有长江学者奖励计划青年学者 1 人、“新世纪百千万人才工程”人选 3 人、教育部“新世纪优秀人才支持计划”3 人。另外，还有全国五一劳动奖章获得者 1 人（2021）、全国新闻出版行业领军人才 3 人。在省级人才方面，有广东青年珠江学者 1 人、广东省特支计划宣传思想领军人才 1 人、广东省特支计划青年文化英才 2 人、广东省宣传文化人才专项 2 人、广东省新闻教育终身成就奖获得者 1 人、广东省“千百十人才工程”培养对象 1 人。

浙江大学传媒与国际文化学院有 1 人入选“国家高层次人才特殊支持计划”（2019），有长江学者奖励计划青年学者 1 人、教育部新世纪优秀人才 1 人。

在一些竞争性的奖项方面，“老牌”新闻院系的教师也更有竞争力。如中国人民大学有教育部“马工程”首席专家 3 人、成员 3 人；复旦大学有 6 位教师获宝钢奖、4 人获范敬宜新闻教育良师奖。此外，在引进人才方面，“老牌”新闻院系也有明显的优势，如复旦大学 2021 年从华南理工大学引进了一位有着“珠江学者”特聘教授、广东省“千百十工程”国家级培养对象和先进个人、教育部“新世纪优秀人才支持计划”等人才称号的国家社科基金重大项目首席专家。

改革开放之后开办或恢复新闻传播教育的名校，近两年在国家级人才培养方面成绩显著。北京大学新闻与传播学院在 2020 年分别增加“国家高层次人才特殊支持计划”和教育部长江学者奖励计划各1人；清华大学新闻与传播学院有长江学者奖励计划青年学者（2015）1人，中宣部文化名家暨“四个一批”人才4人，2021年新增“国家高层次人才特殊支持计划”1人；上海交通大学媒体与传播学院有教育部长江学者奖励计划1人，“国家高层次人才特殊支持计划”哲学社会科学领军人才2人、中宣部文化名家暨“四个一批”人才2人、教育部新世纪优秀人才5人；北京电影学院（2007）、北京师范大学新闻传播学院（2014）、武汉大学新闻与传播学院（2015）和苏州大学传媒学院（2020）各有教育部长江学者奖励计划1人；南京大学新闻与传播学院（2020）、中山大学传播与设计学院（2017）、华中科技大学新闻与信息传播学院（2020）和四川大学文学与新闻学院（2021）有长江学者奖励计划青年学者各1人；西安交通大学新媒体学院“国家高层次人才特殊支持计划”（2021）和教育部“新世纪优秀人才”（2009）各1人；南京大学新闻与传播学院有长江学者奖励计划青年学者1人（2020）、教育部跨世纪人才3人；华东师范大学传播学院有1人入选教育部长江学者奖励计划（2021），另有长江学者奖励计划青年学者1人（2019）、教育部“新世纪优秀人才”3人；辽宁大学新闻与传播学院有1人入选教育部长江学者奖励计划（2021），另有教育部“新世纪优秀人才”1人；华南理工大学新闻与传播学院有长江学者奖励计划1人（2021）；深圳大学传播学院有1人入选“国家高层次人才特殊支持计划”（2017）。

3.6.2 “校级人才工程”是国家级省级人才项目的有力支撑

人才是办学最重要的资源，是大学赖以建立、保持、巩固的根基。进入新世纪，高等学校更加意识到人才对于学校改革与发展的极端重要性，认识到人才辈出是学校发展的根本前提、重要保证和决定性因素，也是学校的核心竞争力；拥有人才数量的多少、素质的高低，直接决定着高校人才培养的质量、科技创新能力和社会服务水平，也体现着高校的实力和办学水平。

高校推进“人才工程”，大体上有两种模式。一种模式是遴选杰出人才，即把“人才”狭义的限定为“高精尖”的学术带头人或者学科领军人物。实施的途径，主要是根据学科和专业发展布局去“挖人”和“引人”；另一种模式是培养优秀人才，即在对学校的人力资源系统、科学的规划、设计和调配的基础上，实施目标明确、业绩导向的梯队人才工程计划。多数高校同时采用上述两种模式，即一方面，在人才引进时，设立专门岗位引进有国家级人才称号的“高端人才”；另一方面，在岗位聘任时，设立校级人才梯队，给予一定的经费资助，帮助中青年教师快速成长。

据掌握的数据看，各高校校级“人才工程”实施的情况差异比较明显。有的高校，建设思路不断调整，建设举措断断续续，培养的人才也相对较少；有的高校，多年来人才工程计划从建设思路到举措一以贯之，成效比较显著。

2011年9月，复旦大学启动了校级“卓学-卓识-卓越人才支持计划”。这一计划，“是根据师资队伍建设的客观要求和人才成长的内在规律特别构建的优秀中青年教师培养支持计划，旨在通过构建衔接紧密的三层次支持体系”，激励中青年教师“潜心学术，取得国内领先或国际一流的研究成果，实现学识卓越”。其中，“卓学计划”瞄准年龄35岁左右（文科不超过40岁），具有中级或副高级专业技术职务，已崭露头角的优秀青年教师；“卓识计划”针对年龄不超过45岁，具有正高级专业技术职务，已脱颖而出的中青年骨干教师；“卓越计划”原则上适用具有正高级专业技术职务的、有影响的中青年学术带头人。复旦大学新闻学院仅2019年就有4位老师入选卓越人才计划。

2019年，暨南大学为进一步推进高水平大学和“双一流”学科建设，提升人才队伍核心竞争力和可持续发展能力，实施“暨南双百英才计划”，设立“暨南双百英才”岗位，在校内公开遴选和培养暨南双百英才。具体岗位包括暨南卓越人才支持计划（包括领军人才和杰出人才）、暨南杰出青年学者支持计划（包括杰青第一、第二层次岗位）和暨南教学支持计划（包括杰出教学名师、教学名师第一、第二层次），面向的学科主要涉及“双一流”建设学科、冲击教育部A类学科、攀峰专项行动计划等优势特色学科。新闻与传播学院双百英才领军人才2人（2020）、双百英才计划杰出人才3人、双百英才计划杰青第一层次3人（2020年2人、2021年1人）、双百英才计划杰青第二层次5人（其中2020年和2021年各2人）、双百英才教学名师第二层次2人（2021）。

浙江传媒学院的校级人才工程“三鹰工程”实施于2019年，分为三个层次。“领鹰人才计划”，遴选10名左右在学术或艺术领域具有深厚造诣，取得重要成果的中青年学者，支持其开展原创性的学术研究和文艺创作，以取得重要标志性成果，入选国家级或省部级重大人才工程，获得全国性文艺新闻出版等高级别奖项；“强鹰人才计划”，遴选30名左右具有较高学术水平、较强创新能力和发展潜力的优秀中青年人才给予资助，支持其开展创新性研创工作，承担国家级科研创作任务，为培养其成为优秀学科带头人搭建平台、创造条件，为入选省部级重要人才工程做好人才储备；实施“飞鹰人才计划”，遴选50名左右具有发展潜力的优秀青年骨干教师给予资助，支持其开展研创工作，为培养其成为学术带头人搭建平台、创造条件。新闻与传播学科的入选者包括领鹰1人（2021）、强鹰2人（2019）、飞鹰9人（2019年5人，2021年4人）。

2017年下半年，中国人民大学借80周年校庆，开始实施“杰出学者”评选计划。该计划包括特聘教授A岗、特聘教授B岗、青年学者A岗、青年学者B岗等岗位。首批412位“杰出学者”中，新闻学院有13位教授入选；此后每年新增，到2021年新闻学院已有25位教授成为学校的“杰出学者”。在此之前，中国人民大学还在“教授一级岗位的评聘中先行先试”，设置了“一级教授”“荣誉一级教授”等岗位，新闻学院方汉奇教授、陈力丹教授等曾先后被聘为荣誉一级教授。

中国传媒大学的校级人才项目主要是“青年拔尖人才”，新闻学院有3人、电视学院有2人入选；上海大学的校级人才项目是“伟长学者”，新闻与传播学院2020年有3人入选，2021年1人入选；四川外国语大学新闻传播学院有“嘉陵学者”3人；华东政法大学有“经天学者”5人（2019）；西北政法大学有校级长安学者1人（2021）、长安青年学术骨干2人（2021）；湖南师范大学新闻与传播学院有校级“世承人才”15人；华东师范大学传播学院有校级紫江特聘教授1人（2014）、“晨晖学者”6人；深圳大学的校级人才项目“荔园学者”资助计划从2013年开始实施，传播学院有1人入选校级“荔园领军学者”（2013），3人入选“荔园优秀学者”（2013年、2020年、2021年各人），9人入选“荔园优青”。

3.6.3 “人才工程”称号“集于一身”现象比较明显

在不少学科，知名学者入选多个国家级、省部级人才工程项目的现象较为常见，新闻与传播学科也不例外。在各个学校提交的相关数据中，不难发现各类各级人才工程项目的入选者，有比较明显的“重叠”效应。换而言之，一些老师先后入选一系列国家级、省级人才工程项目和获得了一系列荣誉称号。

中国人民大学新闻学院蔡雯教授，入选国家万人计划“哲学社会科学领军人才”、国家“百千万人才工程”、中宣部文化名家暨“四个一批”人才、教育部“新世纪优秀人才支持计划”等人才工程项目；上海交通大学媒体与传播学院院长李本乾教授，入选教育部长江学者奖励计划特聘教授，还是国家“万人计划”哲学社会科学领军人才、中宣部文化名家暨“四个一批”人才、教育部“新世纪优秀人才”；武汉大学新闻与传播学院副院长单波教授，入选教育部长江学者奖励计划特聘教授、文化名家暨“四个一批”人才等人才工程，荣获过宝钢优秀教师奖等荣誉；中国传媒大学新闻传播学部副学部长、新闻学院院长和《现代传播》主编隋岩教授，入选教育部长江学者奖励计划特聘教授、教育部跨世纪人才和国家“百千万人才工程”等；辽宁大学新闻与传播学院院长程丽红教授，入选教育部长江学者奖励计划特聘教授、教育部跨世纪人才和辽宁省特聘教授、辽宁省文化名家暨“四个一批”人才等人才工程。

中国人民大学副校长胡百精教授，入选教育部长江学者奖励计划青年学者；荣获过北京市青年名师（2019）、宝钢优秀教师奖、教育部霍英东教育基金会全国高校优秀青年教师奖等荣誉；浙江大学传媒与国际文化学院院长韦路教授，入选国家“百千万人才工程”、教育部长江学者奖励计划青年学者和教育部新世纪优秀人才，还荣获了“有突出贡献中青年专家”、新闻传播学国家级学会“杰出青年奖”等荣誉称号；暨南大学新闻与传播学院书记刘涛教授，入选国家万人计划“青年拔尖人才”（2018）和“哲学社会科学领军人才”（2021）、教育部长江学者奖励计划青年学者，同时还是教育部霍英东教育基金会全国高校青年教师奖、新闻传播学国家级学会“杰出青年奖”、广东省五一劳动奖章和全国五一劳动奖章的获得者。复旦大学新闻学院副院长周葆华教授，入选教育部首批长江学者奖励计划青年学者和国家万人计划“青年拔尖人才”，获得的荣誉有教育部霍英东教育基金会全国高校优秀青年教师奖、新闻传播学国家级学会“杰出青年奖”等；中国传媒大学曾祥敏教授，入选教育部“新世纪优秀人才支持计划”和全国广播电视和网络视听行业领军人才，获得过北京市青年教学名师和教学名师、北京市“师德先锋”等荣誉……

各级各类人才工程称号“青睐”同一批学者的主要原因，是这些人才工程的评选条件大同小异，考察的项目主要是获批国家社科基金项目的数量、在 SSCI 和 CSSCI 等刊物发表论文的数量和质量、荣获的国家级和省级教学成果奖与科研优秀成果奖等。与此同时，各级各类人才工程称号的获得者还大多担任新闻院系的主要领导或曾经担任过院系的主要领导。究其原因，主要是高等学校对院系领导的选拔条件，除了政治素养和思想觉悟之外，特别看重的也是高水平科研成果和奖项的数量等。

具体到 2021 年的新闻传播教育学界，人才队伍建设有两个特点，一是入选的人数较往年有所增加。以教育部长江学者奖励计划为例，新增 2 人，情况比几年前无人入选或只有 1 人入选更加喜人，这说明新闻传播学界学术地位得到了更多的认可；二是入选人才比较稳定，有国家级、省级人才称号的人才很少流动，这说明各高等学校和新闻院系更加注重入选人才的作用。

（浙江万里学院　陈志强）

3.7 工作坊

据不完全统计，2021 年 1 月至 12 月，中国各地共开展新闻传播学术工作坊约有 12

场（次）。具体活动情况按会议时间先后如表 3-2 所示。

表 3-2 **2021 年新闻传播学学术工作坊情况①**

序号	工作坊会议名称	主办单位	时间	主题及主要议程
1	健康传播学术工作坊（第二期）	暨南大学新闻与传播学院、国际中华传播学会	1 月 9—10 日；1 月 23—24 日；1 月 30—31 日	研究设计、数据分析、论文发表三个议程
2	认知神经传播学工作坊	北京师范大学新闻传播学院	7 月 5 日—9 日	认知神经科学与传播学交叉学科研究
3	青年传播学者科学传播研究工作坊	苏州大学传媒学院	7 月 9 日	科学传播领域
4	首届新闻创新研究工作坊	南京大学新闻传播学院、《新闻记者》杂志社	7 月 10—11 日	新闻创新研究：新行动者、新策略、新观念
5	第三届“智能营销传播”学术工作坊	武汉大学新闻与传播学院、武汉大学媒体发展研究中心、《新闻与传播评论》编辑部、武汉大学城市传播与企业品牌研究中心、武汉大学“智能营销传播研究”青年学术团队	9 月 18 日	智能营销传播理论、方法与实践
6	第二届“智能传播与数字平台”工作坊	上海大学新闻传播学院、中国社科院新闻与传播研究所	10 月 9 日	平台经济与社会发展的前沿议题
7	第四期四校合作新闻传播研究方法创新工作坊	中国人民大学、中国社会科学院大学、河北大学和北京印刷学院的专业院系	10 月 9—11 日	数字时代的出版研究

① 所搜集信息来自各个学术工作坊发布的征稿通知、会议议程、会议回顾等相关公告，或有遗漏。

续表

序号	工作坊会议名称	主办单位	时间	主题及主要议程
8	第三届媒介社会学工作坊	中国人民大学新闻学院、复旦大学新闻学院、浙江大学传媒与国际文化学院	10 月 16—17 日	结构与能动的辩证：数字时代媒介社会学再出发
9	首届溯传·新媒体研究工作坊	中国新闻史学会网络传播史研究委员会	10 月 24 日	各类互联网议题
10	第五届“东方传播法”学术工作坊	中华全国法制新闻协会法制新闻理论研究专业委员会、中国新闻史学会媒介法规与伦理专业委员会、华东政法大学传播学院	10 月 30 日	算法时代的言论表达与传媒治理
11	《传媒经济与管理研究》第一期工作坊	《传媒经济与管理研究》编辑部	11 月 6 日	传媒经济与管理
12	第四届“中国传播创新研究工作坊”	武汉大学媒体发展中心、武汉大学新闻与传播学院	12 月 11—12 日	2021 年中国传播创新的重要节点、案例及问题

纵观 2021 年新闻传播工作，尽管举办的场次不多，但大多呈现出学术质量高、学术热点与特色鲜明的特点，个别工作坊一经举办即引发了业界关注。这 12 场学术工作坊大致可分为两类：一是以学术创新为主要目标开办的工作坊，如武汉大学举办的首届新闻创新研究工作坊等，立足“创新”主题，广泛聚焦新闻传播问题，并未有专业上的选题限制，研究和讨论呈现出开放性特征；二是专注新闻传播某一专业领域的工作坊，如 2021 年年初在暨南大学举办的健康传播工作坊等，显示出国内学界对于专业领域传播问题的重视与关注。此外，还有一些工作坊连续举办，已经初步形成了品牌效应。如第五届东方传播法学术工作坊、第四届中国传播创新研究工作坊等。

从主办单位和地区看，工作坊的举办仍主要集中在北京、上海、南京、武汉等地，上述地区新闻学会、院系和期刊力量云集，这为工作坊的举办提供了必要的学术支持；从会议时间看，工作坊的举办时间多为一两天，议程安排较为紧凑；从学科交叉考量，工作坊会议的议题，涉及媒介社会学、传媒经济学、传播法学等交叉学科，密切关注技术变革、学术热点。下面将列举两类工作坊会议中有特色的做简要介绍。

7月10—11日，南京大学新闻传播学院、《新闻记者》杂志联合主办了首届新闻创新研究工作坊。此次工作坊的主题为“新行动者、新策略、新观念”，着重探讨新闻创新研究的理念、策略与行动。会议期间，19篇论文作者报告了他们的最新研究。经工作坊多位学者的现场“打磨”，以及会后研究者的悉心修改，其中6篇已发表于《新闻记者》2021年第11期。①

武汉大学新闻与传播学院、武汉大学媒体发展中心一直致力于打造“智能营销传播”和“中国传播创新研究”两个工作坊。9月18日，第三届“智能营销传播”学术工作坊在线举办。与会学者既有对智能营销传播技术发展的前沿探讨，也有对新技术发展与社会之间关系的深刻反思。② 12月11—12日，第四届“中国传播创新研究”工作坊以线下线上结合的方式举行。经过扎实研讨，此次工作坊在传播主体的主体性、老年人的再社会化、博物馆的传播创新、传播创新的结构性因素等四个方面形成了代表性的观点。③ 上述工作坊特色鲜明，成果较为丰硕。

总体来看，2021年新闻传播学学术工作坊的活动组织大多采用线上、线下、线上线下同步等多种方式，不仅主动适应了疫情防控，也成功打破了时空的阻隔，让交流更加便捷高效。但受疫情反复的影响，2021年中国新闻传播学工作坊开办的总体数量依然较少。有些学术活动虽名为工作坊，但是实际议题设置过于分散，议程安排较为复杂；活动开展以论文的宣讲为主，与会者学术交流的时间过短，难以形成深入的研讨。

近年来，学术工作坊有日益学术会议化倾向，有些工作坊实际上与学术会议的区别不大，这降低了工作坊作为学术生产的特殊性价值。另外，一些工作坊与学术期刊形成了某种合作，就工作坊而言它方便了学术成果的尽快发表，但对学术期刊的公共性却有所影响。未来工作坊的开办应与学术会议有所区别，在其形式和内容上进一步突出工作坊的学术特质，防止其与学术会议混为一谈，这才是维持其生命力和长久性的关键所在。

（重庆大学　齐辉）

---

① 首届新闻创新研究工作坊成果：《新闻记者》“站在新起点上的新闻创新研究”专题［EB/OL］．［2021-11-26］．南京大学新闻传播学院新闻创新实验室，https：//jil. nju. edu. cn/sylm/lbxx/20211126/i211319. html.

② 许心枚．武汉大学举办第三届“智能营销传播”学术工作坊［EB/OL］．［2021-09-24］．中国社会科学网，http：//ex. cssn. cn/xwcbx/xwcbx_pdsf/202109/t20210924_5362544. shtml.

③ 吴世文、熊浩．中心举办第四届中国传播创新研究工作坊［EB/OL］．［2021-12-17］．武汉大学媒体发展研究中心，https：//mp. weixin. qq. com/s/w7q0x4CRGB6Ubt9dYHb4EQ.

3.8 博士后流动站

2021 年 12 月 19 日，《人民日报》头版刊登文章《我国累计招收博士后二十八万余人》，介绍了中国博士后培养取得的重要成绩。截至 2021 年 10 月，全国已在所有“双一流”学校以及国家重点科研院所设立博士后科研流动站 3352 个，在大型企业、科研型事业单位、经济园区设立博士后科研工作站 3874 个，设站单位涵盖了所有学科领域和国民经济主要行业。目前我国累计招收博士后 28 万余人，累计出站 16 万人。博士后制度在有计划、有目标地培养高层次人才方面取得了显著成效。“十三五”时期，新设博士后科研工作站 896 家；2016—2020 年共招收博士后 11.1 万人，年均增幅为 10.87%。目前，有国内博士后经历的研究人员已有 150 人成为院士。2016—2019 年，在站博士后申请专利 4.3 万项，开展科研项目 12.5 万项，出站博士后共获得 1.4 万余个奖励奖项；87 名在站博士后获得国家科学技术进步奖、国家技术发明奖和国家自然科学奖。与此同时，博士后人员国际化水平也在稳步提升——2020 年留学回国人员和外籍人员博士后占当年进站博士后总数的 13.16%，比 2015 年增长了 109.57%。

在全国博士后培养取得瞩目成绩的背景下，2021 年新闻传播学科的博士后培养紧跟步伐、砥砺前行，呈现出新的发展特点。

3.8.1 校企联合成为新闻传播学科博士后重要培养方式

2021 年，人力资源社会保障部、全国博士后管委会印发《关于进一步加强企业博士后科研工作站建设的通知》，强调要贯彻落实中央人才工作会议精神，大力实施新时代人才强国战略，加快建设国家战略人才力量，培养具有国际竞争力的青年科技人才后备军，促进产学研深度融合，推进企业创新联合体建设，进一步发挥博士后制度在推动企业创新和科技进步中的重要作用。该通知具体内容包括以下几点：

第一，全面实行博士后工作分级管理，进一步完善博士后管理和培养方式。健全国家、省（自治区、直辖市）、设站单位三级管理体制，进一步明确各级的管理职责和权限，鼓励各地各单位完善博士后管理制度，加大博士后工作投入，不断优化提升对企业博士后科研工作站的服务水平。该通知指出，要深入贯彻新发展理念，改进博士后科研工作站设站方式。坚持“四个面向”，根据企业对高层次创新型青年人才和博士后工作需要，采用更为灵活、高效、便捷的设站方式，对博士后科研工作站实行条件控制、科学评估、动态管理，不再进行全国统一评审。支持研发实力强、对高层次人才需求迫切、承担重大科研攻关项目的重点企业优先设站，加大对高新技术企业特别是民营中小型高科技企业设站的支持力度。

第二，优化博士后创新实践基地管理服务。按照统筹规划、稳步发展、确保质量的原则，各地区优先支持技术开发条件较好的园区或有较强技术实力的企业设立博士后创新实践基地，激发企业创新潜能，促进更多高层次青年科技人才向企业流动。支持博士后创新实践基地与博士后科研流动站联合招收博士后研究人员。

第三，坚持党管人才原则，充分发挥博士后制度优势。积极支持有需求的企业依托重大科技任务和创新平台设立博士后创新岗位，加大对企业博士后工作的政策、项目和资金支持力度，支持博士后在企业从事关键核心技术和“卡脖子”领域研究，加快构建具有博士后特色的企业创新联合体，推动企业博士后工作高质量发展。①

在相关部门加强企业博士后科研工作站建设的背景下，新闻传播院系充分发挥学科优势，通过校企联合的方式开展新闻传播学科博士后培养工作，聚焦于传播技术和传媒产业革新下的前沿领域，推动新闻传播人才在相关产业创新和科技进步中发挥重要作用。具体情况如下：

清华大学与南方报业传媒集团联合招聘博士后。研究课题围绕对外传播、智库建设、媒体融合发展、企业社会责任、乡村振兴等主题，具体包括：①构建对外传播全媒体矩阵。②新时代智库型媒体发展的机遇、挑战与创新路径。③移动互联网时代融媒体的黏性要素研究。④基于大数据的企业社会责任“全息评价”研究。⑤乡村振兴战略背景下媒体融合发展新路径。

封面传媒与电子科技大学联合培养博士后。研究课题包括：①主流媒体算法及算法价值观的研究与应用。②AI 内容审核与检测技术的研究与应用。③AI 内容智能创作的研究与应用。④新闻领域知识图谱构建的研究。⑤未来媒体人机交互体系的研究与应用。

封面传媒致力于 AI+媒体领域的应用和探索，构建“科技+传媒+文化”生态体，拥有人工智能与未来媒体实验室、CGI 媒体应用实验室、区块链媒体实验室、5G 智媒体视频实验室、新闻出版大数据用户行为跟踪与分析实验室以及 10 多个专利和软件著作权，建有封面研究院并设公益研究所、舆情研究所、经济研究所、人文研究所、传播研究所、人工智能研究所。以上述实验室和研究所为创新载体，封面传媒于 2020 年 8

---

① http：//www. mohrss. gov. cn/SYrlzyhshbzb/dongtaixinwen/buneiyaowen/rsxw/202111/t20211122_428371. html.

月经四川省人力资源和社会保障厅审批同意设立博士后创新实践基地。

为促进北京师范大学文化产业与新闻传播“产学研”一体化研究，探索新时代出版传媒业理论与实践高质量融合发展的路径，服务北京师范大学“双一流”发展目标、文化及出版产业发展战略和新闻传媒学科建设，根据国家及北京师范大学人才培养政策及相关规定，北京师范大学新闻传播学院、北京师范大学出版集团及北京师范大学出版科学研究院联合开展“出版传媒”博士后培养项目。具体招聘岗位如表 3-3 所示：

表 3-3　几所机构联合开展“出版传媒”博士后项目

研究方向	合作导师	专业要求
全民阅读，出版文化创新研究	柳斌杰	出版学、传播学、文化产业等专业背景的博士
舆情大数据挖掘，传媒经济与产业研究	喻国明	大数据社会分析专业背景的博士；擅长采用定量方式进行传媒经济研究的博士
新闻出版人工智能研究，社交媒体应用研究	张洪忠	新闻出版业人工智能研究专业背景的博士；从事社交媒体研究或实践的博士
出版产业管理研究，媒体融合、出版大数据研究	吕建生	出版学、统计学、数字媒体等专业背景的博士

新华报业传媒集团成立省博士后创新实践基地，成为江苏省首家全媒体领域省级博士后创新实践基地。新华报业传媒集团依托创新实践基地，加快探索将人工智能运用到新闻采集、生产、分发、接收、反馈中，重点探索用主流价值驾驭的算法推荐模式，实现舆论引导和信息传播的精准化、个性化；与全球顶尖高校和科研机构合作，联合招收优秀传媒学者，搭建技术需求和理论研究的桥梁，生产更多有重大影响、有指导意义的科研成果和决策参考，助力推动媒体融合向纵深发展，加快做大做强主流舆论，将博士后创新实践基地打造成一个媒体融合、协同攻关的重要平台。

3.8.2　科研流动站数量保持不变，科研工作站略有增加

2021 年新闻传播学科研流动站单位保持 18 个的规模，具体单位名称和联系方式如表 3-4 所示。

表 3-4　　新闻传播学科研流动站单位

序号	流动站单位	主管单位	电话	传真
1	北京大学	人事部	010-62751229	010-62751229
2	复旦大学	人事处	021-65643515	021-65642129
3	湖南师范大学	人事处	0731-88872308	0731-88872456
4	华中科技大学	人事处	027-87557406	027-87542527
5	暨南大学	研究生院	020-85226933	020-85220048
6	清华大学	人事处	010-62785765	010-62797551
7	厦门大学	人事处	0592-2187039	0592-2183984
8	山东大学	人事部	0531-88366036	0531-88365388
9	上海大学	组织人事部	021-66132935	021-66132935
10	上海交通大学	组织人事部	021-66132935	021-66132935
11	深圳大学	人力资源部	0755-26717347	0755-26534449
12	四川大学	人事处	028-85402040	028-85405915
13	武汉大学	人事处	027-68754011	027-68754011
14	浙江大学	人事处	0571-88981453	0571-88981976
15	郑州大学	人事处	0371-67781731	0371-67781080
16	中国传媒大学	人事处	010-65779185	010-65779225
17	中国人民大学	人才工作领导小组办公室	010-62513718	010-62513718
18	中国社会科学院	博士后管理委员会	010-85196137	010-85196495

（资料来源：中国博士后网站）

注：北京师范大学、华东政法大学、华南理工大学、陕西师范大学、苏州大学、天津大学、浙江传媒学院、中国政法大学等高校也开展了新闻传播学领域的博士后培养。

2021 年，经中国博士后官网设站单位查询，以“报业”“出版”“广播”“电视”“传媒”“互联网”等作为关键词，查得与新闻传播学相关的博士后工作站共有 34 个，在 2020 年的基础上略有增加（见表 3-5）。

表 3-5　　与新闻传播学相关科研工作站单位

序号	工作站设站单位	主管单位	电话	传真
1	北京华章图文信息有限公司	人力资源部	010-88379428	010-68311602
2	大众报业集团	大众报业集团人事劳资部	531-85193291	0531-85193490
3	电子工业出版社	人事处	010-88254603	010-88254000
4	方志出版社		—	—
5	高等教育出版社有限公司		—	—
6	广州日报报业集团	人力资源部	020-81163210	020-81885729
7	国家新闻出版广电总局广播科学研究院	人力资源部	010-86098016	010-86098115
8	河南广播电视大学		—	—
9	湖南出版投资控股集团有限公司	产业研究院	0731-84405041	0731-84405057
10	湖南电广传媒股份有限公司	电广传媒规划调研室	0731-84252333-8301	0731-842518888301
11	华夏文广传媒集团股份有限公司	人力资源部	010-65818806	010-65818801
12	江苏凤凰出版传媒集团有限公司	集团党委组织部（人力资源部）	025-83672870	025-83658921
13	江西省出版集团公司	人力资源部	0791-86895385	0791-86894939
14	精英集团有限公司	河北传媒学院研究生院	0311-68017548	0311-68017548
15	南方报业传媒集团	人事处	020-87373998-3306	020-873875173306
16	南方出版传媒股份有限公司	人力资源部	020-37606072	020-37606721
17	宁波日报报业集团	编委办公室	0574-87685038	0574-87682923
18	人民教育出版社有限公司	人力资源部	010-58758063	010-58758877
19	人民网股份有限公司	科研管理部	010-65363967	010-65363967
20	山东省广播电视总台	局博士后科研工作站	0531-81306760	0531-87931921

续表

序号	工作站设站单位	主管单位	电话	传真
21	上海文化广播影视集团有限公司	人力资源部	021-22000566	021-62154974
22	社会科学文献出版社	皮书研究院	010-59366421	010-53967224
23	深圳报业集团	集团人力资源部\集团舆情与传播研究院	0755-83517636	0755-83904156
24	深圳广播电影电视集团	集团总编办	0755-88318352	0755-88310333
25	时代出版传媒股份有限公司	人力资源部	0551-3533151	0551-3533013
26	天津七一二通信广播股份有限公司	人力资源部	022-65388636	022-65388636
27	未来电视有限公司	天津港保税区人社局	022-88957000	022-88957001
28	新华通讯社	技术局	010-88053628	010-88051717
29	新华文轩出版传媒股份有限公司	管理研究院	028-83157124	028-83157124
30	中国国际广播电台	创新发展研究中心	010-85057393	010-85057396
31	中国互联网络信息中心	—	—	—
32	中国科学技术出版社有限公司	—	—	—
33	中国社会科学出版社	人事处	010-64073834	010-64073834
34	中国外文出版发行事业局	—	—	—

（资料来源：中国博士后网站）

3.8.3 新闻传播学科博士后获得中国博士后科学基金资助数量增加

2021 年，新闻传播学科共获得中国博士后科学基金资助 28 项，比上年增加 5 项。其中站中特别资助 3 项，和上年持平；一等面上资助 2 项，比上年增加 1 项；二等面上资助 23 项，比上年增加 4 项。

6 月 9 日，中国博士后科学基金会发布《关于公布中国博士后科学基金第 69 批面上资助获资助人员名单的通知》（中博基字〔2021〕5 号）。公布了 3977 人的中国博士后科学基金第 69 批面上资助名单。新闻传播学科共有 12 人获得资助，其中一等面上资助 1 人，二等面上资助 11 人（见表 3-6）。

表 3-6　**中国博士后科学基金第 69 批面上资助获资助人员名单（新闻传播学）**

序号	资助编号	省份	设站单位名称	姓名	博士后编号	一级学科	资助等级
1	2021M690173	广东省	中山大学	吴　怿	273099	新闻传播学	1
2	2021M690711	上海市	复旦大学	高慧琳	259714	新闻传播学	2
3	2021M690712	上海市	复旦大学	谢兴政	254163	新闻传播学	2
4	2021M690713	上海市	复旦大学	张立刚	253790	新闻传播学	2
5	2021M691222	吉林省	吉林大学	田　雷	272139	新闻传播学	2
6	2021M691829	北京市	清华大学	刘金河	254654	新闻传播学	2
7	2021M692097	上海市	上海交通大学	马英俊	245260	新闻传播学	2
8	2021M692205	广东省	深圳大学	孙　玮	280865	新闻传播学	2
9	2021M692320	四川省	四川大学	骆世查	272718	新闻传播学	2
10	2021M692586	陕西省	西安交通大学	刘　彦	244908	新闻传播学	2
11	2021M692971	辽宁省	中国大连高级经理学院	马　特	249537	新闻传播学	2
12	2021M693700	江苏省	中盐金坛盐化有限责任公司	赵立敏	246826	新闻传播学	2

11 月 15 日，中国博士后科学基金会发布《关于公布中国博士后科学基金第 70 批面上资助获资助人员名单的通知》（中博基字〔2021〕11 号）。公布了 3983 人的中国博士后科学基金第 70 批面上资助名单。新闻传播学科共有 13 人获得资助，其中一等面上资助 1 人，二等面上资助 12 人（见表 3-7）。

表 3-7　**中国博士后科学基金第 70 批面上资助获资助人员名单（新闻传播学）**

序号	资助编号	省份	设站单位名称	姓名	博士后编号	一级学科	资助等级
1	2021M700109	陕西省	西安交通大学	聂　佳	287363	新闻传播学	1
2	2021M700862	上海市	复旦大学	郑元凯	253690	新闻传播学	2
3	2021M701087	河南省	河南大学	刘辰辰	272034	新闻传播学	2

续表

序号	资助编号	省份	设站单位名称	姓名	博士后编号	一级学科	资助等级
4	2021M701088	河南省	河南大学	张　朋	266814	新闻传播学	2
5	2021M701280	广东省	华南师范大学	林　英	294457	新闻传播学	2
6	2021M701324	湖北省	华中科技大学	周　琪	286510	新闻传播学	2
7	2021M701370	湖北省	清华大学	耿书培	289766	新闻传播学	2
8	2021M701949	北京市	清华大学	王子涵	268915	新闻传播学	2
9	2021M701950	北京市	清华大学	朱垚颖	257809	新闻传播学	2
10	2021M702402	江苏省	苏州大学	陈秋心	285712	新闻传播学	2
11	2021M702984	北京市	中国传媒大学	耿俊杰	254290	新闻传播学	2
12	2021M702985	北京市	中国传媒大学	李泓江	292811	新闻传播学	2
13	2021M702986	北京市	中国传媒大学	卫青蓝	281274	新闻传播学	2

6 月 9 日，中国博士后科学基金会发布《关于公布 2021 年度中国博士后科学基金特别资助获资助人员名单的通知》（中博基字〔2021〕7 号）。公布了 397 人的中国博士后科学基金第 3 批特别资助（站前）名单，和 800 人的中国博士后科学基金第 14 批特别资助（站中）名单。其中新闻传播学科有 3 人获得第 14 批特别资助（见表 3-8）。

表 3-8　**中国博士后科学基金第 14 批特别资助获资助人员名单（新闻传播学）**

序号	省份	设站单位名称	姓名	博士后编号	一级学科	资助编号
1	上海市	复旦大学	周 琼	239773	新闻传播学	2021T140131
2	北京市	清华大学	何 静	240150	新闻传播学	2021T140389
3	北京市	中国人民大学	贾瑞雪	251921	新闻传播学	2021T140725

3.8.4　2021 年中国新闻传播学博士后进出站情况

此处仅列出 2021 年部分高校新闻传播学科博士后进出站人数统计情况，具体如表 3-9 所示。

表 3-9　　2020 年中国新闻传播学博士后进站出站情况表

序号	设站单位名称	在站人数	进站人数	出站人数
1	北京大学	7	4	1
2	复旦大学	42	8	6
3	湖南师范大学	2	1	0
4	华东政法大学	5	2	2
5	华南理工大学	1	1	2
6	暨南大学	8	6	0
7	清华大学	15	6	5
8	厦门大学	4	2	—
9	山东大学	9	0	0
10	陕西师范大学	3	1	0
11	上海大学	15	10	4
12	深圳大学	10	5	0
13	四川大学	—	0	1
14	苏州大学	11	4	2
15	天津大学	1	1	0
16	浙江传媒学院	2	2	1
17	郑州大学	8	7	0
18	中国传媒大学	6	2	2
19	中国人民大学	10	2	4
20	中国政法大学	1	0	1

（中国人民大学　李兴博、邓绍根）

3.9　中外学术交流

3.9.1　调研基本情况

此次调研采用材料收集和问卷的形式，调研范围为全国高校的新闻传播类院系。截至2022年4月，共收到来自106所高校的106份调查问卷，其中“985工程”高校19所19份，“211工程”高校24所24份，普通高校63所63份。

本报告定义的国际交流共有六种形式：一是赴境外访学，二是参加国际会议，三是举办国际会议，四是邀请外宾举办讲座，五是邀请外宾授课、开设海外师资课程，六是中外交流合作项目。调研对象学校填写其中任意一项即视为有效问卷，在106份问卷中填写了国际交流相关内容的有效问卷52份，其中“985工程”高校12所12份，“211工程”高校16所16份，普通高校24所24份。总体而言，2021年度接受调研的院校中，49%的学校参与了各类国际交流活动，“985工程”高校参与国际交流活动的比例为63%，“211工程”高校的比例为67%，普通高校比例为38%。

3.9.2 调研数据分析

3.9.2.1 境外访学情况

（1）参与访学学校分布情况

在统计的高校中，有1位教师填写的访学地点为国内大陆高校，将该数据剔除后共有16所高校派出了23名教师在境外访学。其中985高校1所、境外访学教师1人，“211工程”高校7所、境外访学教师9人，普通高校8所、境外访学教师13人，占比情况如图3-7所示。

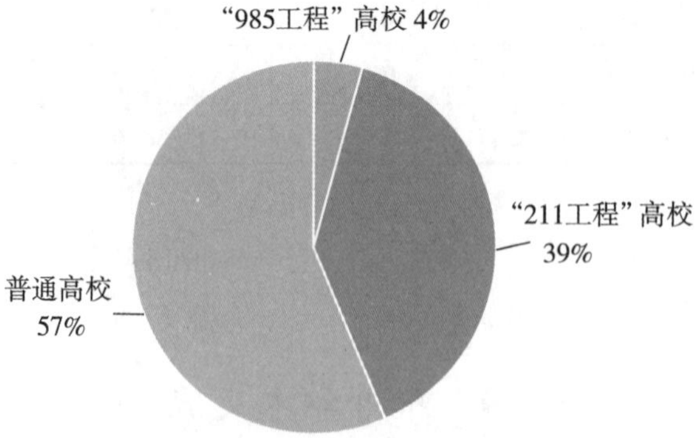

图3-7 参与访学教师人数的学校分布情况

（2）出国时长

参与调研的新闻传播学科教师2021年度参与外出访学以长期交流为主，52%的教师访学时长为 12 个月，17%的教师访学时长为 24 个月及以上，9%的教师访学时长为 3~6 个月，22%的教师没有标明时长。访学时长大于 24 个月的教师，系攻读国外高校的博士学位（见图 3-8）。

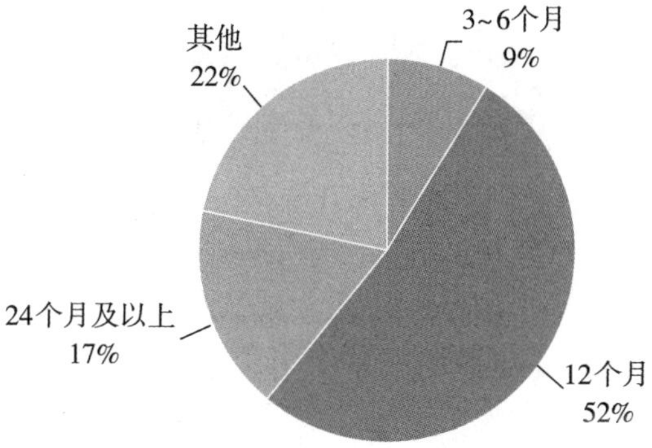

图 3-8　出国时长分布

（3）访学国家地区分布

根据数据统计，16 所高校的 23 名教师分别前往 6 个国家进行访学，这些国家是：澳大利亚、俄罗斯、韩国、加拿大、马来西亚、美国，还有 3 名教师未写明访学地点。其中，美国是国内学者前往访学最多的国家，人数达 11 人，占总人数的 48%，有 1 所“985 工程”高校、4 所“211 工程”高校以及 3 所普通高校的教师赴美访学，其中西安交通大学新闻与新媒体学院的教师去往密苏里大学新闻学院访学，暨南大学新闻与传播学院的教师去往南加州大学访学，华中农业大学文法学院的教师去往西佛罗里达大学访学，上海大学新闻传播学院的教师去往南加州大学和密苏里大学进行访学，湖南师范大学新闻与传播学院的教师去往美国访学（没有注明具体学校），华东政法大学传播学院的教师分别去往美国弗吉尼亚大学和哈佛大学费正清中国研究中心进行访学，赣南师范大学新闻与传播学院的教师分别去往美国北卡罗来纳大学和密西西比大学进行访学，云南财经大学传媒学院的教师去往美国波士顿大学进行访学。其次，国内学者有 4 人去往韩国进行访学，有 1 所“211 工程”高校和 2 所普通高校，占总人数的 18%。去往加拿大的访学人数占总人数的 9%，去往澳大利亚、俄罗斯以及马来西亚的人数各占总人数的 4%（见图 3-9）。

（4）访学任务

在境外访学的 23 名教师中，以访问学者身份进行交流的人数最多，有 14 人，约占

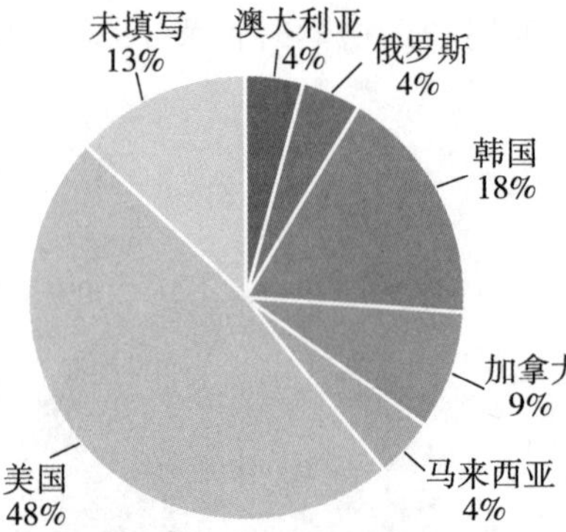

图 3-9 访学国家地区分布

总人数的61%；任务为读博的人数有4人，约占总人数的17%，其余均未填写访学任务这一项（见图3-10）。

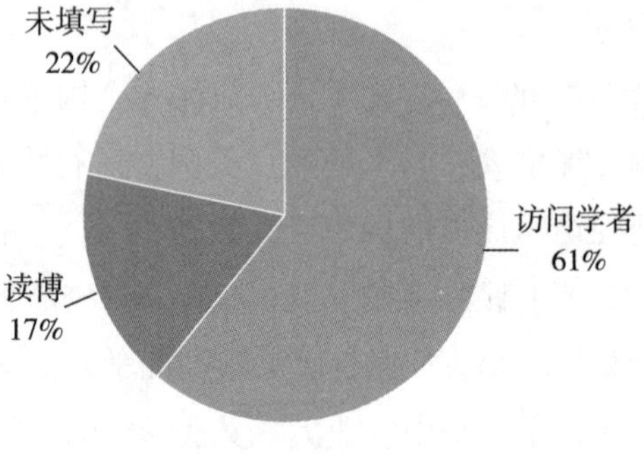

图 3-10 访学任务分布

（5）交流领域

目前，教师参与国际交流的领域主要为新闻传播类（65%），主要包括新闻学、传播学、中国媒介史、新闻传播学、新闻传播学媒介经济方向等，其他如艺术学、影视学、动画也有所涉及（见图3-11）。

（6）经费来源

目前，国内高校新闻传播学科教师国际交流的主要经费来源是国家资助，占比为48%。学校资助相对较少，占比为9%，学院资助占比为4%。另外，市资助占比为4%，还存在未填写的情况（见图3-12）。

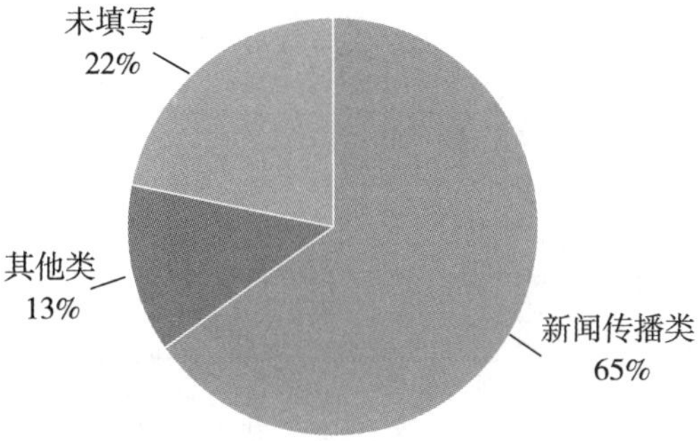

图 3-11 国际交流领域分布

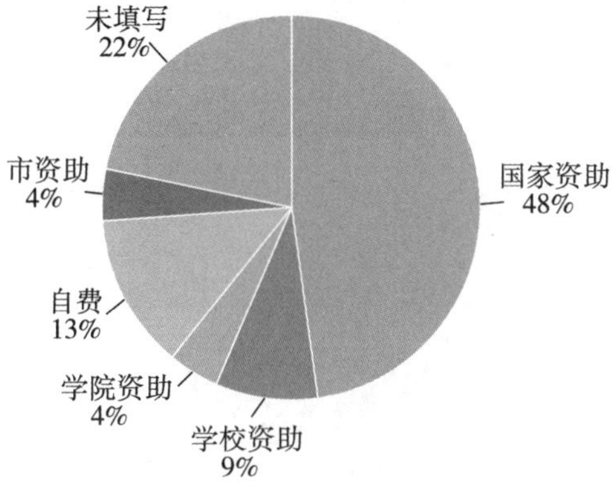

图 3-12 经费来源情况

（7）访学成果

在访学成果方面，论文成果占 39%，其中中文论文占 35%，英文论文占 4%，还有 4%未标明是成果的类型。根据调查结果显示，目前部分高校在国际交流方面没有具体的成果要求，总体来看成果偏少（见图 3-13）。

3.9.2.2 国际会议参加情况

（1）参会学校分布情况

2021 年度，29 所高校的新闻传播院系共有 97 人次参加了国际会议。其中“985 工程”高校 9 所，“211 工程”高校 7 所，普通高校 13 所；具体分别为：“985 工程”高校 44 人次，“211 工程”高校 14 人次，普通高校 39 人次（见图 3-14）。

（2）参会地区分布

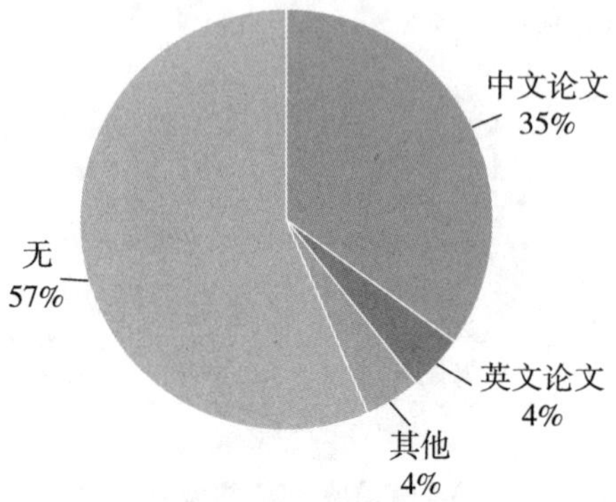

图 3-13　访学成果情况

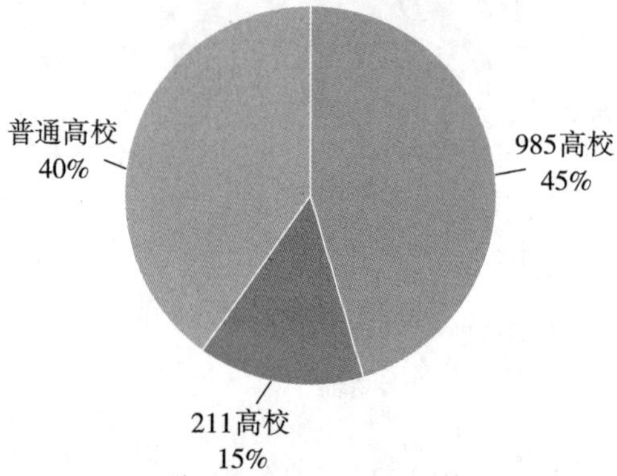

图 3-14　高校参加国际会议的人次分布情况

在此次调查中发现，29 所高校中有 33 人次选择了线上参与国际会议的方式，其余均为线下参与；线下参与国际会议的地点主要集中在中国内地和中国澳门，分别是 35 人次和 10 人次，此外泰国有 7 人次，美国有 4 人次，肯尼亚有 3 人次（见图 3-15）。

（3）参会任务

在此次统计中，共有 97 人次参与国际会议，将其参与国际会议的任务主要分为六类，分别是嘉宾发言、论文入会发言、作会议报告、作品参展、其他和未说明。其中，论文入会发言最多，约占任务总数的 31%；作会议报告的约占任务总数的 24%；嘉宾发言和作品参展分别占任务总数的 15%和 8%。其他还包括学术交流 3 次，会议主持、论文点评人、竞选 CCF 多媒体专委、技术交流、项目团队入驻签约和小组发言各 1 次（见图 3-16）。

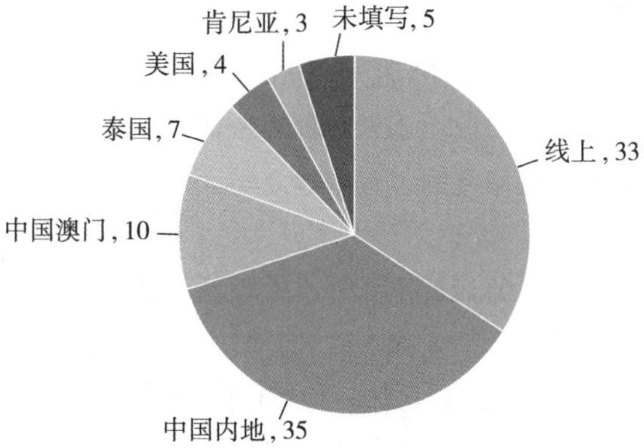

图 3-15　参会国家地区分布

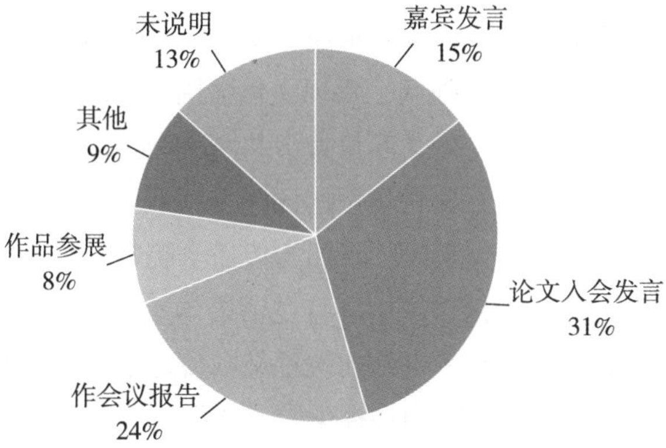

图 3-16　教师参加国际会议任务

3.9.2.3　国际会议举办情况

2021 年度，主办国际会议的新闻传播类院校共有 18 所，其中“985 工程”高校 5 所、“211 工程”高校 7 所、普通院校 6 所，共主办国际会议 24 场次，其中独立主办 6 场、联合主办 18 场。2021 年度主办的国际会议具有现实性、前沿性、交叉性的特点，立足新冠肺炎疫情的背景，对新闻实践、学科教育、学术科研、新闻传播基本观念、新闻伦理等方面的创新提出了新思考，彰显了中国实践、中国理念的重要价值。

如中国人民大学新闻学院主办了主题为“共享未来：后疫情时代的新闻传播教育与全球合作”的 2021 年度中外新闻传播学院院长会议，天津大学新媒体与传播学院举办了名为“crisis communication in the postcovid-19 era”（后疫情时代的危机传播）的国际会议，湖南理工学院新闻与传播学院和国际媒介与传播研究学会联合举办了主题为“智能传播与社会发展：疫情之下的机遇与挑战”的2021国际媒介与传播研究学会（IAMCR）区域分会（中国）。这些会议主题聚焦新冠肺炎疫情对新闻传播教育影响、如何调整和重构、如何在危机修复的过程中建立与大众的共鸣、建构危机传播的有效路径等。

与此同时，智媒时代带来的计算传播学、大数据、数字化、智能传播等议题也成为会议探讨的热点话题。如复旦大学新闻学院和复旦大学全球传播全媒体研究院联合举办了“2021年全媒体全球传播（复旦）论坛”，探讨数字文明视域中的全媒体研究；苏州大学联合香港中文大学、密苏里大学共同主办了以“智能传播时代新闻传播学科建设国际论坛”；吉林师范大学新闻与传播学院举办了以“因‘数’之力，为‘人’而创”为主题的数字技术与新媒体发展国际论坛等。

中国文化的对外传播也是会议的重要主题。辽宁大学新闻与传播学院举办的“传播媒介与文化强国建设”学术研讨会强调，实现文化强国目标需特别关注中国文化对外传播问题，要重视文化价值观念的传播。苏州大学和西交利物浦大学联合举办的“第四届国际传播高峰论坛”就文明交流互鉴视域下的国际传播展开了一系列讨论。四川外国语大学新闻传播学院和北京外国语大学国际新闻与传播学院联合主办的“第三届国际新闻与传播教育工作交流会”进一步探讨了中国特色话语体系和叙事体系的建构与创新。

城市作为人类生存的物质空间，也是构筑意义、传递信息的重要媒介，城市传播也逐步引起了学界的关注。上海大学新闻传播学院、中国社会科学院新闻与传播研究所以及上海研究院世界传媒研究中心联合举办的第四届世界传媒论坛主题就是“国际视野下传媒与城市数字化转型”，复旦大学新闻学院和复旦大学信息与传播研究中心联合主办的传播与中国·复旦论坛2021聚焦数字技术与城市，以数字城市为切入点，探讨中国新闻与传播研究未来的发展方向。

整体而言，新闻传播院校举办的国际会议所涉及的话题不再局限于本学科领域，而是呈现出跨学科的视野，既立足于本土诠释，又努力突破地域限制，在尊重差异的前提下倡导全球话语的互动与联结，增强学界的理论贡献，展现了新闻传播学者的人文关照与家国情怀。

3.9.2.4 邀请外宾讲座情况

在邀请外宾讲座方面，共有14所新闻传播类院校举办52场讲座。其中“985工程”高校5所30场，“211工程”高校5所16场，普通高校4所6场。其中有2所高校举办场次较多，分别是清华大学新闻与传播学院 14 场、复旦大学新闻学院 10 场（见图 3-17）。

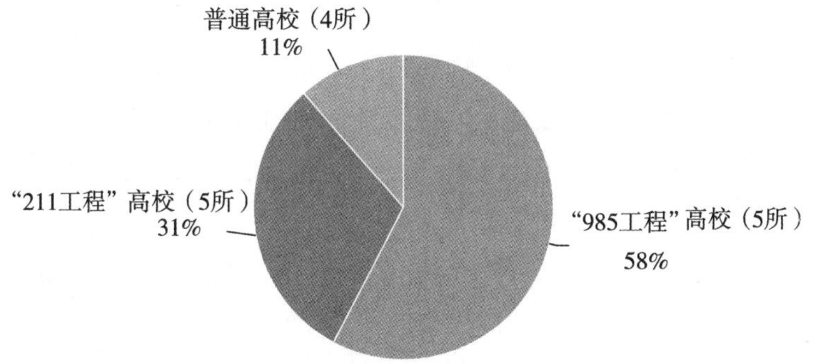

图 3-17　高校邀请外宾讲座场次分布

海外学者的讲座主题有与疫情相关的健康传播、某些理论在疫情中的验证、人工智能、新闻生产、新闻理论、研究方法等。如山东大学新闻传播学院举办的讲座重点谈论了健康传播理论在健康传播活动中的重要作用；天津大学新媒体与传播学院邀请了南洋理工大学教授进行了主题为“后疫情时代国际新媒体传播的理论建构和展望”的讲座；湖南理工学院新闻与传播学院举办了主题为“Overcoming Vaccine Hesitancy in Hong Kong：Where to Start?”（克服疫苗在香港的犹豫不决：从哪里开始?）和“Third Person and Third People Perception in COVID-19 Pandemic and Political Conflicts— a Study of China，Germany，and USA”（新冠大流行与政治冲突中的第三人效果——基于中国、德国和美国的研究）的讲座。

与此同时，算法、人工智能等新技术的兴起，对网络舆论生态、传播社会伦理及互联网平台治理带来了挑战和冲击，成为新闻传播学研究的焦点问题。围绕这一话题，复旦大学新闻学院开展了“Researching the Digital Human - Digital Humanities Contributions to AI”（研究数字人类-数字人文对人工智能的贡献）和“AI and Digital Methods”（人工智能与数字方法）等系列海外学者讲座；暨南大学新闻与传播学院邀请海外学者进行了关于计算社会科学视野下的社交媒体研究的讲座；南昌大学新闻与传播学院分别举办了主题为“communication ethics in digital age”（数字时代的传播伦理）和“数字新闻研究的挑战与机遇”的讲座。

还有部分讲座是围绕着实际操作和基本业务素质培养展开的，例如清华大学新闻与传播学院邀请海外学者开设了“Writing News for Radio and Television”（为广播和电视撰写新闻）“How to write an explanatory journalism article”（如何撰写解释性新闻文章）“How to put together news stories from idea to publication”（如何将新闻故事从创意整合到出版）等系列讲座。还有一部分讲座关注了研究方法，例如西北政法大学新闻传播学院的“媒介与传播学研究方法”、复旦大学新闻学院的“ Introduction to Tools of Media Psychology”（媒介心理学研究工具）和“Introduction to Psychophysiological and neuroscientific measures of media effects”（媒介效果的心理生理学和神经科学测量方法）等。部分讲座还关注了国外新闻传播与经济、政治形势等的相关情况；此外，2021 年正值建党 100 周年，山东师范大学新闻与传媒学院邀请海外学者进行了主题为“融通中外的马克思主义新闻观”的讲座。系列海外学者讲座对师生们打开国际视野、了解国际学术动态大有裨益。

3.9.2.5 邀请外宾授课情况

在邀请外宾授课、开展海外师资课程方面，共有 11 所新闻传播类院校开设了 32 门课程。“985 工程”高校 4 所 20 门，“211 工程”高校 3 所 7 门，普通高校 4 所 5 门。其中，开设课程比较多的学校有：清华大学新闻与传播学院 10 门，复旦大学新闻学院和中国政法大学光明新闻传播学院各 5 门，山东大学新闻传播学院开设 4 门（见图 3-18）。

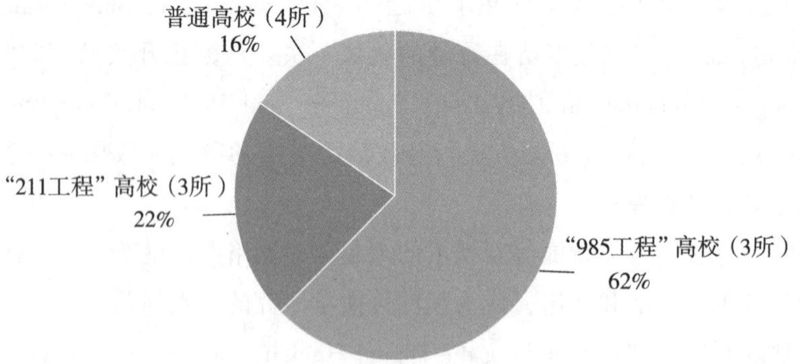

图 3-18 高校邀请外宾授课课程数分布

根据课程的内容，主要可以分成三类，一是国际传播理论和新闻传播学前沿研究，这样的课程有清华大学新闻与传播学院的“媒介与社会前沿”、复旦大学新闻学院的“新闻传播学前沿”、西北政法大学新闻传播学院的“国际传播”等；二是新闻传播相关专业技能的培养，例如中南民族大学文学与新闻传播学院的“Foundations of Audio-Video Storytelling”（音视频叙事基础）、清华大学新闻与传播学院的“财经新闻数据挖掘与分析”“新媒体实践教育”和“高级英语新闻采写”等；三是讲解研究方法的基础课程，有中国传媒大学新闻学院的“传播学定量研究”、山东大学新闻传播学院的“社会科学统计方法”和“视觉传播研究方法”、河南大学新闻与传播学院的“新闻传播学研究方法”等课程。

3.9.2.6 中外交流合作教育部项目情况

在此次调研中，中外交流合作教育部项目仅有 2 项，分别是安徽大学的“讲好中国故事，传播徽文化：国际中文教育中的安徽‘非遗’影像创作与传播”和陕西师范大学国际交流处与新闻与传播学院共同申报的“2021 年中外人文交流全媒体产教融合项目”。

3.9.3 现状与不足

2021 年度，中国国内疫情得到了比较有效的控制，但是全球新冠肺炎疫情形势并不稳定，出国交流存在着一定的健康安全风险，程序也相对更加复杂，对高校教师的出境交流产生一定影响；与 2020 年度国际交流情况对比可以发现，教师境外访学人数明显减少。但是也出现了一些新现象：

①线上国际交流呈上升趋势。虽然疫情影响较大，但是各个学校在国际交流方面依然保持着比较积极的交流意愿，并通过一些具体的举措和行动来改善疫情下国际交流不足的状况。比如鼓励教师充分利用便捷的线上交流方式参与国际会议，不但简化了流程，还提升了国际交流能力；同时普通高校的教师国际交流比例也在不断提升。

②主动谋求在国际学术领域的参与权和话语权。疫情并没有阻断国内高校进行学术交流、不断提升在国际学术领域的参与度。2021 年无论是独立主办还是联合举办，国际学术会议的探讨议题和学术质量都在不断攀升，以这样的学术交流平台为各国学者的讨论交流提供机会，同时也彰显中国高校、中国学者在国际学术领域的参与度。

③开拓海外师资课程提升国际化。除了常规的邀请海外学者进行学术讲座之外，更多的高校开始鼓励和支持海外师资课程，海外学者作为主讲教师的同时配备本学院教师作为助教，在提升学生国际化视野的同时，也对本学院师资进行了国际化课程的培训。

与此同时，目前国际交流也存在一定的不足，仍有提升和拓展的空间。

①整体而言，新闻传播类院校教师参与国际交流与合作的面不够广，参与比例不高，出国出境进修学习、合作科研项目的机会较少。2021 年只有 16 所高校派出 23 名教师出国访学，而且 56%的高校只有 1 名教师在外访学，人数与理工医科相比偏少。中外

合作交流教育部项目连续两年仅有两所学校获得，这个数据也说明不少高校的新闻传播院系制定的国际化发展战略还不够完善和清晰，为教师搭建的交流平台不够宽广，国际合作项目还没有进入到实质性的合作阶段。

②参与国际交流取得的成果不多。根据此次调研数据，我国高校新闻传播类教师进行国际交流的主要学术成果为论文，且以中文论文为主，58%的访学教师没有成果，这与部分学校并没有对国际交流的教师提出具体的科研任务及成果考核有关，这也与访学任务、交流时间有一定关联。

③参与国际交流的经费来源较为单一，多为国家资助。在此次调研的学校中，高校教师进行访学的主要经费来源为国家资助，比例达到46%。其次为自费，比例为17%。学校学院给予支持的比例为12%，相比而言，来自省市的资金支持较少。可以看到，国家对于高校教师进行国际交流还是给予了较大力度的支持，但是院校受经费限制，向新闻传播学科倾斜的可能性较低，所以还需要省、市方提供一定的经费支持。

3.9.4 讨论及建议

高等教育国际化是当前世界各国高等教育发展的普遍趋势，高校教师作为高等教育的主体之一，顺应国际化的时代要求，积极参与到国际交流与合作，有助于培养出具有全球观念、世界意识的国际化人才。新闻传播学科的国际化对学科的整体发展十分必要，只有了解国际学界的发展状况，才能更好地丰富和提升本土化内容，推进国际传播能力建设。目前新冠肺炎疫情的形势十分不稳定，所以需要高校拓展和创新更多的国际交流路径。在疫情背景下，始终保持与国际学术界交流和沟通的动态过程，加强学术交流的同时也增进与他国的人文交流。

第一，开发和探索更多“在地国际化”的路径和途径。在境外访学条件受限的情况下，可以建立国际联合培养模式，使高校教师在本土就可以开展与境外高校的合作交流。可以借助国家、学校以及学院资助的项目，实现“线上境外访学”的新形式，与国际合作院校的教师共同进行课题研究，通过线上会议、工作坊以及合作发表论文的方式，提升教师的科研能力和国际化水平。

第二，鼓励教师以更多形式参与到国际会议中。从统计数据来看，现在我国新闻传播院系独立主办或联合主办国际会议的次数越来越多，说明我国高校已经具备组织承办国际学术会议的能力。学校举办和联合主办国际学术会议为各国学者之间的交流提供了极佳的平台。可以设立一定的激励机制，鼓励教师们积极参加这些学术会议和论坛，作为发言人、主持人，或者通过论文供稿、作品参展等形式，线上线下相结合地参与到会议中，拓展国际化学术视野。

第三，不断拓展海外师资课程。为了提升国际化水平，加强师资的国际化，高校可以增加海外师资课程的设置，根据院系特点和需求，开设多元化课程，使学生拥有更多选择权。同时，本校教师可以作为助教，与海外学者共同完成课程的讲授，这样能够有效提升本地师资的国际化教学水准。

第四，加强与国际期刊的合作。高校可以加强与国际期刊、国际科研机构的合作，鼓励和支持本土的教师与国外学者进行项目合作和论文发表，从而提升教师的国际学术发表能力，促进更多优质学术成果的产出。

第五，加大对中外合作交流项目的鼓励和扶持力度。例如：合理地利用好当地的文化资源和本校的学术资源，结合学校的人才培养特点和学科建设特色，打造更适宜本土、具有本地化特征和学校特色的中外合作交流项目；通过提供政策、资金支持，简化审批程序等方式优先鼓励和支持中外交流合作教育部项目的申请和开展。

（山东大学　邱凌、牛一冰）

4. 学生事务篇

4.1　2021 年全国新闻传播类院系本科专业招生与就业情况

4.1.1　本科专业增减情况

2021 年度统计范围内的 102 所高校中，有 8 所高校新闻传播院系的专业进行了调整（见表 4-1）。

表 4-1　**2021 年新闻传播学本科专业增减情况**

学校	新增专业	撤销专业
中国传媒大学（广告学院）	广告学（计算广告双学位、学士复合型人才培养项目）	
中国人民大学	国际新闻与传播	
四川外国语大学	国际新闻与传播	
华东政法大学	网络与新媒体	
新疆财经大学	网络与新媒体	
宁夏大学	播音与主持艺术	
贵州民族大学		广告学、广播电视学
清华大学		新闻学

2021 年，新闻传播学科中新增最多为国际新闻与传播和网络与新媒体两个本科专业（见图 4-1）。

根据《2018 年度普通高等学校本科专业备案和审批结果》，教育部新增了国际新闻

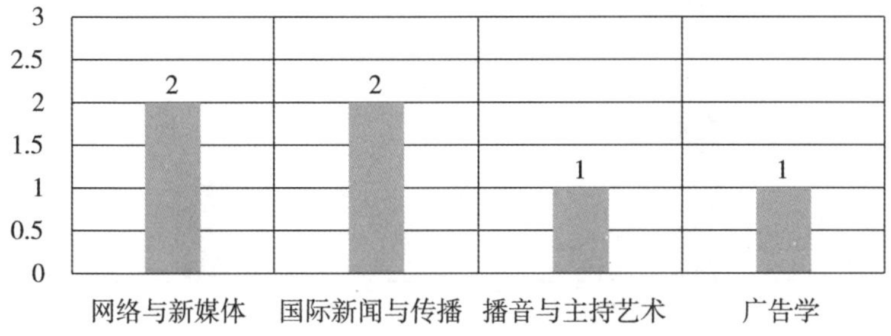

图 4-1　2021 年新增专业的（高校）数量

与传播专业。近年来，为响应加强我国国际传播能力建设的现实需求，不少学校相继开设了相应的国际新闻传播类课程。2021 年 5 月 31 日，习近平总书记在中共中央政治局第三十次集体学习时强调，讲好中国故事，传播好中国声音，展示真实、立体、全面的中国，是加强我国国际传播能力建设的重要任务。各高校开始在国际传播人才培养方面发力。2021 年，国际新闻与传播招生学校仅有中国传媒大学，招生人数为 24 人，而当年新闻传播学科新增专业中，又有两所学校新增“国际新闻与传播”专业，是当年新增办学点最多的本科专业。

2012 年，为了适应互联网、移动互联网的发展对新媒体人才的需求，教育部在本科专业目录中增设了网络与新媒体专业。当年 9 月，在教育部印发的《普通高等学校本科专业目录（2012）》中，将新媒体与信息网络（050307S）及媒体创意（050306W）合并为网络与新媒体（050306T），归属新闻传播学类。在当今社会，传播理念不断革新，全媒体化信息传播路径不断完善，网络与新媒体专业在这样的背景下变得尤为重要，这一专业的人才需求也不断增长，在 2021 年新闻传播学科所增加的专业中，有两所学校增加了网络与新媒体专业（见图 4-2）。

而在 2021 年各高校所撤销的专业中，除了贵州民族大学撤销广告学、广播电视学专业外，2020 年 5 月 15 日，清华大学新闻与传播学院团委微信公众号“清华清小新”发布的消息称，该校决定大幅度扩大新闻学院硕士研究生规模，今后学院的人才培养主要在研究生层次进行。此举引发新闻教育界热议，清华大学将这次调整定性为改革，清华大学新闻与传播学院院长柳斌杰指出，学校对新闻传播学科和人才培养模式进行战略性调整，是清华大学建设世界顶尖大学的内在要求。而全球新冠肺炎疫情的暴发，客观上促进学校加快了对战略性学科的调整步伐。

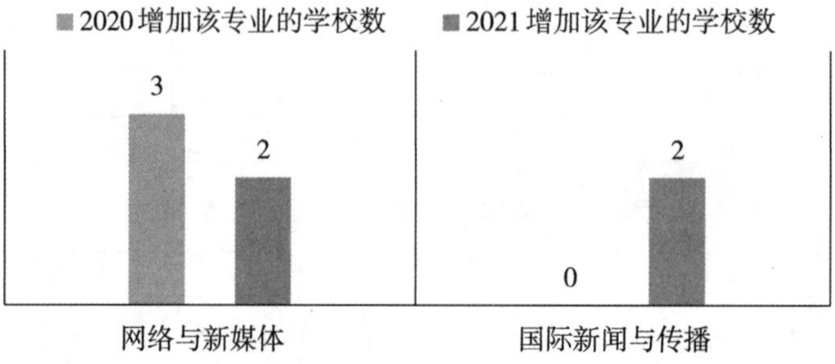

图 4-2 2020 年与 2021 年增加网络与新媒体、国际新闻与传播专业的学校数量对比

4.1.1.1 本科专业招生情况

新闻传播学本科招生主要分为新闻传播学大类、新闻学、广告学、广播电视学、网络与新媒体、传播学等专业，同时部分高校还设置了公共关系、戏剧影视文学等专业。在采集到的 102 所学校数据中，新闻传播学大类招生人数最多，占当年新闻传播学类专业招生总人数（15816 人）的 46.4%。与 2020 年相比，新闻传播学大类招生学校数量增加了 30.3%，招生人数增加了 36.7%，而其中河南大学在新闻传播学大类招生人数最多，占新闻传播学大类招生总人数的 5%（见图 4-3）。

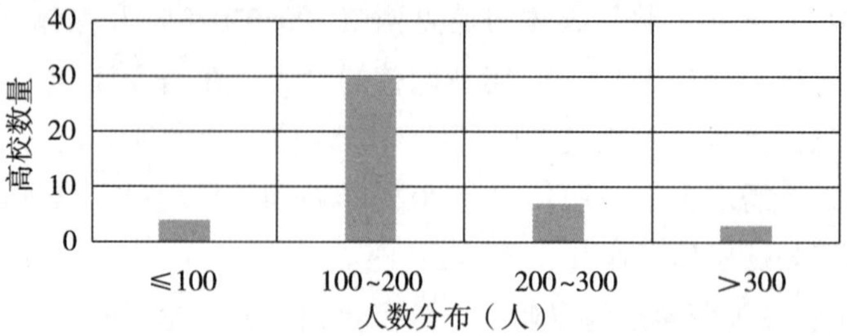

图 4-3 2021 年各高校新闻传播学大类招生数量分布

除新闻传播学大类外，新闻学专业招生人数最多，占当年招生总人数的 14.96%；其次广告学专业招生人数，占总人数的 9.22%；广播电视学专业占 8.43%；网络新媒体专业占 7.91%。其中，网络新媒体专业招生学校数以及招生总人数都有一定的增幅。随着媒介融合的趋势日益凸显，新媒体技术不断更新迭代，许多高校增加了网络与新媒体专业招生人数，与 2020 年相比，该专业招生人数增加了 50%（见图 4-4）。

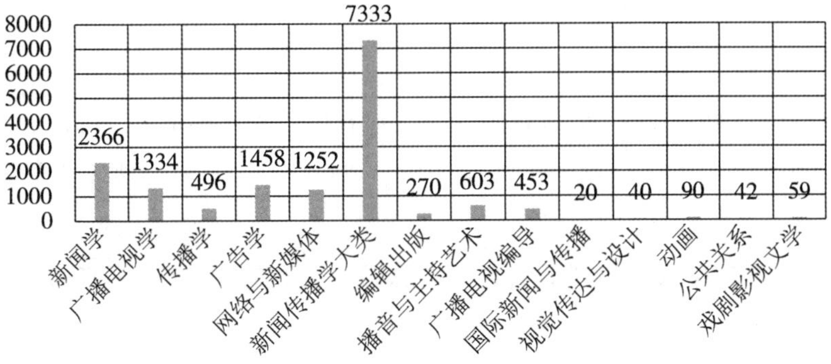

图 4-4　2021 年各专业招生人数

新闻传播学大类招生的学校最多，占 2021 年度统计总学校数的 25%，其次是新闻学专业，占总学校数的 20%（见图 4-5）。

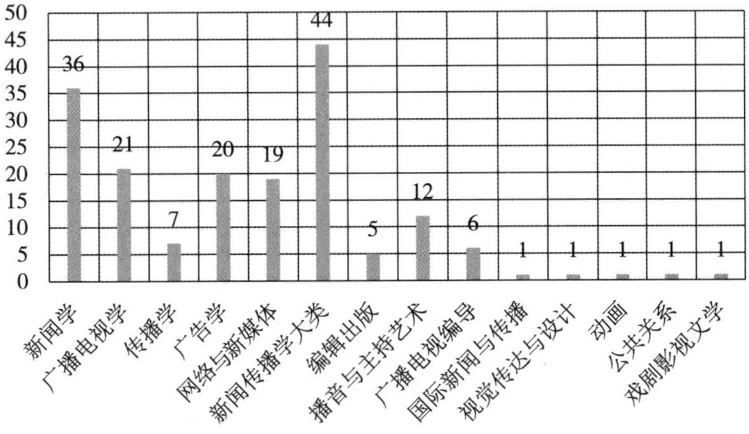

图 4-5　2021 年各专业招生学校数

4.1.1.2　学校招生情况

2020 年，在统计的 112 所高校中，招生人数总计 13824 人，而 2021 年统计的 102 所高校中，招生人数达到了 15816 人，虽然高校数量有所减少，但招生总人数有明显增加。

在新闻传播学类招生学校方面，招生人数最多的高校是暨南大学。暨南大学

2021年招生人数占总招生人数5.1%，其招生人数比前一年增长了17.3%。2001年，暨南大学新闻学系扩建为新闻传播学院，现下设5个系，分为6个本科专业：新闻学、广告学、广播电视学、播音主持与艺术、网络与新媒体、新闻学国际新闻方向(全英语)。其中，新闻学专业为首批国家级特色专业，拥有国务院侨办重点学科(新闻学，2003)、广东省重点学科（新闻学，2006)、广东省一级重点学科（新闻传播，2013)。

浙江传媒学院招生人数位列第二名，占总招生人数的3.7%。浙江传媒学院新闻与传播学院始于1986年的新闻系，是全国新闻教育常务理事单位、浙江省新闻与传播专业教学指导委员会主任和秘书长单位，浙江省属高校中唯一的新闻传播学省级一流学科单位，现设广播电视学、新闻学、编辑出版学、传播学4个本科专业，其中广播电视学、编辑出版学专业入选国家级一流专业建设点，传播学专业入选浙江省一流专业建设点（见表4-2)。

表4-2　**2021年招生数量排名前15的学校**

序号	招生学校	招生人数	序号	招生学校	招生人数
1	暨南大学	812	9	河南工业大学	323
2	浙江传媒学院	569	10	西安外国语大学	320
3	西北政法大学	565	11	浙江万里学院	313
4	中国传媒大学	559	12	江西师范大学	310
5	中南民族大学	517	13	黑龙江大学	300
6	河南大学	370	14	重庆工商大学	282
7	兰州财经大学	333	15	深圳大学	276
8	云南师范大学	329			

在统计的102所高校的招生数量中，有28所高校的招生人数少于100人，36所高校在100~200人，11所高校在200~300人，6所高校在300~400人，5所高校大于500人。

值得注意的是，网络与新媒体专业以及国际新闻与传播专业招生人数、学校数与2020年相比都有一定的增长（见图4-6、图4-7)。

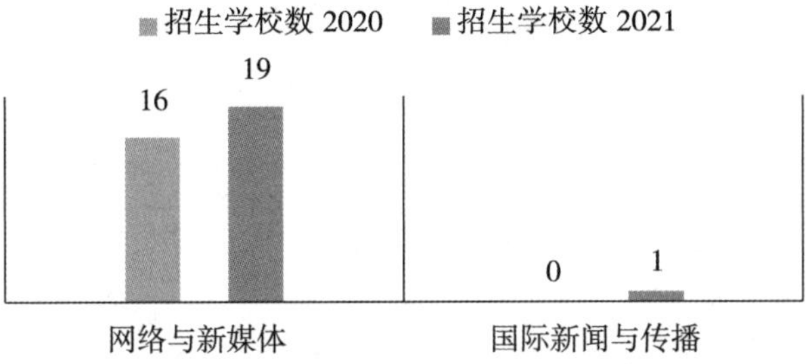

图 4-6　2020 年与 2021 年网络与新媒体及国际新闻与传播专业招生学校数对比

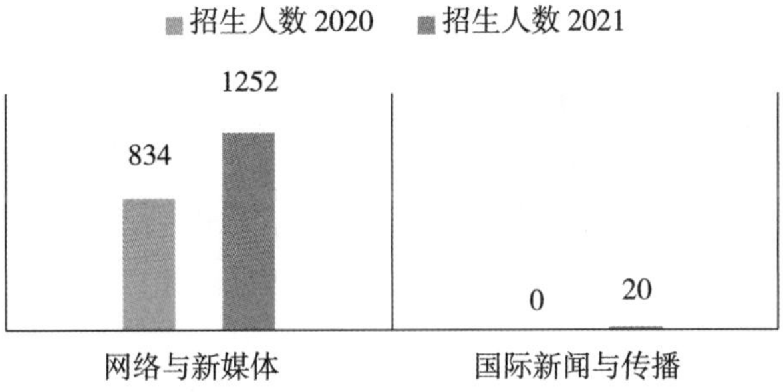

图 4-7　2020 年与 2021 年网络与新媒体及国际新闻与传播专业招生人数对比

4. 1. 2　本科毕业生情况

4. 1. 2. 1　国内学生情况

2021 年 12 月 28 日，在教育部举办的新闻发布会上，教育部高校学生司司长王辉介绍，2021 届高校毕业生规模为 909 万，同比增加 35 万。具体到新闻传播学类专业，在统计的 102 所院校内，2021 年毕业生总人数为 16216 人。

具体而言，新闻学专业毕业生人数最多，高达 4449 人，其次为广告学专业，人数为 2916 人，毕业生人数最少的是国际新闻与传播专业，为 24 人（见图 4-8）。

4. 1. 2. 2　毕业留学生情况

统计范围内，新闻传播类专业 2021 年毕业留学生共 241 人。根据图 4-9 所示，当年新闻传播学类专业毕业留学生多分布在南部沿海、西南、北方等地区高校。其中北京地区毕业留学生人数居首位，为 84 人，占全部毕业留学生人数的 34. 9%；上海次之，人数为 44 人，占比 18. 3%；浙江省又次之，人数为 38 人，占比为 15. 8%。从留学生人数

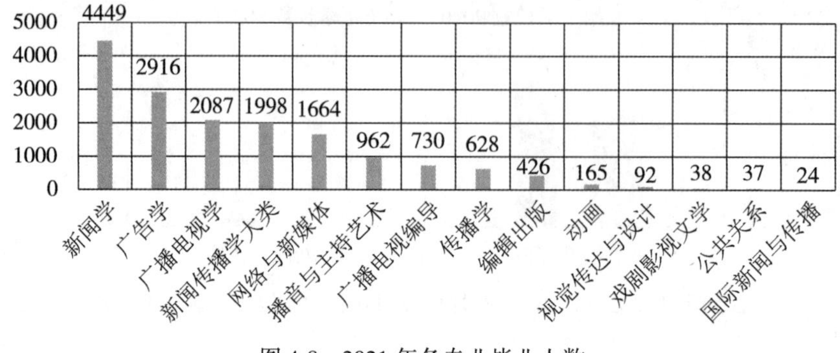

图 4-8　2021 年各专业毕业人数

来看，经济发达程度是影响留学生选择高校的因素之一。

除此之外，我国边境省份如内蒙古自治区、云南省因与蒙古国及越南等接壤，也有留学生毕业，分别来自内蒙古大学和云南师范大学。这说明，在一定程度上，地理接近性也成为影响留学生选择留学目的地的因素之一（见图 4-9）。

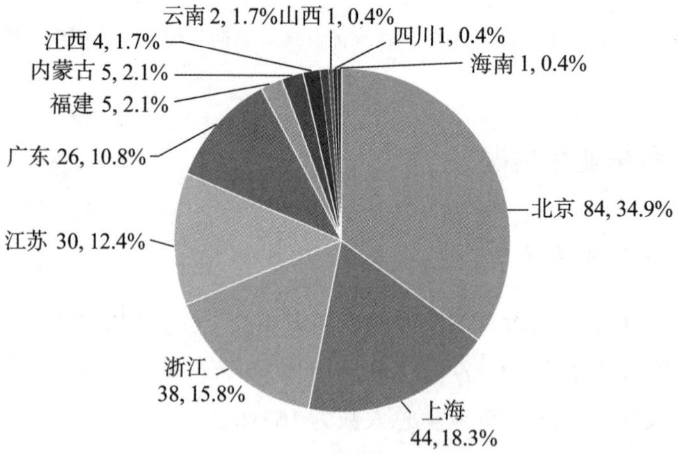

图 4-9　留学生地理分布占比情况

从院校来看，复旦大学和浙江万里学院的毕业留学生人数最多，均为 38 人；其次为苏州大学，有 27 人；然后是北京大学，毕业留学生人数为 26 人（见图 4-10）。

4. 1. 2. 3　毕业生升学情况

根据 2021 年 12 月 6 日中国社科院发布的《经济蓝皮书》，在疫情防控常态化形势

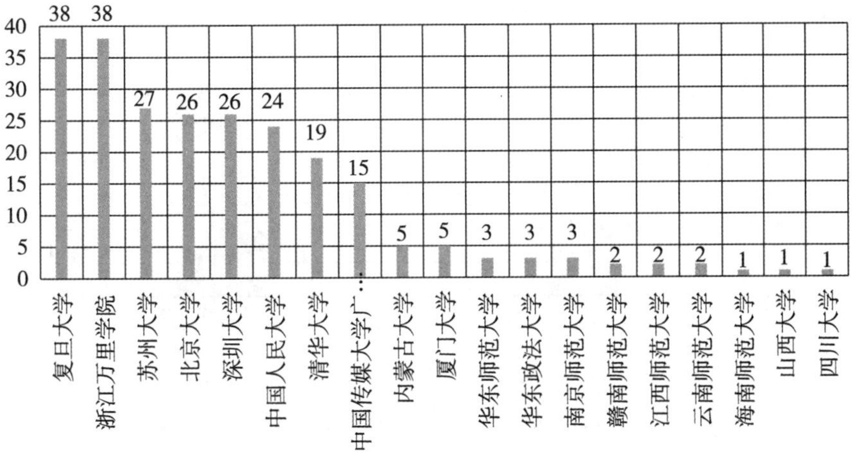

图 4-10　2021 年毕业留学生院校分布

下，我国经济总体上表现出较好复苏态势，但在不确定不稳定的疫情和外部环境中，经济下行压力有所加大，保持经济平稳运行的风险挑战较多。同时，中国社科院院长、学部主席团主席谢伏瞻出席《经济蓝皮书》发布会暨中国经济形势报告会时表示，新冠肺炎疫情仍是当前和今后一个时期经济复苏的最大不确定因素。

当年 12 月 28 日，教育部高校学生司司长王辉在新闻发布会上表示，受国际疫情影响，这两年返回国内就业的海外留学生也不断增加，整体来看，高校毕业生就业形势严峻复杂。

从研究生培养政策来看，2020 年 9 月，教育部正式发布《关于加快新时代研究生教育改革发展的意见》（以下简称《意见》），介绍“落实全国研究生教育会议精神加快高层次人才培养十大专项行动”有关情况，一幅关于研究生教育的蓝图由此铺开：“到 2025 年，基本建成规模结构更加优化、体制机制更加完善、培养质量显著提升、服务需求贡献卓著、国际影响力不断扩大的高水平研究生教育体系。到 2035 年，初步建成具有中国特色的研究生教育强国。”《意见》明确，要扩大硕士研究生招生规模，并在未来五年内持续扩招。因此，2021 年成为全国研究生扩招计划的第一年，全国研究生招生仍保持强劲的增长势头。

在疫情不确定性、就业形势严峻、研究生持续扩招的三重因素影响下，2021 年高校毕业生选择继续升学的比例相较于往年也再创新高，高校新闻传播学类各专业毕业生升学人数占毕业总人数的 19. 72%，升学人数为 3198 人，相较上一年增加近 1000 人（见图 4-11、图 4-12）。

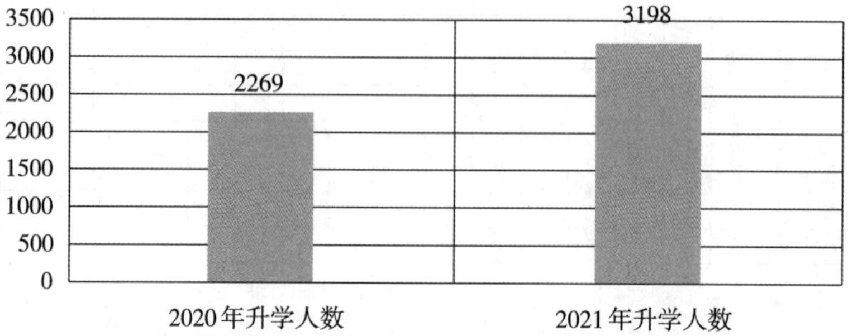

图 4-11　2020 年与 2021 年升学人数对比情况

（注：2020 年统计院校为 112 所，2021 年统计院校为 102 所）

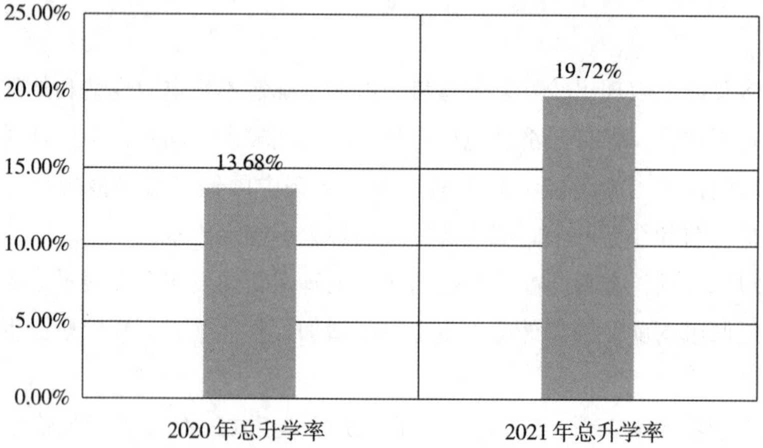

图 4-12　2021 年与 2020 年升学率对比情况

具体来看，在 2021 年新增统计的广播电视编导、国际新闻与传播、视觉传达与设计、动画、公共关系和戏剧影视文学这六个专业中，升学率最高的为国际新闻与传播专业，高达 66.67%，升学率最低的为戏剧影视文学专业，仅为 7.89%。与此同时，国际新闻与传播专业在所有新闻传播学类专业中升学率也是最高的。

另外，传播学专业和新闻传播学大类仍然保持优势，升学率分别为 28.34%和 21.57%（见图 4-13）。

相较于 2020 年，2021 年大部分专业升学率均有小幅度上升，其中传播学专业上升幅度最大，增幅为 11.67%；其次为广播电视学，上升 8%。仅新闻学专业升学率就下降了 13.85%（见图 4-14）。

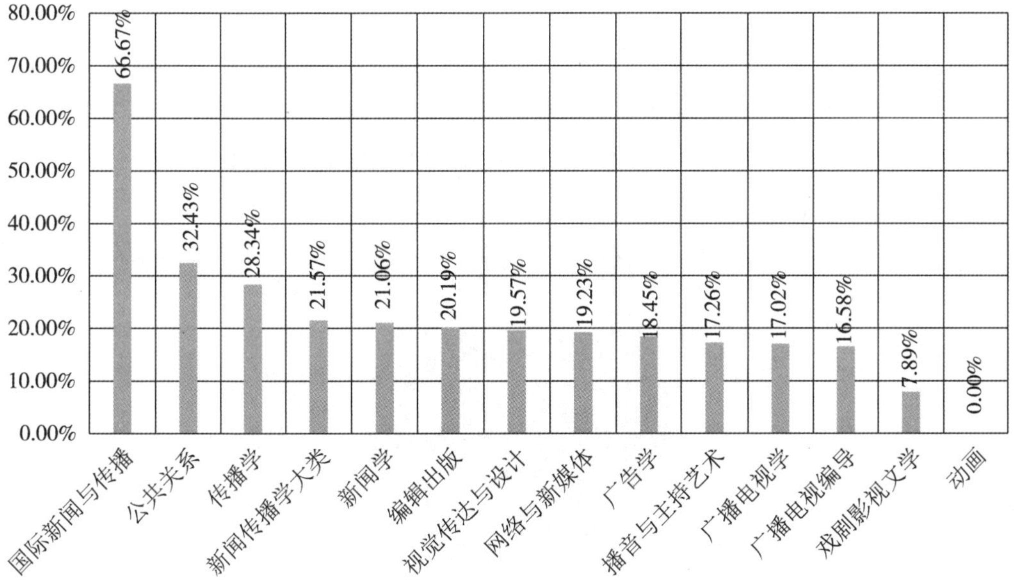

图 4-13　2021 年各专业升学率

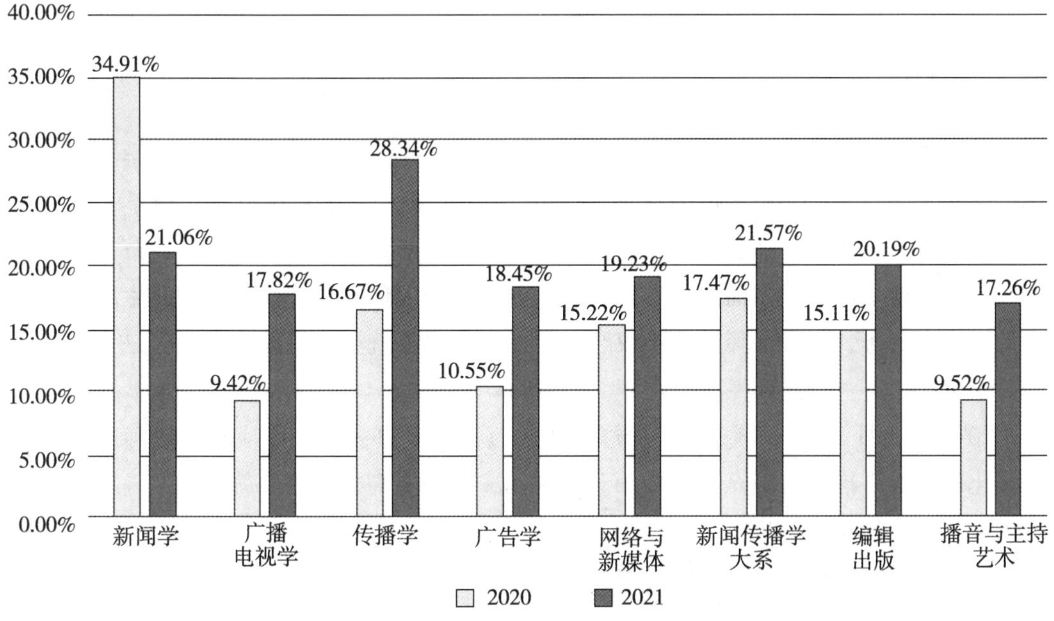

图 4-14　2021 年与 2020 年各专业升学率对比

（注：相较 2020 年，2021 年统计专业有所增减，故在上述对比中，以共同统计专业为基准）

4.1.3 本科生就业情况

2021年度各高校新闻传播类毕业生的就业信息统计包括四项：协议就业、灵活就业、自主创业与其他。由图4-15可知，协议就业去向占比45%，仍然占据主流；灵活就业占比近1/3；自主创业占比最低，占比8%；其他去向占比14%。

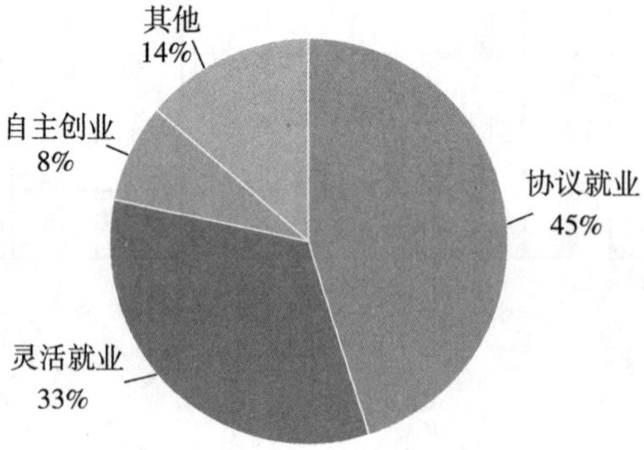

图4-15 不同就业类型占比情况

以下将对四项就业情况分别展开分析。

4.1.3.1 协议就业

协议就业在整体就业情况中占比45%，排名第一，有6267名新闻传播学类本科毕业生选择了协议就业，涵盖的专业最多，共14个专业。其中新闻学、广告学、广播电视学、网络与新媒体、播音主持与艺术位居前五名。毕业生协议就业时需签订协议就业书，协议就业书能够以书面表现形式明确毕业生、用人单位、和学校在毕业生就业工作中的权利和义务，实际保障毕业生权利，因此当前协议就业在就业选择中仍是主流去向(见图4-16)。

2020年3月18日，国务院办公厅发布的《国务院办公厅关于应对新冠肺炎疫情影响强化稳就业举措的实施意见》中第三条提出，要拓宽高校毕业生就业渠道，其中包括扩大基层就业规模、扩大招生入伍规模、扩大就业见习规模、适当延迟录用接收等措施。这些措施在协议就业的选择之外也扩展了其他就业渠道，为稳定高校毕业生就业提供了保障。

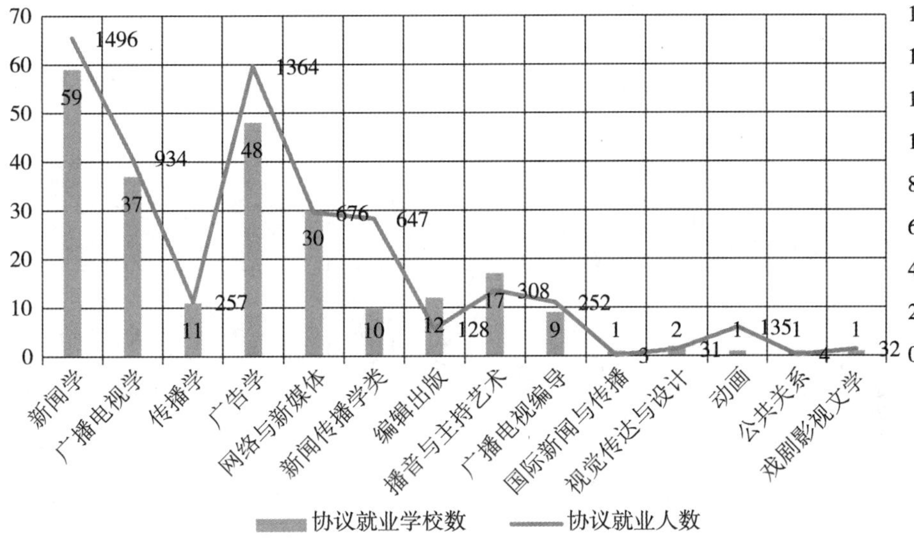

图 4-16　各专业协议就业情况

4.1.3.2　灵活就业

灵活就业在四种就业中占比 33%，就是说近 1/3 的毕业生选择灵活就业，涵盖 2526 人，涉及 12 个相关专业。从各专业来看，新闻学、广告学、广播电视学、网络与新媒体专业涵盖的学校与人数较多，其中新闻学专业中有 48 所学校，共 724 人选择了灵活就业。这或与国务院办公厅 2020 年 7 月 28 日出台了《国务院办公厅关于支持多渠道灵活就业的意见》有关，该意见指出个体经营、非全日制以及新就业形态等灵活多样的就业方式是劳动者就业增收的重要途径，对拓宽就业新渠道、培育发展新动能具有重要作用。该意见还提出一系列措施来促进灵活就业（见图 4-17）。

同时，从 2022 年 4 月 20 日腾讯媒体研究院发表的《2022 年 Z 世代群体研究报告》来看，“95 后”的 Z 世代①收入来源呈现多样化。近 40%的 Z 世代在正式职业之外，还拥有兼职工作。他们用雄心勃勃、爱冒险、自信等几大关键词来形容自己的职业生涯。在职业收入之外，Z 世代也积极参与各项投资来扩展自己的收入来源。自 2020 年第四季度起，至少参与一项投资的 Z 世代人数增长了 27%。从储蓄基金、股票到加密货币，Z 世代群体在投资层面将拥有更大的选择空间。因此，长远来看，灵活就业未来也将成为更多高校毕业生的选择。

① Z 世代，网络流行语，指新时代人群，此处指 1995—2009 年出生的年轻人。

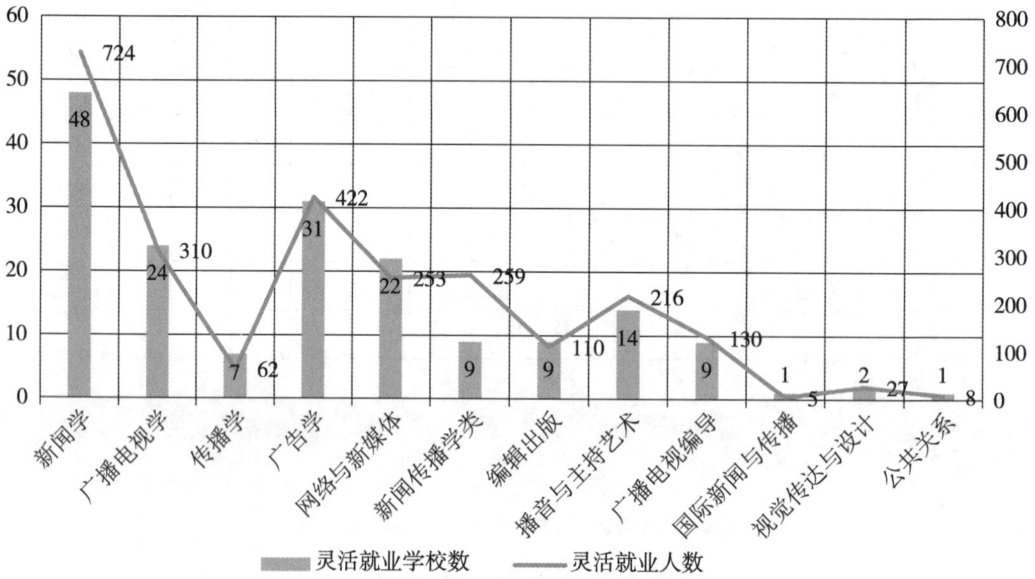

图 4-17　各专业灵活就业情况

4.1.3.3　自主创业

自主创业在整体就业中占比为 8%，共 198 人。涉及新闻传播学类 8 个专业，其中新闻学、广播电视学、网络与新媒体专业位居前三（见图 4-18）。

在 2020 年 7 月 23 日国务院办公厅出台的《国务院办公厅关于提升大众创业万众创新示范基地带动作用进一步促改革稳就业强动能的实施意见》中指出，要提升高校学生创新创业能力，促进科技成果转化与创新创业实践紧密结合。但该意见列举的一系列措施表明其指向性偏重于理工科专业学生，对于具有文科性质的专业创业实践意义不大。在未来，也期待更多针对文科性质应用类的创新创业扶持政策出台。

总体来看，当前选择自主创业的新闻传播类毕业生仍在少数。一方面，自主创业需要毕业生具备创业能力、成本以及团队等条件，这需要高校、社会、政府给予更多的政策扶持以及打通人才聚合通道；另一方面，各高校还需进一步提高对自主创业政策的解读和对大学生创业宣传以及创业意识的培养。

值得一提的是，在 2021 年 12 月由中国青年创业就业基金会与相关研究团队联合发布的《中国青年创业发展报告（2021）》中显示，自主创业在中国整体上蓬勃发展，不仅创业规模大、创投活跃，创业质量、创业生态也逐步向好，19~23 岁青年成为创业

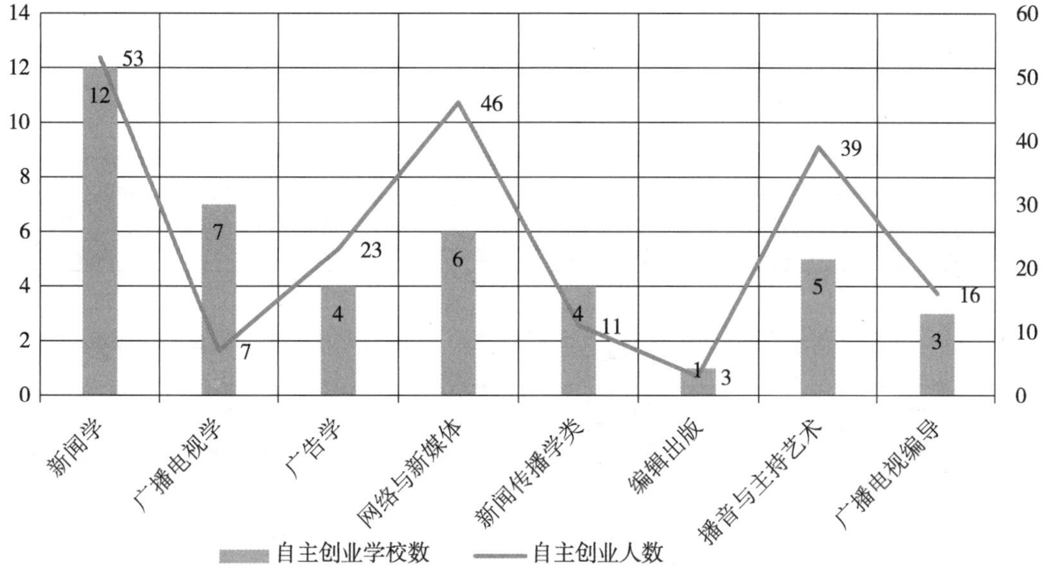

图 4-18　各专业自主就业情况

主体。

2022 年 1 月 15 日《求是》杂志发表习近平总书记重要文章《不断做强做优做大我国数字经济》。文章指出，发展数字经济意义重大，是把握新一轮科技革命和产业变革新机遇的战略选择，要促进数字技术和实体经济深度融合，赋能传统产业转型升级，催生新产业新业态新模式，不断做强做优做大我国数字经济。对于新闻传播专业来讲，新媒体与智能媒体正在蓬勃发展，作为新闻传播类毕业生，若能洞察到数字媒体的创业机会，抓住市场红利期，将大有可为。

2021 年 8 月 23 日，《国务院关于印发“十四五”就业促进规划的通知》中提出，实施大学生创业支持计划、留学人员回国创业启动支持计划，全方位培养引进用好创业人才。另外还要求大力发展高校创新创业教育，培育一批创业拔尖人才，加强创新创业激励和保障。这些政策的颁布与实施或能在将来的一段时间里激发毕业生自主创业的意愿。

4.1.3.4　其他就业

高校毕业生就业统计去向中的“其他”是指就业类型较小众，无法具体划分到某一大类的就业去向。统计范围内“其他”就业在整体就业中占比为 14%，共有 519 名毕业生选择其他就业。涉及的新闻传播学类专业有 9 个，其中新闻学、广播电视学、网络与新媒体专业位居前三（见图 4-19）。因为大部分学校提供的数据中未明确统计“其他”就业学生具体去向，我们从部分学校给出的信息中可以得到大体去向（共涉及 208 人，见表 4-3）。

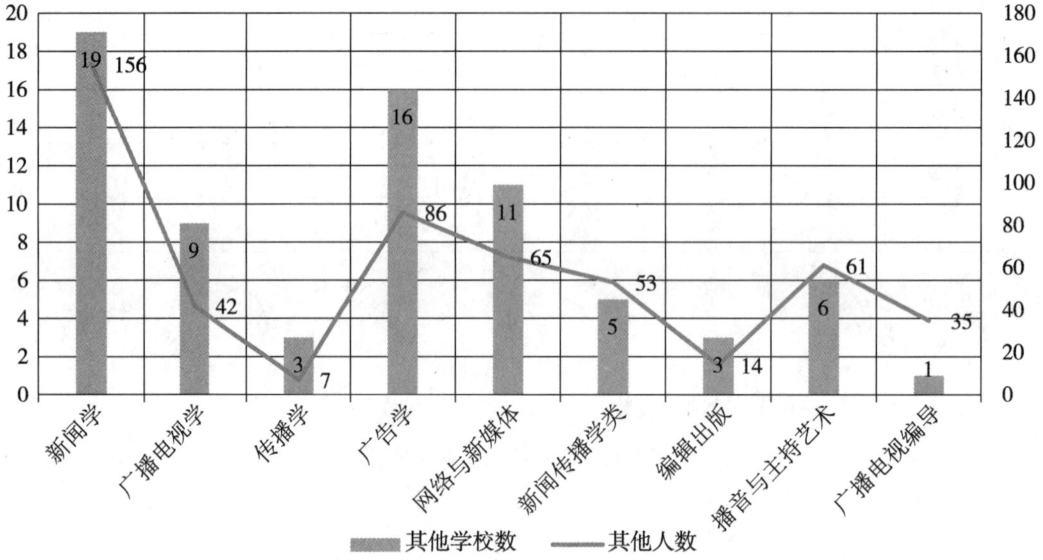

图 4-19 各专业其他就业情况

表 4-3 **“其他”就业基本取向统计**

去向	政府及事业单位	考取公务员	出国出境	科研助理	研支团	基层服务	应征入伍	获得第二学位	西部计划	“三支一扶”
人数	93	40	31	14	10	9	6	3	1	1

从这些数据中可以看出，疫情之下，2021 年新闻传播类毕业生对于政府及事业单位、考取公务员等稳定性就业去向的热情相对较高。另外，《国务院关于印发“十四五”就业促进规划的通知》中提到，实施高校毕业生中小微企业就业支持计划，指导国有企业健全公开、竞争、择优的市场化招聘制度；实施好“三支一扶”计划、农村教师特岗计划、大学生志愿服务西部计划等高校毕业生基层服务项目；开发一批社区服务、科研助理、社会组织就业岗位；支持大学生参军入伍，提高高校毕业生新兵补充比例。这些措施也在很大程度上拓展了毕业生就业渠道，起到了稳就业的作用。

结合多所新闻院校的实践可知，2021 年度各高校的新闻传播学院为促进学生就业都做出很多努力。如黑龙江大学新闻传播学院致力于为毕业生就业提供多方服务。该院在微信公众号平台开设《就业先锋》专栏，介绍典型事迹，希望通过就业先锋的模范示范作用，让毕业生们互相借鉴、互相鼓励；同时积极开展就业指导讲座，向面临毕业的大学生解读就业去向和求职补贴等政策。另外，黑龙江大学招生就业指导中心向求职心有困惑的毕业生提供就业指导；该校新闻传播学院还与央广网黑龙江频道初步达成实习合作意向，与新华社合作项目顺利开展。

另外，四川外国语大学新闻传播学院为进一步提高学生实习和就业质量，举办了“实习僧”杯模拟面试大赛以及上海国际广告节“青年创意人才培养计划”创新创业研习专场；还邀请校友苏宁易购重庆副总陈红艳到校宣讲，通过校园招聘助力新传学子求职就业。疫情之下，在高校毕业生逐年递增、就业压力越来越大的当下，这些高校实施的措施起到了促就业的效果，具有较强的借鉴意义。

（黑龙江大学　姜德锋）

4.2　2021 年全国新闻传播学类院系本科专业招生与就业情况

2021 年 8 月 27 日教育部公布的《2020 年全国教育事业发展统计公报》数据显示，2020 年全国共有研究生培养机构 827 个，其中，普通高等学校 594 个，科研机构 233 个；研究生招生 110.66 万人，比上年增加 19 万人，增长 20.74%，其中硕士生 99.05 万人。在学研究生 313.96 万人，比上年增加 27.59 万人，增长 9.63%，其中硕士生 267.30 万人。毕业研究生 72.86 万人，其中毕业硕士生 66.25 万人。硕士研究生招生人数、在校生数量、毕业生数量等数据指标保持增长态势。

培养规模继续扩大的同时，提高培养质量成为研究生教育的重中之重。2021 年公布的《中华人民共和国国民经济和社会发展第十四个五年规划和 2035 年远景目标纲要》在第十三篇“提升国民素质 促进人的全面发展”中提出把提升国民素质放在突出重要位置，构建高质量的教育体系和全方位全周期的健康体系，优化人口结构，拓展人口质量红利，提升人力资本水平和人的全面发展能力。在第四十三章“建设高质量教育体系”中提出，全面贯彻党的教育方针，坚持优先发展教育事业，坚持立德树人，增强学生的文明素养、社会责任意识、实践本领，培养德智体美劳全面发展的社会主义建设者和接班人。针对研究生教育，规划纲要提出，建立学科专业动态调整机制和特色发展引导机制，增强高校学科设置针对性，推进基础学科高层次人才培养模式改革，加快培养理工农医类专业紧缺人才。加强研究生培养管理，提升研究生教育质量，稳步扩大专业学位研究生规模。优化区域高等教育资源布局，推进中西部地区高等教育振兴。

2021 年，教育部高等教育司在工作要点中也提出，全面提升高等教育根本质量、整体质量、服务质量、成熟质量，加快构建高质量高等教育体系，全力打赢高质量本科教育攻坚战和中西部高等教育振兴攻坚战，深入推进高等教育“质量革命”，加快高等教育强国建设。

4. 2. 1　高质量发展成为研究生培养的主线

4. 2. 1. 1　学位授权点专项合格评估工作持续开展

2020 年年底，国务院学位委员会、教育部部署了 2020—2025 年学位授权点周期性合格评估工作。2021 年学位授权点专项合格评估工作持续开展。

3 月 11 日，国务院学位委员会、教育部发布《关于开展 2021 年学位授权点专项合格评估工作的通知》。此次专项合格评估参评学位授权点为 2018 年学位授权点专项合格评估中被认定为“限期整改”，并按规定整改期满的学位授权点（均为专业学位授权点）。

专项合格评估主要检查学位授权点水平和研究生培养质量，包括目标定位、研究方向、师资队伍（队伍结构、导师水平、师德师风）、人才培养质量和特色（招生选拔、培养方案、课程教学、学术训练或实践教学、学位授予）、科学研究、社会服务、学术交流、条件建设和制度保障等。重点检查当期参评点整改问题是否全面落实到位，收到实效。专项合格评估标准和要求不低于被评学位授权点增列时所遵循的学位授权点申请基本条件。具体评估指标与内容，由各教指委结合人才培养特点分别制定。

2021 年 4 月 18 日，《国务院学位委员会　教育部关于下达 2020 年学位授权点专项合格评估处理意见的通知》出台，该通知指出，处理意见为“继续授权”的学位授权点，可继续行使学位授权。处理意见为“限期整改”的学位授权点，自发文之日起进行为期两年的整改，2021 年招生工作结束后暂停招生。整改结束后接受复评，复评结果认定为“合格”的，恢复招生；复评结果认定为“不合格”的，撤销学位授权。学位授予单位主动提出放弃授权的学位授权点和处理意见为“撤销授权”的学位授权点，自发文之日起撤销学位授权，5 年之内不得重新申请，2021 年招生工作结束后不得招生，在学研究生按原渠道培养、授予学位。

其中，南京林业大学新闻传播学硕士、河南工业大学、青岛大学、华侨大学、河北师范大学的新闻与传播专业硕士，全部通过合格评估。

4.2.1.2　国务院学位委员会学科评议组、全国专业学位研究生教育指导委员会召开工作会议

2021 年 1 月 25 日，国务院学位委员会学科评议组、全国专业学位研究生教育指导委员会工作会议在京召开，部署学科评议组、专业学位教指委重点工作。国务院学位委员会副主任委员、教育部党组书记、部长陈宝生出席会议并讲话，国务院学位委员会副主任委员、秘书长、教育部党组成员、副部长翁铁慧主持会议。

陈宝生指出，党中央、国务院高度重视学位与研究生教育工作，经过数十年不懈奋斗，学位与研究生教育实现了高层次人才自主培养，研究生教育体系基本完备，引领国家科技创新能力明显增强，国际影响力显著提升，已经站在了新的历史起点上。进入新发展阶段，围绕高质量发展主题，学位与研究生教育肩负着新使命，开启了新征程。要着眼百年未有之大变局、中华民族伟大复兴战略全局，不忘立德树人初心，牢记为党育人、为国育才使命，增强教育报国担当，为实现中华民族伟大复兴提供更好的人才支撑。陈宝生要求，学科评议组成员、专业学位教指委委员要在工作中把方向、定标准、抓质量、促建设、敢担当、守纪律，当好领航员、设计员、质检员、指导员、裁判员、守门员，并积极提升政治、学习、创新、协调、引领能力，增强工作本领。

国务院学位委员会办公室主任、教育部学位管理与研究生教育司司长洪大用对学科评议组、专业学位教指委“十四五”期间 9 大项、23 个子项重点工作进行了说明。

4.2.1.3　国务院学位委员会办公室公布各专业学位类别的领域设置情况

2021 年 1 月 13 日，国务院学位委员会办公室公布各专业学位类别的领域设置情况，名单包括新闻与传播（0552）、出版（0553）等在内的 46 个专业学位研究生类别。

近年来，随着我国经济社会发展和产业转型升级，行业企业对高层次应用型人才的需求更加旺盛，专业学位研究生教育发展备受社会关注。为方便社会各界了解高校专业学位发展情况、学生报考、用人部门查询，在各专业学位教育指导委员会报送的基础上，国务院学位委员会办公室汇总形成了各专业学位类别的领域设置情况。专业学位类别的领域设置主要分为两种情况，一种是下设详细的领域，另一种是不分设领域。下一步，国务院学位委员会办公室将组织各专业学位教育指导委员会立足社会发展需求和人才培养实际，编制发布指导性专业领域目录，推动专业学位研究生教育健

康发展。

4.2.1.4 第二批全国高校“百个研究生样板党支部”和“百名研究生党员标兵”创建名单公布

2021年8月11日，《教育部办公厅关于公布第二批全国高校“百个研究生样板党支部”和“百名研究生党员标兵”创建名单的通知》（简称《通知》）发布。经组织推荐、通讯评审、集中会审、结果公示，遴选产生100个研究生样板党支部和100名研究生党员标兵。

《通知》要求，各研究生样板党支部和党员标兵要按照相关要求，认真开展培育创建工作。样板党支部要认真学习贯彻习近平新时代中国特色社会主义思想，重点围绕严格支部组织生活、创新支部工作方法、丰富主题实践活动、增强服务重大项目能力等进行探索，形成好机制好经验，带动全国研究生党支部全面进步、全面过硬。党员标兵重点围绕当好党的创新理论传播者、科技报国主力军、服务社会带头人、青年学生领头雁等开展学思践悟，引领广大研究生成为国家急需的高层次人才、担当民族复兴大任的时代新人。教育部在全国高校思想政治工作网（http：//www.sizhengwang.cn/）设立工作平台，各支部要及时在平台上发布工作进展，展示经验成效。同时，教育部结合举办基层党组织书记示范培训、召开经验交流会、结集出版典型案例等工作，面向全国高校推广应用建设成果。《中国研究生》杂志及微信公众号开辟专栏，采取多种方式宣传报道研究生样板党支部风采和党员标兵事迹。

《通知》还要求，研究生样板党支部和党员标兵所在属地党委教育工作部门和高校党委，要加强常态化指导，及时解决培育创建过程中遇到的困难和问题，提供必要的配套经费、资源条件等支持保障。要加强培育创建工作管理考核，注重发掘凝练和宣传推广建设成果，带动研究生党建工作整体提升。

4.2.2 全国新闻与传播专业学位研究生教育指导委员会完成换届

2021年12月27日，国务院学位委员会、教育部、人力资源社会保障部联合印发《关于全国金融等30个专业学位研究生教育指导委员会换届的通知》，公布新一届专业学位研究生教育指导委员会成员名单。其中新闻与传播专业学位研究生教育指导委员会由中宣部、中央网信办、人民日报社、中央广播电视总台和高校代表共23人组成。此外，该通知强调，请有关单位支持教指委及其委员的工作，努力确保教指委委员履职尽责、完成教指委的各项工作。如教指委委员请假次数超过1/3或缺席工作较多，所在高校不再进入新一届教指委。

专业学位研究生教育指导委员会经国务院学位委员会、教育部、人力资源社会保障部批准设立，按照国务院学位委员会批准设置的专业学位类别组建，是协助主管部门开展相应类别专业学位研究生教育研究、咨询、指导、评估和交流合作的专业组织。专业学位研究生教育指导委员会委员由国务院学位委员会、教育部、人力资源社会保障部遴选聘任，每届任期 5 年。

4.2.3 新闻传播学科新增一批硕士学位授权点

2021 年 10 月 26 日，国务院学位委员会公布《2020 年审核增列的博士、硕士学位授予单位及其学位授权点名单的通知》《2020 年审核增列的博士、硕士学位授权点名单的通知》《2020 年动态调整撤销和增列的学位授权点名单的通知》等多项通知，正式公布 2020 年新增的博硕士学位授予单位和博硕士学位授权点名单。综合各项通知，新闻传播学科新增新闻传播学一级硕士学位授权点 5 个，新增新闻与传播专业硕士学位授权点 51 个。其中，北京体育大学、海南师范大学、成都理工大学、西藏民族大学新增新闻传播学一级硕士学位授权点。新增新闻与传播专业硕士学位授权点包括：北京服装学院、北京语言大学、首都经济贸易大学、华北电力大学、天津财经大学、河北经贸大学、山西师范大学、山西大同大学、内蒙古民族大学、赤峰学院、哈尔滨商业大学、上海财经大学、上海对外经贸大学、中国矿业大学、南京邮电大学、南京体育学院、杭州电子科技大学、湖州师范学院、浙江财经大学、合肥工业大学、阜阳师范大学、合肥学院、青岛理工大学、山东财经大学、河南师范大学、华中农业大学、湖北师范大学、三峡大学、衡阳师范学院、广东技术师范大学、广东财经大学、广州大学、广西民族大学、重庆三峡学院、重庆理工大学、西华大学、西南民族大学、贵州财经大学、大理大学、西藏大学、西安石油大学、西北民族大学、青海民族大学、北方民族大学、喀什大学、伊犁师范大学、石河子大学。

《2020 年动态调整撤销和增列的学位授权点名单的通知》公布了国务院学位委员会批准的 2020 年动态调整撤销和增列的学位授权点名单，其中吉首大学新增新闻传播学一级硕士学位授权点，中国青年政治学院撤销新闻传播学一级硕士学位授权点。

4.2.4 2021 年新闻传播学科硕士点招生与毕业学生统计

此处仅列出部分 2021 年全国高校新闻传播学科硕士点招生与毕业生人数，非完全统计，具体如表 4-4 所示（按音序排列）。

表 4-4 **2020 年新闻传播学科硕士点招生与毕业生人数统计**

序号	授权名称单位	招生人数	毕业人数
1	安徽大学	155	108
2	安徽师范大学	108	69
3	北京大学	67	83
4	大连理工大学	54	55
5	国防大学	5	13
6	复旦大学	217	137
7	赣南师范大学	6	0
8	广东外语外贸大学	152	76
9	广州体育学院	29	13
10	贵州民族大学	44	42
11	贵州师范大学	23	11
12	海南师范大学	38	14
13	河北大学	148	125
14	河北经贸大学	22	21
15	河南财经政法大学	21	7
16	河南大学	171	161
17	河南工业大学	34	18
18	黑龙江大学	95	83
19	湖北大学	141	57
20	湖南大学	118	156
21	湖南理工学院	46	16
22	湖南师范大学	119	100
23	华东师范大学	123	110
24	华东政法大学	87	34
25	华南理工大学	83	67

续表

序号	授权名称单位	招生人数	毕业人数
26	华中科技大学	95	151
27	华中农业大学	3	6
28	吉林大学	66	72
29	吉林师范大学	32	14
30	济南大学	10	0
31	暨南大学	316	244
32	江西师范大学	71	51
33	兰州财经大学	51	39
34	兰州大学	117	97
35	辽宁大学	111	104
36	南昌大学	109	99
37	南京财经大学	40	22
38	南京大学	80	151
39	南京师范大学	212	155
40	内蒙古大学	48	79
41	宁夏大学	56	16
42	青岛大学	10	0
43	青海师范大学	22	7
44	清华大学	136	34
45	厦门大学	131	101
46	山东大学	81	114
47	山东师范大学	50	45
48	山西大学	75	45
49	陕西师范大学	159	143
50	上海大学	160	144

续表

序号	授权名称单位	招生人数	毕业人数
51	深圳大学	156	71
52	四川大学	126	141
53	四川外国语大学	78	43
54	苏州大学	103	86
55	天津大学	26	0
56	天津师范大学	70	52
57	武汉体育学院	76	42
58	西安交通大学	66	47
59	西安外国语大学	70	28
60	西北大学	—	103
61	西北政法大学	73	53
62	西藏民族大学	42	13
63	西南交通大学	52	30
64	西南政法大学	174	88
65	新疆财经大学	49	41
66	新疆大学	136	16
67	扬州大学	25	0
68	云南财经大学	35	16
69	云南大学	105	24（学硕）?
70	云南民族大学	34	20
71	云南师范大学	35	32
72	浙江传媒学院	250	121
73	郑州大学	151	100
74	中国传媒大学①	366	286

① 数据来源包括中国传媒大学电视学院、广告学院、新闻学院。

续表

序号	授权名称单位	招生人数	毕业人数
75	中国地质大学（武汉）	20	18
76	中国人民大学	170	170
77	中国政法大学	49	51
78	中南财经政法大学	73	65
79	中南民族大学	12	9
80	中央民族大学	174	77
81	重庆大学	98	81
82	重庆工商大学	70	39

（中国人民大学　李兴博、邓绍根）

4.3　2021年全国新闻传播类院系博士研究生招生与就业情况

《2020年全国教育事业发展统计公报》显示，2020年中国博士研究生招生人数达到11.60万人，在学博士生46.65万人，毕业博士生6.62万人，博士研究生培养规模继续扩大。在此背景下，新闻传播学博士研究生培养人数持续增长。

2021年7月26日，国务院学位委员会办公室公布《2020年学位授权审核结果公示》，对各地区（系统）推荐的新增博士硕士学位授予单位、博士硕士学位授权点、自主审核单位的审核结果予以公示。其中新闻传播学科新增一级博士授权点3个。此次新增的一级博士授权点为湖南大学、陕西师范大学、国防大学。10月26日，国务院学位委员会公布《国务院学位委员会关于下达2020年学位授权自主审核单位撤销和增列的学位授权点名单的通知》，中山大学获得新闻传播学一级博士授权点。此外，10月9日，华南理工大学研究生院发布《关于我校2021年自主审核拟新增学位授权点结果的公示》，其中拟新增新闻传播学一级博士授权点。至此，新闻传播学科一级博士授权点达到34个。

4.3.1 新闻传播学一级学科博士点（34个）

从时间上看，新闻传播学博士研究生教育自2010年真正进入快速发展阶段，2010年共有9所高校获得一级博士授权点，2017年新增10个一级博士授权点，2019年以来新增9个一级博士授权点。从地域分布看，逐渐打破了过去以东部沿海高校为主的局面，中西部地区的新闻传播学博士研究生教育逐渐发展壮大，特别是2017年以来新增的16个授权点中，中西部高校占到了9个（见表4-5）。

表4-5 **新闻传播学一级学科博士点统计表**

序号	单位名称	获批年份	序号	单位名称	获批年份（年）
1	中国人民大学	2000	18	天津师范大学	2017
2	中国传媒大学	2000	19	上海交通大学	2017
3	复旦大学	2000	20	安徽大学	2017
4	武汉大学	2003	21	南昌大学	2017
5	华中科技大学	2005	22	郑州大学	2017
6	清华大学	2006	23	湖南师范大学	2017
7	北京大学	2010	24	深圳大学	2017
8	四川大学	2010	25	西南政法大学	2017
9	浙江大学	2010	26	南京大学	2019
10	暨南大学	2010	27	兰州大学	2019
11	厦门大学	2010	28	重庆大学	2019
12	上海大学	2010	29	北京师范大学	2019
13	华东师范大学	2010	30	湖南大学	2020
14	山东大学	2010	31	国防大学	2020
15	河北大学	2010	32	陕西师范大学	2020
16	中国社会科学院研究生院	2017	33	中山大学	2020
17	南京师范大学	2017	34	华南理工大学	2021

4.3.2 新闻传播学博士生（研究生）论坛成为重要交流平台

2021年，南京大学、清华大学、中国传媒大学、武汉大学等高校积极举办新闻传播学博士生（研究生）论坛。这些论坛的主题涵盖新闻传播学科众多研究领域，并呈现出跨学科的取向，为不同研究领域的青年学子提供了展示研究成果、交流学术思想的平台。2021年新闻传播学博士生（研究生）论坛具体情况如下。

2021年4月17日，由南京大学新闻传播学院承办，《传媒观察》期刊支持，安徽大学新闻传播学院、浙江大学传媒与国际文化学院、中国人民大学新闻学院、中山大学传播与设计学院五校联合主办的第二届全国新闻传播学研究生“青梅论坛”举办。论坛共收到论文464篇，入选30篇。论坛主题包括“媒介、文化与认同”“媒介、情感与实践”“媒体、话语和政治”“媒体、劳动与交往”“媒体、社区与健康”“媒介、自我与家庭”，另外特设“向新媒体提问：关于新闻传播选题的碎碎念”学术沙龙环节。

2021年5月9日，清华大学新闻传播学博士生学术论坛暨清华大学第624期博士生学术论坛开幕式在清华大学未来媒体实验室举行。此次论坛以“百年节点上的新闻传播：以中国作为方法、问题与想象”为主题，依托清华大学研究生学术论坛信息平台，共收到来自45所大学的131份投稿，入选演讲报告论文36篇，张贴论文26篇。此次论坛共设6个分论坛，主题分别为“马克思主义新闻观”“全球传播与政治传播”“影视传播”“数字文化与视觉传播”“媒介史论与批判研究”以及“新媒体与技术”。

2021年9月18日，中国传媒大学传播研究院联合苏州大学传媒学院举办第十届新闻学与传播学博士生国际学术研讨会，来自30余所高校的百余名博士生参会。此届研讨会在北京和苏州2个分会场同时举行，共设7个分论坛（含1个英文专场），主题分别为：“中国共产党新闻传播理论与实践”“传播理论与多元应用、国际传播与文化强国、数字传播与智能社会”“危机传播与社会治理、信息传播理论与实践”和“Social Media Practice and Communication Studies”等。中国传媒大学李智教授、姬德强教授、王锐副教授、黄典林副教授和龚伟亮副教授以及苏州大学杜志红教授和张健教授受邀担任分论坛的点评嘉宾。此届研讨会评选出15篇优秀论文（包括2篇英文论文）。

2021年11月13日，复旦大学新闻学院举办第二十一届中国新闻传播学科研究生学术年会暨复旦大学博士生学术论坛之新闻传播学篇。此届年会以“抉择与转型：后疫情时代新闻传播学的发展与变革”为主题，下设“国际形象与公共传播”“信息疫情与社会治理”“健康传播与知识鸿沟”“传媒技术与媒介化社会”四个子主题。会务组共收到108篇论文投稿，经组织专家盲审后，共有12篇论文入围。

2021年11月27日，“2021年武汉大学全国网络传播博士生论坛”暨“第十二届华中地区研究生新闻传播学术论坛”在武汉大学新闻与传播学院举办。此届论坛由武汉大学党委研究生工作部、武汉大学研究生院主办，武汉大学新闻与传播学院承办。论坛由一个嘉宾论坛和三个主题论坛组成。其中嘉宾论坛主题为“技术革命引领下的未来传播”；其他论坛包括“未来传播中的人类社会形态”“未来传播中的媒介实践”“未来传播中的技术应用”，共有21篇论文入围。

2021年12月5日，第五届“何微新闻奖”新闻传播学科研究生论坛暨青年学者论坛在西北政法大学举行。此届论坛由西北政法大学、陕西政法网主办，西北政法大学新闻传播学院、西北政法大学社会政策与社会舆情评价协同创新研究中心、陕西省法学会传媒法治研究会、新浪微热点大数据研究院承办。

2021年12月13日，金蔷薇学术季·2021中国传媒大学第二届博士生创新论坛主论坛在中国传媒大学举办，论坛由中国传媒大学研究生院、校团委联合主办，中国传媒大学研究生会承办。论坛将坚持正确导向，观照时代热点，面向未来前沿，强化交叉融合，重点围绕传媒类研究生关注的创新议题，面向广大博士研究生、硕士研究生开放征稿。此次论坛主题包括：艺术分论坛“媒介·前沿·经典：文以载艺 漫天花雨”、信息科技分论坛“探索前沿信息技术，助力国家科技创新”、新闻传播论坛“技术×媒介×视阈：数字时代的新闻学与传播学研究”、交叉融合分论坛“通往元宇宙之前的十字路口”、文化产业分论坛“文化创新赋能文化强国建设”。

2021年12月25日，安徽大学新闻传播学院主办首届数字传播与社会治理创新论坛暨安徽省第十三届新闻传播学科研究生论坛。此次研究生论坛以“媒介技术与社会变迁：智能时代的新闻传播学科之思”为主题，分为两个博士论坛，以及七个硕士论坛。论坛主题涵盖了“短视频与网络直播”“媒介技术与物质性”“媒介融合与社交媒体”“媒介文化与亚文化”“网络舆情与社会治理”“新闻史与新闻理论”“健康传播与信息疫情”等热门话题。

4.3.3 2021年新闻传播学博士点招生与毕业学生统计表

2021年新闻传播学博士点招生与毕业学生具体情况如表4-6所示。

表 4-6　　2020 年新闻传播学博士点招生与毕业学生统计

序号	单位名称	招生人数	毕业人数
1	中国人民大学	34	30
2	中国传媒大学①	40	28
3	复旦大学	52	17
4	武汉大学	—	—
5	华中科技大学	24	14
6	清华大学	35	18
7	北京大学	9	8
8	四川大学	21	8
9	浙江大学	—	—
10	暨南大学	21	11
11	厦门大学	17	11
12	上海大学	13	13
13	华东师范大学	8	7
14	山东大学	7	0
15	河北大学	8	4
16	中国社会科学院研究生院	—	—
17	南京师范大学	9	8
18	天津师范大学	4	0
19	上海交通大学	—	—
20	安徽大学	7	0
21	南昌大学	9	0
22	郑州大学	6	0
23	湖南师范大学	9	0
24	深圳大学	15	0

① 数据来源包括中国传媒大学电视学院、广告学院、新闻学院。

续表

序号	单位名称	招生人数	毕业人数
25	西南政法大学	11	0
26	南京大学	22	6
27	兰州大学	4	0
28	重庆大学	7	—
29	北京师范大学	—	—
30	湖南大学	—	—
31	国防大学	1	1
32	陕西师范大学	7	6
33	中山大学	—	—
34	华南理工大学	—	—

注：中国政法大学光明新闻传播学院（招收 10 人）、辽宁大学新闻与传播学院（招收 4 人，毕业 2 人）、西北大学新闻传播学院（招收 3 人）、苏州大学传媒学院（招收 6 人，毕业 2 人）、云南大学新闻学院（招收 2 人，毕业 2 人）、西安交通大学新闻与新媒体学院（招收 6 人）、安徽师范大学新闻与传播学院（招收 1 人，毕业 2 人）、中南民族大学文学与新闻传播学院（招收 3 人）、武汉体育学院新闻传播学院（招收 4 人）、吉林大学新闻与传播学院（招收 8 人，毕业 3 人）、天津大学新媒体与传播学院（招收 9 人）等院系进行了新闻传播学及相关研究领域的博士生培养。

4.3.4　2021 年全国部分高校新闻传播学毕业博士及博士论文题目

此处仅列出 2021 年全国部分高校新闻传播学毕业博士及博士论文题目，具体如表 4-7 所示。

表 4-7　**全国部分高校新闻传播学毕业博士及博士论文题目统计**

学校名称	姓名	博士论文篇目
中国人民大学新闻学院（30）	薛立琦	食品安全议题下企业利益相关者的危机传播管理
	范晨虹	新闻报道与风险社会的关系
	曹　林	学界业界：中国新闻专业共同体研究
	高　璐	北京地区新闻业发展史研究（1872—1928?）

续表

学校名称	姓名	博士论文篇目
中国人民大学新闻学院（30）	刘　铮	科学传播中的意见冲突与沟通机制研究——以代表性公共危机事件为例
	张小龙	我国近现代报刊论辩文发展演变研究（1840—1949?）
	王　敏	修辞范式下的新闻话语研究
	赵甍源	内涵、实践与教育：数字媒体时代的新闻理想研究
	孙　权	延安时期毛泽东宣传思想与实践研究
	李泓江	生活世界与新闻的关系研究
	王雪驹	东亚同文书院“中国大调查”研究
	陈致群	人工智能技术作用下的记者主体性研究
	周　倜	新媒体舆情环境中的城市形象传播模型研究
	胡宏超	社交媒体中的虚假信息研究：生成、传播与治理
	赵　准	网络时代的宣传
	郭沛沛	短视频平台中当代青年的身体表演与身份认同——基于保罗·利科的叙事理论分析视角
	刘　佳	中国当代广告人的职业实践与社会认同研究
	武晓立	微信用户健康信息分享行为影响机制研究——基于结构方程模型的理论构建
	杨　奕	不可交流性与交流——基于实用主义“关系我”的观念史考察
	束开荣	送外卖：传播实践的物质网络及其时空秩序
	纪之文	易地扶贫搬迁视域下少数民族社会交往与文化适应——“悬崖村”移民的生活观察
	王思文	中西色情传播与禁止规制比较研究
	来永玲	新冠肺炎疫情中的多元话语竞争研究
	杨名宜	虚拟偶像生成与接受的互动关系场域研究
	孙　晔	中国网络视频平台定价研究
	王文轩	粉丝追星倦怠的影响因素研究
	苗　勃	突发公共卫生事件中议题认知及影响因素研究
	杨石华	夯实意识形态之基：新中国马克思主义经典著作出版史
	景　琦	多元共构：社会化媒体时代电视节目主持人形象建构机制研究
	周　锐	主流媒体经济新闻报道的建设性研究

续表

学校名称	姓名	博士论文篇目
复旦大学新闻学院（17）	李晓荣	火车沿着沪杭跑——媒介的视野（1905—1937?）
	柳盈莹	跨国民族与我国战略传播路径提升研究 ——以傣泰民族为例
	李彦平	中国社交媒体信任研究
	陈逸君	可见性的第三次转向：平台媒体中介的可见性研究 ——以微博“推荐流”为例
	费雯俪	数字时代时尚传播的模式重塑与理论创新——时尚品牌数字化传播的比较研究
	钱威丞	中国网络文学产业“走出去”研究 ——以创新网络为中心的考察
	王震宇	数字转型的政治调适：中美平台治理的比较研究
	辛艳艳	从 2G 到 5G：技术驱动下中国主流媒体的新闻创新实践研究
	袁鸣徽	“四级办台”以来县级媒体的生存逻辑——以长兴、安吉为案例的考察
	周怡靓	从“幽闭”到“出走”：报刊与晚清上海妇女解放（1840—1911?）
	路雪珂	新媒体时代国内食品谣言特点与传播规律研究
	徐　璐	媒介化流移：“候鸟”的跨地政治与身份再生产
	舒瑾涵	游戏负面报道接触对大学生游戏成瘾的影响——基于第三人效果理论视角
	徐偲骕	生产资料、治理工具与要素市场：中国大数据产业的传播政治经济学研究
	高彦婷	文本和互动：社交网站中新闻对受众态度取向的影响研究
	兰凯伦	日常生活的政治：近代以来上海垃圾问题的媒介建构
	郑春风	乡村儿童的手机世界——基于固厚乡的民族志考察
中国传媒大学（25）	蒋玉鼐	我国主流媒体在海外社交平台的国际传播研究
	王洪江	新华社经济新闻对外报道叙事认同研究
	吴星晨	中国广播电视史学史研究
	李　莹	生态文明建设背景下《人民日报》环境新闻研究
	张晓敏	党报典型人物故事研究
	王玉风	建设性新闻视角下老年人社会参与议题报道研究
	曹　默	广播融合创新发展路径研究——基于媒介环境学的视角

续表

学校名称	姓名	博士论文篇目
中国传媒大学（25）	张　寅	党报新闻评论功能的嬗变研究（1921—2021）
	王晨燕	我国对外广播叙事研究
	郭致杰	新中国国庆阅兵媒介仪式对国家认同的建构研究（1949—2019?）
	吴晓虹	城市作为媒介：城市传播研究的理论视角
	金梅珍	系统论视野下的高校新闻传播教育创新研究
	陈奇妍	社会认知理论下社交媒体用户营销信息分享机制研究
	刘俊冉	镜像：烟画与近代上海都市文化研究
	武晓丽	“结构#功能”视域下广告的价值变迁
	吕清远	乡村卫生观念的创新扩散机制研究——基于鲁西南A村的田野考察
	方贤洁	中国广告主数字营销传播的发展、演进与趋势研究（1994—2020?）
	刘庆华	“嵌入”与“调适”：近代西方品牌在华本土化传播研究（1900—1939?）
	彭振东	媒体转型环境下电视购物频道经营策略的应对与调整——以中国台湾东森电视购物台为例
	李　伟	广告的效果导向研究
	李　珂	中国企业YouTube视频广告研究
	刘　丽	社交媒体上公益广告的跨国传播研究
	尹丽斌	引介、互构、自新：民国时期上海收音机品牌发展进程研究（1920—1949）
	刘　伟	基于复杂网络理论的智慧社区舆情传播管控研究
	HO DAC QUOC ANH	越南岘港旅游品牌形成——政府和企业互动的视角（1858年至今）
清华大学新闻与传播学院（21）	彭　侃	全球化背景下的电视节目模式产业发展研究
	季诚浩	媒介化的环境治理：基于垃圾分类政策常态化过程的分析
	付　甘	巴基斯坦公共领域与媒体转型中的推特角色
	刘婧婷	“第三种文化”：社交媒体上的疫情科学传播研究
	程萧潇	社会化媒体上转基因风险话语的生产与扩散研究
	李　莹	表征的秩序：媒介变迁视角下的纪实影像史
	李唯嘉	基于内容分享的青年用户社交媒体组合研究

续表

学校名称	姓名	博士论文篇目
清华大学新闻与传播学院（21）	张舒媛	构建与变迁：抗美援朝宣传研究
	王一戎	网络文学作者群体的劳动与文化
	冯　杰	特朗普政府时期中美政治话语推特博弈研究
	韩　博	新冠疫情中政府信息传播的价值取向与舆论导向效果研究
	黄　斐	记者马克思：角色、文本与思想
	黄　骏	从基础设施到媒介化：作为媒介的城市交通
	陆洪磊	范敬宜新闻思想研究
	王　辉	城市社区老年人数字融入影响机制
	张耀钟	数字化公共外交：理论、演进与实践
	王凯峰	新闻常规结构化与报道框架研究——以奥运报道为例
	陶盎然	多元复合——新世纪以来国产电影中的北京城市形象研究
	金文恺	网络视频平台竞争规制与影视业生态发展研究
	石谷岩	《物与主体性：彝族影像生产与民族身份建构》
	孙可佳	媒介融合下的叙事变身：互动影视剧研究
华中科技大学信息与新闻传播学院（14）	张　楠	春节纪录片文化记忆研究：基于批判传播学的视角
	陈　盼	新媒体商业模式创新研究：机理、框架与实证检验
	孙少山	探寻科技之“魂”：算法驱动下平台型媒体运营中的伦理问题研究
	祝晓彤	品牌传播的主体性研究——基于中国品牌发展实践的考察
	李　晓	媒介建构视角下中国“积极老龄化”话语研究
	罗　艺	知识下乡：传播史视野下民国乡村建设运动研究——以晓庄乡村师范学校为中心
	柯　艺	从“取势”到“明道”：中国网络民族主义运动的五重演变及其未来
	赵一菲	邂逅与进取：孔子学院志愿者的跨国传播劳动及自我形塑
	彭肇一	中美经贸议题下的中国外交话语研究：语言特征、意义框架与身份建构
	胡方园	互联网医疗赋权的双重取向与平衡——医患沟通的视角
	黄丽娜	突发公共卫生事件中社交媒体用户亲社会参与行为机制：可供性视角
	宋发枝	讲好中国故事背景下“IP 故事世界”跨媒介叙事研究
	秦艺轩	家庭情境中青少年的网络游戏实践研究——基于驯化理论的视角
	张思怡	新党媒传播实践研究：时空脉络、话语生产与关系互动

续表

学校名称	姓名	博士论文篇目
暨南大学新闻与传播学院（13）	金芃伊	“入世”二十年中国企业海外形象传播研究
	殷立飞	新时代党的新闻舆论思想的体系结构和政治逻辑
	廖金生	数字时代普通人的影像化自我展演：可见性的视角
	祁志慧	媒介治理视阈下的城市社区传播研究
	赵　鹏	学生、媒介与社会的互动——《燕京新闻》研究
	苏　琦	“接触地带”的媒介网络：《字林西报》研究（1912—1949?）
	覃　榕	云南民族广播历史演进与发展创新研究
	刘　庆	媒介学视阈下中国新闻业营销模式重构研究
	沈成菊	中医药的跨文化接受研究—基于来华外国中医的考察
	张　梦	全媒体时代中国主流媒体话语生态研究——基于重大突发公共卫生事件的考察
	谷学强	媒介可供性视角下的身体实践研究——基于户外跑群体的具身经验考察
	郭金金	视频新闻叙事变革研究——一种基于场景的视角
	谭红云	绿色发展视阈下新媒体在乡村治理中的角色与功能研究
四川大学文学与新闻学院（9）	夏迪鑫	融媒体语境下新闻海报及其生产机制研究——以人民日报微博平台新闻海报为例
	卢毅刚	网络场域中专业意见领袖公信力失效研究：基于公共卫生事件的考察
	刘　佳	社交媒体情境下医疗机构健康传播实践与效果研究——基于四川大学华西医院的探索
	张辉刚	裕固族传统仪式的视觉传播研究
	周　丽	话语理论视域下南海问题的媒体报道研究——基于东盟与中国英文媒体的分析（2002—2019?）
	陈　东	《黄帝内经》的身体哲学符号学
	张宏树	群体传播视阈下涉民族因素突发事件舆论引导研究
	侯梦瑶	中国反贫困题材纪录片研究（1949—2021）——基于政治修辞的视角
	程　娟	符号学视域下新媒体粉丝的情感研究
厦门大学新闻传播学院（11）	郑美娟	话语视角下新闻文本建构性研究
	郭　冲	民国新闻教育观念研究（1918—1949）：以新闻职业为中心的考察

续表

学校名称	姓名	博士论文篇目
厦门大学新闻传播学院（11）	王　强	近代中国回族报刊史研究（1906—1949?）
	JULIA TAN YIN YIN	中国智能手机品牌在马来西亚市场的广告诉求
	ANUNNE UCHENNA KINGSLEY	对尼日利亚报纸极端诬陷艾滋病的调查
	赵　辉	品牌传播风格（自夸 vs. 谦逊）对消费者购买意愿的影响：中介机制与协同效应
	段秋婷	基于隐私视角的智能广告受众反应形成机制研究
	林　凯	情通天下：先秦儒家情感传播思想研究
	田素美	现代城市家庭夫妻冲突与和谐沟通模式建构研究
	刘也夫	社会建构论视野下我国疾病与医疗题材电视话语实践研究
	张燕萍	大众传媒作用下的台湾表演性政治研究
南京师范大学新闻与传播学院（8）	王　瑞	国产动画电影中的家庭形象研究
	许天颖	大数据时代个人信息边界的消融与重构——基于超级全景监狱理论的视域
	程河清	清末新式官报研究
	姚　瑶	传播政治经济学视阈下数据监控问题研究
	张炳旭	民国时期新闻人任白涛研究
	周　浒	社会关系网络视阈下的新闻人范长江研究
	史剑辉	行动者网络理论视域下的社会组织公益传播研究
	董　浩	数字政府背景下我国政府传播模式的演变研究
上海大学新闻传播学院（13）	丁卓菁	新媒体与上海老龄群体生活方式的转型
	李　默	政治传播视角的《法文上海日报》研究
	关韶峰	汉传佛教的传播与雕版印刷术
	程　红	《北华捷报》（1850—1864?）与中英贸易关系研究
	廖芷蘅	张友渔新闻思想研究
	宋　成	“中国故事”在对外传播中的叙事认同研究

续表

学校名称	姓名	博士论文篇目
上海大学新闻传播学院（13）	黎　书	任白涛新闻思想研究
	李　娟	殷商甲骨文：媒介初级形态与雏型新闻信息价值考论
	魏修治	中国共产党早期新闻制度研究（1921—1949）
	高宇慧	革命舆论宣传导向性话语的群众化言说——《晋绥日报》社论的“群众路线”传播实践研究
	王子威	理解的可能与达成——编码/解码跨理论融通探赜
	李运团	创新扩散理论视阈下艺术品交易的网络传播研究
	王雅鹃	上海近代中文商业报纸“嵌入式”起源——《上海新报》研究（1861—1872）
华东师范大学传播学院（7）	吴　瑜	口语与角色：电子媒介中的广告口语传播研究（1979—2019）
	潘慧琪	展映的政治：毛泽东时代中国影展研究（1950—1976）
	滕　芳	困境与突围：传播技术演进视角下中国广电媒体融合转型研究
	章　雄	弗兰肯斯坦的遗产：科幻片恐怖元素研究
	申　爽	知识的大众化及其展开：以1930年代的印刷出版为中心
	洪丹阳	“国难宣传团”的图像传播与1930年代的民族国家认同建构
	叶绵耀	香港功夫电影的类型生成研究（1970—1973）
河北大学新闻传播学院（5）	王青原	清末农学期刊研究（1897—1911）
	袁丽娜	掌阅公司版权运营研究
	陈婧薇	国家文化认同视阈下主流媒体传播中国故事研究—以中央人民广播电视总台综合频道为例
	刘洪亮	《人民日报》扶贫报道研究（2012—2020年）
	杨　强	佛州报纸新冠肺炎报道研究
南京大学新闻传播学院（5）	林昱君	文化同源背景下旅居者的文化适应——以烟台韩国旅居者为例
	何　瑛	数字面具的传染：表演理论视野下的中国表情包文化与社会互动研究
	张弘莉	组织传播的自组织性：自下而上的城市社区再造逻辑
	霍一雯	大寨“神话”的崛起与式微——媒介镜像中的“农业学大寨”运动研究
	刘　煜	技术视角下的跨媒体叙事研究

续表

学校名称	姓名	博士论文篇目
云南大学新闻学院（2）	王东林	迈向整体情境的社交媒体在地化——一个少数民族传统村落的民族志考察
	陈晓颖	“中间人”：缅甸华人华侨的中国电影观看和主体建构
苏州大学传媒学院（2）	鲍　娟	“场景”视域下青少年的网游日常生活研究
	郭晓丹	媒介化社会中国特色小镇的形象建构——以吴江七都镇为个案的考察
辽宁大学新闻与传播学院（2）	叶　璐	晚清异域游记传播研究
	刘　洋	清末广学会对华文化传播研究
陕西师范大学新闻与传播学院（6）	RIAZ MUHAMMAD MUDASSAR	A Textual Analysis on Youlin Magazine Under the Concept of “Cultural Corridor” of China and Pakistan
	DO KHANH HA	中国电影观众心目中的越南形象研究
	李　梅	新媒体环境下主持人媒介形象的变异与重构研究
	马希凤	媒介变革背景下话剧传播的现状、问题与对策研究
	王　翔	国家形象建构视域下中国体育跨文化传播能力提升研究
	艾文婧	西安北院门历史文化街区及其空间建构研究
国防大学（1）	—	新时代中国舆论安全战略研究
安徽师范大学新闻与传播学院（2）	张泉泉	“新文化”语境中的报刊生命论——基于《晨报副刊》的考察
	穆罕默德·阿西	中国文艺在巴基斯坦的传播效应分析——以中巴经济走廊为中心的考察

（中国人民大学　李兴博、邓绍根）

4.4 高 职 高 专

4.4.1 专业设置调整情况

4.4.1.1 高等职业教育新闻传播大类《专业目录》的调整

（1）新闻传播大类专科《专业目录》的调整情况

2021年3月，教育部公布了新修订的《职业教育专业目录（2021年）》，2021年新版《高等职业教育专科新旧专业对照表》中显示，教育部在原有的23个高职专科新闻传播大类专业中保留了15个专业，调整了8个专业，调整幅度为34.8%，总数由23个调整为22个，其中的新闻出版类和广播影视类专科专业具体调整情况如表4-8所示。

表4-8　高职新闻传播大类专科新旧专业调整对照表

类别	专业代码	专业名称	原专业代码	原专业名称	调整情况
5601 新闻出版类	560101	数字图文信息处理技术	660101	图文信息处理	更名
	560103	出版策划与编辑	660103	版面编辑与校对	合并、更名
			660105	出版与电脑编辑技术	
	560106	数字媒体设备应用与管理	660108	数字媒体设备管理	更名
			660106	出版信息管理	撤销
5602 广播影视类	560203	数字广播电视技术	660204	广播电视技术	更名
	560213	融媒体技术与运营			新增
	560214	网络直播与运营			新增
	560216	全媒体广告策划与营销	630703	广告策划与营销	归属调整、合并、更名
			660215	媒体营销	

注：网络新闻与传播、出版商务、数字出版、播音与主持、广播影视节目制作、影视编导、新闻采编与制作、影视动画、影视制片管理、影视多媒体技术、影视照明技术与艺术、音像技术、录音技术与艺术、摄影摄像技术、传播与策划等15个目录专业保留。

新闻出版类（5601）目录专业变动较大，由原有的8个专业减少到6个专业，撤销了“出版信息管理”专业，将“版面编辑与校对”“出版与电脑编辑技术”合并更名为“出版策划与编辑”，“图文信息处理”更名为“数字图文信息处理技术”，“数字媒体设备管理”更名为“数字媒体设备应用与管理”。

广播影视类（5602）目录专业由15个增加到16个，其中，新增“融媒体技术与运营”“网络直播与运营”两个专业，“广播电视技术”专业更名为“数字广播电视技术”，将“媒体营销”和“广告策划与营销”（原属其他专业大类）合并更名为“全媒体广告策划与营销”专业。此外，“影视美术”专业归属调整到文化艺术大类中。

（2）新闻传播大类职业本科专业目录的调整情况

职业本科教育作为我国教育改革的新生事物，经历了一个从无到有、从试点到全面实践的过程。2014年，国务院印发《关于加快发展现代职业教育的决定》，首次提及“探索发展本科层次职业教育”；2019年，国务院印发《国家职业教育改革实施方案》，明确提出“开展本科层次职业教育试点”，高等职业教育本科试点专业于2019年启动实施。在2021新版高等职业教育本科新旧专业对照表中，新闻传播大类保留了“网络与新媒体”“播音与主持”“影视摄影与制作”“影视编导”4个本科专业，新增“数字广播电视技术”“全媒体新闻采编与制作”“数字动画”3个本科专业，目前共有7个高等职业本科新闻传播大类目录专业（见表4-9）。

表4-9　**高职新闻传播大类本科新旧专业调整对照表**

类别	专业代码	专业名称	原专业代码	原专业名称	调整情况
3601 新闻出版类	360101	网络与新媒体	860101	网络与新媒体	保留
3602 广播影视类	360201	播音与主持	860201	播音与主持	保留
	360202	影视摄影与制作	860203	影视摄影与制作	保留
	360203	数字广播电视技术			新增
	360204	影视编导	860202	影视编导	保留
	360205	全媒体新闻采编与制作			新增
	360206	数字动画			新增
总计		7个		4个	

4.4.1.2 2021 年高职新闻传播大类招生专业点设置情况

教育部全国职业院校专业设置管理与公共信息服务平台公布的《高等职业学校拟招生专业设置备案结果》数据检索（检索日期 2022 年 2 月）显示，2021 年，全国共设置 954 个新闻传播大类专科专业点，平均每个专业设置 36 个专业点，其中，新闻出版类共有 89 个专业点（平均 15 个/专业），广播影视类共有 865 个专业点（平均 54 个/专业）。

（1）保留专科专业的专业点设置情况

相较于 2020 年，2021 年 15 个保留专业的专业点数共增加 58 个。其中，新闻出版类保留的 3 个专业中，“网络新闻与传播”增加 12 个专业点，“出版商务”和“数字出版”略有减少；广播影视类专科专业保留的 12 个专业中，仅“新闻采编与制作”和“音像技术”两个专业的专业点数略有下降，其他专业点数均有增加，增加最多的专业为：“播音与主持”（+14）、“广播影视节目制作”（+10）、“影视多媒体技术”（+10），具体如表 4-10 所示。

表 4-10　　**2021 年新闻传播大类保留专业的专业点设置情况（专科）**

序号	专业大类	专业类	专业代码	专业名称	2021 年专业点增减数
1	新闻传播大类	新闻出版类	560102	网络新闻与传播	+12
2	新闻传播大类	新闻出版类	560104	出版商务	−2
3	新闻传播大类	新闻出版类	560105	数字出版	−1
小计	新闻出版类保留专业的专业点数增加 9 个				
4	新闻传播大类	广播影视类	560201	播音与主持	+14
5	新闻传播大类	广播影视类	560202	广播影视节目制作	+10
6	新闻传播大类	广播影视类	560204	影视编导	+4
7	新闻传播大类	广播影视类	560205	新闻采编与制作	−6
8	新闻传播大类	广播影视类	560206	影视动画	+4
9	新闻传播大类	广播影视类	560207	影视制片管理	+2
10	新闻传播大类	广播影视类	560208	影视多媒体技术	+10
11	新闻传播大类	广播影视类	560209	影视照明技术与艺术	+3

续表

序号	专业大类	专业类	专业代码	专业名称	2021 年专业点增减数
12	新闻传播大类	广播影视类	560210	音像技术	−2
13	新闻传播大类	广播影视类	560211	录音技术与艺术	+2
14	新闻传播大类	广播影视类	560212	摄影摄像技术	+2
15	新闻传播大类	广播影视类	560215	传播与策划	+6
小计	广播影视类保留专业的专业点数增加 49 个				
总计	新闻传播大类保留专业的专业点数共计增加 58 个				

(2) 新增专科专业的专业点设置情况

2021 年，新增的“融媒体技术与运营”和“网络直播与运营”专业点数分别有 39 个、9 个。这两个新增专业的专业点分布在全国 14 个省（自治区或直辖市），其中专业点数居前 5 位的依次是山东、河南、四川、吉林、广西壮族自治区，表明这些省份紧跟媒体发展开办新专业（见图 4-20）。

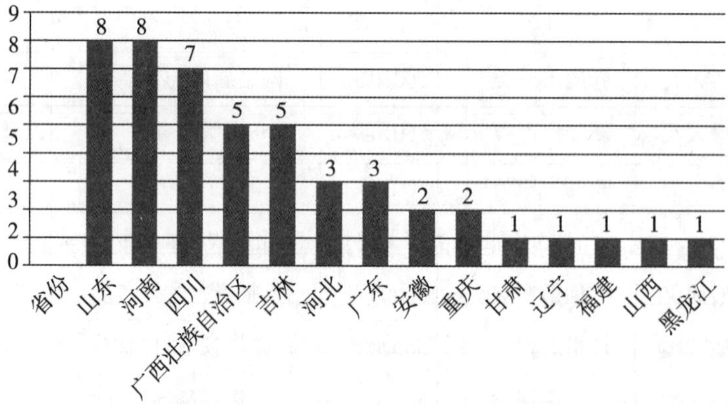

图 4-20　2021 年高职新闻传播大类新增专科专业的专业点分省统计

(3) 更名、合并专科专业的专业点设置情况

更名的“数字图文信息处理技术”“数字媒体设备应用与管理”“数字广播电视技术”3 个专业的专业点数变动不大，仅增加 4 个专业点；合并且更名的“全媒体广告策划与营销”专业增加了 4 个专业点，合并且更名的“出版策划与编辑”专业点数未变，具体如表 4-11 所示。

表 4-11　　2021 年新闻传播大类更名、合并专业的专业点设置情况（专科）

序号	原专业名称及专业点数（2020）	新专业名称及专业点数（2021）	专业点增减数（个）	备注
1	媒体营销（10 个） 广告策划与营销（25 个）	全媒体广告策划与营销（39 个）	+4	合并更名
2	版面编辑与校对（1 个） 出版与电脑编辑技术（3 个）	出版策划与编辑（4 个）	0	合并更名
3	图文信息处理（10 个）	数字图文信息处理（9 个）	+1	更名
4	数字媒体设备管理（0 个）	数字媒体设备应用与管理（2 个）	+2	更名
5	广播电视技术（11 个）	数字广播电视技术（12 个）	+1	更名
		小计	+8	

（4）高职新闻传播大类本科专业点设置情况

由于职业本科教育试点刚刚起步，截至 2021 年 10 月，教育部正式批准设置的本科层次职业学校有 32 所，分布在河北、山东、江西、陕西、广西、广东、山西、甘肃、浙江、河南、四川、湖南、上海、江苏、新疆、重庆、海南、福建、辽宁、贵州 20 个省（自治区或直辖市）。经查询职业本科试点院校官网信息发现，这 32 所本科职业院校，绝大多数为理工科院校，无传媒类行业背景院校，设置新闻传播大类专业的院校较少，仅见 3 所院校设置了新闻传播大类本科专业点。江西软件职业技术大学和广东工商职业技术大学均设置了“网络与新媒体专业”，成都艺术职业大学设置了“网络与新媒体”“播音与主持”“影视摄影与制作”“影视编导”4 个职业本科专业。

4.4.1.3　小结与讨论

（1）新版专业目录更科学，对高职新闻传播大类专业建设的积极作用初显。

总体来看，2021 年新版目录专业的专业设置总数有一定增长，促进了高职新闻传播类专业的发展。新闻传播大类新版目录与原目录相比，一是聚焦推进数字化升级改造，如在原专业名称前加“数字”二字，使专业设置紧跟数字化信息技术发展前沿；二是根据市场需求进行专业调整，如撤销了往年专业设置数为零的“出版信息管理专业”，“新增融媒体技术与运营”“网络直播与运营”等新专业，满足新职业岗位对技术技能人才的新需求；三是进一步厘清了产业、职业、岗位、专业间关系的基础上，科学确定专业定位，如对一些专业内涵和外延存在重复的专业进行归属调整、合并或更名，使专业分类更清晰。

（2）新闻传播大类职业本科教育已起步，但步伐有待加快。

2021 年，国家对发展职业本科教育越来越重视，政策越来越明朗，职业本科开始走向全面实践。2021 年 1 月，教育部办公厅发布了《本科层次职业教育专业设置管理办法（试行）》的通知，要求“本科层次职业教育专业设置应体现职业教育类型特点，坚持高层次技术技能人才培养定位，进行系统设计，促进中等职业教育、专科层次职业教育、本科层次职业教育纵向贯通、有机衔接，促进普职融通”；10 月，中共中央办公厅、国务院办公厅印发《关于推动现代职业教育高质量发展的意见》，明确提出：到 2025 年，职业本科教育招生规模不低于高等职业教育招生规模的 10%；12 月，国务院学位办印发《关于做好本科层次职业学校学士学位授权与授予工作意见》指出，要突出职业教育特色，确保本科层次职业教育授予学士学位质量，促进本科层次职业教育高质量稳步发展。

但从职业本科教育的进程看，目前开展职业本科教育试点的高校数量较少（仅 32 所），办学实力普遍不够强。在这样的大环境下，在高职领域处于弱势地位的新闻传播大类本科专业教育更显艰难，一是受制于所在学校升本难，《关于做好本科层次职业学校学士学位授权与授予工作的意见》规定“申报本科层次职业教育学士学位授权的学校须为教育部批准的本科层次职业学校”，也就是说所在学校升格成本科院校是新闻传播类本科专业设置的前提条件。二是受制于新闻传播类专业整体实力不强，《本科层次职业教育专业设置管理办法（试行）》具体设置了本科层次职业教育专业须有的各项条件与量化指标，如“拟设置的本科层次职业教育专业需与学校办学特色相契合，所依托专业应是省级及以上重点（特色）专业”；教师队伍“高级职称专任教师比例不低于 30%”“具有博士研究生学位专任教师比例不低于 15%”“双师型”教师占比不低于 50%”；“有省级及以上教育行政部门等认定的高水平教师教学（科研）创新团队，或省级及以上教学名师、高层次人才担任专业带头人，或专业教师获省级及以上教学领域有关奖励两项以上”等。而目前大多数高职院校，新闻传播类专业处于边缘化地位，办学基础较薄弱，难以达到本科层次职业教育专业设置规定的各项条件与要求，需要学校加大对新闻传播相关专业的支持和投入，补齐短板，提升专业内涵，加快新闻传播类本科职业教育的建设步伐。

4.4.2 招生与就业情况

4.4.2.1 2021 年招生情况

本节通过发放数据采集表，回收到 56 个新闻传播大类专业点 2021 年招生数据（见

图 4-21)。统计显示：平均每个专业点招生 89 人，招生 200 人及以上的专业点有 2 个（占比 3.57%），100~200 人的专业点有 21 个（占比 37.5%），50~100 人的专业点有 16 个（占 28.57%），50 人以下有 17 个（占比 30.36%）。

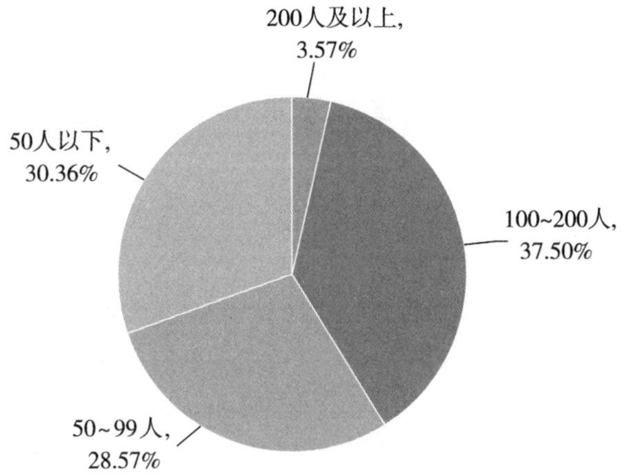

图 4-21　高职新闻传播大类专业点 2021 年招生人数分布

招生人数较多的专业主要集中在传媒类院校和综合类院校，招生人数最多的学校是湖北大众传媒职业技术学院，共计 1166 人，具体见表 4-12。

表 4-12　　**高职新闻传播大类 2021 年招生人数排名前五的院校**

序号	招生学校	招生专业	招生人数	合计招生人数（人）
1	湖南大众传媒职业技术学院	影视动画	117	10 个专业，1166 人
		播音与主持	160	
		广播影视节目制作	162	
		网络新闻与传播	78	
		数字广播电视技术	43	
		摄影摄像技术	69	
		影视编导	139	
		新闻采编与制作	173	
		数字出版	89	
		传播与策划	136	

续表

序号	招生学校	招生专业	招生人数	合计招生人数（人）
2	安徽新闻出版职业技术学院	新闻采编与制作	119	6个专业，600人
		摄影摄像技术	96	
		播音与主持	219	
		广播影视节目制作	61	
		传播与策划	52	
		出版编辑与策划	53	
3	广西职业技术学院	新闻采编与制作	192	3个专业，420人
		播音与主持	76	
		影视动画	152	
4	南宁职业技术学院	传播与策划	200	3个专业，406人
		新闻采编与制作	159	
		网络新闻与传播	47	
5	武汉职业技术学院	播音与主持	97	4个专业，364人
		影视编导	79	
		全媒体广告策划与营销	31	
		网络新闻与传播	157	

在招生人数排名前十的专业点中，涉及“新闻采编与制作”“播音与主持”“传播与策划”“广播影视节目制作”“网络新闻与传播”“影视动画”“影视编导”7个专业，其中安徽新闻出版职业技术学院的播音与主持专业招生人数最多，达219人，新闻采编与制作专业点最多有3个（见表4-13）。

表4-13　**高职新闻传播大类2021年招生人数排名前十专业点**

序号	招生学校	招生专业	招生人数（人）
1	安徽新闻出版职业技术学院	播音与主持	219
2	南宁职业技术学院	传播与策划	200
3	广西职业技术学院	新闻采编与制作	192
4	湖南大众传媒职业技术学院	新闻采编与制作	173

续表

序号	招生学校	招生专业	招生人数（人）
5	湖南大众传媒职业技术学院	广播影视节目制作	162
6	湖南大众传媒职业技术学院	播音与主持	160
7	南宁职业技术学院	新闻采编与制作	159
8	武汉职业技术学院	网络新闻与传播	157
9	广西职业技术学院	影视动画	152
10	湖南大众传媒职业技术学院	影视编导	139

4.4.2.2 就业情况

本节从开设新闻传播大类专业的高校官网上查询到 33 所高职院校《2021 届毕业生就业质量报告》，然后通过发放数据采集表，补充采集到 9 所高职院校的就业数据，共计获得 42 所院校 120 个新闻传播大类专业点的就业数据，涵盖湖北、湖南、安徽、重庆、北京、上海、天津、四川、陕西、辽宁、江西、山西、浙江、山东、河北、广西、广东、云南、贵州、福建、新疆 21 个省（自治区或直辖市），涉及范围比较广，有一定的代表性。

（1）毕业去向落实率

根据《教育部办公厅关于进一步做好普通高校毕业生就业统计与核查工作的通知》（教学厅函【2021】19 号）文件要求，从 2021 届起，将“就业率”改为“毕业去向落实率”。在获取的高职新闻传播大类专业就业数据中，有 32 所院校的 105 个专业点毕业去向落实率统计截至 8 月 31 日（初次毕业去向落实率），10 所院校的 15 个专业点毕业去向落实率统计截至 12 月（年底毕业去向落实率）。

统计显示：截至 2021 年 8 月 31 日，32 所院校的 105 个专业点的初次毕业去向落实率平均值为 93. 14%；截至 2021 年 12 月，10 所院校的 15 个专业点年底毕业去向落实率平均值为 95. 96%。对比每个专业点与所在学校的总体毕业去向落实率，可以看出，占比 64. 81%专业点的毕业去向落实率高于所在学校，占比 33. 33%专业点的毕业去向落实率低于所在学校，占比 1. 85%专业点的毕业去向落实率与所在学校持平（见图 4-22）。

有 28 个（占 23. 33%）专业点的毕业去向落实率高达 100%，分别为“播音与主持”（6 个）、“摄影摄像技术”（4 个）、“新闻采编与制作”（4 个）、“影视动画”（4 个）、“影视编导”（4 个）、“影视多媒体技术”（2 个）、“广播影视节目制作”（2 个）、

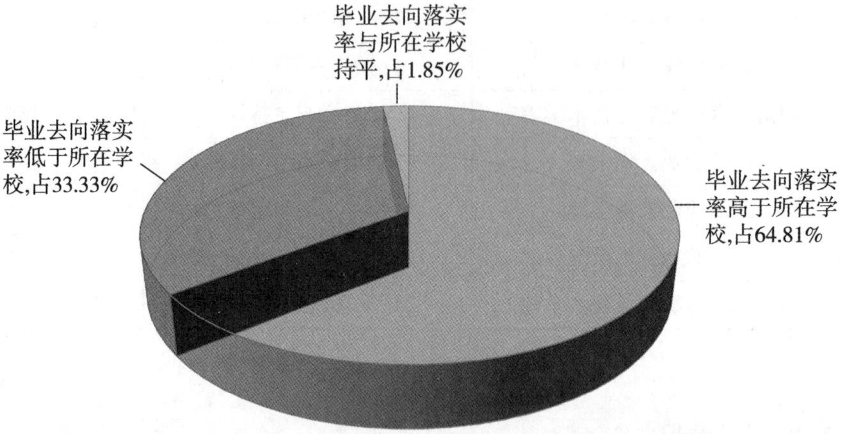

图 4-22　高职新闻传播大类专业点毕业去向落实率比较

“出版商务”（1 个)、“传播与策划”（1 个)。这表明虽然受疫情影响，但高职院校新闻传播大类专业 2021 届毕业生就业形势总体稳定，大多数专业就业率在学校处于中等以上水准。

(2）就业区域分布

根据采集到 43 个专业点的就业区域分布数据，统计显示，高达 76. 99%的毕业生选择在本省内就业，57. 672%的毕业生在本市就业，表明高职新闻传播类专业毕业生本地就业比例高，充分实现了立足地缘，主动服务本地经济社会发展。

究其原因，一是契合高职服务地方区域经济社会发展的人才培养定位；二是毕业生生源大多数来自本省；三是 2021 届毕业生去省外求职因受疫情影响占比减少。

(3）就业行业分布

2021 届新闻传播大类专业毕业生的就业行业分布较为广泛，覆盖“文化、体育和娱乐业”“信息传输、软件和信息技术服务业”“批发和零售业”“教育”“租赁和商务服务业”“公共管理、社会保障和社会组织”“科研和技术服务业”等多个行业，其中“文化、体育和娱乐业”领域为毕业生最主要的就业行业选择。在回收到的 51 个专业点就业行业分布数据中，“文化、体育和娱乐业”排名第一的专业点有 40 个（占 78. 43%)；其次是“信息传输、软件和信息技术服务业”，再次是“教育”“租赁和商务服务业”“批发和零售业”等行业。

(4) 升学深造及自主创业情况

本节采集到 23 所院校 58 个新闻传播大类专业点的升学率数据，平均升学率为

24.41%。一些学校的就业质量年度报告数据显示，近几年毕业生继续深造意愿增强，升学率呈不断上升趋势，有些高职院校新闻传播专业的升学率在学校名列前茅，如武汉职业技术学院4个新闻传播大类专业的平均升学率达48.71%，安徽广播影视职业技术学院新闻采编与制作专业升学率达45.9%，贵州城市职业学院新闻采编与制作专业升学率达37.93%（名列全校第一）。2021届毕业生升学的首要原因是“提升学历层次”；其次是“对专业感兴趣，希望深入学习，提高综合素质/能力”“增加择业资本，提升就业竞争力”；再次是“缓解就业压力”“受周围环境（父母、同学）影响”等。

毕业生深造及创业情况是人才培养质量的重要反映，也是促进毕业生更高质量更充分就业的重要抓手。从采集到的数据看，高职新闻传播大类专业毕业生创业有待加强，绝大多数专业点毕业生创业人数为0，少数专业点创业人数在1~2人，极个别在4人及以上。在《2021届毕业生就业质量报告》中，有5所高职院校对自主创业原因进行了调研，调研数据显示，2021届自主创业毕业生选择创业的首要原因为“理想就是成为创业者”，其次是“有好的创业项目”，再次是“未来收入好”“受他人邀约创业”，另有极少数原因是“未找到合适工作”，说明大部分自主创业毕业生有明确目标，自主创业目的主要是实现自己的人生目标和价值。

4.4.3 特色院校展示

4.4.3.1 武汉职业技术学院：推动“1+X”证书制度试点工作

武汉职业技术学院文化与传媒学院始建于2000年，目前开设“播音与主持”“影视编导”“网络新闻与传播”“全媒体广告策划与营销”4个新闻传播大类专业，在武书连2019中国高职高专排行榜新闻传播大类中居全国第8，湖北省第1。

该校文化与传媒学院积极参与“学历证书+若干职业技能等级证书”（简称“1+X”证书）制度试点工作，将字节跳动公司自媒体运营作为专业群“1+X”职业技能试点证书。为实现职业技能等级标准与课程体系的全链条融通，学院以证书试点作为教学改革的突破口，全面修订试点专业的人才培养方案，根据职业面向确定不同专业“X”证书的试点学期和融通方式。按照证书所涉核心职业能力重构专业核心课程矩阵，并允许将证书纳入学分评价体系，取得了一定成效。2021年，首批报名考证学生100%通过证书（中级）考试，远高于全国平均水平，持证学生的技能水平、岗位适应性和就业优势初步显现。打造“岗课赛证”融通教学团队1支，其中1名教师成为字节跳动公司签约的核心讲师。学院还以“X”证书项目为校企合作的切入点，参与评价组织“金钥匙双师型教师技术技能提升训练营”“DOU 学”学生寒假营和“DOU 加”（头条学堂面向院校开设的校企合作课程）公选课项目，受益师生超 800 人。

4.4.3.2 安徽新闻出版职业技术学院：高水平新闻传播专业群建设

安徽新闻出版职业技术学院隶属于安徽省委宣传部，被原国家新闻出版广电总局批准为全国“印刷高技能人才培训基地”“数字出版高端人才培养基地”及“全媒体采编人才培养基地”。该校高水平新闻传播专业群基于“新闻采编与制作”“传播与策划”“网络新闻与传播”“播音与主持”“广播影视节目制作”“摄影摄像技术”等专业，坚持“以学生为中心”的办学理念，依托中德两国政府合作项目，开展专业群教学模式改革，构建“技能大师工作室+专业”人才培养模式。经过 20 多年建设，获批省级创新发展行动计划骨干专业建设项目，2019 年获批第二批安徽省校企合作示范基地和新闻传播类专业示范实训中心。

该校新闻传播专业建设有国家级精品课程 1 门，省级精品课程、省级共享资源课程 4 门；有省级实验实训基地 6 个，校企合作实习实训基地 28 个；建设有省级专业综合改革试点项目 2 个，省级教学团队 2 个；省级教学名师 6 人，省级宣传文化系统拔尖人才 1 人，全国轻工系统教师教学技能大赛一等奖 1 人。

4.4.3.3 河北对外经贸职业学院：广播影视节目制作专业建设显特色

河北对外经贸职业学院传媒系成立于 2006 年，现有“广播影视节目制作”“播音与主持”等新闻传播类专业 4 个，其中“广播影视节目制作”专业是教育部第三批现代学徒制试点专业，教育部创新发展行动计划（2015—2018）骨干建设专业，专业教学建设中坚持立德树人、德技并修，积极培养体育赛事、网络直播技术人才，是国内少有、省内唯一的以体育赛事制作人才为主要培养方向的高职专业。2022 年在河北省创新发展行动计划（2022—2025）中，专业承担省级教学资源库项目、省级高水平产教融合实训项目建设任务。

“广播影视节目制作”专业在课程建设、教材建设和教学改革等方面取得了丰富的成果，2019 年“非线性编辑”“影视栏目包装”2 门课程入选河北省创新发展行动计划（2019—2021）精品在线开放课程项目，并顺利通过验收，被评为省级精品在线开放课程；2021—2022 年教师团队出版教材 4 部，其中新形态教材 2 部；2017—2020 年连续参加全国职业院校教师教学能力大赛获国家级二等奖 1 项，省级一等奖 1 项、二等奖 2 项。2021 年专业教学团队入选第二批省级职业教育教师教学创新团队。专业申报的“产教融合视域下高职广播影视节目制作专业人才培养模式探索与实践”获 2021 年河北省教学成果奖三等奖。

（武汉职业技术学院　彭爱萍、张晓莲）

4.5　民办高校新闻传播教育

4.5.1　民办高校新闻传播教育发展综述

教育部2016年、2017年、2018年、2019年、2020年《全国教育事业发展统计公报》① 资料显示，全国民办高校的数量从2016年的742所（含独立学院266所）发展到2020年的771所（含独立学院241所），呈现逐年增加的趋势；招生人数也从2016年的181.83万人迅速发展到2020年的236.07万人，呈现较好的发展趋势（图4-24）。同时，民办高校在校生数也呈逐年快速增加的趋势，2016年是634.06万人，2017年是628.46万人，2018年是649.60万人，2019年快速增长到708.83万人，2020年达到791.34万人，比上年增加82.51万人，增长11.64%。其中硕士研究生在校数，也从2016年的715人，发展为2020年的1865人。无论是从民办高校的数量而言，还是从招生规模以及在校人数而言，民办高校②已然成为我国高等教育的重要组成部分（见图4-23）。

据教育部发布的《普通高等学校本科专业目录（2020年版）》，新闻传播学类一共拥有新闻学（050301）、广播电视学（050302）、广告学（050303）、传播学（050304）、编辑出版学（050305）、网络与新媒体（050306T）、数字出版（050307T）、时尚传播（050308T）（2017）、国际新闻与传播（050309T）（2018）、会展（99J001T）（2019）十个专业。2020年版的专业目录是在《普通高等学校本科专业目录（2012年版）》基础上，增补了近年来批准增设的目录外新专业：时尚传播是在2017年增设的，国际新

① 全国教育事业发展统计公报［EB/OL］.［2021-10-12］. http：//www. moe. gov. cn/jyb_sjzl/sjzl_fztjgb/.

② 本文的民办高校指的是民办院校和转设为民办的独立学院。根据2020年5月教育部发布的《关于加快推进独立学院转设工作的实施方案》，主要转设路径有三种，即转为民办、转为公办、终止办学。截至2021年9月，经教育部官方公示的已转设的独立学院有188所，还有141所尚未完成转设。原本的民办院校和转设为民办的独立学院，共同构成我国民办高等教育体系。本书关注的就是这些民办高校新闻传播学类的本科教育。

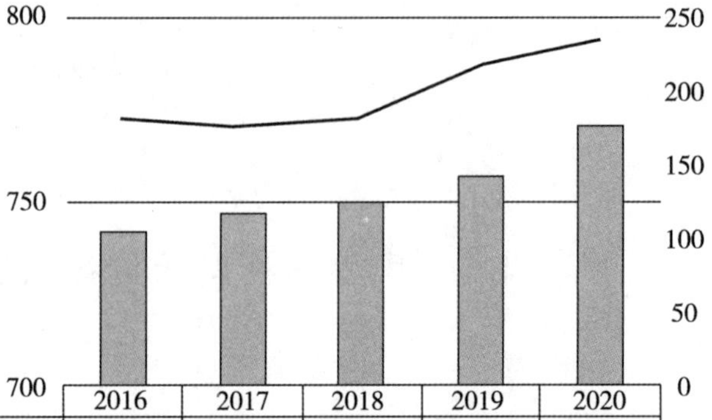

	2016	2017	2018	2019	2020
民办高校数量(所)	742	747	750	757	771
招生人数(万人)	181.83	175.37	183.94	219.69	236.07

图 4-23　2016—2020 年中国民办高校数量及招生人数

闻与传播是在 2018 年增设的，会展是在 2019 年增设的。

就历史发展的角度而言，开设新闻传播类专业的民办高校，大部分成立于 1991—2005 年。辽宁传媒学院成立于 1991 年；2019 年入选江苏省一流本科专业、2021 年入选国家级一流本科专业建设点（新闻学）的三江学院成立于 1992 年。西安欧亚学院、吉林外国语大学、安徽师范大学皖江学院等成立于 1995 年。2019 年获批上海市一流本科专业建设点（广告学）的上海建桥学院、2019 年和 2020 年分别获批湖北省一流本科专业建设点（广播电视学、网络与新媒体）的武昌首义学院、汉口学院等成立于 2000 年。获批 2019 年山东省一流本科专业建设点（新闻学）的齐鲁理工学院、四川大学锦城学院、三亚学院等成立于 2005 年。仅有少数几家民办高校的发展历史更早些；如 2019 年获得浙江省一流专业建设点和专业硕士培育点（编辑出版学）的浙江越秀外国语学院始创于 1981 年；2020 年获批北京市级一流本科专业建设点（传播学）的北京城市学院创建于 1984 年。民办高校新闻传播教育经过近 20 年的快速发展并迅速壮大。

就培养目标和办学特色而言，不同于公办高校的研究型定位，民办高校新闻传播教育更加注重专业应用，重视本科学历教育；聚焦新媒体语境下新闻传播事业发展及其人才需求，着重培养融媒体、复合型新闻传播人才。

4.5.2　区域分布情况

截至 2020 年 6 月 30 日的数据，从我国民办高校的省域分布来看，四川省和广东省民办高校数量最多，为50所左右；江苏省、河南省、湖北省和山东省民办高校数量较为接近，都在40所左右；海南、新疆、甘肃、宁夏和青海民办高校数量低于10所；西藏无民办高校。①

从我国民办本科的省域分布来看，湖北省民办本科高校数量最多，超过30所；其次是江苏省和山东省，在25~30所；广东、浙江、河北、辽宁和陕西民办本科数量较为接近，在25所左右（见图4-24）。

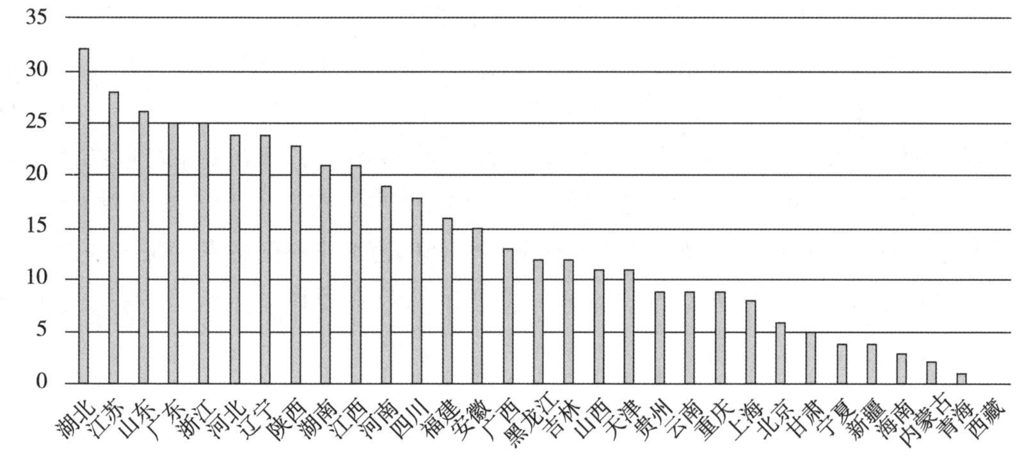

图4-24　2020年我国民办本科高校省域分布情况

聚志愿网站的相关搜索数据②显示，湖北省开设新闻学专业的民办高校有8所：武汉学院、武汉工商学院、文华学院、武昌首义学院、武汉晴川学院等；开设广播电视学专业的民办高校有4所：武昌首义学院、武汉传媒学院、三峡大学科技学院、武汉工程科技学院；开设广告学专业的民办高校有9所：武汉传媒学院、武汉华夏理工学院、武汉东湖学院、武汉设计工程学院、文华学院等；开设网络与新媒体专业的民办高校有10所：武昌首义学院、汉口学院、武汉学院、武汉工商学院、武汉华夏理工学院、文华学院等；开设传播学专业的有武汉文理学院；开设编辑出版学专业的有湖北民族大学科技学院。其中，武汉工商学院文法学院、文华学院人文社会科学学部的新闻学都是湖北省一流本科专业；前者拥有省级一流本科课程“视频拍摄与编辑”；后者是湖北省首

① 邢政权．我国民办高校分布和层次分析［EB/OL］．［2020-07-30］．http：//xkpj. dlut. edu. cn/info/1073/1479. htm.

② 聚志愿网站：http：//www. juzhiyuan. com/。

家设立智能媒体传播方向的新闻学专业，也是湖北省首家全面实施融媒体新闻教育的特色专业。2019年，武昌首义学院新闻与文法学院的广播电视学成为湖北省一流本科专业建设点，融合新闻学系列课程教学团队被批准为湖北高校省级教学团队。2020年，武昌首义学院网络与新媒体获得湖北省级一流本科专业建设点。①

从我国民办高校的城市分布来看，武汉市高校数量最多，超过30所。广州、重庆和西安民办高校数量在25~30所。

整体来看，民办本科数量多于10所的城市有8个。从民办本科高校的城市分布来看，仍然是武汉市最高，有23所，开办网络与新媒体专业的武昌首义学院、汉口学院、武汉学院、武汉工商学院、武汉华夏理工学院、文华学院等全部都在武汉市办学。其次是西安市，有20所，开办新闻学专业的西安欧亚学院、西京学院、西安外事学院、西安培华学院、西北大学现代学院都在西安办学。广州市和南昌市民办本科高校都为15所，其中开办广告学的广州华商学院、广东培正学院以及南昌理工学院、江西服装学院、江西科技师范大学理工学院、江西师范大学科学技术学院，分别在广州市和南昌市办学。成都市、哈尔滨市、天津市和长春市民办本科高校都为11所（见图4-25）。

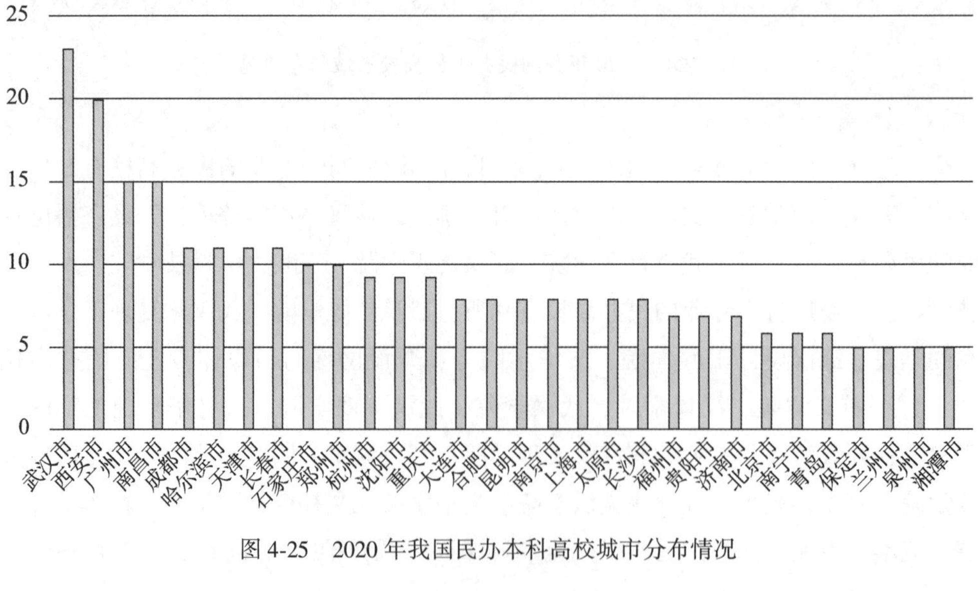

图4-25　2020年我国民办本科高校城市分布情况

① 相关资料均来源于各高校官网信息及数据。

4.5.3 专业设置状况

就专业设置的状况而言，因为新闻学、广播电视学、广告学、传播学、网络与新媒体、编辑出版学、数字出版 7 个专业在 2012 年就进入教育部专业目录名单，因而时下开设以上专业的民办高校较多。聚志愿网站的相关数据显示，开设广告学的民办高校一共有 94 所，开设新闻学的民办高校一共有 82 所，开设网络与新媒体专业的民办高校一共有 55 所，开设广播电视学的民办高校一共有 34 所，开设传播学的民办高校一共有 20 所，开设编辑出版学的民办高校一共有 10 所。

而时尚传播、国际新闻与传播、会展三个专业都是 2017 年后新增的专业，是教育部根据市场需求和专业趋势而增设的，所以目前开设以上三个专业的民办高校数量较少。

目前开设时尚传播专业的民办高校有上海建桥学院、上海杉达学院、南京传媒学院、浙江越秀外国语学院、沈阳工学院等。虽然开设该专业的民办高校不多，但是由于其紧跟社会需求和消费趋势，因而无论是招生数量还是新生报到率都比较不错。南京传媒学院的国际新闻与传播是国内首批。该专业要求不仅能掌握新闻业务能力，还需要拥有国际视野和外语能力。虽然该专业是考研的热门专业，但民办高校开设该专业的数量屈指可数。不同于管理学门类旅游管理类的会展经济与管理专业，会展专业以“会展策划与经营”为人才定位，以“现场化交往沟通”为特色定位，以“中高端后备人才”为培养目标，以“具备国际化视野、跨文化沟通能力的会展策划、市场调研、展演创意、营销推广、运营管理的复合型人才”为培养重点。目前，开设会展经济与管理的民办高校有 30 多所，但是开设会展专业的民办高校寥寥无几。

就开设专业归属的二级学院而言，新闻传播学类专业大部分隶属于新闻传播学院或者文化传媒学院、传媒与人文学院等，如上海建桥学院、沈阳城市学院、西安欧亚学院等；仅小部分归属于人文学院或人文社会学科学部，如云南大学滇池学院、文华学院等。

4.5.4 教学综合改革面貌

4.5.4.1 硕士点授权

2011 年 10 月，经国务院学位委员会批准，河北传媒学院、黑龙江东方学院、北京城市学院、西京学院、吉林外国语大学成为全国首批获得招收培养研究生资格的 5 所民办高校。截至 2019 年 9 月，经各级教育部门批准，全国共有 11 所民办高校具有硕士点授权，另有多所民办高校与公办高水平大学联合培养硕士。① 其中河北传媒学院 2015 年开始招收新闻与传播硕士，主要有五个研究方向：媒介融合与媒体转型、舆情分析与危机公关、新媒体视频创意与制作、县级融媒体建设与发展、品牌管理与传播；招生人数也呈逐年递增的趋势：2020 年计划招生 59 人，2021 年计划招生 90 人，2022 年计划招生 100 人。② 民办高校硕士点授权，这不仅是其教学综合改革的成效，也是其在激烈市场竞争下的必然之路。一方面，申报硕士点，是培养应用型人才的重要举措，能进一步优化人才结构和培养模式；另一方面，这也标志着民办高校学术科研能力的增强，办学层次的不断提升。

4.5.4.2 一流本科专业建设

2019 年，教育部决定全面实施“六卓越一拔尖”计划 2.0，启动一流本科专业建设“双万计划”，即在 2019—2021 年，建设 10000 个左右国家级一流本科专业点和 10000 个左右省级一流本科专业点。其中，分“赛道”建设原则：中央部门所属高校、地方高校名额分列，向地方高校倾斜；鼓励支持高校在服务国家和区域经济社会发展中建设一流本科专业。因而，致力于服务区域经济发展的民办高校，获得进一步发展的目标和机遇。根据一流本科专业分专业类建设规划，新闻传播学类拟在三年之内建设一流本科专业的数量为 236 个。③

在一流本科专业建设的过程中，新闻学、广告学、网络与新媒体三个专业获批较多，相关民办高校分别获批国家级以及省级一流本科专业建设点。拥有新闻学国家级一流本科专业建设点的民办高校有 1 所（三江学院）；拥有新闻学省级一流本科专业建设点的民办高校有 4 所（武汉工商学院、文华学院、齐鲁理工学院、广州华商学院），拥有广告学省级一流本科专业建设点的民办高校有 6 所（上海建桥学院、浙大城市学院、福建师范大学协和学院、吉林动画学院、武汉工商学院、广州华商学院），拥有网络与新媒体省级一流本科专业建设点的民办高校有 4 所（浙大宁波理工学院、河北传媒学院、武昌首义学院、南京传媒学院），拥有广播电视学省级一流本科专业建设点的民办高校有 1 所（武昌首义学院），拥有传播学省级一流本科专业建设点的民办高校有 1 所（北京城市学院），拥有编辑出版学省级一流本科专业建设点的民办高校有 1 所（浙江

---

① 澎湃号：察言观数［EB/OL］．［2020-03-21］．https：//www. thepaper. cn/newsDetail_forward_4670752.

② 见河北传媒学院研究生院历年的招生简章，http：//yjs. hebic. cn/。

③ 教育部办公厅关于实施一流本科专业建设“双万计划”的通知［EB/OL］．［2019-04-09］．http：//www. moe. gov. cn/srcsite/A08/s7056/201904/t20190409_377216. html.

越秀外国语学院）。①

此外，一流本科课程建设和重点课程建设，也在各大民办高校有序开展。

4.5.4.3 人才培养模式

追求应用型、复合型、创新型人才培养模式是我国民办高校新闻传播人才的特点。民办高校在人才培养模式方面，更注重应用性，聚焦动手能力。目前，在倡导产教融合的大背景下，民办高校的人才培养更具有服务社会区域经济和地方经济的特点，培养目标对标性强。

为此，民办高校在2020—2021年，搭建“校企一体化”育人平台、建立产教融合基地、创办产业学院、与新闻媒体共建融媒发展中心等形成趋势。其中，上海建桥学院的广告专业，不仅与上海市广告协会、相关校企合作公司，打造“学校、企业、行业、政府”四位一体的建设平台，更在上海市市场监督管理局指导下成立了首家全国省级公益广告机构——上海市公益广告创新研究发展中心。如该院新闻传播学院实行OBE培养理念，与上海报业集团、东方卫视、喜马拉雅等主流媒体和新媒体开展多元合作，共建“融媒体综合实践人才培养基地”，建设各类校企实践平台，双向引智，实施“融媒体、重实践、强素质”的创新人才培养模式。而沈阳城市学院新闻与传播学院系中共沈阳市委宣传部与沈阳城市学院“部校共建”学院，是辽宁省落实“中宣部教育部实施卓越新闻传播人才培养计划”的重要基地。

4.5.4.4 招生与就业

招生与就业是民办高校办学除教学以外的两大“命脉”。招生人数以及新生报到率都决定着民办高校各专业的未来走向，而历年就业情况的好坏则直接影响该校当年以及未来的招生计划以及招生人数。不同于公办学校小班化教学，民办高校新闻传播类的招生计划一般都是百人乃至几百人；各专业一般都是50人为一个班级，同一年级比较理想的招生状态一般是开设两至三个班级。从就业趋势来看，根据职友集的相关数据②，广告学、新闻学、网络与新媒体三个专业的招聘岗位较多，相对而言比较好就业。从就业领域而言，互联网/电子商务、广告业、影视媒体/艺术文化传播、文字媒体/出版、公关/市场推广/会展、咨询/人力资源等是新闻传播学类各专业毕业生最为集中的就业领域。

---

① 相关资料均来源于各高校官网信息及数据。

② 新闻传播学类专业及就业解读一帆教育平台，https：//zhuanlan. zhihu. com/p/94790965。

4.5.4.5 师资队伍建设

民办高校教师由于在社会保障、培训进修等福利待遇方面，与公办高校存在较大的差异，因而人才引进存在一定难度，师资队伍稳定性较弱，流动性较大。虽然大多数民办高校实施了适合自身发展、形式各样的“人才强校”战略，重视培育集教学、科研和社会实践三位一体的复合型“双师”人才师资队伍；但由于待遇保障等问题，与公办高校相比，民办高校师资不足，特别是缺乏高学历高职称的教师。

但是，民办高校具有特殊的体制机制的灵活性，在师资队伍建设、人才引进方面，可以发挥体制机制优势，配备高层次人才，充实教师队伍。目前民办高校师资的基本构成是：来自高校的专任教师、来自媒体或企业的实践型教师、来自公办高校的退休教师、来自学界业界的特聘与兼职教师等。这样形成的师资队伍既能满足专业理论教育又能够满足专业实训实践要求，在实行 OBE 教育理念的应用型高校中，成为人才培养的师资特色。民办高校在努力打造建立专兼结合、素质优良并适应应用型本科人才培养需要的高素质教师队伍。

4.5.4.6 民办高校新闻传播教育面临的挑战与机遇

营利性和非营利性决策后分类管理的挑战，中国民办高校公益性将更加凸显，非营利性民办高校将成为民办高等教育的主体力量，或将出现一批高水平非营利性民办高校和一小批特色化办学的营利性民办高校。① 非营利性民办高校和营利性民办高校如何在竞争激烈的市场竞争中办出特色、提升质量呢？规模扩张与质量提升的挑战是民办高校的一大挑战。此外，以人工智能、机器人、区块链等为标志的第四次工业革命对劳动力市场产生了巨大的影响，新业态、新产业和新商业模式推动就业市场的显著变化。数字经济就业生态与传统就业生态并存，催生了大量既要求熟悉传统行业又需要掌握新兴数字化技能的新人才需求，但目前这方面的人才供需还存在很大矛盾。多数民办高校的办学定位仍以传统生源为主，学科专业布局也未能紧跟国家战略和区域产业发展等。因而，民办高校面临着需求多样与有效供给的挑战，需要加强供给侧改革，积极回应就业需求变化带来的挑战。②

---

① 佘宇，葛延风，阙明坤，段淑芬．民办高校如何走出“营利与非营利”选择困境［EB/OL］.［2021-09-02］. https：//www.thepaper.cn/newsDetail_forward_14116080

② 罗先锋，窦锦伟，等．普及化阶段我国民办高校的机遇、挑战与战略选择［J］. 中国高教研究，2020（9）：43-48.

但高等教育规模的进一步发展、政府层面对非营利性民办高校的扶持政策、社会资本层面对营利性民办高校的积极参与等为民办高校未来提供了更多的发展机遇。

就专业招生趋势而言，民办高校新闻传播教育更加重视专业的就业情况在社会上的受欢迎程度。就业前景较好的专业、专业名称趋向于新媒体或者数字化等外在因素，将会直接或者间接影响到相关专业当年的招生人数、招生规模以及新生报到率。虽然，新闻学、广播电视学、传播学等专业相关师资和教学实力雄厚，但由于就业趋势和媒介格局的转变，新闻学、传播学等传统强势专业开始不再受到追捧。相反，网络与新媒体、时尚传播等专业，因为专业名称的新趋势以及就业方向等与市场需求热度的关系，受到学生、家长乃至社会的推崇；特别是最近几年，网络与新媒体在应用实践领域的快速发展，也让其在民办高校专业教育方面得到长足发展。

从学校发展层面来看，新闻传播学学科整体发展态势较好的学校多数是从独立学院发展而来的，基本上是依托之前公办高校的师资和资源发展起来，如武昌首义学院、南京传媒学院、福建师范大学协和学院、浙大宁波理工学院、文华学院等；少数是从自身一步步发展壮大的，如三江学院、上海建桥学院等。独立学院转设才起步不久，民办高校必然会迎来一场发展的大变革。传统强势专业如何维护自己的专业地位，新兴专业如何快速发展，独立学院如何转设为民办高校，民办高校如何在招生及就业市场中发挥优势，获得社会认同，唯有时间能够见证。

（上海建桥学院　叶晶晶、王梅芳）

4.6　中外合作办学

2021 年，新冠肺炎疫情虽然在国内得到了有效控制，但在国外面临的形势依旧严峻。这对国际间进一步的交流合作造成了较为显著的负面影响，从而很大程度地导致我国①新闻传播教育领域中外合作办学的进展严重受阻，总体规模大幅度缩小。

4.6.1　新获批项目的情况

2021 年，教育部新批准的中外合作办学项目共 75 个。其中，2020 年下半年申报的项目获批 51 个，包括本科办学层次的 46 个、硕士办学层次的 4 个和博士办学层次的 1

① 本部分中的“我国”，均不包括港澳台地区。

个；2021 年上半年申报的项目获批 24 个，包括本科办学层次的 20 个、硕士办学层次的 2 个和博士办学层次的 2 个。我国新闻传播教育机构新获批的中外合作办学项目共 5 个，其办学层次都是本科，数量占全国新批项目总数的 6.7%。其中，2020 年下半年申报的项目获批 4 个，2021 年上半年申报的项目获批 1 个；办学专业为新闻传播学类所属专业的项目 1 个，办学专业为非新闻传播学类所属专业的项目 4 个。就地区分布而言，山东省新获批项目 2 个，江苏省、浙江省和四川省新获批的项目均为 1 个（详见表 4-14）。

表 4-14　**2021 年我国新闻传播教育机构新获批的中外合作办学项目**

序号	地区	教育机构	项目名称	办学层次	申报时间
1	山东省	青岛农业大学动漫与传媒学院	青岛农业大学与韩国世宗大学合作举办动画专业本科教育项目	本科	2020 年下半年
2	山东省	曲阜师范大学传媒学院	曲阜师范大学与意大利弗罗西诺内美术学院合作举办数字媒体艺术专业本科教育项目	本科	2020 年下半年
3	江苏省	南京传媒学院广播电视学院	南京传媒学院与英国提赛德大学合作举办广播电视编导专业本科教育项目	本科	2020 年下半年
4	浙江省	浙江传媒学院国际文化传播学院	浙江传媒学院与新西兰惠灵顿维多利亚大学合作举办传播学专业本科教育项目	本科	2020 年下半年
5	四川省	四川传媒学院摄影学院	四川传媒学院摄影学院与美国纽约电影学院合作举办影视摄影与制作专业本科教育项目	本科	2021 年上半年

4.6.2　招生项目的情况

《中国新闻传播教育年鉴》发放并回收的数据采集表显示，2021 年，其中外合作办学项目有招生计划的新闻传播教育机构只有 5 家，分别是复旦大学新闻学院、浙江传媒学院新闻传播学科、① 华东师范大学传播学院、海南师范大学新闻传播与影视学院以及扬

① 浙江传媒学院中外合作办学的数据和资料，整合了该校开设新闻传播学类所属专业的新闻与传播学院和国际文化传播学院的相关数据和资料，本部分用“浙江传媒学院新闻传播学科”的称谓指代浙江传媒学院下属的新闻传播教育机构。

州大学新闻与传媒学院，比 2020 年的 11 家少了 6 家。这 5 家新闻传播教育机构有招生计划的中外合作办学项目共 16 个，比 2020 年的 29 个少了 13 个，涉及国外 7 个国家的 13 所高校。其中，复旦大学新闻学院和浙江传媒学院新闻传播学科有招生计划的中外合作办学项目数量最多，均为 5 个；华东师范大学传播学院的项目数量为 4 个，其他 2 家新闻传播教育机构的项目数量均为 1 个；复旦大学新闻学院有招生计划的 5 个中外合作办学项目，是与 5 个国家的 5 所高校合办的，合作国家和高校的数量都最多（详见表 4-15）。

表 4-15 **2021 年我国新闻传播教育机构中外合作办学项目数量及合作国家与高校的数量**

序号	教育机构	中外合作办学项目数量（个）	合作国家数量（个）	合作高校数量（所）
1	复旦大学新闻学院	5	5	5
2	浙江传媒学院新闻传播学科	5	3	4
3	华东师范大学传播学院	4	3	4
4	海南师范大学新闻传播与影视学院	1	1	1
5	扬州大学新闻与传媒学院	1	1	1

2021 年，参与我国 5 家新闻传播教育机构 16 个中外合作办学项目的国家共有 7 个，包括英国、美国、澳大利亚、法国、日本、俄罗斯和新西兰，比 2021 年少了 1 个。其中，美国参与项目的数量最多，为 6 个，英国参与项目的数量为 4 个，澳大利亚参与项目的数量为 2 个，其他 4 国参与项目的数量均为 1 个。就各国参与高校的数量而言，2021 年为 13 所，比 2020 年少了 4 所。其中，英国最多，为 4 所，美国 3 所，澳大利亚 2 所，其他 4 国均为 1 所（见表 4-16）。在参与中外合作办学项目的国外新闻传播教育机构中，美国密苏里大学新闻学院参与项目的数量最多，该院与我国 2 家新闻传播教育机构开办了 3 个中外合作办学项目；美国佩斯大学出版系次之，该系与我国 2 家新闻传播教育机构开办了 2 个中外合作办学项目。

表 4-16 **7 个国家参与我国新闻传播教育机构中外合作办学项目的数量和高校数量**

序号	国家名称	参与的中外合作办学项目的数量（个）	参与高校的数量（所）
1	美国	6	3
2	英国	4	4

续表

序号	国家名称	参与的中外合作办学项目的数量（个）	参与高校的数量（所）
3	澳大利亚	2	2
4	法国	1	1
5	日本	1	1
6	俄罗斯	1	1
7	新西兰	1	1

在办学类别上，2021 年，我国 5 家新闻传播教育机构的 16 个中外合作办学项目，全部属于学历教育项目。这 16 个学历教育项目中，本科办学层次项目的数量和硕士办学层次项目的数量持平，均为 8 个；博士办学层次项目的数量与 2020 年的一样，仍然没有实现零的突破（见表 4-17）。

表 4-17　**2021 年我国新闻传播教育机构中外合作办学项目的办学类别和办学层次**

<table>
<tr><td>非学历教育项目的数量（个）</td><td colspan="3">0</td></tr>
<tr><td rowspan="3">学历教育项目的数量（个）</td><td rowspan="3">16</td><td>本科办学层次项目的数量（个）</td><td>8</td></tr>
<tr><td>硕士办学层次项目的数量（个）</td><td>8</td></tr>
<tr><td>博士办学层次项目的数量（个）</td><td>0</td></tr>
</table>

从招生专业的分布来看，2021 年，我国 5 家新闻传播教育机构的 16 个中外合作办学项目中，新闻传播学类所属专业被覆盖的频次最多，为 38 次；非新闻传播学类所属专业被覆盖的频次较少，只有 5 次；传播学专业被覆盖的频次最多，为 9 次，编辑出版学和新闻与传播（专硕）被覆盖的频次均为 7 次，并列第二位；新闻学和广播电视学被覆盖的频次均为 5 次，并列第三位。就各办学层次而言，本科办学层次的项目中，各招生专业被覆盖的频次相差不大，传播学和编辑出版学被覆盖的频次最多，均为 4 次，新闻学、广播电视学和广告学被覆盖的频次均为 3 次。硕士办学层次的项目中，新闻与传播（专硕）被覆盖的频次最多，为 7 次；传播学专业被覆盖的频次为 5 次，排在第二位；编辑出版学被覆盖的频次为 3 次，排在第三位（见表 4-18）。

表 4-18　　**2021 年我国新闻传播教育机构中外合作办学项目的招生专业分布**

专业名称	各招生专业被 16 个中外合作项目覆盖的频次（次）		
	本科	硕士	合计
传播学	4	5	9
新闻学	3	2	5
广播电视学	3	2	5
广告学	3	0	3
编辑出版学	4	3	7
网络与新媒体	2	0	2
新闻与传播（专硕）	0	7	7
新闻传播类专业合计	19	19	38
播音与主持艺术	1	0	1
广播电视编导	2	0	2
戏剧与影视	0	2	2
非新闻传播类专业合计	3	2	5

在招生工作和毕业生工作上，2021 年，我国 5 家新闻传播教育机构 16 个中外合作办学项目的整体情况不甚理想，大多不同程度地存在未满额招生或毕业的情况。海南师范大学新闻传播与影视学院中外合作办学项目的招生人数和毕业生人数都最多，均为 45 人，但招生人数比 2020 年少了 8 人。浙江传媒学院新闻传播学科 2021 年上半年新获批的 1 个项目首次招生 39 人，加之另一个项目招了 1 人，其招生总人数为 40 人，但其他 3 个项目均未招到学生，毕业生人数也只有 1 人。复旦大学新闻学院中外合作办学项目 2021 年招生人数尽管比 2020 年多了 15 人，可仍有 2 个项目没有招到学生，也没有毕业生。华东师范大学传播学院 4 个中外合作办学项目招生人数仅有 1 人，比 2020 年少了 2 人，未招到学生的项目数量和没有毕业生的项目数量均为 3 个。扬州大学新闻与传媒学院中外合作办学项目的招生人数和毕业生人数均为 0（见表 4-19）。招生和毕业生的上述情况，较为直接而真切地反映出 2021 年我国新闻传播教育领域中外合作办学的不景气。

表 4-19　**2021 年我国新闻传播教育机构中外合作办学项目招生人数和毕业生人数**

序号	新闻传播教育机构名称	2020 年招生人数(人)	2021 年招生人数(人)	2021 年毕业生人数(人)	2021 年未招到学生的项目数量(个)	2021 年没有毕业生的项目数量(个)
1	海南师范大学新闻传播与影视学院	53	45	45	0	0
2	浙江传媒学院新闻传播学科	0	40	1	3	3
3	复旦大学新闻学院	16	31	8	2	2
4	华东师范大学传播学院	3	1	4	3	3
5	扬州大学新闻与传媒学院	0	0	0	1	1

在学制上，2021 年，我国 5 家新闻传播教育机构的 16 个中外合作办学项目，采用了灵活多样的学制。本科办学层次项目的学制，绝大多数为 4 年制，包括“2+2”“3+1”“1+2+1”“1+0.5+2.5”等学习模式。复旦大学新闻学院的“复旦—早稻田双学位”本科项目，对中国学生和外国留学生区别对待，即对中国学生采用“3+1+1”的 5 年制学习模式，对外国留学生则采用“2+1+1”的 4 年制学习模式。硕士办学层次项目的学制，以 2 年制和 3 年制为主。2 年制采用的学习模式包括“1+1”“0.5+1+0.5”和“0.5+1.5”等，3 年制采用的学习模式包括“1+1+1”和“1+1.5+0.5”两种。浙江传媒学院新闻传播学科的“英国斯特灵大学 3+1 本硕项目”，采用“3+1”的 4 年制学习模式，即学生在浙江传媒学院学习 3 年，然后到斯特灵大学学习 1 年，合格者可获得由斯特灵大学颁发的硕士学位证书和浙江传媒学院授予的本科毕业证书及学士学位证书。

4.6.3　总结与思考

总的来看，2021 年，我国新闻传播教育领域中国外合作办学整体走势低迷，规模萎缩严重，办学层次不高，实际成效相对有限。之所以出现这种局面，新冠肺炎疫情的冲击是首要原因。疫情的阴霾不去，正常的国际交流合作很难步入正轨，中外合作办学就无法拥有必要而良好的氛围和坚实的根基。我国许多新闻传播教育机构的中外合作办学项目被迫停止招生，或者招生数量急剧减少甚至招不到学生，都与疫情的负面影响密切相关。

除了疫情的因素，2021 年我国新闻传播教育领域中外合作办学的不景气，还缘于新闻传播教育机构的认知不到位、实质性重视不够和主动作为缺乏，以及相关激励政策的不完善。近些年来，比之于国家对国际化办学的高度重视和全国中外合作办学的蓬勃发展，我国新闻传播教育领域中外合作办学推进的广度、深度和速度都比较欠缺。许多新闻传播教育机构，尤其是一些各方面条件比较优越的新闻传播教育机构，始终没有开阔视野，提高站位，未雨绸缪，前瞻性地积极谋划中外合作办学工作，以发挥应有的带头作用和示范效应。不少新闻传播教育机构长期在中外合作办学方面不注重加强外联、做好规划、储备师资、积极申报相关项目、建立健全运行机制，根源就在于他们对中外合作办学的全部意义和价值并未形成充分的认知，所以很难将其列入重要议事日程。此外，正如部分新闻传播教育机构负责人反映的那样，由于新闻传播学具有一定的意识形态属性，目前基于新闻传播学申报相关的中外合作办学项目，所受的政策性限制较多，获批的难度较大，这也对新闻传播领域中外合作办学快速而健康的发展造成一定的制约。上述因素，致使我国新闻传播教育领域中外合作办学的整体实力和影响力在新冠肺炎疫情暴发之前就不强，发展根基较为薄弱，抗风险能力较低。所以，当其面临持续恶化的疫情时，由于外因联动内因产生“共振效应”，就难免会陡转直下，大幅收缩。

（青岛大学　赵星耀）

4.7　校园媒体与校园媒体奖

各种形式的校园媒体是新闻传播学子们开展专业实践、锻炼专业素质的重要平台。新闻传播院系普遍十分重视校园媒体的建设与创新。自《中国新闻传播教育年鉴（2019）》开始，我们已连续介绍了 30 多家优秀的校园媒体。本卷中继续遴选出 6 家表现不俗的校园媒体加以介绍。这六家校园媒体拥有一些共性特征，反映着校园媒体发展的普遍趋势。第一，注重全媒体发展。一些学校如湖南大学新闻与传播学院借鉴媒体的中央厨房模式，建立了颇具规模、差异化定位的媒体矩阵。另一些如浙江大学的“浙大传媒星空”，则充分发掘微信公众号的全媒体属性，鼓励学生进行文字、照片、视频等多种形式的报道作品创作。多家院系的新闻学子能熟练掌握数据新闻这一新兴的报道形态。第二，立足校园又放眼社会。校园媒体一头连接着校园，充分发掘校内的各种新闻资源、关注校内的重大议题引领讨论是校园媒体的应有之义。郑州大学新闻与传播学院的“郑家小主”公号，就精心策划了多个栏目深耕校内新闻资源。校园媒体的另一头则联通着广阔的社会，即使学子还身在校园，但新闻学子对于社会的关怀、对于社会的责任已经开始涌动。厦门大学新闻传播学院的学子特别注重以特稿的形式“关注普通人不普通的命运”，“透视关乎个体命运的种种议题”。浙江传媒学院新闻与传播学院的同学们密切关注着国内外一个个重大的新闻事件、热点的社会议题，精心策划制作了报道专题。第三，持之以恒的坚守与传承。每一家出色的校园媒体背后，总有一些默默坚持、努力耕耘的“灵魂人物”，包括指导老师、长期参与的同学等。华中科技大学评论学社就是一点一点汇聚人才、一点一点积蓄力量，历经十年的发展而逐渐壮大。当然这六家校园媒体也都有自己的个性特征，相信它们的发展之路能为其他新闻传播院系的校园媒体带来启发。

六家校园媒体按照名称音序依次介绍：

凤凰新声（厦门大学）

媒体形式：微信公众号“凤凰新声”、联动湃客号“凤凰新声”。

简介：凤凰新声成立于2019年7月，系厦门大学新闻传播学院学生媒体实践平台。凤凰新声以“深度、理性、多元、前瞻”为追求，致力于展现新闻系学生对于社会的关怀与思考。常设栏目有“数读”“特稿”等，每月定期更新。“数读”栏目以数据新闻为主，该栏目借助对数据的抓取、分析和可视化呈现，力图以视觉化的数据图像诠释更宏观的社会议题，增强关于公共事务的信息传达。“特稿”栏目主要以深度报道为主，在社会与时代的变迁下，该栏目关注普通人不普通的命运，以故事的形式透视关乎个体命运的种种议题。在书写他人与他群之故事的同时，让每个读者在关切的连接中不再孤单。此外，凤凰新声编辑部多次举办过“新声传书”读书会。

参与人员：2022年参与学生30余人，指导老师3人。

获奖情况：凤凰新声编辑部成员所撰写的报道曾在《中国青年报·冰点周刊》《海峡导报》、澎湃新闻“镜相”栏目刊出。

红枫全媒体工作坊（湖南大学）

媒体形式：微信公众号“湖大新传”“青枫新语”“青声遇见”，视频号“红枫光芒”，学院官网。

简介：红枫全媒体工作坊，隶属于湖南大学新闻与传播学院，2018年被列为部校共建经费立项建设项目。截至目前，几大平台的粉丝订阅数达到10000+，累计点击量超30w+，累计发布稿件2000+。红枫全媒体工作坊以专业性为基础，向主流媒体学习“中央厨房”式运作机制，充分整合学院的优势资源，强调从专业实践中了解专业、提升专业。工作坊以针对性为路径，形成了定位常规报道主窗口的学院官网、定位思政教育主抓手的学院官微“湖大新传”、定位深度报道主平台的“青枫新语”、定位理论宣讲主阵地的“青声遇见”、定位创意视频主渠道的“红枫光芒”视频号五位一体的全媒体矩阵，从而满足不同专业同学的实训要求、满足不同受众的接受习惯。

其中，微信公众号“湖大新传”常设“暖新权益”“听我湖说”等栏目，多次与省级媒体合作。“青枫新语”厚植深度报道作品，设有“青枫与大树的对话”“那是青春吐芳华”栏目，在视频时代坚持用文字讲述故事。“青声遇见”侧重用青年之声传递力量，疫情期间推出《青声宣讲防疫特辑》、建党百年之际策划了《青声说党史》《党史上的湖大人》党史宣讲视频特辑。视频号“红枫光芒”注重创新、融合、实践，用青年人喜爱的短视频形式传递主流价值。

参与人员：2022 年参与学生 100 余人，指导老师 5 人。

获奖情况：工作坊荣获湖南大学 2020 年度优秀网络文化工作室。其中湖大新传公众号被评为湖南大学 2020 年度优秀学生工作微信公众号，青声遇见被评为优秀团学新媒体平台。此外，红枫全媒体工作坊先后有 20 余人次在教育部关工委“读懂中国”活动、湖南省网络文化节、红枫大学生记者节、湖南大学新闻奖等活动中获奖。《青声说党史》作为示范微党课在全国高校党史学习教育成果展首页推荐，并通过中国文明网公众号、青年湖南微博、青年湖南视频号、省委组织部红星云网上学习园地等平台同步转发。

华中科技大学评论学社（华中科技大学）

媒体形式：微信公众号《喻论》（yulun0503）。

简介：华中科技大学评论学社（简称“评论学社”）成立于 2012 年，前身是成立于 2001 年的“华中科技大学新闻评论团”。评论学社是以学生为主体，以教师包括业界兼职教师为指导，联合新闻评论见长的校友所组建的、校级新闻评论专业社团。评论学社以“评论时事，引导舆情，研究方法，培育人才”为宗旨，建立了四个活动平台：时事评论会、舆情引导工作坊、文化与生活论坛、新闻评论学术讲座。

参与人员：华中科技大学新闻评论专业和新闻评论见长的师生、媒体评论员校友、兄弟高校部分拥有评论专长的学生。

获奖情况：2013 年，评论学社获得华中科技大学“校园文化十大品牌”；2016 年，获得教育部与光明日报联合举办的“第九届高校校园文化建设优秀成果推选展示”一等奖。2018 年，评论学社的教师团队获得国家教学成果二等奖。2021 年，评论学社配合华中科技大学新闻评论研究中心获得“湖北省十佳基层网评阵地”。在教学上，评论学社与新闻评论研究中心两个机构相互配合，打造了华中科技大学新闻评论特色教育，被业界誉为“新闻评论的黄埔军校”。

新闻世纪网（浙江传媒学院）

媒体形式：微信公众号“浙江传媒学院新闻与传播学院”。

简介：新闻世纪网成立于2004年，并于2014年成立微信公众号，隶属于浙江传媒学院新闻与传播学院，是新闻与传播学院官方严肃校园新闻媒体，以“浙江传媒学院新闻与传播学院”公众号为内容产出的主要平台；另运营学院网站和同名微博，建构“两微一网”新媒体矩阵。新闻世纪网以“专业、价值、尊严”为目标，分为“采编”“视觉传达”“新媒体融合”三个部门。截至2022年6月，粉丝已经达到17491人。2021年，新闻世纪网累计发布稿件839篇，策划并发布寻荐、毕业季、夏寻、东京奥运会、学历鄙视链、教师节、记者节、山西暴雨等专题，获得1390个转赞评，总阅读量突破158.4万次。

参与人员：2022年参与学生140余人，指导老师1人。

获奖情况：2021年荣获全国百强新闻专题奖、红枫大学生记者节十佳校园媒体、浙江高校新闻扶持计划新媒体评选原创内容奖。7篇抗疫专题稿件被希腊媒体 *literature* 转载。此外，新闻世纪网先后有多人次在中国高校新闻扶持计划、传媒梦工坊、浙江省大学生新闻奖等活动中获奖。

浙大传媒星空（浙江大学）

媒体形式：微信公众号“浙大传媒星空”。

简介：“浙大传媒星空”创立于2014年，是浙江大学传媒与国际文化学院全媒体实践平台，以“无数的人们，都和我有关”为口号。平台从诞生之日起，就以全媒体形态出现。目前设置的主要栏目为“话题/聚焦”“热点”“镜头”，作品形式包括文字报道、摄影摄像作品、数据新闻等。注重结合校园、社会热点产出原创作品，尤其鼓励成员以各种形式产出深度报道。数据新闻“数说”作品曾被浙江大学团委微信公众号和浙江日报集团“浙江24小时”App转载，圆桌会谈作品关注师生公共利益，引发浙大师生的关注与广泛讨论。

参与人员：2021年参与学生29人，指导老师1人。

获奖情况：2020年获第二届大学生校园媒体大赛优秀校媒入围奖、成员报道《聚焦丨内地藏生：我们特别，但不特殊》荣获优秀作品奖。2019年获得红枫记者节十佳校媒提名。2018—2019年获评浙江大学“浙报-阿里极客计划”优秀项目。

“郑家小主”（郑州大学）

媒体形式：微信公众号“郑家小主”。

简介：“郑家小主”微信公众号创建于 2014 年 4 月，由郑州大学新闻与传播学院团委学生会“青年传媒中心”运营，开办至今已发布推文 1175 篇，致力于为新闻传播学类学子搭建专业实践的平台。常设栏目有：人物专访类栏目“走近 TA”，报道校园优秀学子，树立青年榜样，发挥榜样力量的引领作用；时事评论类栏目“侃侃看”，利用课堂所学知识和理论，针对当下新闻传播热点现象发表观点、点评时事，为校园学子解读新闻事件提供专业视角；交流分享类栏目“夜阑卧听”，征集学子的作品与故事，以全媒体形式发布，为学生提供内容分享和话题交流的互动平台；生活服务类栏目“弄潮儿”，普及穿搭、美妆、潮流等时尚知识，传播时尚资讯，解读时尚现象；自我展示类栏目“小主奇遇记”，以视频形式、学生为第一视角记录新传学子的真实生活。

针对每年寒暑假大学生“三下乡”社会实践活动，“郑家小主”还开设“实践札记”专栏，刊发新闻传播学类学子的社会实践成果；积极探索开设“青年说”“悦书谈”等栏目，宣传学生自办的“读书会”活动，传播学子的青春风采。

参与人员：新闻传播学类本科生 50 余人，指导教师 2 人。

获奖情况：“郑家小主”公众号关注总人数 3600 余人，曾获郑州大学校园媒体大赛多项奖励。所刊发的人物专访曾获郑州大学第三届网络作品大赛二等奖；多篇新闻评论稿在红网全国大学生“评论之星”选拔赛中获奖。

2021 年，全国主要的一些校园媒体奖项也继续举办了评选，其基本情况简介如下：

中国日报大学新闻奖（China Daily Campus News Awards）（2021）

由中国日报香港版在 2012 年创办，最初名称为“校园学报新闻奖”，2020 年名称改为“大学新闻奖”，每年评选一次，旨在鼓励高校学子积极参与校园新闻报道、锻炼新闻写作能力以及多媒体制作、运用能力，成为唯一面向全国各地新闻学子的交流互动平台。该奖自设立以来，前七届都在香港举办颁奖典礼，2019 年第八届颁奖典礼在深圳举办，2020 年受疫情影响，颁奖典礼于线上举办。

2021 年 12 月 9 日，“大学新闻奖 10 周年志庆暨 2021 大学新闻奖颁奖典礼”在香港举行，香港特别行政区政务司司长李家超主礼并致辞，香港特别行政区行政长官林郑月娥特别为颁奖活动预录视频贺词。此届评选共有 54 所高校参赛，包括清华大学、南京大学、武汉大学、华南理工大学、香港中文大学、香港浸会大学、澳门大学、台湾辅仁大学和台湾世新大学等，共收到 770 份中英文参赛作品。74 位来自全国各地及亚洲其他地区的政商学及传媒界精英人士担任评委，分设“最佳校园新闻报道”“最佳新闻写作”“最佳新闻特写”“最佳新闻摄影图片”等中英文组共 24 个奖项，最终评选出 76 份获奖作品。

第八届红枫大学生记者节（2021）

红枫大学生记者节创办于 2014 年，由湖南大学新闻传播与影视艺术学院承办，在中华全国新闻工作者协会的指导下，由湖南大学与湖南省新闻工作者协会、湖南日报报业集团、湖南广播电视台、红网等机构合作共同主办。

第八届红枫大学生记者节于 2021 年 8 月 17 日发起参赛通知，大赛主题为“建党百年，薪火相传”，分为新闻作品大赛（图文类、音视频类、融合报道类）、十佳校园媒体评选、十佳校园记者评选。2022 年 2 月 10 日，第八届红枫大学生记者节揭晓获奖名单，61 篇作品在新闻作品大赛获奖，清华大学清新时报、南开大学团委等十家校媒荣获十佳校园媒体，来自武汉大学、清华大学等高校的 10 位大学生记者荣获十佳校园记者。此次颁奖典礼未在线下举办，奖杯、获奖证书及纪念品以邮寄方式送达获奖组织及个人。

第八届全国大学生评论大赛（2021）

第八届全国大学生评论大赛由中央网信办网络传播局指导，湖北省委网信办、共青团湖北省委主办，荆楚网（湖北日报网）承办，全国 30 余家重点新闻网站协办。此届大赛以“青春中国 Young”为主题，旨在引领广大青年牢记“青年兴则国家兴，青年强则国家强”的使命，在庆祝中国共产党百年华诞之际展现中国青年之青春风采。此外，大赛首次采取导师制，由专家组建“帮帮团”，全方位帮助大学生展现青春“言值”。

大赛自 2021 年 5 月 28 日启动，全国 380 余所高校重点参与，共收到 1856 篇来稿。经过初赛作品征集并由大赛组委会评定，20 位选手晋级总决赛。2022 年 4 月 24 日，进入总决赛的 20 名选手在线上进行激烈比拼，现场评选出冠军 1 名、二等奖 3 名、三等奖 6 名、优秀奖 10 名。

第六届中国数据新闻大赛（2021）

2021 年 11 月 6 日，由西安交通大学和中央民族大学主办的第六届中国数据新闻大赛以线上会议的形式举办。此次大赛同时面向学界和业界，要求作品用可视化的方式呈现数据新闻，共吸引了上百所高校、数十家媒体机构，共 900 多支队伍、4500 余人报名参赛。此次大赛共收到 861 件作品，复赛 356 件作品，100 件作品进入决赛，最终决出

10个一等奖、20个二等奖、30个三等奖和优秀奖以及最佳数据驱动奖、最佳可视化奖、最具传播力奖等。

主办方还同时举行了第六届中国数据新闻大赛暨数据驱动下的新闻传播学创新论坛。

第九届大学生新媒体创意大赛（2021）

此届大赛由中国编辑学会、韬奋基金会、中国报业协会、中国新闻技术工作者联合会、半月谈新媒体中心、北京中青在线网络信息技术有限公司和北京北大方正电子有限公司联合主办。大赛分设“弘扬优良传统 感悟优秀文化” “体育强国 健康中国” “H5·动新闻”“H5模板”四个主题和一等奖、二等奖、三等奖以及优秀作品奖、最具人气奖、优秀组织奖等七大奖项。

此届大赛自开赛以来累计收到122所高校的1296余部作品。经过多轮专家评审，获奖名单于2022年3月公布，来自80所高校、由289位学子及114位指导教师参与完成的120部作品获奖。

第十届铁塔记者节（2021）

铁塔记者节由河南大学和河南日报报业集团主办，是全国范围内具有影响力的大学生记者节之一，旨在鼓励全国大学生创作优秀新闻作品，迸发时代新声。

此次新闻采写大赛的主题是“风雨百年路，扬帆再起航”，比赛设有文字类、视听类、新媒体类三大类，共收到来自南京大学、武汉大学、兰州大学、中国传媒大学、郑州大学等全国上百所高校新闻学子的投稿作品共计1138件，最终评选出消息类、评论类、通讯类、非虚构类、视频类、音频类、新媒体类、图片类8类奖项共102件获奖作品，十所大学荣获最佳组织奖。

全国大学生经济新闻作品大赛（2021）

由中国经济传媒协会、中国新闻史学会应用新闻传播学研究委员会和北京工商大学联合主办的第七届全国大学生经济新闻作品大赛颁奖会于2021年11月20日在北京召开。受新冠肺炎疫情影响，此次颁奖采用线上、线下相结合的方式，同时举办第九届全国经济新闻改革与发展研讨会。

此次大赛由来自中国经济传媒协会、中央广播电视总台、中国银行保险报、经济观察报等多位专家组成评委会，对来自全国高校的400余篇参赛作品进行评选，最终评选出新闻报道一等奖4名，二等奖9名，三等奖14名；评论一等奖1名，二等奖1名，三等奖 1 名。中南财经政法大学、南京大学、中山大学、郑州大学、湖南大学、江西财经大学、安徽财经大学、南京财经大学及北京工商大学等 16 所高校获得了大赛组织奖。

第十一届“视友杯”中国高校电视奖（2021）

中国高校电视奖评从 2010 年启动，由中国教育电视协会高校电视专业委员会主办，每年举办一次。“2021 高校影视作品交流展映”活动于 2021 年 6 月启动，共收到来自 100 所高校报送的 1008 部影视作品，其中包括新闻类 176 部、专题类 159 部、纪录片类 116 部、教学类 69 部、学校形象宣传片类 114 部、短视频类 259 部、综艺类 115 部。本次高校电视奖共设新闻类、专题类、纪录片类、教学类、学校形象宣传片类、短视频类、综艺类 7 个评选类别，从 1008 部作品中择优而奖。2021 年 7 月 20 日，第十一届视友杯中国高校电视奖结果在青岛揭晓。

（华中科技大学　周婷婷、张莹）

5. 人才培养篇

5.1 新闻传播学类一流本科专业建设（2019—2021）

为推动新工科、新医科、新农科、新文科建设，做强一流本科、建设一流专业、培养一流人才，全面振兴本科教育，提高人才培养能力，实现高等教育内涵式发展，教育部决定全面实施“六卓越一拔尖”计划 2.0，并于 2019 年 4 月启动一流本科专业建设“双万计划”。①“双万计划”的建设目标是在 2019—2021 年，建设 10000 个左右国家级一流本科专业点和 10000 个左右省级一流本科专业点。建设原则为，面向各类高校，在不同类型的普通本科高校建设一流本科专业，鼓励分类发展、特色发展；面向全部专业，覆盖全部 92 个本科专业类，分年度开展一流本科专业点建设；突出示范领跑，建设示范性本科专业，引领带动高校优化专业结构、促进专业建设质量提升，推动形成高水平人才培养体系；分“赛道”建设，中央部门所属高校、地方高校名额分列，向地方高校倾斜，鼓励支持高校在服务国家和区域经济社会发展中建设一流本科专业；“两步走”实施，报送的专业第一步被确定为国家级一流本科专业建设点，教育部组织开展专业认证，通过后再确定为国家级一流本科专业。

2022 年 6 月，教育部办公厅印发《关于公布 2021 年度国家级和省级一流本科专业建设点名单的通知》。至此，一流本科专业建设点“双万计划”迎来收官之日。三年来，教育部共确定新闻传播学类一流本科专业建设点 312 个，其中国家级一流本科专业建设点 208 个，86 个来自中央赛道，122 个来自地方赛道；省级一流本科专业建设点

---

① 教育部办公厅．教育部办公厅关于实施一流本科专业建设“双万计划”的通知［EB/OL］．［2019-04-04］．http：//www.moe.gov.cn/srcsite/A08/s7056/201904/t20190409_377216.html.

104 个，17 个来自中央赛道，87 个来自地方赛道。①

基于 2019 年和 2020 年新闻传播学类一流本科专业建设报告，结合 2021 年“双万计划”专业建设点认定情况，本节从不同赛道、不同省份、不同专业对三年新闻传播学类一流本科专业的“双万计划”建设点进行比较分析，力图多维度、多层面呈现新闻传播学类一流本科专业建设点的分布特征，洞察我国新闻传播学类专业结构优化规律，进而引导和促进我国新闻传播学类专业内涵建设和高质量发展。②

5.1.1 不同赛道的比较分析

“双万计划”一流本科专业建设点采取分赛道评选的方式，中央赛道与地方赛道名额分列，分别由中央部门所属高校与地方高校组成。从国家级和省级两个层面，新闻传播学类专业一流本科专业建设点不同赛道认定情况如图 5-1 所示。

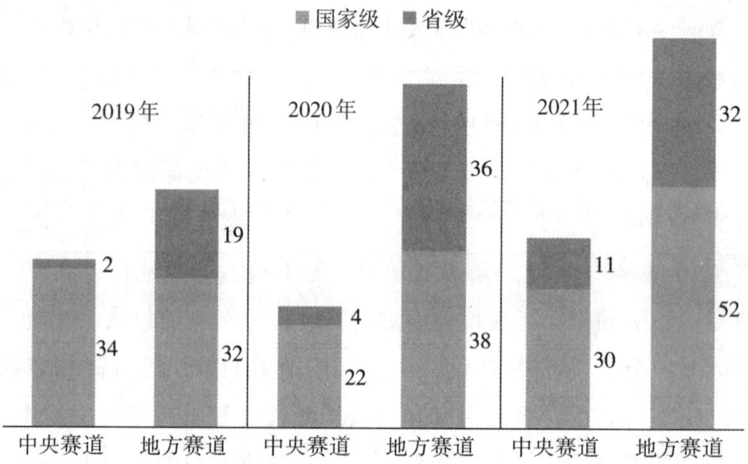

图 5-1　新闻传播学类专业一流本科专业建设点不同赛道的比较

从总体规模来看，全国新闻传播学类专业地方赛道入选“双万计划”的数量远高于中央赛道。其中，中央赛道入选共计 103 个，占比 33%，而地方赛道入选共计 209

① 数据主要来源于相关高校官方网站、官方微信平台以及一些地方政府与其他新闻媒体发布的消息，还有极个别数据经访谈相关专业负责人采集获得。

② 王文锋，孟令坤．示范与引领：2019 年新闻传播学类一流本科专业建设报告［J］．教育传媒研究，2020（6）：33-37；王文锋，孟令坤．适度调整与均衡：2020 年新闻传播学类一流本科专业建设报告［J］．教育传媒研究，2021（5）：29-34.

个，占比67%，约为中央赛道的2倍，充分彰显了“双万计划”向地方高校倾斜的政策目标。

从不同赛道的入选层级来看，中央部门所属高校与地方高校的入选存在显著的结构性差异。首先，从赛道来看，三年来中央赛道的高校均以国家级一流本科专业建设点为主，共入选86个，占中央赛道的84.3%；而地方赛道的高校国家级与省级建设点比重相对均衡，分别占地方赛道的58.4%和41.6%。这说明中央赛道入选的建设点绝大部分是国家级的，而地方赛道入选的建设点虽然国家级的还是大多数，但省级入选的比重相对中央赛道而言明显增加。其次，从入选层级来看，省级层面主要是以地方高校入选的为主，占比83.7%，而国家级层面地方高校入选的比重与中央部门所属高校的相差不大，分别为58.7%和41.3%。这说明尽管地方高校入选的国家级数量依然高于中央部门所属高校，但所占的比重相对省级而言显著减小。

从三年入选的趋势来看，地方赛道入选建设点数量总体呈明显递增趋势，特别是省级的入选数量在第二年有显著的增加，增幅达到89.5%，只是第三年反而略有减少，其中原因可能是入选省级的若入选国家级则按国家级公布，空缺名额延至下一年统筹使用的政策缘故。中央赛道入选建设点数量总体三年起伏不大，但省级与国家级呈现差异明显的趋势变化。中央赛道的省级入选数量是逐年增加，特别是第三年环比增加近三倍的入选数量，而国家级入选数量在波动起伏中呈递减趋势。可见，“双万计划”始终保持向地方高校倾斜的政策导向，且倾斜力度逐渐增大。

5.1.2 不同省份的比较分析

“双万计划”实施三年来，新闻传播学类一流本科专业建设点的省份分布呈现不均衡状态，如图5-2所示。全国31个省市区（港澳台除外，下同）平均入选10.1个国家级或省级一流本科专业建设点。其中北京、湖北、广东、湖南、上海、浙江、江苏、四川等省市常年位居前列，其 $CR_8$①值为57.7%，表现出一定的集中寡占性，特别是北京、湖北基本代表全国新闻传播学类专业建设的头部省份。

由图5-2可知，新闻传播学类专业建设与所在省份传媒行业乃至区域经济社会的发展呈较强的正相关。无论以北京为核心的京津冀地区，还是以上海、江苏、浙江为核心的长三角地区和以广东为核心的珠三角地区，以及由湖南、湖北为代表的中部地区，都是当前中国新闻传播行业和区域经济社会发展迅猛的区域。而入选建设点数量较少的宁

① CR8表示排名前8个省份的新闻传播学类一流本科专业建设点（包括省级与国家级）占全国建设点总数的比重。

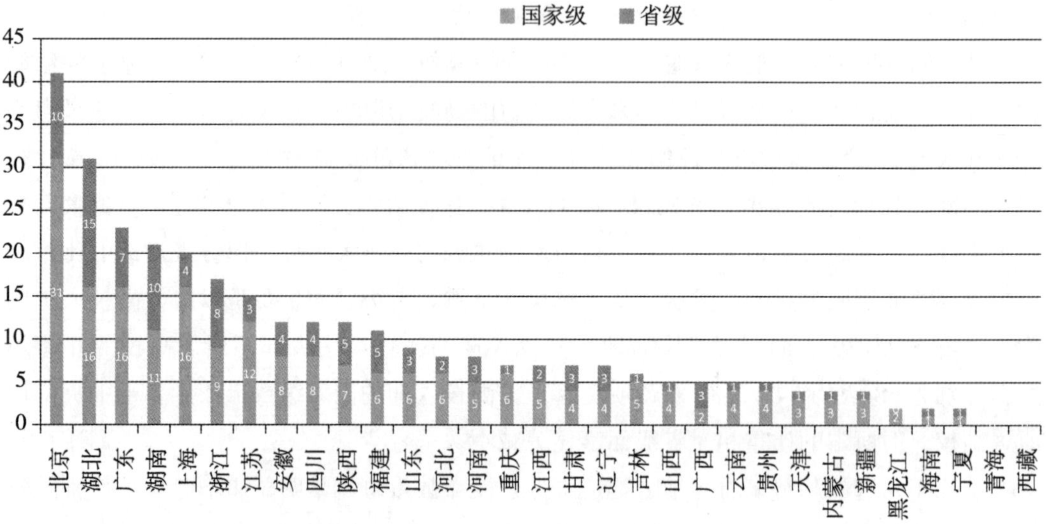

图 5-2　新闻传播学类一流本科专业建设点的省份比较

夏、青海和西藏等省份，地处偏远，经济社会发展比较落后，新闻传播业也不很发达。

从国家级一流本科专业建设点分布来看，2019 年首批遴选，山西、福建、海南、宁夏、青海、贵州、西藏 7 个省份没有一所高校入选国家级建设点，2020 年这样的省份减少至 5 个，2021 年进一步减少至 2 个。可见，随着“双万计划”的逐年推行，最后一年国家级一流本科专业建设点的遴选更多统筹考虑，向新闻传播学类专业教育不较发达的省份倾斜，当然另一方面也说明这些省份的新闻传播学类专业建设水平不断提升。此外，在国家级一流本科专业建设点入选的 29 个省份中，平均每省 7. 2 个入选，其中高于平均建设点数的只有 9 个省份，表明新闻传播学类国家一流本科专业建设点的分布总体不均衡，特别是北京呈现明显的一极，是平均数的 4. 3 倍，是最少省份的 31 倍。这种分布基本与我国高等教育优质资源的总体分布相呼应。

从省级一流本科专业建设点分布来看，有黑龙江、青海、西藏三个省份没有高校入选省级一流本科专业建设点，而在入选的 28 个省份中，平均每省入选 3. 7 个，几乎只有国家级的一半。相对于国家一流本科专业建设点而言，各省份省级建设点数量普遍较少，这可能与相当部分高校先期是省级一流，后期又升级为国家级而空缺了省级名额有关，说明我国诸多高校新闻传播学类专业建设的持续高质量发展。在入选的 28 个省份中，高于平均建设点数的有 9 个，说明省级层面新闻传播学类一流本科专业建设点的分布总体相对较均衡，这种相对性大体是与所在区域新闻传播行业的发展程度相关。

5.1.3 不同专业的比较分析

根据《普通高等学校本科专业目录（2020 年版）》，新闻传播学类包含 10 个专业，分别是新闻学、广播电视学、广告学、传播学、编辑出版学、网络与新媒体、数字出版、时尚传播、国际新闻与传播、会展。其中最后三个专业是近几年在《普通高等学校本科目录（2012 年）》基础上批准增设的目录外新专业。“双万计划”实施三年来，新闻传播学类一流本科专业建设点不同专业的数量比较如图 5-3 所示，不同专业的层次比较如图 5-4 所示。

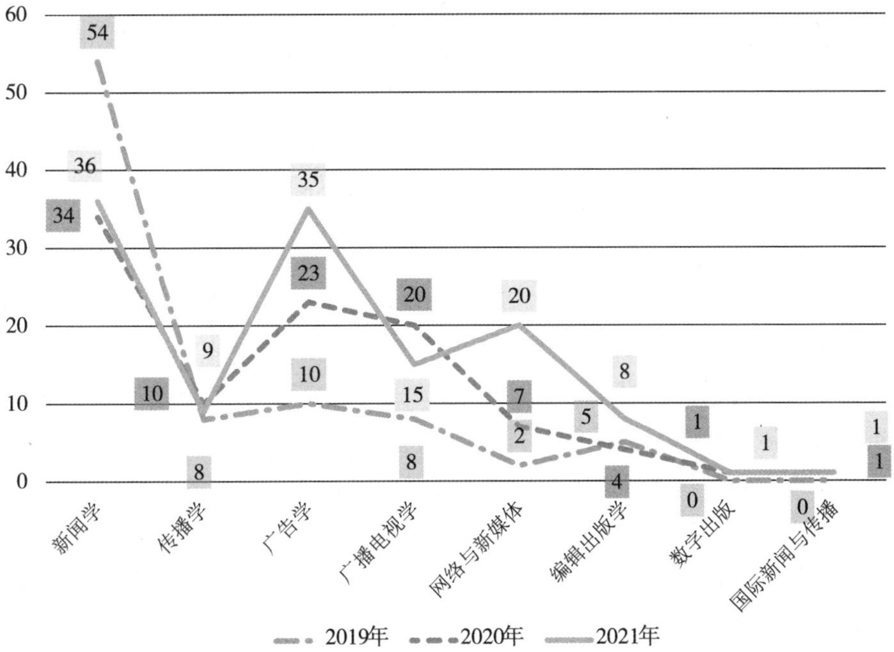

图 5-3　新闻传播学类一流本科专业建设点不同专业的数量比较

在入选数量和覆盖面方面，“双万计划”实施三年来，新闻传播学类专业共计入选 312 个国家级和省级一流本科专业建设点，覆盖新闻学、传播学、广告学等 8 个专业，只有新增设专业时尚传播与会展两个专业没有入选，覆盖率达 80%。入选的 8 个专业中，新闻学始终位居榜首，共计入选 124 个一流本科专业建设点，占总量的 40%，约是位列其后的广告学专业的 1.8 倍，且 2019 年数量最多，与其他专业的差距最大，约占当年建设点总量的 62%。2019 年以后，一流本科专业建设点选取开始向其他专业倾斜，

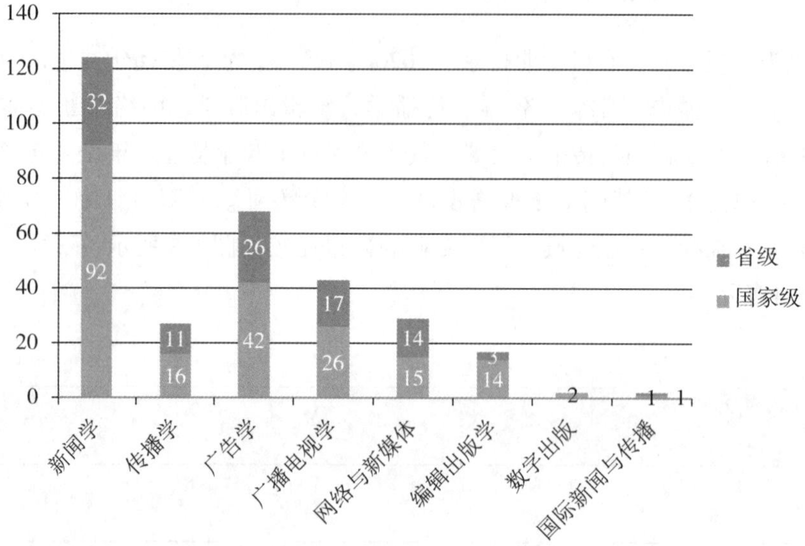

图 5-4　新闻传播学类一流本科专业建设点不同专业的层次比较

尤其是广告学、广播电视学和网络与新媒体专业，数量占比有明显增长。特别是，2020 年开始入选第一个数字出版专业建设点和第一个国际新闻与传播专业建设点。而这些专业，一方面适应当前我国新媒体产业的飞速发展，另一方面也与我国加强对外话语体系建构和国际传播需求相匹配。

在入选层次方面，除国际新闻与传播专业外，其他 7 个专业的国家级建设点数量均高于省级建设点数量。其中，新闻学专业共计入选 92 个国家级建设点，不仅是所有专业入选国家级建设点最多的专业，接近位居第二数量广告专业（国家级建设点 42 个）的 2 倍，而且几乎是新闻学专业自身省级建设点数量的 3 倍。这说明在新闻传播学类专业中起步相对最为久远的新闻学专业，不仅在许多高校开设，而且是作为高水平高层级的重点建设。同样作为传统专业，编辑出版学入选国家级建设点的数量虽然是其自身省级建设点的 4 倍之多，但与其他专业相比相对较少，仅多于新设专业数字出版和国际新闻与传播专业的入选数量，这一定程度说明编辑出版学与新闻学不同，更多地偏向小而精的专业建设模式。另外，2019 年网络与新媒体专业没有入选国家级建设点，而时至 2021 年，该专业已拥有 15 个国家级建设点。这说明随着互联网技术和新媒体行业的发展，网络与新媒体专业顺势而为，发展势头很好，明显强于同年新增设的数字出版专业（只有 2 个国家级建设点），也许是后者就业面向相对垂直导致开设高校不如前者广泛。

5.1.4 不同赛道与省份的交叉比较

“双万计划”实施三年来，有 29 省高校入选新闻传播学类专业一流本科专业建设点。不同赛道与不同省份新闻传播学类一流本科专业建设点的交叉比较，如图 5-5 和图 5-6 所示。

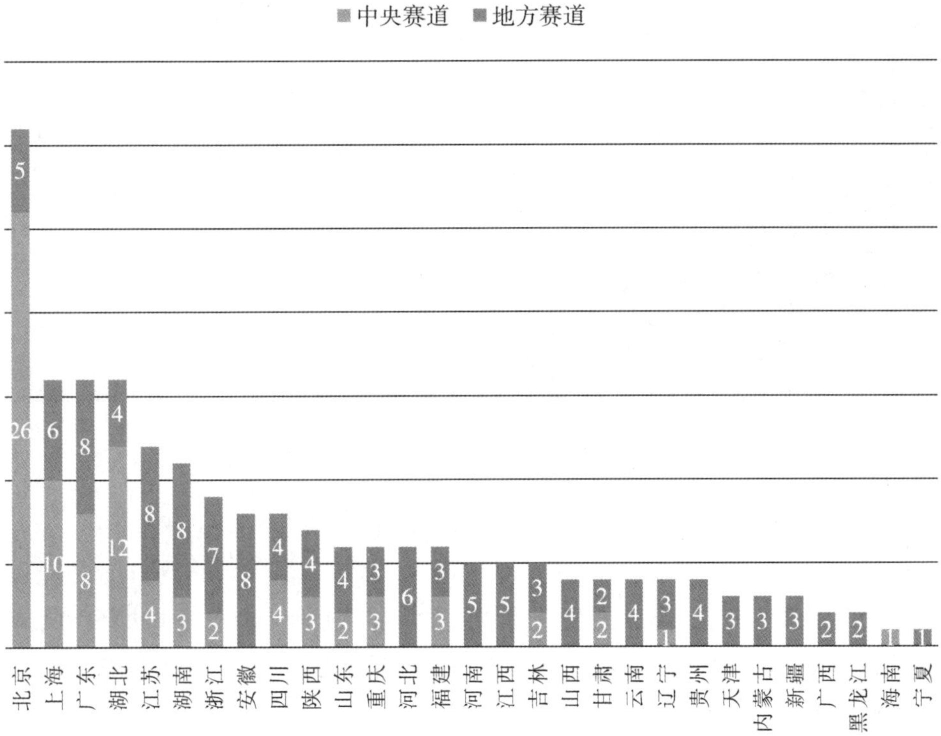

图 5-5 新闻传播学类一流本科专业建设点不同赛道与省份的交叉比较（国家级）

从国家级层面来看，首先，共计 16 个省市区有中央部门所属高校入选国家级新闻传播学类专业一流本科专业建设点。就省份分布而言，北京、上海、广东和湖北四省市，中央部门所属高校入选数量远高于其他省份，合计入选 56 个，占比 65. 1%。除此以外，中央赛道建设点在其他各省份的分布状况基本相差不大，为 1～4 个。北京作为全国中央部门所属高校最为集中的省级行政区，自然集聚了最多的国家一流本科专业建设点，遥遥领先位列第二且同样高校云集的上海。而且，北京、上海等地区还拥有多所央部门所属高校入选 2 个及以上国家一流本科专业建设点，如北京地区的中国传媒大学和中国人民大学，分别拥有 6 个和 5 个国家一流本科专业建设点；上海地区的复旦大学

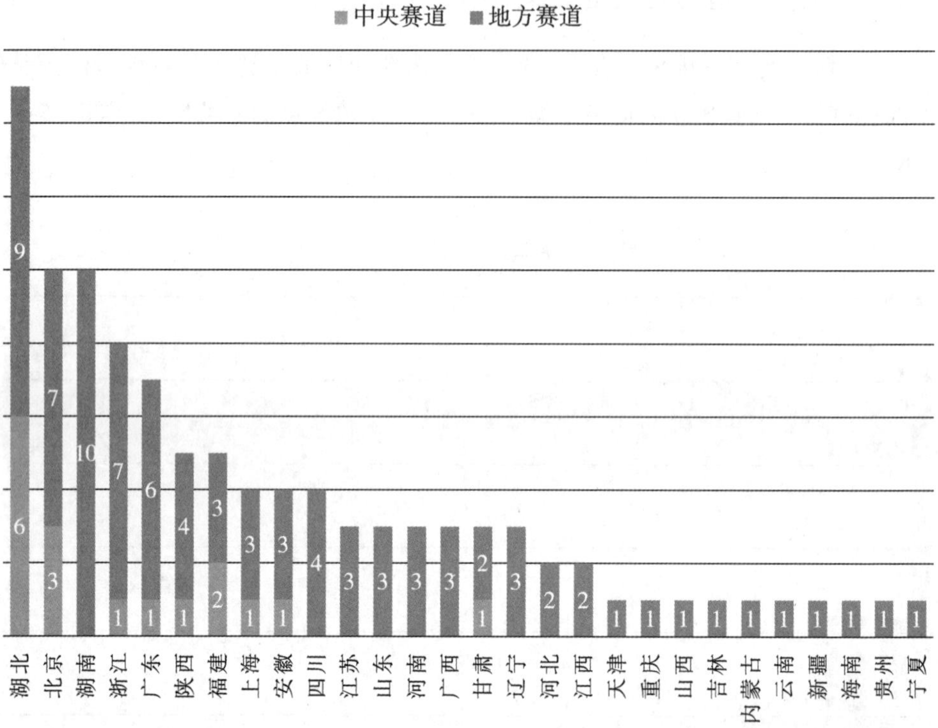

图 5-6　新闻传播学类一流本科专业建设点不同赛道与省份的交叉比较（省级）

也拥有 4 个国家级建设点。还需要提及的是，在北京、上海、广东等中央部门所属高校较多，且新闻传播教育水平比较发达的省份，仍有部分地方高校冲出重围拿到国家级一流本科专业建设点，实属不易，如北京印刷学院、上海大学、湖北大学等。

其次，共计 28 个省市区有地方高校入选国家级建设点。相较于中央赛道，地方赛道不仅入选数量规模更大，且省域分布范围更广，也更为均衡，除海南外，入选国家级一流本科专业建设点的省份，皆有地方高校入选。特别是，由于中央部门所属高校比较稀缺，安徽、河北、河南、江西、山西、云南、贵州、天津、内蒙古、广西、新疆和黑龙江、宁夏 13 个省份，仅有地方高校入选国家级建设点，且部分省份数量还不少，说明这些省份的地方高校的新闻传播学类专业建设具有较好的办学基础。国家一流本科专业建设点的入选将进一步提升这些地区的新闻传播学类专业水平，进而促进我国新闻传播教育的均衡发展。

从省级层面来看，全国共有 28 个省份入选省级新闻传播类一流本科专业建设点，仅有西藏和青海两省没有入选。就省域分布而言，湖北超越北京，以 15 个建设点位居榜首，湖南和浙江、广东三省仍然占据数量优势。就不同赛道而言，入选省级建设点的地方高校数量明显高于中央部门所属高校。此外，28 个省份入选的建设点中，湖南、四川等 20 个省份入选的省级建设点全部是地方高校的，中央部门所属高校没有一所。

5.1.5 不同赛道与专业类别的交叉比较

不同赛道与不同专业的新闻传播学类一流本科专业建设点的交叉比较，见表 5-1。

表 5-1　　新闻传播学类一流本科专业建设点不同赛道与专业的交叉比较

专业	中央赛道		地方赛道		合计
	国家级	省级	国家级	省级	
新闻学	35	3	57	29	124
传播学	12	4	4	7	27
广告学	14	2	28	24	68
广播电视学	11	5	15	12	43
网络与新媒体	7	2	8	12	29
编辑出版学	5		9	3	17
数字出版	1		1		2
国际新闻与传播	1	1			2
合计	86	17	122	87	312

从入选专业在不同赛道的分布来看，除国际新闻与传播专业完全是中央赛道高校以外，其他 7 个专业在不同赛道均有分布。但新闻学、广告学、广播电视学、网络与新媒体以及编辑出版学 5 个专业的地方赛道高校入选数量都高于中央赛道，而传播学、数字出版、国际新闻与传播 3 个专业则是中央赛道高于地方赛道。可能的解释是，一方面新闻学、广告学、广播电视学、网络与新媒体以及编辑出版学等专业相对更偏向实践应用，地方赛道高校相比中央赛道更“接地气”，更注重专业应用。另一方面，传播学因其专业理论性相对较强，不面向具体的职业岗位，还有国际新闻与传播作为 2020 年新增设的新兴专业，开设时间较短，所以这些专业入选的更多的是具有优势学科基础和办学积淀的中央部门所属高校。

从赛道在不同专业的分布来看，中央部门所属高校覆盖了所有参选专业，而地方高校没有一所入选国际新闻与传播一流本科专业，其他入选的也主要集中在新闻学、广告学、广播电视学以及网络与新媒体专业。无论是中央赛道还是地方赛道，入选专业主要还是偏向传统的建设基础较好的新闻学、广告学、广播电视学专业，而传统专业传播学、编辑出版学相对较少，可能是缘于要么专业偏理论性，要么专业覆盖面基数较少。在新兴专业中，随着互联网技术的发展，对网络与新媒体人才的需求与日俱增，网络与新媒体专业发展迅猛，也是新兴专业中入选高校最多的。

5.1.6 不同省份与专业类别的交叉比较

5.1.6.1 国家级一流本科专业建设点不同省份与专业类别的交叉比较

国家级新闻传播学类一流本科专业建设点不同省份与专业类别的交叉比较见表5-2。

表5-2 新闻传播学类一流本科专业建设点不同省份与专业类别的交叉比较（国家级）

	新闻学	传播学	广告学	广播电视学	网络与新媒体	编辑出版学	数字出版	国际新闻与传播	合计
北京	12	5	4	3	3	2	1	1	31
上海	6	2	3	2	1	2			16
广东	5	3	3	2	3				16
湖南	3		4		2	1	1		11
安徽	3		3	1		1			8
江苏	4		4	1	2	1			12
天津	2		1						3
山东	5			1					6
浙江	2	2	1	2	1	1			9
四川	4	1	1	1	1				8
重庆	4			2					6
湖北	9	2	2	2		1			16
河北	3		2			1			6
河南	1		2	1		1			5
江西	2		2	1					5
陕西	5				1	1			7
山西	1		2	1					4

续表

	新闻学	传播学	广告学	广播电视学	网络与新媒体	编辑出版学	数字出版	国际新闻与传播	合计
广西	1		1						2
福建	1		2	2	1				6
甘肃	4								4
黑龙江	1	1							2
吉林	3		1			1			5
内蒙古	2					1			3
云南	2		1	1					4
新疆	2		1						3
海南	1								1
辽宁	1		2	1					4
贵州	2			2					4
宁夏	1								1
合计	92	16	42	26	15	14	2	1	208

由表 5-2 可以发现，从入选专业的省域分布来看，新闻学专业是国家一流本科专业建设点省域分布最广的专业，遍布 29 个省份，但北京、湖北、上海等高等教育资源丰富的省份所占比例明显偏高，这说明新闻学专业一方面几乎是所有建设新闻传播学类专业的省份的高校重点发展的专业，另一方面说明新闻学专业在各省市区的发展很不均衡。还有，广告学、广播电视学专业的省域分布也比较广，涉及 17～20 个省市区，而且在各省市区分布也比较均衡，一般在 1～4 个。网络与新媒体和编辑出版学专业省域分布则比较窄，只涉及不到一半的省份，而且各省份入选也一般在 1～3 个。传播学专业分布更窄，不到入选省份的 1/4，主要集中在北京，占入选总数的近 1/3。新兴专业数字出版，特别是国际新闻与传播专业只是个别省份入选，且基本集中在北京。

从入选省份的专业分布来看，北京是唯一覆盖专业类别最齐全的省份，包含所有参选的专业类别。其次是上海和浙江，只有新兴专业数字出版和国际新闻与传播专业没有入选，其余全部入选。再次是广东、湖北、湖南、江苏、四川省份入选 5 个，覆盖了大部分参选专业类别。从省份入选专业总量规模来看，北京一骑绝尘，是位列其后的上海、广东和湖北的近两倍。可见，北京是全国新闻传播教育的中心，还有上海、广东、湖北等高等教育强省的新闻传播学类专业门类建设也比较齐全，具有一定规模，且发展水平较高。相对而言，其他省份入选专业类别比较单一，依据各自办学定位与历史积淀，各有偏重。

5.1.6.2 省级一流本科专业建设点不同省份与专业类别的交叉比较

省级新闻传播学类一流本科专业建设点不同省份与专业类别的交叉比较见表 5-3。

表 5-3 新闻传播学类一流本科专业建设点不同省份与专业类别的交叉比较（省级）

	新闻学	传播学	广告学	广播电视学	网络与新媒体	编辑出版学	数字出版	国际新闻与传播	合计
北京	2	4	2		2			10	
上海	2		1	1				4	
广东	4	1	1	1				7	
湖南	5		3		2			10	
安徽	1	1		1	1			4	
江苏	1		1		1			3	
天津	1							1	
山东		1	1			1		3	
浙江	2		3	1	1		1	8	
四川			1	2		1		4	
重庆		1						1	
湖北	2		6	5	2			15	
河北				1	1			2	
河南	1		1	1				3	
江西	1			1				2	
陕西	3		1			1		5	
山西					1			1	
广西	1			1	1			3	
福建		2	2	1				5	
甘肃	3							3	
吉林			1					1	

续表

	新闻学	传播学	广告学	广播电视学	网络与新媒体	编辑出版学	数字出版	国际新闻与传播	合计
内蒙古	1							1	
云南					1			1	
新疆				1				1	
海南		1						1	
辽宁	2		1					3	
贵州			1					1	
宁夏					1			1	
合计	32	11	26	17	14	3	1	104	

从入选专业的省份分布来看，省级一流本科专业建设点新闻学依然是分布省域最广的专业，覆盖 16 个省份，覆盖面达 55. 2%，而且在各省份的分布相对国家级比较均衡，一般在 1~5 个。其次是广告学、广播电视学和网络与新媒体，覆盖面分别有 51. 7%、41. 4%和 37. 9%。覆盖面相对较少的是编辑出版学、国际新闻与传播，只涉及 1~3 个省份。编辑出版学专业入选很少，可能是专业本身发展特别是专业面临的就业压力所致，而国际新闻与传播专业是 2020 年以后新增设的专业，建设时间短、办学积淀少，再加上专业偏重国际传播人才培养的特殊性，省域高校的分布针对性很强。

从入选省份的专业分布来看，各省份大多集中在新闻学、广告学、广播电视学和网络与新媒体 4 个专业。前面 3 个专业是传统专业，行业属性也很明显，而网络与新媒体专业则顺应了新媒体发展浪潮，许多省份高校纷纷顺势而为，加大了新媒体传播人才的培养力度。

5. 1. 7 结论与发现

从不同赛道的总体规模来看，全国新闻传播学类专业地方赛道入选“双万计划”的数量远高于中央赛道，但就入选层级而言，中央部门所属高校与地方高校的入选存在显著的结构性差异。一方面，中央赛道的国家级一流本科专业建设点占绝对主体，而地方赛道的国家级虽然总量上还是多数，但所占比重显著降低。另一方面，省级一流本科专业建设点主要以地方高校为主，而国家级层面地方高校与中央部门所属高校的入选数量相差不大，但如果考虑地方高校基数远高于中央部门所属高校，可以说在国家一流本科专业建设点的入选上，中央赛道入选的概率远大于地方赛道。

从不同省域的分布来看，新闻传播学类一流本科专业建设点的省域分布总体呈现非均衡状态，但省级建设点的分布相对国家级而言表现出相对均衡性。“双万计划”三年实施中，尽管新闻传播学类专业国家一流本科专业建设点在努力统筹考虑，尽量向新闻传播教育不发达省域进行必要倾斜，但省域分布仍具有明显的集中寡占性，特别是北京呈现突出的一极。省级一流本科专业建设点的省域分布总体相对较均衡，而且与所在省域传媒行业乃至区域经济社会的发展呈较强的正相关。

从不同专业的入选来看，“双万计划”覆盖了绝大部分新闻传播学类专业类别，但无论入选数量还是高层次发展都更多集中在传统专业类别，而且表现出新闻学专业的一枝独秀。除了2020年新增设的两个专业（时尚传播与会展），新闻传播学类一流本科专业建设点覆盖其余所有专业类别，但主要集中在新闻学（占总量的40%）、广告学、广播电视学等历史积淀久远的传统专业。同时，新兴专业网络与新媒体、数字出版以及国际新闻与传播入选数量也有显著增长，说明多年来我国新闻传播学类专业建设守正创新，立足国情，不仅及时回应新闻传播行业发展需求，而且积极关照国际传播能力建设等国家重大战略需求，着力培养卓越新闻传播人才。

从不同赛道与省份的交叉分析来看，中央赛道新闻传播类一流本科专业建设点主要以更高层次的国家级为主，省域分布比较集中，而地方赛道主要承担省级层面的建设，省域分布相对比较均衡，基本与当地高等教育发展水平相适应。高等教育资源丰富的北京、上海、广东和湖北四省是中央赛道国家一流本科专业建设点的头部省份，尤其是北京、上海还拥有多所中央部门所属高校入选2个及以上国家一流本科专业建设点。相比中央赛道，地方赛道新闻传播学类国家一流本科专业建设点省域分布范围更宽广、更均衡。省级一流本科专业建设点中地方赛道明显占据优势，特别是湖南、四川等大部分省份全是地方赛道的高校，没有一所是中央赛道的。

从不同赛道与专业类别的交叉分析来看，面向明确职业岗位、偏实践应用的专业（如新闻学、广告学、广播电视学、网络与新媒体、编辑出版学）在地方赛道入选的数量高于中央赛道；反之，不面向明确职业岗位、专业理论相对较强的专业（如传播学）或新设专业（如数字出版、国际新闻与传播）在中央赛道入选的数量高于地方赛道。中央赛道的国家一流本科专业建设点覆盖范围最广，涵盖包括数字出版和国际新闻与传播两个新兴专业在内的8个专业类别，说明拥有雄厚教育资源和优质人才培养基础的中央部门所属高校，在新兴学科专业建设上实现高起点高层次发展更具优势。地方赛道国家一流本科专业建设点的数量最多，但近一半主要集中于新闻学专业。这表明作为最大基数的地方高校中，不乏新闻传播教育水平良好、发展潜力较大的高校，它们契合高层次应用型人才培养的目标定位，已然成为新闻传播学类专业建设的主力军。但是囿于自身资源和发展水平的限制，这些地方高校仍以新闻学、广告学等人才培养模式相对比较成熟的传统学科专业为主，较少发展新型学科专业或发展力度不够。

从不同省份与专业类别的交叉分析来看，不同专业类别的国家一流本科专业建设点省域分布存在结构性非均衡，而省级一流本科专业建设点的省域分布相对均衡。新闻学专业国家一流本科专业建设点省域分布最广，且集中在北京、湖北、上海等省市，而其他专业类别有的省域分布广且较均衡，有的分布则很窄且比较集中，比如北京。另外，无论国家级还是省级，不同省份入选的一流本科专业建设点覆盖的专业类别存在明显的不同。无论覆盖专业类别还是入选专业总量规模，北京都是绝对高居榜首，其次是上海、广东、湖北等省市，专业门类建设比较齐全且发展水平较高，而其他省份则覆盖专业类别比较单一，各有侧重。

5.1.8 讨论与启示

“双万计划”实施的三年，充分揭示了我国新闻传播学类专业建设的结构性非均衡发展趋势。这种结构性非均衡主要表现为三种状态：一是专业间的非均衡；二是高校间的非均衡；三是地区间的非均衡。第一，传统老牌专业与新兴增设专业以及有职业面向与无职业面向的专业之间的非均衡发展。“双万计划”的名额分配方式是，综合考量不同专业数量和办学质量，在不同专业类按比例分配建设点的名额，然后在名额范围内择优。显然，新闻学、广告学、广播电视学等传统老牌专业办学历史久远，积淀相对深厚，入选一流本科专业建设点的更多，而数字出版、国际新闻与传播等新兴增设专业由于办学时间较短，全国布局建设点自然也就较少，但网络与新媒体专业表现不俗，反映该专业近十年新增设以来顺势而为，发展迅速。还有，虽然也是传统老牌专业传播学，但与新闻学、广告学、广播电视学等有明确职业面向的专业相比，因专业理论性更强又无明确职业面向，该专业无论从全国布局还是从发展建设而言，都不及上述传统老牌专业。未来，随着媒介生态的深刻变化，传媒行业的转型与重塑，对人才的需求更加多样化，也许可能缓解或调整这种专业间的结构性非均衡。第二，中央部门所属高校与地方高校的新闻传播学类专业建设存在结构性非均衡发展。一方面，地方高校作为我国高等教育的主力军，数量众多，也是我国新闻传播教育的主体，无论国家级还是省级，其一流本科专业建设点规模总量都要远高于中央部门所属高校；另一方面，从一流本科专业建设点（特别是国家级）相比不同赛道高校总量而言，中央部门所属高校的比值显然远高于地方高校，尤其是在国家级的高层面建设。也就是说，中央部门所属高校与地方高校的新闻传播学类专业建设既存在规模总量的非均衡，也存在高质量发展的非均衡。

"双万计划"始终保持向地方高校倾斜的政策导向，且倾斜力度逐渐增大，正是基于这一现实的战略考量。第三，经济社会发达地区与非发达地区的新闻传播学类专业建设存在非均衡发展。新闻传播学类一流本科专业建设点的省域分布呈现不均衡状态，与所在地区的教育水平、传媒行业乃至区域社会经济发展水平呈正相关。但是国家一流本科专业建设点的入选逐渐向新闻传播教育较不发达的地区倾斜，很大程度上是解决当前我国新闻传播教育不平衡发展矛盾的必要关照。未来，对于经济欠发达地区而言，如何找到合适的新闻传播教育发展路径以缓解地区间不均衡问题，仍是一项严峻挑战。

"双万计划"已降下帷幕，各地各校"几多欢喜几多愁"，入选的当然一定程度具有专业建设的相对优势，但没有入选的也未必建设水平"低人一等"。事实上，一些学校的有关专业建设水平绝对实力很强，但由于地域、高校或专业的统筹平衡而被"平衡"掉，也或许由于新闻传播学类专业在本校内相对处于边缘弱势地位而根本冲不出学校，特别是一些中央部门所属高校的专业更是如此。当然，入选的专业也不是拥有了"铁饭碗"，还需要经过一定的建设及验收才能正式获得一流本科专业的认证。因此，一流本科专业建设点的获批只是建设起点，未来的建设任务任重道远。总之，"双万计划"新闻传播学类一流本科专业建设点的评选体现了我国高等教育改革和发展的参照系逐渐从"国家"转向"世界"，高等教育的重点建设政策由计划性转向竞争性①，给全国新闻传播高校和专业教育提供了宝贵的发展契机，甚至有助于反向推动新闻传播学科的发展，进而优化新闻传播学科人才培养模式，提升人才培养质量，突破当前新闻传播界人才供需不适配的困境。

(湖南理工学院　王文锋、曲芮萱)

5.2　广播电视学本科培养方案

5.2.1　部分高校广播电视学本科培养方案情况

人才培养方案是人才培养的设计蓝图，集中体现了高校的教学思想、教学理念和办学特色。它是学校组织和管理教学的基本依据，也是保证教学质量和人才培养规格的指

① 王建华．关于一流本科专业建设的思考——兼评"双万计划"［J］．重庆高教研究，2019，7(4)：122-128.

导性文件。培养方案的实施关系到高校专业教育的各个层面，为保证人才质量且适应社会发展，培养方案须在实践中不断改进和完善。

2018 年 1 月，教育部发布《普通高等学校本科专业类教学质量国家标准》。由教育部新闻传播学类专业教学指导委员会制定的《新闻传播学类教学质量国家标准》对新闻传播学类专业的培养目标、培养规格、课程体系、师资队伍、教学条件、质量管理与保障等方面都作了明确规定。该国家标准是全国本科新闻传播学类专业教学质量的基本标准，各高校可结合自身的定位和办学特色，对标准中的条目进行细化规定，但不得低于标准相关要求，鼓励有条件的高校高于该标准办学。

该国家标准要求，各高校根据自身特点以及师资情况，结合专业教学目标和任务，应开设 8~10 门专业类必修课程。广播电视学专业应开设广播电视史、广播电视采访、广播电视写作、电视画面编辑、广播电视评论、融合新闻学、非线性编辑、电视节目类型与策划、电视摄像等专业必修课。在专业实训课方面，广播电视学应包括图片摄影创作、电视摄像、电视编辑、广播电视节目策划与创作、融合新闻作品创作等专业实训内容。

据 2017 年的数据，全国 681 所大学开设了 1244 个本科专业点，其中广播电视学专业点达到 234 个。我们选取了中国人民大学（A+）、中国传媒大学（A+）、复旦大学（A）、华中科技大学（A）这四所在教育部第四轮学科评估中新闻传播学科排名靠前的高校进行分析。这四所高校不仅学科排名靠前，广播电视学专业均已入选国家级一流本科专业建设点。通过对这四所高校广播电视学本科方案的梳理与对比，大致可以了解我国广播电视学本科人才培养的水平与方向。

整体来看，中国人民大学、中国传媒大学、复旦大学、华中科技大学这四所高校的广播电视学本科专业不仅达到了“国家标准”提出的上述基本要求，还结合各校的传统与实际形成了广播电视学本科人才培养的各自特色。

5.2.1.1 广播电视学本科培养方案的整体设计

中国人民大学新闻学院的本科生培养方案（2021）隶属于“法政与社会学科大类”，由学校教务处统一汇编。“法政与社会学科大类”有一个统一的本科生培养方案，其中包括课程体系（通识教育、专业教育、创新研究与实践、素质拓展与发展指导四大板块），以及专业修读指导计划（新闻学、广播电视学、广告学和传播学四个专业的修读指导计划）。通识教育又包括思想政治理论课、基础技能（大学外语、公共数学和公共计算机）、通识核心课、国际小学期全英文课、通识教育大讲堂系列公开讲座和经典历史著作阅读六个小板块。专业教育包括部类核心课（部类共同课、部类基础课）、专业核心课（包括法学、社会学、社会工作、公共事业管理、国际政治、外交学、政治学与行政学、新闻学、广播电视学、广告学和传播学等课程模块）、个性化选修课（包括法学类、社会学类、国际政治类和新闻传播类等课程模块）。创新研究与实践包括社会研究与创新训练、社会实践与志愿服务、专业实习、毕业论文等环节。素质拓展与发展指导包括新生研讨课、大学体育、心理健康教育、职业生涯规划、国防教育、劳动教育、公共艺术教育和发展指导等内容。

中国人民大学广播电视学专业培养方案明确了培养目标、培养要求、学分学制学位以及课程修读要求。培养目标指出：广播电视学培养具有复合型知识结构、全面专业技能和优秀发展潜质的视听传播人才。毕业生适合在各类媒体中担任视听传播记者、编辑、策划、主持，或者在党政机关、企事业单位从事宣传等方面的工作。

中国传媒大学广播电视学专业培养方案明确了培养目标、办学特色和主要课程。培养目标指出：该专业传承我国广播电视新闻教育的优良传统，面向智能传媒教育转型，紧紧围绕新时代国家发展战略对于人才的需求，培养党和人民放心的应用型、全媒型、专家型新闻传播人才，培养心怀“国之大者”、堪当民族复兴重任的时代新人。该专业培养的是高层次新闻传播人才，应具备坚定的理想信念、深厚的理论基础、广博的文化知识、开阔的国际视野、精湛的专业技能、突出的实践能力，能够在各大主流媒体、党政新闻宣传管理部门、互联网平台、文化传媒机构等从事新闻舆论工作、内容制作与传播工作、内容策划与管理、视听传播等工作。

复旦大学新闻传播类专业采取“2+2”培养方案。即将四年制培养进程分成两个阶段，第一阶段（第一、第二学年），需在经济学方向、社会学方向、电子信息科学与技术方向、汉语言文学方向、法学方向、国际政治方向、政治学与行政学方向、行政管理方向中任选一个方向，按所选方向培养方案进行学习；第二阶段（第三、第四学年），按照新闻传播学各专业的培养方案进行学习。新闻学、广播电视学、广告学和传播学四个专业共用一个培养方案，各专业另有一个专业指导性修读计划。

复旦大学新闻传播类专业有着统一的培养目标：旨在培养具备宽厚的人文、社会科学和自然科学基础知识，能以马克思主义的立场、观点、方法观察分析新闻传播现象，掌握系统的新闻传播学及其他相关学科的理论、知识和技能，熟悉媒体的发展趋势与运作机制，熟悉我国新闻传播的政策法规，适应社会发展需要，具有高远的职业理想和良好的职业道德，胜任报刊社、广播电台、电视台、通讯社、互联网站等新闻传播机构专业工作，胜任党政机关、企事业单位的宣传和公关部门岗位，胜任广告等商业传播机构工作，以及其他公共传播、艺术传播等机构工作的高素质专门人才。

华中科技大学广播电视学专业本科培养计划相对比较传统。培养计划包括培养目标、基本规格要求、培养特色、主干学科、学制与学位、学时与学分、主要课程及创新（创业）课程、主要实践教学环节以及教学进程计划表。培养目标提出：该专业以广播电视学、新闻传播学以及艺术学为基础，以视听内容产制与营销、视觉文化创意为核心，聚焦视听新媒体、视听传播与创意内容表达、有声语言传播等特色方向，从媒介融合维度培养视听传播与影视艺术、人文内涵与数字技能并重的多媒介、全技能的新型视听传播人才。

5.2.1.2 广播电视学本科培养方案的主要课程

中国人民大学广播电视学专业修读指导计划对课程修读提出了明确要求，通识教育50学分、专业教育80学分、创新研究与实践12学分、素质拓展与发展指导为12学分。专业教育80学分中必修为51学分、选修为29学分。部类核心课要求23学分，其中必修为17学分，选修为6学分；专业核心课要完成“广播电视学”专业核心课程模块所有课程，共28学分；个性化选修课为29学分，要在法学类、国际政治类、社会学类三个模块中任选15学分课程，要在新闻传播学类-24广播电视学类中任选6学分课程；要在新闻传播学类-23新闻学、新闻传播学类-25广告学、新闻传播学类-26传播学、新闻传播学类-27国际新闻与传播学四个模块中任选6学分课程；要在新闻传播学类-全英文专业课程中任选2学分课程。

“广播电视学”专业核心课程模块包括新闻传播大讲堂（1学分）、马克思新闻观与当代中国新闻事业（2学分）、基础写作（2学分）、影像技术（2学分）、外国新闻传播史（2学分）、中国新闻传播史（2学分）、数字传播技术应用（2学分）、传播研究方法与论文写作（2学分）、新闻传播伦理与法规（2学分）、传媒经营与管理（2学分）、全媒体传播实验Ⅰ（1学分）、全媒体传播实验Ⅱ（1学分）、广播电视新闻报道（2学分）、出镜报道与新闻主持（2学分）、纪录片创作Ⅰ（2学分）、纪录片创作Ⅱ（1学分）等课程。

中国传媒大学广播电视学专业的主要课程包括：电视采访报道、新闻编辑学、视频编辑、新闻学概论、实践中的马克思主义新闻观、中外新闻史、电视节目策划、融合新闻学、电视新闻学、电视影像语言、新闻作品研究、新闻特稿写作、传播学概论、传播研究方法等。

复旦大学新闻传播类专业学生都要必修中国新闻传播史（3学分）、新闻传播法规与伦理（3学分）、新闻采访与写作（3学分）、媒介融合（3学分）、视觉传播（3学分）、数据分析与信息可视化（3学分）、媒介技术导论（2学分）等课程。另外，要从新闻传播理论经典导读（2学分）、整合营销传播（2学分）、受众分析（2学分）、媒介经营管理（2学分）四门课中任意选修两门。广播电视学本科专业学生则必须修读当代广播电视概论（2学分)、视听技术及运用（4学分)、电视编辑（3学分)、视听新闻节目生产（3学分)、纪录片理论与实践（3学分)、广播电视节目构成（2学分）17个学分。

华中科技大学广播电视学专业本科培养计划完成学业最低课内学分（含课程体系与集中性实践教学环节）要求为157学分，完成学业最低课外学分要求为2学分。其中素质教育通识课程必修为20学分、选修为6学分，学科基础课为31学分，专业核心课程为14学分、专业选修课程为16学分，集中实践教学环节为13学分。学科基础课程包括微积分（4学分)、哲学导论（3学分)、中国古代文学（3学分)、批判性思维（2学分)、社会学概论（2学分)、政治学原理（2学分)、经济学原理（2学分)、新闻学原理（2.5学分)、中国新闻传播史（2.5学分)、视听传播概论（2学分)、品牌传播概论（2学分)、传播学原理（2.5学分)、新媒体概论（2学分)、人工智能与数据科学(2学分)、外国新闻传播史（2.5学分)、媒介融合导论（2学分)、传播学研究方法(3学分)、马克思主义新闻观（2学分)、传播心理学（2学分)、新闻传播伦理与法制(2学分)。专业核心课程包括学术规范与论文写作（1学分)、电视画面与摄像（3学分)、电视编辑制作（3学分)、视听文稿写作（2学分)、视听新媒体导论（2学分)、广播电视新闻报道（2学分)、视听专题与专栏（3学分）、视听节目编导（3学分)、广播电视评论（2.5学分)、影视艺术导论（2学分)。

5.2.2 中国人民大学广播电视学本科培养方案

5.2.2.1 培养目标

新闻学院实行新闻传播学科大类招生，旨在培养适应信息传播变革和社会发展需求的高端、专业、融合、创新型新闻传播人才。在厚基础、宽口径、重融合的同时，本学科在本科人才培养上又区分出各有侧重的四个专业。

广播电视学培养具有复合型知识结构、全面专业技能和优秀发展潜质的视听传播人才。毕业生适合在各类媒体中担任视听传播记者、编辑、策划、主持，或者在党政机关、企事业 单位从事宣传等方面的工作。

5.2.2.2 培养要求

系统学习和掌握马克思主义基本理论；坚持实事求是和群众路线；运用马克思主义基本理论分析问题和解决问题；拥有优良道德品质，堪做国民表率、社会栋梁。

学习和掌握马克思主义新闻观，熟悉国家大政方针；有强烈社会责任感，恪守职业

道德 准则；有深厚文化素养和文字、口头专业表达能力；熟练运用现代传播技术从事视听传播活 动，业务基本功扎实；熟练运用一门外国语言。

拥有健康体魄，达到学生体质健康标准。

5.2.2.3 主要课程

新闻传播大讲堂、马克思主义新闻观与当代中国新闻事业、基础写作、影像技术、外国新闻传播史、中国新闻传播史、数字传播技术应用、传播研究方法与论文写作、新闻传播伦理与法规、传媒经营与管理、全媒体传播实验Ⅰ、全媒体传播实验Ⅱ、广播电视新闻报道、出镜报道与新闻主持、纪录片创作Ⅰ、纪录片创作Ⅱ等课程。

5.2.3 中国传媒大学广播电视学本科培养方案

5.2.3.1 培养目标

该专业传承我国广播电视新闻教育的优良传统，面向智能传媒教育转型，紧紧围绕新时代国家发展战略对于人才的需求，培养党和人民放心的应用型、全媒型、专家型新闻传播人才，培养心怀“国之大者”、堪当民族复兴重任的时代新人。该专业培养的是高层次新闻传播人才，应具备坚定的理想信念、深厚的理论基础、广博的文化知识、开阔的国际视野、精湛的专业技能、突出的实践能力，能够在各大主流媒体、党政新闻宣传管理部门、互联网平台、文化传媒机构等从事新闻舆论工作、内容制作与传播工作、内容策划与管理、视听传播等工作。

5.2.3.2 办学特色

该专业始终坚持以马克思主义新闻观为引领，契合党和国家的新闻舆论工作大局，培养堪当民族复兴大任的时代新人。该专业在建设中国特色新闻学、视听传播理论与实践等方面特色鲜明，率先打造了“实践中的马克思主义新闻观”教学模式和课程体系，人才培养突出扎根中国大地、厚植家国情怀。

该专业坚持理论与实践相结合，以实践赋能专业建设与人才培养，打造了“实践赋能·知行合一的新闻传播教育模式”，强化“实践—理论—实践”的螺旋式上升，面对互联网视听传播的发展趋势，倡导在学中做、在做中学，培养全媒型、专家型新闻传播后备人才。

经过几十年来的不断建设，该专业形成了一套成熟、完备且特色鲜明的课程体系。在“五条线”课程体系基础上，该专业搭建了新闻传播史论方法类课程、视听传播基础类课程、视听传播专业实务类课程、视听传播实务拓展课程、新闻传播专业外语类课程、观摩与写作课程等模块，将新闻传播学理论知识、视听传播基础知识和融合传播知识有机结合，同时注重培养学生的科研能力和融合传播能力。

5.2.3.3 主要课程

电视采访报道、新闻编辑学、视频编辑、新闻学概论、实践中的马克思主义新闻观、中外新闻史、电视节目策划、融合新闻学、电视新闻学、电视影像语言、新闻作品研究、新闻特稿写作、传播学概论、传播研究方法等。

5.2.4 复旦大学广播电视学本科培养方案

5.2.4.1 培养目标

新闻传播学类专业（含新闻学、广播电视学、广告学、传播学四个专业）旨在培养具备宽厚的人文、社会科学和自然科学基础知识，能以马克思主义的立场、观点、方法观察分析新闻传播现象，掌握系统的新闻传播学及其他相关学科的理论、知识和技能，熟悉媒体的发展趋势与运作机制，熟悉我国新闻传播的政策法规，适应社会发展需要，具有高远的职业理想和良好的职业道德，胜任报刊社、广播电台、电视台、通讯社、互联网站等新闻传播机构专业工作，胜任党政机关、企事业单位的宣传和公关部门岗位，胜任广告等商业传播机构工作，以及其他公共传播、艺术传播等机构工作的高素质专门人才。

5.2.4.2 培养要求

新闻传播学类专业（含新闻学、广播电视学、广告学、传播学四个专业）实行“2+2”培养模式，即：将四年制培养进程分成两个阶段，第一阶段（第一、第二学年），须在经济学方向、社会学方向、电子信息科学与技术方向、汉语言文学方向、法学方向、国际政治方向、政治学与行政学方向、行政管理方向中任选一个方向，按所选方向培养方案进行学习；第二阶段（第三、第四学年），按照新闻传播学各专业的培养方案进行学习。

5.2.4.3 主要课程

当代广播电视概论、视听技术及运用、电视编辑、视听新闻节目生产、纪录片理论与实践、广播电视节目构成等。

5.2.5 华中科技大学广播电视学本科培养方案

5.2.5.1 培养目标

该专业以广播电视学、新闻传播学以及艺术学为基础，以视听内容产制与营销、视觉文化创意为核心，聚焦视听新媒体、视听传播与创意内容表达、有声语言传播等特色方向，从媒介融合维度培养视听传播与影视艺术、人文内涵与数字技能并重的多媒介、全技能的新型视听传播人才。

该专业毕业生既可胜任广播电视媒体的采访、摄像、编辑、播出等工作，从事网络视听新媒体内容产制与营销工作，也可以在新闻出版单位、新闻网站、政府部门以及企事业单位从事创意策划、采编运营和用户调查分析等工作，还可选择进一步深造，投入新闻传播理论的研究和教学工作。

5.2.5.2 培养要求

该专业学生主要学习马克思主义基本原理、新闻传播学基本理论，系统掌握广播电视业务与数字媒体技术，接受广播电视创意策划与内容产制、数字视听新媒体运营、视听媒体艺术、互联网思维与用户调查分析等基本能力训练，能够熟练运用数字传播技术采、编、播新闻信息，具备广播电视内容生产、新媒体节目制作与营销、视觉传播技能，形成“厚基础、宽口径、术理兼备”的知识结构。

5.2.5.3 主要课程

视听传播概论、电视画面与摄像、电视编辑、影视合成与特效基础、视听专题与专栏、广播电视评论、视听节目编导、出镜记者报道、视听文稿写作、视听新媒体导论、虚拟影像生产、互联网心理学等。

[中国地质大学（武汉）刘义昆、张蝶]

5.3 课程建设——新闻传播学国家级一流本科课程统计分析

2020 年 11 月 24 日，《教育部关于公布首批国家级一流本科课程认定结果的通知》发布，教育部认定 5118 门课程为首批国家级一流本科课程。其中，线上一流课程 1875

门、虚拟仿真实验教学一流课程 728 门、线下一流课程 1463 门、线上线下混合式一流课程 868 门、社会实践一流课程 184 门。这是教育部在 2018 年新时代中国高等学校本科教育工作会议上明确提出“淘汰水课”“打造金课”、启动一流本科课程建设“双万计划”以来，国家级五大“金课”首次一并亮相。

5.3.1　83 门课程获得国家级一流本科课程认定

整体来看，首批一流课程来自 639 所本科院校，涉及中央高校、部省合建高校、其他地方高校、军队院校以及港澳地区高校，覆盖全国全部省份（含兵团）和所有本科专业类。教育部同时提出，将通过使用评价、定期检查等方式，对国家级一流本科课程继续建设进行跟踪监督和管理。自公布之日起 5 年内，未能按照各类课程要求开放共享或持续建设的课程，将取消国家级一流本科课程资格。

当前，第二批国家级一流本科课程正在评议当中。为了对新闻传播学国家级一流本科课程有比较全面的了解，在这里，我们对新闻传播学国家一流本科课程进行了统计分析（见表 5-4）。统计分析的依据主要是《教育部关于公布首批国家级一流本科课程认定结果的通知》等相关文件。按照相关文件，被归入艺术学、管理学等学科的本科课程（如摄影等课程）并未纳入统计；另外，中国传媒大学和浙江传媒学院等传媒院校的本科课程也未全部纳入统计。

整体来看，新闻传播学有 83 门课程获得国家一流本科课程认定，在 5118 门课程中占比为 1.62%。其中新闻传播学线上一流课程 24 门（在所有线上一流课程中所占比例为 1.28%），新闻传播学虚拟仿真实验教学课程为 23 门（3.16%），新闻传播学线下一流课程 22 门（1.50%），新闻传播学线上线下一流课程 8 门（0.92%），新闻传播学社会实践一流课程 6 门（3.26%）。

表 5-4　　**新闻传播学国家级一流本科课程整体状况**

课程类型	所有学科	新闻传播学	所占比例
线上一流课程	1875	24	1.28%
虚拟仿真实验教学一流课程	728	23	3.16%
线下一流课程	1463	22	1.50%
线上线下混合式一流课程	868	8	0.92%
社会实践一流课程	184	6	3.26%
总计	5118	83	1.62%

5.3.2 新闻传播学国家级五大“金课”整体状况

首批国家级一流本科课程把原 2017 年、2018 年国家精品在线开放课程也纳入国家级线上一流本科课程（见表 5-2）。新闻传播学共有线上一流课程 24 门。其中，清华大学有三门新闻传播学线上一流课程，分别为“新闻摄影”“传播学原理”“影视制作入门”。复旦大学（“人际传播能力”“新媒体与社会性别”）、华中科技大学（“新媒体用户分析”“网络与新媒体应用模式”）、湖南大学（“广告创意学”“现代礼仪”）、宁波大学（“好玩的广告学”“消费者行为学”）分别有两门新闻传播学线上一流课程。中国人民大学等 13 所高校分别拥有一门新闻传播学线上一流课程。

表 5-5　　新闻传播学线上一流课程学校分布

建设单位	课程名称	负责人
清华大学	新闻摄影	梁君健
	传播学原理	崔保国
	影视制作入门	梁君健
复旦大学	人际传播能力	胡春阳
	新媒体与社会性别	曹晋
华中科技大学	新媒体用户分析	余红
	网络与新媒体应用模式	李卫东
湖南大学	广告创意学	李正良
	现代礼仪	袁涤非
宁波大学	好玩的广告学	汤志耘
	消费者行为学	王丽
北京师范大学	中外出版史	万安伦
河北大学	新闻采访与写作	彭焕萍
苏州大学	创意、视觉、营销、传播——理解广告	胡明宇
浙江越秀外国语学院	东方遇见西方：跨文化交际之旅	余卫华
华侨大学	微电影创作	郭艳梅
福建师范大学	文化创意产业	袁勇麟
浙江大学	新媒体概论	韦路
中山大学	新媒体素养	张志安

续表

建设单位	课程名称	负责人
暨南大学	数字营销：走进智慧的品牌	谷虹
中国人民大学	影像技术	周勇
上海交通大学	媒介批评	姚君喜
河南师范大学	新闻采访学	段勃
华中师范大学	新闻伦理与法规	江作苏

首批国家级一流本科课程把原2017年、2018年国家虚拟仿真实验教学项目纳入国家级虚拟仿真实验教学一流本科课程中。新闻传播学共有虚拟仿真实验教学一流课程23门，分布于23所高校。包括中国人民大学、天津工业大学、辽宁大学、同济大学、上海交通大学、上海体育学院、南京邮电大学、浙江大学、长沙理工大学、暨南大学、华南师范大学、广东外语外贸大学、西南政法大学、中国传媒大学、河北经贸大学、山西传媒学院、杭州电子科技大学、浙江传媒学院、山东大学、郑州大学、广州体育学院、深圳大学、重庆大学。

新闻传播学共有线下一流课程22门。其中，中国传媒大学拥有3门，包括电视采访报道、融合新闻学和传播心理学；中央民族大学、湖南工业大学、宁夏大学、西安交通大学、暨南大学、安徽大学、湖北工程学院、中国海洋大学、西南交通大学、山东大学、四川大学、中国人民大学、浙江大学、华中科技大学、广西大学、深圳大学、汕头大学、华南师范大学、复旦大学19所高校分别拥有一门。

线上线下混合式一流课程鼓励全国各类高校教师广泛参与，基于慕课等优质在线课程，开展线上学习与线下面授有机结合的混合式教学，达到提升教学质量、因材施教的目的。新闻传播学共有线上线下一流课程8门，分布于宁波大学、沈阳师范大学、暨南大学、山东大学、上海师范大学、北京师范大学、桂林理工大学、西安体育学院。

社会实践一流课程首次被纳入国家级课程建设计划。这类课程以培养学生综合能力为目标，推动思想政治教育、专业教育与社会服务紧密结合，全面培养学生认识社会、研究社会、理解社会、服务社会的意识和能力。新闻传播学共有社会实践一流课程6门。中国传媒大学承担两门新闻传播学社会实践一流课程，分别为“实践：社会调查”“媒体融合传播实践”。暨南大学、南京大学、内蒙古大学和四川外国语大学4所高校分别承担一门新闻传播学社会实践一流课程。

5.3.3 新闻采访与写作类课程占全部课程近30%

整体来看，在83门新闻传播学国家级一流本科课程中，有24门课与“新闻采访与写作”密切相关，占全部课程的近30%。其中包括线上一流课程2门、虚拟仿真实验教学课程12门、线下一流课程6门、社会实践一流课程4门。作为新闻传播学科的核心技能，“新闻采访与写作”不仅在各大高校新闻传播院系受到重视，也在国家级一流本科课程评议中获得了专家的青睐。另外，传播学原理、新媒体概论以及马克思主义新闻思想等课程也有两门以上的相关课程入选（见表5-6）。

表5-6　　**新闻采访与写作类国家级一流本科课程**

课程类型	建设单位	课程名称	负责人
线上一流课程	河北大学	新闻采访与写作	彭焕萍
线上一流课程	河南师范大学	新闻采访学	段　勃
虚拟仿真实验教学一流课程	中国人民大学	重大主题融媒体报道与公共决策支持虚拟仿真实验教学项目	胡百精
虚拟仿真实验教学一流课程	天津工业大学	面向舆情引导的突发事件全流程报道仿真实验	王　熙
虚拟仿真实验教学一流课程	辽宁大学	融媒体大型主题直播报道虚拟仿真实验	安珊珊
虚拟仿真实验教学一流课程	同济大学	城市风险突发事件新闻全景报道虚拟仿真实验	王建民
虚拟仿真实验教学一流课程	上海交通大学	科技强国融合新闻报道虚拟仿真实验	李本乾
虚拟仿真实验教学一流课程	浙江大学	重大时政新闻智能生产虚拟仿真实验	韦　路
虚拟仿真实验教学一流课程	暨南大学	公共卫生危机事件新闻采访虚拟仿真教学	支庭荣
虚拟仿真实验教学一流课程	广东外语外贸大学	国际突发事件采访报道虚拟仿真实验	朱　颖
虚拟仿真实验教学一流课程	西南政法大学	重大成就融媒体报道虚拟仿真实验教学项目	李　珮
虚拟仿真实验教学一流课程	河北经贸大学	融媒体新闻制作流程虚拟仿真项目	杨　磊
虚拟仿真实验教学一流课程	广州体育学院	体育赛事现场报道虚拟仿真系统	王晓东
虚拟仿真实验教学一流课程	重庆大学	灾难事件融合报道虚拟仿真实验	董天策
线下一流课程	宁夏大学	新闻采访与写作	屠凤娥

续表

课程类型	建设单位	课程名称	负责人
线下一流课程	中国传媒大学	电视采访报道	曾祥敏
线下一流课程	暨南大学	新闻采写Ⅱ	刘　涛
线下一流课程	安徽大学	新闻采访	刘　勇
线下一流课程	中国海洋大学	新闻采访与写作	欧阳霞
线下一流课程	汕头大学	新闻采写基础	张　征
社会实践一流课程	暨南大学	准记者南方训练营	陈伟军
社会实践一流课程	中国传媒大学	媒体融合传播实践	高晓虹
社会实践一流课程	南京大学	未来编辑部	王辰瑶
社会实践一流课程	内蒙古大学	新闻采访与写作	刘寒娥

5.3.4 新闻传播学国家级一流本科课程学校排名

在新闻传播学国家级一流本科课程学校排名方面，中国传媒大学以6门课程位列第一位，包括虚拟仿真实验教学一流课程1门、线下一流课程3门、社会实践一流课程2门。中国传媒大学的新闻传播学科在线上一流课程、线上线下混合式一流课程这两类课程还有待突破。暨南大学以5门课程位列第二位，包括线上一流课程1门、虚拟仿真实验教学一流课程1门、线下一流课程1门、线上线下混合式一流课程1门、社会实践一流课程1门。这5门课程均匀分布于国家级五大“金课”。

中国人民大学、复旦大学、清华大学、浙江大学、华中科技大学和宁波大学6所高校分别建设3门新闻传播学国家级一流本科课程。中国人民大学承担线上一流课程1门、虚拟仿真实验教学一流课程1门、线下一流课程1门；复旦大学承担线上一流课程2门、线下一流课程1门；清华大学承担线上一流课程3门；浙江大学承担线上一流课程1门、虚拟仿真实验教学一流课程1门、线下一流课程1门；华中科技大学承担线上一流课程2门、线下一流课程1门；宁波大学承担线上一流课程2门、线上线下混合式一流课程1门。

北京师范大学、湖南大学、上海交通大学、华南师范大学4所高校分别建设2门新闻传播学国家级一流本科课程。河北大学等43所高校分别建设1门新闻传播学国家级一流本科课程。

另外，清华大学梁君健承担“新闻摄影”（线上一流课程）、“影视制作入门”（线上一流课程）两门课程。浙江大学韦路承担“新媒体概论”（线上一流课程）、“重大时政新闻智能生产虚拟仿真实验”（虚拟仿真实验教学一流课程）两门课程。山东大学倪万承担“数字传播技术与应用”（线下一流课程）、“‘基于多角色扮演的新闻发布交互式演练’虚拟仿真实验教学项目”（虚拟仿真实验教学一流课程）两门课程。这些体现出相关高校新闻院系及其教师对一流本科课程建设的重视（见表 5-7）。

表 5-7　　**新闻传播学国家级一流本科课程学校排名**

排名	建设单位	门数
1	中国传媒大学	6
2	暨南大学	5
3	中国人民大学	3
3	复旦大学	3
3	清华大学	3
3	浙江大学	3
3	华中科技大学	3
3	山东大学	3
3	宁波大学	3
10	北京师范大学	2
10	湖南大学	2
10	上海交通大学	2
10	华南师范大学	2
15	河北大学	1
15	苏州大学	1
15	浙江越秀外国语学院	1
15	华侨大学	1
15	福建师范大学	1
15	中山大学	1
15	河南师范大学	1
15	华中师范大学	1
15	天津工业大学	1
15	辽宁大学	1

续表

排名	建设单位	门数
15	同济大学	1
15	上海体育学院	1
15	南京邮电大学	1
15	长沙理工大学	1
15	广东外语外贸大学	1
15	西南政法大学	1
15	河北经贸大学	1
15	山西传媒学院	1
15	杭州电子科技大学	1
15	浙江传媒学院	1
15	郑州大学	1
15	广州体育学院	1
15	深圳大学	1
15	重庆大学	1
15	中央民族大学	1
15	湖南工业大学	1
15	宁夏大学	1
15	西安交通大学	1
15	安徽大学	1
15	湖北工程学院	1
15	中国海洋大学	1
15	西南交通大学	1
15	四川大学	1
15	广西大学	1
15	深圳大学	1
15	汕头大学	1
15	沈阳师范大学	1
15	上海师范大学	1
15	桂林理工大学	1

续表

排名	建设单位	门数
15	西安体育学院	1
15	南京大学	1
15	内蒙古大学	1
15	四川外国语大学	1
总计		83

5.3.5 大力推进新闻传播学一流本科课程建设

从新闻传播学国家级一流本科课程学校排名来看，国家级一流本科课程的获得数量与新闻传播学的学科排名有一定的相关性。按照教育部第四轮学科评估的结果，中国传媒大学与中国人民大学作为新闻传播学 A+学科分别获得了 6 门和 3 门国家级一流本科课程；复旦大学和华中科技大学作为新闻传播学 A 学科均获得了 3 门国家级一流本科课程。但暨南大学作为新闻传播学 A-学科获得了 5 门国家级一流本科课程，这说明该校新闻与传播学院及其教师对于国家级一流本科课程建设应该是相当重视。这 5 门课程均匀分布于国家级五大“金课”，说明该校新闻与传播学院对于国家级一流本科课程建设不仅重视而且有精心布局。

值得注意的是，一些不太知名的高校也获得了国家级一流本科课程。这当然与教育部对国家级一流本科课程的规划布局有一定关系。整体来看，首批一流课程来自 639 所本科院校，涉及中央高校、部省合建高校、其他地方高校、军队院校以及港澳地区高校，在覆盖省份和高校层次上有着一定要求。这也就为一些弱势新闻传播院系提供了申报国家级一流本科课程的空间。譬如，宁波大学只有新闻与传播专业硕士学位点，却获得了 3 门新闻传播学国家级一流本科课程，包括线上一流课程 2 门（“好玩的广告学”和“消费者行为学”），线上线下混合式一流课程 1 门（“广告学概论”）。而一些新闻传播学院虽然拥有一级学科博士点，新闻传播学为 A−学科、B+学科，却只有 1 门甚至没有国家级一流本科课程。

一流本科课程建设是教育部贯彻落实习近平总书记关于教育的重要论述和全国教育大会精神，坚持立德树人根本任务，深化高等教育教学改革，提高教学质量的重要行动。课程建设是高校人才培养与学科建设的核心所在，涉及师资队伍、教学内容、教学方法、教材编撰、教学管理等方面，是一个涵盖广泛的系统工程（张昆《新闻传播教育导论》)。从这个角度看，新闻传播学国家级一流本科课程的建设与申报当然重要，但即使不能获得国家级一流本科课程的认定，一流本科课程的建设仍然应该是新闻传播院系的核心工作（见表5-8）。

表5-8　　新闻传播学国家级一流本科课程名单

序号	课程类型	主要建设单位	课 程 名 称	负责人
1	线上一流课程	北京师范大学	中外出版史	万安伦
2	线上一流课程	河北大学	新闻采访与写作	彭焕萍
3	线上一流课程	苏州大学	创意、视觉、营销、传播——理解广告	胡明宇
4	线上一流课程	浙江越秀外国语学院	东方遇见西方：跨文化交际之旅	余卫华
5	线上一流课程	华侨大学	微电影创作	郭艳梅
6	线上一流课程	福建师范大学	文化创意产业	袁勇麟
7	线上一流课程	华中科技大学	新媒体用户分析	余　红
8	线上一流课程	清华大学	新闻摄影	梁君健
9	线上一流课程	清华大学	传播学原理	崔保国
10	线上一流课程	浙江大学	新媒体概论	韦　路
11	线上一流课程	华中科技大学	网络与新媒体应用模式	李卫东
12	线上一流课程	湖南大学	广告创意学	李正良
13	线上一流课程	湖南大学	现代礼仪	袁涤非
14	线上一流课程	中山大学	新媒体素养	张志安
15	线上一流课程	暨南大学	数字营销：走进智慧的品牌	谷　虹
16	线上一流课程	中国人民大学	影像技术	周　勇
17	线上一流课程	清华大学	影视制作入门	梁君健
18	线上一流课程	复旦大学	人际传播能力	胡春阳
19	线上一流课程	复旦大学	新媒体与社会性别	曹　晋
20	线上一流课程	上海交通大学	媒介批评	姚君喜
21	线上一流课程	宁波大学	好玩的广告学	汤志耘
22	线上一流课程	宁波大学	消费者行为学	王　丽
23	线上一流课程	河南师范大学	新闻采访学	段　勃
24	线上一流课程	华中师范大学	新闻伦理与法规	江作苏

续表

序号	课程类型	主要建设单位	课 程 名 称	负责人
25	虚拟仿真实验教学一流课程	中国人民大学	重大主题融媒体报道与公共决策支持虚拟仿真实验教学项目	胡百精
26	虚拟仿真实验教学一流课程	天津工业大学	面向舆情引导的突发事件全流程报道仿真实验	王　熙
27	虚拟仿真实验教学一流课程	辽宁大学	融媒体大型主题直播报道虚拟仿真实验	安珊珊
28	虚拟仿真实验教学一流课程	同济大学	城市风险突发事件新闻全景报道虚拟仿真实验	王建民
29	虚拟仿真实验教学一流课程	上海交通大学	科技强国融合新闻报道虚拟仿真实验	李本乾
30	虚拟仿真实验教学一流课程	上海体育学院	电竞赛事现场解说虚拟仿真实验	朱俊河
31	虚拟仿真实验教学一流课程	南京邮电大学	冬奥会短道速滑智能化转播	卢　锋
32	虚拟仿真实验教学一流课程	浙江大学	重大时政新闻智能生产虚拟仿真实验	韦　路
33	虚拟仿真实验教学一流课程	长沙理工大学	典型电视节目视效预演虚拟仿真实验	王　健
34	虚拟仿真实验教学一流课程	暨南大学	公共卫生危机事件新闻采访虚拟仿真教学	支庭荣
35	虚拟仿真实验教学一流课程	华南师范大学	无人机航拍云台手虚拟仿真实验项目	张学波
36	虚拟仿真实验教学一流课程	广东外语外贸大学	国际突发事件采访报道虚拟仿真实验	朱　颖
37	虚拟仿真实验教学一流课程	西南政法大学	重大成就融媒体报道虚拟仿真实验教学项目	李　珮
38	虚拟仿真实验教学一流课程	中国传媒大学	数字电视演播室技术	刘剑波
39	虚拟仿真实验教学一流课程	河北经贸大学	融媒体新闻制作流程虚拟仿真项目	杨　磊

续表

序号	课程类型	主要建设单位	课 程 名 称	负责人
40	虚拟仿真实验教学一流课程	山西传媒学院	演播室新闻摄像技术虚拟实验教学项目	郭卫东
41	虚拟仿真实验教学一流课程	杭州电子科技大学	企业形象广告空间体验与传播策划 VR 实验	王毅刚
42	虚拟仿真实验教学一流课程	浙江传媒学院	多讯道导播虚拟仿真实验	胡一梁
43	虚拟仿真实验教学一流课程	山东大学	“基于多角色扮演的新闻发布交互式演练”虚拟仿真实验教学项目	倪　万
44	虚拟仿真实验教学一流课程	郑州大学	基于大数据技术的媒介融合实训项目	郑素侠
45	虚拟仿真实验教学一流课程	广州体育学院	体育赛事现场报道虚拟仿真系统	王晓东
46	虚拟仿真实验教学一流课程	深圳大学	融媒体演播室制播虚拟仿真实验	王晓华
47	虚拟仿真实验教学一流课程	重庆大学	灾难事件融合报道虚拟仿真实验	董天策
48	线下一流课程	中央民族大学	新闻传播学研究方法与论文写作	赵丽芳
49	线下一流课程	湖南工业大学	新闻学原理	阳海洪
50	线下一流课程	宁夏大学	新闻采访与写作	屠凤娥
51	线下一流课程	中国传媒大学	电视采访报道	曾祥敏
52	线下一流课程	中国传媒大学	融合新闻学	顾　洁
53	线下一流课程	西安交通大学	表达与交流	管晓宏
54	线下一流课程	暨南大学	新闻采写Ⅱ	刘　涛
55	线下一流课程	安徽大学	新闻采访	刘　勇
56	线下一流课程	湖北工程学院	广告创意与表现	张　蕊
57	线下一流课程	中国海洋大学	新闻采访与写作	欧阳霞
58	线下一流课程	西南交通大学	新媒体概论	石　磊
59	线下一流课程	中国传媒大学	传播心理学	余小梅
60	线下一流课程	山东大学	数字传播技术与应用	倪　万

续表

序号	课程类型	主要建设单位	课 程 名 称	负责人
61	线下一流课程	四川大学	网络新闻与文化传播	蒋晓丽
62	线下一流课程	中国人民大学	中国新闻传播史	王润泽
63	线下一流课程	浙江大学	马克思主义新闻观	吴　飞
64	线下一流课程	华中科技大学	外国新闻传播史	张　昆
65	线下一流课程	广西大学	马克思主义新闻思想（课外：开放式读书教学活动）	刘　洪
66	线下一流课程	深圳大学	传播学理论	周裕琼
67	线下一流课程	汕头大学	新闻采写基础	张　征
68	线下一流课程	华南师范大学	公共关系	夏宝君
69	线下一流课程	复旦大学	马克思主义新闻思想	马　凌
70	线上线下混合式一流课程	宁波大学	广告学概论	汤志耘
71	线上线下混合式一流课程	沈阳师范大学	数字媒体技术	吴祥恩
72	线上线下混合式一流课程	暨南大学	数字营销传播	谷　虹
73	线上线下混合式一流课程	山东大学	大众传播学	张　毅
74	线上线下混合式一流课程	上海师范大学	形象经济与创意产业	郑　欢
75	线上线下混合式一流课程	北京师范大学	新闻摄影	王长潇
76	线上线下混合式一流课程	桂林理工大学	广告学概论	何德珍
77	线上线下混合式一流课程	西安体育学院	体育新闻摄影.	严　峰
78	社会实践一流课程	暨南大学	准记者南方训练营	陈伟军
79	社会实践一流课程	中国传媒大学	实践：社会调查	曹培鑫
80	社会实践一流课程	中国传媒大学	媒体融合传播实践	高晓虹

续表

序号	课程类型	主要建设单位	课 程 名 称	负责人
81	社会实践一流课程	南京大学	未来编辑部	王辰瑶
82	社会实践一流课程	内蒙古大学	新闻采访与写作	刘寒娥
83	社会实践一流课程	四川外国语大学	广告策划	宋　瑾

[中国地质大学（武汉）刘义昆、曹冬雨]

5.4 教材建设

5.4.1 2020年新闻传播类教材出版情况

5.4.1.1 2021年新版新闻传播学教材的出版统计

据不完全统计，2021年我国共出版新版新闻传播学教材51本。其中，新闻学类教材共14本、传播学类教材共2本、广告学类教材共2本、广播电影电视类教材共7本、编辑出版类教材共3本、网络与新媒体类教材共23本。较之2020年，2021年新版新闻传播学教材的出版数量在新闻学类和网络与新媒体类增长明显，说明2021年新闻传播学教育在侧重基础理论深耕的同时，依然迎合互联网时代的发展，努力通过专业教育打造全能型的新型新闻人才，这也符合国家和社会在媒介技术突飞猛进之际对于新闻传播学专业人才的能力需要（见图5-7）。

同时，2021年的新版新闻传播学教材在出版社的数量上较之2020年有明显上涨。过去，新闻传播学教材的出版主要集中在中国人民大学出版社、中国传媒大学出版社、北京师范大学出版社和复旦大学出版社等新闻传播学学科发展强劲的高校。而在2021年，如哈尔滨工程大学出版社、西安交通大学出版社、西南交通大学出版社和科学出版社等以理工类书籍著称的出版社也均有新闻传播学教材的出版记录。目前，这类出版社出版的教材主要侧重于广告学、网络与新媒体等实践性较强的专业领域，较为注重新闻传播学与理工科专业的知识交叉，目的是培养全媒体时代下复合型的新闻传播学人才(见图5-8)。

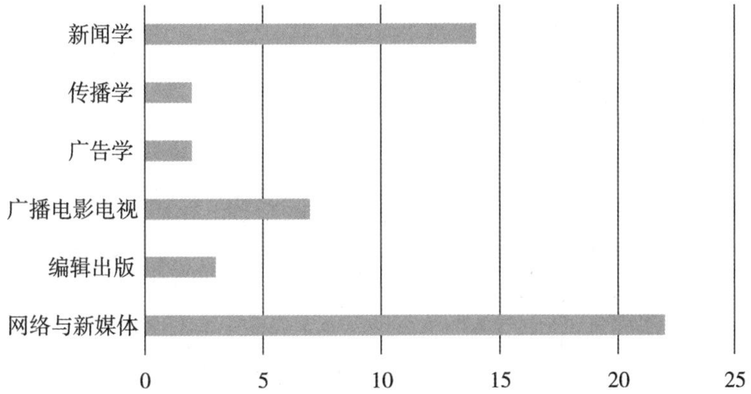

图 5-7　2021 年新版新闻传播学教材类别数量统计

5.4.1.2　2021 年新版新闻传播学教材的出版分析

（1）2021 年新版新闻传播学教材的出版现状

①契合人才教育培养计划，打造全媒体人才培养体系。

为深入贯彻落实中共中央对于新闻舆论工作的指导意见，加强和改进高校新闻传播专业建设，建设中国特色、世界水平的一流新闻传播专业，教育部联合中宣部于 2018 年出台《教育部　中共中央宣传部关于提高高校新闻传播人才培养能力　实施卓越新闻传播人才教育培养计划 2.0 的意见》，力图培养造就一大批具有家国情怀、国际视野的高素质全媒化复合型专家型新闻传播后备人才。随后，各高校努力建设融合新闻教学团队，着力整合优质教学力量，开发优质教学资源，积极地开展全媒体人才培养的教学模式改革和实践探索。

根据教育部“卓越新闻传播人才教育培养计划 2.0”相关指导思想，融合新闻人才的基本素养内涵是“全媒型”“专家型”“创新型”。基于该指导思想，2021 年，各高校在融合新闻（媒介）方向共出版 5 本教材，参与教材编著的老师大都来自中国人民大学、暨南大学、湖南师范大学等一些国内较早探索融合新闻教育的高校。由中国人民大学新闻学院的李沁教授编著的《融合新闻学概论：理念、实务、操作解析》基于国内外新闻实务变革实践，紧扣媒体技术变革发展趋势，关注相关新闻传播学理论热点，力图在媒介化和全球化的大背景下建构融合新闻学知识体系。

另外，来自暨南大学新闻与传播学院的刘涛教授和陈伟军教授分别编著了《融合新闻学》。两人在教材中均围绕着数据新闻、H5 新闻、短视频新闻、移动新闻直播、VR/

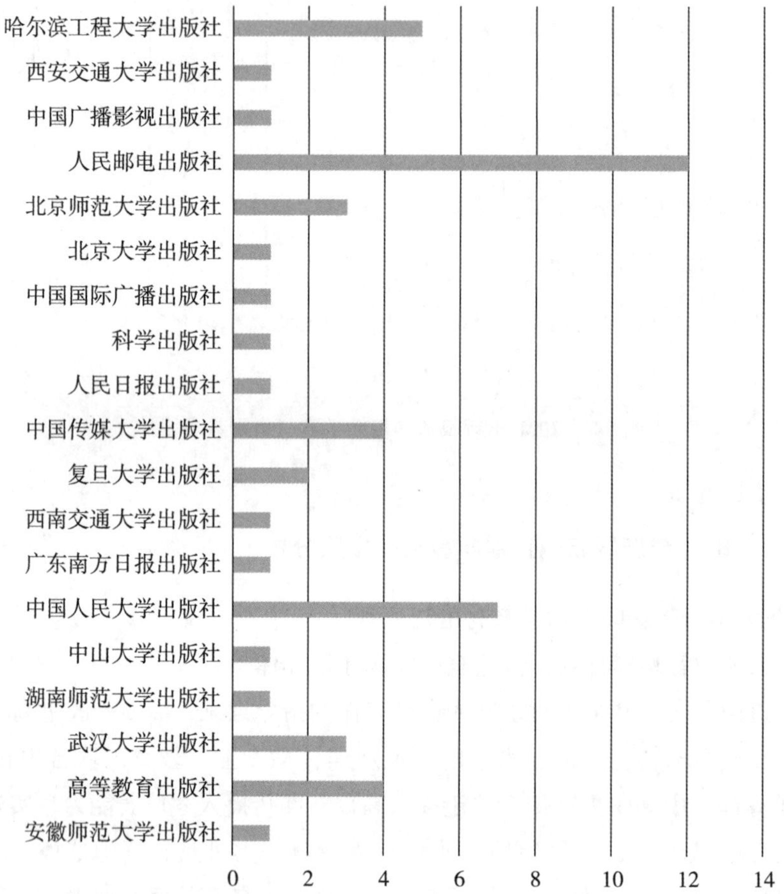

图 5-8　2021 年新版新闻传播学教材出版社统计

AR 新闻、新闻游戏等融合新闻实践形态进行较为细致的讲解，并通过案例分析的方式全方位透视融合新闻的各种形态，既注重融合新闻理论框架的搭建，又探索出融合新闻学的实践路径和人才培养模式。

同时，任职于湖南师范大学新闻与传播学院的高级编辑刘先根老师联合他人共同编著的《媒介融合与融合新闻导论》共分为“媒介融合”和“融合新闻发展”两个部分。“媒介融合”部分从媒介融合的多维度内涵、媒介融合的动因及模式、媒介融合背景下的受众、媒介融合背景下的传播四个角度对媒介融合进行较为详细的阐释，而“融合新闻发展”部分从融合新闻的概念与特性的基础上分析融合新闻的媒介形态、媒体组织形态、内容运作、报道结构、管控与治理等内容。

②适应智媒时代特征，通过教材创新提高跨学科学习能力。

在5G技术、大数据、区块链、云计算、物联网、虚拟现实、人机交互等新技术的推动下，我国进入了万物皆媒、万物智联的智媒时代。在智媒时代，新闻传播生态发生重大变革，新闻传播活动被置于一个更为广泛、深入的社会空间，新闻传播理论的核心概念和新闻话语体系被解构、重构，新闻传播学学科建设发展迅速，涌现出许多与其他学科领域的交叉点，跨学科、跨领域的合作研究趋势逐渐形成，学科“边界”日益模糊。为更好地适应社会对新闻传播人才提出的新要求，各高校通过教材编写进行课程更新、专业再造，努力使人才培养与社会需求密切接轨。

在传播学领域，由南宁师范大学新闻与传播学院徐健教授编著的《计算传播学与网络爬虫》侧重于对计算传播学与网络爬虫技术应用的讲授，由浅入深地介绍了计算传播学与网络爬虫的概念、发展与应用，同时着重介绍了八爪鱼网络爬虫工具的使用。随着国内对于计算传播学基础概念及其理论研究的不断完善，一众学者将研究的视角转向实践方向，力求通过传播技术的应用实现对传播结构、传播模式、传播内容与效果、传播实践的研究，帮助学生在掌握传播学等人文社会科学的理论之上，学习计算理论知识与计算方法等相关学科的知识。

在广告学领域，来自暨南大学新闻与传播学院的林升梁教授编著了《计算广告学》一书。该书重点探讨的是广告学领域前沿地带的知识，借助大数据与算法使广告与用户实现精准的匹配。全书共分为理论知识与实践操作两大部分：理论知识部分简要地介绍何为计算广告、实现计算广告的技术基础以及应注意规避的法律与伦理问题。而实践操作部分主要包括程序化购买的媒介投放流程、计算广告时代受众的精准营销及客户关系管理、计算广告效果测量的原则与方法等知识。在智媒时代，编者力求通过该本教材提升广告学高校教学手段和教学方法，增强学生的实习实践能力，培养符合媒介环境需求的广告人。

③迎合数据时代发展，强调学生专业实践的转化。

2021年5月，由西安科技大学高新学院新传媒与艺术学院、西安交通大学新闻与新媒体学院、人民邮电出版社主办的全国高校第六届网络与新媒体专业建设研讨会圆满召开，与会嘉宾以较为前瞻性的思维判断行业变化，共讨网络与新媒体专业建设、学科革新、行业发展的新动向。会议上，武汉工程大学秋叶副教授认为，随着新技术的发展，网络与新媒体课程教学要重视结合大数据背景，有针对性地进行教学改革与尝试，从而迎合大数据时代发展，不断提高课堂教学效率。当下，短视频、直播已成为现有网络传播模式的热点，实现短视频、直播类的人才培养直接关系到网络与新媒体专业人才效能转化和后续就业。

2021年，国内学者和业界人士针对短视频创作和直播营销等方面的教材编撰呈现激增态势，十余本教材应运而生。由四川文化艺术学院传媒学院亓怀亮副教授编著的《短视频创作与传播》基于目前较为热门的“短视频文化”，对短视频的核心概念、创作与传播的规律进行梳理，从短视频的认识、策划、拍摄、剪辑、运营、传播与发展等方面进行论述，为学生提供从创作到传播的整体思维框架，呈现短视频创作与传播的各种方法和技巧。

同时，由中关村数字媒体产业联盟执行主席、CIFC智库创始人王斌和中国传媒大学教授共同编著的《直播与短视频深度运营》定位于直播与短视频的运营人员，从运营的基础核心阐述，构建有效的运营体系，重点讲解如何定位、如何构建团队以及业务架构、如何进行用户画像、如何用精彩的精准的视频内容引爆、如何选择产品的渠道分发、如何引流以及如何变现、如何利用公域流量和私域流量繁荣自已的社群、如何采用新老媒体矩阵进行传播、如何进行跨平台深度运营以及变现、如何进行数据分析进行复盘达到复购的目的。

（2）2021年新版新闻传播学教材的出版趋势

①新兴化：加大教材研发力度，丰富特色教材。

之前，高校关于新闻传播学类教材的编写和出版侧重于基础的新闻传播知识的介绍，一些新兴（特色）专业（学科）的教材匮乏，暴露出高校在新闻传播学类教材的开发上存在力度薄弱、教材探索性不足的窘境。近年来，随着网络与新媒体技术的发展，新闻传播教育面临着严峻的挑战，这也促使各高校不断调整培养方法，增加新兴专业课程。目前，全国共计200余所高校开设“网络与新媒体”专业，在开设专业的同时，各高校教师根据专业设置自主研发出如“媒介融合理论与实践”“广告创意学”“数据新闻”等新兴（特色）课程，并针对该课程专门编著出相应的教材，将理论知识与专业实践做到很好的融合。

由湖南师范大学新闻与传播学院的高级编辑刘先根老师联合他人共同编著的《媒介融合与融合新闻导论》是预备给湖南师范大学新闻与传播学院“媒介融合理论与实践”省部共建课程配套使用的前沿精品课教材。全书共分为“媒介融合”和“融合新闻发展”两个部分，既包含媒介融合的内涵、媒介融合的动因及模式、媒介融合背景下的受众等关于媒介融合理论知识的介绍，又包括从融合新闻学的视角分析其媒介形态、媒体组织形态、内容运作、报道结构、管控与治理等内容，充分显示出“理论+实践”的课程特色。

同时，由湖南大学新闻与传播学院李正良教授等人共同编著的《广告创意学》一书是作为首批国家精品在线开放课程广告创意学的配套教材。该书坚持学理性和实践性相结合、专业性和通识性相统一，运用大量优秀广告作品案例，生动地展现了广告创意的魅力，旨在让学生在轻松的学习氛围中走近广告，了解广告创意的过程，培养广告创意的思维，掌握广告创意的方法，体验广告创意之美。

②新型化：迎合新型教学模式，推出新型教材。

在全国高校第六届网络与新媒体专业建设研讨会上，人民邮电出版社古显义主任指出当前网络与新媒体的学科教材出版应当适应新媒体技术环境的发展和需求，应当以融合出版为改革方向，注重立体化的新形态与信息化的线上学习平台相结合。同时，配合微课版或慕课版教学，依托微课、慕课及云课堂资源平台，方便学生进行碎片化、系统化的视频学习。

对此，人民邮电出版社于2021年推出《普通高等院校“十三五”网络与新媒体系列教材》的微课版，共12本教材，分别为由对外经济贸易大学信息学院华迎教授编著的《新媒体营销（微课版）》、扬州大学高功步副教授的《新媒体运营与推广（微课版）》、北京交通大学经济管理学院张润彤教授的《互联网文案写作（微课版）》、北京体育大学新闻与传播学院刘庆振教授等的《短视频制作全能一本通（微课版）》、北京师范大学新闻传播学院喻国明教授和曲慧讲师的《网络新媒体导论（微课版）》、西安交通大学新闻与新媒体学院马晓悦研究员和刘蒙阕讲师的《新媒体数据分析及应用（微课版）》、河南财经政法大学电商与物流学院潘勇教授的《新媒体文案创作与传播（微课版）》、华中科技大学新闻与信息传播学院李卫东教授的《智能新媒体（微课版）》、中国传媒大学广告学院宋红梅副教授的《新媒体文案创作及传播（微课版）》、浙江传媒学院新闻与传播学院王武林副教授的《短视频编辑与创作（微课版）》、华南理工大学新闻与传播学院吴小坤教授和暨南大学新闻与传播学院赵甜芳讲师的《数据新闻理论与实践》以及郑州大学新闻与传播学院邓元兵副教授的《短视频策划、拍摄与制作》。

手机移动平台可以使学生随时随地进行学习，有效地跨越地区的阻碍和时空的差异。微课的特点是简而精，具有内容精练、知识点突出等特点，可有效地应用于手机移动平台。随着移动设备越来越成为高校学生生活中不可或缺的部分，微课资源亦通过它们被广泛地传播和共享，从而可以提高微课教学的应用率。面对时下新型教学模式，新闻传播学专业的教学设计与时俱进，迅速地编撰出一套符合微课授课特点的网络与新媒体系列教材，帮助教师投身于微课教学研究中，提升学生的思辨能力。

通过以上对于2021年新版新闻传播学教材的出版统计与分析，了解新的一年新闻传播学专业教材的出版情况，剖析新闻传播学学科在2021年的建设与发展情况。相较于2020年，新版新闻传播学教材更加顺应互联网时代的发展，无论是教材类别还是教材内容都契合智媒时代、大数据时代的发展。随着教育部和宣传部不断地对新媒体时代下新闻传播学专业学生提出的新要求，学界开始注重产教结合，紧贴行业需求与技术变化，结合高校教育教学特点与要求，整合高校、企业优质资源，推进校、企、社合作共赢。另外，各高校努力挖掘师生的深层次需求，探索适应当下专业课程发展、具有专业参考作用的新型活页式教材。之后，各高校新闻传播学专业的教师依然需要从时下高校教育环境出发，努力地在教材编写上突出专业特点，并将教材与课程设计相结合，打造全面、全能的新闻人才，同样在新闻传播学教材的建设之路上行稳致远。

（南京师范大学　孟宪震、胡正强）

5.4.2　全国主要高校新闻传播类教材使用情况

根据《中国新闻传播教育年鉴》编辑部采集到的数据，本节选取中国新闻传播史、新闻学概论、传播学理论、新闻采访与写作、新闻编辑、新闻评论6种填报数据相对集中的教材作为分析对象。除中国新闻传播史、新闻评论外，另外4种教材的填报样本均在50份以上，相对全国新闻传播教学点的数量，样本量大体在5%。在做统计前，有必要说明：其一，有不少院校存在使用两种及两种以上同类教材的情况，这表明其在教材的使用上态度模棱，为统计的简便与精确起见，本节在统计教材使用的高校数量时暂将这种情形排除在外；其二，中国新闻传播史和新闻评论获取的样本量均有40余份，可能与部分新闻院系的课程设置有关，如获取的数据中有12所新闻院系不开设中国新闻传播史，而开设中外新闻传播史，有6所院系不开设新闻评论，而开设广播电视评论或网络与新媒体评论；其三，在上述6种教材中，“马工程”教材有5种，其中《中国新闻传播史》《西方传播学理论评析》属新近出版，其余三种都是老的“马工程”教材。考虑到教材的推广、接受需要时间，因而，新老“马工程”教材的使用率可能有明显差别。依2020年旧例，此处分做“使用概况”与“使用特点”两块，对2021年新闻传播学教材的使用情况进行介绍。

5.4.2.1　使用概况分述

（1）中国新闻传播史教材的使用概况

44所高校填报了中国新闻传播史课程教材的使用情况，剔除一所多选的高校，其中有13所高校使用“马工程”教材，这些高校有近一半为“双一流”高校，主要分布在华东地区，西北、华南以及华中地区较少分布，东北、西南地区无分布。21所高校使用方汉奇主编的《中国新闻传播史》，这些高校分布甚广，除华南外，全国各地区均有分布。其余9所高校，三所使用了黄瑚的《中国新闻事业发展史》，两所使用了丁淦林的《中国新闻事业发展史》，两所使用了吴廷俊的《中国新闻史新修》，一所使用了陈昌凤的《中国新闻传播史》，另一所使用了王润泽的《中国新闻传播史新编》（详情见表5-9）。

表5-9　　部分高校中国新闻传播史教材的使用概况

教材名称	作（编）者	使用高校数量(所)	其中“双一流”高校数量(所)	各地域使用高校数量（所）（依次按东北、西北、西南、华东、华南、华北、华中等地区顺序列出）
中国新闻传播史	方汉奇	21	9	2/4/1/4/0/7/3
中国新闻传播史	马工程编写组	13	6	0/2/0/7/1/2/1
中国新闻事业发展史	黄　瑚	3	1	1/0/1/1/0/0/0
中国新闻事业发展史	丁淦林	2	0	0/0/1/0/0/0/1
中国新闻史新修	吴廷俊	2	1	0/1/0/1/0/0/0
中国新闻传播史	陈昌凤	1	0	0/0/0/0/0/1/0
中国新闻传播史新编	王润泽	1	0	0/0/1/0/0/0/0

（2）新闻学概论课程教材的使用概况

65所高校填报了新闻学概论课程教材的使用情况，剔除13所多选的高校，其中有38所高校使用“马工程”教材，这些高校遍布全国，有近一半为“双一流”高校。6所高校使用李良荣的《新闻学概论》，占调查高校的比例由2020年的19%降至12%，“双一流”高校的比例由2020年的36%降至17%，覆盖地区也有所萎缩，由2020年的5个地区降至3个地区。其余8所高校，3所高校使用石长顺的《融合新闻学导论》，3所选用刘冰的《融合新闻》，1所高校使用李岩、黄匡宇的《广播电视新闻学》，1所高校使用吴信训的《新编广播电视新闻学》（详情见表5-10）

表5-10　　部分高校新闻学概论课程教材使用情况

教材名称	作（编）者	使用高校数量(所)	其中“双一流”高校数量(所)	各地域使用高校数量（所）（依次按东北、西北、西南、华东、华南、华北、华中等地区顺序列出）
新闻学概论	马工程编写组	38	16	2/5/8/12/2/5/4
新闻学概论	李良荣	6	1	0/0/2/3/1/0/0
融合新闻学导论	石长顺	3	0	0/0/2/0/0/1/0

续表

教材名称	作（编）者	使用高校数量(所)	其中“双一流”高校数量(所)	各地域使用高校数量（所）（依次按东北、西北、西南、华东、华南、华北、华中等地区顺序列出）
融合新闻	刘　冰	3	0	0/1/1/0/0/0/0
广播电视新闻学	李岩、黄匡宇	1	0	0/0/1/0/0/0/0
新编广播电视新闻学	吴信训	1	1	0/1/0/0/0/0/0

（3）传播学原理课程教材的使用概况

59 所高校填报了传播学原理课程教材的使用情况，剔除 13 所多选的高校，其中有 37 所高校使用郭庆光的《传播学教程》，相比 2020 年，该教材的市场占有率下降了 15 个百分点，“双一流” 高校的占比也有所下降，由去年的 43%降至 37%，不过，该教材的地域覆盖面依然甚广，涵盖全国各地区。新近出版的 “马工程” 教材《西方传播学理论评析》的市场占有率并不高，仅接近 10%，相比新近出版的 “马工程” 教材《中国新闻传播史》低了近 20 个百分点。其余 5 所高校，两所使用胡正荣的《传播学概论》，两所使用彭兰的《网络传播概论》，一所使用刘海龙的《大众传播理论：范式与流派》（详情见表 5-11）

表 5-11　　**部分高校传播学原理课程教材的使用概况**

教材名称	作（编）者	使用高校数量(所)	其中“双一流”高校数量(所)	各地域使用高校数量（所）（依次按东北、西北、西南、华东、华南、华北、华中等地区顺序列出）
传播学教程	郭庆光	37	14	3/6/9/7/5/4/3
西方传播学理论评析	马工程编写组	4	2	0/1/0/1/0/1/1
传播学概论	胡正荣	2	0	0/0/2/0/0/0/0
网络传播概论	彭　兰	2	0	0/0/0/1/0/1/0
大众传播理论：范式与流派	刘海龙	1	0	0/0/1/0/0/0/0

（4）新闻采访与写作课程教材的使用概况

63 所高校填报了新闻采访与写作课程教材的使用情况，剔除 1 所多选的高校，其中有 61 所高校使用“马工程”教材，这些高校遍布全国，有近一半为“双一流”高校。余下一所高校使用了高钢、潘曙雅的《新闻采访与写作》。相对 2020 年尚且零散的局面，《新闻采访与写作》“马工程”教材实现了一统江山，其市场占有率高达 98%，较 2020 年提高了 27 个百分点（详见表 5-12）。

表 5-12　　**部分高校新闻采访与写作课程教材使用概况**

教材名称	作（编）者	使用高校数量(所)	其中“双一流”高校数量(所)	各地域使用高校数量（所）（依次按东北、西北、西南、华东、华南、华北、华中等地区顺序列出）
新闻采访与写作	马工程编写组	61	27	1/9/15/15/6/8/7
新闻采访与写作	高钢、潘曙雅	1	0	0/0/0/1/0/0/0

（5）新闻编辑课程教材的使用概况

52 所高校填报了新闻编辑课程教材的使用情况，剔除 3 所多选的高校，其中有 45 所高校使用“马工程”教材，这些高校遍布全国，有近一半为“双一流”高校。与《新闻采访与写作》“马工程”教材一样，《新闻编辑》“马工程”教材也基本实现了一统江山，其市场占有率高达 92%，较 2020 年提高了 27 个百分点（详见表 5-13）。

表 5-13　　**部分高校新闻编辑课程教材使用概况**

教材名称	作（编）者	使用高校数量(所)	其中“双一流”高校数量(所)	各地域使用高校数量（所）（依次按东北、西北、西南、华东、华南、华北、华中等地区顺序列出）
新闻编辑	马工程编写组	45	21	1/7/9/12/5/8/3
新闻编辑学	蔡雯等	4	0	0/0/1/0/1/0/2

（6）新闻评论课程教材的使用概况

47 所高校填报了新闻评论课程教材的使用情况，其中有 24 所高校使用马少华的《新闻评论教程》，这些高校遍布全国，有近一半为“双一流”高校。12 所高校使用丁法章的《当代新闻评论教程》，这些高校也分布甚广，各区均有分布，不过，涉及“双一流”高校较少，仅 1 所。各有 3 所高校分别使用赵振宇的《现代新闻评论》、徐兆荣的《实用新闻评论写作教程》以及李舒的《新闻评论》，当中不乏“双一流”高校。其余两所高校，一所使用了刘茂华、焦俊波的《新闻评论：原理、方法与案例》，另一所使用了贾奎林的《新闻评论应用教程》，巧合的是，这两所高校均来自西南地区（详见表 5-14）。

表 5-14　　部分高校新闻编辑课程教材使用概况

教材名称	作（编）者	使用高校数量(所)	其中“双一流”高校数量(所)	各地域使用高校数量（所）（依次按东北、西北、西南、华东、华南、华北、华中等地区顺序列出）
新闻评论教程	马少华	24	10	1/4/7/3/1/4/4
当代新闻评论教程	丁法章	12	1	1/1/5/2/1/1/1
现代新闻评论	赵振宇	3	1	0/0/0/1/0/1/1
实用新闻评论写作教程	徐兆荣	3	1	0/1/0/1/1/0/0
新闻评论	李　舒	3	1	0/2/1/0/0/0/0
新闻评论：原理、方法与案例	刘茂华 焦俊波	1	0	0/0/1/0/0/0/0
新闻评论应用教程	贾奎林	1	0	0/0/1/0/0/0/0

5.4.2.2　使用特点分析

从上述 6 种教材的使用情况来看，同 2020 年一样，在热点教材、热点作者以及教材覆盖面等方面依然存在不少共同之处，但同时也呈现出与过往明显不同的特点。综合来看，2021 年新闻传播学教材的使用特点，大体可概括为以下三点。

（1）马工程教材市场表现悬殊

在老的“马工程”教材中，除《新闻学概论》“马工程”教材的市场占有率有小幅回落外（较 2020 年下降 3 个百分点），《新闻采访与写作》《新闻编辑》等“马工程”教材的使用率均有大幅增长，其中《新闻采访与写作》马工程教材的市场占有率较 2020 年的 71%提高了 27 个百分点，《新闻编辑》“马工程”教材的市场占有率也较 2020 年提高了 27 个百分点。

新近出版的《中国新闻传播史》“马工程”教材，仅有近三成的市场占有率。不过，应该看到，一下子达到近三成的市场占有率是不易的，获得这些市场份额无异于虎口夺食，须得从那些老牌的教材口中生生夺来。尽管以往没有这方面的数据，但从其他类似教材市场占有率的波动可窥一斑。比如郭庆光的《传播学教程》，2020 年的市场占有率为 95%，因“马工程”教材《西方传播学理论评析》的出版等因素，2021 年降了 15%。从此次反馈来的数据可以看到，方汉奇的《中国新闻传播史》的市场占有率不到 50%，可能就是受了《中国新闻传播史》“马工程”教材的冲击。新近出版的《西方传播学理论评析》马工程教材，其市场占有率更低，仅为一成。

（2）传统经典教材依然呈现集中使用态势

这个集中一方面是指相对集中，如方汉奇的《中国新闻传播史》和马少华的《新闻评论教程》，尽管其市场占有率仅在五成上下，但这种市场占有率已远超同类教材；另一方面是指相当集中，如郭庆光的《传播学教程》，尽管相对 2020 年 95%的市场占有率有所下降，但依然有 80%左右的市场份额。

应该说，这些传统的经典教材及其编撰者在政治上、学术上是经得起考验的，事实上也是经受过考验的，然而，可以预见的是，随着相关“马工程”教材的纷纷面市，原来的经典教材市场将日见萎缩。比如，上面提到的郭庆光的《传播学教程》，其市场占有率较上年下降了 15 个百分点；方汉奇的《中国新闻传播史》，其市场占有率已不到 50%；李良荣的《新闻学概论》，其市场占有率也较上年下降了近 10 个百分点。如此一来，极有可能出现这样一种局面，“马工程”教材占据完全的市场，而原来传统的经典教材边缘化乃至去市场化，可问题在于不少经典教材的作者并非“马工程”教材的首席专家。

（3）部分高校同时使用多种同科教材

在 2021 年的新闻传播教材使用情况中，有一个突出的现象，那就是不少同科教材同时被一些高校使用。当中较为典型的是新闻学概论和传播学理论这两门课程的教材，其中，在 65 所填报新闻学概论课程教材使用情况的高校中，就有 13 所高校同时使用多种同科教材，占比达 20%；在 59 所填报传播学理论课程教材使用情况的高校中，就有 13 所高校同时使用多种同科教材，占比达 22%。详情见表 5-15 和表 5-16。

表 5-15　**新闻学概论课程教材多选情况一览表**

教材名称	作（编）者	高校名称
新闻学概论	马工程编写组	大理大学
融合新闻学导论	石长顺	

续表

教材名称	作（编）者	高校名称
新闻学概论	马工程编写组	云南民族大学
融合新闻学	刘涛	云南民族大学
新闻学概论	马工程编写组	石河子大学
融合新闻学	刘涛	石河子大学
新闻学概论	马工程编写组	安徽师范大学
融合新闻学导论	石长顺	安徽师范大学
新闻学概论	马工程编写组	南京大学
新闻理论研究导引	丁和根	南京大学
新闻学概论	马工程编写组	西北政法大学
融合新闻学	刘涛	西北政法大学
新闻学概论	马工程编写组	新疆财经大学
财经新闻概论	莫林虎	新疆财经大学
融合新闻学导论	石长顺	新疆财经大学
新闻学概论	马工程编写组	大连理工大学
新闻学概论	李良荣	大连理工大学
新闻学概论	马工程编写组	海南师范大学
融合新闻学导论	石长顺	海南师范大学
新闻学概论	马工程编写组	黑龙江大学
融合新闻学导论	石长顺	黑龙江大学
新闻学概论	马工程编写组	内蒙古大学
融合新闻学	刘涛	内蒙古大学
新闻学概论	马工程编写组	新疆大学
融合新闻	刘冰	新疆大学
新闻学概论	马工程编写组	中国政法大学
融合新闻学	刘涛	中国政法大学

表 5-16　　传播学原理课程教材多选情况一览表

教 材 名 称	作（编）者	高校名称
传播学教程	郭庆光	云南师范大学
传播学总论	胡正荣	
传播学教程	郭庆光	南京大学
网络传播概论	彭兰	
传播学教程	郭庆光	宁夏大学
网络传播概论	彭兰	
传播学教程	郭庆光	西北政法大学
网络传播概论	彭兰	
传播学教程	郭庆光	中国地质大学（武汉）
网络传播概论	彭兰	
传播学教程	郭庆光	贵州师范大学
人际传播学：理论与能力	胡春阳	
传播学教程	郭庆光	南京师范大学
网络传播学概论	匡文波	
大众传播学导论	陈龙	苏州大学
计算传播学导论	张伦等	
传播学总论	胡正荣	天津师范大学
网络传播概论	彭兰	
传播学教程	郭庆光	新疆大学
融媒体传播	栾轶玫	
西方传播学理论评析	马工程编写组	中国政法大学
传播学教程	郭庆光	
西方传播学理论评析	马工程编写组	中央民族大学
网络传播概论	彭兰	
传播学教程	郭庆光	重庆工商大学
网络传播概论	彭兰	

从表 5-15 和表 5-16 可以清晰地看到，“马工程”教材和传统经典教材占据绝对的主流，《新闻学概论》“马工程”教材更是实现了多选高校的全面覆盖，郭庆光的《传

播学教程》也占到了多选高校的近80%。同时，另一个趋向也值得关注，那就是紧跟新业态的新闻传播教材备受欢迎，如《融合新闻学》一类教材占到了多选高校的85%，《网络传播》《计算传播》《融媒体传播》等一类教材占到了多选高校的77%。

（华中师范大学　张继木）

5.5　实验室与实践基地

5.5.1　2021年教育部、工信部、新闻出版署相关文件及实验室建设项目立项动态

5.5.1.1　教育部首批哲学社会科学重点实验室试点建设名单公布

2020年12月31日教育部社会科学司发布了《教育部社科司关于启动教育部哲学社会科学重点实验室试点建设工作的通知》（教社科司函〔2020〕125号）。经过申报和评审，2021年12月教育部印发《教育部办公厅关于公布首批教育部哲学社会科学实验室名单的通知》（教社科厅函〔2021〕22号），正式公布首批教育部哲学社会科学实验室名单，包括9所试点高校和21所培育高校。

教育部哲学社会科学实验室（试点）包括：北京大学语言学实验室；清华大学计算社会科学与国家治理实验室；中国传媒大学国家舆情实验室；中国政法大学数据法治实验室；南开大学经济行为与政策模拟实验室；吉林大学生物考古实验室；合肥工业大学数据科学与智慧社会治理实验室；武汉大学文化遗产智能计算实验室；上海师范大学、上海市教育科学研究院教育大数据与教育决策实验室。

教育部哲学社会科学实验室（培育）包括：中国人民大学数字政府与国家治理实验室；北京师范大学汉字汉语研究与社会应用实验室；北京外国语大学人工智能与人类语言实验室；中央音乐学院音乐人工智能实验室；对外经济贸易大学全球价值链研究院；天津大学复杂管理系统实验室；复旦大学国家发展与智能治理综合实验室；上海交通大学数字化管理决策实验室；华东师范大学智能教育实验室；上海财经大学会计与财务研究院；南京大学数据智能与交叉创新实验室；浙江大学艺术与考古图像数据实验室；华中科技大学大数据与国家传播战略实验室；中山大学大数据管理行为与决策实验室；西南财经大学金融安全与行为大数据实验室；西安交通大学系统行为与管理实验

室；北京航空航天大学低碳治理与政策智能实验室；中国科学院大学数字经济监测预测预警与政策仿真实验室；中国美术学院文创设计智造实验室；华南师范大学儿童青少年阅读与发展实验室；云南大学“一带一路”研究院。

此次实验室建设体现了人文社科学科交叉融合的发展方向，如中国人民大学立足“独树一帜”的人文社会科学学科优势，近年来积极探索教学与科研互融互促的新型文理交叉。学校成立高瓴人工智能学院、区块链研究院，探索建立新型交叉研究中心，打造“数字+社会科学”学科交叉生态体系；成立数字政府与国家治理实验室、数字清史实验室、数据法学实验室、实验经济学与行为经济学大数据实验室、国际传播大数据智能实验室等一批新文科主题实验室，促进技术赋能学科交叉融合；成立国家治理与舆论生态研究院，构建新时代舆论生态研究、评价与决策支持的引领性平台；搭建多层次数据智能平台，促进优势人文社会学科与人工智能、大数据、区块链、云计算等深度融合，支撑传统学科转型和新文科建设。

此次建设的部分实验室为新闻传播学牵头或参与建设，如中国传媒大学国家舆情实验室、清华大学计算社会科学与国家治理实验室、华中科技大学大数据与国家传播战略实验室等。

根据相关文件精神，首批的教育部哲学社会科学实验室建设周期为期 5 年，并且包含试运行期一年，其间会给予一定的经费资助。试运行期没有通过考核的，将会取消资助，限期整改；建设期满未通过考核的予以退出。下面选取两个具有代表性的实验室作简要介绍：

①华中科技大学大数据与国家传播战略实验室。

为响应国家重大需求，华中科技大学于 2018 年设立大数据与国家传播战略实验室。实验室面向国家重大战略，以华中科技大学国家传播战略研究院、新闻与信息传播学院为基础，汇聚学校新闻传播学、公共管理学、计算机科学、网络空间安全、公共卫生与预防医学等优势学科，旨在从“环球民意与国家形象”“舆论生态与政治认同”“公共卫生事件与健康舆情”“媒体责任与网络空间安全”四大方向开展跨学科前沿研究。

自 2018 年以来，大数据与国家传播战略实验室吸纳多学科的科学装置与海量的数据资源，创新性地分析复杂问题及其规律，研发新一代实验平台与工具，探索利用大数据、人工智能等新技术解决国家战略传播具体问题，探索并支撑哲学社会科学研究范式的跨越升级。

在未来建设中，大数据与国家传播战略实验室将按照国家发展需求及国家战略需要，合理布局研究方向，推动国家传播战略相关研究更高质量的发展，引领国家传播战略相关学科建设、为国民经济和国家建设提供关键技术支持并产生具有国际影响的原创性研究成果。

②清华大学计算社会科学与国家治理实验室。

该实验室是2021年12月教育部批准试点建设的首批哲学社会科学实验室，是促进文科与理工学科交叉融合的综合支撑平台与创新基地。实验室立足公共管理、政治学、法学、经济学、新闻传播学、社会学等哲学社会学科，融合计算机科学与技术、电子信息科学与技术、软件工程、数学等理工学科资源，将着力建设基于数据融合、大数据技术与工具的基础条件平台，基于数据密集研究范式下的社会科学学科创新平台，面向经济社会重大场景应用和需求的治理仿真平台，以及面向国家治理急需复合型人才培养的教学实验平台。实验室由副校长彭刚兼任主任，公管学院教授孟庆国任执行主任。

5.5.1.2 教育部办公厅发布《关于开展第二批国家级一流本科课程认定工作的通知》

2021年4月8日教育部办公厅发布《关于开展第二批国家级一流本科课程认定工作的通知》（教高厅函〔2021〕13号）发布。该通知指出，为贯彻落实党的十九届五中全会精神，贯彻落实习近平总书记关于教育的重要论述，全面落实全国教育大会、新时代全国高等学校本科教育工作会议要求，根据《教育部关于一流本科课程建设的实施意见》(教高〔2019〕8号)，决定开展第二批国家级一流本科课程认定工作。

上述通知中提出了申报推荐基本要求，即第二批国家级一流本科课程拟认定5000门左右线上、线下、线上线下混合式、虚拟仿真实验教学和社会实践等五类国家级一流本科课程，依照《“双万计划”国家级一流本科课程推荐认定办法》规定开展课程推荐认定工作。申报推荐课程须为普通本科高校纳入人才培养方案且设置学分的本科课程，包括思想政治理论课、公共基础课、专业基础课、专业课以及通识课等独立设置的本科理论课程、实验课程和社会实践课程等。

5.5.1.3 教育部等六部门发布《关于推进教育新型基础设施建设构建高质量教育支撑体系的指导意见》

2021年7月8日教育部等六部门发布《关于推进教育新型基础设施建设构建高质量教育支撑体系的指导意见》（教科信〔2021〕2号)。意见指出，教育新型基础设施是以新发展理念为引领，以信息化为主导，面向教育高质量发展需要，聚焦信息网络、平台体系、数字资源、智慧校园、创新应用、可信安全等方面的新型基础设施体系。教育新型基础设施建设（以下简称教育新基建）是国家新基建的重要组成部分，是信息化时代教育变革的牵引力量，是加快推进教育现代化、建设教育强国的战略举措。

该意见的指导思想为，以习近平新时代中国特色社会主义思想为指导，全面贯彻党的教育方针，落实立德树人根本任务，准确把握新发展阶段、贯彻新发展理念、构建新发展格局，以技术迭代、软硬兼备、数据驱动、协同融合、平台聚力、价值赋能为特征，加快推进教育新基建。以教育新基建壮大新动能、创造新供给、服务新需求，促进线上线下教育融合发展，推动教育数字转型、智能升级、融合创新，支撑教育高质量发展。

意见中提出的建设目标为，到 2025 年，基本形成结构优化、集约高效、安全可靠的教育新型基础设施体系，并通过迭代升级、更新完善和持续建设，实现长期、全面的发展。建设教育专网和“互联网+教育”大平台，为教育高质量发展提供数字底座。汇聚生成优质资源，推动供给侧结构性改革。建设物理空间和网络空间相融合的新校园，拓展教育新空间。开发教育创新应用，支撑教育流程再造、模式重构。提升全方位、全天候的安全防护能力，保障广大师生切身利益。

意见中指明了重点方向：第一，信息网络新型基础设施：充分利用国家公共通信资源，畅通连接全国各级各类学校和教育机构间的教育网络。提升学校网络质量，提供高速、便捷、绿色、安全的网络服务。第二，平台体系新型基础设施：推动各级各类教育平台融合发展，构建互联互通、应用齐备、协同服务的“互联网+教育”大平台。第三，数字资源新型基础设施：依托国家数字教育资源公共服务体系，推动数字资源的供给侧结构性改革，创新供给模式，提高供给质量。第四，智慧校园新型基础设施：支持有条件的学校利用信息技术升级教学设施、科研设施和公共设施，促进学校物理空间与网络空间一体化建设。第五，创新应用新型基础设施：依托“互联网+教育”大平台，创新教学、评价、研训和管理等应用，促进信息技术与教育教学深度融合。第六，可信安全新型基础设施：有效感知网络安全威胁，过滤网络不良信息，提升信息化供应链水平，强化在线教育监管，保障广大师生的切身利益。

5.5.1.4 工业和信息化部等十部门印发的《5G 应用“扬帆”行动计划（2021—2023 年）》

2021 年 7 月 13 日，工业和信息化部等十部门印发的《5G 应用“扬帆”行动计划（2021—2023 年）》提出，到 2023 年，我国 5G 应用发展水平显著提升，综合实力持续增强。该行动计划提出我国 5G 应用发展总体目标。到 2023 年，我国 5G 应用发展水平显著提升，综合实力持续增强，实现重点领域 5G 应用深度和广度双突破。其中，5G 应用关键指标目标值大幅提升，5G 个人用户普及率超过 40%，用户数超过 5.6 亿；5G 网络接入流量占比超 50%，5G 网络使用效率明显提高。该行动计划提出，在社会民生领域，打造一批“5G+智慧教育”等样板项目。

5.5.1.5 工业和信息化部办公厅、教育部办公厅发布《关于组织开展“5G+智慧教育”应用试点项目申报工作的通知》

2021年9月27日工业和信息化部办公厅、教育部办公厅发布《关于组织开展“5G+智慧教育”应用试点项目申报工作的通知》(工信厅联通信函〔2021〕233号)。该通知指出，为深入贯彻党中央、国务院关于加快5G发展、加强教育信息化工作的决策部署，加快推进《5G应用“扬帆”行动计划(2021—2023年)》的实施，促进5G与教育融合创新发展，按照“育人为本、多方协同、问题导向、深度融合”的原则，工业和信息化部、教育部联合开展“5G+智慧教育”应用试点项目申报工作。

该项目的试点目标为，通过征集并遴选一批利用5G网络的教育信息化最佳实践和解决方案，培育一批以5G为代表的新一代信息通信技术与教育教学创新融合的典型应用，树立一批可复制推广、可规模应用的发展标杆，为推动“5G+智慧教育”创新发展提供经验，助力教育高质量发展。

该通知中指出该项目的试点内容包括，依托5G网络超高速、低时延、大连接、高可靠等特性，综合运用人工智能、大数据、云计算、物联网、虚拟仿真等信息技术，围绕“教、考、评、校、管”等教育领域重点环节，鼓励各地、各校、各单位开展各类“5G+智慧教育”应用创新，探索典型应用场景，推动相关技术、产品、方案等加快成熟。试点内容包括但不限于以下主要方向：5G+互动教学、5G+智能考试、5G+综合评价、5G+智慧校园、5G+区域教育管理。

5.5.1.6 《国家新闻出版署关于发布出版业科技与标准重点实验室名单的通知》

2021年2月3日《国家新闻出版署关于发布出版业科技与标准重点实验室名单的通知》(国新出发函〔2021〕7号)发布。该通知指出，根据《国家新闻出版署关于开展出版业科技与标准重点实验室申报工作的通知》(国新出发函〔2020〕239号)要求，经对申报的重点实验室进行综合评审，现确定“新闻出版智能媒体技术重点实验室”等42家实验室为出版业科技与标准重点实验室(见表5-17)。

表5-17 **高校牵头建设的出版业科技与标准重点实验室名单**

序号	牵头单位	实验室名称
1	北京大学	新闻出版智能媒体技术重点实验室
2	北京理工大学出版社有限责任公司	出版产业通用数据交换技术重点实验室

续表

序号	牵头单位	实验室名称
3	北京师范大学	出版业用户行为大数据分析与应用重点实验室
4	北京体育大学	体育融合出版可视化技术重点实验室
5	北京印刷学院	新闻出版领域关键技术研发及应用综合实验室
6	北京语言大学出版社有限公司	出版业“一带一路”国别化语言服务关键技术研发与应用重点实验室
8	北方工业大学	CNONIX 国家标准应用与推广重点实验室
12	南京大学	智慧出版与知识服务重点实验室
13	清华大学出版社有限公司	教育领域融合出版知识挖掘与服务重点实验室
16	陕西师范大学	西部多语种文化资源智慧出版重点实验室
17	上海出版印刷高等专科学校	智能与绿色柔版印刷重点实验室
18	上海理工大学	可信数字版权生态与标准重点实验室
20	四川大学出版社有限责任公司	融合出版超高清视频技术应用重点实验室
22	武汉大学	语义出版与知识服务重点实验室
23	武汉理工大学	融合出版智能服务技术与标准重点实验室
28	中国传媒大学	融合出版与文化传播重点实验室

5.5.2 各高校实验中心（室）建设情况

5.5.2.1 国家级重点实验室建设情况

2021 年 11 月 6 日，媒体融合与传播国家重点实验室（中国传媒大学）（以下简称“国重实验室”）学术委员会 2021 年度会议举行。参加会议的有中国工程院院士、国重实验室学术委员会主任高文，中国工程院院士、国重实验室学术委员会副主任丁文华；科技部高技术研究发展中心国家重点实验室管理处处长闫金定、基础研究司基地处副处长李旭彦，教育部科学技术与信息化司基础研究与社会发展处副处长李人杰；中国传媒大学新闻传播学部学部长、国重实验室学术委员会副主任高晓虹，中国工程院院士、北京邮电大学教授张平，清华大学教授朱文武，复旦大学新闻学院院长米博华，中国国际公共关系协会副会长王冬梅，北京电影学院党委副书记、副校长胡智锋，上海交通大学媒体与传播学院院长李本乾，武汉大学新闻与传播学院院长强月新，媒介音视频教育部重点实验室主任张勤，国重实验室首席科学家吕锐，脑科学与智能媒体研究院院长曹立宏等国重学术委员会委员；中国传媒大学党委书记、校长、国重实验室主任廖祥忠，中国传媒大学副校长、国重实验室常务副主任段鹏，中国传媒大学副校长、国重实验室执行主任王晖等。

廖祥忠教授表示中国传媒大学媒体融合与传播国家重点实验室的主要任务，是基于信息计算的信息传播。信息计算是科学问题，信息传播是国家战略，实验室将进一步凝练研究方向和科学问题，投入重兵，系统布局，持续深入做好研究，服务国家重大战略。中国传媒大学副校长、国重实验室常务副主任段鹏教授重点介绍了国重实验室在媒体融合服务模式理论及实践体系、媒体融合传播理论与智库构建、5G 通信与广播新型融合网络、数字内容产业技术服务云平台等方面的研究成果。国重实验室首席科学家吕锐教授详细汇报了 5G 广播系统所取得的进展。

与会领导专家对国重实验室今后的建设提出了前瞻性意见：国重实验室建设应面向国际传播战略体系构建的国家重大需求，进一步凝练科学问题，力争实现方法论的突破；根据科学问题，优化组合团队进行重点攻关；聚焦标志性成果培育，提升特色核心竞争力。

5.5.2.2 国家级实验室教学示范中心建设情况

（1）中国人民大学新闻传播实验中心

2021 年 4 月 2 日，“文科实验教学改革与实验室建设研讨会”在中国人民大学召开，会议期间与会专家访问了新闻传播实验中心。新闻学院执行院长周勇教授陪同参观了融媒体与智慧传播创新孵化平台和学院演播室。周勇院长介绍了新闻传播实验中心的发展历史、设施设备、融媒体与智慧传播创新孵化平台、演播室的技术发展、实验室建设与定位等方面的情况。

新闻学院实验中心发轫于 1955 年中国人民大学新闻系成立之时建立的新闻摄影实验室，系全国最早的文科实验室之一，亦是全国新闻教育机构中最早成立的实验教学平台。20 世纪 80 年代中期和 90 年代初期，新闻传播实验中心又相继成立广播电视实验室和激光照排实验室，实验室的个数和规模不断扩大，覆盖的专业领域不断增加；1997 年，中国人民大学新闻学院将摄影、广播电视、报纸新闻采编、媒体管理、网络新闻传播和广告制作等各种专业实验功能加以整合，正式组建“新闻传播实验中心”；2000 年，实验中心通过北京高等学校基础课实验室评估；2006 年，实验中心成为北京市实验教学示范中心；2009 年，实验中心被评为国家级实验教学示范中心建设单位；2012 年，实验中心顺利通过验收，正式成为国家级实验教学示范中心。目前，新闻传播实验中心响应新文科建设的时代号召，在传统实验室的基础上推出了虚拟仿真实验教学平台、融媒体与智慧传播创新孵化平台、明新影像工坊等跨学科的虚拟仿真实验室，不断示范引领国内新闻传播教育机构的实验教学模式革新和演变。

（2）武汉大学新闻传播学实验教学中心

2021 年 12 月 15 日，武汉大学新闻传播学实验教学中心举办了“融媒体实践教学平台建设”项目预验收会。中标公司汇报了项目概况、项目详细建设过程、各实验中心场地效果、各实验设备功能等。参加预验收的领导与老师参观了融媒体指挥中心、大数据与媒介效果研究中心、融媒体内容制作中心、融媒体内容发布中心、融媒体创客中心，并做了部分设备功能的演示。

（3）安徽大学新闻传播实验教学中心

2021 年 11 月，《真挚卓践——安徽大学（国家级）实验教学示范中心成果汇编》一书由合肥工业大学出版社出版。该书详细介绍了安徽大学（国家级）实验中心学生组织十年来的发展历程、获得荣誉、实践成果等，包括刊登在《中国青年报》的文章、获得中国大学生计算机设计大赛的国家级奖项、中国大学生广告艺术节奖项等、公益午餐活动、获得全国百强校媒荣誉等。该书以年份梳理、事件归类、图片展示的方式汇编真知创新中心十年来的实践经历、优秀人物、传承故事。最后将成果荣誉凝聚在其理念：温暖、公益、实践、创新当中，激励真知创新成员不忘初心，再接再厉。

（4）南京大学传媒实验教学中心

2021 年 10 月 25 日，南京大学新闻传播学院召开“未来编辑部”改版暨实践教学推进会，就《南京大学新闻传播学院“未来编辑部”实践教学手册（征求意见稿）》提出建议和意见，在课程培养、对外发布、公共服务等方面进行了充分讨论。

南京大学新闻传播学院执行院长张红军表示，“未来编辑部”作为国家级一流本科实践课程，在全国具有较大影响力。学院全力支持“未来编辑部”的完善和发展，教师要更好地发挥指导和把关的职责，让“未来编辑部”更加严谨规范，更具品牌价值。

该院党委书记刘源带领参会人员重温了习近平总书记在会见中国记协第九届理事会和中国新闻奖、长江韬奋奖获奖者代表时对新闻工作者提出的殷切希望。刘源强调，“未来编辑部”的人才培养工作要以马克思主义新闻观为统领，树立“回归教学，回归课堂”的理念，实现“通过专业实践训练提升学生新闻业务素养，通过优质学生媒体巩固意识形态阵地”的双追求，注重学习训练和平台发表、关心厚爱和严格把关等方面的平衡，不断提升学生实践作品质量，确保高质量的实践教学作品呈现在新媒体平台上，帮助学生形成正确的新闻价值判断力和业务观。

“未来编辑部”是南京大学新闻传播学院开设的模块化新闻实务实践教学课程，

2020年被教育部认定为国家级一流本科实践课程。经过此次改版和优化，“未来编辑部”实践课程将严格遵照《教育部　中共中央宣传部关于提高高校新闻传播人才培养能力　实施卓越新闻传播人才教育计划2.0的意见》精神，着力培养新闻学子在新媒体环境下的思想素质、前沿视野、创新精神、人文关怀、实践能力，融合课堂内外、打通校园社会、整合教学资源，为学生打造新闻实践全景训练场景。

（5）陕西师范大学数字传媒技术实验教学中心

①新建“多通道影视剧配音与混音实验室”。该实验室采用业界领先的Avid Pro Tools音频处理系统，使用该系统可以进行视音频配音编译，专业配音的制作、复制或生产，也能够提供影视节目作品的录音和影音翻译、声音（音响）设计、配音、音像导演、音乐编辑、音效录制、字幕制作的仿真操作环境。

该实验室新增两类实验实训课程体系。一是录音技术：普通话口语训练、声音采集技术、数字化媒体与应用、配音创编实践、动漫配音、戏剧与影视声音后期处理。二是音频编辑：声音设计、数字化声音效果设计、音频剪辑与制作、混音器使用、Avid Pro Tools应用实践。

②改造“戏剧与影视艺术综合剧场”。2018年，该中心建立了戏剧与影视艺术综合剧场；2021年新增舞台大屏幕LED系统，同时更新了音频处理系统，新增多通道摄像机导播系统。经过改造，初步实现了影视创作的“三大空间”：文艺空间、戏剧空间和影视空间，成为一个集教学、排练、演出、节目录制、展映等为一体的综合实验室。该中心可以用来进行原创话剧、小品以及片段的排演，帮助学生完成各个阶段的汇报；亦可用于形体房/练功房。区别于其他实验室，影视创作实验室功能完善设备丰富，该剧场能为学生教学活动提供一个观摩优质影片的场所，另外，可以作为一个标准放映厅进行学术交流、展映活动，以及学生制作的微电影、纪录片等教学成果展示。在教学层面，可以帮助学生提高对舞台训练的综合运用，丰富学生的学习和实践，包括采编、播出、摄像、舞台管理、音效控制、灯光控制、服装化妆。

③实验室信息化建设。为了解决学生使用设备和实验室审批流程繁琐的问题，实验中心自主开发了实验室信息化管理系统，目前已上线设备在线预约借用系统，学生可以通过微信服务号（陕西师范大学新闻与传播学院）预约设备，实现无纸化登记，同时实验室管理员可以通过管理系统实时掌握设备使用情况。实验室使用预约系统也将于近期上线，届时可以通过服务号预约使用融媒体中心（南301）、多通道影视剧配音混音实验室（南303）、戏剧与影视艺术综合剧场（北101）、媒体融合实验室（314）、动画实验室（323）和影视后期实验室（325）等开放性实验室。

（6）浙江师范大学信息传播实验教学中心

在完成前期定方案、制标书、招标、评标和公示等环节的基础上，2021 年 7 月 5 日—9 月 3 日暑假期间，信息传播实验教学中心协助本科教学部完成了学校第五期智慧录播教室的建设和改造任务。

第五期共建设了 39 间智慧录播教室，分为三种类型：一是交互式智慧录播教室，核心设备包括网络智能中控、希沃双机位高清录播系统、98 寸/86 寸大屏显示终端、触控显示器、交互式无线投屏系统、超星智慧课堂互动设备；二是智慧录播教室，核心设备包括网络智能中控、希沃双机位高清录播系统、触控显示器、激光超短焦投影机+搪瓷白板；三是录演室，核心设备包括网络智能中控、LED 高清显示系统、会议摄像系统。

第五期智慧录播教室为教学提供简洁易用的本地授课录播、远程授课互动、教学资源共享、教研数据采集、教学过程评价等功能。教师上课时可以一键操作，录播采用教师、学生双机位高清摄像机跟踪拍摄，录制效果包含教师特写、教师全景、学生全景、学生特写。录制的视频教师可以通过本地下载，视频经管理员发布后也可以远程访问下载。

（7）深圳大学传媒实验教学中心

10 月 13 日，智云稳定器（深圳）向中心赠送了 2 台智云（zhiyun）稳定器云鹤 2S 和 3 台智云（zhiyun）云鹤 M2，并与中心达成相关合作意向，共同挂牌“数字影像创作实验室”。双方共建“数字影像创作实验室”，是在影像生产不断升级和大众化生产越来越普及的背景下，业界与学界主动联合，共同探讨育人路径的尝试。智云相关负责人表示，智云不仅仅是业内生产稳定器等硬件的头部公司，也是连通产业链上下游，对接抖音、MCN 与政府、公司等的中间平台。它可以把行业里最好的达人资源、培训资源等引入学院，为学院培养新媒体视听人才贡献力量。

12 月 30 日，深圳大学与深圳报业集团战略合作签约仪式暨未来媒体（深圳）实验室揭牌仪式在深圳报业集团新媒体大厦八楼演播厅举行。仪式上，深圳大学与深圳报业集团签订了《深圳报业集团深圳大学战略合作框架协议》，并为未来媒体（深圳）实验室及实习实践基地和深圳报业集团政务融媒体服务中心、深圳报业政务融媒体运营有限公司揭牌。

深圳大学与深圳报业集团的战略合作，是双方开展深圳文化软实力提升行动的重要举措，为主流媒体的融合发展和转型发展提供智力支撑，为培育有湾区特色的新闻传播教育模式提供实践范例。此次合作将深化“产学研”结合，建设国内领先水平的省级融媒体重点实验室，加快传媒关键技术的研究突破，以实验室新技术改造新闻的生产、传播方式，推动媒体融合向纵深发展。此外，还将以共建实习实践基地、媒体实验室为契机，发挥深圳大学传播学院硕士点、博士点、博士后工作流动站、集团博士后工作站优势，积极培养深圳中国特色社会主义先行示范区新闻传播学科、全媒体发展所需的技术和内容运营人才。

（山东大学　倪万）

5.6　创新创业教育

创新创业是现代社会发展的重要动力，也是国家经济增长的重要引擎。目前，创新创业已经上升为国家战略。《中华人民共和国国民经济和社会发展第十四个五年规划和2035年远景目标纲要》明确指出，推进创新创业创造向纵深发展，优化双创示范基地建设布局，倡导敬业、精益、专注、宽容失败的创新创业文化，完善试错容错纠错机制。

目前，创新创业已经逐渐成为新闻传播专业在校大学生和毕业大学生的一种新型职业选择方式。2021年，国内各高校新闻传播学院继续深化创新创业教育，促进高校在校生和毕业生更高质量地创新创业。

5.6.1　创新创业特色做法

为响应国家号召，培养更多符合社会发展需要的创新创业型人才，多家新闻传播学院开展了各具特色的创新创业教育。

5.6.1.1　开展创新创业指导

①举办创新创业讲座。讲座作为扩大学生知识积累的一种教学活动形式，是各高校开展创新创业教育的一种普遍方式。南京晓庄学院以技术为切入点，依托校友资源开办创新创业讲座。内容重点围绕如何创立新型企业展开，具体内容包括创业者的精神，构建以专业知识为基础的完整知识体系，打造志同道合的创业伙伴团队，最终要把握机遇进行勇敢尝试。这些讲座不仅加强了校友和母校之间的联系，也使学生更加深入地了解了新型企业的同时学习了宝贵的创业经验。辽宁传媒学院新闻传播学院为推动学生的创新创业工作，培养学生的创业思维，专门邀请文化发展有限公司、文化传媒有限公司、科技有限公司等专业人士，举办创新创业讲座，旨在帮助学生了解认识创新创业相关知识及流程，提高其创新创业的兴趣及能力，促使他们树立创新创业观念，注重实践。

②举办创新创业经验分享会。经验分享可以推动创新创业教育工作的开展，营造良好的创新创业文化氛围，激发师生创新创业的意识与热情，提升创新创业的能力。山东大学新闻传播学院召开了暑期社会实践与创新创业大赛经验分享会，主要对社会实践和创新创业大赛的基本工作进行总结介绍，并分享了社会实践活动的意义、组织工作与相关流程，鼓励学生积极规划、广泛参与。南宁师范大学新闻传播学院组织分享了“专创、思创、科创”三融合经典做法及成效，并将创新创业融入队伍、课程、研究、质量和成果中并形成闭环，同时鼓励老师同学们积极加入创新创业队伍中，为创新创业队伍增添新活力。

③举办创新创业指导大会。“互联网+”大学生创新创业大赛，由教育部与政府、各高校共同主办。这项大赛旨在深化高等教育综合改革，激发大学生的创造力，培养造就“大众创业、万众创新”的主力军，同时以创新引领创业、创业带动就业，推动高校毕业生更高质量创业就业。针对该项赛事，不少新闻院系纷纷举办指导大会。重庆大学新闻学院举办的指导大会，介绍了各自项目的团队建设、社会效益以及未来发展等方面的情况，并针对当前项目中存在的不足和疑惑向各位点评专家寻求帮助。专家们围绕项目的标题设置、商业盈利、运营推广、技术创新、模式创新等方面提出了诸多中肯和针对性的建议。

5.6.1.2 提供创新创业空间

①创办专业实践基地。2021 年，不少新闻传播学院大力推进创新创业基地和联合培养基地建设。中央民族大学新闻与传播学院与天目传媒京津冀新闻中心共建“民大-天目”创新创业实践基地。基地由天目传媒和浙报集团直接投资、浙江在线新闻网站有限公司参股成立，以天目新闻客户端为核心，开展互联网新闻信息服务、政务服务、新媒体技术开发、短视频制作发布服务、直播服务等业务。近年来，中央民族大学新闻与传播学院大力推进创新创业基地和联合培养基地建设，先后与央广联合开设“深度报道”课，与迪思传媒联合开设“数字营销传播”课，与新浪财经合作开设社会实践课程等，不断深化产教融合，促进教育链、人才链与产业链、创新链有机衔接。

②建设高校网络直播人才实训工作站。2020 年 7 月，“直播销售员”进入人社部等国家部委发布的新职业信息目录，这也标志着电商主播等相关工种得到国家认定。西北师范大学传媒学院组织申报了“融媒体时代高校网络直播人才实训工作站”项目，将培养“口语传播能力强、形象姣好、网感敏锐、媒介素养高、内容生产和运营能力有优势，可以迅速融入直播电商产业链中”的传媒专业人才列为新时期就业创业人才培养方向之一，构成了新时期社会人才需求与传媒教育之间较好的适配度。

③积极拓展校外实训基地。西北师范大学传媒学院对专业实习实行“双师”制，即专业教师与业界专家共同指导的模式，以此强化对学生实践能力的培养。在新华社甘肃分社等中央媒体驻甘机构、甘肃日报社等省级媒体机构，以及武威等4个市（州）、皋兰等8个县（市）融媒体中心建设36家新闻专业实习基地，为培养全媒体复合型、专家型传媒人才提供教学平台和实训基地台。在校企合作方面，学院组织师生到中创博利科技有限公司、甘肃西马文化科技有限公司、甘肃雅源圣电商网红孵化园有限公司、陇上农家农产品开发有限公司等知名电商龙头企业参观调研，并建立良好校企合作关系。2021年暑期，学院“广角镜”直播助力脱贫攻坚社会实践团队与甘肃西马文化科技有限公司合作，实践队员担任主播，助农销售农特产品，取得良好社会反响；学院“校企合作文化传播”实践团队入驻甘肃白酒龙头企业——金徽酒业集团徽县厂区，为企业制作用于投放抖音平台短视频，对校企合作模式进行了多元的探索。

5.6.1.3 举办创新创业大赛

为了深化创新创业教育，实现理论与实践的结合，一些新闻学院积极举办创新创业大赛。江西师范高等专科学校新闻传播学院于2021年举行了第七届“互联网+”大学生创新创业大赛决赛。大赛历经动员宣传、项目挖掘打磨、培训学习和预赛、复赛等环节，层层选拔，学院师生积极踊跃参加，评选出大赛一等奖一名、二等奖三名、三等奖五名、优秀奖六名。学院历来重视创新创业大赛，通过组织比赛，旨在推进大众创业，万众创新，发挥学院专业优势，把创新创业教育融入课程与教学过程，以赛促学、以赛促教、以赛扬名，加快培养创新创业人才，逐步提升师生创新创业能力和学院创新创业大赛的层次和水平。

5.6.2 创新创业案例介绍

研究发现，各地新闻传播院校在创新创业的项目确立过程中，往往会不约而同地与学校特色专业、本地区特色文化以及时代要求广泛结合。

5.6.2.1 结合学校的特色专业案例

西北大学新闻传播学院在创新创业立项时紧紧依托新闻学、广告学、网络与新媒体、播音与主持艺术等特色专业，成功立项“短视频应用的情感价值观建构；‘定格乡音，口述乡愁’——基于视听传播技术探寻记录方言中凝固的故乡情结”“One Book——‘西大·万邦’乡村读书计划；以加强文化教育为背景——有声教育分享平台”“‘声音漫步’助力城市形象的构建与传播”“国产动漫文化回归研究分析——以经典国漫《秦时明月》为例”等项目。

中南财经政法大学新闻与文化传播学院在项目立项的时候充分以本校核心的法学专业为依托，成立了一大批“新闻+法学”的项目，例如“‘信息茧房’”与当代大学生焦虑情绪探究——以中南财经政法大学为例”“图片作品网络传播侵权背景下区块链技术的应用保护机制 ——以华盖公司被侵权为例”“数解舆情：高校学生数据新闻创新与实践平台建设”“构建马克思主义新闻观教育的‘行走课堂’”“我有权说‘你’：民法典中公共利益原则与新闻侵权的边界划定研究”“数字鸿沟视阈下边缘人群的社会融入探究”“碎片化时代深度内容的媒体实践与社会价值——财新周刊十一年（2010—2020）反腐深度报道研究”等项目。

西南政法大学新闻传播学院在创新创业过程中抓住法学与新闻学相结合的优势，产生了不少影响性案例。重庆墨恪数字科技有限公司（未言书店）以西南政法大学为母体，致力于打造以法律、金融类为主的特色实体书店，同时结合地理优势推出社区阅读服务。目前，书店已和多家出版社和公司达成合作协议，推出了实体出版物、电子出版物，搭建自己的法律、金融等数据库。抖音 · 巨量（重庆）动态营销中心从创意营销、流量运营、数据复盘三大维度全面孵化人才，推进 5G 动态营销生产力与新零售、农业、文旅、教育、新科技产品、娱乐等不同领域之间的深度服务与融合，全力推动新媒体人才的能力提升。

5.6.2.2　结合地区文化案例

不少新闻学院在创新创业项目立项的时候，往往以地区文化为抓手，打造具有地区性特色的创新创业项目。

红色文化是创新创业的重要“选题库”，不少学院在创新创业过程中也紧紧把握住红色文化的时代脉搏，如华中师范大学新闻传播学院的“楚巷风华：媒介记忆实践与城市社区集体记忆建构——基于武昌区中华路街道口述历史实践”“寻访红色遗址，传播革命精神——1920 年代武汉红色革命史传播实践”等项目、广州外国语大学新闻传播学院的“基层干部党史学习教育现状研究——以南部县王家镇为例”“安陆烽烟忆往昔红色沃土‘新’连心——乡村革命区红色文化传播与振兴探索”等项目，均来自当地的红色文化宝库。

抓住地方乡村振兴、地方文化、体育赛事等要素，西北大学新闻传播学院有多个项目立项：“物质文化遗产在抖音短视频中的传播创新——以华阴老腔为例”“新媒体时代乡村果蔬产业及其扶贫拓销模式研究——以陈坪村樱桃为例”“新媒体环境下振兴乡村经济与非遗传承——以商洛山阳面花为例”“文创产业链及教育普及对非物质文化遗产的现代化传承——以延川县布堆画为例”“疫情防控背景下博物馆创新线上展览传播研究——以秦始皇陵博物院为例”“大型体育赛事对打造城市名片的研究——基于陕西省十四运宣发过程的梳理”。广州外国语大学新闻传播学院立项了“带货主播行为对大学生冲动性消费的影响：感知交互性的多重中介作用”“乡村振兴背景下广东省县级融媒体对信息扶贫的影响探究”等项目。

5.6.2.3 结合时代要求案例

2021 年是中国共产党成立 100 周年，同时也是第一个百年奋斗目标的完成之年。全国各地的新闻院校紧跟时代步伐，将加快推进社会主义现代化建设的步伐与创新创业项目进行深度融合。

华中师范大学新闻传播学院立项了“延安风骨忆往昔，砥砺前行淬使命——马克思主义新闻观主题实践教育”“‘雪满白头，初心不改’——基层老党员系列微视频”“学史引领方向，新媒助力辉煌——新时代多元传播媒介应用党史文化宣传研究”“你不知道的恽代英——新媒体创意传播实践”。中南财经政法大学新闻与文化传播学院立项了“省级融媒体平台党建宣传的实践探究 ——以湖北广电长江云移动政务平台‘建党百年’专栏为例”“融媒体时代主流媒体主持人 IP 化的路径探究 ——以央视‘boys’为例”等项目。安庆师范大学传媒学院也紧跟时代步伐，立项了“移动图书馆：让贫困地区的儿童读一本书”“后疫情时代线上—线下混合课程学习平台建设”“打造全产业链文娱孵化实验室”“鹊影传媒安徽有限公司”“昊林文化传媒工作室”等项目。

5.6.3 对未来创新创业教育的思考

5.6.3.1 建设高校创新创业教育生态系统

高校创新创业教育要勇于走开放之路，重点要加强“内合外联”，整合各方面资源，全面优化高校创新创业教育的生态系统。当下高校的创新创业教育的重点，在帮助学生获得创业知识、创业技能，建立创业意识，加大对创新创业教育的投入，推动创新创业教育面向所有学生，建设“内合外联”的高校创新创业教育生态系统。国外一些知名大学的创新创业教育实践为中国教育的发展提供了参考模板。美国南加州大学安纳堡传播与新闻学院的“创新媒体实验室”（Annenberg Innovation Lab）成为教学实践基地和“做中学”的平台。这些新平台与原来的实践基地——传统媒体机构相比，更加强调创新、开放、合作、参与、跨学科以及面向未来。学生通过实验室平台，经常与各界导师、客户或投资者、有经验的产品开发者进行互动交流，讨论项目。在多方指导下，学生们创造了很多富有创意的新媒体产品，得到了媒体技术、产品开发与商业探索等各方面的锻炼。

5.6.3.2 加强高校创新创业教育队伍建设

在高校中建立专门的大学生创新创业教育机构并制定健全的工作制度是开展创新创业教育的迫切需要。教育队伍建设的关键在于要着力打造一支高水平的师资队伍，不断创新教学方法，努力提升教学实效，加强教学形式建设。以美国走在创新创业教育队伍建设前列的纽约大学为例，该校在教育队伍方面，导师多在新闻传播行业（包括传统媒体或新媒体）有多年的实战经历和卓越的成就，在权威报纸、杂志、网站等（包括《时代》《华盛顿邮报》《纽约时报》《华尔街日报》《新闻周刊》、雅虎网站、YouTube等）担任过新闻实务或媒介运营等重要角色（如总裁、CEO、创始人、创始主编、专栏作者等），是资深的媒体从业者，在业界有丰富的经验与扎实的人脉。在教学方法方面创业新闻学项目由5门核心课程组成："新闻业的新商业模式""商业基础""新企业孵化""技术浸润"和"新媒体学徒"。课堂形式包括课堂讨论、学期日志、小组展示、业界人士分享、讲座、案例分析、实战模拟、阅读文献、课堂展示和阶段测试、师生面谈、创业中心参访、行业聚会、技术工坊（主题涵盖概念发展、产品研发、商业模式与技术的整合、模型制作、用户体验、设计、产品投放等）、在线课程、纽约短期技术培训学校（如General Assembly和New York City），并根据学生兴趣、需求与能力，帮助学生选择一家纽约的新媒体创业企业进行实习。

5.6.3.3 完善创新创业教育体系

评价是改进、提高的基础。创新创业教育的质量和水平要想得到持续改进和提高，必须以科学的评价作为基础。建设一套合理科学的创新创业教育考核评价体系是保障创新创业教育与新闻传播学专业教育深度融合顺利进行的措施。教育教学评价是按照一定的标准对人才培养过程及其质量与效益作出客观合理的判断与评价，教学评价始终融合到人才培养过程中，是检验人才培养效果的重要手段，以及激励师生的有效形式。首先，可以确定新闻传播学专业创新创业成果展示应该是多种类型的，可以是作品实物展示，可以是科研成果展示，也可以是实施效果展示。其次，创新科研成果的研发周期不是固定的，因此，不能以固有的一学期为周期来考核创新创业教师的研究成果，要以动态式的考核方式检验创新创业教师的科研成果。最后，由于创新创业实践成果的考核主体是多元的，要以创新创业实践参与者对其研究成果的贡献程度给予奖励，不断促进创新创业教育的顺利开展。

（西南政法大学　蔡斐、杨茗翔）

5.7　教育教学改革前沿

5.7.1　广东外语外贸大学“全媒体+国际新闻传播”创新班改革探索

党的十八大以来，习近平总书记多次强调“加强国际传播能力建设、增强国际话语权、讲好中国故事、传播中国声音”。2016年2月，教育部党组会召开专题会议贯彻落实习总书记在党的新闻舆论工作座谈会上的重要讲话精神，提出加强国际传播人才培养，“鼓励高校特别是高等外语学校新闻传播院系，充分利用自身优势，着力培养一批既有爱国爱党情怀又有国际视野，能够讲好中国故事、传播好中国声音、阐释好中国特色的国际新闻传播人才”。

在当代国际传播的格局发生了剧烈变化的背景下，如何顺应全媒体时代国际传播的时代要求，创新国际传播人才培养模式与路径，既是高校国际传播专业人才培养的迫切需要，也是时代发展之急需。在此背景下，广东外语外贸大学新闻与传播学院自2019年9月开始设立全媒体国际传播创新班，立足于培养既精通外语，通晓国际规则，又熟练掌握全媒体专业知识与技能的国际新闻传播人才。

5.7.1.1　培养定位：专业+外语+全媒体技能的“顶天立地”国际化人才

在国家要求加快推动媒体融合发展，构建全媒体传播格局的背景下，广东外语外贸大学新闻与传播学院开设了全媒体国际传播创新班，立足于培养“顶天立地”的国际新闻传播人才，把握国际传播领域移动化、社交化、可视化的趋势，将人才培养定位于既熟练使用外语，通晓国际竞争与合作规则，具有全球胜任力和宽厚的新闻传播专业知识与技能；同时熟悉国情，心怀赤子之心，忠诚于党和人民的新闻传播事业，积极维护国家利益，为实现中华民族伟大复兴提供强大精神力量和舆论支持。

创新班发掘本院优质师资，聘请海内外知名学者讲授创新班课程，实行培养方案与课程体系改革，打造国际传播创新班的标志性课程；知识模块涵盖马克思主义新闻观、人文通识教育、国际新闻传播专业知识与技能、全球胜任力、国际政治经济与外交、融合媒体技术等多个方面。

创新班的课程设置、教学方式与人才培养手段，通过课堂理论教学与工作坊实践教学模式相结合、境内教学资源与境外优质师资相结合，实现学界与业界打通，国内、国际两方面优质资源最优配置。同时，将提升学生的跨文化交际与沟通能力，将具备全球胜任力作为创新班的显著能力结构予以强化培养。

5.7.1.2 培养模式：协同创新的人才培养模式

创新班通过课堂教学与实践教学、境内教学与境外学习相结合，实现学界与业界融合，形成了境内外优质资源共享与协同创新人才培养模式。

（1）严格的选拔机制

创新班采取严格的选拔淘汰机制，学院会在开学第一周面向新闻传播大类招生的全体大一新生公开选拔，选拔综合素质全面、志存高远、具有强烈社会责任感的优秀高中毕业生。报名考生高考英语单科裸分成绩需在 120 分以上（含 120 分，满分 150 分），或在研究实践、才能禀赋、社会活动等方面具有突出表现，并参照大学组织的入学英语考试分数。在有意愿的学生中，将以下两个分值加权后形成折算成绩，即综合成绩=高考投档裸分成绩（折算成百分制）×50%+新生入学英语考试成绩（百分制）×50%，按综合成绩高低从高到低排序录取 30 人，进入新闻与传播学院全媒体国际传播创新班。

在学习过程中，学习压力较大或考核不合格的同学，经学院审核讨论通过后退回普通班。

（2）模块化、特色化的课程体系

新闻传播专业的人才培养目标是否合格的重要标准，是能否达到“职业资格”。因此，创新班在课程设置上，加强职业导向，优化课程设置，走差异化、模块化的特色培养之路。主要有如下模块：全媒体新闻实务教学模块（全媒体新闻采访、全媒体新闻写作、全媒体新闻编辑、全媒体新闻评论、全媒体深度报道、全媒体视听报道等课程）、全媒体数字视听技能教学模块（摄影与视觉传播、视频拍摄与制作、互动媒体设计、网页设计、数字图像处理、纪录片实务等课程）、新闻传播理论教学模块（新闻学概论、传播学概论、新闻法规与职业道德、当代马克思主义新闻观实践、中外新闻传播史等课程）、国际化全英课程教学模块（国际传播、国际新闻编译、中西新闻比较）、数据传播模块（计算传播学导论、大数据新闻、社交媒体挖掘等课程）。

（3）嵌入式的实践教学模式

创新班的专业教学采取全方位嵌入实践教学模式，通过国家级虚拟仿真实验课程（国际突发事件采访报道）、融媒体与国际传播省级实验教学示范中心（虚拟仿真演播室、交互设计与网络非编实验室、多屏多机位互动直播系统、全媒体创新实验空间、新闻综合实验室、数码艺术设计实验室)、融合媒体实验室（达·芬奇国际认证中心）等专业实验室教学与实践，以及每学期末实践教学周的工作坊教学与实践，不断夯实创新班学生的实践能力。

（4）国际与国内优质教学资源共享

在培养机制上，实行国际化的人才培养规划，学院面向创新班的学生开展“3+1”“3+2”本硕连读项目，通过学分制三年完成本科学习的同学，可以到英国利兹大学、美国密苏里大学、澳大利亚昆士兰科技大学、香港浸会大学、台湾世新大学等高校深造，同时鼓励按照四年学制完成本科学业的创新班学生毕业后到境内外知名高校继续深造。

学院还为创新班的学生提供广泛的、形式多样的境外交流（含实习、游学和工作坊等）活动，通过走出去与请进来两种方式，推进国际传播创新班学生真正具备国际视野与国际交往能力，能够应对复杂多变的国际传播环境中的全媒体国际新闻传播活动。着力培养学生具有全球胜任的专业技能。

（5）国际化特色的师资队伍

创新班师资队伍特色明显：一是国际化特色，现有专职教师26名（含全职外教），其中教授11名、副教授8名，博士20名，具备全英双语教学能力者达40%，双师型教师比例超60%，具有海外留学、访学、交流经历的专任教师达80%；二是特色教学团队，形成全媒体新闻实务教学团队、全媒体数字视听技能教学团队、新闻传播理论教学团队、国际化全英课程教学团队，同时借力全职专业外教，形成国际新闻教研特色梯队，还聘请了数十位具有丰富实践经验和较高理论水平的传媒业界精英担任校外导师，紧跟行业一线发展动态。

（6）学界与业界协同培养

新闻传播教育对于学生的实践能力的要求较高，为了提升学生相应知识模式的技能，对接教育部、中宣部的“卓越新闻人才”培养工程，创新班人才培养方案在相应模块分别设置了卓越国际新闻人才工作坊、全媒体视觉传播工作坊、新媒体产品创意工作坊，由资深媒体人主讲，将“工作坊”模式嵌入创新班人才培养的全过程，使专业教学更贴近业界需求，实现课堂理论和实践操作的无缝对接。

来自《南方都市报》《南方人物周刊》《财经新刊》《南都周刊》《南方日报》等多位资深媒体人开设了精品系列专题工作坊，如全媒体新闻报道工作坊、新闻写作技巧与实训工作坊（涉及消息写作、深度报道写作、新媒体写作、非虚构写作等不同类型）、视频拍摄制作工作坊，不仅为学生搭建了和资深媒体人交流的平台，更重要的是，学生能够在业界导师的指导下进行实战训练，实现实践能力的提升。这些工作坊引进业界一线资深人士，培养学生具备紧跟业界前沿的实战性专业技能，带来一流业界企业的专业规范。

学院还充分利用广东省委宣传部在学院设立的“广东省国际传播青年人才培养基地”，挖掘媒体业界资源，聘请人才基地经验丰富的主流媒体学员，如南方报业集团对外传播中心、广东广播电视台国际频道、羊城晚报社、南方英文网、广州日报社、深圳报业集团、深圳广电集团等媒体的优秀青年记者和编辑，指导学生开展国际新闻传播实践、县级融媒体中心实践、“讲好广东故事新闻调查大赛”等实践活动。由此，学生的实践能力得到迅速提升，所撰写的新闻作品陆续在各级媒体和学习强国上发表、转载，社会反响良好。

创新班还创新教育与行业协同模式，通过毕业设计联合指导、订单式培养、实践项目嵌入教学、专题实践工作坊、校外实践导师团队、创新创业孵化等多种模式，探索专业教育与专业实践的全方位多维度可持续协同模式。

5.7.1.3 培养成效

创新班设立虽然只有短短的 3 年，但是培养成效明显，硕果累累。

学生获得省级以上奖项 30 多项，包括 2021 年第十三届全国大学生广告艺术大赛广东赛区一等奖、第十六届“挑战杯”广东大学生课外学术科技作品竞赛特等奖、2020 年第四届普译奖全国大学生翻译比赛三等奖等。

学生在省级以上媒体发表新闻作品近 90 篇，其中 19 级（30 位学生）发表文章情况如下：《南方都市报》N 视频 31 篇，懂球帝 App 13 篇，《番禺日报》8 篇，番禺融媒 2 篇，《羊城晚报》15 篇，《南方周末》4 篇。20 级（30 位学生）发表情况如下：《学习强国》2 篇，《南方+》10 篇、中国共青团杂志视频号、微博、南方杂志各 1 篇。

（广东外语外贸大学　朱秀凌）

5.7.2 广告模拟竞标——广告学专业创新性人才培养实践教学模式与实践探索

2021 年 12 月 25 日，第十八届“中天华南 · 小羊茶来”杯广告模拟竞标提案会在武汉大学新闻与传播学院举办。该院广告学系 2019 级本科生 60 余名同学组成 5 支参赛队伍，为武汉镝次元数据科技有限公司的镝数图表项目的营销推广进行策划提案，学界、业界、企业三方的 40 余名评审现场评判。

广告模拟竞标提案会是武汉大学广告学系承办的一项传统年度比赛，广告学系创办近30年，提案会从2004年开始至今已连续开展了18年，成为广告学专业学生实践教学的重要平台。2018年，提案会以“数字营销传播综合实践”课程的形式正式纳入教学培养方案。

这一实践教学平台以培养“德能兼备、学以致用、知行合一”的创新性广告人才为宗旨，以项目为切入点，以平台为依托，将理论教学和实践教学进行有机结合，实现理论教学和实践教学的“无缝衔接”；将专业知识和专业技能进行系统性整合，实现理论知识对实践技能的指导和实践对理论学习的“反哺”；将分散的、单一专业技能的训练与系统的、多专业技能的实战分步骤、分层次推进，并通过项目化的运作，整合企业资源和社会资源来提高广告人才培养的质量，全方位提升广告人才的综合素养与综合能力，为中国广告产业高质量的发展输出更多、更优秀的广告人才。

5.7.2.1　实践教学模式主要解决的问题

武汉大学广告学本科专业是国家一流本科专业，在全国广告学专业建设中起着引领和示范作用。其中在解决理论教学和实践教学的关系方面进行了卓有成效的探索和实践，并创新了专业实践教学模式和方法。

广告学专业是面向实践、面向产业的应用型专业。理论教学解决的是知识传播和知识学习，实践教学解决的是知识应用和知识创新，如何将理论教学与实践教学进行科学的整合，将广告知识的学习和广告实践的应用进行有机的结合，将知识传播和知识创新进行合理的融合，一直是广告学专业人才培养中的一个难题，也是一个亟待解决的教学问题。

该成果对此教学问题进行了探索和研究，通过项目制运用和平台化建设，将理论知识运用于实践中并指导实践，同时实践反哺理论知识的学习，加强对理论知识的进一步理解和认知，从“迁移知识”的知识向度转变为“迁移所习得的知识”的认知向度，实现了理论知识与实践运用的契合。

广告专业的实践教学应该是一个系统的实践教学体系，但现有的实践教学以单门的课程为依托，进行的是分散的实践，是单项技能的训练，任何一门单一的课程都难以进行综合性、系统性的技能训练。广告实践的单项训练是“单兵种作战”，存在着一定的局限性，不利于广告人才的全面成长和综合实践技能的提升。该成果以平台建设为基础，通过搭建“广告模拟竞标提案会”平台，有效整合了各门实践性的课程，实现了“多兵种作战”的可能，有利于全方位训练和培养学生的综合性实践能力。

案例教学一直是广告学教学和广告专业人才培养的重要的、不可或缺的教学方法和方式。传统的案例教学是“教”的出发点，沿袭“讲解案例事实——理解案例内涵——领会案例精髓”的教学模式和简单地以老师为中心、以课堂为中心和以案例为中心的“三中心”教学制度，从案例到案例，给学生自主创新学习的空间少。在传统的案例教学过程中，学生普遍存在一定的思维惰性，“勤于”接受而“疏于”思考。

案例教学的最终目的是培养学生的独立思考和创造能力，这是案例教学的本质所在。该成果以平台为依托，通过项目制运作导入企业的策划项目，组织学生进行策划，提交策划方案并进行现场提案，具体流程模式如下：

提交策划方案——团队现场提案——学生现场观摩【案例教学观摩活动】——嘉宾案例点评——企业采纳方案——企业应用、方案实施、实践意义——经济价值、社会效益。

这种项目制运作，并通过学生参与式、体验式的案例实战，是一种全新的案例教学模式。它衍生出竞标案例库建设、案例观摩心得体会集锦、案例教材编撰等相关成果，对于培养创新性的广告人才是积极的、有益的尝试。

5.7.2.2 实践教学模式解决教学问题的方法

①引进项目，搭建平台，构成体系。目前，已形成了“项目—平台—体系”的整合性实践教学模式，即项目制实施，平台化运作，体系性建设。该成果从引进策划项目入手，整合企业资源和社会资源，项目来源有三：一是自设项目；二是企业导入的策划项目；三是该成果主持人的横向课题项目。

在引进项目的基础上，以“广告模拟竞标提案会”的形式搭建综合实践能力训练与展示平台，具体做法如下：以广告学专业大三的学生为参加对象，每年 50 人左右的学生全员参与。把学生分为 6~7 个小组，每组学生模拟组建一家广告公司，有公司的名称、理念，有公司的团队视频，以项目为主题进行策划，前后历时 3 个月。

当年 12 月份的第四周安排一天的时间集中进行提案、竞赛和评比。每家“广告公司”总提案时间为 21 分钟，其中 3 分钟的团队视频播放和展示，18 分钟提案时间。

此项实践教学活动自 2004 年 12 月举办第 1 届，到 2021 年 12 月已连续成功举办了 18 届。18 年以来参与“广告模拟竞标提案会”的学生人数近 1000 人，广告专业教师共计 180 余人次，业界参与的嘉宾共计 200 余人次，评委点评 50 人次。

从引进策划项目，到搭建竞赛平台，到建设创新性的人才培养模式和实践教学体系，这是该成果解决教学问题的主要方法。经过 18 年实践的检验，学生反响强烈，热情参与，积极投入，收获丰硕，成效明显。

②升级平台，修订方案，完善体系。从“一项目一平台一体系”升级为“二项目一平台一体系”，将“广告模拟竞标提案会”实践教学活动设计为一门独立的实践课程，即“数字营销传播综合实践”，3个学分，进入2018年版的教学方案，进一步完善广告人才培养的实践教学体系。

从2004年的第1届到2014年的第11届，“广告模拟竞标提案会”实施的是“一项目一平台一体系”实践教学模式，从2015年的第12届开始至今，实施的是“二项目一平台一体系”，将平台进行升级，引入更多的企业资源和项目；每一策划项目意味着一个新的行业、新的产业和新的领域，让每届学生有更多的接触企业和市场的机会。

③对接企业项目，整合社会资源，实现学界与业界的互动，理论与实务的连通。

广告专业如何增强广告专业教学的实践性和实战性，将理论指导实践，实践“反哺”理论，一个重要的方法是将企业项目引入学校、引进课堂。

模拟不是虚拟，真实的产品、真实的市场、真实的消费者，甚至包括真实的竞争对手，“带着镣铐”来进行策划、创意与设计制作，提案会之前的所有环节和程序都是“真刀真枪”的实干，只有进入“广告模拟竞标提案会”当天才是“模拟”。即使这样，也是充满了智力的比拼和激烈的竞争，真正地系统检验理论知识，全面训练实践能力。

此次实践教学改革活动的广告口号是“天大地大，创意武大”，活动的理念是“理论、实践、模拟、投入、分享”。这个平台上，学生训练了专业综合技能，培养了团队精神，提高了综合素质。该成果得到了企业的深度参与业界的积极响应，有些策划方案已经被企业采纳并付诸实施，产生了一定的社会价值。该活动历时18年，已经成为一个实践教学的品牌活动，具有一定的影响力。

5.7.2.3 实践教学模式的创新点

“广告模拟竞标提案会”专业实践教学形式的创新与实践，以“理论为基础，实践为提升，能力为指向，学生为主体，教师为主导，将素质教育贯穿其中的整合教学”的教育观念为指导。

“广告模拟竞标提案会”将实践教学纳入广告人才培养体系中，与理论教学相结合，既重知识，也重技能；既重过程，也重结果；鼓励探索，激励创新。这既是有益的探索，也是成功的尝试，它开发了学生的自主学习能力，实践性强，特色鲜明，有较强的可操作性，是一种具有实用价值和应用价值的成功的创新性广告人才培养模式。

“广告模拟竞标提案会”专业实践教学平台具有一定的开创性，是一个人才培养的整合平台，实现了多种整合的效果。

第一是教学的整合，即理论教学和实践教学的整合。

第二是“知”“行”的整合，即理论学习和实践能力的整合。

第三是能力的整合，即单一专业能力与多项专业能力的整合。

从分散到整合，从单项实践到实践平台，“广告模拟竞标提案会”平台将学生分散的、单项的专业技能训练，通过“广告模拟竞标提案会”专业实践教学平台，走向了系统的、综合性的训练；由“单兵种作战”转为“多兵种作战”，实现学生专业能力的整合，有效提升了学生的专业综合实践能力和专业综合素养。

由学生团队创造了诸多“鲜活案例”，并在此基础上建设了“广告模拟竞标提案会”专业实践教学平台的“第一手案例库”，用于课堂案例教学。对于企业有价值的策划案，企业也根据实际付诸实施。

传统的案例教学是收集和整理案例，然后进行案例回放和案例分析，再进行案例阐释或案例理解的分享。“广告模拟竞标提案会”，既有文本的策划案，也有现场的提案展示。现场 PK 具有极强的竞争性和观赏性，这既是竞争激烈的赛事教学，也是真实直观的现场教学。每年广告专业大三学生的提案会，也为低年级的学生提供了观摩和学习机会，这其实也是“现场案例教学”。18 年来由学生提供策划的方案共计 150 余份，也就是说平台的“第一手案例库”的案例有 150 个之多。

通过项目制运作，连接了业界和学界。企业全程参与“广告模拟竞标提案会”，这一平台就在一定程度上从模拟训练走向市场实战，这是一场实训实战的实操教学，实现了学校与企业、与市场、与社会的对接，让市场成为学生学习和成长的真正“战场”。项目提案具有一定的实战性，提案会上对于企业有一定价值的策划方案，企业方会根据可操作性予以采纳并付诸实施。18 年来，企业部分采纳和实施的策划方案近 10 个。

5.7.2.4 实践教学模式的应用效果

学院新闻学系、广播电视系和网络传播系三位主管教学的副主任连续几届参加观摩和学习，从活动中受到启发，结合各专业的特点，积极建设各专业实践活动平台，如广播电视系的“视听内容创作综合实践”和网络传播系的“数字媒介工程综合实践”就是以平台方式开展与呈现，创新性的专业实践教学平台活动逐步在全院推广。

该成果实施的成效是多元的、复合的，在其他高校当中体现更充分。

18 年来，先后参加观摩“广告模拟竞标提案会”的高校有 30 多所，包括湖北、江西、湖南、江苏和河南等地区的高校，其中华中农业大学广告学系从活动中受到启发，将这一创新性实践教学模式直接引入广告学系，并创建了“狮吼杯”广告策划大赛，如今已经连续举办了 9 届。

“广告模拟竞标提案会”的策划案直接与企业对接，运用于企业营销活动中，并直接付诸实施，产生了一定的经济效应。如广告口号“从新婚到金婚”，现在已经成为新金珠宝新的品牌传播语；“江上知音，武汉倒影”也已经被企业采用；2020年第十七届模拟竞标项目冰烤红薯品牌传播口号：“红薯汲取大地之精华，冰薯融尽天下之奇味”，以及品牌商标“冰薯二叔”也是在此次活动中所创作出来的，企业方高度认同，也即将付诸实施。

2020年12月26日第十七届“广告模拟竞标提案会”的报道见于“楚天都市报-看楚天”App，标题为“年轻人果然脑洞大，武大广告模拟竞标提案会上学生凭创意过招”，在社会上产生了一定的反响。

微信公众号“广告作业本”线上平台连续两个月，将学生策划提案活动总结和学生策划的作品陆续推出，将活动的影响力不断扩大。

新闻与传播学院院长强月新教授认为：“广告模拟竞标提案会特有的实战性和综合性在大学人才培养中是比较稀缺的，这个活动，是学院、学校甚至全国广告学教育的创新之举。”

武汉大学新闻与传播学院高度重视这一创新性实验教学活动，给予经费支持项目运作，搭建“广告模拟竞标提案会”平台，形成了“项目—平台—体系”的整合性实践教学模式。广告模拟竞标提案会不仅仅是培养并检验学生核心专业能力的平台，也是该院教学体系改革坚持问题导向的体现。

（武汉大学　周茂君）

5.7.3　国家级一流新闻学专业本科培养方案综合分析

专业培养方案是高校人才培养的根本，是新时代高校对“培养什么人、怎样培养人、为谁培养人”三个关键问题最直接的应答，是人才培养目标、培养理念、培养全过程最具体的体现。人才培养方案更是高等教育教学的基本遵循，其中培养目标、培养要求、学制及毕业要求、课程设置、课程模块结构与比例、实习要求、毕业论文等，直接反映着本科专业人才培养的思路，也反映出高等教育的办学理念。整体上，新闻传播教育界对本科专业教育教学的评价和评估首先是以培养方案为基本依据的。现有对中国新闻教育人才培养的研究，从宏观角度提出问题与建议相对较多，而以培养方案为依据，辅之以各专业点培养方案的相关实证材料的分析及有效的量化评估、比较分析相对较少。

2019年4月9日，教育部启动一流本科专业建设“双万计划”，计划2019—2021年建设10000个左右国家级一流本科专业点和10000个左右省级一流本科专业点，国家级一流本科专业建设工作分三年完成。同年 12 月，首批国家级一流本科专业点和省级一流本科专业点即向社会公布。数据显示，2019 年计划遴选 4000 个左右国家级一流本科专业建设点，共有 1059 所高校申报了 9483 个专业点，覆盖了 85%的本科高校，实现了学科、专业、省域的全覆盖。经过两轮评选，目前共获批 8031 个国家级一流本科专业建设点，其中新闻传播学专业认定国家级一流本科专业建设点 130 个。具体地说，2019 年度新闻传播学专业获批国家一流本科专业建设点 67 个，其中，新闻学专业获批 48 个，占比 71%；2020 年度新闻传播专业获批国家一流专业建设点 63 个，其中，新闻学专业获批 21 个，占比 33%。一流专业建设工作可谓千头万绪，培养方案则是其专业建设的基础，也是其“一流”的重要体现。因此，本节选取首批 32 个中央赛道的国家级一流本科专业建设点新闻学专业培养方案为数据，在对培养方案基本信息描述统计的基础上，进一步对其培养目标、毕业要求、课程体系等加以内容分析，以期探讨新闻传播一流专业建设的规律与经验，进而探讨新文科建设背景下新闻传播专业人才培养的创新路径。

5.7.3.1 32 个新闻学一流本科专业建设点基本情况

本节收集分析的 32 份新闻学专业培养方案，来自 2019 年获批国家级一流本科专业建设点的 32 家中央赛道单位，其中包括中国人民大学、中国传媒大学、清华大学、复旦大学、华中科技大学、暨南大学、南京大学、武汉大学等高校，从学科实力来看，均属于中国新闻传播学科实力排名靠前的高校，比较能够体现中国新闻传播教育的整体实力，也能够代表中国新闻传播教育发展的最新趋势。表 5-18 为建设点名单及学科评估情况。①

表 5-18　　32 家国家级一流本科专业建设点名单及学科评估情况

序号	学校	学科评估
1	中国人民大学	A+
2	清华大学	A-
3	北京外国语大学	C+
4	中国传媒大学	A+
5	中央民族大学	C

① 学科评估数据依据 2017 年 12 月 28 日教育部公布的第四轮全国新闻传播学学科评估结果。

续表

序号	学校	学科评估
6	中国政法大学	C
7	中国社会科学院大学	无
8	河北大学	B
9	山西大学	无
10	内蒙古大学	无
11	东北师范大学	无
12	浙江大学	B+
13	复旦大学	A
14	华东师范大学	B+
15	南京大学	B+
16	南昌大学	B-
17	山东大学	B-
18	郑州大学	B
19	武汉大学	A-
20	华中科技大学	A
21	中南民族大学	无
22	湖南大学	B
23	中山大学	B
24	暨南大学	A-
25	广西大学	C
26	重庆大学	C+
27	西南大学	C-
28	四川大学	B+
29	云南大学	C-
30	陕西师范大学	B
31	兰州大学	B-
32	新疆大学	C-

32 家培养单位的新闻学本科培养方案组成了研究的数据库，这些培养方案按照基

本内容，可以大体分为培养目标、培养要求、培养特色、毕业要求及授予学位类型、主干（核心）课程、课程设置及学分分布六个部分，数据库内容依据词云图展示了高频词的权重（见图5-9）。具体到分析环节，首先抓取数据库中的总学分、学时、通识课程学分、专业必修课程学分、专业选修课程学分、实践课程学分、实践教学环节占比八组数据用于基本的描述统计分析；其次使用ROST CM6内容挖掘系统软件，对各专业培养目标、培养要求、通识课程、专业必修课程、专业选修课程、实践课程进行词频分析、共现词网络分析和归类处理，删除低频词后得到处理结果。

图5-9　新闻学本科培养方案数据库词云图（DivoMiner制作）

5.7.3.2　培养目标及毕业要求分析

（1）培养目标

培养目标是对该专业毕业生在学业完成后能够达到的职业和专业预期的总体描述，是专业教育根据专业发展与社会需求及学校定位对人才培养的总的设计。其制定受到内外部需求以及条件（包括社会、学校、用人单位和学生自身等因素）的影响。培养目标既要能够指导专业教学工作，同时还要便于对目标是否达成进行评价，因此更加具体明确，更能反映出不同专业对自身定位以及所培养人才在一定时期内的发展期望。通过对各专业培养目标进行词频和归类处理，删除低频词后得到结果（见图5-10）。

可以看出，在诸多高校培养目标中，对全媒体能力、新闻传播专业知识、专业技能、宣传能力、中国特色、复合型人才、适应社会发展、社会责任感、职业道德、国际（全球）视野的强调排名靠前。在2018年国家公布的《普通高等学校本科专业类教学质量国家标准》中，新闻传播学类教学质量国家标准都明确强调了培养"具有全媒体新闻传播知识和能力的应用型、复合型、创新型人才，以及具有全球视野和跨文化传播能力的国际新闻传播人才"。从词频分析得到的结果与国家标准高度重合，说明各新闻

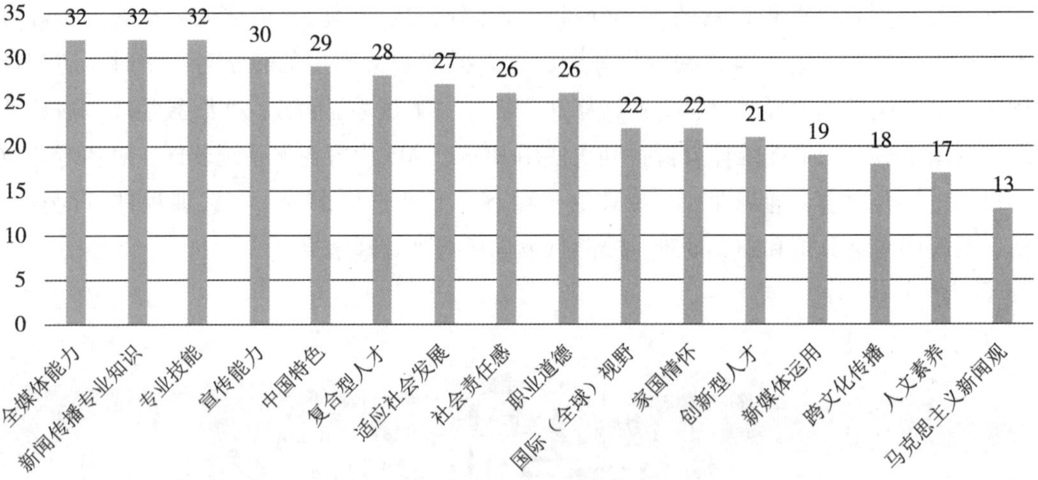

图 5-10　培养目标词频分析

传播院系在培养目标制定时始终以国家标准为标尺，无论是在观念意识上，还是在具体细节把控上，32 家新闻传播院系都近乎一致（见图 5-11）。

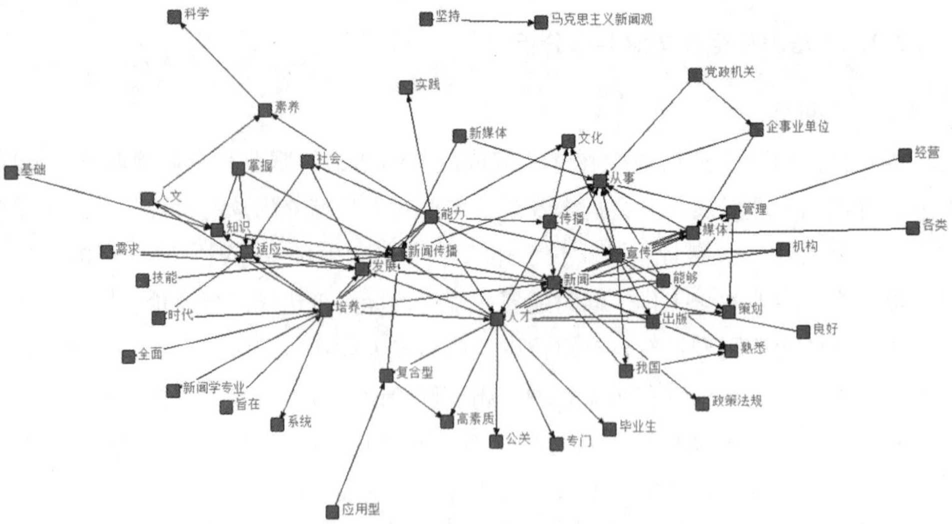

图 5-11　各高校培养目标的共现词网络

结合培养目标共现词网络我们能够发现，由新闻、传播、宣传、媒体、发展、适应、知识、人才几个核心词而辐射展开的网络，突出了各高校在制定培养目标时的出发点与立足点。但整体比较分散，网络离散程度较高，并未形成明显聚类，说明各高校在培养目标制定上的差异性很大。有研究对新闻传播院系多位院长的访谈也发现，在描述本院人才培养目标时用词具有较大的差异性。① 可以看出，在国家标准层面，各培养方案均能体现出培养目标所要求的关键指向，但在各自培养目标的实际内容中，各个学校有根据各自目标定位差异设置了不同的层次与要点，来具体化的支撑并有效说明这些关键指向。与此同时，如何既体现完整的逻辑顺序，又体现清晰的关键聚焦，使得培养目标避免大而化之和趋同的倾向，使之更加具体化，避免抽象、缺乏个性和可操作性等方面也需要进一步探讨和研究，进一步总结一流专业建设经验，形成专业示范。如培养目标中应用型、复合型、创新型人才的内涵与外延，培养目标的具体与细化，培养目标与课程体系的紧密关联，等等。虽然国家标准中明确提及“各高校应根据自身的基本定位制定合适的培养目标”，但目前大部分培养目标基本在个性与共性、基本目标与一流人才目标等方面尚需进一步探讨。

（2）毕业要求

对毕业要求的词频统计，能力、知识、素质三点要求出现的频次最高，结合共现词网络我们能够发现，与培养目标相比，毕业要求的网络聚合度明显更高，紧紧围绕着能力、知识、素质三个核心而展开，说明各高校在毕业要求制定上的认识基本趋于一致，以此三点为基础，毕业要求具体地说：“能力”集中体现为包括基本业务技能、外语能力、新媒体运用技能、新闻传播实践能力、语言文字表达能力等；“知识”集中体现为党和国家新闻宣传方针政策知识、新闻传播基础知识、现代新媒体技术知识、新闻传播基本理论、马克思主义新闻观等；“素质”集中体现为道德品质、社会责任感以及国际视野等（见图 5-12、图 5-13）。

5.7.3.3 学分和学时分析

这些院校的学制均为四年制（弹性学习年限 3~6 年），但在学分与学时上有一定差别。

在《普通高等学校本科专业类教学质量国家标准》中，总学分建议控制在 140~160 学分。大致可以分为三个档次：低于 140 学分、140~160 学分和高于 160 学分，总学分中最高为重庆大学（168 学分）、最低为北京外国语大学（137 学分），低于 140 学分的

---

① 周茂君，罗雁飞．数字时代中国新闻传播学本科核心课程的变化与问题——基于 21 位院长访谈的研究［J］．新闻与传播评论，2019，72（4）：78-90.

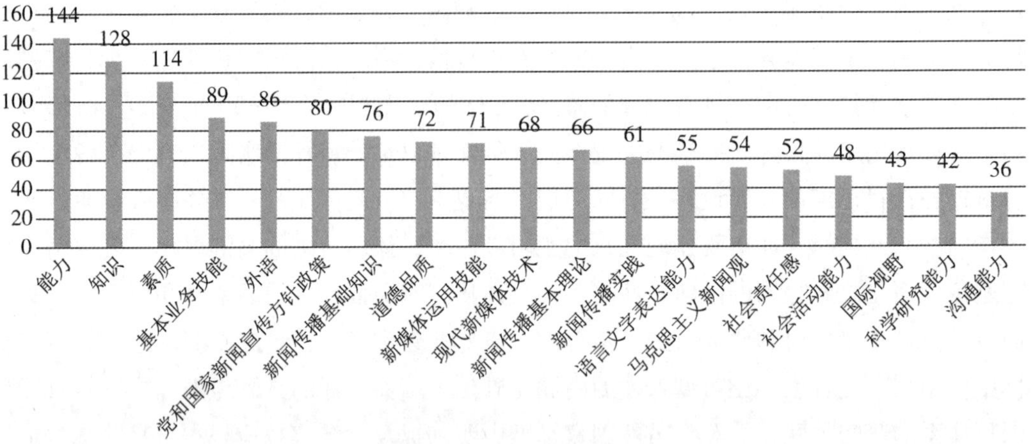

图 5-12　毕业要求词频分析

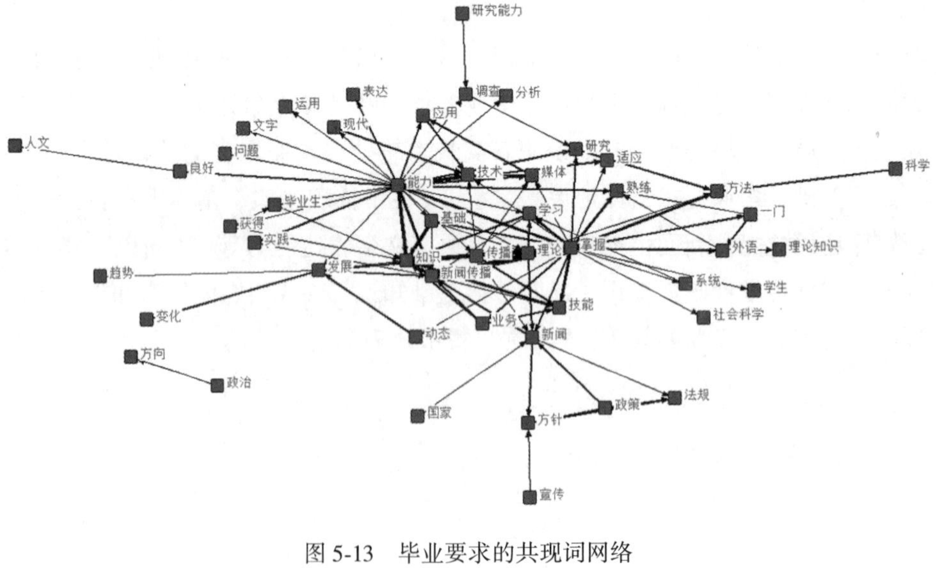

图 5-13　毕业要求的共现词网络

高校有 2 所（占比 6.2%），介于 140~160 学分的高校有 20 所（占比 62.7%），高于 160 学分的高校有 10 所（31.1%），其中最高有 5 所学校为 160 学分的情况（占比 15.6%），32 所高校的平均总学分为 154.45 学分（见图 5-14）。

可以看到，各高校在学时安排上存在较大差异，最高浙江大学（3832 学时），最低新疆大学（2024 学时），两个学校中间相差 1808 个学时，32 所高校的平均学时为

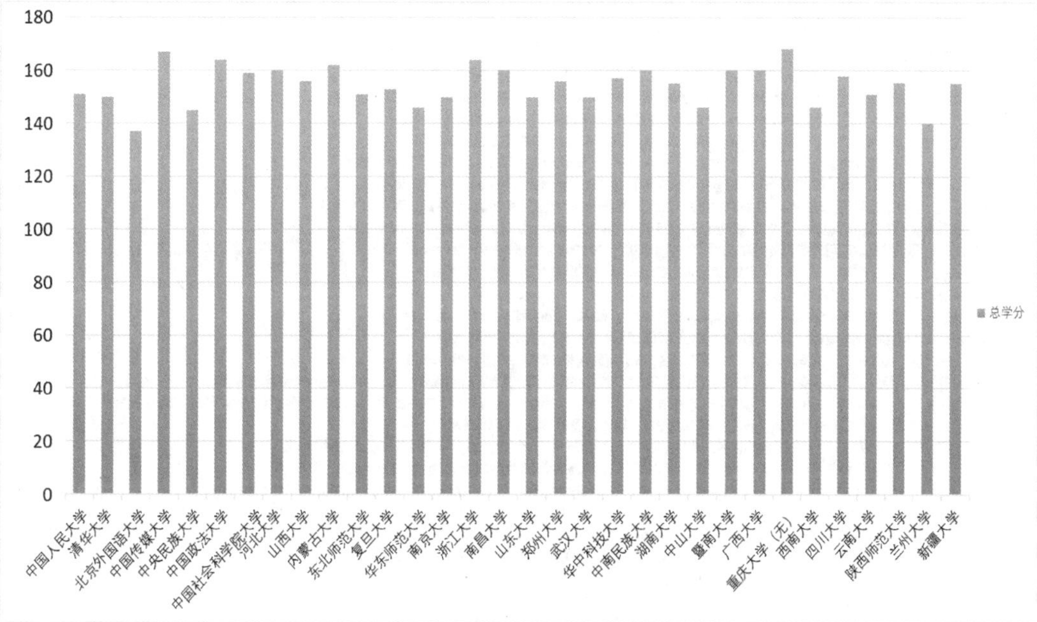

图 5-14　各高校总学分情况

2668.91 学时（见图 5-15）。

5.7.3.4　课程设置及不同类型课程的学分分布

课程设置是培养方案内容的核心支撑部分，是专业教育的基础单元和主要形式，它不仅关乎专业教育理念，折射专业培养目标，凸显专业特色，也是直接决定专业人才的知识、能力、素质结构的基本元素和重要特征。作为新闻传播教育教学改革引领者，第一批一流本科专业建设点的课程设置就成为各个学校关注的焦点。

（1）课程设置体系

本节对课程体系的分析，按照培养方案的一般表述将课程体系分为通识教育课程（包括必修与选修）、专业必修课程、专业选修课程、实践类课程四个大类，虽然各个学校对自家课程体系划分有所差异，但基本都以这四大类课程为主干，在人工编码过程中严格按照该划分标准，选取符合要求的数据。通过对这些课程名称的词频分析得到以下结果。

在通识教育课程中，大学英语、思想道德修养与法律基础、马克思主义基本原理概论、毛泽东思想和中国特色社会主义理论体系概论、中国近现代史纲要为各高校必修课

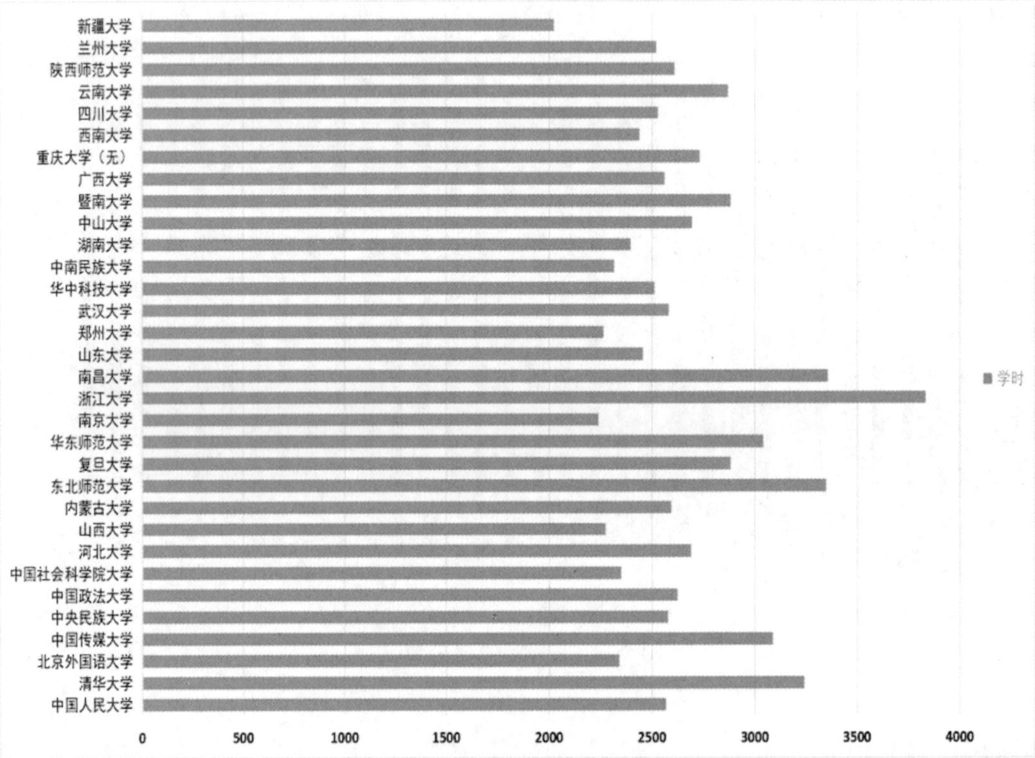

图 5-15　各高校学时情况

程，军事理论、就业指导课相对次之（见图 5-16）。

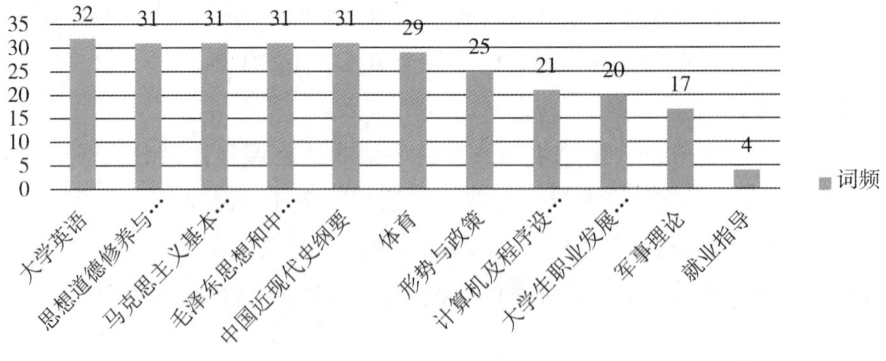

图 5-16　通识教育课程名称词频分析

专业必修课程是新闻学专业的核心与主干，最能体现新闻学区别于其他学科专业的知识特征，教学内容涵盖业务方面的核心知识点。可以看到，专业必修课程中新闻学概论、新闻编辑课、新闻评论、新闻摄影、传播学概论、媒体融合课程出现频次较高，而马克思主义新闻观、外国新闻传播史、广告学概论、媒介经营管理课程出现频次相对次之。在具体的课程设置中，一些高校的新做法已经引领了专业必修课程的创新，中国人民大学在必修课程中就融入了实验教学课程，如数字传播技术应用、影像技术、跨媒体传播实验等，武汉大学设置有跨学院必修课程，如中国文学、社会学导论、心理学基础等课程（见图 5-17）。

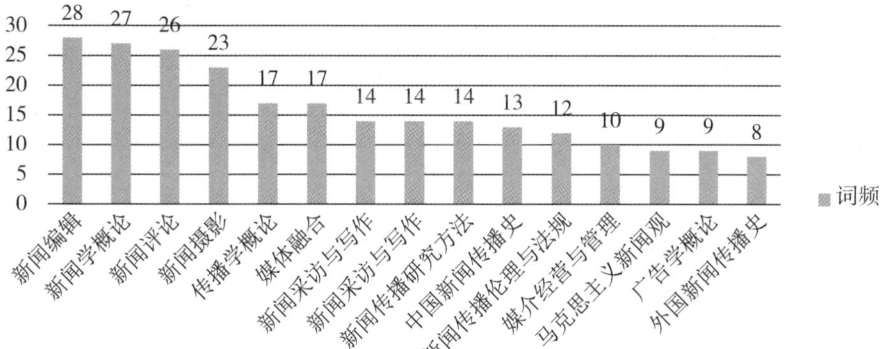

图 5-17　专业必修课程名称词频分析

在专业选修课程中，新闻报道专题、新媒体运营、专业英语、中外经典新闻作品选读、深度报道、媒介批评等课程的频次较高，跨文化传播、新闻心理学、数据新闻、名记者研究这些课程相对次之。在对专业课程名称的具体梳理中，也呈现出一些比较有特色的做法。如暨南大学在选修课中就按照知识群差异划分有影像摄制与广电艺术知识群、传媒经济与新媒体知识群、华文媒体与文化研究知识群、广告学知识群等，复旦大学的新闻传播学类专业选修课程采用模块方式，包括史论板块、实务板块、专题板块、广电板块（见图 5-18）。

在实践课程中，专业实习、毕业论文（设计）、社会实践、军事训练等课程的频次靠前，而社会调查、创新创业类的课程相对缺乏。具体来看，实践类课程比较有代表性的是以工作坊、创新创业课程的方式出现，如清华大学就设置有媒介批评工作坊、清影工作坊、新媒体工作坊、学术研究工作坊四门实践选修课程，南京大学创新创业课程未来编辑部包括有新天地、新记者、新潮、南大新传、南播玩、南大网台、家书工作室、

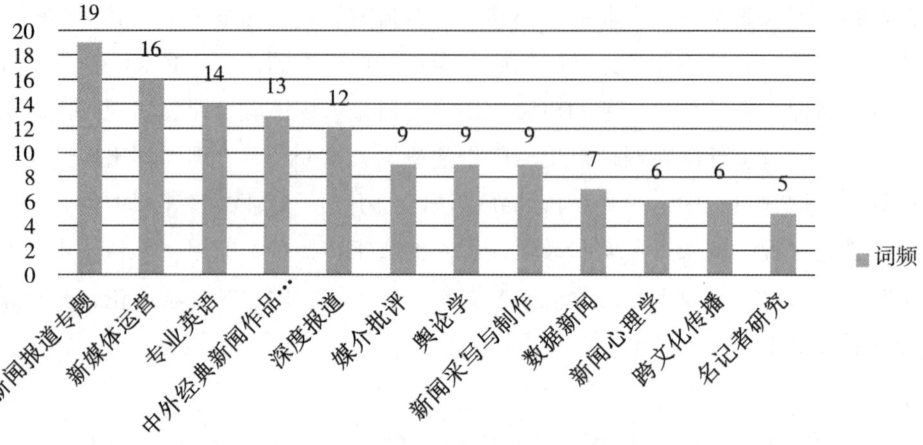

图 5-18 专业选修课程名称词频分析

大学新闻等多样化的实践方式选择（见图 5-19）。

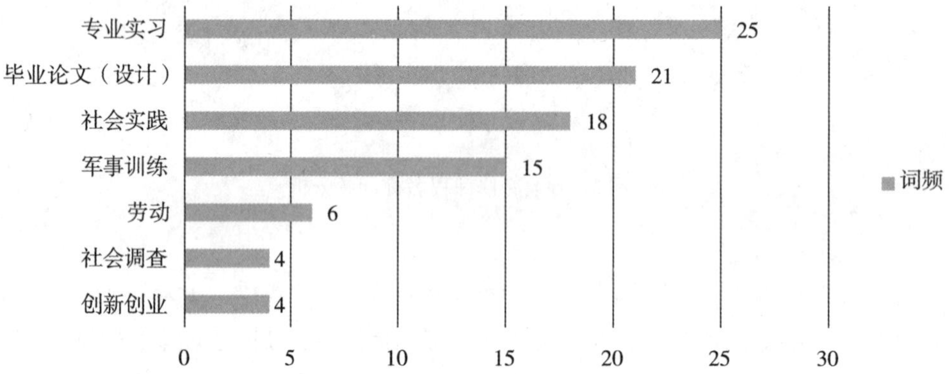

图 5-19 实践课程名称词频分析

各高校对不同课程类型学分的设置差异呈显著化，体现了不同高校对课程比重的认识差异。在通识课程的学分分布中，最高为中国政法大学（69 学分），最低为华东师范大学（12 学分），平均值 44. 22 学分；在专业必修课程中，最高为四川大学（72 学分），最低为南京大学（20 学分），平均值 46. 56 学分；在专业选修课程中，最高为南京大学（63 学分），最低为华东师范大学（10 学分），平均值 27. 92 学分；在实践课程中，最高为南京大学（75 学分），最低为东北师范大学（10 学分），平均值 22. 36 学分。可以看到，第一，南京大学在四个课程类型中三度上榜，体现出更为注重选修课程及实践课程的鲜明特点；第二，学分分布中，通识课程与专业必修课程的设置比例远高于专业选修与实践课程的设置，约为 2 ∶ 1；第三，师范类高校与其他高校相比，更加重视专业必修课程，如华东师范大学，专业必修课程比例占到 40%以上（见图 5-20）。

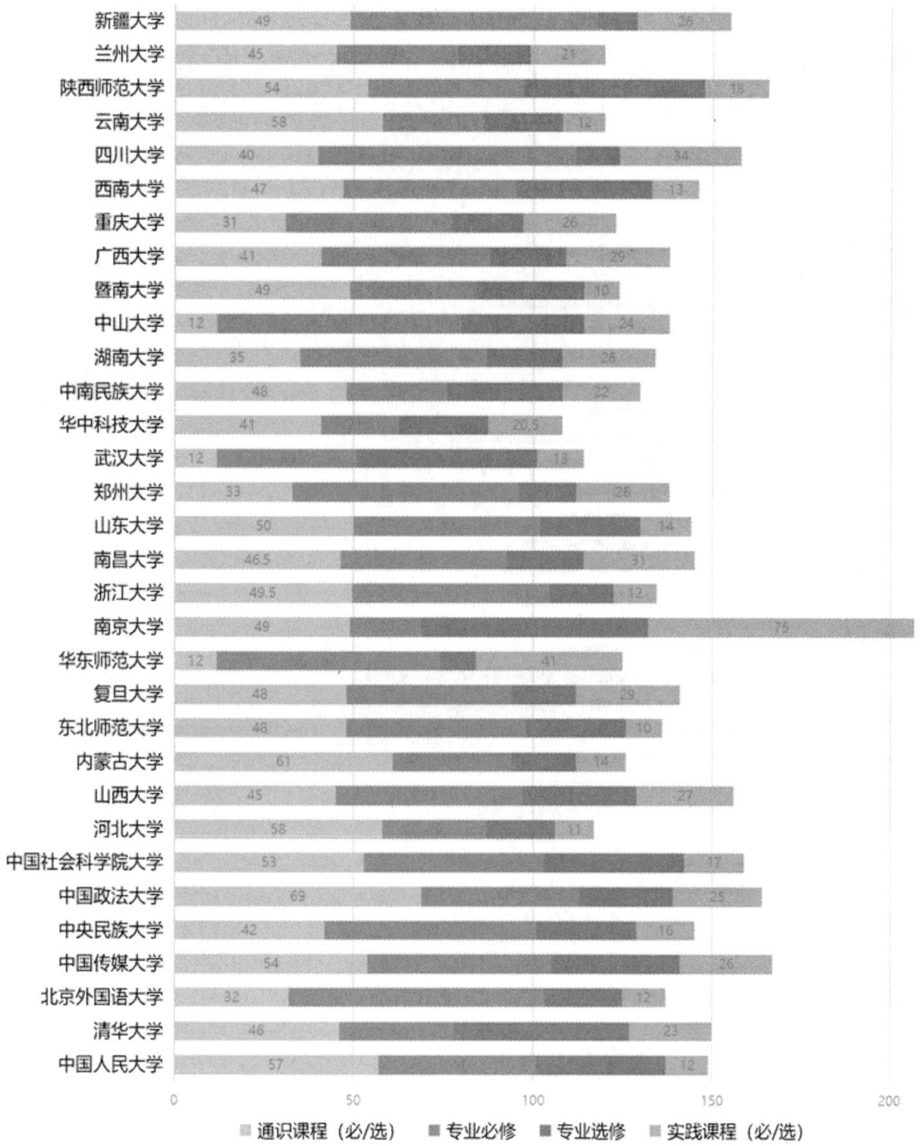

图 5-20　不同课程类型的学分分布

（2）实践教学环节

实践教学体现了高校在应用型、实操性课程上的教学投入与重视程度，可以看到，南京大学表现最为突出，其比例达到50%，其后排名靠前的几所高校分别是浙江大学(37.2%)、南昌大学（31.48%)、广西大学（30%)，其余高校的实践教学环节占比均低于30%，最低为北京外国语大学（8.8%)。在32所高校中，有27所高校（占比85%）的实践教学环节占总学分的比例介于30%至10%之间。在《普通高等学校本科专业类教学质量国家标准》中，对人文社会科学类专业要求实践教学环节的总学时原则上不低于课程总学时的15%，总学分原则上不少于20学分，以此来看，如北京外国语大学、兰州大学在实践教学环节方面有所差距（见图5-21)。

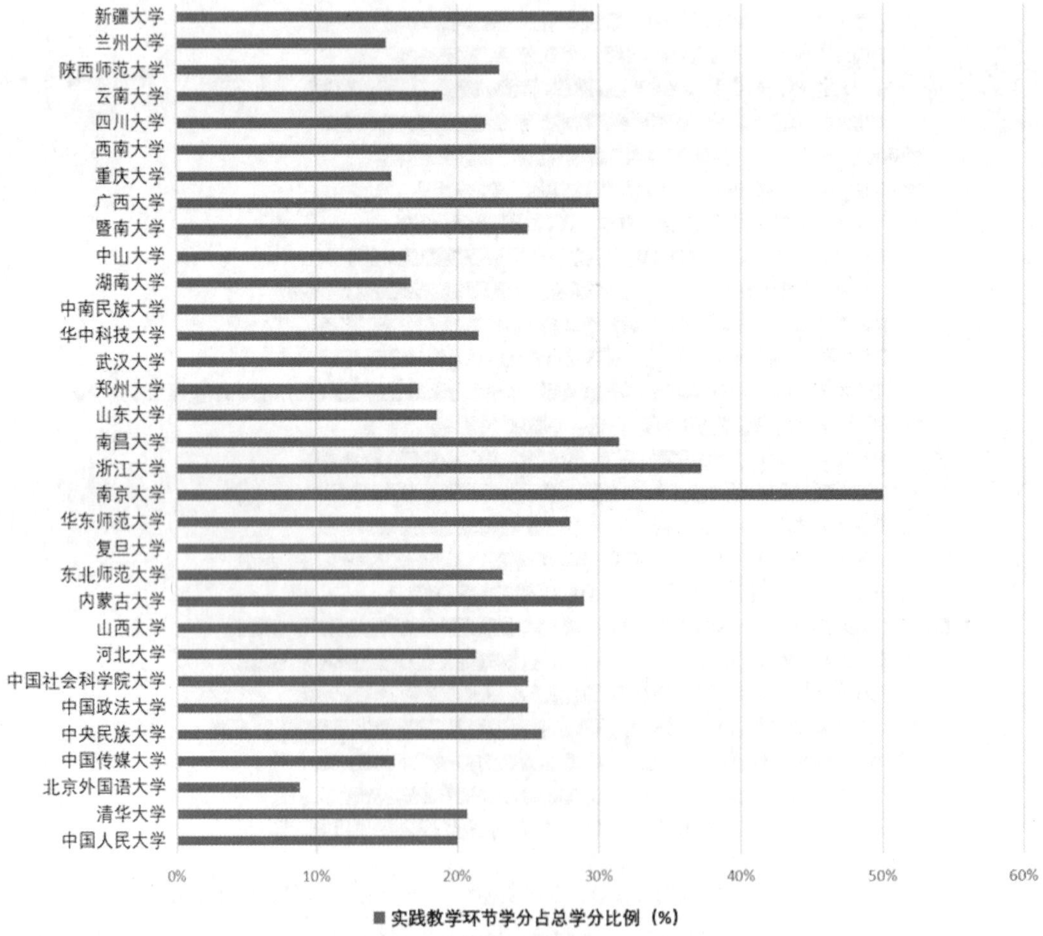

图5-21 各高校实践教学环节占总学分比例

5.7.3.5 有关培养方案的分析与启发

（1）理念先导

回应新文科建设与社会发展的要求，是一流新闻传播专业培养方案设计首要研讨与回答的问题。

任何一项培养计划的设计和实施都需要理念作为先导，这是回答教育要培养“什么样的人”的根本问题。近年来，我国新闻传播教育经历了多次卓有成效的讨论与改革，如“卓越新闻传播人才教育培养计划 2.0”、省部共建新闻传播专业、“双一流”建设，以及正在开展的新文科建设及一流专业学科点的建设。在论述“高素质全媒化复合型专家型”新闻传播人才培养体系的设计理念时，从建设教育强国和世界一流大学的角度出发，与此同时，直面全球传播生态与媒体格局的急剧变化，从新闻传播学学科发展自身与卓越新闻人才成长的全过程进行思考和凝练，使得培养目标更加明确，切实地与课程设置、全人培养相结合。

（2）立足现实

面向社会对新闻传播人才的多元需求，依托各自特色优势的差异性定位培养目标。

面对当前信息技术更新与媒介融合趋势不断深入，新闻院系都对自身培养目标与培养模式进行了重新审视，无论是体现出培养“具备全媒体业务技能的新闻人才”的密苏里模式特点，还是呈现出“拥有复合型知识结构的专家型人才”的哥伦比亚模式特点，新闻传播教育的培养目标总的趋势是从精通单一技能的专业型人才向掌握多专业、多学科知识的复合型人才发展。与此同时，培养目标制定还需特别兼顾各高校自身的定位、特色与发展优势统筹考虑，以期有效回应新闻传播院系的目标诉求与长远发展。

（3）交叉融合

新闻传播专业的交叉性、前沿性、实践性与新闻学专业本体特征体现的辩证统一的关系。

在文科诸学科中，学界普遍认为新闻传播学科是新文科建设的先行学科。这是因为新闻学最早拥抱以互联网为代表的新的传播媒介和科研成果，新闻学又是最早同社会学、心理学等学科交叉融合的学科，其本身的学科内涵和专业分类中，又自然地拥有政治类、经济类、文学写作类、编辑导演类等学科内容与方法技巧。① 在对数十个新闻传播专业人才培养方案的分析中可以看出，新闻学科的交叉性、前沿性、实践性特征往往也会体现在课程设置上的庞杂。如何把握新闻传播学科的交叉融合趋势与新闻学专业本

---

① 童兵．新文科建设和新闻教育改革路径的拓展［J］．中国编辑，2021（2）：4-7.

体特征之间的关系，尤其如何在新闻传播专业二级学科培养方案之中体现其共同性与特色性，仍是新闻传播专业培养方案制定中应进一步辩证与探讨的课题。

（4）“博”与“精”

通识教育是一种兼顾完整知识、自由心灵和高尚人格培养的活动，是一种超越专业教育的“元教育”或教育的教育。① 广义来讲，通识课包括公共基础类课程与一般意义上旨在提升学生的人文素养，培养科学精神，提高艺术修养的人文社会科学类和自然科学类课程。其中，公共基础类课程主要包括思想政治理论、大学外语、计算机基础及应用、体育类、职业生涯规划、就业指导以及创新创业教育课程。狭义的通识课主要指后者。目前部分高校课程安排中，存在将思想政治理论、大学外语、计算机基础、体育等公共基础类课程等同于通识类课程的情况。与此同时，考察通识类课程内部具体内容发现，虽然多数课程都在形式上满足了跨学科、跨专业、跨知识的硬性条件，但在与本学科知识融合方面依然存在一定距离，甚至游离状态。据课题组调研，在具体教学环节部分跨专业通识课，由于外专业教师与新闻专业的理解存在一定距离，学生因缺乏相应的学科背景知识对跨专业同时课程理解不到位，极易出现“通而不识”“融而不通”“博而不精”的情况。

（5）课程设置

知识与能力、理论与实践、技术与人文、二级学科之间的关联等问题仍然是新闻学专业培养的“永恒”课题。

课程设置是培养方案的关键环节与核心内容，在很大程度上决定了新闻专业人才培养目标能否实现。培养方案课程内容的选择方面，部分院校在培养目标中提出要培养新闻传播、内容制作、网络编辑、经营管理、跨文化传播等多种专业能力的复合型人才，但在课程设置中却缺乏此类相关课程。更加值得注意的是，在专业必修（核心）课程中我们发现史论类课程有减少的趋势。考察课程设置情况，有一些问题值得思考：是否存在课程设置与行业需求、社会需求脱节的问题？课程之间是否具有充分的互补与融合？人文社科类课程与大数据、人工智能等前沿技术对接的课程设置是否能够引领理论与实践前沿？经济、管理、社会等学科相关课程开设是否能够满足媒体发展的需求？知识理论讲授类课程与实践类课程是否衔接贯通？技术操作与应用，术、学、道是否统一？课程设置是否体现了面向未来面向世界的国际化视野？

总之，时代的变迁和媒介技术带来的变革，要求对新闻传播学人才培养方案、课程

---

① 周叶中．努力营造通识教育文化，扎实提高人才培养质量［J］．中国大学教学，2016（12）：6-10.

体系进行改革创新。既要充分认识到技术逻辑对于新闻传播专业课程建构的关键作用，又要从新型复合型新闻传播人才培养理念出发，建构科学与人文融合的课程体系。同时关注到技术变迁带来的伦理、道德、法治、社会治理等现实问题，培养学生理性运用技术工具的能力，努力构建创新博通与专精、科学与人文、技术与专业交叉融合的人才培养体系。

（西安交通大学　杨琳、李唐波）

5.7.4　郑州大学“重走穆青路实践教学活动”

郑州大学新闻与传播学院实践教学活动“重走穆青路”自 2005 年启动以来，1000 多名师生沿着穆青的足迹，深入采访，发掘了穆青新闻实践及“勿忘人民”精神的一大批宝贵资料，形成了一大批实践成果。“重走穆青路”在新闻传播教育界引起了广泛反响，重庆大学、暨南大学、江西财经大学、中原工学院、信阳师范学院、周口师范学院等兄弟院校相继与郑州大学携手“重走穆青路”。2018 年 11 月，“重走穆青路——走进兰考”入选中宣部等部委在国家博物馆主办的“伟大的变革——庆祝改革开放 40 周年大型展览”，是全国新闻传播教育领域唯一入选的实践教学成果。

5.7.4.1　“重走穆青路”缘起

2004 年 11 月 9 日，时任中共中央政治局委员、书记处书记、中宣部部长的刘云山同志在视察郑州大学新闻与传播学院时指出：“穆青是当代中国新闻记者的一个榜样，在高校开展穆青研究很有意义。河南作为穆青的故乡，加上穆青的很多作品出自河南，你们应该成立穆青研究基地，对穆青新闻实践进行深入系统的研究，对学生也是一种很好的教育。”

根据刘云山同志的指示，郑州大学成立了穆青研究中心，着手开展相关研究工作，并组织实施“重走穆青路”系列主题教育和学习、实践、采访活动。

“重走穆青路”实践教学活动旨在沿着中国当代最杰出的新闻工作者及领导人穆青先生当年成长、战斗、采访的足迹，搜集和穆青有关的史料，走访和他有关的人士，挖掘他新闻思想和新闻实践的源泉和动力；同时，也在实践中教育学生，学习穆青精神，传承优秀文化，成长为秉持“勿忘人民”精神的卓越新闻传播人才。

对于郑州大学师生来说，“重走穆青路”的意义有四个方面。一是寻根。寻找穆青一辈子心系人民、对党忠诚的思想根源。二是研究。探寻穆青的新闻实践，研究穆青新闻思想的形成过程。三是学习和传承。学习以穆青为代表的老一辈新闻工作者艰苦创业的革命精神，学习穆青与人民群众血肉联系、“勿忘人民”和三贴近的工作作风；教育和引导学生向老一辈杰出新闻工作者学习，传承穆青精神和传统优秀文化，做人民的好记者。四是成长。每期实践教学不仅是专业知识的练兵与检阅，更是参与者人格与心灵的进步与成长的契机。

5.7.4.2 “重走穆青路”实践教学足迹

自2005年7月举办首期“重走穆青路”实践教学活动以来，郑州大学师生沿着穆青先生的足迹，先后开展21期、共1000多人次参加的“重走穆青路”实践教学活动。

第1期重走穆青路，主题为“重走穆青路，看中原崛起”。2005年7月，40余位学习实践及采访团的师生，分东、南、北三条线路，沿着穆青的采访足迹，行程2500多千米，走访30多个乡镇，采访当事人100多人次。结束实地采访后，采访团师生赶赴北京，访谈穆青夫人续磊、《光明日报》时任副总编辑赵德润、《新华每日电讯》时任总编辑解国记等穆青的家人和同事。

第2期重走穆青路，主题为“追寻峥嵘岁月”。2006年7月，学院师生20余人历时20多天，跨越河南、山西、陕西三省，深入开封、太原、兴县、岚县、临汾、闻喜、延安和西安等地，沿着穆青当年革命的道路，重温那段战火纷飞的岁月，寻找即将湮没的历史痕迹。

第3期重走穆青路，主题为“再现经典瞬间，见证岁月沧桑”。2009年7月，郑州大学新闻与传播学院与《河南日报》（农村版）联合开展纪念新中国成立60周年“沧桑巨变 印记河南”大型采访报道活动。30余名师生分别与南阳、周口、洛阳、鹤壁等15个记者站的记者合作，深入一线，从多个层面、多个角度去发现并记录60年来河南的典型人物、典型事件，并从这些典型中梳理河南的发展脉络，报道新中国的光辉历程和伟大成就。2009年8月，《河南日报》（农村版）连续刊登郑州大学新闻与传播学院“重走穆青路”小分队采写的稿件21篇，在社会上产生了较大的反响。

第4期重走穆青路，主题为“行走东北，见证穆青”。2009年8月，师生20余人沿着穆青在东北大地上的采访路线，行程近6000千米，历时半个多月，采访相关人士40多人，搜集到大量有价值的资料，初步了解到穆青早期对新闻理论研究的有益探索，丰富了穆青新闻思想的理论体系，重温和学习了穆青在东北工作的艰苦卓绝和伟大的革命情怀。

第5期重走穆青路，主题为“再访兰考”。2013年9月，20多名师生在素有新闻“富矿”之称的兰考，沿着当年焦裕禄和穆青走过的路，谒烈士、走基层、访农家、进企业，进行了为期3天的紧张采访，深入挖掘和学习穆青“勿忘人民”的时代精神，进一步弘扬焦裕禄精神，是一次难得的信念教育和新闻实践技能培训。

第 6 期重走穆青路，主题为“穆青班师生探寻穆青的作品人物”。2015 年 8 月，首届穆青新闻班师生 32 人赴兰考探访和学习穆青作品人物。焦裕禄书记的事迹感动每一位穆青班学员，使他们更加坚定了向穆青及穆青作品人物学习的信心和决心。

第 7 期重走穆青路，主题为“学习穆青精神，看中原巨变”。2016 年 1 月，2014 级新闻学专业的 35 名同学赴河南新乡，参观调研刘庄村，“全国生态文化村”京华社区，中国振动机械工业龙头企业“河南威猛振动股份有限公司”、全国石油化工肥料制造业百强企业“河南心连心化肥有限公司”。通过参观学习，师生们充分感受巨变后的中原大地，感悟中原传统及现代优秀文化。

第 8 期重走穆青路，主题为“走进新华社 聆听穆青故事”。2016 年 11 月，适逢新华通讯社成立 85 周年，中国第 17 个记者节，第一、二届穆青班 20 余位师生赴新华社参观学习，聆听穆青先生在新华社的故事，了解媒体前沿领域，学习新华精神。

第 9 期重走穆青路，主题为“追寻心灵圣火，重走穆青之路”。2016 年 12 月，第二届穆青新闻班 34 名师生赴延安探寻穆青先生的革命足迹。师生分别在南泥湾、延安宝塔山、延安新闻纪念馆、枣园革命旧址、鲁艺旧址、杨家岭革命旧址、延川县梁家河村等陕北多地学习和采风，感悟穆青革命情怀，学习老一代革命精神，传承红色优秀革命文化。

第 10 期重走穆青路，主题为“走穆青路 追访十个优秀共产党员足迹”。2017 年 5 月，暨南大学新闻与传播学院和郑州大学新闻与传播学院“重走穆青路”联合采访团 30 余人，追访穆青当年采写“十个共产党员”的足迹，感悟“勿忘人民”精神的当代价值。此次重走穆青路联合采访组先到兰考（穆青采写焦裕禄的地方），再到宁陵（穆青采写潘从正的地方），接着杞县（穆青读中学的地方），最后到达林州（穆青采写任羊成的地方），采访活动跨越了近半个河南。

第 11 期重走穆青路，主题为“聆听穆青与潘从正的故事”。2017 年 9 月，董广安教授带领 20 余名师生到河南宁陵采访调研，寻访穆青笔下的模范人物——潘从正的故事，学习和弘扬“老坚决”三起三落，百折不挠，坚决让沙海变梨园的英雄精神，深切感受到穆青“勿忘人民”与潘从正“缀网劳蛛”的伟大精神，体悟到穆青和潘从正两位老人的深厚友谊。

第 12 期重走穆青路，主题为“重走穆青路 再缅先烈情”。2017 年 11 月，该院第二届、第三届穆青新闻班 62 名师生走进兰考，先后瞻仰和走访了焦裕禄烈士墓、焦裕禄纪念馆、焦桐文化园、东坝头和四面红旗纪念馆，缅怀先烈动人事迹，感受今昔兰考变化，接受红色精神的洗礼。

第 13 期重走穆青路，主题为“探访穆青在南方的新闻实践”。2017 年 11 月，郑州大学师生十余人在董广安教授的带领下，与暨南大学师生组成“重走穆青路之广东行”联合采访团，追随穆青当年采写《风帆起珠江》的足迹，重温穆青“勿忘人民”的新闻理念，弘扬时代变迁中不变的穆青精神。2017 年 12 月，新华社客户端以《90 后新闻学子追访穆青新闻路》为题，分 4 期报道了郑州大学新闻与传播学院师生重走穆青路——广东行，累计阅读量达 280 万次。

第 14 期重走穆青路，主题为“见证穆青的革命足迹”。2017 年 12 月，在学院院长张举玺教授的带领下，第三届穆青新闻班师生 32 人赴延安采访调研，把新闻课堂“搬到”采访现场。这不仅是一次追访革命足迹之旅，也是一次生动的教学实践之旅。

第 15 期重走穆青路，主题为“重走穆青路——走进新华社”。2018 年 12 月，第四届穆青新闻班 33 位师生赴新华社开展学习交流活动，并参观了《伟大的变革——庆祝改革开放 40 周年大型展览》。南振中先生参加座谈活动，介绍了穆青早年的采访故事和“勿忘人民”的新闻情怀（见图 5-22）。

图 5-22　2018 年 12 月，新华社原总编辑南振中先生与 2017 级穆青班学子

第 16 期重走穆青路，主题为“坚定新闻理想，传承革命精神”。2018 年 12 月，郑州大学新闻学专业 33 位师生一行赴延安采风。郑州大学新闻与传播学院院长张举玺教授主持多次现场教学，并组织学习心得交流会，同学们受益匪浅，对传承红色精神有了更加深刻的认识和理解。

第 17 期重走穆青路，主题为“感悟新华精神”。2019 年 11 月 23 日，郑州大学 2018 级穆青新闻实验班开展“重走穆青路——走进新华社”活动。师生参观了新华媒体创意工场、新华社社史馆，并与新华社总编室、国内部有关工作人员及专家一起座谈交流。这次走进新华社活动，不仅开阔了新一届穆青新闻实验班同学的视野，更让大家真切感受了“勿忘人民，开拓创新”的新华精神。

第 18 期重走穆青路，主题是“让革命精神代代相传”。2019 年 11 月 29 日—12 月 1 日，张举玺教授带领 2018 级穆青新闻实验班赴延安“重走穆青路”。师生参观延安新闻纪念馆、杨家岭革命旧址、宝塔山、延安革命纪念馆、凤凰山麓革命旧址、中国人民抗日军政大学纪念馆、枣园革命旧址、鲁迅艺术文学院旧址以及梁家河村，一边参观，一边学习新闻采访、写作等实践课程。通过这次延安采风活动，同学们不仅锻炼了新闻实践能力，更真切感受到了深深熔铸于延安这座城市的红色基因。

第 19 期重走穆青路，主题是“红旗渠畔寻访任羊成”。2020 年 11 月 27—28 日，专业教师带领 2019 级穆青新闻实验班学子 30 人前往河南省林州市红旗渠开展“重走穆青路”，在红旗渠纪念馆、分水闸和青年洞开展现场教学。此次“重走穆青路”活动坚定了学生们的理想信念，重温了穆青先生的人格魅力，同学们表示，作为未来的新闻工作者，要学习红旗渠精神，牢记“勿忘人民”的院训，成长为践行“四力”的新闻人才。

第 20 期重走穆青路，主题是“走进新华社，见证新华社数字化转型”。2020 年 12 月 17—18 日，2019 级穆青新闻实验班 30 人开展“重走穆青路——走进新华社”活动。师生参观了新华媒体创意工场、新华社历史陈列馆、新华社新闻信息发稿中心，并与新华社新闻研究中心的专家座谈交流。这次走进新华社活动，不仅开阔了同学们的视野，为同学们揭开了新华社的神秘面纱，更让大家真切感受了“勿忘人民，开拓创新”的新华精神。

第 21 期重走穆青路，主题是“建党百年再访延安”。2021 年 7 月 3—6 日，穆青新闻实验班 62 名学生，奔赴革命圣地延安，开展为期四天的“重走穆青路——延安之行”新闻实践教学活动。在王家坪革命旧址、延安革命纪念馆、延安新闻纪念馆、习近平总书记插队生活的梁家河村，专业教师围绕“延安时代与穆青的成长”“延安时期对外传播经验与启示”“从文学青年到党的新闻记者——穆青在鲁艺”“难忘的第一次采访——穆青与赵占魁”四个主题，为同学讲述了穆青在延安期间的新闻活动，加深了同学们对穆青与延安新闻事业的认识。

5.7.4.3 “重走穆青路”效果与影响

16年来，21期大型实践教学活动，行程近10万千米，足迹遍布大江南北、祖国各地。师生深入采访发掘了穆青新闻实践及“勿忘人民”新闻精神的一大批宝贵资料，形成了一大批实践成果，对传承和发扬“勿忘人民”穆青精神起到了非常重要的支持作用。

每一期实践教学，从确定主题、选择路线，到培训带队老师、组建团队，郑州大学都高度重视并给予大力支持。实地走访，现场教学，将理论学习和专业实践结合起来，让每一期实践教学都成为弘扬红色革命传统和穆青“勿忘人民”精神、培育卓越新闻传播人才的良机。通过“重走穆青路”，师生共同挖掘了大量丰富的穆青早期新闻实践的史料；提炼的“勿忘人民”精神，对广大师生起到了非常重要的思想及精神引领。“重走穆青路”已经成为郑州大学培育校园文化、培养卓越新闻传播人才的一个品牌项目。

作为“重走穆青路”活动的重要载体——郑州大学“勿忘人民”穆青事迹纪念展，已经成为郑州大学师生乃至全国新闻工作者学习传承穆青“勿忘人民”精神的教育基地。穆青事迹纪念展开展10多年来，已经接待30000多人次、400多批次参观者。2017年9月，郑州大学刘炯天校长在新生开学典礼的讲话中指出：“‘勿忘人民’不仅属于郑大新闻人，更属于郑大所有人；它让我们感受到的不仅仅是穆青的博大胸怀与担当，更感悟到他崇高的人生境界。”穆青事迹纪念展也是郑州大学新生入学教育的一个重要的学习基地，参观“勿忘人民”穆青事迹纪念展是新生入学“四爱”主题教育的一项重要内容。

重庆大学、暨南大学、江西财经大学、中原工学院、信阳师范学院、周口师范学院等兄弟院校相继来学院交流学习，携手重走穆青路。2017年5月、2017年12月，该院先后与暨南大学联手开展重走穆青路“中原行”和“广东行”实践教学活动。

新华通讯社、人民网、凤凰网、《河南日报》、新浪网、搜狐网等媒体50多次对活动进行报道。《新闻爱好者》《河南教育》等期刊也多次对活动进行报道。

“重走穆青路”项目先后获河南省第五届全省高校“礼敬中华优秀传统文化”系列活动成果一等奖、河南省第三届“大美学工”十佳优秀学生工作品牌。以“重走穆青路”活动为主要内容的《新闻传播专业“2+X”育人平台的实践与探索》获得河南省“全省高校实践育人工作优秀案例”社会实践类一等奖。

(郑州大学　郑素侠)

6. 评估、评奖与排行榜篇

6.1 国内 A 刊论文排行榜

本节利用文献计量学、引文分析相关原理与方法，借助可视化文献分析软件 CiteSpaceⅢ，对 2021 年新闻传播学国内 4 种重要期刊文献从研究机构、研究队伍、研究内容、关键论文等方面进行分析，以期揭示新闻传播学学科研究现状，探测发展趋势，从而较为全面地认识和把握 2021 年国内新闻传播学研究发展脉络。

6.1.1 数据来源与处理

本节数据来源主要为“CNKI 中国引文数据库”，具体来说，选取 4 种国内新闻传播学重要期刊作为数据来源，分别为《新闻与传播研究》《国际新闻界》《现代传播》和《新闻大学》。本节检索并统计了这 4 种期刊于 2021 年 CNKI 所刊载的论文（未统计增刊、会议综述、卷首语、主持人语、座谈会）及引文数据，共获得 626 篇文献与 758 条引文数据。“CNKI 中国引文数据库”中检索表达式为：被引文献来源 = “2021—2021 新闻传播学 A 类期刊”；引证文献来源 = “2021—2021 新闻传播学学来源期刊”，论文发表时间 = “2021—2021”，论文被引年份 = “2021—2021”。检索时间为 2021 年 4 月 8 日。图 6-1 反映了 4 本期刊 2021 年发文量占比情况：《现代传播》共发文 341 篇，发文量占 2021 年全部发文总量的一半有余；而《新闻与传播研究》发文 84 篇，《国际新闻界》发文 105 篇，《新闻大学》发文 96 篇。

6.1.2 2021 年新闻传播学核心研究机构分析

据统计，在 2021 年，共有 215 家高校、研究所及商业公司等机构为新闻传播学研究的发展作出贡献，其中以论文第一作者所署第一机构出现的机构为 144 家。根据论文署名，对研究机构进行了归并，即不区分一级机构下设的不同二级机构。如中国传媒大

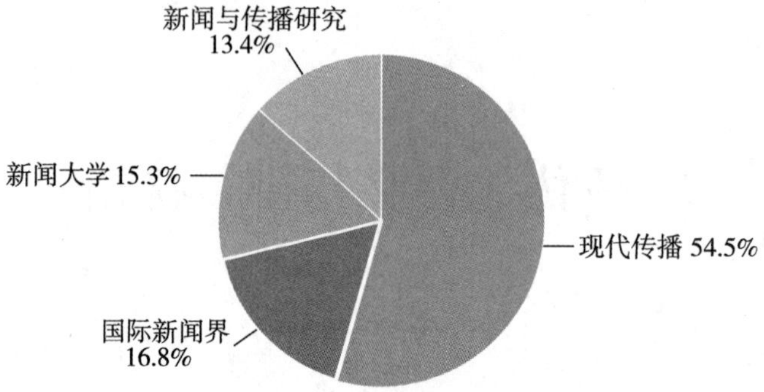

图 6-1 各刊载文量占比分布

学新闻传播学部、中国传媒大学艺术学部均作为统一的一个机构。2021 年，以论文第一作者所署机构名称统计，全年的机构发文名单如表 6-1 所示。

表 6-1 **2021 年机构全年发文量**

发文机构	发文量	排名
中国传媒大学	90	1
中国人民大学	34	2
复旦大学	30	3
南京大学	22	4
厦门大学	19	5
华中科技大学	13	6
上海交通大学	13	
华东师范大学	12	7
清华大学	12	
北京师范大学	11	8
广州大学	11	
暨南大学	11	
上海大学	11	

续表

发文机构	发文量	排名
中国社会科学院大学	10	9
中山大学	10	
重庆大学	10	
深圳大学	9	10
西安交通大学	9	
浙江大学	9	
安徽大学	8	11
北京大学	8	
南昌大学	8	
四川大学	8	
武汉大学	8	
云南大学	7	12
福建师范大学	6	13
湖南师范大学	6	
华东政法大学	6	
山东大学	6	
上海社会科学院	6	
广东外语外贸大学	5	14
湖南大学	5	
南京师范大学	5	
陕西师范大学	5	
同济大学	5	
浙江传媒学院	5	
中国社会科学院	5	
北京外国语大学	4	15
兰州大学	4	
苏州大学	4	

续表

发文机构	发文量	排名
安徽师范大学	3	16
澳门科技大学	3	
北京邮电大学	3	
成都大学	3	
广西大学	3	
河南大学	3	
华南理工大学	3	
华中师范大学	3	
吉林大学	3	
江苏师范大学	3	
江西师范大学	3	
山东师范大学	3	
上海师范大学	3	
上海外国语大学	3	
四川外国语大学	3	
扬州大学	3	
郑州大学	3	
北京第二外国语学院	2	17
北京电影学院	2	
北京体育大学	2	
大连外国语大学	2	
电子科技大学	2	
《国际新闻界》杂志社	2	
河北大学	2	
华侨大学	2	
宁波大学	2	
上海理工大学	2	
上海政法学院	2	

续表

发文机构	发文量	排名
首都经济贸易大学	2	17
四川师范大学	2	
天津大学	2	
西北大学	2	
西北师范大学	2	
中华女子学院	2	
重庆师范大学	2	
安庆师范大学	1	18
澳门大学	1	
北京服装学院	1	
北京化工大学	1	
北京理工大学	1	
北京印刷学院	1	
北京语言大学	1	
大连理工大学	1	
东北农业大学	1	
东北师范大学	1	
东华大学	1	
对外经济贸易大学	1	
福建技术师范学院	1	
福州大学	1	
赣南师范大学	1	
国际关系学院	1	
海南大学	1	
海南师范大学	1	
杭州科技职业技术学院	1	
杭州师范大学	1	
荷兰乌特勒支大学	1	

续表

发文机构	发文量	排名
黑龙江大学	1	18
湖南财政经济学院	1	
湖南工业大学	1	
湖州师范学院	1	
华南师范大学	1	
江南大学	1	
江苏大学	1	
江西财经大学	1	
科技部高技术研究发展中心	1	
课程教材研究所（教育部基础教育课程教材发展中心）	1	
辽宁大学	1	
岭南师范学院	1	
美国伊利诺伊大学芝加哥分校	1	
南京传媒学院	1	
南京林业大学	1	
南京信息工程大学	1	
南京艺术学院	1	
南开大学	1	
内蒙古大学	1	
曲阜师范大学	1	
三峡大学	1	
厦门理工学院	1	
山东工商学院	1	
上海财经大学	1	
上海商学院	1	
上海戏剧学院	1	
武汉市社会科学院	1	
西安外国语大学	1	

续表

发文机构	发文量	排名
西北政法大学	1	18
西南财经大学	1	
西南大学	1	
西南交通大学	1	
西南政法大学	1	
央视市场研究［CTR］	1	
云南民族大学	1	
浙江工业大学	1	
浙江理工大学	1	
浙江万里学院	1	
浙江越秀外国语学院	1	
中共中央党校（国家行政学院）	1	
中国海洋大学	1	
中国科学院大学	1	
中国刑事警察学院	1	
中国政法大学	1	
中国科技大学	1	
中南大学	1	
中南民族大学	1	
中央民族大学	1	

通过表 6-1 可知，2021 年我国新闻传播学主要研究机构有中国传媒大学、中国人民大学、复旦大学、南京大学、厦门大学等。其中，中国传媒大学作为我国新闻传播的专门院校，共刊发 90 篇论文；发文量排名前 3 的大学与 2020 年排名一致，头部研究机构持续高质量成果产出的能力非常稳定。此外通过统计到的数据还可以得知，中国社会科学院（6 篇）（不含中国社会科学院大学）、《国际新闻界》杂志社（2 篇）、科技部高技术研究发展中心（1 篇）、教育部基础教育课程教材发展中心（1 篇）、上海社会科学院（1 篇）、武汉市社会科学院（1 篇）、央视市场研究（1 篇）等非高校研究机构也都积极参与新闻传播学研究。2021 年海外教育科研机构参与我国新闻传播研究交流的数

量进一步增加，有来自美国、英国、荷兰、博茨瓦纳、新加坡及中国香港、中国澳门、台湾等国家或地区的21所高校研究者参与发表了文章。其中，以第一作者单位发文的海外高校分别有澳门科技大学（3篇）、荷兰乌特勒支大学（1篇）、美国伊利诺伊大学芝加哥分校（1篇）、澳门大学（1篇）4家。

6.1.3 2021年新闻传播学核心研究队伍分析

经过对所收集数据的统计，在2021年，共有2个课题组及938位自然人作为作者（其中144家机构的558位作者作为第一作者发文）共同构成了新闻传播学高质量学术共同体，推动了新闻传播学研究的深入与发展。

一门学科的建设与发展离不开学科的领军人物。学科领军人物有多个维度来评判，但研究成果数量与质量是一个核心指标。通过对研究论文的统计分析，基本上可以找出某一时期内某一学科的领军人物。如果一个作者既是高产作者，又是高被引作者，同时又是学术团队的核心，可以认为是该学科研究队伍中的领军人物。

高产作者可以直接以在2021年发表的论文数来衡量，论文总数排在前列的为高产作者。学术团队的核心，以作者在合作网络与共被引网络中是否处于核心节点来衡量。根据所收集的数据，在2021年国内新闻传播学的高产作者如表6-2所示（以论文所署第一作者计算）。

表6-2　**2021年新闻传播学研究高产作者（发文2篇及以上者）**

作者	所署机构	发文量
郭建斌	云南大学	4
宣长春	厦门大学	4
白红义	复旦大学	3
卞冬磊	南京大学	3
戴宇辰	华东师范大学	3
林升栋	中国人民大学	3
刘小燕	中国人民大学	3
龙伟	重庆大学	3
路鹏程	华东师范大学	3
孙信茹	云南大学	3
杨保军	中国人民大学	3

续表

作者	所署机构	发文量
常江	深圳大学	2
陈积银	西安交通大学	2
陈世华	南昌大学	2
陈先红	华中科技大学	2
陈阳	华东政法大学	2
邓绍根	中国人民大学	2
董天策	重庆大学	2
段鹏	中国传媒大学	2
方振武	南昌大学	2
宫贺	厦门大学	2
胡泳	北京大学	2
季为民	中国社会科学院大学	2
荆学民	中国传媒大学	2
李敬	上海社会科学院	2
李晓静	上海交通大学	2
梁德学	江西师范大学/复旦大学	2
梁君健	清华大学	2
廖祥忠	中国传媒大学	2
刘晓程	兰州大学	2
刘于思	浙江大学	2
卢家银	中山大学	2
卢康	成都大学	2
彭祝斌	湖南大学	2
齐爱军	上海大学	2
芮必峰	安徽大学	2
沙垚	中国社会科学院大学	2
申琦	南京大学	2
沈国麟	复旦大学	2
孙藜	上海大学	2

续表

作者	所署机构	发文量
唐俊	复旦大学	2
谢清果	厦门大学	2
徐基中	华侨大学	2
徐翔	同济大学	2
徐亚萍	上海师范大学	2
杨柏岭	安徽师范大学	2
易前良	上海大学	2
俞凡	山东大学	2
喻国明	北京师范大学	2
张大伟	复旦大学	2
张守信	天津大学/中国传媒大学	2
赵新利	中国传媒大学	2
周葆华	复旦大学	2
朱江丽	南京大学	2

6.1.4 2021年新闻传播学主要研究内容分析

2021年，尽管全球依然笼罩在新冠肺炎疫情阴影中，但我国经济快速恢复，科技、文化、教育等领域也取得了骄人的成绩。新闻传播学作为一门与科技、文化、经济等紧密关联的学科，在研究上遵循“百家争鸣、百花齐放”方针，研究内容呈现出社会化、技术化、人文化、交叉化、国际化的发展态势。虽然不同学者从不同角度在新闻传播学领域进行研究，并产生了众多的细分研究领域，但在研究方向上还是有一定的聚焦性，研究重点具有一致性；同时，基于对外部环境的即时反应，研究前沿具有时效性。

关键词是作者对文章核心研究内容的精炼，学科领域里高频次出现的关键词和从数据样本中对每一篇文献进行提取后分析出的名词短语，可被视为该领域的研究热点。高频关键词一定程度上反映学科研究重点，本节根据高频关键词来确定2021年新闻传播学的研究重点。对626篇期刊论文关键词进行简单同义词合并及排序，将专指性不强的“传播”“传播学”“新闻”“媒体”“媒介”等词汇排除后，列出排在前27位（词频≥5）的高频关键词如图6-2所示。与2020年高频关键词对比可见，“中国共产党”“新冠

(肺炎) 疫情”和“政治传播”新发展成为头部高频关键词；而“社交媒体”“媒体融合”“人工智能”“算法”等持续成为近几年的研究热点关键词。

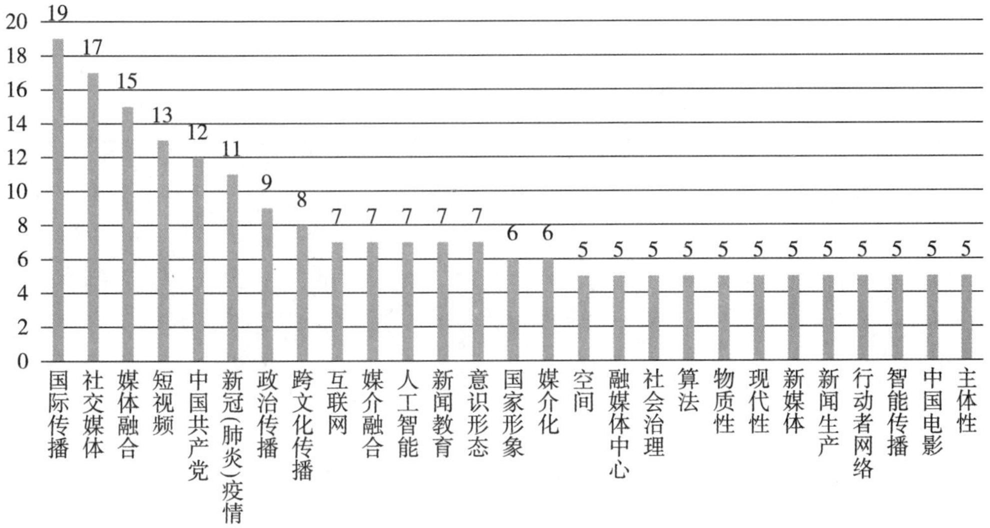

图 6-2　新闻传播学高频关键词（词频≥5）

为更直观地展示高频词，探测学科领域研究重点，在 CiteSpaceIII 导入数据，其他设置参数不变，节点类型选为关键词（Keyword），运行程序，生成如图 6-3 所示的关键词共现知识图谱。

参考图 6-2 和图 6-3 并结合往年相关知识图谱研究可以看出，国内众多新闻传播学研究人员仍然持续关注社交媒体、媒体融合相关领域研究；与此同时，适应我国新时期发展的新闻传播需求，在国际传播、政治传播研究方面发力显著；此外，与时代发展紧密联系的短视频、新冠肺炎疫情等研究议题在凸显出来。这表明 2021 年我国新闻传播学学科与时俱进、立足实践，形成了瞄准前沿、服务社会的研究特色。

根据高频关键词网络共现做聚类分析，生成如图 6-4 所示知识图谱。相比往年，2021 年我国新闻传播学研究主题更为聚焦，主要关注意识形态、国际传播、空间、媒介化、本雅明、影响因素、媒体融合这 7 个领域。

6. 1. 5　2021 年新闻传播学关键研究论文分析

2021 年，在新闻传播学 4 种重要期刊发表 626 篇论文中，有些论文一经发表，就得到了学术同仁的广泛认可，通过引证关系，慢慢成长为高影响力的论文，成为这一时期

图 6-3　关键词共现知识图谱

图 6-4　关键词聚类知识图谱

内反映新闻传播学研究动态与发展趋势的关键论文。

6.1.5.1 高被引论文

基本科学指标数据库（Essential Science Indicators，ESI）设计了“高被引论文”这一指标，即指发表于10年、最多11年内各领域中被引用次数前1%的文章。高被引论文具有学科导航作用，对相关学科和领域也有一定的辐射功能，高被引论文揭示着学科研究方向，一定程度体现了学科研究热点。借鉴这一思路，本节依照共时百分比的计算方法来确定2021年新闻传播学顶尖论文，即把2021年至今被引频次前1%的论文作为顶尖论文。具体来说，根据CNKI引文数据库检索所得引文数据，对2021年新闻传播学4种重要期刊论文进行统计分析，将被引频次排在前1%的论文视为2021年的高被引论文。

截至2022年4月8日，全部626篇文章中有308篇论文被引用，总引用次数为758次。经过计算，论文被引频次前1%阈值为8，生成如表6-3所示的2021年新闻传播学研究高被引论文列表。

表6-3　　2021年新闻传播学研究的高被引论文

排序	题　名	作者	来源	发表时间	被引量
1	媒介与社会同构时代国际传播人才培养必须着力解决的三大问题	廖祥忠	现代传播	2021/1/15	15
2	探寻平衡之道：隐私保护中知情同意原则的实践困境与修正	范海潮 顾理平	新闻与传播研究	2021/2/25	14
3	新时代中国国际传播：新基点、新逻辑与新路径	张毓强 庞　敏	现代传播	2021/7/15	14
4	技术与人文：疫情危机下的数字化生存否思——2020年新媒体研究述评	苏　涛 彭　兰	国际新闻界	2021/1/23	13
5	智能新闻生产：媒介网络、双重的人及关系主体的重建	吴璟薇 郝　洁	国际新闻界	2021/2/23	10
6	网络化身体：病毒与补丁	刘海龙 谢卓潇 束开荣	新闻大学	2021/5/15	9
7	当前我国国际传播面临的挑战、问题与对策	段　鹏	现代传播	2021/8/15	9

续表

排序	题　　名	作者	来源	发表时间	被引量
8	平台化、数字灵工与短视频创意劳动者：一项劳动控制研究	刘战伟 李嫒嫒 刘蒙之	新闻与传播研究	2021/7/25	9
9	全球平台传播：分发、把关和规制	沈国麟	现代传播	2021/1/15	8
10	“慢”从何来？——数字时代的手账及其再中介化	袁　艳	国际新闻界	2021/3/23	8
11	全面转型与深度融合：2020 年中国媒体融合发展	黄楚新	现代传播	2021/8/15	8
12	数字时代新闻学的实然、应然和概念体系	常　江	新闻与传播研究	2021/9/25	8

根据表 6-3 分析可知，2021 年新闻传播学研究的 12 篇顶尖论文中，作者分布较为分散，即未出现高被引文章显著集中于少数作者的情况。从期刊分布来看，《现代传播》5 篇、《国际新闻界》3 篇、《新闻与传播研究》3 篇、《新闻大学》1 篇。

6.1.5.2 “热点”论文

热点论文能够反映学科最新的科学发现和研究动向，表明该研究取得了突破性进展，其成果引发了相关领域的研究热点，从而有利于进一步跟踪学科发展趋势。本节借鉴 ESI 高被引论文的做法，用下载量来确定热点论文。具体来说，从 CNKI 中国引文数据库检索所得下载数据，对 2021 年新闻传播学 4 种国内重要期刊论文进行统计分析，将被下载总量在前 10 位的论文视为热点论文，生成如表 6-4 所示的新闻传播学研究热点论文。

表 6-4　　**2021 年新闻传播学研究热点论文**

题　　名	作者	下载量	来源	发表时间	被引量
技术与人文：疫情危机下的数字化生存否思——2020 年新媒体研究述评	苏　涛 彭　兰	10005	国际新闻界	2021/1/23	13
“春天的花开秋天的风”：社交媒体、集体悼念与延展性情感空间——以李文亮微博评论（2020—2021）为例的计算传播分析	周葆华 钟　媛	8331	国际新闻界	2021/3/23	7

续表

题　　名	作者	下载量	来源	发表时间	被引量
现实之镜：饭圈文化背后的社会症候	胡　泳 刘纯懿	8304	新闻大学	2021/8/15	4
2020年中国的传播学研究	《国际新闻界》传播学年度课题组	6576	国际新闻界	2021/1/23	4
网络圈层化背景下群体极化的特征及形成机制——基于“2·27事件”的微博评论分析	申金霞 万旭婷	6012	现代传播	2021/8/15	4
从统计推断到因果推断：传播学定量研究中的内生性问题	王　刚 吴星漫	5275	新闻与传播研究	2021/4/25	0
2020年中国的新闻学研究	《国际新闻界》新闻学年度课题组	5097	国际新闻界	2021/1/23	5
国族的想象：作为修辞实践的网络民族主义——对B站《中国历代疆域变化》弹幕的幻想主题分析	董天策 杨龙梦珏	4981	国际新闻界	2021/4/15	2
平台化、数字灵工与短视频创意劳动者：一项劳动控制研究	刘战伟 李媛媛 刘蒙之	4658	新闻与传播研究	2021/7/25	9
新冠肺炎疫情下社交媒体情绪传播及其影响研究——基于新浪微博文本数据的实证分析	周书环 杨潇坤	4637	新闻大学	2021/8/15	2

新冠肺炎疫情深刻地改变了全球范围内的社会生活，2021年，健康传播等领域也成为新闻传播学科最为关心的议题之一。伴随着西方媒体对新冠肺炎疫情的政治化，我国学者就此同步加强了国际传播、政治传播的相关研究。2021年是中国共产党建党100周年，我国新闻传播学院校、研究机构的学术同仁，围绕马克思主义新闻观和中国共产党的新闻传播，进行了相关研究，特别是马克思主义新闻观研究与列宁主义研究注重开掘新的史料，回到人物经历与社会语境中细描经典新闻观念的形成与变迁过程。研究领域不断拓展，研究者们理论联系实际，聚焦时代发展中的病毒与健康传播、算法研究、

数字监控与隐私、传播物质性与媒介理论、媒介的时空之维、传播思想史、媒介化政治、电子游戏与传播、新媒介与社会交往等主题，潜心开展研究，取得了突出的成就，为新闻传播学学科建设作出了新的贡献。研究队伍中新人实力不凡，不少学者开始从整体上反思并尝试回应数字媒介语境下的新闻学科深度转型与理论体系构建等宏观问题；研究者紧扣中国新闻业转型与变革的双重语境，在多元行动者的行业生态中聚焦新闻生产的理论、观念与实践问题。这些都充分展现了本学科发展与建设所蕴含的潜力。

（湖北大学　廖声武、曹鹏）

6.2　2021 年新闻传播学类国家社科基金项目立项课题分析

本节以国家社科基金网站公布的 2021 年各类国家社科基金项目相关数据为依据，梳理了 2021 年度新闻传播类国家社科基金项目立项情况。主要研究对象为国家社科基金重大项目、阐释党的十九届五中全会重大项目、年度项目、青年项目、西部项目、后期资助项目、优秀博士论文出版项目、中华学术外译项目，研究样本为 2021 年上述项目中所立项的新闻学与传播学项目，不包含重大项目的子课题。

需要说明的是：一是由于国家社科基金重大项目所占比重较大，较多学者建议对其进行重点分析，因此此处在计算过程中将其单独列出，不计入其他类别项目的统计中，但在分析项目主题的时候，将重大项目与其他项目统计在一起，以便于更好地体现 2021 年新闻学与传播学学科研究状况；二是除阐释党的十九届四中全会重大项目更换为阐释党的十九届五中全会重大项目外，其他项目类别均与上一年保持不变；三是研究样本仅以国家社科基金网站公布的“新闻学与传播学”学科类别为统计对象，未标明学科类别的由人工甄别加以确认。其他教育学项目和艺术学重大项目等单列学科及专项工程不计入此次统计范畴。另外需要说明的是，年度项目、后期资助项目及中国学术外译项目不单独列出一般项目或重点项目，为保证后续数据分析的合理性，仍将其按照后期资助项目和中华学术外译项目与往年进行对比分析。

6.2.1　立项课题的描述性分析

2021 年，国家社科基金项目共批准立项 6980 项（包括重大项目、阐释党的十九届五中全会重大项目、年度项目、青年项目、西部项目、后期资助项目、优秀博士论文出版项目、中华学术外译项目 8 个类别），其中新闻学与传播学学科共立项 222 项，占

2020年全国总立项数的3.18%（见表6-5）。从总体占比来看，2021年新闻学与传播学立项课题占全国总立项数较上一年下降11.2%，降幅较为明显。纵观2021年新闻传播学学科立项课题分布，与2020年相比，除了年度项目中的重点项目和西部项目较上一年保持不变外，在国家社科基金项目立项总数增加的情况下，其他各类项目数量均有不同程度的下降（见表6-6）。其中，中华学术外译项目降幅最大，降幅达62.5%，重大项目降幅为25%。但结合近些年的总体数据，虽然在2021年出现下降，但新闻传播学学科课题数量总体仍保持在较为稳定的数量（见图6-5）。近三年来，新闻学与传播学类国社科项目中重大项目（包括阐释党的十九届五中全会精神重大项目）、后期资助项目（包括优秀博士论文出版项目）、一般项目三类呈现先升后降的趋势，重点项目、西部项目数量保持稳定，青年项目持续下降，这说明目前学界青年学者需要持续发力。学者们应积极推动中国新闻传播学学术成果与世界对话，让学术成果走出去。

表6-5　　**2021年新闻传播学学科与全国总立项数对比**

项目类别	新闻传播学立项数（项）	全国立项总数（项）	新闻传播学立项占比
重大项目	17	348	4.89%
研究阐释党的十九届五中全会精神	1	130	0.77%
年度项目	130	3539	3.67%
青年项目	30	1103	2.72%
西部项目	9	499	1.80%
后期资助项目	29	1044	2.78%
优秀博士论文出版项目	3	80	3.75%
中华学术外译项目	3	237	1.27%
总计	222	6980	3.18%

表6-6　　**2020—2021年新闻传播学学科立项课题数量统计表**

项目类别	项目数量（项）		增长率
	2020年	2021年	
重大项目（包括阐释党的十九届五中全会精神重大项目）	24	18	-25.00%
重点项目	10	10	0.00%

续表

项 目 类 别	项目数量（项）		增长率
	2020 年	2021 年	
青年项目	32	30	-6.25%
西部项目	9	9	0.00%
后期资助项目（包括优秀博士论文出版项目）	40	32	-20.00%
中华学术外译项目	8	3	-62.50%
一般项目	127	120	-5.51%
总计	250	222	-11.20%

注：为了方便说明，将 2021 年的年度项目按照一般项目和重点项目与 2020 年进行数据比较。

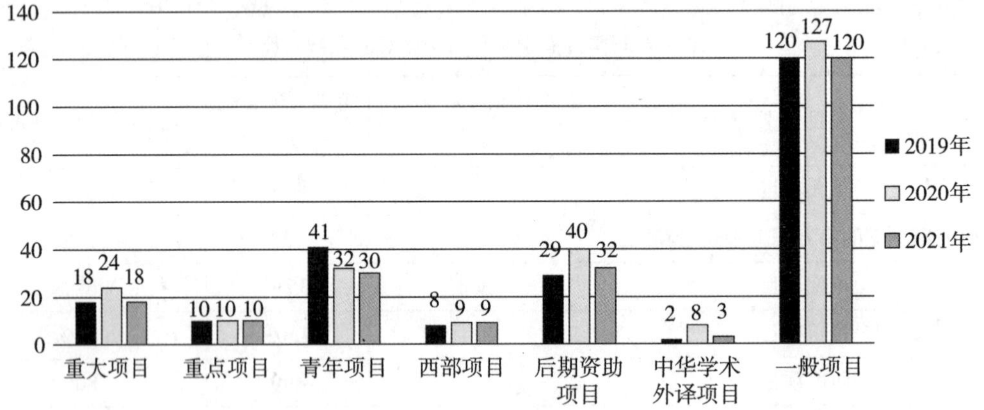

图 6-5　2019—2021 年新闻与传播学国家社科项目数量变化图

近些年来，新闻传播学学科的国家社科基金项目选题和时代主题、社会发展密切相关，以习近平新时代中国特色社会主义思想为指导，在深入贯彻落实党的十九大和十九届历次全会精神的基础上，积极开展学科理论和应用研究，聚焦重大学术和现实问题，紧跟时代发展的步伐和需要，在基础研究领域认真耕耘。通过分析可以发现：①面对百年未有之大变局，尤其是面对错综复杂的世界局势，中国提升对外传播影响力、加强自身话语体系建设、提高对外传播能力成为突出问题，具有极强的现实意义。②我国科技水平不断升级，智能媒体的发展引领传媒业深刻变革，媒介融合向纵深发展，媒体平台的建设与主流媒体传播力、引导力提升被持续关注。③站在中国共产党成立 100 周年的重大历史节点，系统梳理中国共产党百年来推动新闻业发展、实践宣传工作的重大实践经验和历史资料，面向未来不断深化共同体认识。④我国正处于迈向第二个百年奋斗目标的新时代，各种思潮相互激荡，学者们尤其关注网络舆情的监控、引导，促进互联网舆论场建设。此外，少数民族地区传播研究的关注度有明显提高。

从2021年各项目类别分布来看，年度项目最多，为130项，占2021年新闻传播类国家社科基金项目总数的63.73%，其次为青年项目，占立项总数的14.71%，再次为后期资助项目，占立项总数的14.22%，这三项合计共189项，占总立项数的92.65%。其余依次为西部项目、优秀博士论文出版项目及中华学术外译项目，共计15项，占总立项数的7.35%。如表6-7及图6-6所示。

表6-7　**2020年新闻与传播类国家社科基金项目各项目所占比重（重大项目除外）**

项目类别	数量（项）	占比
年度项目	130	63.73%
后期资助项目	29	14.22%
优秀博士论文出版项目	3	1.47%
青年项目	30	14.71%
西部项目	9	4.41%
中华学术外译项目	3	1.47%
总计	204	100.00%

6.2.2　项目所属区域、机构和负责人

6.2.2.1　立项区域分布

从区域分布来看，2021年北京、上海、广东、浙江、湖北、江苏立项总数达118项，合计占总立项数目的58.13%，属于第一梯队，相关参见表6-8。第一梯队立项数量较去年有进一步提高，其中湖北成功立项13项，重回第一梯队。陕西、四川、重庆、福建、河南、山东位于第二梯队，共计立项45项，占总立项数的22.17%。安徽、湖南、江西、辽宁、云南、广西、吉林、甘肃、河北、黑龙江、青海、新疆共立项36项，占总立项数的17.73%，属于第三梯队。2021年处于第三梯队的省份明显增多。海南、内蒙古、宁夏、西藏共立项4项，占总立项数的1.97%，属于第四梯队。通过近三年数据的对比，可以看出各省、自治区、直辖市所获资助项目立项数量仍存在区域性聚集的

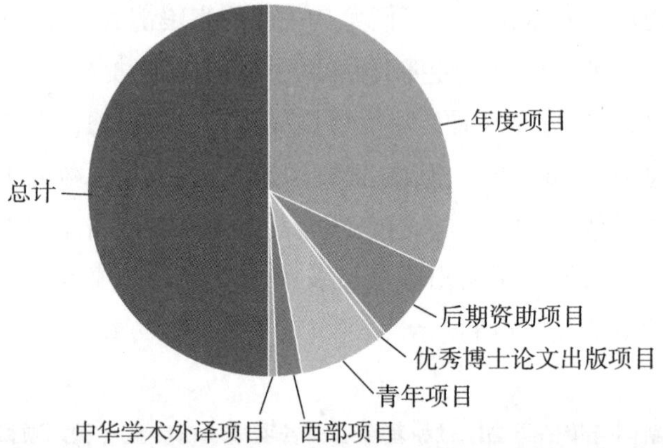

图 6-6　2021 年新闻与传播学国家社科项目类别分布图

情况，“北上广”等具有地理优势的地区立项较多，且集中趋势愈发明显，海南、内蒙古、宁夏及西藏等偏远地区立项较少，2021 年北京地区立项数目远高于其他地区。

表 6-8　　　　近三年国家社科基金新闻传播学立项课题区域分布统计表

2021 年			2020 年			2019 年		
地区	项目数	占比	地区	项目数	占比	地区	项目数	占比
北京	34	16. 75%	北京	41	18. 14%	北京	38	16. 67%
上海	21	10. 34%	广东	22	9. 73%	湖北	21	9. 21%
广东	20	9. 85%	上海	21	9. 29%	浙江	19	8. 33%
浙江	17	8. 37%	江苏	19	8. 41%	广东	19	8. 33%
湖北	13	6. 40%	浙江	17	7. 52%	上海	17	7. 46%
江苏	13	6. 40%	湖南	13	5. 75%	江苏	16	7. 02%
陕西	10	4. 93%	江西	12	5. 31%	福建	9	3. 95%
四川	8	3. 94%	广西	9	3. 98%	陕西	9	3. 95%
重庆	8	3. 94%	湖北	8	3. 54%	河南	9	3. 95%
福建	7	3. 45%	四川	8	3. 54%	湖南	8	3. 51%
河南	7	3. 45%	重庆	8	3. 54%	广西	7	3. 07%
山东	5	2. 46%	陕西	7	3. 1%	山东	7	3. 07%
安徽	4	1. 97%	河南	6	2. 65%	四川	7	3. 07%

续表

2021年			2020年			2019年		
地区	项目数	占比	地区	项目数	占比	地区	项目数	占比
湖南	4	1.97%	山东	6	2.65%	安徽	5	2.19%
江西	4	1.97%	福建	5	2.21%	重庆	5	2.19%
辽宁	4	1.97%	河北	4	1.77%	甘肃	4	1.75%
云南	4	1.97%	甘肃	4	1.77%	江西	4	1.75%
广西	3	1.48%	西藏	2	0.88%	天津	4	1.75%
吉林	3	1.48%	天津	2	0.88%	辽宁	3	1.32%
甘肃	2	0.99%	黑龙江	2	0.88%	黑龙江	3	1.32%
河北	2	0.99%	新疆	2	0.88%	海南	2	0.88%
黑龙江	2	0.99%	安徽	2	0.88%	河北	2	0.88%
青海	2	0.99%	贵州	1	0.95%	内蒙古	2	0.88%
新疆	2	0.99%	吉林	1	0.44%	西藏	2	0.88%
海南	1	0.49%	内蒙古	1	0.44%	新疆	2	0.88%
内蒙古	1	0.49%	宁夏	1	0.44%	云南	2	0.88%
宁夏	1	0.49%	云南	1	0.44%	贵州	1	0.44%
西藏	1	0.49%	辽宁	1	0.44%	宁夏	1	0.44%

6.2.2.2 立项单位及其隶属系统

从立项单位来看，2021年新闻传播类国家社科项目承担单位共有127家，其中高校承担项目数量为115个，占立项总数的90.55%，其他单位如社科院承担6个项目，机关承担2个项目，军队和各级党校承担3个项目，合计11个项目，如表6-9所示。在高校立项课题中，“985工程”（含985平台）和“211工程”高校共立项111项，占比54.41%，一般高校承担项目82项，占立项总数的40.20%。

表6-9　**2020年新闻与传播学国家社科各单位立项比重表**

单位类别	数量（项）	占比
“985工程”和“211工程”高校	111	54.41%
一般高校	82	40.20%

续表

单位类别	数量（项）	占比
社科院	6	2.94%
军队+党校	3	1.47%
机关	2	0.98%
总计	204	100%

从各单位承担项目数量来看，中国传媒大学位列第一，立项项目为 8 项（重大项目除外），暨南大学和南京大学各立项 5 项，排在第二位，西安交通大学、浙江大学各主持 4 项，并列第三。另外有 13 个单位主持 3 项，30 个单位主持 2 项，79 个单位主持 1 项，如表 6-10 所示。

表 6-10　　**2020 年新闻与传播学类国家社科基金项目立项单位排序表**

工作单位	数量（项）	排名
中国传媒大学	8	1
暨南大学	5	2
南京大学	5	2
西安交通大学	4	4
浙江大学	4	4
北京师范大学	3	6
复旦大学	3	6
广东外语外贸大学	3	6
河南工业大学	3	6
华南理工大学	3	6
南京师范大学	3	6
厦门大学	3	6
深圳大学	3	6
四川省社会科学院	3	6
苏州大学	3	6
武汉大学	3	6

续表

工作单位	数量（项）	排名
西南政法大学	3	6
浙江工业大学	3	6
安徽大学	2	19
北京大学	2	19
北京印刷学院	2	19
大连理工大学	2	19
东北师范大学	2	19
东华大学	2	19
广东金融学院	2	19
广西大学	2	19
广州大学	2	19
河南大学	2	19
华东师范大学	2	19
江西师范大学	2	19
清华大学	2	19
山东大学	2	19
陕西师范大学	2	19
上海交通大学	2	19
上海师范大学	2	19
上海外国语大学	2	19
四川大学	2	19
四川外国语大学	2	19
武汉理工大学	2	19
浙江传媒学院	2	19
浙江理工大学	2	19
中国人民大学	2	19
中国社会科学院新闻与传播研究所	2	19
中国政法大学	2	19
中南民族大学	2	19

续表

工作单位	数量（项）	排名
中山大学	2	19
中央民族大学	2	19
重庆大学	2	19
安徽师范大学	1	49
百色学院	1	49
北方民族大学	1	49
北京工商大学	1	49
北京交通大学	1	49
北京体育大学	1	49
北京外国语大学	1	49
常州大学	1	49
成都理工大学	1	49
大连外国语大学	1	49
电子科技大学	1	49
东北农业大学	1	49
对外经济贸易大学	1	49
福建工程学院	1	49
福建师范大学	1	49
光明日报社	1	49
哈尔滨工业大学	1	49
海南师范大学	1	49
河北大学	1	49
河北省社会科学院	1	49
湖北中医药大学	1	49
湖南大学	1	49
湖南第一师范学院	1	49
湖南科技大学	1	49
湖州师范学院	1	49
华东政法大学	1	49

续表

工作单位	数量（项）	排名
华侨大学	1	49
华中科技大学	1	49
华中农业大学	1	49
华中师范大学	1	49
吉林大学	1	49
济南大学	1	49
江西财经大学	1	49
喀什大学	1	49
昆明理工大学	1	49
兰州大学	1	49
辽宁大学	1	49
南昌航空大学	1	49
南京财经大学	1	49
内蒙古大学	1	49
宁波大学	1	49
青岛科技大学	1	49
青海民族大学	1	49
青海师范大学	1	49
三峡大学	1	49
山东理工大学	1	49
商丘师范学院	1	49
上海财经大学	1	49
上海大学	1	49
上海理工大学	1	49
上海应用技术大学	1	49
上海中医药大学	1	49
同济大学	1	49
温州大学	1	49
武夷学院	1	49

续表

工作单位	数量（项）	排名
西安工业大学	1	49
西北大学	1	49
西北民族大学	1	49
西北政法大学	1	49
西藏大学	1	49
西南大学	1	49
新疆财经大学	1	49
延安大学	1	49
云南财经大学	1	49
云南大学	1	49
云南师范大学	1	49
战略支援部队信息工程大学	1	49
长沙理工大学	1	49
浙大宁波理工学院	1	49
浙江工商大学	1	49
浙江越秀外国语学院	1	49
郑州大学	1	49
中共广西壮族自治区委员会党校	1	49
中共四川省委党校	1	49
中国科学技术大学	1	49
中国劳动关系学院	1	49
中国人民公安大学	1	49
中国艺术科技研究所博士后工作站	1	49
中南财经政法大学	1	49

通过近三年来前 10 家及前 20 家立项单位的立项数（见表 6-11）对比可发现，中国传媒大学稳居第一名，第二名及之后的立项单位每年都会发生变动，暨南大学重新回到第二位，西安交通大学、四川省社会科学院 2021 年表现抢眼。总的来看，近三年来，前 10 家及前 20 家立项单位的立项数呈现先升后降的趋势，这和总体立项数量的变化趋

势相关。2021 年共前 10 家单位立项数为 41 项，占比 20. 10%，前 20 家单位立项数为 69 项，占比 33. 82%，2020 年前 10 家单位立项数为 52 项，占比 20. 80%，前 20 家单位立项数为 83 项，占比 33. 20%，2019 年前 10 家单位立项数为 43 项，占比 18. 86%，前 20 家单位立项数为 71 项，占比 31. 14%。由此说明，虽然国家社科基金新闻学与传播学学科获项单位不少，但获项数量多集中在前 10 家及前 20 家单位，集中度过高，且分布不均。

表 6-11　　**近三年前 20 家立项单位立项数集中度对比**

2021 年			2020 年			2019 年		
立项单位	立项数	排名	立项单位	立项数	排名	立项单位	立项数	排名
中国传媒大学	8	1	中国传媒大学	10	1	中国传媒大学	7	1
暨南大学	5	2	南京大学	6	2	暨南大学	5	2
南京大学	5	2	南昌大学	6	2	浙江大学	4	3
西安交通大学	4	4	暨南大学	5	4	华中科技大学	4	3
浙江大学	4	4	湖南师范大学	5	4	厦门大学	4	3
北京师范大学	3	6	浙江大学	4	6	南京大学	4	3
复旦大学	3	6	苏州大学	4	6	武汉大学	4	3
广东外语外贸大学	3	6	上海交通大学	4	6	郑州大学	4	3
河南工业大学	3	6	江西师范大学	4	6	中国社会科学院	4	3
华南理工大学	3	6	广西大学	4	6	中国人民大学	3	10
合计	41		合计	52		合计	43	
总立项数	204		总立项数	250		总立项数	228	
占比	20. 10%		占比	20. 80%		占比	18. 86%	
南京师范大学	3	6	北京师范大学	4	6	广西大学	3	10
厦门大学	3	6	中国社会科学院	3	12	安徽大学	3	10
深圳大学	3	6	中国人民大学	3	12	湖南大学	3	10
四川省社会科学院	3	6	四川大学	3	12	湖南师范大学	3	10
苏州大学	3	6	深圳大学	3	12	江西师范大学	3	10
武汉大学	3	6	厦门大学	3	12	陕西师范大学	3	10
西南政法大学	3	6	兰州大学	3	12	四川大学	3	10

续表

2021年			2020年			2019年		
立项单位	立项数	排名	立项单位	立项数	排名	立项单位	立项数	排名
浙江工业大学	3	6	华中师范大学	3	12	四川外国语大学	3	10
安徽大学	2	19	华南理工大学	3	12	清华大学	2	19
北京大学	2	19	华东师范大学	3	12	中山大学	2	19
合计	69		合计	83		合计	71	
总立项数	204		总立项数	250		总立项数	228	
占比	33.82%		占比	33.20%		占比	31.14%	

注：单位排序以首字母排序，数量一致的情况以单位排序优先。排序仅供参考。

6.2.3 重大项目立项情况

2021年新闻学与传播学学科重大项目共立项18项（包括阐释党的十九届五中全会精神国家社科基金重大项目1项），相较2020年的24项下降了25%。从地域分布来看，北京、湖北、上海各3项，江苏、浙江各2项，广东、河南、山东、陕西、天津各1项。2021年重大项目较上一年分布较为均衡，2020年中国传媒大学立项6项，占比25%，2021年仅有1项，没有出现“一家独大”的现象，如表6-12所示。18个重大项目中，“985工程”（含985平台）工程高校共获立9项，占比50%，“211工程”高校获立共5项，占比28%，一般高校获立4项，占比22%。如图6-7所示。获得立项的18位学者专业职称正高级占比100%，显示专家学者关切国家重大命题的能力和专业研究的使命感。

表6-12　**2021年和2020年新闻与传播学重大项目立项数对比表**

工作单位	重大项目立项数(项)	工作单位	重大项目立项数(项)
北京外国语大学	1	中国传媒大学	6
中国传媒大学	1	复旦大学	3
中国人民大学	1	北京大学	2
广州大学	1	北京语言大学	1
郑州大学	1	东北财经大学	1

续表

工作单位	重大项目立项数(项)	工作单位	重大项目立项数(项)
华中科技大学	1	湖北大学	1
武汉大学	1	湖南大学	1
武汉体育学院	1	华中科技大学	1
南京大学	1	南京师范大学	1
南京师范大学	1	深圳大学	1
山东大学	1	天津大学	1
西安交通大学	1	武汉大学	1
上海交通大学	1	中国人民大学	1
上海体育学院	1	浙江传媒学院	1
南开大学	1	浙江大学	1
浙江传媒学院	1	中国社会科学院新闻与传播研究所	1
浙江大学	1		
华东师范大学	1		
总计	18	总计	24

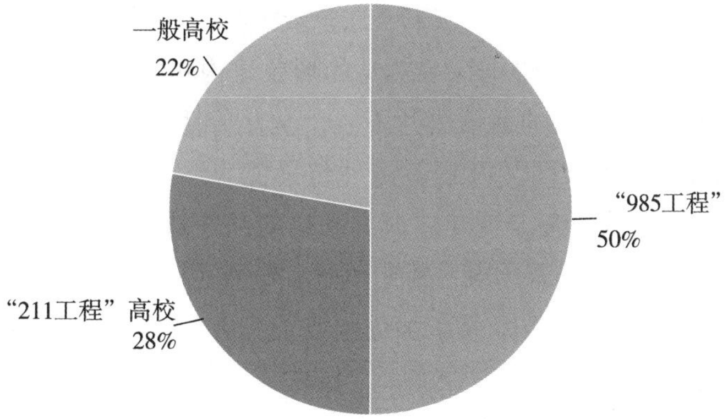

图 6-7　2021 年新闻与传播学国家社科基金重大项目各单位立项比重

相关分析显示，重大项目包括媒介治理类 4 项、全球传播类 3 项、媒介叙事类 2 项。此外，还有全媒体传播、新闻传播研究范式、新闻思想以及公民隐私保护、数字版权等相关课题。在此类立项中，学者最为关心的关键词为“媒介”，说明媒介问题已经成为与国家社会发展紧密相连且十分重要的时代课题，立足新的时代现状、发挥媒介作用实现社会治理功能成为当下及未来一段时间内应特别关注的话题。2021 年，研究阐释党的十九届五中全会精神重大项目以及研究中国共产党建党百年的新闻思想与实践，是立足建党百年新征程上做出的历史回望和总结，对系统梳理党在新闻传播领域的重要作用和贡献具有十分重要的意义。

6. 2. 4　项目的主题内容

6. 2. 4. 1　关键词分析

为分析 2021 年新闻传播学类国家社科基金项目所关注的热点话题，我们先是通过人工切词的方法，将 222 个项目（含重大项目）中有一定含义及反映倾向的词归类，然后对这些关键词进行筛选，剔除一些不具有明确指向性词语，不计出现 1 次的词语后，最终保留了出现频次 2 次以上的 52 个有效关键词。从表 6-13 中可以看出，2021 年新闻传播类国家社科基金项目关键词词频呈现出如下 10 个特征：

一是媒介问题逐渐成为核心问题。2020 年的项目分析中，“媒介”关键词出现 20 次，而 2021 年出现 24 次，继续位列第一且增长 20%。在媒介话题下，“媒介治理”“媒介记忆”“媒介叙事”“媒介化”等呈高频出现的趋势。二是之于互联网平台的舆论和舆情检测、治理、引导等成为学者持续关注的重点，侧重社会治理和规律研究。三是在中国共产党成立 100 周年的重大节点下，红色叙事凸显，围绕“建党百年”“红色文化”“延安”“政党形象”等关键词探寻对党的形象建构和党领导中国新闻传播事业的历史、规律。四是在文化自信的话语表达下，“全球传播”重要性显著增强，探索在“新时代”如何增强“国家认同”及提高海外传播能力。五是面对“百年未有之大变局”，面对国内外、线上线下复杂变化，研究利用新闻传播规律提高应对“突发事件”的能力。六是当下全球疫情仍未结束，探究面对后疫情时代及今后应对突发公共卫生事件时，新闻媒介的作为。七是技术革新和进步已成为客观现实，探究媒体“平台”发展、“媒体深度融合”，重视“5G”“智媒”“区块链”“虚拟现实”等技术与新闻传播相结合研究。八是对“新闻史”“思想史”的研究，注重对原始历史资料的收集整理。九是紧密结合国家现实基层治理需要，关注“乡村振兴”“基层治理”，在中华民族共同体框架下，对“少数民族”和“民族地区”的关注显著增多。十是在出版业研究方面重点关注“版权制度”及“版权保护”。此外，“广告”“报刊”“体育”等领域也有涉及。

表 6-13　**2020 年新闻传播类国家社科基金项目关键词**

序号	关键词	词频
1	媒介	24
2	舆论	17
3	中国共产党	13
4	认同	10
5	突发事件	10
6	社交媒体	10
7	新时代	9
8	（后）疫情	9
9	全球传播	8
10	出版	8
11	新媒体	7
12	人工智能	7
13	智媒时代	6
14	全媒体	6
15	建党百年	6
16	县级融媒体	6
17	广告	6
18	媒介记忆	6
19	平台	6
20	媒体（深度）融合	6
21	乡村振兴	5
22	宣传	5
23	史料	5
24	舆论引导	5
25	红色文化	5
26	少数民族	5
27	互联网	4
28	乡村治理	4

续表

序号	关键词	词频
29	主流媒体	4
30	新闻史	4
31	民族地区	4
32	媒介治理	3
33	5G	3
34	媒介叙事	3
35	中国特色	3
36	舆论极化	3
37	延安	3
38	报刊	3
39	公共卫生	3
40	晚清	3
41	国家认同	3
42	区块链	3
43	自媒体	3
44	版权保护	3
45	美国	3
46	“双循环”	2
47	数字化	2
48	日本	2
49	虚拟现实	2
50	体育	2
51	大数据	2
52	生物识别信息	2
53	政党形象	2
54	基层治理	2
55	媒介化	2
56	思想史	2
57	计算广告	2

续表

序号	关键词	词频
58	新闻教育	2
59	民国	2
60	西南	2
61	版权制度	2
62	风险防范	2

6.2.4.2 项目的研究主题

作为中国共产党建党100周年、实现第一个百年奋斗目标、全力迈向第二个百年奋斗目标的重大历史年份，2021年的新闻传播学国家社科基金项目更有时代性、大局观，回应时代需要、洞察历史规律。项目申报以习近平新时代中国特色社会主义思想为指导，反映了党领导中国特色社会主义建设过程中新闻传播学科的回应，具有很强的时代性。课题申报以《国家社科基金项目2021年度课题指南》（以下简称“指南”）为依据，在与已成功立项的项目对比后发现，“指南”对学者们的立项课题题目有较强的指导作用，较多学者或是对“指南”条目表述做出修改或是根据“指南”提供的研究范围、方向自行设计题目展开研究。“指南”给出的选题主要是在新时代、融媒体时代、5G时代、双循环等时代背景下，观察互联网平台中的传播现象，如：媒体融合、媒介使用、舆论引导、构建认同、应对突发事件等，但是在习近平总书记关于互联网发展和治理论述等方面学者还鲜有涉及。分析发现，2021年新闻传播类项目可从政党传播、舆论舆情、全球传播、技术驱动和历史分析这五个主题进行分析。

（1）政党传播：百年来中国共产党的新闻事业与宣传

站在2021回溯中国共产党的奋斗历程，从世界历史视角和新的时代格局下审视中国共产党的发展进程，对总结经验、提炼做法具有重大意义。中国共产党百年来的新闻传播实践是与带领全国人民走向独立、解放、富强的历程紧密结合在一起的。在不同的历史时期，党的新闻工作、宣传工作都有其独特性和代表性。在2021年度新闻传播类国家社科基金项目立项中，学者们对如下四个话题尤为关注：一是中国共产党面对百年未有之大变局如何做好政党形象传播；二是作为执政党，中国共产党领导中国新闻事业的实践逻辑和党管媒体的原则；三是党媒发展研究，如党报党刊中的报人群体、新闻教育；四是呈现政党形象的新闻媒介内容，如纪实影像、红色文化、英雄文化等。这四个方面的研究，基本体现了党领导新闻传播事业以及政党作为本体的传播研究方向，对党持续领导新闻传播业发展凝练理论、展现新时期政党形象有积极意义。

（2）舆论舆情：检测、引导与互联网动员

党的十八大以来，习近平总书记从政治上、全局上、战略上就党的新闻舆论工作作出一系列重要论述，强调："做好党的新闻舆论工作，事关旗帜和道路，事关贯彻落实党的理论和路线方针政策，事关顺利推进党和国家各项事业，事关全党全国各族人民凝聚力和向心力，事关党和国家前途命运。"① 尤其是面对互联网这一各种思想交锋的主阵地，当前舆论发酵更加复杂，成为互联网治理和社会治理的一项十分重要的内容。2021 年舆论舆情类项目呈现出如下特征：一是与技术变革密切相关，如智能算法、智能推荐、5G 等，出于社会观察的视角；二是关注涉及国家安全的舆情事件，如涉外争端、涉疆涉藏舆论、涉重大突发事件等，出于风险规避的视角；三是重视社交媒体平台公共的参与和舆论极化的形成，出于形成共识的视角。学者们试图从纷繁的舆论场中识别、检测、预警、控制、引导，从而助力清朗的舆论空间的形成。

（3）全球传播：国际话语的博弈与中国国家形象建构

在后疫情时代，中国经验和中国声音在国际舞台越发重要，加强和改进国际传播工作成为应对日益复杂的国际环境过程中的一个必要课题。习近平总书记在中央政治局第三十次集体学习时强调，要"讲好中国故事，传播好中国声音"。②在 2021 年立项的新闻传播学类的课题中，学者们普遍关注在"国际传播"中的机制和策略研究，与媒体融合、社交机器人、智能媒体、政治机器人、数字治理等话题相结合，凸显了国际传播中对新技术、新方法的考量和运用，力求弥合差距、寻求共识，助力人类命运共同体建设。所涉及的跨国别的研究项目，涵盖美国 4 项、日本 3 项（含新闻史部分）、德国 1 项、印度 1 项、俄罗斯 1 项、东盟 1 项、"跨文化" 3 项、"西方媒体" 2 项，体现了在当前的国际语境下，学者们更为关切的国际关系为"中-美""中-日"及"中-俄"，以及在"一带一路"倡议与东盟框架下的国家传播。在国内部分，"认同"成为关键词，以铸牢中华民族共同体意识为主线，思考少数民族地区对媒介的使用和影响以及在基层治理中媒介发挥的重要作用，服务于民族认同建设和乡村振兴战略的实施。

（4）技术驱动：智媒时代的媒体深度融合与全媒体传播

近年来，新技术的运用和发展已经与新闻传播业发展同频共振，业已成为促进新闻传播业发展的重要力量。媒体融合已经初显成效并向媒体深度融合发展，"区块链"

① 习近平．习近平谈治国理政（第二卷）［M］．北京：外文出版社，2017：331-332.

② 习近平．习近平谈治国理政［M］．北京：外文出版社，2014：299.

“5G”“虚拟现实”“生物信息识别”成为为新闻传播发展赋能、提升传播效果的重要抓手。在与技术融合方面，“计算广告”与“计算宣传”成为传播效果研究的重要方法；在智媒时代，学者们关注风险的发现与规避，讨论老年人媒介素养及公民隐私权保护等。技术飞速发展下的风险问题成为研究者关注的要点，不可忽视技术这一“双刃剑”对社会带来的影响和潜在风险，健全法律法规和防范机制才是最终的落脚点。全媒体作为一个传播体系，发展全程媒体、全息媒体、全员媒体、全效媒体与城市发展、体育传播等传播格局建构相结合，发挥着更广泛的媒介社会功能。2021 年，新闻传播学类项目对县级融媒体研究转向了治理层面，体现在县级融媒体促进基层治理、促进民族团结、促进县域治理、应对突发事件和引导舆论认同上，充分显现了县级融媒体中心的社会功能，也发挥了其“统一思想认识、凝聚社会共识”的作用。

（5）历史分析：多元视角、多种分期、多重地域

历史研究是新闻学与传播学研究内容的重要组成部分，史料为新闻传播发展的历史提供了翔实佐证。通过分析，2021 年的项目中有 20 个与“史”有关，占到总数的 9.01%。从研究内容来看，可以依据不同的标准对此类项目做出分类。按照研究内容划分，可分：传媒史、出版史、广播史、舆论史、图像新闻史、宣传史、声音媒介史、电视史、教育史；按照历史时期来看，主要涵盖建党百年、近代、现代、晚清、民国、延安时期等；按照涉及地域来看，主要涵盖不同国家，如日本、印度等；国内不同区域，如上海、广东、西藏等。总的来看，2021 年度立项项目研究主要着眼于两个方向，一是对资料的整理与研究，二是对经验梳理和对路径建构，主要沿着建党百年奋斗的历史脉络，对近现代中国的媒介现象和实践加以观察。

总的来看，2021 年国家社科基金的新闻传播学类项目响应时代主题、研究社会关切，具有时代感和应用性。近年来，新闻学与传播学学科国家社科基金项目取得了长足进步和一定的发展。但仍存在一些问题值得反思：一是作为人文社会科类高级别的研究项目，国家社科基金项目导向作用较为明显，学者要做好科研项目规划，确立更加明晰的新闻学与传播学研究方向；二是构建中国特色新闻学传播学基础理论框架不足，近年来学界探究的传播学本土化、在地化问题在项目中反映不够明显，要进一步充实本土的新闻传播理论框架和学术话语；三是对前瞻性话题的研究，要从社会现实中研判趋势，运用系统性思维，将学理性和应用性结合起来，提升项目的学术贡献度，加强对最新理论成果的吸收。

（中南民族大学　陶喜红、刘相）

6.3 教学成果奖

6.3.1 高等教育省部级教学成果奖概况

依据国务院第151号令《教学成果奖励条例》的规定，教学成果是指能够反映教育教学规律，具有独创性、新颖性、实用性，对提高教学水平和教育质量、实现培养目标产生明显效果的教育教学方案。教学成果奖，是为奖励取得教学成果的集体和个人，鼓励教育工作者从事教育教学研究，提高教学水平和教育质量所设置的奖项，可分为国家级和省（部）级。就高等教育省部级教学成果奖获奖成果而言，是全国各省广大一线高等教育工作者经过多年艰苦努力、不懈探索取得的优秀成果，体现了各省高等教育教学改革的重大进展，同时也是对学校人才培养工作和教育教学改革成果的检阅和展示。由于各省开展高等教育省部级教学成果的评审工作在评审周期、申报要求和评审方式等方面存在着或多或少的差异，故以2022年3月1日为截止日期，以各省所能查询到的、最新公示的高等教育教学成果奖获奖名单为样本数据，经统计分析后可知：自2018年以来，各省共陆续评选出高等教育省部级教学成果9082项，其中新闻传播类成果共计91项，含特等奖1项，一等奖24项，二等奖50项及三等奖15项、优秀奖1项。

6.3.2 新闻传播学科高等教育省部级教学成果奖获奖分析

6.3.2.1 获奖成果区域分布特点

为深入贯彻《中共中央关于进一步繁荣发展哲学社会科学的意见》，推进普通高等学校人文社会科学事业的发展，教育部社科项目贯彻“科学、公正、高效”的原则，鼓励普通高等学校以课题小组或个人为基础，以掌握教育教学规律与解决教育教学过程中具有问题导向、实际导向的重大理论和问题，实现培养目标产生显著的成长效果。各地普通高等院校积极响应教育部相关政策，从2018年至2022年3月1日，新闻传播学科高等教育取得省部级教学成果的共计91项。其中，位于东南沿海地区的普通高等学校共计获得10项成果奖项，占比10.99%；位于中部地区的普通高等学校共计获得33项成果奖项，占比36.26%；位于东北部地区的普通高等学校共计获得9项成果奖项，占比9.88%；位于东部地区的普通高等学校共计获得10项成果奖项，占比10.99%；位于西部地区的普通高等学校共计获得 10 项成果奖项，占比 10. 99%；位于西北部地区的普通高等学校共计获得 7 项成果奖项，占比 7. 70%；位于边远、民族地区的普通高等学校共计获得 12 项成果奖项，占比 13. 19%。根据以上分析结果可知：位于中部地区的普通高等学校在此次省部级教学成果评选中仍占比较大；位于西北地区的普通高等学校在此次评选中占比较小，仍有发展空间（见图 6-8）。

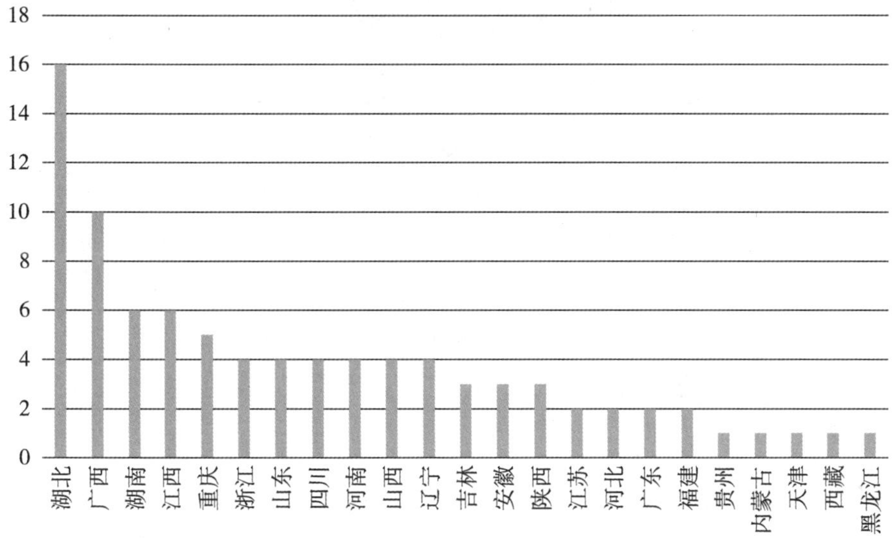

图 6-8　各省市新闻传播学科高等教育省部级教学成果奖获奖成果数量排行（单位：项）

6. 3. 2. 2　获奖单位构成特点

新闻传播学科高等教育省部级教学成果奖的获奖单位主要由两大类机构组成，即独立机构和联合机构。其中，独立机构指的是获奖单位为某一高校；联合机构则包括校校联合、校企联合、校媒联合、校政联合等多方合作获奖形式。在 91 项新闻传播学科高等教育省部级教学成果奖中，以独立机构作为获奖单位的共有 79 项，占比 86. 81%；以联合机构作为获奖单位的共有 12 项，占比 13. 19%（见图 6-9）。由此可见，新闻传播学科在教学成果培育方面，大多以独立机构为产出单位，与其他机构联动较少。其中联合机构获奖的主要形式为校媒联合和校校联合，这与本学科属性密切相关，但高校与政府、科研院所、企业等机构协同创新驱动尚不明显。因此，进一步开展校校联合、校企联合、校科联合、校政联合、校媒联合等形式的联合协同人才培养机制，构建全面覆盖、立体贯通、分工明确、优势互补的教育科研机构体系，形成不同类型、不同层级、不同属性科研机构之间的协同创新，发挥不同类型教育科研机构的特色优势，是新闻传播学科未来重点探索的方向之一。

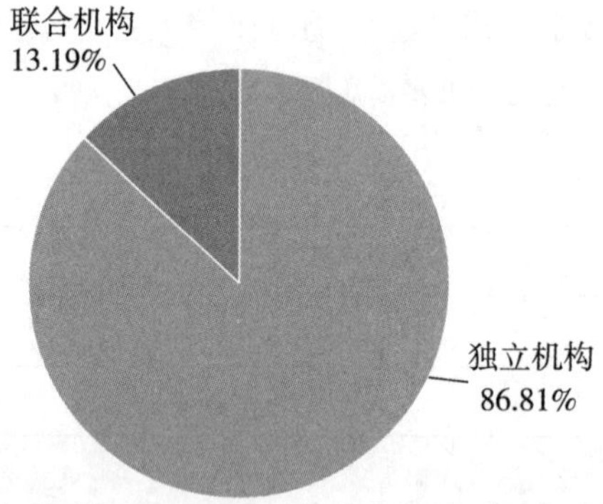

图 6-9　各省市新闻传播学科高等教育省部级教学成果奖获奖单位构成百分比

此外，获奖成果数最多的单位为浙江传媒学院，共计获奖 4 项；其次为武汉大学、中南民族大学、南昌大学、江西师范大学、广西艺术学院、山西传媒学院（排名不分先后），均获奖 3 项。

6. 3. 2. 3　获奖高校类型分析

根据《教育部 财政部 国家发展改革委关于公布世界一流大学和一流学科建设高校及建设学科名单的通知》(教研函〔2017〕2 号)，将高校分为一流大学建设高校、一流学科建设高校（下称“双一流”建设高校)、非“双一流”建设高校。在总获奖成果中，7 项获奖成果的第一完成单位为一流大学建设高校，占比 7. 69%；10 项获奖成果的第一完成单位为一流学科建设高校，占比 10. 99%；74 项获奖成果的第一完成单位为非“双一流”建设高校，占比 81. 32%。17 所“985 工程”与“211 工程”高校获奖，占比 18. 68%；73 所普通本科获奖，占比 80. 22%；1 所高职（高专）高校，占比 1. 10%。由此可知，相较于其他类型的教学成果，普通本科高校在此次省部级教学成果评选中占比最大，显示出它们在新闻传播学科教学方面持续的努力和对教学工作建设的重要贡献；“双一流”建设、“985 工程”与“211 工程”高校在新闻传播学科方面的教学成果产出占比较小，尚有较大的发展空间；此外，有一所（高专）高校也荣获了教学成果奖项，展现出该校在教学工作的质量和效度上取得的优异成绩(见表 6-14)。

表 6-14　**新闻传播学科高等教育省部级教学成果奖汇总名单（2018. 1. 1—2022. 3. 1）**

序号	获奖时间	成果名称	成果完成人	成果完成单位	获奖等次	主要内容简介
江苏省（每 4 年评选一次）						
1	2021	面向智媒时代的新闻传播人才培养模式创新实践	陈龙、胡明宇、王静、谷鹏、曾庆江、张梦晗	苏州大学	二等奖	
2	2021	基于跨学科的传媒类人才协同培养机制重构与实践	韩鹏、袁晓黎、闫丽丽、肖蕾、邓海洋、姜圣瑜	南京传媒学院	二等奖	
浙江省（每 4 年评选一次）						
1	2021	影视传媒类专业多场景融合教学体系的构建与创新	姚争、胡一梁、陈永斌、陈佩芬、冯建超、李琳、余军	浙江传媒学院、成都华栖云科技有限公司	一等奖	
2	2021	卓越新闻传播人才“三结合、两保障”培养模式探索与实践	李文冰、崔波、李欣、黄寒冰、张博、郭璇、焦俊波、周玉兰、李灵革、李新祥	浙江传媒学院	二等奖	
3	2021	传媒“三创”育人生态系统构建与实践探索	徐小洲、张雷、梅伟惠、傅梅烂、黄寒冰、俞定国、卢炜、戴运财、黄巧玲、刘召鑫	浙江传媒学院、浙江大学	二等奖	

续表

序号	获奖时间	成果名称	成果完成人	成果完成单位	获奖等次	主要内容简介
4	2021	基于校台校企深度合作的播音主持卓越人才培养的改革与实践	杜晓红、石艳华、倪琦珺、刘力军、周甄陶、王一婷、鲍芳、邱蔚、郎君、任彬彬	浙江传媒学院	二等奖	
重庆市（每4年评选一次）						
1	2021	五维融合：新文科背景下卓越传媒人才培养创新与实践	刘国强、严功军、苟欣文、邬建中、王飞、黄蜜、丁钟、王艳、刘涛	四川外国语大学	一等奖	
2	2021	三新、三融、三转：全媒体人才培养体系探索与实践	刘丹凌、董小玉、刘涛、虞吉、涂涛、韩敏、陶红、王敏、秦红雨、杨绍婷	西南大学、暨南大学	二等奖	
3	2021	新时代马克思主义传播人才培养“四维融合”模式创新与实践	樊伟、邓斌、文学平、耿密、欧阳锐璇、蔡斐、金家新、钟曼娟、朱昕	西南政法大学	二等奖	
4	2021	知行一体造就卓越：“课程化媒体”的创立与实践	刘海明、董天策、郭小安、凌晓明、龙伟、郭秀荣、王欢妮、孙良斌、张小强、王佳航、顾理平、宋素红、任孟山、蒲俊杰	重庆大学、中国传媒大学、北京师范大学、中国政法大学、南京师范大学	二等奖	

续表

序号	获奖时间	成果名称	成果完成人	成果完成单位	获奖等次	主要内容简介
5	2021	迈向新文科的传媒类专业“四位一体”融合型人才培养体系探索与实践	李天福、韩永青、邱飞、雷璐荣、李芹燕、李微、钟聿新、夏建军、杨家兴	重庆文理学院	三等奖	
山东省（每4年评选一次）						
1	2018	多元主体协同开放的“农业传媒工程师”培养模式创新与实践	孙云宽、高广元、马文杰、温雷华、栾涛、高欣峰、郭建良、周丽娜、刘新阳、白玉珊、杜建伟、许金普、邢祥虎	青岛农业大学、中国农业电影电视中心、青岛科学艺术研究院、北京文华在线教育科技股份有限公司	特等奖	此培养模式的突出特色是多元主体协同育人的开放理念，以传媒专业为媒介，打通校内其他专业，通过“搭建数字媒体素养课程群”服务全校各专业本科生，鼓励传媒类专业学生学习其他专业课程，培养跨专业、综合型、国际化农业传媒人才。“工作室制”是“农业传媒工程师”培养模式最成功的实践
2	2018	传媒类研究生综合能力培养模式的创新与实践	马池珠、王宏、王虎、李掖平	山东师范大学	二等奖	
3	2018	基于传统文化浸入式传播的本科传媒人才素质培养模式构建与实施	吕明凯、李丹丹、吕丽、李守红、张丽丽、黄绍丽、刘志明、姜玲	青岛滨海学院	二等奖	

续表

序号	获奖时间	成果名称	成果完成人	成果完成单位	获奖等次	主要内容简介
4	2021	“中外合作、产教协同”应用型影视传媒类人才培养探索与实践	杨建华、宁翔、庄莹、陈福宝、单娟、廖景丽、JAHNG SURNG GAHB 张圣甲（韩）、Jang Wansok 张完硕（韩）、KIM JUNG HYEN 金正铉（韩）、Carlton Reeve 卡尔顿·里夫(英)	青岛科技大学、韩国中央大学、英国布拉德福德大学	二等奖	
吉林省（每4年评选一次）						
1	2018	马克思主义新闻传播人才“311素质”培养模式的理论与实践研究	夏维波、陈莹魏国强、王晓楠、王军华、李西亚、于海军	吉林师范大学	二等奖	
2	2018	基于媒介融合的新媒体课程包教学模式探索	张海、刘婷、刘绩红、范颖、吴文汐、李学孟、姚资如	东北师范大学	三等奖	
3	2018	广告学“教练赛”三元互促创新教学体系构建与实践	张玉智、张璇常惊宇、张家成、王涛、纪晶华、刘强	长春工业大学	三等奖	

续表

序号	获奖时间	成果名称	成果完成人	成果完成单位	获奖等次	主要内容简介
贵州省（每5年评选一次）						
1	2018	短视频制作的校企共建及新闻学课程建设	赵室玉、唐黎	贵州民族大学人文科技学院	二等奖	校企共建是搭建产学研结合实践教学的有效方法。短视频制作将教学产业化、作业产品化，联合课程群对应项目任务进行教学设计
四川省（每4年评选一次）						
1	2018	融合、贯通、升级——应用型传媒人才培养的探索与实践	马洪奎、张书玉、董孝璧、陈锦宣、陈祖继、王雷、黄莓子、王家福、刘彤、向东	四川传媒学院	一等奖	
2	2018	基于CBMT课程体系建设的广告学专业应用型人才培养模式改革与实践	肖建春、任丹丹、徐红旭、宁大鹏、李序、付志晴、赵玉文、金佳林、孙思、万幸	四川传媒学院	三等奖	
3	2021	跨界协作学科交汇——适应新型主流媒体的融合创新人才培养机制的探索与实践	蒋晓丽、侯宏虹、张悦、韩芳、张盛强、操慧、张放、胡易容、曾元祥、张杰	四川大学	二等奖	
4	2021	校政媒协同的“1+N”卓越新闻传播人才培养模式探索与实践	周志凌、彭贵川、巫颖、齐小刚、谢美英、董海琴、杜畅、王黔、李春、李芹燕	宜宾学院	二等奖	

续表

序号	获奖时间	成果名称	成果完成人	成果完成单位	获奖等次	主要内容简介
湖北省（每6年评选一次）						
1	2018	传统媒体与新兴媒体技术融合的创新实践能力培养模式改革	万晓霞、易尧华、周奕华、李治江、孙红光、赵建君、张霞、刘全香	武汉大学	一等奖	
2	2018	新闻评论人才培养创新体系的构建与实施	赵振宇、张昆、顾建明、何志武、刘义昆、牛静	华中科技大学	一等奖	该成果创新与拓展新闻评论人才培养理念；系统性革新新闻评论人才培养体系；协同推进新闻评论人才培养和教学研究
3	2018	融媒体时代新闻传播教育改革与创新	胡德才、余秀才、王大丽、徐锐、喻平阶、高婷、赵博雅	中南财经政法大学	一等奖	
4	2018	基于项目制的校媒联合培养新闻传播人才研究	廖声武、杨翠芳、聂远征、张瑜烨、黄月琴、王正中	湖北大学、湖北广播电视台	一等奖	该成果以协同创新理论为指导，先后与省市电视台、报纸、网站等媒体建立校媒联盟，形成了“校媒融合群”，探索出一套以项目制为校媒合作路径的创新型人才培养新方式
5	2018	基于“聚合资源、协同育人”理念的地方高校复合型全媒体人才培养探索	吴卫华、刘建新、林丽萍、杜晓红、章辉、范长敏、陈雪	三峡大学	一等奖	该成果开启部校共建工作，强化马克思主义新闻观教育；推进校媒合作共赢；协同校内实践平台建设；践行宽口径专业教育模式；改革人才培养管理制度

续表

序号	获奖时间	成果名称	成果完成人	成果完成单位	获奖等次	主要内容简介
6	2018	应用技术型高校“一体化、嵌入式”新闻人才培养模式探索与实践	刘宝珍、余新武、胡天佑、易桂姣、赵亿、李永峻、吴刚、李东晖	湖北师范大学、黄石日报传媒集团	一等奖	该成果重塑了应用技术型高校新闻人才培养的理念和目标，重构其培养的方案和模式，并在创新与实践的过程中提升了它的效果和评价
7	2018	新闻传播类专业“三双式”实践教学体系的构建与实施	张德胜、漆昌柱、万晓红、黄迎新、陈瑛、向培凤、刘晓丽、张钢花、刘静、汪蓓、王子也、邵娟、李菁、姚洪磊、付晓静	武汉体育学院、中南民族大学、湖北第二师范学院、湖北广播电视台	一等奖	该成果依次构建了“双融式”实践教学的内容体系、“双主式”实践教学的方法体系和“双联式”实践教学的目标体系，简称“三双式”实践教学体系
8	2018	数字传播时代广告学专业人才培养体系改革与创新建设	姚曦、程明、王晔、周茂君、徐同谦	武汉大学	二等奖	该成果构建适应数字营销传播时代的广告学专业创新理论课程体系和人才培养方案，打造“课堂-校内-校外”+“顶岗实习”的全方位、多层次的“3+1”型实践教学体系，构建特色教材体系
9	2018	新闻传播类大学生校外实践教育基地建设研究	周茂君、强月新、冉华、叶晓华、洪杰文	武汉大学	二等奖	学校与新闻传播业界共建高规格、全覆盖、多层次、零距离的校外教学实践基地
10	2018	基于NST教学模式的“新闻采访”课程体系改革研究	江作苏、刘旻、陈俊峰、李三强、李理	华中师范大学	二等奖	该成果在国内率先提出了“两种类型、四个空间”与“面向社会、培养能手”的NST课程模块创新教学理念

续表

序号	获奖时间	成果名称	成果完成人	成果完成单位	获奖等次	主要内容简介
11	2018	专业素质链与实践项目链相契合的新闻学专业实践教学改革	陶喜红、郝永华、陈峻俊、高卫华、徐晓波、李亚玲、方苏、陈明	中南民族大学	二等奖	
12	2018	媒体融合驱动下的新闻传播人才培养体系构建与实践	石长顺、余林、向培凤、郑传洋、张萍、杨娟、李军、李云华、唐崇维	武昌首义学院	二等奖	
13	2018	民族高校新闻传播类人才的“嵌入式”培养模式探索	黄迎新、董伟建、高卫华、张贤平、刘琴、徐红、汪前军、铁翠香	中南民族大学	三等奖	
14	2018	校媒合作实施项目化教学培养新闻人才的探索与实践	王远坤、陈媛媛、易法万、夏兴通、金立群、夏青、林楠、张勤	湖北经济学院	三等奖	该成果在理论上构建以实践能力为主线的新型教学模式和教学生态，通过校媒合作联合培养人才、项目化教学改革传统实践教学模式；在实践层面通过校媒深度合作，业界、学界“双导师”指导学生完成一体化、综合性实践项目，推进小班化、个性化人才培养模式改革，通过“六个共同”联合培养新闻专业人才

续表

序号	获奖时间	成果名称	成果完成人	成果完成单位	获奖等次	主要内容简介
15	2018	新闻采编与制作专业基于职业能力培养的工作室教学模式研究与实践	胡忠青、高常、戴文雄、叶艳芳、饶军、黄琴、涂娟、任自玲	汉江师范学院	三等奖	工作室教学模式是一种有益的教学改革，能够实现“工学结合”，是一种与业界接轨程度较高的实践教学模式
16	2018	新闻传播学应用型人才培养立体化实践实训教学体系的构建	张金海、范红霞、吴天明、汪明香、肖志芬	武汉工商学院	三等奖	
内蒙古自治区（每5年评选一次）						
1	2018	新闻学专业政产学研协同联动人才培养模式研究	张丽萍、刘寒娥、闫伟华、刘艳婧、马强、郭志菊、马骐、都翔蓫	内蒙古大学	一等奖	以学校为主体，打通高校与政府、媒体、互联网公司之间的合作通道，联合社会力量协同创新，通过与自治区党委宣传部共建，与区内外党媒合作、与知名互联网公司联通等举措，深度融合政府与媒体及企业资源，形成富有张力的人才培养模式
天津市（每5年评选一次）						
1	2018	高校新闻传播人才培养模式的改革与实践	赵雅文、孙瑞祥、李秀云、荣荣	天津师范大学	二等奖	
安徽省						
1	2018	广告人才赛教融合培养模式建构与实践	吴琼、徐豪、张婵媛、齐振伦	安徽财经大学	二等奖	

续表

序号	获奖时间	成果名称	成果完成人	成果完成单位	获奖等次	主要内容简介
2	2018	学科竞赛驱动下基于“四能”培养目标的新媒体创意人才培养模式与实践探索	黄娟、徐坦、陆学莉、刘国强、张朋辉	合肥师范学院	三等奖	
3	2018	高等新闻职业教育信息化教学能力的提升与实践	马娟、孔曼羚、马薛靓	安徽警官职业学院	三等奖	
湖南省（每4年评选一次）						
1	2019	以“两翼四肱”模式整合多专业人才培养：部校共建新闻学实验班教学改革探索	肖燕雄、银海强、吴果中、王文利、燕道成、徐新平、魏剑美、翁杨、陈艳辉、李琦、肖赞军、王云、刘果	湖南师范大学	一等奖	打通报纸期刊、广播电视、网络与新媒体等各种新闻传播平台的理论与实务工作，培养广博知识基础之上专精于某种实践技能的“一体双翼”人才
2	2019	融媒体拔尖创新人才培养研究与实践	白寅、朱承璋、刘玲武、易龙、欧阳云玲	中南大学	一等奖	
3	2019	机制创新，赛事驱动，创业引领：民族地区高校新闻传播人才培养的理论与实践	罗惠缙、彭广林、王江生、向军、李端生	吉首大学	二等奖	

续表

序号	获奖时间	成果名称	成果完成人	成果完成单位	获奖等次	主要内容简介
4	2019	新闻人才创新创业能力“四维进阶”协同培养模式的探索与实践	谢杰、佘向军、邵馨颖、罗卫光、谢亚可	湖南第一师范学院	二等奖	
5	2019	媒体融合下一化两型新闻传播人才“课程群+工作坊"培养模式研究与实践	王文锋、罗洪程、柳溪、陈勇、刘姿均	湖南理工学院	二等奖	
6	2019	新闻传播学类专业“情境化、层级性、全过程”协同育人体系的构建与实践	姚劲松、夏先忠、石光辉、徐晶、张斌	怀化学院，怀化市广播电视台	三等奖	
河南省（每4年评选一次）						
1	2019	“新闻采访学”在线开放课程的研究与实践	段勃、张仕勇、陈娟、李占伟、张海艳、张强	河南师范大学	一等奖	成果主要探讨在线开放课程对公众媒介素养的构建作用，并将研究成果以论文形式发表
2	2019	新闻传播类专业“全程化”考核方式改革探索与实践	李晓云、尚恒志、刘娜、刘保庆、李红光、张合斌、夏颖、许俊义	河南工业大学	二等奖	
3	2019	传媒专业实践教学体系的建构与创新	焦素娥、周强、陈长旭、吕永峰、田华、张霞、冯莉颖	信阳师范学院	二等奖	

续表

序号	获奖时间	成果名称	成果完成人	成果完成单位	获奖等次	主要内容简介
4	2019	媒体融合视域下新闻采访写作课程教学改革研究与实践	苗伟、王兆屹、马海艳、赵娟、宋文钦、王天瑞、黄益东	黄河科技学院	二等奖	
5	2021	基于项目导向与任务驱动的应用型本科传媒类专业课程改革的研究与实践	白长燕、胡鹏、孙国钰、王昉、周耀民、马亚琼、马奇、朱晓红、靳义增	南阳师范学院	二等奖	
江西省（每2年评选一次）						
1	2019	“马工程”课程“新闻学概论”教学的理论与实践探索	陈信凌、余玉、王娟、胡一伟	南昌大学	二等奖	
2	2019	以“百+千+万”为抓手的“术德兼修”新闻传播人才实践培养模式探索	曾振华、康国卿、钟志贤、程前、胡沈明	江西师范大学	二等奖	
3	2019	基于策略传播人才培养的广告学专业“四进五化”教学实践与创新	万燕、殷娟娟、尹瑛、吕洁、黄华	宜春学院	二等奖	

续表

序号	获奖时间	成果名称	成果完成人	成果完成单位	获奖等次	主要内容简介
4	2019	“双一流”战略下新闻传播学科研究生拔尖创新人才的培养实践	周云倩、陈信凌、曾光、王卫明、胡丹	南昌大学	二等奖	
5	2019	德育为先能力为重的“四维六化八制”新闻与传播专业硕士培养体系构建与实践	曾振华、胡沈明、王凤仙、康京涛、赵心树	江西师范大学	二等奖	
6	2021	《融媒体人才培养的“三位一体”课程体系改革》	王亿本、郑智斌、王卫明、胡丹、刘琳	南昌大学	二等奖	
7	2021	“学做融创”：新闻传播学研究生“数据能力”培养的教学实践与探索	熊茵、项国雄、胡沈明、陈雅莉、刘开源	江西师范大学	二等奖	
广西壮族自治区（每2年评选一次）						
1	2019	基于产学互动的“创拓学堂”广告实战拔尖人才培养模式的探索与实践	申雪凤、汤晓山、丁洁、罗奕、周景秋、翟灿、褚忠良、李雨甜、郭建鸣	广西艺术学院	一等奖	该成果以“创拓学堂”实战拔尖班为载体，联合中国广告网、国际性创意传播赛事和广告教学实践基地，提出产学互动“三共一合”，实战培养“四维一体”的广告实战人才培养模式，形成文科教学产学互动立体化实践教学体系，教学内容与行业需求动态“无缝对接”

续表

序号	获奖时间	成果名称	成果完成人	成果完成单位	获奖等次	主要内容简介
2	2019	马克思主义新闻观指导下卓越新闻人才培养的探索与实践	徐健、梁颖涛、林荧章、林秀梅、宋甲子、郭琳、陈秋凌、黄平、邹舟、陈喜凤、刘雯、王雪瑶	南宁师范大学	二等奖	项目的最大创新点在于将马克思主义新闻观创造性地融入协同创新平台构建，突出强调马克思主义新闻观教学理念、教学内容、教学模式和教学方法的研究以及部校共建下新闻专业人才培养模式的改革与实践研究，为更好培育和发展新闻人才提供了理论依据
3	2019	专思、媒介、专创、产教：广告专业人才“四融合”培养模式研究与实践	黄庆、黄立安、魏加晓、邓海莲、梁建业、徐一林、谢卓华、周燕琳、邬镇宁、李磊、卢思安、杨丽萍、余光华、韦洁璨、陈奎霖	广西财经学院	二等奖	
4	2019	融媒体时代新闻人才培养“产、学、研、用四位一体”教学模式的研究与实践	欧阳珍、唐艳林、银晓明、陈代云、谭可久、温雅、韦海燕、韦宁宁、彭丽萍、袁志红、王立红、韦云学、黄晨曦、田敏、黄高德	河池学院，宜州区广播电视管理中心	二等奖	

续表

序号	获奖时间	成果名称	成果完成人	成果完成单位	获奖等次	主要内容简介
5	2021	“多维融合、智美合一”——地方艺术院校影视传媒人才培养研究与实践	罗幸、罗奕、覃晴、谭伟职、黄钦、申雪凤、王廷飞、赵然、谭银、杨康、程文杰	广西艺术学院	一等奖	
6	2021	价值引领三维一体融创通合——广告学专业特色课程群建构与实践	丁洁、申雪凤、周景秋、翟灿、李雨甜、韦维、褚忠良、郭健鸣、黄毛毛、张佳明、袁筱蓉、王思源	广西艺术学院	一等奖	
7	2021	双融强基协同提升——复合型财经新闻人才培养模式的探索与实践	吴勇、谢卓华、廖俊玉、李杰锋、何婧、粟战、艾军、姚婷、黄丹、卞之峣、李秀华、黄萍萍、吴霜梅、林彤	广西财经学院	一等奖	
8	2021	基于“红色铸魂、践行‘四力’”的新时代新闻传播人才培养创新	丁骋、郑保卫、刘洪、覃哲、李庆林、唐兴、银健、查丹明、雷圆媛、陈东霞、程华、张明、薛强、李凯	广西大学	二等奖	

续表

序号	获奖时间	成果名称	成果完成人	成果完成单位	获奖等次	主要内容简介
9	2021	民族地区传媒人才硬能力沉浸式培养模式探索与实践	黄国春、吴兰、林余荫、唐洁、蒋新平、黎鲜、田娇、覃文娟、赵彬妍、樊立彬	广西民族大学	二等奖	
10	2021	新文科背景下民族地区卓越新闻传播人才培养模式的探索与实践	徐健、梁颖涛、隆广庆、周飞伶、林秀梅、黄平、王雪瑶、黄敏、陈喜凤、郭琳、谢向阳、周飞、刘雯	南宁师范大学、广西广播电视信息网络股份有限公司、广西壮族自治区信息中心	二等奖	
西藏自治区（不定期）						
1	2021	西藏传统文化与文化创意相结合的数字媒体专业教学改革创新与实践	杨晓波、张文翔、郭霖蓉、赵雪娇、郑诩、师白珂、马璿	西藏民族大学	优秀奖	
河北省（每2年评选一次）						
1	2019	三重背景下卓越新闻传播人才的融通培养机制改革创新与实践	白贵、彭焕萍、张艳、和曼、曹磊	河北大学	三等奖	

续表

序号	获奖时间	成果名称	成果完成人	成果完成单位	获奖等次	主要内容简介
2	2019	融媒体人才培养模式创新与实践	徐晓宁、朱良志、薛立磊、杨东伶、武卫卫、宋兆宽、冯婷婷、冯科	河北传媒学院	三等奖	
陕西省（每2年评选一次）						
1	2019	全媒体卓越新闻传播人才培养实践教学体系的探索与实践	孙江、罗朋、孙晓红、庞晓虹、王洋、刘丽华、李璐、曾静蓉、苏丹、宦佳	西北政法大学	一等奖	
2	2019	全媒体背景下传媒类专业“12345”应用型人才培养模式的实践与探索	刘山河、杨艳、庞万红、刘维付、武怡华	西安外事学院	二等奖	
3	2019	基于工作室的融媒体时代应用型传媒人才实践能力培养模式探索	张西静、肖建军、高有祥、李政、刘萍、冯云、郭建新	西京学院	二等奖	
山西省（每2年评选一次）						
1	2019	演播室新闻摄像技术虚拟实验教学项目	郭卫东、鄢睿、滑翔、刘朝霞、温建文、王晨辉	山西传媒学院	一等奖	

续表

序号	获奖时间	成果名称	成果完成人	成果完成单位	获奖等次	主要内容简介
2	2021	影视类专业实践教学体系构建研究	范小玲、魏晓军、王玉坤、石丹、丁建国	山西传媒学院	二等奖	
3	2021	基于行业需求视域下《导播》课程教学模式创新与实践	贾月、孙杨、何流、张潇艺、王明哲	山西传媒学院	二等奖	
4	2021	提升创作实践能力，搭建产学互助平台：影视类专业课程群建设的探索与实践	郑英、卫轩、刘娟、张健琳、徐志鹏	山西工商学院	二等奖	
广东省（每2年评选一次）						
1	2019	“双轮驱动融通发展”——深圳大学传媒人才培养的创新与实践	王晓华、胡莹、黄晓东、辜晓进、黄玉波、杨洸	深圳大学	一等奖	面向高层次实践领域的体系设计、以融通为内核的课程体系和打造公共化的毕业设计环节是人才培养目标的三个核心要素。而未来的传媒教育仍需要寻求传媒专业学生在职业技能、社会关怀、批判性思维和研究能力上的动态平衡上展开深入的探索
2	2021	马克思主义新闻观融入全媒体教学体系的“全场景”模式探索与实践	刘涛、支庭荣、甘险峰、陈伟军、谷虹、陈致中、王海燕、林爱珺、嵇美云、方惠	暨南大学	二等奖	

续表

序号	获奖时间	成果名称	成果完成人	成果完成单位	获奖等次	主要内容简介
黑龙江省（每2年评选一次）						
1	2019	传媒类多专业融合实践教学模式改革的探索与实践	王晓敏、韩强、安立国、李贵龙、吕小诗	哈尔滨师范大学	一等奖	
辽宁省（每2年评选一次）						
1	2020	“理论+实践”深度融合的广播电视学“全媒型”人才培养长效机制的构建与实践	武文颖、王爱玲、王芳菲、胡晓娟、郑保章、柴玥、刘萍	大连理工大学	一等奖	
2	2020	基于“三教一合”的辽宁传媒学院定制式人才培养模式改革的实践探索	姜立、夏敏、王东辉、杨柠、石光、张漪、张莹莹	辽宁传媒学院	一等奖	
3	2020	广告学专业“动车129”模式应用型人才培养改革与实践	赵世清、王露璐、傅琳雅、田宇、刘冠男、王韶春、赵巍、鲁晓舟、董润芸	沈阳工业大学	三等奖	
4	2020	媒介融合背景下新闻传播人才培养体系研究与实践	王姣、李刚、乔睿、宋采桥、苏楠、王凯	沈阳城市学院	三等奖	媒介融合的浪潮给新闻业带来了前所未有的变革，并对新闻传播人才提出了更高的要求。基于传统新闻业的结构和运行方式而形成的传统新闻人才培养模式，正在面临更复杂的局面和更强烈的变革诉求

续表

序号	获奖时间	成果名称	成果完成人	成果完成单位	获奖等次	主要内容简介
福建省（每2年评选一次）						
1	2020	新闻学专业乡村传播实践教学创新	阮榕、帅志强、王中晓、刘志、庄美连、陈荣富、蔡晨晖、张浩淼	莆田学院	二等奖	
2	2020	全媒体背景下音视频制作与传播的实践教学改革	艳梅、曾峰、郭艳明、李晓洁、李振跃、王琰、王桂亭、刘以榕	华侨大学	二等奖	

（湖南师范大学　吴果中）

6.3.2.4 获奖成果主题分析

从选题上分析，获奖成果可以划分为宏观、中观和微观三类。宏观层面主要体现在新时代、融媒体、跨学科等背景下人才培养模式的探索与创新、新闻传播教育改革与创新等，如“五维融合：新文科背景下卓越传媒人才培养创新与实践”“融媒体时代新闻传播教育改革与创新”等；中观层面主要针对新闻传播领域下细化的专业类人才培养模式的探索，如播音主持卓越人才培养、应用型影视传媒类人才培养等；微观层面则聚焦于专业课程建设方面，如“短视频制作的校企共建及新闻学课程建设”等。纵观近年来新闻传播学科高等教育教学成果奖，获奖作品的选题主要集中在中观层面，宏观次之，微观涉及较少。

根据获奖成果的内容划分，大致可划分为人才培养、能力培养、教学体系构建、实践教学改革四个方面，其中以新闻传播人才培养与教学体系建构与探索为内容的获奖成果居多，主要探索新时代背景下，如何构建新型教学体系，从而培养适应时代要求的新媒体全才。

获奖成果的名称中多涉及“人才培养”“创新”“实践”“融合”等词汇，由此可见，新闻传播人才培养模式的探索是高校教育教学改革的重点领域，注重对学生实践运用能力和创新能力的培养；新一轮科技革命与产业变革深刻影响着新闻传播人才的需求结构，培养智媒时代的新型全媒体人才成为各大高校急需解决的问题；不少高校也通过实践教学、推进政产研学深度融合等方式，有效地促进了教育链、人才链与产业链、创新链的有机衔接，取得了良好的示范效果。

6.4 学科竞赛

6.4.1 宝钢基金优秀教师奖

宝钢教育奖是由宝钢集团有限公司独家出资设立，中央政府支持指导，专家咨询策划，高校积极参与的全国最具知名度的教育奖项之一。宝钢教育奖以“奖掖优秀人才，力行尊师重教，推动产学合作，支持教育发展”为宗旨，每年评选一次。宝钢优秀教师奖是用以奖励全国高等教育战线优秀教师的专门奖项，奖金为 1 万元/人，年资助名额 200~300 名；宝钢优秀教师特等奖奖金为 10 万元/人，名额 10 名；宝钢优秀教师特等奖提名奖奖金为 3 万元/人，每年名额不定。2021 年度宝钢优秀教师奖于 12 月 10 日揭晓，全国共有 270 名教师获奖。其中，芮法彬等 253 名教师获得 2021 年度宝钢优秀教师奖；杨超等 8 名教师获得 2021 年度宝钢优秀教师特等奖；孙伟等 9 名教师获得 2021 年度宝钢优秀教师特等奖提名奖。在新闻传播学专业方向方面，中国人民大学新闻学院新闻系副主任王斌教授、复旦大学新闻学院马克思主义研究基地主任马凌教授、陕西师范大学新闻与传播学院院长许加彪教授荣获“宝钢优秀教师奖”。

（重庆大学　齐辉）

6.4.2 挑战杯

6.4.2.1 “挑战杯”的基本情况

“挑战杯”全国大学生课外学术科技作品竞赛（简称“挑战杯”）是由共青团中央、中国科协、教育部、全国学联和地方政府共同主办，国内著名大学、新闻媒体联合发起的一项具有导向性、示范性和群众性的全国竞赛活动。

“挑战杯”竞赛在全国共有两个并列项目，一是“挑战杯”中国大学生创业计划竞赛，二是“挑战杯”全国大学生课外学术科技作品竞赛。两个项目每两年举办一次，每年交叉轮流举行。1989 年举办首届竞赛，截至 2021 年，创业计划竞赛共举办 12 届，课外学术科技作品竞赛举办了 17 届。

“挑战杯”竞赛的宗旨是“崇尚科学、追求真知、勤奋学习、锐意创新、迎接挑战”，目的是通过竞赛促进青年创新人才成长、深化高校素质教育、推动经济社会发展。由于“挑战杯”举办的规格高、水平高、影响大，被誉为当代大学生的“奥林匹克”盛会。

6.4.2.2　2021 年度“挑战杯”的特色亮点

①注重校级赛事的基础作用。“挑战杯”竞赛形成了“国赛、省赛、校赛”三级赛事体系。此届竞赛优化了校级赛事组织得分、赛事优秀组织奖评选标准。江苏、陕西等省市实现了参与本科高校 100%全覆盖，浙江、广东、湖北、贵州等省高校参赛率和作品数均创历史新高。

②影响力持续升级。此届大赛参赛高校、参赛学生、辐射带动学生数量均创新高。大赛创新设计红色专项活动、“揭榜挂帅”专项赛、“黑科技”专项赛，吸引高校参赛 2984 次，较往届提升近一倍。推报全国的作品达 2.2 万余件，覆盖学生近 220 万人。利用数字技术开展了网络主题直播、云上“红色课堂”、线上“云展厅”等，成功吸引 724.2 万余人次进行学习交流。

③均衡发展，赛道丰富。此届大赛注重参赛院校的平衡，其中职业院校占比 8%，红色专项活动国赛中专业院校占比 30%。入围终审决赛的中西部高校及作品数比例相比往届分别提高了 5.18%、4.89%，中西部高校特等奖获奖比例相比往届提高 19.18%。

④充分发挥科技力量。一是充分利用网络新媒体手段助力朋辈交流，建设“挑战杯”移动互联网平台；二是搭建云上“红色课堂”，开展红色专项活动优秀视频作品线上传播；三是引入 VR、5G 等技术手段，开展“黑科技”专项赛视频作品展播活动。

6.4.2.3　2021 年度竞赛结果

第十七届“挑战杯”全国大学生课外学术科技作品竞赛由四川省人民政府共同主办，四川大学承办，于 2021 年 2 月启动，经过校级比赛、省级比赛和国赛三个环节的竞逐，2022 年 3 月 26 日至 28 日完成终审决赛，29 日在国家公证人员监督公证下，完成了成绩统计和奖次评定工作。最终，中国内地评出特等奖作品 49 件、一等奖作品 109 件、（后面的列表与此数据不相符）二等奖作品 320 件、三等奖作品 755 件；港澳地区评出特等奖作品 1 件、一等奖作品 2 件、二等奖作品 6 件、三等奖作品 18 件（见表 6-15）。

表 6-15　　**2021 年第 17 届“挑战杯”中国大学生课外学术科技作品竞赛金奖**

序号	作品名称	学校
	特等奖	
1	“劳动开创未来”：新时代中国大学生劳动教育现状与路径优化研究——基于全国 105 所高校的实证调查	浙江师范大学
2	仿生有序交联碳化钛的制备及性能研究	北京航空航天大学
3	低碾压智能化再生稻收获技术与装备	江苏大学
4	可变超宽福面多介质打印机	浙江大学
5	融合大数据的疫情预测分析模型与平台	北京航空航天大学
6	“猎鹰”——基于鹰捕猎机理的无人机反制系统	北京理工大学
7	基于电子动态调控的飞秒激光制孔新技术及应用	北京理工大学
8	川藏跨天堑，知产绣锦图——川藏铁路建设中的知识产权风险调查研究	华东交通大学
9	牙颌建筑师——三维血管化组织工程骨及一体化仿生种植牙在颌骨重建中的应用	浙江大学
10	“天格计划”二号卫星载荷标定与在轨科学观测	清华大学
11	从“培育”到“铸率”——大学生中华民族共同体意识的调查与教育实践研究	上海师范大学
12	基于对比自监督学习的复杂场景下中国手语实时翻译系统	天津理工大学
13	新时代劳动教育何以落地生根？——基于 7 省市初中生劳动素养及其培养现状的调查研究	南京师范大学
14	防治植物病害的“青霉素”——白蚁共生菌来源的新型农用杀菌剂研究	安徽农业大学
15	废塑料微波快速催化热解制备石脑油装备的研发	南昌大学
16	民心聚力，古厝新生：村落传统民居自助式保护模式的构建研究——基于福建永泰八村百厝调研	福州大学
17	柔性透明电极结构的精确调控及可赋形太阳能电池研制	苏州大学
18	探寻新中国工业化的精神动力——工业建设者劳动传统的形塑与传承	南京大学
19	自由贸易区何以助推数字经济发展？——基于中韩（盐城）产业园的调研	南京师范大学
20	苍穹之心——微型涡喷发动机智能控制器	西北工业大学

续表

序号	作品名称	学校
21	月面国旗研制技术及衍生功能化制品的开发	武汉纺织大学
22	新冠肺炎疫情下大学生心理危机的监测与防控——基于广东省22所高校的三阶段调研	华南师范大学
23	新就业形态新在何处——基于实地访谈和CSS数据的新就业形态劳动者工作境况及收入差异研究	中国社会科学院大学
24	心相瓣——基于自由基聚合交联的可预装人工主动脉瓣	四川大学
25	新型噬菌体的发现及噬菌体饲料添加剂的研发	济南大学
26	棉田棉秆残膜联合收获机——拔秆伏“魔”助棉白	长江大学
27	中国市场营商环境调查与优化——基于义乌小商品市场4年4000余份调研问卷的分析	南开大学
28	类风湿性关节炎诊断标志物及防治药物的筛选和临床应用	温州医科大学
29	从“工业锈带”到“生活秀带”——以西安为例探寻融入城市演进的工业遗产活化新模式	西安建筑科技大学
30	“微腐败”对乡村营商环境的影响及对策研究——基于甘肃、福建、河南、江西、贵州5省182村的调查与思考	厦门大学嘉庚学院
31	基于柔性传感器和加速度计的智能手势识别控制系统	北京化工大学
32	“冯如三号”高效超长航时无人滞空平台	北京航空航天大学
33	以“才”共治——20个“一带一路”合作国的在滇医学生调查研究	云南大学
34	“小店虽小，风景甚好”——“双循环”战略背景下的小店经济“微循环”活力研究	烟台大学
35	APP隐私协议对个人信息保护制度的挑战与应对——基于1036份问卷和150款APP的实证分析	武汉大学
36	“螺蛳壳”里如何做“道场”：城市更新中“留改拆”政策推进路径研究——以上海市春阳里、承兴里、张园为例	中共上海市委党校
37	基于量子传感的晶圆级电磁兼容测试设备	南京邮电大学
38	灵徽智探——腿足型仿生灵巧机器鼠	北京理工大学
39	基于高性能锂基介质陶壳的大赫兹天线阵列集成技术研究	天津大学
40	韧性视角下复合公共卫生风险多维协同治理策略研究	湖南工商大学
41	双向水气畅流的高效一体式可逆燃料电池	上海交通大学

续表

序号	作 品 名 称	学校
42	逢“菌”之困到助“菌”成材：产业耦合视域下食用菌菌渣的超循环利用研究	山东大学（威海）
43	基于参数感知的异种金属脉冲放电连接设备	重庆大学
	一等奖	
44	时政新闻如何面向青年讲好中国故事——基于福建省主流媒体及8978名青年调查数据的实证分析	福建师范大学
45	传承百年红色基因汲取“根脉”奋进力量——创演话剧《初心》弘扬红船精神的实践探索	嘉兴学院
46	多孔金属阳极氧化物的形成机理研究及其应用	南京理工大学
47	航天轻质交刚度结构优化设计技术与应用	大连理工大学
48	大型飞行器变曲率蒙皮吸附式移动加工机器人系统	华中科技大学
49	开放量子关联系统中的演生现象研究	上海交通大学
50	高机动无舵两栖航行器推进系统关键技术研究	南京航空航天大学
51	基于智能超表面的5G网络覆盖增强系统	华中科技大学
52	“造血式”扶贫：少数民族地区基础教育资源配置效率的测度及均等化发展策略研究——来自甘孜州的实证调查	电子科技大学
53	基于咖啡酸酯的靶向纳米药剂和寄生蜂产品研制及其绿色防控桑青枯病和桑螟	江苏科技大学
54	技术赋能优质均衡——广东10市教育信息化推动义务教育优质均衡发展的调查研究	华南师范大学
55	职业放贷人甄别预警与法律规制研究——基于全量裁判文书的大数据挖掘	四川大学
56	基于中草药文化传播的儿童绘本创新实践研究	天津科技大学
57	红色文化助推乡村高质量发展研究——基于盐城市128个烈士命名镇村的调研	盐城师范学院
58	宝宝用电守护神——儿童安全智能电路转换器	安徽工业大学
59	面向人工智能应用的新型忆阻器机理、算法及电路研究	清华大学
60	基于刚柔融合结构的高性能模块化管道机器人	天津科技大学
61	金属管材三维自由弯曲成形技术与装备	南京航空航天大学

续表

序号	作 品 名 称	学校
62	耦合气相辅助和 Halbach 磁化环的高效两相流雾化喷嘴	西安交通大学
63	基于界面“微雕”构筑多级有序结构“智造”柔性生理信号传感器	浙江理工大学
64	新卤醇法-铁硅分子筛催化制备环氧乙烷的方法	江西师范大学
65	农地经营权强度与农地投资：实践绩效与政策优化研究	华南农业大学
66	基于间接 PuSL 技术的反结构可编程柔性压电传感系统	西安交通大学
67	拓扑电路中新奇量子物态的理论设计研究——从拓扑绝缘体到马约拉纳零模	北京航空航天大学
68	“屏幕扶贫”视角下运程直播教育技术的创新扩散的现状调查	中央民族大学
69	“稻花香里说丰年”基于深度学习的农作物病虫害智能识别防治方案	同济大学
70	用于人体硬组织替代的高强低模仿生梯度多孔纯钛支架材料	北京科技大学
71	适宜非常规油气开采工程的软物质密封材料	青岛科技大学
72	基于双曲超材料 SPR 光纤传感器的设计及应用于蛋白质和病毒检测	山东师范大学
73	智囊——智能纳米囊泡技术及其组织修复应用	浙江大学
74	“刚柔并济”——面向穿戴设备自备电源的高能量无机电极材料的柔性化设计	北京科技大学
75	为有源头活水来：乡村振兴的金融可得性与协调发展对策——对东中西部 27 县 1136 农户的调研	湖南大学
76	海洋精灵——模块化多功能智能水面无人艇	天津大学
77	微秒级温度传感器动态校准系统	中国计量大学
78	化工气体泄漏智能眼——光谱视频相机及预警系统	南京大学
79	新型肿瘤微波精准消融关联技术及质料仪的研制	南京航空航天大学
80	志愿者权利保障：问题、成因与对策——基于山东省三地市抗疫志愿者的调查研究	聊城大学
81	淬炼重生：工业遗产开发的实践困境和策略选择——基于南昌市工业遗产的实地调查	南昌大学
82	同心抗疫、共克时艰：抗击新冠肺炎疫情初期公众社会心态与防控行为调查研究	河海大学
83	行走于导轨之上——大行程粘滑式压电驱动器的研制	吉林大学
84	双向线驱动下肢外骨骼机器人助行系统	北京交通大学

续表

序号	作品名称	学校
85	基于球形催化颗粒的新型组件式非能动高效氢气复合器	哈尔滨工程大学
86	窄带隙嵌段高分子材料制备及光伏应用	苏州大学
87	基于纸铝塑复合结构的环保型柔性电子器件及应用	西安交通大学
88	守护生命：中小学生自杀干预策略研究——基于8502对中小学生及其家长的调查	四川大学
89	基于药物代谢与生物酶解技术的中药知母抗真菌活性成分的制备及应用	上海中医药大学
90	基于一氧化氮传输的动脉动能和动脉粥样硬化斑块风险无创评测研究	北京航空航天大学
91	胶红酵母对土壤重金属的吸附（纯化）及抗性机制研究	南京农业大学
92	面向高性能可充锌空电池三维多孔空气电极的研发与应用	浙江师范大学
93	“球形”与“旋翼”协同的侦察机器人系统	西南科技大学
94	水稻转录因子OsbZIP09功能及其调控穗发芽的分子机制解析	扬州大学
95	基于脐带新用的沃顿胶一体化梯度脱细胞软骨支架材料的研究及应用	长沙医学院
96	红色光质精细可调的植物生长LED用荧光粉的研究	西北农林科技大学
97	保卫“菜园子”：农产品供应链农户风险研究——基于寿光市果蔬种植户的实证调查	潍坊科技学院
98	可控高效、绿色空气氧化偶联反应的开发和应用	南开大学
99	点亮星途——生命全程视角下孤独症患者社会融合支持体系的调研与实践Ⅰ	温州医科大学
100	面向深部油气藏的高精度地震成像技术	中国石油大学（华东）
101	Visdar基于全景立体视觉的实时环境感知与机器人应用解决方案	中山大学
102	新型植物免疫诱抗剂“氟苄硫缩诱醚”的开发及应用	贵州大学
103	MDSC来源外泌体促进结直肠癌转移的作用及其机制研究	江苏大学
104	民族地区基层医疗服务改革的现状调查	上海大学
105	荧光多肽纳米探针在阿尔兹海默病诊断中的应用	西北工业大学
106	面向多样性2-吡咯烷酮分子绿色创制的自由基环化策略研究	宁波大学
107	科学问诊“疫苗犹豫”——基于健康行为理论的中国居民疫苗犹豫调查与对策研究	东南大学
108	双氢青蒿素通过调控铁死亡抗肝纤维化新机制研究	南京中医药大学

续表

序号	作品名称	学校
109	“臭腐神奇”——一种臭气自净化多层塔式好氧发酵装置	北京科技大学
110	尘埃落定——综掘工作面新型智能自动化风雾协同控除尘系统	山东科技大学
111	创念显效改性白发胶控释成膜的研发设计	江西中医药大学
112	面向6G的智能多波束无线通信关键技术及原型系统	东南大学
113	端羟基聚丁二烯固体推进剂健康状态无源监测及无损诊断技术	南京理工大学
114	面向物联网感知层的低功耗电源管理芯片研发	广州大学
115	先心宝贝不掉队——基于浙江经验的“政医慈三点支持模式”助力解决儿童先天性心脏病防控问题	浙江大学
116	从“流量至上”到“价值引领”——算法推荐的社会责任调查及治理对策研究	上海交通大学
117	创新在线问诊机制，助力“健康中国”战略——基于阿里健康的大数据研究及应用	南开大学
118	面向超精密电子装联领域的温控激光锡焊装备	武汉工程大学
119	转“危”为“机”：疫情期间高校线上教学效果和优化路径研究——以北京市某双一流高校为例	中国农业大学
120	隧道之眼——地铁隧道智能检测系统	北京工业大学
121	碳纤维复合材料损伤微波原位快速修补仪	南京航空航天大学
122	智能变电站组合电器（GIS）状态感知与故障预警系统	河海大学
123	鸿鹄灵镜——基于机器视觉的工业级芯片晶圆高速高精度缺陷检测系统	西安电子科技大学
124	真弹琵琶还是徒有虚名：乡村振兴背景下农民专业合作社的结构性困局及破解——基于皖浙两省14市的深度考察	安庆师范大学
125	新冠肺炎疫情期间国际涉华舆论偏差策略研究	北京航空航天大学
126	从一面墙到一扇窗：农村宣传画如何讲好乡村振兴故事？——基于4省4市12村的调研	陕西师范大学
127	“城市毒瘤”还是“梦想港湾”——探究市中心城中村房屋空置现象原因及改善策略	贵州大学
128	复合材料加工过程多传感器测试技术及加工质量预测方法	大连理工大学
129	通向绿色物联——环境反向散射通信使能的共生网络性能研究	南开大学

续表

序号	作品名称	学校
130	褪蓑衣着新衣：长江十年禁捕下渔民生计转型及其政策支持研究——基于苏赣渝地区 182 户渔民访谈	南京财经大学
131	一体式可回转高效喷水推进装置	武汉理工大学
132	从脱贫攻坚到乡村振兴："第一书记"工作内涵转变与效能提升研究——基于对山东省八年的追踪调研	山东财经大学
133	重大赛事下城市综合交通风险预测与防控策略——基于全国"十四运"的调查研究	长安大学
134	一个都不能少：从"控辍保学"到"桃李春风"的乡村教育振兴之路——基于西部地区 148 个基层地方的实践例证	云南大学
135	健康所系，风险共御：基于全国 896 起伤医事件和访谈调研的分析与对策研究	四川大学
136	职业技能培训补贴策略与高质量就业——来自 13 个省份的经验证据	首都经济贸易大学
137	中国西北干旱脆弱区农业碳排放影响因素的时空分异研究	新疆农业大学
138	家国之下，巾帼芳华：三线女工的性别叙事与身份实践	华东师范大学
139	城有所治，车有所栖——智慧城市视域下"时间+空间"社区共享停车模式研究	长安大学
140	共同富裕视阈下艺术赋能乡村建设研究——基于浙江省 11 市 106 村的实证分析	浙江师范大学
141	易扶搬迁促就业乡村振兴谋幸福——基于秦巴山区 4 县 1 区 3015 户易地扶贫搬迁的实证调研	西安理工大学
142	生态把脉——基于多源感知数据的城市生态空间体检研究	北京工业大学

此届"挑战杯"奖项评选呈现以下特点：首先，学生参赛作品的质量高。从获奖的作品可以看出，学生的参赛作品质量在逐年稳步提升。其次，瞄准国家需求，解决现实问题。学生参赛作品中，都是以国家重大战略需求、战略布局等为导向，突出国家的急需，通过技术创新、策略创新，解决现实中的难题与问题。最后，学生获奖作品重视可操作性。除去理工科的参赛作品外，一些偏向于公共管理、信息传播、乡村振兴等竞赛作品也都是通过调查，发现问题，解决问题。

（武汉体育学院　王创业）

6.4.3　互联网+大学生创新创业大赛

6.4.3.1　“互联网+”大学生创新创业大赛的基本情况

2021年第七届“互联网+”大学生创新创业大赛于2021年4月20日启动，此次大赛的主题是“我敢闯，我会创”。大赛主要采用校级初赛、省级复赛、总决赛三级赛制。校级初赛由各院校负责组织，省级复赛由各地负责组织，总决赛由各地按照大赛组委会确定的配额择优遴选推荐项目参赛。

大赛由教育部、中央统战部、中央网络安全和信息化委员会办公室、国家发展改革委、工业和信息化部、人力资源社会保障部、农业农村部、中国科学院、中国工程院、国家知识产权局、国家乡村振兴局、共青团中央和江西省人民政府共同主办，南昌大学、南昌市人民政府和井冈山市人民政府承办。

6.4.3.2　“互联网+”大学生创新创业大赛的特色亮点

①落实习近平总书记给第三届大赛“青年红色筑梦之旅”大学生回信重要精神。大赛第一次在革命老区举办，充分结合了江西省红色资源，围绕“更中国、更国际、更教育、更全面、更创新”的总体目标，传承跨越时空的井冈山精神，聚焦“五育”并举的双创教育实践，完善线上线下相融合的赛事组织形式，目的是要上好集党史教育、思政教育、创新创业、乡村振兴、红色筑梦于一体的一堂最大的中国金课。

②构建“赛+教”结合平台，推进“赛教融合”。一是以赛促教，探索人才培养新途径。全面推进高校课程思政建设，深化创新创业教育改革，引领各类学校人才培养范式深刻变革。二是以赛促学，培养创新创业生力军。激发学生的创造力，激励广大青年扎根中国大地了解国情民情，努力成长为德才兼备的有为人才。三是以赛促创，搭建产教融合新平台。把教育融入经济社会产业发展，推动互联网、大数据、人工智能等领域成果转化和产学研用融合，促进教育链、人才链与产业链、创新链有机衔接。

6.4.3.3　2021年度“互联网+”大学生创新创业大赛结果

“互联网+”大学生创新创业大赛总决赛于2021年10月15日在南昌大学落幕。经大赛专家委员会评审、组织委员会审定，各赛道最终获奖结果如下：①高教主赛道：省市优秀组织奖10个，高校集体奖20个，国际项目优秀组织奖10个，冠军1名、亚军1名、季军4名，单项奖项目7个，金奖项目215个（下面列出的一等奖名单有292项，与这里的表述不符）、银奖项目471个、铜奖项目1419个，入围总决赛项目130个。

②“青年红色筑梦之旅”赛道：省市优秀组织奖 8 个，高校集体奖 20 个，单项奖项目 3 个，金奖项目 54 个、银奖项目 103 个、铜奖项目 342 个。③职教赛道：单项奖项目 1 个，金奖项目 54 个、银奖项目 105 个、铜奖项目 349 个，入围总决赛项目 39 个。④萌芽赛道：单项奖项目 1 个，创新潜力奖项目 20 个，入围总决赛项目 208 个。⑤产业命题赛道：优秀企业组织奖 5 个，金奖项目 15 个、银奖项目 35 个、铜奖项目 50 个，入围总决赛项目 200 个。

表 6-16　**2021 年（第 7 届）“互联网+”大学生创新创业大赛一等奖名单**

序号	作品名称	学校	获奖学生	指导老师
高教主赛道				
1	霸蛮：无界餐饮的数字化实践	北京大学	武会学、王莹	/
2	专铸科技——智能仿生义肢康复产品	清华大学	陈威廉、谢龙芯	韩文弢
3	超导“基”业——自主化高温超导合金基带拓荒者	北京工业大学	纪耀堂、索成、赵聪聪、王旭峰、张小龙、刘壮壮、刘晶、赵万里、李孟星、李清芬、路易	索红莉、郭福、刘敏、马麟、王丽梅、顾问、郭福良
4	格镭智图——国内首款、国际领先双旋轴激光扫描仪	北京工业大学	陈嘉平、李子麟、李为康、陈锐、汪墨涵、杨晨、刘琪、姚嘉琪、张凯、黄啸、王新瑶、赵天朗、姬庆庆、常玉克	贾克斌、王子羲、严海、闵卫东、冯金超、顾问、刘鹏宇
5	致真精密仪器——源自中国的磁性微电子测试设备领航者	北京航空航天大学	杜洪磊、张博宇、许涌、李绍新、尹晟、魏家琦	赵巍胜
6	深光科技——全球投影 AR 的引领者	北京航空航天大学	郭嘉伟、马宇航、张梓航、姜一铭、王宇轩、陈通、高紫嫣、白若雪、张唯、郎咏颀、徐竟成、张欣玥	吕卫锋、王海泉、王亚

续表

序号	作品名称	学校	获奖学生	指导老师
7	天梭动力——中国固液火箭动力高空高速飞行器的开拓者和引领者	北京航空航天大学	孟祥宇、李心瞳、徐维乐、赵凯、于瑞鹏、王鹏程、赵万兵、肖明阳、王睿青、赵增、刘德元、王中烁、赵鸣飞、李晓刚	蔡国飙、田辉、朱浩、宋佳、俞南嘉、张晓天、刘昊、袁军娅、马彬、杨良、翁惠焱、李睿智、王伟宗
8	Medcreate 磁悬浮胶囊机器人：胃肠道检测领域的革命者	北京航空航天大学	赵嘉伟、张欣慧、张斌、侯宜青、关睿、董子赫	冯林、韦君一、宋理
9	理工光盾——高能激光防护材料开拓者	北京理工大学	周坤宇、郝杰、李若昆、杨昱、刘鹏佩、罗淳、张琦、甄岳泽、郑佳艺、许峰、徐伟业、胡一凡	马壮、高丽红、王浩宇
10	医腐科技——全球首创的腐蚀在线监测与智能诊断大数据平台	北京科技大学	杨小佳、黄昌旭、黄诗雨、李清、裴梓博、徐学旭、朱莉莉、柴佩林、刘霓昀、张宇瑄、王智怡、田紫维、汤雨虹	李晓刚、吴伟、马莹、张德印
11	伯牙智能作曲音乐平台——全民音乐时代开创者	北京邮电大学	陈晨兆阳、廖奕凯、王子骏、金晶昊、方子童、李伟睿、罗中祺、王越、姚奕芃、乔冠仁、黄健钊、张雨骁、李怡萱、温子佘	韩康榕、刘书昌、王小捷
12	中农优苗——创新型动物疫苗引领者	中国农业大学	裴育、覃一峰、齐婧伊、张明伟、孙璐、唐鑫焱	张国中
13	锐智新材——国际静脉 TAVR 术式及辅助器械领航者	中国石油大学（北京）	张贤昊、刘付晨、马文俊、李昊航、崔清丽、杜宝鹏、孟禹豪	郝世杰、杨英、鞠斌杰、闫朝武
14	谛声科技——企业级声学 AI 技术服务独角兽	中国地质大学（北京）	路璐、王湛晶、付瑞晨、于硕楠	于清海、马莹

续表

序号	作品名称	学校	获奖学生	指导老师
15	寰宇星通——中国星载激光放大领航者	南开大学	李昌瑾、卓丽敏、王喆琳、战香含、滕羽菲、卜文超、王靖楠、李源源、姚远、孟森森、常琨、陆泽辉、郭振锋、段少祥	刘波、林炜、刘瑞毅
16	AccRate——全球首创抗癌靶向药敏感性检测技术定义者	南开大学	周钰莹、李之阳、冯议仟、张双、韩旭、徐子桐、唐帅、邢钰璇、覃陆宁	孙涛、王渤洋、杨诚
17	心脉联衢——全球首款体内精准可视化小口径人工血管	天津大学	叶展鹏、庞小雨、荣辉、刘潇、詹浩淼、张清然、翁幸、张皓、冯祖建、刘祥、高尚东、张轶群、刘凌远、刘静	董岸杰、黄平升、金嘉铁、郑喆、李晶、靳学峰、董严斌、秦俊男
18	“鲸可语”——多模态连续手语自动标注识别系统	天津理工大学	张益彬、高世雄、乌力杰、吴照慧、刘艳、张颖、王颖、吴慎宇、姜莹、李广琛、王嘉琪、赖俊舒、费世普	薛翠红、袁甜甜、闵笛、任美琪
19	“巨能储”氢能电池	燕山大学	魏玉鹏、杨勇、宋柳、李建朝、毛建增、张涵、宋新慧、刘盈男	郭小强
20	绿智液驱——全球高端装备低碳液压驱动技术引领者	太原理工大学	孙斌、郝云晓、王波、刘华坤、梁涛、乔舒斐、刘赫、晋超、武恩林、高涵、王敏、李泽鹏、秦涛、谷雨欣	高峰、葛磊、权龙、张敏翠、郭菲
21	百炼钢化为绕指柔——手撕钢钢铁工业皇冠上的明珠	太原理工大学	智惠、和东平、李旭思、刘奇、王建国、张彪、丁青山、张帅帅、魏书凤、李泽琰、魏士博、李卫国、王涛、刘元铭	高峰、王涛、郭菲、刘元铭

续表

序号	作品名称	学校	获奖学生	指导老师
22	瑞搏生物——新型干细胞治疗缺血性疾病的全球开创者	山西医科大学	何生、李璐、张文龙、张超、张玙璠、李斌、谈佳音、王琦、王续颖、王馨竹、刘阳、张永祥、常嘉荣、李建琴	解军、韩清华、杨海澜、焦向英、姜增誉、陆利、宋慧芳、于保锋、双卫兵、岳春芬、张新日、范雪梅、阎长平、王红亮、周冰蕊
23	蒙藻益牧——螺旋藻+中草药饲料添加剂开创者	内蒙古农业大学	张萌、王宇轩、马唯钦、孙雨欣、巴顿、李秉昇、郭晓成、王秉国、徐文韬、肖成名、沈新然、赵丹阳、刘沛楠、宋文学	王志军、高凌岩、贾玉山、格根图、赵国年、屈志强、吴琼、刘李杰
24	熊猫叔叔素质教育集团	辽宁大学	王佳琛、赵津梁、郭世泽、李浩东、李雨轩、鞠永波、乔歆然、赵思越、唐嘉懿	杜晓伊、张向东、陈曦、范洪敏、谢明博、刘广月
25	铭云科技——全球航空航天装备轻量化开拓者	大连理工大学	刘大川、周子童、冯少军、马祥涛、王法垚、袁野、张坤鹏、王禹、王文杰、黄蕾、李增聪、毛泽钡、王雨田、王宇同	王博、郝鹏、田阔、杜凯繁、李桐、周才华、任明法、李锐、徐胜利、毕祥军、程耿东、吴振宇、李航、杨璐嘉
26	点石成金——全球难选铁矿开发利用引领者	东北大学	白哲、侯鹏程、王若枫、张丽腾、史赵捷、程绍凯、张强、张登锋	韩跃新、高鹏、许慧敏、孙永升
27	沈阳舞指科技有限公司	东北大学	程思睿、黄超睿、凌润、王家兴、王淑玮、徐子轩、赵姝鑫、保盛隆、张翔宇、张皓、郑鸿宇、许轩奇、赵子瀛、孙明渊	王斐、黄晓颖、黄达
28	智船科技——世界级无人驾驶商船机舱智能系统供应商	大连海事大学	徐泽铭、孙一博、翟冠宇、汪天健	张均东、石丽红、曾鸿、张政

续表

序号	作品名称	学校	获奖学生	指导老师
29	科恩——国际首款干细胞外泌体组织修复产品	中国医科大学	郭帅辰、蒋旻、付芷琪、龚轩瑶、邵伊宁、张栋、周游、周楷荐	李晓娜、余涧坤、王晨超
30	通痹安中药凝胶——类风湿、痛风等“不死癌症”的克星	长春中医药大学	王齐、高梓涵、韩佳琦、王泳涵、赵珮希、付宝琪	洪嘉婧、杨东雨、梁钟艺、刘明军、单国辉、夏燃、张馨月
31	人参皂苷抗炎喷雾——替代皮肤激素外用药的中国力量	长春中医药大学	付雨鑫、徐萱、管其凡、姚灿、陈潇予、宋润新、周微、马磊、王本然、焦云爽、刘常昊、李竺阳、白芸凡、聂宇航	梁钟艺、何敏、孙濛濛、王楠、高阳、赵幻希、张馨月
32	航天器高通量异质结构轻量化热管理器件超声波增材制造技术	哈尔滨工业大学	于江、何振宇、闫志明、郭芷若、刘熙宇、林永春、孙嘉琳、丁蕾、史海青、陈霖、李东博、张帆、康辉、李天一	张洪涛、何鹏、冯吉才、尹胜君、于静泊、杨宗义
33	中国高性能工程聚酯材料创新与产业化	哈尔滨工业大学	钟文、张帆、李东博、杨颖、石茹慧、王爽、高洪伟、许声多、曹文恺、康辉、王波、张瑞瑜、张泽栋	胡桢、孟令辉、白永平
34	超级导热金刚石：为芯片退烧而生	哈尔滨工业大学	赵继文、张森、郝晓斌、刘雪冬、乔光远、詹文韬、鄂羽佳	代兵、朱嘉琦
35	藏粮于技——水稻适度加工产业化助力国家粮食安全	哈尔滨工程大学	刘斌、李佳帅、李铭泽、杨文强	李冰
36	童类人：世界一流童书创造者	复旦大学	陆冰洁、宋奕、孙彦扬	张大伟
37	黄金捕手——水中痕量贵金属回收专家	同济大学	张琪、姜雅婧、余宇霞、陈国玉、刘静、秦荷杰	张伟贤、谈超群、周梦妮

续表

序号	作品名称	学校	获奖学生	指导老师
38	EyeNKBT——致盲性眼病药物防治领航者	同济大学	常挺震、陈羿、许飞扬、蒋丞卿、王龙飞、康紫薇、胥迎春、汪杭生、王绍平、刁萌、潘慧清、韦海云、徐可涵	高芙蓉、吕立夏、徐国彤、彭清
39	Aero——Space 低碳离网建筑变革者	同济大学	郭跃、冯泗衡、廖泓宇、张法卓、戴逸菲、陈是文、李子祺、刘一樊、杨熙玲、黑静好、程方琦、蒲泽辉、杨子昊、张刚	苏运升、邱梦实
40	芯英—高性能 GPTPU 智慧处理器	上海交通大学	郑宇森、Runzhe Wang	张志刚、王磊、彭云峰
41	领挚科技——用中国领先的半导体技术,探索全球生物世界的奥秘	上海交通大学	刘哲、李骏、胡斌、杜江文、童雪翎、何云祺、LIJINZE	郭小军
42	轻流——无代码数字化领军者	上海交通大学	蒋益西、花睿、黄琳、杨松洁、周禧彬	彭云峰
43	海燕——船舶能源心脏智能诊断系统	上海交通大学	孙志豪、孙瑞浩、黄一然、XIANGXULIM、罗媛、胡沛尧、钱彧声、方雨辰、时旭阳、金泓伯、曲博文、陈晨、张亦弛、敬谨皓	黄文春、梁克靖、邰能灵、宋海涛
44	化禹科技——重大化工装置微通道分离技术首创者	华东理工大学	魏傲松、胡斌、刘冰、纪玉杰、李伟、郑浩南、王青玉、聂文睿、高甜甜	汪华林、吕文杰、孙贤波
45	热管理用柔性陶瓷纳米纤维/超轻、超弹陶瓷纤维气凝胶耐高温隔热材料	东华大学	华婷、蒋攀	俞建勇

续表

序号	作品名称	学校	获奖学生	指导老师
46	先进电子显微镜技术及台式扫描电子显微镜的产业化项目	华东师范大学	姬韵博、王亮君、高彩芳	李文武、白雪冬
47	三维仿生血管微流控芯片的超快激光制备及应用	华东师范大学	郭新敬、黄鼎、赵景怡、艾雨诗、常尤佳、周子越、赵思涵、Yutian Han、辛承臻	徐剑、程亚、刘侃
48	宇树科技——引领全球四足机器人市场化	上海大学	杨知雨、陈立	/
49	中国盒子	苏州大学	龚欣怡、杨智惠	纪金平
50	擘星科技——全球超声电机引领者	南京航空航天大学	韩林昌、李锦梅、李雪晴、汤辰悦、曹鑫鑫、李兴明、鞠沅良、王佳乐	赵盖、丁庆军、张卓、王亮、杨淋、朱华
51	源生科技——面向5G/6G时代的光电信号源	南京航空航天大学	李平、杨锋、占佳涵、时婕、吴晴、孙思婷、吴怡凡、王爽、蔡宇翔	张亚梅、潘时龙、刘益平
52	费米光子——全球首创高精度光延时测量仪	南京航空航天大学	汤晓虎、王立晗、肖紫峰、刘熙、陈旭峰、陈婉柔、曹千帆、王一如、马健文、刘庆星、李平、石雨晨、陈舟、任凌云	潘时龙、刘益平、王祥传
53	安夏科技——纪检监察信息化3.0建设的引领者	南京理工大学	姚宇、李普阳、吴旭辰	赵茜、曾绍军、田辉
54	高功率激光光闸——先进激光制造高效化核心	南京理工大学	矫岢蓉、李岳峰、张瑞、李志杰、吴子晨、邓世炜、吴学诚、赵伟娜、南高拓、李泽华	沈华、卞殷旭
55	光影感知——快速三维传感技术助推第四次工业革命	南京理工大学	尹维、李艺璇、苗鈺元、杨苏皖、曹煜、杨振东、张嘉扬	左超、冯世杰

续表

序号	作品名称	学校	获奖学生	指导老师
56	擎天架海——船用智能胎架领军者	江苏科技大学	李媛媛、沈洁、于明涛、王奕、王焜颖、潘晓斌、张森、金陆雅、何海琦、朱雪、殷珺、常荟喆、李照雄、居泽瑜	周宏根、刘金锋、尹洁
57	惊涛“焊”浪——国之重器焊接行业领航者	江苏科技大学	居泽瑜、吴尚航、洪旻晟、董传淇、刘欣雨、陈佳豪、殷珺、吕昌达、钱鲲、郭纪龙、刘蔚蓉、罗翊宸、蒋华明、李志敏	周方明、李文达、周庆文
58	科宁多元醇：多元糖醇引领者征战万亿星辰蓝海	南京工业大学	沙凤、张启航、陈姣、孙良、吴伟、翟天翔、李森伟、张筱靖、李凰	陈晨子、郭凯、姚山季
59	热之熵——耐极温超绝热复合材料	南京工业大学	王泽鹏、韩保恒、况太荣、李辉、季国靖、刘伟兰、李旭婷、曹圣达、刘科众、管梦迪、刘卫东、朱英宝、沈逍	陈舟、胡军峰、凌祥
60	超级鲤盒——全国最大的盲盒第三方平台	常州大学	董慧琳、贺晓娟、赵婷亦、刘浩楠、匡小阳、蔡倩、徐银峰、姜镗宇、蒋振洋、刘涛、吴梦雪、肖文婷、杜文妍、蒋心昱	张普、李兴尧、顾峰豪、王彩芳、任保全
61	天问一号风筝线	南京邮电大学	陈金权、陈志远、葛兴峰、朱天林、郭美言、钱一帆、周亮、李大鹏、井俊、赵海涛、洪涛、王小明、杨龙祥、程欣伟	周亮、李大鹏、井俊、赵海涛、洪涛、王小明、杨龙祥、程欣伟

续表

序号	作品名称	学校	获奖学生	指导老师
62	5G功放设备的先驱者——全系列宽带功放设备	南京邮电大学	雷蕾、李思远、李子璇、铁欢颜、魏来、武晨成、杨绵绵、杨旭、魏博涵、俞毅恒、朱欣岳、高睿思、胡越、曹凌峰	程勇、邹辉、张徐、贺超凯、刘芫健、吕文俊
63	至强之芯——高性能通用型eFPGA芯片及系统	南京邮电大学	张卿云、赵一舟、黄艺玲、胡秋润、孙杰克	陈小柏、肖甫、张徐、桂林卿
64	视界中国——打造国产一流柔性显示材料	南京邮电大学	李晓艳、林冬青、姚鸿巍、须昀杉、茅峻玮、解晓涵、崔燕茹、张翀、樊俊江、丁宁、陈雨婷、李阳、明建宇、王煜璁	解令海、凌海峰、魏颖、汪莎莎、曹洪涛
65	护林科技——国家林草局唯一指定松树癌症监测防治技术提供商	南京林业大学	盛若成、岳子龙、于季豪、章瑞翔、董晓燕、李敏、李欢、毛云飞、席月、吴春宜、胡心怡、郭旭、张施旭、谢骥	陈凤毛、叶建仁、王浩
66	生生不息——生物质碳封存新能源装备技术领跑者	南京林业大学	冯鑫、赵曼淇、吴杰龙、王尧、钱晶、陈宇、沈雅莉、王亮才、张艺晨、王鼎、陶梦妮、许加明、赵钦洋、杨涵舟	周建斌、张欣竹、苏浩、陈登宇、章一蒙
67	畜禽卫士——中国首创田菁制备绿色饲料添加剂	南京林业大学	王欣妍、张晓彤、陈雨姝、董昊路、杨怡琳、李若琳、颜天承	黄曹兴、勇强、陈养彬、董博
68	一应拒醛——无醛高性能胶黏剂全国领跑者	南京林业大学	吴佳敏、韦妍蔷、罗永宏、叶浩然、黄婷、蒯炳斌、孙云浩、高晨、陈语唐、杨锡蔓、刘雨博、石家铭、徐闻、王柔淳	夏常磊、葛省波、李建章、苏浩、王浩

续表

序号	作品名称	学校	获奖学生	指导老师
69	普得士——精准处方赋能肿瘤跟踪施治	南通大学	张馨予、孙祥琳、沈艺达、李舒畅、王馨悦、吴希凡、陈禹萌、周佳敏、薛朋	王国华、郭必裕、姜正林
70	派斯盾“鞘翅甲”仿生纳米自洁涂层	南通大学	董博文、徐广钰、李鹏伟、元淑芬、陈奕、钱雨、张菊、崇康、王尧尧	姚蓓、顾健辉、刘霞、金翼、郭其阳、邱佩钰、张甜甜
71	申诺青：国内动物第三方医学诊断服务领跑者	南京农业大学	刘雅楠、李淑芳、严超、蔡金洋、陈梦醒、宁铁凡、尚泽慧、刘恺迪、李雅婕、龚珣、申屠湘洁、杨林睿、臧雪羽、于正青	魏威岗、张树峰、田雨
72	盘种餐——中国首创新式水稻生态秧盘	扬州大学	蒋岩、张韶元、张宇航、朱昌进、杨坤	蒋敏、陆江峰、周立云
73	狄赛生物科技——全球免疫再生修复领跑者	浙江大学	张子凌、徐逸、虞倩静、王艺芸、邵伊琳、陈俊茹、李梓瑞、顾辰辉、陈鹏宇、李墨白、杨洋、王皓立、宋楠、泮凯锋	范顺武、吴维东、陈周闻
74	阿蚂神护：数字版权全链路守护神	浙江大学	郑蘅苡、盛天愉、张嘉瑜、肖智尹、楼亦涵、方舟、方昀、李瑞晞、章心仪、何平、刘丰豪、漆翔宇、王振阳	纪守领、陈建海、李永明、张克俊、张栋梁、董建锋
75	智囊生物科技——全球个性化囊泡医学领航者	浙江大学	程夏雨、陈鹏宇、陈先宇、张子凌、邵贻玥、刘琛奕、唐陈曦、孔康任、王晟毓、郑泽宇、苏明真、黄振翔、王泓逸、杜远	林贤丰、范顺武、吴维东、陈超、陈鹏飞、贾红蕾、唐睿康、王本
76	跃动客体育——青少年体育教育的科学施教与规模运营	浙江大学	冯磊磊、王李毅、李孟倩、孔一博、谢震业、傅琳、刘洪、陈潔炜、蔡洁琪、许凯捷、曹阳、梁彧、吕子安	任帅

续表

序号	作品名称	学校	获奖学生	指导老师
77	纤觉智能——基于微纳光纤的新一代超灵敏传感器引领者	浙江大学	潘思含、徐金珂、张璋、唐瑶、甄煜琦、陆旭米、周凌宇、王雨馨、徐琰、蒋鹏坤、陈思名、王非凡、孙昊天	张磊、童利民、阮俊华
78	康尔雪科技——开创国内术后血栓床旁监测新时代	浙江师范大学	麻晓新、张云天、林菲菲、邱安、唐可、林俊杰、黄漫茗、丁梦如、蔡俊杰、梁瀛元	李建平、童卫丰、崔雪萍
79	致实科技——领航道路压实质量监控“智”时代	浙江师范大学	马嘉聪、沈方圆、郭婕珂、吴诗媛、杨洲、杨雯、杨文涛、张婧雯、金越阳、刘慧琼、张文浩、钱炎烽、张丁川	邱欣、崔雪萍、杨青
80	金优科技——全国农作物高效光合育种先行者	浙江师范大学	陆喆晓、李梦倩、黄栩墨、郑舒跃、梅敏豪、孙康、翁彬彬、龚琪钰、蔡彬彬、周千钰、杨红莉、陆玲艳	陈析丰、马伯军、梁建君
81	敏选科技——国内首款 Apt——MNPs 食物过敏原检测试剂盒	浙江工商大学	余刚、蒋宇豪、陈伟、冯靖媛、陈乐舒、吴朝晖、贾东辉、林智轩、虞静怡、程林林、马瑾雅、千嘉成、李林芳、朱城波	傅玲琳、王彦波
82	若土有稻——下一代水稻育秧基质行业标准引领者	嘉兴学院	叶楠、赵倩、万许召、彭梦婷、何若兰、王翘楚、何梦如、胡晶、赵景景、黄思源	李加友、翟志才、张惠忠、董晓玮
83	空介——虚拟数字人物 IP 的多场景应用	中国美术学院	周孝歌、徐闻秋、左向戎、张金渠、陈紫梦、朱嘉妍	卓美红、于朕、阮悦来
84	拼格——5G 场景下的创意科技运用	中国美术学院	罗俊彦、郑志鹏	竺照轩、崔鲁海

续表

序号	作品名称	学校	获奖学生	指导老师
85	魔音科技——柔性超薄扬声器的全球首创者	宁波工程学院	林佳诚、戴羽轩、邵怡杰、徐慧、陈拓希、李茹、陈泓润、王瑞琪、徐燕、何张哲、沈滟滟、段澍城、莫拜、丁睿	吴泓均、阮东波
86	夏小满——文博历史新表达的创新者	宁波工程学院	姚佳丽、郑琼瑶、杜淑婷、瞿燕青、赵欣、黄嘉欣、徐林新子、马祥喜、李栖荟、赵华磊、李维维、蒋天扬、王晶晶、俞泽宁	杜莹
87	谱易科技——国际领先便携式质谱生产商助力化工污染物检测预警	宁波大学	刘容、吴佳怡、高璐、蔡鑫豪、张思杰、吴斌航、赵子悦、白晨曦、严语嫣、范嘉琪、赵云	高文清、俞建成、唐科奇
88	甬马生物——海马规模化繁育开发引领者	宁波大学	行国瑞、王紫妍、姚欣新、王柯童、胡心帆、李苗苗、姜慧君、宋慧敏、李小娟、戴应芬、王灵倩、金珊宇、季心平、唐杰	徐永健、熊金波、李政、王腾飞
89	超碳科技——国内首家水溶性单层石墨烯粉体供应商	宁波大学	李莉、唐思源、黎徐诺、孟雨佳、杨佳凝、姜璐华、潘奕、杨永胜、王梓豪、王婷、邹亚杰、刘统、毛琰、吴政轩	刘鹏、刘小娣、王刚
90	环宝科技——国内首家有机固废低碳循环处理方案提供商	宁波大学	周诗颜、王瀛、洪心怡、丁小双、侯宇、李景琰、张薇、郭函彤、刘硕、陈凯旗	王朝东、于洁、蔡璐、汪丹

续表

序号	作品名称	学校	获奖学生	指导老师
91	星路通信——“动中通”天线全球领航者	宁波大学	富雨柯、叶雨芃、朱其昂、俞林科、孙立莹、季珈汝、陈怡君、韩文心、朱非凡、高奕航、孔德涓、QingChunYou、张玲、夏林峰	陆云龙、黄季甫、史远、陈海明
92	半球谐振陀螺——高精度导航领导者	宁波大学科学技术学院	冯若雯、王玲欣、陈力豪、贾镔镔、王楚希、李发炼、徐敏敏、李宇恒、陶郑洲	陈恺宇、卢尧、莫亚男、林必成、赵杰
93	室内外一体化运动感知及高精度定位系统	中国科学技术大学	潘思园、段章领、范建阳、欧阳炳濠、舒翔、齐正达、邵宇铭	/
94	科创 3D——开启工业级 3D 打印的中国造	安徽信息工程学院	张熠雯、夏兴义、谢若愚、范晓雨、王立园	任丽娜、吴敏、许勇、曹长芳
95	秒凝科技——开启流体止血新时代	福州大学	陈怀洋、王冬冬、谢静雯、李佳琳、龚晨池、潘高星、乔梦君、钱嘉琪	张进、杨黄浩、伍宇翔、林泉富
96	微体高光——全球首创主动发光的便携式投影仪	南昌大学	袁峰、刘琛、刘彤彤、张裕阳、余钦洋、郝璐静、喻守鹏、李文俊、李泽昊	汤昊、孙润光、王允圃、李志、李玉龙
97	复方黄连油——首款“速效无疤”愈合油	南昌大学	张瀚文、徐露、刘志成、文佳、何雨洁、李子隆、孙星、徐红燕、姜汛、李新忠、欧阳凌飞、晏海虹、张楚汐	胡锦芳、白薇、邱嘉旋、李志、郭光华、张红艳、赖敏芳、尧志峰、王芸芸、蔡军
98	数芯光刻——全球首创 MicroLED 数字光芯无掩膜光刻机	南昌大学	郝璐静、周师晨、刘文超、叶航、刘南海生、张裕阳、杨泓、杨光、李思嘉	汤昊、李玉龙、孙润光、李志

续表

序号	作品名称	学校	获奖学生	指导老师
99	梦通网安	南昌大学	刘力齐、孙涵清、黄昊、常瀚文、肖淇、陈杨昱、何芃、张旗、刘帅旗、顾鸿杰、陈灿华、肖聚鑫、高仪、葛芳	朱小刚、何道敬、丁峰、刘伯成、邹福泰
100	防治呼吸道病毒性感染的中药新良方——柴胡清瘟方	南昌大学	宋子凡、胡榆萱、林康、杨晨驰、孟超、康岫、董竹臻、尹秀玲、龚菲、李庆娴、李丹、万子雯、陈鑫朋	张伟、邱嘉旋、胡锦芳、白薇、李志、熊鸣峰、周颖、王芸芸、蔡军
101	欧姆威克，胃你守护——开启幽门螺杆菌免疫新时代	南昌大学	余昊霖、陈峰、陈靖萱、许协祖、陈雨萱、揭凯文、宋子凡、张颖萱、王政、段赛男、李珊、余海燕	刘琼、黄孝天、曾令兵、徐健宁、李洋、江海海、施桥发
102	荧光微视——引领食品安全快检技术新变革	南昌大学	金晶、程泉凯、仲海澄、侯金兰、蔡玲玲、喻泽浩、李毅焓、田慧、李倩影、张燚、陈晓思、徐蕾	黄小林、孔蕴源、刘洋、王芸芸、王允圃、李志、乐爱平、邱嘉旋
103	中非合作相濡以“没”——缔造全球最大没药产品供应商	江西中医药大学	肖小林、展鹏举、刘睿颖、刘珂、谢思玮、左泽、赵治学、徐宁宁、艾崇文、王君文、王丽芳、申盼、胡卉菁、王文茜	张珉、赵恒伯、朱根华、艾卫平、乔信江、龚千锋、张春欣、刘荣华、章新友、俞大军、于欢、杜清、付滢
104	夏绣——国内首创设计驱动型文化创意企业	江西师范大学	吴婉菁、林丽萍、邓冰清、侯文晓、邹雨婷、赖璇、常楚旋、徐灿、徐秋雨、韩蕾、杨栋、董建华、徐鑫、赵怡	吴艳丽、韩吉安、陈向鸿、张曼云、杜海明

续表

序号	作品名称	学校	获奖学生	指导老师
105	珍妮肤——中国女性民族高端护肤品牌缔造者	江西师范大学	刘嘉宇、黄小红、谢佳琴、刘晓茹、江玲、龙莉、涂仕敏、吴思佳、胡文清、高笑语、陈荣欣、赖明桢、钟悦、周晓江	詹强南、谭菊华、刘桂海、张志斌、张明林
106	智敏未来——中国高性能气湿敏感知材料领航者	中国石油大学（华东）	孟维琦、旷文青、孙跃航、李其杰、张馨圆、胡殿涛、宫礼坤、朱华建、袁天宇、张琪龙、代秋丽、张金铎、高旭茹、王珺	张冬至、姜飞、王兴伟、潘婷
107	泰山信息——智慧化工园区安全守护神	中国石油大学（华东）	魏伟、王淑鹏、李颖、王家荣、马晓萍、郭紫璇、马惊宇、宫晨羽	庞善臣、宋弢、郑一、马少龙
108	创造太阳——助推“中非命运共同体”的职业教育与培训服务平台	中国石油大学（华东）	马搏、周家豪、马晓晨、段晓飞、刘云霆、袁心怡、李怡箫、王腾、张欢、田东峰	李敬皎、赵晓珂、单珣
109	滴血识“毒”——国际领先的呼吸道病原体综合筛检试纸	齐鲁工业大学	王磊、王丽、钟轲、翟超、张传昊、王子鹏、杜方辉、周亚宁	黄晓文、张金霞、江克营、王传新、杜鲁涛、王瑞明、李丕武、刘亚、王志浩
110	“疫网捕获”呼吸道病原动态监测	山东第一医科大学	张珊珊、杨威、张潮、杨丹、支伟、李天舒、徐英翔、王若梅、刘鹏超、李仙仙、朱钰淼、王子豪、夏金燕、李修旭	鲁艳芹、范华、史卫峰、韩金祥、李娟、杨美娜、于忠军、庞靖祥、张更林、裴凤艳、李冕、张星、张一航
111	固土成型技术领航者——全国首创“一剂多用”土壤黏合剂	鲁东大学	赵晓涵、李正浩、安瑞璐、吕凯琳、王悦、刘皓、周迅、马新涛、许家瑞、韩亚萍、苑志昂	徐文龙、李扶摇、刘希光

续表

序号	作品名称	学校	获奖学生	指导老师
112	抗体铠甲——致力于降低抗体药毒副作用全包裹型载体	山东协和学院	毕玉颖、任凯月、王一鸣、周海芸、寇文倩、李晨阳、陈嘉钰、肖子昂、刘四旗、赵凯悦、张玉璇、杨玉、刘凤云	孔令桂、霍雨艳、姜胜男、赵玲潇、徐艳、董伟、饶冬梅
113	药知道——国内首创抗生素用药指示三联卡	山东协和学院	刘永泉、肖子昂、温子圆、陈佳鑫、刘柯、柴宇、徐寒池、田皓宇、王丹、刘璇	霍雨艳、赵玲潇、徐艳、姜胜男、孔令桂、孙晓明、李亚茹、和静
114	施必克——全球首创智能感知防水系统	郑州大学	彭飞、张冰冰、冯志超、何清叶、李嘉洋、闫湘之	郭娟、郑国强、刘晓旻、张红英、郜超军
115	知路导航——音频定位芯片领军者	武汉大学	徐诗豪、黄李雄、钱隆、李正、刘佐牙、闫科、陈颖、张玉鑫、刘克强、胡宁松	陈锐志、叶锋、张沪寅、陈亮、张鹏
116	雷视通——新时代智能交通感知破壁者	武汉大学	陈江伟、颜思睿、林博瀚、申诚、李昊澄、王力行、冯苑君、田浩辰	黄玉春、江金光、孟小亮
117	睿思优信：智能超表面助力构建高速稳定5G 网络	华中科技大学	裴熙隆、王锴、王梓鹏、张昆、马成辰、高梦颖、韩良成、周志博、左婧怡、惠晨昱、康弘、周冀楚、涂增基、邓紫涵	尹海帆、谭力、邱才明、胡素娟、朱盈盈
118	刀锋科技——全球高端刀具涂层服务领导者	武汉理工大学	肖谢妮娜、唐佳杰、屈林婧、陈丽、徐晗博、陈玥迪、袁江棋、高成喆、黎宇宁、赖友锋、袁洋、方仁强、蒋仕昕、于子凌	章嵩、刘馨逸、尹杨
119	理工晨烯——全球柔性石墨烯天线引领者	武汉理工大学	张嘉翊、吴丹妮、黄超凡、陈鹏飞、李泽洲、顾博闻、陈梓萱、王辰、王梓轩、周嘉华、柴欣华、傅华强、宋荣国、王哲	何大平、李政颖、王如意

续表

序号	作品名称	学校	获奖学生	指导老师
120	七月猫工业级 3D 动漫	中南财经政法大学	张芷郁、傅梓鉴、肖欣如、刘昊天、王若妍、郭恩宇、陈镜荣、母棱、高雨洁、刘笛、刘俊杰、闻永怡、邬丽娜、邢雨彤	邓汉慧、董玉芝、喻良涛、于苏甫江·玉山、袁品芳、金度勋、潘芳
121	中桥高科——高性能桥梁结构技术领航者	湖南大学	单韧、谢政道、李庭予、唐思卓、唐婉婷、张毓科、李华隽、师峻逸、李盼盼、杨思远、赵旭东、宿华祥、何广、余心清	邵旭东、陈政清、樊伟、曹君辉、华旭刚、田文婷
122	数据守航：数据要素流通安全的行业引领者	暨南大学	李明、叶竹风、黎定成、杨淯而、梁晓健、徐伊涵、陈诗欣、谢文丽、李宇娴、翁嘉思、刘家男、董彩芹、韩露露	翁健、曾国强、吴永东、谭武征、洪莹
123	CTP——国际领先的低碳环保路面	华南理工大学	杨倪坤、林增耀、陈彦霖、王鹤潼、罗遥、孙梦徽、吴心兰、苏国城、MijashVaidya、谢志伟	虞将苗、龚振
124	未来农机——无人农场的领航者	华南农业大学	张颖兴、郭颖逸、杜攀、黄东林、涂团鹏、关锦杰、满忠贤、杨鲁宁、张丹茹、陈绍基、曾成、郑恩彤、王浩嘉、曾梓欢	胡炼、何杰、罗锡文、林伟波、朱鸿运、张智刚、周志艳、曾山、曾璇
125	芯立创半导体——用 AI 和 IP 授权加速芯片设计	广州大学	吴添贤、杨彬彬、陈宇阳、颜若欣、廖玟皓、周明朗、陈涌楠、詹逸	曾衍瀚、王满四、杜晶晶
126	方青智能——开创宫颈癌筛查智能诊断新纪元	南方医科大学	潘威君、黎兵兵、邱伟豪、李瑜、娄缘铮、王斐斐	丁彦青、梁莉、朱孝辉

续表

序号	作品名称	学校	获奖学生	指导老师
127	智领“胃”来——开启智能家用胶囊胃镜检查新纪元	南方医科大学	赵嘉锟、秦恺文、李乐谦、李黎婷、刘慧滢、千欣然、李鑫、方堉欣、张博文	刘思德、李青原
128	菲尔特——超亲水超疏油新型油水分离器提供商	广西民族大学	韦春意、黄钰森、梁舒淇、梁彩琳、陈冰玺、梁祥耀、陈钧鑫、何珍、刘策元、李林芝	黄在银、杜方凯、高斌、周燕
129	蓝探	海南大学	蒋想、周雨璇、梁杰南、张亦驰、宋怡菲、王鑫、黄泰然、王焰玲、殷晨雨、符慕梅	林冬冬、周智
130	油“燃”而生——“双碳目标”下高性能植物绝缘油全球开拓者	重庆大学	蒋明轩、杨铭飞、杜瑶、欧阳礼皓、甄智鹏、李涛、杨佳琪、杨若榆、赖国淋、周清鑫、易德荣、牛嘉轩、田凯屹	黄正勇、王飞鹏、李剑、王强、谭亚雄
131	蔚鼎科技——异种金属脉冲放电连接开拓者	重庆大学	李坤莑、向红、周林娜、朱恺、徐秋朦、舒博文、夏银霜	李成祥、王鹏飞、周言、杨帆、侯世英、廖瑞金、王亚欣
132	无创超声高血压治疗仪	重庆医科大学	余威、刘一谋、刘一恒、廖晴瑶、胡天洋、乔钊、谭兴灵、杨芳	黄晶、钱俊、容顺康、杨刚
133	生合药源：基于高效生物制造的东莨菪碱原料药供应商	西南大学	陈文堂、董召月、张巧卓、刘雪超、龚海阅、苟玉琴、曾海越、詹洪洪、令狐浪	廖志华、蒋寒、陈敏、唐菁
134	国产大飞机用隔音隔热超细玻璃纤维棉	重庆文理学院	邱鑫、熊柯、周颗星、燕梦瑶、董俐甜、王振、邓莉莉、张开阳、刘庆、杜源、李杰、张霖、李楠琪、牟思源	翟福强、陈西浩、王明振、丁明德、杨光绪、廖林正

续表

序号	作品名称	学校	获奖学生	指导老师
135	无障视界——白内障智能诊断方案领航者	四川大学	王雨宸、张俊彦、胡镀、李林芋、傅元裕、石华磊、赵宇飞、孙思雨、包婉莹、张烜、白梦雪、徐忱卓、陶杰	吕建成、汤臣薇
136	腱倍特——全球首款诱导性腱骨愈合注射剂	四川大学	高勇丽、徐天浩、刘展鸿、戴文玲、王玉娇、张晓萱、梁晓彤、徐婧雯、张兰馨、王境、江青松、吴永豪	林海、李向锋、付维力
137	精影求精——全球首创精神疾病诊疗仪	四川大学	余一凡、秦堃、杨青欣、余秋璇、贾婷婷、黄宇清、陆嘉怡、曾意淼、盛厦庆、李雪、龙雅静、万旭峰、张树芳、陈鹏帆	龚启勇、幸浩洋、黄晓琦
138	频岢微电子——无线通信高端射频模组芯片领跑者	电子科技大学	王崭、李馨、陆舟、吴雨珂、彭维婷、王熙、刘殊璇、薛浩、潘永生、程洋、朱谊龙、陈雄	董元旦、杨涛、徐锐敏
139	芯声东振——高性能仿生声学 SAW 滤波器开拓者	电子科技大学	江智贤、唐乐澍、刘英利、张旭斌、朱家燕、侯世强、吕沛霖、程少翀、邓世龙、宋孚瑞、段维怡、赵泊瑞	鲍景富、桥本研也、郝一桦
140	纳米之星——全球高端纳米光学薄膜引领者	西南石油大学	杨圳、杨怡帆、林莹莹、杜明俊、王亚安、李乔楚	张智亮、张磊、李陵、张旭伟
141	i——Hair 生发仪—活化经络智能生发的开创者	成都中医药大学	焦杨、郑阳阳、王旭、周梁栋、冯怡帆、兰蕊浠、苏铭、陈竹、罗云舒、徐涯鑫、韦石慧、罗靖松、王世平、陈劲豪	郑勇凤、梁繁荣、温川飚、王张、佟枫、邓婷婷、段雪峰

续表

序号	作品名称	学校	获奖学生	指导老师
142	赤粕之萃——源自茅台酒糟的益生素开拓者	茅台学院	杨坤坤、王志宇、郑丹仪、张培元、李登铁、吴刚红、许忠明、蔡娜娜、魏欣然、严大波	郑羽西、鲁赟、宋桐伊、冯华仲、尹馨
143	前事新生——基于虚拟现实技术下的故事文化保护与传播	西藏大学	唐艳、李双伶、杨嘉宁、马铭辰、吴雪森、贺信、张佳佳、祁晋东、李乐乐、刘芷晗、陈家桢、尹富平、雷鑫、谢鑫焱	师晓娟、曹卫红、次罗布
144	抗怀菌外——医用复合抗菌薄膜领跑者	西安交通大学	潘远志、郭得旭、李雨辰、范怡然、刘向森、张坤铭、张恩永、刘一菲、苏晓欣、李成灏、李峙霖、董亦涵、刘鑫、汪卓阳	宋忠孝、田高良、钱旦、王永静、张兰、王小华、周睿、张生、钟成林
145	YouiBot——行业领先的复合移动机器人及解决方案提供商	西安交通大学	李俊、张熠琛、薛政杰、赵万秋、边旭、许璠、闻泉、魏上杰、曹智、陈凌霄、李锦奇	梅雪松、杨军
146	核芯华创——激光剥离垂直结构 LED 芯片技术开创者	西安交通大学	张敏妍、林礼涛、张烨、杨海峰、李虞锋、李强、李琨、郭蔚然、胡朋、张盛楠、田振寰、赵宇坤、魏琳珺、牛方妍	云峰、侯洵、陈立斌
147	烯格赛斯——石墨烯包覆粉体技术引领者	西安交通大学	任维佳、周仕琪、石蓝、杨彦杰、张维、向雨嫣、魏佳瑞、邬鹏飞、蒋昊南、杨雅儒、段海鹏、胡正海	刘马宝、陈立斌、杜建勋

续表

序号	作品名称	学校	获奖学生	指导老师
148	定波助缆——陶瓷滤波器稳定高效滤波解决方案	西安交通大学	罗海宸、杜宣莹、李峙霖、贺劲舸、李成灏、王志博、贾皓睿、范怡然、宋自远、王均溢、刘向森、徐高翔、李兴国、张熙	宋忠孝、王小华、李雁淮、朱晓东、蒋维乐、钱旦、王永静、田高良
149	智雾科技——全球领先的喷雾技术解决方案供应商	西安交通大学	孟祺涵、张浩、张文轩、李煜喆、来子湉、钱疏桐、邱举营、曾晨、薛方晨、郭冲、任文涵、扶禹、张瑞、岳梁媛	白博峰、陈立斌、张海滨、骆政园、孙成珍
150	NUSPACE 星核动力——中国航天器能源动力最佳解决方案的供应商	西安交通大学	秦浩、代智文、唐思邈、吴佳颖、孙帆、樊硕旺、汪泽涛、吴志远、王琛、李潘潇、吴渝琪、张振宇、孙婷、黄嘉慧	田文喜、苏光辉、秋穗正、章静、王成龙、张大林、王明军、巫英伟
151	机器听觉——智能空气声呐系统	西北工业大学	张董哲、李珂梦、贾亚飞、白吉生、王泽剑、蔡畅、杜雨桐、黄思维、杜仲伯、刘天羽	陈建峰、贺华、王超
152	游方科技——智能通航发动机总成系统	西北工业大学	杨建、李官翰、吴启迪、孙珞闻、郑昂、闻豪、黄文霄、张元驰、余卓远、李文君、王宇杨、王靖宇、张明轩、宋书航	戴维、全勇、张艳、李磊
153	传导大师——国内首创异质金属材料真空熔浸扩散连接技术	西安理工大学	宋旭航、张鹏、张志伟、杨倩、石浩、倪磊、秦小韵、李泉、宋大拙、王宇轩、王家继、高怀宝、张容焱、李鹏春	邹军涛、梁淑华、杨毅、孙利星

续表

序号	作品名称	学校	获奖学生	指导老师
154	鸿鹄骐骥——超高精度高速工业检测技术	西安电子科技大学	徐涵城、姚祎欣、陈少杰、晋小川、鲁逢源、薛绍宏、钱尧琦、徐乙宁、黄轶泓、陈佳燕、李天红、张呈恺	蔡觉平、邵明绪、冯晓丽
155	纳科聚能——纳米发电机开启传感器自供电新时代	西安电子科技大学	纪宁、阮受炜、武新明、张殊诚、黄恒、苏禹森、付凯文、王浩宇、李柯言、王磊、王国瑞、李艳芳、邱嘉俊、吴冠霖	杨如森、崔暖洋、刘毅、卢阳、卢琳、胡文、谭丹、王咏梅、丁苏、崔康
156	信芯——国产高可信数字芯片设计验证平台	西安电子科技大学	唐毅龙、耿泽卿、杨济羽、窦鑫、刘廷、姚广宇、张学士、贺子轩、樊书宏、封天	田聪、于斌、段振华、张文博
157	夺冠——开创体育精细化训练新时代	西安电子科技大学	王昊强、谭浩、马彦泽、吉炳霖、李晓辰、顾黎明、周杨、黄天宸、赵中华、王瑞婵、齐相然、张丁艺、张丰源、张旭东	邓成、吴家骥、苏涛、张文博、余博、曹运华、郭兴、令狐龙翔、韩红
158	介孔硅纳米胶囊负载贵金属催化剂	兰州大学	马科星、李林哲、李澄、薛圣志、黄晓蒂、刘云帆、王志龙、林会丽、刘小宇、李若曦、罗厅苇、赵文瑞、胡文舟、常星宇	董正平
159	“用心，为癌升温”miRNAs早期胃癌筛查试剂盒	兰州大学	张瑞年、谢岱蓉、常星宇、李林哲、段旭昊、林会丽、施然、廖梦绮、任炫光、马科星、王瑞、孙佳玮、王一鸣	李汛、朱晓亮
160	基于工业互联网之下的输电母线筒波纹管伸缩位移监测装置	青海大学	文天昊、刘兰忻、李芳菲	苏小玲、麻守孝

续表

序号	作品名称	学校	获奖学生	指导老师
161	丝路宁夏文创——中国西部文化旅游融合发展领跑者	宁夏大学	苗亚婻、方璐、郎大霖、武晨、王欣怡、刘兴好、袁依泽、刘乐乐、马浩强、兰海蓓、张曦月、郭琪、王靖雯	王胜泽、曾发茂、于光建、马树华、纪光耀
162	智慧猪业——基于声纹识别的生猪疾病预警解决方案	新疆大学	肖叶茂、焦昱源、胡宇辰、卜凡哲、李子晨、水海洋、姜孝聪、许金磊、黄东源、周俞汐、吴廷刚、曹衡、杨文谦、陈佳欣	田生伟、钱育蓉
163	点“蚀”成金——尖端检测材料的先行者	石河子大学	杨巧然、杨悦、刘杰、张宇、姜云峰、王康、冯熙奥、赵帆、姜守用、杨嘉、王东洋、陈升言、李仁杰	陈龙、叶邦策、张青、崔登峰
164	多孔超强度超高分子量聚乙烯纳米薄膜	香港科技大学	厉雨荷、肖亦聪	高平
165	囊胚准—辅助生殖流程变革者	香港中文大学	卢颖宜、黎汉汇	陈耀梁、钟佩桦
166	用于建筑的新型节能环保制冷涂层	香港城市大学	林凯昕、陈思如	曹之胤
167	NB-IOT 全覆盖柔性屏下四维结构光识别智能锁	澳门大学	黄泽宇、林欣雨、张子文、黄敬博、罗雨晴、蓝美媛	Cusumano、杨伯儒
168	卒明健康	澳门大学	刘念、刘顺、庞开中	谭亮、杨云峰、万峰
169	三维影像量测系统及配套服务	台北科技大学	陈俊杰、刘心岚	房同经
“青年红色筑梦之旅”赛道				
170	智汇——中国社区治理智慧生态的首创者	北京邮电大学	王凯巍、黄昊楠、李睿、王亚萍、任濛、康鑫、隋明哲、李昕、陈伟	张佳鑫、刘丹、张兴、王菡、韩康榕、周秋红、高鹏

续表

序号	作品名称	学校	获奖学生	指导老师
171	“化”繁为简——中国新型植棉方式引领者	中国农业大学	仇黎明、李可心、齐海坤、张磊、杨志昆、张璇、周立凡、霍旖旎、赵鸿健、刘少金、栗书莹、房新宇、隋一平、何文欣	杜明伟、谭伟明、李芳军、陈红华、李莉
172	自然卫士——以虫治虫的绿色生物防控技术	南开大学	王靖楠、宋婧楠、张秀清、于真琦、张壬嘉、朱青、陈文霞、郑丽新、方明、陈俊儒、石惠芳	阮维斌、由佳、高俊芹
173	梨想——梨果产业升级助力乡村振兴	河北农业大学	李刚、袁媛、付旭旺、刘东亮、许腾飞、裴涛、赵曙良、马青翠、王艺衡、孙连成、王瑞、李涛、呼明欣、王心怡	许建锋、张佳景、左永强、张玉星、张丽芳、曹秀芬、马辉、张海霞、于春亮、赵旗
174	缘起粮油——科技种豆富农，青春筑梦国安	内蒙古大学	徐云峰、陆心月、刘淼、李志军、曹秭琦、王军、刘洋、李超、仝仁贞、王宇森、侯彩灵、王绛、吴志鹏、董琦	吴晓彤、张德健
175	燕麦博士——打造祖国北疆特色作物产业链升级及乡村振兴新模式	内蒙古农业大学	陈晓晶、冯学颖、王英、张育涵、张碧茹、樊旭、刘丽雅、康瑞磊、高宇、赵志伟、赵浩庚、赵轩、张乐、庞佳和	刘景辉、李立军、赵宝平、杨彦明、张红梅、张星杰、米俊珍、申鸣、高兵
176	匠绣芳华——创新非遗传承振兴“蒙绣”产业的践行者	内蒙古师范大学	苏雪童、杜家馨、解瑾瑄、贾宏彬、张晓菲、张晓娟、田欣钰、郭旭、康卓拉、田宇鑫、白嘎丽赛汗、包美灵、李清源、乌英嘎	青青、韩海燕、郭斐

续表

序号	作品名称	学校	获奖学生	指导老师
177	中国首个博士生医疗公益服务团体——复旦大学博士生医疗服务团	复旦大学	伍思霖、尤小芳、赵蕾、习鹏飞、国敏、许欢、李舒宇、刘庆全	包涵、于专宗、陈文婷、刘嫣、高继明、陈苏华
178	国瑞葡——中国鲜食葡萄栽培新模式	上海交通大学	翁翼、林子涵、舒雅文、常莹莹、赵蕊、张彩云、任芮瑄、李栋梅、王春雪、王云潇、杨博涵	王磊、宋士任、王世平
179	生态治理革新者——可持续生态治理综合方案	华东师范大学	张春颖、周锦、周渤翔、王紫妍、吴潇宇	朱文佳、蒋逸忞、王元力
180	大山里的孩子在编程	南京大学	王岚、李心悦、吴秋怡、柯兴萍、傅汇乔、李茂霞、王鑫鹏、刘一戈、李瑞雨、于佩鑫、陈腾飞、帅奕航、赵越、芮家琪	陈春林、古公亮、汤扬、陈力立、吴蓉
181	秋丰白玉——新型杂交“航天蚕”引领蚕桑产业振兴	江苏科技大学	于春雪、张亮、周丽琴、朱大林、籍张轩、朱芊芊、盛英雯、李佳双、李奕彤、吴成坤、毕克	钱平、赵巧玲、王学杨
182	近竹者赤——方竹三效融合助力乡村振兴	南京林业大学	王闻天、周必铙、马立铭、房婧、熊星、殷梦雅、凡美玲、吴桐桐、王海越、田铁凡、钱雨琳、张全全、晏昕、张艺晨	刘国华、刘兴光、林树燕、丁雨龙、王福升
183	金色庄园——用小草莓托起农民致富梦	江苏农林职业技术学院	曹辉、尹依冉、陆奕蕾、李明月、王振礼、章若妍、李忠良、程立君、程博、赵镇、司荣荣、石伟、王聪	王全智、嵇怡、杨淑莉、颜志明、管斌、姜璐

续表

序号	作品名称	学校	获奖学生	指导老师
184	文物方舟——科技赋能文物数字化保护领军者	浙江大学	裘霖山、葛云飞、万伊宁、程天艺、黎丽莲萍、白宇璇、唐宁艺、宋泓毅、刘卓昊、曾涛、黄益铭、余若涵、叶正男、徐鹏	刁常宇、李志荣、鲁东明、王小松、徐海松、许端清、汤菡
185	泔净生活——城镇易腐垃圾就地生物法处理新体系	浙江工业大学	张义峰、李晨宇、李雪、姚晓瑜、李晓菡、李文静、曹丽莎、周仕芃、阮羽彤、薄纯涛、黄佳河	薛亚平、张烽、金鑫、徐世浩、柯霞
186	拇指宝贝——先天四肢畸形儿童多维救助体系先行者	温州医科大学	朱柠、陈雨诺、沈沁汝、董田英樱、林宣如、郭佳燕、周爱樱、王宇昊、陈冬伶、杨佳、周霖、姚艳盈、冯英泰、毕晨丽	苏凤启、丁健、高伟阳
187	生命之光——国内器官捐献新思维的领航者	温州医科大学	李凯茵、沈可欣、阮煜闻、谭俐宏、王晓柠、杨婧、胡潇天、林江涛、夏维一、胡怡莹、邵晨宇、李予晗、李俊梅、虞鑫辉	林建锋、洪晓畅、曹博智
188	华稻兴镉地——全国首创耕地镉污染生态治理新方案	浙江师范大学	杨凯如、阮思睿、王珂欣、乐巧娜、曾含彤、王盈、施潇肴、朱诗鋆、羊丽丹、季然、史雯迪、潘晨阳、郑雨露、徐江民	饶玉春、刘景弟、周颖
189	微公益——数字公益平台的“温州”样本	温州大学	许倩妮、张祥、江凌波、王冰冰、沈佳燕、封美玲、王静亚、王良圩、李嘉怡、袁土淋	李剑军、詹萌、杨奇、徐曼莉
190	光藻科技——微藻贴壁技术净化水质的先行者	宁波大学	汪纯、葛函逍、何秋画、潘思妤、冯彦章、徐宝玉、齐美、伯雅慧、褚蕊蕊、杜响、邹佳美、楼叶炜、彭瑶	程鹏飞、周成旭、吴琳华

续表

序号	作品名称	学校	获奖学生	指导老师
191	渔工巧匠——现代化水产养殖集成设备开发商	宁波大学	夏修新、王冠林、黄亚文、李芸倩、麻晓蝶、黄宇琨、姚瑶、李久国、陈鹏、李雪娇、章天天、李靓、鲍阳光、董鹏生	张德民、赵群芬、苏汝腾、陈和平
192	移动渔医——全国首创便携式虾蟹疾病防控平台	宁波大学	吴佳乐、袁佳骜、沈思铭、李淳诚、金林洁、陈益、楚录可、袁梓楚、王子怡、高晨菲、李欣眉、王雅妮、吴逸、吴佳姚	钱冬、吕慈仙、崔浩亮、陈晨
193	银巢未来——一站式养老服务引领者	浙大宁波理工学院	萧颖琦、肖宇欣、何诗琦、姚晓晟、范若萱、盛正晗、张唯希、姜孝吾	
194	毕业的选择——斛马仕助力石斛产业赋能乡村振兴	安徽农业大学	徐宏燕、何可佳、潘浩宇、裴文芳、马锦涛、孙婉霓、陈光妍、杨晨、王志坤、张泽晨、胡孟凡	王振、丁仁源、徐斌、岳鹏、何启志
195	“秸”后“玉”生——黄淮海秸秆还田公益服务团	安徽农业大学	李雪、周国安、王敏雪、宋加乐、陈状、刘立超、张春岭、万玲、王晴晴、李志强、谢东波、蔡增宾、朱存玺、陈贝	陈黎卿、曹成茂、吴蒙然、杨洋、张国学、许良元
196	蚝壳惠民——致力土壤治理的公益团队	集美大学	纪梦雅、付学治、孟恩恩、马婷、李婉玉、丁希月	曹敏杰、翁凌
197	行走的教科书——全球首创中国钓鱼岛数字博物馆	福建师范大学	沈宇晖、林亦儿、黄慧、黄小霞、李隆杰	叶祖淼、吴巍巍、陈硕炫
198	渔鼎天——高品质野化大黄鱼生态养殖助力产业振兴	闽江学院	胡贤巧、姚世豪、王佳秀、王萱、吕佳昕、沈如彬、张旖璇、叶嘉林、林敏、张峰、邵建春	何伟、张锦文

续表

序号	作品名称	学校	获奖学生	指导老师
199	校园啦啦操公益培训——筑梦学生健康快乐美丽之旅	南昌大学	李锦、李艳丽、邝纪纲、苗雨凡、黄园	李旻、刘耀彬、徐健宁、王芳、李照虹、钟贞山、王军花、王道杰、罗坤明
200	珍蚌珍美	南昌大学	阮庆欣、邱惠敏、赖昕欣、黄瑞巍、戴鹏翔、苗皓淳、叶智桓、胡腾飞、陈丹妮、邓伊琳、张家琰、孙巩利、范莹莹、宁慧雯	胡蓓娟、洪一江、王军花、兰志春、简少卿、余桂兰
201	橙意螨螨——脐橙·生物防治领导者	南昌大学	顾皓铖、潘科宇、秦彬彬、伍涵有、蔡美婷、温可心、靳蒙茹、戴意、王宏月、古金柱、饶翔、梅博晗	夏斌、万滨、张剑、辛天蓉、邹志文
202	”虾“行天下——变”壳“为宝，助力乡村振兴	江西师范大学	徐晓玲、王溪杨、马天新、谭凯淋、徐静涵、周龙龙、袁福民、方辉、王美丹、戚亦雅、何亚芬、胡雅情、陈梦华、彭骋宇	李金林、涂宗财、刘俊、徐莉、沙小梅
203	嗒嗒苗木——全球首创脐橙苗木开拓者	赣南师范大学	韩荔宇、蒋中恒、戴哲宇、汪爱云、林妗蓓、谢丽红、周小娟、刘海琳、曾娟、高良亮、曹鑫磊、林予诺、黄海婷、张博	汪和贵、钟八莲、朱博、陈健美、米兰芳、彭婷、郭沂
204	百年好合——百合照亮井冈乡村振兴路	井冈山大学	邹毅、马宇霄、王晓菲、魏林宇、郭广辉、王子贤、邝清、张瀚月、钟龙金、冯校、朱晨灿、易艳、熊娟	胡雪华、胡文海、李晓红、隋岩、周嘉良、傅庆文
205	一线生鸡——行业标准制定者振兴路上“鸡”先锋	南昌师范学院	范传威、张丽佳、王建枫、林红艳、郑彤、刘文萱、金江荣、余莹、周佳颖、蒋欣瑜、陆云、李可馨	王金平、郭志鸿、许继国、罗雯、徐斯、刘婷、敖四江、常颖 、涂序堂、刘旭、王玉婷、莘海东、柴学文、张仁颠、刘江雨、宋喜阳

续表

序号	作品名称	学校	获奖学生	指导老师
206	共“桐”富裕——国家战略资源油桐产业的领导者	鲁东大学	滕依璠、宋烨钊、孟诗倩、张崇明、赵孝志、油伦贺	郭笑彤、赵丽丽
207	杉里寻钻：红豆杉产业创新助力乡村振兴	华中科技大学	徐航、陈莹、刘婉煜、刘浩、陈雪敏、李静、张永强、张蒙、索海韵、王怡玲、聂慧子、杨子玺、赵非凡、付翔飞	余龙江、付春华、赵春芳、龚超、占艺、郭炜、白云
208	“硒”望无限——专注为相对贫困地区提供精准公益富硒服务	中国地质大学（武汉）	陈玥、孟繁兴、况志伟、刘莹莹、董健彪、马佳怡、付中彪、Diego Armando Pinzon Nunez、方宜芯、张文开、唐沫岚、宋建博	谢淑云、魏昌华、田欢、赵得爱、蒋钰鑫、鲍征宇、陈昭颖、王向东
209	伏膜科技——为中国农田换新衣	华南理工大学	贾顺衡、高天元、韦星兆、姜浩维、蔡昊磊、白闽娜、兰一博、房清莹	晋刚、瞿金平
210	珍珠产业4.0——引领世界珠宝行业进入新时代	广东海洋大学	温文烨、黄萍利、刘宗霖、徐高圣、徐雪梅、陆诗慧、梁瀚元、林志豪、徐伟祁、尹诗欣、陈华珊、洪嘉嘉、张家炜、闫竟豪	尹喜、谢绍河、闫玉科、杨创业、杨震、蔡静俏、左利华、刘倩、王世超
211	乡味U选——致力于成为乡村产业振兴的领跑者	深圳职业技术学院	邓辰洋、陈茵茵、郑启超、黄宝兰、林慧哗、周霖霖、陈析缘、梁静君、詹智洪、郑咏诗、黄杏妮、黄倩琳、莫小泉、文倩玲	李永红、李利军、冯金军、黄伟贤、陈文锴、黄略略、唐勇军、喻圻亮、陆亚明
212	七彩动画城——视障学生动画疗育先行者	重庆大学	程琳、吴钟影、张彦铭、周美君、蒙宇航、国艺冰、吴罗兰、谢雨欣、张怡钰、雷晨越、陈冠闻、王鲸皓、杨智强、唐秋涛	赵华、包晗、鲜佳、王鹏飞、彭小兵、龙敏、姚璐、马欣、刘姗姗

续表

序号	作品名称	学校	获奖学生	指导老师
213	氮先锋——等离子绿色农业固氮技术引领者	重庆大学	李孝倩、张鹿宁、王大智、杨琦、黄文韬、汪维维、唐露、刘茜苡、乔俊杰、卫丽娟、张媛、舒展、刘新星、陈丹	熊青、杨帆、胡力方、王鹏飞
214	作茧致富：智能养蚕用科技助梦乡村振兴	西南大学	蒋梦雨、唐维东、陈俊卓、杨创、陈宇、田涯涯、唐鑫、胡志刚、邓博远、普京、郑丹、郑权、石志鸣	祝诗平、代方银、蒋猛、黄楠、董战旗
215	乡振智疗——聚焦乡村医疗人才，赋能乡村医疗建设	四川大学	吴康、周子琳、高灿宇、陈炜昌、吴雨萌、郑兴毫、胡玉滔、姜志深、林楠、张樊月、梁羽童、尹钰、杨蝶、温心言	李昌龙、章鹏、董立华
216	肺常好——呼吸道感染疾病精准防控赋能基层医疗	四川大学	张琪然、邱炳润、奇鑫、吴佳阳、李经纬、范怀亿、钟雨婵、周琳、宋璐佳、兰天中、赵科甫、王凯歌	王成弟、伍艳、李为民
217	翱翔公益——全国最大的“医社联动”新型健康助老公益团队	西南石油大学	黄崟、杜舒舒、巫艳丽、袁国玉、李俊杰、杨腾、欧阳羲露、马若桐、赵颖、武溟暄	平凯、宋利棠、谭祖雪、李媛媛、蒋楠、于百江、朱原、姚远、蒋朝莉、郑帅
218	泥巴包裹的黄金——黄泥腊肉助力乡村振兴	西南石油大学	熊生洋、肖泓宇、李晓皎、赵婧仪、张家鼎、徐珞燃、张灿、徐显昊、杨腾、刘强、马新雨、俞苏芮、甘雅楠、陈敏	饶盛、尹申、陈曦、张凤、姚伟宁、姚远、王娟、伍建川、严旭、孙明远
219	香草芊芊——提高农作物免疫诱抗能力的新型国产“植物疫苗”开创者	贵州大学	魏文超、赵海燕、吴晓艳、徐榆钧、陈顺红、杜代地、钟大勇、张丘丘、俞银银、胡婷、王绍波、刘阳、那彬彬、高双赢	宋宝安、李向阳、黎应飞、金林红、陈卓、吴剑、向嵩、张小彬

续表

序号	作品名称	学校	获奖学生	指导老师
220	多年生稻——中国粮食安全“新防线”	云南大学	李军、唐筱韵、贺汝来、李昆翰、李禹甫、普新援、黄广一、凌霄	胡凤益、黄光福
221	红岭金——边疆少数民族老区乡村振兴助推器	云南大学	李灏、杨健会、刘国鑫、李欣蕊、李红云、徐玉龙、孙世鑫、李东汉、张溪玥、刘洳辰、李霄、王宏凯、曾左英	杨舒然、姚建文、赵德森、谢诚、张颖、刘红春、朱科铭、李豪杰、蒋顺德
222	零碳科技——碳中和技术引领者	西安交通大学	牟泽阳、刘立熙、陈炎、闫英博、靳新辉、谢雅慧、宋居正、邓晓彬、何松洁、刘泽铭、杨鹏飞、陈丹艳、梁晓刚、沈子璇	刘益伦、田征、朱亮亮、赵炜、杨振超
223	天山云海——棉花生产智慧精准管理技术服务团队	石河子大学	杨秘、齐玮、丁怡人、李晨、吕海涛、王汇涵、江雪、张强、刘扬	吕新、冶建明、张泽
职教赛道				
224	“逆行守护者”森林消防员应急逃生装置	北京财贸职业学院	黄楠、李明珠、陈慕紫、刘佳一、郝晨佳、朱彦吉、陈盈盈、张栩宁、王新宇、裴康杰、朱嘉亮、张然	高东京、熊春燕
225	DIY 百变童车教具	国家开放大学实验学院	赵越、池秀媛、范文琪、谢潇俊	肖剑、张松、肖莉莉、沈舒、宗枢
226	醒山环保——工业废水零排放专家	河北石油职业技术大学	郭玲辉、孟阳阳	吴效楠、潘滋涵、杨金尧
227	“汉锦梦”——喳喳织机进万家	石家庄邮电职业技术学院	王冀祥、徐元璋、李宁、吴梦娴、何敏、黄京颖	龚雅洁、邢晓丹、毛曲功、张勇

续表

序号	作品名称	学校	获奖学生	指导老师
228	辽曦装备——国内首家太阳能集热板真空镀膜提供商	国家开放大学辽宁分部	李彦廷、袁振越、闫佳琪、李治森、黄鑫、崔嵬鑫、张雪	魏海波、王璐、赵瑛、刘璐、曲雪娇、杨迪、林喆、刘晓峰、梁莹、刘丽、李岩
229	红舫文化——红心向党匠心育人，让红色文创引领青年潮流	上海信息技术学校	束子衡、张洲光、徐佳豪、金熠忞、蔡曹艺、黄晓薇、吴钟齐、陆逸周、朱逸芸、封佳琦、严震、孙雨轩、张申芳、韩志伟	廖达海、吕力、张荣、朱惟其、张勤、胡玥、许奕磬、孙鹏涛、丁敏玲
230	数字化柔性制造鞋底——4D 打印可编程材料的应用	南京工业职业技术大学	刘赓楷、朱碧雯、樊城豪、薛佑明、陆启贤、赵新悦、刘文婧、汪莉娟、戴松涛、陈梦琳	徐坚、赵颖、张建鹏、梅皓天、刘安
231	智风——高性能风机散热设备先行者	南京工业职业技术大学	邓鸿强、颜子钥、夏东宏、杜嘉伟、于杰、孙威、李其芸	王研艳、王静、段鸾芳
232	慧眼——刀具全生命周期管理专家	常州信息职业技术学院	蔡力为、张娟、张广源、张浩城、代慧琴、殷琪、岑拓宏、奚俊杰、刘冰	王二化、赵黎娜、姚迪、江新、朱俊
233	拳击航母——中国拳击领航者	苏州经贸职业技术学院	王倩倩、朱得坤、张胡杰、朱培、王旭	刘维龙、钱文娟、杨娟、李正伟、王丽
234	全锐科技	苏州经贸职业技术学院	李启明、张明东、李露露、谢垚正、刘俊杰、马楠	沙新美、余祖慧、皮贺鹏、陈权、周青奇
235	超能鹿战队——中国外卖餐饮品牌缔造者	无锡商业职业技术学院	解阳、雍思懿、张馨月、沈欣怡、陆心悦、卫琳、张洋、尹俊、胡加俊、倪丹、张佳礼、李丽、徐婧、顾安奇	陆兴凤、朱亚娟、谢强

续表

序号	作品名称	学校	获奖学生	指导老师
236	铁甲战衣——高端零件修复涂层	江苏航运职业技术学院	黄健、袁智勇、吴文静、夏雨乐、门攀锋、王宇、尹月梅、宋艾芯	陈燕、曹将栋、张忠、卞华
237	“蜘蛛一号”小型智能焊接机器人	常州工程职业技术学院	郭晨文、任梁阁、葛睿、朱鑫涛、王闯、徐杰、徐源、袁璐璐	李玮、郭发勇、仇志海、裴忠贵、李琳
238	黄金财鳢——黑鱼产业转型升级的领跑者	江苏农林职业技术学院	颜子豪、郝美丽、王煜轩、王子怡、付书宇、张子琳、郑浩奇、倪松、袁家琪	王煜恒、马海波、刘庆新、陈军、管斌、朱孟玲、王会聪、蒋广震、汪善锋
239	草坪梦工厂	江苏农林职业技术学院	耿豪、孟德雨、居新、陈家乐、刘珊、倪想、王小兵、马恩庆、陈树芳、王欣宇	刘南清、杨广荣、管斌、熊伟、凡军民、杨宝玲、陈月容、朱晓玲、姜璐、纪树仁、刘宇
240	新心点灯——培养中国灯彩艺术国际传播先行者	南京铁道职业技术学院	江荣、梁欣怡、程金云、皇甫辉煌、边亭耀、吴斯雨、李倩、刘允允、王涛、侯栋良、刘书伶、郦佳璇、伯璞	韩洁、马娜娜、孙珏、刘春燕、韩娜娜、胡东亮、金旭东、王颖睿、关明、张春生
241	轨道卫士，油润有度——基于物联网监控的分动外锁闭道岔智能油润装置	南京铁道职业技术学院	罗惟洲、闫洁茹、余翔宇、张娟、陈榕滢、彭佳文、李茹欣、徐子轩、徐莉娟、高芸梦	薄宜勇、赵德生、李红雨、段俊毅、孙珏、化敏、杨华
242	棕榈青年——“一带一路”上的奋进者	江苏信息职业技术学院	崔笑、徐龙飞、魏洪涛、苏勇铖、范东尧、侯淳怡、冯浩宇、戴之航、杨程、蔡海文、周宇煜、杨利明、陈晓云	蒋小三、包懿、高秀楠、朱文杰
243	改“革”创新做中国高端超纤革的引领者	扬州工业职业技术学院	林佳琪、韩驭章、徐怀志、王雯、舒适、解明星、朱梓暄、陈满玉、潘顾源、徐雪姣、崔杰	王元有、周龙生、田杰、肖伽励、颜正英、王盛、林英涛、徐嘉琪、许圆圆、刘琳、许衍、束影

续表

序号	作品名称	学校	获奖学生	指导老师
244	智紧王——中国恒力防松螺母的开拓者	扬州工业职业技术学院	寇旨言、张凯、林佳琪、吴宇欣、于航、刘硕、许倩、张磊、黄云煜皓	赵东宏、傅伟、颜正英、王庭俊、王盛、刘亚宁
245	研创科技——厘米级物联定位领航者	温州职业技术学院	周珊妮、陈思燕、鲁文浩、梁文敏、魏宽宽、余柯剑、卢宇佳、方佳怡、杨晓群、胡涛、范佳明、吴智鹏	金余义、潘楚绚、林凌鹏、付强、芦丹丹
246	“柔芯”助造中国桥——桥梁施工抗裂技术引领者	浙江交通职业技术学院	陈鹭鹭、俞智彪、章延梁、陈圣宁、张佳豪、朱琳双、傅金铭、严霁萌、章虞杰、郑耀华、谢雯雯、俞安南、洪文	吴颖峰、杭振园、陈凯、姚鑫、严洪广
247	向天农业：小茶苗撬动大格局的“三牛精神”践行者	国家开放大学浙江分部	江艺楠、林子寒、孙袁、黄鑫平、吴冰沁、蒋鹏、黄怡静、金佳维、段炳岩、李婉睿、张麦、俞丽珠	马海枫、孙寨君、吕美萍、李旦
248	超茄科技——茄子种植模式颠覆者	江西环境工程职业学院	刘仁胜、宋心怡、黄炜、刘君、罗燕	李丹丹、张付远、李心婳、曾良、黄名广、杨舒涵
249	芬清科技——现代养猪废水碧水工程引领者	江西环境工程职业学院	郑龙、高瑞迪、欧阳江陵、彭健、李谱文、吴晓燕	周丽娜、刘青龙、陈世洪、李心婳、肖小华
250	灭蚁先锋——白蚁智能监测灭杀服务的领航者	江西应用技术职业学院	严晨浩、陈妙、彭广涛、欧阳先攀、于明志、王青、张宇、谭兵	阮艳、李志平、何林、梁于青、谢宁
251	竹光伞色	江西外语外贸职业学院	舒斯强、李鹏、江帆、林梦怡、程亚南、谢一媛、张金生、魏文慧、黄锦怡、童杰	徐佳、黄嘉婧、李超、宫婷婷、龙小军、范维、赵越
252	乔制白青花小盏茶	江西外语外贸职业学院	邵安祺、王萍、吴朝阳、阙婧、李存儒、陶胜明	陈倩、丁锐、李超、廖淑霞、陆璟、刘华、辛华洪

续表

序号	作品名称	学校	获奖学生	指导老师
253	雷康生物——中国北虫草无抗饲料添加剂的开创者	鲁东大学	油硕、孟东博、张梦远、乔璇祎、吕文豪、李宏雨、高雅丽、张欣玥、马英明、刘一鹏、李虹、窦思琪、郭玉洁	王建瑞、徐友信、刘宇、王青、李楠、杜鹏、袁志永、赵瑜琪、刘永光
254	明眸智睿——国内首款面向基层糖网病患者早筛早诊系统	山东协和学院	林睿希、崔瀛心、杨信纪、陶入源、毕玉颖、陈嘉钰、刘四旗、陈宇田、杨全三、施晓晶	孔令桂、徐艳、霍雨艳、赵玲潇、姜胜男、李帅、李风燕
255	柔性驱动	济南职业学院	王欣雨、张正、杨振宁、蔡玉叶、刘承凯、张涛、田高旭、陈星源、高萍萍、闫庭硕	齐志强、孔倩、郝强、王振平、王平嶂
256	星辰数通	济南职业学院	张子浩、孟祥镇、张家玺、魏黛、公骏卓、韩汶鹏	孔倩、曹乐臣、滕丽丽、齐志强、周凯迪、王梓诺
257	蔓乐盎——中国领先的元宇宙国潮动漫IP服务商	河南职业技术学院	蔡纪闯、陈浩、宋忠硕、张笑影、孙杰、秦超、张甲、任志超、王世纪、刘召杰、席天基、程琨、武晨林、李丽明	蔡晶晶、王泽强、贾亚娟、温宗和、李纪云、赵大鹏、田嘉、乔陆、曾丽娟、陈静、郭华、李明玉、杨绍清
258	阀密科技——高温高压阀门密封面技术革新引领者	黄河水利职业技术学院	李金伟、王康辉、刘维、张佳佳、田世杰、朱浩文、王显志、罗俊园、王振阳、李洁、翟启澜	黄志伟、范龙、刘洪波、曹丽芳、史龙飞、谷礼新、薛冰、杨彦涛
259	智眼——场景行为识别赋能巡检维修系统	国家开放大学河南分部	贾尧尧、王旭军、范耀文、边玉杰、李婉晴、钟一铭、尚浩琦、宋宇、孙安宁、孙合法、李彦辉	户研、赵恒、藏涛、焦方方、范颖、朱瑞华、张英、李新涛、朱晓珺、尹立航
260	襄湘辣：种出红火的日子	襄阳职业技术学院	余若曦、赵晨月、谭乾隆、周子骏、彭姣、张雪花、张登	赵劲松、龙耀辉、罗纯、徐杰、张菊芳、刘传会、林颖、陈俊

续表

序号	作品名称	学校	获奖学生	指导老师
261	卡嘉易——微创碰擦剐蹭便捷补漆方案	国家开放大学武汉分部	王乐钦、晏妮萍、雷家琦、熊小岚、李晴、丁子恒	高泽金、张利科、佘有缘、余志雄、汪萃萃、王驰、刘鑫鑫
262	环塑科技——终结不可降解一次性塑料餐具的先行者	广东轻工职业技术学院	江时花、陈婉淳、赵崇滔、左利娟	孙艳梅、向华、韩希、柯畅、黄华、盛鸿宇、吴建材
263	"绿塑科技"——全生物可降解包材的领跑者	广东轻工职业技术学院	何泽涵、成裕强、刘嘉欣、方秀芹、卢琬、郑胜昌、梁祖彬、黄浩	李美、吴丽旋、陈金伟、韩希、尚喆、刘天赐、游遨、林嘉定、黄丹丹
264	靶向抗栓肽——脑梗治疗的中国力量	深圳职业技术学院	潘家好、黄红霞、陶佳怡、李水兰、朱奕璇、陈柳燕、曾广进、钟李佳、陈佳静、阮慧婷、金硕、朱晓筱、陈硕	周兰兰、黄伟贤、秦燕燕、杨飞、李玉莹、金刚、陆亚明、谢莉娜、殷鸿炜、董六一
265	环球优宠——全球智能宠物用品领导者	深圳职业技术学院	黄钰敏、赵赛进、艾星鹏、郑丹霞、秦安宜、刘育辉、邓玉君、蒋尧、龙涛涛、陈晓琰、黄小燕、周茵彤、廖鑫	黄伟贤、曹红叶、张之越、陆亚明、李斌、廖强华、吕炜、吴慧明、谢莉娜
266	声微智测——开创声波智能诊断及故障预测新时代	深圳职业技术学院	张荷、王冰燕、何艳玲、刘纪元、邓熙、黄伯阳、吴佳谦、陈科霖、彭绿敏、唐晓欣、黄彦翔、魏淑玲、张莹、黄丹萍	赵宁、孙世鑫、李利军、徐悦甡、黄伟贤、李哲斐、徐玲、陆亚明、肖望东、毛智勇、罗大为、刘红波、林峰、张培新、张陈乐、吕智文、饶长全
267	新丝之路——丝绸皮草的开创者	广州番禺职业技术学院	郭宇枫、孙源癸、陈柏煜、卢颖思、黄锦培、宗帅、黄钰馨、李梓瑜、关则冠、李欣、严嘉伟、林超、赵露瑶、凌狄	刘科江、陈慧慧、吴隽、叶永平、买琳燕、陈栩媛、张诗墨

续表

序号	作品名称	学校	获奖学生	指导老师
268	活影科技——品牌全球化字库定制供应商	广州城建职业学院	徐仕怡、李乐凡、周睿琳、黄耀龙、朱榕深、吴燕君、陈浩森、唐悦如、谢雨声、李妙瑶、杜镇钊、卢占欣	李佛君、邱漠河、刘境奇、孙欢欢、黎佩华
269	抗疫方舟——致力“一带一路”经济复苏的践行者	广州卫生职业技术学院	廖雅琳、郑秋丞、黄莹莹、杨番、秦梳航、潘潞霏、唐士涛、柯蘅娟、许带弟、吴若安、刘斯琦、庄德泓	罗轻蕾、何华香、唐涛、余莎、杨翀、余琴华、张凯、张雪、钟小芳、龙小山
270	白色森林儿童美术	广西建设职业技术学院	黄雅婷、李峻宇、韦金峰、吴冰冰、罗海龙、韦玲华、郭炎松、唐启达、麦苗苗、韦媛淇、覃丽佳、朱亚峰、周瑛文、黄艺珂	周晗、张雪雅、施炜、姜攀、莫锦、杨飒飒、梁寒冰、林秀丽、陈晓、廖桂蓉、陈晓宁、谢泽芸、李彦达、陈少华、程舒阳、许愿、赵婧聪、何可人
271	山光水膜——专注污水再生利用的稀土杂化高分子超滤膜	重庆电子工程职业学院	苏江、曾子航、贺学平、李丽霞、谭纤纤、龚辉、高长羽、石运婷、何方剑、刘亚沛、熊嘉静、喻麒玮、张瑜、余嘉玮	汪启航、苗银家、樊凯、严世同、蒋寒宇、罗炜、毛弋、陈政佳、向红梅、周言
272	小小弥雾机，大国工匠造	成都职业技术学院	何锐、廖从萍、唐杰、向虹洲、李金龙、覃怡、钟子龙、肖海亮、李海龙、罗豪、刘鑫庭、廖浩杰	郑应松
273	月乡苗伊——月亮山下加勉苗绣与牙舟陶的古艺新生	贵州交通职业技术学院	梁兰、王鑫鑫、王海洋、王治捷、杨何晓艺、史泽顺、吉翔、罗燕群、叶照曦、姚纪昀、陆琳琳、张畅、杜欣悦、杨再月	杨经纬、郑艳、詹黔江、赵祥全、王靖、王键、罗兵、杨屹宸、杜青、敖飞、李少飞、谢佩芸、宋玉娜
274	臭味克星——高效微生物除臭技术专家	杨凌职业技术学院	王凯、刘昊、鲁瑶、胡衍玲、钟鑫锐、袁奔、赵程、郑晨、燕梦迪、吕星宇、王姗姗、徐志凡、石蕾蕾	卫少阳、熊刚、夏鹏飞、张世勋、胡启迪、刘文、任争峰、郑爱泉、刘颖沙、周磊、周波、张迪、董拴涛、张嘉程、姚爱华

续表

序号	作品名称	学校	获奖学生	指导老师
275	万邦农业——农为邦本，本固则邦宁	西安航空职业技术学院	马程、郭曜境、李瑶、刘宏涛	李栋、张敏华、代闯
276	“陇”韵非遗花语“绣”坊	甘肃工业职业技术学院	赵芸芸、王哲、雷达邦、赵霄、郭浩、周雪娜、陈迎冬、张明霞、滕建辉	刘云帆、李玉林、李少华、李玲玲、曹瑞琴、曹惠清、王云霞、倪云龙、胡森林
277	喜易——可折叠的双频供电洗衣机	新疆石河子职业技术学院	陈鸿昌、陈智璐、代慧敏、穆合塔尔·图尔荪、王浩文、赵疆顺、王博、殷云聪、刘天歌、徐景闻	刘巧芝、杨涵、顾建疆、韩东、代林、李洪波、余丽娟
产业命题赛道				
278	AI智能掌超设备及辅助诊断系统	太原理工大学	徐洪、花一然、周鹏、夏真蓉、杨晶、王翠翠、许文瑞	高峰、李晓春
279	减隔震装置大流量需求下动态伺服液压控制	太原理工大学	郝云晓、刘赫、秦涛、王波、乔舒斐、王翔宇、李志鹏、王帆、吴晋彪、韩笑、乔佳楠、周兴炜、赵星宇、郭晓艳	高峰、权龙、张敏翠、赵二辉、郭菲、葛磊
280	微信支付交易欺诈识别	复旦大学	任浩楠、曹恩康、方淮、韩笑歌、黄海文、朱炫谕、焦可馨、林妍雪、于洋、冯世阳、张铂、张宇宸	王斌、王卫红
281	数据共享下的隐私保护	华东师范大学	陈信、鲁梦洁、盛俊杰、程楷裕、魏铮、何慧敏、李中阳、孔忻然、朱德琪、王洪芳、钱栋炜、张飘、魏世嘉、刘竹森	曹珍富、李鹏林、潘凡、庞皓天
282	智慧水务方向	南京大学	顾小鸣、季闻翔、邓林、陈慧明、孙恺蔚、俞玥昕、韩玉泽、田业超、余维敏、申珊齐	李爱民、陆海、周东、双陈冬、周庆

续表

序号	作品名称	学校	获奖学生	指导老师
283	高性能商用车电液耦合转向系统	南京航空航天大学	张自宇、吴刚、梁为何、昌诚程、叶宇林、王健恺、王睿、秦亚娟、刘晓强、王展	赵万忠、王春燕、宋迎东、郭耀华
284	激光绿色制造——重载轴承关键部位强化技术	浙江工业大学	裘凌燕、秦宇杭、余忆、宣翰庭、王昌仪、高晟鸿、李国昌、余清、叶颖、毕学基、余杭、董浩芃、游炼、张胜	张群莉、陈智君、李波、姚喆赫、姚建华、王卫红、林洁、张毫杰、王梁、杨高林
285	改善西北地区土壤沙化的解决方案	浙江工业大学	章可卿、陈通通、徐伊婷、方厉洲、范青峰、徐姝妍、任婉淇、程阳、徐滔、王译、陈悉玥、原群森、刘丙申	潘响亮、王潇男、张明、多佳、张道勇、周英飒、沈康
286	AI智能掌超设备及辅助诊断系统	南昌大学	彭鸿、廖祥昊、陈煊邦、黄彦诚、黄欣鹏、涂兰兰、卢妍、蔡源鹏、杨浩东、涂宗江、周海龙	刘且根、李德平、王玉皞、葛刚、徐健宁
287	鲲鹏 BoostKit 大数据 Spark 图算法优化	华中科技大学	杨赟、余辉、姜新宇、宁鑫	张宇
288	数据库智能管家的创新与探索	华中科技大学	张光钰、蔡宝清、方浩天、狄时禹	刘渝、李春花、周可
289	使用 MindSpore 高阶工具 TinyMS 支持的网络 CycleGAN 训练图像风格迁移模型	华南理工大学	郑咏佳、张云飞、王青、余永进、卫浓钰、宋全鹏	许勇、吴斯、梁凌宇
290	地铁隧道智慧检测平台	广州大学	刘晓玉、赖思聪、陈梓丹、杨蒲、苏嘉琦、伍永靖邦、马力行、林健颖、杨泽帆、谭毅达、陈志杰、钟景阳、黄肇刚、李鉴辉	刘海、崔杰、王满四、杜晶晶

续表

序号	作品名称	学校	获奖学生	指导老师
291	OLED 柔性显示关键材料和技术产业化	广东工业大学	陈国威、苏耀祖、何禧瞳、林泽青、袁凯瑶、周也琦、虎艺寻、王飞、靳朝亚、温志哲、温宇东、李辉学、李建基、李一贤	李韵捷、霍延平、籍少敏、戎明杰
292	OLED 柔性显示关键材料和技术产业化	四川大学	苏群、勾越、王润婷、罗嘉琦、周文浩、郑馨萍、陈玉纯、沈枫耘、杨阁、薛钰婉、姜惜词、李健、骆元元、胡艳梅	游劲松、宾正杨、高子棋

(武汉体育学院　王创业)

6.4.4　大学生广告艺术大赛

6.4.4.1　“大广赛”的基本情况

“全国大学生广告艺术大赛”（以下简称“大广赛”）是由中国高等教育学会举办，是中国规模最大的高校广告艺术传播平台，从 2005 年起开始举办，至今一共举办了 13 届 14 次赛事，成为稳定、成熟的大学生教学实践平台。大赛项目类型分为平面类、视频类、动画类、互动类、广播类、策划案类、文案类、营销类、公益类九大类。“大广赛”是迄今为止全国规模大、覆盖高校广、参与师生数量多、作品水准高、深受高校师生欢迎、在全社会有很大影响的全国性高校文科与传媒竞赛。

自 2005 年举办以来，“大广赛”就围绕“促教改、启智慧、强能力、提素质、育新人、兴文化”的使命任务，充分发挥平台优势，多方联动促进学科交叉，创新协同育人机制，为强化学生职业胜任力发挥了积极作用，为提高产业竞争力和汇聚发展新动能提供了人才支持和智力支撑。

6.4.4.2　2021 年度“大广赛”的特色亮点

第一，搭建了以赛促练、以赛促学、以赛促教、以赛促改、以赛立德的实践教学改革平台。培养了他们的创新意识和解决问题的能力，展示了新一代大学生的才能，体现了自我价值，增强了自信心，滋养了他们的成长。

第二，深度落实“协同育人”理念，构建了“产学研用”的育人机制。“大广赛”整合社会资源、服务教学改革，以企业真实营销项目作为命题，与教学相结合，真题真做、了解受众、调研分析、提出策略，在现场提案的过程中实现教学与市场相关联。在“大广赛”平台上，实现了高校与企业、行业交互，线上与线下联动，学生实践能力得以提升，同时也让企业文化与当代大学生所学专业课程相融，强化了创新创业协同育人的理念。

6.4.4.3　2021 年度“大广赛”的竞赛结果

据“大广赛”组委会统计报告，2021 年，全国共有 1679 所高校（3690 个学院）踊跃参加，作品总件数达到 481947 组，参赛学生达 130 万余人次。2021 年 11 月 27 日，第十三届“大广赛”获奖名单公布，共有 5523 件参赛作品脱颖而出，其中一等奖作品共计 153 件，共包括平面广告、视频广告、广播广告等 8 个大类。全国总评审还从 8 个作品类别中评选出 3 组全场大奖备选作品，通过提案、要点阐述、评委点评及现场打分决出终极赢家，最终浙江横店影视职业学院的《爱华仕——让爱多一点》团队，夺得第 13 届“大广赛”全场大奖（见表 6-17）。

表 6-17　　第 13 届全国大学生广告大赛一等奖名单

序号	作品名称	学校	获奖学生	指导老师	类别
A 平面类					
1	不忘初心，砥砺前行	鲁迅美术学院中英数字媒体（数字媒体）艺术学院	彭心语 任英赫	张　靖	A 平面类
2	少年当自强	鲁迅美术学院中英数字媒体（数字媒体）艺术学院	李雨顺 谢承希	张　靖	A 平面类
3	雷锋	沈阳工学院艺术与传媒学院	依旭辉	徐　伟	A 平面类
4	90 后的逆袭青春	宁波大学潘天寿建筑与艺术设计学院	杨紫珊 黄舒悦	陶　锋	A 平面类

续表

序号	作品名称	学校	获奖学生	指导老师	类别
5	少年图鉴	广东文艺职业学院艺术设计系	张水婵 张玉梅	李宛霏	A 平面类
6	以青春之我，让理想照耀中国	重庆师范大学美术学院	周艾琪	蒋幻浠	A 平面类
7	建党百年——长征记忆	云南艺术学院设计学院	赵子谦	陈　钧	A 平面类
8	百年历程心向党	新疆师范大学美术学院	赵　鹏 郝春玉	董馥伊	A 平面类
9	义乌带你买遍全球	浙江财经大学艺术学院	赵熠佳	朱莉莉	A 平面类
10	全世界的手艺	广东轻工职业技术学院艺术设计学院	周　洁 郑婉婷	李志红	A 平面类
11	逛义乌等于逛世界	南宁师范大学新闻与传播学院	韦香飞 龙燕清	宋丽丽	A 平面类
12	爱喜猫的城市	西安明德理工学院艺术与设计学院	张嘉珂 赵梓屹	王嘉睿	A 平面类
13	娃哈哈 pH9.0 苏打水饮品	上海理工大学出版印刷与艺术设计学院	刘雨婷	陆　赉	A 平面类
14	娃哈哈营养早餐充电站	浙江工商大学艺术设计学院	张惟策 侯佳奇	赵　侃	A 平面类
15	我的营养充能站	浙江工商大学艺术设计学院	张梓璇 陈　颖	贺志华	A 平面类
16	多睡五分钟，精神一整天	温州理工学院文学与传媒学院	赵永佳	李曜华	A 平面类
17	娃哈哈之消失篇	河南科技大学艺术与设计学院	赵晓霈 王宇琦	朱丹君	A 平面类
18	你的能量加油站，解压游乐园	邵阳学院艺术设计学院	邹灵韵 罗丽君	宋志江	A 平面类
19	娃哈哈 PH9. 0 苏打水包装设计	电子科技大学中山学院艺术设计学院	应子静	赵　竞	A 平面类
20	“苏”日记	广东农工商职业技术学院艺术系	郑亚攀	曹玉敏	A 平面类

续表

序号	作品名称	学校	获奖学生	指导老师	类别
21	娃哈哈“轻养生”研究所	西南民族大学艺术学院	许 桐	吕 荔	A 平面类
22	生活有你，更有活力	重庆大学艺术学院	石俊峰	赵 玺	A 平面类
23	“悟香”——中国香系列包装	天津理工大学艺术学院	张新艺	韩 君	A 平面类
24	如梦令·清风佳人	宁波工程学院人文与艺术学院	卓雯静 胡沁烨	王 浩	A 平面类
25	“橙”载快乐	浙江工商职业技术学院建筑与艺术学院	周慧慧 王红亮	张慧玲	A 平面类
26	“橙”净如“玉”	广西艺术学院设计学院	邹格如	王玉珏	A 平面类
27	俊平国潮中国风	北海艺术设计学院设计学院	周 鸿	郭梦楠	A 平面类
28	倾城	皖西学院艺术学院	任 俊 高燕华	李顺庆	A 平面类
29	植系润发	邵阳学院艺术设计学院	唐昕怡 谢振粱	李定芳	A 平面类
30	100 年润发	重庆师范大学美术学院	张雨颖		A 平面类
31	人生何处不“箱”逢	河北民族师范学院美术与设计学院	王春雨	韩相理	A 平面类
32	畅享爱华仕	沈阳师范大学美术与设计学院	张凯文	付 彧	A 平面类
33	包揽生活，青春随行	池州学院文学与传媒学院	朱雯洁 钱义凡	徐玉婷	A 平面类
34	甜蜜时刻，有我箱伴!	山东石油化工学院教育与艺术学院	张 博 程帅贤	刘志浩	A 平面类
35	多彩生活 多彩世界	深圳职业技术学院传播工程学院	朱蜜玲	陈琪莎	A 平面类
36	旅行不“言”而喻	广东职业技术学院艺术设计系	冼致学	邹瑾琳	A 平面类
37	超乎想象的大象糖果箱	四川农业大学艺术与传媒学院	黄云昊	江 霞	A 平面类

续表

序号	作 品 名 称	学校	获奖学生	指导老师	类别
38	就现在 应出发	北方民族大学设计艺术学院	武金辉 赖金女	戴昕芯	A 平面类
39	照亮黑夜中的你	北京科技大学机械工程学院	杨春新	王雪皎	A 平面类
40	一叶子平面插画宣传设计	天津美术学院设计艺术学院	张海鹰	刘晓初	A 平面类
41	渗透与屏障	丽水学院中国青瓷学院	彭颖童 陈雨昂	钱　咏	A 平面类
42	我的天然“滤镜”	安徽工程大学艺术学院	张方静	高　原	A 平面类
43	“我”负责保鲜	山东石油化工学院教育与艺术学院	郑啸林 邵文华	刘志浩	A 平面类
44	停滞的时间	广东科贸职业学院人文艺术学院	郑晓鹏	高广宇	A 平面类
45	一叶子 IP 设计—— 叶萤儿	重庆大学新闻学院	郑顺顺	李金正	A 平面类
46	熬夜暗淡无光，而你足够闪亮	重庆艺术工程职业学院视觉传媒学院	张琳鑫	童　晓	A 平面类
47	奶茶牙膏的治愈	北京联合大学特殊教育学院	王尧垒	郭　娜	A 平面类
48	“果”“茶”奇遇	燕山大学艺术与设计学院	周雨婷 张晓婷	欧新菊	A 平面类
49	云南白药牙膏予我的甜甜热恋	太原理工大学艺术学院	武小雨 张　雪	刘佩芳	A 平面类
50	爱的治愈	浙江工商大学艺术设计学院	张佩琪 叶贝嘉	李朝胜	A 平面类
51	洗漱间里的奶茶店	安徽工业大学艺术与设计学院	吴智健 赵新宇	栗宗爱	A 平面类
52	云南白药——奶茶世界	中南大学建筑与艺术学院	刘　超 陈　阳	屈云东	A 平面类
53	Cure	邵阳学院艺术设计学院	宁晓伟	李定芳	A 平面类

续表

序号	作 品 名 称	学校	获奖学生	指导老师	类别
54	治愈生活更治愈口腔	北京理工大学珠海学院设计与艺术学院	钟婉怡	刘 为	A 平面类
55	好口腔，吃出幸福感	玉林师范学院美术与设计学院	冼 戈 李添龙	满瑜琳	A 平面类
56	自愈口腔——自愈你	百色学院美术与设计学院	周玉兰	王梅蓉	A 平面类
57	治愈之茶海报设计	昆明理工大学城市学院	钟茹枫 杨 曼	刘 晔	A 平面类
58	世界很美，你也一样	上海师范大学天华学院艺术系	朱瑾瑜	张映晨	A 平面类
59	自然之美	四川农业大学艺术与传媒学院	钟沁春	陈 坤	A 平面类
60	与你“轻”亲	昆明艺术职业学院传媒学院	张文涛	黄 波	A 平面类
61	创意我有料	杭州师范大学文化创意学院	张瑾钰	陈孟伟	A 平面类
62	奖杯设计	华南农业大学艺术学院	唐雯君	唐 铄	A 平面类
Ba 视频类影视广告					
63	你会选择哪一面	铜陵学院文学与艺术传媒学院	兰 钦 江雨琳 郑雨琪 罗瑞瑞	杨龙飞	Ba 视频类影视广告
64	进口贸易，转转而已	广西艺术学院影视与传媒学院	魏华雨 王佳慧 肖 斐 黄奕霖	谭伟职 丁 洁	Ba 视频类影视广告
65	原料满满 营养加倍	辽宁大学广播影视学院	祝 贺 吴桉桐 李得铭 黄子健 黄 倩	韩 娓	Ba 视频类影视广告

续表

序号	作品名称	学校	获奖学生	指导老师	类别
66	五指山	江苏师范大学科文学院传媒与艺术系	张文涵 王苏苒 丁　淇 卜梦娜	邵　帅 李敬翔	Ba 视频类 影视广告
67	生活本该“碱碱”单单	浙江工业大学人文学院	周　洁	吴泽民	Ba 视频类 影视广告
68	健康活力 一口“苏”出	湖南第一师范学院文学与新闻传播学院	蒲静思 时新宇	谢　杰 杨清华	Ba 视频类 影视广告
69	0 卡 0 负担，轻松又健康	广东东软学院数字艺术系	莫小辉 黎永林 吴佳芸	谢　峰	Ba 视频类 影视广告
70	娃哈哈营养早餐，哪里都是早餐厅	西南交通大学人文学院	王琦皓 杨　晨 刘永安康 王茂轩	朱　洁 刘林沙	Ba 视频类 影视广告
71	洗脸不用那么麻烦	哈尔滨工业大学建筑学院	赵文琪 刘思彤 闫瀚文 马皓楠	佟志强	Ba 视频类 影视广告
72	祝你洁面快乐	华东师范大学设计学院	谢亦菲 王　正	刘　斐	Ba 视频类 影视广告
73	一瓶让你快乐的洁面慕斯	南京林业大学人文社会科学学院	韩东池 王欣媛 方希凡 陈　杰 丁梦琦	曹青云	Ba 视频类 影视广告
74	青丝如黛，青丝如瀑，百年润发	华东师范大学传播学院	叶芷怡 王子琪	何平华 谢孟颐	Ba 视频类 影视广告

续表

序号	作品名称	学校	获奖学生	指导老师	类别
75	糖果筑梦，与你“箱”行	宁波财经学院象山影视学院	朱　晗 陈洁子 王之涵	张婉洁	Ba 视频类影视广告
76	让肌肤睡个好觉	厦门大学新闻传播学院	郑潇可 何幸棋 王泓鑫 徐云泽 薛晟韬	王　晶	Ba 视频类影视广告
77	无惧熬夜	郑州经贸学院传媒学院	徐沛东	高　燕	Ba 视频类影视广告
78	治愈口腔，治愈你	中南民族大学文学与新闻传播学院	杨围围 谭舒月 桂　檬 杨云化 杨子璇	吴　涛	Ba 视频类影视广告
79	幸福甜蜜 & 动感	湖北美术学院动画学院	陈景泰	梅　健	Ba 视频类影视广告
80	治愈之茶·清新香甜	桂林电子科技大学北海校区设计与创意学院	朱巧君 何晨焯 和思亮	黄　洁	Ba 视频类影视广告
81	“巾”鸿一目	合肥工业大学文法学院	周子壹 张梓健 高瑷媛 文皓强 王奕程	王宜川 唐　峰	Ba 视频类影视广告
82	最强销售	广州大学新闻与传播学院	商　力 刘振涛 黄昊竣 郑撼中 邓田丰	李　鲤	Ba 视频类影视广告

续表

序号	作品名称	学校	获奖学生	指导老师	类别
Bb 视频类微电影广告					
83	骄杨	浙江传媒学院动画与数字艺术学院	张纪元 陈雨昂 杨施宽 余家乐	蒋 辰	Bb 视频类微电影广告
84	服务员	广西艺术学院影视与传媒学院	高仕昆 马 煜 谢智敏 夏景昭 李嘉洋	黄毛毛 王思源	Bb 视频类微电影广告
85	王小康的幸福生活	重庆邮电大学传媒艺术学院	谢宏轩 王一宁 宾浩凌 刘振宇 徐昊佳	吴媛媛	Bb 视频类微电影广告
86	跨越百年的对话	云南艺术学院电影电视学院	赵 博 杨乐彬 邓兴乐 叶 婷 王文迪	任 健 刘俊辰	Bb 视频类微电影广告
87	受欢迎的魔术师——义乌小商品城	东华大学服装与艺术设计学院	石玉琢 周嘉仪 蔡若彤 施梓惠	施晓黎 周璐姝	Bb 视频类微电影广告
88	魔法早餐	武汉东湖学院计算机科学学院	陈 石	洪 英	Bb 视频类微电影广告
89	一份蛋糕引发的“酸”案	湖南科技学院传媒学院	李渲渲 曾德葆 谭彦琳	张鸽萍 曾玉琴	Bb 视频类微电影广告
90	救援	北京师范大学珠海分校设计学院	黄方正 朱锦豪 林希诺	安 娜	Bb 视频类微电影广告

续表

序号	作品名称	学校	获奖学生	指导老师	类别
91	闻到微风的味道	成都理工大学传播科学与艺术学院	文　宇 何敬峰	吕　晖	Bb 视频类微电影广告
92	梦幻发廊	广东技术师范大学文学与传媒学院	邹灿明 钟嘉颖 黄雅筠 颜泽邦 孔纤璇	郭　蕤	Bb 视频类微电影广告
93	爱华仕——让爱多一点	浙江横店影视职业学院影视制作学院	沈吕东 张诗怡 潘圣安	徐　燚 张　军	Bb 视频类微电影广告
94	一页纸	湖南师范大学美术学院	林语欣 梁育凡 谭明楠 胡婧萱	聂建成	Bb 视频类微电影广告
95	治愈牙齿，更治愈你	浙江师范大学文化创意与传播学院	吕东庭 林舒心 赵柄煜	林友桂	Bb 视频类微电影广告
96	自律很苦，“治愈”很甜	浙江工商大学艺术设计学院	曾人昶旭 姜耀晨	陈丽丹 白清文	Bb 视频类微电影广告
97	“功夫”牙膏	武汉传媒学院电影与电视学院	阚诗萌 董　晨	刘玫材 李　增	Bb 视频类微电影广告
98	变脸：一次性，更洁净	烟台大学人文学院	高泽宇 王前至 赵欣宇	郝秀菊 何振波	Bb 视频类微电影广告
		Bc 视频类短视频			
99	爱喜猫重塑你的生活	浙江横店影视职业学院影视制作学院	李子轩 潘郁乔 赵忠和	徐　燚 李旭蕾	Bc 视频类短视频
100	娃哈哈营养早餐奶 YYDS	洛阳理工学院人文与社会科学学院	周　津 马浩冉 弓佳雨	—	Bc 视频类短视频

续表

序号	作品名称	学校	获奖学生	指导老师	类别
101	一颗橙子的奇妙旅途	上海第二工业大学应用艺术设计学院	庄承思 王志斌 张琛	田华	Bc 视频类短视频
102	狂野日记——大哥篇	西南交通大学人文学院	刘朵云 高胜男 张梓涵	朱洁 李阳	Bc 视频类短视频
103	给肌肤留一束光	安徽师范大学新闻与传播学院	王菁 魏文君	罗铭	Bc 视频类短视频
104	无限可能性	湖南师范大学新闻与传播学院	张子昊 侯婉婷	聂建成	Bc 视频类短视频
C 动画类					
105	寻建党之路，创百年辉煌	上海理工大学出版印刷与艺术设计学院	王培栩	方睿	C 动画类
106	爱喜猫——让进口贸易更简单	苏州大学艺术学院	王安琪 姜晚馨 王雨诺 杨雅琪	毛雅丹	C 动画类
107	娃哈哈营养早餐，唤醒美好的一天	扬州大学新闻与传媒学院	王迪	朱贵杰	C 动画类
108	“苏”出健康·活力“苏”畅	南宁职业技术学院传媒学院	龚梁锋 陈胜光 梁富琳 李志豪 金智翔	刘馨予 段中原	C 动画类
109	一笑倾“橙”	长沙学院艺术设计学院	周婕蓝 胡心雨 龚海琳 刘乐妍	韦韫 刘玉琼	C 动画类
110	植系润发飞天图	湖北工业大学艺术设计学院	唐丽 李淼	程亚军 陈叶蕾	C 动画类

续表

序号	作品名称	学校	获奖学生	指导老师	类别
111	八仙“箱”伴，一帆风顺	长沙学院艺术设计学院	谭祥鹏 郭梦妍 贺孟炫	刘玉琼 韦　韫	C 动画类
112	一帆风顺	长沙学院艺术设计学院	朱泳晖 宋文轩 李　璇 谭媛雅	刘玉琼 赵容浩	C 动画类
113	一叶子——祛痘有方，一夜发光	华东师范大学设计学院	庄千辰	陈　澜 饶凯西	C 动画类
114	云南白药牙膏	浙江师范大学美术学院	倪欣悦 杨　芝 潘若希	周炯生	C 动画类
115	奥美生活—守护者	中国美术学院设计艺术学院	冯诗帆 黄叶青	石建航	C 动画类
D 互动类					
116	永不消逝的电波	湖南师范大学新闻与传播学院	汤　屈 吴文璟 钟孜哲	单文盛	D 互动类
117	娃哈哈之苏适秘籍	佛山科学技术学院工业设计与陶瓷艺术学院	朱春帆	孙冰洁	D 互动类
118	寻找中国香气	武汉大学新闻与传播学院	冯苗苗 廖晓云 李睿天	王　晔	D 互动类
119	魔发公主	湖南理工学院美术与设计学院	冯　杏 李杭灿	张丽莉	D 互动类
120	我的甜度人生	郑州工程技术学院传媒学院	杨文帅	马　娜	D 互动类
121	熬夜研究所	广东财经大学艺术与设计学院	张静怡	陈玲杰	D 互动类

续表

序号	作品名称	学校	获奖学生	指导老师	类别
E 广播类					
122	下一个百年，看我的！	广州大学新闻与传播学院	黄茜宜 刘菁茹 钟浩良	廖伟斌 刘玉萍	E 广播类
123	一棵树的使命	陕西理工大学人文学院	张司月 孙中晶	黄　丹	E 广播类
124	环游世界	珠海科技学院文学院	杨彦平 邵子剑	张子娟 周　瑶	E 广播类
125	娃哈哈哈哈哈哈哈哈！	汉口学院传媒学院	钟清仪 王文旭	韩艳蓉	E 广播类
126	“零”导者	广东舞蹈戏剧职业学院社会文化系	詹文婷 杜昕怡 魏　颖	廖伟斌 张广义	E 广播类
127	魂牵梦萦的香气	广西艺术学院影视与传媒学院	王誉霏 黄佳骏 张晓钰	赵　然	E 广播类
128	卸下漂泊，一秒回家	西南交通大学人文学院	路　炜 张天璐 潘哲宇	朱　洁	E 广播类
129	行动之夜	辽宁大学广播影视学院	王语彤 沈傲然 田尚儒	韩　虓	E 广播类
130	武林秘传	南京林业大学人文社会科学学院	张诗雨 赵慧雯	陈瑞娟	E 广播类
131	不留痕的秘密	浙江工业大学之江学院人文学院	周晓颖 秦芊芊 田　斌	陈　骁	E 广播类
132	新唐伯虎点秋香	苏州大学文正学院文学与传播系	张一帆 唐　倩 张天悦	刘昱希	E 广播类

续表

序号	作 品 名 称	学校	获奖学生	指导老师	类别
133	疯狂牙齿城	南京林业大学人文社会科学学院	姚珊珊	唐丽雯	E 广播类
134	名媛茶话会	南京林业大学人文社会科学学院	洑阳靓	唐丽雯	E 广播类
135	迪士尼公主的秘密	长沙学院影视艺术与文化传播学院	杨莉莎 王祎琳 陈婉婷	王若蘅 欧阳思璇	E 广播类
136	洗脸巾清洁事件	南京林业大学人文社会科学学院	徐雯玥	唐丽雯	E 广播类
137	新来的	郑州工程技术学院传媒学院	赵灵雪 孙振华	冯　美 杨忠生	E 广播类
		F 策划案类			
138	再睡五分钟	上海师范大学影视传媒学院	孔一如 周　慧 薛　彤	吴冰冰 聂艳梅	F 策划案类
139	一分钟灵魂出游	中国传媒大学广告学院	肖雨佳 郑一苇 陈郅悦 苏福洋	张　翔	F 策划案类
140	传送带入侵计划	上海师范大学影视传媒学院	郑　昭 杨欣宜 马杨欣 周丝蕴	吴冰冰	F 策划案类
141	姜根超时空大战（新品创意开发）	湖南城市学院艺术学院	姚　玲 杨馥萍 陈　可 张苏彦同	龙湘平 连芷平	F 策划案类
142	无惧负担，勇敢向“甜”	南京信息工程大学商学院	季冰倩 金琬柔 安玲玲 蔡诗如 王蓝田	邱玉琢	F 策划案类

续表

序号	作 品 名 称	学校	获奖学生	指导老师	类别
143	无言情书	华中科技大学新闻与信息传播学院	钟俊捷 王奕璇 李卓泞 仵润宜 符洛瑜	陈 薇	F 策划案类
Ga 文案类广告语					
144	义乌“go”	安徽信息工程学院艺术设计学院	周方方 王 婷	李卓娟	Ga 文案类广告语
145	营养早餐广告语“充电饱”	中国人民大学商学院	王皓宇	王树良	Ga 文案类广告语
146	吃橙子	合肥工业大学文法学院	邱慧敏	—	Ga 文案类广告语
147	百年润发在手，一握青丝如绸	华北电力大学人文与社会科学学院	朱开瑞	张 勤	Ga 文案类广告语
148	出彩	中国人民大学新闻学院	金忻淳 陈嘉文	王树良	Ga 文案类广告语
149	一叶子熬夜精华广告语	中国人民大学新闻学院	周安健	王树良	Ga 文案类广告语
150	说话的口气	浙江财经大学东方学院人文与艺术分院	周梅琳	唐武峰	Ga 文案类广告语
Gb 文案类长文案					
151	100 年润发	宁夏职业技术学院艺术设计学院	任帆帆 虎娇娇	张玉翠	Gb 文案类长文案
152	这个 C，很能装	西南交通大学人文学院	徐嘉怡	朱 洁	Gb 文案类长文案

（武汉体育学院 王创业）

6.4.5 中国大学生计算机大赛

6.4.5.1 大赛背景与主题

中国大学生计算机设计大赛筹备于 2007 年，2008 年举办了第一届大赛，截至 2021 年，共举办 14 届比赛。2021 年（第 14 届）大赛于 1 月启动，其中，数媒类与计算机音乐创作类作品的主题为“2022 年北京-张家口冬季奥林匹克运动会与冰雪运动”。

2021 年（第 14 届）大赛作品包括软件应用与开发、微课与教学辅助、物联网应用、大数据应用、人工智能应用、信息可视化设计、数媒静态设计、数媒静态设计专业组、数媒动漫与短片、数媒动漫与短片专业组、数媒游戏与交互设计、数媒游戏与交互设计专业组、计算机音乐创作和计算机音乐创作专业组，共计 14 个大类（组）。

中国大学生计算机设计大赛国赛的参赛对象是中国大陆当年在校的本科生（含来华留学生），参赛作品的指导教师是在高校担任本科生教学任务的教师。大赛以三级竞赛形式开展，校级初赛——省级复赛——国家级决赛（简称“国赛”），国赛只接受省级赛（含省市赛、跨省区域赛和省级直报赛区）上推的参赛作品。校赛、省级赛可自行、独立组织。参赛院校应安排有关职能部门负责参赛作品的组织、纪律监督与内容审核等工作，保证本校竞赛的规范性和公正性，并由该学校相关部门签发组队参加大赛报名的文件。

2021 年度第 14 届中国大学生计算机设计大赛得到了东华大学、上海理工大学、阜阳师范大学、三江学院、福建工程学院、杭州电子科技大学、浙江音乐学院的支持。

6.4.5.2 大赛结果

第 14 届中国大学生计算机设计大赛共有 800 多所院校的 5600 余件参赛作品。在经历校赛、省级赛后被推荐入围国赛，最终通过国赛组委会的资格审查入围国赛 5107 件作品。经过大赛组委会的评比，共评出一等奖作品 233 件、二等奖作品 1294 件、三等奖作品 2475 件，获一、二、三等奖作品共计 3996 件。

其中与新闻传播专业相关的数媒动漫与短片类参赛作品一等奖 14 件，数媒静态设计类作品 33 件，数媒游戏与交互类作品 5 件，微课与教学辅助类作品 29 件（见图 6-18）。

表 6-18　**2021 年（第 14 届）中国大学生计算机设计大赛一等奖名单**

序号	作品名称	学校	获奖学生	指导老师
1	基于 POI 数据和 C-TSP 模型的城市管道配送系统设计方案	南京师范大学	王哲，周子皓，张冰玥	吕静，温永宁
2	基于计算机视觉和深度学习的智能交通平台	华北水利水电大学	苗志伟，何鹏飞，郭佳怡	冯岭，张速细
3	菌致病蛋白精准预测系统	深圳大学	赵子毅，胡毅雪，陈泽伟	汪业军，欧阳乐
4	基于 FPGA 的基因测序序列比对算法加速器	武汉理工大学	刘怡博，汪志浩，杨怡雯	柳星，饶文碧
5	TEPerciever——基于交通大数据的 SDT 环境感知眼	中南财经政法大学	邵思源，张哲铭	张承德
6	时变环境下城市轨道交通客流可视化分析和短时预测系统——以杭州市为例	中南财经政法大学	王克宇，邹凤华，金佳仪	刘树栋
7	基于 S3FD 和 SARIMA 模型的智能实时客流监控系统	哈尔滨工程大学	李洪洋，李俊生，黄涛	赵国冬
8	基于实体识别和情绪分类的金融披露信息智能阅读软件	上海财经大学	姚坊，刘家材，李浩民	韩松乔
9	从大数据中解读中国经济发展	大连理工大学	刘量，刘逸程	徐子川
10	LipReader——基于 CALLIP 的言语测评系统	西安电子科技大学	邹帅，黄奕洋	李隐峰
11	基于 CNN+LSTM 的流量实时分析系统	西南石油大学	陈纪龙，张鸿宇，张聪益	张恒汝
12	初露锋芒	中国戏曲学院	孙瑀奇	熊露霞
13	古今声	湖北科技学院	赵宇轩	罗超
14	冬季礼赞	吉首大学	田野	王静欣，刘奕阳
15	元歌	厦门理工学院	徐明喆	张兆颖，蔡茅
16	冰雪梦	西安外国语大学	马萨，丁千煜	王元方，韩佩晔
17	万事俱备	西安音乐学院	李浻帆	娄云青

续表

序号	作品名称	学校	获奖学生	指导老师
18	踏鞠图	中国传媒大学	姚岫荃	王铉
19	即行	中国传媒大学	周行卓	王铉
20	基于图像识别的无人机动态着陆策略研究	江苏科技大学	潘家舟，白嘉豪，宋久哲	王琦，于化龙
21	WarningPi——智能家居恶意流量报警系统	南京信息工程大学	刘昕鹏，王徐肠，陆玉江	闫雷鸣，王金伟
22	AIR Library：基于 AI 与 AR 的大规模图书快速定位与增强信息的比较	南京师范大学	张楚钰，叶顺龙，张书畅	刘日晨
23	基于联邦机器视觉的道路交叉口车流全天候统计分析与信号灯控制系统	苏州大学	高瑞，杨烨飞，徐吾淼	陶砚蕴，王翔
24	基于多通道卷积神经网络的手掌静脉识别系统	南京邮电大学	刘星利，穆恒宇，成洋	郭剑，孙力娟
25	盐城湿地珍禽识别系统——带您走进水韵湿地	盐城师范学院	路鹏，王永林，唐心雨	陈霜霜，蔡长安
26	基于 YOLOv5 通道修剪的智能汽车防撞击装置	广东海洋大学	赵吴骞，伍超敏，黄梓帆	林聪，于跃
27	餐厅服务机器人的设计与实现	华东交通大学	叶琼，刘昀鑫，朱臣臣	聂学方，邓锋
28	基于微表情识别的审讯侦缉辅助系统	中国政法大学	李浩洋，叶雅懿	郑宝昆，范红杰
29	SonarDet——面向海洋安全的水下声呐图像实时目标检测系统研发	杭州电子科技大学	杨金晶，於勤翔，谭成灏	秦飞巍
30	智能病理取材系统	东华大学	张晨阳，李铭杰，郑健飞	杜明，周军锋
31	Rinc_ service	南京大学	陈旭阳，邢存远，汪福运	张洁，申富饶
32	基于显著性波形检测的睡眠分期研究	北京交通大学	王雪徽，谢培义，任一鸣	王晶

续表

序号	作品名称	学校	获奖学生	指导老师
33	高速铁路运行环境鸟害智能检测系统	北京交通大学	武斯全，田震，廖开沅	许华婷，赵宏伟
34	旺仔小分队	常熟理工学院	黄琦玮，刘心怡，孙荣	邢晓双，龚声蓉
35	基于 DB_ mv3 及 CRNN_ mv3 算法的新型多场景通用 OCR 文本检测识别模型	南华大学	张宁静，袁书培，吴海龙	蒋良卫
36	智安行：车载驾驶员负面情绪检测平台	天津大学	张庆阳，董威龙，陈浩阳	刘志磊
37	智能物流分拣平台	宁波工程学院	黄宇洋，何淼枫，唐赢坤	楼建明，童春芽
38	于视觉重构与识别的智能物流分拣系统	中国民用航空飞行学院	饶世杰，黄子鸣，余浩天	肖欢畅
39	基于 Unet3+的脑肿瘤分割及辅助系统	石河子大学	李思佳，王雪晴，谢海霞	张锐敏，周涛
40	冲锋战神	东北大学	叶浩，张德龙，赵兴哲	刘晨，王帅
41	HealthX——头颈部恶性肿瘤自动分割系统	电子科技大学	刘祖浩，李智琪	王国泰
42	记忆的复原——基于深度学习的老照片修复系统	同济大学	赵孟石，包广垠，王俊童	卫志华
43	指法师——打字指法纠正系统	武汉大学	邹卓，叶高含，李春朔	李华玮
44	智能物流分拣机器人	太原科技大学	李鹏栋，张金健，侯晶	何秋生，李虹
45	智慧小汪	安阳工学院	刘晨晨，李海涛，郭亚迪	李立
46	鸟类遥感分析与信号仿真平台	四川大学	唐琦，代宇盛，王雅璇	李征
47	基于跨模态图像文本匹配的行人检索系统	西北工业大学	马泽红，吴涛，陈一鸣	高逦，秦晓红
48	基于触摸手势识别与重建的安卓远程控制工具	南京工业职业技术大学	唐钱进，余欣婷	李中科，杨静丽

续表

序号	作品名称	学校	获奖学生	指导老师
49	啡同凡响：基于增强现实的咖啡菜单快速定制软件	南京师范大学	杨光，王潇寒，夏泽禹	刘日晨
50	基于混合推荐算法的校园论坛	华南农业大学	刘顺，廖艺鹏，黄敏	蔡贤资，岑冠军
51	乐学学导	南京理工大学	黄海浪，金朵拉，刘雨璇	宫辰
52	基于知识图谱和北斗导航的智能景区导览系统	河海大学	赵尉臣，程子奇，张沈昱	何丽娜，黄平
53	矿小助	中国矿业大学	牟金腾，吕迎朝，李家鑫	陈朋朋
54	TDScore-TypeScript 下数据结构，算法与数学程式的研究与实现	云南民族大学	张顺泓	许乔文
55	一种高效，灵活的关系型内存数据库	沈阳工业大学	周桐，刘廷镇，高进	于霞
56	基于区块链和数字水印的建筑图纸文档安全管理系统	南昌大学	曾澳婷，邬仲宾，崔雄伟	赵志宾
57	跨 Windows 和 Android 系统的文件传输比较工具	上海交通大学	常西钰，方志成，焦壮壮	孔令和
58	基于使用习惯的身份识别系统	哈尔滨工业大学	杨运涵，董恒基，吴雄涛	李鸿志，叶麟
59	瑾绣权城同校闲置交易平台	东北大学	王河权，黄明瑾	佟强
60	BareHead——数据结构可视化学习平台	燕山大学	黄博，韩婷，冉博平	余扬，窦燕
61	面向探究式学习与科学评价的 Web3D 中学科学实验平台	杭州师范大学	邹超，卢俊杰，齐丹	徐光涛
62	基于深度视觉网络 HerniationDet 的椎间盘突出医学影像检测系统	杭州电子科技大学	崔琪儿，谢文哲，陈相奕	秦飞巍，邵艳利
63	数字运河，绿色文旅	东华大学	朱奕婷，熊嘉乐，张博涵	吴勇

续表

序号	作品名称	学校	获奖学生	指导老师
64	易编——多平台的编译原理可视化系统	东北大学秦皇岛分校	林媛媛，于金垒，王疆寒	吕艳霞
65	电仪公司手机点检系统	河南大学濮阳工学院	张瑞霖，张婉婷，廉颖	李静
66	错不过三——高效优学助学系统	上海理工大学	朱合威，王昊翔，杨保赞	夏耘，杨赞
67	“麦安”农业知识图谱服务平台	河北农业大学	张瑞丰，商贝宁，徐力洲	孙晨霞，彭艳
68	凡渡_ AWD 攻防对抗平台	重庆理工大学	潘怡，田柯芸，黄玲	苟光磊
69	南水北调中线输水水质应急响应和处置业务系统	南昌航空大学	罗佳露，刘金河	梁旗军
70	安行——驾驶员监测管理系统	中国人民解放军陆军军事交通学院	秦楷文，周桐德，李江伟	刘旭，魏建宇
71	诗经小镜	重庆大学	蒋博文，舒凡迪，李卓玥	吴娇
72	图片保险柜	安徽理工大学	李强，杨顿开，苏锦科	顾荣荣，陈科澎
73	在线 csv 文件分析器	合肥工业大学	姜俨真	邵臻
74	AI 绘画——移动艺术创作平台	合肥工业大学	谢建宇，黎腾，韦万宇	郝世杰，汪萌
75	TelU	集美大学	沈宇涛，蔡丰骏，赖慧颖	余元辉
76	基于 VNet 及其衍生神经网络的肾肿瘤自动分割平台	中南大学	王海睿，郭昊强，马慧泉	郭璠，李文政
77	诗镜	中南民族大学	曾聪，杨滨铭，谭楚雄	刘晶，覃俊
78	小区停车 GO	上海商学院	严赟杰，尤林杰，王涣然	查瑶，许洪云
79	BATLAB	吉林大学	曾柏滔，罗朋康，杜少卿	王晓光，车浩源
80	始衷	南京医科大学	董凯瑞，洪嘉怡，桂宁	胡晓雯，施广楠
81	终有一天	大连海事大学	丁家乐，李西玄，闫宣臣	王伟
82	单板逐梦	大连海事大学	刘玥杨，吴宪，林政聪	伍延斌

续表

序号	作品名称	学校	获奖学生	指导老师
83	从冰嬉图看古代冰上运动	华南师范大学	范颖枝，朱韵灵，方雯秀，	李桂英，郭泽颖
84	会挽雕弓如满月	沈阳化工大学	丁磊磊，张迪迪，董云华，	郭仁春
85	坚冰	哈尔滨体育学院	李守海，耿爱，方如慧	王艾莎
86	冰者·画梦	燕山大学	郭浩，刘媛，阮柒柒	余扬
87	为那银白色的梦	中央民族大学	宋杭飞，李怡璇，何曜宇	邹慧兰，李景聪
88	马背上的草原	中央民族大学	达哇才仁	蒲秋梅，韦洁瑶
89	冬宜“蜜雪”，桃李相报	中央民族大学	陈玉馨，陈伟，李祥华，杨昊	卢勇
90	中华优秀传统体育武术形意拳	运城学院	赵佩皎，李雨娟，张栋升	贾耀程，李莉
91	登峰	亳州学院	陈静，顾叶凡，葛雨霞，张小飞	赵龙，原沙沙
92	夏去冬至，再遇奥运	北京语言大学	张千一，刘悦，蔡维，李诗彤，贾潇	玄铮
93	冰刃的绽放	长江大学	施兰欣，蔡颖莹，王锴鹏	蔡凌楚
94	今朝·武道·有形	海南师范大学	隋思齐，陈英清，郭秋豪，张智杰，李雪枝	胡凯
95	石锁艺人	南京林业大学	孟博文，白秋燕，张静，陈子诺	黄霁风
96	中华传统体育导引	辽宁工业大学	付裕涵，常馨婕，李萌，焦艺伟，高凯歌	刘耘，姜丽丽
97	生态冬季　智能奥运	辽宁工业大学	郝彤彤，刘凯月，李泽政	杨晨
98	意“竞”中国	辽宁科技学院	樊振辉，王宗达，程权，余永宏	庄奎龙，王锐
99	冰上花开	河北大学	詹旻婧，牟雨娜，朱婷	谷雨
100	疾风劲雪	沈阳师范大学	李辰杰，赵波，朱传滢，张一帆，刘晓文	安晓飞，李晔南

续表

序号	作品名称	学校	获奖学生	指导老师
101	一脉	青岛大学	刘珈琪，李晓坤，李晋奇，周晨鹏，李琛	段睿光，陆平
102	月杖争蔽	福建农林大学	林煜婷，赵丽莹，陈莹	王婧，卓芽
103	突破冰封，相约冬梦	桂林电子科技大学	农贵杰，冯航，蒙忠麟	杨倩
104	冬梦总动员	安徽信息工程学院	江雪，孙淑琪，刁海婷，周梦凡，刘文慧	陈倪，王彻
105	大美中国·喜迎冬奥	重庆大学	赵雅欣，修晓晴	夏青
106	足上功夫	重庆大学	徐舒婷，李圆梦，龚昱宸，凌晨阳，李舒畅	刘慧君，鲜佳
107	纸上谈“冰”	福州大学	龚林琪，叶莹霏，彭燕	陈思喜
108	莫干问剑	浙江科技学院	闵烨，柯浩东，潘利华，谭沁慈，陈辉源	刘省权，竺萃
109	棋道	中南民族大学	谭颖，李媛，杨清娜，龙俊安	祝翔，朱立明
110	汉矢	武汉商学院	刘雨菡，张梦璐	付培，周宇
111	斜月三星	中国人民解放军战略支援部队信息工程大学	王红玉，吴芷莹，魏圣媛	郭靓，张婷
112	雪海飞天	辽宁石油化工大学	郑博文，王信博，钟云澎	常东超，李萍
113	冬奥印记	杭州师范大学	汤喻涵	诸彬
114	冬梦	江西师范大学	江凯乐，符雅雯，周龙龙	龚俊，秦乐
115	“冬冬”的最炫民族风	华中农业大学	朱新宇，陈韵伊，韩怡婕	夏琳，杜静怡
116	京嬉	成都中医药大学	张梓煊，邓巧玲，周晓丹	程爱景，郑世超
117	木强敦厚，匠锁冰心	西北农林科技大学	尹政，王俊业，董博瑞	段海燕，王文宁
118	运动——剪出的中国古代神话	通化师范学院	刘梦冉，杨淮旭，李睦涵	张佩强

续表

序号	作品名称	学校	获奖学生	指导老师
119	玉絮南飞——多向度体育“+”空间美学主题景观设计	江苏大学	杨瑞东，张宇涵，李柯熠	韩荣，徐英
120	睦冰礼造	江苏大学	冯星乐	承恺
121	“冬韵”——冬奥会桌面好物系列设计	武汉理工大学	徐柯童，刘京，熊勇兵	吕杰锋
122	犇腾	江西师范大学	黎志远，杨筱，赖莹琪	王萍，彭煜桦
123	免接触消毒笔——冬奥会盲盒产品设计	沈阳化工大学	姜伟杰，张朕宁，沈欣媛	刘洋，胡明辉
124	燃冰	大连工业大学	王培领，王小东，郭澄昊	杨卉
125	冰奥新语	东北大学	朱宏锦，冯雨竹，于金卉	李晓迪，樊丁宜
126	千年运动　戏说大唐	东北大学	胡悦，茅史琴，张彩彬	霍楷，王晗
127	奥运无国界	青岛农业大学	张正伟，刘传澍，李梦霄	杜建伟
128	白雪皑皑，极光迢迢	北京工业大学	崔曼筠，李桐桐	赵玮
129	雪团小夜灯	杭州师范大学	马梦佳，罗嘉瑞	宣明
130	神话运动会	太原理工大学	武小雨，郑瑾怡	赵娟
131	长安十二记——回溯中国古代经典传统体育技艺	中央民族大学	邓雯华，张云蔚，申映雪	赵洪帅，牧婧
132	永动冰雪，燃情冬奥	泉州师范学院	陈江雄，俞晴龙	盛小清
133	山水家园·多边科创——“多边”模式下的冬奥科创园设计	中国美术学院	蒋雨洋，谢韫灵，彭若清	赵榕，金科
134	传统体育——杭杭出“壮”元	江汉大学	陈志华，张婉娴，胡伟	王云龙，李孟洁
135	时空对决	曲靖师范学院	苏怀鹏，秦澜瑞，黄丽芳	包娜
136	中华古代运动图鉴	武汉科技大学	蔡文洁，焦小苡，马巧云	聂虹
137	通古今——中国古代体育运动文创设计	中南民族大学	谭佳，王欣萍，王心怡	雷宇

续表

序号	作品名称	学校	获奖学生	指导老师
138	少陵云游记——城市更新背景下少陵路体育文化产业街规划设计	四川师范大学	张鉴，赵佳男，廖剑	文志远
139	路	兰州工业学院	房晓婷，柳振华，李马存	魏莹，郑刚
140	冰嬉奇缘	深圳大学	邹芷栅，梁露文，高颖，覃瑶，陈嘉熳	曹晓明
141	AR 趣味冬奥会：单板平行大回转	哈尔滨理工大学	蒙晟维，唐雪瑞，孙金晟	孙博文
142	芮知冰雪	东北大学	关源伸，曹真，王子儒，郭晓萌	金涛，霍楷
143	立冰见影	杭州师范大学	鲍唐军，金泽鹏，陈柯明，杨琦浩	袁庆曙
144	Alpine Skiing VR	杭州师范大学	朱佳倩，周杰，许晋源，严昶，张浩然	袁庆曙
145	雪上硝烟	杭州师范大学	夏紫琳，杨琦萌，李茹雪，余康佳，江贻传	姚争为
146	冬奥回忆	中北大学	任彪，王宇辰，陈昱健，毕斯文，邓杰华	况立群
147	圣火	四川大学	陶恒屹，李佩翰，汤志曹，车行	
148	冰嬉图卷	南京医科大学	李驿洵，吴骏尧，张嘉琪，	胡晓雯，袁艺标
149	Alpine Skiing VR	杭州师范大学	朱佳倩，周杰，许晋源，严	袁庆曙
150	古代体育图鉴	武汉理工大学	陈紫薇，张瀞心，黄志翔	彭强
151	OGI 沉浸空间	北京工业大学	尹紫东，程子羿，张晓阳	赵玮，张岩
152	无间冬嬉	东北大学	莫贝妮，席滢杰，徐子涵，谢天赐，姜明辰	霍楷，张萌

续表

序号	作品名称	学校	获奖学生	指导老师
153	畅游冬奥	北京工业大学	冯怡帆，程子萱，崔鑫璐，邓峪	吴伟和
154	智慧冬奥——基于 AR 的场景互联体验 APP 设计	陕西科技大学	刘哲荣，孙鹤洋，乔丽颖	齐勇，江涛
155	关节的奥秘	南京医科大学	彭宗熠，匡宇浩，王惠琳	张永杰，胡晓雯
156	揭秘魔法世界——妙用 Pr 蒙版	海南师范大学	方睿，黎乙池，庞惠元	罗志刚，王觅
157	“杀猪盘”：爱情和金钱背后的陷阱	南京森林警察学院	陈静，段琛，张中正	王新猛，陈俊霞
158	平方反比定律	深圳大学	刁瀚城，余雅琳，林雨晨	廖红
159	带你走进 Canny 的世界之边缘检测	北京科技大学	黄绣媛，魏旭影，刘琪	张敏，李莉
160	Python 之进击的小海龟-turtle 模块	山东师范大学	缪佳豪，尤佳希，马路遥	李逢庆
161	音音音	中国政法大学	茆豆，张杨含笑，林小芳	郭梅，郑宝昆
162	细胞三兄弟	杭州师范大学	苗谦盈，欧阳芷晴，吴佳妍	张佳
163	元日	北京师范大学	何双馨	姜思羽
164	防风治沙小卫士——草方格沙障	安徽大学	宋佳，乐和晴，张梦雨	饶伟
165	塞下曲——山河依旧，四海清平	中央民族大学	母嘉怡，欧夏佚，高一铭	李潜
166	泡泡学堂——探秘水循环	南华大学	丁沫文，张玉，徐思瑶	李金玲
167	清平乐·村居	贵州师范大学	陈秋宇，刘梦竹，胡兴雨	黄河
168	分形之美：看得见的递归	西南大学	白一帆，龚玉文，李俊波	钟晓燕
169	杠杆原理	西南大学	付木子	邓晖
170	基于 VR 的 AN24 飞机维修与排故	上海工程技术大学	郑嘉富，李冠宸，姜正宇	邱峰，施浩
171	生活中的科学之电磁感应	台州学院	陈璇，周昂辰，娄以恒	金旭球，史勤益

续表

序号	作品名称	学校	获奖学生	指导老师
172	翦彩	运城学院	曾旭婷，李雪静，谷嘉慧	廉侃超，王宝丽
173	扣舷何处，桑梓青山	宁波大学	胡睿窈，温安琪，戴书琪	邢方
174	赋得古原草送别	合肥师范学院	任彤彤，王亚梅，顾锦锦	吴皖赣
175	少儿编程思维启蒙创意微课堂——“我的编程小镇”	上海财经大学	俞思霖，蔡艳菲，汪汉卿	刘桦
176	机械传动微课堂	同济大学	张政琛，张孟尧	李湘梅
177	雨中冥想——交互式智能心理分析疏导系统	中国人民解放军海军军医大学	王皓珏，孙玺钧，肖宁	郑奋
178	杜甫《登高》——怎一个“悲”字了得	中南民族大学	夏晓瑀，丁方淳，李月玲	谭雄素，张淼
179	气动分拣工业过程虚拟仿真实验	西南科技大学	陈潇然，田官权，刘国豪	阎世梁
180	如何使用等高线地形图	西华师范大学	曾佳尧，黄可欣，郭槿华	刘巳丹
181	派森探案——揭秘维吉尼亚密码	中国人民解放军空军	唐鹏程，邓超，蒋鑫	孙琰，韩丹
182	关节的奥秘	南京医科大学	彭宗熠，匡宇浩，王惠琳	张永杰，胡晓雯
183	揭秘魔法世界——妙用 Pr 蒙版	海南师范大学	方睿，黎乙池，庞惠元	罗志刚，王觅
184	智能城市照明系统	重庆三峡学院	马灵，何春霖，夏维	闫东方，李洪兵
185	虚实协同的人体上肢复健系统	大连海事大学	石镜澄，邱实，陈仲昊	周新
186	基于传感器融合与领域特定语言的人员物资监护系统	河海大学	高康悦，芮楚梵，刘逸辰	黄平
187	物联网手套控制的仿生机械手	河北大学	赵薇，谷沛耕，申博垚	方立德，陈明敬
188	智在云上——IOT 生态下的智慧农场全连接体系	河北大学	兰景乐，李一诺，李梓含	韦子辉，高可攀

续表

序号	作品名称	学校	获奖学生	指导老师
189	心语：基于情绪行为自动识别机器人的智能心理健康辅助管理系统	北京科技大学	张钰薇，陈方熠，于淏辰	宋晏，何杰
190	点亮生活，智慧开关	赣南师范大学	黄子艺，严若媚，谢中央	钟琦，曾祥志
191	基于 NB-IOT 的蚌埠市河流水质监测系统	蚌埠学院	李康，王子涵，董明鑫	姜雪，郭城
192	“自感精灵”——基于多传感物联的安全智慧消毒系统	合肥工业大学	董磊，李浩然，袁泰立	林杰华，偶春生
193	智慧水域卫士——基于 AIoT 的水体富营养化监测预警系统	湘潭大学	刘翼翔，章航滔，陈世豪	李哲涛，曾丽
194	基于人体尺寸调节算法的多用户智能座舱	同济大学	廖泽淇，韦海云，常挺震	肖杨，吴旭东
195	基于物联网的黄河水位实时监测预警系统	河南大学	陈帅宇，王苗苗，徐翠丽	赵奠骧
196	行人夜间助视镜	华东师范大学	谢雨杉，张靖诚，尹悦佳	徐伟，邱崧
197	“活力校园”——高校学生运动健康与数据分析系统	中南大学	周盛文，祁宏，刘子骄	许宁，段桂华
198	基于车联网技术的公交智能编组方案	西南交通大学	李兆清，陈海乐，刘骁毅	邹应全，吕彪
199	基于 STC12C5A60S2 单片机的多功能腕甲的设计与实现	中国人民武装警察部队警官学院	王腾腾，吕函学，王雨	葛运龙，杨艳秋
200	基于无接触式垃圾投放与分类引导一体化的全域多级管控系统	西南民族大学	李骏鑫，王玥洋，马烨斌	陈建英
201	掌上义肢——基于生物医学信号的仿生机械手系统研究	西南民族大学	罗利梦，黄明鑫，韩薇泽	穆磊
202	基于树莓派的智能家居系统	嘉应学院	郑培烽，苏栩榕，颜锐冠	陈生庆，周汉达

续表

序号	作品名称	学校	获奖学生	指导老师
203	基于物联网的农林监测预警系统	常州工学院	仲崇磊，徐云霞，范宏辉	李晓芳，潘群
204	无缝多模态视觉残障智能导引与安全保障系统	南京师范大学	冯素格，万游，孟佳杰	钱伟行，吉宗瑞
205	具有复杂环境智能感知与决策能力的多用途机器人系统	南京师范大学	马玉浩，杨涵，张雨婷	钱伟行，丁树业
206	基于 IOT 的医院病区护理智能化监控管理系统	江苏海洋大学	郭鹤魁，戴舟尧，沈希龙	薛清
207	智小罐	南京中医药大学	高文佳，陈文心，史倬慧	杨涛，董海艳
208	青松坐姿	南京中医药大学	陈浩龙，李立坤，吴海涛	陆志平，胡晨骏
209	基于物联网技术的智能盲文学习机	广州大学	刘伟谱，刘庆焜，罗文俊	伍冯洁，刘洁
210	智能城市照明系统	重庆三峡学院	马灵，何春霖，夏维	闫东方，李洪兵
211	“肥宅”真的快乐吗？——肥胖人群二三事	深圳大学	吴林蓉，陈杰宇，周欣蕊	黄晓东
212	逐梦冬奥——韵动冰雪	东北大学	潘姝睿，梁桂炜，徐丹枫	霍楷，王晗
213	全球新冠疫情数据可视化平台	沈阳建筑大学	李淼，徐鹏，周钰博	郭喜峰，曹阳
214	环形工蚁	沈阳师范大学	邓超，于文雅	王泓，董丽薇
215	HCoV-19 毒株变异可视化	重庆移通学院	唐御航，王剑波，李佳宁	徐琴，朱德君
216	基于图片序列的烟雾动画生成方法及系统实现	北京工业大学	毛冬晓，朱颖佳，龚煜涵	李晨宇，田伟先
217	疫情下的大学生健康之路	上海大学	熊文旖，杨滢瑜，段激	高珏
218	连连看——针织行业标准知识图谱构建与应用	东华大学	熊林银，万诗艺，陈珂雨	董平军
219	京经济数据分析与可视化平台	中央民族大学	陈哲，钟宏鸣，王考斌	张廷，郐新凯
220	“智儿”——智能儿童健康管理平台	上海理工大学	宋欣悦，徐新智，王钰泽	孔祥勇

续表

序号	作品名称	学校	获奖学生	指导老师
221	美食图解	龙岩学院	林佳音	刘铭
222	国家特色蔬菜产业技术体系数据可视化分析系统	河北农业大学	曹希越，张严方	王超，陈晨
223	蓝染	福建工程学院	黄羽葳，林婷婷	陈锋
224	基于水稻抗旱基因的数据可视化交互平台	安徽农业大学	董梦龙，毕家泽，庄永志	吴云志，陈祎琼
225	意念式减肥镇图形信息可视化设计	浙江农林大学	黄争辉，欧家鹏	陈婧
226	古琴音乐交互与琴谱可视化	合肥工业大学	姜云曦，赵静	张延孔
227	冬奥之旅	中南林业科技大学	汤裕明，黄浩东，陈家胜	何伟，袁进东
228	图说丽江古城	安徽艺术学院	朱丽婷，张姣姣，余延波	马小娅，葛芳
229	中国最后的原始部落——翁丁数字信息展示设计	昆明理工大学	杨正艺，陶雨柔，李世博	陈波，胡鹏
230	我也曾爱过这个世界——抑郁症科普	华东师范大学	章子欣，王伊扬，杨熠涵	陈志云，白玥
231	古钟	南华大学	文荣峰，邓欣洁	李望秀
232	基于知识图谱的黑灰产网络可视分析探索系统	中南大学	王江奎，吉梓芃，李俊俏	赵颖
233	西兰卡普土家织锦信息可视化设计	中南民族大学	周欣宇	商世民，黄隽

（武汉体育学院　王创业）

6.4.6　中国大学生公共关系策划大赛

中国大学生公共关系策划创业大赛由中国国际公共关系协会（CIPRA）主办，中国政府欧洲事务特别代表、联合国原副秘书长吴红波先生担任会长。它是全国性高校文科大赛，也是目前全国范围内规模最大、影响力最大的公共关系专业校园赛事。每两年举办一次，至 2021 年年底，已成功举办八届。2021 年大赛的主题是“大变局 · 双循环——探寻中国品牌的公关之路”，旨在引导参赛学生在新时期为中国品牌的崛起贡献智慧和力量。2021 年度中国大学生公共关系策划创业大赛于 3 月 31 日在北京邮电大学启动，8 月 29 日落下帷幕。

此届大赛共有来自全国（含港、澳）及海外地区 162 所高校的 1303 支团队报名参赛，共收到报名作品 1303 个。来自清华大学、武汉大学、中国人民大学、中国传媒大学、厦门大学、武汉学院等全国 150 多所高校的近 5000 余名学生参加。经三轮评选，共 352 个团队分获一、二、三等奖。其中一等奖 62 个、二等奖 126 个、三等奖 164 个，另有 491 个团队获大赛优秀奖。根据赛制，获得一等奖的 62 个团队进入总决赛并角逐金、银、铜奖。9 月，入围团队分选题先后进行了总决赛预赛，16 支团队脱颖而出。经过激烈争夺，华东师范大学的“甲方说的都队”、浙江大学的“5able”、复旦大学的“刚好一队”3 支团队荣获金奖。东华大学的“U+品牌管家”、浙江大学“波特五力队”、复旦大学的“胶原旦白”、浙江大学的“666 小组”、中山大学的“国色天香队”5 支团队荣获银奖。广东外语外贸大学的“广外 4A 分 A”、清华大学的“新新人类”、中山大学的“Funky Seeds”、华东师范大学的“完美种子实验室”、中山大学的“公关丽人”、东华大学的“真的想去浙大队”、香港理工大学的“EMO”、厦门大学的“安徽糙汉与湖北小妞”8 支团队荣获铜奖。

大赛还评出了“公益奖”“特别组织奖”和“组织奖”。荣获“公益奖”的企业是：澳优乳业股份有限公司、伽蓝（集团）股份有限公司、完美世界控股集团。荣获“特别组织奖”的是北京邮电大学和浙江大学。荣获“组织奖”的高校是：上海外国语大学、东华大学、浙大城市学院、中国计量大学、华中科技大学、重庆大学、西南大学、清华大学、兰州大学、华南师范大学、西安外国语大学、南京大学、厦门大学和海南大学。

表 6-19　**2021 年第八届中国大学生公共关系策划创业大赛一等奖**

序号	团队名称	所在学校	策划主题名称
1	应运而生	北京邮电大学	创“游”运河
2	U+品牌管家	东华大学	《星际领航　营养未来》
3	优 show 队	东华大学	高原妈妈关爱 U 计划西藏站——澳优企业社会责任实施方案

续表

序号	团队名称	所在学校	策划主题名称
4	∞队	东华大学	哎呀？艾呀~爱呀！澳优 U 基金关爱 HIV 群体年度 CSR 实施方案
5	真的想去浙大队	东华大学	红蓝黄绿 无限壮举
6	胶原旦白	复旦大学	“侠之玫者，瑰在无畏”——美素小玫瑰系列公关传播方案
7	刚好一队	复旦大学	共生——自然堂 20 周年整合营销策划案
8	广外 4A 分 A	广东外语外贸大学	澳优，让成长与健康更美好——澳优年度企业社会责任实施策划方案
9	千万级项目组	广州南方学院	梦运千年
10	语言大师队	华东师范大学	优+优家——寻找最优家庭健康官
11	甲方说的都队	华东师范大学	廿念自然“颜”究所——自然堂品牌二十周年主题策划案
12	走大运队	华东师范大学	河完美世界走大运
13	完美种子实验室	华东师范大学	“游莱花”的完美养成
14	三代同堂	华南师范大学	自然三境：觅寻·寻豁·豁然
15	珠峰登顶队	华中科技大学	自然堂品牌二十周年主题营销活动
16	华中师范大学熬夜不秃头队	华中师范大学	和瑰蜜一起大笑无痕
17	晒太阳很巴适	江西师范大学	种太阳-澳优 U 基金守护妥瑞氏症群体年度 CSR 公益项目实施方案
18	普通且自信队	兰州大学	“亲测有 XIAO 实验室”——美素品牌公关传播方案
19	喜麻辣鸭队	南京大学	舒展青年 zui 自然
20	舒尔茨说的	南开大学	让父爱不再沉默，让童年治愈终身
21	清华笑队	清华大学	笑就完事了
22	新新人类	清华大学	穿越二十 美力守护
23	凤凰花队	厦门大学	当东方美学相遇数字化
24	laughter 小组	厦门大学	大笑无惧，一 young 美丽 ——美素初抗老产品营销策划方案

续表

序号	团队名称	所在学校	策划主题名称
25	安徽糙汉与湖北小妞	厦门大学	大运河文化公关传播策划案
26	淡妆浓抹总相宜	山东管理学院	优+品牌提升计划策划案
27	4+1	上海第二工业大学	唤醒 ·大运河——完美世界-大运河文化主题公关传播策划案
28	伍發天女	上海师范大学	放肆野 放肆笑!
29	用爱发电厂	上海师范大学	“不一样的我 不一样的美” 自然堂二十周年主题营销策划方案
30	HolyHigh 好厉害工作室	上海师范大学	像素种子破圈计划
31	发量富人	上海外国语大学	漂泊港湾计划
32	有“蓉”乃大	四川大学	“玩创世界 乐育未来”——“像素种子”菁英计划
33	Sanrio 动物园	天津师范大学	“援启 · 源起”
34	舒妍	天津师范大学	淡纹初遇见,“素”说你的美
35	快乐公关星球队	武汉大学	自然而然
36	禾下乘凉	西安外国语大学	世界上的两个我
37	铁道游击队	西南大学	你的美,素来动人——美素小玫瑰蜜养淡纹乳液公关策划案
38	超声波	西南大学	大运无形 大河有声
39	今天吃火锅	西南政法大学	和“瑰蜜”,放肆笑
40	EMO	香港理工大学	“二十 ·一刻” 自然堂品牌二十周年整合营销方案
41	“一切为了完美” 小队	浙江传媒学院	“新生态,臻完美” 像素种子年度推广传播方案
42	666 小组	浙江大学	澳优——妈妈的最优解
43	5able	浙江大学	为你+优
44	搞事业小组	浙江大学	澳优,补齐遗落的成长拼图
45	紫金公关队	浙江大学	营养健康,“优” 你共成长
46	桃圃小队	浙江大学	狙击细纹 寻笑启程 ——美素世界护肤日主题营销活动

续表

序号	团队名称	所在学校	策划主题名称
47	波特五力队	浙江大学	何谓少年
48	塔外	浙江大学	流动的光影
49	相信光的人	浙江工业大学	美素“三好”生
50	弄潮儿	浙江工业大学	就做弄潮儿
51	yyds	浙江工业大学之江学院	破茧成蝶，“婴”爱成长
52	CHANDO 吧	中国传媒大学	走向“息”位
53	月下关公成双队	中国传媒大学	二十岁，用心懂妳
54	运河文娱有限公司	中国传媒大学	《运河探险家》
55	我们都队	中国人民大学	“不惧初老，野蛮生长”
56	巴别塔队	中国人民大学	《雪域精粹，自然如此》
57	国色天香队	中山大学	数字科技与古典美学的融合——美素品牌赋能之路
58	公关丽人	中山大学	自然与你二十年——“自然堂品牌二十周年”线上线下整合营销方案
59	流光溢彩的白	中山大学	我是彩色的白
60	运河挖土民工队	中山大学	共创共融，e 运而生
61	Funky Seeds	中山大学	“肆意发芽，耕耘想象”——像素种子四周年品牌公关传播方案
62	飞而越队	重庆大学	20 年，飞越喜马拉雅

（武汉体育学院　王创业）

6.4.7　大学生广告艺术节学院奖

中国大学生广告艺术节学院奖（以下简称“大广节学院奖”）是由中国广告协会主办、广告人文化集团协办、创意星球全程执行的全国性的大学生广告专业奖项，是由国务院评比达标表彰工作小组同意设立的中国广告业三项大奖（长城奖、黄河奖、中国大学生广告艺术节学院奖）之一。

大广节学院奖全年分为春、秋、冬三个赛季，号召海内外 5000 余所高校院系的在校大学生为国内外知名企业进行命题式创意，内容涵盖学科竞赛、创意培训、专业评选、师资培训、师生表彰及交流活动等；它是专为广告、市场营销、新闻传播、新媒体、动画、设计、艺术等相关专业学生打造的，具有专业深度、行业高度和实践广度的大规模大学生创意赛事，在新闻与广告相关专业院校中间具有广泛的影响力。

6.4.7.1 数读大广节学院奖

大广节学院奖始创于1999年，历经22年发展，在全国各高等院校中日渐深入人心，其影响已从高校延伸至广告行业，成为一个行业遴选人才、企业获取新鲜创意、品牌探索年轻化的重要途径。

截至2021年，大广节学院奖春秋冬三季覆盖了全国23个省、5个自治区、4个直辖市、2个特别行政区以及海外共计1830所高校的5309个院系，全年超过180万名师生参赛，并通过各大社交平台、网络媒体影响力触及近千万大学生（见表6-20）。

表6-20 **大广节学院奖各省份参赛情况**

大广节学院奖参赛学校1830所、学院5309个								
省份	学校	学院	省份	学校	学院	省份	学校	学院
安徽	67	179	湖北	84	335	陕西	65	152
北京	71	209	湖南	72	230	上海	57	154
福建	69	219	吉林	38	140	四川	93	293
甘肃	21	73	江苏	118	309	新疆	14	20
广东	159	513	天津	43	124	云南	28	82
广西自	62	199	江西	78	223	浙江	87	254
贵州	25	59	辽宁	65	186	西藏	2	2
海南	10	32	内蒙古	25	48	澳门	3	8
重庆	53	169	宁夏	5	14	香港	5	6
河北	79	181	青海	1	1	台湾	10	34
河南	92	282	山东	110	321	海外	33	39
黑龙江	39	113	山西	47	115	数据统计截至2021年12月		

2021年，大广节学院奖创意大讲堂携手40多个知名企业品牌，邀请百名广告行业讲师，通过线上、线下渠道，为全国各区域高校学子开设100余场创意公开课。在线下

巡讲活动中，大广节学院奖走进了全国 30 多个城市的 50 多所高校，举办 70 多场创意实践课，与超过 5 万名学子面对面解析创作需求，分享创意秘笈。在线上巡讲活动中，发起 50 多场创意直播课，与 20 余万名师生在云端交流互动。

2021 年度，大广节学院奖收获了来自海内外各高校参赛学生的创意作品超过 50 万件，再创参赛作品数量的新高。同时，冬季赛的增设也为学院奖带来了里程碑式的跨越。

6.4.7.2 项目创新

（1）丰富活动内容，为“网络教学”提供更多实践机会

在连续两年疫情的挑战下，大广节学院奖迎难而上，不断求索、开拓创新，努力适应疫情常态下的高校教学状态，让专业知识学有所用、学有所练；让“云端课堂”不离躬行实践、知行合一。

在特殊形势下，大广节学院奖主动配合课程节奏，紧扣行业发展和需求，为高校师生提供形式更丰富、种类更多样的实践机会和实战平台。在活动赛程上，新设冬季赛，增加 12 月至次年 1 月的创作周期，配合学期末的归纳总结阶段，让课程理论和专业技能进行及时有效的巩固和演练。在活动内容上，发起“创意之星”千人培养计划，优选千余名参赛学生，定向开设创作指导课，从策略单需求出发，实学实用、辅助创作。在创作内容上，2021 年度发布近 60 个来自知名企业的各类别创意征集需求，横跨大健康、金融、汽车、互联网、电商、食品饮品、家居家装、厨卫家清、护肤美妆、珠宝首饰等众多行业和品类，包括传播、设计、文案、策划、视频等更多创作类别，不为创意设限，让参赛师生拥有更广阔、自由的选择与创作空间。在交流互动上，大广节学院奖联合更多品牌企业，发起“品牌高校代言人”“校园大使”“品牌星推官”等征召活动，集结更多有影响力和社交能力的高校学子，直接与企业对话，参与品牌宣传计划，直达名企实习、就业岗位。

（2）适应传媒业态新形势，拓展传播类赛道

应对传播载体、渠道的发展变化，大广节学院奖在创意作品创作的基础设置上，拓展社会化媒体传播赛道。将内容创作与行业发展、实际应用相结合，让学生能够自主学习、熟悉当下的新媒体传播方式，掌握新媒体传播技能与技巧。

大广节学院奖开设的传播类赛道以创意星球网为基础，还囊括当下社会化传播渠道中最流行、最受年轻人青睐的抖音、B 站、小红书、微博等社交平台。在实际的传播环

境中，有目的性地让参赛学生进行传播实操，让学生在尝试打造有价值的优质内容的同时，掌握运营技巧帮助内容获得传播，以此培养自己的新媒体内容创作能力和运营传播能力，为未来就业创业练好基本功。

(3) 加大嘉奖力度，鼓励创意创新

为了更好地鼓励高校学子积极创作，表彰优秀创意创新，大广节学院奖在 2021 秋季征集活动中开设分段赛，在创作期中设置多个阶段性奖励，鼓励更多学生积极参赛、进行创作。

同时，自 2021 年春季征集活动开始，大广节学院奖在对获奖作品的创作团队进行常规嘉奖之外，还对作品的指导教师增设奖励。对于指导教师在学生创作、参赛过程中的指导和付出予以嘉奖和表彰。让参赛师生不仅能通过努力创作得到能力上的进步、精神上的鼓舞，还能收获应有的物质上的嘉奖和满足。

6.4.7.3 项目特色

中国大学生广告艺术节学院奖由启动仪式、命题发题、创意星球大讲堂、作品收集、作品评选和创意盛典等几大活动组成，各项活动既独具特色，又串珠成链，共同构成了以大广节学院奖为中心的系列学生创意与实践活动，令学子们感受无穷的广告魅力!

(1) 以赛代学，具有深远的教学意义

①丰富教学资源，升级教学体系。对于教学层面，大广节学院奖的命题形式、优秀作品、传播内容都为课堂教学环节提供了优质的实践案例。特别是在传播学科的教学过程中，大广节学院奖为学科教育提供了业内一线的资源与经验，让校园、企业、行业三方通过赛事进行深度沟通、有效联结。让高校师生触达行业前沿动态，并将行业资源转化为教学资源，助力教学升级，推动学科优化与进步。

②所学落到实处，丰富实战经验。让一线行业知识、最新行业动态、企业真实需求直接传达至教学课堂，为学生提供了一个与时俱进的、更广阔的真实学习环境，并完成一个从学习到实践再到学习的环节，最终让学生在实战锻炼中夯实专业技能，所学落到实处，获取真实有效的行业经验，为将来就业乃至创业打下坚实基础。

(2) 促进就业，具有积极的社会价值

大广节学院奖通过赛事与校园有机集合将真实的创意需求分配给年轻创意群体，激发其创意创新热情。并带领参赛师生与行业大师级人物和知名企业面对面学习交流，开阔眼界，为就业创业积累经验。同时，大广节学院奖直通企业人才需求，帮助参赛学子了解企业行业情况，并开通实习、就业直通车，为广大参赛学生提供更多就业创业渠道和机会（见表6-21）。

表6-21　**大广节学院奖2021征集活动获奖名单（金奖及全场大奖部分）**

作者学校	作者	指导老师	作品类别	作品名称	命题企业
全场大奖					
南宁职业技术学院	梁福诞、燕艺芳、黄净、关燕玲、谭朝龙	覃斌，谢曼妮，苏婷婷	影视广告	《花YOUNG·父子篇》《花YOUNG·分手篇》《花YOUNG·舍友篇》系列广告	京东集团
营销策划全场大奖					
福建师范大学协和学院	吴芳怡、黄诗云、许盈盈、苏雨欣、周隽怡、陈馨	陈丽	营销策划	联盟号召　当家有招	招商银行
金奖					
厦门大学	黄艳珊		短视频	东方美	碧生源
福建师范大学协和学院	施静怡、连雪华	陈丽	平面广告	20 30 40	碧生源
汕头大学	何菁慧、杨璐嫚、吴云梅、任薇、林其桦	金明琨	营销策划	借“花”献“佛”	碧生源
武汉工程大学	张洪	彭云	产品包装设计	粉白樱和桃	冰泉
江西科技学院，浙江越秀外国语学院	阮劭伟、雷雨馨	龚彦艳	短视频	冰泉，UP你的沁人自信力！	冰泉
北京师范大学-香港浸会大学联合国际学院	陶祎	许夏营	广告文案	冰泉品牌短文案	冰泉
宁波工程学院	徐佩飞	刘华	漫画故事	恋爱神器，越刷越香越亲近	冰泉

续表

作者学校	作者	指导老师	作品类别	作品名称	命题企业
萍乡学院	张文达	姚松奇	平面广告	与人亲近 口有余香	冰泉
蚌埠学院	郝雯竞		产品包装设计	初豆豆乳茶古风节气包装设计	初豆豆乳茶
湖南应用技术学院	徐子仪	张洁瑜、龙纯	平面广告	豆乳遇茶，清爽不腻	初豆豆乳茶
泉州师范学院	陈子怡、张皓婧、王茵茵、陈尔凯、蔡子怡		影视广告	当初夏遇上初豆	初豆豆乳茶
四川农业大学	黄涛	陈坤	IP形象或衍生品设计	你好鸭，我叫小奶豆。	豆本豆
成都锦城学院	吴林琳	聂鑫鑫	平面广告	豆本豆更健康“豆”	豆本豆
福建师范大学协和学院	林美、马颖、赖煜昕、字学娟、陈昱伶、周欣	陈丽	营销策划	御用“菌”团来啦!	豆本豆
上海大学	周千力、胡乐洋	胡斯文、张莉莉	抖音类	逺说	广誉远
郑州工业应用技术学院	崔浩强	许莉杰	产品包装设计	清菲菲“小食光”系列包装设计	好想你
北京印刷学院	邢伟月	李文琦	平面广告	潮式养生	好想你
福建师范大学协和学院	吴婉铃、尤惠芳、赵丹、卢欣、黄美佳、郭超智	陈丽	营销策划	高胶率日报	好想你
四川传媒学院	黄鑫、李小龙、邱钦宇、颜思雨、邓烨	陈卓	影视广告	养生合伙人 清菲菲	好想你
临沂大学	肖亚洁	姜睿	产品包装设计	折纸生肖	恒安品诺

续表

作者学校	作者	指导老师	作品类别	作品名称	命题企业
武汉传媒学院、山西工程科技职业大学、常熟理工学院、武汉东湖学院、长春师范大学	王良圆、张瑜、周鑫、杨海诚、李岩松	杨竹音、王晔	广告文案	人生百态 细分不过二色	恒安品诺
四川农业大学	杨丹萍、杨雅莉、王潇	陈坤	平面广告	纸上乐器，品质承诺	恒安品诺
昆明理工大学	高婷、林盛铭、王亚洁、薛森晶、杨赵力、王宁	王勇	影视广告	平生一顾，至此终年	恒安品诺
唐山学院	白新颖	郑红	广告文案	对妈妈说	恒安七度空间
广东财经大学	陈曦		平面广告	陪你最初的青涩，待你如初的守护	恒安七度空间
江苏师范大学	莫璐荧、骆思毅、冯博文、梅婷、姜康乔、郑净	薛媛	影视广告	潮级少女	恒安七度空间
贵州大学	石镕平、杨庆玲、李正菊	娄波、宋洪曦	平面广告	送子观音转职记	华润紫竹-毓婷
昆明理工大学	段霞、周乐甲、宋松	王坤茜	微电影	女王 Gang	华润紫竹-毓婷
福建师范大学协和学院	郁言、陈志炜、叶雨欣、陈小钦、次旦多吉	陈丽	营销策划	红运必到	华润紫竹-毓婷
河北大学	王月青	侯志刚	logo 设计	皇玛·康之家复古 logo 设计	皇玛
北京印刷学院	陆苗	李文琦	平面广告	玛上就是家	皇玛
广西艺术学院	谢镇宇、张岸婷、黄翠茵、韦沁怡	张佳明	影视广告	给你家的柔软依靠	皇玛
河海大学	冯婷薇、刘梦伊、万华瑶、李越、姚可越	贺丽莳	广告文案	杰士邦情话 24 节气篇	杰士邦

续表

作者学校	作者	指导老师	作品类别	作品名称	命题企业
福建师范大学	李泊霖	张培枫	平面广告	和冲浪一样顺滑/和消防栓一样安全/和云朵一样轻薄	杰士邦
辽宁传媒学院	王海洋、刘闯、宋奉泽、李泽龙	孙吉	影视广告	水润密码	杰士邦
鲁迅美术学院	吴宛璐	刘哲	盲盒包装设计	MOOD—做情绪的主人	京东集团
长春建筑学院	陈杉、程灿熙	刘文华、庞晓婷	盲盒营销策划	谁的青春不“盲”	京东集团
仲恺农业工程学院	李佳莹	姜蕾歌	平面广告	即刻到达	京东集团
浙江财经大学东方学院	黄晓婧、陈心怡、黄诺楠	唐武峰	营销策划	造 YOUNG 时代	京东集团
商丘师范学院、南昌大学	徐海斌、黎彦婷	张双力、杜冬梅	卡通人物周边设计	MOMO-白小纯卡通形象设计	君乐宝
四川农业大学	杜莎莎、谢斯佳、王梓颖	陈坤	平面广告	白小纯助力青春	君乐宝
江西师范大学科学技术学院	罗可凡、吴芳、熊丝雨、李青	胡国华	微电影	白小纯-捏脸篇	君乐宝
江西师范大学科学技术学院	罗可凡、李青、熊丝雨、吴芳	胡国华	营销策划	有“嫩”味儿了	君乐宝
商丘师范学院	赵雯、韦邱雨、陈玉阳	赵冰清	平面广告	小快克日记	快克药业
汕头大学	萧雪菲、冯月琳、郑佳玲、曹鸿源、刘诗华	金明琨	微电影	两代人的共同选择	快克药业
福建师范大学协和学院	王文清、冯思琪、叶敏、王清清、张烨彤	陈丽	营销策划	我没准啊!	快克药业
重庆文理学院	胡鑫	李琴	综合设计类	小快克表情包	快克药业

续表

作者学校	作者	指导老师	作品类别	作品名称	命题企业
四川农业大学	晏钰馨		产品包装设计	青春不困，独宠“你”	困茶
北京师范大学-香港浸会大学联合国际学院	陈灵煦、林海桐、任仪瑶、张怡萱、陈畅	郝爽	短视频	困茶——桂花宝典	困茶
广东农工商职业技术学院	郭星坚、黄健龙、黎广开	李旭龙	平面广告	无论什么时候，困茶都会陪伴你	困茶
四川农业大学	张宇辰、李鹏程、郑家豪	白雪	短视频	榄菊守护者	榄菊
湖南大众传媒职业技术学院	罗奕	曾红宇	广告文案	默默无蚊	榄菊
湖南文理学院、三峡大学	黄方鸿、王心语、马丽娅、樊俊骏、宿俊婷、范涛	苏杰、蔡佳穗	平面广告	不要急，我们有榄菊	榄菊
吉林大学	魏昊、谢新月、王喆	陈晓菲、杜大龙	综合设计类	“舒适生活，榄菊相伴”榄菊驱蚊产品包装设计	榄菊
湖南文理学院	李炎、赵宇琦、陶梦星、杨心怡、刘嘉珍、姚怡	苏杰	产品包装设计	手握乐虎 迎赴万难	乐虎
海南软件职业技术学院	禤达侯、吴坤庚、何李亮	庞炳楠	平面广告	战无不胜	乐虎
福建师范大学协和学院	柯雨薇、黄姝慧、李俊洋、黄烟虹、李宁	陈丽	营销策划	《年轻无畏，虎力全开》虎年营销策划案 2022. 2	乐虎
浙江传媒学院	林翁钺、陈昱舟		影视广告	一切无限可能	乐虎
湖南应用技术学院	罗蓉、刘诗懿、谢传丽、龚球、吴聪奇	刘逸、蔡佳穗	UI 设计	简	利郎

续表

作者学校	作者	指导老师	作品类别	作品名称	命题企业
山东工艺美术学院	李志先、张景程、孙鹏飞、苏铖、田悦	宋鲁、邢艳群、王玉环	短视频	为成功开场	利郎
珠海科技学院	洪泽钦	周严、易琛、白龙跃	平面广告	扑克身份	利郎
临沂大学	张曦月、陈丛丛、邵计轩、左慧	商荣华、陈洁	营销策划	C 位出道计划	利郎
广西农业职业技术大学	程小慧、梁晓晴、陈家丞、黄茜玮	韩海鹏、周林升	短视频	一梦“启”缘	鲁南制药-启达力
仲恺农业工程学院	罗晓琳、林金铭	黄丽燕	平面广告	感冒，发发汗就好	鲁南制药-启达力
临沂大学	崔柏琦、陈静、郭琪姿、李浩东、陈凤荣	商荣华、陈洁	营销策划	跨越千年的问候	鲁南制药-启达力
湖南理工学院南湖学院	裴飞、张认、吴慧萍	邱文中	短视频	盼盼，更多期盼	盼盼食品
清华大学	左译友	马泉	平面广告	艾比利，为冬奥助力!	盼盼食品
湖北文理学院	周书宇、徐路遥	陈志权	综合设计类	盼盼携墩墩，举国迎冬奥	盼盼食品
淮阴工学院	朱敏	张洪艳	产品包装设计	一个人的夏天	锐澳酒业
中国人民大学	崔培萱、王烁鑫、郑欣蔚、高云倩、何伊静	王树良	广告文案	一个人的小酒，一个人的四季	锐澳酒业
仲恺农业工程学院	苏燕、蔡子荆	黄丽燕	平面广告	RIO——一个人的小生活	锐澳酒业
苏州科技大学	乐子妍	邵斌	影视广告	微醺	锐澳酒业
宁波大学	何雨珊、谢名言、袁永洁	周艳	短视频	用森鹰空调窗，给地球降降温吧	森鹰窗业

续表

作者学校	作者	指导老师	作品类别	作品名称	命题企业
郑州大学	杨惠婷、王悦、王菲		平面广告	森鹰窗，用窗口愈合创口	森鹰窗业
北京城市学院	赵婧轩	侯召洋	产品设计	泡泡舱	圣象集团
湖南师范大学	杨润、刘紫藤		漫画故事	爱的魔法	圣象集团
平顶山学院	李晗	张强	平面广告	用爱承载，美好生活	圣象集团
湖南财政经济学院	蔡珊盈、钟柳霞、王缘峥、蔡紫妍、彭帆	李维	微电影	爱的延续	圣象集团
黄淮学院	杨亚楠、黄欣荣、韩爽、方霁雪、王梦欣	李侦侦	短视频	"碧"生所"涂"	涂缓缓
四川传媒学院	艾琨岚		平面广告	涂缓缓元气 CP	涂缓缓
珠海科技学院	沈展鸿	易琛、周严、张元明	产品包装设计	今天你保护发际线了吗?	云南白药养元青
闽江学院	肖敏、鄞艳茹、钟若彤、许晓艳、谢小丽	何白	短视频	杰西卡的烦恼	云南白药养元青
北京印刷学院	刘家妮	刘秀伟	平面广告	妈咪的头发像帷幕	云南白药养元青
浙江农林大学	阮梦宇、王梦昕、王月仙、沈舒越、孙楠、洪如萱	任莺、汪永奇、程向明	营销策划	秃学研究所	云南白药养元青
四川农业大学	李苇苇、陈仪	陈坤	平面广告	小招喵伴你行	招商银行
河北大学	刘冰彤、温佳宁	郭君	衍生品设计	小招喵徽章盲盒	招商银行
华南师范大学	王衍舜、韦儒修、林紫铭、宁佳波	梁政	影视广告	招游世界小招喵	招商银行

大广节学院奖 2021 秋季征集活动部分获奖名单

作者学校	作者	指导老师	作品类别	作品名称	命题企业
全场大奖					
天津理工大学	应桦静	范志国	短视频	偷听老师向我妈告状	舒化
营销策划全场大奖					
中国传媒大学	彭翎君、洪诗颖、余其霖、向恒宇、葛沛源	段晶晶	营销策划	"我有一个 BD 膜"新品策划案	膜法世家
金奖					
桂林航天工业学院	童俊俊、秦彩萍、陈佳蕾	蒋莉珍	H5 移动交互	也就是你，我才愿意	I Do
郑州工程技术学院	李依琳	张翔、李明璐、金荣洲	短视频	I Do 承载美好回忆	I Do
鲁迅美术学院	张月萌、杨奕灵、刘佳鹏	祝军	平面广告	我愿意，在时光中，在年轮里	I Do
北京师范大学珠海分校	雷颖昕、区睿翘、戴颖怡、邱婉婷、李白雪	钟旭	营销策划	恋爱脑学院	I Do
广西农业职业技术大学	梁馨月、周芯如、李则乐、胡秀慧、叶彩萍	韩海鹏	短视频	别让压力压垮你的头发	霸王
中国人民大学	孙梦迪	王树良	广告文案	秘密？密密！	霸王
天津城建大学	杨璐宁	陆琳	平面广告	"霸"气算法，守护秀发	霸王
东华大学	蒋雨芯	吴亮	综合设计类	药精奇缘同人漫《欢迎来到霸净游戏》	霸王
鲁迅美术学院	张嘉怡	孙一男	漫画故事	百度输入法	百度输入法
四川农业大学	苏畅、詹敬泽	陈坤	平面广告	百度输入法，助力你的生活	百度输入法

续表

作者学校	作者	指导老师	作品类别	作品名称	命题企业
浙江传媒学院	陈潮、李悦琦、邵文秋	童巍	影视广告	信	百度输入法
珠海科技学院	甘慧心、黄若琳、黄柏瑜	周严、熊江武、周瑶	短视频	我说了算	保仕婷
湖南文理学院	包静怡、曹曦予、黄宇星、马丽娅、樊俊骏、黄方鸿	苏杰、蔡佳穗、熊跃珍	平面广告	保仕婷女子图鉴	保仕婷
华中农业大学	杨凌云、王景、谷绍林、戎杰、詹杭丽	乔同舟、聂祎	营销策划	保仕婷——人生B计划	保仕婷
辽宁石油化工大学	丁璐、刘亚斌、李义翔	郜红合	周边产品设计	趣味药盒设计	保仕婷
四川大学	王嘉珉、吴伊凡、叶鹏灿、张家淑、黄开坤	赵怡涓	短视频	减脂游戏	碧生源
吉林艺术学院	王义加、娄舒尹、郭佳妮		平面广告	“油”我掌控	碧生源
南京林业大学	顾陶淘、洑阳靓、段睿、郭泽之	王勇	营销策划	解“油”杂货店	碧生源
南京林业大学	吉雯祺、蒋好哲	唐丽雯	短视频	精致生活用冰泉	冰泉
北京邮电大学	罗艺		平面广告	精致生活，用冰泉！	冰泉
成都文理学院	赵朦、唐倩、苟德燕、唐宇睿	王曦孰	平面广告	豆要零负担	豆本豆
福州理工学院	朱晨玥、朱湘婷、肖婕、杨馨、李琪	邓忠焰、董航、王玉珏	微电影	爱在身边	豆本豆
福建师范大学协和学院	张巧莹	陈丽	营销策划	午力植 up	豆本豆
西华大学	贾楠瑶、向潇羽	黎珂位	周边产品设计	奶豆子	豆本豆

续表

作者学校	作者	指导老师	作品类别	作品名称	命题企业
中国传媒大学	郑芷萱		广告文案	补气血，不用“妆”	广誉远
云南艺术学院	王蓉、韦雨萌	马楠、龚雪	平面广告	广誉天下，让我来	广誉远
四川传媒学院	周怀钰、李桂连、周雨露、陈静瑶、周芳、张婉玉	何金池	影视广告	皇家传承的秘方	广誉远
成都理工大学	王昕晨		广告文案	找到我	恒安品诺
宁波大学	赵橥奕	汪琨	平面广告	你的芳式	恒安品诺
阳光学院	严彬睿、何宇浩、林江帆、叶剑波	刘颖琪	影视广告	我的潮酷我做主	恒安品诺
西南财经大学	张婉泷、黄睿玲、刘浩然	许张毅	广告文案	呵护每一个少女的初心	恒安七度空间
衡水学院	杨艳艳		平面广告	猫咪女孩	恒安七度空间
华南师范大学	许彦		影视广告	陪伴	恒安七度空间
宜宾学院	王清宁	周萌	综合设计类	元七七——名族风华插画系列	恒安元七七
南京林业大学	张萌	周杨静	平面广告	仿“肤”	杰士邦
中央民族大学	胡宁珏、路浩东、马君奥、马瑜涵、金慧琳、罗天睿	刘卫华	营销策划	发现舒适圈	杰士邦
安徽新华学院	杨明昊、江庆波、梅凯	赵由由	影视广告	戴好人生每一顶帽子	杰士邦
江西应用科技学院	郭崇文、黄健锋、黄睿康、龙文良、刘庆锟	杨昆昆	平面广告	花样京东，给你不一样的热爱	京东集团
暨南大学	杨柳儿、蔡思雅、陈雯津	李亦非	营销策划	花 YOUNG 爱你不重样	京东集团
南京传媒学院	刘心妍、郑苏桐、解怀天、赵和国、兰梦璐、李香颖	陈程福	影视广告	只属于学生的福利	京东集团

续表

作者学校	作者	指导老师	作品类别	作品名称	命题企业
武汉东湖学院	李斯玉、贾杨、胡阳玲、胡梁静	张彩霞	短视频	传递快乐也可以很简单	可比克
江苏师范大学	苏悦洋		平面广告	我就是如此轻、薄、脆！	可比克
福建师范大学协和学院	王春来	陈丽	营销策划	一刀切准则	可比克
浙江工业大学	于凝慧、赵涵意	姚利权	周边产品设计	薯飞飞 IP 设计	可比克
南京师范大学	韩金晶、郭恺文、蔡德玮、曹雅欣		平面广告	快看，是快克超人！	快克药业
武汉传媒学院	王良圆、王添格、朱柏宇、曹宇萱、孙运耀、晏子庭	杨竹音、王晔	微电影	我多一张车票你愿意和我一起出发吗？	快克药业
福建师范大学协和学院	林雅婷、吴静仪、林柯、严鑫瑶、侯颖颖、陈扬帆	陈丽	营销策划	吾辈醒乎	快克药业
福州大学厦门工艺美术学院	施文玲	黄志雄	综合设计类	致敬职业	快克药业
江西科技师范大学	王可欣	陶莉	短视频	蟹柳，棒！	力诚食品
中国人民大学	刘亚明	王树良	广告文案	力诚手撕蟹柳广告语	力诚食品
江苏海洋大学	张雅琴	张冰冰	平面广告	“撕”出快乐	力诚食品
江西科技学院	陈宇航	袁晶	综合设计类	今天你拿鳕鱼肠写字了吗？	力诚食品
南京邮电大学	张莹、郭妍、许雨雨、熊一娴、徐霖昕	朱晓萌	短视频	关于那位穿着利郎时装的职场新人	利郎
东华大学	王翔宇		服装设计	记忆硬盘	利郎
四川传媒学院	王超群	周敏	平面广告	粉红包裹	利郎
湖南理工学院	孙雯婷、李倩	邱文中	营销策划	利落办事处	利郎

续表

作者学校	作者	指导老师	作品类别	作品名称	命题企业
重庆青年职业技术学院	覃雨萱	赵香妹	广告文案	舒适佳药	鲁南制药——舒尔佳
湖南文理学院	曹曦予、包静怡、黄宇星、马丽娅、黄方鸿、樊俊骏	苏杰、蔡佳穗、熊跃珍	平面广告	身韵	鲁南制药-舒尔佳
四川大学	申奇、周煜瑶、赖嘉祎、唐李玲、刘博岩、勾越	吴卓、高子棋、赵怡涓	微电影	最纯粹的爱	鲁南制药-舒尔佳
浙江农林大学	汪海双	程向明	平面广告	有我“罩”你	马应龙
四川农业大学	黄宇轩、杨菁菁、吴澜、曹龙、杨子珂、左子盟	弓伟波	营销策划	传统美学·致敬经典 马应龙八宝眼霜营销策划案	马应龙
天津财经大学	朱依雯、张子瑶、朱万鸿、赵若熙、李鸣非	邱颖	影视广告	变	马应龙
华北科技学院	陶彩凤	王雪梅	综合设计类	马应龙八宝蒸汽眼罩包装设计	马应龙
华南农业大学珠江学院	刘琛	郑钊	产品包装设计	祛痘修护纱布面膜包装设计	膜法世家
苏州科技大学	夏伟浩	华佳	平面广告	这才是我的“魔法”	膜法世家
中国传媒大学	王轩雨、杨扬歌、俞璐铭、何家瑜、刘汀滢	魏东	影视广告	“膜法”一片就够了	膜法世家
北京工商大学良乡校区	卞雪霏、曾芷彦、郭新亨	周古月	短视频	方砖皮影戏三部曲（《打招呼——口气的距离》《吃火锅——上火的诱惑》《唱歌——咽喉的罢工》）	三金西瓜霜

续表

作者学校	作者	指导老师	作品类别	作品名称	命题企业
宁波大学	谢名言、魏汉韬、何雨珊、许少桦	周艳、王海明	平面广告	舒服你的嗓子	三金西瓜霜
重庆工商大学	邓功杰	马丽	营销策划	三金西瓜霜——“小金砖”策划方案	三金西瓜霜
辽宁石油化工大学	黎达、刚铭阳、刘亚斌	许宁	综合设计类	三金牌黄色小方砖 IP 综合设计	三金西瓜霜
江苏师范大学	田茂特		广告文案	舒化让你舒舒服服	舒化
莆田学院	蒋咏淇	韦锦城	平面广告	打破常规	舒化
青岛城市学院	谢萌、戴明芮	李宜轩	综合设计类	舒化 X 三体联名周边设计	舒化
湖南应用技术学院	徐子仪	张洁瑜	综合设计类	小雨 IP 形象设计	太阳雨太阳能
南京林业大学	周双	唐丽雯	短视频	买珍珠耳环的少女	招商银行
哈尔滨广厦学院	刘迦南		平面广告	招商银行朝朝宝创意海报设计	招商银行
江西师范大学	蔡窍艺、高灿、李雨晓、柯飞凤、黄可欣	祝胜军	营销策划	口袋自由我有招	招商银行

大广节学院奖 2021 冬季征集活动部分获奖名单

作者学校	作者	指导老师	作品类别	作品名称	命题企业
金奖					
南开大学	刘炎	刘俊玲	综合设计类	“你守护城市，连花守护你”IP 盲盒设计	以岭药业——连花清瘟
天津工业大学	王一帆		营销策划	24 小时健康守护计划：连花清瘟?美团小黄灯计划跨界营销方案	以岭药业-连花清瘟

续表

作者学校	作者	指导老师	作品类别	作品名称	命题企业
上海大学	梁曦月		短视频	迅!	以岭药业-连花清瘟
成都纺织高等专科学校	张新月	胡冬丽	平面广告	守护青春 活力四射	以岭药业-连花清瘟
南京林业大学	刘文轩	谢加封	漫画故事	我和我的家乡——景德镇	学院奖乡村振兴
浙江农林大学暨阳学院	邱鑫儒、戴怡佩、陈嘉璐、孙川菱	汪永奇、李巧苗	活动策划	来自“东”土大唐的鸡	学院奖乡村振兴
阳光学院	林翔鹏、林楠、林江帆	郑立恒	短视频	飞檐走壁看福厝	学院奖乡村振兴
华南师范大学	叶美玲、曾珍妮、范可岚、赵怡鑫	金春姬	影视广告	应时而容——二十四节气的另一面	学院奖二十四节气
河北美术学院	龚浦杰	刘少华、赵凤翾	综合设计类	24 节气物候控件	学院奖二十四节气
江西师范大学科学技术学院	许昊昕、王泓凯	章璐	平面广告	文物中的二十四节气	学院奖二十四节气
湖南理工学院南湖学院	裴飞、张认、吴慧萍、李璟雍、龙茜	邱文中、刘晶	Vlog	我遇学院奖	学院奖 vlog
山东艺术学院	陈胜男、杜梦坤、唐嘉祎、许双双		短视频	西瓜霜的诞生	三金西瓜霜
苏州科技大学	常宝玥	莫军华	平面广告	三星堆百年巡回演唱会	三金西瓜霜
北京师范大学珠海分校	孔庭轩、陈颖桦、刘芸希、吴紫翎、陈芷欣	钟旭	营销策划	发牙日记	纳爱斯伢牙乐
四川音乐学院	邹雨璇	万蓉	综合设计类	科学防蛀，用心守护	纳爱斯伢牙乐
北京城市学院	李祎玮、董泽、隗明源汐	吴垚瑶	视频类	伢牙乐之牙菌逃跑记	纳爱斯伢牙乐

续表

作者学校	作者	指导老师	作品类别	作品名称	命题企业
西南科技大学	徐宇鹏、张涵天、杨晓玲	张潇月	平面广告	伢牙乐的奇妙探险之旅	纳爱斯伢牙乐
福州大学厦门工艺美术学院	卢丹婷		服装设计	何去何从 WHERE TO GO	GXG

（天津师范大学　袁健、孙瑞祥）

7. 新闻传播教育研究篇

7.1 口　述　史

7.1.1　吴飞：一位理想主义者的新闻传播教育改良实践

吴飞，1964 年 3 月生于安徽，浙江大学传媒与国际文化学院求是特聘教授，教授、博士生导师，浙江大学学位委员会委员，浙江大学人文学部副主任。享受国务院特殊津贴。浙江省钱江学者，威斯康星麦迪逊大学高级访问学者。曾任浙江大学传媒与国际文化学院院长，中山大学传播与设计学院常务副院长，现为浙江大学公共外交与战略传播研究中心主任。兼任国务院学位办新闻传播专业研究生教育指导委员会委员、教育部新闻学科教学指导委员会委员、中国新闻史学会全球传播与公共外交专业委员会会长、中国社科基金评委、中国博士后基金评委、中国新闻奖及长江韬奋奖评委。*China Media Reports Oversea*（USA）副主编、《新闻年鉴》、*China Media Research*（USA）、《国际新闻界》等多家学术刊物编委（见图 7-1）。

2003—2004 年担任浙江大学新闻与传播学系主任、新闻研究所所长；2003—2006 年进入中国社科院社会学研究所从事博士后研究；2006—2007 年担任浙江大学传媒与国际文化学院副院长；2007—2008 年赴美国威斯康星大学麦迪逊分校高校做访问学者；2008—2012 年担任浙江大学传媒与国际文化学院教授、副院长、新闻研究所所长；2012—2017 年担任浙江大学传媒与国际文化学院院长。在吴飞教授的努力下，素以理工科见长的浙江大学在新闻传播学学科取得了突破性的发展。2021 年 QS 世界大学学科排名中，浙江大学传播与媒体研究专业排名全球前 150 名，中国并列第四名。

问：您作为一名研究新闻传播活动的专业学者，是怎样理解新闻传播活动的？以这个问题作为开篇的第一个问题，是希望能从中了解到您贯穿整个学术研究与教育事业的基础认识，就像一位研究思想史的学者曾说，任何涉入一条新的河流的人都想知道这里

图 7-1　吴飞教授

的水来自何方，它为什么这样流淌。

答：我的一个基本看法是，新闻传播活动在人类社会中具有基础地位。站在一个比较长的时间维度来看，人之所以成为人、之所以形成人类社会，新闻传播活动至关重要。

首先，人是在跟自然世界的信息交互过程中有了自我意识，形成了自己的人格。就像米德在《心灵、自我与社会》里谈到的那样，人之所以能够有一个社会化的自我人格出现，很重要的因素就是以他者为“镜”。正是因为有互动，我才能够知道我是谁。其次，人在跟自己的同类以及其他动物的交往的过程中，慢慢积累下来了一些独特的能力，其中最为独特和重要的就是文化积累能力。人类有思维，能创造、传递和积累文化，从而与动物彻底地区分了开来。最后，信息的传播与观念的沟通是人类合作活动的中枢神经系统，是将各个体、各群体联结起来的关键所在。杜威就认为沟通既具有圆满终结的性质，也具有工具的作用。它是建立合作、统治和秩序的一个手段。离开了新闻传播活动，人类的合作机制不可能建立起来，合作也不可能达成的。随着文化的不断积累，人也开始发展出讲故事的能力，能够去抽象地建构一些在动物看来不可想象的东西，比如建构起“民族”“国家”这样的文化身份，建构起各种“主义”和理想信念，进而建立起远高于动物世界的人类社会。

问：如您所言，新闻传播活动具有基础性，广泛地存在于我们人类生活的方方面面，但越是古老的和普遍的，往往越是习焉不察，难以把握。您对于新闻传播研究是如何理解的呢？

我们虽然把新闻传播活动连起来说，但新闻活动与传播活动还是有它们的细分区别的。从现代的学科建制来谈，新闻学和传播学有各自的学科逻辑。新闻学面临的是人类对世界的感知，其核心命题是人类社会的民主治理如何更有效；传播学试图揭示生命世界的合作沟通机制，回答社会是如何运行的问题。这是新闻学和传播学研究逻辑的不同。

新闻业得以存在和发展的正当性与合理性源于它对社会状况的真实呈现，同时也关乎我们对于一个理想社会的想象：我们到底需要一种什么样的公共生活，我们到底要建设什么样的人类社会共同体？我们传递什么样的新闻、报道什么样的东西，背后隐含的其实是新闻生产者与传播者对理想社会的想象。这个理想社会不是给定的，也不是固定的，而是一种追求，是一个永远在路上的过程，新闻学研究的，就是我们如何通过具体的新闻实践活动去不断地实现这个追求，如何通过公共信息的传播与互动去不断地接近那个理想社会。

传播具有比新闻更基础的地位。传播研究的关注点或许可以如万花筒般异彩纷呈，或许可以随着岁月辗转流变，但是“人类的合作行为是如何演进的”这样的根本问题及其解答则是传播研究安身立命的基础，更是理论指向的终极追问。传播研究直面的是人类因沟通不善而导致的苦难。所以与新闻学相比，传播学是一个更为开放的体系，也有着更为宽广的视域，可以关注那些人类普遍关心的、但没有解决好的问题，比如为诸如“自我”“秩序”“共同体”等人类普遍关注的课题去提供理论基础，毕竟，社会因沟通而存在。施拉姆 1982 年访华的时候说：“在未来 100 年中，分门别类的社会科学——心理学、政治学、人类学等——会成为综合之后的一门科学。在这门科学里面，传播研究会成为所有这些科学见面的基础。”这虽然只是他对传播学的设想，但至少反映出了传播研究的学术追求是相当宽广的。

问：您是以人类文明进程的宏大视角来看待新闻传播活动与新闻传播研究的，这样的理解是否也反映在您的新闻教育事业中？

我的新闻传播理念和我的教育理念是完全勾连在一起的。新闻传播活动对于人类社会的生成和发展具有基础作用，所以新闻传播教育也具有一种基础意义。新闻传播活动关乎人的生成和自我理解，也关乎人类社会的公共生活。从这个层面而言，我认为新闻传播高等教育，能唤起学生对“人”的理解与关怀，知道我们从事新闻传播和研究活动的全部出发点和最终归宿都是在于“人”本身。所以我们的新闻传播教育，本质上做的是人文教育。这个工作不是像建一座桥梁、造一栋大厦这样立马就能看到成果，但这是新闻传播高等教育的基座，需要把最大量的时间和精力放在这里。当然，对于所有的人文学科来说人文教育都是重中之重，但不同的学科会有不同的侧重。比如对于新闻教育来说，我们要培养的是能够发现有价值的事实并且能理性反思、叙述这些事实的人，发现、反思和批判，就是非常重要的素养。对于从事更宽泛的传播工作的教育对象来说，具有较强的主动性，关心公共生活，具备高水平的沟通能力和理性交流能力，是他们应该具备的重要素养。

问：从您的阐述中，我们大致可以总结出“人文教育”“反思能力”“理性交流”“高水平沟通”这几个人才培养的关键词来。您在担任浙江大学传媒与国际文化学院院长期间，具体采取了哪些措施来落实这样的人才培养理念呢？

答：这是一项复杂的系统工程，我担任院长期间做的一系列工作，都是围绕着这个方向去努力的。

对本科生采取的就是一种很典型的素养教育。很多人把素养和技能连在一起，但我们强调的素养主要是指内功的修炼，重在教会学生如何去洞察人、洞察社会，如何理性交流，如何判断以及反思。我当时给新闻专业的本科生提的要求是在四年时间里，阅读50本经典学术著作、100部经典小说，看100部经典电影，写100篇时评；每天上一个小时微博，跟一个陌生人交谈10分钟。先贤的经验和智慧仍然是我们认知这个社会的重要基础，所以阅读经典学术著作是第一位的，是学生最基本的知识铺垫，不同学科的知识训练对形成学生的思考能力、判断能力也会有很大的帮助；好的小说是社会现象的折射与提炼，背后蕴含的也是一种讲故事、讲道理的能力，一种把握社会客观的能力，对学生是大有裨益的；电影是综合知识能力通过图像表达的一种方式，我们给学生列的100部电影中有50部与新闻传播有关，比如《深喉》《公民凯恩》，可以使学生非常直观地获得与新闻场域有关的信息，好的电影也能引发学生在哲学、美学、宗教等更深层面的思考；看微博也好、跟陌生人交流也好，是在鼓励学生主动了解社会、主动交流，也是让他们去接近现实生活中各种各样的、生动丰富的人，我当年带的本科生里就有访谈学校、访谈食堂档口老板最后形成一个作品的。教科书上一般给大家的印象就是记者是无冕之王，似乎记者就只是做一些尖锐的东西，其实人类社会的生存和生活内容是极其丰富的。当学生们去读好的文学艺术作品，去看好的电影，听好的音乐，就可能使他们的内心变得柔软；当他们真的去观察、理解各种具体的人的时候，他们对“新传”职业的理解也可能就会更加全面一些，会意识到新闻这个行业，除了犀利，也会有温情，除了看到社会问题，也会看到生活本身美的一面。

这样的素养教育并不是说提了要求、把任务布置给学生就算了。这个事情听起来简单，真的要落实还是挺难的，需要学院做很多配套工作。我任院长之后第一件事就是开设了一门人文社科经典导读课程，请很多不同学科的老师来给我们新闻传播系的学生上课。比如说读一篇哲学经典，看一本小说，甚至是听一曲贝多芬的交响乐，其实就是通过接触人文艺术当中最好的作品，帮助学生来理解人本身，因为人文艺术最好的作品，一定是能够洞察人的作品，否则就不会有穿透力。我们在引进老师的时候，也非常注重老师学科背景的多元化，加上学院本身也有社会学、政治学、跨文化研究、文艺研究方面的教师资源，整体上就打造了一个跨学科的教师团队。学院和校内其他院系也有很多互动，经常请其他学院的老师来交流。学院开设了两个“大讲堂”，一个是学术性较强的“浙大传播大讲堂”，另一个是强化实践的“浙江大学卓越传媒人大讲堂”。大讲堂的主讲人囊括中外著名学者和业界顶尖人物，学者、专家们的专业覆盖诸多领域，通过讲座的方式让学生对学术的前沿、业界的实践都有所了解，学术、业界的知名人士也为学生带来了更多、更直接的感知，有些同学通过讲座与主讲人建立长期联系，获得了实习或者就业的机会；我们还建立了一系列校内校外的读书平台，让老师带着学生一起读书，比如我们有一个“清源—薪传读书会”，每次围绕一本书深入讨论和交流，现在已经成为一种常态化的学术交流形式，每月举行一次。后来我们又搞了“卓越记者住校计划”，通过每年邀请5位左右资深媒体人长达3个月到半年时间的“驻校”行动，让媒体人与学生进行深度、广泛的交流，告诉学生外面的世界是怎么样的，实际生活中的新闻工作又是如何开展的。

对于研究生就不再只是一个纯粹的素质教育了，而是侧重于培养他们的研究能力，使他们成为专业的知识生产者。在课程改革方面，我到学院后一个最大的变化，就是除了进一步强调读书打基础以外，着重优化了研究方法课程。我们把研究方法拆分得更细，开了一系列的研究方法课程去具体教导学生怎么选题、怎么研究、怎么分析、怎么写作，旨在让学生掌握创新知识过程中可以用到的研究工具和技巧。当时还有老师来我们给学生开设的方法论课上学习。我们的教师团队中不少老师在研究方法方面都颇有心得，我自己也采用过田野调查的方式来做传播研究，这些都会影响一些学生用类似的社会学的研究方法来做新闻传播的研究。

我们注重对研究生思维方式和眼界的培养，引导研究生并不局限于学科本身的边界去找问题，而是以真正被需要解决的问题本身来推动研究。学院跟宾夕法尼亚大学、牛津大学等一些顶级院校建立了很好的合作关系，让我们的研究生有机会走出去，知道一流的学术是怎么回事情，一流的学者是怎么回事情。基本上能做到100%的研究生有去海外交流的机会。我们也做了很多“请进来”的工作，请国内外最好的学者进来给学生讲课。

值得一提的是，我们还建了一个科研实验室，请了在这个领域顶级的荷兰学者来给学生上课，教学生和老师们怎样运用这些仪器来做研究。现在看来，这个实验室无论是在设备的先进性还是全面性上，都领先同类高校 5～10 年。比如我们的实验室里有心电和脑电设备，可以监测人们在接收不同信息时的情绪波动，在当时还是比较超前的。实验室向学院全体师生开放，除了给教师团队提供研究设备以外，也让学生感受到所谓的实验室并非只能进行教学实验，新闻传播的科研也是可以借助前沿的设备，去做更加精确的量化研究。我自己带的博士研究生里，就有利用这个实验室的设备来完成毕业论文的。

问：无论是对本科生的素养教育也好，还是对研究生的知识生产教育也好，您都提到了需要很多配套工作去保障落实的，尤其强调了教师团队的作用，那么您任院长期间，对教师团队的建设理念是怎样的呢？

答：在高校中，老师既是主要的教育力量，也是重要的学术研究力量，他们不仅带学生，自己本身也在做科研，是教育和科研工作的双重参与者。我一直希望能够通过学院上下一致的努力去建设一支一流的教育团队，也非常希望能够打造一个活跃宽松的学术平台，成就一批优秀的学人。就像蔡元培作为校长对社会最大的贡献，可能并不是为社会贡献了多少北大的才子，而是提供了一个最有利于学术生长的平台，成就了一批五四文人和先进知识分子学者，所以对于高等院校来说，成就学者与成就学生同等重要。如何能引进最为合适的人才，如何能够给到整个团队一个最大限度帮助他们生长和进步的教学与科研平台，是我当时着重考虑的，包括我们建研究实验室，也是希望能够为教师们提供一个更好的科研条件。

具体的做法，一方面是引进合适的老师来补充我们现有的教师力量，包括请优秀的学者来做讲座、来交流，另一方面是支持自己的老师们走出去，去一流的学术环境进行自我提升。即便在早期学院经费比较紧张的时候，我们也一直鼓励老师们到国内的学术场去开会；后来钱稍微多一些了，就鼓励老师们每年至少到国外去参加一次国际的学术交流会议，去发论文、做演讲。此外，我个人一直坚持学界和业界的互动是有意义的，认为新传学者用局内人的视角和局外人的站位去看新闻业和新闻的管理问题，对学术研究大有价值，所以我个人跟业界有很多合作和互动，也就推动了浙江大学在这方面的探索。比如我策划组织了浙江大学卓越传媒人大讲堂、卓越记者驻校计划，与腾讯合作主办了每年一度的“全媒体高峰论坛”，邀请近百位业界的大咖在浙江大学就全媒体的转型、媒体融合的发展等问题进行深入讨论和交流；我们关注人工智能、大数据这些东西对新闻传播业界和学界的影响，跟腾讯、阿里巴巴、网易、今日头条都有很多的合作，跟传统媒体也有不少合作，这些都很好地加强了学界与业界的交流与合作，有助于开阔教师们的思路，启发他们的研究。

问：您是以怎样的工作方式具体落实这些理念与工作的呢？

答：我自己做的公众号叫“再建巴别塔”，就是希望通过改善沟通和传播，不管是语境、环境、情境还是沟通的方式，减少世间因为沟通不畅导致的种种冲突、矛盾甚至苦难，这大概就是我的追求，也是我的基本工作方式。

所以我从来不是一个强势的管理者，而是倾向于通过平等、有效的沟通，让大家共同来做一份事业，共建一个家园。实际上，一个学科发展本身也是有内驱力的，每一个老师都希望自己的这个学科越做越好，学科强大了，团队的感受就会越来越好，学生的满意度也会越来越高，所以如果做的本身就是对学科有利的事情，大家还是比较容易达成共识的。在大多数情况之下，我只需要告诉大家我们的方向和目的是什么，比如说我们学科想要发展，需要什么样的人、建构什么样的制度、如何来维护这种类型的制度等，然后大家来共同讨论，包括考评体系，都是在和大家协商与讨论的基础上做起来的。我们的团队有相对固定的沙龙时间，大家一起学习党中央精神，畅聊学术研究话题，读书品茶，团队成员充满朝气，有活力，有想象力，也有执行力。

我们也会推陈出新一些东西，但我自认也不是一个激进的革命者，而是一个改良者，倾向于循序渐进地推进工作，因势利导地积累好的因素。担任院长期间，我希望学科建设和学院管理都能更加规范，所以在此方面做了一些改良，强化了规章制度的建设。我们的研究生招生体系、课程体系，包括答辩和竞争的程序，都是以改良的方式，一点点建成规范的体系的。这些体系一旦建立起来，会有相对长远的正向影响。我当院长以后，几乎每一个领域都形成了一套体系规范，在管理上可以实现对事不对人的效果。

问：浙江大学传媒与国际文化学院2006年建院，您2012年接手学院担任院长，当时面临的最大挑战是什么？又是如何解决的呢？

其实我接手学院的时候倒也不觉得这份工作有多么困难、遇到的挑战有多么巨大。当然，我任院长的时候，学院也只是成立了几年，在办学经费上、团队力量上都要弱一些。那时学院一年的经费也只有三四十万元，但我们建一个实验室可能就要好几百万元。但这也不是完全就不能解决的问题。筹建实验室的时候，我给当时的杨卫校长写了一封信，把我们整个学院的实验室现状以及我们希望所做的事情讲明白，还梳理了国外3所大学和国内6所大学实验室的基本状况，做了一个几十页的PPT交给杨校长，后来学校给我们拨了760万元，一下就改善了我们的实验室。至于其他方面，钱少就省着花，尽量减少行政开支，包括请客吃饭这类的费用基本不产生，钱都用在刀刃上。随着学校的发展，学院的经费后来也就开始跟上了，到我不做院长的时候，学院一年已经有一两千万元的经费了。

当时我视为挑战的，主要是两个方面，一个是前面说的团队建设，另一个就是怎么提高学生的满意度。团队建设，无论是“引进来”还是“走出去”，都是要花钱的事情，也不是一朝一夕就能够成就的事情。好在前期经费有限的时候，我们依然可以因为共同的学术理想和教育理想，吸引来非常优秀的力量加入，包括诸如潘忠党老师在内的一些顶级学者来给做讲座，也只是需要我们给人家买个机票而已。至于学生的满意度提升，因为学生有不同的口味，本来就是相对复杂的系统工程，而且考到浙大的学生里面，很多是非常优秀的学生，像新闻传播和法学这种类型的专业，在浙大里面很长时间之内都是招分最靠前的专业，里面有相当一部分学生，本来是期望进清华北大的，最后因为高考发挥失常等原因，来到了浙大，他们审视学院的眼光会更加严格。当他们拿自己去跟进了清华北大的同学对比的时候，免不了会有心理落差，甚至影响到他们的学习热情。这些都是我们要去关注和改变的。当然，我们没有办法去改变学生本身的心态，但我们还是可以通过提升办学质量、服务水平来提高学生的满意度。

问：当时有没有为学院的发展树立一个对标的标杆？

答：我们在当时也没有去给自己树一个很直接的对标对象，对于公认的类似复旦人大那样有学科优势的新传教育标杆，我们在当时也学不来。比如说我们早期的时候学院就 20 来个人，跟复旦和人大怎么去对标呢？我们只能是秉持自己学院本身的一些传统，在此基础上往前做，然后尽可能去做一些相对差异化的战略。

问：最后选择的是怎样的差异化战略？为什么会选择这样的战略？

答：我当时给学院定的战略是跟国际接轨。之所以选择这个战略，第一是站在学科整体的发展格局来看，认为我们这一代学人的学术使命应该是与国际学者比肩来进行知识生产和理论创新；第二是出于对国内新闻传播研究和教育的局面研判，再结合学院自己本身的传统和资源，顺势而为。

浙大的传媒与国际文化学院是由国际文化系和新闻与传播学系合并而来的。合并之前，我们新闻与传播学系是在人文学院底下，教师们本身的学科背景非常广泛，除了新闻传播的专业老师之外，更不乏文史哲、艺术学的老师。后来因为申报博士点遇到瓶颈，需要建成一个独立的学院，但浙大本身对学院数量是有控制的，所以最好是和既有的院系合并。我们当时就在全校范围内考量，看和哪个院系合并能够产生“1+1>2”的效果，最后发现国际文化系里，有搞文化研究的，还有搞政治学、社会学等的教师力量，是可以和我们新闻传播系进行知识补充与互动的，非常合适。但当时我只是个系主任，调动能力有限，所以一有想法之后，我就立马行动去寻求支持力量。那个时候邵培仁老师算是我们新闻传播系的，同时他也是人文学院的副院长；国际文化系的院长是徐岱老师，也是人文学院的副院长；刚好赶上换届，两位老师都不再继续担任人文学院的副院长了，我就找了机会和他们聊，看两个系能不能合起来做一个独立的学院。在徐岱老师和邵老师的共同努力下，加上毛丹老师、我和其他一些老师也在做工作，而且学校党委当时在任的张曦书记本身做过《浙江日报》社的老总，对新闻传播是有感情的，也支持我们的想法，最后就如愿成立了传媒与国际文化学院。来自不同脉络、不同学科、不同文化背景的老师聚在一起，形成了交叉融合的师资力量，这是学院基本的家底。

学院成立后，我们好几次带老师去外面考察，到复旦大学、中国人民大学、香港中文大学、香港城市大学，甚至美国的几个大学，都做了一些调研工作，希望能够在把握整个新闻传播教育大格局的基础上，结合学院本身的传统和资源找我们自己的结合点。调研后发现，在国际化这一块，当时国内主要高校还没有开始发力，我们学院本身的师资力量和学校传统，在此算是有一点资源，所以我给学院定的战略就是与国际接轨，顺势而为把国际化这个特色给做起来。

问：这个国际化战略具体是怎么落实的？

答：首先还是团队发力。我们大量引进国外深造回来的青年教师，同时也鼓励本院教师积极进行国际学术交流。其次就是有针对性地做系统工作。学院做的“五个一”工程（一本期刊、一组会议、一个智库、一组暑期项目和一组学位项目），其中最核心的东西都是和国际化战略有关的。

一本期刊指的是学院主办，与宾夕法尼亚大学、威斯康星大学合办的全英文季刊 *Communication and the Public*，这是中国大陆新闻传播学科第一本真正同行评议的英文学术期刊，由来自全球各个地区的 52 位顶尖学者担任编委。2018 年期刊被 Scopus 数据库收录，2019 年被 ESCI 数据库收录，我们的目标是将其办成中国大陆传播学科第一本进入 SSCI 的学术期刊。一组会议是指与宾夕法尼亚大学安纳伯格传播学院和威斯康星大学传播艺术系合办的“传播与公共”学术研讨会，是为 *Communication and the Public* 期刊提供国际学术交流平台而打造的高端品牌国际年会。一组暑期项目是指浙大与宾夕法尼亚大学、威斯康星大学三校合办的“国际前沿理论与研究方法”高级研修班，以及浙江大学—宾夕法尼亚大学暑期课程项目。该项目催生了新闻传播领域研修班模式在大陆的兴起。2019 年疫情前的时候，有来自海内外 20 余所高校的 70 余名青年教师和博士生参加了研修班授课和工作坊研讨。一组学位项目是指我们会跟国外的一些优秀高校进行合作，走诸如“2+2”或者“3+1”的培养模式。2016 年，学院与宾夕法尼亚大学安纳伯格传播学院签署全面战略合作协议，成为中国大陆首家与该院签订合作协议的学院。学院每年选送一名优秀博士生赴宾夕法尼亚大学和威斯康星大学访问学习一年，也会推荐优秀本科生赴两校进行学期交换。学院也一直在积极向其他知名大学，比如加州大学戴维斯分校、兰卡斯特大学、莱斯特大学、墨尔本大学、昆士兰理工大学、科廷大学和鲁汶大学等推广合作，继续拓展合作院校的广度和学生交流学习的深度。在疫情之前，我们能做到研究生100%的有国际学术交流的经验，即便算上本科生，学生出国交流的比例也达到70%。

问：学院国际化战略的成功经验可以复制吗？

答：当然可以。其实没有什么的神秘东西，只不过是在国际化布局问题上，我们做得比别人早一点。它不是一个什么独家秘籍，只要愿意去做这个选择、去搭这个平台、去朝这个方向努力就都可以。因为学科特色也好，教育亮点也好，无非都是人来做的。所以核心还是怎么把合适的人放在一起，让他们有一个好的平台去做事。聚合起来的是哪个方面的人才，侧重提供的是哪方面的平台和保障，就会朝哪个方向去发展。

问：对于学院的成功，您前面也谈到过经费、设施、平台资源等一系列办学条件的重要作用，那么一个现实的问题是，高校之间的发展是不平衡的，在办学力量上也有差别。对于平台本身资源优势不是那么明显的，财力、物力也比较有限的新闻传播院系来说，也能走出自己的学科特色吗？

答：我相信是可以的。因为世界足够大，新闻传播的学科体系也足够大。从一个学科的角度讲，如果确定了一个研究点，把有限的精力和资源集中到上面去，也还是可以形成特色的。不可能所有的院系都像复旦或者人大的新闻传播专业那样，有深厚的传统、能够形成自己非常强大的学科优势，但我相信无论是哪个院系，在自己的学校平台上，总是有一些资源是可以去调用的。只要找到了最适合自己的特色领域并且坚持深耕，也是可以慢慢地形成足够影响力的。在科研上，如果经费和硬件达不到，我们也可以做一些不怎么花钱的研究，比如媒介哲学、新闻伦理等，基本上不需要硬件支持。在对学生的培养上，由于新闻传播教育本身是有通识性的人文教育在里头的，若本院系的力量没有那么强大，则可以去充分调动学校的资源，以一个开放的心态去办学。毕竟，我一直强调，新闻传播是一个比文史哲还要基础的学科，学生的人文素养和通识教育非常重要，我们不要只局限在学科的专业框架里，不要只盯着与专业严丝合缝的那一点力量，而是在一个相对开放的体系理念下办专业。此外，在当下这样一个数字化时代，网络上的教育资源也非常丰富，很多也不要钱，是我们可以借助的资源。

问：提到数字时代，我注意到对于新闻传播人才的培养您一直强调的都是诸如人文素养、理性精神、反思能力、沟通能力这样一些内生的东西，对于时下大热的媒介融合、人工智能、新媒体技术等，并没有重点聊到。媒介变迁对新闻传播高等教育的影响，您是怎么看待的呢？

答：我其实本身也是很关心技术问题，也做了很多技能教育方面的工作，浙江大学传媒与国际文化学院在传媒教育的理念与行动上，采取的是素质教育同技术训练结合的方式平行推进的，希望学生首先有比较深厚的人文社科基础，对业界保持高度的敏感性，在对业界和学术前沿有所了解的同时，也具备比较强的动手和创意能力。早在2013年的时候，学院就创建了一个全媒体实践平台，在培养学生传统采、编、写等能力的同时，注重对当下各种新媒体形式的运用和实际操作。平台体系采取学生自主运行的模式，从新闻最初的采集到最后的出版发行，包含运行过程中的推广等，都由学生自主负责，学院教师承担指导委员会成员的角色，同时不定期邀请学界、业界相关专家为全媒体平台提供专业培训与指导。学院还参与了一系列同业界合作的活动，包括与腾讯公司成立“浙江大学—腾讯移动互联网研究院”、与海宁市政府共建“浙江大学影视国际研究院”、同《钱江晚报》签约共同组建“24小时新闻实验室”等。其中，“24小时新闻实验室”主要探索大数据、人工智能、虚拟现实等前沿科技在新闻生产中的应用，打造更专业的数据可视化新闻、更有趣的游戏化新闻、更新鲜的VR新闻。

我自己一直也很关心媒介变迁带来的影响，但主要是在媒介对社会的影响这个层面上去思考技术问题。对于新闻传播高等教育而言，我认为媒介变迁只是我们去思考和面对的环境，而不是说要让教育围着媒介变迁的指挥棒跑。现在的孩子跟我们不一样，他们本来就是数字时代的原住民，新媒体技术上手非常快，我们需要专门去开一个课程教学生们某个新媒体设备、某个软件怎么用吗？他们可能自己摸索几天就会了。如果只是把自己定位于如何教会学生们娴熟操作新媒体、掌握基本的写作或者沟通技巧，我想，这并不是当代新闻高等教育最重要的价值所在。我还是更注重那些更深层、更基础的东西，并不是他发展了什么新技术了，我们就要赶紧去给学生培训这个东西，重要的还是背后的人文素养与新闻传播理念。

当然，新媒体也确实带来了很多改变，需要我们在新闻传播教育上正面应对。我一直强调对学生的素养教育、思考能力教育，也在于现在的学生真正有想法读书的不多，不是说他们对知识的感悟力弱，而是这个世界吸引他们关注的东西太多。成长于视像时代的新生代，被碎片化的知识包围，造就了他们持续关注某一事物能力的欠缺，阅读能力尤为欠缺，导致线性思维能力匮乏——他们的思维方式完全是跳跃式的；对各种学术经典的片段化、简单化解读，也无形中消解了知识的深刻性，肤浅成为一种时代病，这都是我们在新媒体时代去培养学生面对的变化。所以从他们真正匮乏的基础层面，去培养他们的思考能力与理性精神，是这个时代十分重要的事情。

新媒体尤其是社会媒体的发展，也从技术层面改变了传统的新闻生产和收受模式。传统的新闻传媒组织、新闻职业生产和新闻生产方式，更多地让位于基于自媒体建构起来的巨大社会传播网络；单向的、知识精英主导的新闻生产模式也被颠覆了，人人都可以是新闻或者类新闻的生产者和传播者；浅阅读和碎片化成为知识与信息主要的存在方式，新闻文本结构、语言风格、呈现手段发生重要的变革。我们传统的新闻职业教育一直以来都是面对一小部分的专业人群，但是随着技术让越来越多的个体参与到新闻传播活动中时，新闻传播教育就应该成为一种公民教育了；原本只对专门的新闻从业人员起作用的新闻专业主义应当成为所有参与新闻传播活动中的个体普遍需要遵守的交往信条和基本精神，内化成个体交往的基本规则，每一个个体都是这一规则的立法参与者，同时也是阐释者和监督者。如何实现新闻传播从专业知识到公共知识的转化，这也是我们这个时代的教育者应该思考的命题。我在这方面也做了一些尝试，比如学院有一个暑期班，免费面向全国的年轻老师和博士研究生做公益性的学术的培养，现在已经做了十几期，成为一个比较有影响力的暑期班项目了；我自己做了一个叫“重建巴别塔”的公众号，其实这个公众号一开始是给学生看的，因为学生经常要我提供文献，有些文献找起来很难，所以就建了一个公号，后来干脆把它变成了一个公开的平台，主要是希望通过挑选一些好文献，拓宽学界的眼光，也让它变成一个新闻传播学者的互动交流平台，现在看来初期目标是达到了。

问：您经历浙江大学传媒与国际文化学院从无到有，从小到大，时至今日，学院已经发展成为国内领先、国际知名的传媒教育重镇，在海内外享有盛誉。在2021年QS世界大学学科排名中，浙江大学传播与媒体研究专业排名全球前150名，中国大陆并列第四。另外在2021软科中国大学专业排名中，浙江大学新闻学、传播学、汉语国际教育均入选A类。这都离不开您和历任院长、书记和整个团队的砥砺耕耘，厚积薄发。现在回看自己任院长期间的工作，有没有什么遗憾？觉得最有成就感的又是什么？

答：如果真的有什么遗憾的话，可能还是人才引进方面的。有一些资源没有能够争取到，有一些我非常欣赏的学者，因为种种原因，没有能引进。再有就是我自己一直强调沟通，希望通过交流来做工作，希望通过互动来做教育，我也确实在按这样的方式进行，包括我家的这个书房，来过不少学生，很多老师也来过。作为一个院长，对于老师团队可能需要花更多的精力跟他们去聊的。但人的时间和精力是有限的，我自己觉得有些交流没有到位，也有一些想法没来得及落实，这多多少少会有一点遗憾。至于最有成就感的事情，就是培养、认识了一批非常好的学生。对于一名教育者来说，看着一些几乎不怎么懂事的孩子慢慢成长、学有所成，就是非常重要的成就。

问：感谢老师的耐心阐释，通过您对新闻传播活动的理解，对新闻传播研究与高等教育的理念，我们感受到了您在新闻传播学术研究与教育中的理想主义精神和人本主义的价值追求。您在担任院长期间，完成了本科生素养教育、研究生知识生产能力教育课程改革；建设了一支多元化、国际化的一流教师队伍；提出了学院建设的国际化战略并迈出了关键性的步伐；为学院管理和学科的制度化、体系化和规范化打下了良好的基础、树立起基本的框架。您以一种润物无声、水滴石穿的方式，在一点点践行着您对理想状态的追求。对于新闻传播学科和新闻传播教育未来的发展，您有什么样的期许呢?

答：希望我们这个学科是一个更开放性的学科，利用人类的所有的知识成果来丰富和完善人的沟通的能力，提高人的沟通的素养；希望我们这个学科的学者在未来能够完成本土化的理论建构，用最先进的知识来解决中国的问题；希望我们始终能够带有一个关怀之心，以容忍之胸怀，来研究人类自身的交往活动以及人与自然环境和社会环境之间的交往关系；研究怎样通过新闻传播这样的公共事业，享受更好的公共生活。至于新闻传播教育，则是希望能够把这些学科理念，一点点去传递给学生。树人和社会改良都不是一朝一夕的事情，而是一个慢慢推进的过程，希望我们都有这个耐心，一点点去坚持。我是相对乐观的，我认为人类社会整体是在变得更好而不是更坏。尽管大家最常挂在嘴边的一句话是“这是一个最坏的时代”，但毕竟还有另外一句话，“这也是一个最好的时代”。一切总是在朝更加文明的方向前进。

（西北政法大学　李婷）

7.1.2　喻国明：壮怀未与年俱减　且以寸心寄山河

作为新中国新闻学界的第一批博士生，喻国明亲历了30余年来我国新闻传播学科从筚路蓝缕到硕果盈枝的发展过程，也亲身体验着媒介生态变革对社会发展的深刻影响。在他看来，新闻传播学是一个“连接型”的学问，其所涉及领域之广、革新速率之快，使得整个学科建设的重镇不断地转移。在学科范式革命的推动下，原有的知识结构、评价体系、培养规格都需要进行相应的调整。因此，对于新闻传播学教育，不能再“用大众传播的知识理念，教导今天新媒体条件之下的学生，让他们去应对未来智能化传播的现实”。秉持着这样的理念，喻国明在北京师范大学新闻传播学院担任院长期间，带领学院抓住互联网研究浪潮中的成长机会，用自己的方法回应着全新时代背景下新闻传播学研究与学科建设过程中遇到的新问题（见图7-2）。

7.1.2.1　“变则求通，通则恒久，日新之谓盛德”——一位学者见证的新闻传播学卅年之变

问：2021年新闻传播专业考研国家线达到367的高分，网友无奈笑称这分数线“喻国明来了都要调剂”，请问您如何看待新闻传播专业“考研热”这种现象?

答：过去的新闻传播专业主要是为媒体培养人才，而今天，整个社会处在媒介化的

图 7-2　喻国明教授

过程当中，媒介的传播机制、传播法则、传播模式成为促成线上社会重构的最为重要的、基础性的专业力量和专业逻辑。这就意味着，各行各业都需要新闻传播专业，尤其是建立在互联网逻辑之上，新闻传播专业学生的社会需求量应当是很大的，我相信这个专业在未来也会是热门的专业。

而如今的“考研热”是基于两个现实情况，第一是疫情之下就业形势压力比较大，总的人才需求量在减少。而学校教育承担了蓄水池的功能，既是学生自我提升的途径，又可以给学生提供一个缓冲期，所以考研就成了学生在就业压力之下很重要的选择。

另外，新闻传播专业经历了一个大发展的时期，全国有 900 多所大学里面有新闻传播专业，将近 200 个学校有相关的院系，整体的人才供给量是在不断增加的。但是从新闻传播学教育本身来说，我们过去的人才培养体系跟如今互联网条件下的现实需求之间存在着一定的错位。我曾经说过，现在是“用大众传播的知识理念，教导今天新媒体条件之下的学生，让他们去应对未来智能化传播的现实”，这种错位也会造成部分学生流向社会的时候，在就业上出现困难和落差，学生就会希望通过继续深造使自己的专业能力得到纠偏和提升，这就是为什么如今考研成为一个热潮。而这些其实也是我们新闻传播学专业教育应该思考的问题。

问：这种“热度”也让人联想到，当前对新闻传播学存在一些批评的声音，比如说准入门槛低、追逐热点、缺乏深度等。您怎么看待这种声音?

新闻传播学跟其他学科的逻辑有一个很大的不同，在于它是个“连接型”的学问，这个专业的本质就在于如何形成更好的、更有效率的连接。连接型的学问涉及社会的方方面面，而且在社会高速发展的条件下，学科革新变化的速率也一定是非常快的。因此，在新闻传播学发展还不到100年，整个学科建设还没有增加足够厚度的背景之下，很多研究的语境、场景都已经发生了变化，研究的重镇也不断地进行着转移。所以在这种情况之下，这门学科就会显得相对扁平一些，被人认为是所谓的“门槛低”，也有其现实的原因。

但学科逻辑的不同也决定了，有些学科是先简单后复杂，有些学科是先复杂后简单。新闻传播学在我看来就是一个先简单后复杂的学科。在过去100年的累积中，我们对传统的内容传播的一般原理已经探索了相当一部分，但我们今天面临的主要任务不再是内容传播，而是要考虑在整个媒介化社会中，新闻传播的机制、法则和模式如何嵌入行业的重构甚至社会的治理过程中。这包含着无数需要攻克的、需要跨界整合的问题，而对这些问题的解决，也必须在一个高度专业化的语境中才能得以实现。所以今天的新闻传播专业所面临的任务是一个很有“宽度”的全方位问题，想由此进入任何具体的研究领域之中，都是有难度、有门槛的。

所以这种先易后难的顺序就造成了人们的错觉，觉得学科门槛低。这些争论实际上也是一个学科发展中的必经阶段。当年在我上学的时候，新闻学被认为就是一套实践法则和行为规则，有新闻“有学”和“无学”的争论。而到后来，越来越多的学科机理和逻辑被揭示出来，大家也就发现了越来越多值得研究的问题。这些都是我们学科建设由刚开始的草创、追赶，到逐步进入成熟期的必然的过程。我相信以后随着新闻传播的专业逻辑在社会生活当中变得越来越重要，吸引的优质人才会越来越多，整个社会投入的资源和支持也会越来越大，这些所谓的质疑也自然会得到解决。

问：您认为这种新闻传播学发展的革新和转型对您个人的研究兴趣和方向有什么样的影响?

答：20世纪80年代初我上学的时候，国内新闻传播学理论研究的资料和素材可以说是相当缺乏的。我在写作本科学位论文的时候，第一次有资格走进中国人民大学新闻学院的资料室去查资料，第一次感受到了研究资料的丰富对自己知识疆界的拓展和研究兴趣的激发，这是非常幸福的感受，所以我下决心继续深造提升。但随着资料越读越多，就会发现，读50篇、100篇论文的时候，所有的文章都是在打开你的眼界，丰富你对这个专业的了解；但读了100篇之后，你会发现重复的东西就多了，观点的重复、举例的重复等；再看到500篇的时候，你会发现重复得如此厉害，仿佛全中国新闻理论的研究，就靠那么有限的几个观点、几件案例、几种现象在支撑。而且那时候的理论研究更喜欢形而上的思辨，能够提出一些新的概念，逻辑、模式之类的。在这种情况下，要发展这个学科，首先是要做的就是把材料的丰富度扩张开来，只有进行大量基础性的案例和数据的累积，新闻传播学才可能有自己的发展，形成自己的学科逻辑。所以我从那个时候起就开始重视实证研究，尝试进行一些研究方法和理论上的拓展。

至于我自己学术研究的逻辑，可以用我讲的影响传媒业的四个维度来解释，就是“政府规制、市场产业、技术革新，以及社会安全”。首先，在20世纪80年代，当时全社会基于对“文革”历史教训的深刻认识，研究的主旋律就是对现有规制反思基础上的建构、批判和理论探索。所以那时我写过关于马克思、恩格斯和列宁对于理想的新闻体制的构想，今天所讨论的制度因素与学科发展的很多议题，我们在当时就已经进行了梳理。其次就是市场力量，做了规制的研究后，我们发现规制本身只是一个蓝图，对这种愿景的现实，则更需要关注背后的动力机制，这种动力机制就表现为市场的力量，因为市场在配置资源方面有天然的敏感性。所以我从20世纪90年代一直到21世纪前10年，主要关注的是新闻媒体产业化的市场机制的研究；再到后来，新媒体开始崛起并成为主流媒介，对社会生活的影响力日趋提升，新闻传播学研究工具和方法也在革新。所以大概从2005年开始，我更关注技术因素作为影响新闻传播业变革的主导力量所发挥的作用；而近年来的疫情等非传统安全下的社会安全状态，也使得非常态传播下媒介的运作机制和传播方式发生了许多变化，所以社会安全因素可能会成为下一个新闻传播研究的重要战场。

我经常说我并不是做传媒经济的研究，我研究的逻辑一直是关注影响传媒业发展的最重要的因素，关注在社会媒介化变革进程中，媒介的角色、作用和制约力量。

问：您认为，在这样背景下的新闻传播学研究及学科建设，应该怎么去寻找前沿问题与学理深度之间的平衡？

答：新闻传播学是个应用学科，虽然它在学科深度构建的过程中会沉淀出许多规则性、理论性的积累，但目前为止，传播学的知识生产仍大多是建立在大量的个案和应用累计的基础之上。作为应用学科就必须有一个标准，这个标准就是实践，一切从实际出发，从现实当中抽译出规律道理、逻辑法则，再回到现实，去解释、预测和把握现实本身，这就是应用学科的一般逻辑。而我们现在在学科建设方面，之所以出现了一些问题，就在于我们所面对的现实环境已经变了。我们过去的学科逻辑是建构于大众传播背景之下的理论解释体系，而今天的传播环境是一种断裂式、破坏式的创新，也就是托马斯·库恩所说的范式革命，所以我们不能再沿用原有的惯性思维去解决和解释问题。

因此，我认为现在的学术研究和学科建设应当以“问题逻辑”作为开路的坚冰。

问题逻辑就是以解决问题为导向，不管理论和方法的学科来源和学科背景，只要能有效地为我所用，就可以尝试纳入我们的学术标准、学术框架、学术逻辑中来。只有当问题逻辑所解决的个案和积累起的经验足够多的时候，才能在此基础之上用“学科逻辑”去伪存真、去粗取精，提炼出更为普遍性的、恒常性的一般规律和理论。如果仅仅依靠学科逻辑，连战场第一线都没有到达，凭着想象闭门造车，是无法解决今天的学科建设中遇到的新问题的。

所以我刚到北京师范大学新闻传播学院的时候就说，我们过去的学术传统不够多，这是劣势也是机遇，因为这样我们做前沿的、新的学术研究和探索的时候，受到传统的惯性、标准和尺度的制约就相对来说比较少。或许我们的成果不是完美的，甚至存在一些不足够严谨的内容，但对于一个崭新的领域，与其说要求完美，不如说去做一些尝试的、探索性的工作更有价值。

不过这不意味着学科逻辑是无用的。当研究者进入这个领域，希望拓展工作深度的时候，就需要有更扎实严谨的学科规范作为指导。但这种深耕也要求我们调整相应的评价体系、衡量尺度。当今国内的新闻传播学的学科逻辑有两个特点，第一个是宏大叙事，因为中国社会在一个迅速成长的过程当中，需要各个学科贡献智慧，所以很多研究指向发展中宏观问题的对策型研究；第二个是节奏“短平快”，现有的评价体系的考评周期是很紧凑的，在这种快餐式的标准下，我们的很多成果是相对粗放、浅表化的。然而很多含金量高的研究是需要时间和精力的投入，并且要给予研究一定自由度的。因此在北京师范大学新闻传播学院的工作中，我们也尝试了用自己的方法来回应这个问题，比如我们学院主导的四川省凉山州的智慧赋能乡村振兴项目，既是一个特色微党建的实践思政课堂，同时也是一个研究的田野实践。我们可以在比较长的一段时间里，将这个地区作为观察点，以这里为窗口去研究适农化、适老化传播中的世代问题，我相信这样的工作也一定是很有价值的。

问：您认为这些变化对新闻传播学教育又产生了怎样的影响？

答：我国的新闻传播学教育主要是由人大、复旦这两个重镇的人才培养和教学模式所构造起来的，这套模式是非常深刻、到位而且行之有效的，它非常适应过去大众传播主导下的社会对于新闻人才的培养要求。但如今互联网全面渗透到传播和社会各方面，这也要求我们的培养模式和知识体系本身要有所革新。比如说过去以研究型的人才培养作为自己的主调，但国家现在强调专业硕士，那么应用型的专业人才怎么培养？从这个角度看，我们新闻传播专业的发展与社会的要求和期待相比，其实是有很大的空白的。

这种空白就留给了其他新闻院系在新形势之下占据主战场的一席之地的时代条件。一些过去相对来说比较弱势的院校，可以依据自己的学科优势，探索自己的成长模式。

比如北京师范大学新闻传播学院的学科优势在于它的学科很全，基础学科非常扎实，恰好今天新闻传播学的发展趋势也是向着多学科的交叉的，因此我们的发展大方向就是要利用这种学科优势，通过跨学科合作丰富研究的角度和层次。

在具体的发展路径上，我一直认为，一个学科的影响力是跟它研究的对象的影响力高度相关的。今天互联网作为最重要的媒介，谁对互联网有认识、解释和把握、预测的能力，谁就有机会在学科建设中取得突出成绩。在互联网的发展当中，有两个趋势特别值得关注，一个是对算法的把握，因为用算法来统合各方面的资源的连接和配置，这是互联网发展的必然逻辑，所以计算传播学就一定是我们学科发展特别关键的方向；另一个是对人的洞察，现在各种形式的传播其实都是围绕人的实践半径产生的，传播学科的建设也要以人为本，因此我们可以利用认识神经科学等手段丰富我们的工具，建立以人为本的传播机制和传播法则。所以北京师范大学新闻传播学院在具体的发展方向上就确立了“计算传播”和“认识神经传播”两个抓手，这也是我们构建未来传播学体系的两个最重要的发力点，也是我们把有限的时间、有限的精力，有限的资源，用到价值最大化的最基本的方式。

7.1.2.2 “顺时而谋，因势利导，通于一而万事毕”——北京师范大学新闻传播学院的探索与经验

2018年，我国提出了高等教育“新文科”的建设要求，而喻国明在北京师范大学新闻传播学院所进行的探索正与此不谋而合。在他看来，学科通融要遵循“先易后难，由近及远”的规则，对外强强合作引入资源，对内因地制宜发挥优势。他从学院实际情况出发，确立了“由学术研究和科研创新，带动学科平台建设和学院科层改革”的发展思路。面向未来媒体传播，注重学科交叉，依托“认知神经科学与传播学创新实验室”等五大实验室，以及“VR/AR/MR创作大赛”等五大品牌学术活动，开设了《光明日报》、人民网、《人民日报》等近十个实训实践基地，建设了“未成年人网络素养研究中心”等两个研究中心，并与乔治梅森大学、卡迪夫大学等开展国际合作办学，将传播学与信息科学、认知科学等相融相合，培养了一批批立足专业、放眼国际，宽视野、善实践的跨学科创新人才。

问：北京师范大学新闻传播学院的交叉学科建设，非常契合国家提出的“新文科”培养理念。根据您的经验，请分享一下，在交叉学科建设上是怎样融汇资源的?

答：每个学校现在都希望在新文科的建设背景下做一些突破，具体做法没有统一的模式，但原理上我认为应该是一致的，发展交叉学科、引入跨界资源最基本的法则就是“先易后难，由近及远”。首先就是要有正确的方向，目标必须一流，操作化程度必须

高，执行力必须可持续，而且要有阶段性的成果推进。资源短缺在学科建设中是常见的情况，但我们可以先集中有限的资源去做一些一流或者准一流的事情，做出了好的成果后，就有了合作的资本。所以我常说的“把握一流问题单”，就是要看哪些问题是值得用有限的精力和时间去做的，要看对一流的问题能不能有整体的解决方案。社会资源的分配从来都是扶强不扶弱，通过示弱获得的资源是不可能支撑一个学院长足发展的。所以一定要表现出自己在愿景上、操作能力上的强大，用取得的成绩来展现自己的势头。

比如现在我们跟微软合作的人工智能与未来媒体实验室，跟百度合作的未来媒体空间，跟拓尔思公司合作的网络舆情研究中心等，都是这样的思路，因为我们主动给对方展示我们的规划、能力和成果，人家才愿意把一流的技术、软件、数据等资源给我们免费使用，甚至还提供一些种子基金来培养学生们做课题，这对我们来说就已经节省了大量的科研资源。

其次就是在跨界合作的过程中，要坚持自己的学术本位意识。如果合作中没有自己的学术设计和学术目标，那我是不愿意去做的。这些跨界的资源走入我们的课堂，不是来做教育扶贫的，我们不是“贫”，而是要强强合作。我们的能力可以转化为学术生产力，可以转化为贴近实践一线的、对合作单位有帮助的研究成果。带着这样的互利意识，合作起来就会比较可持续。合作方提供给我们资源之后，我们也会有一些研究成果反哺他们的业务，为他们提供新鲜的滋养、新鲜的视角，这样合作方才会更重视我们的价值。

另外，这种“由近及远，由易到难”的思路也是要从自身的资源出发的，如果校内的资源都不能整合的话，更谈不上跨学科。比如师范类院校的基础学科非常全面且完善，我们就可以利用这些心理学、数学等专业资源做相应的研究。所以先看在自己的学校范围之内，能不能有交叉资源的引入，再看看校外有没有其他业界或者是研究机构的资源，一步一步地把自身做大做强，当每一个方向上都有不同的资源来开展合作的时候，就能够凝练出自己的学科特色和方向。

问：在学科建设中遇到的主要难点是什么？您又是如何解决的？

答：在学科建设上，有一点跟我在中国人民大学时的感受是很不一样的。中国人民大学新闻学院这样的一流平台不需要做宣传，它所做的在专业范围之内必定会非常受到关注。但是这种传播对于我们这些后发展的学院来说是急需的，因为我们过去不在人们视野范围之内，所以必须有一些标志性的招牌来提升我们的能见度。

因此，我们做了一系列的学术活动，比如说中国 VR/AR/MR 创作大赛，也基于此做过 4 期 VR 培训班，有 100 多个院校的专业老师都参与其中；同时，我们这几年一直在做暑期工作坊、健康传播工作坊、智能传播工作坊、认知神经传播学工作坊等，邀请了国内外顶级的专家，当然也包括本校内部的一些跨学科的专家；以及我们的京师中国传媒智库发布、京师未来媒体大讲堂这些活动，都汇聚了这个领域最优质的学术资源。这些既是学院在学科建设方面做的有实际功效的活动，同时也是向学界表明我们在做智能传播、虚拟现实、认知神经科学等这些方向，这样大家就知道你在哪些方面发力。有了这种能见度之后，外界才会关注我们，资源就会向我们聚集，社会的评价也能够成为学院发展的动力，并且可以进一步扩展学院的影响力。

所以对于我们这样起步晚的学院来说，就要既会做、也会说。所以当我到学院还不到一年的时候，就很冒昧地提出了一个口号，叫做“学金融到五道口，学新媒体到新街口”，这实际上是特别鲜明地举起了旗帜，我们是以做新媒体的研究为办学特色的，我们从这个角度来切入新闻传播学的学科建设。成功地打出了这个口号就给人一个印记，让大家至少知道我们努力的方向。我刚到学院的时候，我们专业的教育部学科评估是 C+，2021 年根据刚刚发布的泰晤士高等教育中国学科排名，综合了教学、研究、国际视野等多重指标后的评比，北京师范大学新闻传播学院在国内新闻传播学科的排名进入 A-序列，这也是我们这几年在这个方向上的努力所取得的一些成绩和获得的业界认可。

问：这一过程中的平台建设、队伍建设、资源建设等各个环节是怎样相融相通的呢？

答：我们的逻辑是先从研究、创新起步，通过这种方式来建立自己的学术影响力和学术地位。当积累到一定程度之后，再来进行学科完整的体系化建设。这是分两步走的工作，先把自己的学科优势在比较快的时间内提炼出来，在这个优势获得的基础之上，再来进行学术平台的完善和教学的空间的扩张。

这走的其实不是一条寻常的路，我刚到北京师范大学新闻传播学院的时候，学院连我在内一共 17 个在职在编的教学研究人员，人才队伍是相当受限的。所以我们没有像其他学院的常规一样，进行基础部、教研室的建设，因为教研室是以教学为中心机构设计，但在当时对于北京师范大学新闻传播学院而言，当务之急是要有研究方向的转向和研究质量的提升，并以此来带动整个资源的汇聚和教学自由度的获得。

因此我刚到北京师范大学的前两年，主要做的工作是科研的提升。在外部就表现为联合各种资源，在各层面争取科研经费的支持，等等。在学院内部，我们通过开设实验室的方式来进行专业建设，因为实验室很明确就是做研究的，而且每个实验室是有确定的方向的。比如说认知传播学实验室，就是用认知神经科学进行传播学创新研究的，它的工具手段、方法和特色是研究导向型的，这样不同的老师就能进入不同的实验室当中凝心聚力，承担重要角色。而且实验室在跟外界资源对接的时候，相对来说灵活度和自由度比较大。比如一个广播电视教研室，要跟报业进行合作就很难匹配，但如果是一个研究型的实验室，比如说认识神经传播学实验室，是使用这种方法来做传播现象的研究，那跟任何一个机构合作都很灵活。

当然进行学院建设，传统的科层制建设还是必需的。所以我在任最后一两年间，就更加偏重于教学和人才培养上的调整，进行了本科和研究生培养方案的重新拟定，这实际上是已经有了相对成熟的学科方向、研究成果和相关的资源，才足以支持我们在人才培养和教学方向上进行一些改变，是有先后顺序的。因为学术研究比较容易快速地出研究成果，但教学培养方案需要在一个比较稳定可靠、可持续的基础上进行调整。

问：学院建设的本质是为了服务于“育人”这一核心目标，北京师范大学新闻传播学院在人才培养上有何创新性的举措?

在人才培养上，我们也希望能够对学生的培养过程、考核方式、教学资料等进行一些颠覆性的革新。比如教学资料上，我们组织了国内 9 家新媒体研究的重镇院系成立了“网络新媒体教育 C9 联盟”，并且出版了网络与新媒体系列教材。教材包括网络与新媒体研究的通用理论、专门理论、工具方法三个部分，而且资料的呈现方式是非常丰富的。例如我和曲慧主编的“微课版”《网络与新媒体导论》，这是指出版的纸质书只是整个教学环节的载体之一，并不是这门课程的全部，随教材配套的资源还有课程的教学课件，也有每一章的音频导读，同时一些教材里也会配有各种类型的软件、数据库、习题等来支撑教学。既然做新媒体系列的教材，那么教学表达也应该用新媒体的方式完成，这才是具有互联网意义的教学培养手段。

另外在教学上，现在有很多互联网公司进入大学课堂，但仅进入课堂是不够的，我更希望他们开设的课程能够有机地融入我们的人才培养目标。所以我在学院开设了“人工智能与未来媒体大讲堂”的“拼盘”课程，就是为了形成一个以我为主的，以单元化、模块化方式进行的教学设计。比如这个单元讲人工智能，就请微软的人工智能专家来讲，另一个单元讲新媒体内容生产，就请网易爆款文的专家来讲。而且在“拼盘”课程之外，应该有更灵活的工作坊形式延续常规的课堂教学，向着“动手尝试”的方向发展。课程是完成基础知识的输入，而工作坊要承担更加实践性、功能性的任务。比如说学生上过了互联网产品的课程，那工作坊之中，就要具体去学习使用这些技术做个 App 或者小程序。而且我们的工作坊可以承担进一步的孵化功能，因为我们也有互联网公司提供的种子基金，对表现优异的学生小组，可以给他们一些支持经费，让他们把在工作坊中的创意落到实处，去尝试创业或者其他的实践。这样培养的学生就既有面向智能媒体的知识，并且有完成具体任务的能力。

未来对人才的评判，不光是在大学里上了几门课，读了多少本书，还要像孔夫子所说的“学而时习之”，既要有专业知识量上的积累，也要学以致用地在专业领域进行尝试。所以我们现在在研究和教学领域的改革，就是想让我们的毕业生面向社会的时候，能提供具体的实践成果，丰富用人单位对“时习之”的判断标准，为用人单位的考评提供更多的指标和参照系。很多学生走上工作岗位后会展现出很强的能力，但是我们如果在培养阶段的时候就能够激活他们的能力，让他们应用这种能力，这对他们学习的自主性也是一种激发。

问：经历了独立建院之后的转型发展，您是怎么看转型过程中的师资队伍的建设和管理方面的问题？

向北京师范大学这样的一流大学里，任何一个能够进入教师序列里边的人都是有相当的能力的，这一点是毋庸置疑的。所以作为学院领导，就必须照顾到每个人的能力特点，在更大程度上打造好的氛围、机制、条件和平台，以支持教师的发展。

学术研究是存在惯性的，比如过去大众传播学的知识是大家比较熟悉的，而研究新的东西需要掌握新的方法，研究思路和研究资源的获得都有相当的难度，所以教师自身知识结构的革新也是一个过程性的东西，对于这些也一定要予以包容。如果光站在你自己的视角，有些老师不在你的学术的圈层之内，但是如果从一个更大的范围来看，一定有特别适合他的位置。

我过去在调研中，山东大众报业集团的领导就跟我讲过这样一个道理，他说在报业改革过程，让年龄大些的老同志做新媒体采编的工作，可能真的没有年轻人做得好，但他们有其他很重要的优势，比如说对党的政策理解得更好。所以他们集团就形成了两个工作战线，年轻人做一线前端的工作，老同志做评报类把关的工作，各司其职也各尽所能。对于人才和资源配置也是这个道理，人才队伍的激活就在于要把人放在适当的位置，让他去做适当的事情，而这些事又是适合于未来学科发展方向的。所以我们一方面引进了计算传播、认知神经科学等领域很前沿方向的师资力量，另一方面也很看重资深的老师在整体的教学研究中所起到的穿针引线的基座作用。这既是对人的尊重，也是对学院集体氛围的维系。

7.1.2.3 勿求近功，不安小就，明者远见于未萌——新闻传播学探索先行者的使命与情怀

北京师范大学新闻传播学院在几年的蓄力发展中收获颇丰，在未来媒体、认知神经传播学等诸多前沿交叉领域确立了领先的学科优势。如在2022年发布的泰晤士高等教育中国学科评级中，北京师范大学新闻传播学院在国内新闻传播学科的评级进入A-序列。而喻国明却功遂身退，将精力投回了学术探索之中。他认为，现在的他能够平心静气地做自己感兴趣的研究，更为专注地谋求科研突破，这是发挥自己价值的最好方式。

作为新闻传播学科建设的先行者，喻国明却谦称自己只是“一位连接者、一座桥梁和一张蓝图”，虽然现在的工作或许会被未来学科发展的硕果覆盖，但总会有一代代新闻传播学人在求索中成长为立时代之潮头，发思想之先声的学科栋梁。他能做的就是贡献自己的力量，尽力为学科未来的发展方向打好基础。这种“计利当计天下利，求名应求万世名”的大公品格，是他，也是这一代新闻传播学人的使命担当。

问：现在很多新传学子对自己的专业和发展产生了不同程度的困惑。就您看来，在今天这个时代，新闻传播学科的价值在哪里？

答：现在有种不好的现象，在高考填取志愿的新闻中，经常有一线的记者对高考学子说你不要报新闻传播专业，认为这个专业没有价值，其实这是一种错误的判断。当然我们理解这种说法的确是有根据的，如果从生产内容的角度来说，将传媒业仅仅理解为内容生产者的话，现在在自媒体盛行的情况之下，的确分割了传统媒体既有的价值和作用范围，内容生产已经不是新闻传播专业的学子能独占的领域了。

但这种判断也有一定的偏差，因为虽然每个人都可以做内容，但是一个好的传播者，要在整个传播链条中起到压舱石和定盘星的作用，这是需要严整的专业素养和机构化的组织支持才能够做得到的。即便是“爆款”的新闻信息，如果缺乏专业能力的表达，人们不会真正地把它作为决策的依据。所以我们专业媒体的职业素养和专业组织的公信力就体现在这种定盘星的作用上，体现在这种提供二次传播的解释力和一锤定音的能力上。这个过程里，仍然是新闻传播专业的人发挥着主要的作用，这也是我们专业的价值所在。

另外，今天谈新闻传播专业的范畴已经变了，不再是进行内容的采集、加工、制作、传播，而是更大程度上向各个领域的线上媒介化过程输出自己的专业能力。比如现在的新政务、新教育、新健康等领域中，都有互联网传播的机制规律在发挥作用。同样地，线上各领域如果不强调这种连接的有效性、效率性，不强调传播规律在多感知通路中的协同效应，也是很难形成有效的吸引力和价值变现能力的，所以这实际上是新闻传播专业未来的全新战场。

从这个角度来看，未来的传播专业是非常有发展前景的，我相信以后随着人才培养方式的完善和学术研究统摄力的提升，新闻传播的专业逻辑会在社会生活的更多方面发挥更重要的作用。那时候就一定会有更多的人去认可它，这其实是一个必然的结果。只是这种必然性还没有完全到来，我们正处在转型过程当中，这个专业原有的角色在弱化，新的扮演角色还没有强势的登场，在这个过渡时期人们可能会存在困惑。现在大家都说学科太内卷了，所以大家困惑也多，问题也就比较突出，其实困惑多也是个好事，这代表着人们开始对这个专业何去何从有了思索，开始思考它变革过程中的主流逻辑是什么，这些恰恰是从过去的那种以内容传播为基础和主导的学科逻辑转而进行学科重构时必要的观念准备和思想探索。

问：您建议新闻传播专业的学生，应该掌握的最基本的技能或素养是什么？

答：对于学生来讲，新闻传播学的基本理论、知识和技能是需要有的，更重要的是去理解这个社会本身。美国曾经做过关于新闻传播专业改革的实验，有 15 个学校历时 10 年的考评，结果发现，现在新闻传播学科改制的过程当中，什么样的东西更能受到欢迎，就是做社会的工作的，比如社会心理、社会组织原理，或者说是对社会大趋势研判的工具手段方法等。

我之前说新闻传播是一个连接型专业，所以在整个专业的培养当中，就需要对于连接所到之处的接口给予更多的关注。为什么今天新文科教育成为趋势，其实是跟工业化时代的结束息息相关的。现代大学教育是伴随着工业革命开始的，工业革命之前，无论中外的学校，都是大而全的书院制教学，以前的学者也都是大百科全书式的作者。但是从工业革命之后，对分门别类的专业化教育提出了要求，就形成了大学分学科的教育模式。这在一开始的时候，有利于聚集专业力量，形成学科深度的发展。但是当这种细分到了一定程度之后，哪怕是同一学科的研究者，也会因为深耕的领域不同而产生不可通约性。就是当精细化发展到了一定程度之后，很多专业领域可能已经走入一个自己的逻辑循环当中，再难以取得有重大社会意义的突破性发展。所以当信息化时代到来的时候，我们需要借助信息化的力量，进行一些破圈的、横向的连接，在连接当中让专业力量真正起到效用甚至价值倍增。所以这也是我们新闻传播学研究者理解社会应该有的视角和方向。

所以作为新闻传播学学子，那些既有的知识我们要学，同时也要有一种终身学习的理念。我们都知道有两种知识，一种是结论性的知识，另一种是工具方法性的知识。在不断迭代的新知创造里，结论性的知识在不同场景和不同的发展阶段，它的有效性和解释力可能会发生变化，而工具方法性的知识一旦掌握了，知识的生命周期和价值回报的周期都会更长。未来社会的媒介化进程可能是我们学科最重要的一个现象级的发展，传播跟社会之间所关联、沟通、整合和连接的知识可能会越来越多，所以对学生来说，研究新问题、面对新情况，需要注重研究手段和研究方法的学习，这样才能不断地丰富自己探索的有效性。

问：您如何看待新闻传播学科学术共同体的建立和学者的传承问题？

答：中国跟西方国家在学派和学科交流方面有很大的不同。中国的学者团队建设当中，还是师承关系的合作比较多。但一个老师的学生毕竟跟老师自己的研究方向和研究特点是有关联的，所以以导师或者学科带头人为核心的研究团队对于跨领域的交叉研究能做的就比较有限，这样的人才队伍资源的流动率也是有限的，这其实是目前国内学术共同体构造上的一个缺陷。

西方很多学术共同体，研究资源的流动性会相对比较强，因为不同学校的学科背景不一样，研究特色都不一样，所以研究资源也可以进行不同层次上的汇聚，这样叠加之后的效应就会更好。当然这里边也会有领头人作为骨干核心和聚合力量发挥作用，但更多的是各种资源交叉汇聚而自然形成的结果。比如尼葛洛庞帝建设麻省理工学院的媒体实验室，在立院之初的时候，就提出了一个最基本的原则，就是这个机构的研究是问题导向的，是反学科的，这也是它成为全世界创新学科的顶尖级平台最基本的动因，因为它要解决问题，不是用一个学科逻辑去做，所以必然能够促进学科的创新和丰富。今天针对我们的学者而言，虽然条件不一样，但是做反学科的创新性、交叉性发展，其实不但是新闻传播学自身的题中之义，也是现在学术共同体建设应该努力的方向。

至于学者的传承，是一个自然而然过渡的过程。过去之所以我们这一代不同院系或者不同的研究者之间关系都很密切，是因为我们的学科方向基本一致，我们所面临的问题基本一样，彼此之间共同性多了，所以连接、交流、合作的机会自然就多了。现在新闻传播的学术研究领域在不断地细分，各个院系的发展也各具特色，那各个研究方向导向下的学术群落之间的交流可能更多了，跟其他领域的交流相对来说就少了，这是很正常的事。

问：米尔斯在《社会学的想象力》中谈到，每个时代的社会科学学者都有着不同的使命，您认为您这一代新闻传播学者肩负的文化使命是什么？

答：“文化使命”这个题目很大，其实文化使命在每一个时代有它具体的内容指向，对我们这个时代的人来说，就是在这样的一个学科大变革的过程当中，在断裂式学科发展的逻辑上，搭上一座桥。或许我们并不是一个未来新学科的完整意义上的建设者，但是如果我们在过去的传统学科逻辑与新的学科发展之间，能够发挥一种过渡性的作用，能够为未来的发展打造一些基础性的东西，这就够了。

社会变革过程当中一个特别重要的任务就是保持文化的连续性，我们就是要思考自己对于社会文化的延续能够产生什么样的价值，扮演什么样的角色。新闻传播学科在经历范式革命，我们特别关心的一个任务就是这种范式转型未来应该往哪个方向去发展？这种发展是从哪个地方开始的？这一过程的着眼点和着手处是什么？东北有句老话叫“提领而顿，百毛皆顺”，就是说只有抓住关键，才能够顺理成章地带动起整个事物的发展。所以在新学科发展中打基础的阶段，我们这代学人的职责就是尽量准确地抓取这个关键的着手处。也许对于这些新兴学科，未来的学者们可以在已有的方向里边一砖一瓦地进行建设，但是我们今天探索的是在几乎一张白纸的背景上，思考第一笔应该怎么画，往哪个方向上画。这一点其实既是我们这一代学人的使命，也是我们的责任和光荣。我们这一笔下得好不好，这个基础做得正确与否，得当与否，一定程度上决定了这个学科未来发展的逻辑。

虽然我们现在所处的环境有很多变动，有很多不确定因素困扰着我们的探索，但一旦做好了的话，这些工作的影响力可能会超出你所处的这个时代，这恰恰就是我们希望追求的。所以我给自己定位的是一位连接者，是一座桥梁，是一个过渡者和一张蓝图。就像一个城市在施工建设之前，先要"三通一平"，这个阶段它可能看起来并不那么雄伟，而且这些打基础的东西以后也都会被未来的成果所覆盖。但是如果未来鳞次栉比的摩天大楼里有我们所做出的基础，有我们的贡献，哪怕它无法显露出来，这也是我们这一代人的价值所在，也是在这个大变革时期我们应该承担的责任所在。

（中央民族大学　赵睿）

7.1.3　刘建勋：道由白云尽，春与青溪长——西北大学新闻传播学科

刘建勋（1941—），笔名秦星，陕西西安人。1966年毕业于西北大学中文系。历任西北大学文学院副院长，新闻传播学院院长，教授，研究生导师。兼任陕西省中国现代文学学会会长、中国当代文学研究会理事、教育部高等学校文科教学指导委员会首届委员、国务院学位委员会通讯评议专家、陕西省哲学社会科学学科规划组成员。

1966年开始发表作品，1991年加入中国作家协会。2001年牵头成立西北大学新闻传播学院，在文学与新闻传播领域都有相关著作，共发表学术论文100余篇，著作颇丰。

著有专著《延安文艺史论稿》《延安文艺史话》《作家素质论》《中国当代文学百题》《槐竹轩散札》《中国当代影视文学》（主编）；《传播的艺术》（主编）、《中外文学名著导读》（主编）、《新闻传播理论概要》（主编）、《新闻传播业务基础》（主编）、《人民日报驻地记者作品选评》（主编）等。其专著《延安文艺史论稿》获陕西省1989—1992年社会科学优秀成果二等奖，合著《中国当代文学史初稿》获中国首届当代文学研究优秀成果荣誉奖，《邓小平文艺思想研究》获1993年全国精神文明建设"五个一"工程奖和首届陕西文艺评论特等奖，2020年，其新著散文随笔集《去年今日此门中》由上海文艺出版社编辑出版（见图7-3）。

7.1.3.1　早期求学：在文学中呼应时代

问：从我们知道要访谈的时候就看了一些资料，看到您是1941年出生的，现在见

图 7-3　刘建勋院长在西北大学

到您觉得您精神矍铄，所以我们先聊一点比较轻松的，谈一谈您个人。您出生于战乱的 20 世纪 40 年代，当时的家庭环境如何？对小时候的生活环境还有印象吗？

答：我生长在陕西关中平原，北依西安城，南靠大秦岭的黄土台地——少陵原上，这是一块旱涝保收的高天厚土。小时候，虽有抗日战争、解放战争，但这块土地未经历战乱之苦。西安基本上是和平解放的，少陵原上当时也没有留下一枪一弹。但 1949 年前后的变化却很深刻，打个比方，就是从平静到沸腾。人们对崭新生活的期待，正像经历冷雨凄风，总盼风和日丽一样。

解放初期，虽然有各种运动，但对教育的冲击不是太大。说起中国当代社会发展阶段，有个“十七年”的概念，指 1949 年到 1966 年。我小学六年、中学六年、大学五年，正是在这 17 年能够好好读书学习的时光中度过的。

我的小学是在少陵原下正对终南主峰的引镇第五小学。校园在两侧清泉和镇街小河的三水环抱之中。迎面一座大戏楼，校门分设于戏楼两侧，楼前一方大操场，戏楼对着操场，隔着花墙与学校典雅的办公院和教室相对望。每逢过集，校园外街河边摆满各种摊点，家家店堂都石块高砌，油漆大门面也欣然洞开。十里八乡的赶集人在走完小店石阶，瞅罢摊点什物之后，也可以进入校门，隔着花墙倾听学生们琅琅的读书声。那座飞檐斗拱、彩画琉璃的大戏楼是我最早产生自信的地方。作为少先队队长，每当旭日东升，校铃响起，全校师生来操场集合，我站上戏楼，高声整队，感觉就像统帅三军的将领似的。现在想来，应该让我的那些同学，凡愿意上戏楼整队的，都上去试一下多好啊！可我的那些质朴得近乎不忮不求、不期闻达的老师，却要挑选所谓优秀同学上去，多么遗憾啊！

我的中学校园，更建于一绝妙佳处。沿原下的公路经张季鸾陵园、兴教寺、桃溪堡、兴国寺、华严寺，到杜公祠附近，就是这所培养过多少关中才俊的城南名校——陕西省长安中学。校园“依原傍水”，远远望去，显示出一派高深奥博的学府气。入校门拾级而上，使人联想起书山攀援的辛劳。待登高绕过中心亭楼，回头望去，校园一片葱郁，深藏于美丽樊川之一隅，又想到了世事的浩瀚、学海的无边。

据说，20 世纪 40 年代末期，西北大学就有规划将校址迁往这背靠少陵原、面临潏河的好地方。的确，50 年代初这里曾经有过军通校的威仪、杜公祠的幽深、长安中学的学府气、市属师范的庠门风、行政干校的朴正氛围、西北美院的雅艺势派。

长安中学是历史名校、重点中学，离我家 30 里地。后来由于生活的困顿，我不得不转回离家三里地可以走读的长安三中。师恩难忘怀啊，在这里，是语文老师贺鸿儒先生当班主任，他是位汉语和文学课都教得很好的老师。高中毕业时，家里让我考医学院，是他指导我报西北大学中文系。十年前，他 90 大寿时，同学们一起去为他祝寿，大家还让我为他写了一副寿联：鸿都门生仰恩仁山智水，儒宗弟子祝师松龄鹤寿。

问：那您考上大学也是 20 世纪 60 年代了，当时国家其实还处于一个困难时期，那个年代大学生很稀缺，能简单回忆当时在西北大学的求学生涯吗？

答：西北大学是所教学功底扎实、学术氛围浓厚的综合性大学。50 年代，著名历史学大师侯外庐先生曾掌校多年。中央教育部还发文号召各高校向西北大学学习。记得我们刚入校，听取的第一场学术报告，是傅庚生先生讲的。而他开头第一句话就是那带着东北口音的普通话，温文尔雅而又深藏若虚：“一朝被蛇咬，三年怕井绳啊！”当同学们联系起这位大师的学术遭际，猛悟到他将“十年”说成“三年”的缘由，即刻报之以温馨的掌声。傅先生的报告，使我们这些刚刚从中学走来的文科大学生，知道了关注学术在西北大学校园里的重要性。这里有不同凡响的课堂，老师们常常在课程讲授中贯穿和表达自己的学术见解，影响所及，使同学们的思想一天天活跃起来。对延安文艺的关注，可以说，就是我那时的学术萌芽。

我们的中学阶段，经历过语文课分为汉语和文学两门课程的教改试验，按说这有利于与大学中文课程接轨。但是进入西大五年制中文专业，面对郝御风教授的文言文“文学概论讲义”仍茫然无措，犹如一粒粒饱满的种子洒在干旱的土地上一样。而谁知有后来的雨水的配合，就格外蓬勃而茁壮起来了。也可能是文言讲义在脑海里转悠太久，二年级一开学，文学创作和理论思考的欲望就大增起来。当时中文系系刊《长风》是同学们表达文学思考、展示写作才华的重要阵地。刊名是傅庚生先生所赐，取自李白诗句“长风破浪会有时，直挂云帆济沧海”。我当时是这个刊物的编委。历史系和我们共住一楼，其刊物叫《春秋笔》，常常同时出刊。如同两道文化盛宴，诗文胜景，吸引着全校同学的眼球。那时两个编辑部的同学总希望自己墙报前有更多的读者，而读者也希望两刊物有更多不凡表现。曾有同学留言“明日重来应烂漫，双柑斗酒听黄鹂”。的确，不管是编辑也好，发文也好，办这样的刊物是将其作为练笔的重要阵地。后来收入《中国作家大词典》的闻频、冯福宽、蒙万夫、陈绪万、张子良、骞国政、雷抒雁、刘阳河、杨文宇、赵炳坤、萧重声、李佩芝等，大多在《长风》上留下过他们文学起步时的脚印。

问：我看资料说您是1966年毕业的，您毕业的时候就开始发表一些文学作品，当时工作的重心主要在哪里？

答：1965年社教运动，把我们中文系和历史系分到了延安革命圣地。那个地方条件非常艰苦，村在山沟里，地在山坡上。农民就是背着筐子，里面装着农家肥，种土豆。一个人在前面挖一锹，把土豆胚芽扔到里面，后面的人用手抓一把农家肥盖上，用脚一踩，完全是刀耕火种一般，在这里我体会到了农村的艰苦。和农民同吃同住同劳动，对生活的积累、社会的认知、心志的升华都是一种难得的机会。

作为工作队的秘书，我在《延安报》《陕西日报》等报刊不断发表新闻报道方面的作品。社教结束时我被评为延安地区学习毛泽东主席著作积极分子。其实在学校时已经有一些文学方面的稿件发表，但这个时候主要还是发一些新闻稿件。那个时候，我体会到新闻还是非常重要的。一份《延安报》到了社教办公室，贫下中农、青年积极分子争着抢着要看。特别是有自己身边的消息时，更加喜不自胜。1966年春天开始毕业实习，是在一个文化活动室，我曾在那里写了一个眉户剧，叫《一分工》，在文化室排演引起轰动。西北大学文工团将其排演，由陕西人民广播电台录成广播剧向全省播出。西安市知道这个剧目后，决定用这个剧本去参加陕西省戏曲汇演，通知我再加工修改。我刚要开始动笔，“文化大革命”就开始了，这件事情就结束了。

“文化大革命”一爆发，陕西省委宣传部在社科所组织了一个小小的写作班子，组织和撰写工农兵文章。我就被调到这里搞工农兵文章去了。纺织战线劳模吴桂贤、林秀英，铁路上的劳模苏金河，植棉能手张秋香，解放饭店的八姐妹等，都不断有大量文章在报刊发表，这个时期是很锻炼人的。当时去基层总能听到“刘记者来了，刘记者来了”。这些实践经历，对我来说是非常重要的，把我的“笔”练出来了，也在我脑海里扎下了新闻重要性的根。

7.1.3.2 工作转向：开拓西北大学新闻传播学院

问：据您判断是在什么样的契机下，西北大学新闻专业独立出来成为新闻传播学院？当时的学院崭新但是前途未知，您为何作出这一选择？

答：20 世纪 80 年代初，高等院校的文科出现了彰显新闻传播独立性的浪潮。由于有 70 年代在中文系开设新闻方向的基础，又有西北大学中文系毕业生遍布陕西新闻和广播电视界的现实，中文系经过讨论，向学校申报设立新闻专业。我们当时就有三四位老师可以开设新闻课程。但是在此间和以后，由于南方院校步子快，我们的师资便有流失。于是，我们就在留校的青年教师中抽调人力，在毕业班选派学生去复旦等大学的新闻系进修、学习。后来，这些青年教师的确起到了骨干的作用。他们现在也到了即将退休的年龄，但他们对西大新闻传播学科的贡献功不可没。1999 年全国有一个学科评估，西北大学的新闻学是全国第六、广告学是全国第九。

当时，我是文学院副院长兼新闻系主任。这些令人欣慰的收获的取得，应该感谢几位年长的新闻学老师，如桑义燐、高尔纯、李文瑞、赵全章、周永固等。他们在专业起始时起了基础性的作用。更应该感谢当时已成为教学主力、科研中坚的杨立川、王春泉、韩隽、李晓洁、张羽、党昊、李苗等骨干教师和一些及时引进的青年教师。他们为这个专业的成长不遗余力，是专业成长的关键。

问：学院成立初期面临着什么样的机遇和困境？您如何规划与组织学院的建设，主抓哪几项工作？

答：20 世纪 90 年代，我们不仅在学科建设上有了起色，面对传播业界我们建立了良好的合作关系，甚至和一些企业展开了合作。广告研究所就是在当时东盛集团的出资支持下成立的。但是，真正的新闻学科从中文学科中独立出来，却是何其难啊！

当时，全国高校兴起了一个开办新闻专业的浪潮。但在综合大学凡文史实力较强的学校，新闻专业要想独立困难重重。我把这种情况叫做“在夹缝中生存，在雨露下成长”。所谓“雨露”就是学科特色为人们所理解，而且有这方面的学人欣然支持并实践。北大、清华都是在没有该专业招生的情况下，突然宣布成立学院。所谓“夹缝”，就是综合大学文史力量雄厚，特别是中文系，好不容易开办一个实践性的新闻专业，能让其独立吗？

学院的成立当然需要领导批准和经费支持。当时，我与副主任张羽、广告专业主任杨立川等，多次找校领导谈，后来又起草了一个长篇报告给学校。同时，我们与跟我们有良好协作关系的陕西日报社杜耀峰社长兼总编一起给时任省长打报告，得到省长的支持，从财政上给西北大学拨专款建立两个实验室以适应学院独立的需要。我们十分感激杜社长的鼎力相助。现在想来，锲而不舍的精神是很重要的。2001 年 10 月份，学校经多方调查研究，理解了我们几个月的不懈努力，终于在我们的报告上题签“特事特议，特事特办”。很快就下文成立新闻学院。

我们当时立即着手抓学科建设。一是将我的现当代文学研究生招生改为新闻与报告文学方向，例如李晓洁老师、厦门大学新闻学院副院长阎立峰就是这时的研究生；二是走出去引进相关研究生，例如李安定老师就是从外面引进的；三是派研究生出国进修，开拓国际视野，拿到双学位，如赵茹等现在的一批学科中坚，就是这样培养的；四是更加努力拓宽为社会服务的渠道，例如与省委宣传部、出版局办进修班；五是扎实推进实习基地的建设；六是鼓励老师面向业界、面向社会实践服务，扩大西大新闻学科的社会实践影响力；七是积极参加学术交流活动，我是教育部首届教指委的委员，后来韩隽老师也进入教指委，其他老师同时也参与国家和地区学术组织的组建和领导工作。

当时，我在学院成立大会上曾说：“目前，西部特别是陕西的新闻传播教育正在蓬勃发展。作为办学历史长的西大新闻传播学院，深知这种发展和竞争给予我们的有力启示和推动。这说明该领域环境中的‘生态链’正在形成之中，我们应不失时机地与兄弟院系一起，团结协作，建设该学科领域的学术氛围和教学环境，改变西部新闻与传播教育学术空气相对冷清的局面；积极培育新闻学科教学科研智力场，认真打造传播专业建设发展人才库，为促进社会、经济、文化的发展出好力、服好务。”“西北大学的新闻传播教育历来重视：坚守阵地，瞄准前沿，传承知识，与时俱进，使学生具有重政治、强业务、高理论、厚基础、宽视野、严作风的特色。”我们是这样说的，也是这样做的。

问：从过去中文系的新闻专业到新闻系传播系，再到最后成立学院，您觉得其中有哪些改变与不变？

答：就是彰显新闻的特性，包括 2001 年学院又开设播音主持专业，我们要及时覆盖更广阔的学科面。现在新闻专业的专业性非常强，在当时作为一个新专业发展磅礴，需要更加广阔的社会联系，学生们也愿意投入新的专业实践；就专业领域而言，新闻传播铺的面已经很宽，是我们之前学习文学的人难以想象的。

但新闻传播学的确与文学属于同范畴，只是专业特点和指向不一样。

我们不应该后悔当年“新闻与文学的离婚”，但如今既然学科特性已经彰显，从大文化的角度讲，从中国传统文化的博大特点考虑，现在新闻在学科规划的思路上也应当主动纳入文史哲的大家庭，让这种思维贯穿整个新闻传播学科，这或许也是一种中国文化特色。在学院成立 20 周年的讲话上，我劝同学们也应当从学术归纳的角度主动回到原阵地当中，即文史哲范畴，在精尖新闻传播领域的同时，学生们在学科钻研和学术努力的层面上，要思考借鉴文、史、哲学科的学术和理论特性，如：文学的广博、历史的精深、哲学的高远，这甚至是文科学生必备的学术品质，以此也会对西北地区的学科发展有更多的滋养。

问：您一直说您是文学系毕业的，但是新闻从来没有落下过，从您的经验来说，您觉得文学和新闻之间有什么关系呢？联系在哪里？

答：当时我在第一届考研题目中就曾出过：试谈谈你对新闻、文学和历史三个专业的认识，以及它们之间的联系和不同。经过一段回忆，我觉得实质上文学仍然是新闻的基础。文学是虚构的，新闻是真实的，在真实性和虚构性方面，新闻反倒和历史更为契合，因为今天的新闻就是明天的历史。但是从练笔，以及对文字活动、采访活动和社会认识的角度来说，文学功底雄厚很重要，文学强调对社会深刻分析和认识的规律和新闻是一致的。一言以蔽之，新闻传播学说是一个广阔的领域，不能单从工具理性的角度考虑问题。

问：无论何时，科研是高校的立院之本，为此您有怎样的构想与实践？您当时带领师生在教学科研上都做了哪些突破？

答：我在文学院时顺势参与创办了西北大学作家班、表演艺术专业；在我四五十岁之时，将人生的重点放置于新的领域，我当时在发表文学相关的论著时也需要同时兼顾新闻传播方面的研究，《延安文艺史论稿》是我第一部学术著作，是全国最早在该研究领域出版的较为完整的学术著作，之后也发表了一系列新闻传播方面的论文。

成立学院之时我们构想编一本书，当时一批年轻的教师非常努力，合力完成了第一本学术论文集《传播的艺术》。之后学院也与《人民日报》合作，编写《人民日报驻地记者新闻作品选评》，其中汇集全国众多记者的新闻作品并作中肯分析的短文，此书在全国业界的影响很大。

我正在省里参加学术研讨会时，《人民日报》发起“反对学术腐败，树立精品意识”的讨论，当时我深有体会，并迅速完成一篇相关短文《学术岂能短视》投给《人民日报》，栏目主编给我打电话，问我的相关学术职务，说他们原打算只在院士中组稿，但看了这篇文章决定立即发稿，让我不要外投。因此《人民日报》最后总结为“名牌大学数十位校领导、著名学者投稿本报”，将西北大学列于北京大学之后，排第二位。所以关注学术依旧非常重要，在我最开始编写《延安文艺史论稿》时，是傅庚生的学术报告给我很深的启发，我们需要关注更多真空的领域，寻找自己的学术突破点，并且要勇于、敢于做拓荒性、抢收性的工作，这是检验学术意义的前提。

问：我们都知道，学院的新闻学专业在 2017 年获批陕西省唯一的新闻学“一流专业”，在 2019 年获批首批“国家级一流专业”，您认为这样的专业优势是怎么形成的呢?

答:这是在每一届的领导和老师不同的思考与相同的努力下而促成的。特别是前面提到的那批 90 年代的学术中坚与后来培养和引进的一批博士和新生力量。是他们优质教学和悉心科研实践的结果。我退休后总对学院怀着深深的感情，每听到他们前进的脚步声，都能引起心灵久久的激动。我认为新闻依旧需要面向学术的精尖处，面向实践的宽阔处；新闻更需要学术的突破，同时专注于实践与学术的充分结合。

问:西安属于西部较发达城市，西北大学的新闻传播学院在该领域也是西部地区的前列院校之一，您认为学院的发展对区域发展有什么影响?我们还有哪些需要努力的方向?

答:这依旧是我们的目标，我们要做西北地区新闻传播学科的领头羊。我们的人才成熟度和社会认可度仍处于领先地位。我们有很多专注于实践方面的老师和学生，所以需要继续广开思路，多跟实践部门联系并珍惜已有的资源，在业界寻求突破，不断得到业界的认可，这对我们的发展也很有帮助，以此来促进学科的发展；勇于活跃地实践，这对于培育新闻学科教学科研智力场，打造传播行业建设发展人才库很重要。只有这样才能站得更高，走得更远。

问:由己及人，回顾以往，您如何评价与您同时代的学者们?时代赋予你们共同的学习使命、学术贡献是什么呢?

答:我们这一代人确实是“生在旧社会，长在红旗下”，当时的环境也给予我们投入学习研究的机会，为我们提供了比较广阔的发展空间。这一代学人是受限于保守，得益于守正。在研究历史中我们会有更多的发现，每一代人观察问题都会存在自身的优势和局限性，《延安文艺史论稿》出版时，我在“跋语”中就写道:“提到思考和研究，我不能不说，这本书稿中所表达的对于延安文艺历史的描述，明显地反映出我个人，或者说是我们这一代人多少都具有的认识局限。”这本书的“文艺”是一种“大文艺”“大文化”，当时的新闻工作者就在延安文艺、文化协会之中。书中有很多研究通讯与报告文学、广播电视的文字。

不论何时，我们都不要害怕思维的异彩纷呈，社会在不断进步的同时，我们应当顺应潮流，不断学习，展开学术更广阔的思路，不断寻求更多的突破。

问:从学习到工作，您人生大部分时间与西北大学共度，回顾在新闻传播学院的工作，您会怎样评价自己，您是否有遗憾?最满意的成就是什么?

答:我要感谢最初一批年轻的老师，可能现在他们已经或者即将退休，他们都非常努力；他们在学术与实践中不断开拓，当时只有十多个老师，但是说出书就可以全心投入，效率很高地完成；在 90 年代全国对新闻学科的评估中我们排在较前位置就是这种付出的结果。

遗憾的是，我们的确太穷了。兄弟院校建院初期可以一次投入两三千万元建立实验中心，我们连想都不敢想。当然人还是要有点意志的，我们把这种穷变为穷尽一切办法把学科建设搞上去。

7.1.3.3　退休以后：始终坚持创作学习

问：您关于学院和学术创作已经分享很多，虽然您现在已经退休了，但我看您2020年还在出书，几年来您在《西北大学学报》也有发文，感觉您离学院、学校、学界业界并不远，是否还将不少精力放在工作上？

答：我那些小东西都是以创办作家班为契机，我觉得作家班这些学生值得我写，之后就在学报上发表了。文学院的段建军院长跟我说："刘老师，我看你在学报上发了许多关于中文系的文章，你把这些整理一下我给你出本书。"然后就由上海文艺出版社出版了一本35万字左右的书，全都是散文和随笔。出了这本以后，院长又说："刘老师，您的《延安文艺史论稿》是中国第一部有分量的研究延安文艺的书，你修订一下我给你再出一版。"同时，学校延安精神与党的建设研究院院长梁星亮教授（他也是当年中文专业新闻方向的毕业生）来跟我谈："刘老师，我立即给你配备电脑，你现在修订《延安文艺史论稿》，我给你出。"于是，我将24万字的著作进行修订、增订，再修订之后增加了15万字，一共将近40万字，在大前年已经交给中国最大的出版社人民出版社了，估计2021年校庆期间可以出版。

我退休之后还在外面民办大专院校工作了一段时间，在这段时间我组织了一套书，是北京大学出版社出版的"21世纪全国高职高专新闻传播类规划教材"，包括《新闻传播理论概要》和《新闻传播业务基础》，咱们学校赵勋教授也参与了编写工作。这套书现在在新华书店还有出售。我认为专科学生的培养，在理论上不要太多，把所有的有关理论包括传播学、新闻概论、大众媒介、受众心理以及新闻史作为附录等汇集成《新闻传播理论概要》这薄薄一本就可以了，重点应该在新闻传播业务上，把采、写、编、评编成一本厚的书。这是一套具有普适性，面向记者，甚至不是新闻专业毕业的记者的书，囊括了他们必须掌握的新闻知识，搞新闻的年轻人愿意看，我认为这很有意义。刚退休的几年我给民办院校新闻专业做学科带头人，轰轰烈烈，恰好填补了我退休的空虚。刚开始的两年，除了做学科带头人，搞了一些省上的科研项目，我觉得心里最满意的是编了这套书、主持了一些省级科研项目。在这同时，我还主编了一本书，是在我退休之前就编了，退休以后出版的，叫做《中外文学名著导读》，由西北大学出版社出版。我觉得对综合大学无论文科还是理科学生来说，了解中外文学名著相关知识很重要。一部是专科生教材，另一部是大学生都应该读的名著导读，我觉得出版这两部书都是好事。

还有一件也很有意义的事。就是我承担过几届西北大学教学督导委员会的工作。通过听课、调研，查阅试卷，查阅学生毕业论文，各院系进人的考察工作，校内外调研，撰写和发表过一些提高教学质量、建立教学质量提高的长效机制的材料和文章。在多届青年教师讲课比赛中，我们发现了咱们新闻学院青年教师赵茹，将她推荐上去，获得了陕西高校讲课比赛特等奖、全国高校讲课比赛二等奖。这样发挥余热的工作，是学校对这些老教授的信任，也是我们督导委员会成员乐此不疲的兴趣和应该承担的责任。

因为我学的是文学，后来我非常专注地写一些古典诗词，写了有四五百首，现在我准备用毛笔把我的诗词都誊写出来。后来又开始学习研究书法，甚至还画画，做这些工作，我认为对我的退休生活很有好处。一是趁有力量的时候可以编一点书，二是做学科带头人，业余时间写写诗词，写写书法作品。我觉得一个学文科的人，自然而然就会往这方面转变。现在我也经常翻看出版的随笔散文集，甚至觉得比之前出版过的十几本学术著作都耐看，这也是文人自然而然的一种归属。

问：去年咱们学院成立20周年的时候您出席并讲话，您当时有什么感受，现在还能回想起来吗?

答：我觉得我也很高兴，现在和我当院长时候的环境相比较，已经是大为改观了。以前我们学院所有老师的办公驻地，连现在报告厅的十分之一都没有。新闻传播学院作为一个有发展前途的学院，应该有这样好的环境。我觉得咱们新闻学院现在的条件已经很不错了，老师们和同学们更应该团结起来，朝气蓬勃地向前进，能够争取在全国专业排名中更靠前，这是我所期待的。我认为只要有劲头的话，这个可能性还是有的。

现在硕士、博士学历的老师越来越多了，发展规模已经达到五六十人，和当时的十来个人比起来已经大为不同了，所以无论如何都要团结起来，同学们要活跃起来，老师们的学术和教学也要活跃起来。继续努力成为西部地区新闻传播教育的推动者和主力军，穷尽一切办法，在学术上取得更大更新的成果。

最后我想说，在长时间经济大潮的裹挟中，西部高校在人们的视野中早已相对冷清，西北大学更是被视为清贫的一角。教育与经济的关系虽然牢牢地绑在了一起，但我还是愿送一首唐诗给西北大学的新闻学子们：“道由白云尽，春与青溪长。时有落花至，远随流水香。闲门向山路，深柳读书堂。幽映每白日，清辉照衣裳。”

希望你们细细地体察其中美好的意味，用自己特立独行的努力，让西北大学新闻教育的花果流远飘香。

（西北大学　韩隽）

7.2 史海钩沉

舒老师曾任华中科技大学品牌传播研究中心主任、二级教授、广告与品牌传播方向博士生导师。东湖品牌研究院院长。

图 7-4 舒咏平教授

7.2.1 舒咏平：一波三折 柳暗花明——华科大电视演播厅立项与建设回顾

2006 年下半年，以张昆教授接棒吴廷俊教授为院长的华中科技大学新闻与信息传播学院新一届领导班子刚刚建立，各项工作随即掀开了新的一页。由于我是分管实验室的副院长，所面临的一项当务之急的工作就是电视演播厅的立项与建设。

当时，学院的新闻传播学一级博士授予点已经获批，同时因学院自 1983 年开办新闻教育伊始，就发挥学校理工学科优势确立了文理交叉、应用为主培养新闻人才的特色与模式，不仅屡获教学改革奖项，而且由于最早开办网络新闻教育而享誉新闻教育界，不少高校新创办新闻传播学科与专业时，往往要到我院来考察学习。随着各个学校对于新闻传播教育中实验实践环节的重视，其投入也越来越大；相形之下，我院实验教学的一个薄弱环节显得越来越突出，即缺乏电视演播厅。文理交叉、网络传播、应用为主，需要视频内容的采集、拍摄、制作，这一切均需要在电视演播厅内生产；而我们学院仅有一个面积60平方米、简陋的广播电视专业演播室，根本不能满足教学的基本需要；也就是说满足电视播音基本功能的电视演播厅尚是空白，已经远远落后于全国的同行。由于当时学校实验室建设经费有限，处于优势地位的学校理工科各专业也更需要投入，因此我们首先要做的工作就是改变校领导认为文科教育是低投入的思维惯性，以获得对建设电视演播厅的重视并获得立项。

为此，我们找到学院成立之初，自1998年11月就首次得到校领导认同与支持建设“校电视演播厅”的文件，以及2002年、2003年、2004年校领导的几度提起与确定以及搁浅的相关记录，从不同渠道与相关校领导沟通，终于在2006年10月又一次将该项目提上议事日程。校长助理、国资办张七一主任还专门邀请电视台的技术专家进行现场指导，此后还由张昆院长陪同前往中国人民大学新闻学院考察演播厅建设经验，随后学校领导决定让我院先行制定具体建设方案。

于是，学院委派我多次邀请校设备管理处同志一同到武汉大学、中南民族大学、湖北省电视台、武汉市电视台进行不同类型的电视演播厅专项调研，此后又在多方比较的基础上，确定了电视演播厅的建设方案。即：在因陋就简而不落伍、服务教学兼顾学术、全校共享效益最大化的三条原则前提下进行立项建设；地点则选择在东六楼副楼一层阶梯教室的基础上改建，面积确定为200平方米，由演播台、机位及过渡区、60席位观众席、控制室构成，预算为347.37万元，并附上灯光、音响、播控设备、土建及装饰等方案。记得2006年12月20日我们去向校领导递交几经修改的《关于我校电视演播厅建设方案的报告》时，刚刚新买了小车的张昆院长、唐艳红书记，都热心地招呼我坐他们的车；随后我们坐上由两辆新车组构成的车队“浩浩荡荡地”开往800米开外的校行政楼。

这是学院第5次向学校领导呈交电视演播厅的立项报告。此后，我们又在学校关于项目建设需要分期、经费途径需要分解的反馈基础上，于2007年2月、5月再次递交报告，确定演播厅建设项目分两期推进实施。第一期：根据基础先行、满足最低使用的原则，做了土建78.6万元、配电系统28.4万元、灯光35.3万元、音响13.08万元、单讯道摄像设备37.27万元，总计费用为192.65万元的方案。第二期：实现演播厅实验功能的配套完善，其总计费用为：171.33万元。在时任校长李培根院士、朱玉泉书记的数度过问、王乘与丁汉初常务副校长等校领导的关心下，校演播厅建设项目进入具体规划设计阶段。

由于学校对建演播厅的地点一开始就确定为东六楼副楼一楼阶梯教室，诸多技术性的问题随之出现，主要为：

①因电视演播厅运行需要足够的高度，需要将一楼现层高 6 米的阶梯教室地面下挖，虽然无法达到标准演播厅层高需 10.8 米的规范，但至少不至于影响演播厅灯光布置、机位设置等功能的实现；

②需要在墙体上开出视窗，并在过道搭建阁楼成为导播间，以进行监控导播；

③因演播厅使用电力负荷骤然加大，加之原东六楼的供电配电严重滞后、安全隐患突出，需要增加经费一揽子给予更换解决。

随后，2007 年 12 月 5 日，学校建筑设计研究院吴驰川院长、王斯波所长、叶南生工程师 3 位专家查找出原始设计档案图并到现场勘察办公，发现阶梯教室一层地面是架空在数根 1 米高的大梁上的，也就是说一层地面以下是一个空荡荡的大坑；如需降低地面，则需切割一层地面的连接大梁、填埋下面的深坑；如此改造施工，不仅工程浩大，而且影响楼房框架稳定，危险隐患突出。

如此一来，由阶梯教室改造为电视演播厅的方案全面搁浅了。

能否有更好的替代方案呢？学院又请来建筑设计专家、省市电视台技术专家在现场细细考察，大家注意到在东六楼北面、副楼南面、主楼与副楼之间连廊的东面，合围成约 200 平方米空地，完全可以按照演播厅的规范高度进行低成本的钢架室内空间建设。为此，大家兴奋地议论起来：在该合围成的空地建演播厅好处明显，即演播厅的建筑高度可以按照规范要求建设，相对于阶梯教室改造反而成本更低，而且还新增出实验教学使用面积，完全消除了隐患。

于是，我们又配合建筑设计研究院专家进行了第二套方案的设计，并予以推进。时间来到 2008 年 1 月 3 日，学校分管基建的于清双副校长等领导专程进行实地考察；从档案馆调来原建筑图纸后，又召开了各方专家、学院与有关部门领导参加的办公会。办公会认定：

其一，原定的对东六楼副楼一楼阶梯教室进行演播厅改建的第一套方案，因层高限制以及无法下挖增高的技术限制而无法实行；

其二，而拟在东六楼主楼、副楼、连廊合围的空地上建造演播厅的方案，又受到排水、遮挡光线、需迁移变电装置、疏导不畅、消防安全难以保障等因素的制约；尤其突出的缺陷是：学校将投入 400 万~500 万元建设的演播厅，依然不规范且隐匿在一个闭塞的空间，无法对展示学校形象作出贡献；如此，第二套方案也同样不可行。

电视演播厅的选址建设陷入了困境。当领导专家们离开会场散去，会议室里只留下我与学院实验室主任张华鸣工程师时，张华鸣却诡秘地朝我笑笑，拉着正惘然无绪的我说道：“走，我们再去看个地方！”

沿着东六楼西侧连廊、穿过副楼一楼阶梯教室门前过道，打开北面的大楼后门口，眼前是一块草木葱茏的花园，这里方方正正，约有500平方米，围拱着3棵直径近尺的樟树，还有着几蓬夹竹桃，几株石榴、玉兰。

“这里原来是一个水塘，东六楼建好后，就填埋平整成为这么一个花园。如果能列入学校校园规划，这块地就是建造全新演播厅最佳的位置了！”张华鸣是华中科技大学的教工子弟，小时候就是华科校园中长大的，他对校园的每一块地、每栋建筑的来龙去脉都能谈得头头是道。

我再细细一打量，这块地朝西面向学校南北向主路醉晚路，东面倚靠法学院所在的东四楼，北与文学院的东五楼隔路相望，与南面新闻传播学院所在的东六楼更是浑然一体。我眼前一亮，立即打电话把张昆院长、唐艳红书记叫到现场。

当晚，我立即着手起草《关于校电视演播厅规划建设选址的报告》，报告中我如此力陈：

> 东六楼阶梯教室的北面有一块约500平方米的空地，可以按演播厅的规范要求来进行全新设计与建设，其好处为：
>
> 所建造的演播厅规范，人员进出分流合理，便于全校性开放使用与管理，安全性高；
>
> 演播厅可以进行外观的艺术性设计，从而形成我校文科建设的标志性建筑，并与比邻的法学院、文学院共同形成我校文科景观带；
>
> 该地块上有3棵较大的树，可在规划通过基础上于今冬明春移植，不会影响我校对大树管理的有关规定；
>
> ……如上考虑是我院从实际出发所提出的建议，还期望校领导及有关职能部门进行实地考察，并对演播厅的选址方案进行最后决策。

报告按程序向校领导呈交后，我们又先后与相关校领导进行了当面汇报沟通。记得校党委书记朱玉泉教授一听完汇报，便马上放下手头工作，来到现场察看，不仅个人表示同意，而且还热心地建议把东五楼西侧空地也作为备选方案。呈递的“选址报告”得到了分管校领导丁汉初、王乘、向继洲、林建华、于清双、张七一等校领导的批示，于是学校电视演播厅选址规划纳入校园整体规划调整中，随后又得到了武汉市规划部门的批示同意。如此，我校电视演播厅的选址经过一波三折，总算是柳暗花明、尘埃落定。

随后就是具体设计的展开与建设经费的落实。在2008年5月6日的《关于演播厅功能及设计要求的报告》中，我曾如此写道：

……在“将好事办好”的理念指导下，校规划办、设计院、基建处及我院专家已经多次现场考察、并赴武汉电视台演播厅具体参观，其电视演播厅建设需实现如下功能：

面积为220平方米、高度为12米的中型演播厅。

配套有：控制间、录音间、化妆间、候播间、道具间、设备间。

演播厅前涉中心堂间及2~3个疏散通道。

根据如上功能，我学院已会同设计院在占地300平方米的面积上进行了“半二层”的设计构想，即：后面为12米高的演播厅+前面由若干配套间构成的二层楼建筑；并由连廊与东六楼连为一体。附：平面示意图、占地规划图、土建经费预算表。

由于学校没有电视演播厅的专项经费预算，只能从年度的维修经费、实验室设备费等项目中分别予以开支，这就需要多渠道报告申请，打开我的电子档案，其中写于2007—2008年的有关土建、声学设计与建设、演播设备、供电设备的各项报告，就有11份之多。其中一份2008年10月6日的《关于请求落实校演播厅设备经费的报告》就如此写道：

校电视演播厅建设项目中的土建工程部分已由校基建处开工进行建设。而演播厅所需要的设备费，校财务意见为“设备费请设备处在实验室建设经费中安排”。

根据论证，保证最基本运行的演播厅设备费用为235.84万元，其中：

视频设备：70.58万元；

音频设备：40.4468万元；

灯光设备：89.8173万元；

电调谐控制柜：35.0万元。

……恳望贵处能对配套设备费尽快给予落实安排。

由于不断地争取努力，学校有关领导也逐一进行了批示，如“土建在基建处维修经费中安排，并分别安排在2008年、2009年维修计划中”；“设备费请设备处在实验室建设经费中安排”。终于在2008年年初，演播厅建设各项经费预算得到立项与落实，建设的各项工程也得以务实推进：

2008 年 8 月 4 日：东六+演播厅电力改造会审会

2008 年 8 月 16 日：演播厅建设方案会审招标投标会

2008 年 9 月 1 日：演播厅建设协调会

2008 年 9 月 19 日：演播厅建设开标会

2008 年 9 月 22 日：演播厅建设正式开工

2008 年 9 月 27 日：演播厅图纸审定会

2008 年 10 月 20 日：演播厅设备项目论证会

2008 年 12 月 29 日：演播厅建设推进协调会

……

其间，我作为项目业主方代表也不知道参加了多少次有关电视演播厅建设协调会议，作为业务教师自己对该专项建设业务完全是个门外汉，但出于学院发展的需要，也得不断在电视演播技术、土建、电建、声学方面临时抱佛脚式地查找资料、咨询请教，以便在会上做些专业性的发言。

工程推进中最辛苦的是张华鸣老师，他作为学院实验室主任、电视演播技术工程师，可以说他全程担任了项目主管的职责，无论是现场协调、技术指导、还是项目招标、声学装修、设备安装，以及图表制作、经费管理，他总是事无巨细，一一把关；经常加班到晚上八九点钟才下班回家。

2010 年 6 月，总投资 574 万元（其中主体工程 230 万元、装修 64 万元、设备 275 万元）的 600 平方米电视演播厅通过了竣工验收。一座净空 12 米高、演播面积 210 平方米，由三层结构组成的导播、录音、化妆等配套用房齐全的演播厅在校园的主干道路“醉晚路”东侧得以矗立亮相；且通过一楼的连廊与东六楼学院有机形成一个整体。

可以说，自 1998 年动议，通过 12 年的持续努力，学校的电视演播厅经过一波三折终于得以建成，不仅务实地为新闻传播各专业学生的专业教学提供了实践基地，而且为全校乃至校外展开视频录制提供了开放性平台，同时也成为学校重要视频直播录制的重要节点。如今，这座电视演播厅已跟随技术升级，成为学院全媒体中心实验室的核心组成部分。

（华中科技大学　舒咏平）

7.2.2　雷跃捷：海水遮不住一家亲

腊月二十三日，一场由中国人民大学著名新闻史学家方汉奇先生和台湾政治大学著名新闻史学家李瞻先生跨越海峡两端的云端拜年，引发了网友的热议，这是一场感人肺腑的海峡两岸文化交流。我相信，这场云端拜年、隔空祝福在网上引发的舆论渐渐消散之后，还会留下长远的心理效应和巨大的情感涟漪（见图 7-5）。

图 7-5　雷跃捷教授

一湾浅浅的海水，怎能阻隔两岸民众对友情、亲情的呼唤和拥抱？当年大陆倡议两岸交流，实行“三通”，对岸相向而行，遥相呼应，多少失散已久的父子、母女、兄弟、姐妹、情人、好友，通过中国香港、东南亚等地中转，来到大陆，认亲寻祖，泪洒衣襟。舆论赞颂这符合人伦人道的好政策，海内外炎黄子孙额手相庆，感谢执掌权柄的政治家们顺应时代潮流，给民众带来的福祉。

20 世纪 80 年代初以来的两岸交流，始于亲情的寻觅，继以经济、商务、文化的交流。其中文化的交流，意义尤为深远、内涵尤为醇厚、成果尤为丰硕。且不说大陆校园里回荡的台湾校园歌曲，且不说余光中的诗歌和琼瑶的小说，仅仅说新闻教育界充满激情的、热烈的双向互动，就值得珍惜和发扬。记得 1996 年 9 月，应台湾政治大学邀请，我作为首届“两岸新闻教育交流代表团”成员之一，第一次登上台湾宝岛，和台湾新闻教育界的同行开展了为期半个月的互动交流。这半个月里，台湾新闻教育界的同行，倾其所有，热情接待。校方举办了一场隆重的学术研讨会，台湾新闻教育界的一些著名学者、新闻教育家悉数与会。我记得有台湾政治大学的李瞻教授，徐佳士教授、台湾中国文化大学的郑贞铭教授等，台湾地区的学者和青年学子们给我们留下了深刻的印象。学者们谦逊厚道，学识渊博，颇有君子之风。学生们青春活泼、礼貌有加。会后，我们在台湾同行的邀请和陪同下，沿西海岸游历了整个台湾岛。分别的时候，我们互道珍重，相约到大陆再见，再来台湾。

两岸的文化交流不能割断。这是两岸文化界人士的共识。2014年，台湾中国文化大学郑贞铭教授来北京，约我相见。郑先生是台湾新闻教育界的泰斗，更是两岸新闻教育交流的积极推动者。郑先生生前每年有近一半时间在大陆居住和讲学。见面时，他问我最近在做什么研究，可否有新成果相赠？我如实回答最近刚从日本早稻田大学访学归来。旋即赠送他一册我撰写的《媒介批评》。郑先生说挺好。沉吟片刻，郑先生缓缓说道：台湾和大陆的新闻交流，今后还是要依靠你们这些中生代来做了。我听闻，心中既有温暖，又有惆怅和惭愧。郑先生已近八秩高龄，还在为两岸的新闻教育交流奔走。我握住他的手，默默祝福他健康长寿。

2015—2016年，我去台湾世新大学访学一年，这一年不仅和台湾新闻教育有更紧密的交流和联系，也深刻体会了台湾的风土人情，更见证了台湾地区政治风云变化。2016年的春节期间，台北的天气和政治氛围一样，异常的寒冷。一天清晨，蓦然看见台北的大街小巷，挂满了白先勇先生的青春版《牡丹亭》海报彩旗。海报上男女主角飘飘的白衣青衫，煞是好看。真有“忽如一夜春风来，千树万树梨花开”的感觉。顿时，一股暖流涌上心头，泪水打湿了我的双眸。

台湾就是祖国母亲走失了的孩子，我们大陆的每一个中华儿女，炎黄子孙，用自己的真情和实意，喊他们回家吧。

（中国传媒大学　雷跃捷）

7.2.3　赵传蕙：童年的记忆　一生的追求

2021年，是我考入天津师范学院（1982年更名为天津师范大学）新闻班60周年纪念，也是我步入杖朝之年（虚岁），重拾记忆、重温往事，以记之。

谨以此文献给我亲爱的母校、我尊敬的老师、我诚挚的同道、我年轻的小伙伴。

我从小就有个新闻梦、记者梦。

记得那是小学三年级的时候，因为我刚从北京回到河北省抚宁县老家，人还算机灵，又说得一口京腔，老师们对我这个京城来的孩子也是高看一眼。正好1953年，有一大批中国人民志愿军回国，我们县里召开了一个万人欢迎大会，学校就选派挺有冲劲儿的我，去代表全县的少年儿童致欢迎词。那篇演讲稿还是我们老校长一笔一画用楷书写出来的，演讲的效果非常好，引起了全场特别的关注。

就在我致欢迎词的时候，台下上来一位叔叔，他胸前挂着个小方盒子，小方盒子旁边还有一个带灯泡的圆柱柄，他站在我的左前方用小方盒子对着我“啪”的一按，灯泡居然一闪，我一愣，他很快又走下台去。后来我才知道，那个叔叔是新华社的记者，他手里拿着的小方盒子是一台照相机，那个带灯泡的圆柱柄是闪光灯。那位穿着皮夹克、帅气的新华社摄影记者，给我的童年留下了非常深刻的印象。

没有想到的是，从那个时候起，新闻梦想、记者情结就在我的心里深深地扎下了根。童年的这样一段记忆，竟然成为我后来一生的追求。

从小学到中学，我经常参加各种宣传活动，演活报剧、办黑板报、写新闻稿……1961 年，我在天津市参加高考时，我们天津 36 中学政教处主任推荐我报考中国人民大学新闻系，可惜那一年新闻系没来天津招生，我以超过本科首批录取分数线的成绩，被刚开办不久的天津师范学院新闻班选中录取，怀揣着新闻梦、记者梦，开始了我的“新闻大学”（见图 7-6）。

图 7-6　天津师范学院 1961 级新闻班师生（前排右一为赵传蕙）

入学以后，我和班里的几位同学，以极大的热情动手办起了班级壁报《前哨》，大家推举我做《前哨》的主编，在老师们的指导和同学们的认真操持下，小报办得红红火火，《前哨》上的文章还偶有见诸报端（见图 7-7）。

由于国家三年经济困难时期的调整，天津师范学院新闻班停办，我转到了中文系，但是这并未断了我的记者梦。

从大学一年级开始，我就加入了学校的学生宣传机构——天津师院通讯社，在编辑部做编辑兼记者，负责采写校内新闻、组织编辑各系通讯员报送的信息和稿件，为师院广播台提供每天播报的校内外新闻并为学院校报写稿，我还同时兼任天津日报社、河北

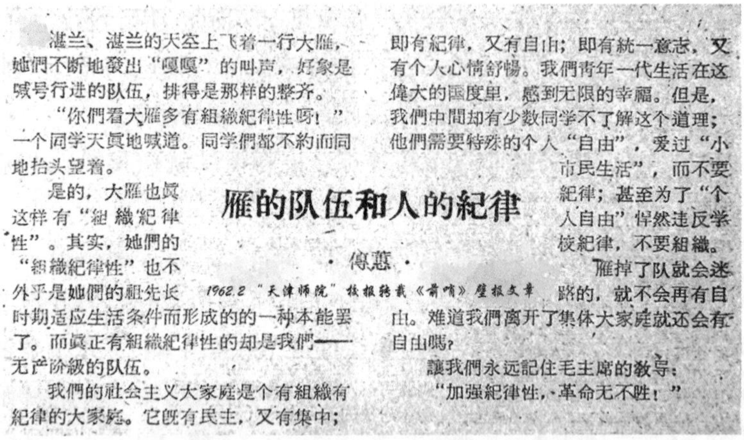

雁的队伍和人的紀律

·傳蕙·

1962.2 "天津师院"校报转载《前哨》壁报文章

湛兰、湛兰的天空上飞着一行大雁，她們不断地發出"嘎嘎"的叫声，好象是喊号行进的队伍，排得是那样的整齐。

"你們看大雁多有組織紀律性呀！"一个同学天眞地喊道。同学們都不約而同地抬头望着。

是的，大雁也眞这样有"組織紀律性"。其实，她們的"組織紀律性"也不外乎是她們的祖先长时期适应生活条件而形成的的一种本能罢了。而眞正有組織紀律性的却是我們——无产阶級的队伍。

我們的社会主义大家庭是个有組織有紀律的大家庭。它既有民主，又有集中；即有紀律，又有自由；即有統一意志，又有个人心情舒暢。我們青年一代生活在这偉大的國度里，感到无限的幸福。但是，我們中間却有少数同学不了解这个道理；他們需要特殊的个人"自由"，爱过"小市民生活"，而不要紀律；甚至为了"个人自由"悍然违反学校紀律，不要組織。

雁掉了队就会迷路的，就不会再有自由。难道我們离开了集体大家庭就还会有自由嗎？

讓我們永远記住毛主席的教导："加强紀律性，革命无不胜！"

图 7-7　天津师范学院校报刊登的《前哨》壁报文章（1962）

日报社、《天津晚报》、天津电台的通讯员，为地方媒体供稿。

1963 年夏，河北省发生特大洪涝灾害，汹涌洪水危及天津市，抗洪形势非常严峻，天津市数万抗洪大军奔赴前线。天津师院把放假仍留在学校的外地生和家住市内的一批学生，召集起来组织成师院抗洪队伍，开赴静海县独流减河铁路十九孔大铁桥处参战，与天津人民并肩战斗共同战胜洪水，度过了一个战斗的暑假。当时，我留在学校主编大学生《抗洪报》（油印）。学校大礼堂后台旁边通讯社的广播室，成了我的"战地记者站"、抗洪报社和广播台。我一个人身兼广播、采写、编报、刻板、油印数职，坚持广播新闻、编印《抗洪报》。在小伙伴们的帮助下，两个月《抗洪报》出刊了十几期，大大鼓舞了同学们的抗洪士气。我还曾到独流前线去采访，既写稿子又拍照片，还配合省市媒体发表了颇有影响的大学生抗洪事迹报道。

抗洪期间，为了工作方便，我找来了一床草垫子，铺上床单，铺在广播室的水泥地上，再支上一个蚊帐，吃住在第一线。在 60 天的抗洪日子里，我也完成了一个"战地记者"的全面实习。

有一次，我携苏联佐尔基 zorki-1 135 相机到独流减河前线采访，在大堤上给我的大学同窗们拍下了一幅"抗洪英雄谱"，这成为大家难忘的记忆。直到 60 多年后的今天，同窗们还都精心地珍藏着这幅照片（见图 7-8）。

同在这一年，为了纪念"一二·九"学生运动，学校邀请了京津地区众多的电影演员、话剧演员、中央和天津电台的播音员等，在学校大礼堂举办大型诗歌朗诵会，天津电台派员来现场录制节目准备播出。诗歌朗诵会一直进行到近深夜才结束，我们通讯

图 7-8　天津师范学院的“抗洪英雄谱”　（1963）　赵传蕙 摄影

社、广播台的小伙伴们还在广播室里兴奋地议论着，久久不肯散去。等大家回宿舍以后，我才开始在编辑部连夜赶写晚会的特写，第二天上午课间休息，我骑自行车送到鞍山道报社大楼，记者杨克在报社接待室接待了我，很快稿件几乎一字未改地通过了，当天的《天津晚报》上，一篇特写《高唱时代的最强音—天津师院纪念“一二·九”诗歌朗诵会侧记》在显著位置刊登出来了（见图 7-9）。

1964—1965 年，我们一批大学生曾被派往天津地委社教工作团锻炼，分配到霸县康仙庄公社的十一个乡村工作队。我在刘家坟工作队里做秘书，穿着一件破旧皮袄，神气地挎一把二十响盒子枪——那是我们队长的。我除了参加各种会，负责给队长、政委写讲话稿，写工作汇报，还负责给总团工作通讯报供稿。因为既能写稿子、又会摄影，后来总团要调我去省社教展览会工作，但是队长和政委实在舍不得放我走。

去霸县参加社教前，学校曾帮我从地理系借来了一部相机，那是野外考察用的德国禄来福来双反胶片相机，担心“太扎眼”了，班里的女同学就裁了一条旧军裤的裤腿，帮我手工缝制了一个“相机包”，挂在脖子上带下乡，平时就锁在工作队保存文件的木质“保险箱”里，有任务时就去拍照。1965 年春，当下乡工作结束、准备返校前，我受命为 11 个工作队去拍照留念。我从老乡家里借来了一辆“大铁驴”（一种用自来水管焊接的自行车）、挎着借来的那部禄来福来双反胶片相机，我骑行在乡间的田埂小路上，用了三四天时间，到分布在不同村子里的 11 个工作队，用仅有的两个 120 胶卷（每卷可拍摄 12 张照片），每队限拍两张，圆满地完成了任务，我为大学同窗们留下了青春的芳华、岁月的记忆！最后回到我所在的工作队，把相机架在“大铁驴”的后架上，完成了“自拍”留影。

高唱时代的最强音

——天津师院紀念「一二·九」詩歌朗誦会側記

“一二·九”运动二十八周年的前夕，天津师范学院于昨晚在該院大礼堂举行了一个革命詩歌朗誦会。

晚上七时許，近两千名观众把礼堂挤得水泄不通，长春电影制片厂譯制演員剧团的萧南、徐雁，天津人民艺术剧院的馬超、王泉、左杰以及天津人民广播电台的关山、刘淑兰等也应邀赶来参加盛会。

“风在吼，馬在叫，黄河在咆哮……”絨幕徐开，外語系近二百人的大合唱以雄渾、昂壮的歌声揭开了詩歌朗誦会的序幕。

在《国际歌》的乐声中，中文系刘克强朗誦了《高唱〈国际歌〉挺进》，豪迈的詩句振奋人心；天津人民广播电台刘淑兰朗誦的詩人刘征的諷刺詩《海燕戒》，严肃地向人們揭示：“不要以为海燕的子孙一定是海燕，只有海燕的翎毛并不能駕馭大海。”天津人民艺术剧院左杰也朗誦了袁水拍的詩《接近》。

在这幸福的时刻里，人們沒有忘記现在世界上仍然处在水深火热之中的阶級弟兄。听！天津人民广播电台于連凱朗誦的《在美国一个孩子被杀了》，这是向万恶的資本主义制度的庄严控訴。在話剧《紅岩》中扮演許云峰的演員王泉，朗誦了一段許云峰的独白，在同学們面前树立了一个革命者的光輝形象。萧南朗誦了郭老的《滿江紅〈頌雷鋒〉》，热情地頌贊了毛主席的好战士——雷鋒的崇高品质。馬超朗誦的《生命应該打上什么样的烙印？》給青年一代指出了前进的道路。师院附中的六个少先队員，用《接班人之歌》做了响亮的回答。

夜深了，全場听众肃立，台上台下两千人高声齐唱《全世界无产者联合起来》，晚会至此便結束了。

（师院通訊社）

63.12.8.

图 7-9 《天津晚报》1963 年刊登文章

1965 年，大学毕业留校工作后，我依然不忘初心，企盼着在天津师范学院办成新闻学专业。1972 年，天津市人民政府曾邀请我为市直机关干部进行为期半年的新闻培训，我敏锐地发现新闻专业重建的机遇到了。此时，天津师范学院开始招收工农兵大学生，我就向市教委领导（部队干部）请求，和学校中文系商量，希望能招收一个新闻班。我的这个提议得到了市教委和中文系领导的支持。于是，停办了 10 年的新闻班，在 1972 年招收了一届工农兵大学生新闻班，40 来人，目的就是为部队培养新闻干事。可是当时由于师资力量匮乏，除了基础课由中文系的老师来讲授之外，新闻班所有的专业课程几乎都是由我来教，包括新闻采访、新闻写作、新闻摄影，甚至新闻实习也由我来带。三年后学生毕业，还是因为体制和观念的原因，新闻班又停办了。让人欣慰的是，新闻干事新闻班学生毕业后回到部队，都发展得很好。

一个人有梦想，才会有勇气；有梦想，才会有激情；有梦想，才会有坚守。困难和挫折没能让心怀梦想的我灰心气馁，往往总是从挫折中不断奋起、继续前进。1980 年，伴随着改革开放的春风，在学校和上级领导的支持下，历经艰辛、几经周折，我们终于冲破体制和观念的束缚，经教育部的批准，最终创立了全国首个师范院校新闻学专业本科，颠覆性的创举，使我们的新闻学专业从此迈入正轨，我带领着年轻的团队，意气风发地风雨兼程，砥砺前行，培养出了一批又一批记者，也圆了我的新闻梦、记者梦。1984 年，我荣获首届“全国优秀新闻工作者”称号，受到习仲勋等党和国家领导的接见。

今天，当我步入杖朝之年的时候，回望过往，坦然无悔，那曾走过的艰难，那曾经过的劳苦，都已化作追梦、圆梦路上一个个坚实的脚印。

在锲而不舍地创建天津师范大学新闻学专业本科的征程中，我作为学者型干部的专业主任，既是团队的组织者，又是团队的领跑者；既是记者梦的践行者，也是新闻理论研究的学术带头人。我曾担任过多家报纸、期刊的记者、特约记者，并应邀作广播电台、电视台的嘉宾主持人，一直活跃在天津新闻界。采写发表了新闻、通讯、报告文学等数十万字及大量的新闻图片，有些还在天津产生过较大影响。

几十年来，我扎根于实践的沃土中，关注着现实生活、把握时代的脉搏，把现实生活中的重大主题，作为自己科研的切入点，共出版学术论著 160 余万字，并多次获奖，扎实的新闻理论研究结出了丰硕果实。

我曾担任中国新闻教育学会理事、全国好新闻评委、天津市新闻工作者协会理事、天津市新闻摄影学会理事。天津市新闻系统职称评委会十多年来一直邀请我作为天津市新闻系统职称评定培训考核的主考官，我还参与了天津市新闻高级职称任职资格条例的制定工作，担任高评委；多次担任国家教委新闻系列评审专家。1984 年，荣获首届全国优秀新闻工作者称号；1992 年，经国务院批准为有突出贡献的专家，享受政府特殊津贴；2014 年获全国新闻教育杰出贡献奖。

（天津师范大学　赵传蕙）

7.2.4　陈望道与复旦大学新闻教育

中国新闻教育发轫于 20 世纪 20 年代，复旦大学新闻学院（前身是新闻学系）是中国最早创办的新闻系、科之一。经过一百年风雨的洗礼，在中国最早创建的新闻系、科中，始终香火不断、坚持办学至今的只有复旦大学新闻学院。而在复旦大学新闻教育发展史上，陈望道先生居功至伟。

陈望道，原名参一，1891 年 1 月 18 日出生于浙江义乌县分水塘村一户农家。少年时代在私塾接受旧式教育，攻读四书五经，还曾拜师习武学拳，17 岁时曾随长者在乡村办学，以冀“教育救国”。不久后，强烈的求知欲促使陈望道再次就学，考入金华中学继续学业。1915年初，陈望道赴日本留学，先后在早稻田大学、日本中央大学等高校学习，并投身国内的新文化运动，1919年1月15日撰写《横行与标点》一文在《新青年》第六卷第一号发表，首次使用“陈望道”之名。1919年6月，陈望道回国，先在杭州第一师范学校任语文教员，后在上海担任《新青年》编辑等工作，1920年有幸承接“天降之大任”，成为《共产党宣言》第一个中文全译本的译者，同年加入中国共产党上海发起组，担任《新青年》主编、中共上海地方委员会第一任书记等职，1923年因故退党后终身信仰共产主义，在党外为党做了大量工作，1957年重新入党。自1920年9月起，陈望道开始在复旦大学执教，前后近50年（1920年9月—1931年2月、1940年秋—1977年10月），出任校长整25年（1952年10月—1977年10月）。新中国成立后，陈望道曾任华东军政委员会文化教育委员会副主任兼文化部部长等职，1955年当选为中国科学院哲学社会科学学部委员，1977年10月29日因病逝世。

正是在复旦大学执教期间，陈望道从1924年开始参与创建复旦大学新闻学系，大力支持新闻教育建设，自1941年起全面主持复旦大学新闻学系工作达9年之久，为复旦大学新闻教育同时也为中国新闻教育的建设作出了诸多创新性贡献。

7.2.4.1 参与创建、全面主持、终身呵护复旦大学新闻学系，赢得“天下记者家”英名

中国新闻教育正式进入高等教育的殿堂，始于1920年9月上海圣约翰大学在普通文科内附设报学系。紧接着，1921年厦门大学创建报学科（1923年后因故停办），1923年北平平民大学创建新闻学系。1924年，在燕京大学创建新闻学系的同时，复旦大学的新闻教育也开始起步，年初在复旦大学国文部创设“新闻学讲座”课程，年底在《复旦大学中国文学科章程》中明确提出了设立新闻学系的设想。1925年8月25日，《申报》刊出广告《复旦大学新设新闻学系招生》：“本大学为发扬中国文学，养成文坛作者起见，由行政院议决于本年秋季开办中国文学科，先设文艺系、教育系、新闻学系三系，入学试验注意国文，余详本大学招生广告。恐未周知，特此通告。”在这一复旦大学新闻教育的草创阶段，陈望道作为国文部以及1925年秋季学期由国文部扩建而成的中国文学科的教授之一，开始参与新闻系的筹建工作，与复旦大学新闻教育结下了不解之缘。1927年，陈望道出任中国文学科主任，新闻系的筹建工作开始由陈望道主持，新闻学系的课程设置以及师资延聘等各项工作的步子明显加速。1929年9月，复旦大学在建制上作了重大改革，新建文学院等5个学院，原中国文学科被改组为文学院下辖的两个独立的系，即中国文学系与新闻学系。据校史档案记载，新闻学系的建立，离不

开陈望道等教授的力挺。最初，复旦大学院系改组方案否决了开办新闻学系的主张，但陈望道等师生在校内发起创建新闻学系的吁请活动，最后在复旦大学行政院第 45 次常会上通过了开办新闻学系的决定。马世淦在《本系成立之经过》一文中说："在这次会议中，极蒙李权时先生与陈望道先生的主张，各位委员不加异议，正式设立本系的议案便很顺利地通过了。"① 中国文学系与新闻学系成立后，学校决定由陈望道任中国文学系主任、谢六逸任新闻学系主任。此后，陈望道虽一时无缘继续主持新闻学系的工作，但他仍热心帮助新闻学系的发展，继续在新闻学系主讲必修或选修课程，直至 1931 年 2 月因故离开复旦大学。

1940 年秋，陈望道重回复旦大学，先是在文学院下辖的中国文学系、新闻学系等各系讲授各类课程。1941 年 9 月后，程沧波因被国民党中央派去香港担任《星岛日报》总主笔而辞去了新闻学系主任一职，陈望道被学校委派开始代理系主任工作，1942 年 9 月被正式任命为系主任，直至 1950 年 7 月因身兼华东军政委员会文化教育委员会副主任兼文化部部长、复旦大学校务委员会副主任等公务繁忙而辞去系主任一职，前后长达 9 年之久。在这 9 年时间内，陈望道全面主持新闻学系工作，并锐意革新，提出了许多具有创新性意义的办学理念与原则，推出了一系列教学培养工作的具体改进措施，把复旦大学新闻学系办成了国内领先、国外知名的一流新闻教育机构，为中国社会发展培养出了一大批有理想、有信念、有才干的新闻人才，赢得了中国的"天下记者家"之英名。

1950 年 7 月陈望道不再担任新闻学系主任后，仍对新闻学系的发展十分关注，并在需要时予以大力支持与呵护。1952 年，全国高校院系开始进行大规模调整。据时任复旦大学党委副书记的王零回忆，由于苏联只有党校才办新闻学系，因而上海市高教管理部门最初拟停办复旦大学新闻学系。对此，刚担任复旦大学校长的陈望道坚决反对这一做法，并越级向周恩来总理请示。陈望道的想法得到了周总理的支持，复旦大学新闻学系因此而得以继续办学，成为中国高校中经过院系调整后仅存的一个新闻学系。

7.2.4.2 提出"宣扬真理、改革社会"办系原则，确立"好学力行"系铭

1941 年秋陈望道主持新闻学系工作后，即开始听取校内师生以及社会各界对新闻教育的意见与建议，锐意改革新闻教育工作。1942 年 9 月，陈望道正式接任系主任，明确提出了"宣扬真理、改革社会"的办系原则，旨在使新闻学系的教学与培养工作

---

① 马金淦．本系成立之经过［C］//复旦大学新闻学系纪念刊筹备委员会．复旦大学新闻学系纪念刊．上海：复旦大学新闻学会，1930.

与时代赋予的历史使命相契合，培养具有崇高的理想与情怀、强烈的为社会服务与奉献精神的新闻人才。1943 年 4 月，陈望道进一步提出“好学力行”的办学理念，后经全系师生讨论而将“好学力行”四字确定为复旦大学新闻学系的系铭。“好学力行”，源于《中庸》的“好学近乎知，力行近乎仁”一语，原意为热爱求知是智者所为，尽力而为是仁者风范。陈望道提出的“好学力行”理念，是基于新闻学这门学科的实践性品格，强调新闻学的教学与培养工作应将理论与实践紧密结合起来，新闻学系的学生不仅要有广博的知识和专业特长，还要注重学以致用，将所学理论、知识与技能用之于实际工作之中。由于“好学力行”科学地总结出新闻人才的素质之养成的根本要求，道出了新闻教育的精髓，因而陈望道在 20 世纪 40 年代初确定的这一系铭（后称系训、院训）一直传承至今。

据此系铭，陈望道还在系内倡导民主办学，鼓励学生“学有专长”“有胆有识”，并推出了一系列新的办学设想与举措，逐步把复旦大学新闻学系建设成为名闻天下的记者之家。其中最有创新性意义的是新闻晚会的举办与新闻馆的建成。

举办新闻晚会是陈望道主持新闻学系时推出的一大创举，在复旦大学新闻教育史上不仅留下了深深的印痕，而且还成为一个代代相传、至今仍具有重要品牌意义的“保留节目”。

举办新闻晚会的建议，是 1943 年 9 月间新闻学系几位同学提出的。这一建议，立即得到了系主任陈望道的认可与支持。1943 年 10 月 10 日，第一次新闻晚会在重庆嘉陵江畔的江风茶社顺利召开，近 30 位师生出席，系主任陈望道携助教李光诒等亲临晚会以表支持。这次新闻晚会的主题为“苏德战场纵横谈”，由邵文绅主讲，并制作了报上刊载的苏德战争形势图放大版以供观看。之后，新闻晚会一般在新闻学系所在地北碚夏坝举行，每周一次，均安排在星期六晚上。新闻晚会在初创的前两年，新闻学系所在的夏坝地区没有电灯而只能在烛光下举行，因而又名“烛光晚会”。晚会一般以时事讨论、学术研究的形式出现，有报告、讨论、辩论，晚会主题以及晚会的宣传工作由晚会主席与新闻学系的师生商议而定。晚会主席由学生选举产生，每周轮换。有时，新闻晚会还油印当时流行的进步歌曲或国内外民歌，发给到会人并在会前当场教唱。据记载，以紧扣时代脉搏、纵论国家大事为主的新闻晚会在重庆夏坝举办过 110 多次，大大拓展了学生的思维和眼界，使其关注社会与国家发展的大局而不局限于校园内的事物。

在系主任陈望道的关爱、宽容下，新闻晚会的内容多元而新颖，氛围日趋自由、开放、活跃，鼓励学生参与讨论、畅所欲言，可临时要求发言，常展开激烈辩论，但不强求作出一致的结论。因此，新闻晚会深受学生欢迎，不仅新闻学系的学生几乎全部出席，许多外系的学生也很乐意参加。当年亲身参与其中的李光诒把新闻晚会的特点总结出 8 条，即：丰富的内容、多样的形式、切当的主题、平等的气氛、广泛的探索、严肃的思考、自由的讨论和独立的判断。① 现存复旦大学档案馆里的一些资料，记载着七八十年前新闻晚会也是当时学生们关注的话题，如“新闻与政治”“我们的出路何在”“中国将向何处去”等事关国家前途的大问题。1946 年 1 月 3 日晚，新闻学系举办第 105 次新闻晚会，主题是“超人哲学”。主讲人陈氏在演讲中吹嘘自己集中外古今哲学之大成，自建起一种名曰“如一哲学”的思想体系。新闻学系四年级杜同学当即起立发言，列举事实对陈氏哲学中的唯心观点逐一予以批驳。系主任陈望道也参加了这次新闻晚会，最初略感尴尬，但立马面露笑容，向演讲嘉宾解释说这就是复旦大学历来倡导的学术独立和思想自由的品格。

1946 年 6 月新闻学系随复旦大学一起回上海后，新闻晚会改为每月举办一次，后随着政治形势的发展有时每两周举行一次，最初在一般的教室里举行，后因参加人数不断增多而改在当时面积最大的子彬院 101 教室举行。自 1947 年 12 月起，新闻晚会改名为新闻座谈会。第一次新闻座谈会在 12 月 12 日召开，内容为“展望伦敦外长会议”，由萧乾教授出席指导。系主任陈望道也出席了这次座谈会并发表讲话，指示新闻座谈会的内容应偏重新闻学理论及实际之检讨。

新闻馆的建成，是陈望道主持新闻学系工作期间的另一创举，旨在改善当时新闻学系的办学条件，为学生创建一个良好的校内教学实习基地，兼以解决课外学习等其他培养工作问题，成为复旦大学新闻学系提升教学质量与社会声誉的一大标志性成果。

1944 年 4 月，陈望道为筹建新闻馆而发起社会募捐活动，预定筹集建馆费 100 万元。为此，陈望道不顾条件艰苦和天气炎热，亲自从地处郊外的北碚到重庆市区去募集捐款。7 月 19 日，邵力子、钱新之两位老校友在重庆胜利大厦宴请金融界人士，当场募得 60 余万元，后经金融界及其他各方推动又募得 60 余万元，共达 120 万元。此外，复旦大学前校董杜月笙捐赠四开印刷机、圆盘机各 1 部，文学院院长伍蠡甫捐赠价值 5 万元的 10 幅作品，邵力子夫人傅学文女士捐款 1 万元，新闻学系教授曹亨闻、祝秀侠、舒宗侨等各捐 1 万元。在短短的两个月内，经新闻学系全体师生的努力募集，到账的新闻馆建造基金已达近 200 万元。紧接着，新闻馆经公开招商承包后进入了建设阶段，由校友裘松根、黄祖述主持，校友朱文梁设计。1944 年 9 月 1 日，即当时的“九一记者节”这一天，新闻馆奠基仪式隆重举行。至 1945 年 4 月，占地约 30 亩的新闻馆建成，内有系办公室、编辑室、图书室、资料室、通讯室、招待室、阅览室、实习教室及排字

① 游仲文．战时复旦新闻晚会［C］//何建廷．抗时战争时期的北碚（北碚文史资料章回辑）．重庆：中国人民政治协商会议重庆市北碚区委员会，1992：328.

印刷房等10余间。

1945年4月5日中午，新闻馆开幕典礼在夏坝复旦大礼堂举行。是日云层密集，大雨欲来，但人们前来参加开幕典礼的兴致丝毫不减。从早晨六点开始，新闻馆的里面以及相伯图书馆的楼下已经挤满了前来参观的各界人士。中午时刻，邵力子、萧同兹、王芸生、潘梓年、胡秋原等嘉宾和其他前来参观的人士及复旦师生共计600余人参加了新闻馆开幕典礼。邵力子致辞，邵力子夫人傅学文也陪同出席并为新闻馆剪彩。于右任因公务在身而无法前来参会，但事先拟就题为《新闻自由万岁!》的演讲稿，内云：在这个艰难的时刻落成新闻馆，意义非同一般，绝不只是增添了几个房屋，中国新闻事业与复旦大学在过去已有密切关系，在未来更有远大的展望。中共中央在重庆出版的《新华日报》为复旦新闻馆开幕发来贺电："为新闻自由而奋斗。"此外，系友金光群等六人赠送锦旗"记者之家"；《新民报》记者廖毓泉赠送"复旦新闻馆，天下记者家"的对联，后联对复旦大学新闻学系在中国新闻教育史上的地位与作用作了精准的概括。此后，"复旦新闻馆"成了这一新建成的新闻馆的正式名称，而"天下记者家"成了复旦大学新闻学系的荣誉称号。下午，复旦大学新闻学系举办的第二届世界报纸展览会宣告开幕，共展出报纸、杂志2000多种，其中来自英国（27种）、美国（16种）、波兰（9种）、法国（7种）、苏联（5种）、印度（3种）、澳大利亚（2种）7个国家的报纸共69种，来自英国（30种）、苏联（27种）、美国（16种）、印度（10种）、荷兰（7种）5个国家的杂志共90种，以及国内13省报纸共298种、军中报纸42种、边疆23种、敌后2种、国内新闻教育机关10种，以及本系毕业生及在校学生创办的报刊17种。特别值得一提的是，中国共产党在各地出版的《新华日报》也被收入并展出。

新闻馆建成后，几乎所有的学生每天必去那里学习理论与知识、交流思想与意见以及参加编印报刊等教学实习活动，因为新闻馆藏有学生们取之不尽、用之不竭的理论学习与业务实践活动的宝贵资源。

此外，为加强教学实习，复旦大学新闻学系在陈望道主持下还重建复新通讯社，创办《复旦新闻》等学生报刊。1943年2月，陈望道决定重建已停业的复新通讯社；3月1日，重建的复新通讯社宣告成立，陈望道亲自担任社长，讲师李光诒担任总编辑并负责日常工作。该通讯社下设编辑、采访、总务三部，由新闻学系学生轮流参加实习，每五日发油印稿一次，免费供重庆各大报社采用，其稿件内容以重庆北碚地区的新闻为主。这一时期新闻学系学生创办的报刊主要有《复旦新闻》《复旦新新闻》以及以当地民众为读者对象的壁报等。《复旦新闻》创刊于1943年，是以复旦大学新闻学会名义出版的铅印实习报纸，报道北碚地区和复旦大学的消息，以迅速翔实著称。1944年因人事变动和经费困难而出至第60期后暂停，1945年10月10日复刊。《复旦新新闻》创刊于1946年3月12日，四开铅印周报（另出经济评论时政三日刊），由新闻学系学生主办，请新闻学系教授曹亨闻担任指导教授。以当地黄桷镇民众为读者对象的壁报，设有社评、国内外时事、社会新闻、抗战图画、读者通讯等栏目，篇幅虽小，但内容丰富，在当地民众中有很大的影响。

在陈望道的关心与支持下，早在1929年创建的复旦大学新闻学会在这一时期也得以恢复与加强。新闻学会设有研究室，订有四川各县及外省的各种报纸（包括部分赠阅的报纸）共60种之多。所有报纸一般都有两份，一份用于装合订本，另一份用于报纸剪贴。因此，研究室中有5、6个木柜，高6尺，内分6格，各种有关联的新闻被剪下来贴在一种格式大小相同的纸上，分为国内外的政治、经济、司法、教育、外交等类别，有关抗日战争的材料还细分为东战场、北战场等类别，依类储藏。

为了拓展学生的视野与知识面，使学生在校时就对新闻界与整个社会有全面、深刻的认识，新闻学系还定期或不定期地举办各类讲座或演讲会，邀请新闻界以及其他各界著名人士来系演讲，使学生能及时获取来自各界的最新资讯、意见与相关知识。

7.2.4.3 坚守正义、进步立场，筑起民主、自由“堡垒”

20世纪40年代，正是中国共产党与中国国民党两种政治力量为了中国走向光明还是黑暗而激战的历史关键时期。陈望道作为新闻学系主任，领导复旦大学新闻学系的师生，坚守正义、进步立场，响应中国共产党的号召，顺应历史发展的大潮，把复旦大学新闻学系修筑成国统区内民主、自由的“堡垒”（见图7-10）。

在重庆时期，陈望道在1945年4月新闻馆开幕典礼上公开声称，“我们切望能与新闻机关合作，能够以形影似的亲密关系，开辟自己的前途，谋求人群的幸福”，并把这一点视作当时中国新闻教育“急需解决的”的一个重要问题，鼓励学生要“学有专长”“有胆有识”。1945年9月复旦大学进行课程改革，陈望道把哲学原理、伦理学两门课程确定为新闻学系的必修课程，并在哲学原理课程中增加唯物主义和辩证法的内容，旨在培养学生树立科学的、正确的世界观。复旦大学新闻学系在其新闻学会的研究室内藏有相当数量的马克思、列宁的著作，很多后来成了共产党人的青年学生回忆说，正是在那里第一次阅读马列著作。

复旦大学新闻馆建成后，陈望道从香港为新闻馆订购了中国共产党主办的《群众》以及其他进步报刊。新闻馆内设有收音室，学生们常在那里收听1945年8月恢复播音的延安新华广播电台的广播节目，并把新华社发布的重要消息传遍复旦大学校园，因而坐落在校园西北角的“新闻馆”被复旦大学师生誉为“夏坝的延安”，成为当时全校进步师生争取民主自由的活动场所。新闻学系师生还曾在新闻馆举办“和平、奋斗、救中

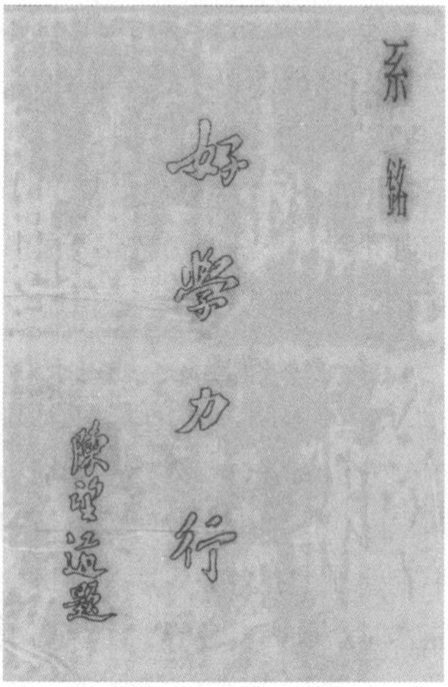

图 7-10　陈望道题复旦大学新闻学系戏铭

国”的讨论会，响应与支持中国共产党的拥护和平、民主，反对内战、反对独裁的正确方针，抨击国民党搞独裁、打内战的反动政策。

对于学生的爱国进步活动，陈望道不仅持包容、关爱与支持的立场与姿态，还暗中予以保护。1945 年入学的邹剑秋是中共地下党员，当时担任新闻学系学生会主席，他参与编辑的进步学生报纸《中国学生导报》的编辑据点就在陈望道居住的同一个四合院内，陈望道不仅知情不问，还暗中予以保护。

1946 年 6 月回上海后，复旦大学新闻学系师生在陈望道的保护与支持下，积极开展反内战、争民主的进步活动，新闻学系继续发挥民主、自由“堡垒”的作用。

新闻晚会（后改称新闻座谈会）等传统活动，开始成为进步学生开展反内战、争民主的重要斗争手段。在新闻晚会上，进步学生利用事先搜集的大量资料特别是利用国民党官方报纸及通讯社发的消息，讨论宣传共产党的主张，揭露国民党的阴谋。1947 年 4 月 28 日，新闻学系学生举行以“五四的道路”为主题的新闻座谈会，取得了巨大的成功。

中共复旦大学地下组织也充分利用新闻晚会（新闻座谈会），把它办成党在复旦大学进行公开宣传、开展合法斗争乃至考验进步学生、发展地下党员的重要阵地。据这一时期的新闻学系学生练福和回忆，他当年在复旦大学就是通过新闻座谈会这一平台认识地下党支部书记曾铸并在曾的引导下加入中国共产党的："1948 年 11 月间，新闻系召集一个关于当前形势的座谈会，内容是……我们青年学生如何在历史转变的关头面对严峻考验。会上讨论很激烈，会后曾铸有意和我同行回宿舍，一路上他接着话题继续发挥，从当前形势谈到中国的前途，谈到共产党的纲领，谈到我们搞学运搞革命要不要参加党组织的问题。我当即谈了我的看法，表达了我的心愿和入党要求。……过了 20 多天，到 1948 年 12 月 12 日……吸收我为中共党员。"①

此外，被称为复旦新闻馆的新闻学系小楼内设有收音广播室，可收听到解放区的新闻广播，因而成了进步学生接受中国共产党领导的发令台。新闻学系学生在校内外还办起了《复旦新闻周报》《复旦新新闻》《时事论坛报》等 20 多种小报和壁报，有铅印的，也有油印的。其中《复旦新闻周报》是新闻学会主办的四开油印小报，名义上是新闻学系学生的教学实习报纸，编排和刻印十分精美，其内容以报道学生运动情况为重，成了复旦大学学生运动的喉舌。为了同三青团分子主办的报纸《新新新闻》进行斗争，同时也为了防范《新新新闻》常使用的混淆视听手法，《复旦新闻周报》专门印制卡片，以作为《复旦新闻周报》学生进行采访的工作证件。作为学生运动的喉舌，《复旦新闻周报》充分发挥了报纸这一武器的威力。随着上海学生运动的发展，《复旦新闻周报》于 1948 年夏改名《复旦导报》，并作为复旦大学学生自治会的机关报继续出版发行。此外，1946 年 3 月 12 日在重庆创刊的《复旦新新闻》回上海后继续出版，所有的记者与办报人员计 58 人，均为新闻学系的学生。1947 年创办的《时事论坛报》，也是由新闻学系学生负责的学生报刊，由新闻学系教授曹亨闻担任指导老师，以研究国际时事问题为宗旨。

在反内战、反暴行的爱国民主运动中，复旦大学新闻学系学生是一支站在斗争最前列的活跃力量。对此，陈望道始终持同情、支持与保护的立场与态度。1947 年 4、5 月间的一个晚上，国民党当局在全市进行大搜捕，复旦大学有十几人被抓。当晚，一位进步学生逃到陈望道家里避难。陈望道请那位学生上楼躲避，自己与太太在底楼坐着看报纸，整整一个晚上没有睡觉，保护了这位学生。在关键时刻，陈望道还挺身而出，公开站在学生一边，救助进步学生以免遭国民党当局的迫害。1947 年 5 月 29 日，新闻学系主任陈望道前往公济医院慰问该系在"五二六"事件中受伤的张希文、杜数绪等学生。1949 年 1 月 28 日晨，陈望道携带大批糖果至上海市警察局蓬莱分局探望在押并绝食抗议的 18 位学生，并数次求见时任上海市市长的吴国桢，使这 18 位在 1948 年 8 月 27 日

---

① 练福和．一个铁骨铮铮的共产党员［C］//常州市中共党史学会．地下斗争实录．北京：中央文献出版社，2004：235-236.

由特刑庭控以“匪谍嫌疑”而被拘传、侦讯与羁押在蓬莱分局的学生最后全部交保获释。此时，对于国民党当局通过校长章益保送大批特务报考新闻学系，试图混入新闻学系进行阴谋破坏，陈望道不顾个人安危，用甄别、试等方式拒不接收。为此，复旦大学的特务学生曾贴出大幅公告，称新闻学系是共产党支部组织，并要陈望道对此负责。1949 年 2 月，人民解放战争胜利在望。为了保护学校免遭破坏，复旦大学成立师生员工应变委员会，新闻学系主任陈望道作为教授代表担任该委员会副主席，在白色恐怖之下积极领导护校斗争。之后不久，陈望道被列入国民党特务暗杀名单，被迫避居于新闻学系副教授舒宗侨家中，直至大上海解放。

时至今日，陈望道主持新闻学系期间提出的“宣扬真理，改革社会”等办学原则、“好学力行”系铭以及举办新闻晚会、创办学生媒体等具体措施，仍在复旦大学新闻学院得到发用与光大。“好学力行”仍然是新闻学院的院训，并被赋予了新的含义。新闻晚会仍然是新闻学院传统品牌节目，与 1943 年开办的新闻晚会有异曲同工之处。复旦大学新闻学院学生创办与主持的众多报刊与新媒体，在精神上仍与当年的学生报刊一脉相承。陈望道去世已经 40 多年，但其为中国新闻教育事业的发展作出的巨大贡献，已成为复旦大学新闻学院的一种精神，将永远鼓舞、激励着复旦大学新闻学院的事业在新的时代不断向前推进。

（复旦大学　黄瑚）

7.3　新闻教育家

7.3.1　虞达文：广西大学新闻教育的开拓者

虞达文（1927—2021），广西桂林人，毕业于广西大学法律系，是广西大学新闻教育创业奠基者。中国新闻学会“韬奋园丁奖”获得者，国务院特殊津贴专家。1973 年到广西大学新闻专业任教，曾任广西大学新闻专业教研室主任、新闻系主任。1986 年，广西大学成为全国第五个获批新闻学硕士授予权的高校。

虞达文长期从事新闻心理学、新闻采访与写作等教学与研究，主要著作有《新闻读者心理学导论》《新闻心理学》《新闻写作》；主要论文有《探索读者内心活动的奥秘》《“间奏式”描述与受众心理的“似动现象”》等 100 多篇。曾两次获得省部级哲学社会科学研究成果奖。他是我国新闻心理学领域较早的研究者之一，所著的《新闻读者心理学导论》《新闻心理学》曾在全国新闻学界产生较大影响。

7.3.1.1 早年走上新闻路，报界沉浮显文名

虞达文1927年出生于广西桂林一个官僚地主家庭，家庭氛围影响他从小就喜欢舞文弄墨并有较好的文采。虽然从小衣食无忧，但在大家庭里，虞达文母亲的地位不高，每天除了承担繁重的家务之外，还要服侍家中的祖母和牌友，经常很晚才能休息。为了摆脱在大家族中的屈辱地位，年幼的虞达文学习一直非常努力，“我当时之所以发愤用功读书，是为了给母亲争口气”。

高中毕业后，虞达文到昔日老师创办的《民众报》当上了记者和编辑。在此期间，他在学习和经济上为考大学做准备。终于在两年之后，1948年，他攒够了上大学的费用，也如愿考上了广西大学法律系。在广西大学读书期间，他经常写作各种散文杂文向当时的进步报刊投稿，很快被校外的《工商报》聘为兼职记者，后来还担任了采访部主任。1949年年初，虞达文参加了广西桂北游击队并加入中国共产党。新中国成立后，他担任了广西桂林市灵川县谭下区区长。

1953年3月，虞达文调到《广西日报》社工作。由于新闻业务能力比较突出，很快被任命为《广西日报》工商部副主任。“文化大革命”爆发后，虞达文被迫停止了新闻工作。1970年被下放到广西扶绥县农村劳动。一次偶然的机会，他写了一位当地只会讲壮语的农村妇女认真学习毛泽东主席著作的新闻报道，被刊登在当时著名的《红旗》杂志头条，并被国内其他媒体转载，还被当时的中学语文教科书收录。扶绥县革委会报道组很快将他抽调到县里从事新闻宣传工作。

7.3.1.2 广西大学诚相邀，筚路蓝缕建专业

1928年，广西大学由近代中国获得德国工学博士第一人马君武创办。在20世纪50年代，学校经历了调整、拆分又重建的过程。直到1971年，广西大学恢复了招生。1972年，为了解决广西当时文科人才缺乏的问题，广西大学申请建立“文学系”。同年国务院科教组下达批复：“同意广西大学增设理论写作、新闻和文艺创作三个专业”。从此，广西大学新闻教育开始起步。在当时全国高校中，开办新闻学本科专业的只有北京大学、复旦大学、北京广播学院等院校。

（1）临危受命，担任新闻教研室主任

广西大学当时创办新闻学专业，首要问题就是师资不足。到1972年年底，新闻专业仅有4位教师。1973年2月，经《广西日报》社领导推荐，虞达文从广西扶绥县调入广西大学担任新闻专业教研室主任（见图7-11）。

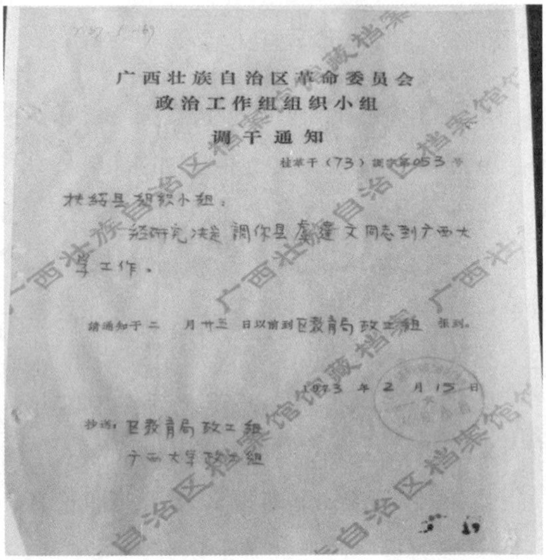
广西壮族自治区革命委员会
政治工作组组织小组
调干通知
桂革干（73）调字第053号

林绍县组织小组：
经研究决定调你县虞建文同志到广西大学工作。

请通知于二月廿三日以前到区教育局政工组报到。

1973年2月15日

抄送：区教育局政工组
广西大学政工组

图 7-11　虞达文调令（1973 年 2 月）

（2）白手起家，艰难创业

虞达文担任新闻专业教研室主任后，发现除了师资不足，教材缺乏也是急需解决的问题。1973 年 9 月，新生就要入学，但上课要用的教材等还没落实。因为当时公开出版的新闻学教材和著作极少。另外，教研室 5 位老师基本没受过系统的新闻学教育，对教学内容和人才培养的计划等都缺乏了解。

为了保证新生入校后的教学工作能够正常开展，1973 年 5 月初，虞达文和教研室其他 4 位老师一起到上海复旦大学新闻系学习。在复旦大学，他们主要就是听课。在跟班听课中向复旦大学的老师学习上课内容、方法等。经过 4 个月的跟班学习，5 位老师的理论水平和教学经验等都得到了显著的提高。1973 年 8 月，他们结束了在复旦大学的学习，回到广西大学后就马不停蹄地编写教学讲义等。经过一个月的挑灯夜战，终于赶在 9 月份新生开学前将 1973 年下半年所上课程的教学讲义等编写完成，新生入学能有基本的教材可用（见图 7-12）。

广西大学新闻专业在 1972 年、1973 年各招收 30 名学生，后来由于师资等原因，1974 年、1975 年停招，到了 1976 年继续招生。

（3）师生协力，编辑教材

广西大学新闻专业建立之初，缺乏教材讲义是主要困难。虞达文带领教研室同事编写教材。到 1976 年年初，教研室编写出版了第一本 30 万字的教材《新闻作品与分析》，

图 7-12　广西大学新闻专业最早五位教师
（从左至右依次为：傅汉南、虞达文、李春邦、庄景铬、赵建莉）

挑选出媒体报道过的经典新闻作品，再配上老师们评析，这个教材在当时还是很少见的。

20 世纪 70 年代，虞达文和新闻专业的老师们邀请 1973 级的优秀学生参与到了编写教材的队伍中。到 1976 年，新闻专业师生共同编写出了带有地方特色的教材《新闻采访与写作》，在国内发行达 3 万册。

20 世纪 80 年代前期，虞达文将教研室同事编写的《新闻写作》《通讯写作》和《新闻评论》教材不断修订，最后由他将这三本教材合成一本新的 30 余万字教材《新闻写作》。这本教材将“乡土和全国先进相结合”，“不管体例还是写作手法，都是当时全国屈指可数的”。这本教材一直沿用至 20 世纪 90 年代，对广西新闻人才的培养“功不可没”。

从 1972 年建立专业到 1983 年，广西大学新闻专业共培养了 197 名毕业生，为当时的广西新闻战线输送了一批骨干人才。“经过 11 年的努力，我们初步摸索到了办新闻专业的经验，为专业的发展打下了坚实的基础。”由于他对新闻教育作出的突出贡献，1984 年，虞达文被评为“全国优秀新闻工作者”，并且参加了中央领导出席的全国优秀新闻工作者表彰大会。

（4）任系主任，获得硕士点

1986 年，广西大学中文系主任金涛调离广西大学，虞达文接任中文系主任，当时的新闻学是中文系下的一个专业。1987 年 3 月，广西大学中文系新闻专业获批成立新闻系，虞达文接任新闻系主任，但新闻系与中文系实行的是“一套班子，两块牌子”。同年，经过系内民主选举，学校批准，虞达文仍为中文系主任，因此，虞达文作为新闻系的第一任系主任同时还兼任中文系主任一直到 1990 年。

到了 20 世纪 80 年代中期，广西大学新闻专业经过了十多年的建设，在教学与科研等方面取得了一定的成绩。1984 年 5 月，广西大学向国务院学位委员会申请新闻学专业硕士点授予权，研究方向为新闻理论与新闻业务。1986 年顺利获批成为当时全国仅有的 5 个新闻学硕士授予权高校之一。

广西大学在 1985 年就招收了第一届 3 位新闻学硕士研究生，导师只有虞达文。3 位毕业生中的一位后来成长为《广西日报》总编辑。

7.3.1.3 深耕新闻心理学，科学研究开新地

（1）早年研究，文学居多

虞达文教授一生著述达 280 万字。他喜爱文学，在各种刊物上发表的散文、随笔、杂文等文学作品有 200 余篇，约 120 余万字。

新闻专业刚刚开办之初，虞达文所做的研究多与历史、文学有关。1975 年，虞达文与同事李春邦老师合作，开展了第一个课题“柳宗元在柳州的建树”研究。该课题研究历时一年多，最后写成了 16 万字的书稿。1977 年，虞达文又获批课题“司马迁传记文学研究”。1982 年，相关的研究成果形成专著出版。另外，虞达文还与李春邦老师合著《毛主席办报实践研究》并于 1983 年出版。

（2）多元借鉴，研究新闻心理学

虞达文具有丰富的新闻实践经验，到了广西大学投身新闻教育后，他感受到“新闻无学”的苦恼。改革开放后，一度被称为“资产阶级的方向”的心理学被平反，虞达文敏锐地注意到可引进心理学知识来研究新闻学，提升新闻学研究的学理性。虞达文也可说是国内较早开展跨学科研究的新闻学者之一。

虞达文作为一个文科学者，在改革开放初期勇敢地借鉴心理学等研究成果，开展跨学科领域研究，对于活跃开放当时社会科学研究学术氛围、拓宽新闻学研究学术视野，是有很大帮助和影响的。

虞达文最早的新闻心理学论文发表在《广西大学学报（哲学社会科学版）》1983 年第 1 期，论文题目为“理不可直指——论新闻的含蓄”，这虽是一篇新闻业务论文，但文中使用受众心理学的视角进行分析并明确地指出：“新闻之所以和文学一样，需要含蓄，是因为只有这样才更符合于读者的接受心理。”

20 世纪 80 年代，虞达文陆续发表了《新闻的可信性与读者的逆反心理》《探索读者内心活动的奥秘》《新闻的“间奏式”描述与读者心理的“似动现象”》等研究新闻心理学的论文。他两次获得省部级哲学社会科学研究成果奖。

广西大学 1982 届本科毕业生留校任教，曾与虞达文共事，后任新华社新闻研究所研究员的唐润华认为，“虞达文的著作在当时的环境下做到了很强的跨学科的研究，除了新闻学、传播学和心理学以外，还牵涉到社会学和美学等研究”。“通过新闻心理学理论的研究和教学的深入发展，使得新闻心理学成为我们当时的一个特色学科。”

1988 年 1 月，虞达文撰写的《新闻读者心理学导论》出版，这是继复旦大学张骏德、刘海贵合著的《新闻心理学》出版后，改革开放后国内出版的第二本新闻心理学著作。《新闻读者心理学导论》共 22 万字，由广西人民出版社出版。该书主要阐释新闻传播活动与新闻读者心理需要、注意、想象、思维、情感和逆反心理等心理现象的关系，指导新闻工作者从读者的心理出发，提升传播技巧和传播效果。

在该书的第一章，虞达文开宗明义地讲到，开展读者心理学研究的目的主要有以下几个：引进心理学研究新闻读者，本身就是对马克思主义新闻学的补充；在改革开放的时代，研究新闻读者的心理，是推动和催化新闻改革和新闻学研究的当务之急；要想推动新闻心理学的研究，必须学好普通心理学、社会心理学的知识；使用科学的方式调查研究好新闻读者，能够促进中国心理学的进一步发展；开展读者心理研究，就必须在找准新闻学与心理学研究的结合点，促进两者之间的渗透、补充和催化。

在当时，虞达文能够针对新闻改革过程中遇到的新闻工作者不了解、不关心读者对象、新闻与读者脱节等问题，大胆地引进心理学等知识进行破解，同时强调科学的研究方法与跨学科研究的结合点和着力点，还是领先且难得的。

（3）退而不休，新闻心理学研究结硕果

虞达文曾说：“其实，我做学问的最好时段还是在 1993 年退休以后。”他在退休前，新闻专业教师少，教学任务重，又忙于新闻专业的建设与管理工作，难得有太多闲暇开展系统的研究工作。退休之后，虞达文科研工作的重点还是新闻心理学研究。2001 年，他的 34 万字独著《新闻心理学》由新华出版社出版。

相较之前出版的《新闻读者心理学导论》，《新闻心理学》所涉及内容更加全面深入。全书共有三个部分，分别为“原理篇”“传者心理篇”“受众心理篇”，“原理篇”主要是强调马克思主义的反映论是新闻心理学的基础，阐明我国构建新闻心理学的必要性和新闻心理学与其他学科的关系。“传者心理篇”主要介绍了传者的认知、情感、意志、思维方式等心理要素对新闻工作的影响作用以及如何通过心理学的方式完善新闻工作者新闻敏感的形成、传者个性心理调节机制，使新闻工作者能够更为高效地参与新闻实践活动。“受众心理篇”主要从新闻传播活动如何通过适应受众需要、唤起受众表象、诱发再造想象、促进联想及消除逆反心理等手段，提高传播效率和传播效果。虞达文在该书中除了运用马克思主义反映论之外，还借用了弗洛伊德的潜意识理论、格式塔心理学、马斯洛的需求层次理论等不同学派的西方心理学理论。

中国传媒大学刘京林教授评价说：“虞达文教授是我国心理学的一位重要的拓荒者。他从事新闻心理学教育和研究多年，且颇有成效。他参加了最早的几届全国新闻传播与心理学研讨会，其著作《新闻心理学》与其他著作相比，很有特色。体现出系统性、创造性、实践性，对我有很大的启发。可以说虞达文教授是我从事新闻心理学的引路人。他为人谦和，教学严谨，是一位值得尊敬的学者。”

7.1.3.4 潜心矢志做人梯，八桂大地遍桃李

虞达文教授在1973年已过不惑之年来到广西大学任教，1993年退休。退休之后还是割舍不下热爱的新闻教育事业，他继续帮助学院承担本科硕士研究生教学与指导等工作。直到2006年，他指导的最后三位硕士生毕业，年近八旬的他才真正退休。在广西大学教师岗位上勤勤恳恳工作了30余载，见证了广西大学新闻学专业的发展。鉴于他对新闻人才培养的贡献，1996年，中国新闻教育学会给虞达文教授颁发了“韬奋园丁奖”。

“为人师表，谦和宽容”是他留给学生最深刻的印象。虞达文也坦言，与科研相比，他更喜欢教学，喜欢和学生在一起，把学生培养好更有成就感。

虞达文非常重视为人师表的教师责任。1973级的学生刘家万回忆，当年新闻专业师资匮乏，他本科毕业后，学校决定让其留校任教。新学期开学，虞达文老师在布置完教研室的工作之后，专门把刘家万留下来，单独和他讲了作为教师的责任，告诉他“作文先做人、治学先治心”的道理。

虞达文认为新闻学研究，借鉴别人的理论研究，就像在海里驾驶帆船，不同方向的风都要借，关键是你怎么掌握舵和帆的度。掌握不好，就会被顺风吹跑，被逆风吹翻；掌握好了，就会为我所用，顺利到达彼岸。他给刘家万开设了包含政治、历史、哲学、文学和新闻名著的书单，让他好好研习。在虞老师的指导下，刘家万很快成长为受到学生欢迎的年轻老师。1980年，《南宁晚报》准备复刊，虞达文推荐刘家万到报社挂职锻炼。“学校（新闻专业）和报社是一家。教新闻，实战太重要了，我是过来人，相信以后你会明白的。”刘家万后来成为南宁日报社副总编辑。

“有求必应”，是很多学生对虞达文的印象。学生请教他的问题，即使当时不能及时回应，他也会尽快查找资料给学生答复。2002年，虞达文参加本科生的毕业答辩，

答辩结束后，师生一起到学校食堂吃午饭。席间本科生覃哲向虞达文老师请教了几个问题，其中有一个历史问题的相关史实，虞达文老师记不清了，说等回去查完资料再告知。没想到当天午休时间刚过，虞老师就直接打电话到覃哲的宿舍，告知他所查找到的资料。对于一个普通本科学生所提的问题，虞老师如此放在心上，而且当时手机还不普及，虞老师还花了时间查找到学生宿舍的电话号码并联系告知其答案。覃哲回忆说："当时虞老师已 81 岁，没想到那么快查完资料，找到我宿舍电话号码，联系到我告知我历史史实。我现在也是高校老师，虞老师为人师表，一直是我的学习榜样。"

虞达文常挂嘴边的一句话是："一个老师最大的快乐，就是看到自己的学生有所成就。"他不仅关心在校学生学习等，学生毕业了，虞老师还在关注他们的成长。刘昆研究生毕业分配到光明日报社广西记者站工作，当时光明日报社领导大力倡导和实施话题新闻。刘昆采写了一大批话题新闻，有些作品产生较大反响。有一天，虞老师从当时中央电视台早间新闻的报纸摘要栏目里，收看到刘昆采写的一篇话题新闻，特别高兴，专门打来电话鼓励刘昆，说记者就应该多研究现实问题，多关注这样的新闻话题，好的记者绝不能人云亦云，流于事实的表面，只有深入挖掘新闻事实背后潜在的价值因素，才能实现更大的传播价值。后来刘昆撰写出版了专著《话题新闻导论》，虞老师又专门撰写了书评刊发在《中国记者》。他不但与刘昆就一些问题深入分析讨论，阐发真知灼见，还费心找来不少新闻前辈关于话题新闻的实践例证。刘昆回忆说："我得以探寻到话题新闻这一富有活力的新闻创新的源流。恩师的宝贵智慧，汇同对学生的期许与爱护，融入书本的字里行间。师恩拳拳，此生难忘。"

（广西大学　王辉）

7.3.2　高宁远：云南新闻传播教育的开拓者

高宁远老师出生于 1937 年 2 月，祖籍上海，1956 年毕业于上海复旦大学新闻系，自愿要求赴边疆工作，从上海到云南人民广播电台任记者，自 1958 年开始先后两次被错划为"右派"，蒙冤 21 年，被从广播电台下放到云南红河哈尼族彝族自治州弥勒县东风农场改造务农，一直到 20 世纪 70 年代末才到该自治州中学担任英语老师。后因云南大学筹建新闻专业，高宁远老师 1984 年 10 月调入云南大学，参与筹建工作，并任云南大学新闻专业教研室主任直至 1996 年退休卸任，其间担任中国新闻教育学会理事、云南省新闻工作者协会理事等社会职务。高老师毕生以宁静致远，淡泊明志为信条，退休后一直关心新闻传播教育，于 2000 年赴浙江万里学院担任教授。2006 年 1 月 23 日高老师在宁波遭遇车祸，医治无效，于 2006 年 7 月 22 日在重庆不幸去世，享年 70 岁。

在云南大学新闻专业任教期间，高老师一方面积极筹建新闻专业，以先进的新闻传播教育理念引领，在师资队伍建设、课程体系建设等方面开天辟地，为云南大学这个边疆地区高校创办新闻学专业立下汗马功劳；另一方面他在学科建设方面为云大新闻专业的发展指明了方向，在科学研究方面展现个人才华，创作了大量作品；同时，高老师还以其正直、纯善的个性赢得了同事、学生的爱戴和高度评价（见图 7-13）。

图 7-13　高宁远与同学们

高宁远在 1984 年开始担任新闻专业负责人期间，一直秉持“新闻学是文科中的工科”的教育理念，力主将理论教学与实践教学高度结合，将学校教育与新闻行业训练紧密联系，当时的新闻学专业是中文系下属的专业，这个办学理念与当时纯人文学科的中文系传统发生了较大的冲突和矛盾，推行中遇到了诸多困难和掣肘。高老师以一己之力奋力推进这一关乎新闻专业定位、办学道路和特色的道路。这种办学思路在今天来看，仍然非常先进，契合了教育部提出的“新文科”的办学思路和“卓越新闻传播人才培养”的理念。

在师资队伍建设中，他力主先后从云南日报社、云南广播电视台和云南电视台遴选引进了三位在业界颇具形象和有丰富实践经验的中青年老师，这三位老师的到来奠定了云大新闻学专业发展的重要师资基础。

1985 年，云南大学中文系招收了第一届新闻专业的学生。在为他们设置课程体系的过程中，高老师发现国内只有为数不超过 5 家新闻专业的课程可以借鉴，但是那些经验未必适合云大的实际情况。同时，新闻专业隶属中文系，云南大学中文系有着悠久的办学历史和很强的师资资源，课程资源也非常丰富，而系领导更倾向于把中文系的课程体系照搬到新闻专业中，而高老师则力主把中文系的人文课程作为基础课程，而重点培育和开设新闻类专业课程，设置出新闻传播史论、采访写作编辑、广播电视业务等系列核心课程，并开设出纪录片研究、名记者研究、比较新闻学等优秀课程以供学生选修，全方位培养学生的人文素养和专业能力。高老师还运用自己在云南新闻界的影响力，在省内各新闻媒体开辟了实习基地，把学生们送到媒体边学边干，在干中学，在学中干，取得了非常好的成绩，1985 级为代表的新闻专业学生中诞生了在全国和云南省新闻界影响较大的优秀学生若干，后来成长为媒体领导、专业骨干的毕业生不在少数，与高老师引领的专业教育有着直接的联系。

高老师的前半生曾经蒙冤 20 余年，但是逆境中并没有放弃学习和上进，在农场务农期间，这个出生在大城市的白面书生要和农民一起完成繁重的农活，但是晚上他仍然坚持学习，凭着自己良好的学习功底和在复旦大学学习的基础，在艰难困苦的环境中，没有遗忘和丢弃所学。1979 年“平反”之后，他以卓越的个人能力，到县城担任中学英语老师，成为这个边远小镇里很多学子第一次接触英语并放眼看世界的启蒙人。

到了高校之后，高老师勤奋教学，担任了大量课程的负责人，在科研上勤奋刻苦。专业初建期间，由于师资力量匮乏，高老师一人担任了新闻学概论、中国新闻史、外国新闻史、新闻采访与写作、新闻编辑学、比较新闻学、广播学、公共关系学、英语报刊选读和传播学等课程的任课老师，其备课强度之大、授课强度之大可以想见。每每上课，高老师都以饱满的热情、幽默的谈吐和亲切的互动，赢得了满堂喝彩，成为当时中文系最受学生欢迎的老师之一。

为促进新闻专业的发展，高老师讲业提携后进，为云南省新闻传播教育界培养了大量人才和后辈。在业界遴选三位老师加盟之后，他鼓励和帮助这三位老师尽快熟悉和适应高校教师身份转型，并根据三位老师各自的特长，为他们量身打造课程，设计教学方法，帮助他们提升课堂教学水平。张宇丹老师从云南电视台调到云大之前，是位云南电视台初露锋芒的纪录片导演，任教之后高老师帮助张宇丹老师梳理视觉语言教学逻辑、内容和框架，顺利开出电视学基础课程，并鼓励张老师根据自己的特长和爱好开设了纪录片研究选修课程。在高老师的帮助下，张宇丹迅速成为学生心目中的“偶像教师”，后来好多学生走上电视记者的道路，都坦言与张老师的指导直接相关。张宇丹后来更成为高老师的继任，担任新闻专业负责人、新闻系系主任和人文学院副院长。

高老师常年关注学界动态和发展，在国内较早引入和开设了传播学课程，自己担任传播学理论的课程负责人，后来更帮助和扶持青年教师负责传播学课程。单晓红老师大学毕业后来到云南大学，高老师毫无保留地将自己传播学学习笔记交给她，让她从听课、当助教开始负责这门课程，还推荐她到珠海进修。单晓红后来成长为传播学课程的负责人，将该门课程建设为云南省精品课程，她本人后来也成长为省级教学名师和云南大学新闻学院第一任负责人。高老师长年担任新闻采访与写作的课程负责人，他带领学生郭建斌共同备课、总结授课体会、撰写新闻采访与写作的教材，郭建斌后来在与高老师合作编写教材的基础上，又进行了新的研究总结，编写了相关教材，他本人也在高老师的帮助和鼓励下，逐渐成长为国内有影响的新闻传播研究学者。另外，公共关系学、名记者研究、中国新闻史、新闻评论写作等课程都由高老师率先创立开设，但是后来都逐渐由高老师带领其他年轻老师担任任课教师，真正做到了“扶上马，送一程”，使新闻专业的师资力量逐渐壮大，课程体系日趋合理。由于他在教学上的无私奉献和勤奋工作，高老师于1988年获云南大学教学优秀奖，1995年获云南大学教学优秀成果奖，1996年获全国韬奋园丁奖二等奖。

在学科建设方面，高老师在20世纪80年代就提出云南大学科研要错位发展，指出云南新闻传播的科研方向应该与民族研究相关，要与东南亚研究相关。在他指引的方向中，云南大学新闻专业90年代有了大发展，申请到了国家社科项目和省院省校合作项目，就云南少数民族地区发展与信息传播展开大规模研究，并出版了《传播与民族发展》专著，产生了以郭建斌、孙信茹为代表的一批致力于民族文化传播研究的学者。在东南亚传播研究方面，高老师率先就郁达夫在《星洲日报》开展的报业活动展开研究并发表文章，还指导青年教师敬蓉、单晓红对东南亚华文报刊发展历史展开研究并发表文章。时至今日，随着云南大学新闻学院学科方向的稳定和发展，面向南亚东南亚开展国际传播已经成为一个重要组成部分，以单晓红为代表的一批学者在获得国家级重要科研课题、编写专著、发表文章方面取得了亮眼的成绩，而这一切，均可以追溯到高宁远老师当年高瞻远瞩地为云南大学新闻学科发展指明的方向上。

高老师自己笔耕不辍，常年在报刊上撰写文章的同时，还在国内较早地将传播学与新闻学理论进行交叉融合，用传播学较为成熟的理论框架，对新闻学理论进行提升、总结，1994年出版了专著《新闻传播基础理论》，将新闻学理论研究以新闻信息、新闻本体、新闻传者、新闻媒介、新闻事业、新闻受众和新闻文化等内容和框架展开论述，将传播学研究成果与新闻事业实际要求相结合，在学理上更成熟深入，在新闻实践上更接地气，更具解释力。这本书的框架与当时大多数新闻学理论的框架有很大不同，在传播学进入中国内地不久，作为这样一所边疆大学一个新办的新闻学专业，与传播学相关的内容在教学、教材中就有了具体体现，因此在学界获得很高评价。

在12年的云南大学任教期间，高老师在省内外专业刊物上发表学术论文10余篇，还在省内外报刊上发表数百篇政论、杂文、散文和新闻通讯，还主持了省级社科项目“东南亚大众传播事业研究”，他总是感慨被耽误的时间太多，现在要做的事情太多，而时间不够。其实在短短的12年时间里，高老师为云南大学新闻专业的发展作出了重大贡献，为云南新闻人才的培养付出了巨大心血，他严谨治学，认真教学，忠厚为人，讲业后进的品格，成为激励后辈的精神楷模为云南新闻人才的培养，云南大学新闻专业发展作出了重大贡献。

1997 年高老师退休，2000 年高老师应浙江万里学院之邀，到浙江宁波万里学院文化与传播学院任教。该院成立于 2002 年，学院对新闻传播专业发展改革有新的思路和求贤若渴的立场，高老师等一批有影响的老教师纷纷加盟，该校新闻学专业得到了较快的发展。在新的教学岗位上，高老师一如既往，努力勤奋，2003 年，他主持的“新闻采访与写作”课程被评为省级精品课程，他为学生创办的实践平台《春华秋实》和《新闻实践报》，都由他亲自审稿，为学生提供指导、修改和审定工作。一位万里学院的毕业生在自己的博客中这样写道：“高老师的新闻采访写作课，在讲授理论知识的同时，融入了大量的新闻基础知识和实践环节，因为他深知新闻实践对新闻学的意义。他给我们进行修改错别字训练、随堂小作文练习、组织现场新闻发布会、安排假期采访、编辑《新闻实践报》……在高老师的指导下，才有了我们的新闻采访作品集《零距离》《三道茶》以及后来的《文传故事》。他批改学生作业极其认真，在每一位学生的作业上都写有点评，一篇不落，一次不忘。高老师还利用课余整理出国外新闻作品的经典作品，亲自摘选、翻译、打印、复印给我们作为教辅。高老师的课以‘全方位训练式’的教法和理念，被列为浙江省高校百门精品课程，成为当时全校仅有的两门省级精品课程之一。”① 高老师在万里学院任教期间，多次获得了该校“教书育人”先进个人的称号，在学生中声望极高，由于他对待学生亲切、平等，同学们都热情地叫他“老高”“高老头”，他也不介意，声称自己是“复旦三剑客”（受聘万里学院的还有张允若、刘树田另外两位教授，他们三位均毕业于复旦大学，为师兄弟，高老师去世后，两外两位教授也相继离开了该校）。

在万里学院任教期间，高老师和张允若教授合著了《外国新闻事业史新编》一书，于 2006 年由四川大学出版社出版。还与蔡罕等老师合著了《新编现代新闻采访写作教程》，这是由高老师担任主持人的浙江省高等教育重点教材项目的成果，体例新颖，借鉴国外流行的教材编写方式，图文并茂、生动活泼，又融入编者近几年来的教学情况及教改项目“新闻采访写作全方位训练式”教学法所积累的经验，易学易懂，具有较强的可操作性，该书最终成稿于高老师去世之后由团队根据高老师生前的安排和部署完成，2010 年由浙江大学出版社出版，是高老师的最后一部学术成果。

2006 年 1 月 23 日春节期间，高老师在距离万里学院校门不远的路口遭遇车祸，并陷入昏迷，在病榻上以植物人状态挣扎了半年之久，因其左脑受伤严重，虽手术及时，

① “日读一卷楼的博客”，http：//blog. sina. com. cn/s/blog_4aa00ee301000564. html。

但一直处于危险期，最终医治无效，于2006年7月22日在重庆不幸去世，享年70岁。

他出车祸的消息震惊了高老师的学生们。云南大学新闻学专业的毕业生、万里学院的各级学生们纷纷在QQ上、在论坛上奔走呼号，为恩师求援。呼吁同学想尽办法，采取行动救助自己的老师，这些努力和行动令人动容，也足可见高宁远老师在学生们心目中占据了多么重要的地位。

斯人已去，虽然他在新闻传播教育行业的工作年限仅有短短的22年，但是在这22年的高教生涯中，高老师恪尽职守，全力以赴，燃尽自己毕生对新闻传播教育的热爱之火烛，点亮了学子们求学之路，为云南新闻传播教育、为宁波民办新闻传播教育的发展殚精竭虑，真正做到了“春蚕到死丝方尽，蜡炬成灰泪始干”。

高老师去世之后家属将他多年来积攒的专业书籍捐献给云南大学，云南大学新闻学院在资料室专门设置了高宁远捐献书籍专柜和纪念牌，让后来的学者也能在学习中感念高老师的奉献。

追念高宁远老师，缅怀一代恩师的奉献和精神，是我们后人继续前行的力量源泉。高老师千古!

（云南大学　单晓红）

7.4　新闻教育论坛综述

7.4.1　新闻传播教育学术会议综述

受新冠肺炎疫情影响，2021年有关新闻传播教育的会议较上一年大为减少，全年全国召开的相关会议仅有19场，且大多数会议集中在11—12月召开，其中4月、5月、7月，各召开一场会议，10月召开2场会议，11月召开4场会议，12月召开10场会议。为了适应防控疫情需要除了极个别会议在现场召开外，绝大多数会议采用网上和网下融合方式召开。网上和网下融合召开会议的方式，在符合疫情防控需要的情况下，大大提高了会议效率，扩大了会议规模，节省了会议费用的支出，免除了参会者的舟车劳顿，节省了参会人员的时间。网上网下融合会议模式有望成为新闻传播教育会议常态模式。

2021年主办和承办新闻传播会议的单位主要有：中国新闻史学会、中国新闻史学会新闻传播教育史研究委员会、教育部教材局、中国高等教育学会新闻学与传播学专业委员会、教育部社会科学委员会语言文学、新闻传播学和艺术学学部、云南省新闻传播教指委、中国人民大学新闻学院、复旦大学新闻学院、复旦大学高校新闻学国家教材建设重点研究基地、四川大学文学与新闻学院、西安科技大学高新学院新传媒与艺术学院、西安交通大学新闻与新媒体学院、云南师范大学传媒学院、汕头大学长江新闻与传播学院、华中科技大学新闻与信息传播学院、湖北省新闻传播史论名师工作室、湖北省新闻传播史论教学团队、中国新闻传播教育年鉴编委会、河北大学新闻传播学院、上海外国语大学新闻传播学院、中国传媒大学新闻传播学部、上海交通大学媒体与传播学院、广西大学等（见表 7-1）。

表 7-1　**2021 年全国新闻传播教育会议统计**

会议日期	会议名称	主办、承办单位	会议形式	规模
4 月 17—18 日	中国新闻史学会第六届常务理事会第三次会议暨“重大突发公共卫生事件中的舆情应对研讨会”	中国新闻史学会主办 四川大学文学与新闻学院承办	线下	90 余人
5 月 14—15 日	全国高校第六届网络与新媒体专业建设研讨会	西安科技大学高新学院新传媒与艺术学院、西安交通大学新闻与新媒体学院、人民邮电出版社主办 西部网、《新闻知识》杂志社、陕西清博大数据科技有限公司协办	线上线下融合方式	200 余人
5 月 22—23 日	传颂百年伟业，书写时代辉煌：中国共产党百年新闻思想与新闻实践研讨会	教育部社会科学委员会语言文学、新闻传播学和艺术学学部、广西大学联合全国 31 个省市自治区 69 余所高校的新闻院系和研究机构共同主办	线下	160 多位专家学者
7 月 10 日	“中国新闻学”教材建设高峰论坛	教育部教材局主办 高校新闻学国家教材建设重点研究基地承办	线下	

续表

会议日期	会议名称	主办、承办单位	会议形式	规模
10月16日	2021新媒体国际论坛	上海交通大学媒体与传播学院与国际传播学会（ICA）共同主办	线上线下融合方式	海内外专家、学者和学子1500多人
10月30日	云南省高等学校新闻传播学类专业教学指导委员会第三次全体会议暨专业建设研讨会	云南省新闻传播教指委主办 云南师范大学传媒学院承办	线下	全省高校中新闻传播院系的负责人、部分老师
11月7日	2021年中国记者节新传学界/业界高端对话会	汕头大学长江新闻与传播学院主办	线上线下融合方式	
11月20日	“中国新闻学”教材建设线上研讨会（第一场）	教育部教材局委托，复旦大学高校新闻学国家教材建设重点研究基地承办	线上	全国知名新闻院校及研究机构的顶级专家学者
11月22日	共享未来：后疫情时代的新闻传播教育与全球合作——2021年度中外新闻传播学院院长会议	中国人民大学新闻学院、中国人民大学新闻与社会发展研究中心、中国高等教育学会新闻学与传播学专业委员会联合举办	线上线下融合方式	
11月27日	“中国新闻学”教材建设线上研讨会（第二场）	教育部教材局委托，复旦大学高校新闻学国家教材建设重点研究基地承办	线上	全国知名新闻院校及研究机构的顶级专家学者
12月4日	“中国新闻学”教材建设线上研讨会（第三场）	教育部教材局委托，复旦大学高校新闻学国家教材建设重点研究基地承办	线上	全国知名新闻院校及研究机构的顶级专家学者
12月4日	第九届范敬宜新闻教育奖颁奖仪式暨第七届新闻传播学科高峰论坛	清华大学新闻与传播学院	线下	
12月5日	“中国新闻学”教材建设线上研讨会（第四场）	教育部教材局委托，复旦大学高校新闻学国家教材建设重点研究基地承办	线上	全国知名新闻院校及研究机构的顶级专家学者

续表

会议日期	会议名称	主办、承办单位	会议形式	规模
12 月 11 日	“中国新闻学”教材建设线上研讨会（第五场）	教育部教材局委托，复旦大学高校新闻学国家教材建设重点研究基地承办	线上	全国知名新闻院校及研究机构的顶级专家学者
12 月 12 日	“中国新闻学”教材建设线上研讨会（第六场）	教育部教材局委托，复旦大学高校新闻学国家教材建设重点研究基地承办	线上	全国知名新闻院校及研究机构的顶级专家学者
12 月 12 日	第二届新闻传播史论课程群教学改革研讨会	华中科技大学新闻与信息传播学院、湖北省新闻传播史论名师工作室、湖北省新闻传播史论教学团队、中国新闻传播教育年鉴编委会共同主办	线上	110 位参会专家发表演讲，全国高校 1060 名参会者
12 月 18 日	学思践悟携手未来——上海市委宣传部与复旦大学部校共建新闻学院二十周年暨第二届全国马克思主义新闻观论坛		线上线下融合方式	50 余所部校共建新闻传播学院院长、80 余位专家学者以及 30 多位期刊主编和媒体（平台）代表
12 月 19 日	“中国新闻学”教材建设线上研讨会（第七场）	教育部教材局委托，复旦大学高校新闻学国家教材建设重点研究基地承办	线上	全国知名新闻院校及研究机构的顶级专家学者
12 月 25 日	“中国新闻学”教材建设线上研讨会（第八场）	教育部教材局委托，复旦大学高校新闻学国家教材建设重点研究基地承办	线上	全国知名新闻院校及研究机构的顶级专家学者
12 月 25 日	全国新闻教育学术年会暨《中国新闻传播教育年鉴（2021）》首发式	中国新闻史学会新闻传播教育史研究委员会主办，河北大学新闻传播学院承办	线上	全国 60 多所新闻院校的 200 多位学者、57 位院长、12 位学术期刊主编

续表

会议日期	会议名称	主办、承办单位	会议形式	规模
12月26日	共话疫情时代我国新闻传播教育的新思维和新模式——“新冠肺炎疫情背景下新闻传播教学改革创新研讨会”	上海外国语大学新闻传播学院和中国传媒大学新闻传播学部联合发起	线上线下融合方式	自全国20多所高校的新闻传播学专家学者

7.4.2 新闻传播教育会议基本情况及主要观点

7.4.2.1 新闻传播教育组织的相关会议

2021年12月25日，由中国新闻史学会新闻传播教育史研究委员主办，河北大学新闻传播学院承办的新闻传播教育会议——全国新闻教育学术年会暨《中国新闻传播教育年鉴（2021）》首发式，是2021年度全国召开的规模最大、涉及内容最广泛的新闻传播教育会议。此次盛会在线举行，会议汇聚了全国60多所新闻院校的200多位学者，全国57位高校新闻传播学院院长在4个“院长论坛”发表了演说。

此次会议专门设置了4个院长论坛：“京畿论坛”“太行论坛”“雄安论坛”“直隶论坛”，设置了3个教育论坛：“红色新闻资源与马克思主义新闻观教育研究”“一流专业与一流课程建设研究”“新闻传播教育改革与人才培养创新研究”。论坛共发表76个新闻传播教育研究报告，会议探讨的问题涉及8个方面，包括：新文科背景下新闻传播人才培养、新闻传播学类一流本科专业建设、新技术条件下新闻传播面临的问题与对策、新闻传播课程思政、协同育人机制建设、多学科交叉融合的新闻传播教育、红色新闻资源与马克思主义新闻观教育、产教融合与传播人才培养等。

每个分论坛都围绕此次学术年会的主题“新文科背景下中国新闻传播教育改革研究”进行了深入而细致的讨论，学者们在分享学术观点的同时也培养了学术友谊，共建新闻传播教育学术共同体。

在开幕式上，复旦大学新闻学院院长、原人民日报社副总编辑米博华教授针对我国新闻传播教育界的现状，提出了8个方面需要全国新闻传播界认真思考的问题：“我国新闻教育、目标和重点，需要做出怎样更加精准的定位？学科体系、教学体系、话语体系的构建重点应从哪里破局？新闻学的基础课程与前沿学科怎样实现均衡而又有重点的突破和发展？随着诸如媒体融合、国际传播能力建设等新课题不断涌现，我们如何做出务实性回应和扎实的建设？我们的学科评估体系如何适应立德树人的根本目标？怎样在办学实践中真正体现教学本位？教学改革怎样实现合理的结构和更有效的供给？学界和业界怎样打破楚河汉界的格局，使学用更加紧密地结合？”

在主题发言环节，复旦大学新闻传播学院的张涛甫教授围绕《知识流量化与新闻传播专业护城河重建》展开，他提出新闻传播学知识体系面临着三层危机和挑战：知识层面、价值层面和规则层面。知识层面上急需建立逻辑强度，学科价值层面急需强化专业伦理观、“马新观”，规则层面则急需强化知识与价值的规范性。他指出，新闻传播业态是动态的、不确定性的、边界开放而趋于融合的，在知识与技术迭代的过程中急需用知识和价值来规范化来打造专业的“护城河”。

何志武教授分享了《中国新闻传播教育年鉴》编辑部所做的《中国高校新闻传播学院院长素描——基于对首届全国新闻传播学院院长研修班 93 位学员的调查》。这份调查报告研究对象是参加 2021 年首届全国新闻传播学院院长研修班的院长、书记、主任，该调查报告设置了包括学院基本情况、院系体制、办学定位、学科评估中存在的主要问题在内的 40 个问题。通过科学分析，该报告清晰地呈现了全国新闻传播学院的管理结构状况和主要面临的问题，对全国新闻传播教育发展具有重要的现实参考价值。

清华大学新闻与传播学院的史安斌教授发表了《新闻传播教育国际化的提升路径：以 QS 全球新闻传播学科排行榜为例》的主题报告。他从 QS 世界大学及学科排名简介、学科排名指标体系、排名趋势、中国院校排名总体态势等六个维度展开，以此为个案参照，为后疫情时代新闻传播教育的国际化，提出了具体可行的提升路径：第一，积极参与国际会议和国际发表仍然是提升国际影响力的主要途径；第二，加强传媒技术和跨文化传播为基础的合作机制；第三，提升国际师资和学生的互换频度；第四，新闻传播教育要从“照着讲”到“顺着讲”，到现在的“接着讲”将来发展为“领着讲”，这是我们新闻传播教育的最终目标。

河北大学新闻传播学院韩立新院长以《我们的笃定与标新——在河北大学新闻传播学院 40 周年院庆之际的思索》为题，向与会学者阐述了河北大学新闻传播学院的坚守与创新。韩立新院长回顾了河北大学新闻传播学院 40 年的奋斗历程，强调河北大学新闻传播学院的两点“笃守”：第一，坚定马克思主义新闻观的指导地位。第二，以文化为根基，着力塑造学生深厚的人文根底和良好的语言写作能力。同时，他强调学院的三点“标新”，即“在新时代拥抱技术文明，建设新文科”，从“触角”“坊式”和“范式”三个维度上探索新闻传播学科与人才培养的创新路径。

此次会议还有71位专家学者围绕“新文科背景下的新闻传播教育”“课程思政”“协同育人”“红色新闻资源与马克思主义新闻观教育”“一流专业与一流课程建设”“新闻传播教育改革与人才培养创新”等问题发表了自己的观点（见表7-2）。

表7-2 **新闻传播教育报告统计表**

序号	报告题目	单位	报告人
1	示范与引领：新闻传播学类一流本科专业建设报告（2019—2020）	湖南理工学院新闻传播学院	罗洪程
2	关于新闻传播学科教材建设的思考	华中科技大学新闻与信息传播学院	张　昆
3	人工智能新闻（AI Journalism）：前沿发展、教育现状与建设方向	中国人民大学新闻学院	周　勇
4	新文科背景下新闻传播人才培养	武汉大学新闻与传播学院	强月新
5	新时代的新闻传播人才培养	南京大学新闻与传播学院	张红军
6	新文科背景下新闻传播人才培养模式的创新路径	湖南大学新闻与传播学院	彭祝斌
7	构建基于联合大作业工作室的卓越新闻传播人才培养生态	上海大学新闻与传播学院	严三九
8	新文科建设背景下全媒体传播人才培养模式创新与实践初探	华东师范大学传播学院	吕新雨
9	新文科与新闻传播教育的生态重构	中国政法大学光明新闻传播学院	姚泽金
10	新闻传播实务课程演进与创新	西北大学新闻传播学院	韩　隽
11	新文科理念下的融媒体专业设置	中南大学文学与新闻传播学院	白　寅
12	新闻传播课程思政：理念、问题与对策	重庆工商大学文学与新闻学院	王仕勇
13	谈谈新闻学专业的课程思政	南京大学新闻传播学院	丁柏铨
14	直面挑战返本开新新时代新阶段新闻传播学科应有新作为	中国社会科学院大学新闻传播学院	唐绪军
15	再说实事求是办好文科新专业	中国传媒大学广告学院	黄升民
16	新文科背景下新闻传播复合型人才的培养	华南理工大学新闻与传播学院	苏宏元
17	协同育人机制建设及面临的问题	中央民族大学新闻与传播学院	赵丽芳
18	新文科建设背景下的新闻专业课程思政	新疆大学新闻与传播学院	张　允

续表

序号	报告题目	单位	报告人
19	疫情背景下国际新闻传播的实战化教育思考	上海外国语大学新闻传播学院	郭　可
20	全媒化新闻传播人才的培养	西南交通大学人文学院	石　磊
21	将红色基因教育融入新闻传播人才培养的全过程	西北政法大学新闻传播学院	孙　江
22	五四时期青年毛泽东与中国新闻教育的兴起	中国人民大学新闻学院	邓绍根
23	推进多学科交叉融合的新闻传播教育	华中科技大学新闻与信息传播学院	张明新
24	新闻传播教育的协同育人体系建构	浙江大学传媒与国际文化学院	韦　路
25	新文科建设中卓越新闻传播人才培养的内在张力与解决路径	重庆大学新闻学院	董天策
26	新文科建设背景下新闻传播人才的“行动者”培养	安徽大学新闻传播学院	姜　红
27	新文科语境下新闻传播人才培养	辽宁大学新闻传播学院	程丽红
28	“三全育人”统领下新闻传播人才培养综合改革创新实践	西南政法大学新闻传播学院	李　珮
29	依托红色新闻资源探索马克思主义新闻观特色化教育路径	南昌大学新闻与传播学院	陈信凌
30	人工智能时代的新闻传播教育应变	北京师范大学新闻传播学院	张洪忠
31	当下民族地区新闻传播教育发展的思考	云南大学新闻学院	单晓红
32	新文科背景下广告学国家一流本科专业的改革与提升研究	深圳大学传播学院	黄玉波
33	论媒介素养教育与时尚素养教育之关系	厦门理工学院	赵振祥
34	新闻传播学科体系构建的思考	江西师范大学	项国雄
35	大文科建设中传媒教育范式转换与创新	上海建桥学院、天津师范大学	刘卫东
36	延安时期新闻传播教育的历史创新与实践智慧	西北大学新闻传播学院	王春泉
37	新文科背景下马克思主义新闻观的协同培养机制与路径	内蒙古大学文学与新闻传播学院	张丽萍
38	学科交叉与协同融合：新文科背景下新闻与传播专硕培养新模式探索	中南大学文学与新闻传播学院	范明献
39	广西红色新闻资源与马克思主义新闻观教育研究	广西大学新闻与传播学院	王　辉

续表

序号	报告题目	单位	报告人
40	新文科背景下新闻传播教育新发展的“六度”理念	大连外国语大学新闻与传播学院	张恒军
41	新闻传播学类专业教学团队建设刍议体建构	浙江万里学院文化与传播学院	陈志强
42	新闻传播学研究生“大思政”教育的现实路径	南昌大学新闻与传播学院	周云倩
43	融“四史”·讲“三情”·强“四力”——马克思主义新闻观教育的实践逻辑	吉首大学文学与新闻传播学院	彭广林
44	没“问”题的问题：论新闻与传播专硕人才培养	南京财经大学新闻学院	刘泱育
45	项目引领下高校新闻传播未来教育共同	鲁东大学	张成良
46	扎根燕赵大地办好新闻传播教育	河北经贸大学文化与传播学院	景义新
47	资源挖掘与路径创新：新文科背景下新闻传播专业课程思政的思考	西安交通大学新闻与新媒体学院	杨　琳
48	高校马克思主义新闻观教育的“三维”规范	青岛大学文学与新闻传播学院	赵星耀
49	“一中心+四维度”马克思主义新闻观教育创新	贵州民族大学传媒学院	刘祥平
50	如何在新闻传播教育中用好红色新闻资源	河北大学新闻传播学院	乔云霞
51	二本院校新闻传播类思政教育探索	黄淮学院文化传媒学院	刘　枫
52	新文科背景下的《外国新闻传播史》	暨南大学新闻与传播学院	赵建国
53	前沿-响应路径下融合新闻课程教学创新探索：以中央民族大学为例	中央民族大学新闻传播学院	毛湛文
54	听障群体对智能手机的使用及媒介素养教育研究	武汉理工大学新闻传播系	翟红蕾 谢晓枫
55	依托校内产教融合平台开展创意与传播人才培养——广告学专业天然染色与媒介工作坊的探索实践	河北大学新闻传播学院	张彦辉 宋伟龙
56	新文科背景下新闻生产课程 ICIA 教学模式创新研究	广西艺术学院	韦　意
57	新文科背景下高校新闻传播专业实践教学创新研究	内蒙古大学宣传部新媒体中心	马　骐

续表

序号	报告题目	单位	报告人
58	辅修班、卓越班和微专业——综合性大学国际传播教育的多元多层次探索	黑龙江大学新闻学院传播学系	姜德锋
59	媒介景观社会的技术迷思——关于疫情期间线上教学的时空观探讨	黄淮学院文化传媒学院	刘文琦
60	聚沙成塔，奠基地方新闻传播教育史——评《河北省新闻传播教育史稿》兼谈方法论	河北传媒学院新闻传播学院	王贺新
61	“破围”与“立维”：“新文科”背景下编辑出版学科国际化发展路径探究	河北大学新闻传播学院	金　强
62	新文科背景下新闻传播学本科专业人才培养研究	武汉大学新闻与传播学院	周茂君
63	新文科背景下的新闻传播+法学复合型人才培养	浙江大学宁波校区	张文祥
64	新闻教师的新三关：能实操善创造会传道	上海大学新闻传播学院	李建新
65	大数据时代高等教育知识价值链 4+++构造研究	武汉理工大学新闻传播系	张　弛
66	新文科背景下新闻传播教育变革路径探究——主体间性的视角	山东工商学院人文与传播学院	陈立敏
67	世界新闻教育大会教育原则、议题与价值取向探析	江苏大学文学院	周伟业
68	北京外国语大学国际新闻与传播教育简史	北京外国语大学国际新闻与传播学院	高金萍
69	协同学视域下新闻传播专业硕士人才培养模式的创新研究	广东外语外贸大学新闻与传播学院	朱秀凌
70	产学研创一体化人才培养模式的探索与思考	河南大学新闻与传播学院	严　励
71	“复合型”新闻传播人才岗位胜任力的市场期待	华中科技大学新闻与信息传播学院	王　然

7.4.2.2　教育部教材局、复旦大学高校新闻学国家教材建设重点研究基地与“中国新闻学”教材建设会议

2021 年 7—12 月，一场持续半年、多达 9 次系列会议的“中国新闻学”教材建设高峰论坛，在复旦大学高校新闻学国家教材建设重点研究基地的努力下召开。参与此次

“中国新闻学”教材建设高峰论坛的相关人员涉及有关教育部领导高校专家教授、业界精英等105位专家学者。会议期间，专家学者们积极献言献计，贡献智慧，呈献了很多精彩观点。这次会议，是中国新闻学教材建设史上从未有过、规模空前的大会，会议成果必定为中国新闻学教材建设提质升级作出巨大贡献。

（1）首届“中国新闻学”教材建设高峰论坛

2021年7月10日，由教育部教材局主办，高校新闻学国家教材建设重点研究基地承办的首届“中国新闻学”教材建设高峰论坛在复旦大学召开。这是新闻传播教育界召开的有关“中国新闻学”教材建设的一个系列会议，会议在半年时间内一共召开了9次，深入探讨了“中国新闻学”教材建设中的相关问题。

教育部教材局副局长陈矛、复旦大学副校长徐雷出席并致辞，全国知名新闻院校及研究机构的专家学者参会并进行了学术交流。复旦大学副校长徐雷说，复旦大学高度重视教材基地建设。高校新闻学国家教材建设重点研究基地要以习近平总书记关于新闻舆论工作的重要论述为遵循，在教育部教材局的指导下，联合兄弟院校共同打造“中国新闻学”教材建设平台，深化高校新闻学教材研究，提高对教材建设的规律性认识，为“中国新闻学”教材建设谋好局、布好篇。教育部教材局副局长陈矛强调，当前最重要最紧迫的任务，就是要立足新时代、扎根中国大地，加快“中国新闻学”教材建设。研究编写“中国新闻学”教材，是深入推进习近平总书记关于新闻舆论工作重要论述“三进”的首要任务，是总结我国新闻事业发展成就的重要举措，是构建中国新闻传播学理论体系的必然要求。

高校新闻学国家教材建设重点研究基地主任、复旦大学新闻学院院长米博华教授首先对基地工作情况进行了汇报。米博华汇报说，近两年来，在习近平总书记关于教材建设一系列指示和新闻舆论重要思想的指导下，按照教育部教材局要求，高校新闻学国家教材建设重点研究基地已初具规模并逐步开展相关工作。教材基地明确工作定位，突出工作重点。在认识上明确教材建设应当为国家教育事业服务；联系全国学界和业界精锐力量，把基地办成全国新闻学教材研究的基础性平台；瞄准新闻学教材研究重大课题，向国家教育部门乃至中央提出咨询建议；以问题为导向，注重理论联系实际，通盘考虑研究方向和研究重点。教材基地整合校内外资源，组建高水平团队，形成联合头部院校的、三个并行层次的专家队伍，在调研、报告、数据建设、硬件设施和人才配置等方面都取得了进展。

国务院新闻与传播学学科评议组召集人唐绪军在报告中回答了关于构建新闻学专业

理论型课程教材评价指标的三个问题。第一，关于新闻学教材评价中意识形态的第一重要性问题。他认为：新闻学是具体的，要能够在教材当中提出适应我们国家的社会性质和社会制度的理论体系。第二，关于现阶段教材建设的四个评价主体所包含的五个二级指标问题。他认为，对于不同评价主体来说，五个二级指标的适用程度是不同的。第三，就新闻理论类教材和新闻实务类教材应分别重点关注哪些评价指标的问题。他表示：理论类教材重点应关注学理，实务类教材重点要关注技能培训。他还提出，“马克思主义新闻观中国化”这一表述缺乏科学性，教材编写应当清晰辨析相关概念。

教育部高等学校新闻传播学类专业教学指导委员会副主任委员林如鹏就 20 年来新闻传播学类专业教材出版的现状特点和基本走向进行了发言。他指出了现阶段新闻传播学类教材建设的几个问题：一是缺乏现实针对性；二是缺乏时代性；三是缺乏跨学科教材；四是缺乏全球化和中国化的教材；五是缺乏案例分析；六是缺乏线上线下互动。他提出，推出具有全球视野、中国特色的专业教材，推出具有时代性且门类齐全的专业教材，需要广大教师特别是青年教师的积极参与和支持。

教育部高等学校新闻传播学类专业教学指导委员会秘书长王晓红发言说，首先，教育部高等学校新闻传播学类专业教学指导委员会要和高校新闻学国家教材建设重点基地继续共同推进建设“中国新闻学”教材体系，围绕“中国新闻学”的最新实践和发展问题来进行新的探索、新的尝试，通过教材建设来推动理论建设，当务之急是加强国际新闻传播系列教材的建设。其次，要加强教材建设的观念教育，教材编写也要有学术精神。最后，她指出，互联网时代如何顺应新技术发展趋势做好新闻传播学科教材建设，有无限想象的空间，但更需要我们秉持教材精神，脚踏实地。

中国新闻史学会新闻传播教育史研究委员会会长张昆分析了教材建设存在的误区。第一，误以为教材只是教科书。其实教材和教科书有区分也有联系，教科书是教材的一部分，教材的内涵与外延要比教科书宽广得多。第二，误以为教材只是教科书编写者的事情，事实上教材涉及教师、学生、学校、出版社及教育行政管理部门等诸多主体。第三，误以为教材建设门槛较低，每个人都能编写。第四，混淆专著与教材。基于此认识，张昆还指出当下教材建设应该注意的问题，讨论了政治和专业的关系、教材建设“管”与“放”的关系、“编”与“创”的关系等。

与会专家一致认为，“中国新闻学”教材建设具有重大意义，是落实教材建设国家事权的重要举措，不仅有助于探索中国学术、发展中国理论、传播中国思想，而且能够积极推动具有中国特色、中国气派和中国风格的新闻学理论体系的构建。

论坛还举办了“中国百年新闻传播学教材陈列展”。这在我国尚属首次。此次教材展共计展出100余册新闻传播学教材，涵盖新闻学、传播学、广播电视学、广告学、网络媒体、媒介经营与管理等学科分支，集中展示了中国新闻传播教育从初始奠基时期(1919—1949)、艰辛探索时期（1949—1978年）到改革开放时期（1979—1997）和全面振兴时期（1997年至今）的新闻传播学教材建设成果。

（2）“中国新闻学”教材建设线上研讨会（第一场）

2021年11月20日，受教育部教材局委托，复旦大学高校新闻学国家教材建设重点研究基地承办的“中国新闻学”教材建设研讨会（第一场）在线上成功举办。来自全国知名新闻院校及研究机构的顶级专家学者参会，就“中国新闻学”教材建设的可行性、建设方式与步骤，以及教材建设推荐名单等议题进行了充分研讨。

高晓虹教授首先介绍了此次研讨会的背景，认为当前国际形势正面临百年未有之大变局，中国特色学科体系、学术体系和话语体系急需建构。打造“中国新闻学”，需要编写一套体现中国立场、中国理论、中国实践、中国话语的优秀教材。

教育部高等学校新闻传播学类专业教学指导委员会副主任委员、暨南大学党委书记林如鹏教授认为,“中国新闻学”教材建设应分清轻重缓急，对于融合新闻、国际传播这两个共识较少、较为缺乏但关注度高的系列教材，可优先编写，体现出时代性、地域性、实操性、系统性。

教育部高等学校新闻传播学类专业教学指导委员会副主任委员、武汉大学新闻与传播学院院长强月新教授认为，“中国新闻学”教材的建设需要解决“老化”“玄化”“西化”这三个问题，不忘本来、借鉴外来、面向未来，同时加强顶层设计、稳步推进、分类指导。

教育部高等学校新闻传播学类专业教学指导委员会副主任委员、清华大学新闻与传播学院常务副院长陈昌凤教授强调,“中国新闻学”教材要体现出中国特色，在做好价值观教育的同时，兼顾基础性、前沿性、系统性、权威性。“中国新闻学”教材建设要处理好体系建设与散点式建设的矛盾。在当前全媒体时代，一些新且急的教材亟待成系列、成体系地建设。

国务院学位委员会新闻与传播学学科评议组召集人、中国社会科学院大学新闻传播学院院长唐绪军教授认为,“中国新闻学”教材建设应遵循“史论先行、逐步拓展、以我为主、不拒他者”的十六字方针。以习近平新时代中国特色社会主义思想为指导的史论类教材仍然需要补充，融合新闻、数字新闻、新闻实务等领域的教材亦应拓展。

中国社会科学院新闻与传播研究所所长胡正荣教授提出“中国新闻学”教材建设必须注重两个“结合”，一是将学科、专业和人才培养结合考虑，二是将理论与实践结合考虑。同时，教材建设本身需要落实数字化、网络化、智能化“三化”要求，建设全媒体、多场景教育教学资源。此外，“中国新闻学”教材建设还必须考虑两个“兼顾”，既做到理论、应用、实践的兼顾，又要做好核心、体系及交叉的兼顾。

中国新闻史学会中国教育史专业委员会会长张昆教授认为“中国新闻学”教材建设必须跟随时代发展调整课程书目，既做加法也做减法。同时树立立体教材概念，为教科书配套建设参考书、文献库、案例库、数据库。对于涉及面广的基础专业（历史、理论、方法类课程）教材要精益求精；对于新办专业（如国际新闻与传播、网络与新媒体发展、时尚传播）教材建设要解决有无问题，分清轻重缓急，稳步推进。

（3）“中国新闻学”教材建设线上研讨会（第二场）

2021 年 11 月 27 日，受教育部教材局委托，复旦大学高校新闻学国家教材建设重点研究基地承办的“中国新闻学”教材建设研讨会（第二场）在线上成功举办。会议主要观点如下：

湖南师范大学新闻与传播学院院长，原中国社会科学院新闻与传播研究所所长尹韵公教授认为“中国新闻学”教材一定要有时代底色，这个底色就是我们中国特色社会主义进入了新时代。他表示，面临百年未有之大变局，“中国新闻学”教材一定要具有两个特点。一是前沿性、时代性、民族性，站在学术前沿，反映时代特征，体现中国特色；二是说服力、引导力、科学力，即教材要有说服力，能够引导学生正确地认识国情，以及深入贯彻理论的科学性。

中国传媒大学电视学院学术委员会主任，原中国新闻教育学会理事赵淑萍教授强调，“中国新闻学”教材应注重理论与历史的结合，在新闻史教材中除了历史观外，还应凸显具体的实践、事件与人物；在理论教材建设上，应在教材中安排一些配套的适读内容；在应用教材编写方面，可结合具体新闻实践，编写一些范本。

上海交通大学媒体与传播学院学术委员会主任、原中国传播学会会长张国良教授表示，“中国新闻学”教材建设大体可以分为理论新闻学、历史新闻学、应用新闻学、边缘新闻学四个板块。经过几十年的发展，理论板块与历史板块已经比较厚实，但有些领域被相对忽略，可以适当加强；应用板块也已积累了较多成绩，但随着新媒体的兴起，前沿性内容还需要更新补充；边缘板块的新闻学教材，需要与时俱进、大力开发。

复旦大学教授、博士生导师，原复旦大学新闻学院常务副院长、教育部高等学校新闻传播学类专业教学指导委员会副主任委员黄瑚教授认为，“中国新闻学”教材建设必须基于中国新闻传播实践，是新闻学、传播学等专业的组合；必须紧紧结合本科专业设置考虑教材建设。

教育部高等学校新闻传播学类专业教学指导委员会副主任委员、复旦大学新闻学院执行院长、党委书记张涛甫教授说，“中国新闻学”教材建设需要吸纳全国最顶尖的专家学者的智慧。“中国新闻学”教材不仅要满足于为中国的学生、中国的新闻教育提供知识依据与框架，也要用我们的教材参与国际对话，以中国的立场和形象贡献“中国新闻学”的知识体系和中国智慧。

童兵教授在总结发言中表示，新闻学已经到了走出国门、走向世界的时候。“中国新闻学”教材建设必须站在高起点上设计与规划。一些新兴、前沿领域，只有尽快编写出版教材，才能走在世界前面，抢占学术高地。“中国新闻学”教材建设也要成立常设机构，团结全国力量开展工作。

(4)“中国新闻学”教材建设线上研讨会（第三场）

2021 年 12 月 4 日，受教育部教材局委托，复旦大学高校新闻学国家教材建设重点研究基地承办的“中国新闻学”教材建设研讨会（第三场）在线上举办。会议主要观点如下：

中国传媒大学电视学院曾祥敏教授认为，“中国新闻学”教材建设应重点考虑国家和行业急需，立足于新文科建设背景，充分考量大学教育从精英教育向大众化教育、普及化教育的发展趋势，做到理论紧密结合实践，教材要通过不断修订，实现从实践中来，到实践中去。教材建设必须处理好三组关系：一是理论和实践应用的关系；二是技术发展和实践应用的关系；三是中国特色、中国话语与国际经验、西方理论、西方话语的关系。

中国人民大学新闻学院邓绍根教授强调“中国新闻学”教材建设要注重创新性，在凸显中国新闻实践的前提下，吸收国外新闻学理论精华。一是要用新道路、新形态的理念来推动教材建设，扎根中国大地，回应中国问题，创新理论体系；二是将“中国新闻学”教材建设作为建设人文社会科学的基础工程，吸纳学界最新成果，推动原创性、标识性的理论创新，实现新闻学教材体系的转化；三是将“中国新闻学”教材建设作为教师发展的基础工程，充分发挥新闻学教师教材建设主力军的作用，坚持大师、名师编写教材，建立和完善教材编写绩效评价体系、奖励体系等；四是将“中国新闻学”教材作为造就新时代新闻人才的基础工程，把教材建设作为造就德智体美劳全面发展的新时代新闻人才的重要保障。

内蒙古师范大学新闻传播学院陶格图教授为“中国新闻学”教材编写提出了九条具体建议。第一，教材编写要同时吸纳学界和业界经验，融合学界和业界团队共同编写教材；第二，重视案例教材编写；第三，及时更新前沿内容；第四，重视数字化教材数据库建设；第五，关注教材思想性、专业性、学术性、知识性、文化性、技术性等特性的融合；第六，重视研究生教育，尤其是专业硕士教材的编写；第七，关注国际传播、跨文化传播领域等经典教材的编写；第八，高校媒介素养通识课程教材急需编写；第九，围绕“专业阅读书目”开展教材建设工作，形成系统化的“中国新闻学”教材。

(5)“中国新闻学”教材建设线上研讨会（第四场）

2021 年 12 月 5 日，受教育部教材局委托，复旦大学高校新闻学国家教材建设重点研究基地承办的“中国新闻学”教材建设研讨会（第四场）在线上举办。来自全国知名新闻院校及研究机构的著名专家学者参会，就“中国新闻学”教材建设的可行性、建设方式与步骤，以及教材建设推荐名单等议题进行了充分研讨。此次会议中，与会专家共同提到了“中国风格，中国特色”“本土化是和世界紧密联系在一起的”等观点。

上海外国语大学新闻传播学院郭可教授提出，我国国际新闻传播教材体系缺乏系统性，大量的教材受欧美国家影响较大，未能很好地体现出具有中国特色的新闻实践。当前，国际新闻传播教材较为匮乏，不利于国际新闻传播人才的培养，建议可以优先将国际新闻传播专业相关教材纳入“中国新闻学”教材建设范围。在具体建设中，各新闻传播院校应该加强协作，共同努力，打造一批“中国新闻学”精品教材。

中国人民大学新闻学院刘海龙教授认为“中国新闻学”教材建设必须坚守新闻学本位，处理本学科议题，对于职业精神与底线伦理等，应该在教材建设中有所体现。同时，必须凝练出具有国际认可度的中国新闻学理念。

北京外国语大学国际新闻与传播学院姜飞教授认为教材建设，一是要体现出忧患意识、主体意识、觉醒意识；二是立足于互联网、物联网、AI、大数据、云计算等新技术；三是基于为新闻提供新形式的微博、微信、客户端等新平台；四是树立“文化自信”的新意识。

武汉大学新闻与传播学院单波教授指出，建设具有中国特色、中国气派、中国风格的新闻学，首先需要明确“中国新闻学”“面向世界、沟通世界”的定位，避免“中国新闻学”的窄化，发展具有情境性的新闻学，对全球新闻业发展进行情境化阐释，为全球新闻业的解释贡献力量。他认为，“中国新闻学”教材内容既要体现中国性，又要具有世界性和未来性，吸纳新技术的发展对新闻业带来的改变和新理念尤为重要。

中国传媒大学新闻学院隋岩教授认为“中国新闻学”知识体系的构建和教材建设需要敞开胸怀，重视跨学科思维和全球化视野，当前新闻传播学科的研究对象十分复杂且影响深远，因此需要借助管理学、统计学、舆论学、社会学、经济学等多重学科的方法和思维完善知识体系；同时，立足人类命运共同体和文明互鉴的背景之下，“中国新闻学”教材建设应当面向世界，多元开放。

上海交通大学媒体与传播学院李本乾教授认为中国新闻传播学教材建设要处理好六大关系。一是新和旧的关系。教材建设要及时吸纳新知识、新技术、新方法和新思想，将国内国际最前沿的成果纳入教材体系中。二是中与外的关系。教材建设要及时借鉴国际一流教材，培养学生的全球视野。三是专与泛的关系。教材建设要借鉴其他学科有用的知识和方法。四是特色与主流的关系，突出教材建设的中国特色与学校的学科特色。五是教学与实践的关系。高校教学应服务于业界实践，要对业界实践有引领作用。六是教材与讲义的关系。各高校也可以自编教材讲义，为教材编写打下前期基础。

中国传媒大学电视学院张龙教授认为，“中国新闻学”教材编写要符合三个需要：一是国家战略需要；二是媒体融合需要；三是教学创新需要。

复旦大学新闻学院廖圣清教授强调在强化教材的规范性和示范性的基础上，有必要出版“中国新闻学”教材英文版本，使教材能够代表中国，并走出中国、走向国际。

(6)“中国新闻学”教材建设线上研讨会（第五场）

2021年12月11日，受教育部教材局委托，复旦大学高校新闻学国家教材建设重点研究基地承办的“中国新闻学”教材建设研讨会（第五场）在线上举办。来自全国知名新闻院校及研究机构以广告、广电、时尚传播专业为主的著名专家学者参会。会议由厦门大学新闻传播学院陈培爱教授主持。会议主要观点如下：

中国传媒大学广告学院丁俊杰教授指出，教材编写应达到以下要求：第一，必须遵循教材规律研究编写教材；第二，教材必须与学科体系、专业体系、课程体系、培养体系密切联系；第三，应该有担当和使命；第四，牢牢把握新时代脉搏；第五，要把学术类教材和常识类教材并举；第六，要对系列教材有科学全面的认识。

厦门理工学院副校长赵振祥教授重点论及时尚传播专业的教材建设。他认为应重视时尚传播专业的教材建设，这是因为：时尚传播和媒介技术进步关联密切；时尚即传播，没有不为传播的时尚；媒介是社会感知时尚的皮肤，“无传播不时尚”“无时尚难以传播”，即所有的时尚生活方式、时尚的思想文化，只有关联时尚传播才会获得传播力量。

中国传媒大学传播研究院雷跃捷教授认为，新闻传播学作为哲学社会科学的主要支撑学科，新闻传播学教材建设意义重大。“中国新闻学”教材建设的成功需以厘清两个问题为前提。一是“中国新闻学”教材与“马工程”新闻传播学教材两者之间的关系；二是“中国新闻学”教材的涵盖范围，尤其是当“中国新闻学”统摄了新闻学、传播学、广告学等二级学科时，需要进行学理性论证，才能推动“中国新闻学”对多个二级学科的有机统合。

中国传媒大学电视学院叶明睿教授指出，教材建设需要注重以下方面：一是分类建设，强调精准化和因材施教；二是开发电子教材，以配合学生学习习惯的变化；三是教材应适配大众化、碎片化的高等教育新趋势；四是考虑高校教师写作积极性问题；五是教材建设需有延续性。

苏州大学传媒学院陈龙教授认为教材问题与学术问题相同，主要关涉两大问题：第一，教材的问题意识，目前新闻传播学教材普遍存在知识老化、庸俗政治学倾向和知识体系创新不足的问题；第二，教材编写的原则，包括方向应当明确、体现中国特色、吸收技术变革新成果、参与学科建设、反对庸俗政治学。

上海大学新闻传播学院严三九教授强调，“中国新闻学”教材建设要注意六个方面的问题：一是尊重规律，新闻传播教材建设要尊重学科发展、教育发展、学生身心发展和学生个人成长的总体规律；二是注重导向，“中国新闻学”教材要具有正确的政治方向和价值导向；三是文化传承，教材要集中体现中华文化的主体性和话语权；四是特色，要区别于其他规划教材，形成创新特色；五是借鉴，积极借鉴西方先进经验和前沿技术成果，打造具有引领性的教材；六是数字化，紧跟媒介技术变革，从教材内容编写到表现形式全面实现数字化。

（7）“中国新闻学”教材建设线上研讨会（第六场）

2021 年 12 月 12 日，受教育部教材局委托，复旦大学高校新闻学国家教材建设重点研究基地承办的“中国新闻学”教材建设研讨会（第六场）在线上举办。全国网络新媒体与国际新闻传播专业知名青年专家学者参加了此次会议。会议就文本和实践应用的关系，实务和学术的关系，变革和守正的关系，权威和个人创新的关系，理论、学术、技术三者的辩证关系等问题展开了充分研讨。会议由华东师范大学传播学院吕新雨教授主持。

暨南大学新闻与传播学院刘涛教授对教材建设提出了四点建议。第一，中国特色教材建设应该注重突出配套教学资源体系建设，形成一整套资源体系，比如案例库、慕课，以及与它相配套的其他资源形式。第二，教材设计上应按照课程群进行模块化的教材体系建设。要对课程群进行整体规划和设计，强调不同课程之间的内在关联与结构。第三，教材内容要和先进的教学理念、教学改革探索联系起来。第四，教材建设应组建跨学科团队。组织全国优秀教师，在教学中进行大量改革与探索，提炼出优质模式并辐射全国。

北京大学新闻与传播学院谢新洲教授建议从新媒体对新闻业和新闻学的影响方面来构想教材建设体系，该体系包括五个方面：技术与媒介、网络传播规律和网络文化、网络治理与新媒体治理、新媒体新闻业务、新媒体对新闻学研究方法的突破。

中国传媒大学电视学院顾洁教授认为，网络与新闻媒体专业当下面临两大挑战，一是边界模糊性，二是内容易碎性。需要处理好四组关系：第一，底层基础和上层建筑的关系，要将思政教育相关理念融入网络新媒体教材写作和编纂中。第二，主流和支流的关系，要依托三大主流元素，即受众、文本、平台，以此建立教材核心模块。第三，变与不变的关系，既要梳理和总结经典理念和方法，也要关注新时代环境下的新变化。第四，教学与科研、教材与著作的关系，要在体制机制上形成鼓励和保障，实现教材编写者、课程讲述者、学术研究者三个身份的统一。

复旦大学新闻学院朱春阳教授认为，“中国新闻学”教材建设应重视三个问题：他认为，教材编写者应该将培养学生提问题、发现问题的能力作为教材编写的起点。他认为，教材仅仅是一个入口，而不是知识的终极提供者，只有将教材定位为学科知识入门的起点，才能启发学生不断将自身所学与新兴知识发生联系，“学习”与“学术”才不会断裂。教材编写者要将中西方的新闻传播学传统、理论等联系起来，在中西对话中展现教材的“中国性”。

（8）“中国新闻学”教材建设线上研讨会（第七场）

2021年12月19日，受教育部教材局委托，复旦大学高校新闻学国家教材建设重点研究基地承办的“中国新闻学”教材建设研讨会（第七场）在线上举办。来自出版业界及学界的全国知名专家学者参会。会议针对处理好中国特色与中国新闻学规律之间的关系、处理好新闻学与传播学等相关学科的关系、处理好传统媒体与新型媒体之间的关系、处理好教材体系建设与核心教材的关系、处理好对内新闻传播与对外新闻传播的关系、补齐新闻名词规范和新闻法规建设的短板等问题展开了讨论。会议由中国新闻出版研究院院长魏玉山主持。

清华大学新闻与传播学院院长，原国家新闻出版总署署长柳斌杰指出，新闻学是帮助人们认识世界和改造世界的学科，“中国新闻学”教材建设正当其时，意义重大。教材建设在内容上应当贯通价值塑造、知识传授、能力培养、业务提升几个方面，提供高质量高水平的教学服务。在范围上应当包括新闻学、舆论学、出版学、编辑学、传播学、媒体学并与信息学、计算机网络等学科交叉，共同推进。教材建设要摆脱传统新闻学框架及其影响，突出中国性、科学性、时代性、实践性，尤其要注重全球互联。要创新方式，整体谋划、稳步推进：一要坚持开放原则；二要坚持引入竞争机制；三要坚持理论和实践结合；四要坚持合作共建，多学科专家合作。建设步骤要统一整体规划，分科实施，稳步推进，编用结合，提升教材的宽度、厚度和适度，打破学术小圈子，聚集新进人才，共同编写适合中国特色社会主义建设的教材。

中国编辑学会会长郝振省认为，真正的出版学教育应该是一种研究生教育；学校专业教育的定位应该以理论和学术为主，以实践和现场学习为辅；在出版学专业教育中，应设置原著阅读课程，阅读文本侧重理论性、学术性，培养学生的分析、思考、批判能力。就拟规划建设教材而言，郝振省会长重点提出《出版文化学》《主题出版概论》《新闻素养概论》（或《文化自信与新闻素养》）三种教材，并对教材的结构和主要内容做了具体说明。

中国新闻出版传媒集团党委书记、董事长马国仓从新闻出版从业者的角度，谈了对教材工作的意见。他认为，“中国新闻学”教材建设要注重“新时代”和“高质量”两个关键词。在教材编写中，要有问题导向。必须着力解决如何将马克思主义新闻观、习近平新时代中国特色社会主义思想等润物细无声地融入教材，如何增强教材内容的吸引力和引导力，如何增强文化自觉、坚定文化自信、讲好中国故事，如何培养复合型人才，如何增强国际传播力等问题。同时，注重教材建设的规律性、传承性、时代性、实践性、特色性、“中国性”以及世界眼光。

南京大学出版研究院常务副院长张志强教授认为“中国新闻学”教材建设应该从以下四方面着手，一是实现理论、实践、历史三者的融合；二是实现定论性知识和探索性知识的有机融合，从而适应数字时代的需要；三是区分好读者对象，基于中国国情做好本科和研究生层次教育的区分和结合；四是注意纸质教材与数字教材的结合，在纸质教材基础上打造数字教材，做开放性课堂。

中国传媒大学吴炜华教授基于自身教学经验，认为出版学教材建设首先要有学科图谱与建设框架。主要包括四点：一是历史图谱的教材重建；二是当代图谱的教材重构；

三是理论图谱的教材创新；四是科技图谱的教材开拓。教材建设必须：第一，应时代之需、现实之需，整合全国资源，打通教材建设的壁垒，规划系列专业教材。第二，应学科之需，更为立体、多元地构建教材建设框架与知识行动图谱，高屋建瓴地做统编规划。第三，应专业之需，要更为前沿、开放、探索性地打造面向未来的出版学。

(9)“中国新闻学”教材建设线上研讨会（第八场）

2021 年 12 月 25 日，受教育部教材局委托，复旦大学高校新闻学国家教材建设重点研究基地承办的“中国新闻学”教材建设研讨会（第八场）在线上举办。来自中央广播电视总台、人民网、新华网、澎湃新闻等媒体的业界专家参会，就“中国新闻学”教材如何更好总结当前业界实践经验、业界人才需求及对“中国新闻学”教材的编写要求、教材建设方式与步骤等议题进行了充分研讨。会议由高校新闻学国家教材建设重点研究基地执行副主任张大伟教授主持。

中央电视台分党组成员、纪检组组长黄传芳认为教材建设要围绕“三个”总体原则：一要以中国特色为基础，建立中国特色新闻传播学的理论体系和话语体系；二要以时代发展为视角，加大对党领导下的中国新闻史内容的书写；三要以融会贯通为宗旨，充分考量多元媒介背景，开展教学工作；四要以复合型人才为培养目标。他认为广电媒体类教材，应着重三个“强调”：一是强调视频已经日渐成为传播的主要形式，加大视觉化内容教学；二是强调 5G、大数据等技术、视频将呈现出“七化”（碎片化、泛在化、清晰化、沉浸化、立体化、产品化、智能化）趋势；三是强调新模式、新产业、新业态。要培养学生国际传播方面的能力，教材建设就要：一是加强对新形势下国际传播能力建设的认识；二是以问题为导向，引导学生思考、分析国际传播存在的问题；三是以“硬”“软”“融”三种能力为标准，培养敢讲、能讲、会讲的国际传播人才。

人民网研究院常务副院长唐胜宏从业界对新闻人才的现实需求着眼，认为新闻教育应该注重培养学生的六种素养及能力：一是理论素养，二是政治素养，三是文字素养，四是逻辑素养，五是思维方式，六是传播技能。

新华网总编助理刘洪从多年驻外工作和新媒体从业经验出发，提出培养新闻传播卓越人才需要把握四个方面：一要把握新媒体传播规律，着力提高以新闻标题和互动内容为主的内容生产能力；二要注重培养对外传播能力，在新媒体时代讲好中国故事；三要着力提升危机应对意识，探索新媒体舆论形成规律；四要坚持“内容为王”，以原创能力为中心，全方位培养新闻传播人才综合素养。

中央广播电视总台总编室社会合作部主任伍劲松结合对刚入职毕业生的访谈认为，

目前新闻学教材存在臃肿、脱节和过时三个问题。对此，“中国新闻学”教材建设可以做到以下三方面：一是减少不同科目之间的同质化内容，实现教材“减负”；二是教材内容要充分发挥教研室或教研部门的作用，积极进行调整，做到与时俱进；三是在教材编写和使用之前应该做一些充分的调研，让本科生与研究生参与进来，让有经验的国内外业界人员参与进来。

上海东方报业有限公司总裁、澎湃新闻网总编辑刘永钢为“中国新闻学”教材建设提出了七点建议。第一，必须旗帜鲜明地以习近平新时代中国特色社会主义思想和马克思主义新闻观为指导思想和理论基础。第二，要充分反映当下媒体融合实践，特别是传播技术、传媒格局的深刻变化。第三，要强化对于媒介素养的教育和引领。第四，要加强全媒体技能的教学和实践。第五，要把新闻人才培养、新闻学教育、新闻学教材编写置于全球传播的语境之中。第六，要解决理论和实践的脱节问题，直面宣传与管理的现实问题。第七，要有开放的思维和“开门”编教材的举措。

7.4.2.3 新闻传播教育院校的相关会议

（1）上海市委宣传部、复旦大学与部校共建

2021 年 12 月 18 日，在庆祝建党百年、学习贯彻党的十九届六中全会精神的热潮中，“学思践悟携手未来——上海市委宣传部与复旦大学部校共建新闻学院二十周年暨第二届全国马克思主义新闻观论坛”在复旦大学举行。会议总结交流部校共建的经验和做法，研究共建工作面临新情况新问题，进一步部署部校共建工作向纵深推进，助力党的新闻事业人才培养，推动党的新闻事业不断向前发展。复旦大学党委书记焦扬、上海市委宣传部常务副部长胡劲军、复旦大学新闻学院院长米博华、中华全国新闻工作者协会党组成员兼书记处书记吴兢、中国新闻史学会会长王润泽等出席开幕式。

复旦大学党委书记焦扬指出，20 年前，上海市委宣传部与复旦大学开国内风气之先，签署合作协议共建复旦大学新闻学院，开创了我国新闻传播人才培养的新模式新路径，成为中国新闻传播教育史上的重要事件。20 年的合作共建之路取得丰硕成果，在引航定向、开门办学的共建机制，回应时代、与时俱进的课程建设，德才兼备、教研相长的队伍建设，学以致用、以行促知的实践育人，立足前沿、咨政服务的科研创新，融合创新、研用一体的院媒合作等方面进行了可贵探索，发挥了重要示范引领作用，取得了一批创新型学术成果和人才培养成果，得到了中央领导部门充分肯定和学界业界广泛好评。

焦扬表示，未来，要扩大部市共建成果、深化拓展共建内涵，坚持守正创新品格、好学力行传统，走出自己的一流新闻传播学发展之路、一流新闻学院建设之路。建设中国特色一流学科体系，为党的创新理论和新闻事业发展不断作出重要理论贡献，真正构建起中国特色新闻传播学科体系、学术体系、话语体系、教材体系。培养德才兼备一流创新人才，围绕新时代增强“脚力、眼力、脑力、笔力”，加快构建完善复合型新闻传播人才培养体系，推动中国新闻传播教育转型发展。打造交叉融合一流创新平台，全力建设全球传播全媒体研究院，打造国内领先、世界一流的新媒体实验平台，力争在智能传播与大数据舆情等关键领域成为领跑者，探索中国未来媒体“梦工厂”。

上海市委宣传部常务副部长胡劲军指出，复旦大学与上海市委宣传部首开部校共建先河。20年来，依托部校共建机制，复旦大学新闻学院在马克思主义新闻观教育与研究、课程思政、学科发展、课程体系改革、人才培养模式、全媒体平台、国家级教材研究基地、师资队伍、智库研究等方面作了诸多卓有成效的探索，积累了一批可推广的经验，在全国发挥了重要示范作用，得到了中央领导的充分肯定，以及学界与业界的广泛好评。

胡劲军表示，在下阶段部校共建工作中，要贯彻落实党中央和总书记的要求，针对新闻宣传工作新形势，迎难而上，力求突破。就深化部校共建工作，他提出四点建议：把握正确的教育方向，抓好马克思主义新闻观教学科研；深化新闻传播教育改革，培养担当时代大任的传播人才；加强国际传播能力建设，培养面向“Z”世代的中国故事传播者；深化部校共建机制，推动新闻传播教育高质量发展。

复旦大学新闻学院院长米博华表示，回顾过去20年部校共建之路，深刻感受部校共建机制是加强党对新闻教育工作领导的切实举措，是理论联系实际的有效途径；依托党委和政府大大强化了对新闻教育切实有效的支持，增强了高校教育持续发展的后劲；把中央提出的立德树人的目标落到实处，确保了高校教育始终保持正确的政治方向；把培养人才和使用人才有机统一起来，特别是为党的新闻事业培养和输送了一批政治可靠、业务精湛的人才。

米博华强调，部校共建机制是推动党的新闻教育事业持续发展的加速器，是促进新闻教育事业改革创新的重要举措，也是国家新闻教育事业整体转型发展的新引擎。成功实践值得珍惜，经验弥足珍贵，发展任重道远。在校党委的领导下，在市委宣传部的指导下，新闻学院要继续保持开拓进取的锐气，改革创新的勇气，走好、走实部校共建之路，为建设一流新闻学院，推动中国特色社会主义新闻教育事业向更远大的目标迈进而共同努力奋斗。

中华全国新闻工作者协会党组成员兼书记处书记吴兢表示，20年前，上海市委宣传部与复旦大学首创了部校共建新闻学院模式，旨在培养具有高度社会责任感、让党放心、让人民满意的新闻传播后备人才。如今，这一创新模式已在全国100多家新闻传播院系生根发芽，开花结果。她说，塑造担当历史重任的新闻“后备军”，引导广大新闻学子逐步成长为党的政策主张传播者、时代风云记录者、社会进步推动者、公平正义守望者，要做到“5个求”：求正，培养立场坚、站位高的新闻“后备军”；求实，培养明国情、顾大局的新闻“后备军”；求真，培养有责任、有底线的新闻“后备军”；求新，培养全媒型、专家型的新闻“后备军”；求通，培养大格局、大视野的新闻“后备军”。

（2）中国人民大学与2021年度中外新闻传播学院院长会议

2021年11月20日，中国人民大学新闻学院、中国人民大学新闻与社会发展研究中心和中国高等教育学会新闻学与传播学专业委员会联合举办2021年度中外新闻传播学院院长会议。会议以“共享未来：后疫情时代的新闻传播教育与全球合作”为主题，聚焦面向未来的学科体系建设、面向全球化新格局的教育改革、作为桥接的国际传播人才培养、开放共享的国际交流合作等话题，为后疫情时代新闻传播教育调整和重构提供答案。

中国人民大学副校长胡百精在致辞中表示，在后疫情时代下探讨全球合作，应当关注合作的逻辑起点和现实基点。胡百精表示，首先，要重返本原问题，思考新闻传播学科是为了解决或解释何种问题而产生以及是如何得以发展的，并为答案汇聚智慧和创造条件。其次，要重振历史资源，与历史再对话，重新获得大历史观和大叙事能力。传播关乎人对现实世界和价值世界的介入、建构和改善，重返历史可以再拾起问题意识并召唤未来意识。此外，要重申人之存在，在微观层面要考察和体恤个体生命实践的存在、交往，在宏观层面探究贴合共同价值的人类命运共同体的构建，让新闻传播学再度回到“人学”的根本属性。

中国人民大学新闻学院执行院长周勇表示，在后疫情时代，要重构教育交流的合作，积极响应“加强国家传播能力建设”的号召，鼓励中外学者进行更多元的交流交往。新冠肺炎疫情让人们深刻意识到构建人类命运共同体的重要性，新闻传播学科在面对全球重大议题时发挥着支撑性作用。他提到，希望把中外新闻传播院长会议打造成一个信息共享、人员交流、科研问题合作的平台，建立起常态化的工作机制，共谋学科建设的新蓝图。

复旦大学新闻学院执行院长兼党委书记张涛甫谈到，后疫情时代线上与线下语境互相混合，疫情导致的需要隔离的状态与技术带来的连接状态互相叠加，形成了新的交往景观，重塑新闻传播教育极为迫切。新闻传播教育要重建确定性与新闻传播价值和秩序，要力求更广泛的公共价值。

加州大学戴维斯分校传播学系系主任拉勒米·泰勒主要讲解了国际学生如何更好地融入当地校园环境的问题。他以加州大学戴维斯分校为例，分享了该校在国际生培养方案、课余活动、学习动机以及英语水平提高几方面的经验。他表示，加州大学戴维斯分校在国际化教育方面的最终目标是让学生更好地进行跨文化交流，促进其全球视野的发展，最终为国际合作与共赢作出贡献。

香港浸会大学传理与影视学院院长黄煜介绍了香港浸会大学传理与影视学院革新的教学理念和先进的技术设备。他提到，学院充分利用现有资源，举办普利策新闻奖得主工作坊，创办学术刊物，且建成了集实验室、工作坊、录音棚、虚拟实境平台、数据站以及课室于一身的特大空间，专为崭新教学模式试验计划而设计，力求达到培育具有创意、拥有国际视野的专业人才的学科目标。

艾默生学院传播学院院长劳尔·瑞斯在发言中提到，在后疫情时代，各个国家应当正视局限性，促进公平，寻找创新方式进一步发展新闻传播教育。他强调要利用好现有的资源，加强学院之间的合作，尽量摆脱空间限制；在师资方面，可以考虑招募兼职或时空更加灵活的教员，探索多元的教学模型。

内华达大学新闻学院院长艾伦·斯塔维茨基提到，讨论新闻传播教育体系的重建问题，应当从学科理论创新、产业数字转型、高等院校跨学科交叉几个方面入手。对此，他分享了内华达大学的经验。他提到，内华达大学新闻学院重视伙伴关系，已与多个学院开展合作，并创新性地设立了英语和西班牙语双语种项目，目前已在健康传播、纪录片制作和体育传媒等领域取得了一定的成果。

武汉大学新闻与传播学院院长强月新谈到，在疫情反复的当下，对新闻从业规范和职业精神的呼唤具有前所未有的现实导向、急迫性和结构性。他表示，后疫情时代需要“输出有依据、呈现有章法、表达有底线”的新闻人才；在新技术及其应用日趋成熟的大环境下，新闻传播教育的内容应该体现和培养学生的技术赋能和技术批判理念；在机遇与挑战并存的舆论冲突语境下，实现讲好中国故事、传播中国声音，离不开具有国际视野的新闻传播人才的培养和塑造。

（3）上海外国语大学、中国传媒大学新闻传播学部与“新冠肺炎疫情背景下新闻传播教学改革创新研讨会”

2021 年 12 月 26 日，上海外国语大学新闻传播学院和中国传媒大学新闻传播学部作为联合发起方，邀请了来自全国 20 多所高校的新闻传播学专家学者通过线上线下的方式举办了“新冠肺炎疫情背景下新闻传播教学改革创新研讨会”，会议讨论了疫情时代我国新闻传播教学改革的创新思维和创新路径。此次会议是联合国教科文组织（UNESCO）和世界新闻教育大会（WJEC）框架下的一个学术活动。

会议围绕四个方面的问题展开了交流：①疫情时代新闻传播教育需要创新思维，突出问题意识和价值观培养和全人教育。②探索中国场景下的新闻传播实践创新模式。③强化新时代新闻传播创新教学方法。④以跨学科融合提升新闻传播教学质量。

（4）华中科技大学新闻与信息传播学院与“第二届新闻传播史论课程群教学改革研讨会”

2021 年 12 月 12 日上午，华中科技大学新闻与信息传播学院、湖北省新闻传播史论名师工作室、湖北省新闻传播史论教学团队、《中国新闻传播教育年鉴》编撰委员会共同主办了“第二届新闻传播史论课程群教学改革研讨会”。来自全国高校 1060 名参会者齐聚 10 个线上会议室，110 位参会专家发表演讲。以“马克思主义新闻观”“新闻学理论”“中国新闻传播史”等为主题，大家围绕新闻传播史论课程群教学改革，全方位研讨并回答新闻传播学教育教学在新时代的“应变”与“求变”之道。

中国人民大学副校长胡百精从“课程思政和知识体系的融合”“原概念和原问题的关系”“课程形态和教学方式要转向对话”三个方面展开报告。他认为，教学背后的价值在于促成学问与修养的统一，“我们要以马克思主义新闻观为指导，在新闻传播史论的教学当中，要获得中国视野，呈现中国价值，体现中国期待和中国风格”。

清华大学新闻与传播学院常务副院长陈昌凤围绕“弥合与平衡：新闻教育中的史论与技术”的主题深入探讨。她提出要从历史的视角反思技术教育，认为对技术的轻视，正在阻碍新闻教育变革。

新闻传播史课程知识体系如何建构？华中科技大学新闻与信息传播学院教授张昆认为，新闻传播史课程是通识课程与专业实务课程之间的中介，能弥补与专业相关的人文教育，拓宽学生视野，强化其历史洞察力。“学科基础课的设计要具备寰球视野、中外合璧、古今贯通、史论结合、全媒融汇等特点，提升学生的基础理论修养，强化学生的学科和专业认同。”

复旦大学新闻学院执行院长张涛甫认为，“新闻传播学科处于传播技术革命的震中地带，传播技术革命打破了过去新闻行业的专业边界，挑战了新闻传播学科的专业合法性”。当前世界被新媒体技术颠覆，认知、行为以及专业知识存在巨大的不确定性。他提出，要打破新闻传播教育惯性，解决当前新闻传播教育存在的价值空心化、知识流量化和能力液态化问题。

与历年会议主题相对分散不同的是，2021 年新闻传播教育会议主要集中在“中国新闻学”教材建设、部校共建、新文科背景下的新闻传播教育、疫情时代的新闻传播教育等方面。会议体现出了对现实问题应对、中国特色新闻传播教育发展等方面的深度思考。其中，“中国新闻学”教材建设和对部校共建经验的总结，成为 2021 年新闻传播教育会议的新亮点。

（陕西师范大学　李文；西安交通大学　李聿哲）

7.5　新闻传播教育研究成果概览

7.5.1　论著目录

2021 年新闻传播教育论文

（按姓氏拼音排序）

1. 白贵，杨强．新文科与新闻传播教育生态的调整［J］. 中国编辑，2021（2）：12-15，50.

2. 蔡雯．论新闻教育与价值观教育的融合［J］. 当代传播，2021（4）：45-48.

3. 曹海涛，宋蕾，余佳．传播理论视阈下的老年数字素养教育［J］. 今传媒，2021，29（9）：17-22.

4. 曹明香．大数据时代广告学专业实践教学的实证研究［J］. 新闻研究导刊，2021，12（22）：88-90.

5. 曹智．媒介融合视域下高校新闻传播教育发展研究［J］. 呼伦贝尔学院学报，2021，29（3）：66-69.

6. 曹紫建．理论、传播与教育：新世纪以来国内邓中夏研究述评［J］. 大连大学学报，2021，42（3）：121-127.

7. 常海燕．新媒体时代背景下新闻学专业多点互动教学模式应用研究［J］. 吉林广播电视大学学报，2021（5）：113-115.

8. 常启云．《新闻发布实务》课程混合式教学设计探究［J］. 传媒论坛，2021，4（1）：156-158.

9. 陈蓓蓓，陈弘易千．批判性思维训练在高校新闻传播课程教学的应用［J］. 新闻研究导刊，2021，12（9）：228-229.

10. 陈楚桥．数字化课程的范式与传播策略研究——以高等艺术教育数字化课程为例［J］. 今传媒，2021，29（12）：148-152.

11. 陈斐．新闻作品教学教什么［J］. 文学教育（上），2021（9）：94-97.

12. 陈钢．新闻专业三维动画课程教学模式改革实践探索——以合肥学院新闻专业3DsMax 设计课程为例［J］. 传媒论坛，2021，4（6）：165-166.

13. 陈虹虹．项目 DIY：澳洲数据新闻教学经验与启示［J］. 青年记者，2021（20）：101-102.

14. 陈锦宣．新时代马克思主义新闻观教育的根本指向［J］. 中国出版，2021（17）：33-37.

15. 陈明，马蒙．高校马克思主义新闻观教育的问题及发展路径分析［J］. 声屏世界，2021（4）：77-78.

16. 陈明．马克思主义新闻观教学创新路径［J］. 视听，2021（5）：198-199.

17. 陈默，魏雅亭．基于数字文化传播的视听表达类创作课程教学模式的创新研究［J］. 文化产业，2021（30）：48-50.

18. 陈琦．中国新闻史混合型教学模式实践探索［J］. 新闻研究导刊，2021，12（9）：44-46.

19. 陈胜华．问题导入式教学法在线上直播教学中的运用——以新闻学专业为例［J］. 宜春学院学报，2021，43（2）：121-124.

20. 陈世华．躬耕实践　改革创新　立身新闻教育之林——读张昆《新闻传播教育导论》［J］. 声屏世界，2021（18）：73-74，82.

21. 陈素云．浅析广告设计专业的教育前瞻性——基于产学融合的教学思考与探究［J］. 上海商业，2021（4）：94-96.

22. 陈万怀．项目制实训课程教学人才创新能力培养与实践探索——以广告学专业为例［J］. 教育观察，2021，10（41）：101-103，124.

23. 陈文沁 . 工学整合的融媒新闻实践教育 [J]. 青年记者，2021 (22)：87-88.

24. 陈晓兵 . 人工智能+传媒教育跨界融合生态重构 [J]. 中国出版，2021 (6) 36-38

25. 陈瑶 . 符号叙事在广告设计教学中的探索与研究 [J]. 设计，2021，34 (21)：96-98.

26. 陈智勇 . 泛媒体背景下口语传播类课程的危机与对策——以广州大学播音主持专业的教学实践为例 [J]. 传媒论坛，2021，4 (7)：165-166.

27. 程丽红 .《新闻传播教育导论》：范式意义与史家情怀 [J]. 中国出版，2021 (24)：75.

28. 程曼丽 . 新文科背景下的新闻传播教育 [J]. 中国编辑，2021 (2)：8-11.

29. 戴竹君 . 公共精神：新闻出版教育应有的向度 [J]. 吉林工程技术师范学院学报，2021，37 (10)：77-80.

30. 单陆冬栋 . 新闻专业混合式教学中课程思政实施路径研究 [J]. 新闻研究导刊，2021，12 (7)：41-42.

31. 邓理峰 . 公共传播教育的三种使命 [J]. 新闻春秋，2021 (6)：24-35.

32. 邓绍根，游丹怡 . 除旧布新：新中国新闻教育的调适与重构 (1949-1957) [J]. 西南民族大学学报 (人文社会科学版)，2021，42 (10)：161-170.

33. 邓绍根 . 中国人民大学　全方位推进马克思主义新闻观教育 [J]. 新闻潮，2021 (2)：7-8.

34. 邓昕 . 新闻评论学课程 GTRA 教学模式探究 [J]. 新闻研究导刊，2021，12 (14)：120-122.

35. 丁捷 . 数据库资源在新闻传播案例教学中的应用探析 [J]. 新闻研究导刊，2021，12 (21)：93-95.

36. 丁男 . 基于竞赛导向的广告设计实验教学路径探索——以全国大学生广告艺术大赛为例 [J]. 美术教育研究，2021 (20)：112-113.

37. 丁田 . 线上线下混合式教学模式改革与教学改进探讨——以广告策划文案课程为例 [J]. 科技视界，2021 (32)：29-30.

38. 豆欢欢，张小元 . “以学生为中心”理念下应用型大学的课堂教学实践研究——《新闻采访实务》学习共同体课程构建为例 [J]. 新闻传播，2021 (24)：106-108.

39. 杜艳艳. 广告学专业虚拟情景与互动教学路径探析［J］. 科技风，2021（19）：88-89，126.

40. 段甲贵. 数智时代高校广告学本科教学的坚守与创新——以西部地方桂林理工大学（G高校）为例［J］. 传媒论坛，2021，4（12）：175-176.

41. 樊星. 新媒体时代新闻传播教育改革的深度思考——读张昆教授《新闻传播教育导论》［J］. 新闻前哨，2021（7）：128.

42. 樊依玲，张正霞，张馨怡. 媒体融合时代新闻传播教育改革创新分析［J］. 西部广播电视，2021，42（22）：33-35.

43. 范奎耀. 关于构建国际传播人才终身教育体系的思考与建议［J］. 对外传播，2021（10）：16-18.

44. 范赟. 研究型大学新闻类专业创新创业教育的思考与实践［J］. 黑龙江教师发展学院学报，2021，40（8）：43-45.

45. 方凌云，曾杰妮. 浅析我国高校新闻英语实践教学［J］. 中国报业，2021（6）：122-123.

46. 冯帆，郭子奎. 从“一枝独秀”到“百舸争流”——天津新闻传播教育60年回溯［J］. 西部广播电视，2021，42（10）：45-47.

47. 冯岭. 基于创新人才培养的广播电视研究生课程教学内容更新研究——以课程“电视纪录片研究”的教学为例［J］. 传播与版权，2021（1）：110-112.

48. 冯婷. 媒体深度融合时代新闻学实践教学探析［J］. 中国报业，2021（12）：88-89.

49. 冯媛. 全媒体时代下地方院校新闻教育改革与人才培养模式探析——以延安大学新闻专业为例［J］. 新闻传播，2021（21）：9-11.

50. 傅琳雅，尚菲菲. 基于OBE理念的高校新闻传播学实践创新型人才培养——以线上线下混合式一流课程教学改革为例［J］. 传播与版权，2021（1）：1-3.

51. 傅琳雅. 新文科视野下高校新闻传播学科教育改革——评《实践教学与新闻传播人才培养创新研究》［J］. 新闻与写作，2021（3）：117.

52. 甘甜. 民族文化传播视域下大学生媒介素养教育探析［J］. 新闻研究导刊，2021，12（14）：131-132.

53. 高丰昊. 以媒介为中心的新闻传播史教学路径创新探析［J］. 中国地市报人，2021（6）：93-94.

54. 高金萍．建设中国特色国际新闻传播教育体系［J］．中国高等教育，2021（8）：52-54.

55. 高晓虹，王晓红，冷爽．“新文科”语境下的新闻传播学科建设路径探析——以“中国新闻传播大讲堂”为案例［J］．现代出版，2021（1）：5-10.

56. 龚明辉．关于中国（平望）运河文创挑战赛赛事实践的思考——基于广告专业教学改革、人才培养的视角［J］．中国广告，2021（12）：73-75.

57. 谷鹂．深耕教育新闻　讲好鲜活故事［J］．记者摇篮，2021（1）：8-9.

58. 关梅．“四史”教育在新闻传播史课程中的引领价值与实践路径［J］．新闻世界，2021（12）：93-96.

59. 关若琳．新闻传播学教育面临的突出问题与改革进路［J］．新闻前哨，2021（1）：88-89.

60. 关松涛．新媒体时代创意广告文案写作实践教学改革创新——评《广告文案写作教程》［J］．热带作物学报，2021，42（6）：1889-1890.

61. 光飞．基于“工匠精神”的广告艺术设计专业课程教学改革［J］．文化产业，2021（20）：93-94.

62. 郭丽媛．5G 时代广播电视编导专业多元化教学模式研究［J］．西部广播电视，2021，42（15）：55-57.

63. 郭瑞涛，金洪申，周鹏．融媒体环境下地方本科高校广播电视编导专业教学改革研究［J］．高教学刊，2021（9）：162-165.

64. 郭守运，吴秋仪．媒介融合时代高校新闻实践教学基地建设探索［J］．兰州职业技术学院学报，2021，37（5）：87-89.

65. 郭小安．智媒时代新闻传播教育的“变”与“不变”［J］．青年记者，2021（23）：84-86.

66. 郭晓丽，赖祯黎．智能时代《广告前沿》课的教学探索与实践［J］．今传媒，2021，29（10）：147-149.

67. 郭子辉，贡其力．基于《电视新闻实务》课程教学创新的思考［J］．文化创新比较研究，2021，5（28）：57-61.

68. 韩净．广告学专业“课赛一体化”教学改革探究［J］．青年记者，2021（20）：94-96.

69. 韩立新，杨一帆．刘豁轩与新闻教育中国化［J］．中国出版，2021（24）：

69-72.

70. 郝韶梦．马克思主义新闻观教学研究的现状与趋势——基于 CiteSpace 的文献计量分析［J］．池州学院学报，2021，35（4）：157-160.

71. 郝韶梦．浅析马克思主义新闻观对新闻教学的“全课程”融入［J］．视听，2021（10）：192-194.

72. 何明．新冠肺炎疫情下高校在线教学对翻转课堂的启发——以体育院校新闻专业教学为例［J］．新闻传播，2021（9）：48-49，52.

73. 何雪娇．融媒体环境下网络新闻与传播专业实践教学的发展与困境［J］．传播与版权，2021（8）：97-99.

74. 和曼，白树亮．卓越新闻传播人才培养中的教育教学规律与“课程思政”体系建设［J］．采写编，2021（1）：148-149.

75. 贺明华．混合式教学在新闻采写课程中的应用与探索［J］．新闻世界，2021（11）：83-88.

76. 贺明华．建设性新闻教育：溯源、理念及本土选择［J］．现代传播（中国传媒大学学报），2021，43（5）：165-168.

77. 贺倩．《新闻学概论》课程思政教学探讨［J］．公关世界，2021（19）：94-95.

78. 侯迪．“融媒体”时代广播电视采访课程教学实践研究［J］．科学咨询（教育科研），2021（2）：59-60.

79. 侯旋．面向新闻传播专业的《网络舆情监测与研判》课程教学内容改革探索［J］．法制博览，2021（5）：16-17.

80. 胡凤．早期中国新闻教育的学术化探索——兼议中国新闻学的学科属性及确立［J］．南昌大学学报（人文社会科学版），2021，52（3）：116-124.

81. 胡凤．职业化和学科化诉求下民国新闻教育机构初探［J］．今传媒，2021，29（9）：143-146.

82. 胡金霞．应用型高校广告学专业课程思政教学改革与实践——以《广告学概论》课程为例［J］．现代农村科技，2021（8）：85-86.

83. 胡娟．视听新媒体环境广播电视学专业实践性教学改革［J］．采写编，2021（3）：167-168.

84. 胡雪梦．OBE 理念下广播电视学专业实践教学改革研究［J］．巢湖学院学报，2021，23（5）：152-156.

85. 胡泳，张艺晨．互联网时代的美国新闻传播教育改革［J］. 中国编辑，2021（4）：90-96.

86. 胡正强．体大思精当行本色——评《新闻传播教育导论》［J］. 出版广角，2021（16）：92-95.

87. 户松芳．高校马克思主义新闻观教育的瓶颈及创新［J］. 新闻研究导刊，2021，12（7）：43-44.

88. 户松芳．职业认同视角下新闻学概论课程案例教学探究［J］. 传播与版权，2021（11）：1-3.

89. 黄彬，章兴荣．竞赛引领的高技能人才教育培训基地建设与实践——以上海新闻出版职业技术学校为例［J］. 印刷杂志，2021（4）：22-25.

90. 黄璀．新媒体背景下大学生媒介素养教育研究——评《当代新闻传播学系列教程：当代媒介素养教程》［J］. 林产工业，2021，58（4）：130.

91. 黄钦，邓银行．新闻与传播专业学位硕士教育“学术漂移”的表征与成因［J］. 传媒，2021（1）：79-81.

92. 黄升民，刘晓，刘珊．中国新闻传播高等教育的困惑与走向［J］. 新闻与传播评论，2021，74（5）：5-12.

93. 黄艳凤．县级融媒体中心建设的人才困境与新闻教育回应［J］. 传媒，2021（2）：84-87.

94. 黄峥．OBE 理念下新闻实务类课程混合式教学设计与实践探索——以《新闻采访与写作》课程为例［J］. 新闻传播，2021（11）：58-60，63.

95. 吉俐涛．数字化背景下的中国特色新闻传播教育新特征——以“浙江大学数字沟通研究中心”为例［J］. 传媒，2021（6）：88-90.

96. 纪红敏．高职广告设计与制作专业课堂教学模式创新与实践［J］. 美术教育研究，2021（22）：130-131.

97. 姜笑君，何江．新闻传播伦理与法规课程的混合式教学探讨——以建构主义教学理论为基础［J］. 传媒论坛，2021，4（23）：151-152，59.

98. 蒋诗洁．融媒体时代新闻采编课的教学改革——以创新创业实践为例［J］. 传媒论坛，2021，4（11）：46-47.

99. 金靓．短视频传播模式在英语新闻视听教学中的应用——评《英语新闻视听教程》［J］. 新闻爱好者，2021（5）：105-106.

100. 景熹，杨莉，周媛．基于 CAS 理论的新闻传播教学多平台系统建构研究［J］. 传媒论坛，2021，4（7）：173-174.

101. 靖鸣，钱澄．“学习金字塔”理论在新闻采访教学中的应用与思考［J］. 南宁师范大学学报（哲学社会科学版），2021，42（4）：64-75.

102. 居培君．“新文科”建设背景下广播电视学专业应用型人才培养教学探究［J］. 老字号品牌营销，2021（12）：167-169.

103. 康初莹．广告学专业课程思政教学设计与实践［J］. 今传媒，2021，29（12）：140-143.

104. 柯妙才．关于高职院校广告设计教育的几点思考［J］. 西部皮革，2021，43（4）：102-103.

105. 孔丽娟，刘馨．新文科教育背景下《新闻摄影》教学的破与立［J］. 传媒论坛，2021，4（11）：146-148.

106. 匡文波，张一虹．后疫情时代线上教学模式的探讨——以新闻传播学科为考察对象［J］. 出版广角，2021（4）：6-9.

107. 蓝刚．5G 时代新闻专业卓越人才实践教学创新研究［J］. 新闻传播，2021（17）：78-80.

108. 雷圆媛．部校共建背景下高校马克思主义新闻观教育实践探析［J］. 新闻潮，2021（8）：15-18.

109. 李爱玲．构建“众创空间” 探索高职新闻专业实践教学［J］. 艺术教育，2021（3）：267-270.

110. 李扶忠．“模拟+真实”项目教学法在中职学校广告专业教学中的应用研究［J］. 科技风，2021（31）：138-140.

111. 李晋峤．“工作室制”在广播电视编导教学中的应用［J］. 传媒论坛，2021，4（5）：169-170.

112. 李丽．新闻传播教育改革与媒介素养教育的日常化［J］. 传媒，2021（13）：85-87.

113. 李莉．电视新闻采编课程混合式教学的设计与实现［J］. 新闻研究导刊，2021，12（8）：78-79.

114. 李琳．新闻传播融媒体实验室的实践教学创新［J］. 新闻研究导刊，2021，12（12）：89-91.

115. 李麟学，李凌燕．主流融合、特色交叉——全媒体视野的新闻传播学教育［J］．青年记者，2021（3）：83-85.

116. 李明德，朱妍．新闻传播学跨学科教育模式要“以问题为导向”［J］．青年记者，2021（5）：5.

117. 李娜．面向大学生跨文化传播能力培养的教学探索——以《跨文化传播》课程为例［J］．传媒论坛，2021，4（19）：165-166.

118. 李识金．融媒体时代教育类新闻采编的重塑和传承［J］．新闻研究导刊，2021，12（11）：138-140.

119. 李舒，陈菁瑶．文化强国背景下的出版硕士教育：目标、理念与模式［J］．现代出版，2021（5）：90-96.

120. 李思蓓，王道鹏．全媒体时代高职教育的品牌传播策略——基于江苏3所高职院校的调查分析［J］．湖北开放职业学院学报，2021，34（23）：64-66.

121. 李亭乐．广播电视专业教学改革——以成果导向教育理念为例［J］．西部广播电视，2021，42（19）：53-54，58.

122. 李文丽．全媒体时代地方高校广播电视编导专业实践教学探析［J］．视听，2021（3）：203-204.

123. 李献菊．新媒体的社会教育传播模式构建研究［J］．采写编，2021（4）：109-110.

124. 李效文．泛新闻教育以及学生校内实践的体制创新——谢六逸新闻教育思想研究（之一）［J］．媒体融合新观察，2021（1）：23-29.

125. 李效文．新闻教育与新闻媒介之关系——谢六逸新闻教育思想研究（之二）［J］．媒体融合新观察，2021（2）：31-36.

126. 李效文．新闻资料的学生应用和教育再造——谢六逸新闻教育思想研究（之四）［J］．媒体融合新观察，2021（4）：23-30.

127. 李效文．学生新闻社团的组建、运行与管理——谢六逸新闻教育思想研究（之三）［J］．媒体融合新观察，2021（3）：19-24.

128. 李兴博．南京国民政府前期新闻教育政策的制定、执行及扩展（1927—1937）［J］．新闻记者，2021（8）：84-96.

129. 李秀华．新闻传播教育的语言学思考［J］．传播与版权，2021（6）：7-9.

130. 李彦峰．论新文科背景下的新闻学专业教育转型发展［J］．采写编，2021

(10)：103-104.

131. 李兆洋. 范玉吉：加强法治新闻教育　推动法治传播发展［J］. 新闻论坛，2021，35（2）：29-31.

132. 李正丽. 危机传播视域下的新闻传播伦理教育审思［J］. 新闻研究导刊，2021，12（6）：41-42.

133. 李子韵. 数据新闻教育路径研究［J］. 新闻论坛，2021，35（3）：105-107.

134. 梁冰洁. 吴宪增与《中国新闻教育史》［J］. 新闻研究导刊，2021，12（17）：71-73.

135. 梁德学，马凌. 报馆在中国新闻教育缘起与演进中的双重角色（1912—1949）［J］. 历史教学（下半月刊），2021（1）：54-63.

136. 梁德学. 中国共产党对新闻干部的教育、储备及调配（1945—1949）［J］. 新闻大学，2021（6）：103-120，125.

137. 梁琳. 高校新闻特稿写作的教学与反思——以陕北煤矿采风为例［J］. 陕西教育（高教），2021（1）：19-20.

138. 梁敏，吴楠. 新闻传播与思政教育结合研究——评《新闻传播专业思政的理论与实践》［J］. 中国高校科技，2021（6）：98.

139. 廖国良. 新时代背景下数字媒体广告教学模式探索［J］. 科技视界，2021（28）：12-13.

140. 廖金英. 新闻传播学课程思政改革设计探讨——以《新闻学概论》案例教学为例［J］. 今传媒，2021，29（7）：4-6.

141. 廖金英. 学术阅读与"参与-互动"式教学创新研究——关于新闻传播学课程教学的思考［J］. 西部广播电视，2021，42（4）：56-58.

142. 廖卫民. 新冠肺炎疫情下新闻传播课程在线教学的创新性实践与有效性省思［J］. 教育传媒研究，2021（4）：31-34.

143. 廖文迪. 广播电视编导专业创新创业教育改革的思考［J］. 新闻前哨，2021（8）：123-124.

144. 廖燕丽. 应用型高校广告学专业实践教学改革创新研究——以福建工程学院为例［J］. 传播与版权，2021（10）：110-112.

145. 林秀梅，林荧章. 重构新闻学课堂教学与实践教学的关系［J］. 新闻潮，2021（10）：44-46.

146. 凌菁．新闻传播教育产教融合的现实困境及出路［J］. 传媒论坛，2021，4（4）：19-20，23.

147. 刘朝霞，丁韬文．融媒时代“新闻评论”课程的教学创新、能力转化与价值坚守［J］. 中国编辑，2021（1）：72-77.

148. 刘朝霞．电视新闻写作教学融入课程思政的探索［J］. 中国报业，2021（2）：86-87.

149. 刘朝霞．电视新闻写作课堂教学改革与实践［J］. 中国报业，2021（10）：84-85.

150. 刘朝霞．广播电视学专业实践教学课程思政探索［J］. 西部广播电视，2021，42（22）：105-107.

151. 刘创．新媒体背景下的新闻实践教学路径探索［J］. 传播与版权，2021（8）：103-105.

152. 刘洪．广西大学　马克思主义新闻观教学模式的创新与探索［J］. 新闻潮，2021（2）：11-12.

153. 刘洪．新闻传播教育的里程碑——读张昆教授《新闻传播教育导论》一书有感［J］. 视听，2021（11）：4-5，9.

154. 刘利芳．发挥好新媒体社会教育功能的创新研究——推荐《新媒体的社会教育功能及其传播模式》［J］. 新闻记者，2021（7）：97.

155. 刘琳琳．论任务教学法在全媒体传播教育中的应用［J］. 新闻研究导刊，2021，12（18）：49-51.

156. 刘鸣筝，付娆．加强马克思主义新闻观教育的路径研究［J］. 吉林师范大学学报（人文社会科学版），2021，49（6）：75-82.

157. 刘强．延安时期中国共产党新闻教育的实践路径［J］. 延安大学学报（社会科学版），2021，43（2）：49-56.

158. 刘蕊嘉．广播电视编导实践教学路径分析［J］. 采写编，2021（12）：142-143.

159. 刘烁钰．浅析新媒体时代新闻传播教育挑战与机遇［J］. 新闻前哨，2021（1）：47-48.

160. 刘涛．马克思主义新闻观融入新闻传播实务教学的全场景模式探索［J］. 教育传媒研究，2021（1）：15-19.

161. 刘亚东，高冉．发展互联网时代有中国特色的新闻学教育［J］．青年记者，2021（21）：80-81.

162. 刘杨．融媒背景下融合新闻学教学改革研究［J］．传媒论坛，2021，4（24）：173-174.

163. 刘洋．媒介融合背景下广播电视编导专业教学模式研究［J］．传媒论坛，2021，4（23）：167-168.

164. 刘珍，赵云泽．新文科背景下新闻传播教育的挑战与发展思路［J］．出版广角，2021（6）：23-26.

165. 刘姿均．新闻传播类专业虚拟仿真实验教学改革研究［J］．新闻研究导刊，2021，12（3）：36-38.

166. 刘姿麟．融媒体背景下新闻传媒专业实践教学存在的问题及改革策略——以贵州师范学院传媒专业为例［J］．教育文化论坛，2021，13（6）：126-129.

167. 柳溪，杨珊．智媒时代新闻传播专业工作坊教学情境构建［J］．记者摇篮，2021（1）：109-110.

168. 龙冬．创新创业教育与高校专业教育融合研究——以新闻学为例［J］．新闻研究导刊，2021，12（19）：106-108.

169. 陆洪磊，胡钰．“主流”与“一流”：范敬宜与清华新闻教育传统［J］．全球传媒学刊，2021，8（2）：59-77.

170. 罗丹．《新闻学概论》课堂教学优化探索［J］．新闻研究导刊，2021，12（7）：224-225.

171. 罗新星．全媒体时代“新闻采访与写作”课程教学改革的必要性及方向［J］．邵阳学院学报（社会科学版），2021，20（6）：106-110.

172. 罗自文，张金龙，杨颖，董庆文．智媒时代传播技术的冲击与美国新闻教育的走向——专访美国加州大学伯克利分校新闻研究生院院长瓦瑟曼教授［J］．新闻大学，2021（3）：110-116，121.

173. 马宏波．广播电视编导专业实践教学研究［J］．新闻论坛，2021，35（4）：119-120.

174. 马文博．基于新闻摄影课的“翻转课堂”教学模式探析［J］．传媒论坛，2021，4（9）：155-156.

175. 毛咏春，方宁兰．基于 OBE 理念的广播电视编导专业教学改革探究——以

《电视新闻报道》课程为例［J］. 西部广播电视，2021，42（10）：60-62.

176. 莫莉 . 基于红色新闻资源推进马克思主义新闻观教育创新的研究［J］. 新闻传播，2021（13）：85-86.

177. 莫湘文 . 全媒体时代高校新闻人才培养教学改革探析［J］. 传媒论坛，2021，4（3）：171-172.

178. 欧勤扬，赖黎捷 . 马克思主义新闻观教学体系“五维”路径创新研究——基于接受理论的视角与课程思政建设的实践［J］. 传播与版权，2021（7）：1-4.

179. 钱安洋 . 全媒体时代影像传播教育的实践——评《当代影像传播与媒体发展研究》［J］. 中国高校科技，2021（11）：99.

180. 强月新 . 武汉大学　马克思主义新闻观教育的实践转向［J］. 新闻潮，2021（2）：8.

181. 乔婕 . 融媒语境下新闻传播变革与教育改革探析［J］. 中国报业，2021（20）：118-119.

182. 冉红庆 . 媒介化社会新闻理论教学面临的冲击与应对［J］. 声屏世界，2021（10）：99-101.

183. 任桐，刘胜男 . 全媒体时代马克思主义新闻观教学、研究与实践——首届全国马克思主义新闻观论坛综述［J］. 新闻爱好者，2021（3）：94-96.

184. 桑翔 . 融媒体时代“教育好新闻”的生产与传播特征研究——基于五届（2016-2020）中国新闻奖获奖作品的框架分析［J］. 教育传媒研究，2021（6）：57-63.

185. 商建辉，李萃 . 中国广告教育近四十年研究热点转向——基于 CiteSpace 的可视化呈现［J］. 保定学院学报，2021，34（4）：90-95.

186. 申瑞英，郝香 . 融合媒体背景下新闻学实践教学“1+1”模式分析——评《媒介融合环境下的新闻传播教学》［J］. 中国教育学刊，2021（8）：141.

187. 沈孟湄 . 高校线上教学的师生互动与传播策略研究——基于电脑中介传播的视角［J］. 池州学院学报，2021，35（1）：123-127.

188. 石宏伟，张雪娜，马玉红，王玲，樊明达 . 基于 OBE 理念的新闻摄影课混合式教学改革与实践［J］. 廊坊师范学院学报（社会科学版），2021，37（3）：107-112.

189. 石玮 . 以媒介为中心的新闻传播史教学方法创新——评《新闻传播学基础知识》［J］. 热带作物学报，2021，42（9）：2781.

190. 史晓飞 . 线上线下融合式教学在广告学课程中的应用研究［J］. 科技视界，

2021（29）：71-72.

191. 宋晓钰．广播电视编导艺术类本科实践教学改革探究——以“影视导演基础”课程为例［J］．采写编，2021（12）：146-147.

192. 宋在军，胡红梅．产教融合背景下广播电视编导专业实践教学模式的创新研究［J］．传媒，2021（1）：82-84.

193. 苏静怡．融合新闻的业态实践与教学反思——以中国新闻奖媒体融合奖作品为例［J］．新闻世界，2021（1）：89-92.

194. 苏妍．新闻学专业实践类课程教学改革创新研究——以新闻采访与写作课程为例［J］．采写编，2021（12）：144-145.

195. 苏状，周钰．数字认证与新闻传播学教育变革［J］．青年记者，2021（16）：102-103.

196. 粟战．新闻传播专业融合媒体技术创新的教学模式改革探讨［J］．新闻知识，2021（2）：71-74.

197. 孙宝国，王如一．贯通三个课堂赋能课程思政——以中国新闻传播大讲堂教学实践为例［J］．视听，2021（4）：202-203.

198. 孙光磊，信中豪．智媒时代传媒艺术教育的现实困境与突破路径［J］．中国广播电视学刊，2021（6）43-45

199. 孙慧．融媒时代《广播电视评论》课程教学改革探索［J］．贵州工程应用技术学院学报，2021，39（4）：123-126.

200. 孙江，吕强．何微新闻教育理论与实践研究［J］．传媒，2021（11）：83-85.

201. 孙江．中国共产党在延安时期的新闻教育［J］．中国高等教育，2021（20）：31-33.

202. 孙清凤，徐思南．中国共产党新闻教育政策百年回望——基于历史制度主义视角［J］．教育学术月刊，2021（11）：11-18.

203. 孙鑫．新时代新闻传播教育方法与模式变革——评《新时代新闻传播教育》［J］．中国教育学刊，2021（6）：111.

204. 孙志艳．融媒体时代广播电视新闻工作者素养教育研究［J］．传媒论坛，2021，4（10）：54-55.

205. 邰小玲．浅析全媒体语境下新闻传播教育面临的困境与出路［J］．科技视界，2021（28）：119-120.

206. 郜小玲．浅析全媒体语境下新闻传播教育面临的困境与出路［J］．科技视界，2021（28）：119-120.

207. 覃健．智媒时代新闻传播教育的新局面及发展策略［J］．今传媒，2021，29（11）：135-137.

208. 谭琦喆．播音课程在高职新闻教育中的应用研究［J］．湖北开放职业学院学报，2021，34（17）：173-174.

209. 唐芾苗，常雪峰．抗战时期影闻教育传播路径与历史价值［J］．新闻传播，2021（8）：13-14，17.

210. 陶建杰．“聚焦型”新闻传播人才培养模式：内涵、实践教学创新与师资保障［J］．新闻论坛，2021，35（2）：104-107.

211. 陶贤都．新闻传播学课程思政知信行合一教育模式构建研究［J］．新闻论坛，2021，35（6）：113-115.

212. 陶应红．OBE 理念下高职广告设计课程立体式教学模式构建［J］．大众文艺，2021（20）：166-167.

213. 田华．广告设计教学中视觉分流设计方法探索［J］．美术教育研究，2021（12）：103-104，107.

214. 童兵．新文科建设和新闻教育改革路径的拓展［J］．中国编辑，2021（2）：4-7.

215. 万陈芳．新闻传播专业实践教学与课程思政融合的研究［J］．新闻研究导刊，2021，12（11）：228-230.

216. 汪伟．从传媒巨变看新闻教育［J］．青年记者，2021（1）：86-88.

217. 汪永奇．工作室制教学模式下的广告学专业“四创”人才培养路径研究［J］．采写编，2021（11）：74-75.

218. 王桂亭．新文科背景下境外大学生新闻传播学教育探索——以华侨大学为例［J］．东南传播，2021（9）：64-66.

219. 王红缨，刘宇婷．新广告环境下高校广告教育改革的创新路径［J］．新闻传播，2021（23）：6-8.

220. 王华，张漫子．“四史”融入马克思主义新闻观教育：时代命题、内在逻辑与总体进路［J］．中国出版，2021（22）：3-7.

221. 王欢妮．变量与驱动：智能技术对新闻教育的影响［J］．现代传播（中国传媒大学学报），2021，43（2）：162-166，168.

222. 王嘉璇．媒介融合环境视角下高校新闻传播教学改革探究［J］．传媒论坛，2021，4（22）：171-172.

223. 王嘉璇．媒介融合环境视角下高校新闻传播教学改革探究［J］．传媒论坛，2021，4（22）：171-172.

224. 王建彦．应用型本科院校广告学专业实践教学改革研究——以影视广告创作课程为例［J］．新闻研究导刊，2021，12（19）：203-205.

225. 王凯．高校广告创意营销传播教育课程设计与教学模式研究［J］．艺术教育，2021（2）：213-216.

226. 王敏，葛鹏英．MJC 十年："实践导向"的探索与反思——基于对我国十所高校新闻与传播专业硕士教育的调研［J］．今传媒，2021，29（11）：1-4.

227. 王盼盼．融媒体背景下地方新闻院系的实践教学改革——基于校媒合作的视角［J］．新闻研究导刊，2021，12（7）：220-221.

228. 王擎．基于"以学生为中心"的线上线下混合式教学实践探索——以新闻学为例［J］．北京教育（高教），2021（11）：41-43.

229. 王如一，孙宝国．模块化　多元化　融合化　动态化——《新闻学概论》混合教学模式的探索［J］．声屏世界，2021（8）：83-84.

230. 王润泽，徐诚．守正创新：新文科建设背景下的新闻教育变革方向［J］．出版广角，2021（7）：9-12.

231. 王秀萍，刘惠瑾．情感视域下的新闻传播教学［J］．教育理论与实践，2021，41（33）：53-56.

232. 王秀萍．孟子道德同情学说视域下的新闻教学研究［J］．视听理论与实践，2021（2）：76-81.

233. 王秀艳，刘沫含．新闻传播教育的"三个转变"——从"纸媒"时代到"智媒"时代［J］．青年记者，2021（20）：97-98.

234. 王延萍．新媒体背景下高校新闻传播专业实践性教学探究［J］．新闻传播，2021（21）：74-75.

235. 王妍颖．高校新闻专业教学中的翻转课堂［J］．西部广播电视，2021，42（1）：46-48.

236. 王妍颖．全媒体视野下新闻学专业教学改革探析［J］．记者摇篮，2021（5）：

46-48.

237. 王洋．“传媒工作坊”实践教学模式的探索与实践——以西北政法大学新闻传播学院为例［J］. 传媒论坛，2021，4（21）：163-164.

238. 王一岚．融媒体环境下新闻采访写作课程教学革新［J］. 新闻传播，2021（19）：39-42.

239. 王胤．新媒介环境下新闻学概论课程教学改革分析［J］. 新闻研究导刊，2021，12（8）：76-77.

240. 王莹．OBE 理念下地方高校马克思主义新闻观教育的探索［J］. 锦州医科大学学报（社会科学版），2021，19（4）：68-70.

241. 王玉庭．高校应用转型下理论课程的实践教学改革探索——以《广告学概论》为例［J］. 今传媒，2021，29（10）：140-143.

242. 王中伟，易婷．马克思主义新闻观课堂教学路径及其审视［J］. 东南传播，2021（7）：1-4.

243. 王祚．OBE 理念下广告策划课程的赛教融合教学创新［J］. 传播与版权，2021（7）：110-112.

244. 韦意．新媒体在社会教育领域的功能及应用——评《新媒体的社会教育功能及其传播模式》［J］. 中国高校科技，2021（12）：99.

245. 吴果中，余宏．后人类时代新闻传播教育的新内涵［J］. 青年记者，2021（13）：80-83.

246. 吴健民．混合式教学模式的探索与实践——以《新闻摄影》课程为例［J］. 创新创业理论研究与实践，2021，4（3）：120-121，124.

247. 吴献举，莫光木．问题教学法在新闻学概论网络教学中的运用探讨［J］. 新闻前哨，2021（2）：126-127.

248. 向芬，谭丽．走出“模糊的冒险”：刘豁轩“适体新闻教育模式”研究［J］. 现代传播（中国传媒大学学报），2021，43（4）：158-163，168.

249. 向晓琳．新闻传播专业实务“课程思政”教学策略探究——以《电视节目类型与策划》课程思政建设为例［J］. 现代交际，2021（7）：53-55.

250. 肖兵艳．广告专业教育改革：从考核方式开始［J］. 大庆社会科学，2021（2）：151-154.

251. 肖万宁．融媒体时代应用型本科高校新闻专业教学的困境与出路［J］. 新闻传播，2021（8）：58-59.

252. 谢雅玲．新文科建设背景下《广告策划》课程教学改革与创新［J］．新闻世界，2021（11）：68-71.

253. 谢卓华，何婧．多元智能理论视域下财经新闻人才培养模式与教学设计改革探析［J］．高教论坛，2021（3）：40-44.

254. 邢旭东．人工智能视域下新闻教育的变革路径［J］．乐山师范学院学报，2021，36（9）：117-121，133.

255. 许加彪．因为“爱”，才有如椽之笔的开山之作——《新闻传播教育导论》的情怀与逻辑［J］．新闻知识，2021（10）：71-73.

256. 许静．新文科背景下新闻专业教学改革的新突破——以《中国新闻史》为例［J］．新闻研究导刊，2021，12（20）：215-217.

257. 许雅健．教育报刊新闻工作者的五种角色定位［J］．中国报业，2021（23）：112-113.

258. 许志强．新文科视域下应用型传媒人才的智能素养教育［J］．传媒，2021（23）：82-84.

259. 延宏．边界突破、科学素养与开放趋向——新文科背景下中国新闻传播学科教育的三个转向［J］．青年记者，2021（16）：96-97.

260. 闫承恂．高校广告设计课程教学探索与改革研究［J］．美术教育研究，2021（11）：145-146，149.

261. 闫欢．邵培仁教育传播理论与实践探析［J］．湖州师范学院学报，2021，43（11）：98-105.

262. 严海艳，苏兆龙．OBE 理念下地方院校新闻类课程教学体系设计研究［J］．六盘水师范学院学报，2021，33（3）：92-98.

263. 杨帆，余晓钰．虚拟仿真技术应用于新闻教学的可持续发展探索［J］．新闻知识，2021（10）：74-78.

264. 杨飞飞．以行业为导向的新闻传播教育创新路径［J］．青年记者，2021（18）：95-96.

265. 杨美元，徐健．马克思主义新闻观教育的“转”与“化”［J］．新闻爱好者，2021（4）：87-89.

266. 杨清波．媒体融合时代新闻传播教育改革实现路径研究——以“3×3 融媒体实战型全能人才培养模式”建构为例［J］. 新闻研究导刊，2021，12（15）：38-41.

267. 杨荣斌．践行时事新闻教育　提升德育教育水平——基于银川市三所初级中学的调查分析［J］. 中国报业，2021（18）：84-85.

268. 姚冬玉，孙炽昕．“圆通制”在广告学专业教学中的应用——以“广告工作标准化实践”课程为例［J］. 辽宁科技学院学报，2021，23（5）：52-54.

269. 姚福．新时代新闻传播教育理论探析——评《新时代新闻传播教育》［J］. 新闻爱好者，2021（12）：2.

270. 姚倩．融媒体时代新闻传播实验教学改革探索［J］. 新闻世界，2021（10）：76-81.

271. 冶进海．新文科背景下新闻传播教育实践路径探究［J］. 教育观察，2021，10（29）：94-96.

272. 尹瑛，殷娟娟．体系重构与路径创新：数字媒体时代地方高校新闻传播教育的转型与发展［J］. 新余学院学报，2021，26（5）：118-124.

273. 游鸽，甘尚谦，邓帅．我国新闻学教育研究的文献生产力与热点主题演化分析［J］. 情报探索，2021（12）：121-128.

274. 于毓蓝．近代新闻教育中的人文精神及其对新文科建设的启示［J］. 传媒，2021（24）：87-90.

275. 于毓蓝．民国时期新闻教育思想与实践探索［J］. 苏州大学学报（教育科学版），2021，9（4）：107-116.

276. 余婧华．混合式教学模式下的新闻采访学课程设计［J］. 新闻传播，2021（10）：66-67.

277. 余宁．马克思主义新闻观融入高校新闻实务课堂教学模式探索［J］. 新闻潮，2021（9）：18-20.

278. 余攀婷，铁翠香．混合式教学在新闻传播学中的常态化应用［J］. 今传媒，2021，29（7）：153-156.

279. 余仙仙．“学习强国”平台在高职新闻专业教学中的应用［J］. 传媒论坛，2021，4（13）：171-172.

280. 余艳波，叶荣．智能传播的逻辑起点与路径——兼论广告教育体系的根本性变革［J］. 中国广告，2021（1）：87-89.

281. 虞鑫．从业界中心到社区导向：“乌卡”时代与新闻教育体系的再造［J］. 青年记者，2021（17）：81-84.

282. 喻频莲．教育传记学方法在新闻传播史教学中的应用研究［J］．汉江师范学院学报，2021，41（3）：94-98.

283. 岳琳，孟繁峥．文化意象促进广告传媒教育内涵发展——评《传媒与广告的文化意象》［J］．中国教育学刊，2021（4）：135.

284. 云彬．浅析如何加强新闻工作者的马克思主义新闻观教育［J］．西部广播电视，2021，42（20）：66-68.

285. 詹雨鑫．在线教育下高职新闻摄影网络教学模式探索［J］．新闻传播，2021（11）：61-63.

286. 张安琪．刍议广播电视编导专业应用型人才培养教学改革［J］．戏剧之家，2021（10）：169-170.

287. 张波．PBL 教学法在新闻传播学教学中的应用研究［J］．吉林工程技术师范学院学报，2021，37（7）：72-75.

288. 张凤奕．马克思主义新闻观融入大学生思想政治教育实践研究——评《新闻与传播：研究方法探索与文化意义阐释》［J］．新闻与写作，2021（10）：113.

289. 张吉珍．以史为纲：新闻史教学策略的构建［J］．新闻世界，2021（4）：78-82.

290. 张继木．华中地区新闻教育之发端：艾玮生与华中大学新闻组［J］．现代传播：中国传媒大学学报，2021，43（7）：164-168.

291. 张昆．数字时代传媒教育方略探析——新闻传播院系管理的基本原则［J］．海河传媒，2021（1）：1-7.

292. 张昆．新闻传播教育的目标画像［J］．新闻与写作，2021（5）：62-67.

293. 张昆．新闻传播教育的真谛——兼评赵振宇教授新书《讲好真话》［J］．新闻知识，2021（3）：50-53.

294. 张昆．新闻传播学科建设要回归教育本身——对五轮全国一级学科评估的思考［J］．出版广角，2021（17）：28-32.

295. 张昆．新闻教育的本质与使命探讨［J］．新闻大学，2021（2）：28-41，122.

296. 张临涛．新闻传播教育“进阶式”人才培养体系的应用——以玉林师范学院为例［J］．新闻研究导刊，2021，12（19）：103-105.

297. 张玲平．融媒体环境下高校广播电视学专业实践课教学改革［J］．食品研究与开发，2021，42（12）：242.

298. 张文锋．美国新闻教育改革的探索与迷思［J］．新闻知识，2021（3）：70-74.

299. 张向东，王薇．基于双创教育的广告学专业实践教学模式构建——以《广告营销与策划》课程为例［J］．大学，2021（27）：130-132.

300. 张小琳，敦嘉璐．我国财经类院校融合新闻教育的系统化研究与特色发展路径——兼评《新时代背景下的融合新闻教育发展研究》［J］．采写编，2021（8）：169-170，176.

301. 张晓玲，陈薪宇．“N+融合”结构化创新教学改革的研究与实践——以阜新高等专科学校广告设计与制作专业为例［J］．辽宁高职学报，2021，23（6）：38-42.

302. 张燕．大数据背景下高校新媒体传播教学改革策略［J］．科学咨询（科技·管理），2021（9）：27-28.

303. 张玉川，洪雪亭．我国新闻传播学高等教育国际化的现状与问题——基于对84所高校国际化课程设置和国际交流的分析［J］．科技传播，2021，13（3）：86-88.

304. 张玉川，王淳．我国新闻传播高等教育国际化评估体系的构建［J］．新闻研究导刊，2021，12（11）：56-57.

305. 张争．基于“四力”培养的新闻传播实践教学创新［J］．传媒论坛，2021，4（21）：158-160.

306. 赵代君．对当前新闻传播教育进行建设性思考——评张昆的《新闻传播教育导论》［J］．文化与传播，2021，10（3）：105-106.

307. 赵红勋，冯奕翡．人工智能时代新闻传播教育的变革逻辑［J］．中国编辑，2021（1）：78-81.

308. 赵爽英．建构主义教育理念下新生导读课的教学设计——以新闻传播专业媒体识读课为例［J］．新闻知识，2021（9）：72-76.

309. 赵晓娟．融媒体时代《电视摄像》课程教学改革的实践与探索——以渭南师范学院新闻传播类专业为例［J］．高教学刊，2021，7（13）：144-147.

310. 赵欣．新闻传播学专业双语教学教材的比较研究与启示——基于对两部《新闻传播学专业英语》教材的实证研究［J］．教育传媒研究，2021（3）：47-50.

311. 赵子萱．众媒时代新闻传播教育的全流程再造——评《新闻传播教育导论》［J］．新闻爱好者，2021（12）：133.

312. 赵梓岩．后疫情时期高校线上教学提升策略探析——以广播电视编导专业为例［J］. 传媒论坛，2021，4（19）：153-155.

313. 郑亮，周竹青．构筑基于中国国情的国际传播教育［J］. 青年记者，2021（11）：71-73.

314. 郑伶俐．基于实践教学创新的新媒体广告人才培养模式与路径探索［J］. 新闻前哨，2021（11）：97-98.

315. 郑卓，陈莹．马克思主义新闻观课程思政的教学设计与探索［J］. 出版广角，2021（20）：93-95.

316. 钟华丽．新时代大学生媒介素养教育路径分析——评《新闻媒介的融合与管理：一种业界视角》［J］. 中国教育学刊，2021（12）：133.

317. 钟亮．创新创业教育背景下新闻传播类专业实践教学探索［J］. 新闻世界，2021（6）：85-89.

318. 周大勇，贾洪瑞．媒介迭代视域下高校新闻传播教育的变迁——基于理念、目标与模式演化的考证［J］. 吉林师范大学学报（人文社会科学版），2021，49（6）：64-74.

319. 周光明，王琦．略论新闻教育的“延安模式”［J］. 编辑之友，2021（1）：102-109.

320. 周继荣．新闻专业马克思主义新闻观教育实践探索［J］. 新闻研究导刊，2021，12（22）：97-99.

321. 周涛，卜俊，程永胜．符号传播视角下高校实践类课程教学方法的探索［J］. 黑龙江教育（理论与实践），2021（8）：68-70.

322. 周伟业．世界新闻教育大会教育原则、议题与价值取向探析［J］. 现代传播（中国传媒大学学报），2021，43（9）：166-168.

323. 周妍．广告教学影像空间的生命媒介观培育［J］. 西部广播电视，2021，42（13）：78-80.

324. 周晔，霍彦翔．陈望道新闻教育思想初探［J］. 上海党史与党建，2021（4）：54-60.

325. 周怡．融合　问题　思考——马克思主义新闻观指导下新闻实务类课程思政教育改革探索［J］. 黑龙江教育（理论与实践），2021（5）：7-9.

326. 周奕含．浅谈新媒体环境下新闻采访与写作教学存在的问题与对策［J］. 采写编，2021（9）：147-148.

327. 朱丹青．短视频助推新闻传播学教育下沉［J］．中国广播电视学刊，2021（2）：114-116.

328. 朱鸿军，苗伟山，贾鹤鹏．人文社会科学的国际发表与我国高等教育国际化——基于对新闻传播学者国际发表状况的实证研究［J］．新闻记者，2021（12）：31-38.

329. 朱江丽，史玲莉．新时代新闻传播实践教学改革的使命与路径［J］．青年记者，2021（1）：83-85.

330. 朱洁，刘赪，李钢．以“四力”为基的新闻传播教学改革——基于学习风格理论的探讨［J］．青年记者，2021（14）：91-92.

331. 朱玫．融媒体环境下公众议题报道的创新研究——以教育新闻电视报道为例［J］．上海广播电视研究，2021（3）：94-100.

332. 朱守先．线上+线下教学法在新闻摄影课程教学中的应用［J］．财富时代，2021（6）：147-148.

333. 朱晓莉．课程思政育人理念下新闻采访与写作教学实践探索［J］．传媒，2021（7）：83-85.

334. 庄园．密苏里大学数据新闻教育的经验与启示［J］．湖南第一师范学院学报，2021，21（4）：78-83，89.

335. 邹宇．自媒体时代高校新闻摄影教育的思考［J］．科教导刊，2021（32）：57-59.

7.5.2 论文转载（10篇）①

文化强国背景下的出版硕士教育：目标、理念与模式

李　舒　陈菁瑶

文章来源：李舒，陈菁瑶．文化强国背景下的出版硕士教育：目标、理念与模式［J］．现代出版，2021（5）：90-96.

文化是一个国家、一个民族的血脉和灵魂。2020年，党中央明确提出2035年建成

① 所选文章基本保留了原文风貌，由于篇幅所限，文章的内容摘要、关键词、注释未收录，部分内容有所精简。

文化强国的目标，并将文化建设纳入“十四五”时期经济社会发展总体布局。进入新时代，文化的意义进一步凸显。出版事业是文化强国建设的排头兵，人才是支撑出版强国、文化强国建设的决定性因素。从 2011 年 9 月首批出版硕士招生至今，我国出版硕士教育已走过了十年的历程。十年来，出版硕士专业学位的培养目标日益清晰，招生规模逐步扩大，为出版业输送了大量人才；同时，也存在学科归属不够清晰、课程体系有待完善、培养模式相对单一、人才培养定位与培养质量相较业界需求还有一定差距等问题。立足文化强国战略，在十年积累的基础上再出发，出版硕士教育需要在人才培养的目标、理念与模式等方面全面升级优化。

一、目标升级：以高质量为核心

以高质量为核心的出版硕士人才培养，既是高等教育与文化强国战略的主动对接，也是服务于文化大繁荣大发展的自觉行动。未来，出版硕士应实现从学位点和人才数量规模扩张向培养质量提升的进阶。

（一）高质量发展的动因

第一，高质量是研究生教育的发展趋势。研究生教育是学历教育的最高层次，决定了一个国家的人才和科技实力。从目前情况看，专业学位规模扩张式发展已经接近规划上限，未来将逐渐转向量质并举、质量优先的发展路径。出版硕士教育为出版业培养高层次、复合型、应用性出版专业人才，走一条提质增效、以高质量为目标的道路，是新时代研究生教育的必然选择。

第二，高质量是出版业转型升级的重要保障。近年来，以前沿科技为依托，数字出版产品形态日益丰富，电子书、电子期刊、数据库、有声书等在内容表达、呈现方式和服务模式等方面不断创新；数字出版的内容价值、版权价值、品牌价值、经济价值逐步提升。新时代出版业如何进一步传承优秀文化、增强文化自信，如何在数字化、智能化浪潮中发展新的出版业态和服务形态，如何在深度融合进程中重构组织结构、完善管理制度，如何以内容为核心重构产业链条、开展跨界开发合作，如何推动中国出版“走出去”，都需要出版教育培养出高层次、高质量的人才。

（二）高质量出版人才的内涵

新时代，高质量出版人才的内涵也随着传播环境的变化而日渐丰富，具体来说，包括以下三个方面。

第一，融通中国情怀和国际视野。没有文化的繁荣兴盛，就没有中华民族的伟大复兴。编辑出版人借助出版物这一载体，承担文化使命，实现价值追求。出版人才的中国情怀就是热爱国家和人民，以传承和发展中华优秀传统文化、社会主义先进文化和弘扬时代主旋律为使命。此外，随着中国日益走向世界舞台的中央，培养一批具有国际视野和跨文化传播能力的高层次出版人才，推动中国出版“走出去”成为高质量出版人才培养的重要方面。

第二，追求工匠精神和出版家格局。工匠精神是一种职业态度和价值理念，从出版业发展来看，要实现从出版大国向出版强国的转变，重要的抓手就是精品力作。只有思想精深、艺术精湛、制作精良的出版作品才能经得起时间的考验，体现文化软实力和国际竞争力，而精品力作的产生离不开具有编辑出版“匠心”的人才。与此同时，针对出版业高度市场化带来的编校质量不高，缺乏文化含量、精神价值，浪费有限的出版资源，给社会文化环境带来危害等问题，培养具有出版家格局，能够承担历史使命、持守社会责任、传承文化精神和秉承职业操守的出版人才，是出版教育的“道”之所在。

第三，兼备学习能力和创新精神。技术的发展推动了出版业的数字化转型，重组了出版产业链，催生了出版新业态，再造了出版流程，丰富了传播形式。这些变化也使得出版专业人才的需求侧发生了变化，具备自主学习能力和较强创新精神的人才更受欢迎。

二、理念转换：以融合为导向

多年来，出版学一直在争取独立的学科地位，因而在学科建设、课程体系、育人机制等方面都朝着体现独立性而努力。为满足社会发展的需要，学科在不断分化的同时已经开始走向交叉融合。出版硕士人才培养理念必须及时调整，将追求学科独立与学科交叉融合、课程体系融合、育人资源融合相结合，在人才培养上把握前沿性领域与引领性方向，以满足文化强国建设的人才需求。

（一）促进学科交叉融合

近年来，随着国家重大战略需求的变化和知识生产的加速，学科的边界逐渐弱化，学科交叉、知识融合、研究范式相互借鉴正在成为常态。编辑出版工作是一项横跨人文社会科学和自然科学，具有鲜明交叉融合特质的社会活动，只有以开放包容的心态从不同学科学习借鉴、与相关学科激荡碰撞，才有可能更好地掌握编辑出版活动的内在规律，进而发现新的学科增长点，推动出版业创新发展。实现出版硕士教育的高质量发展，一方面要整合人文社会科学资源，站在新文科建设的高度，推动文、史、哲、法、经、管、教等具体学科的深度融通；另一方面要加快打通人文、社会、理工、艺术等学科间的壁垒，尤其是要结合大数据、信息技术、人工智能、神经科学等领域的新发展，以出版学科与其他学科相生共长、协调发展的学科体系，为复合型人才培养提供学科涵养。

值得一提的是，推动学科交叉融合并不意味着忽视本学科建设。长期以来，出版硕士教育多处于依附地位，其他学科虽然客观上给予出版硕士更丰富的学科支撑，但也反映出出版学自身基础理论薄弱、学科理论体系尚未形成的现实。未来要不断完善出版学基础理论体系，推动出版学一级学科建设，以学科建制推动出版硕士人才培养质量的提升。

（二）实现课程体系融合

课程体系不仅是高等教育人才培养的重要载体，也是教育思想和职业观念传播的主渠道。长期以来，出版学的学科地位使得编辑出版学教育至今没有形成一个指导性的核心课程体系，其在各高校所依附的学科不尽相同，自主设立的课程方案识别度不高。出版硕士的课程体系设置，既要有其独特性，也要体现出融通性。

首先，要推进通识课程与专业课程的融通。一方面，要加强通识教育课程体系建设，除了传统的文学、历史学、哲学，还要把计算机科学、经济学、管理学、统计学、心理学、法学等相关学科纳入通识课程体系，实现学生在全校范围内自由选课。另一方面，要做好出版硕士知识体系的整体规划，准确研判专业课程与通识课程之间的逻辑关系，做好两类课程的有效对接。

其次，要推进理论教学和实践教学的融通。出版硕士的专业课程体系大致分为理论教学和实践教学两大模块。可以通过教室—实验室—工作室的路径，促进理论知识、课程实践和综合实习的有效衔接。

最后，要探索出版学与相关领域课程的融通。各高校可以围绕“全能一专”的培养思路，依托现有学科和课程资源，探索开设更加个性化、细分化的专业课程，让学生既具备全面的专业素质，也有自己擅长的领域。

需要强调的是，一流的课程体系离不开一流教材的支撑。目前，我国出版硕士的教材建设还相当薄弱，各高校现有教材普遍缺乏统一规划，在体系性、时代性和规范性等方面都还存在不足。未来还需进一步突出出版学学科特色，立足解决重大理论、实践问题，积极打造具有中国特色的出版学教材体系，为出版硕士人才培养提供有力保障。

（三）推动育人资源融合

高校和出版机构是出版硕士教育链的两端，出版硕士教育必须努力推进教育链两端的协同合作。只有充分调动高校的科研资源、出版业的行业资源以及两端的人才资源，才能培养出具有职业胜任力和行业竞争力的高质量出版人才。

首先，要坚持科教融合，把科研优势转化为人才培养优势。出版硕士培养要树立科教融合的意识，探索以科研项目特别是应用型研究带动高质量人才培养的育人机制，大力提升政企咨询类研究成果有效服务于出版业的能力，推动科研资源和学术成果向教学资源、育人资源的转化。

其次，要推进产教融合，加强与出版机构的深度合作。未来，出版硕士教育要进一步加强与出版机构的协作，建立产学研战略合作机制，畅通作业—作品—产品的转化；高校要与业界联动，开展人才培养的一体化设计，共同制定培养方案、开设实践课程、编写精品教材；要建立校企信息共享机制、学习资源共享机制，适度向学生开放出版机构开展的前沿讲座、业务交流等活动；校企可联合组织学科竞赛活动，设立奖学金、基金，建立出版人才的培养与激励机制。

最后，要汇聚人才资源，实行“双导师制”育人，培育“双师型”师资。近年来，出版学师资队伍与专业硕士培养需求的结构性矛盾，很大程度上影响了培养质量。因此，打造一支科研能力和实践素养兼备的“双师型”师资队伍至关重要。高校一方面要主动“送出去”，通过到出版机构挂职锻炼、人才交流和参与项目等方式，提升专职教师的专业实践能力；另一方面，要积极“引进来”，通过加强顶层设计、管理保障以及效果评估等，推动业界专家对人才培养全过程的深度参与。

三、模式优化：以创新力为支点

数字阅读、知识付费、媒介化社会、场景经济和视听产业等的兴起，给出版业带来了深刻的影响。从我国出版业的整体发展情况看，还存在内容产品原创性不足以及出版产业活力、影响力有待提升等问题。这些提醒我们，出版人才培养要以创新力为支点，形成一系列与提升创新力相匹配的教学方式方法以及一整套管理和评估制度。

（一）以创新为指向的实践育人体系

大力推进实践育人体系改革，是出版硕士培养模式优化的核心。

一是要强化实践教学的重要地位。出版硕士的培养方案和课程设置要突出对实践能力的培养，把握好理论课程与实践课程的课时比例，培育理论与实践相结合的“双师型”课程，推进出版硕士教学案例库建设，科学合理安排实践教学环节，确保遵循“专业基本技能—综合实践能力—创新实践能力”的逻辑逐步深入。

二是要改革实践教学的方法。出版硕士的实践教学要由以教师为中心转向以学生为中心，加大研讨课、案例课、小组辅导课等课程的比重；探索情境式实践教学，设置出版项目，组建项目团队或学习小组模拟编辑出版全流程，锻炼学生在选题策划、约稿组稿、编撰校对、营销发行、数据库建立等方面的专业技能和创新能力；推动实践教学与思政教育的双向互促，紧密结合业界热点议题或前沿问题，组织学生开展调查研究，在专业学习过程中了解国情、形成正确的职业观。

三是要加强实践教学的平台建设。一方面，要完善实训、实验室资源共享机制，推进实验室、实训基地的规范管理和有序开放，为学生开展专业实训、参加竞赛活动等提供必要的硬件支持；另一方面，要搭建多种形式的校内实践平台，支持学生开展创新创业训练，提高编辑出版业务技能。

四是要建立实践教学成果反哺人才培养的机制。通过将实践教学成果结集成册或推荐发表、组织专业实践经验分享实现朋辈间帮扶、召开实践成果研讨会总结实践教学规律等，推进实习实践质量的持续提升。

（二）以前瞻性需求为指向的人才评价体系

人才评价体系是研究生培养的“指挥棒”，直接影响着人才培养的方向和质量。要坚持全面发展的人才质量观，以行业前瞻性需求为指向建立人才评价标准。目前，我国出版硕士的评价体系需要从两个方面进行完善。

一是要确保人才评价体系的多主体参与性。科学、成熟的人才评价体系应是在兼顾各方、多元协商基础上形成的有关人才标准的共识。对出版硕士的评价应大力推进高校、政府、出版机构的联动，纳入相关外部主体，建立多主体参与的培养标准和质量评价体系。多主体参与能够确保多维立体地对人才培养质量进行评价，通过科学有效的评价和监督，推动培养单位动态调适培养目标、方法、手段等，输出既能够达到学界研究生培养标准，又能够满足业界实践需要的高质量出版人才。

二是要突出人才评价指标的创新应用导向。专业型硕士培养更强调知识应用能力、职业综合素养和用人单位的使用反馈。因此，出版硕士的评价体系要综合思想道德评价、课程学业评价、实践能力评价等，尤其要加大对创新意识、创新能力、创新贡献的鼓励力度，最大限度地激发未来出版人才的创新活力。

（三）以可持续发展为指向的人才发展体系

当前，出版硕士的发展通道还没有完全打通，未来可以考虑从学界、业界两条路径出发，建立以可持续发展为指向的人才发展体系，推动优秀的出版专业人才成长为文化强国建设引领性人才。

一是探索出版硕士与出版专业博士的衔接。除了需要大量有实践能力的专业人才，出版业还需要一批能够引领行业创新发展、推动资本运作和跨界开发、熟悉国际出版运作规则和跨文化传播规律、善于解决出版实践中的重大复杂议题和特殊关键问题的高层次出版人才。设置出版专业博士学位，不但能够完善出版学学位体系，还有助于出版行业核心领域的突破、关键问题的解决。

二是推进出版硕士与职业资格认证的衔接。职业资格认证一方面是对人才职业能力的认可，有助于提升就业竞争力；另一方面也能够帮助用人单位进行遴选和鉴别，是人才聘任的重要参考依据。可以说，专业学位教育与职业资格认证的紧密衔接，是专业学位教育职业性特色与优势的鲜明体现。

四、结语

出版肩负着传承和弘扬中华文化的重要使命，在繁荣社会主义文化、建设文化强国、提高文化软实力和推动中华文化“走出去”的战略布局中处于前沿和中心位置。面对百年未有之大变局，高等教育要“同党和国家事业发展要求相适应，同人民群众期待相契合，同我国综合国力和国际地位相匹配”。出版硕士教育经过十年的大胆探索，已经站在全新的起点，应以高度的时代自觉、民族自觉和文化自觉，向着建设文化强国的目标整装再出发。出版硕士教育的全面升级，要以高质量为核心，以融合和创新为两翼，大力培养适应时代发展、服务国家战略、引领行业发展的高层次、复合型、应用性出版专业人才。

新文科背景下的新闻传播教育

程曼丽

文章来源：程曼丽．新文科背景下的新闻传播教育［J］．中国编辑，2021（2）：8-11.

2020 年 11 月 3 日，由教育部新文科建设工作组主办的新文科建设工作会议在山东大学（威海）召开。会议研究了新时代中国高等文科教育创新发展的举措，发布了《新文科建设宣言》，对新文科建设作出了全面部署。

《新文科建设宣言》郑重宣示——我们的共识：新时代新使命要求文科教育必须加

快创新发展；我们的遵循：坚持走中国特色的文科教育发展之路；我们的任务：构建世界水平、中国特色的文科人才培养体系，并从强化价值引领、促进专业优化、夯实课程体系、推动模式创新、打造质量文化等方面提出具体实施路径。

我国提出新文科或新文科建设的设想与规划，有深刻的意涵。2018 年，习近平总书记在全国宣传思想工作会议上的讲话中指出：要把坚定“四个自信”作为建设社会主义意识形态的关键，坚持马克思主义在我国哲学社会科学领域的指导地位，建设具有中国特色、中国风格、中国气派的哲学社会科学。由此可见，中国的新文科建设是指建设以马克思主义为指导的，具有中国特色、中国风格、中国气派的哲学社会科学学科体系。

这就要求我们在文科教育中一方面正视新兴科技和产业革命带来的变化，并作出相应调整；另一方面也是更为重要的方面，就是进一步增强道路自信、理论自信、制度自信和文化自信，将改革开放和社会主义现代化建设的最新理论成果和实践经验转化为优质教学资源，形成中国特色文科教育的学科体系、学术体系、话语体系，为改革开放的进一步深化和社会主义现代化建设事业服务。

新闻传播学属于新文科中应用型文科范畴，担负着新时期专业人才培养的责任。不仅如此，新闻传播还是国家意识形态的有机组成部分，被赋予弘扬中国精神、凝聚中国力量、践行中国道路、传播中华文化的使命。以此观之，新闻传播学除了具有社会科学一般学科的共性外，还具有国家信息载体以及中国声音放大器的特性，这一特性决定了新闻传播人才培养的总体方向和特殊要求。以下围绕这一特殊要求，谈谈新文科背景下有关新闻传播学科建设的几点认识。

一、关于建立中国特色新闻传播理论体系的认识

在中国特色新闻传播理论体系的建设中，对于中华文化传统、中国实践经验的认同以及在此基础上建立的理论自信是非常重要的。2016 年 2 月 19 日，习近平总书记在党的新闻舆论工作座谈会上发表讲话时指出：“党的新闻舆论工作坚持党性原则，最根本的是坚持党对新闻舆论工作的领导。”而党性原则的提出，就是为了解决党的新闻舆论工作者的身份和属性问题。

长期以来，我国新闻传播学界在此问题上存在两种认知：媒体是具有自身运行规律的、相对独立的主体，即“主体论”或“本体论”；媒体是党的声音借以传达的喉舌或扬声器，即“工具论”或“喉舌论”。过去，由于受西方“自由”“民主”思想的影

响，“主体论”或“本体论”往往得以强化，“工具论”或“喉舌论”则被弱化。事实上，许多国家的媒体设置，本身就是一种赋权，其工具属性是与生俱来的。例如，第二次世界大战以后，随着政治、经济危机的加深，美国政府日益将新闻媒体作为推行内外政策的工具。但是为了加强行为本身的隐蔽性，美国政府并不使用“宣传”这个词，在不同的历史时期，美国政府使用过多个术语来指称其对内、对外公开或隐蔽的宣传活动，包括“公众外交”“公共事务”“舆论战”“信息活动”等。中国共产党人从不隐瞒自己的立场，《中国共产党章程》明确规定：“党的各级组织的报刊和其他宣传工具，必须宣传党的路线、方针、政策和决议。”由此可见，党的新闻舆论工作具有鲜明的意识形态属性，也是党的全局工作的重要组成部分。

有关党的新闻舆论工作的性质与要求，在马克思主义新闻观教学与研究中有着充分的体现。但是问题在于，目前我国的新闻传播理论体系尚未形成一个具有内在逻辑关联的整体架构，呈现的仍为相互排斥的二元叙事——或是马克思主义新闻观，或是西方新闻传播理论，思想引领、价值导向较为模糊，这与新文科建设的要求显然不相符。如前所述，解决这个问题的关键，是基础性的认知问题，这个问题得不到解决，建立具有中国特色的新闻传播理论体系就是一句空谈。

2020年突如其来的新冠肺炎疫情，尤其是美国“大选+疫情”的特殊境况，让人们拨开观念政治的迷雾，认清了西方现实政治的面孔以及媒体与权力关系的本质特征。中国知识界，包括新闻学界开始出现反思性的话语，希望从中国特色社会主义建设的实践与经验中寻求解决当今问题的思想武器。与此同时，围绕中国特色话语体系、理论体系的建设，以及有关技术应用、人才培养方面的研究也相继展开。

这种理论与实践中的话语转向并非无意识的选择，而是基于国际环境、国家战略的变化，因应时代发展要求作出的调整，具有某种历史必然性。

二、关于建立中国特色新闻传播课程体系的认识

课程设置是人才培养的重要方面，也是前述理论建设的落脚点。对于中国来说，新闻学、传播学均为舶来品，由西方国家，尤其是美国引入，而美国是世界上新闻传播业最为发达的国家。因此，新闻传播学学科建设启动的最初一段时间，我们在学科目录编制、专业分类以及课程设置等方面向西方国家学习、与之接轨具有某种必然性。学科上的学习与借鉴，使得中国的新闻传播学走上快速发展的轨道，相关教材、论著大量涌现；与此同时，作为应用型文科的新闻传播学也一直面临着如何与中国新闻实践接轨的

拷问。究其原因，中西政治制度与意识形态的差异是不可忽视的因素。例如，美国的新闻传播理论与实践是在“三权分立”的政治制度以及两党制政党制度的基础上形成的，媒体被视为对“三权”具有制衡作用的“第四种权力”；中国的根本政治制度是人民代表大会制度，党和政府主办的新闻媒体是党和政府的宣传阵地。这就注定了包括美国在内的西方新闻传播理论无法适应中国新闻实践的需要，二者在本质上是相互抵牾的。但是长期以来，我们的一些专业课程在介绍西方新闻传播理论与实践时，往往侧重于具体现象、场景、故事的描摹以及不同学术流派的辨析、考据，而将价值判断搁置一旁，使学生在获取信息、接受知识的同时得不到理念、观念上的引导，以致形成了较为模糊甚至反向的认知与判断。当他们有朝一日进入中国的新闻实践场域，以既有的知识底色面对中国社会现状与问题时，就会出现思想震荡，产生种种不适与不满，其中的一部分还有可能走向制度的反面，成为异见人士。说到底，这已经不是技术操作层面上的水土不服，而是意识形态上的背离了。这显然不符合新闻传播教育的初衷。正因为如此，在新闻传播学的课程设置与教学中，强化价值引领十分必要——如同《新文科建设宣言》所宣示的那样。

强化价值引领，首先，要立足国情，了解中国是什么性质的国家，与西方国家有什么不同，中国面对的“真问题”是什么，并引导学生从中国社会实践的历史与过程中发现、提出问题，分析、解决问题，培养他们的国情观念、政策眼光和大局意识。同时，还要针对他们头脑中存在的模糊认识，尤其是对西方学说的迷思和膜拜进行释疑与纠偏。其次，马克思主义新闻观是马克思主义世界观、人生观、价值观和方法论在新闻传播领域的集中体现，这门课程的设置是必要的。然而同样值得注意的是，“马克思主义新闻观”课程与新闻传播学其他课程的关系应当进一步清晰化，“课程思政”也应通过系统化的目录编制与课程安排落实到位；在进行“马克思主义新闻观”课程教学时，不仅要讲微观层面（专业层面）的理论、原则，也应将作为科学理论体系的马克思主义的理论、方法整体传授给学生，使“马克思主义新闻观”的意义和价值大于一门课程。

三、关于建立中国特色新闻传播师资队伍的认识

教师是新文科建设的关键，也是将理论与实践联结起来的纽带与桥梁。然而，由于新闻传播学建立之初学科接轨的需要以及代际传承的影响，一般的专业教师（包括从其他学科转入新闻传播专业的教师），以及毕业后进入高校新闻传播专业任职的青年教师

在理论教学、研究方面的适应性大多比较强，但在与中国新闻实践密切接轨的新闻实务方面，在回应中国新闻业提出的重大问题面前，具有一定的不适性和距离感。结果是，一方面，高校新闻传播院系的人才培养呈蓬勃之势，甚至出现供大于求的问题；另一方面，与中国新闻业发展密切相关的一些重要领域却面临着人才短缺的窘境。原本通过一个很好的途径即可在一定程度上缩小二者之间的落差，就是优秀的新闻工作者进入高校任教。但是，高校在学历要求方面门槛高，在教师评价体系方面又不利于这类人才的发展，使得进入高校的一线记者不仅数量少，而且远远入不了主流。

综观之下不难发现，目前高校新闻传播院系的人才引进在很大程度上延续着原有的机制。虽然习近平总书记在全国教育大会上强调要解决教育领域的“五唯”问题，教育界也作出了积极回应，但是如何将破“五唯”落到实处，包括落实到人才招聘的指标体系中，还有很长的路要走。据笔者所知，即便是在破“五唯”的当下，仍有高校新闻传播院系在众多应聘者中只选择少数具有西方学历背景的人才进入面试环节。平心而论，在具有国外学历背景的人才中不乏学贯中西的佼佼者，但是也有一些人是从一个“点”进入新闻传播学科的，受西方理论体系和“方法主义”的影响，他们只专注于这个“点”上的问题，既缺乏中西关联意识，也缺乏向上兼容（即由某个单一学科方向向二级学科、一级学科兼容）的能力，这种个体知识与能力上的局限性显然不符合新文科人才培养对于教师的要求。换句话说，如果“外来的和尚”不了解中国国情，不同时具有国际视野和国情意识，不但“念不好经”，还会成为“跛脚僧”。因此，在新文科建设的背景下，应当对师资结构以及教师的能力、素质进行综合考量，作出科学评价。

四、关于建立中国特色学术评价体系的认识

学术评价体系有如指挥棒，不仅影响着人们对于学科发展的认知与判断，还决定着学术研究的重点与方向。由于学科建设最初接轨的需要，中国学术界参照西方标准建立起自己的学术评价体系。在这套评价体系中，虽然不乏中文社会科学引文索引（CSSCI）等具有中国特色的指标，但是相形之下由美国科学信息研究所创建的科学引文索引（SCI）、社会科学引文索引（SSCI）显然具有更高的地位，因为后者收录某一国家论文数量的多寡被视为衡量这个国家科研能力、论文水平的重要依据，在学科建设和学术成果评估中拥有更高的附加值。这也正是国内高校竞相从国外引进人才，并重点考察其 SCI 或 SSCI 论文发表能力的一个主要原因。

事实上，学术评价体系不仅是学术指标，也具有某种意识形态属性（特别是SSCI）。因为它是以西方社会制度和思想价值体系为标准建立起来的，具有学术立场上的倾向性与选择性。在这一价值标准之下，中国（新闻）实践通常被视为“异端”，中国叙事不太可能进入其学术视野并得到合理性与规范化认可。这就迫使中国的研究者在论文选题及内容上尽可能满足、迎合规制性的要求，将目光聚焦于微观议题或技术性话题上。这种情形也在一定程度上影响着国内专业期刊的学术价值判断，从而使理论研究呈现抽离性与碎片化的特征。

新闻传播理论研究同样如此。例如，有学者不加分辨地以西方理论、模型、方法作为学术评价的标准，西方人没有提出过的理论或方法便不予认可，或被视为“非科学”“非学术”；有些研究者习惯于用西方理论解释中国社会现实，甚至以尚未作出科学论证的理论假设为依据生搬硬套，得出似是而非的结论。这类研究成果的互相仿制、批量生产，对于中国社会科学，包括新闻传播学学术生态的不良影响是不言而喻的。这也正是近年来中国学者的研究成果（包括国际发表）数量节节攀升而对于中国社会发展中提出的重大问题少有回应的原因所在。

从历史上看，中国的新闻传播学科在起步阶段学习、借鉴西方国家的理论、方法、模型，采取西方的评价体系具有某种必然性。但是，中国毕竟不是西方，在西方社会土壤上形成的新闻传播理论也不可能有效解释和说明中国的新闻传播现象。中国特色社会主义理论的建设过程，是中国共产党人与时俱进、创新发展的过程，中国特色新闻传播理论体系的构建也必然经历这样的过程。党的十八大以来，以习近平同志为核心的党中央在内政外交方面不断推出新举措，立足于地区和全球战略的新思想、新理念也相继提出，这些新思想、新理念不仅是中国改革开放40多年来的一种自我超越，也超越了长期以来占据国际社会主体地位的西方思想体系和发展模式。这客观上要求中国学者（包括新闻传播学者）进行创新探索，建立一套与之相适应的学科体系、学术体系、话语体系。这同时也是《新文科建设宣言》所强调的坚持走中国特色的文科教育发展之路，构建世界水平、中国特色的文科人才培养体系的题中应有之义。

除旧布新：新中国新闻教育的调适与重构（1949—1957）

邓绍根　游丹怡

文章来源：邓绍根，游丹怡．除旧布新：新中国新闻教育的调适与重构（1949—1957）［J］．西南民族大学学报（人文社会科学版），2021，42（10）：161-170.

中华人民共和国成立至1957年，中国的新闻教育迈入了除旧布新的新阶段。随着新民主主义政权在全国范围内逐步建立，为适应新的政治形势，新中国的新闻教育沿着“除旧”与“布新”两条主线向前发展，一方面对旧的新闻教育体系进行接收和初步改造，另一方面开展创办新型新闻教育机构的尝试。从目前的研究来看，教育史研究更关注新中国成立初期教育变革的整体面貌，对单一学科尤其是新闻教育的研究并不充分，而新闻教育史与新闻学学科史研究或是基于更长的历史分期对这一时期的转变一笔带过，或是仅仅专注于某一新闻教育机构的改革，尚缺乏全局视角。因此，结合新中国成立的时代背景，全面回顾新闻教育领域在新中国成立初期进行的调适与重构过程，重点分析新闻教育从院系格局到教学实践等各方面的巨大转变，具有重要的学术价值和现实意义。

一、中国共产党对民国新闻教育的接收和改造

1949年10月1日，中华人民共和国成立，中华大地上呈现出万象更新的局面，教育事业的恢复与发展也随即展开。在各大城市解放之初，中国共产党已在接管城市的同时对城市中旧有新闻教育机构进行接收。中国共产党对民国新闻教育的接收和改造，是对整个旧教育事业整顿工作的一部分，也是建立新中国新闻教育体系的重要内容之一。

（一）中华人民共和国成立前的中国新闻教育

中国新闻教育诞生于20世纪初。1918年10月，北京大学新闻学研究会成立，这是“中国第一个系统讲授新闻课程，并集体研究新闻学的新闻学术团体”，标志着中国新闻教育的开端。到中华人民共和国成立时，经过30余年发展的新闻教育，既有高等教育和职业教育，也有因地制宜的短期新闻训练班，内容涉及新闻、广播、广告、公关等多学科，基本上建立了较为完整的多层次新闻教育体系。

中国共产党早期的新闻教育实践为新中国新闻教育事业的发展积累了经验，奠定了一定的基础。民国时期，中国共产党的办报实践首先在城市中展开，土地革命时期转向农村，不断“向下走”，最终形成了“农村办报”的模式。随着党的工作重心由城市转向农村，中国共产党的新闻教育活动也开始在农村展开，克服困难、因地制宜，通过开设新闻学课程和新闻训练班，为革命培养和输送了一大批新闻宣传人才。尤其到解放战争后期，中国共产党的工作重心逐渐从农村转移到城市，新解放区的规模不断扩大，新

闻、宣传人才的培养成为当务之急，各种新闻干部训练班和新闻学校在解放区创办，一定程度上缓解了新解放区急缺新闻干部的现状。中国共产党早期的新闻教育事业在严峻的办学条件下，难以建立稳定的正规新闻教育机构，基本上为短学制、速成的训练班模式，同时也呈现出政治教育为主、在实践中学习、党政领导干部亲自授课或作报告等鲜明特色。

随着新民主主义政权在全国范围内建立，人民新闻事业蓬勃发展，形成了以《人民日报》、新华通讯社和中央人民广播电台为中心的公营事业网。随着党的工作重心从农村转移到城市，中国共产党对新中国新闻教育事业的探索首先是在接收、改造民国时期新闻教育事业的基础上展开的。

（二）中国共产党对民国新闻教育事业的接收和改造

中国共产党对民国新闻教育事业的接收和改造从属于对整体旧教育事业的整顿工作。1949 年 12 月 23 日至 31 日召开的第一次全国教育工作会议确定了“以老解放区新教育经验为基础，吸收旧教育有用经验，借助苏联经验，建设新民主主义教育”的方针。改革旧教育、建设新教育成为新中国成立初期教育工作的主要任务，新闻教育事业也随新中国的文教事业一同迈入除旧布新的新阶段。

新教育与旧教育是“性质上完全相反的东西，是势不两立的”，因此对旧教育需要进行彻底的改造。而中华人民共和国成立初期在军事、经济和国际环境方面都面临严峻的考验，对旧教育的改造需要采取“坚决改造、逐步实现”的方针。因此，对于私立学校的接收和改造是在维持原状以保证教学工作正常进行的基础上，逐步地进行教育改革。首先取消各级学校的训导制度，废除国民党“党义”等课程，在高校增设马列主义基础等新政治理论课，“使马列主义教育进入学校”。

1950 年 6 月 1 日，第一次全国高等教育会议开幕，会议对于高等教育整顿工作提出了更为具体的步骤和规划。教育部长马叙伦在开幕词中指出，需要“在全国范围内进行课程改革的工作”，“力求课程内容适合国家建设的需要”。同时过去的高等教育是“极端的无政府状态”，新中国的高等教育要逐步实现统一和集中的领导，在统一的方针下进行院系调整，并有计划地进行师资和教材建设。

在旧有新闻教育事业平稳交接后，初步改造主要从课程改革层面展开，并以思想政治教育为重点。当时各新闻系校加强思想政治教育的课程改革主要体现在两个方面：在公共课上，废除旧政治课，增设新的马列主义政治课程；在专业课上，重新修订教学内容，增强革命色彩。除了课程设置，教学实践上也进行了改革。《中国人民政治协商会议共同纲领》中规定新中国的教育方法为“理论与实际一致”，第一次全国教育工作会议中也强调教学方法改革的重点是“反对书本与实际分离的教条主义”。基于以上方针，各新闻系校积极组织学生参加农村民主改革和土地改革等社会运动。

课程设置与教学实践的改革得以实现，是以对教师队伍进行的改造为基础的，“提高师资的质量和培养新的师资是实施课程改革的关键”。改造教师队伍从两方面展开：一方面输入“新鲜血液”，抽调党的新闻干部到新闻教育机构举办讲座或兼任课程讲授；另一方面，对于各新闻系校中愿意接受改造、继续为人民新闻教育事业服务的原有教师，帮助他们积极参加政治学习和思想改造。

值得注意的是，毕业生就业方面开始由自主择业转由人民政府进行统一分配。1951 年 10 月，政务院颁布《关于改革学制的决定》，其中明文规定“高等学校毕业生的工作由政府分配”。毕业分配制度是中国在计划经济体制下调配人力资源的手段之一，从自主择业到“服从国家分配”的转变，也与教学计划中教育目标的转变保持契合。新闻学系毕业生在政府安排下进行再学习或就业，自此“不再为个人的出路而奔走钻营”，因而能够成为“光荣的人民新闻战士”和“社会主义建设者”。

二、新中国积极尝试创办新型新闻教育机构

“改造旧教育和建设新教育是两个密切联系和不可分开的过程。”中华人民共和国成立初期，新中国新闻教育体系的建设和发展除了对民国新闻教育的遗产进行接收和改造外，还体现在一批新型新闻教育机构的创办。

中华人民共和国成立前后，中国共产党在接收和改造民国新闻教育事业的同时，还创办了一批新的新闻教育机构。如果说前者是在接收改造旧教育事业的大框架下同步进行，后者则更主要是由接收旧新闻事业而产生的新闻人才缺口所推动。从农村根据地发展起来的短期新闻训练班作为中国共产党新闻教育的宝贵传统，在迅速补充新闻人才缺口方面，仍发挥了重要作用，并且在新形势下产生了新的变化。

1949 年 10 月，新中国第一所高等新闻学校——北京新闻学校正式成立，由新华总社新闻训练班更名而来。更名后的北京新闻学校，改变了过去短期新闻训练班以“政治理论教育与思想改造为主、业务为辅的教育方针”，而采取“理论与业务并重的教育方针”。北京新闻学校在教学内容上还没有突破“新闻无学”的影响，没有建立起系统的社会主义新闻学的教学内容。但是，在中华人民共和国成立初期、全国新闻人才缺口极大的现实情况下，北京新闻学校在继承中国共产党新闻教育优良传统的基础上，迅速培

养了一批新闻专业人才，为新中国新闻事业的发展作出了重要的贡献。

北京新闻学校停办后，1951 年 10 月，由中共中央宣传部主持，在北京开办了中央宣传干部训练班，至 1953 年 5 月停办。1954 年 9 月 1 日，在中央政治局通过的《关于改进报纸工作的决议》指导下，第一期中央马列主义学院新闻班开办，学制为两年，学员主要是由各地选送的省级党报编委以上的报纸工作人员以及相同级别的新华社、广播电台方面的新闻工作人员组成。该新闻班总共举办 3 期，每期学员数量为 30~50 人，1957 年 11 月结束。除了干部培训，中央马列主义学院新闻班还进行了翻译、编写新闻教材的工作，在 1954 年至 1955 年组织力量翻译出版了《苏共（布）关于报刊书籍的决议》，还编辑出版了《苏共中央直属高级党校新闻班讲义汇编》，并承担编写《中国现代革命报刊史讲义》的任务。

在中华人民共和国成立初期，新闻干部训练班作为中国共产党在革命根据地开展的新闻教育活动的延续，在缓解新闻宣传干部和业务人才急缺的问题方面起到了重要作用。中国共产党在延安创办高等教育的过程中形成了一套独特的办学模式，被称为“抗大模式”，中国共产党领导的新闻训练班及新闻学校也秉持了中国无产阶级教育事业的一贯作风。中华人民共和国成立后继续创办的新闻干部训练班，在继承优秀传统和过往经验的基础上，学制逐渐延长，教学方针也从偏重思想政治教育转为理论与业务并重，在新闻教材建设方面作出了贡献，为新中国新闻教育的创办走向正规化打下了基础。

三、院系调整后中国新闻教育新格局的形成

在初步改造的基础上，新中国新闻教育的发展迎来一次重大改革，即 1952 年开始的全国高等院校院系调整。破旧是为了立新，在新中国的政治、经济、文化总方针确立后，大规模的高校院系调整及教育体制改革的开展是必然结果。旧中国的教育“院系重复、人力物力分散，教学效果很低”，只能培养出“不切合实际”的“学非所用”“用非所学”的通才。1950 年 6 月召开的第一次全国高等教育会议明确提出要在全国范围内进行公私立高等学校的院系调整。在 1949 年年底至 1951 年年底，部分高等院校已经开始在小范围内进行院系调整，主要集中在北京、天津、上海等地，但全国高校总体格局并未改变。随着知识分子思想改造运动、“三反”运动的完成，大规模的院系调整随即在全国范围内展开。在院系调整中，全国新闻教育资源也得到进一步的调整和集中，形成了中国新闻教育的新格局，在这一过程中，党和政府进一步加强了对新闻教育的领导，并形成了“一北一南”两大新闻系科的新闻教育新格局。

在北方，北京大学新闻专业在燕京大学新闻学系的基础上继续发展；在南方，上海地区的新闻教育资源集中于复旦大学新闻学系。在对新闻教育师资进行重新分配整合后，出身革命老区、具有丰富新闻工作经验的罗列、王中主持两大新闻系科的工作，党对新闻教育的领导进一步加强。新闻教育“一北一南”的格局一直持续到1955年中国人民大学新闻系成立。

四、全面学习苏联下的中国新闻教育本土化探索

虽然第一次全国教育工作会议规定了“建设新教育要以老解放区新教育经验为基础，吸收旧教育某些有用的经验，特别要借助苏联教育建设的先进经验”，但在外交政策“一边倒”的影响下，新教育的建设尤其重视苏联经验的学习。新中国初期的新闻教育也呈现出“弃美学苏”的特征，苏联新闻教育在新中国新闻教育的起步时期产生了重要影响。

新闻教育领域学习苏联经验主要体现在两个方面：一是教师队伍的交流与培养，二是翻译苏联新闻学教学大纲、讲义与新闻学著述。新闻教育领域学习苏联经验主要是从高等院校院系调整时进行的全面教育教学改革开始的，1952年进行的全国高等院校院系调整就是在高等教育领域“以俄为师”的结果。“这次的调整对新闻教育具有深刻的意义，它不是单纯的组织变动，而是一次巨大的教育改革。”过去的大学新闻系在课程设置上“目的性不明确、没有重点，支离破碎”，在教学方法上“理论脱离实际”。因此，经过院系调整之后的北京大学新闻专业及复旦大学新闻学系很快展开了以学习苏联经验为主要内容的教学改革，在教学计划、教学方法、教学内容、学制等方面进行了全面改革。随着教学改革的进行，生搬硬套的苏联经验在与中国实际结合的过程中呈现出许多具体的困难，这也引起了新闻教育工作者的反思。1956年，以《人民日报》改版为标志，全国各地新闻单位纷纷进行业务改革，对苏联经验的教条式学习得到纠偏。而新闻事业改革过程中产生的新问题，也促进了新闻教育及研究活动的开展。

当北大、复旦在新闻教育建设上摸索前进时，中共中央提出要用马克思主义、毛泽东思想建立适应中国形势的新闻教育阵地。1955年4月，中国共产党领导创办的新中国第一所高等新闻教育机构——中国人民大学新闻系正式成立，安岗担任系主任。中国人民大学新闻系在教学中强化党对新闻教育的核心领导，但并没有完全照搬“苏联模式”，而是在调查研究基础上，汲取北大、复旦等兄弟院校的教学经验制定

教学方案。在教材编写工作上，安岗带领人大新闻系教师队伍克服困难，为编写一套以马克思列宁主义及毛泽东思想为指导、总结了中国共产党新闻工作经验、符合中国新闻工作实际的新闻学教材展开调查研究，从理论与实际两头下功夫。不仅重视研究马恩列宁关于报刊的理论与实践、研究毛泽东等党中央负责同志关于报刊的理论与实践、研究党中央关于新闻宣传的决定、指示，还重视研究新闻实际工作，前往新闻单位做调查。

五、结语

新中国新闻教育事业各方面由旧转新的巨大转变并非各行其是，而是互有联系的统一变革。马克思主义指导思想地位在新闻教育事业的确立，以院系调整和教学改革为重要手段，并且体现在师资队伍的改造和教学计划的修订上。而教学计划、教学实践的除旧布新，必须在师资队伍建设的基础上展开。毕业分配制度的确立，与教学计划中培养目标的转变相契合。基于整体、全面的除旧布新，新中国新闻教育事业在 1949 年至 1957 年间进行了调适与重构，完成了从旧教育向新教育的转变，逐渐走出全面学习苏联的窠臼，开始了“走自己的路”的曲折探索。

中国新闻传播高等教育的困惑与走向

黄升民　刘　晓　刘　珊

文章来源：黄升民，刘晓，刘珊．中国新闻传播高等教育的困惑与走向［J］．新闻与传播评论，2021，74（5）：5-12.

新闻传播学作为一门研究新闻活动、传播活动及其他各类信息传播现象的应用性学科，与传媒产业发展息息相关。2018 年教育部发布的《普通高等学校本科专业类教学质量国家标准》明确要求新闻传播学类专业教学能紧跟传媒实践的快速发展。但是，新闻传播高等教育面对飞速变革的传媒产业则陷入前所未有的困惑和焦虑之中。如何跟进产业发展步伐并培养产业所需要的人才成为新闻传播高等教育亟待回应的关键问题。

一、传媒产业“四化”构建高等教育发展新环境

新闻传播高等教育的建立与发展离不开传媒产业的需求动力。如今，传媒产业正在颠覆与重构中实现跨越式的演进，重构新闻传播高等教育发展环境，驱动新闻传播高等

教育变革。

(一) 传媒产业变革推动新闻传播高等教育发展

传媒产业对新闻传播高等教育的影响是多方面的。其中，较为关键的是，传媒产业的快速发展颠覆了新闻传播学科发展的传统根基，重构了新闻传播高等教育的发展基础。新闻传播学科发展是建立在对传媒产业的深度认知基础上的。但是如今传媒产业进化日新月异，原本新闻传播学科基础上发展起来的新闻传播高等教育也步入调整改革期，高等院校是其重要推动者。一方面，新闻传播院校在专业设置、课程设计、培养方案等方面积极开展内部调整。诸如大数据与新媒体、计算广告学、计算传播学、智能媒体传播等新的专业体系和分支学科开始涌现，旨在跨越学科界限，把握当下传媒产业新的信息传播规律。另一方面，在外部联合上，产教融合成为高校推动新闻传播高等教育改革的焦点。

(二) 把握传媒产业“四化”趋势尤为关键

新闻传播高等教育随着传媒产业进化推进改革进程。在这个过程中，把握住传媒产业进化的核心趋势尤为关键。如今，大数据、云计算、AI、5G 等技术正成为产业发展的底层驱动力，传媒产业正在以前所未有的速度发展。其中，有四个趋势颇为显著。

一是数据化。随着互联网普及与发展，数据已经成为信息社会最具价值的资源，是传媒产业演进的基础动力。从“中央厨房”的数据化采编模式到“数据中台”的全业务数据化赋能，传媒机构对数据在内容、营销等业务上的应用愈加重视，对数据采集、处理、存储、分析等能力不断增强。

二是融合化。数据化深度发展，多方数据交汇势必会带来融合化趋势，传媒产业的融合发展已经进入纵深阶段。目前，我国传媒产业从内容、产品、终端的融合向底层的技术、数据、网络的融合深入，并进一步拓展至资本、制度等层面。

三是平台化。数据化和融合化的基础上，平台化的信息传播方式成为主流，重构传媒产业核心业务。平台的出现颠覆传统信息传播模式，打破信息传输渠道原有的稀缺性，驱动信息无限生产、无限传输和无限消费。传媒产业各方逐渐意识到平台在未来融合化的产业环境中的重要性，纷纷聚焦平台化再造。

四是智能化。传媒产业数据化、融合化和平台化过程中，产生了海量的数据、信息高效分析、处理和最优决策的问题。而快速发展的人工智能技术成为解决问题的最佳手段，推动传媒产业实现智能化是未来发展方向之一。

二、新闻传播高等教育跟进产业“四化”趋势仍有差距

面对飞速变革的传媒产业，新闻传播高等教育也在积极调整，但成效并不显著，新闻传播高等教育与传媒产业呈现脱节的趋势。那么，在传媒产业“四化”趋势这一核心命题上，新闻传播高等教育的差距体现在哪里？笔者以综合新闻传播高等教育的专业调整、课程设计、培养方案、学术研究、实验室建设等多个方面对其跟进产业“四化”进行分析。

（一）数据化：教育缺乏大数据环境与相关技术实践条件

面对传媒产业的数据化趋势，我国新闻传播院校开始将数据技术、数据运营、数据工具及产品、数据同源、数据伦理等内容纳入教育教学体系，并积极开设大数据课程，建设大数据实验室甚至设置大数据相关专业方向。但是在这个过程中，新闻传播高等教育相比传媒产业的经营发展显示出较为明显的短板。

以大数据对新闻传播的学术研究支持为例。首先，新闻传播高等教育缺乏数据源、数据存储等大数据环境。尤其是随着大数据的战略价值的快速提升和大数据涉及的隐私问题屡被关注，传媒产业对数据的利用愈加谨慎，对数据共享和开放更是讳莫如深。这导致教育无法构建具有规模性、真实性的大数据环境，难以比肩拥有几何式增长的大数据生态的传媒产业。其次，新闻传播高等教育没有足够的大数据技术实践条件，更多是实验室内部的数据技能训练，较难跟上传媒产业日新月异的大数据应用实践。

（二）融合化：教育还未能充分适配产业的深度融合化

新闻传播高等教育虽然基于产业融合化趋势积极调整，但其还未能与产业的深度融合进行适配。一方面，目前的新闻传播高等教育体系还没有脱离原有的传媒制度框架。长期以来，我国新闻传播专业设置的整体框架是以传统媒体的人才需要为基础的，但媒介融合时代下，新闻传播整个学科的范式亟须调整。目前这个问题仍未得到充分解决，当下新闻传播学专业体系仍是以广播电视、出版编辑、网络与新媒体等做明显区隔，更难以与其他学科交叉融合。另一方面，由于新闻传播高等教育与产业一线实践之间存在一定距离，目前的新闻传播高等教育更多是追踪传媒产业融合化案例如“中央厨房”“融媒体中心”等成果展开研究，且较多集中探讨融合内容生产、融合媒体产品等现象层面，在产业的文化融合、制度融合、体制融合等深层融合层面探讨较少。随着传媒产业融合化程度加深，新闻传播高等教育若不能及时调整，势必会与传媒产业拉开差距，难以从“追踪产业变化”向“指导产业发展”转变。

（三）平台化：教育对产业平台化的跟进较为缺位

传媒产业平台化的趋势是颇为显著的，数据化的集聚，融合化的深入，产生了规模巨大的、前所未有的平台生态和全新的信息产业运行机制——平台机制。“去中心化”的平台打破了传统传媒产业的“把关人”体系，又通过数据、算法体系实现了“中心化”再构，这完全颠覆了新闻传播高等教育已有的知识体系。

新闻传播高等教育已经意识到平台化给传媒产业带来的颠覆式变革意义，认同未来建设媒体平台的重要作用。但从学术研究来看，新闻传播高等教育对平台在传媒产业的运作机制等核心问题的探讨是较少的。新闻传播高等教育虽对产业平台化有所关注也有所探讨，但缺少重要的理论突破，也较少在课程设计、培养体系等方面做相关调整。随着传媒产业平台化趋势愈加深入，新闻传播高等教育若不能及时将平台化置于关键位置，会对其知识体系更新产生重大影响，难以跟进传媒产业快速变革的步伐。

（四）智能化：教育解读产业智能化的能力与深度不足

新闻传播高等教育正在积极尝试跟进传媒产业智能化趋势，在专业调整、课程设计、实验室联合建设等方面动向频频。但是，传媒产业对人工智能技术应用的逐步深入，其在智能传播领域的实践已经进入纵深领域，但新闻传播教育发展还存在较大差距。

一方面，新闻传播高等教育较为强调“文科”思维意识，与人工智能技术发展与应用所需求的“理工科思维”存在天然的区隔。另一方面，在能力不足的基础上，新闻传播高等教育对传媒产业智能化的认知深度还存在不足。从学术研究成果来看，新闻生产和报道、编辑、AI主播、机器人写作等偏向智能技术应用场景的研究比较多。但是，实际上，传媒产业智能化的核心并不是智能技术的应用，而是底层的“智能算法”所搭建的黑箱运作体系。笔者认为，传媒产业智能化包括数据与数据的链接、数据的筛选与判断、经验训练与知识库的融合、行为决策与算法的联动等多重逻辑。显然，缺乏学科交叉融合基础的新闻传播高等教育还较难解读这些问题。

三、明确新闻传播高等教育与产业发展脱节的三大原因

从传媒产业“四化”趋势来看，新闻传播高等教育的确是与传媒产业的发展存在差距。对此，笔者认为有三点原因较为重要。

（一）未能完全摆脱“刻舟求剑”“削足适履”的错误观念

部分新闻传播院校面对飞速变革的传媒产业略显“无所适从”，在未能审视客观条

件的情况下就快速制定并落实改革调整方案，导致新闻传播高等教育在错误观念下发展。

一是存在经验主义、教条主义思想，拘泥成法，改革创新意识淡薄，用“刻舟求剑”的态度对待崭新的信息传播生态。如今，新闻传播高等教育必须进行深层次改革才能跟进传媒产业发展，但高校目前持有较低的“容错”态度，对推动改革“深水区作业”十分谨慎，部分高校仍较为固守以往的人文社会科学学科、专业体系，自我封闭性较强，教育理念陈旧，改革力度不够。

二是忽视客观环境及具体条件，盲目跟风，生搬硬套，用“削足适履”的态度推进教育改革。为了跟随产业发展，培养实践人才，部分院校存在不审视客观条件就随意删增课程、更改培养方案、成立新的专业方向等做法。这些做法，不仅仅消耗了大量的资源，还容易陷入“新瓶装旧酒”的局面，导致难以跟进产业发展。

（二）对接产业实践的基础设施建设与运维存在不足

部分新闻传播院校在对接产业实践的实验室、研究基地等基础设施建设方面较为缺乏，虽有部分院校在此方面已经有所举措，但仍存在诸多问题。

大众传播时代，新闻传播高等教育与采编室、演播厅等基础设施密切配合，对接产业前沿，培养实践人才。目前，部分新闻传播院校已经投身至实验室、研究基地等相关基础设施的建设中，但是其运维也存在诸多问题。尤其是很多地方性院校中的新闻院系，专业设备短缺，设备状况不良，全媒体教育还停留在口号和规划上，实验教学存在严重的滞后性，且存在资源空置浪费等情况。

（三）传统的知识生产方式导致知识体系更新滞后

教育观念滞后和产业实践缺乏的情况下，新闻传播高等教育的知识体系更新速率更难以匹配传媒产业飞速变革的步伐，仅靠高校、研究所等高等教育机构承担新闻传播相关知识的生产、扩散与转化已不太可行，新闻传播高等教育的知识生产方式已经较为陈旧。

一方面，新闻传播高等教育在打通新闻传播学与信息技术科学、计算机科学等其他学科之间的专业壁垒和学科障碍方面还存在诸多不足。另一方面，新闻传播高等教育未能有效对接企业研究机构等其他知识生产系统，仍较为局限在文科思维下的认知性教育体系中，以规范的课堂教学、学术科研为主，难以快速对接日新月异的传媒产业。虽有部分新闻传播院校与业界机构联合开设了相关课程，但更多以业界案例、经验宣讲为核心，在联合知识生产方面还未形成成熟机制，较难实现知识体系的快速更新。

四、新闻传播高等教育未来的发展走向

新业态、新格局给新闻传播高等教育发展提出了新要求。对接传媒产业发展需求，加快新闻传播高等教育调整改革步伐是必要之举。那么，新闻传播高等教育若想缩小与传媒产业之间的差距，其未来发展走向应该注意什么？笔者认为，以下两点较为重要。

（一）革新教育理念，加快新闻传播教育结构性调整

新闻传播高等教育首先应脱离传统教育理念的束缚，从传统教育框架中脱离出来，审视传媒产业融合化、平台化等实际情况，打破专业壁垒、学科障碍，进行大刀阔斧的改革。传媒产业发展所需要的不单单是垂直领域的专业人士，更需要全媒体复合型人才。这就要求新闻传播高等教育不能画地为牢，要在专业融合、跨学科交叉等层面有所作为。目前，部分高校虽有所试水，但这种改革力度在庞大规模的新闻传播教育体系中仍较为“微弱”。新闻传播高等教育需要的是战略性的结构性调整而非开设一个新的研究方向或一门新课等细枝末节的微调，要从学科定位、专业划分、课程设计、教材规划、培养方案等多个方面进行全方位革新。

与此同时，这种结构性调整还需要体现在教育机构层次方面。新闻传播院校面对传媒产业飞速发展的步伐，应当谨慎评判自身发展条件，因时制宜、因地制宜地制定长期改革规划，塑造自己学科、专业定位的独特性。目前，部分新闻传播院校已经采取了相关举措。这些高校如此改革势必是深思熟虑的，但笔者也同时提醒其他新闻传播院校对此不要盲目模仿，要结合自身情况做出冷静决策。另外，专注输送产业实践人才的专科院校、高等职业院校等作为新闻传播高等教育中的关键组成部分，理应受到重视和资源倾斜。这类院校应在急速变革的传媒产业中找准定位，与学术型大学互补共生，助力新闻传播高等教育结构优化，跟进传媒产业发展。

（二）搭建知识共享协作平台，强化产业资源对接

面对传媒产业变革，新闻传播院校必须改变传统的知识生产方式，考虑未来跨学科、跨机构的知识共享合作的可能性。笔者认为，搭建知识共享协作平台是可行的路径之一。这种知识共享协作平台可以是实验室、研究基地等形式，也可以是校企联合培养体制，抑或是由企业或高校主导建立的应用平台系统。但无论是哪种形式，其本质是希望新闻传播院校能走出自我封闭的小圈子，与其他学科、专业、机构建立起深度联合关系。

因此，我们认为，有必要立足于新闻传播高等教育整体发展的角度，搭建不同学

科、不同专业、不同机构的知识资源交汇互融的知识共享协作平台。尤其是传媒产业“四化”趋势下，新闻传播高等教育可以通过该平台强化产业资源对接，推动不同学术资源、科研资源和产业资源的互流互通，助力实现知识体系的更新。但在这个过程中，新闻传播高等教育面对传媒产业的高速发展要持有冷静态度，要积极思考产业资源融入教育体系的合理方式，沉淀出双方互利共赢的知识共享协作模式，切忌过度追求产业前沿而撼动自身学科根基，理论与实践的平衡才是真理。

新闻教育的本质与使命探讨

张　昆

文章来源：张昆 . 新闻教育的本质与使命探讨［J］. 新闻大学，2021（2）：28-41，122.

教育乃经国大事，关系到国家民族的兴亡。随着信息传播技术的发展，传媒作为社会组织的黏合剂、社会机体的神经系统的重要性与日俱增，以至于新闻教育在大学教育中的地位和影响益发引人关注。如今，我们置身于高度信息化和全球化的社会环境，人们无法想象一个没有信息、没有传播的时代。甚至可以说，信息传播系统的有序运行，决定了人类的生存和未来。进入 21 世纪以来，随着网络新媒体的发展，融媒体、智媒体、众媒体方兴未艾，传播生态的改变催生了整个社会系统的转型，这一切使得教育尤其是新闻教育面临着空前的机遇和挑战。在这个背景下，有必要反思新闻教育的本质与使命。

一、教育是什么及教育何以成为可能

在自然界，没有比人类更重视教育的动物了。正是因为教育使人类脱离了一般动物界而进入了文明社会。在人类早期历史上，教育就已经成为社会系统的重要环节。千百年来，教育的形式越来越趋于多样化，教育的时间越来越长，受教育者的范围也越来越广，所以要精确地概括、定义教育也变得越来越困难。

要深刻地认识教育，必需联系到人性。关于人性，一直有性善性恶之说。柏拉图与荀子主张性恶论，因为人性恶，所以需要教育。柏拉图把教育看成一种积极的手段，通过这一手段，可以朝着正确的方向塑造人性，净化人的灵魂。荀子的性恶论，把一切善的、有价值的东西看成是人努力的产物，视为教化的结果。只有教育，才能治疗人性之

恶。至于性善论，古今中外最典型者莫过于中国的孟子。虽然每个人的本性是善的，但是在现实这个功利的世界里，充满了各种诱惑。要抗拒环境的诱惑，教育绝对是不可或缺的。

人们在智慧上也存在着巨大的差别。有先知先觉，有后知后觉，亦有不知不觉。愚蠢者需要智慧的启迪，聪明者更是需要接受教育。那些没有受到教育启迪的人，无论禀赋如何，他们的眼睛，将难以“深刻地看透真理”。

随着心理科学的发展，人类心灵上的惰性逐步为世人所知。这种惰性，往往使人们沉湎于简单的享乐，流于放纵，而不去追求智慧、真理和美德。要克服这种惰性，接受真理的指导，唯一的途径还是教育。如果没有教育的引领和呼唤，人类可能会永远陷落在愚昧无知的泥潭之中，仅仅以物质、肉体的满足为目标，像丛林中的野兽，不可能展现赏心悦目的人性光辉。

二、新闻教育的本质是什么

通常意义的教育，指的普通教育或基础教育。新闻教育则不然，区别于一般教育，笔者以为新闻教育的本质，是服务于人的全面发展和社会进步的社会交往实践。其核心内涵，有如下四点。

第一，服务于人的全面发展是新闻教育的首要目标。在目前的条件下，新闻教育的这一目标首先体现为学生自由而全面的发展。在人格、学业、体质等方面，使学生的才智、道德和魅力延伸到极限。但其中最重要的，是使学生成为一个真正的人、一个高尚的人、一个有责任感的人。

第二，促进社会大众的全面发展。今天我们置身于一个民主的时代，一个信息化的社会。在这个时代环境下，传媒人犹如灵魂的工程师，成为信息流程的把关人。是他决定了公众能够得到什么样的资讯，公众诉求的表达，也严重地依赖于传媒人对其职责的忠诚。职业传媒人绝大多数来自新闻院系。借助于学校、借助于信息传播，并通过学生，社会大众也能得到可靠的继续教育、政治启蒙，成为他们自身发展重要条件。在推动每个人的全面自由发展方面，新闻教育功不可没。

第三，促进社会的全面进步。在现代社会，新闻传媒是公众交流的意见平台，是舆论监督的基本工具，是监测社会环境的哨兵，是公平正义的守护神；社会的民主、自由、和谐、公正的确立，在相当的程度也得益于传媒的贡献。

第四，新闻教育是人的交往实践。教育的直接结果表现了人才的养成，一批又一批人才从心智、才华、道德、人格、体魄等方面全面发展，由此促进了社会的文明进步。教育是人的活动，是以人为中心、以人为主体的事业，人是教育的出发点，也是教育的归宿。整个教育过程直接表现为各个主体间的交往、互动，不同的主体在交往过程中的地位、权利、责任、义务，直接影响到教育的成果。新闻教育不是纯机械的生产，新闻教育的主体、对象是人，人性的复杂与灵性的万千变幻，使得教育充满了无限的可能。

新闻教育的本质决定了新闻教育的功能和使命。在国家和社会的发展进程中，新闻教育究竟扮演着什么角色？它应该做什么？可以做什么？为谁去做？应该怎么去做？必须基于新闻教育本质去思考。

三、嬗变中的新闻教育使命走向何方

从新闻教育诞生，直到21世纪初的今天，培养优秀的职业新闻人，一直是新闻教育的基本使命。但是，始于20世纪末期的网络信息技术革命，使得传媒生态产生了颠覆性的变化，其最突出的表现是传统媒体面临的严峻挑战。由于传统媒体受众的流失和传媒市场竞争的压力，不少媒体为了赢利的目标降低了对客观中立的要求，传播内容越来越娱乐化，以至于新闻传播的质量趋于下降。由此导致了另一个严重的后果，几乎所有国家传媒的职业声誉开始下降。在这个背景下，社交媒体开始崛起，公民新闻、公民记者逐步进入新闻传播的主要领域。

还有一个引人注目的现象，对新闻教育带来变革的压力。那就是新闻生产流程的变革及迅猛的社会信息化进程，对新闻教育提出了新的要求。这种要求不仅体现在专业知识与能力规格的变化上，而且还出现了把传播知识与能力作为公民素养的要求，这种要求越来越强烈，以致不少大学新闻院系改变传统的教育方针，来回应这种呼声。

时代在变，社会在变，传媒在变，需求在变。笔者以为，新闻教育亟待改变的，就是对教育使命的认识。现在传播生态、社会发展、人才需求已经并且正在发生重大的改变，新闻教育的使命意识不能再停留在过去，必须与时俱进，大胆创新。要适应当下的需求，必须拓宽视野，将单一的培养目标裂变为多种目标，积极地应对时代的挑战、主动地服务国家和社会发展进步的需要。

首先，继续致力于职业新闻人的培养。深耕新闻传播专业教育，为专业媒体输送大量具有家国情怀、国际视野的高素质全媒化复合型专家型新闻传播人才。这是新闻教育的安身立命之本。

其次，致力于为社会培养公共传播人才。这一使命的实现，可以通过如下途径：新闻院系面向非新闻传播专业的在校大学生提供第二学位或主辅修课程，对在职的公共传播人才，则提供富有针对性的在职培训、继续教育和非全日制学位教育。

再次，致力于提升普通公民的媒介素养。要实现这一目标，新闻学院可以开发在线开放课程、视频公开课，免费开放；设置非全日制的研究生、成人继续教育项目；接受社会组织的委托举办媒介素养培训班等。这种教育服务，既是大学的社会责任，也是新闻院系义不容辞的使命。

对于新闻教育而言，这四大服务落实到一点，就是卓越新闻传播人才的培养。不管这些优秀新闻传播人才是在传统媒体工作，还是在公共传播部门就职，或是创办自媒体，或是仅仅作为普通公民，这样的人才越多，我们的社会运行就越顺畅、和谐，我们的国家战略就越容易实现。

四、履行新闻教育使命的途径创新

在当今世界不平衡不均等的传播秩序下，要加快培养造就一支政治坚定、业务精湛、作风优良、党和人民放心的新闻舆论工作队伍，履行新闻教育的使命，新闻院系需要从如下几个方面开展创新工作。

（一）维护学校、学院的办学主体地位

在中国，除了极少数民办高校，绝大多数大学是国家公共事业的重要组成部分。“对学校教育机构及其办学活动的组织和调控是政府的一项基本权力和职责。但是，学校毕竟是相对独立的办学实体，不是政府的职能机构，与教育行政部门之间不存在直接的行政隶属关系，因而学校不是教育行政部门的下级，更不是教育行政部门的附属机构。”

对于新闻教育而言，坚持高校及新闻学院办学的主体性同样重要。虽然新闻教育与行业有着密切的关系，虽然部校共建在新闻教育界有条不紊地推进，行业的支持及教育行政管理部门、地方党委宣传部的领导不可或缺，但是新闻教育的主体是大学，主持新闻教育的是校长和新闻学院的院长。维护大学、新闻学院的主体性，坚持独立自主办学，关键取决于校长、院长。为此，他们必须全身投入，心无旁骛，还要有改革家的气魄，要敢于创新、勇于负责。

（二）扎根中国，融通中外

每个国家的新闻教育都有自己的特点。新闻教育在高等教育领域是与政治、国情、意识形态联系最为紧密的部分，虽然不是社会的上层建筑，但是与上层建筑紧密相连。

所以新闻教育不能脱离国情，而必须扎根本国的土地。但是在全球化的背景下，我们也不能闭门造车。欧美国家的成功经验及其教训，应该成为我们镜鉴。习近平要求“认真吸收世界上先进的办学治学经验，更要遵循教育规律，扎根中国大地办大学”。这虽然是就整个高等教育而言，但对于新闻教育具有特别的针对性和指导意义。事实上，进入 21 世纪以来，中国新闻教育界开始创造了一些独特的办学模式，如“部校共建”“校媒共建”，还有“马克思主义新闻观”进课堂等，彰显了新闻教育的中国特色。

（三）建设强大的师资队伍

一流的师资往往是一流大学的先决条件。优秀的教师本身就是一块吸睛的招牌，他们不仅能够吸引大量杰出的学生，也能够吸引更多优质的教学资源。在人才培养过程中，优秀教师更是启迪学生心智的导师，在一般人的人生历程中，教师是能够给学生的品格和心灵打上深刻烙印的，没有其他任何人对学生的人生有如此重大的影响。

教师吸引学生的除了自己渊博的学识外，最重要的还是其人格魅力。当然这并不意味着，魅力主体完美无缺。在知识爆炸式增长的今天，在某些领域，科学家和教师们可能“同样是无知之人”。事实上，由于教师存在某些可以原谅的缺点，这种吸引力反而更加强大。

（四）推进专业融合，改革课程体系

随着互联网的兴起，新媒体层出不穷，但是在不同媒介之间又出现了一种汇流、融合的趋势。而当下的新闻教育界，专业之间的壁垒越来越深，在业界汇流的态势下，为数众多的专业逆势而生。在本科阶段，直到 20 世纪末，新闻传播学一级学科下只有四个专业：新闻学、广播电视新闻、广告、编辑出版。如今在这四个专业之外，又增加了六个：传播学、网络与新媒体、数字出版、时尚传播、国际新闻与传播、会展。这些专业定位不清，边界模糊，彼此交叉，影响了学生的选择，而且因为专业口径太窄，不利于学生的社会适应，因而引发了社会的较多批评。推进专业融合，厘清专业定位，势在必行。

在专业融合、精准定位基础上，课程体系的重构也是必然的选择。在新闻传播一级学科下面，各专业的培养目标如何定位？怎样才能做到专业与专业之间边界清晰？各个专业的知识和能力规格应该如何确定？基于知识、能力标准，如何建构合理的课程体系？怎样处理课程与课程之间的时空关系？如何促进跨学科、跨专业、跨院系的交叉融合？在今天社会转型、传媒生态急剧变革的情况下，新闻院系必须在顶层设计的高度，重新审视这些问题，统筹学科发展、专业建设、人才培养，使新闻教育的发展建立在更加坚实的基础之上。

（五）部校共建，产学结合

进入21世纪以来，高校新闻院系通过部校共建和校企（媒）合作的方式，取得了一定的成果，但也产生了一些问题。新闻教育的部校共建，由复旦大学开风气之先，截至2017年12月底，全国已有59所高校与地方省委宣传部或中央媒体签署了共建协议。客观地讲，部校共建确实在一定程度上解决了高校新闻教育的资金瓶颈，为新闻院系的教学运行注入了活力。但也有一些新闻院系在共建过程中，也遇到了一些问题。

新闻教育的核心任务是为传媒行业输送优秀的后备人才。传媒企业既是新闻院系的服务对象和主要的客户，也是新闻院系协助育人的重要平台和实践教学资源的重要提供者。新闻院系与传媒企业的合作对双方是互利共赢的好事情。

（六）利用现代教育技术，融合多种教育手段

现代教育是由信息技术装备起来的。信息技术服务于人才培养，并不限于实验实践环节，一般的课堂教学借助于网络云端，打破了大学的围墙。云课堂、在线开发课程、视频公开课程，不仅本校的学生可以收看接受，外校的学生、社会大众也可分享。利用现代技术，学生不仅可以跨越地理屏障听课，而且能够与老师及时互动，还在一定程度上解决了不同高校教育资源不平衡、教育机会不均等的问题。此外，还在一定程度上促进了高等教育的国际竞争。党和国家非常重视利用信息技术装备高等教育，并且“愿同世界各国一道，开拓更加广阔的国际交流合作平台，积极推动信息技术与教育融合创新发展，共同探索教育可持续发展之路”。这一主张已经变成了国家的政策，各大学及学院应该充分利用这一政策红利。

新闻教育是信息技术应用的先端领域，也比其他学科专业更容易受到教育新技术的影响。面对新的教育信息技术，教师们要努力学习，与时俱进，充分地发挥现有技术及设备的潜力。

总之，新闻教育作为高等教育体系的一个重要的组成部分，其地位和影响正变得愈来愈重要。因为新闻院系培养的学生，在主持社会的新闻传播工具，作为社会的守望者和把关人，他们决定了社会的议程设置。整个社会是趋向和谐稳定，还是失序紊乱，在相当的程度上取决于新闻传媒及其从业者的工作。惟其如此，这些学生应该是值得人民信任的、靠得住的，也应该具有卓越的专业能力。而培养这些学生，正是新闻教育的使命。无论是从历史，还是现实来看，新闻教育责任重大，我们必须不忘初心，与时俱进，锐意改革，全力以赴，以达成使命。

华中地区新闻教育之发端：艾玮生与华中大学新闻组

张继木

文章来源：张继木 . 华中地区新闻教育之发端：艾玮生与华中大学新闻组［J］. 现代传播（中国传媒大学学报），2021，43（7）：164-168.

20 世纪二三十年代，中国的新闻教育机构已逾 30 余所。然而，就地域而言，这些机构的分布极不均衡，“大多集中在上海、北平两个地方。南京、济南、广州、厦门，只有一点点缀而已；至于香港、桂林、重庆，那还是抗战以后东南人文移向西南的局势所造成”。抗战胜利后，这个面貌并未改观。不仅如此，而且就总量而言，已不可与二三十年代同日而语。不过，这一时期，某些原本没有新闻教育的地区开始寻求突破。武昌的华中大学便随着艾玮生的到来而成立新闻组，结束了华中地区长期无新闻教育的历史。

一、华中大学的学科拓展逻辑

华中大学是一所教会大学，1924 年由武昌文华大学、博雅书院大学部及汉口博学书院大学部组建而成，其后又将长沙的雅礼大学、岳阳的湖滨大学纳入其内。事实上，早在商议筹建华中大学的“汉口会议”（1922）上，与会代表就表达了创办新闻教育的愿景：“在条件允许的情况下，应该增加一个研究生院、一个农学院、一个工学院和一个新闻学院。”循着这个思路，抗战期间，华中大学制订了一个战后学科提升与拓展的十年计划。这份计划书雄心勃勃：“文学院之经济商业系，应于最短期间，扩充为商学院”“教育学院之音乐组，宜速扩充成系”“教育学之研究宜成一系，师资培养，另为一系”“理学院之数学组，宜扩充成系”。但同时亦反对冒进，如改历史社会系为历史系，即为了稳妥起见，“宜先设社会学研究讲座，从事于社会学各部门之探讨，汇集资料，为将来教学之张本。盖学问之道，未可躐等也”。

上述计划未有回应“汉口会议”上创办新闻教育的愿景，这与调整“历史社会系”是一个道理，背后均是稳健的学科拓展逻辑在起作用。那个时候，新闻学在中国的处境并不比社会学强多少。首先，如雨后春笋般兴起的新闻教育机构大多因经费问题而停办，就连燕京大学新闻系也一度停办。其次，师资严重不足，对此，蒋荫恩不无感慨地写道：“大学新闻学系师资的缺乏、情形相当严重。普通科目如‘新闻学概论’‘新闻采访与编辑’‘报业史’等，要聘请适合的教授人才，已经不易；若‘新闻法令’‘广告与发行’‘印刷研究’等一类比较专门科目的教员，简直更难。”最后，当时国民政府教育部对新设专业、学科的管理甚严。如1946年国民政府教育部否决了金陵大学将“电化教育专修科”改为“电影播音系”的申请。

然而，亦应看到华中大学在发展应用学科方面的初心并未改变，这自其急切地想将“经济商业系”扩充为“商学院”的举动可见一斑。也就是说，一旦条件成熟，发展新闻学等应用学科便具有某种必然性。事实上，彼时学界呼吁发展新闻教育的理由与华中大学升格“经济商业系”的动机相当一致，均指向国家与社会之急需。而华中大学升格“经济商业系”正是考虑到社会的急切需求：“一以供应武汉区工商业各部门急需之专门人才。”由此可以想见，当发展新闻教育的呼声传导到华中大学时，若能适时出现一位新闻专业教师，华中地区的新闻教育史将由此改写。

二、艾玮生与华中大学新闻组的成立

华中大学的新闻教育愿景因艾玮生的到来而变成现实。艾玮生其人，1909年生于河南禹州，1934年毕业于华中大学历史社会学系，1946年受信义会资助，赴美国密苏里大学攻读新闻学硕士学位，1948年学成归国，居于武昌胭脂坪，从事信义会的新闻出版工作，1949年上半年开始在华中大学任兼职教师，讲授“新闻学”。对艾玮生的兼职情况，《华中通讯》的报道称：“据悉，新闻学为华中大学新设课程，由艾玮生先生讲授。艾先生专习新闻学，经验甚富，同学选修是种课程者，皆甚感兴趣云。”实际上，艾玮生不只任课，还指导新闻班的同学创建了“华中大学新闻学会”（任学会顾问），邀请业界人士给学生做学术讲座，指导学生出版实习刊物《新报》，等等。在此期间，艾玮生的一系列推动新闻教育的举措在校内外引起了强烈反响。《华中通讯》对此报道甚详，而且赞誉有加。

《大刚报》不仅报道了其社长刘人熙在华中大学新闻学会的演讲梗概：“刘氏就民营报纸之定义，报纸态度与立场及新闻写作方法，阐述甚详。讲后并提出有关问题，由刘氏一一解答，直至九时始散会云。”而且还报道了华中大学“新闻学”的开课盛况：“学校（华中大学）本期开了一门‘新闻学’课程，除了许多同学选修外，旁听生之多，为其他任何课程所不及。”相对《大刚报》在报道其社长演讲时的简略与含蓄，《新湖北日报》则不仅详尽地报道了其社长演讲的具体内容（有数百字之多），而且颇富感情地描摹了现场的热烈气氛：“参加聆听同学达百余人，除教室内满座外，室外窗口、走廊亦为‘不得门而入’之同学拥挤得水泄不通。”“廖氏以现实新闻材料作活的比喻，讲来活泼生动，使得聆听同学捧腹不止。”

从这些反响中，可以看出艾玮生在华中大学推动新闻教育的努力已初见成效。根据华中大学的学科拓展逻辑——先设讲座以汇集资料，等积累到一定时候再设立学科组织，基本可以预见，华中大学成立新闻组（系）的时间已为时不远。在迈向新闻（系）组的进程中，艾玮生由兼职教师转为专职教师是关键的一环。在艾玮生的推动下，1950年5月9日韦卓民给远在香港的贝约翰（JohnL. Benson，信义会负责人）写信，介绍艾玮生在华中大学的工作状况，并请求信义会支持其转任专职教师。6月1日贝约翰即函复韦卓民，不仅同意了将艾玮生转为专职教师的请求，而且还表示继续给予艾玮生每年1000美元的资助，并承诺将这笔款项汇入华中大学会计处。韦卓民对此甚为满意，艾玮生闻讯后也极为高兴。于是，1950年下半年，艾玮生由兼职教师转为专职教师，所定职级为副教授，随即华中大学“新闻组”成立。

不难看出，华中大学新闻组的成立，背后除了华中大学自身的学科拓展逻辑和艾玮生的个人努力，信义会的作用也不容小觑。尽管信义会起初并未参与创办华中大学，即便是信义大学停办，也只是将学生送来，未有趁势加入的打算。但是，信义会协办华中大学的呼声却在战后日益高涨起来。于事实层面，信义会不仅同意艾玮生转任华中大学专职教师，而且还积极予以资助。

三、华中大学新闻组之情状

在介绍华中大学新闻组的情状前，有必要弄清：在过去的大学中“组”究竟是一个什么机构？和“系”“院”又是什么关系？据笔者考察，过去的大学，设“组”的现象比较普遍，大致有两种情形：一种是在“系”内设组，如“民国十五年（1926年），上海复旦大学在中国文学科中，将原设‘新闻学’讲座扩大，设立新闻学组”；1946年山西大学向教育部申请在法律系内增设“司法组”。另一种是于各系之外设“组”，如震旦大学法学院原有法律学系、政治经济学系等系别，1947年又向教育部申请在这些系别之外，增设“司法组”和“国际法学组”。在新闻教育领域也存在类似情形，东方语文专科学校就在各语言科之外设有新闻组，《报学杂志》还曾报道1948年年底原景信主持召开的该校新闻组二年级的座谈会。

华中大学新闻组属于第二种类型，即它与文学院下属的中文系、外文系、历史系、经济商业系以及地理学组、哲学心理组、宗教组等系、组并列，互不隶属。既然如此，又何必多此一举，作“系”与“组”的区分呢？为此，笔者专门访问过经历其事的张泽湘，据他讲，“系”与“组”的区分主要在师生规模，规模较小者就称“组”。的确如此，就师资而言，当时新闻组的专职教师就艾玮生一人，地理组也只有陶吉亚（T. R. Tregear）一人，哲学心理组则由校长韦卓民、文学院院长骆传芳兼理；宗教组人稍多，亦仅有戴惠琼等三人。就学生而言，各组基本没有单独招生。

尽管华中大学新闻组同该校其他各组一样，没有招生，但是，其作为教学单位的基本功能却得到了充分发挥，承担了中文、外文等系的新闻学教学任务。根据“华中大学各院系课程调查表”反映的情况来看，艾玮生开设了“新闻学”“时论编译”两门课程，每门课均讲授两学期。其中，“新闻学”自“1950—1951 学年度”的第一个学期就成为中文系的系级必修课；“时论编译”则在该学年的第二学期成为中文系和外文系共同的系级必修课。

在整个“1950—1951 学年度”，华中大学依然是私立身份。同政治和意识形态紧密关联的新闻学课程，是否还是或者说还能讲授资产阶级的那一套？答案是否定的。必须看到，华中大学作为一所教会大学，外国教会对其课程设置与讲授是有要求的。1949 年 12 月纽约中国基督教大学联合托事部（华中大学系其成员）来函称：“教会学校中如果要讲共产主义的课程，或其他未经托事部批准的课程，则各校要设法筹备这些经费。”言外之意，作为一所教会大学不准开设共产主义的课程。而新成立的人民政府与此针锋相对，要求收回掌握在外国教会手中的办学权。华中大学顺应潮流，没有听从外国教会的指令，而是按照人民政府的要求做出了调整，譬如，应人民政府的要求开设“辩证唯物主义与历史唯物主义”和“新民主主义”两门三学分的课程。艾玮生也积极响应党和政府的号召，他在“新闻学”课程的“教材内容简纲”中写道：“根据新民主主义的文教政策，分析新闻学范畴内各种理论与实际业务情况，如新民主主义报纸的特点、任务和方向，报纸的组织和管理，消息的采访、写作和编辑以及新闻工作之参观与实习等。”而且，他在“新闻学”的参考教材中列入了扎斯拉夫斯基的《新闻学研究提纲》、《长江日报》编写的《新闻工作文选》等著作。这可以说是马克思主义新闻观教育在华中地区首次有系统、成建制地实施。因为这门课不仅是中文系的必修课，而且还要系统地讲上两学期。

艾玮生对马克思主义新闻观的遵从与贯彻，有其主动的一面，这自他早年的经历及解放战争时期的举动可略见一二。据艾玮生二哥艾瑞生回忆：“北伐战争时期，（艾玮生）投笔从戎，由三弟（艾）毅根介绍参加郑州豫陕甘农村训练处（系冯玉祥所办）工作，因‘赤化分子’罪名被捕入狱，后由三弟友人余心清（开封训政学院负责人）

营救。”另据其胞妹艾辉（原名艾琴生，民革成员，曾当选国民党“国大”代表）回忆：“我五哥艾璋（玮）生常和同乡艾伯良（解放后河南禹县第一任县长，老共产党员）接触。思想进步，1927年曾在河南被捕入狱。”这两段回忆一致表明艾玮生早年就有革命倾向。因此，1932年他在寄赠其三哥艾毅根的照片上，写下了这样几行饱含深情的诗句：“我们好像荷叶上的露珠，在清风吹动时，滚来滚去，但是，我们，终于会碰在一起，落在一起！”后来的情形果真如此，他的这位三哥是中共地下党员，他本人也于1946年由左派人士李公朴介绍加入了民盟。

而且，在武汉解放时期，艾玮生向党靠拢的愿望相当强烈、行动十分积极。据张泽湘回忆，艾玮生曾同武汉地下党联系，邀请解放军首长到华中大学给教师们介绍形势，当时他本人就在现场。《湖北新民主主义革命》一书也写道：“（民盟）盟员艾伟（玮）生在地下党的支持下，团结进步师生和各方面的进步力量，阻止了华中大学的搬迁。”

遗憾的是，成立未久的新闻组还来不及发展，便已成为历史。“1951年11月，公立华中大学组织全体师生参加了武汉市和湖北省的土地改革运动。除年岁较高和体弱多病者留校外，学校共有753人（教工209人，学生544人）投入到武昌青山、新洲、黄冈等地参加‘土改’工作，至1952年6月止，历时8个月。”艾玮生自然也在这批参加“土改”的师生之列，据当时还是华中大学物理系学生的刘佑星回忆：“记得我们参加了青山区的土改。那时打破了师生、院系的界限，统一编队。和我一块参加土改的有我们系（物理系）的韦宝锷、历史系的张舜徽、新闻系（组）的艾玮生、音乐系的张才义等老师。”当时已无“系”“组”的区分了，不仅大家统一编队，而且所有的教学活动都已停掉。在这个意义上讲，新闻组已名存实亡。而在1952年的全国院系调整中，华中大学新闻组便彻底消失了。

四、结语

华中大学新闻教育从无到有的转变，经历了授课、建学会、开讲座等一整套的流程，合乎华中大学学科拓展的稳健逻辑。华中大学新闻教育的实际开办得益于艾玮生的直接推动。自艾玮生主动请缨，来华中大学兼职讲授“新闻学”开始，华中大学的新闻教育迅速向前推进。仅年余，随着艾玮生转为专职教师，华中大学新闻组正式成立。依华中大学各组不予招生、仅负责开课的惯例，新闻组开设了“新闻学”和“时论编译”两门课程，其中“新闻学”课程为中文系必修课，“时论编译”则为中文系和外文系共同的必修课。在课程的设计与讲授中，艾玮生主动以马克思主义为指导，在华中地区首次有系统、成建制地开展了马克思主义新闻观教育。

论新闻教育与价值观教育的融合

蔡　雯

文章来源：蔡雯．论新闻教育与价值观教育的融合［J］．当代传播，2021（4）：45-48.

价值观教育作为人类教育活动的重要组成部分，与各学科专业教育都有非常紧密的联系。而新闻传播学科因为担负培养新闻工作者的重要任务，加之新闻学专业与新闻舆论和意识形态的特殊关联，尤其需要将新闻专业教育与价值观教育相融合。今天，技术发展不断加速媒体格局改变和社会环境变化，新闻教育面临新的问题和挑战，如何实现两者间的融合也有待探索。

一、中西方新闻教育发展历史中的价值观表现

新闻教育最早发端于美国，是一个实践性很强的学科，因为先有报纸与报人，然后才诞生了为报业培养专业人才的新闻教育。西方新闻教育所持的职业价值观，强调新闻业可以作为独立于政府、企业与各种利益集团的力量，为自由、民主和公共利益服务。1921 年被称为“美国新闻教育之父”的威拉德-布莱耶在西北大学麦迪逊新闻学院发表演讲时指出，新闻教育最重要的是要让学生有“广博的知识和怎样运用这些知识来付诸实践的能力……这种能力指的是一种强烈的社会责任感和成为一名好的记者的良好的素质”。他的观点契合美国大学校园精英主义与博雅教育的理念，将新闻教育定位成以社会科学为依托、与民主政治密切相关的通识教育，成为美国高校新闻教育较为主流的观点并延续至今。

密苏里新闻学院的教育方针与教学模式对我国新闻教育有深刻影响。无论是 1920 年成立的上海圣约翰大学新闻系，还是 1924 年燕京大学所办的新闻系，都着重借鉴了密苏里大学新闻学院的办学理念和模式，采用了课程设计，并聘请有密苏里大学背景的人员任教。1923 年，曾经留学美国的中国报人徐宝璜创立了北京平民大学新闻系，目标是“培养学术渊博之新闻人才”。1929 年，复旦大学新闻系创立，旨在为中文传媒机构培养新闻人才。1934 年，中央政治学校成立新闻系，意在新闻教育与政治的结合。有学者指出，我国的新闻教育起步于甲午战败之后，“借鉴海外经验”“被赋予了强烈

的社会服务性”成为我国高校新闻教育起步时的两大特征。

新中国成立后，党领导创办的第一家新闻教育单位是1955年成立的中国人民大学新闻系。因历史原因，一度重视学习苏联经验，直到苏共二十大以后国际共产主义变局，以及国内反教条主义、修正主义，新闻教育学习苏联模式才告终结。改革开放之后，新闻业兴盛带来对专业人才的需求急剧增长，新闻教育进入全面发展的新时期，办学规模不断扩大，教育层次日益丰富。而在这一轮发展中，新闻传播院校与海外高校的沟通交流也逐渐增强，西方尤其是美国新闻教育再度成为备受关注和学习借鉴的对象，中外合作办学、教师和学生互访学习、合作研究等都非常频繁。

在我国新闻教育发展过程中，对西方尤其是美国新闻教育的学习借鉴，一方面促进了我国新闻教育界打开眼界，拓展办学思路；另一方面也因为新闻专业理念和人才培养方向的差异一直存在不同意见和困惑。比如西方社会制度和文化语境中诞生的新闻专业主义理念和操作规则能否适用于中国，一直受到质疑并引发过多次讨论；围绕人才培养目标设定、教学内容设置等，也有不同看法。这些意见分歧，反映出中西方新闻传播教育中对于新闻事业、新闻媒体、新闻职业的认识和价值判断存在差异。

价值观作为一种社会意识，具体到新闻教育领域，最重要的内容就是对新闻业价值的认识和理想追求。而且，由于新闻传播作为人类特有的一种有意识的社会性的信息传播活动，对人们的社会生活产生着重大影响，因此新闻传播院校对学生的价值观教育，还将影响新闻传播业的未来发展，并通过新闻传播活动对人类社会产生深远影响。

在西方语境中，“价值观教育”这一概念出现于20世纪下半叶，而从当今世界发展的趋势来看，价值观教育既有民族性、国家性，又有普遍性、世界性，是当今世界主要国家基础教育的重要组成部分。随着经济全球化进程的推进和国际交往的深入，世界范围内不同价值观念之间相互影响也相互竞争和较量，价值观教育领域里交流、沟通和学习也不断发展，有研究者认为“价值观教育已经超越了某一族群、某一国家的限域，呈现出跨地区、跨国别、跨文化、跨学科的发展态势，逐渐成为一个国际性、交叉性的学术前沿问题”。而在新闻院校中，价值观教育这种“既有民族性、国家性，又有普遍性、世界性”的特点表现得尤其明显，而且民族性、国家性在新闻教育中更为突出。

新闻传播学科是介于人文科学与社会科学之间的实践性很强的学科。新闻传播教育的主要任务是培养专业新闻工作者，价值观教育在新闻人才培养中的重要性与新闻事业的性质与功能紧密相关。由中央宣传部组织编写的“马工程”教材《新闻学概论》对新闻业的阐述代表了当下我国新闻教育界的主流立场。教材编写者认为马克思主义对于经济基础与上层建筑的关系论述，为我们认识新闻事业的性质提供了理论依据。在我国，新闻事业是中国共产党领导下的社会主义事业的一部分，是动员和组织群众的重要舆论工具。我国新闻院系要为社会主义新闻事业培养专业人才，必须使受教育者对未来将从事的新闻传播工作的责任和使命有充分的认识和理解，一方面不能脱离本国国情全盘吸收西方理论和价值观，要有维护党和国家利益的自觉性；另一方面又要遵守新闻业为公共利益服务的普遍原则和客观反映事实真相和新闻规律，在继续保持开放和平等对话中形成自己的话语体系和国际影响力。

二、我国新闻院校价值观教育的重要落点：马克思主义新闻观教育

在全球范围内，新闻传播教育模式的“西化”问题引发关注和反思。2016 年 7 月召开的第四届世界新闻教育大会上，来自世界各地的新闻传播教育专家们对世界新闻教育面临的突出问题进行了讨论，其中一个重要的话题就是“新媒介形势下去西方新闻教育”，伴随着新媒体形态不断出新和信息技术迅猛发展，以西方为主的新闻教育模式受到越来越多的审视和质疑。鉴于此，讨论组主要探讨新闻教育者如何进行去西方化的新闻教育。讨论的核心问题是如何教育未来的新闻工作者避免西方为中心的报道，以及为实现这一目标，新闻院校需要建立怎样的新闻学课程体系。

从已经公开发表的研究成果和在各类会议上进行的学术交流来看，我国新闻教育界围绕改革办学模式、调整专业设置、推进教学改革等已经达成不少共识，其中很多内容与价值观教育紧密相关。如有学者认为应该探索一种新的教育模式，倡导学理与术理并重，传播文化与传播科技结盟，培养既有比较深厚人文功底，又有比较系统社科知识，还能掌握现代传播技能的复合型的新闻传播人才。还有学者认为专业新闻教育不但不会因为媒体变迁而衰退，而且有更宽广的发展空间，它将承担起培养新型专业新闻工作者和向公众普及新闻素养、媒介素养的双重任务。这些为学界普遍认同的改革策略，其实都要通过价值观教育的同步落实才能发挥作用。而且，随着技术发展，新闻传播中的技术门槛会不断降低，人文因素的影响会显著增强，内容生产对新闻传播专业人员的思想水平和道德品质的要求会愈加提高。

对于新闻院校的学生来说，专业性质决定了他们更加关注现实社会，更多接触各种社会现象与问题，新闻教育不能只是象牙塔中的知识灌输，而要更加重视对学生世界观价值观的培养，要帮助他们在复杂的社会现实中保持清醒头脑，认识到自己肩负的社会责任。近几年来，我国新闻传播院校普遍开展的马克思主义新闻观教育，主要针对当前

的社会问题和学生思想状况，将新闻专业教育和价值观教育合而为一。

马克思主义新闻观是马克思主义应用到新闻实践中的产物，是在革命、建设和改革时期应用和指导新闻实践的过程中形成和发展起来的，主要包括马克思主义经典作家们的新闻思想、毛泽东新闻思想和中国特色社会主义新闻理论。马克思主义新闻观的具体内容不仅涉及新闻本质、新闻的本源以及新闻传播的规律等许多根本性的问题，还包括新闻传播、宣传、文化、传播政策，以及组织内部交流的思想。其核心是马克思主义关于无产阶级及其政党新闻事业的工作性质、工作原则和工作规律的一系列基本观点，对于学生形成正确的职业价值观、专业理念和职业道德具有引导作用。

我国新闻教育界尤其是一些著名新闻院校在加入建设世界一流高校和一流学科的“双一流”建设中，都将马克思主义新闻观教育作为一项重要内容，开展了多方面的工作，包括组织专家进行相关研究并编写出一套覆盖专业核心课程的“马工程”教材，在全国高校中推广使用，并组织相关专业教师进行系统培训；专门开设了“马新观”的专业课程；高校和各地新闻宣传管理部门共建新闻传播学院并实施培育卓越新闻人才培养计划等，这些工作对加强新闻教育中的价值观引领有积极作用。

三、价值观教育与新闻教育的融汇途径：业务课教学与社会实践

随着传播技术的发展，传统媒体衰落对新闻业的影响已经在学界引起关注，很多人为新闻业的前景感到担忧。这些变化也对在校学生产生了影响，坚守新闻理想、热爱新闻专业的学生近几年明显减少。有偿新闻、有偿不闻、新闻报道违背伦理和法规、“标题党”等不良现象，也对年轻学子产生不良影响。要引导学生正确地认识新闻业和新闻工作，树立正确的人生观、价值观，培养其为人民服务、为公共利益服务的自觉性和责任心，仅仅依靠理论讲授难以真正让学生入脑入心，产生实际效果，还要从新闻教育实践性强的特点出发，通过业务课教学和社会实践活动包括专业实习等，使新闻专业教育与价值观教育融合到一起。

技术进步带来了信息交流的便利，但是也造成人们面对海量信息时的困扰，众声嘈杂，良莠难辨。经过 40 多年的改革开放和经济高速发展，我国社会阶层和利益集团多元化、贫富分化加剧了社会矛盾和利益冲突。要维持社会的稳定和谐发展，就需要主流新闻媒体能够站在党和国家的立场上，本着为人民服务的宗旨，担当“社会守望者”“矛盾协调者”的角色，通过客观、平衡、公正的报道揭示真相，维护正义，促成社会各方的相互谅解、沟通并达成共识。这也正是职业新闻工作者在新的历史条件下应该承

担的职责和使命。新闻教育要让学生认识到新闻工作的这种社会价值，培养其专业精神和对新闻事业的热爱。然而，这并非易事。

从课堂教学来看，新闻理论、新闻史等基础课程本身就包含新闻价值观的教育内容，但这些课程理论性强，通常没有新闻业务课程生动活泼吸引学生。业务课侧重实际操作技能教学，要向学生展示和分析大量的新闻采编案例。如果教师有意识地用心设计，可以在课堂讲授、案例讨论，以及指导学生实际操作和对其作品点评中巧妙地实现价值观引导。比如，在讲授新技术应用的同时，可通过恰当的案例选择和作业设计，引导学生对技术运用保持理性，坚守道德和伦理底线。在未来，“人机博弈”和“人机合作”都将更加普遍，作为新闻从业者需要进一步提高价值判断能力，坚守技术伦理的底线。这样，业务课教学就能让学生通过实例研判甚至亲身体验，激发思考，提高认识水平和分析能力，树立正确的新闻价值观。

新闻业务课对防止技术的滥用和误用的教学和指导，也蕴含着价值观引导。如要让学生懂得运用新技术不只是要创新新闻产品形态，还应当针对不同报道题材和报道对象进行内容与形式合理化的结合，比如严肃的战争议题、死亡议题不适合以娱乐游戏的形式再现，刺激和血腥的场景也不适合通过 VR 等形式“真实”地呈现，以免给受众带来伤害。这样就将技术实践类课程与伦理和法规教育融合为一体了，更容易为学生理解和接受。

在课堂教学之外，新闻专业实习、社会调研也是将专业教育与价值观教育相融合的最佳契机。为帮助学生全面了解和正确认识国情、社情、民情，坚定理想信念，新闻院校近几年在国情教育、社会实践方面想了不少办法，如中国人民大学新闻学院充分利用首都优势开展国情教育活动，除了围绕社会热点敏感问题邀请中央和北京相关部门负责人开设讲座，还在每年暑假都组织学生开展“新闻学子走基层”活动，由专业老师带队，下到田间地头、厂矿车间，进行采访和调研。近几年又连续在暑期组织“一带一路”沿线调研，完成了大量调研报告和新闻作品，在新闻媒体上发表后社会反响良好。学生通过这些社会实践增长了见识，对社会发展中存在的问题也有了更加深刻的理解和思考，对新闻传播者的社会责任和新闻工作的社会价值更加认同。

虽然新闻业务教学和社会实践已经受到新闻传播院校的普遍重视，但是从总体上看，我国新闻高校在专业教育中落实价值观教育的实际水平还参差不齐，这与学校的教学和管理水平、教师的时间与精力投入以及他们自身的思想业务水平，还有实习单位的配合与管理等都有关联。新闻人才培养是一个系统工程，不仅需要新闻院校全体教职工群策群力、精心设计与安排，还需要教育管理部门和社会各方面的大力支持和配合，需要媒体机构为学生提供更多更好的实践平台，这样才能真正使新闻教育与价值观教育相融合，为国家培养出新一代高素质的新闻传播人才。

新文科建设和新闻教育改革路径的拓展

童　兵

文章来源：童兵．新文科建设和新闻教育改革路径的拓展［J］．中国编辑，2021（2）：4-7.

2020 年 11 月 3 日，由教育部新文科建设工作组主办的新文科建设工作会议在山东大学（威海）召开，发布《新文科建设宣言》，对新文科建设作出全面部署。文科教育的振兴关乎高等教育的振兴，建设高等教育强国需要新文科。

一、什么是新文科

在新文科建设工作会议上，教育部高教司司长吴岩谈到什么是新文科以及新文科建设的历史使命。他认为，新文科就是文科教育的创新发展；新文科建设的历史使命是：培养知中国、爱中国、堪当民族复兴大任的新时代文科人才，培养新时代社会科学家，构建哲学社会科学中国学派，创造光耀时代、光耀世界的中华文化。

就操作层面设计，2019 年 4 月，教育部发布《关于实施一流本科专业建设“双万计划”的通知》，要求在 2019—2021 年三年时间里，建设 1 万个左右国家级一流本科专业点和 1 万个左右省级一流本科专业点。“双万计划”的建设原则是：突出这些专业点的“示范领跑”作用，建设新工科、新医科、新农科、新文科示范性本科专业，引领带动高校优化专业结构、促进专业建设质量提升，推动形成高水平人才培养体系。2019 年 10 月，教育部又发布《关于一流本科课程建设的实施意见》，强调课程是人才培养的核心要素，课程质量直接决定人才培养质量。因此，高校工作必须花大力气抓好一流本科专业的课程建设，用一流水平的课程支撑一流水平的专业，从而扎扎实实地推动一流学科和一流大学的建设。

学习、研读和领会教育部关于新文科建设的指导性文件，可以厘清发展思路、做好顶层设计、明确建设方向，进一步加快新文科建设步伐。

二、建设新文科的意义和目标

上文引用的吴岩司长的讲话表明，文科在社会发展和人才培养方面担当着重要的历史使命，如果文科专业的建设存在种种不尽如人意的问题，就无法肩负这一重要的历史使命。因此，建设新文科就成为时代的必然和社会的召唤。

习近平同志在哲学社会科学工作座谈会上的讲话中指出，在新形势下，我国哲学社会科学地位更加重要、任务更加繁重。面对社会思想观念和价值取向日趋活跃、主流和非主流同时并存、社会思潮纷纭激荡的新形势，如何巩固马克思主义在意识形态领域的指导地位，培育和践行社会主义核心价值观，巩固全党全国各族人民团结奋斗的共同思想基础，迫切需要哲学社会科学更好发挥作用。面对我国经济发展进入新常态、国际发展环境深刻变化的新形势，如何贯彻落实新发展理念、加快转变经济发展方式、提高发展质量和效益，如何更好保障和改善民生、促进社会公平正义，迫切需要哲学社会科学更好发挥作用。面对改革进入攻坚期和深水区、各种深层次矛盾和问题不断呈现、各类风险和挑战不断增多的新形势，如何提高改革决策水平、推进国家治理体系和治理能力现代化，迫切需要哲学社会科学更好发挥作用。面对世界范围内各种思想文化交流交融交锋的新形势，如何加快建设社会主义文化强国、增强文化软实力、提高我国在国际上的话语权，迫切需要哲学社会科学更好发挥作用。面对全面从严治党进入重要阶段、党面临的风险和考验集中显现的新形势，如何不断提高党的领导水平和执政水平、增强拒腐防变和抵御风险能力，使党始终成为中国特色社会主义事业的坚强领导核心，迫切需要哲学社会科学更好发挥作用。正如习近平同志强调的：“我国哲学社会科学可以也应该大有作为。”

历史表明，社会大变革时代，一定是哲学社会科学大发展的时代。“这是一个需要理论而且一定能够产生理论的时代，这是一个需要思想而且一定能够产生思想的时代。我们不能辜负了这个时代。自古以来，我国知识分子就有‘为天地立心，为生民立命，为往圣继绝学，为万世开太平’的志向和传统。一切有理想、有抱负的哲学社会科学工作者都应该立时代之潮头、通古今之变化、发思想之先声，积极为党和人民述学立论、建言献策，担负起历史赋予的光荣使命。”

建设新文科的使命和重任，还在于推进国家文化软实力发展的需要。“哲学社会科学是人们认识世界、改造世界的重要工具，是推动历史发展和社会进步的重要力量，其发展水平反映了一个民族的思维能力、精神品格、文明素质，体现了一个国家的综合国力和国际竞争力。”因此，国家和社会有责任大力推动哲学社会科学的发展，建设新文科就是为哲学社会科学的进步打好基础，做先行者的工作。

一个国家和一个社会越发展、越前进、越进步，对人才的需求也越大、越多、越高。不仅经济社会发展需要高素质的人才，哲学社会科学的进步也需要高水平的人才；新时代既需要自然科学人才也需要社会科学人才，新文科迫切需要加快建设、深化发展。

哲学社会科学也是培养时代新人的科学，加强新文科建设，应主动适应新时代哲学社会科学发展的新要求。新文科建设的着力点是培养有自信心、自豪感、自主性的人才，培育有影响力、感召力、塑造力的文化，打造国家民族文化自觉的主战场、主阵地、主渠道。新文科建设，任重而道远。

为了更加深刻地认识新文科建设的重要性和迫切性，需要简要回顾中国学科（包括文科）建设的历史。但笔者疏于此题的深切了解和分析，只是根据不全的史料提供一点信息求教于各位。中华文化源远流长，文化秩序初建的时候，是不分学科和专业的，所谓“博通之学”，混沌不分。后来进入“经史子集”的“四部之学”，既是书籍的分类，也是学科的初立。直到 19 世纪 60 年代，冯桂芬提出采西学、制洋器、改科举的主张，号召“采西学议”，开始对混沌不分的学说和学问分门类分专业分学科。直到 1912—1913 年相继颁布的《大学令》《大学规程》，提出“文理法农工商医”的“七科之学”，才有较为清晰的学科门类和学术专业之分。但自那时以来，中国战事不息、社会不宁，学科的建设分分合合、拆拆并并，未能实现稳定、科学的进展。直到新中国成立，学科建设才随着高校的稳定发展有所调整和进步。

改革开放以来，文科和其他学科、专业与课程建设一样，不断地进行调整和改革。这里有社会发展客观需要的必然性，有应对新技术革命挑战的必要性，但客观上也存在某些因素导致的学科专业课程建设上的随意性。拿新闻学学科、专业和课程来说，“今天”强调细化，“明天”又重视融合；“今天”强调“大新闻学”，包含传播学，“明天”又提倡“大传播学”，包含新闻学。笔者期待，应该在今后的新文科建设中找准学科思路和建设发展方向，坚定不移地、深入扎实地坚持下去。从这个角度看，新文科建设对新闻学来说，具有特别现实和紧迫的意义。

三、怎样建设新文科

怎样把新时代语境下的新文科建设好？新文科建设工作会议给出三个方面的思路：

第一，遵循“三个基本原则”，就是必须遵循守正创新、价值引领、分类推进的原则；第二，把握“三大重要抓手”，即坚持专业优化、课程提质、模式创新的路径；第三，积极推进“四大关键突破”，即用大力气办好中国政法实务大讲堂、中国新闻传播大讲堂、中国经济大讲堂和中国艺术大讲堂四个大讲堂，从而培养适应新时代要求的应用型复合型文科人才。

例如，中国新闻传播大讲堂邀请一线记者参与，请他们讲述遍访城乡社区，直击热点痛点的一线故事，使千万百姓体会这些记者为党为国为民、用心用情用爱彰显使命担当的深切感受。设置中国新闻传播大讲堂的目的，是运用讲述中国故事、中国精神、中国力量的方式对文科学生进行强化马克思主义新闻观的教育。

从学科建设的角度来观察和思考新文科建设在学科调整、强化专业改革方面的思路，笔者认为可从以下几个方面着手。

首先，大力夯实基础学科。在文科大类中，文学、历史学、哲学、经济学（所谓文、史、哲、经）等都是极其重要的基础学科，要高度重视这些基础学科以及与之相关的专业和课程在新闻学中，马克思主义新闻观是新闻工作者的灵魂，也是新闻学的核心，也应予以充分重视。从教学角度讲，要安排高水平的师资力量，建设高质量的教材体系，增加含有最新成果的教学内容，获得最满意的教学效果。

其次，根据社会经济发展和改革的新要求，推动新兴学科的增长与拓展。40 多年来，中国社会经济在改革开放和新技术革命推动下产生了许多新的要求。特别是近几年，文科的各个学科和各个专业，也都因势而变、因需而变，学科、专业、课程都出现了程度不同的喜人变化，涌现了一系列新的学科、新的专业、新的方向、新的课程。比如，健康服务与管理、大数据管理与应用、互联网金融、航空服务艺术与管理、艺术管理、供应链管理、金融科技等。这些专业或课程在新文科建设中也是不可或缺的，因为这是社会发展的需要，是经济和民生的需要。作为新兴的专业、新开设的课程，新文科要欢迎它们，千方百计地培育它们。

最后，新文科建设应不断满足社会经济发展的需要，实施学科与学科、专业与专业、课程与课程之间必要的交叉融合。因此，交叉融合是新文科建设的普遍特征，必须以思想解放和积极主动的精神状态推动交叉融合。也就是说，要实施工科与文科、医科与文科、农科与文科、理科与文科、文科与文科的交叉融合。

在新文科建设的重要性和迫切性为越来越多的师生理解，新文科建设的理念与方向为越来越多的师生把握，新文科建设的社会需求和时代压力逐渐成为全民共识和学科动力的情境下，相信新文科同其他学科的交叉融合，将会提出更多的新举措和新办法。

四、在新文科建设中拓展新闻教育改革路径

在文科诸学科中，学界普遍认为新闻学是新文科建设的先行学科。这是因为，新闻学最早拥抱以互联网为代表的新的传播媒介和科研成果，新闻学又是最早同社会学、心理学等学科交叉融合的学科，其本身的学科内涵和专业分类中，又自然地拥有政治类、经济类、文学写作类、编辑导演类等学科内容与方法技巧。复旦大学在研究落实新文科建设方案时，已经提出了将新闻学列为新文科建设的先行学科和先行专业的设想。

根据前面的讨论与分析，笔者认为在新文科建设中，新闻教育改革的路径大致有以下四个方面。

第一，以“中国特色”为目标建设中国新闻学，呈现和突出中国经验、中国资源、中国数据、中国理念和中国话语。

新文科建设应立足中国国情，顺应时代发展之需。从我国学科建设的需求提出问题、确定目标。借鉴和运用国外的经验、资源、数据、理念和话语时，也必须充分考虑中国的实际需要和接受能力。因此，新文科建设首先要遵循的一个原则就是“中国特色”，从中国出发到回归中国，从中国问题的提出到中国问题的破解，是新文科建设过程中中国新闻学的必然轨迹。

第二，从“分科治学”走向“科际融合”和“学科交叉”。在新文科建设中开展的中国新闻学改革，必须克服过去长期实行的“分科治学”，切实实行“科际融合”和“学科交叉”。

中国新闻学的发展，从“新闻无学”到目前在中国诸多学科中以“显学”出现，是一个不小的进步，但中国新闻学至今仍缺乏同其他学科的交叉融合。改革开放以来，经过学者们的努力，虽然有了“新闻社会学”“新闻心理学”“新闻哲学”等课程和研究新领域，但这类课程绝大多数仍是“两张皮”，相互交换了一部分概念和话语，本质上还是没有融会贯通。因此，在新文科背景下的中国新闻学建设，在学科、学术、话语、教材诸多方面的构建和创新，仍应从基本点入手、从基本面着力，做一系列交叉融合的艰苦工作。

第三，强化问题意识，坚持问题导向。从寻找中国新闻学建设的问题开始，确认和论证这些问题，提出这些问题的解决思路、举措、方法，切实推动问题的根本解决和目

标的最终实现，是一步一步走向前进，一个一个破题取胜的必然路径和实际步骤。

应该指出，“重问题轻学科”是新文科建设相对以往学科建设的一个新特点。过去的文科建设，特别是新闻学建设，无论是文科建设指导规划部门，还是参与文科建设的专家学者，往往专注于学科框架、学科体系等宏观的设想与规划，而对学科之下的专业、课程、教法等中观、微观的设计安排不够重视。而新文科建设的思路与着力点则是以问题的发现和解决作为重点。这种新的思路与新的安排，对于新闻学这类政治性和应用性都十分突出的学科来说，是特别有意义和有成效的。

第四，在新闻学建设中要高举人文精神和科学精神两面旗帜，用人文关怀和科学态度教育培养学生、引领教师，可以拓展新闻教育改革的路径。从总体上看，新闻学建设重政治、追科技，但对人文精神关注不够、投入不足。新闻学建设要借新文科建设的东风，在高举人文精神和科学精神两面旗帜上提高认识、下大功夫。

在人文精神关怀上，新闻学建设和新闻教育改革要守正创新，坚持“以人民为中心”的教学、科研工作导向，不要以为“以人民为中心”仅仅是针对新闻实务工作而言的。在科学精神的引领上，不能把眼光仅仅放在技术的熟悉与运用上，要坚持科学技术为人民服务，智能工具应该让人民方便、熟练、低成本地掌握与使用。

新闻学建设和当下的新闻教育改革，要牢牢抓住新文科建设的机遇，并将其视作内在发展动力，努力把新闻学学科建设扎实、深入地向前推进。

建设中国特色国际新闻传播教育体系

高金萍

文章来源：高金萍．建设中国特色国际新闻传播教育体系［J］．中国高等教育，2021（8）：52-54.

从诞生之时起，新闻传播教育就具有服务国家、服务社会的属性。1911 年世界上第一所新闻学院——密苏里大学新闻学院为学生制定的《记者守则》中就明确宣示：“深爱我们的国家，又诚心促进国际善意，加强世界友谊。”新中国成立前，深受“密苏里方法”影响，中国新闻传播教育，奉西方新闻价值观为圭臬，以服务公众利益为职责。新中国成立后，中国新闻传播教育高高举起马克思主义新闻观的大旗，以培养党和人民的喉舌为己任。改革开放后，上海外国语大学、北京外国语大学等外语类院校率先开设国际新闻专业或国际新闻方向，从“以西为师”到“走自己的路”，逐渐走出了一条具有中国特色的国际新闻传播教育道路。中国国际新闻传播教育经历过哪些发展阶段？发展的动力何来？在“双一流”建设的进程中，将向哪里去？本文拟从这三个方面进行系统化的梳理和分析，探索中国国际新闻传播教育的发展趋势。

中国国际新闻传播教育的 1.0 阶段（20 世纪八九十年代）

1978 年，改革开放的春风吹遍祖国大地，全国教育工作会议上通过的《从 1978 年至 1985 年全国教育事业规划纲要（草案）》［以下简称《纲要（草案）》］，为改革开放后高等教育的发展描绘了蓝图。依据《纲要（草案）》，1983 年教育部批复 4 所高校恢复新闻专业。同时，着眼于面向世界办教育，教育部高教司司长亲自带队，率领 4 所高校和科研院所代表赴英国牛津大学、剑桥大学、伦敦政治经济学院和威尔士大学考察，为开展国际新闻传播教育寻找他山之石。

1983 年，国内 5 所大学开始试水国际新闻专业或国际新闻方向，包括复旦大学、北京广播学院、上海外国语大学、厦门大学、北京外国语大学。这些高校得到了新华社等媒体经济上的支持，后来由于新闻媒体不再提供支持以及其他原因，上述高校的国际新闻专业或国际新闻方向大多停办。

1983 年，上海外国语大学在英语系 19 设立新闻专业，开国内国际新闻传播教育之先河，这也是该校首个复合型专业。英语系以“培养两条腿走路的驻外记者”为目标，为学生配备了中国教师和教授新闻实务课程的外教。早期国际新闻专业的学生都有较好的英语背景，除了学习英语课程、新闻课程之外，还要学习开摩托车。20 世纪 90 年代初社会主义市场经济体制确立，新闻传播业进入大发展阶段，上海外国语大学于 1993 年正式成立新闻传播学院，并与中央外宣办密切合作，开展新闻宣传干部培训。1998 年，上海外国语大学获得国内最早的国际新闻方向硕士学位授予点。

在参加教育部高教司的英国考察组之后，北京外国语大学英语系与《中国日报》的高层多次会商，决定从英语系 1982 级本科生开始设立新闻方向，培养目标是为《中国日报》定向培养熟练使用外语、掌握新闻基础知识的报纸采编人员。从此，北外英语系新闻方向培养了一批活跃在对外传播领域的优秀毕业生。

20 世纪八九十年代是中国国际新闻传播教育的初创期，或称为 1.0 阶段。这一阶段的国际新闻传播教育体现出四个特点：一是大多起步于外语类高校的英语院系；二是最初的办学模式为“英语新闻”，注重培养学生的外语能力和新闻传播基础技能，体现出鲜明的应用学科色彩；三是深受国外新闻教育影响，强调实践育人，无论是课程设置还是专业实习，都强调能力优先；四是学生毕业去向多元，据调查，仅有不到三分之一的学生进入国际传播领域就业，大多数学生从事涉外经贸、政务等工作。

中国国际新闻传播教育的 2.0 阶段（21 世纪初）

21 世纪初，全球化进程深刻影响中国，中国与世界各国的交往和联系日益紧密，“走出去”成为中国国家战略，高等教育也进入国际化发展阶段。在这一发展趋势和 2009 年启动的国际传播能力建设工程的双重推动之下，国际新闻传播教育蓬勃发展，中国国际新闻传播教育进入成熟期，或称为 2.0 阶段。

2001 年上海外国语大学新闻传播学院已拥有 4 个本科专业。同年，北京外国语大学重启国际新闻教育，成立国际新闻与传播系，办学目标为“立足北外传统、面向世界一流、跻身国内前列”。2009 年，清华大学、中国人民大学、复旦大学、北京外国语大学和中国传媒大学被中宣部和教育部列为国际新闻传播专业硕士项目试点院校。这一项目旨在为中央电视台、新华社、《人民日报》、中国国际广播电台、《中国日报》等中央外宣媒体培养国际新闻传播高端人才。项目采取业界学界“双导师”制，大部分毕业生就职于中央媒体和国内外大型媒体集团，其专业素养和外语能力获得业界广泛好评。

从人才培养方面来看，这一阶段的国际新闻传播教育体现出三个特点：一是以“向世界说明中国”为使命，为国家培养具有国际视野和家国情怀的对外传播人才，同时关注媒介技术的新发展，面向对外传播需求，开展全媒体人才的培养；二是受西方新闻观念影响较大，一些国际化程度较高的综合性院校往往使用影印或翻译的西方原版教材，外语外贸类高校在教授西方经典理论时，较少关注国内新闻教育的发展；三是高校开始设立面向外国留学生的全英文硕士项目，比如 2005 年秋季，清华大学在国内率先设立“英语新闻采编”的硕士方向，2007 年秋季开办内地第一个全英文教学的“全球财经新闻”硕士项目，招收外国留学生。从教育机构来看，一些综合性大学的新闻传播院系开始参与国际新闻传播教育。2002 年清华大学成立新闻与传播学院，2008 年 10 月成立了清华大学伊斯雷尔·爱泼斯坦对外传播研究中心，以研究引领教学，探索全球传播人才培养。

中国新闻传播教育的 3.0 阶段（党的十八大召开至今）

为贯彻党的十八大精神，2013 年 6 月，教育部、中共中央宣传部印发《关于加强高校新闻传播院系师资队伍建设实施卓越新闻传播人才教育培养计划的意见》，启动实施卓越新闻传播人才教育培养计划。这一计划以加强马克思主义新闻观教育、创新人才培养机制、强化实践教学环节、加强高校新闻传播院系师资队伍建设为重点，努力打造一批政治立场坚定、业务能力优良、作风素质过硬的新闻传播后备人才。

2018 年 10 月，为深入贯彻落实《中共中央关于加强和改进党的新闻舆论工作的意见》，加强和改进高等学校新闻传播专业建设，建设中国特色、世界水平的一流新闻传播专业，《教育部 中共中央宣传部关于提高高校新闻传播人才培养能力实施卓越新闻传播人才教育培养计划 2.0 的意见》（以下简称《意见》）出台。《意见》强调，要主动服务国家对外开放战略和“一带一路”倡议，培养新时代国际新闻传播“预备队”和“后备军”；深入实施国际新闻传播硕士人才培养项目，进一步完善人才培养机制，提升培养质量；启动国际新闻传播本科人才培养试点工作，建立完善“全媒体国际外语”课程体系，加强“国情教育国际视野”的社会实践和国际交流。同时，《意见》鼓励高校探索与境外高水平大学联合培养模式，深化国际传播相关新闻单位与高校合作，创新国际新闻传播合作办学、合作培养、合作就业、合作发展新机制。由此，国际新闻传播教育迎来了跨越式发展阶段。

2018 年，新闻传播学科全国新增一级学科授权点 14 个，已有二级学科授权点新增为一级学科授权点 10 个，新增专业学位授权点 57 个，新增一级学科博士学位授权点 8 个。截至 2018 年年底，全国已有 50 多所院校新闻传播学院开展了“部校共建”。

这一阶段，国际新闻传播教育的内容更加丰富，除了传统的国际传播、跨文化传播、对外传播外，全球传播也被更多的高校所接纳，清华大学和北京外国语大学都设立了全球传播的博士生培养方向，上海外国语大学设立了全球传播的硕士生培养方向。中国特色的全球传播研究强调以“人类命运共同体”为理念支撑，服务于全球治理，注重通过多元传播主体的共同努力推动人类奔向理想社会。

中国特色的国际新闻传播教育坚持以马克思主义新闻观为指导，以构建“人类命运共同体”为核心理念，在高校“双一流”建设中凸显服务国家的角色使命。它紧密围绕“复语、复合、全媒体高端人才”培养目标，着力培育拥有“中国深度、全球广度、人文高度”的全球传播引领者。

中国特色国际新闻传播教育的三个发展趋势

40 多年来，中国国际新闻传播教育规模不断扩大，从“以西为师”到“走自己的路”，形成了具有中国特色的教育道路：其一，教育机构从外国语院校扩张到综合性院校；其二，师资队伍从中外兼容逐步向本土化师资转型；其三，以实践育人理念推进中国特色国际新闻传播教育的发展；其四，国际化教育理念与中国特色的新闻传播教育理念相融合。

推动中国国际新闻传播教育发展的动力主要有两个：一是提升中国高等教育自身发展水平的需求，二是改革开放后推动中国经济高速增长、提高国民整体素质和国家综合实力的需求。当前，中国国际新闻传播教育取得显著成就，但是在加强中国特色方面仍然有改进提升的空间。未来国际新闻传播教育改革会呈现以下三个趋势。

第一，加强马克思主义新闻观教育。党的十八大之后，新闻传播院系对马克思主义新闻观的重视程度不断提升。《意见》强调："加强马克思主义新闻观课程建设，深入推进习近平总书记关于新闻舆论工作的重要论述进教材进课堂进头脑，做到新闻传播院系师生全覆盖、无死角。"当前，在一些国际新闻传播院系还没有稳定的、专业的马克思主义新闻观教学师资，有些院校由马克思主义学院教师代课，缺乏对马克思主义新闻观引领新闻实践的专业化分析。实质上，在外语外贸类院校和国际化程度高的综合性院校中，从中西比较视域下开展马克思主义新闻观教育，能够更加透彻地阐释中国立场、中国态度，在比较中凸显新闻传播教育的"中国特色"，有助于培养学生正确的新闻观，造就具有家国情怀、国际视野的高素质国际新闻传播后备人才。

第二，培养拥有多语能力和复合型知识结构的国际新闻传播人才。当前主流媒体对多语人才的需求量越来越大。中国日报社副总编辑王浩提出："我们有的记者能够用俄语采访、英语成稿，这样的人才是未来国际传播的趋势。"新华社原副社长兼常务副总编辑马胜荣认为，国际新闻报道必须有立场，国际新闻从业者必须要独立的判断，这种独立的判断来自于记者编辑对报道国家、报道对象深刻的、全面的理解和认识，这些需要勤奋，也需要扎实的学识背景、多元的知识结构。在面对各种突发事件时，国际新闻从业者的知识积累、国情国史认知，是帮助他们迅速进入采访话题的基础。通专结合，必然是国际新闻传播人才培养的发展方向。

第三，加快建设有中国特色的国际新闻传播教材体系。学科体系同教材体系密不可分。学科体系建设上不去，教材体系就上不去；反过来，教材体系上不去，学科体系就没有后劲。当前，国内还缺乏系统的国际新闻传播教材，有的教材缺乏全国性影响，有的教材滞后于国际传播发展实际。基于这种现实，国家教材委员会应高度重视国际新闻传播教材的规划、指导和协调，牵头组织国际新闻传播院校的教学科研骨干，尽早推出有中国特色、中国气派、中国风格的国际新闻传播教材，回应实践期盼，解决现实问题，为培养"能够讲好中国故事、传播中国声音的优秀新闻传播后备人才"提供助力。

随着中国的持续快速发展以及在国际社会中制度感召力、形象亲和力、舆论传播力和话语塑造力提升，中国需要一大批适应媒体深度融合和行业创新发展形势，能够讲好中国故事、传播中国声音的国际新闻传播人才。中国的国际新闻传播教育肩负着“让中国了解世界”和“让世界了解中国”的双重历史使命，追逐着为中外交流搭建桥梁、畅通渠道的光荣梦想。

“新文科”语境下的新闻传播学科建设路径探析

——以“中国新闻传播大讲堂”为案例

高晓虹　王晓红　冷　爽

文章来源：高晓虹，王晓红，冷爽．“新文科”语境下的新闻传播学科建设路径探析——以“中国新闻传播大讲堂”为案例［J］．现代出版，2021（1）：5-10.

2020 年 11 月 5 日，中国新闻传播大讲堂（以下简称“大讲堂”）启动仪式在中国传媒大学举办，大讲堂课程“来自抗疫一线的报道”正式向全国新闻院校发放。中国新闻传播大讲堂在我国新闻传播教育中是第一次尝试，具有开创性。它是部校共建的新成果、“新文科”建设的新探索、理论与实践融合的新拓展、媒体融合传播的新尝试、立德树人的新课堂。在未来发展中，大讲堂将利用现代视听技术与通信网络，力争推动优质教学资源覆盖全国 727 所高校的 1391 个新闻传播学类专业点，适应我国高等教育从精英式转向大众化的趋势，进而走向普及化的发展之路。

一、时代所趋，大讲堂的缘起与价值

中国新闻传播大讲堂以新冠肺炎疫情下的媒体担当、记者作为和优质报道为抓手，打通实践、课堂与理论，贯穿“新文科”融合创新理念。一方面，大讲堂以新内容、新方法、新模式，推动新闻传播教育与业务实践更加紧密地结合，探索建设具有中国特色的教材体系，为理论创新奠定基础；另一方面，大讲堂将新冠肺炎疫情下鲜活的中国新闻实践作为教学案例，涵盖新闻策划、报道话语和方法、记者责任多方面内容，通过邀请一线记者讲述一线故事、分享一线感受，把马克思主义新闻观的实践融入新闻传播教学中，帮助学子深刻理解中国国情、坚定理想信念、增强政治认同，培养具有自信心、自豪感、自主性的全媒体人才，为传承中国文化、传播中国声音、创新中国理论、形成中国表达确立有效的人才培养机制。

1. 大疫之下，国内外错综复杂的抗疫情势

2020 年年初，我国暴发了新冠肺炎疫情。以疫情为现实背景演化出的舆情、社情、敌情此起彼伏、深度交织，这“四情”都与新闻传播有着密切的联系。尤其在国际上，

与中国针锋相对的报道达到了高潮，疫情发展越严重，相关的舆论斗争环境就越复杂。这场疫情不仅是与病毒的抗击之战，更是舆论引导之战、国家形象维护之战、国际话语权竞争之战。

疫情暴发之初，一些西方媒体将武汉视为病毒源头，用“武汉病毒”的隐喻对中国进行污名化，引导西方民众歧视和排挤中国人；更有西方媒体竭尽抹黑之能事，将武汉关闭离汉离鄂通道、中国人戴口罩等一系列科学有效的疫情防控措施，抹黑为侵犯人权和自由，用意识形态偏见主导新闻报道。直到中国抗疫取得了战略性成果，西方无力控制疫情蔓延，一些西方政客仍在不断“甩锅”。其目的一方面是想要通过政治话语转移其国内民众的视线，找到替罪羊，从而纾解民众对本国政府抗疫不力的负面情绪；另一方面，是要消解中国抗疫的巨大努力和成果，消解中国通过支援其他国家抗疫而进一步提升的国际形象，进而消解中国持续增长的国际影响力。

2. 抗疫之中，中国媒体和新闻记者的使命担当

在这场疫情防控阻击战中，我国媒体担负着通报疫情、回应舆情、联动社情、应对敌情的重要任务。在国内，一批主流媒体记者在疫情暴发初期，逆行到湖北省乃至武汉市采访报道。从 2020 年 1 月 26 日零时到 4 月 8 日武汉“解封”，许多新闻记者日夜奋战，三个月左右的时间始终在一线采访，及时发布权威信息，准确公开报道疫情，全方位参与抗疫实际工作。在前方报道组中，仅中央三大媒体就派出 360 多人赴疫区。

抗疫一线报道团队遵照习近平总书记关于疫情防控工作重要讲话和指示批示精神，为报道立纲铸魂；用全面、客观、真实、权威的报道，积极回应国际上的虚假信息和似是而非的观点，以正视听；用抗击疫情的动人故事，彰显战疫一线勇于牺牲、敢于奉献、舍小家为大家的大爱精神，为坚决打赢疫情防控的人民战争、总体战、阻击战凝聚强大的力量；通过向中央指导组上报求助信息和问题线索、搭建物资捐赠平台、为湖北直播带货等方式，营造浓厚的万众一心、同舟共济的舆论氛围。

3. 面向未来，大讲堂的价值意义

在外部环境错综复杂，疫情、舆情、社情、敌情相互交织、此起彼伏的背景下，中国新闻传播大讲堂的酝酿、制作和发行，具有十分深刻的意义。

一是珍贵的历史资料价值。新闻是明天的历史，记者是历史的见证者。奔赴武汉的记者作为抗疫一线的亲历者，将自己在疫区的所见、所闻、所感、所想，通过口述的方式记录下来，在公开发布的新闻报道之外，为人民抗疫绘就了一幅专业报道的图谱，从而为抗击疫情留下珍贵的历史影像底稿。

二是优质的新闻教育资源。新闻传播学是一门实践性很强的学科。在疫情形势下，我国主流媒体的记者作为和报道案例，无疑为中国新闻教育提供了宝贵素材和典型案例。在媒体融合的时代背景下，新闻业加速迭代升级，大讲堂将这些全媒体传播的最新案例加以编排整理，形成系统化的媒介前沿课程。同时，围绕疫情这一特殊主题，大讲堂将抗疫一线的媒体记者汇聚起来，这成为“新文科”背景下建设具有中国特色的马克思主义新闻观教材体系的重要探索。

三是义无反顾的媒体责任担当。大难之前见担当，危难时刻筑本色。在疫情防控最危急的时刻，大讲堂让人直观感受到媒体记者临危受命、迎难而上的真实作为。他们与医护人员并肩作战，他们“铁肩担道义，妙手著文章”，他们通过全媒体手段生产、记录与传播新闻事件，他们的行动是马克思主义新闻观的最好诠释，体现了新时代新闻人的责任与担当。通过融入教学的方式，大讲堂使主流媒体记者在疫情下集中展现的家国情怀和专业素养得以总结出来、传播开来、传承下去。

二、使命所在，大讲堂的建设基础

经过缜密的策划，2020 年暑假，来自 14 家媒体单位的 39 位参与一线报道的媒体负责同志及记者，走进了中国传媒大学电视学院的演播室，在镜头前分享了抗疫期间的感人故事和报道中的创作体会。

在大讲堂中，记者们从自己的亲身经历和切身感受出发，观照微、中、宏三个层面：通过记者的个人经历，向学习者传授采、写、编、评的知识；通过记者所在部门的合作情况，帮助学习者了解媒体内部的运行机制；通过记者在危难时刻和紧急状况下的选择，让学习者感知新闻记者的使命和价值所在。

1. 以“点”授业，总结新闻报道的专业技巧

这次疫情无疑为锤炼记者的报道能力，尤其是在突发事件下的快反意识和采编能力，锻炼倚马可待的本领，提供了集中的“训练场”。传统的新闻实务能力可分为采、写、编、评四个板块，而在突发事件中，记者承受时间紧张、环境危险、任务集中、使命艰巨等多重压力，这也正是考验记者诸多硬本领的时刻。

大讲堂中，许多记者以亲身参与的新闻作品为案例，围绕新闻采写的角度、影像素材的捕捉、纪录片内容的建构、新闻访谈的关系搭建等新闻报道的专业技巧铺陈开来，内容丰富、角度多元。也有记者以高度凝练的方式，将自己的报道经验总结为三个词语、“六字真言”等，用接地气的符号表达方便了传播和记忆，其中无不蕴含着新闻报

道的原则和新闻专业的价值。

2. 以“线”理机，分析媒体的采编运作机制

在疫情造成的“战时状态”下，大讲堂的许多记者分享了所在媒体单位的团队分工和部门合作情况。实际上，将其放置于媒体融合的国家战略背景下，我们可以看到中央级、省级媒体在疫情中的高度配合与协同生产机制，以及不同定位的媒体如何调整差异化报道的战略与策略。

例如，新华社在新媒体报道上，采用了“前方采集，后方编辑”的模式，坚持移动端优先原则，建立起 24 小时响应机制，鼓励一线记者尽快将素材入库，后方在线编辑，遇重大新闻时以海报等形式播发快讯。对涉及中央指导组活动、国新办发布会、湖北武汉疫情防控举措成效等权威信息，第一时间编发新媒体报道，以适应疫情期间的传播需要。

采编背后的媒体运作机制非常重要，这是准确报道、快速生产的制度保障。大讲堂能让我们了解到主流媒体在突发状况下所采取的高效应急机制。在抗疫的紧张情势下，记者、团队乃至部门间的高度配合，其背后是线性的、流程化的、操作性的机制。这种机制在何种状况下得以形成？如何改进？如何将机制塑造为团队的共识并落实执行？这些更加抽象的、需要进一步思考的问题，对新闻教育者和学子们具有十分重要的价值，对主流媒体机构的发展也具有重要意义。

3. 以“面”传道，思考媒体的职责与使命

这场疫情促使新闻工作者在性命攸关、舆情变幻的风口浪尖上，集中思考新闻媒体在国家抗疫工作中的职责与担当，以及新闻媒体在国际舆论中的站位与使命。新华社总编室副主任、高级记者刘刚在大讲堂中提道：“去武汉和留下来最重要的理由就是职责。”

如果说主流媒体的所有抗疫报道有一条共性，那就是“以人民为中心”，这也是我国媒体独特而神圣的职责与使命。这次疫情中，许多媒体负责同志和记者的优秀作品都反映了人民至上、生命至上的原则，展现出新闻媒体的人文关怀。《人民日报》副总编辑汪晓东在大讲堂上说：“如果你写得不够好，是因为你离人民不够近。换言之，如果你要写得足够好，就要离人民足够近。只有这样，你才能真正与人民共情。”

三、转型所向，大讲堂之于高等教育的意义

2020 年 11 月 5 日，中国新闻传播大讲堂启动仪式在中国传媒大学举办，“来自抗

疫一线的报道”课程正式向全国新闻院校发放。大讲堂的意义和价值在于切实地让这些经验扩散开来、传承下去。在教学和教育层面，要有效使用大讲堂，应把握两种方法，提升一个价值和内涵。

1. 课程教学：需要把握的两种使用方法

一是独立课程，系统化学习。将大讲堂作为一门独立的32课时课程，组织学生线上或者线下学习收看。每一集的大讲堂视频片尾都附有二维码，链接着大讲堂和主讲记者推荐给学生拓展学习的抗疫报道新闻作品；有的是主讲记者在大讲堂提到而在主体内容中没有具体展示的优秀作品案例；有的是作为案例在大讲堂课程里嵌入了一段文字或者一段视频，没有展示全部。这些内容都值得拿来精读和进行案例分析。老师也可以有针对性地组织和引导学生对课程内容以及拓展学习的案例进行分析和讨论。将大讲堂作为一门完整独立的课程，能更大程度地让学生领会系列课程的脉络，了解抗疫报道全貌。

二是融合课程，交叉式授课。大讲堂讲述的视角非常多元，内容也非常丰富，为了尽快在教学工作中用上、用好大讲堂，也可以把大讲堂和现有的课程体系进行融合。在教学实践中，老师可以根据课程内容和范围的差异，选取相应几讲的大讲堂内容来使用；或挑选大讲堂中跟自身课程相关联的知识点和记者的观点，以抗疫记者的报道作品和讲解为案例，用生动鲜活的材料来充实和丰富课程。

这两种方法对推进抗疫精神进校园、进课堂、进头脑，在新闻传播教育教学中加强马克思主义新闻观教育，都大有裨益。

2. 高等教育：提升和充分开发的价值与内涵

大讲堂是“司、局、校”协同推进新闻传播教育创新发展的重要举措，契合了新媒体环境下校、媒融合平台建设的专门化、精细化趋向。对大讲堂的充分开发，对于高等教育发展而言具有多方面的价值。

一是精准实现立德树人。立德树人作为我们高等教育的一项根本任务，其目的就是要引导学生树立正确的理想信念、价值观念、道德修养。互联网是今天新闻舆论工作的主阵地、主战场，我们培养掌握网络传播规律的后备新闻人才，核心要义其实是要引导学生树立正确的国家观、人民观、传播观，要培养学生牢牢坚持马克思主义新闻观、具备家国情怀和责任担当意识，要引导学生坚定地成为党和人民放心的新闻工作者。

二是拓展“好记者讲好故事”模式。“好记者讲好故事”活动是中国记协每年在全国新闻战线开展的重要活动。来自一线记者生动鲜活的案例梳理和总结、优秀记者的理想信念和专业品质，都在这一活动中淋漓尽致地呈现出来。更重要的是，活动为全国新闻界树立了良好的榜样，提供了鲜活的案例。与之相比，大讲堂具有类似的基因，通过一线记者的生动讲述，用紧密结合抗击新冠肺炎疫情的鲜活案例、鲜活故事、鲜活课堂，为高校新闻传播学子提供专业典范。这是一堂鲜活的专业大课，也是最切合实际的马克思主义新闻观大课、最生动的国情大课、最有温度的思政大课。

三是探索“新文科”的建设范式。大讲堂也是高校新闻传播教育战线落实“新文科”建设工作会议精神的迅速行动、关键抓手、生动实践。“新文科”概念诞生于新技术、新需求、新国情等诸多现实背景之下。新闻传播学教育的一项重要任务是培养学生的专业性。这种专业性体现在技能、机制、伦理、价值等多个层面。在“新文科”建设的征程中，大讲堂将在现代视听技术与通信网络的加持下，面向全国高校新闻院系同步推广，探索人才培养的新模式，为我国新闻传播事业壮大人才后备军。

四是推动高等教育普及化。大讲堂是推动国家高等教育从精英式转向大众化，进而向普及化转型的重要举措。在教育部高教司的指导和支持下，该课程即将走进大学校园，成为全国高校师生学习的“云上专业课”。利用现代视听技术与通信网络，这些来自一线的优质资源将被直接分发至全部新闻院系，力争推动优质教学资源覆盖全国 727 所高校的 1391 个新闻传播学类专业点。

这是新闻传播学科的高等教育迈向普及化的开创性一步。通过新闻传播院系、通过教育者、通过大讲堂、通过网络，这门课程将感染和激励更多的新闻学子，帮助他们坚定理想信念，提升专业素养，积极投身党和国家的新闻事业，在传播实践中坚守家国情怀、主流价值，成为党和人民的代言人、意识形态斗争的主力军、积极向上舆论氛围的引导者。

四、结语

为党育人，为国育才，培养担当民族复兴大任的时代新人，是教育者的责任与使命。中国新闻传播大讲堂是一门专业大课，也是一门国情大课，更是一门思政大课，对其进行充分的开发和利用，是“新文科”语境下探索交叉融合的新闻传播学科建设的重要探索，因而具有丰富而深刻的价值和意义。

7.5.3　内容摘要（30 篇）

①白贵，杨强．新文科与新闻传播教育生态的调整［J］．中国编辑，2021（2）：

12-15，50.

进入 21 世纪以来，全球高等教育所受到的挑战日益紧迫化、严峻化。快速融入世界的中国，更是如此。新闻传播教育在当今高等教育学科边界逐步模糊的背景下，新闻传播教育在整个教育生态链系统中的功能已然发生变化，新闻传播教育的人才培养观念也到了必须转换的时候，新闻传播专业教育的体系应该全面升维了。本文以教育生态学视角，从新闻传播教育内部及外部生态圈层考察了技术变革背景之下新闻传播教育的新境遇和新使命，以及新文科建设给新闻传播教育生态调整带来的新契机。认为新闻传播教育工作者应当转变观念，借新文科建设契机，调整新闻传播教育生态中与国家战略、社会现实及传媒业界需求不适应的因素，重构新闻传播教育生态平衡。

②陈锦宣．新时代马克思主义新闻观教育的根本指向［J］．中国出版，2021（17）：33-37.

进入新时代后，新媒介技术层出不穷，新媒体影响力大大提升，媒体格局和舆论生态产生了深刻变化。开展新时代马克思主义新闻观教育，需要我们深入研究这一教育的本质，深入剖析它的根本价值指向，深入探讨教育的目的、内容、对象、方法、重心、环境等核心要素，回答“为什么教、教什么、教谁和如何教”等一系列根本性问题。本文认为新技术、新媒介为新时代的传媒生态带来的是动因还是变量，取决于新时代的新闻舆论工作是否牢牢坚持马克思主义新闻观，取决于是否学通、用好马克思主义新闻观这个党的新闻舆论工作的灵魂；认为新时代马克思主义新闻观教育的根本目的在于“筑牢新闻舆论工作者思想之魂”，“习近平新闻舆论重要论述”是教育的核心内容，在教育对象上要抓牢新闻舆论工作队伍和接受高校新闻传播教育的青年学子两支队伍，在教育阵地上要积极争夺“新媒体舆论场”这一主战场，在抓教育主要环节上则要着力加强话语体系建设。

③陈文沁．工学整合的融媒新闻实践教育［J］．青年记者，2021（22）：87-88.

深度融媒时代，高校新闻教育改革关乎新闻学知识体系结构的未来演化。一个值得关注的问题就是新闻实践之于高校新闻教育的作用与功能发生了何种调整。本文聚焦的工学整合的融媒新闻实践教育已经在部分中外高校推广开来。这种教学模式既隐含了对理论与实践之间关系的多重认知，又映射着学生、高校与传媒业界之间的动态关联，因此在实际操作中需要灵活把握。本文首先基于认识论的角度来解析工学整合融媒新闻实践教育的基本理念和整体目标，然后梳理目前比较成熟的课程设计方案，最后总结其对学生素质评估的若干维度，认为：工学整合的融媒新闻实践教育能够灵活地调整理论与实践之间的关联，让学生、学校与业界之间形成动态的知识生成系统，为深度融媒时代新闻知识体系结构的重塑带来创新力量。

④陈晓兵．人工智能+传媒教育跨界融合生态重构［J］．中国出版，2021（6）：36-38.

万物互联智能先行的物联网时代下，国务院将“人工智能+教育”列为科教兴国战略发展新高度，高度重视人工智能+教育行业的全面发展。人工智能+传媒教育跨界融合，满足了传媒教育行业市场需求及目标受众的需求，有利于营造智能传媒教育教学生态体系的良性发展。人工智能技术与传媒教育有效融合，打造信息化实践教学应用场景，打造智能传媒教育教学新环境，开发传媒教育教学新方式，从全媒体人才培养、产教融合模式等角度挖掘智能传媒教育的现实价值，在新兴科技触动传媒业大转型融合当下提出“AI+传媒教育”的生态重构，有利于全媒体新闻人才培养与新闻教育理念的革新，培养高质量的新闻传播人才，实现新闻教育教学的智能化、信息化、效率化、云端化，引领新闻教育教学的新发展。

⑤郭小安．智媒时代新闻传播教育的“变”与“不变”［J］．青年记者，2021（23）：84-86.

在智媒时代，新媒介技术对传统的新闻产业带来了革命性的冲击，新概念、新技术、新理念如梨花开放般竞相席卷而来，对传统新闻业带来了革命性的冲击，彻底改变了新闻传播的格局。媒介格局的变化体现在政治、市场和文化层面，而依托于传统媒介进行智识生产的新闻传播教育“何枝可依”？何去何从？这成为每一位新闻传播教育界人士忧思的问题。本文认为，智媒时代的新闻传播教育既要紧跟时代前沿，又要潜心积淀，做到创新与守成的兼顾；既要主动求变，又要尊重教育规律，做到标准化与差异化的平衡以及新旧教学方法的竞争与融合，紧跟时代前沿，因势而动，以不变应万变，才能避免在前进中迷失方向，在未来的竞争格局中谋求发展之地。

⑥贺明华．建设性新闻教育溯源、理念及本土选择［J］．现代传播（中国传媒大学学报），2021，43（5）：165-168.

建设性新闻教育理念可追溯到西方新闻教育初创时期，其或隐或现于其新闻教育始终，以促进社会民主和改变全球新闻文化为使命。在欧美，媒体、NGO 组织和大学之间业已形成社会力量为主导的建设性新闻教育三螺旋创新格局；其教学内容创新了西方新闻教育的内涵和外延，但其底色依然是西方新闻教育核心价值；其教育目标指向人类社会“公共善”的人文主义，试图以人文主义教育挑战非人文主义的教义。与西方社会政治文化制度不同，我国新闻教育“建设性”实践应立足本土，明确建设性新闻教育的合法性问题，创新三螺旋教育模式，构建本土“建设性”话语体系，目标指向国家、人民，乃至“人类命运共同体”，以创新发展中国特色新闻教育，不仅培养建设性新闻专业人才，还提高全民“建设性”意识，促进社会进步，增进人民福祉。

⑦胡泳，张艺晨．互联网时代的美国新闻传播教育改革［J］．中国编辑，2021（4）：90-96.

在互联网浪潮下，数字技术颠覆新闻生产和传播方式，使得新闻教育改革变得迫切且必要。作为新闻教育的先行者，美国各大知名高校和机构基于“数字第一”的核心共识，将互联网科技的创新基因注入课程体系，开始培养坚守新闻传统价值、立足跨学科知识、熟稔数字技术的复合型人才。随着新闻传播的时代内涵不断拓展，专业化培训和大学科研找到新平衡，高校新闻教育步入“回到大学中去”的新阶段，学科交叉、校内外广泛合作的生态也在进一步印证新闻传播的学科价值与社会价值。本文尝试勾勒互联网时代美国新闻传播教育的改革现状，以研判新闻传播学院如何在传授价值、建立批判性思维和分析技能以及发展专门知识方面做得更好，并发现在美国，面向互联网和数字化的新闻传播教育不仅是一个学界课题，更是牵动跨学科协作、全行业变革、泛社会影响的广阔议题。

⑧黄钦，邓银行．新闻与传播专业学位硕士教育“学术漂移”的表征与成因［J］．传媒，2021（1）：79-81.

新世纪以来，我国一直在探索专业学位研究生教育的规律和模式，致力于分类培养和分类管理以改变研究生专业学位教育的学术化倾向，在借鉴国外经验的基础上，我国新闻与传播专业型硕士人才培养逐渐走出了一条创新之路。但是，从新闻与传播专业硕士教育来看，现有师资队伍、人才培养模式、学科建设等方面均存在“学术漂移”的现象，其成因包括专业型硕士培养缺乏规制与认同、培养模式“双导师制”流于形式难以落实、校媒合作中产学研结合中的“囚徒困境”等。我国专业学位研究生教育的内涵和外延一直随着时代变迁而不断发展变化，为了凸显专业硕士培养的培养特色，必须正确认识和对待“学术漂移”现象，需要妥善处理好高等教育的相对独立性与市场化趋向、学术性与职业性的、路径依赖与制度创新、统一性要求与多元化发展之间的关系。

⑨李丽．新闻传播教育改革与媒介素养教育的日常化［J］．传媒，2021（13）：85-87.

在信息化社会中，媒介素养作为现代人生存发展的一种必备技能，其重要性已经得到社会各界的共同认可，伴随着媒介的泛化，“媒介素养”几乎被认为是解决所有媒介问题的解药。在媒介素养中，新闻媒介扮演了重要的引导角色。作为新闻工作者的后备力量，新闻传播学科学生的媒介素养水平直接关系到未来社会的媒介素养水平，因此对于新闻传播专业学生进行专业的媒介素养教育，是新闻教育中必不可少的环节。本文通过问卷调查发现，新闻传播专业学生的媒介素养也存在明显短板，这是造成目前我们面临的一系列媒介伦理问题的重要原因。在日常的教学工作中，应该更注重对学生媒介素养的培养：强化底线意识，在教育阶段摒弃“唯流量论”；将对媒介伦理的思考融入各门课程之中；在实践阶段加强对学生媒介伦理的引导，拥有正确的新闻价值观念对于学生未来的发展至为关键。

⑩李明德，朱妍．新闻传播学跨学科教育模式要“以问题为导向”[J]．青年记者，2021（5）：5.

就目前国内新闻传播学院的情况来看，新闻传播学跨学科人才培养最大的问题是其他学科与新闻传播专业课程存在“两张皮”的现象，即学科之间没有深度交流、融合和应用，依然是各说各话、各行其道。面对这样的困境，新闻传播学该如何跨学科？当前全球各个学科关于跨学科教育都形成了“以问题为导向”的模式，强调从问题出发来寻求跨学科的解决方案，通过宏观视角进行顶层设计、模式创新，以自上而下的方式来推动跨学科平台的发展。很多国内新闻传播学院近年来也在跨学科方面不断探索，主打“交叉牌”。比如借助理工科强势平台，把新媒体与信息技术结合起来进行跨学科交叉。本文认为跨学科不仅是在课程设置上多开几门其他学科的课程来完善新闻传播学科体系，而且需要不同学科在探索和教授的过程中进行整合甚至调整，即强调合作。

⑪刘朝霞，丁韬文．融媒时代“新闻评论”课程的教学创新、能力转化与价值坚守[J]．中国编辑，2021（1）：72-77.

融媒时代的到来消解了新闻传播的角色边界，也重塑了“新闻评论”教学的体系架构。要想占牢舆论引导的主阵地、把握舆论引导的主动权、延伸主流声音的覆盖面，新闻评论也必须创新话语表达方式、变革内容呈现样式、契合平台传播模式。面对与用户体验相贴合、与社会舆论相嵌合、与时代发展相吻合的融媒评论形式，“新闻评论”课程需要在融媒语境中更新教学模式，将媒介融合的思维贯穿“新闻评论”的教学实践，重新书写评论课程实践中“教”与“学”的关系，不断推动“新闻评论”教学中学生判断力、表达力与整合力等能力的提升转化，并在新闻评论人才的培养上探索理论与实践的平衡点、找寻热点报道与冷思评论的联结点、创造思想锐度与理性表达的统一点，把握好融媒时代“新闻评论”课程与业态嬗变的有机连接、与社会发展的良性互动。

⑫刘亚东，高冉．发展互联网时代有中国特色的新闻学教育［J］．青年记者，2021（21）：80-81.

新闻事业既有产业特点，又具备上层建筑属性，因而必须加强马克思主义新闻观和舆论观教育。互联网时代的新闻学教育，还需要对既有观念和设置进行结构性审视和系统性再造以适应智能媒体环境。发展中国特色的新闻学教育要从分层次培育有中国特色的新闻人才、加强多维立体的跨学科媒介素养教育、培养互联网时代的新闻专业能力这三个角度出发。本文认为，在互联网新技术引发大变革的时代，中国特色的新闻学教育应该坚持党的领导和马克思主义新闻观，采取主体创新、微观借鉴、多方融合的模式，注重实践教育、技术教育和人文教育，为实现国家的战略目标、社会的和谐进步、人的全面发展、不断培养符合各方需要的人才。

⑬刘珍，赵云泽．新文科背景下新闻传播教育的挑战与发展思路［J］．出版广角，2021（6）：23-26.

数字技术的快速更新迭代，使新闻生产和媒介形态发生了深刻变革。大众传播行业在科技的驱动下，从最初的“报网结合”走向基于移动互联网海量数据驱动，由人工智能技术参与的全媒体类型、全产业链深度融合，大众媒介真正进入智媒时代。同时，我国新闻传播工作面临着复杂的内外环境，正确引导舆论、积极对外传播以及维护国家意识形态安全需要该学科提供理论和人才支持。在新文科背景下，新闻传播教育要突出自身的联结作用，保持为公共服务的价值追求。在坚定学科自信、创新核心课程的同时，新闻传播教育应加强学科耦合，形成跨学科知识集，兼具人文关怀和工具意识；加强思想政治引领，凸显学科在舆论引导和社会治理方面的直接作用，不断提高学科回应现实和解决问题的能力。

⑭孙光磊，信中豪．智媒时代传媒艺术教育的现实困境与突破路径［J］．中国广播电视学刊，2021（6）：43-45.

近年来，传媒行业广泛开展了基于人工智能等新技术的探索与尝试，“大数据”“云计算”等名词频繁出现在公众视野中，“智媒时代”已然来临，这对传媒艺术教育提出了全方位的挑战。由于技术升级，传媒行业的生产模式、组织模式的改变势必影响传媒艺术人才的教育、培养方式，对智媒时代传媒艺术教育路径进行重新审视已经迫在眉睫。本文从传媒艺术教育的现状分析入手，提出传媒艺术教育不应以“技术的固定”取代“艺术的思辨”，传媒艺术教育必须尊重人文精神、尊重传统文化、坚定家国情怀，不仅要改变对“技术化”的过度依赖，高屋建瓴地认识技术、运用技术，还要坚持在家国情怀的基础上建立更基础、更广泛、更深厚的文化自信，这样才能在智媒时代划清“智慧化的机器”和“人”本身的界限。

⑮孙江．中国共产党在延安时期的新闻教育［J］. 中国高等教育，2021（20）：31-33.

党的新闻教育萌芽于延安时期中国共产党创办的陕北公学，发轫于延安大学新闻班，经历时代变迁逐步发展成为遍布全国各地的上千所新闻（传播）院系。在陕西这篇红色热土上，传承着陕北公学红色基因的新闻教育在新中国成立后不断发展，涌现出各色杰出的新闻教育者，不断发扬光大陕北公学新闻教育的红色基因与办学理念。回溯中国共产党领导创办新闻教育的初心使命，探寻党领导创办新闻教育的起始点的特殊价值，有助于新时期中国新闻传播学子不忘初心、牢记使命，促进学生们在中国共产党革命圣地找到中国新闻传播早期实践活动与理论求索脉络，对于将马克思主义新闻观教育融入人才培养全过程，促进新闻传播教育的传承创新和繁荣发展具有重要实践价值和理论意义。

⑯孙清凤，徐思南．中国共产党新闻教育政策百年回望——基于历史制度主义视角［J］. 教育学术月刊，2021（11）：11-18.

中国共产党新闻教育在百余年变革中历经洗礼，百年新闻教育政策塑造了马克思主义新闻观指导下国家统筹规划的中国特色新闻教育体系。在历史制度主义视域下，新闻教育政策演进从运动式管理转向常态化治理，国家宏观制度情境、变量序列结构变动的双重逻辑影响政策变迁方向；疾风骤雨、和风细雨式的变迁路径影响政策变迁速率，且交替出现在新闻教育政策筚路蓝缕的百年历程之中。梳理与把握中国共产党百年新闻教育的政策文本与其演进逻辑，有助于把握关键节点，突破路径依赖，实现新闻教育政策创新。历史通往现实与未来，百年新闻教育政策演变史蕴藏了把握未来发展机遇的珍贵经验，中国共产党百年新闻教育政策演进过程表明，只有聚焦客观现实需求，顺势把握变迁时机，遵循教育规律与新闻传播规律，用政策激励新闻教育创新，才能释放新闻教育政策的应有效率。

⑰王华，张漫子．“四史”融入马克思主义新闻观教育：时代命题、内在逻辑与总体进路［J］. 中国出版，2021（22）：3-7.

马克思主义新闻观教育是马克思主义新闻思想和马克思主义历史观构建的重要内

容，它是马克思主义中国化的重要方式和主要体现，并清晰地展现了马克思主义思想如何与中国具体实际相互交融，成为近现代中国新闻传播事业的指导思想与动力之源，推进中国特色社会主义事业建设和发展。以党史、新中国史、改革开放史和社会主义发展史作为载体，借助“四史”的历时性、共时性和理论自信、意识形态、知识演进的路径研究，展现马克思主义新闻观教育中历史意识和历史思维的重要性，以此论证马克思主义新闻观教育的历史逻辑、理论逻辑和实践逻辑的统一，并且从历史观和理论角度展现“四史”的融入对马克思主义新闻观教育的推动作用，提出马克思主义新闻观教育与“四史”的相融方式和新闻理论体系建设，将有利于进一步实现新时代马克思主义的中国化。

⑱王润泽，徐诚．守正创新：新文科建设背景下的新闻教育变革方向［J］．出版广角，2021（7）：9-12.

在当代中国，哲学社会科学有着新使命，新文科需要赋予文科以新角色、新定位，为满足中国特色文科人才培养的现实需要，顺应教育改革发展的新文科建设应运而生；在新文科建设的时代背景下，推动新闻学科建设的新闻教育变革势在必行。文章在习近平新时代中国特色社会主义思想的指导下，从政策解读出发，对新文科建设与新闻教育变革之间的联系进行分析，认为“守正创新”是新闻传播教育的未来之路。在新文科建设背景下，新闻教育变革一方面要立足中国国情，在坚定维护学科主体性与核心功能价值基础上，构建新时代新闻教育的学术体系、知识体系与话语体系；另一方面要从内部强化新闻传播教育，提倡在新文科建设的背景下对新闻教育变革的逻辑起点进行调整，注重学科交叉、多学科融合，构建学界与业界合作对话的新机制，同时把握人文与科学的交叉，及时调整新闻学知识体系建构与人才培养模式。

⑲王秀萍，刘惠瑾．情感视域下的新闻传播教学［J］．教育理论与实践，2021，41（33）：53-56.

新闻传播类专业在中国经历近百年的发展历程，已趋于规范与成熟，每个院校都制定了相应的人才培养目标和人才培养方案，其教学改革亦层出不穷，或涉及教学内容，或涉及教学方法，然而开展情感教育还较为罕见。情感教育既是一种教学模式，又是一种教学策略。因而，情感教育既包括人才培养过程中的情感教学活动，也包括人才培养目标与结果中人才需具备的情感素质。新闻传播类专业符合大学普通专业办学的一般性规律，但其也具有自身特殊的属性。在新闻传播类专业开展情感教育，既是育人的普遍要求，又是传媒事业本身的特殊要求，这是由人的全面发展的教育目的、立德树人的根本任务以及优秀传媒人才的培养目标决定的。在新闻传播类专业开展情感教育路径是可注重培养教师情感教育的意识和能力，注重激发学生的主体性，注重选取恰当的教学内容以及创设适当的教学氛围和教学环境等途径。

⑳吴果中，余宏．后人类时代新闻传播教育的新内涵［J］．青年记者，2021（13）：80-83.

随着智能技术的发展，人类社会已进入人机融合、人机共生的后人类时代。对新闻传播教育而言，后人类时代变革了传统的以人类为中心的“主宰”式教育模型，“人”的去中心化趋势渐为明显，人与非人之间的伙伴关系成为后人类时代的主题，从而转向了人机共生的新范式：教育主体的赛博格化；人文学科转向后人文学科；大学教育的去中心化。因此，后人类时代的新闻传播教育要实现内涵和理念的新突破。从“新闻素养”到“数据素养”焕发新闻传播学科的新气质：以数字课程为基础；以人类智慧为主导；以质量评估为保障。从“相对离散”到“交织紧密”，重塑融合型知识体系：学科间交叉建设；搭建产学研一体化平台；培育国际视野。从“新闻传播”到“公共传播”，构建新闻教育的新模式：认识到遭遇危机的公共性；公共传播教育模式的必要性；公共传播教育的可行性。

㉑许志强．新文科视域下应用型传媒人才的智能素养教育［J］．传媒，2021（23）：82-84.

网民规模的扩大、媒体深度融合理念的普及，以及以“云大物移智区加”为代表的新一代“智能+”技术集群应用的深化，不仅升级着媒介生产与运营模式，助推着媒介形态演化，扩展着传播生态边界，而且使人类迈入了“万物皆媒、人机合一、自我进化”的智媒时代。智媒推动了工具理性的浪潮，但培育应用型传媒人才从认知到行为上的价值理性，才是“以人为本”的教育之本质与核心。在新文科建设背景下，“智能+”技术集群与传媒高等教育的深度融合，不仅为应用型传媒人才培养的转型、升级、改造带来了新机遇，而且已成为应用型传媒人才顺应个人发展与智媒时代需求的关键路径。传媒高等教育改革应结合智媒技术特质及其对传媒业造成的影响，重新确认智能社会对应用型传媒人才的要求及其应该具备的核心素养，并通过精细化和专业化的方式培养合格智能传媒社会的人才。

㉒延宏．边界突破、科学素养与开放趋向——新文科背景下中国新闻传播学科教育的三个转向［J］．青年记者，2021（16）：96-97.

万物皆媒、“人人都有麦克风”的新生态使得媒介成为人们日常生活的有机组成部分。在诸多快速变革的媒介技术的加持下，媒介形态与传媒生态也发生着急剧的变革。高度媒介化的社会，不仅对新闻媒体从业人员提出了新的要求，也给新闻传播学科教育和人才培养带来了新的机遇与挑战，新文科战略在大变局的时代背景下应运而生。新闻传播学科作为其中的重要组成部分，一直以来在学科边界、素养培育、教学方式等方面也不断发生着调整与创新。本文结合国内外学科教育实际，从学科边界、素养培育、教学方式等方面进行分析，认为新文科背景下中国新闻传播学科教育已经出现了三个转向，即以交叉为导向的学科边界突破、以科学为导向的素养培育、以开放为趋向的共建教学。

㉓张昆．新闻传播教育的目标画像［J］．新闻与写作，2021（5）：62-67.

教育的使命是培养全面发展的人，新闻传播教育的使命是培养卓越的新闻传播专业人才。一个普通的大学生经过几年系统的教育、训练，才能逐步地具备优秀的新闻传播专业人才不可或缺的知识、能力和综合素质。本文描绘了新闻传播教育的目标画像，即勾勒了一个卓越新闻传播专业人才必备的条件：卓越的职业素养、跨文化沟通能力、渊博的学识、敏锐的洞察力、质疑精神和批判思维、博爱情怀、高尚的职业道德和坚定的政治原则。当今时代的全球化和信息化，对新闻传播人才的知识与能力结构、人格特质与道德素养提出了全新的要求。这种目标画像，对于新闻传播教育的定位，对于人才培养过程中的教学改革，具有一定的现实指导意义。

㉔张昆．新闻传播学科建设要回归教育本身——对五轮全国一级学科评估的思考［J］．出版广角，2021（17）：28-32.

2002—2021 年，教育部学位与研究生教育发展中心连续进行了五轮全国性一级学科评估，比较全面地呈现了国内高校的学科生态及其演变脉络；参评高校及学科也得以明确自己的历史方位，了解自己的优劣短长，为以后的建设发展提供了参照。在五轮评估中，每轮都较前轮有所改进，同时也存在一些不足。反思这五轮评估，结论是高校学科建设要回归教育本身，围绕人才培养、科学研究与社会服务三大支点做文章，教育是由学生、教师、学校社会三个支点构筑的平面。大学的天职是育人，培养全面发展的专业人才，只有具备创新思维、创造能力的师资队伍才能传道授业解惑，而要让教师们安心教育一定要有条件的保障，为此高校必须开展高品质的社会服务以获取更多的资源。牢牢抓住学生、教师、教学、平台诸环节，这对于完善后继的学科评估体系，促进高校的学科建设，有积极的意义。

㉕赵红勋，冯奕翡．人工智能时代新闻传播教育的变革逻辑［J］．中国编辑，2021

(1)：78-81.

在以大数据、算法为核心技术支撑的人工智能时代，从线索搜集到选题策划，再到采访撰稿，直至信息传播等一系列流程都耦合与嵌入着人工智能的话语逻辑，对现有新闻传播的生产理念及话语实践遭遇到前所未有的思想震荡与生态剧变，重构了媒介环境业已建立的知识版图。在传播生态环境重塑的过程中，新闻从业者的价值标准、内在涵养、知识结构等基本素质被不断消解，由此新闻传播教育亟待在观念、实践等诸多方面进行变革方能适应人工智能时代的新闻传播理念嬗变与实践再造。在持续的变革进程中，技术逻辑、教育逻辑以及融合逻辑发挥着核心作用，成为书写和建构新闻传播教育的关键理路。而无论社会如何发展、媒介技术如何变革，教书育人一直都是学校一贯秉承的办学理念，新闻传播学也只有真正做到不断创新和完善，才能为国家和社会培养高质量的传媒人才。

㉖郑亮，周竹青．构筑基于中国国情的国际传播教育［J］．青年记者，2021（11）：71-73.

当今世界面临百年未有之大变局，国际局势的复杂多变、国际传播交锋日益激烈，过度重视外语教育和过度借鉴西方框架的国际传播教育已经无法满足人才培养、学科建设和社会服务的使命。当前我国的国际传播教育应当坚持马克思主义新闻观的引领，将思政教育融入体系，既要根植于中华优秀传统文化，又要立足中国特色社会主义实践的现实问题，培养具有大局意识和使命责任感的国际传播人才，建设立足国家立场和中国问题意识的新闻传播学科，开展讲好中国故事、重构国家形象和国际传播话语的社会服务是国际传播教育的目标和使命。强化国情教育则是国际传播教育承担使命、实现目标的必由之路。借力新文科建设，实现教育内容和教育方式的改革创新，构筑基于中国国情的国际传播教育，向变动中的世界讲好中国故事，传播中国的声音，展现真实中国。

㉗郑卓，陈莹．马克思主义新闻观课程思政的教学设计与探索［J］．出版广角，2021（20）：93-95.

推进课程思政建设是落实立德树人根本任务和提升人才培养质量的关键举措。在社会变革、文化繁荣的时代，深化课程思政建设不但推动了我国高校教育理念革新和教育体制完善，而且以“立德树人”为前提，为中华民族伟大复兴的新时代人才需求提供了有力保障。马克思主义新闻观作为我国高等教育新闻传播学专业的一门重要基础课程，其中蕴含着丰富的思想价值和精神内涵，因此，课程思政必将成为我国特色社会主义新闻传播人才培养的重要内容和有力抓手。为充分发挥马克思主义新闻观课程的育人功能，文章围绕目标设定、元素挖掘、方法选择、评价建构四个方面进行课程思政的教学设计与探索，以期更好地推进新闻传播学专业课程思政建设工作，培养出一批政治坚定、思想过硬、作风优良的卓越新闻传播人才。

㉘周光明，王琦．略论新闻教育的“延安模式”［J］．编辑之友，2021（1）：102-109.

延安时期的中共新闻教育是中国近代新闻教育史的重要构成部分，形成了新闻教育的“延安模式”。本文在挖掘与整理相关史料的基础上，全景式地描绘出延安新闻教育的生动场面，并试图阐释中共新闻教育“延安模式”的丰富内涵。

延安新闻教育在技术训练和学理研究两方面各有所成，其教育实践主要包含大学新闻教育和新闻机构的新闻教育两种新闻教育类型，后者又可细分为专职人才的新闻教育和通讯员的新闻教育。延安新闻教育从属于中共的干部教育与宣传教育，受到“新教育”理念的强烈指导，带有明显的实践主义特征。它既是一种地方经验、地方知识的提炼，又具有一定的普遍启示意义。这一模式对中华人民共和国成立初期的新闻教育产生了直接的影响。探讨延安新闻教育，不仅可以发现当代新闻教育中的许多关键因素，也可由此获得丰富的启示。

㉙周伟业．世界新闻教育大会教育原则、议题与价值取向探析［J］．现代传播（中国传媒大学学报），2021，43（9）：166-168.

世界新闻教育大会是观察全球新闻教育发展动态的一个重要窗口，回顾、梳理、反思其倡导的教育原则、会议议题、教育价值取向等问题，可以增强把握国际新闻教育发展态势的能力，汲取、借鉴其教育方法和策略，可以促进国内新闻教育界与国际新闻教育界的沟通与合作，推动我国新闻教育由大向强，实现新闻教育质量和质量的不断提升。首届大会提出的具有奠基意义的 11 条新闻教育原则至今仍具有较强的指导价值。近两届大会的议题紧跟新媒体技术发展趋势，聚焦新闻教育实践难题，具有较好的参考价值。倡导包容、多元的新闻教育价值取向，并力求推动新闻教育框架从欧美中心走向全球化、多元化与去西方化，寄予着世界新闻教育同人的新闻理想，也是中国学者理应珍视并足以扭转新闻传播以欧美为中心等不利局面的重要理念和现实契机。

㉚朱晓莉．课程思政育人理念下新闻采访与写作教学实践探索［J］．传媒，2021（7）：83-85.

落实高等教育立德树人根本任务需要强化“课程思政”育人理念，“课程思政”作为立德树人、三全育人的重要实施路径，直接服务于专业思政、学科思政建设。作为专业核心课程，新闻采访与写作有必要、有条件、有优势落实思政育人理念：课程思政，教师先行，要务是提升专业课教师德育意识和价值教育能力；主动挖掘课程思政元素，与教学内容有机融合；以马克思主义新闻观为指导，建设经典教学案例库；坚持以学生为本，巧设教学环节，让新闻采写课程思政教育落地开花。在新闻采访与写作中植入思政教育元素，实现思政元素内化于课堂教学，外显于学生成长，“守好一段渠”，种好教师自己的责任田，为党和人民培养可靠的新闻舆论工作者。

7.5.4 专著介绍

①张昆．新闻传播教育导论［M］．北京：社会科学文献出版社，2021.

《新闻传播教育导论》是国内第一本系统论述高校新闻传播教育的专著，旨在建构新闻传播教育的理论体系。作者从教育使命、教育主体、教育过程、教育手段、教育环境及院系管理诸环节（要素）解读各种复杂的教育现象，深入研究新闻传播教育面临的问题、挑战和机遇，探索传媒转型及流程再造语境下新闻传播教育改革的具体路径(见图 7-14)。

图 7-14　《新闻传播教育导论》封面

该书作者认为，导源于教育的育人本质，新闻传播教育的使命是服务于人的全面发展和社会进步的社会交往实践；服务于人的全面发展是新闻传播教育的首要目标，新闻传播教育是为了促进社会及大众的全面发展，是一种人的交往实践。因而，新闻传播教育要继续致力于职业新闻人的培养，为社会培养公共传播人才，并致力于提升公民的媒介素养。在这样的意识指导下，坚定的政治原则、卓越的职业素养、跨文化的沟通能力、渊博的学识、敏锐的洞察力、质疑精神与批判精神、博爱的情怀、高尚的道德成为新闻传播教育的目标画像。为了实现新闻传播教育对于人的培育及其培育目标，该书从对新闻教育家的理性思考入手，结合自己几十年的新闻传播教育及其管理的经验，从新闻传播教师与教学团队建设、课程与课程体系建设、教材建设、实践教育、院系文化建设、学科建设、院系管理、教育改革及教育研究等进行了全方位、立体化的分析与探究。其中，不仅有作者依托于国内多所高校新闻传播教育实践而提出的经验分析与传授，更有基于新闻传播教育实践的思辨与升华，其理论建构和独创性见解，对新闻传播专业高等教育理论领域的学术探索和国内外新闻传播教育实践不乏启示和借鉴价值。

②薄立伟．河北新闻传播教育史稿［M］．武汉：武汉大学出版社，2021.

该书主要包括绪论、河北省新闻传播教育起源及发展、河北省新闻传播专业和学科建设、河北省新闻传播师资队伍、河北省新闻传播教学条件、河北省新闻传播人才培养、河北省新闻传播科学研究、河北省新闻传播产学研合作与社会服务、结论等 9 章内容，计 39 万余字。该著作带着问题意识，系统考察了河北省新闻传播教育的缘起、发展概况、专业设置、专业和学科建设、专业发展与特色、院系专业定位、师资队伍、课程教材、实验条件、人才培养、技能比赛获奖、优秀校友、科研机构、科研课题与获奖、学术论文、著作出版、产学研合作、社会服务等。该著作发现了河北省新闻传播教育的源头，考证了河北大学前身天津工商学院时期 1944 年的新闻学、广告学课程是河北省新闻传播教育的起点，同时确认了河北大学新闻传播学学科建设起点为 1944 年；梳理了河北省新闻传播教育的发展脉络，将 1944 年以来 70 多年的新闻传播教育史划分为筹备酝酿、艰难探索、扩充提质、内涵发展 4 个阶段；总结了河北省新闻传播学科发展的基本规律；归纳了河北省新闻传播教育发展特征。同时探讨了专业发展“S”形曲线与学科制度化、讨论了院系专业发展定位与特色凝练、反思了新闻传播学学科地位、展望了学科专业发展方向（见图 7-15）。

该著作为河北省社科基金项目的结项成果，项目在研究过程中使用了参与式观察法、访谈法、档案研究法、文献计量法、历史研究法、个案研究法等方法，收集了丰富的事实、数据，制作了大量的表格、图形，力求用事实说话、用数据说话。该著作的主要创新点有：首次对河北省新闻传播教育进行了系统、全面的研究；首次明确将新闻传播类高职专业同等对待进行研究；通过参与式观察和访谈法获得大量一手资料；使用了大量的统计数据来反映和呈现历史事实。该书在一定程度上填补了国内地方（省区）

图 7-15　《河北新闻传播教育史稿》封面

新闻传播教育史研究专著的空白。

该书入选“中国新闻传播教育年鉴书系”，在国内新闻传播史学术界引起了一定反响。

③彭祝斌，雷跃捷．媒体融合与国际视域下的新闻传播教育［M］. 长沙：湖南大学出版社，2021.

该书甄选由湖南大学新闻与传播学院主办的第三届岳麓传媒与文化产业发展国际论坛（2019，长沙）研讨论文共 35 篇，按议题辑为改革综论、人才培养、专业建设、学科建设、科学研究五个部分，是 40 多位中外新闻传播学者围绕“媒体融合背景下的新闻传播教育”主题展开对话和研讨取得的成果（见图 7-16）。

媒体融合给新闻传播的理念、业态、模式、方法、手段、平台、机制等带来了全方位的巨大变革。置身于这场伟大变革中的新闻传播教育，也面临一系列新问题和新挑战。媒体融合背景下，如何开展新闻传播学学科建设，如何重新定位新闻传播人才的培养模式，如何设计和实施高等院校新闻传播学专业的课程教学体系与新闻实践活动，新闻传播教育又如何服务于一国经济社会的发展，如何应对当下全球传播的机遇和困境，如何强化学术意识和批判精神，如何平衡全球传播背景下的传播自由与媒体责任等，是该书着重关注和探讨的议题。

该书着力探讨了媒介融合给新闻传播教育发展带来的机遇与挑战，回应了全媒体时代国内外新闻传播教育急需解决的重要问题，为当下新闻传播教育的改革创新提供了具

图 7-16　《媒体融合与国际视域下的新闻传播教育》封面

有国际化视野的对策建议和解决方案，可供高校的新闻传播教育工作者、科研工作者、新闻传播专业学生和新闻机构的实践工作者参考。

④张德胜，童铸．坚守本色与彰显特色——武体新闻传播教育 20 年的改革与创新［M］．武汉：华中科技大学出版社，2021.

该书以武汉体育学院新闻传播教育办学 20 周年为契机，在“双一流建设”与新文科建设的背景下，梳理记录新闻传播教育的特色发展路径，全面呈现武汉体育学院新闻传播教育的发展历程、办学特色和改革创新路径与措施，凝练办学理念，总结办学规律，扩大社会影响，为高校特色新闻学院建设提供参考模式。全书从 20 年磨一剑、建设专业学院，重培育善引进、打造优质师资队伍，懂体育会传播、培养特色新闻人才，强基础跨学科、科学研究不断创新，建团队创智库、社会服务合作共赢，读经典学原著、文化传承责任为先，化共同体、交流开放办学，守初心担使命、党的建设创建标杆等共计 8 个篇章展现了武体新闻传播教育的特色发展之路（见图 7-17）。

该书由张德胜和童铸联合主编。全书 56 万字，全面、系统、生动地介绍了武体新闻传播学院坚守新闻与传播本色的同时，不断凝练体育传播特色的过程与事迹。该书前后穿插了几十张精美图片，还收录了该院历届毕业生的合影照。该书 2021 年 10 月由华中科技大学出版社出版，并纳入《中国新闻传播教育年鉴书系》，对国内同类院系有一

图 7-17　《坚守本色与彰显特色——武体新闻传播教育 20 年的改革与创新》

定的借鉴之用。

⑤陈京炜，韩红雷．向煜而生——动画与数字媒体教育教学研究［M］. 北京：中国传媒大学出版社，2021.

作为中国动画、数字媒体艺术高等教育领头单位，中国传媒大学动画与数字艺术学院 20 年来不断探索创新人才培养与教育教学的改革，取得了一定的成功。该书总结了中国传媒大学动画与数字艺术学院 20 年的教学教改研究、思政与教学管理的经验，迎接新时代“人文为体、科技为用、艺术为法”的教学工作新要求，组织该校动画、数字媒体艺术、数字媒体技术、艺术与科技等相关专业教学与管理一线教师所撰写的教学改革论文集。全书分为课程思政、线上线下混合教学、人才培养、专业建设、课程设计、实践教学、教学方法、教学管理等 8 个部分，每个部分都由该专业骨干教师结合教学实践进行深入思考。如在课程思政方面，有教师提出，要利用好抗疫实践、结合“虚拟现实”课程等进行大学生思政教育、课程思政与作品思政教育；同时，要利用诸如“三维动画”课程、高校心理健康课等针对性地开展线上线下混合教学；在实践教学上，作者结合“动画速写”课程、“文学创作”课程、“游戏项目管理”课程、“数字影视导演”课程等提出，要利用好不同课程教学与创作的艺术特性及其与动画与数字媒体课程教学的内在关系，实现有效的体验式教学设计，等等（见图 7-18）。

图 7-18 《向煜而生——动画与数字媒体教育教学研究》封面

该书在总结成果的同时进一步推动动画与数字艺术学院高等教育教学改革的深入开展，提升教师参与教育教学改革的积极性和研究水平，反映动画与数字艺术学院教育教学研究的最新成果。

⑥白贵．新闻传播教育的思与行［M］．保定：河北大学出版社，2021.

作为一个从事新闻传播教育、教学一线工作的教师、管理者，国家级新闻传播本科教育的咨询、指导者，对新闻传播教育的定位、目标、体系、任务，育人思路的发展变迁，专业建设与事业拓展，以及新文科建设，都有着自己的认知、体会、感悟、体验。该书包含部分相关论文、书评、访谈，主要记录了白贵教授进入新世纪以来从事新闻传播教育的一些观念及实践，凝聚了白贵教授个人的感悟与思考成果。全书分为“论文”“书评”和“访谈”三个部分，“论文”部分收入作者近年来撰写的 12 篇学术文章，围绕着新文科建设背景下的新闻传播教育生态、教育新形势与新进步，应用复合型传媒人才的内涵与培养体系建设，新闻业裂变背景下传媒人才培养中的“技术仿真思维跨域伦理嵌入”，创新实践平台搭建与卓越新闻传播人才培养，中国传媒业对新闻传播教育的时代要求，媒体融合视野下的新闻教育改革等问题展开，旨在探讨新的教育背景、传媒技术发展与社会形态更迭下的新闻传播教育及其改革问题；“书评”部分收录的 4 篇文章是作者对《河北新闻传播教育史稿》《中国新闻传播教育年鉴》《预测与发现：数据新闻理论与实践》等新闻传播史、新闻传播教育与新闻传播理论方面的相关新著之后的所得、所思、所感与所想；“访谈”则主要收录了《今传媒》《中国研究生》《新闻与写作》等媒体对于作者白贵教授的相关访谈，记录着作者在新闻传播教育及其变革、新闻生产视野下的新闻图像伦理等问题的思考与分析（见图 7-19）。

图 7-19 《新闻传播教育的思与行》

（中南民族大学 陶喜红）

8. 他山之石篇

8.1 QS 全球新闻传播学科排行榜

8.1.1 QS 大学排名简介及体系概况

8.1.1.1 QS 大学及学科排名简介

夸夸雷利·西蒙兹（Quacquarelli Symonds，简称 QS）公司是英国的一家盈利性咨询机构。2004 年起该机构与《泰晤士报高等教育增刊》联合发布“THE-QS 世界大学排名”（THE-QS World University Rankings）。2010 年 QS 机构开始与《美国新闻与世界报道》、英国《周日时报》和韩国《朝鲜日报》合作，推出“QS 世界大学排名”（QS World Universities Rankings），至今已发展成为包括世界大学综合排名、学科排名、领域排名和地区排名等在内的综合性跨国排名评价系统，在全球范围内具备较强影响力及院校报考与申请参考价值。①

2022 年 4 月 6 日，2022 年 QS 世界大学及学科排名发布。在大学排名方面，麻省理工学院连续 10 年排名首位。中国大陆共有 6 所大学进入前 100 名。清华大学（第 17 名）、北京大学（第 18 名）和复旦大学（第 31 名）占据前三甲。浙江大学（第 45 名）、上海交通大学（并列第 50 名）和中国科学技术大学（第 98 名）紧随其后。港澳台地区共 6 所大学进入前 100。其中，排名最高的为香港大学（第 22 名）。

QS 大学学科排名开始于 2012 年。每年发布包括“艺术与人文”“工程与技术”“生命科学与医学”“自然科学”及“社会科学与管理”五个领域的学科排名。2022

---

① 刘强，丁瑞常 . QS 大学排名体系剖析［J］. 比较教育研究，2013，35（03）：44-50，91.

的最新大学排名榜单涵盖来自全球 97 个国家和地区的 1300 所高校与科研机构，相比 2021 年增加了约 120 所。传播与媒介研究（communication & media studies）被分入社会科学与管理领域，2022 年，该学科排名包括 37 个国家和地区的 241 所高校与科研机构。

8.1.1.2 QS 大学学科排名指标体系概况

QS 大学学科排名主要评价指标包括：学术声誉、雇主评价声誉、论文篇均引用率、H 指数、国际研究网络（IRN）指数（2022 年新引入的第五指标）。其中前两个是主观指标，后三个为客观指标。由于各学科在发文率和文化层面存在差异，因此 QS 在对不同学科进行评估时采用较为灵活的权重安排（见图 8-1）。①

第一，学术声誉是 QS 大学学科排名的核心指标。2022 年，QS 世界大学学科排名参考了全球超过 130000 名学者的反馈意见。受访者在提供其主要的学术背景和所在地区后，被要求列出他们认为在各自的研究领域内，除自己所处的院校机构外，较为优秀的至多 10 个国内研究机构和至多 30 个国际研究机构。第二，雇主评价声誉，考虑各研究机构毕业生的就业潜力，这是 QS 大学学科排名的特色指标。2022 年排名借鉴了全球毕业生雇主的近 75000 份调查回复，全球雇主们在问卷中被要求确定其认为可以招聘其毕业生的至多 10 个国内机构和至多 30 个国际机构，以及他们更倾向于招聘哪个学科的毕业生。第三，论文篇均引用率。论文篇均引用率为每个学科设定了最低发表门槛，参照爱思唯尔 Scopus 数据库，分析机构内近 5 年内每篇论文的引用量，以评估该研究机构的学术影响力。第四，H 指数。H 指数基于对学者发表工作的生产率和影响力的考量，由此确定特定研究机构的总体研究水平。但爱思唯尔 Scopus 数据库并未收录新闻传播学的中文期刊，这一指标仅考察了中国高校海外发表的情况。第五，作为 2022 年新引进的指标，IRN 反映了各科研机构与其他机构建立可持续的研究伙伴关系，其国际研究网络地理分布的多样化。

就传播与媒介研究领域而言，相关指标的权重占比相对较为稳定。比率为：学术声誉 50%、雇主评价声誉 10%、论文篇均引用率 20%、H 指数 20%。新引入的 IRN 指标暂未加入权重计算。通过上述四项加权计算，QS 得出传播与媒介研究领域不同机构的综合评分，为居于 2021 年度前 241 位的院校研究机构排序。前 50 名有具体排

① 数据来源：https：//analytics-l. qs. com/t/IntelligenceUnitWebsite/views/QSWURbySubject-Methodology_16494240828770/QSSubjectRankings-Methodology?：isGuestRedirectFromVizportal=y&：embed=y。

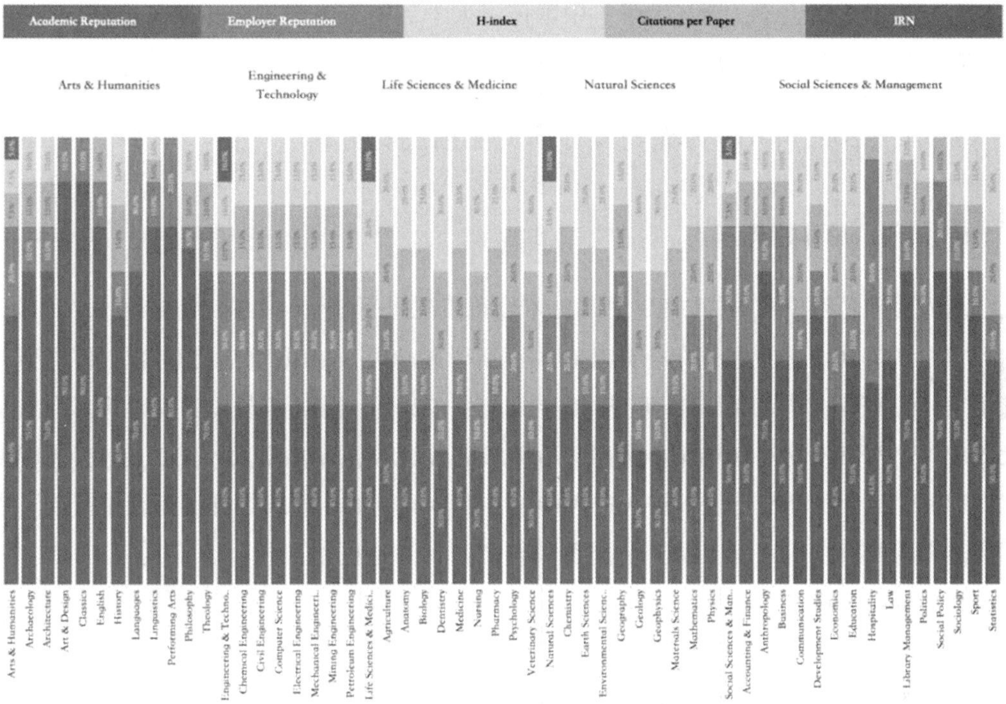

图 8-1　QS 学科排名各项指标权重分布

名，而“51—100”“101—150”“151—200”以及“201—241”各为一组，且不区分排名。

2022 年 QS“传播与媒介研究”高校学科排名中，阿姆斯特丹大学连续四年位居首位，南加州大学和伦敦政治经济学院仍稳居第 2、3 名。第 4~10 名分别是得克萨斯大学奥斯汀分校、南洋理工大学、斯坦福大学、宾夕法尼亚大学、威斯康星大学麦迪逊分校、密歇根州立大学（并列第 9）、纽约大学（并列第 9）。和 2021 年相比，密歇根州立大学升至并列第 9 位，加州大学伯克利分校则跌出前 10 位（第 11）。

中国香港的三所高校进入前 50 位。其中，香港中文大学排名第 13 位（2021 年为第 11 位），香港大学排名第 36 位（2021 年为 27 位），香港城市大学排名第 50 位（2021 年排名 44 位），香港浸会大学排名 51 至 100 名。

中国大陆高校整体仍然处于第二至五方阵（方阵内部排名不分先后，按英文名字母顺序排列）。其中，第二方阵（51—100 位）包括复旦大学、北京大学、清华大学三所学校。第三方阵（101—150 位）包括上海交通大学、武汉大学。第四方阵（151—200 位）包括中国人民大学、浙江大学。中国传媒大学和南京大学则处于第五方阵（201—241 位）。①

8.1.2 2022 年 QS 传播与媒介研究排名趋势分析

8.1.2.1 总体趋势

对入围排名院校机构的国家/地区总体分布情况进行统计（结果见表 8-1），2019—2022 年，美、英、澳三国每年合计都有约百所学校入围，占据整个排名榜单的“半壁江山”。2022 年三国合计入围的院校机构数量为 122 所，创四年来入围数量新高；加拿大、德国、西班牙的传媒与媒介研究近两年来成长较快，成功步入“第二梯队”。印度尼西亚和葡萄牙的高校近四年首次进入榜单，爱沙尼亚则在近四年首次无缘排行榜。中国大陆高校共有 9 所入围，加上中国香港与中国台湾地区的高校，合计共有 15 所，入围院校数量趋于稳定。

表 8-1　**2019—2022 年 QS 传播与媒介研究排名入围院校机构数量（国家/地区）②**

排序		1	2	3	4	5	6	7	8	9	10	11	12	12	14	14	16	16	16	19
年份	国家/地区数量	美国	英国	澳大利亚	加拿大	中国大陆	德国	西班牙	荷兰	新西兰	比利时	韩国	瑞典	丹麦	中国香港	意大利	芬兰	日本	马来西亚	法国
2022	37	73	31	18	12	9	9	8	7	7	5	5	5	5	4	4	3	3	3	3
2021	36	71	28	17	9	9	7	7	7	6	5	5	4	4	4	4	3	3	3	3
2020	36	60	23	16	7	8	7	5	7	6	6	5	4	4	4	4	3	3	3	3
2019	35	61	23	17	7	8	8	5	7	6	5	5	4	4	4	4	3	3	3	2

① 清华全球传播 .2022 年 QS 传播和媒介研究高校学科排名出炉［EB/OL］.［2022-04-09］. https://mp. weixin. qq. com/s/kdNtjR5z6kwFXBk5KlvwKw.

② 本表空格部分代表该年份该国家/地区未入选；本表排序原则为数据从大到小，如同一年份数量相同则比较前一年数据，以此类推，若四个年份数据均相同则排序相同；本表数据来源于 QS 官网，详见：https://www. qschina. cn/university-rankings/university-subject-rankings/2022/communication-media-studies

续表

排序		20	21	22	23	23	25	26	27	27	27	27	27	27	27	27	27	36	36	38
年份	国家/地区数量	俄罗斯	墨西哥	中国台湾	挪威	新加坡	智利	哥伦比亚	奥地利	以色列	瑞士	阿根廷	巴西	南非	捷克	爱尔兰	波兰	印度尼西亚	葡萄牙	爱沙尼亚
2022	37	3	3	2	2	2	2	2	1	1	1	1	1	1	1	1	1	1	1	
2021	36	2	2	2	2	2	1	1	1	1	1	1	1	1	1	1	1			1
2020	36	2	1	3	2	2	1	1	1	1	1	1	1	1	1	1	1			1
2019	36	2	1	3	2	2	1		1	1	1	1	1	1	1	1	1			1

结合排名前100名的院校机构的地域分布表（结果见表8-2），可进一步分析各国家和地区在传播与媒介研究领域的影响力。2022年传播与媒介研究“世界百强”集中于20个国家和地区。相比完整榜单，百强的覆盖范围持续缩小，顶尖高校在地域上呈现出集中化趋势。美国依然占据首位，其入围榜单（73所）及入围前100名的院校机构数量（38所）均创近年来新高。英国（14所）、澳大利亚（8所）分列2、3位。荷兰（5所）、中国香港（4所）和比利时（4所）位居其后。加拿大虽整体入围数量有所上升，但前100名院校数量却保持不变（3所）。与此同时，2022年中国大陆共有3所高校进入前100，保持在第三梯队。综合中国大陆、中国香港和中国台湾地区，进入前100名的中国院校机构总占比达到7%，排名第4，与上年基本持平。

表8-2　　**2019—2022年QS传播与媒介研究排名（前100名）入围院校机构数量（国家/地区）①**

排序		1	2	3	4	5	6	7	8	9	10	11	12	13	13	13	16	16	16	16
年份	国家/地区数量	美国	英国	澳大利亚	荷兰	中国香港	比利时	韩国	中国大陆	瑞典	加拿大	德国	西班牙	芬兰	丹麦	新加坡	挪威	智利	瑞士	奥地利
2022	20	38	14	8	5	4	4	3	3	3	3	2	2	2	2	2	1	1	1	1
2021	22	34	14	8	5	4	3	4	4	3	3	3	2	2	2	2	1	1	1	1

① 本表空格部分代表该年份该国家/地区未入榜单，加粗数字代表该国家/地区4年来均无院校机构入选前100；本表排序原则为数据从大到小，如同一年份数量相同则比较前一年数据，以此类推，若四个年份数据均相同则排序相同本表数据来源于QS官网，详见：https：//www.qschina.cn/university-rankings/university-subject-rankings/2022/communication-media-studies.

续表

排序		1	2	3	4	5	6	7	8	9	10	11	12	13	13	13	16	16	16	16
年份	国家/地区数量	美国	英国	澳大利亚	荷兰	中国香港	比利时	韩国	中国大陆	瑞典	加拿大	德国	西班牙	芬兰	丹麦	新加坡	挪威	智利	瑞士	奥地利
2020	25	32	14	9	4	4	3	4	3	3	3	3	2	2	2	2	1	1	1	1
2019	24	32	16	9	3	4	0	4	4	3	2	3	3	2	2	2	1	1	1	1
排序		20	21	21	23	24	24	26	27	28	28	28	28	28	28	28	35	36	36	38
年份	国家/地区数量	新西兰	日本	墨西哥	意大利	以色列	中国台湾	巴西	马来西亚	俄罗斯	阿根廷	法国	南非	捷克	爱尔兰	波兰	哥伦比亚	印度尼西亚	葡萄牙	爱沙尼亚
2022	20	1	0	0	0	0	0	0	0	0	0	0	0	0	0	0	0	0	0	
2021	22	0	1	1	1	0	0	0	0	0	0	0	0	0	0	0	0			0
2020	25	1	1	1	0	1	1	1	0	0	0	0	0	0	0	0	0			0
2019	24	2	1	1	0	1	1	0	1	0	0	0	0	0	0	0				0

从洲际来看，2022 年全球新闻传播研究百强“美英引领、西强东弱”格局依然明显。美洲是入围前 100 名院校机构数量最多的大洲，共有 42 所。欧洲紧随其后，有 37 所。其中，西欧和北美是媒介与传播研究的重点集中区域（美洲 42 所，北美 41 所；欧洲 37 所，全部为西欧高校）。亚洲有 12 所入选，相较去年（15 所）有所下降。大洋洲 9 所，保持稳定。

结合 2022 年排名 101～241 位的院校洲际分布数据可知，美洲占比 37%（北美 31%）；欧洲 38%；大洋洲占比 11%；亚洲占比 13%；非洲占比 1%。可见欧洲与北美地区仍势头较好，亚洲和大洋洲相对而言仍发展不足。但若以入围世界“101—241”院校机构数量多于百强，并且已有至少 1 所院校入围百强为标准，来确定“较有发展后劲的国家和地区”，2022 年的数据显示，亚洲传播与媒介研究的发展潜力较大。①

8.1.2.2 中国院校排名总体态势

2022 年中国大陆共有 9 所高校上榜，与上年持平。复旦大学、北京大学、清华大

① 张国良，龚晓颖．中国新闻传播学科的国际影响力再考——基于 QS“传播与媒介研究”领域排名的分析［J］．现代传播（中国传媒大学学报），2017，39（11）：137-141.

学、上海交通大学、武汉大学、中国人民大学、浙江大学和南京大学共 8 所高校连续四年上榜。复旦大学、北京大学、清华大学的排名稳定在 51～100 位。第三方阵（101～150 位）包括上海交通大学、武汉大学。第四方阵（151～200 位）包括中国人民大学、浙江大学。中国传媒大学和南京大学则处于第五方阵（201～241 位）。其中，中国传媒大学则是首次入围榜单。

我国新闻传播学的几大传统强校的排名日渐稳定。QS 评审（多为外国学者）对我国新闻传播学科的发展状况了解有限，而我国新闻传播学学科发展不平衡且发展时间尚短，这在一定程度上也可以解释国内外新闻传播学科排名的“脱钩”情况。2022 年的排名，显示这样的“张力”仍持续存在。①

中国香港地区的院校实力较强，排名相比内地院校更靠前。2022 年，香港地区入围的四所高校继续保持在前 100 名以内。其中香港中文大学排名第 13 位（2021 年为第 11 位），香港大学排名第 36 位（2021 年为第 27 位），香港城市大学排名第 50 位（2021 年排名第 44 位），香港浸会大学排名第 51～100 位。相比之下，台湾地区新闻传播院校的影响力弱于香港，2022 年其院校入选数量为两所，包括台湾政治大学和台湾大学。尽管 2021 年的排名普遍有所下降，但香港各院校依旧代表中国新闻传播教育的前沿水平。

8.1.2.3 世界顶尖新闻传播院校排名分析

2022 年 QS“传播与媒介研究”高校学科排名中，阿姆斯特丹大学连续四年位居首位，南加州大学和伦敦政治经济学院仍稳居第 2、3 名。第 4 至 10 名整体上与 2021 年差异不大，分别是得克萨斯大学奥斯汀分校、南洋理工大学、斯坦福大学、宾夕法尼亚大学、威斯康星大学麦迪逊分校、密歇根州立大学（并列第 9）、纽约大学（并列第 9）。和 2021 年相比，密歇根州立大学升至并列第 9 位，加州大学伯克利分校则跌出前 10。

前 10 中美国有 7 所，包括南加州大学、得克萨斯大学奥斯汀分校、斯坦福大学、宾夕法尼亚大学、威斯康星大学麦迪逊分校、密歇根州立大学和纽约大学。英国依旧仅剩伦敦政治经济学院 1 所（第 3 位）。新加坡南洋理工大学作为亚洲唯一进入前十的院校，自 2021 年的第 6 名升至第 5 名。

总体而言，综合分析近三年的数据可发现，尽管疫情为全球新闻传播领域带来颠覆性变革，但近年来传播与媒介研究的头部发展格局基本保持稳定，美国高校在国际学术

---

① 张国良，龚晓颖．中国新闻传播学科的国际影响力再考——基于 QS“传播与媒介研究”领域排名的分析［J］．现代传播（中国传媒大学学报），2017，39（11）：137-141.

影响力及话语权方面处于领先地位，英国、荷兰紧随其后，新加坡则持续坚守亚洲新闻传播的前沿阵地，为非西方新闻传播研究发展作出独特贡献。

8.1.3　从 QS 学科排名展望新时代新闻传播教育新议程

8.1.3.1　理性看待 QS 排名结果

2022 年 4 月 25 日，习近平在中国人民大学考察时强调："我国有独特的历史、独特的文化、独特的国情，建设中国特色、世界一流大学不能跟在别人后面依样画葫芦，简单以国外大学作为标准和模式，而是要扎根中国大地，走出一条建设中国特色、世界一流大学的新路。"① 由此，如何结合本土语境，评估 QS 大学及学科排名的参考价值并合理借鉴，成为当下我国建设有中国特色的世界一流大学/学科的必然路径。

从本质上看，QS 大学及学科排名是作为商业性教育资讯公司的 QS 公司，为国际择校生提供全球各大学的质量信息而设计的，其营利性质造成的排名评估主观性偏向不容忽视。但与此同时，该排名在全球范围内的传播力以及对于学生择校的导向性作用，使其不仅对全球各院校的声誉、生源有直接影响，更折射出新闻传播学科发展与国际学术话语权建构的全球格局。

综合而言，QS 大学及学科排名有三大突出特点：第一，客观量化与主观指标兼有，以"传播与媒介研究"排名为例，主观指标就占到了总比的 60%。第二，重视国际性权威数据库中的数据信息。一些国际性的权威数据库，如爱思唯尔的 Scopus 数据收录信息可以有效反映该高校/学科的国际学术影响力和生产成果的质量水平，这对于高校/学科能否登上榜单、取得较好排名至关重要。第三，教学与科研的国际影响力占比突出，侧重考察办校/办学的国际化程度（例如声誉评价对于国际影响力的评估），这是影响其国际排名的重要因素。

但同时，QS 大学及学科排名也存在不容忽视的问题：主观指标可能缺乏绝对公正性，甚至存在数据运算黑箱的问题。② QS 排名的营利性质使得这一评价体系仍可能受利益方和消费者的极大影响和干扰；排名较倾向于西方国家，比如美国、英国、加拿

---

① 新华社．习近平在中国人民大学考察时强调：坚持党的领导传承红色基因扎根中国大地走出一条建设中国特色世界一流大学新路［EB/OL］．［2022-04-25］．http：//www. gov. cn/xinwen/2022-04/25/content_5687105. htm.

② 例如有学者指出，声誉评价中的反馈率、调查范围、受访者国籍分布等因素会干扰最后得分。参考 Huang M H. Opening the black box of QS World University Rankings［J］. Research Evaluation, 2012, 21（1）: 71-78.

大、澳大利亚等。甚至有学者基于 CIDI 方法的综合指标权重校正、改良现有的 QS 指标计算方法，从而提高排名稳定性。① 这些固有问题，以及 QS 学科排名所反映出的我国新闻传播学科国际认可度、影响力与西方国家的现行“差距”等既有现状，都启示着我们：需要对 QS 大学及排名有所甄别，辩证考量其价值，一方面将之作为我国新闻传播学科的国际发展的有益参考，另一方面也要结合我国现实情况理性看待其结果，切勿盲从。

8.1.3.2 多维度提升我国新闻传播教育整体水平

总的来看，2022 年蔓延全球的新冠肺炎疫情仍持续反复，“全球风险社会”语境下，世界发展的高度不确定性有增无减。如何在“乌卡”（VUCA，即不稳定性、不确定性、复杂性和模糊性）时代，重新定位新闻业在社会文化的角色职能，抗击“信疫”，消解遍布社交媒体平台上的“误讯”“谬讯”“恶讯”等影响，推动跨国界、跨文化的全球治理合作，共抗危机风险，成为当前全球新闻教育发展急需解决的关键问题。人才培养是解决这一难题的重中之重。基于此，多维度提升我国新闻传播教育整体水平，培育兼具全球视野和本土情怀的新闻传播学术与实践人才的必要性与紧迫性逐年提升。具体可从整体规划、学界业界互联互通和展开国际合作三个方面展开讨论。

（1）“以理论为基础，以问题为导向”深化新闻传播教育

“乌卡”时代的媒体环境将更加复杂，“以理论为基础，以问题为导向”是当代新闻传播教育持续升维以为全球性共通问题提供解困路径的可行创新路径。首先，层出不穷的新技术带来的“创新倦怠”呼唤深刻的自反性思考。在此背景下，当代新闻传播教育应充分意识到理论建构的重要性，既要打牢理论知识根基，也需要以理论反哺现实，以科研带动人才培育，回应当下全球性问题与困境。近年来，尽管全球新闻与传播研究场域内的技术导向日益强烈，但依然有一批学者致力于理论探究，为媒介与传播领域出现的新问题寻求解决方案。而从学科发展的层面现实考量，深耕理论也有利于提高其论文引用率和相关 H 指数，提升院校国际声誉，增强国际影响力和学术话语权。其次，“乌卡”时代，“放之四海而皆准”的建制化新闻传播教育模式结构在应对疫病、环境、战争冲突等“抗解问题”（wicked problem）方面局限性凸显，以具体问题为导向配置学术资源显然更符合时代需求。以疫情为例，南洋理工大学的黄金辉传播与信息学院更力求解决新冠肺炎疫情全球蔓延等“抗解问题”，加大健康传播与社交媒体等方向

---

① Dobrota M, Bulajic M, Bornmann L, et al. A new Approach to the QS university ranking using the composite I-distance indicator: Uncertainty and sensitivity analyses [J]. Journal of the Association for Information Science and Technology, 2016, 67 (1): 200-211.

的科研力度，培养有关抗击信疫、解困信息倦怠与治理误讯的科研人才，为现实困境提供解决思路。① 北京大学、清华大学等国内高校的新闻与传播学院也都加大了健康传播等方向的科研投入，立足国内国际现实语境，为全球公共卫生安全及信疫防治等贡献力量。

（2）促进学界业界互联互通，深度对接跨学科前沿领域

据本团队考察，QS 排名大部分上榜学校建立了专门的新闻传播与媒体研究学院(系所)，其教学课程项目、研究项目和科研产出等均体现了前沿交叉学科领域和跨学科发展的特点。南加州大学安娜堡传播与新闻学院，以跨学科思维设置新闻学、传播学、数字媒体管理、公共外交和公共关系等不同的专业方向，在硕士和博士生项目课程设置中开设传播数据科学、传播管理学等跨学科课程，其公共外交中心、美中学院、公共关系中心等在国际传播、中美关系、公共外交等领域较高影响力和国际声望。西北大学梅迪尔新闻学院的“奈特实验室”有来自不同领域的设计师、技术开发人员作为业界导师和团队成员加入不同主题的课题组之中，帮助学生在理论基础上对传媒行业中值得关注的重点课题进行更深入的研究，在锻炼批判性思维的同时进行创新思维的训练和富有实践意义的探索。②

国际高校促进学界业界互联互通，合力规划、对接跨学科前沿领域，推动教学、实践、科研一体化，打造新闻传播产学研共同体、提升新闻传播学国际影响力的前沿实践及思维模式，值得我国新闻传播教育借鉴。我国部分国内院校已启动探索，一方面推动中青年教师担任国际知名期刊编委，增强中国学者在国际学术界的话语权和影响力。清华大学新闻与传播学院副教授蒋俏蕾和陈梁近期陆续担任了 SSCI 期刊 *Technology in Society* 和 *Environmental Communication* 副主编，张莉副教授获评欧盟“让·莫内讲席教授”，对于中青年学者“走出去”具有重要借鉴意义。另一方面，加快业界学界融合，推动学术研究与业界前沿动态有机结合。中国人民大学新闻学院在近年来尝试推出“业界导师”聘任制，选聘传媒业界资深专家和新闻工作者等担任业界导师，与校内导师一起指导研究生，组成科研共同体，帮助学生实现专业知识与实践技能的全面提升。2022 年 4 月，清华大学新闻与传播学院牵头整合校内各学院研究力量，与中文在线联合成立“清华大学新闻与传播学院元宇宙文化实验室”，进一步打通科技成果运营全价值链，为加速元宇宙产业布局提供专业的研究支撑，赋能元宇宙新兴产业发展。

---

① Wee Kim Wee School of Communication and Information. Responding to COVID-19 [EB/OL]. [2022-07-21]. https://www.ntu.edu.sg/wkwsci/research/covid-19.

② 史安斌，安孟瑶. 智媒时代的新闻传播产学研共同体：理念升维与实践创新 [J]. 青年记者，2021 (17)：85-88.

（3）扩展国际合作以提升新闻传播教育国际化水平

扩展国际合作的深度与广度是提升新闻传播教育的国际化水平的重要路径。QS 排名前列的国际高校均维持较高水平的国际合作。首先，院校教职员工的国际化水平较高。阿姆斯特丹大学传播与媒介研究的大部分教师在主要的国际传播期刊编辑委员会任职，且与国际传播协会（ICA）、欧洲传播研究与教育协会（ECREA）、欧洲广告学院（EAA）和世界舆论研究协会（WAPOR）有着密切联系。此外，部分高校（学院、系所）之间开展了紧密合作。这些院校彼此联合，开设优质的国际联合学位项目。南加州大学与伦敦政治经济学院合作了国际传播双硕士项目，新加坡国立大学也与伦敦国王大学建立了博士生合作培养项目。近年来，国内高校也注意到这一趋势，并设置了一些联合办学项目，如清华大学新闻与传播学院联合美国南加州大学安娜堡传播与新闻学院和维特比工程学院共同创办“清华大学—南加州大学数据传播双硕士学位项目”，聚焦于数据科学、信息技术、新闻与传播领域，具有非常明显的社科与理工交融的跨学科特征，在国内外同类项目中具有开创性。

同时，当前中国大陆新闻传播学方向缺少具有影响力的 SSCI 来源期刊，目前仅有中国香港地区香港中文大学主办的 *Chinese Journal of Communication* 入选 SSCI 期刊。目前，浙江大学传媒与国际文化学院主办的 *Communication and the Public* 和中国传媒大学主办的 *global media and china* 都入选了科瑞唯安 ESCI 数据库收录，进入了 SSCI 期刊目录的观测程序。在此基础上，应当进一步提升中国大陆主办的新闻传播学国际期刊的影响力和学术研究水准，推动中国的学术期刊在国际上形成更大的知名度。

总体而言，在百年变局之下，建设世界一流大学/学科，我国新闻传播教育领域新一轮改革的重点应在于将之置于“全球与本土”深度融合背景之下，形成兼具本土特色与全球视野的教学与科研议程。① 合理分析 QS 学科排名数据并结合我国发展实际情况进行评估与思考，能够为我国新闻传播学科的国际化发展提供镜鉴。与此同时，以 QS 学科排名为参考，多维提升我国新闻传播教育水平，以理论为基础，以问题为导向，促进学界业界互联互通、提升国际合作的深度与广度，将是未来是我国新闻传播学研究与实践适应国内外传播环境变化，努力塑造可信、可爱、可敬的中国形象，推动构建人类命运共同体的关键。

（清华大学　史安斌、刘长宇、朱泓宇）

---

① 马克·德茨．全球新闻教育面临的挑战和创新：概念化与理论化的视角［C］//史安斌．全球传播与新闻教育的未来．北京：清华大学出版社，2014：312-330.

8.2 知名院系巡礼

8.2.1 阿姆斯特丹大学传播学教育和研究

阿姆斯特丹大学创办于1632年，坐落在荷兰首都阿姆斯特丹，是欧洲最负盛名的世界级顶尖研究型大学之一。其传播与媒体研究专业（Communication & Media Studies）连续多年在QS世界大学学科排名中名列第一。本书简要回顾阿姆斯特丹大学的创办历史，然后重点介绍其传播学教育和研究的体系架构。

1632年1月8日，荷兰古典学者赫拉尔杜斯·福修斯（Gerardus Vossius）从莱顿大学辗转来到阿姆斯特丹，在圣艾格尼丝修道院（St. Agnes convent）原址创办了著名的“雅典学院”（Athenaeum Illustre）并发表就职演讲《论历史的作用》；第二天，卡斯帕·巴洛伊斯（Caspar Barlaeus）也在雅典学院发表著名演讲《论商人之精明》。此后百余年间，世界各地的学者、演说家、慕名者纷至沓来，遂使雅典学院成为荷兰乃至欧洲享誉盛名的学术殿堂，由此拉开了阿姆斯特丹学术研究和高等教育的序幕。

1815年，雅典学院被官方承认为正式高等教育机构；1877年，由阿姆斯特丹市政府出资，雅典学院升格为“阿姆斯特丹市立大学”，大学教授之聘任皆由市议会裁决，博士学位授予权亦自此时取得；1961年，荷兰《大学教育条例》通过后，阿姆斯特丹大学由市属改为国立，教育经费由荷兰政府筹措，大学自治权亦收归校执行董事会。

8.2.1.1 办学体系

目前，阿姆斯特丹大学在校学生超过34000人（不含博士生），博士研究生近3000人（包括短期交流、联合培养等非学历博士生），教职人员超过6000人。共设7大学部，分别是：法学部、商学部、牙医学部、人文学部、医学部、自然科学部、社会与行为科学部。其中，社会与行为科学部（Faculty of Social and Behavioural Sciences）下设7个学院：人类学院、儿童发展与教育学院、地理学与人口规划、国际发展学院、政治学院、心理学院、社会学院和传播学院。

阿姆斯特丹大学传播学院（Amsterdam School of Communication Research）的办学体系涵盖本科、硕士、博士等学历教育和联合培养项目等非学历教育各个层次。

（1）学士学位项目

本科阶段的学士学位项目包括传播学、媒体与文化、媒体与信息三个专业，传播学专业（Bachelor of Communication Science）以探究人类社会中各种传播方式和媒介形态为宗旨，重点学习公共媒介机构的生产方式、信息内容、受众接受和社会效果等各个环节，如记者如何在信息来源和公众之间进行调解以提供社会新闻服务、媒体如何通过印刷或电子媒体向受众进行宣传活动、媒体如何通过娱乐内容塑造人们的空闲生活，以及网络论坛等新媒体如何从事信息传播。

媒体与文化专业（Bachelor of Media and Culture）以探究媒介化社会背景下各种文化形态的生产、传播、消费方式为宗旨，从艺术、政治、经济到人们的集体记忆，日常生活的许多方面从根本上都是由媒体（如电视、电影和新媒体）来构建和告知的。从YouTube、Facebook 到微信、TikTok，人们接触和消费信息的渠道、过程、机制发生了深刻变化，因此从跨越各个媒体平台的媒介文化层面思考传播与社会的关系成为本专业学习的主要内容。

媒体与信息专业（Bachelor of Media and Information）以探究当今社会无处不在的信息的组织、呈现、分发、利用方式为宗旨，当代生活是由越来越复杂的信息技术和不断发展的信息经济所塑造的，信息已经成为艺术、人文、创意产业、新闻、政府和行政管理的核心，本专业重点学习大数据、数据监测、数字档案、公民新闻等内容。

以上三个专业均为三年制，要求修满 180 学分方可获得学位，其主干课程如表 8-3 所示。

表 8-3　**阿姆斯特丹大学传播学院本科课程**

	大一（课程/学分）	大二（课程/学分）	大三（课程/学分）
传播学	传播学导论（12） 传播学统计方法（12） 专题研讨：调查法（6） 组织传播（6） 媒体概览（6） 娱乐传播（6） 科学哲学和方法论（6） 专题研讨：内容分析（6） 学术技能辅导（无学分）	说服传播（6） 统计建模（6） 政治传播（6） 质化研究（6） 专题研讨：实验法（6） 选修课（30） 学术技能辅导（无学分）	传播咨询（6） 传播伦理（6） 专业实习（16） 限选课（12） 毕业论文/设计（18） 学术技能辅导（2）

续表

	大一（课程/学分）	大二（课程/学分）	大三（课程/学分）
媒体与文化	媒体和信息（6） 媒体美学（12） 媒体和文化（6） 媒体研究实操 1（6） 媒介理论（6） 媒体研究（12） 媒体研究进展（6） 媒体研究实操 2（6）	全球媒体文化（6） 媒体文化进阶（12） 媒体、时间和空间（6） 人文哲学 1（6） 人文哲学 2（6） 限选课（24）	选修课（42） 毕业论文/设计（18）
媒体与信息	媒体和信息（6） 数字文化分析（12） 媒体和文化（6） 媒体研究实操 1（6） 媒介理论（6） 媒体研究（12） 媒体研究进展（6） 媒体研究实操 2（6）	专业分流 1：文化信息专业 专业分流 2：新媒体与数字文化专业	不限专业任选

（2）硕士学位项目

阿姆斯特丹大学传播学院的硕士学位项目体系比较庞大，包括两大类：一年制硕士和两年制硕士，其中一年制硕士包括组织传播、娱乐传播、说服传播、政治传播四个专业，两年制硕士包括专业型硕士和学术型硕士。

一年制硕士需修满 60 个学分。两年制硕士培养方案比较灵活，具体课程由学生和导师经过协商后选择，共需修满 120 学分，由 4 个模块组成：（1）主干课程（36 学分）。包含 6 个学分的必修课“传播学理论发展与建构”，余下 30 个学分可在一年制硕士课程中任选，或者选择其他学院的理论性课程；（2）方法论课程。专业硕士需修满 33~39 学分，学术硕士需修满 39~51 学分，包括 21 个学分的必修课：“社会科学实验法”“内容分析法与问卷设计”“研究与数据伦理”，余下为选修课，包括“大数据与自动化内容分析”“深度访谈和焦点小组”“结构方程模型”，以及其他专业或学院的方法类课程；（3）研究实践。专业硕士需修满 24~30 学分，包含两部分内容，在相关研究机构从事助理研究员工作，以及在专业机构从事媒体相关的实习工作；学术硕士需修满 12~24 学分，在传播学院在研项目中作为项目组成员承担不少于 168 小时的研究工作，或者独立开展新的研究项目；（4）学位论文（21学分）。由两个部分构成，在学院高级研究人员指导下完成一篇实证研究论文（18学分），并将论文主要发现向本专业或非专业听众进行公开传播，可通过口头汇报、期刊发表、网络博客发布等方式。

（3）博士学位项目

作为国际顶尖的研究型大学，阿姆斯特丹大学传播学院的博士学位项目要求颇为严格，首先要求博士申请者提交一份详细的研究计划，研究计划需满足三个条件：研究领域与传播学院发布的研究项目列表匹配；达到荷兰国家科学基金会资助的各项条件；通常由至少3个子课题构成，每个子课题分别产出至少1份经过同行评议的出版物（著作或论文）。

录取后，在正式开展研究计划之前，必须接受必要的学术训练。对于硕士专业为传播学的博士生，需要修满9个学分的课程，包括必修课“传播学博士导论”；对于硕士专业非传播学的博士生，需要修满12~60个学分的课程不等，并完成一份“转专业研究项目总结”。在此期间，每两周要参加学院组织的“博士俱乐部”研讨活动。

研究计划正式开展后，实施严格的过程管理：根据研究计划在导师指导下制定更为实际和具体的工作计划；计划正式开展8个月后，需完成一篇研究论文，实证研究或理论综述均可，但必须达到能够在本领域广受认可的平台上发表的标准；在研究计划和工作计划结束前，定期报告研究进展，包括学位论文大纲、各章节完成情况、已取得的研究发现以及可行性说明等；最后进入论文评审和答辩环节，在论文通过专家委员会评审后，进行一场公开答辩。

（4）联合培养项目

此外，阿姆斯特丹大学传播学院还与丹麦奥尔胡斯大学、德国汉堡大学、伦敦城市大学、英国斯旺西大学共同开设了两年制硕士联合培养项目“新闻、媒体和全球化”专业。硕士一年级在丹麦奥尔胡斯大学学习，二年级可选择分流到不同专业方向和大学之一，包括媒体和政治方向（阿姆斯特丹大学）、战争和冲突方向（斯旺西大学）、商业和金融新闻（伦敦城市大学）、比较文化和跨文化方向（德国汉堡大学），特别优秀者还可到第三所大学学习，包括加利福利亚大学、悉尼科技大学等。

该项目一年级课程有：“传通欧洲”（6学分）、“新闻与媒体”（12学分）、“数据新闻”（6学分）、“研究方法和统计”（6学分）、选修课2门（6学分）、毕业论文（18学分）、新闻实践产品（6学分）。

8.2.1.2 学术研究

正如其官网首页所宣称的：“媒体和传播无处不在！”阿姆斯特丹大学传播学院的

学术研究范围涵盖非常之广，主要有四大研究方向：

（1）组织传播

研究私人企业、公共机构等各种类型组织内外部利益攸关者的传播策略制定、执行和效果全过程，包括大众媒体（公共关系）、政府机构（公共事务）、投资者和雇员。可细分为三大研究主题：①媒介技术对组织内部的影响。面对职业生涯和私人生活、企业内部和外部交流之间的界限日益模糊的社会背景，新技术改变了员工的工作方式和沟通方式，研究组织内的媒体和信息影响，特别是对团队合作以及员工的工作态度、看法和福祉的影响。②组织新闻的生产和建构。侧重于研究有关组织事务（如企业社会责任、危机事件、就业能力）的新闻是如何产生的，以及各种行动者如何试图影响新闻。③新闻和信息传播效果。侧重于研究关于组织的新闻和信息对公众和其他利益相关者的影响，包括公众反应、特定利益相关者的态度和行为、人们在社交媒体上讨论组织及其问题的方式等。

（2）说服传播

说服传播认为传播是一种有目的性的说服活动，例如营销宣传、健康教育、公众信息动员。说服传播旨在研究营销和健康传播过程中影响信息的发生、触达、处理和效果的种种因素，这些因素包括个体差异、传播情境、媒介和信息差异等。关注企业、供应商和消费者如何利用沟通来满足他们在商业和健康方面的需求，以及沟通方式和信息需求如何影响他们的态度、认知和行为。

包括四条研究主线：①新媒体发展。当今媒体越来越朝着数字化、互动性、连接性、流动性、泛在化、多任务和碎片化的方向发展。该部分研究的主要目的是了解是什么影响了消费者使用数字媒体的看法和方式，以及产生了什么后果，特别是对个性化媒体的使用和有效性。②消费者赋权。媒介技术不仅增加了个性化说服的机会，另一方面也增加了说服的难度，该部分研究数据驱动对个性化传播和说服的影响，调查人们在多大程度上被告知说服技巧、在多大程度上能够抵制说服并无视说服策略和技术。③线上线下互动。当今社会，人际传播和媒体传播越来越多地交织在一起相互影响，从而模糊了线上和线下的界限。互联网、社交媒体和移动设备等数字环境产生了一系列数据，这些数据往往非常详细地记录了品牌/组织与消费者/患者之间的互动。④传播动员和介入。研究主要目的是优化风险群体的信息处理过程和结果，例如学校教育、混合教育、线上教育对学生学习效果的影响。

（3）政治传播和新闻

政治传播研究新闻和其他信息是如何以及在何种条件下被生产出来的，受众如何使用和处理这些信息，以及这些信息产生了什么影响。其核心议题是公民、组织和机构如何利用媒体和传播来了解公共事务并参与其中，一个基本出发点是，公民在政治领域也成为“关键消费者”，因此侧重于研究和发展有助于改善民主进程的理论。

包括两大研究主线：①政治传播内容和效果。关注公民对政治问题、社会团体的看法，以及公民在政治舞台上的选举行为。研究媒体是如何报道政治问题的，包括议题的可见性、行动者、新闻框架等方面。例如对有争议话题的报道，如移民、宗教、极端主义和民粹主义政党以及欧洲一体化。在传播效果方面，重点放在公民的知识、态度、政治信任，以及公民行为（如政治参与和投票选择）上。此外该部分研究还特别关注政治传播中的娱乐功能，政治传播对政治行动者的影响也是该部分的一个重要议题。②新闻变迁。关注新闻业的法律和金融环境变化，关注互动新闻和参与式新闻的新形式，关注为制度化新闻提供替代方案的在线政治传播模式，如公民新闻、博客和政治人物对社交媒体的使用。重点研究新闻和其他公共传播系统如何随着时间的推移而演变，将感觉和娱乐作为新闻和公共信息提供的要素，还涉及新闻从业者角色变化的影响，特别是其对政治新闻的处理和报道方式。

（4）青少年和媒体娱乐

该研究方向强调传播的娱乐功能，不仅关注传统的娱乐方式和媒体，如电视节目、电影，而且关注主动参与式的新型娱乐形式，如在线游戏、即时通信、社交网络等。媒体娱乐研究建立在传播心理学的基础之上，它所依据的观点是，受众成员或群体之间的差异导致他们寻求不同的媒体内容，以不同的方式使用这些媒体内容，并对其做出不同的反应。

包括三个研究主题：①体验式媒体娱乐。研究用户对不同娱乐形式的直接体验，通过实验设计和人工刺激来测试媒体产品属性对受众体验的影响，例如人们在接触传统和新型娱乐方式时的情绪、心跳、血压、脑电波差异等。②童年的娱乐化。研究媒体特点（如快节奏、暴力、动作）对儿童的认知、情感和行为发展（认知能力、学习、多动症和反社会行为）的影响。该研究主题的一个重要目的是探索生物因素（如遗传构成、气质）、成长环境和社会影响（父母、同伴和媒体的影响）对儿童发展的相互作用。研究某些类型的娱乐活动如何以及为什么会影响某些儿童和青少年，哪些年龄组特别容易受到积极和消极的影响，以及家庭和同伴环境如何能够最大限度地发挥娱乐活动对儿童和青少年的积极影响并最大限度地减少消极影响。③负面娱乐环境对青少年的影响。关于互联网和电视上的视听内容，如音乐视频、真人秀节目和色情内容是否会影响青少年的行为，已经有了激烈的社会讨论。该部分研究通过对视听内容如何影响青少年的负面行为，特别是他们的性认知和性风险行为进行全面的调查，来解决这些负面问题，为青少年成长营造良好的媒体娱乐环境。

除此之外，面对媒介技术变革，传播学院近年来还组建了两大实验室，一是“数字传播方法实验室”，聚焦前沿技术和创新研究，将科学领域的研究方法、数据思维、分析模型引入传播学研究，关注人工智能、信息披露、移动传播等新兴方向。主要研究主题包括人工智能与传播、增强现实与虚拟现实、自动化内容分析、情报信息系统和虚假信息等。二是“数字社会传播实验室”，创建于 2020 年 9 月，旨在将数字化对人类社会传播活动的影响及其研究进行整合、拓展，并应用于学院教学科研活动中。

8.2.1.3 启示和借鉴

综上所述，作为全球排名第一的传播学科，阿姆斯特丹大学的传播学教育和研究具有鲜明的特色，其中许多方面对国内新闻传播院校有较大的启示借鉴作用：①重视校园文化建设，坚守历史文明传承。从历史沿革的回顾中可以发现，自阿姆斯特丹大学创办起，就奠定了自由开放、兼容并蓄的文化传统，雅典学院所在的圣艾格尼丝修道院历经 300 余年变迁，至今仍是阿尔斯特丹大学校园内的一处精神地标和文化图腾。如同当年世界各地的学者慕名前往雅典学院讲学、求学，如今阿大 34000 名在校生亦来自世界 100 多个国家。②灵活多样的办学体系和培养模式。阿姆斯特丹大学共设有 3 个本科专业、4 个一年制硕士专业、2 个两年制硕士专业、1 个两年制硕士联合培养项目和博士学位项目，门类齐全、体系完整。在具体课程设置和培养方案上，3 个本科专业并不是彼此割裂的关系，而是相互衔接、融合、贯通，形成了一种矩阵式的培养模块，即以传播学为根基，向着“信息领域”（强调技术应用）和“文化领域”（强调人文素养）两端延伸。同时在本科教育阶段十分重视实践教学，在研究生教育阶段十分重视研究方法训练，选修课比重较大，给予学生灵活选择、自由发展的空间。③多元交叉的研究领域和学科建设模式。作为世界老牌传播学院，阿尔斯特丹大学在政治传播、组织传播、说服传播等经典传播学研究领域已有深厚的积淀，面对媒介技术变革和传播业态巨变，阿大传播学院一方面继续发挥传统领域的研究优势，在政治传播、组织传播、说服传播方向朝着新闻变迁、组织再造、消费者赋权等领域深化拓展；另一方面积极探索健康传播、计算传播、娱乐传播等新兴前沿方向，通过交叉融合、实验室建设寻找新的学科增长点。

40 年前施拉姆来中国讲学时就已提出“传播学是学科交汇的十字路口”，“在未来的一百年中，分门别类的社会科学——心理学、政治学、人类学等，都会成为综合之后的一门科学。在这门科学里，传的研究会成为所有这些学科的基础”。当今之世，此种交汇、综合的趋势愈加明显，通过对世界头部院校阿姆斯特丹大学传播学教育和研究概况的梳理，希望对国内新闻传播教育改革和研究创新有所裨益。

（华中科技大学　王一鸣）

8.2.2 南洋理工大学

南洋理工大学是新加坡的一所世界著名研究型大学，其前身为1955年由新加坡民间筹款而创办的南洋大学。1981年，新加坡政府在南洋大学校址成立南洋理工学院，为急速腾飞的新加坡经济培育工程专才。1991年，南洋理工学院进行重组，将国立教育学院纳入旗下，更名为南洋理工大学。自成立以来，南洋理工大学在学术科研、人才培养等方面表现出色，国际声望连年攀升，国际排名长期位列世界前列，在2022年全球最权威QS世界大学排名（QS World University Rankings）中，南洋理工大学跃居第12位，与新加坡国立大学一并成为亚洲表现最佳、排名最高的两所院校。此外，南洋理工大学还在全球最佳年轻大学的竞逐中常年荣登榜首，被评为全球最具潜力的年轻大学。特别是在材料科学、生物技术以及传媒与信息等研究领域享有世界盛名，是一所多学科并重的综合性大学。

南洋理工大学的黄金辉传播与信息学院（WKWSCI）是新加坡唯一一所传播与信息领域学科建设完善、学术体系成熟的专业研究机构。学院创建于1992年，旨在培养传播与信息领域的专业人才和学者，以专业知识和前沿研究服务于新加坡社会和全球信息传播的发展。黄金辉传播与信息学院是为了纪念新加坡热爱新闻事业的已故总统黄金辉（Wee Kim Wee）而设立。1992年，学院成立之初，由资深新闻传播学专家郭振羽教授（Eddie Kuo Chen Yu）担任创始院长。1993年，学院录取了第一批本科生和研究生共计96人。1994年，学院创办了校报《南洋纪事》，为学生提供新闻实践机会。1995年，学院招收了第一位博士研究生，并设立专项科研基金纪念黄金辉博士。在2014年QS世界大学排名中，黄金辉传播与信息学院在媒体传播研究类别中排名亚洲第一、世界第六。黄金辉传播与信息学院拥有世界一流的国际化专业教师团队，先进的实验室和全球资源网络，为学院的教学和科研提供了充足的保障，国际排名稳居世界前列。

在本科生培养方面，黄金辉传播与信息学院重视实践与理论相结合，本科学位点分为传播学学士、传播学学士（辅修商科双学位）、文学学士（经济学与媒体分析方向）、文学学士（心理学与媒体分析方向）。本科第一年，全体学生都会修习通识类课程，学生将在跨学科的学习中具备传播专业的理论知识和实践基础。本科第二年，学生选择专业课学习领域，以及进行为期一个学期的海外交流计划，专业课包括广播媒体与电影研究、数字时代的媒介策略、新闻业与媒体政策、数据科学与媒介研究等方向。本科第三年，将进行专业选修和专业实习，在为期22周的专业实习中，学生不仅将与全行业进行零距离的接触，掌握第一手资料，还能够在毕业前提前建立个人社交网络，提前熟悉行业环境。学院所对接的实习单位包括政府部门、主流媒体和国内外知名公司等。在本科阶段的最后一年，学生将进行毕业设计，通过学院建立的丰富资源和搭建的一流平台，学生得以有机会参加重要的社会实践，例如戛纳国际创意节、海外实习、国际会议与国际电影节等。往届学生的优秀毕业设计成果显著，如影片在国际电影节放映，在国际比赛斩获奖项以及在主流媒体上发表新闻报道等，充分展现了黄金辉传播与信息学院本科生的才华和能力，也为他们的就业发展积累了宝贵的经验。黄金辉传播与信息学院的本科生培养，通过跨学科、多层次和沉浸式的理论教学，以及在国内国外的多种实践机会，使本科生得到更加全面的锻炼，从而应对当代不断变革的复杂挑战。

在研究生培养方面，分为专业型硕士、研究型硕士及博士学位。专业型硕士分为四个学位点，分别是媒体与传播学硕士、知识管理学硕士、信息研究学硕士和信息系统学硕士。

媒体与传播学硕士（Master of Media and Communication）旨在通过教授学生关于大众传播的方法和理论，培养和训练他们的批判性分析思维和研究能力，为今后作为媒体专业人士从事管理、规划和政策等工作奠定专业基础。在学习期间，学院还提供了前往海外学习机会，帮助学生全面了解熟悉全球媒体和传播行业的工作环境。毕业生主要从事包括企业传播、品牌公关、营销与促销、媒体与广告、宣传和社交媒体等领域的工作。

知识管理硕士（MSc in Knowledge Management）旨在通过教授学生利用各类分析方法来识别、获取、评估、检索和共享企业的信息数据。这些数据包括数据库、文档、策略、流程以及个人的专业知识、经验和社交网络等。南洋理工大学的知识管理学硕士项目是新加坡唯一成熟的知识管理专业研究生课程，项目将理论与行业实践相融合，并获得了新加坡知识管理协会（KMS）的认证和支持。毕业生将利用他们在学习期间积累的人脉网络和知识资源直接转化为应用能力。

信息研究学硕士（MSc in Information Studies）为学生提供两个方向的专业课程：其一是致力于提供图书馆或信息管理工作的图书馆学相关课程；其二是专注于教授学生信息使用方法、工具和框架来管理、分析和洞察数字信息（例如社交，云和大数据等）。毕业生既可以从事图书馆领域的相关工作，也可以从事信息研究类工作，如进入科研院所或相关行业从事数据研究、数据可视化、系统分析、大数据分析、信息统计等工作。

信息系统理学硕士（MSc in Information Systems）与其他硕士项目相比，更侧重于交叉学科的应用融合，要求学生在本科期间具有计算机科学、信息系统、信息技术相关学科背景或者相关工作经验。硕士培养期间，将为学生提供信息系统的设计、开发、维护和管理所必需的前沿知识，使学生了解最新的技术和核心技能，以应对该领域快速的变化。课程还将涵盖软件开发和基础架构，人机交互，系统和服务管理，信息管理领域的核心知识和技能。通过理论与实践相结合的培养方式，毕业生将具备研究与开发相结合的技能，可以从事包括软件设计和开发，数据分析，用户体验设计，系统/数据库/网络管理，项目管理与研发等领域的工作。

学术型硕士和博士学位的培养主要以研究为导向，传播领域研究包括健康传播和信息、营销传播和公共关系、媒体艺术和文化研究、计算机媒介传播、新闻学、国际/跨文化传播、传播法律和政策、政治传播等方向，侧重培养学生的人文思辨能力。信息领域研究包括人机交互、游戏和游戏化、信息检索和分析、社交媒体、移动和泛在计算、信息行为、信息素养、知识组织、知识管理应用和实践，侧重培养学生的应用实践能力。学术型研究生培养除了提供专业领域更加深入的学习和研究机会，还为学生的未来就业和工作实践奠定了基础。

黄金辉传播与信息学院名师辈出，为学科建设和人才培养提供了保障，师资队伍建设具有国际化、多元化和交叉性的特点。学院现有教职工 48 人，其中教授 9 人、副教授 15 人。师资背景丰富多元，涵盖来自欧美、中日韩、东南亚以及新加坡本地的专家教授和访问学者。从研究领域来看，学科体系完备，跨学科性突出，特别是对当下较为前沿的研究方向都有所关注，包括人工智能和人机交互、健康和科学传播、移动通信、战略传播、神经媒体研究、大数据分析和电影/纪录片研究等。目前由 May Oo Lwin 教授担任院长，她也是黄金辉传播与信息学院第一位女性院长。Lwin 教授的专长在于战略和健康传播，特别是以数字为媒介的健康通信领域。作为国际传播协会（ICA）的会员，她曾获得了诸多奖项，如富布赖特东盟学者奖、奥美基金会国际学术领导奖和 ICA 颁发的杰出应用研究员奖。

在硬件设施上，黄金辉传播与信息学院为学生的学习实践和校园生活提供了优越的环境和充足的资源保障。学院设有媒体实验室（MediacoLab）、李氏基金演讲厅（Lee Foundation Lecture Theatre）以及多媒体工作室（Studios and Media Production Suite），配备有 4K 投影装置和杜比全景声音响系统等一流装置设施，为学生的媒体、新闻传播、信息处理等实践提供了专业设备和资源保障。

健康传播、人机互动、社交媒体、传播学研究等都是黄金辉文化与传播学院的重点研究方向。学院设有两个主要的研究中心，其一是信息完整性与互联网研究中心（也称 In-CUBE）。该中心成立于 2020 年 7 月，由 Edson C. Tandoc Jr 副教授创立并担任中心主任。他曾通过对新加坡假新闻的收集和调查，对社交媒体和信息类 APP 在网络空间中的信息传播有较为深入的研究。同时受到新加坡网络研究中心的支持，Tandoc 教授决定将相关研究继续深入，并获得了新加坡教育部、社会科学研究理事会和 WhatsApp 研究奖等项目经费的支持。2020 年 7 月，在人文艺术与社会科学学院（College of Humanities，Arts，and Social Sciences）院长 Joseph Liow 教授、副院长 Charles Salmon 教授以及 May Lwin 教授的领导和支持下，该中心的成立正式提上学院日程，并确立了研究范围与研究目标。2020 年 12 月，通过了对研究中心全面系统的调研，2021 年 1 月 26 日，该研究中心正式启动。

该中心致力于提高网络空间的信息完整性，尤其是在当下网络信息真假混杂的时代，通过及时、严谨、有效的分析，帮助决策制定者、行业从业者以及公众更好地鉴别信息来源与真实性，促进网络空间信息的完整性。通过对理论与实践知识生产过程的探索，为新加坡本地乃至全球互联网信息的研究作出贡献，为政策研究和行业发展提供有价值的科学依据。研究所涉及的领域极其广泛，包含媒介消费、媒介用户行为、交互技术、公共舆论以及媒介相关的政策法律等。

另一个研究中心是健康与可持续城市中心（CHESS），这也是黄金辉传播与信息学院亚洲传播与信息学研究实验室（COOL ASIA）下属的研究中心。该研究中心致力于以亚洲为背景，从以人为本的角度开展关于健康、风险和环境问题的项目，旨在利用各类新兴信息和技术为发展健康与可持续的城市寻求最佳的解决方案和建议。该中心的各项研究不仅借鉴了跨学科的理论和概念，展现了新兴技术与人类行为的交互作用，还通过采用前沿的社会学研究方法来解决现代城市面临的复杂问题。南洋理工大学还为该项目展开健康与城市可持续发展的研究设置了专项基金，同时也与其他海外内的研究机构和合作组织建立了深度的合作，共同应对健康与发持续城市发展和建设的挑战。

除此之外，黄金辉传播与信息学院还紧跟时代形势和社会需求，针对新冠肺炎疫情对全球化传播与信息的发展影响也展开了一系列研究，包括分析全球化背景下社交媒体推特上关于新冠肺炎疫情的情绪研究，新加坡青年应对新冠肺炎疫情的情绪管理研究与假新闻的传播，多国比较视野下的新冠肺炎疫情信息处理与反映研究等。这些研究都很好地结合了当下的社会语境以及前沿的研究方法，为后疫情时代传播与信息的发展提供了很高的参考价值。

总而言之，新加坡南洋理工大学的黄金辉传播与信息学院无论是在人才培养，还是学术研究，都有着完善成熟的学科体系，也具备突出显著的特色亮点。学院所培养的国际化专业人才不仅具备全球视野和跨界思维，也掌握专业知识和从业技能，以应对未来多变的社会局势，在当今媒体格局不断变化的今天，唯有与时俱进，不断进取，才能应对未知复杂的挑战。

（河北大学　孔令俐）

8.2.3 纽约大学——媒体、文化和传播系的人才培养模式

纽约大学（New York University）建立于1831年，坐落于美国经济文化中心纽约市，是一所著名的私立大学。目前在U. S. News排名为全美第28名，QS世界大学排名第35位。其纽约市校区包括分布在曼哈顿和布鲁克林之间的171多座建筑，但核心是由华盛顿广场公园周围的建筑组成。除了纽约校区，纽约大学在海外还有49座建筑，分布在两个“门户”校区和12个全球学术中心。

纽约大学的生源遍布全世界各个国家和地区，是名副其实的美国（Big Apple）文化的浓缩。其媒体、文化和传播系（Department of Media，Culture，and Communication）以其独特的定位和办学理念在美国乃至世界新闻与传播教育界名列前茅。

8.2.3.1 专业特长（Specializations）：全球视野和前瞻思维

纽约大学媒体、文化和传播系专注于研究文化、社会及全球背景下的媒体和技术。其教师队伍的研究和教学涵盖从东亚，南亚，西欧，美洲到非洲等区域全球媒体主题。该系的定位充分结合了纽约这个国际大都市的国际视野和前瞻思维，致力于培养在不断变化的媒体格局中的敏锐研究者。在最新的QS世界大学排名中，纽约大学的传播和媒体研究已跃升至第7位。这个排名是基于该专业教授的学术引文、学术声誉和雇主声誉（即校友在该领域的就业情况）而来。其教学与研究主要围绕以下几个方向展开：

①全球传播与媒体（Global Communication and Media）。这一方向主要探讨媒体和信息的全球流通所带来的挑战，研究主要涵盖公民身份、移民、少数民族和种族少数群体、人权和社会运动、新自由主义和政治经济不平等、战争和地缘政治、国际媒体条约和政策制定。该方向研究的区域专长包括中东、南亚、东亚、南美、北美、非洲、拉丁美洲和欧洲。此方向的核心代表课程有：媒体与全球化、音乐与媒体、语言与传播等。

②视觉文化与声音研究（Visual Culture and Sound Studies）。该方向研究视觉和听觉媒体如何通过政治和权力来打造和影响线上和线下的日常生活。该系的研究主要包括全球视觉文化，尤其体现在新闻、艺术、广告、科学、时尚、电视、电影、数字图像、建筑和自媒体中的运用和作用；殖民、帝国和法律文化中的视觉；视觉和身体、暴力和战争；视觉行动主义；在线听觉媒体的消费和产生；音乐和媒体。该方向的课程课程侧重于视觉和听觉媒体对线上和线下日常生活方式的塑造，特别是其通过政治和权力对日常生活的影响。核心代表课程有：电视——历史和形式、广告与消费社会、音乐与媒体、视觉文化简介等。

③技术与社会（Technology and Society）。该方向研究信息和传播技术及对社会、政

治和伦理的影响。该系的研究主要包括：信息和传播技术与社会、政治和伦理的互动；传播技术，信息系统和信息设备史；数字监控、数据跟踪和数据隐私；建筑环境的通信基础设施；可穿戴技术；算法和平台；加密货币；媒体监管和媒体政策制定。此方向的课程侧重于信息和通信技术及其对社会、政治和伦理的影响。核心代表课程有：媒体、技术与社会、数据与社会等。

④媒体产业与政治（Media Industries and Politics）。该方向研究媒体和信息产业的社会、政治、经济和历史动态，重点是利用媒体来塑造和动员公众舆论、社会运动和选举政治。该方向研究涵盖：国家和企业媒体操纵和宣传等领域；政治运动和公共政策；社会异议和审查；媒体行动主义；平台资本主义；新闻、社交媒体、营销和广告；娱乐文化产业实践等。该方向的课程主要考察媒体和信息产业的政治经济学，如何使用媒体塑造和动员公众舆论，推动社会运动和选举政治。核心代表课程有：政治传播、文化产业、视频游戏经济、广告与消费社会等。

⑤互动与体验（Interaction and Experience）。该方向研究我们如何在各种社会、文化和技术背景下与自己、彼此以及物质世界建立联系。该方向研究主要包括：传播动态和互动仪式；社会认同和自我意识；创造力和工艺；结构暴力和人类能动性；体现和情感；算法和数据的现实体验。核心代表课程有：语言与文化、精神分析：欲望与文化、媒体和身份、种族和媒体等。

除了世界级的研究人员，纽约大学媒体、文化和传播系的研究还拥有一个媒体实验室（MCC Lab）。此实验室是一个由该系教师和学生共同创建和维护的数字媒体孵化器和学习空间，为学生提供使用数字媒体平台和软件学习和创作的空间。专注于实践的教学法，该实验室旨在为学生提供一个友好的实验环境，让学生了解数字媒体理论和实践，包括软件和编程。

8.2.3.2 项目设置：全面而有特色

①本科学位。该系的媒体、文化和传播本科学士学位（Bachelor of Science Media, Culture, and Communication）以文科为基础，为学生提供必要的工具和技能来分析媒体景观的社会学、政治和文化层面。多元化教师鼓励本科生广泛而深入地思考媒体和文化交叉领域的主题，其本科专业要求学生全日制并至少积累128学分。除了严谨的本科课程训练，还可以参加该系的全球媒体学者计划（Global Media Scholars Program）。通过纽约大学在国外的学术合作校区让学生沉浸在媒体研究中，该计划结合了课程和全球经验，使学生能够分析与媒体和文化全球化相关的动态活动范围。

每年春天，该系的新生将被邀请申请全球媒体学者计划。该计划包括从大二春季开始在巴黎或布拉格的纽约大学校园进行为期两个学期的学习，然后在大三秋季在布宜诺斯艾利斯或上海的纽约大学校园进行第二学期的国外学习。然后，学生在高年级秋季学期参加一个特殊的高级媒体研讨峰会。这个峰会由在纽约的主校区教职员工主导。会后学生将在 1 月份的闭会期间前往纽约大学的第三个校区。旅行期间，系里将为学生提供机票、住宿和短途旅行的资助。成功完成此计划后，学生将获得媒体、文化和传播本科学士学位，并获得此计划的结业证书。

除了媒体、文化和传播本科学士学位，该系还开设了媒体、文化和传播与全球公共卫生学士学位（Bachelor of Science in Media, Culture, and Communication and Global Public Health），将媒体社会学、政治和文化研究与公共卫生的相结合，着眼于应对全球人口状况的挑战和战略制定。同样，其本科专业要求学生全日制并至少积累 128 学分。

该专业对学生的要求非常高，即本科生需选择传媒学与公共卫生相结合的学习课程。作为未来的公共健康从业者，学生们将学习各种主题，如流行病学、媒体文化、政治、卫生政策、技术和道德。该专业的课程兼具体验式学习和全球视野，以确保学生接受广泛培训并为各种职业做好准备。在纽约大学全球校区学习一个学期是此专业的要求。虽然学生在此学期内选任何公共卫生课程，但纽约大学的全球校区都提供许多该专业的核心课程。

②硕士学位。纽约大学媒体、文化和传播系的硕士学位（Master of Arts in Media, Culture, and Communication）着力于培训敏锐的研究人员从不同角度对不断变化的行业、技术和文化进行批判性思考。学生们将与该系多元化和享有世界声誉的教师密切合作。其研究和课程以全球媒体和文化、数字媒体和新技术、媒体历史和理论、视觉文化、种族和政治研究为主。学生可以全日制或非全日制，并需要积累至少 36 个学分。

虽然该系的研究生课程主要是理论性的，但学生可以在整个纽约大学内选择与您的个人学术和专业相关的选修课。例如斯特恩学院的媒体商业学、法学院的媒体法、坦顿工程学院的互动技术、人类学的媒体民族志等。该系还在欧洲、亚洲和拉丁美洲提供研究生出国留学课程，以便学生在比较背景下研究媒体。位于格林威治村的中心地带，纽约大学媒体、文化和传播系充分利用纽约的媒体和文化优势，通过频繁的客座讲座和公共活动，让该系成为访问学者、艺术家、活动家和媒体专家的知识中心。

③博士学位。纽约大学媒体、文化和传播系的博士学位（Doctor of Philosophy in Media, Culture, and Communication）围绕着五个研究领域而展开：全球传播与媒体、技术与社会、视觉文化和声音研究、媒体产业与政治、互动与经验。该项目的博士生将完成以下项目：①系统学习该学科的理论概念，例如媒体和文化研究、视觉文化、历史、科学和技术研究，人类学、社会学、残疾研究、声音研究、政治学；②掌握从符号学、

全球民族志、性别和酷儿理论、批判种族理论、定性和定量话语分析，到政治/文化经济学等关键框架的研究方法；③从对全球媒体的跨国和跨文化研究中获得全球视角；④认识和理解媒体和技术的悠久历史和先例。不同于该系的硕士项目，博士学生必须全日制，并需要积累 48~54 个学分。

④辅修专业。纽约大学媒体、文化和传播系的娱乐、媒体和技术业务辅修专业（Minor in Business of Entertainment, Media, and Technology）是一个跨学科跨学院，结合理论和实践的专业。其课程工作跨越了纽约大学斯特恩商学院（Stern School of Business）、蒂施艺术学院（Tisch School of the Arts）和斯坦哈特文化、教育与人类发展学院（Steinhardt School of Culture, Education, and Human Development）。从蒂施艺术学院的制作课程、斯特恩商学院的电影业务，到克莱夫戴维斯录制音乐学院（Clive Davis Institute of Recorded Music）的艺术管理，学生们将获得一个进入这些快速发展行业的快捷入口。辅修这个专业的学生将在斯特恩商学院那里取得 8 个学分，从斯坦哈特学院或者蒂施艺术学院获得 8 个学分。

该辅修专业涉及媒体领域的社会学、政治和文化层面，其多元化师资鼓励学生广泛而深入地思考媒体和文化交叉领域的主题。这个 16 学分辅修课程的要求包括完成该系的两门核心课程和两门四学分课程。学生必须在两门核心课程中获得 B-或更好的成绩。

学生还将通过课程工作和接触来自纽约大学人文、社会科学、传播学、教育、工程、医学伦理以及艺术领域的学者和专家，学习如何致力于创造一个更加公正和包容的社会。

纽约大学媒体、文化和传播系作为全美以及全球传播学研究与教育的佼佼者，充分地利用了纽约文化经济大熔炉的优势，将全球视野与前瞻思维融会贯通在其专业定位与课程设置中。通过对学生进行全方位，多元化，全球化的高要求课程培训和学术训练，使学生获得紧跟世界时势发展和媒体环境的独到眼光和敏锐观察力，其毕业生遍布全世界各个知名机构与组织。其办学理念和人才培养对我们如何创新新闻传播学教育具有示范作用和积极的参考价值。

（四川外国语大学　刘国强）

8.2.4　宾夕法尼亚大学安纳伯格传播学院

安纳伯格传播学院（The Annenberg School for Communication）是宾夕法尼亚大学（University of Pennsylvania）的 12 所学院之一，由沃尔特·安纳伯格（Walter

Annenberg）于1958年创立。安纳伯格学院拥有当今全美顶尖的传播学博士点之一，通过传播研究的理论和方法教育，培养高水平学术研究人才。学院本科项目的目标是提供一流的文科教育，帮助学生成为更具辨别力的公共信息消费者和生产者。

安纳伯格传播学院开展的研究以“促进对公共和私人传播的理解，并开展应用研究，帮助政策制定者为其公民创造一个智力和文化丰富的媒体环境”为宗旨，主要以六个领域为主：文化与媒介（Culture & Media）、全球传播（Global Communication）、健康传播（Health Communication）、媒介机构（Media Institutions）、政治传播（Political Communication）、技术与社会（Technology & Society）。围绕六大方向，学院教师与学生组成团队进行相关研究，例如实验民族志中心、健康传播实验室、数字媒介与政治传播中心、通信神经科学实验室、民主与信息中心等。具体研究课题例如孩童对州长和总统选举的理解程度，通信在改善发展中国家医疗保健中的作用，新的通信技术在偏僻的阿巴拉契亚山区的发展潜力等。

安纳伯格传播学院的行政办公室、图书馆位于核桃街3620号，这里也是学院多个研究中心的所在。安纳伯格公共政策中心位于36街，该中心下设健康与危机传播研究所等研究机构。核桃街3901号的两层楼则容纳了安纳伯格传播学院的三个研究中心：全球传播高级研究中心，媒体、不平等与变革研究中心和健康行为与传播研究中心。在理查兹医学研究实验大楼则设有通信神经科学实验室和研究场所。

1958年，出版商、外交官和慈善家沃尔特·安纳伯格与宾夕法尼亚大学达成协议，成立了安纳伯格传播学院。至今为止，学院先后由5位院长领导，而每位院长都为学院的发展留下了鲜明的印记。

①吉尔伯特·塞尔德斯（Gilbert Seldes）时期（1958—1963）。在沃尔特·安纳伯格的协议基础上，塞尔德斯正式成立了安纳伯格传播学院，为首任院长。学院最初开设为期一年的硕士学位课程，其教师来自人文、社科和传播等不同的学科背景。

②乔治·格伯纳（George Gerbner）时期（1964—1989）。格伯纳领导安纳伯格传播学院时间最长，是他擘画将安纳伯格打造成传播领域顶尖学府的蓝图。

③凯瑟琳·霍尔·杰米森（Kathleen Hall Jamieson）时期（1989—2003）。在杰米森的领导下，学院的师资力量和涉足领域持续增长，特别是在政治传播和公共政策方面得到长足发展。

④迈克尔·X. 德利·卡皮尼时期（Michael X. Delli Carpini）时期（2003—2018）。在卡皮尼的领导下，教师和博士学生数量迅速增加，学院的人口构成和方法论进一步多元化。

⑤约翰·杰克逊时期（John L. Jackson）（2018年至今）。现任院长同时也是学院的

一位教师，他强调学院对多元化学术研究的关注，并持续创新以应对挑战。

在其发展历程中，宾夕法尼亚大学传播学院成为许多重要传播学者聚集的学府，堪称众星云集。囿于篇幅，这里只能做十分有限的选择性介绍。

GeorgeGerbner（乔治·格伯纳）

格伯纳于1942年在加州大学伯克利分校获得传播学学士学位，又分别在1951年和1955年获得南加州大学传播学硕士和博士学位，他的《走向一种普通通信理论》（*Toward a General Theory of Communication*）获得南加州大学最佳论文奖。

1964—1989年担任宾夕法尼亚大学安纳伯格传播学院院长。在位25年间，他致力于研究电视和电影中对暴力的刻画，并于1968年建立文化指标研究项目（Cultural Indicators Research Project）以记录电视内容的变化趋势以及这些变化如何影响观众对世界的感知。格伯纳提出了著名的“涵化理论”（Cultivation Theory），该理论是关于大众传播潜移默化效果的一种理论，它认为在现代社会中，传播媒介展示的象征性现实会对人们认识和理解现实世界产生巨大影响。

Barbie Zelizer（芭比·泽利泽）

芭比·泽利泽于1976年和1981年先后在耶路撒冷希伯来大学获得英语语言及政治科学学士和传播学硕士学位，1990年在宾夕法尼亚大学获得传播学博士学位。现任宾夕法尼亚大学安纳伯格传播学院教授及危机媒体研究中心主任。

进入学界之前，泽利泽曾长期在耶路撒冷从事新闻记者工作，这段经历不仅促使她走向新闻研究道路，也催生了她对危机传播的强烈兴趣。作为一名前记者及美国新闻研究中文化路径的代表人物，泽利泽多年来致力于从文化维度对新闻业进行研究，尤为关注新闻权威、集体记忆以及在危机和战争时期的新闻图片等问题。泽利泽已出版了14部独著或合编的著作，如《濒死：新闻影响如何感动公众》（*About to Die*：*How News Images Move the Public*）、《为了忘却的记忆：镜头里的大屠杀记忆》（*Remembering to Forget*：*Holocaust Memory Through the Camera´s Eye*）、《新闻的潜能》（*What Journalism Could Be*）等，并发表超过150篇的论文。泽利泽的主要成就是开拓和丰富了新闻研究的文化研究和解释学路径，为僵化的主流新闻研究范式注入清新的空气。

John L. Jackson（约翰·L. 杰克逊）

杰克逊于1993年在霍华德大学获得传播学学士学位，1994年和2000年在哥伦比亚大学分别获得文学硕士和人类学博士学位。为安纳伯格传播学院现任院长以及实验民族志中心的教员。

杰克逊是一名电影工作者和城市人类学家。他的工作涉及视觉文化、批判种族理论、媒体研究和流散宗教的民族志，代表作品包括：《哈林世界：当代黑人美国的种族与阶级》（*Harlem world*：*Doing Race and Class in Contemporary Black America*）、《浅描：民族志与耶路撒冷的非洲希伯来以色列人》（*Thin Description*：*Ethnography and the African Hebrew Israelites of Jerusalem* ）、《不礼貌的对话：关于种族、政治、性、金钱和宗教》（*Impolite Conversations*：*On Race*, *Politics*, *Sex*, *Money*, *and Religion*）。作为一名城市研究者、民族志作者、宗教人类学家和种族/民族理论家，他的研究主要考察了当前城市环境下，因为种族和阶级而导致的差异，杰克逊的作品还批判性地探索电影和其他非传统或多模态格式如何在特定的学术研究项目中得到最有效的利用。

（西南政法大学　王鑫、谷李）

8.2.5　莫斯科大学新闻系

8.2.5.1　历史沿革

莫斯科大学新闻系成立于 1947 年，该系始终与俄罗斯新闻学的发展密不可分，并在其中起到了特殊的推动作用。

早在莫斯科大学成立之前，该校创始人 M. V. 罗蒙诺索夫就积极参与报刊活动，他从 1748 年至 1751 年担任《圣彼得堡公报》（*Санкт-Петербургские ведомости*，1728—1917 年出版）的主编，该报是一份官报，是俄罗斯历史上发行时间最长的报纸。1756 年 3 月 5 日，罗蒙诺索夫签署了关于创建印刷厂的法令，莫斯科大学拥有了自己的印刷厂。当年 4 月 26 日，莫大开始出版《莫斯科公报》（*Московские ведомости*），这是俄罗斯历史上第一份非官方的报纸。罗蒙诺索夫《论记者的职责》一文对俄罗斯新闻业的发展具有重要意义。

1905 年 2 月，莫斯科大学参考国外的先例，在莫斯科开办了第一批记者培训班。然而，由于 1905 年秋天的革命事件，这一活动被迫停止。

1921 年 10 月 15 日，人民教育委员会职业教育总局创立了新闻学院。这一学院类似于“实践学院”，学制为一年。随后，在列宁格勒大学（1946）和莫斯科大学（1947）的语文系相继开办了新闻专业。此后几年，苏联的其他大学也开办了新闻专业。

1947 年 7 月 21 日，根据苏联高等教育部第 1009 号决议，莫斯科大学语文系正式成立了新闻专业，第一年招生 25 人。1952 年 6 月，在莫斯科大学语文系新闻专业和莫斯科印刷学院编辑出版系的基础上正式成立了莫斯科大学新闻系，由叶夫根尼 · 拉扎列维奇 · 胡佳科夫副教授担任系主任，拥有专职教师 12 人、兼职教师 12 人。

1955 年 4 月 4 日，苏联高等教育部通过了第 350 号法令，批准了新闻系的新架构，成立了苏联党报党刊教研室、外国文学与新闻学教研室、俄罗斯文学与新闻史教研室、编辑出版教研室、俄语修辞教研室、外国报刊与文学史教研室。

20 世纪 60 年代中期，新闻系开始为广播和电视媒体培养记者，出版了俄罗斯国内第一批关于电视和广播新闻方面的教材。

1972 年，苏共中央委员会和苏联部长会议通过《关于进一步改善高等教育的措施》，这是俄罗斯新闻教育和莫斯科大学新闻系历史上的里程碑。

苏联解体后，随着国家的转型，俄罗斯新闻教育也发生了一些变化。1998 年，新闻专业的第一个国家教育标准出台。

2000 年，政治学、文化研究、传播理论、世界新闻学概论、外国媒体经济与管理、国际人权与媒体、媒介经济与管理、媒体商业模式基础、现代科学与新闻学的现实问题、当代问题与新闻学等课程，被列入新闻系教学计划。

2014 年，俄罗斯通信和大众传媒部发布俄罗斯媒体人才培养的第一个高校排行，莫斯科大学新闻系排名第一。2015 年，时任俄罗斯政府总理梅德韦杰夫授予新闻系原主任亚先·尼古拉耶维奇·扎苏尔斯基教授大众传媒发展的个人贡献奖。2016 年，系主任叶连娜·列昂尼多夫娜·瓦尔塔诺娃教授被选为俄罗斯教育科学院的通讯院士。

2018 年，新闻系原主任、外国新闻和文学教研室主任、语言学博士亚先·尼古拉耶维奇·扎苏尔斯基教授被授予“俄罗斯联邦荣誉记者”称号（证书编号 No. 1）。2018 年以来，根据 QS 世界大学排名，莫大新闻系每年都被列入“媒介传播”专业全球最佳大学前 150 名。

8.2.5.2 基本架构

目前，莫大新闻系有 15 个教研室：

①报刊教研室。报刊教研室是新闻系历史最悠久的部门之一，成立于 1952 年。该教研室的重点研究领域是俄罗斯报刊的类型学、定期出版物的现代理念、印刷媒体的社会、政治、文化议程等。

②电视与广播教研室。电视与广播教研室成立于 1958 年。多年来，该教研室就俄罗斯电视、广播的争议问题，为国家杜马、商业协会和广播电视公司提供参考意见。目前，其重点研究方向是数字环境下现代广播电视内容策略的转变。

③新闻摄影与大众传媒技术教研室。新闻摄影与大众传媒技术教研室成立于 1962 年。2013 年以前，该教研室被称为“报刊与信息技术教研室”。电子时代从根本上改变了大众传媒的形态，也为新闻教育提出了新的任务——要教会记者掌握现代传播技术。

④媒介理论与经济教研室。2005 年，为满足俄罗斯媒体市场的需求，新闻系成立

了媒介理论与经济教研室。现代媒体行业需要的是能够将新闻媒体与经济管理两个领域的知识和技能结合起来的媒体经营者。该教研室主要从事跨学科研究，揭示社会、经济与大众媒体的关系，研究俄罗斯与国外的媒介理论、媒体行业发展、现代媒体经营管理特点与商业模式。

⑤新媒体与传播理论教研室。新媒体与传播理论教研室于2008年在媒介文化与传播实验室的基础上成立。主要研究方向是：新型数字媒体与传统编辑出版、互联网和移动媒体的传播特点、新技术平台的使用、互动媒体模式对社会的影响、社交媒体以及摄影、电视和其他传统媒体的知识产权保护的转型问题等。

⑥广告与公共关系教研室。该教研室旨在研究广告和公关的现代经验，并将新技术手段应用于对广告与公共关系的研究。主要研究有：提出了将公共关系作为整合传播系统的概念，确定了公共关系在经济和政治生活的各个重要领域中的实质特点，分析公共关系技术手段的多样性。

⑦大众传播社会学教研室。新闻社会学教研室是新闻系的一个独特分支。教研室一直致力于研究新的思想和新的概念，并编写了自己的教材。该教研室的教师密切跟踪新闻和大众媒体的热点问题，研究成果在国内外学界引发广泛讨论。

⑧俄语修辞教研室。1952年，俄语修辞教研室与新闻系同年成立。研究领域包括：符号学、伦理学、修辞学等，尤其关注电子媒介中的政治语言、外国政治话语的功能特点。

⑨编辑理论与方法教研室。该研究室1952年在语文系和莫斯科印刷学院编辑出版系的基础上成立。教研室的主要课程是“媒体文本编辑基础”，有三个主要研究方向：媒介传播编辑、创作与编辑功能的转化、儿童媒介的理论与实践。

⑩媒体语言学教研室。该教研室的主要任务是进行专业领域的外语教学。目前，教研室开设英语、法语、德语、西班牙语、意大利语、汉语和日语课程。重点研究方向是：外国大众媒体语言、非虚构文学、新闻学与文艺作品的协作形式、外国政论和散文。

⑪外国新闻与文学教研室。外国新闻与文学教研室成立于1955年（原名外国出版与文学史教研室），主要研究方向为：外国新闻史、世界信息传播进程中的大众媒体、外国文学发展史、社会知识的人文考量：理论概念与现代问题等。

⑫俄罗斯文学与新闻史教研室。教研室致力于保存、重构和研究俄罗斯文化史，特别是莫斯科大学文化史。有三个研究方向，其中最重要的是2011年开始的俄罗斯文学进程与新闻学关系的研究。

⑬国内大众媒体历史与法规教研室。1963年，在苏共出版历史、理论和实践教研

室的基础上，成立了研究苏联新闻业的苏共出版历史与理论教研室，这是苏联报业研究的开端。现在，国内大众媒体历史与法规教研室是俄罗斯大众传媒史研究领域最有影响的科研中心，也是俄罗斯唯一一所研究媒体活动法律监管的高校科研中心。

⑭文艺批评与政论教研室。文艺批评与政论教研室成立于 1976 年。1994 年，该教研室成立了艺术文化组，培养撰写文化和休闲类文章的记者。语言学博士尼古拉·阿列克谢耶维奇·博戈莫洛夫教授（1950—2020）领导该教研室多年。

⑮联合国教科文组织新闻与大众传播教研室。教研室的主要任务是研究俄罗斯、独联体国家和东欧国家的传播学发展历程，把区域传播环境放置在全球背景下加以研究，普及人文科学知识也是教研室的主要方向。

为提高教育质量，新闻系定期为在职教师举办培训（传统的冬训学校），确保教师水平符合现代社会的需求。此外，新闻系的教师和研究人员还参与数字化培训，数字不平等是影响现代社会利益分配公平的关键因素之一。

8.2.5.3 教学工作

2010—2011 学年，为实施俄罗斯新闻专业高等教育计划，莫斯科大学新闻系颁布了新的教学标准。

学士的教学计划中充分保留了人文和社会经济学科的课程。教学计划采用以公共课程加职业导向课程为基础的模块化教学方式：“经济学”—“媒介经济学”；“法理学”—“大众传媒法”；“政治学”—“大众传媒与政治”；“社会学”—“新闻社会学”；“心理学”—“新闻心理学”。新闻系将“新闻学基础”课程的学时增加了一倍，将讲座、研讨会和实践培训相结合。本科生培养模式的创新之处还在于：最后两个年级的培养方案将根据职业方向和主题模块确定。这些课程（模块）包括：数字媒体项目、视听内容产业、音乐产业、时尚业、博物馆和画展行业、设计业、图书出版产业、电子游戏产业、专业外语交流等。

针对硕士阶段，制定了实践型与研究型两种培养方案，开设了“现代新闻理论与技术”“电视新闻”“国际关系中的媒体传播”“数字媒体理论与经济”“战略传播”“数字新闻学”等课程。

作为俄罗斯高等教育第三阶段的副博士培养，也发生了重要变化。完成副博士阶段学习后，学生将获得“教师—研究人员”的称号。

2015 年，课程改革后首批全日制学士毕业，此后不再使用“五年制专业人才”的培养体系。同年，莫斯科大学在埃里温（亚美尼亚共和国首都）设立了分校，并开设了新闻专业课程。此外，莫斯科大学新闻系还与高尔基公园联合，开启了“户外新闻学院”项目。

2016年，莫斯科大学新闻系的一批学生媒体编辑部成立，包括多媒体门户网站“记者在线”、电视新闻频道“莫霍瓦街9号”，莫霍瓦广播和报纸《记者》。新闻系和高尔基公园的联合项目“新闻学对话”启动。在国民经济成就展电影演播厅开办了《莫斯科大学新闻系媒体星期一》暑期教育系列活动。

2020年，新闻系开办了“媒介传播学”的新培养方向，要求学生在三年内完成该方向的基础理论学习，同时掌握国外（西欧、英国、美国和澳大利亚）学术界在数字媒体方面的最新研究成果。

2021年夏季，新的硕士项目“国际背景下的俄罗斯新闻和文化”首次招生。在现代数字媒体环境中，许多信息来源相互矛盾，报道俄罗斯新闻的记者需要深入了解这个国家所发生的重要事件，包括媒体、文化、政治等。该项目是根据莫斯科大学新闻学专业的高等培养标准而设立，以英语授课，招收对象是接受过不同层次非专业教育的俄罗斯和外国英语媒体记者，以及希望在俄罗斯媒体和文化环境下获得硕士学位的俄罗斯和外国高校的新闻专业本科毕业生。

8.2.5.4 学术科研

新闻系的研究成果每年都在欧洲和世界的重要学术会议上发表，以专著和论文的形式在国内外权威出版物上刊发。此外，新闻系在教材建设方面也卓有成效，推动完善各级高等专业教育，开发新的课程和教学方案，编写教科书和辅助教材。

“新闻学国际研讨会”是莫斯科大学新闻系的重要学术活动，已有30多年的历史。该会议每年2月举行，汇集了来自俄罗斯、独联体国家以及其他国家的记者和高校新闻系的教师和研究人员参与研讨。

俄罗斯教育科学部最高学术评定委员会主席团将新闻系的学术期刊《媒介年鉴》（《Меди@ льманах》，2003年创刊）与网络杂志《媒介观察》（《Медиаскоп》，2003年创立）列入该国主要学术期刊和出版物名单。新闻系还创建了一个多媒体馆——媒介研究中心，其中配备了现代检索系统，可以使用最新的分析技术来研究报刊文本。

新闻系还出版了研究俄罗斯媒体和新闻学的英文学术期刊——《媒体世界》（*World of Media*）。该刊物收录了来自俄罗斯和国外各大学新闻学和大众传播领域研究者的文章，被列入Scopus、EBSCO、DOAJ、IAMCR、RSCI的数据库。

2015年，俄罗斯最高学术评定委员会决定将研究新闻学、大众媒体、大众传播问题的《莫斯科大学学报（新闻学版）》列入核心学术期刊名单。学报每年出版6期，发行量为200份，编委会由莫斯科大学新闻系的教师组成。2018年，该刊物被列入俄罗斯科学引文索引数据库 RSCI（Russian Science Citation Index）。

8.2.5.5 国际交流

莫斯科大学新闻系与英国、德国、意大利、西班牙、美国、法国、芬兰、瑞典、荷兰、中国等国的 33 所高校长期开展科研与教学交流合作。新闻系设有外国大众媒体研究中心、联合国教科文组织教研室，是六个重要的大众媒体和大众传播国际研究机构的成员（IAMCR，ICA，EMMA，EJTA，ECREA，ORBICOM），新闻系教师定期参加国际学术研讨会。

多名外国学者被聘为新闻系的荣誉教授，如：Denis McQuail 教授（荷兰）、Paolo Mancini 教授（意大利）、Kaarle Nordenstrang 教授（芬兰）、Elsa DeBens 教授（比利时）、Hannu Nieminen 教授（芬兰）、Pal Tamas 教授（匈牙利）、Wolfgang Muhl-Benninghaus 教授（德国）、Jens Wendland 教授（德国）、Mark Deuse 教授（荷兰）。新闻系主任叶连娜·列昂尼多夫娜·瓦尔塔诺娃是芬兰赫尔辛基大学和坦佩雷大学的荣誉教授。

新闻系开展国际合作的主要形式有：参与大众传播学和新闻学的国际项目；与合作大学联合举办学术会议、硕士课程等学术及教学活动；组织科研人员参加交流讲座、研究项目；组织学生进行交换和实习。

国际合作的主要目标是提高莫斯科大学新闻系在俄罗斯和世界高等教育体系中的地位，使其进一步融入国际教学和学术环境。未来几年，新闻系将继续丰富国际合作形式，扩大双边和多边学术和教学交流。

8.2.5.6 教育普及

为普及新闻学和媒介知识，向公众推广新闻系的教育项目，新闻系组织教师和毕业生举办了系列公开讲座。自 2015 年暑期起，新闻系在高尔基公园举办“户外新闻学校”；2016 年，在国民经济成就展览馆（ВДНХ）举办公开课；2018 年，在国民经济成就展览馆（ВДНХ）的“工人与集体农庄社员”展馆举行冬季系列开放课堂。新闻系主任叶连娜·列昂尼多夫娜·瓦尔塔诺娃表示：“举办公开讲座和专门课堂是莫大作为教育和文化机构的重要任务。讲座和课堂不仅面向莫斯科大学学生，也对所有公众开放。我们向感兴趣的莫斯科居民和游客开放新闻系的课程，让杰出的学者就现代新闻业中最重要的问题举办公开讲座，这是对莫斯科大学优秀传统的延续。”

2017 年，新闻系成立了媒介教育研究中心，为针对中小学师生的相关项目提供方法和组织上的支持。该中心将多个领域的工作相结合，研究基础理论和方法，组织开展媒介教育活动。

莫斯科大学新闻系已经培养了3万多名毕业生，每名毕业生都接受了良好的教育。新闻系设有系友会，每年毕业前夕，新闻系学术委员会都为优秀毕业生授予荣誉称号。新闻系拥有一支高素质的教师队伍，继承了优秀的教学经验并激发年轻人的创新潜力。近年来，由于优秀博士毕业生和媒体行业优秀记者的加入，新闻系的教师队伍逐渐年轻化。莫斯科大学新闻系为国家的媒体行业培养了许多符合现代社会要求的专业人才。

（中国人民大学　赵永华、萧沐清）

8.2.6　东南亚新闻传播教育鸟瞰

过去的半个世纪，东盟国家的新闻传播教育快速发展，对新闻从业者进行短期培训的课程也同步发展。不过，因为东盟国家都曾受过西方的殖民统治，不少国家的新闻传播课程和学习形式都基于西方的模式和教学大纲。自20世纪90年代以来，东盟国家新闻传播教育逐步得到改革，但仍局限于面向新闻业。随着网络与新媒体的普及，东盟各国传播教育机构也设计了相关课程。

8.2.6.1　世界领先的新加坡新闻传播教育

新加坡的新闻传播教育在东盟国家中是最发达的。其6所公立大学中，除新加坡科技设计大学（Singapore University of Technology and Design，SUTD）没有传播类学士学位外，其他5所都有相关学士学位。在2018—2020年QS全球大学学科排名之“传播与媒介研究”中，南洋理工大学（Nanyang Technological University，NTU）分别排名第12名、第8名、第7名（并列），新加坡国立大学（National University of Singapore，NUS）分别排名第14名、第14名、第12名，进步较为明显。

南洋理工大学1992年创办独立的传播研究学院，延聘时任新加坡国立大学大众传播系主任郭振羽为创院院长。1993年，首批96名本、硕学生入学，1994年创办校园报纸《南洋纪事报》，为学生提供稳定的实习平台，1995年招收首位博士生，2006年学院正式命名黄金辉传播与信息学院（WKWSCI）。

WKWSCI为亚洲最知名的传播教育与研究学府之一，设有4年制传播学荣誉学士学位课程，学生可选择新闻与出版、电子与广播传媒、公众与宣传传播或传播研究为主修课程。毕业生主要服务于媒体和信息业界或修读传播学高级研究课程。学院研究生方向包括大众传播学硕士，信息研究、信息系统和知识管理硕士，哲学博士等。和WKWSCI同属文学院的艺术、设计与媒体学院也提供数字动画、数字电影制作、摄影与数字影像、互动媒体等专业方向。

新加坡国立大学艺术与社会科学学院传播与新媒体系（CNM）是东盟唯一一个提供以新媒体为重点的媒体研究、互动媒体设计、文化研究和传播管理的专业。该专业基于新加坡和世界新媒体环境的变化，不断创新课程体系。

新加坡管理大学（Singapore Management University，SMU）李光前商学院（Lee Kong Chian School of Business）将过去的“企业传播”专业改为“传播管理”专业。该专业学生必须修满四个模块共36门课，以及强制实习计划。

新加坡理工大学（Singapore Institute of Technology，SIT）在设计与商学院开设理学士学位（数字传播与媒体融合）课程。作为较新专业，除传统的媒介与传播理论课程外，其侧重于数字网络分析、媒体整合管理和数字媒体生产。课程亮点有：媒体整合的数字创新、数字世界中生产“现实”的营销传播-纪录片制作与社交媒体分析、策略传播与公共传播，以及时长为8个月的整合工作计划。

新加坡私立大学中，PSB学院（PSB Academy）工商管理学院开设媒介与传播荣誉文学学士学位课程，学制16~28个月。学生将学习影视创作、新媒体与数字媒体、全球与国际背景下的媒介与文化、创意产业、媒介理论与历史、媒介与文化研究、媒介与文化生产等。

新加坡管理发展学院（Management Development Institute of Singapore，MDIS）媒介与传播学院是另一家提供传播学士学位的私立大学。他们分别与提塞德大学（Teesside University）合作授予广电媒介制作荣誉文学学士学位，与朴茨茅斯大学（University of Portsmouth）合作授予媒介与数字实务荣誉文学学士学位，与桑德兰大学（University of Sunderland）合作授予媒介、文化与传播荣誉文学学士学位。新加坡科技设计大学虽然没有传播类学士学位，但其提供传播类博士课程，目前有四位在读博士生，研究兴趣均和网络技术、网络传播相关。

相较于其他东盟国家，新加坡的新闻传播教育更注重深度与广度的平衡。几乎所有学校的新闻传播教育都远远超越了为媒体培养员工的层面，而是要求学生了解某个专业或领域的主要观点，其研究方法的可行性和局限性，以及目前的问题和困难。教学内容除社会与人文外，更是覆盖商业与经济、科学与技术等，不仅要求有国内实践，也鼓励有海外媒介经历。

8.2.6.2 别具特色的越南新闻传播教育

越南的新闻教育可追溯至19世纪60年代，在第一家越南语报纸《嘉定日报》（*GiaDinh Journal*）出版后不久，第一个新闻类课程就开办了。该报负责人张永基

(Truong Vinh Ky) 利用报纸版面对报纸出版全流程进行培训。20 世纪 20 年代，黄籍注 (HoangTich Chu) 率领一批接受法语教育的记者，在简明的新闻写作风格和技巧方面开创了一波革命性变革。而新闻学在越南大学真正成为一门学科，是在南北分立期间的南越。而在北部，最典型的新闻记者培训中心是 1962 年设立的越南共产党中央宣传教育学校 (Central School of Propaganda and Education)。

南北统一后，特别是革新开放以来，受过专业训练的新闻传播干部需求日甚。1990 年，越南政府决定将中央宣传教育学校升格为大学，即今天的越南人文社科大学（河内）(VNU-HN College of Social Sciences and Humanities)，并创办新闻学系。1992 年，越南人文社科大学（胡志明市）(VNU-HCMC College of Social Sciences and Humanities) 语言文学系改名为语言、文学和新闻学系。1997 年，顺化大学 (Hue University) 语言学系开办语言学学士（新闻学专业），2005 年，正式升格为新闻学学士学位。大叻大学 (Da Lat University) 还开办语言学和新闻学双学位课程。

不同于东盟其他国家，越南在中央宣传教育学校的基础上，不断改制，于 2005 年成立专门的越南新闻传播学院 (Academy of Journalism &Communication)，其任务是以马列主义、胡志明思想、越南共产党的指导方针和越南意识形态方面的政策法律为基础，培养负责宣传和党建工作的政治理论讲师和干部，培养新闻、宣传及其他人文社科专业的本科生和研究生。

根据惯例，越南的新闻传播教育只能由公立大学承担。1992 年，胡志明开放大学 (Ho Chi Minh City Open University) 获准新设新闻学系，1994 年，当学生们准备升入三年级时，该系被越南教育与培训部口头命令关闭，但未说明关闭理由。

新闻传播被视为越南的优质专业，很受学生喜爱，新世纪以来，上述几所大学的新闻传播类专业入学考试成绩几乎都是最高的。但是，越南的新闻传播教育仍然注重理论教学，需平衡理论与实践的关系，尤其注重学生实践能力的培养。近年来，受网络与新媒体影响，越南媒体的就业情况也呈下滑趋势，新闻传播类专业的热度也有所下降。

8.2.6.3 欣欣向荣的泰、马、菲、印尼新闻传播教育

泰国的新闻传播教育起步较早，20 世纪 80 年代以前，提供新闻传播教育的有 4 所公立大学（泰国法政大学、朱拉隆功大学、泰国素可泰塔玛提叻远程教育大学和清迈大学）和 2 所私立大学（曼谷大学和泰国博乐大学）。

1954 年，泰国法政大学 (Thammasat University) 成为泰国第一家提供新闻教育课程的学术机构，1969 年成立新闻学系，1979 年发展为新闻与大众传播学院。目前该院下辖新闻学系、广播电视学系、电影与摄影系、广告学系、企业传播学系和传播管理系，

主要培养硕士和博士学位毕业生，提供三个硕士学位（大众传播、传播管理、企业传播管理）和一个博士学位课程。

朱拉隆功大学（Chulalongkorn University）于20世纪60年代早期在政治学系开展新闻教育，1965年创办大众传播与公共关系学系。1974年，该系发展为传播艺术学院。目前该院有五个系（新闻学系、大众传播学系、摄影学系、公共关系学系、语言传播和表演艺术系）和一个国际传播项目，可以提供从本科到博士的学位课程。

素可泰塔玛提叻远程教育大学（Sukhothai Thammathirat Open University，STOU）没有传统的校园，在泰国的10个府都有其科技发展中心。1969年，STOU开始其大众传播教育，到20世纪80年代初，在其新闻学、广播电视学、广告学、公共关系学和电影专业就读的学生接近万人。

清迈大学（Chiang Mai University）是早期大曼谷都会区以外唯一提供传播教育的大学。1964年其人文学院设立大众传播系，开设传播课程。2005年成立大众传播学院。目前该院有大众传播和数字电影两个学士学位点，以及整合传播硕士和博士学位点。曼谷大学（Bangkok University）1971年开办公共关系本科专业，1978年创办新闻学本科专业，1980年开设广告学本科专业；1989年开设传播艺术硕士学位课程；20世纪90年代分别开设广播电视学和发展传播学本科专业。

除专业的新闻传播教育外，泰国还把媒介素养纳入教育体系中，尤其要求高等教育必须把媒介素养列为正式教育范围。为此，泰国国立农业大学（Kasetsart University）教育学院和先皇技术学院（King Mongkut´s Institute of Technology Ladkrabang，KMITL）产业教育学院还专门开设教育类课程，教育培养学生成为未来的媒体教师。

马来西亚的正式新闻培训始于1963年，当时国际新闻学会与亚洲基金会、马来西亚政府和当地报纸合作，举办了为期六个月的新闻课程，该培训主要针对本地媒介从业者和政府信息官员。自20世纪70年代以来，不少公立大学开办新闻传播类课程。包括马来西亚理科大学（UniversitiSains Malaysia，USM）（1971）、玛拉理工学院（MARA Institute of Technology，MIT）（1972）、马来西亚国立大学（National University of Malaysia，UKM）（1975）、马来亚大学（University of Malaya，UM）（1977）、马来西亚博特拉大学（UniversitiPertanian Malaysia，UPM）（1979）。除了这些大学，韩江高级中学（Han Chiang High School，后升格为韩江学院，Han Chiang College）于1978年首次开办新闻类课程。各大学均要求学生通过实习整合理论知识与技能。马来西亚各大媒体机构也乐于为新闻学院学生提供两至三个月的实习时间。

近20年来，马来西亚提供新闻传播教育的大学不断增加，新闻传播类课程虽然不像以前那样受热捧，但仍因其魅力而吸引年轻一代。据马来西亚学术资格鉴定机构（Malaysian Qualifications Agency）的统计，目前马来西亚共有25个院系提供新闻学学位和文凭教育课程，另外还有80所公立和私立院校提供媒体研究或大众传播专业的新闻选修课。在2020年QS全球大学学科排名“传播与媒介研究”中，马来亚大学排名第101~150名，是除新加坡高校外，东南亚国家中唯一入围前150名的学校。

因为曾受西班牙和美国的殖民统治，菲律宾新闻传播教育深受这两国，尤其是美国的影响。20世纪70年代，菲律宾就有至少13家学术机构提供新闻传播类学位教育，到1987年，该数据增长到42家。根据菲律宾高等教育委员会（Commission on Higher Education，CHED）的统计，到2005年，约有214家学术机构提供传播类课程，其中18家开办有新闻类课程。从南部的布基农省到北部的拉瓦格市，遍布全国17个大区的数百所学校能提供大众传播、新闻学或广播电视学学位课程。

菲律宾大学（University of the Philippines，UP）于1919年第一个开设新闻类课程，但该课程不久因故取消。圣托马斯大学（University of Santo Tomas，UST）是全国开设新闻类课程最久的学校。1936年，UST在哲学与文学学院开设文学学士（新闻学）学位课程。1964年，该院与人文学院合并，组建新的文学院，并自此开设新闻与传播学位课程。1965年，菲律宾大学重建大众传播学院，并开办传播类学士、硕士和博士学位课程。

从殖民时期开始，爪哇岛都是印度尼西亚的教育中心，也是现在印尼传播教育的中心。1949年印度尼西亚日惹政治科学院（the Political Sciences Academy in Yogyakarta）首次创办宣传教育（传播教育），该院之后发展成为加扎马达大学（University of GadjahMada）的社会和政治科学学院。1949年在雅加达成立的Djurnalistik学院是印度尼西亚第二所专门教授传播学的学校。此后，更多大学投入传播学教育之中，比如印度尼西亚大学（UI）、Padjadjaran大学（UNPAD）、Hasanudin大学、Diponegoro大学、LSPR传播研究学院、Airlangga大学和MercuBuana大学等。

印度尼西亚大学的宣传部在1976年更名为大众传播部，后在1981年更名为传播学部。1982年，印度尼西亚大学成为第一所拥有传播学教育硕士学位的大学，1993年获得博士学位授予权。现在印度尼西亚大学的传播学部隶属于社会与政治科学系，拥有媒体研究专业、新闻专业、广播专业、公共关系专业和广告专业。加扎马达大学是印尼传播科学教育的先驱，但2009年才开设相关硕士课程。

80年代和90年代初，UNPAD成为第二所拥有传播学硕士和博士研究生的教育机构，传播科学学院共有传播科学、图书馆学、公共关系、电视电影、通讯管理和新闻学六个专业。UNPAD 设置的专业课程包括：宗教、通信科学介绍、印度尼西亚语、逻辑学、英语、运动、艺术和创造力、大众传播、社会学、跨文化传播、新闻语言、新闻摄影、社会心理学、视觉新闻、平面新闻写作、媒体法和道德、通信理论、社会统计、广播新闻制作、新闻定量研究、媒体与社会、电视新闻生产、政治传播、新闻定性研究、网络新闻、媒体管理与经济、融合新闻、深度新闻写作等。

8.2.6.4 其余国家：起步阶段的新闻传播教育

文莱一共设有 3 所大学，其中文莱国立大学（Universiti Brunei Darussalam）人文学院设有“专业传播与媒介”学士学位专业，不过自 2016 年开始，该专业不再开设。该专业当初设定的目标是：在宽泛的专业背景下培养毕业生，在各种环境下，能够利用他们的语言文化知识、信息技术和媒体工具，分析、批判性解读和评介大众媒体和专业信息，并且使用专业技能生产书面或口头文本。

目前“专业传播与媒介”专业虽然停止招收学士学位生，但仍然培养“专业传播与媒介”方向的硕士生和博士生。

2007 年，隶属于仰光大学的国家管理学院（National Management College，NMC）设立了新闻学系，并授予毕业生文学学士学位。该学位要求 4 年内完成 48 门课程，其中 28 门和新闻学相关的核心课程，10 门语言类基础课程和 10 门选修课程，包括社会科学、哲学、法学和管理学课程。这些课程涵盖了所有的媒体类型：印刷媒体、广播电视、互联网与新媒体。

新闻学是理论和实践结合的专业。尽管缅甸该体系中含有很多实践类课程，不过实际教学中，理论远多于实务，包括报道与写作课程亦如此。有些课程间的关系过于接近，比如“新闻出版”与“新闻产业”。

到 1987 年，柬埔寨都没有一家日报，相关媒介从业人员没有获得充分的专业培训。1991 年的巴黎和平协议结束了柬埔寨长达 20 年的冲突，为其社会经济发展提供了条件。2001 年，在阿登纳基金会的帮助下，金边皇家大学（Royal University of Phnom Penh）人文与社会科学学院媒介与传播学系成为柬埔寨第一个开展四年制媒介管理学士学位教育的单位，旨在培养学生适应媒介各部门工作，最终成为媒体行业的领军人物。阿登纳基金会为媒介与传播学系提供教员和相关资料，帮助其设计课程体系。另外，菲律宾雅典耀大学（Ateneo de Manila University）也助其开发课程并援助授课专家，美国俄亥俄大学和德国学术交流中心（DAAD）也提供相应帮助。

金边皇家大学人文与社会科学学院媒介与传播学系教学语言为英语，其通识课程主要包括英语及学术写作。专业课程包括：高棉语及写作、新闻学原理与实践、学术研究导论、计算机基础、柬埔寨史、政治学导论、统计学导论、世界史、社会心理学导论、大众传播、平面设计与排版、新闻报道与写作、新闻写作与编辑、创造性思维、法学导论、新闻摄影、媒介法、广播新闻、市场营销原理、媒介伦理、网页设计与网络新闻、特写写作、广告与公共关系、电视新闻、编辑部管理、影视制作、媒介研究、媒介经营管理、人力资源管理、比较媒介管理、专题制作等。该专业的学生必须在柬埔寨或海外进行两期实习。媒介和传播学系欲不断拓展和新闻传播相关的学位课程，比如公共关系，以期待获得地区的认同。

作为世界上最不发达国家之一，老挝真正意义上的大学很少。其新闻传播教育起步更晚，目前承担老挝新闻传播教育的主要是 2017 年成立的老挝国立大学（National University of Laos）语言学院大众传播系，该系的一项重要任务是“培养媒体技术人员”。在该系成立之前，语言学院从 2004 年开始招收新闻传播本科生。2004 年首届招收 7 人，从第二年起招生规模得到扩大。截至 2018 年，该专业已毕业了 200 多名学生。大部分毕业生回到老挝各省新闻媒体任职，少数留校任教和当志愿者。目前，大众传播系除了提供大众传播（文学）学士学位课程外，还有提供传播与管理（英语文学）硕士学位的相关课程。

和东盟其他国家相似，老挝国立大学的新闻传播教育课程体系也分为通识类课程和专业课程，专业课程又分为理论课程和实践类课程。但其实验条件较差，实验设备缺乏，影响实践教学的开展。正式的新闻传播高等教育目前不能满足老挝媒体对新闻传播人才的需求，2004 年，老挝信息文化旅游部成立新闻培训中心，负责对全国的新闻工作者开展短期培训。①

（安徽大学　崔明伍、朱璟）

8.3 经典教材举隅

8.3.1 卡罗尔·里奇：《新闻写作与报道训练教程》

《新闻写作与报道训练教程（第六版）》（中国人民大学出版社，2004）为美国知

① 陈东霞 . 老挝新闻教育现状与中老新闻教育合作前景［J］. 青年记者，2019（6）：96-97.

名记者卡罗尔·里奇（Carole Rich）所著，钟新、王春枝主译，中国人民大学出版社2012年出版。此书是“新闻与传播学译丛·国外经典教材系列”的组成部分，它全景展现了新闻报道的发展趋势，理论表述深入浅出，不仅介绍了基本的采写理念与方法，针对不同类型的报道进行分章节归类表述，还列举众多经典案例，带领读者赏析优秀新闻作品，将理论与实践相结合，有助于读者充分了解西方媒体的写作规范与技巧，吸收专业新闻工作者的经验与精髓。

全书分为理解新闻、采集信息、组织报道结构、理解媒介问题、应用技巧5个部分，共24章，章节与章节之间呈线性逻辑关系，前三部分主要是讨论写作与报道的技巧，第四章则是对前文写作技巧的应用指导，大致按照从构思到组织报道的逻辑编排。与前几版相比，这一版主要是以媒介融合为新闻写作背景，全景展示媒介融合的发展趋势，分析媒介领域的革新对新闻写作形式的影响，从而思考如何写出有吸引力的新闻报道。

第一部分“理解新闻”中（第1~4章），主要探讨媒介融合背景下新闻概念发生的变化，对全新的新闻发布渠道进行总结，以“博客”为代表分析了目前的媒介图景，突出强调公民新闻理念的诞生。紧接着概括了写作与报道的基本程序，明确了新闻报道的基本构成要素，从如何确定报道要点，决定导语内容与报道结构，到如何运用加框事实、信息性图表等视觉工具引起读者注意；同时，还帮助区分平面媒体新闻、广播电视媒体新闻和网络新闻的报道范式，以期读者在跨媒体写作中能够善用融合思维，适应媒介发展趋势。

第二部分“采集信息”中（第5~7章），首先要求记者要通过细致观察发现问题，明确自己要报道的问题，始终保持好奇心，用“侦探思维”搜索材料，排除个人观点，客观报道事实。其次，介绍了如何搜索和利用人物信息源、匿名信息源、书面消息源与在线信息源，并解读了消息源的文化多样性，要求记者做好平衡报道。在日常的采访活动中，记者要具备一定的采访能力，主动培养良好的倾听技巧，锻炼做好采访笔记的能力，增强对新闻的敏感度，针对不同形式的采访，善于调整采访技巧，以获取所需信息。

第三部分“组织报道结构”中（第8~14章），先围绕新闻的写作程序展开叙述，综合描绘新闻报道的整体结构，从软硬导语的写法到文章主体的建构，从过渡技巧的具体操作到如何设计报道结尾，无一遗漏。这部分总结了西方媒体的经典报道结构，通过具体案例分析叙事理念和特写技巧，辅助读者高效写作和报道，并开设新章节谈论叙事和特写技巧，在细节上进一步打磨完成的新闻报道，以增加文章的吸引力，扩大报道的影响力。而后顺应媒介发展趋势，以广播电视新闻写作和在线新闻写作为重点，展开叙述两者的异同与报道模式，分析公关行业与媒体的关系，公共从业者撰写新闻通稿时，不仅要有好的文笔，还要了解媒体的真实需求，洞察与之适应的写作技巧。

第四部分“理解媒介问题”中（第 15~17 章），主要包含媒介法规、新闻伦理和多元文化敏感三个部分，强调了新闻报道准确性的重要性，要求明确公众人物与非公众人物的界限，以及诽谤判定原则的实际应用范围，确保作为记者进行客观真实的报道，并延伸到互联网上的法律与伦理问题，呼吁大家树立版权观念，遵守媒介伦理准则，守护媒介伦理底线。同时在写作与报道的过程中，报道者要保持对多元文化的敏感性，注意报道措辞，特别是报道有关种族、性别、特殊群体等领域时，尽量兼顾全局。

第五部分“应用技巧”中（第 18~24 章），主要是将前文的理论技巧运用到具体实践中，以经典的西方报道为支撑，分章节讲解了包括专业报道、讣闻写作、人物专访、政府新闻、演讲在内的 13 种报道形式，深刻剖析了每一种报道形式的适用场景、写作方法以及可能存在的禁忌。本书的最后一章专门讨论了申请实习或工作机会的求职技巧，对个人简历的制作和面试进行指导，希望能够帮助未来的新闻从业者迈入新闻业的大门。

（南昌大学　陈世华）

8.3.2　拉里·A. 萨默瓦：《跨文化传播》

《跨文化传播》（中国人民大学出版社，2004），作者为美国三位教授——拉里·A. 萨默瓦（圣迭戈大学）、理查德·E. 波特（加利福尼亚州立大学长滩分校）和埃德温·R. 麦克丹尼尔（加利福尼亚州立大学圣马科斯分校），迄今英文版已出到第 9 版的经典教材。

马克思指出，“人的本质不是单个人所固有的抽象物，在其现实性上，它是一切社会关系的总和”。① 由于人必须在与他人交往中才能成其为人，而“他人”因为与“我”的“差异”而成其为“他”人，这其中的“差异”无疑包括文化差异。如果同意“所有文明社会的第一定律是，只要不危及他人，就应该保持多样性”，那么，存在不同文化差异的人们之间如何更好地交往？这便是《跨文化传播》的问题意识。该书写作植根的背景，从小处看是以“移民国家”著称的美国不同族群（亦即具有不同文化背景）的人们之间如何更好地交往，从大处看则是“全球化”和“国际化”浪潮中不同文化的人们之间如何更好地交往——毕竟，由于人们必须相互依存，“在这个地球的任何一个地方发生的事都会对其他地方产生影响”，因此，“提高人们人际交流和文

① ［德］马克思．关于费尔巴哈的提纲［M］//中共中央马克思恩格斯列宁斯大林著作编译局．马克思恩格斯文集（第 1 卷），北京：人民出版社，2009：501.

化交流的能力，关系到这个资源有限的星球上70亿人的福祉”。①

《跨文化传播》全书共12章（含结语），在逻辑结构上可以划分为五大部分。

交流不是发生在真空中，而是“发生在特定情境中，交流的性质很大程度上取决于这个情境”。② 在此预设下，该书的第一部分（第1章），从影响人类交流的诸多要素中，抽象出“文化”这一至关重要的要素，在定义文化的基础上，重点讨论文化对于交流的影响。

第二部分（第2~第5章），从文化的深层结构的构成要素“家庭和历史”（第2章）出发，抽丝剥茧，从世界观（第3章）、文化身份（第4章）和价值观（第5章）等不同维度深入讨论什么是“文化”以及文化对于个体的影响。

由于“交流是符号化的”，人们通过符号来分享文化的经历，而两个最基本的符号体系包括“语言符号”和“非语言符号”，因此，该书的第三部分由第6章（词语与意义：语言与文化）和第7章（非语言交流：行动、空间、时间和沉默所传达的信息）构成。

由于跨文化交流经常发生在某种社会背景下，那么，文化对于特定社会背景下传播的影响可能是怎样的呢？该书第四部分（由第8章、第9章和第10章构成），选择生活中常见的三种社会背景（商业领域、教育领域、医疗保健领域）讨论文化对于传播的影响。

该书的核心观点是，文化多样性是生活中一种无法改变的现实。跨文化交流发生在信息传播者和信息接收者来自不同文化的社会中，而正是文化多样性引发了众多的社会问题。经过一系列的分析，该书最后一部分（由第11章和结语构成），回到第1章开篇提出的问题——如何面对“跨文化交流的挑战”？若想改善跨文化交流，就要通过“跨文化传播”来了解我们自己，既要运用移情，也要注意倾听交流中的文化差异，既鼓励反馈，也要促进交流的灵活性，并且学会处理跨变化冲突，以实现跨文化适应。

《跨文化传播》是一部翔实而厚重的经典教材。在使用这部教材时，至少有三重读法。

一是“先读”每章的概要。《跨文化传播》每章的结尾都提供概要。替读者将本章的核心观点梳理出来。这使得我们可以在极短的时间内实现对一部近400页的大部头教

---

① ［美］拉里·A. 萨默瓦，等. 跨文化传播（第六版）［M］. 闵惠泉，贺文发，徐培喜，等译. 北京：中国人民大学出版社，2013，前言：2.

② ［美］拉里·A. 萨默瓦等. 跨文化传播（第六版）［M］. 闵惠泉，贺文发，徐培喜，等译. 北京：中国人民大学出版社，2013：9.

材“讲了什么”有一个整体上的把握。

二是“细读”每章的正文。《跨文化交流》虽然是语言通俗易懂的“教材”，但每章的写法却都是“研究性”的。这体现在每章都是围绕一个核心问题而展开，展开过程中的小标题就是分论点。而且，十分注意界定所用的概念——例如，本书所讲的文化，特指“文化是一系列人类创造的客观和主观的元素，这些元素过去增加了人们生存的可能性，提高了其成员在生态系统中的适应能力。之后，由于人们生活在同样的时空之中，并拥有同样的语言，这些元素在可以互相交流的人们之中共享”。①

三是“研读”每章的注释。如果说“文科的所有工作都可以理解成不同形式的对话”,② 那么，《跨文化传播》之所以成为一部经典教材，在某种意义上乃是因为，三位作者在“对话”了与本书相关的众多学者的著述的基础上，替读者提炼出其中的精华。需要追问的是，作者们在写这部教材时，究竟是在与哪些已有的论著对话？该书各章加起来超过2000条的注释，便成为读者深入研读的线索与抓手。从这个意义上看，《跨文化传播》不但适合本科生阅读，而且适合研究生研读。

（南京师范大学　刘泱育）

8.3.3　莱特尔等：《全能记者必备》

《全能记者必备》（中国人民大学出版社，2005）是一部历史悠久、颇具影响的新闻学实务教材。该书的修订与再版跨越半个多世纪，见证了新闻业从传统媒体时代到互联网时代的变迁，也在不断修订中回应着新闻业变迁对新闻工作者必备素养提出的时代要求。它被美国近200家大学和学院选为教材，也被译为多国文字，作为教材或参考书。

该书第一版由朱利安·哈里斯（Julian Harris，1914—1989）与斯坦利·约翰逊（Stanley Johnson）合著，1946年出版。哈里斯为田纳西大学新闻教育的创立和田纳西州新闻协会发展作出了卓越贡献，而他最重要的成就之一就是编写了这本经典教材。田纳西大学是美国著名的公立综合性大学。传播与信息学院成立于1969年，现有教职员工70多人，学生1500多人，提供广告、信息科学、新闻与电子媒体、公共关系领域的本科、硕士和博士生教育。

---

① ［美］拉里·A. 萨默瓦，等．跨文化传播（第六版）［M］．闵惠泉，贺文发，徐培喜，等译．北京：中国人民大学出版社，2013：14.

② 王博．王博谈经典、生命与世界［C］//北京大学学生工作部组．北大教授茶座（第1辑）．北京：北京大学出版社，2016：130.

从1965年推出的第二版开始，田纳西大学传播与信息学院前院长巴纳德·凯利·莱特（Kelly Leiter，1925—2014）加入作者队伍。莱特在从事新闻采编工作15年后走上大学讲坛，教授写作、编辑、报纸排版和设计等课程。与此同时，他还是多家媒体的撰稿人和写作教练，始终活跃在传媒一线，丰富的实战经验和杰出的新闻才华为教材的撰写奠定了坚实基础。他是首位获得田纳西大学全国校友会杰出教学奖和杰出公共服务奖的教职员工，曾两次因对大学的杰出服务而获奖，还因对田纳西州新闻协会的杰出服务而获得总统奖。

中国最早的中译本由新华出版社1988年出版，译自1985年出版的英文版第五版。此书的最新英文版是1999年出版的第七版，距今已经23年。中国人民大学出版社2003年引进此版，列入“新闻传播学英文原版教材系列”丛书；2005年出版由著名传媒人宋铁军翻译的中文译著，列入“新闻与传播学译丛·国外经典教材系列”丛书。最近一次出版是2010年。世纪之交修订的第七版几乎重写了所有章节，以回应传媒业的巨变，同时增加了新插图和照片，以帮助学生更直观地理解所讨论的原理。

全书8个部分，35个章节大致可分为4个板块，分述新闻工作总论、新闻写作总论、各类新闻写作技巧和新闻编辑常识。新闻工作总论阐明作为职业的新闻业、新闻记者、新闻价值、新闻来源、新闻界与社会、新闻伦理和法规等基础知识。新闻写作总论阐明新闻导语写作、谋篇布局和表达立场的方式，以及特写、改写、连续报道、图片说明和广播电视新闻的不同文体的特点及写作要求。新闻编辑常识及技巧也围绕新闻写作的准确、精确和创造性等要求展开，阐述稿件改写、校对、标题制作和版面设计的技巧。

该书的特点之一在于其“全攻略”式的知识架构。从书名可知，20世纪40年代，新闻学界认为全能记者是全面掌握传统媒体新闻采访、写作和编辑技能的新闻人。而其必备的知识和技能则主要包括新闻业务活动基础理论和职业规范、各种新闻文体和专业新闻的写作技巧、编辑业务基础三部分。这些知识和能力，即使在传媒业已经发生重大变革的今天，也依然是公认的传媒人核心素养和能力。教材对这些基本原理、规范及业务技能的全面呈现、重点阐释和生动讲解，为初学者提供了系统的、可操作性强的传媒采写编评业务指南，也使此书具有恒久的魅力和参考价值。

该书的特点之二在于其以新闻写作为核心，以指导新闻生产实践为导向的实务技能培训理念。教材紧紧围绕新闻写作这一重心，由浅入深，由总则到专题，详细阐明各类新闻文体、各类题材的写作技巧和原则，最后落脚于新闻编辑工作。全书没有专章讲述新闻采集的技巧，而是将新闻采集中应该注意的事项，需要采集的信息等有机融入新闻写作技巧和相关法规、伦理规范的阐述中，体现了采写一体的思维，更贴近新闻工作实际。教材知识点虽全，但重点是分述各类新闻的写作要求和技巧。该书对新闻的分类没有采用统一的标准，而是参考新闻生产实践的特点和不同要求分为四类。一般新闻主要指本地人物动态和地方事务简讯，演讲、出版物改写、专访、会议和大型活动等相对“乏味”的报道；特殊新闻则是一个与硬新闻（消息）相对的概念，指生活、体育领域的软新闻及文艺评论、社论等；简单新闻是“单一事件的报道”及“几乎不需要解释和背景的报道”；而复杂新闻则是必须在报道事实的基础上进一步追问原因、找出联系、思考意义和探究问题的报道，主要是法律、政治、商业、工业、教育、科学、宗教等领域的解释性报道、深度报道。这样的分类难免存在一些交叉和模糊地带，但也提供了相同题材新闻的不同写法。如犯罪新闻事件，既可以用简单新闻的方式操作，也可以依据事实和新闻价值写成复杂的法庭报道。

作为一本新闻实务教材，本书最大的优点在于通过解析大量典型实例和优秀作品，有效促进新闻实务知识及相关规范的理解、应用、模仿和创新。正如作者在序言中所说：“本书中讨论的技术是每家报纸每天都在应用的。”教材不仅告诉读者该怎么报道，还告诉读者不该怎么报道。就导语写作而言，文中不同章节提供了十余种不同类型的选择和近百个正反面的写作范例。如第八章中，作者引用《华盛顿邮报》记者对大屠杀幸存者的报道，说明直接引语在导语中的情绪冲击作用；在第二十章中通过列举《亚特兰大宪法报》的反面案例，说明导语不宜过分追求新奇。作者通常还会在示例旁设“解释”或“要点分析”栏，以注释的形式解构段落思路。为帮助读者理解法庭、审判、选举、政治和预算报道的特殊要求，教材还简明扼要地介绍了与新闻活动有关的司法、行政、选举、财政预算等常识，指导他们避开“陷阱”。

高度贴近实际，极具启发性和可操作性的课后习题也是此书区别于其他新闻实务教材的独特之处。每一章节的“课后习题”都一一对应核心知识点展开。这些作业难度不一，形式多元，通常包括与本章主题相关的社会调研、人员访谈、新闻作品评析及相关新闻策划、采访和写作等题型，迥异于强调观念复现的课后思考题。书中多处强调“从人的角度去写报道”的人文精神，尤其是报道疾病、死亡、灾难时。为引导学生用一种贴心、得体的方式报道死亡，还设计了“为自己的逝世预先写一篇报道”的作业。很多作业通过提供高度仿真的采访笔记或素材等方式实现新闻现场和新闻编辑室的“迁移”，引导学生应用书中要义解决未来工作中很可能会面临的实际问题。要完成这些作业，学生必须走出课堂，深入社区、深入新闻工作一线，在各种实践活动中加深对新闻工作的理解，树立专业精神，提高业务能力。这一安排充分显示了作者丰富的新闻实战和教学经验、高度负责的教学精神。因为每一份作业的完成固然不易，批阅的工作量也是非常大的。

综上所述，整个教材从内容、架构到习题设计构成一个严密的整体，必须将教材研读和课后训练相结合，辅以老师的精心指导才能充分实现其教育价值。虽然该书主要针对报纸、广播电视等传统媒体业务训练，不能完全满足融合媒体时代对新闻人计算机及网络辅助信息采集、可视化呈现等融合新闻采编能力的要求，但其对新闻采写及编辑核心能力训练、英语新闻写作及中西新闻比较等课程仍具有重要的参考意义。而作者在编写教材中所体现的这种注重实用性、启发性和可操作性的新闻业务教育理念、案例教学方法和课后习题设计思路也很值得借鉴。

此外，由于中美传媒业及文化差异，教材中有些内容与中国传媒业务联系不大，适切性不强，有些经验也不能简单照搬。但从另一角度看，也不失为一个管窥美国社会和制度的窗口。

（湖南大学　徐琼、叶晓雪）

8.4　学术流派梳理

8.4.1　新新闻主义

新新闻主义又被称为“新新闻学”“文学性新闻”等，是指新闻工作者在采制新闻时打破客观报道的限制，将被动观察的记者变成主动参与的个体，并且大量使用诸如文本倒叙、心理描写、细节刻画、悬念设置、事件嫁接、讽刺比喻等手法突出新闻故事性和戏剧性的新闻报道方式。

新新闻主义报道最显著的特点是将文学写作的手法应用于新闻报道，重视对话、场景和心理描写，不遗余力地刻画细节。同时也被认为是20世纪实务新闻学最激进的一种报道理论。其发展的高峰出现在20世纪60年代，代表人物包括汤姆·沃尔夫、诺曼·梅勒、杜鲁门·卡珀帝和亨特·汤姆逊。这些人的作品主要发表在《纽约客》《乡村之声》和《老爷》等杂志上。

8.4.1.1　新新闻主义兴起

谈论“新新闻主义”首先应该和“新新闻”区别开来。二者虽然在语义表达上相似，但产生的背景和表现形式并不相同。

“新新闻主义”一词最初产生于19世纪，当时并未流行。直至20世纪60年代，作为一种新闻思潮出现在美国。新新闻主义兴起的背景，与当时的社会、文化、思想与历史的渊源有着紧密联系。

（1）社会的变迁

20世纪60年代的美国动荡不安，1962年的古巴导弹危机，1963年肯尼迪遇刺，加之越南战争的胶着，以及种族骚乱与妇女解放运动的高涨，使得美国开始走下坡路暂时告别所谓的“黄金时代”。新闻报道是记录社会、传播信息、反映时代的一种文体。因此新闻界应随着社会的发展而不断变化，传统的新闻过于日常保守，使得人们呼唤能够全面反映社会真实性和深刻变化的报道，新新闻主义就是顺应时代的呼唤，在这个时候走上了历史舞台。

（2）文化的反叛

20世纪60年代，美国战后出生的一代发起了反文化运动，对现存美国文化的主流价值观与社会现实产生强烈不满，希望创造新的社会和生活方式。当时对主流文化的反叛，新闻界也受到影响，传统的客观性原则受到挑战，于是新新闻主义把注意力集中在各种现实问题上，把敏感的时事新闻、重大事件以及人们十分关心的许多社会问题作为创作题材。例如，1965年的杜鲁门·卡波特的《冷血》，揭露了美国社会制度是滋生犯罪分子的温床。

（3）哲学思潮的嬗变

存在主义的兴起使得人们开始对如何感觉社会现实进行反思。而新新闻主义强调的是记者主观介入新闻报道，并在报道中表达个人的具有倾向性的意见、感受、情绪的诉求，在存在主义的世界获得了价值认同，从而为新新闻主义的主观性新闻观奠定了基础。

（4）新闻与文学的渊源

新新闻主义并非无源之水。这派作家十分尊重马克·吐温、杰克·伦敦等文学史上的现实主义文学大师。马克·吐温既是杰出的现实主义大家，又是享有盛名的新闻记者，他的《密西西比河上》称得上是新新闻主义的源头。以一个成人的眼光来观察美国现实，对这个充斥暴力、竞争、欺骗的社会持严峻的态度，既有无情的揭露，又有刻意的讽刺，这纯粹是一位记者采访观察的记录。

新新闻主义的异军突起，除了有赖于社会与文化的条件的推动外，也与媒介本身的压力密不可分。电视新闻以其画面的生动形象、报道形式多样，以及报道的及时性，对广播和报纸造成了巨大的冲击。

此外，1961年，电视和电影这种视听结合的传播媒介的迅速发展，给报纸、杂志等传统媒体带来极大的竞争压力，为了应对新的传播方式——电影、电视带来的威胁，纸质媒体意识到对新闻报道必须进行改革和创新。由于纸质媒体无法比拟电视的时效性与感官刺激，记者们只能尽最大努力挖掘文字的优势，更加深度地发掘新闻事件的来龙去脉和新闻人物的思想，用更细腻和更“人性化”的手段进行新闻报道。正是在这种情况下，新新闻作为对受众需求的回应出现在受众面前。

8.4.1.2 新新闻主义的特征

新新闻主义的诞生掀起一股声势浩大的文学新闻浪潮。不仅体现在对传统新闻报道方式的变革，同时写作应用的技巧也与文学发生了深刻联系，使得当时美国许多作者运用更多新的视角和手法来探析新闻报道方式的多样性，对以后的新闻报道与写作产生了深刻的影响与改变。

(1) 新新闻主义报道的特征

①报道的主观化倾向。新新闻主义的出现与发展，建立在对传统新闻的解构之中。传统新闻报道，更加注重具体实在，注意报道的平衡性。而新新闻主义一开始就带有强烈的个人色彩与主观色彩，着力挖掘人与事件以及其中人物的关系，记者此时已然变身为直接表达个人情绪和感受的观察者与思考者，从而去揭示事实的真相、发掘新闻事实的意义。一方面，新新闻主义者通过记录人物对话以及采用第三人称的视角或描写人物内心独白等技巧，来表现主观现实；另一方面，记者可以直接在作品中叙述自己的意见与观点，从而表达个人的感受与情绪。

②报道题材的严肃性。面对动荡不安的60年代，传统新闻报道要么被动地接受现实，对于翻天覆地的变化发出自己的无奈与感叹，要么冷眼旁观，做一个漠然的局外人。新新闻主义正是深入社会，敢于详细地报道突出的社会问题与矛盾，如政治骚乱、青年运动、女权主义、色情犯罪等，所涉题材可以说是当时的“社会百科全书”，让公众及时看到真实的社会状况。

③采访活动广泛而细致。在传统的新闻采访中，记者注意具有新闻价值的事实，因此对于信息的采集和筛选，是采访者运用自己的新闻观点、知识积累和思维方式，通过亲自观察、倾听，经过思索做出判断分析。新新闻主义除此以外，更加注意对已经发生的具有社会震动性的事件进行广泛调查，最后回到社会事件本身，通过具体事件透视社会现实。因此新新闻主义报道要比一般报道花费更多时间，事无巨细，他们希望能够进入采访者的心灵深处，获得有用材料，从而去保证事实、场景、对话的准确性。

(2) 新新闻主义写作的特征

新新闻主义敢于对传统的写作方法进行挑战，形成了一种直言不讳和无拘无束的写作风格。主要是借鉴了文学尤其是小说的写作手法，丰富了新闻的艺术表现力，形成了其独特的写作风格。

①注重场景描写。通过构建以及转换一幅幅场景，奠定叙述故事的基础，从而使故事自然地过渡发展，这就是新新闻主义运用的一种技巧——场景描写。在传统新闻报道写作结构中，一般是历史叙述的方式，线索连贯，首尾相连，整个新闻事件也就一目了然。但新新闻主义选择具有特殊意义的各种场景画面，突破时间、空间的延续性来进行串联、组合，从而达到更真实、形象地反映报道对象。

②详尽记录对话。详尽地记录对话是新新闻主义报道的第二个技巧。记录对话是记者的职业本领，将对话有效地筛选与分析，使读者感受到栩栩如生的人物形象，真实又亲切。因此，在传统的新闻报道中，为了保持真实性，一般直接引用采访对象的某些带有总结性的讲话，从而达到表现人物性格与揭示人物的内心活动目的。对于讲话的记录，往往带有自己的总结与思考，新新闻主义者却希望完整地记录采访者的对话，设法通过一个人的言谈挖掘他内在的思想情感和性格特征。

③采用第三人称视角。新新闻主义报道强调个人情感的参与和见证。在传统新闻报道中，新闻记者常常用第一人称的“我”这一视角来写作报道，即记者出现在事发现场，以目击者的身份记录下来，但是在大多数情况，记者的采访往往是在事后进行的。因此，新新闻主义者认为这样的新闻报道并没有很注重真实，进而提出了采用“第三人称视角”，要求记者借助一位事件的目击者，让他回想当时的种种情况以及亲身感受，最终从目击者的角度出发来写作新闻。这样便能够描述事件发生的细枝末节，表现真实的现实世界与内心世界，从而使读者感受到理想的真实效果。

④重视细节描写。细节是新闻报道中至关重要的东西，包括每天的姿势、习惯、礼节以及家具的风格、服饰等。对于这些细节的记录，不仅装饰文章，同时也使得作品中的人物、场景活灵活现、历历在目，充实作品的骨骼，让读者感受到情真意切、耳目一新。

除以上手法，还包括人物的内心独白和合成人物的性格塑造，在报道时注意人物心理刻画，甚至借用内心独白的手法，再现人物的心理真实，并且还采取多种人物的特点，组合出有代表性的虚构人物，从而具有更大的概括性。正是新新闻主义对传统新闻报道有多种突破，使得当时的新闻界开始反思自我，产生了积极影响。

8.4.1.3 新新闻主义的优缺点

新新闻主义诞生在一个极具特色的年代，有着鲜明的时代特征，别具一格的报道写作方式，但同时也有巨大的争议性。它作为一种写作方式的改革，有以下积极意义：

第一，打破了传统新闻报道方式。新闻新闻主义使得新闻报道更为饱满、生动，便于读者深入了解新闻事件。

第二，丰富了新闻写作的表达技巧。新新闻主义的表达技巧多种多样，采用了许多文学技巧，使得新闻写作更具有生动性和可读性，拓宽了人们的选择空间，同时也由于故事性的写作方式，将文学与新闻报道相结合，迎合了读者需求，受到读者追捧。各式各样的表达技巧的运用，推动了新闻写作的发展。

第三，创新了新闻写作的结构范式。新新闻主义的出现，采用灵活的写作结构，不仅使新闻写作结构更为多姿多彩，同时也减小了写作难度，增强了逻辑性。

但是，作为一种极具争议性的写作形式，新新闻主义也有明显缺陷，这主要体现在：

第一，忽视新闻客观性。新新闻主义之所以称之为“新”，在于看待事物的方式不同，忽视了事物的客观性，注重于内心世界的表达，这与新闻客观性背道而驰。

第二，真实性存疑。新闻的生命在于真实，可是新新闻主义并不太重视新闻的真实性，作者常用详尽的自白和意识流，即使明显虚构也在所不惜。作者为了使人物形象符合创作需要就经常使用角色拼凑法，即将几个角色的特点拼凑、捏合到一起。

第三，时效性较差。新新闻主义作品通常篇幅很长，需要花费相当长的时间进行采访和写作，有时需要几个月甚至是几年，这与新闻传播所要求的新鲜性、及时性是不相符的。

正是因为新新闻主义存在上述诸多问题，它在兴起不久以后就开始衰落。但是在近些年，它又走上了一条复兴之路。

8.4.1.4　新新闻主义的复兴

新新闻主义的复兴，与以下的现实条件密不可分。

(1) 科技水平提高，采访难度降低

由于过去电报极易中断，记者们不得不将最重要的信息放在首段以保证通信的有效性，这就出现了被广泛采用的“倒金字塔结构”。如今，随着科技的迅猛发展，新闻人在采访过程中更易联系、接触到新闻当事人，观看监控录像查看事件发生时的细节，或利用大数据分析、预测、还原事实。此外，互联网的广泛应用，自媒体传播登上新闻传播舞台，新闻的生产场域向非专业化偏移，文字表达更加注重情感渲染，以及图片、视频、音频等媒介元素的灵活运用，这为新新闻主义“复活”奠定了基础。

(2) 媒介市场竞争，受众需求增加

在自媒体发展迅速的当下，人人都是信息的生产者，新闻的时效性被发挥到极致，在新闻事件发生的短短几分钟之内就会有人记录下来并发布到网络上，媒体越来越难以吸引受众的注意力。人们不再仅仅满足于有限和肤浅的信息传播。特别是受众对有感染力新闻的需求明显增强，对可读性的要求也有所提高，即既要满足受众短、快、多的最低需求，又要求新闻作品生动、直观、有画面感和吸引力，让他们享受阅读的乐趣。

读者阅读兴趣的变化促使传统媒体不得不另辟蹊径，汲取新新闻的文学性报道特点，追求深度的、富有文字魅力的新闻报道，以满足受众多层次、多角度、多方面的信息需求，与电子媒介及新媒介抗争。

（3）社会蓬勃发展，报道内容拓宽

蓬勃发展的社会为新闻媒介提供了越来越丰富的可供报道的新内容，内容的拓宽决定形式的多样。面对大量的内容，有些新闻事实用传统的报道体裁如通讯、消息等难以理想表达，无法达到报道的预期效果。因此，要尽可能真实地还原新闻事实的原有面貌，保持他们多姿多彩的个性，就需要采用多样的写作形式。

（4）并未根本违背新闻的真实与客观

新新闻主义者的理论和实践表明，他们的初衷并非歪曲事实、将自己的主观意图伪装成客观存在强加于受众。相反，新新闻主义者一再表示，他们采用这种写作技巧是为了更准确、真实地反映事实，向观众传达信息。因为从理论上讲，人从根本上无法脱离主观，要试图完全客观地传递新闻信息几乎是无法实现的。客观主义的一些做法也带有很强的主观色彩，如倒金字塔的新闻结构就是主观选择的体现：什么事实是重要的、是要写在前面的，什么是不太重要的、要写在后面的，都是新闻人主观选择的结果。一些人认为，新新闻主义再现场景的写法可能更有利于实现新闻的客观。可见，新新闻主义与客观主义不能说是完全相悖的。

除此以外，新闻人创新意识的增强、传播环境的改变等因素也在一定程度上为新新闻主义文体的复活创造了条件。

（河南师范大学　杨安然、李秋媛）

8.4.2　数据新闻学（精确新闻学）

8.4.2.1　数据新闻的源流与代表性人物

（1）数据新闻的兴起与发展

数据新闻的发展轨迹可追溯至20世纪60年代，同样是使用大量的数据为公众提供结构化信息的“计算机辅助报道”，可以看作是数据新闻的起源。21世纪，互联网技术的发展极大地推动了新闻报道领域对数据的抓取及可视化、个性化与交互性呈现，数据新闻开始快速发展起来。2009 年，英国《卫报》在其博客上开设数据博客专栏，之后，以《华盛顿邮报》《纽约时报》为代表的各大媒体纷纷效仿，数据新闻时代正式拉开帷幕。

数据新闻实践推动了数据新闻研究。2010 年 8 月，米尔科 · 劳伦兹在阿姆斯特丹主持召开第一届国际数据新闻圆桌会议。他在演讲中对数据新闻加以阐释："数据新闻是一种工作流程，包括以下基本步骤：通过反复抓取、筛选和重组来深度挖掘数据，聚焦专门信息以过滤数据，可视化呈现数据并合成新闻故事。数据新闻可被视为一个不断提炼信息的过程，在这一过程中，原始数据转换成有意义的信息。当把复杂的事实组织成条理清晰、易于理解和记忆的故事时，公众才能获取更多益处。"我国关于数据新闻的研究最早开始于 20 世纪 80 年代末，与现代意义上接近的中国国内关于数据新闻的研究始于 2011 年，如今包括中国在内的世界各国的传统媒体、新兴网站和独立新闻机构正在逐步接受"数据新闻"的理念，并进行相应的实践。

（2）数据新闻概念的界定

对于数据新闻的定义，学界和业界有许多不同的看法。秦艺轩等在《数据新闻：源流追溯、邻域及概念辨析》中通过梳理国内外相关文献，总结了三种对数据新闻进行定义的倾向：一是强调数据分析与可视化呈现，此类定义以美国学者菲利普 · 梅耶、德国之声记者墨科 · 劳伦兹为代表；二是强调数据呈现和新闻叙事，首届"国际数据新闻"圆桌会议与伦敦 MozFest 会议的第一部以数据新闻为主题的互联网协作生产著作《数据新闻手册》重点从叙事层面阐释了数据新闻的根本属性；三是强调数据呈现，但避免新闻叙事，此类观点以阿德里安 · 哈罗瓦提为代表。

此外，当前对数据新闻的定义还包括其他几种维度。从新闻呈现形态层面看，数据新闻是有别于传统新闻的报道形态。数据新闻使记者能够通过发现、制作、呈现大量数据这一套工作流程展现未曾报道过的新闻故事，找到新的报道角度。从新闻生产流程层面看，数据新闻不只是丰富了新闻表现的形式，还改变了新闻生产流程。从新闻行业发展层面来看，数据新闻将成为新闻业未来最重要的发展方向，当前对于"大数据"的关注与运用主要集中在 IT 业、市场营销、公共健康等领域，但事实上大数据的影响也波及传媒业，"数据新闻"就是在大数据时代兴起的一种新的新闻生产方式。综上所述，狭义的"数据新闻"是基于数据的抓取、挖掘、统计、分析和可视化呈现的新型新闻报道方式。广义的"数据新闻"是在大数据时代新闻学发展形成的新领域，代表未来新闻业发展的一大方向。通过将数据可视化的方式，数据新闻将复杂、抽象、难懂的数据转化为简单、具体、生动的新闻报道。

8.4.2.2 数据新闻的特色

（1）数据新闻与计算机辅助报道、精确新闻的不同

虽然说数据新闻的发展轨迹可追溯至计算机辅助报道，但两者并不相同。计算机辅助新闻报道是通过计算机调查和收集信息当作加强新闻报道的一种技术，而数据新闻注重整个新闻工作流程中处理数据的方式。在数据信息匮乏的时代，计算机是收集数据信息的主要方式，与现今的记者面对的海量数据已经不能同日而语。当信息匮乏时，人们可能将大部分精力用于搜寻和采集信息。而信息丰富时。如何加工则就显得更为重要。”因此，数据新闻建构的是一整套数据处理的新闻工作流程，包括收集、整理、分析、可视化互动传播和开放共享数据。

计算机辅助报道起源于精确新闻报道的需要，20 世纪 60 年代，美国学者、新闻记者菲利普·迈耶提出了精确新闻理论。虽然数据新闻与精确新闻都强调数据在新闻报道中的地位和作用，但精确新闻更注重将数据作为报道的论据，而数据新闻将数据的表达与呈现作为新闻的本体。另外，数据量级的差异决定了二者在方法和技术上的根本不同。精确新闻大多按照社会科学研究方法来收集和分析一些抽样得到的数据，而数据新闻面对的则是真正意义的大数据。可见，数据新闻学无论是在理念还是技术方法上，都在精确新闻和计算机辅助报道新闻的基础上向前又迈进了一大步。尽管数据新闻与精确新闻和计算机辅助新闻报道在目标和技术上可能没有绝对的区别，但“数据新闻”这个标签的出现还是标志着新闻报道发展的一个新阶段的到来。

（2）数据新闻的新特点

较之于传统新闻，数据新闻主要呈现以下特点。

首先是公共性。数据新闻是从数据的获取开始，公开可访问的数据是数据新闻的一个重要组成部分，为新闻报道提供了多种信息和材料，而数据的真实性和准确性则决定了新闻的水平和质量。通过将孤立的新闻事件扩展为情境故事，探索有意义的制作环节，丰富新闻内容，可以大大改变传统新闻的制作和叙事模式。

其次是可视性。数据信息的可视化是数据新闻的重要前提。从图像记忆习惯来看，新闻可视化契合了受众希望以图明事的需求，可视化的内容大大减少了大脑的中间处理过程。近年来，新闻工作者在热点新闻、政策解释、重大主题、突发事件等领域广泛使用了有关数据，并结合图形漫画、动图、交互图表等形式，使新闻与受众互动日益加深。

最后是时效性。数据新闻作为创新的重点产品类型，以独特视角及时跟踪社会热点，引导舆论走向真实、客观。

(3) 数据新闻的制作与生产实践

①生产模式。随着数据新闻的兴起，数据驱动、可视化交互性广泛使用，新的新闻生产方式产生，促使数据新闻的生产模式被重新构建。

第一，内生模式是指媒体依靠吸纳、整合、优化、提升内部资源进行数据新闻生产的模式。如《卫报》《经济学人》财新网、澎湃新闻等。内生模式可实现媒体对数据新闻内容生产从选题到刊发整个生产链的把关控制，但其水平受媒体自身生产能力制约。随着数据新闻实践的深入开展，数据新闻学习资源日益增多，为记者数据技能的提升创造了机会。如果未来从事数据新闻生产的主体越来越多、成本越来越低，媒体很可能会放弃以内生式为主的生产方式，转向外包、众包等生产模式。

第二，外包模式是指媒体通过整合、利用外部专业化资源，将数据新闻生产任务全部或部分委托他人按照一定标准进行生产的行为。德国的开放数据城市公司是一家专门从事数据新闻制作业务的公司，他们与媒体合作开展数据新闻服务，并赢得了格林在线新闻奖和里德奖。外包模式强调高度专业化，是社会专业化分工的必然结果和专业化作用下规模经济的产物。MinnaRapeli 就未来数据新闻生产模式对一线专家展开访谈，了解到外包将是未来数据新闻发展的主流模式。

第三，众包模式是指邀请特定人群参与数据新闻报道任务（如新闻采集、数据采集或分析）的行为，最早在 2006 年 6 月由美国《连线》杂志资深编辑杰夫·豪（Jeff Hawe）在《众包的崛起》（*The Rise of Crowdsourcing*）中提出。在实际应用中，主要包括两类：一是动员受众协助识别文档或者数据；二是动员受众提供内容。如《卫报》的“议员花费调查项目”。众包模式创造了新型的知识市场，它将闲散的、分布式的智力资源聚集起来。众包模式的威胁则来自其自身，众包采集的数据和内容质量极不稳定，无法得到一个统一“头脑”的控制。同时也受到选题的限制——“在报道专业问题和收集权威数据时难以显现优势”。

第四，其他模式是指除了以上三种比较常见的生产模式，数据新闻生产模式还包括激发创意的黑客马拉松模式和志趣相投的自组织模式。但无论采用何种模式，在整个数据新闻生产过程中，记者处于主导地位，“故事化”是主线，数据处理是核心，数据是呈现故事的手段。

②数据采集与分析。数据采集和过滤，是根据选题设定的内容或者条件，搜索相关数据并尽可能地去除错误数据。数据的收集可以通过开放获取、自行采集、申请获取以及共享获取等多种方式实现。数据分析是运用适当的统计方法对收集的资料进行分析，以最大化开发数据资料的功能、发挥数据的作用，是为了提取有用信息和形成结论而对数据加以详细研究和概括总结的过程。作为依赖“数据驱动”全新新闻生产方式，数

据新闻的产制容易流于技术化倾向，不少数据新闻作品存在“重数据、轻叙事”的问题。但孤立的数据是没有意义的，记者在海量数据中探寻具有新闻价值的信息，发掘数据之间隐含的关联性，进而叙述与数据相关的新闻当事人的故事，这正是数据挖掘的目的。归根到底，数据应该为新闻叙事服务。

③叙事模式。作为一种新颖的新闻报道形式，数据新闻在叙事主体、叙事语法、叙事话语和叙事接受等方面发生了变化。

庞大的数据库蕴含了大量的新闻议题，数据逐渐成为“会说话的讲述者”。在数据新闻的生产中，对数据库的挖掘正在逐渐替代记者的现场采访。另外，新闻叙事呈现出“角色转移”的特征，体现在部分传统新闻叙事人的职能转移至机器。数据新闻的诞生弥补了传统新闻宏观叙事的不足。数据新闻是以数据为主体，大样本说明数据新闻所反映的问题或者结论是具有普遍性的，并且是有客观依据的，这也正是宏观叙事所要表达的内容。

对于数据新闻的叙事语法来说，最大的改变是突破了传统树形二维叙事结构的局限，形成了立体的叙事法则。数据新闻的叙事语法，是融倒金字塔结构和钻石结构于一体的复合结构。受众可通过拖动时间线了解事件的演进趋势，也可以点击每个时间节点来浏览这一时刻新闻事件的标题和完整报道。同时，数据新闻不仅是对发生过或者正在发生事件的叙事，同时也能基于大数据对未发生的新闻事实进行预测。

叙事话语是对新闻叙事技术的探讨。数据新闻叙事话语的生成是对结构化数据的二次筛选，对半结构化数据和非结构化数据进行重新建构。数据新闻也能够充分利用网络媒介和数字技术的优势，通过统计分析软件、词云软件、互动地图等技术很容易实现叙事话语的可视化书写。这些都带来了话语表达和呈现形式的转变和创新。

数据新闻的“定制模式”提升了叙事接受的体验。大数据时代，受众的行为均以数据的形式存储在网络和数据库中，通过对受众的点击行为、浏览历史进行归类分析，就可以为不同受众“定制”不同内容的新闻报道。

④生产伦理。数据新闻首先应遵循客观性原则，包括数据采集、数据分析、数据可视化各环节的客观准确。以经验效度标准要求数据本身的准确、可信、采集方法科学，在数据分析过程中，数据记者所采用的分析方法应该全面、深刻揭示数据背后隐藏的事实，避免持有意或无意的偏见做出评价。数据可视化在设计时对呈现也必须是准确的。2009 年帕特里克·普拉森斯（Patrick Plaisance）出版的《媒介伦理：负责任的关键原则》则将透明性列为首要伦理原则。数据新闻生产所依赖的大样本数据，很多属于公众的个人隐私，因此存在潜在的侵权和泄露隐患。数据新闻生产中的个人数据滥用包括未经同意的个人数据采集、个人隐私侵犯以及个人数据的过度挖掘。其

他个人数据的利用原则包括：知情统一原则、合法适度原则、公共利益优先与最小伤害原则。

8.4.2.3 数据新闻在国内的传播及其影响

(1) 数据新闻在新闻教育与研究领域的传播及影响

①数据新闻教育。随着数据新闻的全球应用，数据新闻人才的需求量日益增加，数据新闻教育的地位日益重要。方洁等梳理了各地的数据新闻教育资源和数据新闻教育研究成果，认为学术机构、高职教育机构、新闻机构与新闻行业组织、其他市民个体或组织四种教育主体参与数据新闻教育，形成了互为补充的格局；教育内容的体系化逐步成型，交叉学科内容成难点；教育方式灵活多样，以培养“实践”技能为导向。就国内来讲，在新闻教育领域，一些高校的新闻院系与国际一流媒体联手，例如清华大学全球财经新闻硕士项目与彭博新闻社合作开设“财经新闻数据挖掘与分析”“数据新闻学”等相关课程，致力于培养适应大数据时代新闻生产需要的媒体人才。近年来，新文科建设的呼声高涨，数据新闻是新闻传播教育的有效尝试。陈积银教授认为，数据新闻属于文理融合的传媒业新型产物，但新闻院校的学科设计缺少计算机、统计学等课程。数据新闻教育的缺陷和人才的缺失是限制数据新闻发展的重要原因。

②数据新闻研究。当下，国内数据新闻研究主要集中于以下几个方面：

第一，新闻工作者职业能力与新闻教育问题。如《可视化“数据新闻”：记者角色的新转换》阐释了数据新闻的含义，并且重点介绍记者角色向民众发言人、信息解说者、从媒体人到数据人的三种转换，《大数据时代下的新闻教育专业的反思》一文提出新时代对于具有数据挖掘能力的复合型专业能力的人才需求。

第二，数据新闻报道模式研究。诸多学者从可视化叙事模式、报道流程等方面展开研究此类研究，重点从报道模式的层面总结数据新闻的新特点与新趋势。

第三，数据新闻对于传统新闻的影响。此类研究重点关注数据新闻对于传统新闻制作过程产生的影响。如《传统新闻受大数据的影响与转变分析》从新闻线索、新闻呈现方式、新闻舆论导向、新闻内容四个方面阐释了数据新闻对于传统新闻理念的冲击。

第四，数据新闻的应用研究。如《“信息是美的”：大数据时代信息图表的价值及运用》重点阐释了数据新闻中最常见的一种表现形式——“信息图表”的应用渠道。《网络数据新闻的现状与发展对策——以网易、新浪和搜狐数据新闻为例》重点讨论了我国三个门户网站的数据新闻实践现状，并分析指出数据新闻产业在实践过程中的不足。

（2）数据新闻在新闻生产实践中的现状与现实困境

新闻业的变革带来诸多变化和机遇，数据新闻报道的蓬勃发展就是有力佐证。对于数据新闻的未来发展前景，行业内普遍还是比较乐观，无论是从技术还是从叙事表达方面，数据新闻有其独特的优势。数据新闻所带动的周边业务，对未来面临产业化和市场化的媒体转型而言，无疑深具潜力。据相关统计，2015 年国内共有 15 家新闻媒体或数据公司建立了数据新闻栏目，是建立数据新闻栏目最多的一年。

然而在这些新的特点之下，数字新闻业的产业化实践背后也存在现实困境。如：低交互性危机、客观性与真实性问题、数据精英化危机与多元叙事主体问题等。郭嘉良在《数据新闻产业化发展的现实困境与未来危机》中指出，在全球数据资产化背景下，国内的数据新闻从业媒体普遍处于一种“数据饥饿”状态，数据缺失已成为限制数据新闻发展的首要因素，加之行业对于自身盈利模式的迷失，导致国内的数据新闻无论在内容还是表达形式上均存在明显的新闻规范性问题，并在近几年呈现出“量高而质低”的发展趋势。因此我们在看到其革新之处的同时，也要对数据新闻背后涉及的问题保持警惕。

（山东师范大学　史春晖）

8.4.3　公民/市民新闻学——公民新闻学的理念与实践

20 世纪 90 年代初，美国新闻界陷入信任危机，公众与民主政治疏离，促使新闻机构发起了一场“公共新闻运动”，鼓励新闻工作者主动参与到社会生活中，以改变公民对政治民主的游离状态，呼吁公民社会意识的回归。互联网技术催化了新闻界的自我救赎运动，公民新闻学从公共新闻运动的变革中诞生，承袭公共新闻学的民主思想，在媒介技术赋权公众的时代语境中，重新划定了新闻工作者与普通公民的媒介权限，公民可以通过社交媒介自主行使表达权与传播权。公民新闻的生产机制还原了新闻自由的公共氛围，要求新闻机构平衡商业利益与社会责任，以坚定专业记者与公民记者的主次关系，并引导公民记者参与新闻生产，共同守护新闻专业理念。

8.4.3.1　公民新闻的定义与概念界定

公民新闻（Civic Journalism），也称为“市民新闻”“参与式新闻”，最早出现在 20 世纪 90 年代的美国，21 世纪初期被引入中国。关于公民新闻的定义，目前学界尚未达成一致。美国纽约大学教授杰伊·罗森（Jay Rosen）首次提出公民新闻概念，认为互联网时代的网民不同于过去只是接受信息的“读者”“听众”“观众”，他们更具备更多的可供选择的新闻来源，他们自我表达的方式更加简单易行，人们不只是“消费”新闻，而是更主动地寻找正在发生的新闻。① 我国学者蔡雯教授认为，“公民新闻”的勃兴主要依赖于强大的技术推动力，摄像手机、DV 等新闻采集工具的普及以及网络技术的发展，使普通公众可以脱离大众媒体的操控，主动地、自发地运用新媒体技术传播自己的所见所闻，表达自己的观点和主张。② 虽然没有形成明确的概念，但大多数学者已经达成共识，即在媒介技术的发展过程中，公众利用大众媒介主动进行非专业的新闻报道。

公民新闻与公共新闻密切相关，关于二者之间的关联，目前学界主要存在两种说法：一是将公民新闻（Citizen journalism）等同于公共新闻（Public journalism），认为公民新闻诞生于公共新闻运动，是公共新闻运动发展到一定阶段的产物，它具备公共新闻的基本特征，满足公众参与社会公务的需求，是公共新闻的赓续。

另一种说法认为，公民新闻与公共新闻存在相关联系，公民新闻在公共新闻的理论与实践中诞生，但两者有着本质的区别。首先是新闻运动的主导者不同。公共新闻运动是由专业新闻媒体所主导的变革，新闻机构站在精英人士的角度，呼吁公民参与社会事务，而公民新闻运动是公民自发采集、生产新闻，并利用手中的媒介随时随地进行传播。其次是理论基础的差异，公共新闻主要以社会责任论为支撑，强调新闻媒体社会责任的履行，媒体邀请公众参与新闻生产，目的是恢复公众对新闻机构的信任。公民新闻在社会责任论的基础上，援引了杜威的民主参与理论、哈贝马斯的公共领域学说等，尽可能扩大公民的话语权与传播权，欲实现古希腊时期“公民”意义的回归与泛化。

8.4.3.2 公民新闻学的诞生背景

公民新闻学是基于互联网技术的一次新闻改革成果，它的诞生受到传播生态中众多因素的影响。21 世纪初，随着皮尤公共新闻中心关闭，以及社交平台和自媒体的兴起，以媒体为主导的“公共新闻”运动进入退潮期。公共新闻运动所推崇的思想本质并没有就此消失，由公民通过社交媒体自主报道和传播的“公民新闻”开始兴起，它继承了公共新闻的部分新思想，推动新闻改革迈入了新阶段。

1998 年，美国共和党人德拉吉（Matt Drudge）利用个人博客揭露克林顿性丑闻事件，被学者们视为公民新闻诞生的标志，自此公众由被动参与转向了自发进行新闻

---

① 范东升．公民新闻的兴起和启示［J］．国际新闻界，2006（1）：60-63.

② 蔡雯．郭翠玲．从“公共新闻”到“公民新闻”——试析西方国家新闻传播正在发生的变化［J］．新闻记者，2008（8）：43-46.

传播。

20 世纪末期，公众主动参与新闻传播的愿望愈加强烈，以博客、论坛、SNS 等为代表的网络社交平台和自媒体异军突起，加上摄像手机、数码相机等逐渐普及，推动互联网传播模式从 Web1.0 时代转向 Web2.0 时代。Web2.0 时代以用户为中心，重点强调人与人的社交关系，赋予个体独立的传播权与表达权，个体脱离了传统媒体的主导，也能在公共领域发声、参与社会事务的管理与监督。杰伊·罗森在研究“公共新闻”运动的过程中关注到这一媒体景观，基于新媒体技术赋予公众独立开展新闻活动的条件，创办了个人网站“新闻思考”（Press Think），由此公民新闻学进入高速发展阶段。

8.4.3.3 公民新闻学的思想源流

公民新闻释放了长期被压制的表达权，将被剥夺的媒介接近权归还于公众，同时强化了公共新闻运动中的民主思想观念，主要有以下三种思想为其诞生与发展提供支撑：

一是杜威的民主参与观。杜威继承古典自由主义者的哲学思想，坚持传统的参与式民主理念，认为民主是个体生活的重要组成部分，它不仅建立在普遍人性之上，而且是基于相信人类在提供适当条件的情况下，存在做出理智判断和行动的能力。社会不应该由少数精英控制，共同参与才是民主的本质；个人拥有理性和自治能力，能够在共同参与的过程中形成公意，以共同体的方式促进社会事务的治理。美国新闻界发起公民新闻运动，试图唤起普通公民的政治参与意识，与杜威的民主参与观一脉相承。

二是哈贝马斯的公共领域学说。哈贝马斯提到的公共领域，本身就是建构在成熟的市民资产阶级基础之上的，是一个平等、自由、开放，能够形成批判性的公共舆论，富含公共理性精神的政治空间，与作为公民参与公共议题的社会形态相契合，为公民新闻学奠定了理论基础。①“公民”的概念由来可以追溯到古希腊时期公民意识，公民新闻学从哈贝马斯的公共领域学说中吸取精髓，反思传媒角色在公共空间的话语权利，找寻公众与传媒机构之间的共识，意在重构公共领域的神话。

三是新闻媒体的社会责任论。公民新闻学是对自由主义报刊理论和社会责任论的再度延伸，针对公民身份的游离和边缘化，重新构建了传媒、公民与社会三者的关系；鼓励公众参与到新闻生产与传播的过程中，利用新媒体工具理性地共享信息，在媒体与公民的互动和对话中，为公共议题的走向提供建设性方案。

---

① 王子文. 中国网络公共领域建构的理想与现实之思 [J]. 河南社会科学，2011（6）：110-112.

8.4.3.4 公民新闻学的奠基者与平台先驱

①奠基者：杰伊·罗森。纽约大学教授杰伊·罗森是公民新闻学的早期倡导者和研究者。在1993年至1997年期间，受奈特基金会（Knight Foundation）的资助，在纽约大学开展“公共生活与新闻出版”项目（the Projection Public Life and the Press）的实践研究，以求更好地推进公共新闻运动。2003年，罗森意识到公民新闻的崛起对大众传媒权威的挑战，将关注焦点由“公共新闻”转移到“公民新闻”，并在《哥伦比亚新闻评论》上发表《权威的条件》（*Terms of Authority*）一文，表示“网络上的新闻交易，意味着一种新的公共领域，在这个领域里每个读者都能成为作者，而且人们对新闻的这种‘消费’在是他们更主动地寻找正在发生的新闻，有时候还在相互合作的情况下完成的”。① 与此同时，开设了名为“新闻业思考”（Press Think）的个人网站。次年，他以博主身份出席了美国民主党大会，在个人网站上连载关于公民新闻的系列文章，后被传统新闻媒体转载，该网站逐渐被大众熟知。2005年，因捍卫言论自由过程的出色表现，网站获得无国界记者组织颁发的“自由博客奖”。2007年，韩国公民新闻网站Oh My News的成功实践给予杰伊·罗森灵感，于是其与美国《连线》（*Wired*）杂志合作成立网站Assignment Zero，以实验的方式寻找公民新闻网站存在的问题，并致力于解决问题，推动公民新闻的发展。

②平台先驱之一：德拉吉报道。德拉吉报道（The Drudge Report）由美国人马特·德拉吉于1995年创办，最初，德拉吉以博主身份发布娱乐性质的小道消息，通过发布邮件或者参与论坛传送给订阅者。它最早发布了戴安娜王妃车祸身亡的信息，比美国其他媒体提前了7分钟，而后逐渐从娱乐领域转向政治领域；1998年，率先披露美国总统克林顿与白宫实习生莱温斯基的性丑闻事件，引发全球关注，进入了全球知名新闻媒体行列。尽管已经成立20余年，其版面依旧是20世纪最简单的网页布局，用户停留时间无需太长，这为其他媒体预留了访问量。专业新闻媒体与德拉吉报道相辅相成，传统新闻机构受到内外部的规制，发布新闻需要经过多层审核，部分新闻信息可能被掩盖或延迟，减弱了新闻的传播效果，德拉吉报道将专业媒体的短板设计成自身优势，弥补了媒介生态圈存在的缺憾，也开辟了公民新闻学的实践应用方向。

③平台先驱之二：韩国Oh My News新闻网站。Oh My News网站是公民新闻网站的代表，由记者吴连镐于2000年创办，该网站借鉴公民新闻学的理念，颠覆传统记者的特权，为公众创造新闻生产与传播的平台，代表着新闻报道的新发展趋势。2002年，

---

① Jay Rosen. Tems of Authority [J]. Columbia Journalism Review, 2003 (9).

Oh My News 网站承担起韩国总统卢武铉上任后的第一次专访，继而被韩国公众所熟知。网站以“每个公民都是记者”为发展宗旨，任何注册用户都可以成为该网站的公民记者，在严格的发稿流程框限下，不断趋近专业化操作，同时，秉持对新闻真实性负责的原则，全面采用实名制的注册方式，以便网站能够对发布的内容进行溯源。2006 年，Oh My News 网站与日本媒体软银（Soft Bank）合办 Oh My News Japan 网站，正式进入日本市场。2009 年开始，全球金融危机波及互联网经济，对依附于互联网经济的网络媒体产生影响，以及网站自身无法维持公众的长期创造热情等原因，Oh My News Japan 网站被迫关闭，Oh My News 韩国网站也逐渐走向衰落。

8.4.3.5 公民新闻在中国的发展

正如中国人民大学教授高钢所言，Web2.0 技术所推动的新闻信息的传播进程呈现的形态演进路线是：传统媒体垄断的新闻信息传播将因公众的参与而走向媒体与公众共同运营的新闻信息传播时代。① 公民新闻报道就是新闻信息传播进程呈现的新形态之一。

2006 年 12 月 1 日，《成都商报》在社会版面上打出了“每个公民都是记者，网友都来发布新闻”的口号，推出“QQ 记者”的公民报道专栏，标志着国内纸质媒体公民新闻实践进入实质化运作阶段。② 此时的公民新闻尚处于初级发展阶段，大部分传统媒体依旧只是接受公民提供的线索，并非与公民开展更深层次的合作。2007 年，博主周曙光自主前往重庆采访“重庆最牛钉子户”，将采写内容以图文形式发布在博客上，被德国之声电台称为“中国公民记者第一人”，将中国的公民新闻报道推至高潮。2009 年，腾讯微博、新浪微博、等陆续上线，我国正式进入微博时代，再到梨视频、抖音等短视频应用的上线，公民新闻的表现形式更加多元、有趣，同时伴随噪声与虚假信息。

公民新闻的成功实践吸引我国学者对其展开学术研究，根据发展的时间脉络进行归纳，研究主要分为四个阶段：

第一阶段（2004—2005），以蔡雯教授为主的学者在美国进行实地考察，研究公共新闻学的发展背景与实践应用，对公共新闻与公民新闻加以区分，并将概念引入国内，引发国内学界对这一领域的关注。

---

① 高钢．谁是未来的报道者？——维基技术的本质及对新闻新闻报道的影响［J］．国际新闻界，2008（6）：60-65.

② 张羽．公民新闻学研究的理论分析与评价［J］．理论导刊，2009（1）：67-69，72.

第二阶段（2006—2007），公民新闻研究的过渡时期。学者们对公民新闻学的研究进入白热化时期，不仅探讨了公共新闻学与公民新闻学的关系，梳理了公民新闻学的发展脉络，也分析了公民新闻运动所存在的问题，总结出公民新闻运动的实践经验，为我国的公民新闻学寻找适合的发展模式提供了经验。

第三阶段（2008—2009），正式开始进行本土化的公民新闻学研究。此时国内出现公民新闻报道，并形成一种趋势，学者们主要以国内的公民新闻为研究对象，立足于中国国情，探讨国内公共新闻与西方公共新闻的差异，反思存在的不足，勾勒公民新闻的未来发展模式。同时利用新闻传播学理论解读公民新闻，找到公民记者与专业记者的平衡点。

第四阶段（2010 年至今），公民新闻研究的勃兴期。以新浪微博、QQ 和微信为代表的社交媒体逐渐出现，公众大规模参与公民新闻生产，公民新闻运动出现新的传播效果与传播特点，学者们在新的媒介环境下开展了跨学科研究，从政治学、社会学等领域解读公民新闻现象。

8.4.3.6　公民新闻的理论反思

在西方社会，数字时代催生了“电子民主”的概念，助推网民的网络乌托邦思想进一步发展，微博、微信等社交媒体作为民意与言论的平台，推动了社会权力结构的变化，但并没有培育出真正的自由与民主。当人们的参与意愿十分强烈时，技术手段的高科技与否甚至可能变得不那么重要。① 公民新闻以救赎运动的面貌示众，让精英人士将部分传播权力让渡给普通民众，民主与自由的回归期望正在实现中，电子民主再次激起公民的参与意愿；但是，企图实现绝对自由下的公民新闻，这是不现实的，绝对自由是一种正在不断靠近、又不可能完全靠近的状态。

与西方国家相比，我国的公民新闻发展史相对短暂，仍然处于初期探索时期，运营机制和收益模式尚未成熟，缺乏对公民记者的培训，难以确定公民新闻质量等问题亟待解决。

数字时代的技术革命默认以技术规制技术的观念，公民新闻在技术革命中诞生，就必然存在另一种技术能够弥补它的缺陷。有学者将区块链技术视作公民新闻发展的助力，区块链技术具有“去中心化”“数据可追溯”和“信息不可篡改”等特征，能够解决公民新闻的部分矛盾，在保护真实性的同时，也解决了公民新闻版权问题。但我们也必须看到数字鸿沟再次出现，因为基于区块链技术的公民新闻生产需要参与者掌握一定

---

① 徐贲．通往尊严的生活：全球正义和公民认同［J］．北京：新星出版社，2009：182-185.

平台操作能力和区块链知识，新闻生产过程可能还是优先掌握在特定的区块链技术精英群体的手中。① 随着移动互联网的革新和普及，公民新闻学也将迎来新的机遇，公民新闻学的理论和实践仍然在探索之中。

（南昌大学　陈世华）

① 林丹菁，何扬鸣．区块链技术驱动下的公民新闻发展——基于 Civil 的个案研究［J］．青年记者，2022（4）：36-38.

9. 我与年鉴

9.1 编辑札记

9.1.1 用热爱守住年鉴的历史文脉

我与《中国新闻传播教育年鉴》相识到相知，倏忽间已走过6年的光景。6年时光虽不算长，如果将其比喻成人生阶段的话，那还是只是儿童垂髫，不过，这6年的过往路，回想起来，往事历历在目，这里既有感怀更有感动。

向　往

2015年，是我人生的转折点之一。花了两年功夫的我，终于考上了张昆老师的博士，激动之余，难免会在脑海中勾画出一幅幅未来美好的光景。

过来人都清楚，博士的生活，相对单调，有时还很枯燥。除了读书、写论文，博士生活中还有一项重要的事项，就像是婴孩学步一般，尝试着参加各种学术会议。学术会议参加得多了，同学之间难免就生出比较来，这次的学术会议大师多，那次学术会议规模大，甚至有号称自己“吃遍各学术会议茶歇中茶点”的同学开起了玩笑，茶点质量也可以管中窥豹。

2016年5月的一天，我的微信朋友圈中突然多出了一些会议活动，中国新闻史学会新闻传播教育史委员会暨中国新闻传播教育年鉴会议在浙江宁波召开。由我的导师张昆教授发起，几位我熟悉的师兄、师姐也参与其中。看着他们在朋友圈的照片中各种“秀”，我也开始心向往之，就觉得这么“好玩”的一个学术会议导师应该也把我带上才好。

结　缘

朋友圈里的《中国新闻传播教育年鉴》的师友每年依然在“斗秀”，而导师始终也并未喊我“同去”，直到2018年我博士毕业。

几经辗转，博士毕业的我入职武汉体育学院。没承想，我参加《中国新闻传播教育年鉴》各类学术活动的念想在武汉体育学院给接续上了。

一天，张德胜院长问我，张昆老师有没有让我参加年鉴会议，我如实告知，虽然心向往之，但是一直无缘。德胜院长便兴奋地告诉我，要带我去“见见世面”。

我以为的“见世面”，就是和所有的学术会议一样——“春和日丽，群贤毕至，大师云集，高峰论坛”。殊不知，这次的见世面还真是不同凡响，让我大开眼界。

年鉴会议的重要事项之一，就是布置编撰工作。几十个新闻传播学院的院长、副院长或老师代表，围坐在一起，商讨来年的编辑工作，其重心是领编撰任务。我以为的领任务总不外乎是习惯性地“三谦四让”。待我真正见识到了以后，还真是“另类”。张昆老师和学会的副会长、秘书长更像是在“招标”，而各个学院像是在“投标”。既然是招投标，投标一方难免是要“先发制人”“先下手为强”，有时还要打起感情牌，誓把任务领到手。当然也有“竞标”失败者，会上还一再跟“招标方”强调，明年这个机会一定要让给他。

很快，近百万字的年鉴编撰工作，就在一个小时的时间内落实完成了，看得我啧啧称奇。作为“投标方”，我也代表武汉体育学院投中了“体育新闻传播学会”的年度报告。会后，张德胜院长利用我们和张昆老师的双重私人关系，还推荐了我去参加年鉴的武汉编辑部工作，就这样，我顺理成章地成为“年鉴人”。

修　行

真正投入年鉴工作中后，才渐知个中艰辛。其他不说，仅编写稿件就是一件让人颇感压力的事情。毕竟，作为一项“史料工程”的年鉴是要传之于后世的，正如张昆老师多次强调的那样，年鉴是一次“为时代画像、为时代立传、为时代明德”的学术实践，体现出中国新闻传播学界“秉持史家精神，打造教育信史”的学术追求。正是因为如此，要对年鉴中的每一句话、每一段文字负责，这是一件良心活。

稿件校订也是一项功夫活。由于年鉴的工作量大，有些作者要同时负责不同的板块，从调研到编译再到口述史的记录，难免会多有舛漏，错别字也是在所难免。因此，对校订者而言也是一项考验，不仅要熟悉相关领域，还要对相关史实、专家学者有所了解，才不至于所书写之文字误导后世。

张昆老师为了年鉴事业可谓是呕心沥血，每每总有关于年鉴的新想法、新思路提出，而且总能产生立竿见影的效果。武汉编辑部也会不定期地召开工作会议，讨论年鉴编辑工作的改革，逐渐探索出了一套行之有效的编辑方法，从体例到内容也日臻成熟与完美。每每年鉴出版，拿到沉甸甸的图书，我常常感慨万千，洋洋洒洒千万字，凝聚了多少学人的共同努力，也汇聚着编辑们的默默付出，如此浩大的一项工程，居然可以年复一年地坚持下来，这当然离不开仁人志士们的辛苦付出，更离不开张昆老师的感染力和一片诚挚的事业之心。所有这些，都是吾辈需要传承的美德。

“垂发服戎，功成皓首。”年鉴编撰是新闻传播教育界所有人共同的志业，更是一项伟大的事业，需要有志之士共同为之不懈地努力、奋斗。

（武汉体育学院　王创业）

9.1.2　年鉴①编辑札记

2015 年 11 月 26 日，我收到中国新闻史学会新闻传播教育史研究委员会秘书处周婷婷老师的来信，邀请我参加在中山大学举办的第二届第三次常务理事会暨中国新闻传播教育年鉴编撰会议。这次会议将讨论中国新闻传播教育领域的第一本年鉴——《中国新闻传播教育年鉴（2016）》的编辑工作。我异常兴奋，对此充满期待。同时，内心也有较大的压力，不知道自己能否胜任这项工作。后来发现，年鉴的组织工作有条不紊，编辑思路很清晰。最难能可贵的是，围绕年鉴编辑，形成了一个庞大的编者、作者队伍，大家通力合作，相互支持，保质保量完成编辑任务。在这里，就参加年鉴编辑工作谈几点粗浅的感想。

①注重年鉴的真实性。

年鉴不是一般的学术著作，它最重要的属性是真实，编辑要为年鉴的读者提供真实的资料。因此，编辑一定要有严谨的态度。

年鉴的真实，就是要严格地忠于新闻传播教育实践与研究方面的事实，不隐藏、不溢美，将事实呈现给读者。不论是编辑，还是受邀参与撰写的作者，都不能回避新闻传播教育的本质、主流问题。在设计栏目、汇编资料和撰写文稿的时候，要纵览全局，关注个体，洞察本质，反映新闻传播教育的本来面貌。我在编辑年鉴的过程中，经常与作者沟通，跟他们核实材料、了解细节、校对数据等，年鉴的作者们都积极配合。对于已经刊发的稿件，如果出现史实错误、数据不全等方面的问题，编辑部会非常重视，刊登

---

①　指《中国新闻传播教育年鉴》。

专门的勘误表予以更正。对于有些引起关注的话题，编辑部会邀请专家继续就该选题展开史料追踪与话题延伸。2018 年，我负责撰写《新闻传播学类国家社科基金项目立项课题的统计分析（1991—2017）》，刊发在《中国新闻传播教育年鉴（2018）》上。稿件发表之后，赵玉明教授通过回忆自己和其他专家早年参加国家社科基金项目评审工作的史料，专门写了一篇论文，题目为《新闻传播类国家社科基金项目早期的回忆》，刊发在《中国新闻传播教育年鉴（2019）》上。该文弥补了 1991 年以前国家社科基金项目评审方面的史实，为广大读者进一步了解国家社科基金新闻传播类项目立项情况和研究主题提供了有价值的参考。

年鉴编辑部已经建立起编者-作者-读者的互动机制。目前，以编辑部为依托，已经建立了“年鉴编辑部”“年鉴之友”“年鉴作者群”等微信群，便于编辑与作者沟通。年鉴的编辑在中国新闻史学会以及新闻传播学其他学会微信群积极传递年鉴的编辑动态，广泛征求作者和读者的意见和建议，以严谨认真的态度做好编辑工作，确保年鉴稿件的真实性。

②追求年鉴的学术性。

关注新闻传播教育和新闻传播人才培养，是《中国新闻传播教育年鉴》的主要工作。《中国新闻传播教育年鉴》与新闻传播类其他年鉴形成错位发展的态势，学术研究不是《中国新闻传播教育年鉴》所关注的主要问题，但是，年鉴的编辑不乏学术性。就我参与编写年鉴的经历来看，《中国新闻传播教育年鉴》的学术性主要体现在以下几个方面：一是关注与新闻传播教育研究情况，包括新闻传播教育界学术工作坊的开展情况、中外学术交流活动情况、新闻传播学术人才流动情况等。二是关注教师学术研究情况，包括新闻传播学教师获得国家社会科学基金年度项目立项、在重要新闻传播学学术期刊发表学术论文、获得省部级以上科研成果奖等情况。三是关注新闻传播教育方面的研究情况，年鉴专门设立了“新闻传播教育研究成果概览”栏目，对每年新闻传播教育方面的研究成果进行归纳概述，包括新闻传播教育论文全文转载、论点摘编、论文目录检索、新闻传播教育专著评介等。

在突出学术性的同时，年鉴避免陷入纯学术探讨。年鉴毕竟不是学术刊物，我们在编辑的时候会将学术性与教师教学、人才培养等结合起来。同时，年鉴避免与同学科其他年鉴形成同质化发展趋势，突出“教育属性”，围绕教育话题。即便涉及科学研究，也尽量与教师、教育、教学结合起来。

③强化年鉴的实用性。

《中国新闻传播教育年鉴》高度重视实用性，强调为新闻传播学广大师生服务。上面刊登的很多稿件具有珍贵的史料价值，为教师教学、学生学习提供了参考。

一是绘制了全国新闻传播学学科办学地图。年鉴设置了“新闻传播教育组织动态”“他山之石”“课程建设”等板块，给老师们开展教学研究与教学实践工作提供了很好的帮助。年鉴搜集整理拥有一级学科博士点、一级学科硕士点以及硕士专业学位授权点的情况，便于从整体上把握全国学科建设情况，便于广大师生了解全国新闻传播学学科的办学情况。不少学生准备考研的时候，经常向我咨询如何选择学校的问题，我就拿出年鉴中关于硕士点分布的一览表，与学生一起分析，很快就能帮学生厘清思路。二是年鉴设置了了解国外办学状况的栏目，为新闻传播学院系开展国际交流提供了平台。主要包括新闻传播学专业留学生、教师交流、国际学术交流等；在“他山之石”栏目中，涉及国外高校课程、国外高校学科教育模式、国外企业职业教育、国外高校培养体系、中外高校学生培养等内容。年鉴编委会邀请了曾经在国外留学的教师、从事国际交流工作的教师等参与撰写，反映了国外新闻传播学教育的最新动态，为国内新闻传播教育提供了一定的参考。三是运用社交媒体拓展年鉴的实用价值。年鉴办有“镜鉴工作室”公众号，2022年，“镜鉴工作室”改版之后，更加强化为师生服务的宗旨，搜集每月大事记、暑期夏令营举办信息等，及时向广大新闻传播学子推送，方便学生选择合适的学校。我把“镜鉴工作室”所推送的这些信息发给在校生，他们觉得很有参考价值，不用自己费心搜集夏令营的相关信息了。还有一次，有研究生想了解一下近年来新闻传播学博士研究生学位论文的选题情况，我把年鉴拿给他，很快就全面了解了当下新闻传播学博士研究生所关注的前沿话题。

年鉴的编写是一项公益性事业，需要协调各方面的人力物力，年鉴编辑部以及全国各新闻院系的教师广泛参与其中，大家不计报酬，不辞劳苦，形成了一个相互配合、相互协调的学术共同体，经常开展学术研讨，共话年鉴编辑工作，共谋人才培养大计。

（中南民族大学　陶喜红）

9.2 编读往来

张昆：

你好！

得到你的认可和肯定，我很高兴！

自从1996年一道访台相识，咱们交往已有20多年，这期间始终得到你的关心和帮助。特别是我到广西这几年，你更是时时在为我助力。我回忆了一下，这些年我组织的重要活动你大多参加了，可以说一路陪伴我完成了广西大学的四年聘期，我真的很感谢你！

新闻是我一生的理想与追求。60年前，即1961年我初中毕业，中考作文的题目是《我的理想》，我写的是当记者，理由一个是当记者可以走遍天下报道国内外新闻，另一个是当记者可以为民请命，替老百姓代言，为社会伸张正义。作文成绩差一分满分，我觉得这不仅是因为我文章写得好，更重要的是阅卷老师对我职业选择的肯定。

三年后，我如愿以偿考上了中国人民大学新闻系，开始了我的新闻追梦之旅。没想到本科毕业遇上"文革"，没能当成记者，而是做了中学老师。于是，1978年我又考回母校人民大学新闻系读研究生。1981年研究生毕业，甘老师希望我能到高校教新闻。我也想当记者只是圆我自己的记者梦，当老师可以帮助成百上千新闻学子圆他们的新闻梦，就这样我走上了新闻讲台。

此后，我先后在国际政治学院、中国新闻学院、北京广播学院和中国人民大学新闻学院任教。2002年我第三次回母校担任新闻与社会发展中心主任时，原本想中国人民大学是我的新闻理想扬帆之地，圆梦新闻也就在这里了，没想退休之后又到了广西大学，延续了我最后一段新闻追梦并最终圆梦的旅程。

回想起来，我之所以最后选择到广西大学，既是民族情怀使然，也是历史机遇的眷顾。最初他们联系我是希望我去担任马克思主义新闻观研究中心主任的，当时担任院长的时任自治区党委宣传部常务副部长唐华，因工作太忙提出不再兼任院长，在此背景下，赵跃宇校长提出干脆让郑保卫教授来当院长，并且马上派主管人事的副校长领上组织部部长、人事处处长和刘洪，带着合同直接来人大找我。说实话，我真的被他们的诚意感动了，因此虽然当时人大已返聘我，我还是决定去广西。没想到胡百精报告陈伟校长后，陈校长说，我们支持郑保卫教授到广西支援民族地区新闻教育，于是我成了人大和西大的"双聘"教授。

正因为这样，我非常感谢赵跃宇校长的知遇之恩，如果没有他给我提供的院长平台，仅仅做马克思主义新闻观研究中心主任，我要顺利实现我的一些抱负可能就不那么容易了。

赵校长原先在湖南大学当校长，2017年春教育部安排他到广西大学任校长。他顶住压力，大刀阔斧，敢抓敢管，严格要求，想做一番事业，因此他非常希望我在新闻学院能够打开局面，做出成绩。我2019年相继获得国家社科基金重点项目和重大项目，实现了广西大学乃至整个广西新闻院校在申报国家重大项目上的"零的突破"，他立即同我见面，并答应学校给60万元的配套经费支持。这些年我在马克思主义新闻观教育方面做出一些成绩，他十分满意，在学校党政班子会上提出给郑教授5个引进马克思主义新闻观教师的名额，壮大广西大学的马克思主义新闻观师资队伍……

我的最初聘期是三年，2020年底期满，他提出再延两年，但我只答应延一年，他再三表示遗憾。我结束聘请回北京之前，他约我1月10日见面，没想到一见面他说，今天是你四年前来广西大学就任院长的日子，我听后好感动。他选择这个日子来跟我见面，为我送行，真是有心人。他在我的聘期届满述职报告上的批语，言语不多，但却概括得很到位、很准确，这说明他了解我，也理解我。他称我为“大先生”，有点“过誉”了，但我想他要借此表达自己对一位老师、一个学院领导教书育人和治学治院的一种理念。

张昆，对你说了这么多，是因为我把你当做知心人，有许多话想向你倾诉。我记得你对我说过，你在华中科技大学的成功就得益于校领导的支持，你还告诉我一定要利用好刚聘任时跟校领导的“蜜月期”，用足学校的资源。实践证明，你说得很有道理，我正是在实践你的治院理念，结果也获得了成功！

你约我写这篇稿子，我认真作了思考，概括出“民族情结”“新闻理想”和“历史机遇”三个关键词组，应该说这三个词组充分表达了我的真实感受。是“民族情结”让我选择了广西大学，是“新闻理想”激励我继续在广西追梦新闻，是“历史机遇”给我提供了为振兴民族新闻教育献力和圆60年新闻梦想的平台！

通过20多年的交往，我感觉你也是一个满怀新闻理想，并且是一个想干事、能干成事，并且能干成大事的人。你不但院长当得好，而且利用中国新闻史学会新闻传播教育史研究委员会这个平台做了那么多事情，取得那么多成果，新闻教育年鉴办得那么好，真为你高兴。

这些年，我一直看好你，特别是在组建全国新闻学术共同体（成立中国新闻学会）问题上一直想倚重你。你还年轻，希望你能继续为我国新闻教育事业和新闻学科建设作更大贡献，扮演好“承上启下”的关键角色！

我发现，我应该是近些年来第一个由退休学者转任新闻学院院长的人。在我之后，尹韵公、李良荣和你相继出任高校新闻学院院长，改变了原先仅仅由退休新闻宣传单位官员出任新闻学院院长的局面。而从我的实践看，学者当院长有其优势和特点，特别是对促进新闻学科建设更有好处。希望你能关注这一现象，并用你自己的实践丰富这方面案例，为发展我国新闻教育提供更多经验。

请在稿子中加上2017年12月我接受赵跃宇校长聘书的照片，以表达我对赵校长的感激心情（见图9-1）。

为了确保质量，稿子我又仔细检查了一遍，并作了几处修改，请以此稿为准。另外，稿子编完后请再让我看一下。你可以让具体负责作公众号的老师加我微信，直接联

图 9-1　广西大学校长赵跃宇向郑保卫教授（左）颁布聘书

系我，这样就可以不占你时间了。

再次感谢你的理解和支持！

郑保卫

2022. 1. 20

（中国人民大学　郑保卫）

9. 3　年鉴记忆

9. 3. 1　南山荟萃，那时花开

2014 年 10 月的一天，时任四川外国语大学新闻传播学院院长的严功军教授打电话给我说，“老蔡，有一个承办全国性学术会议的机会，你有没有兴趣”。我马上回应，“当然感兴趣，非常希望有这样的机会”。他告诉我，张昆院长希望在重庆举办新闻教育史研究会 2015 学术年会暨新闻教育高峰论坛。张昆教授时任华中科技大学新闻与信息传播学院院长，中国新闻史学会新闻传播教育史研究委员会会长、国务院学位委员会

新闻传播学科评议组成员，身兼多职，是我国新闻传播学界知名学者和教育家。他让我马上和张昆院长电话联系，如果被列入考察对象，张昆院长将到重庆实地考察办会条件并讨论相关事宜。我敢迅速表态，是有一个基本判断的，当时我校开放办学，校企合作、政校合作以及校校合作搞得火热，举办全国性学术会议肯定会得到学校支持，而且学校各方面的条件也在完善，发展在上台阶。

很快，我通过电话和张昆院长取得了联系，大致了解了办会条件、办会时间、办会规模等要求。张昆院长同意尽快来渝现场考察。虽然我和张昆院长此前没有直接交往，但仅一次电话，他爽朗的性格、直率务实的行事风格给我留下了深刻印象。

张昆院长如约来到重庆。关于办会，我印象最深的是，他特别强调了三点，第一，关于邀请参会人员，他说既然是新闻传播教育史研究会（当时称学会），肯定要以有从事教育管理经验的专家为主，很多是院长或副院长。第二，新闻教育高峰论坛，一定要办成标杆，以后的会，要按这个标准，只能办得更好。第三，会议要特别邀请 10 位新闻传播教育界的老教育家。他说老教育家是我们的财富，他们的贡献、他们的经验对我国新闻传播教育事业的促进，功不可没，要继续请他们传帮带。

张昆院长要求高，我们也得思忖自身的条件。重庆工商大学新闻传播教育肇始于 1982 年，这一年，在原渝州大学中文系汉语言文学专业，设置新闻方向，当年开始招生。办学初师资不足，中文系请了不少业界骨干和精英授课，对人才培养起到了很好的作用，很大程度上借鉴了川大邱沛篁教授的“请进来，走出去”办学模式。当时重庆很多新闻报道中，署名渝大实习生的新闻作品频频见诸报端，首届毕业生很多进入重庆新闻单位，迅速成为行业骨干。通过多年的人才培养，我校在重庆新闻行业的人才产生了聚集效应，不仅表现好，而且不少人成为领导和骨干，现任西南政法大学新闻传播学院院长，一级学科博士点负责人，学科带头人李珮教授就是我校首届新闻方向毕业生。新闻教育有这样的历史积淀，同时，我校南山书院掩映香樟林深处，鸟鸣花水涧，作为论坛举办地，环境优美雅致。完成张昆院长交办的任务，达到办会标准，实现会议目的，我有信心。

从张昆院长的整体设想和策划，看得出他对学会的发展，对如何办会是有深谋远虑的，站位很高，包括他当时提出要编撰新闻传播教育年鉴，通过年鉴记录中国新闻教育历史，促进新闻教育发展。今天看来，其价值和意义，无论评价多高都不过分。

张昆院长考察了学校办学条件，敲定了办会的内容，最终确定，中国新闻传播教育史学会 2015 学术年会暨新闻教育高峰论坛在我校举办。我们商议了有关办会的重要问题，取得了共识，也算是阶段性成果。我向他表态，认真办会，严格按组委会要求执行。趁张昆院长考察期间，我们还请他给我校新闻传播学研究生做了国家形象传播的学术报告，分享了他的“学术大餐”。考察闲暇之余，我们吃火锅，品重庆江湖菜，把酒言欢，推杯换盏，谈天说地，张院人品和性格之好，“暴露”无遗，用重庆言子来说，就是“不摆了”。

经过半年多准备，2015年6月27日上午9时，中国新闻教育史学会2015学术年会暨新闻教育高峰论坛在我校厚德楼隆重召开，下午在南山书院继续进行主题学术研讨。来自全国高校的100多位新闻传播教育专家、老中青三代新闻传播教育践行者汇聚南山，共襄学术盛宴。这次年会的常务理事会上，大家一致支持编撰《中国新闻传播教育年鉴》，在新闻传播教育的历史上落下重重一笔。

（重庆工商大学　蔡敏）

9.3.2　“年鉴”勾我忆往昔

《中国新闻传播教育年鉴》（以下简称《年鉴》）作为新闻传播教育界的一种大型文献、史料、工具、学术等高度综合的出版物，2016年完成首卷出版，此后每年一卷，2020年将出第五卷，完成第一个五年计划，值得庆贺。

“今日年鉴，明日信史”是《年鉴》编撰的理想和信念。《年鉴》从编辑构思的提出、到编撰原则的拟定、再到撰写要求的确立等，恪守了秉持史家精神打造新闻传播教育信史的要求，并在已经出版的4卷《年鉴》和即将出版的第5卷《年鉴》中有充分的体现。

编撰“年鉴”勾引起了我对过往的一些回忆，其中回忆的主线是我在中国新闻传播教育史学会的亲力亲为和一些感受。

9.3.2.1　“前导”《年鉴》：中国新闻传播教育应有的历史备份

中国新闻传播教育史学会［根据国家对社团、学会管理的规定，后更名为中国新闻史学会新闻传播教育史研究委员会（国家二级学会），本文中简称“学会”，下同］的成立是一个标志性的事件和社会对中国新闻传播教育认可的证明。

2008年10月24—25日，中国新闻史学会新闻传播教育史研究委员会在北京成立。这个学会的主要任务就是研究中国的新闻传播教育，在历史和中外新闻传播教育的坐标体系中寻找当今中国新闻传播教育的准确定位和理想的发展路径。华中科技大学吴廷俊教授当选为学会首任会长，另有7位教授当选为副会长，我是其中之一。

“学会”成立以来，基本是沿着研究、析理、攻关、探路这条路走来，从纵的方面看，经历了100余年发展历程的中国新闻传播教育值得关注；从横的方面看，世界新闻传播事业和世界新闻传播教育在带给中国新闻传播教育一些有益的启发和启示，也需要借鉴；从广的角度看，以新闻传播教育为母体的许多方面的内容和历史流变，需要“钩沉”。

“学会”成立之后，基本是每年召开一次全国性的学术会议的步调，每次会议都有一个明确而实际的主题，许多新闻传播教育的同仁，包括许多学界大师、不少新闻传播教育单位的领导登上过“学会”组织的学术会议的讲台。

“学会”成立以后主要进行的学术研究基本可以概括为以下 4 类：第一，加强新闻传播教育史资料收集、整理工作；第二，加强对新闻传播教育机构及著名新闻传播教育家的个案研究；第三，广泛开展外国新闻传播教育史的研究；第四，密切关注考察中国新闻传播教育的现状。

我基本全程参与了这些活动。

“一切为了中国的新闻传播教育”比较好地表达了“学会”及同仁们参与学会工作的想法和心愿。

每年固定召开一次以新闻传播教育为主题的会议，辅以其他形式的学术会议和交流，学会的主要工作很有对上年度、本年度新闻传播教育的“研究、梳理、总结”的味道，做的其实是与《年鉴》很类似的工作，进行了比较长时间的实践积累，形成了比较固定的学术团队，有相应的研究成果问世。

9.3.2.2 设计《年鉴》：学术价值、应用价值、史料价值的多维考量

许多研究中国新闻传播教育的专家，经常查阅的资料有《中国新闻年鉴》《中国新闻传播学年鉴》《中国出版年鉴》《中国教育年鉴》等，深感一部信息量大、涵盖面广、权威性强的“年鉴”类的工具书的学术价值、应用价值、史料价值之巨大。

有鉴于此，以张昆教授为会长的“学会”第三届组织决定编撰出版《中国新闻传播教育年鉴》，并以此进一步巩固“学会”的凝聚力，提升“学会”的服务水平，满足学界对新闻传播教育诸多信息的需求。

2015 年 12 月 12 日，“学会”在中山大学组织召开了《中国新闻传播教育年鉴》编委会第一次会议，由此启动的“年鉴”的编撰工作。

参加会议的专家们高度认可和赞同编撰《中国新闻传播教育年鉴》，在起步阶段，应该在以下几个方面多花笔墨：

第一，摸清“家底”，进行文献和资料的收集整理；

第二，展开新闻传播教育史的个案研究，包括新闻传播教育院校的个案和新闻传播教育家的个案；

第三，新闻传播教育的成果政策以及学术交流与各种学生活动的研究；

第四，进行新闻传播教育的现状研究，紧握当代新闻传播教育的主脉，为新时期的新闻传播教育提供智力支持。

“学会”中设有新闻传播学一级学科博士点的院系和部分设有新闻学、传播学二级学科博士点的院系的代表和设有硕士点的代表在会上共议了“年鉴”的编撰与出版。

5 年以来，《年鉴》的编撰邀约全国的专家队伍，核心创作者的人数维持在 100 人左右，秉持了文献资料整理、实证研究、访谈与口述历史、影像与图片、作品与实物呈现的原则与方针，以客观的历史存在为研究的重点和论述的对象，客观书写中国新闻传播教育的历史，注重新媒体时代新闻传播教育转型及变化规律的研究和国际先进教育模式的借鉴。

披览《年鉴》已经出版的 6 卷，发现几乎每一个板块、每一个章节、每一篇文章、每一幅图片等，都是亮点和闪光点。比如对上一年中国新闻传播教育综述、新闻传播类专业教育回眸、中国新闻传播教育地图、新闻院系巡礼 、新闻传播教育界行业组织动态 、新闻传播教育家研究系列 、教授名录、中国新闻传播教育史钩沉 、成果与政策 、部校共建新闻学院、本科人才培养 、课程建设教学改革成果、研究生教育、博士后流动站、获奖情况、学生竞赛 、科学研究、新闻传播教育相关文件等，都准确把握了新闻传播教育中的肯綮和核心要点，既是本学科极宜交流共享的内容，也是社会广泛关注之点，更是标树新闻传播教育学科形象的有效方法与举措。

9.3.2.3 撰写《年鉴》：饱含情感的倾情“出演”

2016 年的《年鉴》是开山篇，在某种程度上讲也是试水篇。“记录历史，引领未来”的总体框架与目标之下，分解出了许多具体具象的内容，由全国各地的专家分别负责。

2016 年《年鉴》的编撰中，我承担了“中国新闻传播教育简史”“上海大学上海电影学院”“博士后流动站”“顾执中与民治新闻专科学校”4 个方面的撰写任务。

从 2017 年的《年鉴》编撰开始，我负责上一年度新闻传播教育综述部分的撰写，属篇首曲，责任重大，不能有些许懈怠与差错，因此，需要倾情“出演”。

对 2017 年的新闻传播教育，我重点关注了互联网重塑新闻传播教育的问题，重点理析了媒体行业、传媒业界发展速度日新月异、媒体融合在不断推进行业革新时，新闻传播教育如何因应的问题；对 2017 年的新闻传播教育从人才培养、教育改革，科学研究、学术交流、社会服务、师资队伍和国际化办学七个方面进行解读。对 2017 年我国新闻传播教育部校共建持续升温并且已经取得了阶段性成果、以马克思主义新闻观为指导性的新闻教育教学成果形式深度融合、新媒体推进新闻教育与新闻实践资源整合等做了阐释，同时也对新闻传播教育所出现的问题进行了反思，并提出了可参考、可汲取、可操作的建议，以资参考。

2018 年是中国新闻传播教育的百年华诞。在《年鉴》综述的撰写中，我重点关注了注“方汉奇基金”的设立；第 4 轮“学科评估”；中国新闻史学会历史上第一个“千人大会”；人才培养的新变；新闻传播教育改革的核心举动；以国际视野审读国际化办学等。

2019 年关注的核心问题是：中共中央全面布局全媒体时代的媒体融合发展，给新闻传播教育指明前进的方向；国家六部门联合发文，为新闻传播教育加注文化和科技元素；中国记协为新闻传播教育新树职业道德标准；新闻传播教育思想和认知出现新变化；5G 已来，须正面应对；传统教育要向智能教育转变；高度重视“四力”培养；南开大学组建新闻传播学院；两大联盟诞生；国际交流与合作纵深推进等。

六经兼史！能够以一支秃笔记录中国新闻传播教育正在发生的“历史”，我很荣幸，也很享受，这是我继续做好这份“兼职”的永恒动力。

（上海大学　李建新）

9.3.3　年鉴出版五年，弹指一挥间

《中国新闻传播教育年鉴》已出版五周年，这是中国新闻传播教育界的一件值得庆贺的事。

年鉴出版五年，五年时间，可谓弹指一挥间。其间，年鉴编辑部同仁付出了许多心血，本人有幸参与其中，也收获了许多快乐。

每年的年鉴编辑分工会议，实际上是一次新闻传播教育的学术研讨会。每到这个时候，各位承担写作年鉴任务的老师们从全国各地会集到一起，就年鉴的内容、体例、结构等进行研讨、磋商，出谋划策。大家知无不言言无不尽，都有一个共同的愿望，希望年鉴一年比一年完善，为中国新闻传播教育留下一个靓丽的侧影；一年比一年质量提高，成为中国新闻教育界足可珍贵的信史。对这个例会，我是舍不得落下，尽量参加，因为它的学术研讨性质，也因为它是新老朋友们的见面会。

本人在年鉴编纂中负责教授介绍板块的校对，这是一个人物小传的栏目，按照编例，每位教授必须在 600 字以内将自己的各种信息介绍清楚，包括职称、职务、学术经

历、教学状况、研究领域、学术成果，主持项目、获得的荣誉等。这个板块看似简单，实际上编校起来不容易：有的教授写得较多，多到1000字甚至1500字，这得删减至600字以内。由于时间关系，来不及退回传主本人修改，只好我为之代劳，既要删减，又不能将教授们的“卓著功绩”遮蔽，有时为删除哪些或留下哪些内容颇费周章；有的教授比较惜墨，对自己的介绍，仅仅100字，这种情况只好联系编辑部负责联络的老师，退回让传主重写；还有的教授在小传中，不吝将许多华丽的“桂冠”送给自己，这时我又不得不夺人之美，将这些词语尽行删除，使之成为一篇立场中庸的传记。

这个版块，由于它是本学科国内顶尖级的人才及其高端的成果的展示，内容又丰富多元，所以，编校过程也是向全国的教授们学习的过程。在这个板块里，我邂逅了许多熟悉的前辈先进老朋友，也结识了许多陌生的新朋友，有的甚至从纸面的铅字成为现实生活中的熟人好友。我和云南的张名章教授就是这样熟悉的。起初从介绍中知道他，后来我到云南出差和他相识，承蒙他的关照我们在云南办事一切顺利，还承蒙他亲自驾车游览云南著名的旅游胜地抚仙湖，一起在风景秀丽的滇池边品尝美食，参观在中国高等教育史上具有历史意义的西南联大旧址。我们成为推心置腹交流的朋友。这份友谊是拜年鉴所赐。

年鉴同时也是培育孵化研究项目的基地。2016年在全国高校开展的学科评估中，学术期刊A类期刊受到关注，年鉴编辑会议提出要对各高校A刊发稿情况进行统计。正好我们学院的曹鹏老师在攻读博士期间做过相关研究，熟稔情报信息理论和统计方法，我们便承接了这项工作。2017年在海南师范大学召开年鉴编辑会议的时候，我们推出了2016年各高校研究机构在A刊发表论文的排行榜，该排行榜选取新闻传播学4种A类国内期刊（《新闻与传播研究》《国际新闻界》《现代传播》和《新闻大学》）作为数据来源，对新闻传播学核心研究机构、核心研究队伍、高产作者、主要研究内容、高被引论文、热点论文等进行分析统计，排行榜立刻受到各高校老师们的广泛关注，当天晚上点击量达到3000，不久就突破7000，这表明学界非常重视这个研究。接下来，我们又分别在山东大学（2018）、兰州大学（2019）召开的会议上发布了类似的排行榜，同样受到高度关注。实际上，许多学者在我们刚刚完成分析后就打听当年的排行情况，说明这项工作受到同行的欢迎，这个排行榜已成为年鉴的一个品牌项目。当然，这和学会张昆会长的敏锐的学术眼光分不开。在这个排行榜之后，年鉴又推出了由陶喜红教授主创的各高校获得国家社科基金项目的排行榜，也成了备受关注的研究报告。

他山之石，可以攻玉。年鉴开辟有介绍国外高校传播教育情况的板块。我承担过为该板块撰稿、组稿的任务，将自己访学英国、同事留学法国高校所了解的情况与年鉴读者分享，这个过程其实也是非常愉快的。

为保证年鉴编辑出版顺利，编委会在武汉设立了编辑部。这是一个名副其实的同仁团体，成员是来自武汉地区的武汉大学、华中科技大学、华中师范大学、中南民族大学、中国地质大学、湖北大学、武汉体育学院的新闻传播学院的老师，在中国的定期出版物中应该是独树一帜的组织。它是一个不计名利、没有办公地点、没有实体形态的组织，同时，它又是精干、和谐、团结、高效率的组织。在这里，成员各司其职，大家都是自愿、义务地为年鉴工作。新冠肺炎疫情暴发前，农历新年临近，编辑部成员在武汉体育学院开了一次会，新学期开始后，到 4 月疫情得到基本控制，大家仍处于隔离状态，张昆会长召集各位成员网上开会，讨论年鉴编辑事务。可以说，年鉴里的每一篇文稿，都经过了编辑部成员的精心编辑。每年按期出版的精美的年鉴，凝聚了编辑成员们的心血和智慧。2020 年年初，教育部高等学校科学研究优秀成果奖名单公布，《中国新闻传播教育年鉴》名列其中，作为编辑部成员，为年鉴出了一份力，我们也都感到十分荣幸。

（湖北大学　廖声武）

10. 附录与年表

10.1　最新政策文件

教育部 财政部 国家发展改革委关于印发《“双一流”建设成效评价办法（试行）》的通知

教研〔2020〕13号

各省、自治区、直辖市教育厅（教委）、财政厅（局）、发展改革委，新疆生产建设兵团教育局、财政局、发展改革委，有关部门（单位）教育司（局），有关高等学校：

教育部、财政部、国家发展改革委制定了《“双一流”建设成效评价办法（试行）》，现印发给你们，请认真贯彻执行。

教育部 财政部 国家发展改革委

2020年12月30日

“双一流”建设成效评价办法

（试行）

第一章　总　　则

第一条　为贯彻落实《深化新时代教育评价改革总体方案》，加快“双一流”建设，促进高等教育内涵式发展、高质量发展，推进治理体系和治理能力现代化，根据

《统筹推进世界一流大学和一流学科建设总体方案》（国发〔2015〕64 号，以下简称《总体方案》）、《统筹推进世界一流大学和一流学科建设实施办法（暂行）》（教研〔2017〕2 号）和《关于高等学校加快“双一流”建设的指导意见》（教研〔2018〕5 号），制定本办法。

第二条 “双一流”建设成效评价以习近平新时代中国特色社会主义思想为指导，深入贯彻落实党的十九大和十九届二中、三中、四中、五中全会精神，全面贯彻党的教育方针，坚持党对教育事业的全面领导，坚定社会主义办学方向，以中国特色、世界一流为核心，突出培养一流人才、产出一流成果，主动服务国家需求，克服“五唯”顽瘴痼疾，以中国特色“双一流”建设成效评价体系引导高校和学科争创世界一流。

第三条 “双一流”建设成效评价是对高校及其学科建设实现大学功能、内涵发展及特色发展成效的多元多维评价，综合呈现高校自我评价、专家评价和第三方评价结果。评价遵循以下原则：

1. 一流目标，关注内涵建设。坚持中国特色与世界一流，坚持办学正确方向，坚持以立德树人根本任务为内涵建设牵引，聚焦人才培养、队伍建设、科研贡献与机制创新，在具有可比性的领域进入世界一流行列或前列，不唯排名、不唯数量指标。

2. 需求导向，聚焦服务贡献。考察建设高校主动面向世界科技前沿、面向经济主战场、面向国家重大需求、面向人民生命健康，在突破关键核心技术、探索前沿科学问题和解决重大社会现实问题等方面作出的重要贡献，尤其是基础研究取得“从 0 到 1”重大原始创新成果的情况。考察立足优势学科主动融入和支撑区域及行业产业发展的情况。考察传承弘扬中华传统文化、推进中国特色社会主义文化建设、促进人类文明发展，以及在开拓治国理政研究新领域新方向上取得创新性先导性成果的情况。

3. 分类评价，引导特色发展。以学科为基础，依据办学传统与发展任务、学科特色与交叉融合趋势、行业产业支撑与区域服务，探索建立院校分类评价体系，鼓励不同类型高校围绕特色提升质量和竞争力，在不同领域和方向建成一流。

4. 以评促建，注重持续提升。设立常态化建设监测体系，注重考察期中和期末建设目标达成度、高校及学科发展度，合理参考第三方评价表现度，形成监测、改进与评价“三位一体”评价模式，督促高校落实建设主体责任，治本纠偏，持续提高建设水平。

第二章　成效评价重点

第四条 成效评价由大学整体建设评价和学科建设评价两部分组成，统筹整合《总体方案》五大建设任务和五大改革任务作为评价重点，综合客观数据和主观评议，分整体发展水平、成长提升程度、可持续发展能力不同视角，考察和呈现高校和学科的建设成效。

第五条 对建设高校“加强党的全面领导与治理体系改革成效”的评价，贯穿成效评价各个方面，反映学校全面加强党的建设和领导，坚持社会主义办学方向，党建引领和保障“双一流”建设，依法治校、依法办学，完善现代大学制度和治理体系等方面的表现，是对高校整体建设和学科建设坚持中国特色本质要求的统领性、决定性评价。

第六条 大学整体建设评价，分别按人才培养、教师队伍建设、科学研究、社会服务、文化传承创新和国际交流合作六个方面相对独立组织，综合呈现结果；学科建设评价，主要考察建设学科在人才培养、科学研究、社会服务、教师队伍建设四个方面的综合成效。

具体评价要求是：

1. 人才培养评价。将立德树人成效作为根本考察标准，以人才培养过程、结果及影响为评价对象，突出培养一流人才，综合考察建设高校思政课程、课程思政、教学投入与改革、创新创业教育、毕业生就业质量以及德智体美劳全面发展等方面的建设举措与成效。

2. 教师队伍建设评价。突出教师思想政治素质和师德师风建设，克服“唯论文”“唯帽子”“唯职称”“唯学历”“唯奖项”“唯项目”倾向，综合考察教师队伍师德师风、教育教学、科学研究、社会服务和专业发展等方面的情况，以及建设高校在推进人事制度改革，提高专任教师队伍水平、影响力及发展潜力的举措和成效。

3. 科学研究评价。突出原始创新与重大突破，不唯数量、不唯论文、不唯奖项，实行代表作评价，强调成果的创新质量和贡献，结合重大、重点创新基地平台建设情况，综合考察建设高校提高科技创新水平、解决国家关键技术“卡脖子”问题、推进科技评价改革的主要举措，在构建中国特色哲学社会科学学科体系、学术体系、话语体系中发挥的主力军作用，以及面向改革发展重大实践，推动思想理论创新、服务资政决策等方面成效。

4. 社会服务评价。突出贡献和引领，综合考察建设高校技术转移与成果转化的情况、服务国家重大战略和行业产业发展以及区域发展需求、围绕国民经济社会发展加强重点领域学科专业建设和急需人才培养、特色高端智库体系建设情况、成果转化效益以及参与国内外重要标准制订等方面的成效。

5. 文化传承创新评价。突出传承与创新中国特色社会主义先进文化，综合考察建设高校传承严谨学风和科学精神、中华优秀传统文化和红色文化，弘扬社会主义核心价值观的理论建设和社会实践创新，塑造大学精神及校园文化建设的举措和成效以及校园文化建设引领社会文化发展的贡献度。

6. 国际交流合作评价。突出实效与影响，综合考察建设高校统筹国内国外两种资源，提升人才培养和科学研究的水平以及服务国家对外开放的能力，加强多渠道国际交流合作，持续增强国际影响力的成效。

第七条 不同评价方面，相应设置整体发展水平、成长提升程度及可持续发展能力的评价角度，重视对成长性、特色性发展的评价，引导高校和学科关注长远发展。

1. 整体发展水平。考察高校和学科建设的达成水平，在可比领域与国内外大学和学科进行比较。

2. 成长提升程度。考察高校和学科在建设周期内的水平变化，体现成长增量及发展质量。

3. 可持续发展能力。考察高校和学科的结构布局、特色优势、资源投入、平台建设、体制机制改革及制度体系创新完善、治理效能等支撑发展的条件与水平，体现发展潜力。

第三章　成效评价组织

第八条 每轮建设中期，开展建设高校自我评估。

建设高校应依据本办法相关要求，对照学校建设方案，制定自评工作方案，系统整理建设成效数据，组织校内外专家对建设目标和任务完成情况、学科建设水平、资金管理使用情况以及建设中存在的问题等进行分析，提出整改措施，发布自评报告。

第九条 每轮建设期末，开展建设周期成效评价。按以下程序进行：

1. 建设高校根据建设方案对改革实施情况、建设目标和任务完成情况、学科水平、资金管理使用情况等进行自我评价。

2. 教育部根据本办法制定成效评价工作方案，委托相关机构分别开展定量数据处理、定性评议、第三方评价结果比对等工作，有关机构分别提出初步评价结果。

3. “双一流”建设专家委员会根据建设高校的建设方案、中期和期末自评报告、相关机构初步评价结果，形成综合评价意见。

4. “双一流”建设主管部门根据专家委员会的评价意见，综合研究，确定评价结果，上报国务院。

第十条 成效评价实行水平评价与效益考核相结合，考察建设高校和学科在建设基础、突破贡献、特色凝练等方面的表现。避免简单以条件、数量、排名变化作为评价指标，既考核在现有资源条件下的建设成果及其对学校整体建设带动效应，也衡量在已有发展基础上的成长提升及发展潜力。

第十一条 成效评价实行日常动态监测与周期评价相结合。以成效评价内容为依据，建立常态化的建设监测体系，建设周期内对大学整体建设和学科建设过程和结果，实现连续跟踪、监测与评估一体化，周期评价以动态监测积累的过程信息与数据为主要支撑。

第十二条 成效评价实行定量评价与定性评议相结合。依据公开数据、可参考的第三方评价结果及监测数据进行定量评价。对建设高校与建设学科定期发布的进展报告、中期和期末自评报告、典型特色案例及其他写实性材料，组织专家进行定性评议。定量结果定性结论互相补充、互为印证。

第十三条 以学科为基础，探索建设成效国际比较。科学合理确定相关领域的世界一流标杆，结合大数据分析和同行评议等，对建设高校和学科在全球同类院校相关可比领域的表现、影响力、发展潜力等进行综合考察。

第十四条 适时开展分类评价。研究建立建设高校分类体系，完善分类评价办法，引导和鼓励高校与学科在发展中突出优势，注重特色建设。

第四章 评价结果运用

第十五条 建立成效评价结果多维多样化呈现机制。按不同评价方面、不同学校和学科类型，以区间和梯度分布等形式，呈现建设高校和建设学科的综合评价结果，不计算总分、不发布排名。

第十六条 综合评价结果作为下一轮建设范围动态调整的主要依据。

第十七条 教育部、财政部、国家发展改革委根据综合评价结果，对实施有力、进展良好、成效明显的建设高校及建设学科，加大支持力度；对实施不力、进展缓慢、缺乏实效的建设高校及建设学科，减少支持力度。

第五章 附　　则

第十八条 建设高校在动态监测、中期自评和周期评价中应确保材料和数据真实准确。凡发现造假作伪等情形的，建设主管部门将视情节予以严肃处理。情节严重的，减少支持直至调整出建设范围。

第十九条 本办法自公布之日起实施。

国家教材委员会关于印发《习近平新时代中国特色社会主义思想进课程教材指南》的通知

国教材〔2021〕2号

各省、自治区、直辖市教育厅（教委），新疆生产建设兵团教育局：

为全面贯彻党的教育方针，落实立德树人根本任务，扎实推进习近平新时代中国特色社会主义思想进课程教材，我委制定了《习近平新时代中国特色社会主义思想进课程教材指南》，现印发给你们，请在课程教材、教育教学等育人环节认真贯彻落实。

国家教材委员会

2021年7月21日

习近平新时代中国特色社会主义思想进课程教材指南

为扎实推进习近平新时代中国特色社会主义思想进课程教材，落实立德树人根本任务，培养德智体美劳全面发展的社会主义建设者和接班人，制定本指南。

一、重大意义

党的十九大把习近平新时代中国特色社会主义思想确立为中国共产党必须长期坚持的指导思想并写入党章，十三届全国人大一次会议把这一思想载入宪法，实现了党和国家指导思想的与时俱进。习近平新时代中国特色社会主义思想，是新时代中国共产党的思想旗帜，是国家政治生活和社会生活的根本指针，是当代中国马克思主义、21世纪马克思主义，为实现中华民族伟大复兴提供了行动指南，为推动构建人类命运共同体贡献了智慧方案。

教育是国之大计、党之大计。“培养什么人、怎样培养人、为谁培养人”是教育的根本问题，事关中国特色社会主义事业兴旺发达、后继有人，事关党和国家长治久安。课程教材集中体现党和国家意志，是育人的载体，直接关系人才培养方向和质量。推动我国教育改革创新发展和培养担当民族复兴大任的时代新人，必须始终坚持以习近平新时代中国特色社会主义思想为指导，将其贯穿于教育教学全过程各环节。全面落实习近平新时代中国特色社会主义思想进课程教材，对引导广大青少年树立马克思主义信仰，坚定中国特色社会主义道路自信、理论自信、制度自信、文化自信，立志听党话、跟党走，形成正确的世界观、人生观、价值观，具有重大意义。

二、基本原则

（一）坚持系统安排

要全面介绍与阐释习近平新时代中国特色社会主义思想的时代背景、核心要义、精神实质、科学内涵、历史地位和实践要求，牢牢把握习近平新时代中国特色社会主义思想的基本立场观点方法，注重系统整体设计、分段分科推进，在不同学段不同学科不同课程中有序铺开，强化大中小学思政课一体化建设。引导学生提高学习理论的自觉性，增强责任感、使命感，将个人追求融入国家富强、民族振兴、人民幸福的伟大梦想之中。

（二）实现全面覆盖

习近平新时代中国特色社会主义思想进课程教材须做到不同学段全过程贯通。要在统筹安排基础上，做到覆盖基础教育、职业教育、高等教育各类型各学段，涵盖国家、地方和校本课程，融入哲学社会科学、自然科学各学科，贯穿思想道德教育、文化知识教育、社会实践教育各环节，体现在德智体美劳各方面目标培养中，确保习近平新时代中国特色社会主义思想在大中小学课程教材中相互衔接、层层递进，实现全覆盖，全面增强课程教材铸魂育人功能。

（三）结合学科特点

习近平新时代中国特色社会主义思想进课程教材要依据不同学科特点，结合各学科独特优势和资源，实现有机融入。哲学社会科学课程教材要突出原文原著进入，注重介绍和阐释与学科专业知识有关的习近平总书记重要讲话、文章内容与思想，引导学生在学习学科专业知识过程中加深对习近平新时代中国特色社会主义思想的理解与认同。自然科学课程教材要把习近平新时代中国特色社会主义思想的基本立场观点方法转化为育人立意和价值导向，引导学生在学习科学知识、培育科学精神、掌握思维方法过程中体悟习近平新时代中国特色社会主义思想的真理力量。

（四）注重适宜实效

要依据学生不同年龄段认知发展规律和教育教学规律，贴近学生生活学习实际，注重讲道理与讲故事相结合，抽象概念与生动案例相结合，显性表述与隐性渗透相结合，确保进课程教材内容可认知、可理解，指导学生将思想认识转化为实际行动。

三、总体目标

习近平新时代中国特色社会主义思想进课程教材的整体布局与分科安排科学有序，学科学段环节全面覆盖，思想内涵充分阐释，学习要求循序渐进、螺旋上升，全面提升课程教材铸魂育人功能，教育引导学生树立共产主义远大理想和中国特色社会主义共同理想，坚定“四个自信”，厚植爱国主义情怀，把爱国情、强国志、报国行自觉融入建设社会主义现代化强国、实现中华民族伟大复兴的奋斗之中。

四、主要内容

(一) 习近平新时代中国特色社会主义思想的核心要义

课程教材要充分体现“八个明确”“十四个坚持”的核心内容，系统阐述关于新时代坚持和发展中国特色社会主义的总目标、总任务、总体布局、战略布局和发展方向、发展方式、发展动力、战略步骤、外部条件、政治保证等基本观点，全面介绍习近平总书记对经济、政治、法治、科技、文化、教育、民生、民族、宗教、社会、生态文明、国家安全、国防和军队、“一国两制”和祖国统一、统一战线、外交、党的建设等方面作出的理论概括和战略指引。引导学生树立中国特色社会主义共同理想，深刻认识习近平新时代中国特色社会主义思想是实现中华民族伟大复兴的行动指南。

(二) 习近平新时代中国特色社会主义思想的理论与实践贡献

课程教材要深入阐释习近平总书记关于新时代坚持和发展什么样的中国特色社会主义、怎样坚持和发展中国特色社会主义论述的重大理论创新和现实意义，讲述这一理论的原创性贡献涵盖马克思主义哲学、政治经济学、科学社会主义三大组成部分，涵盖党和国家事业的方方面面。引导学生充分认识习近平新时代中国特色社会主义思想是当代中国马克思主义、21 世纪马克思主义，增进政治认同、思想认同、理论认同和情感认同。

(三) 习近平新时代中国特色社会主义思想的方法论

课程教材要体现习近平新时代中国特色社会主义思想所蕴含的马克思主义思想方法，阐释其辩证唯物主义和历史唯物主义哲学基础，介绍战略思维、辩证思维、历史思维、法治思维、创新思维、底线思维和系统观念的基本内涵。引导学生形成实事求是的科学态度，不断提高科学思维能力，增强分析问题、解决问题的实践本领，依靠学习走向未来。

(四) 习近平新时代中国特色社会主义思想的理论品格

课程教材要阐释这一思想所彰显的坚定理想信念、展现的真挚人民情怀、贯穿的高度历史自觉、体现的鲜明问题导向、充满的无畏斗争精神、饱含的深厚天下情怀，阐明习近平新时代中国特色社会主义思想是闪耀着理性光辉和人格魅力的科学理论，集中反映着当代中国共产党人的政治品格、价值追求、精神风范。引导学生树立对马克思主义的信仰、对中国特色社会主义的信念、对中华民族伟大复兴中国梦的信心，在知行合一、学以致用上下功夫，增长知识、锤炼品格。

（五）习近平新时代中国特色社会主义思想的历史地位

课程教材要充分阐明这一思想是从新时代中国特色社会主义实践中产生的理论结晶，是推动新时代党和国家事业不断向前发展的科学指南，是经过实践检验、富有实践伟力的强大思想武器；讲清楚中国发展方位发生的历史性变化需要新时代理论引领，讲清楚我们党执政的社会环境和现实条件发生了深刻变化，迫切需要党的创新理论指导，讲清楚世界正经历百年未有之大变局，全球治理需要中国智慧与中国方案。引导学生理解习近平新时代中国特色社会主义思想与马克思列宁主义、毛泽东思想、邓小平理论、“三个代表”重要思想、科学发展观既一脉相承又与时俱进的关系，以及在马克思主义发展史、中华民族复兴史、人类文明进步史上具有特殊重要地位。

五、学段要求

习近平新时代中国特色社会主义思想进课程教材应结合不同学段学生的特点，遵循学生认知规律，统筹安排，系统有效实施。

（一）小学阶段

小学阶段重在启蒙引导，在幼小心灵里埋下爱党爱国爱社会主义的种子。主要通过讲故事和描述性语言，运用生动具体、形象直观的方式，注重体验教育，通过“看到什么”“听到什么”，让学生知道中国共产党是为中国人民谋幸福、为中华民族谋复兴的党，知道中国共产党是中国人民和中华民族的主心骨，知道习近平总书记是全党全国人民的领路人，知道中华民族伟大复兴的奋斗目标和新时代“两步走”战略安排，知道只有坚持中国共产党领导才能实现全体人民共同富裕和中华民族伟大复兴的目标，增强国家认同感，从小立志听党话、跟党走。

（二）初中阶段

初中阶段重在感性体验和知识学习相结合，促进形成基本政治判断和政治观点，打牢思想基础。主要以具体事实、鲜活案例、生活体验和基本概念，引导学生进行初步理性思考，通过呈现中国共产党带领全国各族人民取得的历史性成就和创造的“两大奇迹”，从“是什么”的角度帮助学生初步理解习近平新时代中国特色社会主义思想的核心要义，增强学生集体荣誉感、社会责任感、民族自豪感，引导学生热爱党、热爱祖国、热爱人民。

(三) 高中阶段

高中阶段重在实践体认和理论学习相结合，促进理性认同，提升政治素质。主要运用观察、辨析、反思和实践等形式，引导学生从“怎么做”的角度理解坚持和发展中国特色社会主义的行动纲领，把握习近平新时代中国特色社会主义思想精神实质，帮助学生知其言更知其义，树立共产主义远大理想和中国特色社会主义共同理想，增强“四个自信”。

(四) 大学阶段

大学阶段重在形成理论思维，实现从学理认知到信念生成的转化，增强使命担当。主要以系统学习和理论阐释的方式，运用理论与实践、历史与现实相结合的方法，引导学生全面深入地理解习近平新时代中国特色社会主义思想的理论体系、内在逻辑、精神实质和重大意义，理解其蕴含和体现的马克思主义基本立场、观点和方法，增进对其科学性系统性的把握，提高学习和运用的自觉性，增强建设社会主义现代化强国和实现中华民族伟大复兴中国梦的使命感。

(五) 研究生阶段

研究生阶段重在深度探究，形成宣传、阐释、研究习近平新时代中国特色社会主义思想的素质和能力，做到融会贯通。主要以专题学习和理论探究的方式，运用学术探索、社会调查和国际比较等方法，引导学生立足当前、着眼未来，以历史发展的眼光，深入思考习近平新时代中国特色社会主义思想的核心要义、价值取向、理论品格和思想方法，真正学深悟透、研机析理，不断提高马克思主义理论水平，自觉运用这一思想武装头脑、指导实践；引导学生自觉运用马克思主义基本立场、观点和方法分析当代中国基本国情和世界形势，学、思、用贯通，坚定信心、强化自觉、提升素质，投身民族复兴的伟大事业。

六、课程安排

习近平新时代中国特色社会主义思想进课程教材要根据不同学科专业特点和学科专业内容，按照系统讲述与分领域分专题阐释相结合的方式，把握总论与分论、理论与现实、宏观与微观、显性与隐性的关系，做到科学编排、有机融入、系统展开。

(一) 思政课程

思政课程是落实习近平新时代中国特色社会主义思想进课程教材的主渠道，是落实立德树人根本任务的关键课程，要集中讲述习近平新时代中国特色社会主义思想，循序渐进、螺旋上升。

小学“道德与法治”，围绕习近平总书记关于培育和践行社会主义核心价值观、道德养成和法治素养的精辟论述，呈现“习语金句”，引导学生做到“记住要求、心有榜样、从小做起、接受帮助”，扣好人生第一粒扣子。

初中“道德与法治”，重点讲述习近平总书记关于加强党的领导、社会主义文化建设、依法治国、总体国家安全观重要论述，帮助学生理解习近平新时代中国特色社会主义思想是全党全国人民为实现中华民族伟大复兴而奋斗的行动指南，懂得只有中国特色社会主义才能发展中国的道理，引导学生自觉把爱国情、强国志落实到实际行动中。

高中“思想政治”，重点讲述习近平总书记关于社会主义政治、经济、文化、社会和生态文明建设重要论述，理解习近平新时代中国特色社会主义思想蕴含的思想方法和理论品格，引导学生成长为有理想、有本领、有担当的时代新人。

大学阶段，“思想道德与法治”基于习近平总书记关于培育和践行社会主义核心价值观、道德建设、法治建设的重要论述，进行思想道德修养和法治素养教育。“马克思主义基本原理”突出习近平新时代中国特色社会主义思想对马克思主义哲学、政治经济学、科学社会主义的原创性贡献，阐明习近平新时代中国特色社会主义思想是当代中国马克思主义、21 世纪马克思主义。“中国近现代史纲要”从历史发展的角度讲述习近平新时代中国特色社会主义思想的时代意义和创新价值，讲清楚中国共产党为什么能、马克思主义为什么行、中国特色社会主义为什么好。“毛泽东思想和中国特色社会主义理论体系概论”系统全面讲授习近平新时代中国特色社会主义思想，体现其既与毛泽东思想、邓小平理论、“三个代表”重要思想、科学发展观一脉相承，又相对独立成体系，引导学生学习领会这一思想的时代背景、理论渊源、实践意义，深刻理解核心要义、精神实质、丰富内涵、基本观点、实践要求。在全国重点马克思主义学院率先开设“习近平新时代中国特色社会主义思想概论”。“形势与政策”基于习近平总书记最新讲话精神，结合当前重大现实问题和热点问题，重点讲授新时代坚持和发展中国特色社会主义的生动实践和理论探索，引导学生正确认识世界和中国发展大势，坚定“四个自信”。

硕士研究生阶段，“新时代中国特色社会主义理论与实践”围绕新时代中国特色社会主义的重大理论和实践创新问题，以专题的形式全方位、多角度地讲授习近平新时代中国特色社会主义思想，引导学生在理论与实践的互动中理解这一思想的时代价值。“自然辩证法概论”“马克思主义与社会科学方法论”要充分体现习近平总书记运用马克思主义方法论方面的创新，引导学生更加自觉用这一思想指导解决科学研究中的实际问题。

博士研究生阶段，“中国马克思主义与当代”基于历史和现实，着眼世界格局的变化、面临的问题和当代中国发展等，深刻理解习近平新时代中国特色社会主义思想理论创新的重大价值，更加自觉把握中国特色社会主义事业的历史地位和世界意义，引导学生自觉运用马克思主义基本立场、观点和方法分析当代中国基本国情和世界形势。

（二）哲学社会科学课程

哲学社会科学课程是习近平新时代中国特色社会主义思想进课程教材的重要渠道，要充分发挥主干课程的作用，分专题讲述习近平新时代中国特色社会主义思想。

哲学类课程教材要讲清楚习近平新时代中国特色社会主义思想蕴含的马克思主义世界观和方法论，生动体现了辩证唯物主义和历史唯物主义，深入阐释习近平总书记关于坚持实事求是、提高科学思维能力、保持战略定力、坚持问题导向、重视调查研究、发扬钉钉子精神、依靠学习走向未来等方面的重要论述。使学生认识到习近平总书记科学思想方法和工作方法是一个完整系统的科学方法论体系，具有鲜明的马克思主义理论品质和深邃的精神实质。

经济学类课程教材要阐释习近平新时代中国特色社会主义经济思想，深入讲述新发展阶段、新发展理念、新发展格局和“七个坚持”，即坚持加强党对经济工作的集中统一领导，坚持以人民为中心的发展思想，坚持适应把握引领经济发展新常态，坚持市场在资源配置中起决定性作用、更好发挥政府作用，坚持适应我国经济发展主要矛盾变化完善宏观调控，坚持问题导向部署经济发展新战略，坚持正确工作策略和方法。引导学生充分认识到加快构建以国内大循环为主体、国内国际双循环相互促进新发展格局的重要现实意义，使学生认识到习近平新时代中国特色社会主义经济思想是党的十八大以来推动我国经济发展实践的理论结晶，是中国特色社会主义政治经济学的最新成果，开拓了21世纪马克思主义政治经济学的新境界。

法学类课程教材主要讲授习近平法治思想，系统阐释习近平总书记关于全面依法治国、中国特色社会主义民主政治发展道路、国际关系和全球治理等方面的重要论述及习近平外交思想。讲清楚全面依法治国新理念、新思想、新战略，即：坚持党对全面依法治国的领导；坚持以人民为中心；坚持中国特色社会主义法治道路；坚持依宪治国、依宪执政；坚持在法治轨道上推进国家治理体系和治理能力现代化；坚持建设中国特色社会主义法治体系；坚持依法治国、依法执政、依法行政共同推进，法治国家、法治政府、法治社会一体建设；坚持全面推进科学立法、严格执法、公正司法、全民守法；坚持统筹推进国内法治和涉外法治；坚持建设德才兼备的高素质法治工作队伍；坚持抓住领导干部这个“关键少数”。使学生理解全面依法治国是中国特色社会主义的本质要求和重要保障，是国家治理的一场深刻革命。

管理学和社会学类课程教材要系统阐释习近平总书记关于社会主义社会建设重要论述。讲清楚社会建设的主线是带领人民创造幸福美好生活；社会建设的重点任务是坚持在发展中保障和改善民生，加强和创新社会治理；社会建设的基本原则是坚持社会公平正义，坚持解决好人民最关心最直接最现实的利益问题，坚持尽力而为与量力而行相结合，坚持守住底线，坚持共建共治共享，坚持完善制度。使学生认识到习近平总书记关于社会主义社会建设重要论述体现了中国共产党对人类社会发展规律、社会主义建设规律的最新认识，具有重大的理论意义、实践意义、时代意义、世界意义。

教育学类课程教材要系统阐释习近平总书记关于教育的重要论述。讲清楚教育改革发展必须坚持的新理念新思想新观点，即坚持党对教育事业的全面领导，坚持把立德树人作为根本任务，坚持优先发展教育事业，坚持社会主义办学方向，坚持扎根中国大地办教育，坚持以人民为中心发展教育，坚持深化教育改革创新，坚持把服务中华民族伟大复兴作为教育的重要使命，坚持把教师队伍建设作为基础工作。使学生认识到习近平总书记关于教育的重要论述开创了马克思主义教育思想新境界，为加快推进教育现代化、建设教育强国、办好人民满意的教育、培养德智体美劳全面发展的社会主义建设者和接班人提供了行动指南。

历史学、文学、艺术学类课程教材要系统阐释习近平总书记关于社会主义文化建设重要论述。讲清楚文化自信是一个国家、一个民族发展中更基本更深层更持久的力量，坚定中国特色社会主义道路自信、理论自信、制度自信，说到底是坚定文化自信；讲好党史、新中国史、改革开放史、社会主义发展史，汲取历史智慧，深刻把握中国特色社会主义道路的历史逻辑；推动社会主义文化繁荣发展必须坚定马克思主义信仰，推动中华优秀传统文化的创造性转化和创新性发展，培育和践行社会主义核心价值观，加快构建中国特色哲学社会科学，繁荣发展社会主义文艺，推动文化事业和文化产业的发展，理解建成文化强国的重要意义；提高国家文化软实力，讲好中国故事，关系我国在世界文化格局中的定位；意识形态决定文化前进方向和道路，必须坚持党对意识形态工作的领导权，巩固马克思主义的指导地位。使学生认识到习近平总书记关于社会主义文化建设重要论述是推动社会主义文化繁荣兴盛的根本遵循，为中华民族文化传承和创新发展指明了方向，为人类文明交流互鉴提供了中国方案。

（三）其他课程

其他各学科专业课程教材应结合自身特点有机融入习近平新时代中国特色社会主义思想的相关内容，实现进课程教材全覆盖。

军事学类课程教材要系统阐释习近平强军思想，讲清楚习近平强军思想的地位作用、核心要义和指导作用。讲清楚新时代国防和军队现代化建设必须毫不动摇坚持党对军队的绝对领导；党在新时代的强军目标，军事战略方针和政治建军、改革强军、科技强军、人才强军、依法治军的战略举措。使学生认识到习近平强军思想是马克思主义军事理论中国化时代化的新飞跃，是党的军事指导理论的重大突破、重大创新、重大发展，是新时代强军事业开创新局面、踏上新征程的行动指南。

农学类课程教材要系统阐释习近平生态文明思想，讲清楚坚持“人与自然和谐共生”的科学自然观，“绿水青山就是金山银山”的绿色发展观，“良好生态环境是最普惠的民生福祉”的生态民生观，“山水林田湖草是生命共同体”的整体系统观，“用最严格制度保护生态环境”的严密法治观，“共谋全球生态文明建设之路”的全球共赢观。使学生认识到习近平生态文明思想为建设美丽中国、实现中华民族永续发展提供了根本遵循和保障，对于促进全球生态治理具有重要意义。

理学、工学、医学类课程教材要结合学科专业特点，阐释人民至上、生命至上思想，培养学生胸怀祖国、服务人民的爱国精神，勇攀高峰、敢为人先的创新精神，追求真理、严谨治学的求实精神，淡泊名利、潜心研究的奉献精神，引导学生认识创新在我国现代化建设全局中的核心地位，理解科技自立自强作为国家发展战略支撑的重大意义，努力把自己的科学追求融入建设社会主义现代化强国的伟大事业之中。

各学科都要结合学科特点，有机融入党史、新中国史、改革开放史、社会主义发展史等内容，阐释习近平总书记关于历史问题、历史思维的重要论述，引导学生在学思践悟中坚定理想信念，在奋发有为中践行初心使命，不断增强历史定力、锤炼历史思维。

全面整理习近平总书记在地方工作的创新理念、重大实践，及时梳理视察地方、学校发表的重要论述，深入挖掘育人价值，有机融入各级各类课程教材和教学实践过程，不断丰富学习内容，引导学生进一步理解习近平新时代中国特色社会主义思想发展脉络和实践要求，使习近平新时代中国特色社会主义思想进教材、进课堂、进学生头脑更加系统全面、生动具体。

七、组织实施

（一）加强专业指导

组建以从事习近平新时代中国特色社会主义思想研究与教育的专家为主的指导组，加强统筹、指导。依托国家教材委员会及地方相关教材审查机构，督促指导在中小学国家、地方、校本课程教材中落实到位。发挥各级各类教学指导委员会、国务院学位委员会学科评议组、全国专业学位研究生教育指导委员会、行业职业教育教学指导委员会等专家组织作用，督促指导在职业院校、普通高校学科专业课程教材中落实到位。

（二）制定落实细则

结合各类课程教材特点，编修团队要制定习近平新时代中国特色社会主义思想进课程教材落实细则，实现中小学国家、地方、校本课程教材和职业院校、普通高校学科专业课程教材应进必进、应落尽落。

（三）严格审查把关

充分发挥国家教材委员会及其专家委员会审查把关作用，加强统编教材、高校马克思主义理论研究与建设工程重点教材落实习近平新时代中国特色社会主义思想情况的审查。地方及高校相关教材审查机构要加强对其他课程教材落实情况的审查把关。

（四）开展专项培训

组织开展课程教材编修团队专题培训，确保习近平新时代中国特色社会主义思想进课程教材的系统性、准确性与适宜性。紧密结合思政课程和课程思政建设工作，将习近平新时代中国特色社会主义思想作为教师培训必修内容。示范开展思想政治骨干教师专题培训。

（五）强化示范推广

要注重抓示范、树标杆。要引导地方和中小学校，借鉴国家课程教材做法，落实习近平新时代中国特色社会主义思想进课程教材要求，做好转化，增强吸引力、感染力。职业院校、普通高校学科专业课程教材要从国家规划教材和一流课程、专业做起，探索形成符合专业教育实际和思政教育目标的落地模式，并逐步扩展到所有学科专业课程教材，促进内容体系、教学体系与课程思政体系的不断完善、整体贯通。要及时总结各个学段、各种类型课程教材落实习近平新时代中国特色社会主义思想典型经验，交流互鉴，引领示范，确保落全落实落好。

教育部办公厅 中央宣传部办公厅 中国记协办公室
关于建立中国新闻传播大讲堂长效机制的通知

教高厅函〔2021〕30号

各省、自治区、直辖市教育厅（教委）、党委宣传部、新闻工作者协会，新疆生产建设兵团教育局、党委宣传部、新闻工作者协会，有关部门（单位）教育司（局），部属各高等学校、部省合建各高等学校，中央各主要新闻单位，高等学校新闻传播学类专业教学指导委员会：

中国新闻传播大讲堂（以下简称大讲堂）自2020年11月实施以来，面向全国高校新闻传播院系师生开展，取得良好成效。为深入贯彻落实习近平总书记最新重要讲话精神，全面落实立德树人根本任务，加快推进新文科建设，教育部、中央宣传部、中国记协决定建立大讲堂长效机制。现就有关事项通知如下。

一、主要内容

（一）坚持正确工作导向。要坚持用习近平新时代中国特色社会主义思想铸魂育人，强化马克思主义新闻观教育，推动高等新闻传播教育创新发展，促进新闻理论与新闻实践深度融合，打造一堂最生动的国情大课、有温度的思政大课、高水平的专业大课，不断增强广大新闻传播院系师生的自信心、自豪感、自主性，提升高等新闻传播教育的影响力、感召力、塑造力。

（二）着力提升建设质量。要选取最具时代感的主题、集中最优质的资源、汇聚最鲜活的报道，引导广大新闻传播院系学生厚植家国情怀，激发使命担当。要选优配强专家队伍，广泛邀请政治立场坚定、新闻实践经验丰富、新闻理论功底扎实、具有较强表达能力的优秀编辑记者参加。支持中国新闻奖、长江韬奋奖获得者、参与国家重大主题宣传的资深新闻工作者等积极参与。要创新技术方法，充分运用现代视听技术、虚拟仿真等信息技术手段制作优质课程视频，探索开展线上线下混合式教学。

（三）加强教学组织管理。支持各相关高校把大讲堂课程作为新闻传播类专业的必修课，纳入学分管理，实现新闻传播院系师生的全覆盖；鼓励其他专业学生选修，提高全媒体时代高校师生的新闻媒介素养，加强对党的新闻舆论工作的学习宣传教育，引导广大师生不断坚定“四个自信”。支持各相关高校指定专人负责大讲堂的教学组织，开展学习、交流、研讨、培训等，确保大讲堂课程落地落实。

（四）及时巩固建设成果。要系统总结大讲堂开展以来在组织制作、推广使用等方面的经验做法，探索形成机制、形成体系。要广泛调研高校和新闻单位开展大讲堂的特色做法，深入了解广大师生的学习体会和编辑记者的授课感受，探索形成多种形式的工作成果。要适时开展新闻传播院系教师交流培训、教学观摩等，推广大讲堂课程教学的好经验好做法，推动大讲堂切实取得实效。

二、组织实施

（一）大讲堂以年度为单位开展，由教育部、中央宣传部、中国记协共同统筹组织，高校新闻传播类教学指导委员会（以下简称教指委）具体实施。

（二）教育部主要负责支持和指导教指委工作，推进全国高校的大讲堂教育教学等。中央宣传部主要负责审定大讲堂的年度主题、授课人员和讲授内容等。中国记协主要负责协调授课人员、协助审看讲授内容等。

（三）各省级教育行政部门、宣传部门和记协要加强协同，组织和指导本行政区域内高校和新闻单位实施好大讲堂。各相关高校负责讲授好、学习好大讲堂课程等。各相关新闻单位负责推荐、支持和保障本单位编辑记者参加大讲堂建设等。

（四）教指委主要负责制定年度工作计划、组织制作视频课程、开展教师交流培训、凝固工作成果等。

三、工作要求

（一）提高认识。各单位要高度重视，充分认识大讲堂的重要意义，加强沟通协作，建立健全大讲堂长效机制，推动实现制度化、常态化。

（二）强化责任。各单位要明确任务，落实责任，切实做好大讲堂课程的组织建设和推广使用等工作，将生动的新闻传播实践转化为优质的新闻传播教育教学资源。

（三）加强保障。各单位要统筹资源，加强在政策、人员、条件等方面的支持和保障。要加强大讲堂课程的共建共享共用，及时将好经验好做法进行宣传推广。

教育部办公厅 中共中央宣传部办公厅 中国记协办公室
2021 年 9 月 13 日

（华中科技大学　何志武）

10.2　新闻教育大事记（2021）

1 月

1 月 3 日，第六届中国海外网络传播力论坛暨《2020 中国大学、央企、城市海外网络传播力建设系列报告》发布会在北京师范大学举办。该报告由北京师范大学新媒体传播研究中心、中国日报网、光明网以及北京师范大学教育新闻与传媒研究中心联合发布。

1 月 3 日，2020“讲好中国故事创意传播大赛 · 湖北分站赛”定评会在华中科技大学举行。定评会由中共湖北省委宣传部和华中科技大学为指导单位，当代中国与世界研究院和中国互联网新闻中心主办，中国故事创意传播研究院、华中科技大学新闻与信息传播学院、中国网湖北事业部、中共潜江市委宣传部联合承办。

1 月 6 日，《新闻与传播评论》获评“湖北最具影响力学术期刊”。

1 月 6 日，中国传媒大学举办“面向新文科、新工科的课程体系建设”主题论坛，探讨新文科、新工科背景下的课程体系改革方向、建设目标与实现路径。

1月7日，暨南大学新闻与传播学院与信息科学技术学院联合建立的计算新闻传播研究工作坊举行。

1月9日，2021年中国人民大学新闻与社会发展研究中心首次论坛举办，论坛以“新文科建设背景下新闻传播学科的守正创新”为主题，来自21所高校的专家们以跨学科、大视野为学术导向，探讨了新闻传播、理论研究、学科建设等问题。

1月10日，南京大学中德数字实验室与《数字营销》杂志正式达成战略合作，双方将在数字营销前沿探索、产业研究及数字营销未来人才培养等层面展开深度合作。

1月12日，由中国社会科学院大学、中国社会科学出版社、浙江传媒学院主办，浙江传媒学院新闻与传播学院承办的《智能媒体发展报告（2019—2020）》发布会暨第二届长三角智能传播年会召开。

1月13日，上海交通大学媒体与传播学院与SAGE出版集团关于出版英文期刊 *Emerging Media: Technology, Industry and Society*（《新兴媒体：科技、产业和社会》）举办线上签约仪式。

1月15日，由北京师范大学新媒体传播研究中心、中国社会责任百人论坛及责任云研究院联合编制的《2020中国影视明星社会责任报告》在北京发布。

1月17日，“中国共产党百年新闻事业寻根与红色新闻文化数字记忆工程建设”网上深研会在中国人民大学举办。

1月21日，华中科技大学新闻与信息传播学院与荆楚网签署战略合作框架协议，挂牌成立楚天网络评论培训基地。

1月22日，暨南大学传媒名家思享荟第6期论坛在线上举行。论坛主题为“人工智能时代的新闻伦理与法规前沿探索”。

1月23日，“中华多民族文化凝聚与全球传播”省部共建协同创新中心揭牌仪式于四川大学举行。

1月25日，由中国人民大学数据工程与知识工程教育部重点实验室举办的高校数据新闻可视化创意大赛总决赛于线上举行。

1月29日，上海国际青年“城市空间”影像周暨第二届融媒体影像论坛在上海举办。

2月

2月2日，第22届中国国际工业博览会“好新闻”座谈会暨复旦大学新闻学院、中国国际工博会新闻部、上海市经信委办公室三方深化合作备忘录签署仪式举行。

2月22日，由重庆大学新闻学院发起并组织的《马克思主义新闻观读本：中国理论与实践》编撰工作会议在线上举行。

2月23日，浙江大学第七期“卓越记者驻校计划”圆满结束。此次活动为期3个月，有来自新闻一线的5名优秀记者走进课堂。

3月

3月9日，由中国传媒大学、中国广告博物馆联合出品的行业纪录片《中国广告四十年》正式出品。纪录片以改革开放以来中国广告业的四十年的奋斗史为背景，真实、全面、客观记录与反映了中国广告40年来的产业发展历程。

3月9日，国家新闻出版署印发《关于发布出版业科技与标准重点实验室名单的通知》（国新出发函〔2021〕71号），公布了出版业科技与标准重点实验室名单。“新闻出版智能媒体技术重点实验室”等42家实验室入选。

3月11日，由国务院新闻办公室指导、中国外文局主办、中国新闻史学会协办的2020“讲好中国故事”创意传播大赛公布获奖名单。

3月19日，厦门大学举办了2021南强青年学者云论坛新闻传播学科分论坛，来自中国人民大学、香港中文大学、英国华威大学等高校的6位青年学者应邀参加此次论坛。

3月24日，中国传媒大学数据科学与智能媒体学院启动本科教学改革工作，积极布局智能媒体时代大数据应用和智能媒体高层次人才培养。

3月25日，中国传媒大学“媒体融合与传播”国家重点实验室新媒体研究院与新浪AI媒体研究院联合发布了《中国智能媒体发展报告（2020—2021）》，对媒体深度融合背景下的中国智能媒体生态新态势进行了全面盘点和洞察。

3月31日，由中国国际公共关系协会（CIPRA）主办，北京邮电大学经济管理学院承办的“第八届中国大学生公共关系策划创业大赛”启动仪式在北京邮电大学举行。

3月31日，中国传媒大学与梅兰芳纪念馆召开主题为“融媒体助力文化艺术传播”的交流研讨会。

4月

4月1日，北京大学新闻与传播学院与北京中科闻歌科技股份有限公司共建实习基地揭牌仪式举行。

4月3日，甘肃省新闻传播学类专业教学指导、认证与教材建设委员会成立大会暨第一次工作会议召开。

4月6日，“光明课堂”在华中科技大学开讲。光明日报社高级编辑、人事部主任陈品高分享了主题为“谈谈媒介素养——以《实践是检验真理的唯一标准》的写作发表为例”的讲座。

4月7日，由南京大学新闻传播学院和南京大学奥美创意研究院共同设立的“X空间”营销创意工作坊正式启动。

4月11日，百年中国共产党新闻传播事业学术论坛暨“马克思主义中国化话语体系研究协同创新中心”揭牌仪式在上海大学成功举办。

4月13日，由共青团上海市委员会、上海市教育委员会、上海市市场监督管理局指导，上海大学、上海市广告协会主办的第20届上海国际大学生广告节成功举办。

4月16日，新华社“新锐青年说”在中国传媒大学举办中传专场交流会。

4月16日，重庆大学新闻学院举办“问题意识与新闻传播学术创新”学术沙龙。

4月17—18日，中国新闻史学会第六届常务理事会第三次会议暨“重大突发公共卫生事件中的舆情应对研讨会”在成都召开。会议由四川大学文学与新闻学院承办。会议就增选常务理事单位、新设二级机构、学报《新闻春秋》建设、2021年学术年会筹办等事宜展开讨论并形成决议。

4月17日，新闻传播学科“十四五”开局建设研讨会在清华大学举行，此次大会由中国人民大学、中国传媒大学、复旦大学、北京大学和清华大学五所大学联合主办。

4月17日，由南京大学新闻传播学院承办，安徽大学新闻传播学院、浙江大学传媒与国际文化学院、中国人民大学新闻学院、中山大学传播与设计学院5校联合主办的第二届全国新闻传播学研究生“青梅论坛”圆满闭幕。此次论坛主题为“新媒介与日常生活”。

4月17日，由西安交通大学新闻与新媒体学院主办的“韬奋·前沿学术沙龙”第一期成功举办，复旦大学与西安交通大学新闻与新媒体学院青年师生围绕“新闻传播前沿问题讨论”主题开展学术探讨。

4月19日，南京大学与新华报业传媒集团“新闻创新研究媒体基地”正式签约揭牌。

4月20日，中国新闻史学会第六届常务理事会第三次会议正式通过了关于成立健康传播研究委员会的决议。这是中国新闻史学会成立的第23个二级机构，首届秘书处拟设在复旦大学。

4月22日，由复旦大学新闻学院与人民网共同举办的“不止新闻”校园夜话顺利举行。

4月24—25日，华中科技大学新闻与信息传播学院举办第二届以“人类世的时、空、物”为主题的媒介物质性研究论坛。

4月28日，中国传媒大学与东西部高校课程共享联盟在中传讲堂联合主办“夯实人才培养新基建：北京高等学校一流课程建设研讨会”。北京大学、中国人民大学、北京理工大学、南开大学、中央财经大学等高校专家围绕一流课程建设分享了经验与思考。

4月28日，中国传媒大学相继开通了中国传媒大学官方微信视频号、人民号和新华号。

4月29日，华中科技大学毕业电影十周年庆典暨2021年毕业电影开机仪式在该校新闻与信息传播学院“全媒体与智能传播实验中心”举行。

5月

5月4日，广州市文明办、广州市社科联主办，暨南大学声海工作室、广东人民出版社、广州市社科社团党委承办，荔枝App协办，共同策划了“百年党史·青年说”音频传播展示活动暨新时代文明实践进基层系列活动，并在五四青年节正式上线荔枝App。该活动也是“百年征程 百年初心——第十一届广州学术季”的重要活动之一。

5月6日，重庆大学新闻学院举行“新文科建设与卓越新闻传播人才培养”高端座谈。

5月8日，暨南大学传播与国家治理研究院城市治理与传播研究中心成立仪式暨城市更新论坛之“未来新型社区”在暨南大学举行。

5月8日，由中国人民大学新闻学院、中国人民大学新闻与社会发展研究中心、中国新闻史学会、中国高等教育学会新闻学与传播学专业委员会、中国人民大学马克思主义新闻观研究中心等主办的“中国共产党百年新闻事业学术研讨会”在中国人民大学召开。这是2021年国内新闻学界首个以建党百年为主题的大型学术会议，国内12所新闻院校协办，百余位专家、学者参会。

5月12日，中国传媒大学与芒果TV签署战略合作协议。

5月13日，2021年中国大学生广告艺术节学院奖春季征集活动正式开始。

5月14日，由中国新闻出版传媒集团和中国传媒大学联合主办的“短视频版权治理研讨会”在中国传媒大学举行。

5月15日，“第四届中国政治传播研究学术论坛”在中国传媒大学举行。

5月15日，由中国新闻史学会视听传播研究委员会、广东省新闻传播学类教学指导委员会、暨南大学新闻与传播学院主办的“媒介融合时代的新媒体文化”第五届广东省新闻与传播研究生学术论坛以线上形式举办。

5月15日，“百年中国共产党新闻传播：历史、理论与实践”学术论坛在复旦大学、延安大学、清华大学同步举行。

5月20日，西安交通大学新闻与新媒体学院首届学生优秀新媒体视听作品展成功举办。

5月21日，由华中科技大学新闻与信息传播学院主编、社科文献出版社推出的

“喻园新闻传播学者论丛”首批新书——《张昆自选集》《传媒进化论》在武汉发布。

5月21日，首届中国媒介考古工作坊在华中科技大学举办。媒介考古学将目光投向历史的深处，发掘历史和未来的新的可能性，对于数字化转型中的文明走向具有启发意义。

5月25日，第二十期海外华文媒体高级研修班在暨南大学开班。来自全球26个国家和地区的30多位海外华文媒体高管参加了为期三天的研修。此期研修班由国务院侨务办公室事务局主办，暨南大学、中国新闻社承办。

5月26日，第十、十一届“许川新闻奖”颁奖典礼在四川大学举行。

5月27日，由中广联技委会、中国传媒大学、百度和国家（杭州）短视频基地短视频智能化研究及应用实验室联合主办的“共研新媒体，智领新视界”智能媒体联合科研攻关合作启动会在中国传媒大学举行。

5月28日，北京大学新闻与传播学院建院20周年庆祝大会暨新闻传播学科发展的新阶段、新理念、新格局论坛在北京大学举行。

5月28日，由中国传媒大学人类命运共同体研究院主办的“人类命运共同体·中国智库论坛（2021）”在中国传媒大学召开。

5月29日，“第六届中国网络视频学院奖颁奖典礼暨2021中国网络视频年度高峰论坛”在北京举办。该活动由中国网络社会组织联合会指导，中国传媒大学、中国高等院校影视学会主办，中国传媒大学中国网络视频研究中心、开域集团联合承办，活动主题为“同心共创，唱响时代旋律”。

5月31日，中共中央政治局就加强我国国际传播能力建设进行第三十次集体学习。习近平总书记在主持学习时强调，要深刻认识新形势下加强和改进国际传播工作的重要性和必要性，下大气力加强国际传播能力建设，形成同我国综合国力和国际地位相匹配的国际话语权，为我国改革发展稳定营造有利外部舆论环境，为推动构建人类命运共同体作出积极贡献。

6月

6月3—5日，第九届中国网络视听大会在成都举行。该论坛由北京师范大学新闻传播学院、人民视频、封面新闻、中国VR/AR创作大赛组委会联合承办，特别设置“圆桌论坛”环节，针对现代传媒实践，审思探讨VR技术及其融合前景。

6月6日，由教育部高等教育司、中宣部《党建》杂志社、央视网、中国传媒大学联合举办的百集视频微党课“红色文物青年说”启动仪式在中国传媒大学举行。

6月6日，由中国人工智能学会（以下简称CAAI）主办，中国传媒大学联合新浪新闻共同承办的2021全球人工智能技术大会（GAITC）“发展与挑战”智能媒体专题论坛在杭州举行。

6 月 9 日，由中国传媒大学主办的“半夏的纪念”第十八届北京（国际）大学生影像展晚会在中传礼堂举行。

6 月 8—9 日，上海社会科学院新闻研究所代表应邀参加亚太经合组织数字减贫研讨会中国国家主席习近平出席亚太经合组织（APEC）第二十七次领导人非正式会议时宣布，中方将举办数字减贫研讨会，发挥数字技术优势，助力亚太地区消除贫困事业。

6 月 12 日，中国新闻史学会博物馆与史志传播专业委员会 2021 年年会暨“百年党史与红色传播”学术交流会在贵州财经大学举行，来自委员会各成员单位以及国内其他高校的百余位专家学者参与了此次会议。

6 月 16 日，中国传媒大学研究生论文写作指导中心成立揭牌仪式暨研究生论文写作指导高端论坛举行。

6 月 19 日，中国新闻史学会地方新闻史专业委员会第三届年会暨“开掘史料、理论阐释与中国共产党百年新闻传播史研究”学术研讨会在沈阳召开。会议由中国新闻史学会地方新闻史专业委员会主办，辽宁大学新闻与传播学院承办，渤海大学新闻与传播学院协办。来自全国部分高校及科研机构的 180 余位专家学者参会。

6 月 21 日，由中国传媒大学主办，教育部港澳台事务办公室、澳门中联办教育与青年工作部、澳门教育与青年发展局支持，澳门中华教育会协办的“四个一百”融媒体作品资源进澳门启动仪式在澳门特区青少年爱国爱澳教育基地隆重举行。

6 月 26 日，由上海社会科学院新闻研究所主办的第九届“闻天”论坛在沪召开。论坛以“建党百年视域中的新时代、新媒介、新传播”为主题，是上海社科院新闻所为庆祝建党百年特意举办的新闻学界业界专题研讨论坛，来自学界、业界的 60 余位专家出席了此次活动。

6 月 27 日，由四川大学文学与新闻学院世界纪录影像创作与传播研究中心、中国传媒大学中国纪录片研究中心和西南大学影视传播与道德教育研究所联合发起，西南大学新闻传媒学院主办的“建党百年媒介记忆的回顾与展望——中国高校庆祝建党一百周年专题学术论坛”在西南大学新闻传媒学院举行。

6 月 29 日，中国社会科学院大学新闻传播学院融媒体实验室揭牌。

7 月

7 月 3 日，中国新闻史学会中国特色新闻学专业委员会 2021 年学术年会暨第二届马克思主义新闻观研究与实践高端论坛在北京外国语大学召开。会议由北京外国语大学国际新闻与传播学院、马克思主义新闻观研究中心、中国新闻史学会中国特色新闻学专业委员会联合主办。来自全国高校、科研机构和新闻行业的近 60 位代表齐聚北京外国语大学，以“建党百年中国特色新闻学建设经验与趋势探索”为主题展开研讨。

7月5日，浙江大学传媒与国际文化学院第十三届“国际前沿传播理论与研究方法”高级研修班在线上开幕。此届暑期研修班以“数字沟通的研究创新：理论与方法”为主题，由浙江大学、威斯康星大学、宾夕法尼亚大学、中国新闻史学会全球传播与公共外交研究委员会和中国新闻史学会网络传播史研究委员会联合主办。

7月9—14日，红色文化传承与马克思主义新闻观教育联盟首期骨干教师马克思主义新闻观研修班，在井冈山江宣干部培训中心隆重举办。研修班由红色文化传承与马克思主义新闻观教育联盟、复旦大学新闻学院、江西师范大学新闻与传播学院、井冈山大学人文学院、南昌大学新闻与传播学院联合主办，复旦大学马克思主义新闻观教学与研究基地和江西师范大学新闻与传播学院共同承办。来自全国30所新闻院校的近50名教师参加了此次培训。

7月10日上午，四川外国语大学国际传播学院成立仪式暨国际新闻与传播学科专业建设研讨会在四川外国语大学举行。这是该校成立国际传播学院后举行的首次学术会议。来自全国各地的14位专家、学者进行了两场主题发言，围绕加强我国国际传播能力建设进行研讨。

7月17—19日，第三届公共传播学术论坛在贵州大学举行，论坛由浙江大学传媒与国际文化学院主办，贵州大学文学与传媒学院、浙大宁波理工学院传媒与法学院承办，主题为“公共传播：百年融汇与创新未来”。来自清华大学、浙江大学、中国人民大学、中国传媒大学、上海交通大学、重庆大学等国内40余所高校的百余位专家学者参会。

7月19—23日，由中国新闻史学会网络传播史研究委员会、重庆大学社会科学学部、重庆大学新闻学院联合主办的“2021网络与新媒体讲习班”在重庆大学虎溪校区新闻学院举行。讲习班邀请国内知名高校的专业学者担任主讲教师，近200名学员参加了此次讲习班的学习研讨。

7月20日，2021中国新媒体蓝皮书发布会暨中国新媒体发展研讨会在无锡召开。大会以“新技术 新融合 新传播”为主题，由中国社会科学院新闻与传播研究所、中共江苏省委网信办共同主办 。

7月25日，“2021年疫情全球化背景下的中国与世界”国际研讨会（China and the World meeting in the Context of the Globalization of COVID-19 in 2021）于线上举办。会议由武汉理工大学数字传播工程研究中心主办。参会人员围绕新冠肺炎疫情背景下的中国与世界相关议题进行了学术交流。

7月29日—8月3日，由中国人民大学出版社主办，贵州民族大学传媒学院协办的

2021年“全国新闻传播学骨干教师研修班”在贵阳市举行。来自全国28个省、直辖市、自治区的137所高校的代表教师到会学习。此次研讨会的主题是“新时代新闻传播学科的专业建设、人才培养，共话坚守与变革、继承与创新”。

8月

8月1—2日，“中国新闻史学会健康传播专业委员会成立大会暨健康传播学术创新论坛”在复旦大学新闻学院举行。大会由中国新闻史学会、复旦大学新闻学院主办。会议采用线上与线下相结合的方式召开，吸引了来自全国各地健康传播领域的专家学者与高校学子100余人参会。

8月14日，以“民族共同体与文化研究新范式”为主题的第七届中国跨文化传播论坛在内蒙古师范大学新闻传播学院举行。论坛由内蒙古师范大学与北京外国语大学国际新闻与传播学院联合主办，河北大学跨文化传播研究中心协办，以线上方式举行。

8月23—27日，南京大学新闻传播学院开展了2021年江苏省新闻传播学优秀研究生暑期学校。此届暑期学校以“平台媒介时代与新闻传播理论变革”为主题，遴选了来自国内外知名高校的38名优秀硕士研究生参加学习。

9月

9月4日，由中国传媒大学主办的“交流与对话——涉藏国际传播云论坛”在北京召开。论坛通过网络视频会议形式，邀请国内外传播、文化等领域的专家学者共同就涉藏国际传播的现状、创新路径等进行了交流与探讨。

9月9日，由中国新闻史学会、华侨大学、浙江大学公共外交与战略传播研究中心、清华大学“一带一路”研究院、浙江传媒学院等联合主办的2021年民间文化力量出海助力国际传播能力建设暨国际中文教育创新研讨会在杭州举行。除杭州主会场外，研讨会还在中国福州、澳大利亚悉尼、美国纽约、印度尼西亚雅加达、西班牙马德里和巴塞罗那设立了6个分会场。

9月11日，由大连外国语大学、中国新闻史学会全球传播与公共外交研究委员会主办的2021第五届中华文化海外传播大连论坛在线上召开。来自海内外从事中华文化研究的200余位专家、学者围绕“后疫情时代的跨文化传播”这一课题进行了交流和探讨。

9月17日，由北京市人民政府新闻办公室、北京市哲学社会科学规划办公室指导，北京对外文化传播研究基地、北京第二外国语学院首都对外文化传播研究院、文化与传播学院联合主办，中国新闻史学会外国新闻传播史研究委员会提供学术支持的国际传播与北京叙事学术研讨会在北京召开。

9月18日，由苏州大学传媒学院主办的长三角首届传播论坛暨“传播与认同”学术工作坊在苏州举行。来自北京大学、复旦大学、浙江大学、上海交通大学、中国社会科学院等高校和机构的20位专家学者，围绕“传播与认同”的主题展开了交流与研讨。

9月18日，第三届智能营销传播学术工作坊线上会议成功举办。学术工作坊由武汉大学新闻与传播学院、武汉大学媒体发展研究中心、《新闻与传播评论》编辑部、武汉大学城市传播与企业品牌研究中心、武汉大学“智能营销传播研究”青年学术团队主办。工作坊聚焦智能营销传播理论、方法与实践，分设智能营销传播技术与模式、智能时代的传播与社会、智能时代的品牌传播、智能时代的广告传播四个研讨专题。

9月18日，“媒介环境学·传承与创新”学术研讨会暨媒介环境学译丛第二辑发布会在深圳举行。

9月27—28日，由国务院新闻办公室主办，中国外文局所属当代中国与世界研究院承办，天津市人民政府新闻办公室、天津外国语大学协办的第七届全国对外传播理论研讨会在天津举行。来自中央及国家机关涉外工作部门、主要新闻单位、省区（市）新闻办、高校、研究机构等单位的相关负责人和专家学者共400余人参加了会议。

10月

10月9日，中国“智能媒体传播论坛·智能传播与数字平台”在上海举行。论坛由上海大学新闻传播学院、中国社会科学院新闻与传播研究所、苏州大学新媒介与青年文化研究中心联合举办，采取线上与线下同步的形式进行。

10月9—11日，由北京印刷学院承办，中国人民大学、中国社会科学院大学、河北大学和北京印刷学院合办的“第四期四校合作新闻传播研究方法创新工作坊”在北京印刷学院举办。工作坊重点基于跨学科、多元化的视角，聚焦数字时代的出版研究，旨在为青年学子建构清晰的新闻出版学研究路径和系统的研究方法体系。

10月13日，中国人民大学新闻学院宣布成立国际新闻与传播系。该系为中国人民大学新闻学院的第五个系，是学院进一步整合资源加强国际传播人才培养、科学研究和社会服务工作的重要举措。

10月15日，以“城市、地区与国际传播”为主题的中国国际传播创新高端论坛暨第四届中国全球传播与公共外交学术年会在深圳举行。年会由中国新闻史学会全球传播与公共外交研究委员会主办，清华大学伊斯雷尔·爱泼斯坦对外传播研究中心、深圳报业集团承办。论坛邀请了国内知名高校新闻院系与国际传播领域的专家学者，围绕城市发展与中国叙事，大湾区发展与国际传播等主题展开交流。

10月16日，中国新闻史学会健康传播专业委员会和复旦大学健康传播研究所共同主办了中国新闻史学会2021年学术年会健康传播专业委员会分论坛之“融合学科/行业/文化语境的中国健康传播研究创新”。

10月16日，由广州大学期刊中心和上海《探索与争鸣》编辑部联合主办、《广州大学学报》编辑部承办的“新报刊史的研究方法”学术研讨会于线上举办，来自中国人民大学、中国社会科学院、北京大学、复旦大学等单位的10位专家参与了研讨。

10月16—17日，以“新文科与未来传播：构建新时代中国特色新闻传播学”为主题的中国新闻史学会2021年学术年会在深圳大学举行。此届年会由中国新闻史学会发起主办，深圳大学联合主办，深圳大学传播学院、深圳大学媒体融合与国际传播研究中心承办，中国新闻史学会各二级机构协办。年会共设24个分论坛，国内外700余位新闻学与传播学领域的专家学者采用线上线下相结合的方式参与了此次会议。

10月22日，上海外国语大学跨文化研究中心成功举办了成立十五周年学术论坛暨国际期刊发布仪式。海内外跨文化研究及传播领域的专家共同探讨了新形势下的跨文化研究与国际传播能力建设问题。

10月23—24日，2021年中国新媒体传播学年会暨首届湘传·新媒体研究工作坊在杭州举行，此届年会以“寻访新知：重思新媒体”为主题，由中国新闻史学会网络传播史研究委员会主办，浙江传媒学院新闻与传播学院、浙江省传播与文化产业研究中心承办。

10月23—25日，由中国新闻史学会、上海大学新闻传播学院及上海大学马克思主义新闻观研究宣传教育基地联合主办的“党管媒体”高端论坛、2021年第二届全国马克思主义新闻观学术年会暨2021年全国高校马克思主义新闻观研究生学术论坛在上海举办。来自全国的200余位马克思主义新闻学研究专家、学者及各高校师生，以线上线下相结合的方式，针对“党管媒体”的思想缘起、理论创新、实践探索与历史经验等问题进行了交流。

10月24日，“新文科背景下新闻传播学科高质量发展论坛”在辽宁大学召开。来自20余所知名高校新闻传播学院的院长、专家、学者以在线方式对新闻传播学科发展的历史使命、现实问题与发展方向展开了讨论。

10月30日，第八届“政治传播与社会发展”论坛暨第五届“政治与传播”研究生论坛在线上召开。论坛由中国社会科学院大学主办，主题为“以史为鉴、开创未来：面向新征程的中国政治传播研究”。

10月30日，由广州大学期刊中心、广州大学新媒体与社会发展研究院联合主办、《广州大学学报》编辑部承办、《媒介文化研究》集刊协办的“6G与新媒体传播‘样态’”学术论坛于线上举办。

10月30—31日，中国新闻史学会新闻传播思想史研究委员会在上海召开2021年学术年会。会议以“新闻传播思想史研究的新路径与新视野”为主题，由中国新闻史学会新闻传播思想史研究委员会主办，同济大学艺术与传媒学院承办。来自全国30余所院校的100余名师生通过线下发言与线上直播联动的方式参加了会议。

11月

11月5—6日，“AI医疗与数字健康传播”研究生学术前沿论坛在上海交通大学举行，此次论坛有线下和线上会场同时进行，由上海交通大学媒体与传播学院主办，主要围绕数字时代的健康传播主题展开，来自海内外的学者、业界专家、高校研究生共200余位嘉宾参与此次论坛。

11月6日，“媒介、科技与人文关怀”首届中国社会科学院大学青年学者论坛新闻传播学论坛在线上举行。此次论坛由中国社会科学院大学新闻传播学院主办，参会嘉宾就“弱势群体与算法技术”“线上社群与流行文化”等前沿话题展开了讨论。

11月6日，第六届中国数据新闻大赛决赛暨“数据驱动下的新闻传播学创新论坛”在线上举行。来自复旦大学、北京师范大学、中山大学等高校参赛团队的11个数据新闻作品从参赛的956个作品中脱颖而出获得一等奖。

11月6日，由中国新闻史学会外国新闻传播史研究委员会主办、华中科技大学新闻与信息传播学院承办的外新史学会年会在武汉举行。会议以“考古与重建：国际新闻传播的新史观、新技术、新生态”为主题，400余位专家学分别参加了线上线下会议。

11月7日，首届中国新闻史学会健康传播专业委员会年会暨第四届“医疗、人文与媒介：‘健康中国’与健康传播国际研讨会”（MHM2021）正式召开。此次大会为首次年会，由北京大学新闻与传播学院承办，北京大学健康传播协会提供志愿服务。此次研讨会采用线上模式，吸引力200余名参会者。

11月10日，“中国新闻史”课程与教材建设研讨会——暨全国优秀教材一等奖《中国新闻传播史》与“金课”中国新闻传播史建设经验座谈会在中国人民大学新闻学院汉奇苑举行。此次会议由中国人民大学新闻学院、中国人民大学新闻与社会发展研究中心和中国新闻史学会共同举办。

11月13日，郑州大学举办了第五届“新媒体公共传播”学术研讨会。会议采用线上线下混合的方式，与会学者共同围绕“新媒体公共传播”领域的最新议题展开研讨。

11月13日，第十一届跨文化传播国际学术会议在武汉大学举行，此次会议采取线下线上相结合的方式，主题为“互惠性理解与全球普遍主义”（Intercultural Communication：Reciprocal Understanding and Global Universalism）。

11月13日，由苏州大学传媒学院主办的第四届国际传播高峰论坛在苏州召开，来自各所高校的60余名专家学者以线上线下相结合的方式参会。此次论坛以“文明交流互鉴视域下的国际传播”为主题，设有1个主题论坛、5个分论坛。

11 月 14 日，第六届口语传播学术论坛在华东师范大学举行。论坛由华东师范大学传播学院与上海广播电视台融媒体中心联合主办，以线上线下相结合的形式进行。与会学者及业界人士聚焦于“话语创新：口语传播与媒体变革”这一主题并展开讨论。

11 月 20 日，网络与新媒体国家一流本科专业建设研讨会在深圳大学传播学院举办。

11 月 20 日，由复旦大学信息与传播研究中心、复旦大学新闻学院共同主办的“数字城市：传播研究的本土化创新”——传播与中国·复旦论坛（2021）开幕。

11 月 30 日，“粤港澳大湾区新媒体文化论坛——暨第三届新媒体与社会心理学术研讨会”以线上形式举办。会议由广州大学期刊中心、广州大学新媒体与社会发展研究院和广州大学当代文化研究中心主办，由广州大学学报编辑部承办，《文化研究》集刊、《媒介文化研究》集刊等协办。

12 月

12 月 4 日，第九届范敬宜新闻教育奖颁奖仪式在清华大学举行，此届范敬宜新闻教育奖共评选出学子奖获得者 9 名，良师奖获得者 1 名，良友奖获得者 2 名。

12 月 5 日，“共上一堂马新观课”暨“新闻传播大讲堂”学习交流活动启动仪式在中央民族大学举行。

12 月 5 日，由复旦大学全球传播全媒体研究院和复旦大学新闻学院主办的“2021 全媒体全球传播（复旦）论坛：数字文明视域中的全媒体研究”在复旦大学新闻学院落下帷幕。

12 月 5 日，第五届“何微新闻奖”新闻传播学科研究生论坛暨青年学者论坛开幕式在西北政法大学行。论坛由西北政法大学、中国新闻史学会新闻传播教育史研究委员会、中华全国法制新闻协会法制新闻理论专业委员会和中国互联网协会网络文化与新媒体委员会共同主办，以“中国共产党新闻传播理论与实践：历史、现实与展望”为主题，全国 30 余所高校的新闻传播学院院长、资深教授、专家学者组成了此次论坛的评委团。

12 月 8 日，“传播学教学与教材建设研讨会暨全国优秀教材二等奖《传播学教程》建设经验座谈会”在中国人民大学新闻学院举行。会议以“《传播学教程》建设经验探讨”为主题，近 30 名专家学者围绕中国传播学的发展历程与经验、数字时代的传播学发展趋势等话题开展研讨。

12 月 9 日，清华大学新闻与传播学院、《全球传媒学刊》联合举办了首期“智能与科学传播全球论坛”。首期论坛的主题是“智能传播新时代：数据科学，智能计算和元宇宙”（New Era of Intelligent Communication：Data Science，Smart Computing，and Metaverse）。

12 月 11 日，第四届中国传播创新研究工作坊以线上线下相结合的方式举行。工作坊由武汉大学媒体发展研究中心、武汉大学新闻与传播学院主办，众多高校与机构专家学子聚焦“中国传播创新”并展开交流对话。

12 月 11 日，由中央民族大学新闻与传播学院主办的“转型与超越——数字时代的广告创新论坛”顺利举办。学者们以在线方式就数字时代新文科背景下传播体系重构、广告学发展路径与传播话语体系创新等进行了讨论。

12 月 12 日，第二届新闻传播史论课程群教学改革研讨会”开幕。研讨会由华中科技大学新闻与信息传播学院、湖北省新闻传播史论名师工作室、湖北省新闻传播史论教学团队、中国新闻传播教育年鉴编委会共同主办。会议吸引了来自全国高校的 1060 名参会者。

12 月 12 日，浙江大学传媒与国际文化学院主办的“‘新文科建设’浙大传媒圆桌会”第一期在线上召开，会议主题为“卓越新闻传播人才的协同育人体系建构”。

12 月 15 日，由中国高校影视学会、广东广播电视台、暨南大学联合举办，广东广播电视台珠江经济广播频率和暨南大学新闻与传播学院共同承办的中国高校影视学会广播专业委员会 2021 年会暨第六届中国广播创新发展高端论坛在广州开幕。

12 月 16 日，第二期“智能与科学传播全球论坛”在清华大学未来媒体实验室举办，论坛由清华大学新闻与传播学院、《全球传媒学刊》联合主办。论坛主题为“全球风险社会治理与科技、健康、环境传播”。

12 月 18 日，由复旦大学新闻学院主办、复旦大学马克思主义新闻观教学与研究基地承办的“学思践悟 携手未来——上海市委宣传部与复旦大学部校共建二十周年暨第二届全国马克思主义新闻观论坛”在复旦大学举行。论坛发布了《马克思主义新闻观研究年度报告（2021）》，来自 50 余所部校共建新闻传播学院院长、80 余位专家学者以及 30 多位期刊主编和媒体（平台）代表参会。

12 月 19 日，由浙江大学传媒与国际文化学院与深圳大学传播学院联合主办的首届“双三角”新闻传播学论坛在线上成功举行。此次论坛的主题为“数字时代的新闻传播学范式重构”。

12 月 19 日，中国高等教育学会新闻学与传播学专业委员会第八届理事会第四次全体会议暨“国际传播的人才培养和学科建设”学术年会在北京举办。

12 月 22 日，2021 清华国家形象论坛（第八届）在清华大学举办。论坛由清华大学国家形象传播研究中心主办，研讨主题为“塑造可信、可爱、可敬的中国形象”。

12 月 24 日，第十一届中国批判传播学年会暨《传播政治经济学手册》中文版新书发布会举行，会议由清华大学马克思主义新闻学与新闻教育改革研究中心、中国新闻史学会中国特色新闻学专业委员会、华东师范大学-康奈尔大学比较人文研究中心共同主办。

12 月 24 日，2021 年文化与传播符号学研讨会在海南大学召开。此次会议由中国中外文艺理论学会文化与传播符号学分会、中国新闻史学会符号传播学专业委员会、四川大学文学与新闻学院以及海南大学人文传播学院联合主办。

12 月 24 日，《中国新闻传播教育年鉴（2021）》在武汉体育学院首发，同期举办了武汉体育学院新闻传播教育二十年院长论坛。会议由中国新闻史学会新闻传播教育史研究委员会、《中国新闻传播教育年鉴》编委会、湖北省高等教育学会新闻与传播教育专业委员会、武汉体育学院主办，线上线下同时进行。与会嘉宾分别围绕“创新与突破：‘双一流’背景下新闻传播学科建设与队伍建设”和“交叉与融合：新文科建设视野下的新闻传播专业建设与人才培养”两个主题展开讨论。

12 月 25 日，中国新闻史学会新闻传播教育史研究委员会 2021 年学术年会在线举办，《中国新闻传播教育年鉴（2021）》同场在线发布。会议汇聚了全国 60 多所新闻院校的 200 多位学者，“院长论坛”涉及 57 位全国高校新闻传播学院院长，“主编论坛”涉及 12 位新闻传播领域重要学术期刊主编。

12 月 25 日，由安徽大学新闻传播学院主办的首届数字传播与社会治理创新论坛暨第十三届安徽省新闻传播学科研究生论坛，以线上线下相结合的方式召开。

12 月 26 日，共话疫情时代我国新闻传播教育的新思维和新模式——“新冠疫情背景下新闻传播教学改革创新研讨会”在上海外国语大学举办，会议在线上线下同时进行。

12 月 26 日，中山大学传播与设计学院、广州市青年马克思主义理论人才培养研究重点基地、中山大学全媒体研究院主办的“2021 中国新闻业研究圆桌论坛”在广州举行。

12 月 28 日，《2021 中国城市海外网络传播力建设报告》在北京师范大学通过线上线下结合的方式发布。该报告由北京师范大学新媒体传播研究中心、中国日报网、光明网、北京师范大学教育新闻与传媒研究中心及北京师范大学新闻传播学院国际传播策略与效果评估研究中心联合发布。

12 月 31 日，由华中科技大学新闻与信息传播学院主办的首届“智能传播与健康治理”国际学术研讨会在武汉召开。会议线上线下同时进行，主题为“智能媒体和大数据在疫情常态化防控和健康治理中的作用”。

12 月 31 日，美籍以色列社会学家、使用与满足理论奠基人伊莱休·卡茨逝世。

（辽宁大学　吴优、魏金剑、王少璞）

10.3 勘误表

勘误表

序号	版本	页码	位置	错误字句	正确字句
1	2021年	707	第3行	《科研成果奖》署名错误	作者为王辉、余静
2	2021年	765	第1行	1996年，新增了广播电视专业，同时招收该专业本科学员。	1996年，新增了广播电视专业，次年招收该专业本科学员。
3	2021年	776	第8行	叶怡儒	叶怡儒
4	2021年	881	第8行	《新闻教育论坛综述》署名错误	作者为李文、杨华、李聿哲

本年鉴的出版，受到了安徽大学新闻传播学院、河南大学新闻与传播学院、湖南大学新闻与传播学院、江西师范大学新闻与传播学院、陕西师范大学新闻与传播学院、中南财经政法大学新闻与文化传播学院的资助，谨在此表示衷心的感谢！

《中国新闻传播教育年鉴》编辑部

2022年10月